中華大藏經編輯局編

中華大藏經

漢文部分
四四

中華書局

圖書在版編目(CIP)數據

中華大藏經:漢文部分.第44册/《中華大藏經》編輯局編. —
北京:中華書局,1984.4(2023.11 重印)
ISBN 978-7-101-00680-3

Ⅰ.中…　Ⅱ.中…　Ⅲ.大藏經　Ⅳ.B941

中國版本圖書館 CIP 數據核字(2016)第 050260 號

内封題簽:李一氓
裝幀設計:伍端端

中華大藏經(漢文部分)
第四四册
《中華大藏經》編輯局 編

*

中華書局出版發行
(北京市豐臺區太平橋西里 38 號　100073)
http://www.zhbc.com.cn
E-mail:zhbc@zhbc.com.cn
北京建宏印刷有限公司印刷

*

787×1092 毫米 1/16 · 64½印張 · 2 插頁
1984 年 4 月第 1 版　2023 年 11 月第 4 次印刷
定價:600.00 元

ISBN 978-7-101-00680-3

中華大藏經（漢文部分）

第四十四册目録

千字文編次　枝——規

枝

一〇三六 阿毗曇毗婆沙論六十卷

迦旃延子造 五百羅漢釋

北涼天竺沙門浮陁跋摩共

道泰等譯

目録

阿毗達磨品類足論卷第一　枝

大唐三藏聖教序

太宗文皇帝製

蓋聞二儀有像顯覆載以含生四時無形潛寒暑以化物是以窺天鑑地庸愚皆識其端明陰洞陽賢哲罕窮其數然而天地苞乎陰陽而易識者以其有像也陰陽處乎天地而難窮者以其無形也故知像顯可徵雖愚不惑形潛莫覩在智猶迷況乎佛道崇虛乘幽控寂弘濟万品典御十方舉威靈而無上抑神力而無下大之則弥於宇宙細之則攝於毫釐無滅無生歷千劫而不古若隱若顯運百福而長今妙道凝玄遵之莫知其際法流湛寂挹之莫測其源故知蠢蠢凡愚區區庸鄙投其旨趣能無疑惑者哉然則大教之興基乎西土騰漢庭而皎夢照東域而流慈昔者分形分跡之時言未馳而成化當常現常之世民仰德而知遵及乎晦影歸真遷儀越世金容掩色不鏡三千之光

麗象開圖空端四八之相於是微言廣被拯含類於三途遺訓遐宣導群生於十地然而真教難仰莫能一其旨歸曲學易遵邪正於焉紛糺所以空有之論或習俗而是非大小之乘乍沿時而隆替有玄奘法師者法門之領袖也幼懷貞敏早悟三空之心長契神情先苞四忍之行松風水月未足比其清華仙露明珠詎能方其朗潤故以智通無累神測未形超六塵而迥出隻千古而無對凝心內境悲正法之陵遲栖慮玄門慨深文之訛謬思欲分條析理廣彼前聞截偽續真開茲後學是以翹心淨土往遊西域乘危遠邁杖策孤征積雪晨飛途閒失地驚砂夕起空外迷天萬里山川撥煙霞而進影百重寒暑躡霜雨而前蹤誠重勞輕求深願達周遊西宇十有七年窮歷道邦詢求正教雙林八水味道飡風鹿菀鷲峯瞻奇仰異承至言於先聖受真教於上賢探賾妙門精窮奧業一乘五律之道馳驟於心田八藏三篋之文波濤於口

海爰自所歷之國揔將三藏要文凡六百五十七部譯布中夏宣揚勝業引慈雲於西極注法雨於東陲聖教缺而復全蒼生罪而還福濕火宅之乾燄共拔迷途朗愛水之昏波同臻彼岸是知惡因業墜善以緣昇昇墜之端惟人所託譬夫桂生高嶺雲露方得泫其花蓮出淥波飛塵不能汙其葉非蓮性自潔而桂質本貞良由所附者高則微物不能累所憑者淨則濁類不能沾夫以卉木無知猶資善而成善況乎人倫有識不緣慶而求慶方冀茲經流施將日月而無窮斯福遐敷與乾坤而永大

皇帝述　聖記 在春宮日製

夫顯揚正教非智無以廣其文崇闡微言非賢莫能定其旨蓋真如聖教者諸法之玄宗衆經之軌躅也綜括宏遠奧旨遐深極空有之精微體生滅之機要詞茂道曠尋之者不究其源文顯義幽履之者莫測其際故知聖慈所被業無善而不臻妙化所敷緣無惡而不翦開法網之綱紀弘六

度之正教拯群有之塗炭啓三藏之秘扃是以名無翼而長飛道無根而永固道名流慶歷遂古而鎮常赴感應身經塵劫而不朽晨鍾夕梵交二音於鷲峯慧日法流轉雙輪於鹿菀排空寶蓋接翔雲而共飛莊野春林與天花而合彩伏惟

皇帝陛下上玄資福垂拱而治八荒德被黔黎斂衽而朝万國恩加朽骨石室歸貝葉之文澤及昆蟲金匱流梵說之偈遂使阿耨達水通神甸之八川耆闍崛山接嵩華之翠嶺竊以法性凝寂靡歸心而不通智地玄奧感懇誠而遂顯豈謂重昏之夜燭慧炬之光火宅之朝降法雨之澤於是百川異流同會於海万區分義揔成乎實豈與湯武挍其優劣堯舜比其聖德者哉玄奘法師者夙懷聰令立志夷簡神清齠齔之年體拔浮華之世凝情定室匿迹幽巖栖息三禪巡遊十地超六塵之境獨步迦維會一乘之旨隨機化物以中華之無質尋印度之真文遠涉恒河終期滿字頻

登雪嶺更獲半珠問道往還十有七載備通釋典利物為心以貞觀十九年二月六日奉

勅於弘福寺翻譯聖教要文凡六百五十七部引大海之法流洗塵勞而不竭傳智燈之長燄皎幽闇而恒明自非久植勝緣何以顯揚斯旨所謂法相常住齊三光之明

我皇福臻同二儀之固伏見

御製衆經論序照古騰今理含金石之聲文抱風雲之潤治輙以輕塵足岳墜露添流略舉大經以為斯記

阿毗達磨品類足論卷第一

尊者世友造

三藏法師玄奘奉　詔譯

辯五事品第一

有五法一色二心三心所法四心不相應行五無為色云何謂諸所有色一切四大種及四大種所造色四大種者謂地界水界火界風界所造色若謂眼根耳根鼻根舌根身根色聲香味所觸一分及無表色心云何謂心意識此復云何謂六識身即眼識

耳識鼻識舌識身識意識心所法云何謂若法心相應此復云何謂受想思觸作意欲勝解念定慧信勤尋伺放逸不放逸善根不善根無記根一切結縛隨眠隨煩惱纏諸所有智諸所有見諸所有現觀復有所餘如是類法與心相應摠名心所法心不相應行云何謂若法心不相應此復云何謂得無想定滅定無想事命根衆同分依得事得處得生老住無常性名身句身文身復有所餘如是類法與心不相應摠名心不相應行無為云何謂三無為一虛空二非擇滅三擇滅

地界云何謂堅性水界云何謂濕性火界云何謂煖性風界云何謂輕等動性眼根云何謂眼識所依淨色耳根云何謂耳識所依淨色鼻根云何謂鼻識所依淨色舌根云何謂舌識所依淨色身根云何謂身識所依淨色色云何謂諸所有色若好顯色若惡顯色若二中間似顯處色如是諸色二識所識謂眼識及意識此中一類眼識先識眼識受已意識隨識聲云何此有二謂有執受大種為因聲及無執受大種為因聲如是諸聲二識所識謂耳識及意識此中一類耳識先識耳識受已意識隨識香云何謂諸所有香若好香若惡香若平等香鼻所齅如是諸香二識所識謂鼻識及意識此中一類鼻識先識鼻識受已意識隨識味云何謂諸所有味若可意若不可意若順捨處舌所嘗如是諸味二識所識謂舌識及意識此中一類舌識先識舌識受已意識隨識所觸一分云何謂滑性澁性輕性重性冷飢渴性身所觸如是諸觸及四大種二識所識謂身識及意識此一類身識先識身識受已意識隨識無表色云何謂法處所攝色此及五色根於一切時一識所識謂意識眼識云何謂依眼根各了別色耳識云何謂依耳根各了別聲鼻識云何謂依鼻根各了別香舌識云何謂依舌根各了別味身識云何謂依身根各了別所觸意識云何謂依意根了別諸法

受云何謂領納性此有三種謂樂受苦受不苦不樂受想云何謂取像性此有三種謂小想大想無量想思云何謂心造作性即是意業此有三種謂善思不善思無記思觸云何謂三和合性此有三種謂順樂受觸順苦受觸順不苦不樂受觸作意云何謂心警覺性此有三種謂學作意無學作意非學非無學作意欲云何謂樂作性勝解云何謂心正勝解已勝解當勝解性念云何謂心明記性定云何謂心一境性慧云何謂心擇法性信云何謂心澄淨性勤云何謂心勇悍性尋云何謂心麁動性伺云何謂心細動性放逸云何謂不修善法性不放逸云何謂修善法性善根云何謂三善根即無貪善根無瞋善根無癡善根不善根云何謂三不善根即貪不善根瞋不善根癡不善根無記根云何謂四無記根即無記愛無記見無記慢無記無明

結有九種謂愛結恚結慢結無明結

見結取結疑結嫉結慳結愛結云何謂三界貪恚結云何謂於有情能為損害慢結云何謂七慢類即慢過慢慢過慢我慢增上慢卑慢邪慢慢者於劣謂已勝或於等謂已等由此正慢已慢當慢心高舉心恃蔑過慢者於等謂已勝或於勝謂已等由此正慢已慢當慢心高舉心恃蔑慢過慢者於勝謂已勝由此正慢已慢當慢心高舉心恃蔑我慢者於五取蘊等隨觀執我或我所由此正慢已慢當慢心高舉心恃蔑增上慢者於所未得上勝證法謂我已得於所未至上勝證法謂我已至於所未觸上勝證法謂我已觸於所未證上勝證法謂我已證由此正慢已慢當慢心高舉心恃蔑卑慢者於他多勝謂自少劣由此正慢已慢當慢心高舉心恃蔑邪慢者於實無德謂我有德由此正慢已慢當慢心高舉心恃蔑無明結云何謂三界無智見結云何謂三見即有身見邊執見邪見有身見者於五取蘊等隨觀執我或我所由此起

忍樂慧觀見邊執見者於五取蘊等隨觀執或斷或常由此起忍樂慧觀見邪見者謗因謗果或謗作用或壞實事由此起忍樂慧觀見取結云何謂二取即見取戒禁取見取者於五取蘊等隨觀執為最為勝為上為極由此起忍樂慧觀見戒禁取者於五取蘊等隨觀執為能清淨為能解脫為能出離由此起忍樂慧觀見疑結云何謂於諦猶豫嫉結云何謂心妬忌慳結云何謂心鄙恡縛云何謂諸結亦名縛復有三縛謂貪縛瞋縛癡縛隨眠有七種謂欲貪隨眠瞋隨眠有貪隨眠慢隨眠無明隨眠見隨眠疑隨眠欲貪隨眠有五種謂欲界繫見苦集滅道修所斷貪瞋隨眠有五種謂見苦集滅道修所斷瞋有貪隨眠有十種謂色界繫五無色界繫五色界繫五者謂色界繫見苦集滅道修所斷貪無色界繫五亦尒慢隨眠有十五種謂欲界繫五色界繫五無色界繫五欲界繫五者謂欲界繫見苦集滅道修所斷慢色無色界繫各

五亦尒無明隨眠有十五種謂欲界繫五色界繫五無色界繫五欲界繫五者謂欲界繫見苦集滅道修所斷無明色無色界繫各五亦尒見隨眠有三十六種謂欲界繫十二色界繫十二無色界繫十二欲界繫十二者謂欲界繫有身見邊執見見苦道所斷邪見見取戒禁取見集滅所斷邪見見取色無色界繫各十二亦尒疑隨眠有十二種謂欲界繫四色界繫四無色界繫四欲界繫四者謂欲界繫見苦集滅道所斷疑色無色界繫各四亦尒隨煩惱云何謂諸隨眠亦名隨煩惱有隨煩惱不名隨眠謂除隨眠諸餘染汙行蘊心所纏有八種謂惛沉掉舉睡眠惡作嫉慳無慚無愧諸所有智者有十智謂法智類智他心智世俗智苦智集智滅智道智盡智無生智法智云何謂緣欲界繫諸行諸行因諸行滅諸行能斷道諸無漏智復有緣法智及法智地諸無漏智亦名法智類智云何謂緣色無色界繫諸行諸行因諸行滅諸行能斷

道諸無漏智復有緣類智及類智地諸無漏智亦名類智他心智云何謂若智修所成是修果依止修已得不失智欲色界繫和合現前他心心所及一分無漏他心心所皆名他心智世俗智云何謂諸有漏慧苦智云何謂於五取蘊思惟非常苦空非我所起無漏智集智云何謂於有漏因思惟因集生緣所起無漏智滅智云何謂於擇滅思惟滅靜妙離所起無漏智道智云何謂於聖道思惟道如行出所起無漏智盡智云何謂自遍知我已知苦我已斷集我已證滅我已修道由此而起智見明覺解惠光觀皆名盡智無生智云何謂自遍知我已知苦不復當知我已斷集不復當斷我已證滅不復當證我已修道不復當修由此而起智見明覺解慧光觀皆名無生智諸所有見者且諸智亦名見有見非智謂八現觀邊忍一苦法智忍二苦類智忍三集法智忍四集類智忍五滅法智忍六滅類智忍七道法智忍八道類智忍諸所有

現觀者若智若見俱名現觀得云何謂得諸法無想定云何謂已離遍淨染未離上染出離想作意為先心心所滅滅定云何謂已離無所有處染止息想作意為先心心所滅無想事云何謂生無想有情天中心心所滅命根云何謂三界壽衆同分云何謂有情同類性依得云何謂得所依處事得云何謂得諸蘊處得云何謂得內外處生云何謂令諸蘊起老云何謂令諸蘊熟住云何謂令已生諸行不壞無常云何謂令已生諸行滅壞名身云何謂增語句身云何謂字滿文身云何謂字衆虛空云何謂體空虛寛曠無身不障色行非擇滅云何謂滅非離繫擇滅云何謂滅是離繫

品類足論辯諸智品第二

有十智如前說法智何所緣謂緣欲界繫諸行及一分無漏法類智何所緣謂緣色無色界繫諸行及一分無漏法他心智何所緣謂緣欲色界繫和合現前他心心所及一分無漏他

心心所世俗智何所緣謂緣一切法苦智何所緣謂緣五取蘊集智何所緣謂緣有漏因滅智何所緣謂緣擇滅道智何所緣謂緣學無學法盡智何所緣謂緣一切有為法及擇滅無生智何所緣謂緣一切有為法及擇滅何故法智緣欲界繫諸行及一分無漏法答法智知欲界繫諸行諸行因諸行滅諸行能斷道故何故類智緣色無色界繫諸行及一分無漏法答類智知色無色界繫諸行諸行因諸行滅諸行能斷道故何故他心智緣欲色界繫和合現前他心心所及一分無漏他心心所答他心智知欲色界繫和合現前他心心所及一分無漏他心心所故何故世俗智緣一切法答世俗智知一切法或如理所引或不如理所引或非如理非不如理所引故何故苦智緣五取蘊答苦智知五取蘊非常苦空非我故何故集智緣有漏因答集智知有漏因因集生緣故何故滅智緣擇滅答滅智知擇滅滅靜妙離故何故道智緣學無

阿毗達磨品類足論卷第一　第十五張　枝字號

學法荅道智知學無學法道如行出故何故盡智緣一切有為法及擇滅荅盡智自遍知我已知苦我已斷集我已證滅我已修道故何故無生智緣一切有為法及擇滅荅無生智自遍知我已知苦不復當知我已斷集不復當斷我已證滅不復當證我已修道不復當修故

法智是幾智全幾智少分荅法智是法智全七智少分謂他心智苦智集智滅智道智盡智無生智類智是幾智全幾智少分荅類智是類智全七智少分謂他心智苦智集智滅智道智盡智無生智他心智是幾智全幾智少分荅他心智是他心智全四智少分謂法智類智世俗智道智世俗智是幾智全幾智少分荅世俗智是世俗智全一智少分謂他心智苦智是幾智全幾智少分荅苦智是苦智全四智少分謂法智類智盡智無生智集智滅智應知亦介道智是幾智全幾智少分荅道智是道智全五智少分謂法智類智他心智盡智無生

阿毗達磨品類足論卷第一　第十六張　枝字號

智盡智是幾智全幾智少分荅盡智是盡智全六智少分謂法智類智苦智集智滅智道智無生智亦介

何故法智是法智全荅法智知欲界繫諸行諸行因諸行滅諸行能斷道故何故法智是他心智少分荅法智知欲界繫諸行能斷道中他無漏心心所故何故法智是苦智少分荅法智知欲界繫五取蘊非常苦空非我故何故法智是集智少分荅法智知欲界繫諸行因因集生緣故何故法智是滅智少分荅法智知欲界繫諸行滅滅靜妙離故何故法智是道智少分荅法智知欲界繫諸行能斷道道如行出故何故法智是盡智少分荅法智自遍知我已知欲界繫諸行苦我已斷欲界繫諸行集我已證欲界繫諸行滅我已修欲界繫諸行能斷道故何故法智是無生智少分荅法智自遍知我已知欲界繫諸行苦不復當知我已斷欲界繫諸行集不復當斷我已證欲界繫諸行滅不復當證我已修欲界繫諸行能斷道不復

阿毗達磨品類足論卷第一　第十七張　枝字號

當修故何故類智是類智全荅類智知色無色界繫諸行諸行因諸行滅諸行能斷道故何故類智是他心智少分荅類智知色無色界繫諸行能斷道中他無漏心心所故何故類智是苦智少分荅類智知色無色界繫五取蘊非常苦空非我故何故類智是集智少分荅類智知色無色界繫諸行因因集生緣故何故類智是滅智少分荅類智知色無色界繫諸行滅滅靜妙離故何故類智是道智少分荅類智知色無色界繫諸行能斷道道如行出故何故類智是盡智少分荅類智自遍知我已知色無色界繫諸行苦我已斷色無色界繫諸行集我已證色無色界繫諸行滅我已修色無色界繫諸行能斷道故何故類智是無生智少分荅類智自遍知我已知色無色界繫諸行苦不復當知我已斷色無色界繫諸行集不復當斷我已證色無色界繫諸行滅不復當證我已修色無色界繫諸行能斷道不復當修故

何故他心智是他心智全荅他心智知欲色界繫和合現前他心心所及一分無漏他心心所故何故他心智是法智少分荅他心智知欲界繫諸行能斷道中他無漏心心所故何故他心智是類智少分荅他心智知色無色界繫諸行能斷道中他無漏心心所故何故他心智是世俗智少分荅他心智知他有漏心心所故何故他心智是道智少分荅他心智知聖道中他無漏心心所故

何故世俗智是世俗智全荅世俗智知一切法或如理所引或不如理所引或非如理非不如理所引故何故世俗智是他心智少分荅世俗智知他有漏心心所故

何故苦智是苦智全荅苦智知五取蘊非常苦空非我故何故苦智是法智少分荅苦智知欲界繫五取蘊非常苦空非我故何故苦智是類智少分荅苦智知色無色界繫五取蘊非常苦空非我故何故苦智是盡智少分荅苦智自遍知我已知苦故何故

苦智是無生智少分荅苦智自遍知我已知苦不復當知故

何故集智是集智全荅集智知有漏因因集生緣故何故集智是法智少分荅集智知欲界繫諸行因因集生緣故何故集智是類智少分荅集智知色無色界繫諸行因因集生緣故何故集智是盡智少分荅集智自遍知我已斷集故何故集智是無生智少分荅集智自遍知我已斷集不復當斷故

何故滅智是滅智全荅滅智知擇滅滅靜妙離故何故滅智是法智少分荅滅智知欲界繫諸行滅滅靜妙離故何故滅智是類智少分荅滅智知色無色界諸行滅滅靜妙離故何故滅智是盡智少分荅滅智自遍知我已證滅故何故滅智是無生智少分荅滅智自遍知我已證滅不復當證故

說一切有部品類足論卷第一

阿毗達磨品類足論卷第一

校勘記

一　底本，金藏廣勝寺本。

一　一頁中二行至次頁下一三行「大唐三藏聖教序」及「皇帝述聖記」全文及經名，南、徑、清無。

一　一頁中一行至二行間，資、磧有「尊者世友造　太宗文皇帝製」一行。

一　一頁中三行「太宗文皇帝製」，資、磧無。

一　一頁中一六行第一一字「故」，資、磧作「欲」。

一　一頁下二行第一三字「導」，資、磧作「遵」。

一　一頁下四行第一二字「糺」，資作「紀」。

一　一頁下一〇行第一〇字「測」，資、磧作「則」。

一　二頁上二行「中夏」，資、磧作「中厦」。

一　二頁上三行第一二字「陲」，資、磧、麗作「垂」。

一　二頁上七行第一三字「雲」，資作「零」。

一　二頁上一五行「皇帝」，資、磧作「皇太子」。

一　二頁中三行第八字「邃」，資、磧、麗作「遂」。

一　二頁下一五行「三藏」，徑、清作「唐三藏」，以下各卷同。同行「語譯」，資、磧、普、南、徑、清、麗作「詔譯」。

一　三頁上二行及本頁下三行「何謂」，資、磧、普、南、徑、清作「何識」。

一　三頁中一六行首字「此」，資、磧、普、南、徑、清、麗作「此中」。

一　三頁下一一行第一一字「解」，磧作「觸」。

一　五頁上三行首字「若」，資、磧、普、南、徑、清作「苦」。

一　五頁中一五行第六字「曠」，資、磧、普、南、徑、清作「廣」。

一　五頁中一八行「品類……第二」，徑、清作「辯諸智品第二之一」。同行「第二」，麗作「第二之一」。

一　五頁下一四行「欲色」，南、徑、清作「欲界色」。

一　六頁下九行「因因」，資作「因」。

一　六頁下一〇行第一一字「界」，資、磧、普、南、徑、清無。

一　七頁中末行經名，徑、清作「阿毗達磨品類足論卷第一說一切有部」，以下各卷同。

趙城縣廣勝寺

阿毗達磨品類足論卷第二　校

尊者世友造

三藏法師玄奘奉　詔譯

辯諸智品第二之餘

何故道智是道智全答道智知聖道道如行出故何故道智是法智少分答道智知欲界繫諸行能斷道道如行出故何故道智是類智少分答道智知色無色界繫諸行能斷道道如行出故何故道智是他心智少分答道智知聖道中他無漏心心所故何故道智是盡智少分答道智自遍知我已修道故何故道智是無生智少分答道智自遍知我已修道不復當修故

何故盡智是盡智全答盡智自遍知我已知苦我已斷集我已證滅我已修道故何故盡智是法智少分答盡智自遍知我已知欲界繫諸行苦我已斷欲界繫諸行集我已證欲界繫諸行滅我已修欲界繫諸行能斷道故何故盡智是類智少分答盡智自遍知我已知色無色界繫諸行苦我已斷色無色界繫諸行集我已證色無色界繫諸行滅我已修色無色界繫諸行能斷道故何故盡智是苦智少分答盡智自遍知我已知苦故何故盡智是集智少分答盡智自遍知我已斷集故何故盡智是滅智少分答盡智自遍知我已證滅故何故盡智是道智少分答盡智自遍知我已修道故

何故無生智是無生智全答無生智自遍知我已知苦不復當知我已斷集不復當斷我已證滅不復當證我已修道不復當修故何故無生智是法智少分答無生智自遍知我已知欲界繫諸行苦不復當知我已斷欲界繫諸行集不復當斷我已證欲界繫諸行滅不復當證我已修欲界繫諸行能斷道不復當修故何故無生智是類智少分答無生智自遍知我已知色無色界繫諸行苦不復當知我已斷色無色界繫諸行集不復當斷我已證色無色界繫諸行滅不復

當證我已修色無色界繫諸行能斷

道不復當修故何故無生智是苦智少分荅無生智自遍知我已知苦不復當知故何故無生智是集智少分荅無生智自遍知我已斷集不復當斷故何故無生智是滅智少分荅無生智自遍知我已證滅不復當證故何故無生智是道智少分荅無生智自遍知我已修道不復當修故如是十智幾有漏幾無漏荅一有漏八無漏一應分別謂他心智或有漏或無漏云何有漏謂知他有漏心心所法云何無漏謂知他無漏心心所法如是十智幾有漏緣幾無漏緣荅二有漏緣二無漏緣六應分別謂法智或有漏緣或無漏緣云何有漏緣謂緣苦集云何無漏緣謂緣滅道類智盡智無生智亦尒他心智或有漏緣或無漏緣云何有漏緣謂知他有漏心心所法云何無漏緣謂知他無漏心心所法世俗智或有漏緣或無漏緣云何有漏緣謂緣苦集云何無漏緣謂緣滅道及虛空非擇滅如是十智

幾有為幾無為荅一切是有為非無

為如是十智幾有為緣幾無為緣荅四有為緣一无為緣五應分別謂法智或有為緣或無為緣云何有為緣謂緣苦集道云何无為緣謂緣滅類智盡智无生智亦尒世俗智或有為緣或无為緣云何有為緣謂緣苦集道云何無為緣謂緣擇滅及虛空非擇滅

品類足論辯諸處品第三

有十二處謂眼處色處耳處聲處鼻處香處舌處味處身處觸處意處法處此十二處幾有色幾無色荅十有色一無色一應分別謂法處或有色或無色云何有色謂法處所攝身語業云何無色謂餘法處此十二處幾有見幾無見荅一有見十一無見此十二處幾有對幾無對荅十有對二無對此十二處幾有漏幾無漏荅十有漏二應分別謂意處或有漏或無漏云何有漏謂有漏作意相應意處云何無漏謂無漏作意相應意處法處或有漏或無漏云何有漏謂法處所攝有漏身語業及有漏受想行蘊

云何無漏謂法處所攝無漏身語業

及無漏受想行蘊虛空二滅此十二處幾有為幾無為荅十一有為一應分別謂法處或有為或無為云何有為謂法處所攝身語業及受想行蘊云何無為謂虛空二滅此十二處幾有諍幾無諍十一有諍二應分別謂意處法處若有漏是有諍若無漏是無諍如有諍無諍世間出世間墮界不墮界有味著無味著耽嗜依出離依順結不順結順取不順取順纏不順纏應知亦尒此十二處幾有記幾無記荅八無記四應分別謂色處或有記或無記云何有記謂善不善色處云何無記謂除善不善色處諸餘色處聲意法處亦尒此十二處幾有覆幾無覆荅八無覆四應分別謂色處或有覆或無覆云何有覆謂不善有覆無記色處云何無覆謂善無覆無記色處聲意法處亦尒如有覆無覆染汙不染汙有罪無罪應知亦尒此十二處幾應修幾不應修荅八不應修四應分別謂色處或應修或不

應修云何應修謂善色處云何不應修謂不善無記色處聲意處亦尒法處或應修或不應修云何應修謂善有為法處云何不應修謂不善無記法處及擇滅此十二處幾有異熟幾無異熟荅八無異熟四應分別謂色處或有異熟或無異熟云何有異熟謂善不善色處云何無異熟謂無記色處聲處亦尒意處或有異熟或無異熟云何有異熟謂不善善有漏意處云何無異熟謂無記無漏意處法處亦尒此十二處幾是見幾非見荅一是見十非見一應分別謂法處或是見或非見云何是見謂五染汙見世俗正見學無學見云何非見謂餘法處此十二處幾內幾外荅六內六外此十二處幾有執受幾無執受荅三無執受九應分別謂眼處或有執受或無執受云何有執受謂自體所攝眼處云何無執受謂非自體所攝眼處色耳聲鼻香舌味身觸處亦尒此十二處幾是心幾非心荅一是心十一非心此十二處幾是心所幾非

心所荅十一非心所一應分別謂法處或是心所或非心所云何是心所謂有所緣法處云何非心所謂無所緣法處此十二處幾有所緣幾無所緣荅一有所緣十無所緣一應分別謂法處或有所緣或無所緣云何有所緣謂諸心所云何無所緣謂非心所法處此十二處幾是業幾非業荅九非業三應分別謂色處或是業或非業云何是業謂身表業云何非業謂餘色處聲處或是業或非業云何是業謂語表業云何非業謂餘聲處法處或是業或非業云何是業謂法處所攝身語業及思云何非業謂餘法處

此十二處幾善幾不善幾無記荅八無記四應分別謂色處或善或不善或無記云何善謂善身表業云何不善謂不善身表業云何無記謂除善不善身表業諸餘色處聲處或善或不善或無記云何善謂善語表業云何不善謂不善語表業云何無記謂除善不善語表業諸餘聲處意處或

善或不善或無記云何善謂善作意相應意處云何不善謂不善作意相應意處云何無記謂無記作意相應意處法處或善或不善或無記云何善謂法處所攝善身語業及善受想行蘊幷擇滅云何不善謂法處所攝不善身語業及不善受想行蘊云何無記謂無記受想行蘊及虛空非擇滅此十二處幾見所斷幾修所斷幾非所斷荅十修所斷二應分別謂意處或見所斷或修所斷或非所斷云何見所斷謂若意處隨信隨法行現觀邊忍所斷此復云何謂見所斷八十八隨眠相應意處云何修所斷謂若意處學見迹修所斷此復云何謂修所斷十隨眠相應意處及不染汙有漏意處云何非所斷謂無漏意處法處或見所斷或修所斷或非所斷云何見所斷謂若法處隨信隨法行現觀邊忍所斷此復云何謂見所斷八十八隨眠及彼相應法處彼所等起心不相應行云何修所斷謂若法處學見迹修所斷此復云何謂修所

斷十隨眠及彼相應法處彼所等起身語業彼所等起心不相應行并不染汙有漏法處云何非所斷謂無漏法處此十二處幾學幾無學幾非學非無學答十非學非無學二應分別謂意處或學或無學或非學非無學云何學謂學作意相應意處云何無學謂無學作意相應意處云何非學非無學謂非學非无學作意相應意處法處或學或無學或非學非無學云何學謂學身語業及學受想行蘊云何無學謂無學身語業及無學受想行蘊云何非學非無學謂法處所攝有漏身語業及有漏受想行蘊并無為法此十二處幾欲界繫幾色界繫幾無色界繫幾不繫答二欲界繫十應分別謂眼處或欲界繫或色界繫云何欲界繫謂若眼處欲界繫大種所造云何色界繫謂若眼處色界繫大種所造色耳聲鼻舌身處亦介觸處或欲界繫或色界繫云何欲界繫謂欲界繫四大種及欲界繫大種所造觸處云何色界繫謂色界繫四

大種及色界繫大種所造觸處意處或欲界繫或色界繫或無色界繫或不繫云何欲界繫謂欲界繫作意相應意處云何色界繫謂色界繫作意相應意處云何無色界繫謂無色界繫作意相應意處云何不繫謂無漏作意相應意處法處或欲界繫或色界繫或無色界繫或不繫云何欲界繫謂欲界繫法處所攝身語業受想行蘊云何色界繫謂色界繫法處所攝身語業受想行蘊云何無色界繫謂無色界繫受想行蘊云何不繫謂無漏身語業受想行蘊及無為法此十二處幾過去幾未來幾現在答十一或過去或未來或現在一應分別謂法處若有為或過去或未来或現在若無為非過去非未来非現在

此十二處幾苦諦攝幾集諦攝幾滅諦攝幾道諦攝幾非諦攝答十苦集諦攝二應分別謂意處若有漏苦集諦攝若無漏道諦攝法處若有漏苦集諦攝若無漏有為道諦攝若擇滅滅諦攝若虛空非擇滅非諦攝

此十二處幾見苦所斷幾見集所斷幾見滅所斷幾見道所斷幾修所斷幾非所斷答十修所斷二應分別謂意處或見苦集滅道修所斷或非所斷云何見苦所斷謂若意處隨信隨法行苦現觀邊忍所斷此復云何謂見苦所斷二十八隨眠相應意處云何見集所斷謂若意處隨信隨法行集現觀邊忍所斷此復云何謂見集所斷十九隨眠相應意處云何見滅所斷謂若意處隨信隨法行滅現觀邊忍所斷此復云何謂見滅所斷十九隨眠相應意處云何見道所斷謂若意處隨信隨法行道現觀邊忍所斷此復云何謂見道所斷二十二隨眠相應意處云何修所斷謂若意處學見迹修所斷此復云何謂修所斷十隨眠相應意處及不染汙有漏意處云何非所斷謂無漏意處法處或見苦集滅道修所斷或非所斷云何見苦所斷謂若法處隨信隨法行苦現觀邊忍所斷此復云何謂見苦所斷二十八隨眠及彼相應法處彼所

等起心不相應行云何見集所斷謂若法處隨信隨法行集現觀邊忍所斷此復云何謂見集所斷十九隨眠及彼相應法處彼所等起心不相應行云何見滅所斷謂若法處隨信隨法行滅現觀邊忍所斷此復云何謂見滅所斷十九隨眠及彼相應法處彼所等起心不相應行云何見道所斷謂若法處隨信隨法行道現觀邊忍所斷此復云何謂見道所斷二十二隨眠及彼相應法處彼所等起心不相應行云何修所斷謂若法處學見迹修所斷此復云何謂修所斷十隨眠及彼相應法處彼所等起身語業心不相應行并不染汙有漏法處云何非所斷謂無漏法處

五蘊十二處為五攝十二十二攝五耶荅十二攝五非五攝十二何所不攝謂諸無為五蘊十八界為五攝十八十八攝五耶荅十八攝五非五攝十八何所不攝謂諸無為五蘊二十二根為五攝二十二二十二攝五耶荅二蘊全二蘊少分攝二十二根二十二根攝二蘊全二蘊少分何所不攝謂一蘊全二蘊少分五蘊九十八隨眠為五攝九十八九十八攝五耶荅一蘊少分攝九十八隨眠九十八隨眠攝一蘊少分何所不攝謂四蘊全一蘊少分十二處十八界為十二攝十八十八攝十二耶荅互相攝隨其事十二處二十二根為十二攝二十二二十二攝十二耶荅六處全一處少分攝二十二根二十二根攝六處全一處少分何所不攝謂五處全一處少分十二處九十八隨眠為十二攝九十八九十八攝十二耶荅一處少分攝九十八隨眠九十八隨眠攝一處少分何所不攝謂十一處全一處少分十八界二十二根為十八攝二十二二十二攝十八耶荅十二界全一界少分攝二十二根二十二根攝十二界全一界少分何所不攝謂五界全一界少分十八界九十八隨眠為十八攝九十八九十八攝十八耶荅一界少分攝九十八隨眠九十八隨眠攝一界少分何所不攝謂十七界全一界少分二十二根九十八隨眠為二十二攝九十八九十八攝二十二耶荅互不相攝

品類足論辯七事品第四

十八界十二處五蘊五取蘊六界十大地法十大善地法十大煩惱地法十小煩惱地法五煩惱五觸五見五根五法六識身六觸身六受身六想身六思身六愛身十八界云何謂眼界色界眼識界耳界聲界耳識界鼻界香界鼻識界舌界味界舌識界身界觸界身識界意界法界意識界十二處云何謂眼處色處耳處聲處鼻處香處舌處味處身處觸處意處法處五蘊云何謂色蘊受蘊想蘊行蘊識蘊五取蘊云何謂色取蘊受取蘊想取蘊行取蘊識取蘊六界云何謂地界水界火界風界空界識界十大地法云何謂受想思觸作意欲勝解念定慧十大善地法云何謂信勤慙愧無貪無瞋輕安捨不放逸不害十大煩惱地法云何謂不信懈怠失念心亂無明不正知非理作意邪勝解

掉舉放逸十小煩惱地法云何謂忿恨覆惱嫉慳誑諂憍害五煩惱云何謂欲貪色貪無色貪瞋癡五觸云何謂有對觸增語觸明觸無明觸非明非無明觸五見云何謂有身見邊執見邪見見取戒禁取五根云何謂樂根苦根喜根憂根捨根五法云何謂尋伺識無慚無愧六識身云何謂眼識耳識鼻識舌識身識意識六觸身云何謂眼觸耳觸鼻觸舌觸身觸意觸六受身云何謂眼觸所生受耳觸所生受鼻觸所生受舌觸所生受身觸所生受意觸所生受六想身云何謂眼觸所生想耳觸所生想鼻觸所生想舌觸所生想身觸所生想意觸所生想六思身云何謂眼觸所生思耳觸所生思鼻觸所生思舌觸所生思身觸所生思意觸所生思六愛身云何謂眼觸所生愛耳觸所生愛鼻觸所生愛舌觸所生愛身觸所生愛意觸所生愛

眼界云何謂眼於色已正當見及彼同分色界云何謂色為眼已正當見

及彼同分眼識界云何謂眼及色為緣生眼識如是眼為增上色為所緣於眼所識色諸已正當了別及彼同分耳界云何謂耳於聲已正當聞及彼同分聲界云何謂聲為耳已正當聞及彼同分耳識界云何謂耳及聲為緣生耳識如是耳為增上聲為所緣於耳所識聲諸已正當了別及彼同分鼻界云何謂鼻於香已正當齅及彼同分香界云何謂香為鼻已正當齅彼同分鼻識界云何謂鼻及香為緣生鼻識如是鼻為增上香為所緣於鼻所識香諸已正當了別及彼同分舌界云何謂舌於味已正當嘗及彼同分味界云何謂味為舌已正當嘗及彼同分舌識界云何謂舌及味為緣生舌識如是舌為增上味為所緣於舌所識味諸已正當了別及彼同分身界云何謂身於觸已正當觸及彼同分觸界云何謂觸為身已正當觸及彼同分身識界云何謂身及觸為緣生身識如是身為增上觸為所緣於身所識觸諸已正當了別

及彼同分意界云何謂意於法已正當了及彼同分法界云何謂法為意已正當了意識界云何謂意及法為緣生意識如是意為增上法為所緣於意所識法諸已正當了別及彼同分眼處云何謂眼是色已正當能見及彼同分色處云何謂色是眼已正當所見及彼同分耳處云何謂耳是聲已正當能聞及彼同分聲處云何謂聲是耳已正當所聞及彼同分鼻處云何謂鼻是香已正當能齅及彼同分香處云何謂香是鼻已正當所齅及彼同分舌處云何謂舌是味已正當能嘗及彼同分味處云何謂味是舌已正當所嘗及彼同分身處云何謂身是觸已正當能觸及彼同分觸處云何謂觸是身已正當所觸及彼同分意處云何謂意是法已正當能了及彼同分法處云何謂法是意已正當所了

色蘊云何謂十色處及法處所攝色受蘊云何謂六受身即眼觸所生受乃至意觸所生受想蘊云何謂六想

身即眼觸所生想乃至意觸所生想行蘊云何此有二種謂心相應行蘊心不相應行蘊心相應行蘊云何謂心相應法此復云何謂思觸作意欲勝解念定慧信勤尋伺放逸不放逸善根不善根無記根一切結縛隨眠隨煩惱纏諸所有智諸所有見諸所有現觀復有此餘如是類法與心相應揔名心相應行蘊心不相應行蘊云何謂心不相應法此復云何謂得無想定滅定無想事命根衆同分依得事得處得生老住無常名身句身文身復有此餘如是類法與心不相應揔名心不相應行蘊如是二種合名行蘊識蘊云何謂六識身即眼識乃至意識色取蘊云何謂若諸色有漏有取於此諸色若過去若未來若現在或欲或貪或瞋或癡或隨一一心所隨煩惱應生時生是名色取蘊受想行識取蘊云何謂若諸受想行識有漏有取於此諸受想行識若過去若未來若現在或欲或貪或瞋或癡或隨一一心所隨煩惱應生時生是名受想行識取蘊

地界云何謂堅性水界云何謂濕性火界云何謂煖性風界云何謂輕等動性空界云何謂隣阿伽色識界云何謂五識身及有漏意識

受云何謂受等受各別等受已受受類是名為受想云何謂想等想增上等想已想想類是名為想思云何謂思等思增上等思已思思類心作意業是名為思觸云何謂觸等觸觸性等觸性已觸觸類是名為觸作意云何謂牽引心隨順牽引思惟牽引作意造意轉變心警覺心是名作意欲云何謂欲欲性增上欲性現前欣喜希望樂作是名為欲勝解云何謂心正勝解已勝解當勝解性是名勝解念云何謂念隨念別念憶念不忘不失不遺不漏不忘法性心明記性是名為念定云何謂令心住等住安住近住堅住不亂不散攝止等持心一境性是名為定慧云何謂於法簡擇極簡擇最極簡擇解了等了遍了近了機黠通達審察聰叡覺明慧行毗鉢舍那是名為慧

說一切有部品類足論卷第二

解州安邑縣𦗀路李村男弟子馬福昌并弟小馬全同發願心捨自己家生騾壹頭施与本寺雕大藏經七卷將此勝利上資先祖婆父父母昔死上奉往生之路伏願七重行樹之下隨諸佛以逍遥百層樓閣之中聽一音而悟解見存家眷各保安康久遠先亡一時解脫三友四恩同登正覺者

正隆九年八月三日

阿毗達磨品類足論卷第二

校勘記

一　底本，金藏廣勝寺本。

一　九頁中四行「之餘」，徑、清作「之二」。

一　一〇頁中九行「品類足論」，資、磧、普、南、徑、清無。

一　一〇頁下七行「十一」，諸本（不含石，下同）作「答十」。

一　一二頁上六行第六字「或」，資、磧、普、南、徑、清無。

一　一三頁下四行「品類足論」，徑、清無。同行「第四」，清、麗作「第四之一」。

一　一三頁下八行第一一字「愛」，諸本作「受」。

一　一三頁下九行第六字「受」，諸本作「愛」。

一　一四頁上三行第一〇字「癡」，資、磧、普作「疑」。

一　一四頁上一七至一八行「舌觸所生思」，徑無。

一　一四頁中一一行第三字「彼」，諸本作「及彼」。

一　一四頁下二〇行「所了」下，資、磧、普、南、徑有「及彼同分」四字；清有「及彼分」三字。

一　一四頁下二一行末字「色」，資、磧、普、南、徑、清無。

一　一五頁上一一行首二字「無想」，磧作「無相」。

一　一五頁中一四行「欲欲」，資、磧、普、南、徑、清作「欲」。

阿毗達磨品類足論卷第三　技

尊者世友造

三藏法師玄奘奉　詔譯

辯七事品第四之餘

信云何謂信性增上信性忍可欲作欲為欲造心澄淨性是名為信勤云何謂勤精進勇健勢猛熾盛難制勵意不息心勇悍性是名勤慚云何謂慚等慚各別慚羞等羞各別羞猒等猒各別猒毀等毀各別毀有尊有敬有所自在有自在轉有所畏忌不自在行是名為慚愧云何謂愧等愧各別愧恥等恥各別恥猒等猒各別猒毀等毀各別毀怖罪懼罪於罪見怖是名為愧無貪云何謂有心所與心相應能對治貪是名無貪無瞋云何謂有心所與心相應能對治瞋是名無瞋輕安云何謂身輕安心輕安已輕安輕安類是名輕安捨云何謂身平等心平等身正直心正直無警覺寂靜住是名為捨不放逸云何謂於斷惡法具足善法中堅作常作修習不捨名不放逸不害云何謂於有情不毀不損不傷不害不惱不觸不令墮苦是名不害

不信云何謂不信不信性增上不信性不忍不可不欲作不欲為不欲造心不澄淨性是名不信懈怠云何謂下劣精進微弱精進羸惙精進退怯精進憩息精進心不勇悍性是名懈怠失念云何謂虛念空念忘念失念心外念性是名失念心亂云何謂心亂心散心流轉心飄蕩心不一趣不住一緣是名心亂無明云何謂三界無知性不正知云何謂非理所引慧非理作意云何謂染汙作意邪勝解云何謂染汙作意相應心正勝解已勝解當勝解是名邪勝解掉舉云何謂心不寂靜心不憺怕心不寧謐掉動飄舉心躁擾性是名掉舉放逸云何謂於斷惡法具足善法中不修不習不別修習不堅作不常作不勤修習性是名放逸

忿云何謂忿等忿遍忿極忿已正當忿是名為忿恨云何謂心結怨已正當恨是名為恨覆云何謂隱藏自罪惱云何謂心佷戾已正當惱是名為惱嫉云何謂心妬忌慳云何謂心鄙悋誑云何謂幻惑他諂云何謂心矯曲憍云何謂憍醉極憍醉迷悶極迷悶慢緩極慢緩心傲誕性是名為憍害云何謂於有情能為毀損傷害惱觸逼令墮苦是名為害欲貪云何謂於諸欲起貪等貪執藏防護躭著愛樂是名欲貪色貪云何謂於諸色起貪等貪執藏防護躭著愛樂是名色貪無色貪云何謂於無色起貪等貪執藏防護躭著愛樂是名無色貪瞋云何謂於有情心懷憤恚根栽對礙憎怒凶悖猛烈暴惡已正當瞋是名為瞋疑云何謂於諦猶豫

有對觸云何謂五識身相應觸增語觸云何謂意識身相應觸明觸云何謂無漏觸無明觸云何謂染汙觸非明非無明觸云何謂不染汙有漏觸有身見云何謂於五取蘊等隨觀執我或我所由此起忍樂慧觀見是名有身見邊執見云何謂於五取蘊等

隨觀執或斷或常由此起忍樂慧觀見是名邊執見邪見云何謂謗因謗果或謗作用或壞實事由此起忍樂慧觀見是名邪見見取云何謂於五取蘊等隨觀執為最為勝為上為極由此起忍樂慧觀見是名見取戒禁取云何謂於五取蘊等隨觀執為能清淨為能解脱為能出離由此起忍樂慧觀見是名戒禁取

樂根云何謂順樂受觸所觸時所起身樂心樂平等受受所攝是名樂根苦根云何謂順苦受觸所觸時所起身苦不平等受受所攝是名苦根喜根云何謂順喜受觸所觸時所起心喜平等受受所攝是名喜根憂根云何謂順憂受觸所觸時所起心憂不平等受受所攝是名憂根捨根云何謂順捨受觸所觸時所起身捨心捨非平等非不平等受受所攝是名捨根尋云何謂心尋求遍尋求搆度極搆度現前搆度推究追尋極思惟思惟性令心麁動是名為尋伺云何謂心伺察遍伺察隨遍伺察隨轉隨流隨

屬於尋令心細動是名為伺識云何謂六識身即眼識乃至意識無慚云何謂不慚不等慚不各別慚不羞不等羞不各別羞不猒不等猒不各別猒不毀不等毀不各別毀無尊無敬無所自在無自在轉無所畏忌自在而行是名無慚無愧云何謂不愧不等愧不各別愧不耻不等耻不各別耻不猒不等猒不各別猒不毀不等毀不各別毀不怖罪不懼罪於罪不見怖是名無愧

眼識云何謂眼及色為緣生眼識如是眼為增上色為所緣於眼所識色諸已正當了別是名眼識耳鼻舌身意識亦尒眼觸云何謂眼及色為緣生眼識三和合故觸如是眼為增上色為所緣於眼所識色諸觸等觸觸性等觸性已觸觸類是名眼觸耳鼻舌身意觸亦尒眼觸所生受云何謂眼及色為緣生眼識三和合故觸觸為緣故受如是眼為增上色為所緣眼觸為因為集為類為生眼觸所生作意相應於眼所識色諸受等受各

別等受已受受類是名眼觸所生受耳鼻舌身意觸所生受亦尒眼觸所生想云何謂眼及色為緣生眼識三和合故觸觸為緣故想如是眼為增上色為所緣眼觸為因為集為類為生眼觸所生作意相應於眼所識色諸想等想增上等想已想想類是名眼觸所生想耳鼻舌身意觸所生想亦尒眼觸所生思云何謂眼及色為緣生眼識三和合故觸觸為緣故思如是眼為增上色為所緣眼觸為因為集為類為生眼觸所生作意相應於眼所識色諸思等思增上等思已思思類心作意業是名眼觸所生思耳鼻舌身意觸所生思亦尒眼觸所生愛云何謂眼及色為緣生眼識三和合故觸觸為緣故愛如是眼為增上色為所緣於眼所識色諸貪等貪執藏防護耽著愛樂是名眼觸所生愛耳鼻舌身意觸所生愛亦尒

眼界幾界幾處幾蘊攝眼界所攝法幾界幾處幾蘊攝眼界所不攝法幾界幾處幾蘊攝眼界所攝不攝法幾

界幾處幾蘊攝除眼界所攝法餘法
幾界幾處幾蘊攝除眼界所不攝法
餘法幾界幾處幾蘊攝除眼界所攝
不攝法餘法幾界幾處幾蘊攝乃至
意觸所生受為問亦尒
荅眼界一界一處一蘊攝不攝十七
界十一處五蘊眼界所攝法一界一
處一蘊攝不攝十七界十一處五蘊
眼界所不攝法十七界十一處五蘊
攝不攝一界一處一蘊眼界所攝不
攝法十八界十二處五蘊攝無界無
處無蘊不攝除眼界所攝法餘法十
七界十一處五蘊攝不攝一界一處
一蘊除眼界所不攝法餘法一界一
處一蘊攝不攝十七界十一處五蘊
除眼界所攝不攝法所問餘法無事
空論以一切法皆被除故如眼界九
有色界十有色處應知亦尒眼識界
二界一處一蘊攝不攝十七界十二
處五蘊如眼識界耳鼻舌身意識界
六識身應知亦尒意界七界一處一
蘊攝不攝十一界十一處四蘊如意
界意處識蘊識法應知亦尒法界一

界一處四蘊攝不攝十七界十一處
二蘊法處亦尒色蘊十一界十一處
一蘊攝不攝八界二處四蘊受蘊一
界一處一蘊攝不攝十八界十二處
四蘊如受蘊想蘊行蘊大地法中受
想應知亦尒色取蘊十一界十一處
一蘊攝不攝八界二處五蘊受取蘊
一界一處一蘊攝不攝十八界十二
處五蘊如受取蘊想取蘊行取蘊五
有色界八大地法十大善地法十大
煩惱地法十小煩惱地法五煩惱五
觸五見五根四法後五六身應知亦
尒識取蘊七界一處一蘊攝不攝十
三界十二處五蘊識界亦尒
眼識界一界一處三蘊相應十八界
十二處五蘊不相應如眼識界耳鼻
舌身意識界識取蘊識界六識身應
知亦尒意界一界一處三蘊相應十
八界十二處三蘊不相應如意界意
處識蘊識法應知亦尒法界八界二
處四蘊相應十一界十一處二蘊不
相應如法界法處行蘊八大地法應
知亦尒受蘊八界二處三蘊相應十

一界十一處三蘊不相應如受蘊想
蘊大地法中受想應知亦尒受取蘊
八界二處三蘊相應十三界十二處
五蘊不相應想取蘊亦尒行取蘊八
界二處四蘊相應十三界十二處五
蘊不相應尋伺法亦尒信八界二處
四蘊相應十八界十二處五蘊不相
應如信餘九大善地法十大煩惱地
法欲貪瞋無明觸非明非無明觸無
慚無愧應知亦尒忿三界二處四蘊
相應十八界十二處五蘊不相應如
忿餘九小煩惱地法無色貪疑明觸
五見六愛身應知亦尒色貪六界二
處四蘊相應十八界十二處五蘊不
相應有對觸七界二處四蘊相應十
三界十二處五蘊不相應增語觸三
界三處四蘊相應十七界十二處五
蘊不相應六觸身六思身亦尒樂根
八界二處三蘊相應十八界十二處
五蘊不相應捨根亦尒苦根七界二
處三蘊相應十八界十二處五蘊不
相應喜根三界二處三蘊相應十八
界十二處五蘊不相應憂根亦尒眼

觸所生受三界二處三蘊相應十七界十二處五蘊不相應如眼觸所生受耳鼻舌身意觸所生受六想身應知亦尒

品類足論辯隨眠品第五之一

九十八隨眠幾欲界繫幾色界繫幾無色界繫荅三十六欲界繫三十一色界繫三十一無色界繫此九十八隨眠幾見所斷幾修所斷荅八十八見所斷十修所斷欲界繫三十六隨眠幾見所斷幾修所斷荅三十二見所斷四修所斷色界繫三十一隨眠幾見所斷幾修所斷荅二十八見所斷三修所斷無色界繫三十一隨眠亦尒此九十八隨眠幾見苦所斷幾見集滅道修所斷荅二十八見苦所斷十九見集所斷十九見滅所斷二十二見道所斷十修所斷欲界繫三十六隨眠幾見苦所斷幾見集滅道修所斷荅十見苦所斷七見集所斷七見滅所斷八見道所斷四修所斷色界繫三十一隨眠幾見苦所斷幾見集滅道修所斷荅九見苦所斷六

見集所斷六見滅所斷七見道所斷三修所斷無色界繫三十一隨眠亦尒

隨眠是何義荅微細義是隨眠義隨增義是隨眠義隨逐義是隨眠義隨縛義是隨眠義如是隨眠若未斷未遍知由二事故隨增謂所縁故相應故如是隨增於自界非他界有十二隨眠謂欲貪隨眠瞋恚隨眠色貪隨眠無色貪隨眠慢隨眠無明隨眠有身見隨眠邊執見隨眠邪見隨眠見取隨眠戒禁取隨眠疑隨眠云何欲貪隨眠隨增謂可愛故可樂故可戀故可意故云何瞋恚隨眠隨增謂不可愛故不可樂故不可戀故不可意故云何色貪隨眠隨增謂可愛故可樂故可憙故可意故云何無色貪隨眠隨增謂可愛故可樂故可意故云何慢隨眠隨增謂高舉故輕蔑故云何無明隨眠隨增謂無知故闇昧故愚癡故云何有身見隨眠隨增謂我故我所故云何邊執見隨眠隨增謂斷故常故云何邪見隨眠隨增謂無因故無用故誹謗故云何見取隨眠隨

增謂最故勝故上故極故云何戒禁取隨眠隨增謂能清淨故能解脫故能出離故云何疑隨眠隨增謂惑故疑故猶豫故云何起欲貪隨眠乃至云何起疑隨眠荅欲貪隨眠由三處起一者欲貪隨眠未斷未遍知故二者順欲貪纏法現在前故三者於彼處有非理作意故乃至疑隨眠亦由三處起一者疑隨眠未斷未遍知故二者順疑纏法現在前故三者於彼處有非理作意故有七隨眠十二隨眠為七攝十二十二攝七耶荅互相攝隨其事謂欲貪隨眠攝欲貪隨眠瞋隨眠攝瞋恚隨眠有貪隨眠攝色無色貪隨眠慢隨眠攝慢隨眠無明隨眠攝無明隨眠見隨眠攝五見隨眠疑隨眠攝疑隨眠七隨眠九十八隨眠為七攝九十八九十八攝七耶荅互相攝隨其事謂欲貪瞋隨眠各攝五有貪隨眠攝十慢無明隨眠各攝十五見隨眠攝三十六疑隨眠攝十二十二隨眠九十八隨眠為十二攝九十八九十八攝十二耶荅互相

攝隨其事謂欲貪瞋色無色貪隨眠各攝五慢無明隨眠各攝十五有身見邊執見隨眠各攝三邪見見取疑隨眠各攝十二戒禁取隨眠攝六

九十八隨眠幾是遍行幾非遍行荅二十七是遍行六十五非遍行六應分別謂見苦集所斷無明隨眠或是遍行或非遍行云何是遍行謂見苦集所斷非遍行隨眠不相應無明云何非遍行謂見苦集所斷非遍行隨眠相應無明欲界繫三十六隨眠幾是遍行幾非遍行荅九是遍行二十五非遍行二應分別謂欲界繫見苦集所斷無明隨眠或是遍行或非遍行云何是遍行謂欲界繫見苦集所斷非遍行隨眠不相應無明云何非遍行謂欲界繫見苦集所斷非遍行隨眠相應無明色界繫三十一隨眠幾是遍行幾非遍行荅九是遍行二十非遍行二應分別謂色界繫見苦集所斷無明隨眠或是遍行或非遍行云何是遍行謂色界繫見苦集所斷非遍行隨眠不相應無明云何非

遍行謂色界繫見苦集所斷非遍行隨眠相應無明無色界繫三十一隨眠亦尒九十八隨眠幾是遍行修所斷幾非遍行非修所斷荅三十七是遍行修所斷五十五非遍行非修所斷六應分別謂見苦集所斷無明隨眠或是遍行或非遍行云何是遍行謂見苦集所斷非遍行隨眠不相應無明云何非遍行謂見苦集所斷非遍行隨眠相應無明欲界三十六隨眠幾是遍行修所斷幾非遍行非修所斷荅十三是遍行修所斷二十一非遍行非修所斷二應分別謂欲界繫見苦集所斷無明隨眠或是遍行或非遍行云何是遍行謂欲界繫見苦集所斷非遍行隨眠不相應無明云何非遍行謂欲界繫見苦集所斷非遍行隨眠相應無明色界三十一隨眠幾是遍行修所斷幾非遍行非修所斷荅十二是遍行修所斷十七非遍行非修所斷二應分別謂色界繫見苦集所斷無明隨眠或是遍行或非遍行云何是遍行謂色界繫見

苦集所斷非遍行隨眠不相應無明云何非遍行謂色界繫見苦集所斷非遍行隨眠相應無明無色界繫三十一隨眠亦尒

九十八隨眠幾有漏緣幾無漏緣荅八十有漏緣十二無漏緣六應分別謂見滅道所斷無明隨眠或有漏緣或無漏緣云何有漏緣謂見滅道所斷有漏緣隨眠相應無明云何無漏緣謂見滅道所斷有漏緣隨眠不相應無明欲界繫三十六隨眠幾有漏緣幾無漏緣荅三十有漏緣四無漏緣二應分別謂欲界繫見滅道所斷無明隨眠或有漏緣或無漏緣云何有漏緣謂欲界繫見滅道所斷有漏緣隨眠相應無明云何無漏緣謂欲界繫見滅道所斷有漏緣隨眠不相應無明色界繫三十一隨眠幾有漏緣幾無漏緣荅二十五有漏緣四無漏緣二應分別謂色界繫見滅道所斷無明隨眠或有漏緣或無漏緣云何有漏緣謂色界繫見滅道所斷有漏緣隨眠相應無明云何無漏緣謂

色界繫見滅道所斷有漏緣隨眠不相應無明無色界繫三十一隨眠亦尒九十八隨眠幾有為緣幾無為緣荅八十九有為緣六無為緣三應分別謂見滅所斷無明隨眠或有為緣或無為緣云何有為緣謂見滅所斷有為緣隨眠相應無明云何無為緣謂見滅所斷有為緣隨眠不相應無明欲界繫三十六隨眠幾有為緣幾無為緣荅三十三有為緣二無為緣一應分別謂欲界繫見滅所斷無明隨眠或有為緣或無為緣云何有為緣謂欲界繫見滅所斷有為緣隨眠相應無明云何無為緣謂欲界繫見滅所斷有為緣隨眠不相應無明色界繫三十一隨眠幾有為緣幾無為緣荅二十八有為緣二無為緣一應分別謂色界繫見滅所斷無明隨眠或有為緣或無為緣云何有為緣謂色界繫見滅所斷有為緣隨眠相應無明云何無為緣謂色界繫見滅所斷有為緣隨眠不相應無明無色界繫三十一隨眠亦尒

阿毗達磨品類足論卷第三　第十六張　技

九十八隨眠幾所緣故隨增非相應故幾相應故隨增非所緣故幾所緣故隨增亦相應故幾非所緣故隨增非相應故荅所緣故隨增非相應故者無相應故隨增非所緣故者謂無漏緣隨眠所緣故隨增亦相應故者謂有漏緣隨眠非所緣故隨增非相應故者無如不定繫欲界繫色界繫無色界繫亦尒

有二十法謂見苦所斷法見集所斷法見滅所斷法見道所斷法修所斷法如不定繫欲界繫色界繫無色界繫亦尒於見苦所斷法幾隨眠隨增荅見苦所斷一切及見集所斷遍行隨眠於見集所斷法幾隨眠隨增荅見集所斷一切及見苦所斷遍行隨眠於見滅所斷法幾隨眠隨增荅見滅所斷一切及遍行隨眠於見道所斷法幾隨眠隨增荅見道所斷一切及遍行隨眠於修所斷法幾隨眠隨增荅修所斷一切及遍行隨眠如不定繫欲界繫色界繫無色界繫亦尒於見苦所斷法幾隨眠所緣故隨增

阿毗達磨品類足論卷第三　第十七張　技

非相應故幾隨眠相應故隨增非所緣故幾隨眠所緣故隨增亦相應故幾隨眠非所緣故隨增非相應故荅所緣故隨增非相應故者謂見集所斷遍行隨眠相應故隨增非所緣故者無所緣故隨增亦相應故者謂見苦所斷一切隨眠非所緣故隨增非相應故者謂見集所斷非遍行及見滅道修所斷一切隨眠於見集所斷法幾隨眠所緣故隨增非相應故幾隨眠相應故隨增非所緣故幾隨眠所緣故隨增亦相應故幾隨眠非所緣故隨增非相應故荅所緣故隨增非相應故者謂見苦所斷遍行隨眠相應故隨增非所緣故者無所緣故隨增亦相應故者謂見集所斷一切隨眠非所緣故隨增非相應故者謂見苦所斷非遍行及見滅道修所斷一切隨眠於見滅所斷法幾隨眠所緣故隨增非相應故幾隨眠相應故隨增非所緣故幾隨眠所緣故隨增亦相應故幾隨眠非所緣故隨增非相應故荅所緣故隨增非相應故者

阿毗達磨品類足論卷第三　第十八張　技

謂遍行隨眠相應故隨增非所緣故者謂見滅所斷無漏緣隨眠所緣故隨增亦相應故者謂見滅所斷有漏緣隨眠非所緣故隨增非相應故者謂見苦集所斷非遍行及見道修所斷一切隨眠於見道所斷法幾隨眠所緣故隨增非相應故幾隨眠相應故隨增非所緣故幾隨眠所緣故隨增亦相應故幾隨眠非所緣故隨增非相應故答所緣故隨增非相應故者謂遍行隨眠相應故隨增非所緣故者謂見道所斷無漏緣隨眠所緣故隨增亦相應故者謂見道所斷有漏緣隨眠非所緣故隨增非相應故者謂見苦集所斷非遍行及見滅修所斷一切隨眠於修所斷法幾隨眠所緣故隨增非相應故幾隨眠相應故隨增非所緣故幾隨眠所緣故隨增亦相應故幾隨眠非所緣故隨增非相應故答所緣故隨增非相應故者謂遍行隨眠相應故隨增非所緣故者無所緣故隨增亦相應故者謂修所斷一切隨眠非所緣故隨增非相

應故者謂見苦集所斷非遍行及見滅道所斷一切隨眠如不定繫欲界繫色界繫無色界繫亦尒

說一切有部品類足論卷第三

乙巳歲高麗國大藏都監奉
勅雕造

阿毗達磨品類足論卷第三

校勘記

一　底本，麗藏本。
一　一七頁上四行「之餘」，[徑]、[清]作「之二」。
一　一七頁上五行第五字「信」，諸本（不含[石]，下同）作「信信」。
一　一七頁上一四行第七字「怖」，[清]作「惟」。
一　一七頁下三行第七字「妬」，[資]作「妒」。
一　一七頁下一四行第一二字「裁」，諸本作「栽」。
一　一八頁中一四行第二字「已」，諸本作「色」。
一　一九頁上一一行「十二」，[磧]、[普]、[南]、[徑]、[清]作「十一」。
一　一九頁下一七行第二字「三」，諸本作「二」。
一　二〇頁上五行「品類足論」，諸本無。同行「之一」，[資]、[磧]、[普]、[南]無。

阿毗達磨品類足論卷第四

尊者世友造
三藏法師玄奘奉　詔譯

辯隨眠品第五之二

有惟二十法謂惟見苦所斷法惟見集所斷法惟見滅所斷法惟見道所斷法惟修所斷法如不定繫欲界繫色界繫無色界繫亦尒於惟見苦所斷法幾隨眠隨增荅惟見苦所斷非遍行隨眠於惟見集所斷法幾隨眠隨增荅惟見集所斷非遍行隨眠於惟見滅所斷法幾隨眠隨增荅惟見滅所斷一切隨眠於惟見道所斷法幾隨眠隨增荅惟見道所斷一切隨眠於惟修所斷法幾隨眠隨增荅惟修所斷一切隨眠如不定繫欲界繫色界繫無色界繫亦尒

於惟見苦所斷法幾隨眠所緣故隨增非相應故幾隨眠相應故隨增非所緣故幾隨眠所緣故隨增亦相應故幾隨眠非所緣故隨增非相應故荅所緣故隨增非相應故者無相應故隨增非所緣故者無所緣故隨增亦相應故者謂惟見苦所斷非遍行隨眠非所緣故隨增非相應故者無於惟見集所斷法幾隨眠所緣故隨增非相應故幾隨眠相應故隨增非所緣故幾隨眠所緣故隨增亦相應故幾隨眠非所緣故隨增非相應故荅所緣故隨增非相應故者無相應故隨增非所緣故者無所緣故隨增亦相應故者謂惟見集所斷非遍行隨眠非所緣故隨增非相應故者無於惟見滅所斷法幾隨眠所緣故隨增非相應故幾隨眠相應故隨增非所緣故幾隨眠所緣故隨增亦相應故幾隨眠非所緣故隨增非相應故荅所緣故隨增非相應故者無相應故隨增非所緣故者謂見滅所斷無漏緣隨眠所緣故隨增亦相應故者謂見滅所斷有漏緣隨眠非所緣故隨增非相應故者無於惟見道所斷法幾隨眠所緣故隨增非相應故幾隨眠相應故隨增非所緣故幾隨眠所緣故隨增亦相應故幾隨眠非所

阿毗達磨品類足論卷第四　第三張　持字号

緣故隨增非相應故答所緣故隨增非相應故者無相應故隨增非所緣故者謂見道所斷無漏緣隨眠所緣故隨增亦相應故者謂見道所斷有漏緣隨眠非所緣故隨增非相應故者無於惟修所斷法幾隨眠所緣故隨增非相應故幾隨眠相應故隨增非所緣故幾隨眠所緣故隨增亦相應故幾隨眠非所緣故隨增非相應故答所緣故隨增非相應故者無相應故隨增非所緣故者無所緣故隨增亦相應故者謂惟修所斷一切隨眠非所緣故隨增非相應故者無

有二十心謂見苦所斷心見集所斷心見滅所斷心見道所斷心修所斷心如不定繫欲界繫色界繫無色界繫亦尒於見苦所斷心幾隨眠隨增答見苦所斷一切及見集所斷遍行隨眠於彼相應法及彼等起心不相應行亦尒於見集所斷心幾隨眠隨增答見集所斷一切及見苦所斷遍行隨眠於彼相應法及彼等起心不相應行亦尒於見滅所斷心幾隨眠

隨增答見滅所斷一切及遍行隨眠於彼相應法亦尒於彼等起心不相應行見滅所斷有漏緣及遍行隨眠於見道所斷心幾隨眠隨增答見道所斷一切及遍行隨眠於彼相應法亦尒於彼等起心不相應行見道所斷有漏緣及遍行隨眠於修所斷心幾隨眠隨增答修所斷一切及遍行隨眠於彼相應法及彼等起心不相應行亦尒如不定繫欲界繫色界繫無色界繫亦尒

於見苦所斷心幾隨眠所緣故隨增非相應故幾隨眠相應故隨增非所緣故幾隨眠所緣故隨增亦相應故幾隨眠非所緣故隨增非相應故答所緣故隨增非相應故者謂見集所斷遍行隨眠相應故隨增非所緣故者無所緣故隨增亦相應故者謂見苦所斷一切隨眠非所緣故隨增非相應故者謂見集所斷非遍行及見滅道修所斷一切隨眠於彼相應法亦尒於彼等起心不相應行見苦所斷一切及見集所斷遍行隨眠所緣

故隨增非相應故諸餘隨眠於彼非所緣故隨增非相應故於見集所斷心幾隨眠所緣故隨增非相應故幾隨眠相應故隨增非所緣故幾隨眠所緣故隨增亦相應故幾隨眠非所緣故隨增非相應故答所緣故隨增非相應故者謂見苦所斷遍行隨眠相應故隨增非所緣故者無所緣故隨增亦相應故者謂見集所斷一切隨眠非所緣故隨增非相應故者謂見苦所斷非遍行及見滅道修所斷一切隨眠於彼相應法亦尒於彼等起心不相應行見集所斷一切及見苦所斷遍行隨眠所緣故隨增非相應故諸餘隨眠於彼非所緣故隨增非相應故於見滅所斷心幾隨眠所緣故隨增非相應故幾隨眠相應故隨增非所緣故幾隨眠所緣故隨增亦相應故幾隨眠非所緣故隨增非相應故答所緣故隨增非相應故者謂遍行隨眠相應故隨增非所緣故者謂見滅所斷無漏緣隨眠所緣故隨增亦相應故者謂見滅所斷有漏

緣隨眠非所緣故隨增非相應故者
謂見苦集所斷非遍行及見道修所
斷一切隨眠於彼相應法亦尒於彼
等起心不相應行見滅所斷有漏緣
及遍行隨眠所緣故隨增非相應故
諸餘隨眠於彼非所緣故隨增非相
應故於見道所斷心幾隨眠所緣故
隨增非相應故幾隨眠相應故隨增
非所緣故幾隨眠所緣故隨增亦相
應故幾隨眠非所緣故隨增非相應
故答所緣故隨增非相應故者謂遍
行隨眠相應故隨增非所緣故者謂
見道所斷無漏緣隨眠所緣故隨增
亦相應故者謂見道所斷有漏緣隨
眠非所緣故隨增非相應故者謂見
苦集所斷非遍行及見滅修所斷一
切隨眠於彼相應法亦尒於彼等起
心不相應行見道所斷有漏緣及遍
行隨眠所緣故隨增非相應故諸餘
隨眠於彼非所緣故隨增非相應故
於修所斷心幾隨眠所緣故隨增非
相應故幾隨眠相應故隨增非所緣
故幾隨眠所緣故隨增亦相應故幾

隨眠非所緣故隨增亦非相應故答
所緣故隨增非相應故者謂遍行隨
眠相應故隨增非所緣故者無所緣
故隨增亦相應故者謂修所斷一切
隨眠非所緣故隨增非相應故者謂
見苦集所斷非遍行及見滅道所斷
一切隨眠於彼相應法亦尒於彼等
起心不相應行修所斷一切及遍行
隨眠所緣故隨增非相應故諸餘隨
眠於彼非所緣故隨增非相應故如不
定繫欲界繫色界繫無色界繫亦尒
有四十八心謂見滅所斷邪見相應
心見滅所斷疑相應心見滅所斷邪
見疑相應心見滅所斷邪見不相應
心見滅所斷疑不相應心見滅所斷
邪見疑不相應心見道所斷心亦尒
如不定繫欲界繫色界繫無色界繫
亦尒於見滅所斷邪見相應心幾隨
眠隨增答見滅所斷邪見及彼相應
無明若見滅所斷有漏緣若遍行隨
眠於彼相應法亦尒於彼等起心不
相應行見滅所斷有漏緣及遍行隨
眠於見滅所斷疑相應心幾隨眠隨

增答見滅所斷疑及彼相應無明若
見滅所斷有漏緣若遍行隨眠於彼
相應法亦尒於彼等起心不相應行
見滅所斷有漏緣及遍行隨眠於見
滅所斷邪見疑相應心幾隨眠隨增
答見滅所斷邪見疑及彼相應無明
若見滅所斷有漏緣若遍行隨眠於
彼相應法亦尒於彼等起心不相應
行見滅所斷有漏及遍行隨眠於見
滅所斷邪見不相應心幾隨眠隨增
答除見滅所斷邪見及彼相應無明
諸餘見滅所斷一切及遍行隨眠於
彼相應法亦尒於彼等起心不相應
行見滅所斷有漏緣及遍行隨眠於
見滅所斷疑不相應心幾隨眠隨增
答除見滅所斷疑及彼相應無明諸
餘見滅所斷一切及遍行隨眠於彼
相應法亦尒於彼等起心不相應行
見滅所斷有漏緣及遍行隨眠於見
滅所斷邪見疑不相應心幾隨眠隨
增答除見滅所斷邪見疑及彼相應
無明諸餘見滅所斷一切及遍行隨
眠於彼相應法亦尒於彼等起心不

相應行見滅所斷有漏緣及遍行隨眠見道所斷心亦尒如不定繫欲界繫色界繫無色界繫亦尒

於見滅所斷邪見相應心幾隨眠所緣故隨增非相應故幾隨眠相應故隨增非所緣故幾隨眠所緣故隨增亦相應故幾隨眠非所緣故隨增非相應故荅所緣故隨增非相應故者謂見滅所斷有漏緣及遍行隨眠相應故隨增非所緣故者謂見滅所斷邪見及彼相應無明所緣故隨增亦相應故者無非所緣故隨增亦非相應故者謂除見滅所斷邪見彼相應無明諸餘見滅所斷無漏緣及見苦集所斷非遍行并見道修所斷一切隨眠於彼相應法亦尒於彼等起心不相應行見滅所斷有漏緣及遍行隨眠所緣故隨增非相應故諸餘隨眠於彼非所緣故隨增非相應故

於見滅所斷疑相應心幾隨眠所緣故隨增非相應故幾隨眠相應故隨增非所緣故幾隨眠所緣故隨增亦相應故幾隨眠非所緣故隨增非相應故荅所緣故隨增非相應故者謂見滅所斷有漏緣及遍行隨眠相應故隨增非所緣故者謂見滅所斷疑及彼相應無明所緣故隨增亦相應故者無非所緣故隨增非相應故者謂除見滅所斷疑及彼相應無明諸餘見滅所斷無漏緣及見苦集所斷非遍行并見道修所斷一切隨眠於彼相應法亦尒於彼等起心不相應行見滅所斷有漏緣及遍行隨眠所緣故隨增非相應故諸餘隨眠於彼非所緣故隨增非相應故

於見滅所斷邪見疑相應心幾隨眠所緣故隨增非相應故幾隨眠相應故隨增非所緣故幾隨眠所緣故隨增亦相應故幾隨眠非所緣故隨增非相應故荅所緣故隨增相應故者謂見滅所斷有漏緣及遍行隨眠相應故隨增非所緣故者謂見滅所斷邪見疑及彼相應無明所緣故隨增亦相應故者無非所緣故隨增非相應故者謂除見滅所斷邪見疑及彼相應無明諸餘見滅所斷無漏緣及見苦集所斷非遍行并見道修所斷一切隨眠於彼相應法亦尒於彼等起心不相應行見滅所斷有漏緣及遍行隨眠所緣故隨增非相應故諸餘隨眠於彼非所緣故隨增非相應故

於見滅所斷邪見不相應心幾隨眠所緣故隨增非相應故幾隨眠相應故隨增非所緣故幾隨眠所緣故隨增亦相應故幾隨眠非所緣故隨增非相應故荅所緣故隨增非相應故者謂遍行隨眠相應故隨增非所緣故者諸除見滅所斷邪見及彼相應無明諸餘見滅所斷無漏緣隨眠所緣故隨增亦相應故者謂見滅所斷有漏緣隨眠非所緣故隨增非相應故者謂見滅所斷邪見及彼相應無明若見苦集所斷非遍行若見道修所斷一切隨眠於彼相應法亦尒於彼等起心不相應行見滅所斷有漏緣及遍行隨眠所緣故隨增非相應故諸餘隨眠於彼非所緣故隨增非相應故

於見滅所斷疑不相應心幾隨眠所緣故隨增非相應故幾隨眠相應故隨增非

所緣故幾隨眠所緣故隨增亦相應故幾隨眠非所緣故隨增非相應故荅所緣故隨增非相應故者謂遍行隨眠相應故隨增非所緣故者謂除見滅所斷疑及彼相應無明諸餘見滅所斷無漏緣隨眠所緣故隨增亦相應故者謂見滅所斷有漏緣隨眠非所緣故隨增非相應故者謂見滅所斷疑及彼相應無明若見苦集所斷非遍行若見道修所斷一切隨眠於彼相應法亦尒於彼等起心不相應行見滅所斷有漏緣及遍行隨眠所緣故隨增非相應故諸餘隨眠於彼非所緣故隨增非相應故於見滅所斷邪見疑不相應心幾隨眠所緣故隨增非相應故幾隨眠相應故隨增非所緣故幾隨眠所緣故隨增亦相應故幾隨眠非所緣故隨增非相應故荅所緣故隨增非相應故者謂遍行隨眠相應故隨增非所緣故者謂除見滅所斷邪見疑及彼相應無明諸餘見滅所斷無漏緣隨眠所緣故隨增亦相應故者謂見滅所斷有漏緣隨眠非所緣故隨增非相應故者謂見滅所斷邪見疑及彼相應無明若見苦集所斷非遍行若見道修所斷一切隨眠於彼相應法亦尒於彼等起心不相應行見滅所斷有漏緣及遍行隨眠所緣故隨增非相應故諸餘隨眠於彼非所緣故隨增非相應故見道所斷心亦尒如不定繫欲界繫色界繫無色界繫亦尒

有三十六隨眠謂見苦所斷十見集所斷七見滅所斷七見道所斷八修所斷四見苦所斷十隨眠云何謂有身見邊執見見苦所斷邪見見取戒禁取疑貪瞋慢無明見集所斷七隨眠云何謂見集所斷邪見見取疑貪瞋慢無明見滅所斷七隨眠云何謂見滅所斷邪見見取疑貪瞋慢無明見道所斷八隨眠云何謂見道所斷邪見見取戒禁取疑貪瞋慢無明修所斷四隨眠云何謂修所斷貪瞋慢無明於有身見幾隨眠隨增荅見苦所斷一切及見集所斷遍行隨眠於彼相應法及彼等起心不相應行亦尒如有身見邊執見見苦所斷邪見見取戒禁取疑貪瞋慢無明亦尒於見集所斷邪見幾隨眠隨增荅見集所斷一切及見苦所斷遍行隨眠於彼相應法及彼等起心不相應行亦尒如見集所斷邪見見取疑貪瞋無明亦尒於見滅所斷邪見幾隨眠隨增荅見滅所斷邪見相應無明及見滅所斷有漏緣并遍行隨眠於彼相應法見滅所斷邪見及彼相應無明若見滅所斷有漏緣若遍行隨眠於彼等起心不相應行見滅所斷有漏緣遍行隨眠見滅所斷疑亦尒於見滅所斷見取幾隨眠隨增荅見滅所斷有漏緣及遍行隨眠於彼相應法及彼等起心不相應行亦尒見滅所斷貪瞋慢亦尒於見滅所斷無明幾隨眠隨增荅除見滅所斷無漏緣無明諸餘見滅所斷一切及遍行隨眠於彼相應法見滅所斷一切及遍行隨眠於彼等起心不相應行見滅所斷有漏緣及遍行隨眠見道所斷亦尒於修所斷貪幾隨眠隨增荅修所

斷一切及遍行隨眠於彼相應法及彼等起心不相應行亦介修所斷瞋慢無明亦介

於有身見幾隨眠所緣故隨增非相應故幾隨眠相應故隨增非所緣故幾隨眠所緣故隨增亦相應故幾隨眠非所緣故隨增非相應故荅所緣故隨增非相應故者謂除有身見相應無明諸餘見苦所斷一切及見集所斷遍行隨眠相應故隨增非所緣故者無所緣故隨增亦相應故者謂有身見相應無明非所緣故隨增非相應故者謂見集所斷非遍行及見滅道修所斷一切隨眠於彼相應法所緣故隨增非相應故者謂除有身見及彼相應無明諸餘見苦所斷一切及見集所斷遍行隨眠相應故隨增非所緣故者無所緣故隨增亦相應故者謂有身見及彼相應無明非所緣故隨增非相應故者謂見集所斷非遍行及見滅道修所斷一切隨眠於彼等起心不相應行見苦所斷一切及見集所斷遍行隨眠所緣故隨增非相應故諸餘隨眠於彼非所緣故隨增非相應故如有身見邊執見見苦所斷邪見見取戒禁取疑貪瞋慢亦介

於見苦所斷無明幾隨眠所緣故隨增非相應故幾隨眠相應故隨增非所緣故幾隨眠所緣故隨增亦相應故幾隨眠非所緣故隨增非相應故荅所緣故隨增非相應故者謂見苦所斷無明及見集所斷遍行隨眠相應故隨增非所緣故者無所緣故隨增亦相應故者謂除見苦所斷無明諸餘見苦所斷一切隨眠非所緣故隨增非相應故者謂見集所斷非遍行及見滅道修所斷一切隨眠於彼相應法所緣故隨增非相應故者謂見集所斷遍行隨眠相應故隨增非所緣故者無所緣故隨增亦相應故者謂見苦所斷一切隨眠非所緣故隨增非相應故者謂見集所斷非遍行及見滅道修所斷一切隨眠於彼等起心不相應行見苦所斷一切及見集所斷遍行隨眠所緣故隨增非相應故諸餘隨眠於彼非所緣故隨增非相應故

於見集所斷邪見幾隨眠所緣故隨增非相應故幾隨眠相應故隨增非所緣故幾隨眠所緣故隨增亦相應故幾隨眠非所緣故隨增非相應故荅所緣故隨增非相應故者謂除見集所斷邪見相應無明諸餘見集所斷一切及見苦所斷遍行隨眠相應故隨增非所緣故者無所緣故隨增亦相應故者謂見集所斷邪見相應無明非所緣故隨增非相應故者謂見苦所斷非遍行及見滅道修所斷一切隨眠於彼相應法所緣故隨增非相應故者謂除見集所斷邪見及彼相應無明諸餘見集所斷一切及見苦所斷遍行隨眠相應故隨增非所緣故者無所緣故隨增亦相應故者謂見集所斷邪見及彼相應無明非所緣故隨增非相應故者謂見苦所斷非遍行及見滅道修所斷一切隨眠於彼等起心不相應行見集所斷一切及見苦所斷遍行隨眠所緣故隨增非相應故諸餘隨眠於彼非所緣故隨增

非相應故如見集所斷邪見見取疑貪瞋慢亦尒於見集所斷無明幾隨眠所緣故隨增非相應故幾隨眠相應故隨增非所緣故幾隨眠所緣故隨增亦相應故幾隨眠非所緣故隨增非相應故荅所緣故隨增非相應故者謂見集所斷無明及見苦所斷遍行隨眠相應故隨增非所緣故者無所緣故隨增亦相應故者謂除見集所斷無明諸餘見集所斷一切隨眠非所緣故隨增非相應故者謂見苦所斷非遍行及見滅道修所斷一切隨眠於彼相應法所緣故隨增非相應故者謂見苦所斷遍行隨眠相應故隨增非所緣故者無所緣故隨增亦相應故者謂見集所斷一切隨眠非所緣故隨增非相應故者謂見苦所斷非遍行及見滅道修所斷一切隨眠於彼等起心不相應行見集所斷一切及見苦所斷遍行隨眠所緣故隨增非相應故諸餘隨眠於彼非所緣故隨增非相應故於見滅所斷邪見幾隨眠所緣故隨增非相應

故幾隨眠相應故隨增非所緣故幾隨眠所緣故隨增亦相應故幾隨眠非所緣故隨增非相應故荅所緣故隨增非相應故者謂見滅所斷有漏緣及遍行隨眠相應故隨增非所緣故者謂見滅所斷邪見相應無明所緣故隨增亦相應故者無非所緣故隨增非相應故者謂除見滅所斷邪見相應無明諸餘見滅所斷無漏緣及見苦集所斷非遍行并見道修所斷一切隨眠於彼相應法所緣故隨增非相應故者謂見滅所斷有漏緣及遍行隨眠相應故隨增非所緣故者謂見滅所斷邪見及彼相應無明所緣故隨增亦相應故者無非所緣故隨增非相應故者謂除見滅所斷邪見及彼相應無明諸餘見滅所斷無漏緣及見苦集所斷非遍行并見道修所斷一切隨眠於彼等起心不相應行見滅所斷有漏緣及遍行隨眠所緣故隨增非相應故諸餘隨眠於彼非所緣故隨增非相應故見滅所斷疑亦尒於見滅所斷見取幾隨

眠所緣故隨增非相應故幾隨眠相應故隨增非所緣故幾隨眠所緣故隨增亦相應故幾隨眠非所緣故隨增非相應故荅所緣故隨增非相應故者謂除見滅所斷見取相應無明諸餘見滅所斷有漏緣及遍行隨眠相應故隨增非所緣故者無所緣故隨增亦相應故者謂見滅所斷見取相應無明非所緣故隨增非相應故者謂見滅所斷無漏緣及見苦集所斷非遍行并見道修所斷一切隨眠於彼相應法所緣故隨增非相應故者謂除見滅所斷見取及彼相應無故隨增非所緣故者無所緣故隨增亦相應故者謂見滅所斷見取及彼相應無明非所緣故隨增非相應故者謂見滅所斷無漏緣及見苦集所斷非遍行并見道修所斷一切隨眠於彼等起心不相應行見滅所斷有漏緣及遍行隨眠所緣故隨增非相應故諸餘隨眠於彼非所緣故隨增非相應故見滅所斷貪瞋慢亦尒

說一切有部品類足論卷第四

阿毗達磨品類足論卷第四　第二十張　抃字号

阿毗達磨品類足論卷第四

校勘記

一　底本，金藏廣勝寺本。

一　二五頁上八行第八字「所」，[徑]作「非」。

一　二六頁下九行第七字「漏」，諸本(不含[石]，下同)作「漏緣」。

一　二七頁上一三行第一二字「彼」，諸本作「及彼」。

一　二七頁上二二行「亦相」，[徑]作「非相」。

一　二七頁中一七行第五字「相」，諸本作「非相」。

一　二七頁下一一行第一二字「諸」，諸本作「謂」。

一　二八頁上一行第七字「所」，[南]作「相」。

一　二八頁上二行第一〇字「增」，[南]作「眠」。

一　二八頁上九行「所斷」，[資]、[磧]、[普]、[南]、[徑]、[清]作「所斷邪見」。

一　二八頁下六行第一三字「瞋」，諸本作「瞋慢」。

一　二八頁下一三行首字「緣」，諸本作「緣及」。

一　三〇頁下一三行末字「無」，諸本作「無明諸餘見滅所斷有漏緣及徧行隨眠相應」。

趙城縣廣勝寺

阿毗達磨品類足論卷第五　枝

尊者世友造

三藏法師玄奘奉　詔譯

辯隨眠品第五之餘

於見滅所斷無明幾隨眠所緣故隨增非相應故幾隨眠相應故隨增非所緣故幾隨眠所緣故隨增亦相應故幾隨眠非所緣故隨增非相應故荅所緣故隨增非相應故者謂見滅所斷有漏緣无明及遍行隨眠相應故隨增非所緣故者謂除見滅所斷无漏緣無明諸餘見滅所斷無漏緣隨眠所緣故隨增亦相應故者謂除見滅所斷有漏緣无明諸餘見滅所斷有漏緣隨眠非所緣故隨增亦非相應故者謂見滅所斷無漏緣无明及見苦集所斷非遍行并見道修所斷一切隨眠於彼相應法所緣故隨增非相應故者謂遍行隨眠相應故隨增非所緣故者謂見滅所斷无漏緣隨眠所緣故隨增亦相應故者謂見滅所斷有漏緣隨眠非所緣故隨

增非相應故者謂見苦集所斷非遍行及見道修所斷一切隨眠於彼等起心不相應行見滅所斷有漏緣及遍行隨眠所緣故隨增非相應故諸餘隨眠於彼非所緣故隨增非相應故見道所斷亦尒於修所斷貪幾隨眠所緣故隨增非相應故幾隨眠相應故隨增非所緣故幾隨眠所緣故隨增亦相應故幾隨眠非所緣故隨增非相應故荅所緣故隨增非相應故者謂除修所斷貪相應無明諸餘修所斷一切及遍行隨眠相應故隨增非所緣故者無所緣故隨增亦相應故者謂修所斷貪相應無明非所緣故隨增非相應故者謂見苦集所斷非遍行及見滅道所斷一切隨眠於彼相應法所緣故隨增非相應故者謂除修所斷貪及彼相應无明諸餘修所斷一切及遍行隨眠相應故隨增非所緣故者无所緣故隨增亦相應故者謂修所斷貪及彼相應无明非所緣故隨增非相應故者謂見苦集所斷非遍行及見滅道所斷一

切隨眠於彼等起心不相應行修所斷一切及遍行隨眠所緣故隨增非相應故諸餘隨眠於彼非所緣故隨增非相應故修所斷瞋慢亦尒於修所斷无明幾隨眠所緣故隨增非相應故幾隨眠相應故隨增非所緣故幾隨眠所緣故隨增亦相應故幾隨眠非所緣故隨增非相應故荅所緣隨增非相應故者謂修所斷无明及遍行隨眠相應故隨增非所緣故者无所緣故隨增亦相應故者謂除修所斷无明諸餘修所斷一切隨眠非所緣故隨增亦非相應故者謂見苦集所斷非遍行及見滅道所斷一切隨眠於彼相應法所緣故隨增非相應故者謂遍行隨眠相應故隨增非所緣故者无所緣故隨增亦相應故者謂修所斷一切隨眠非所緣故隨增非相應故者謂見苦集所斷非遍行及見滅道所斷一切隨眠於彼等起心不相應行修所斷一切及遍行隨眠所緣故隨增非相應故諸餘隨眠於彼非所緣故隨增非相應故

有四十八无明謂見滅所斷邪見相應无明見滅所斷疑相應无明見滅所斷邪見疑相應无明見滅所斷邪見不相應无明見滅所斷疑不相應無明見滅所斷邪見疑不相應无明見道所斷亦尒如不定繫欲界繫色界繫无色界繫亦尒於見滅所斷邪見相應无明幾隨眠隨增荅見滅所斷邪見及見滅所斷有漏緣并遍行隨眠於彼相應法見滅所斷邪見及彼相應无明若見滅所斷有漏緣若遍行隨眠於彼等起心不相應行見滅所斷有漏緣及遍行隨眠於見滅所斷疑相應無明幾隨眠隨增荅見滅所斷疑及見滅所斷有漏緣并遍行隨眠於彼相應法見滅所斷疑及彼相應无明若見滅所斷有漏緣若遍行隨眠於彼等起心不相應行見滅所斷有漏緣及遍行隨眠於見滅所斷邪見疑相應无明幾隨眠隨增荅見滅所斷邪見疑及見滅所斷有漏緣并遍行隨眠於彼相應法見滅所斷邪見疑及彼相應无明若見滅

所斷有漏緣若遍行隨眠於彼等起心不相應行見滅所斷有漏緣及遍行隨眠於見滅所斷邪見不相應无明幾隨眠隨增荅見滅所斷疑及見滅所斷有漏緣并遍行隨眠於彼相應法除見滅所斷邪見及彼相應无明諸餘見滅所斷一切及遍行隨眠於彼等起心不相應行見滅所斷有漏緣及遍行隨眠於見滅所斷疑不相應無明幾隨眠隨增荅見滅所斷邪見及見滅所斷有漏緣并遍行隨眠於彼相應法除見滅所斷及彼相應無明諸餘見滅所斷一切及遍行隨眠於彼等起心不相應行見滅所斷有漏緣及遍行隨眠於見滅所斷邪見疑不相應无明幾隨眠隨增荅見滅所斷有漏緣及遍行隨眠於彼相應法除見滅所斷邪見疑及彼相應无明諸餘見滅所斷一切及遍行隨眠於彼等起心不相應行見滅所斷有漏緣及遍行隨眠見道所斷亦尒如不定繫欲界繫色界繫无色界繫亦尒

於見滅所斷邪見相應無明幾隨眠所緣故隨增非相應故幾隨眠相應故隨增非所緣故幾隨眠所緣故隨增亦相應故幾隨眠非所緣故隨增非相應故荅所緣故隨增非相應故者謂見滅所斷有漏緣及遍行隨眠相應故隨增非所緣故者謂見滅所斷邪見所緣故隨增亦相應故者无非所緣故隨增非相應故者謂除見滅所斷邪見諸餘見滅所斷无漏緣及見苦集所斷非遍行并見道修所斷一切隨眠於彼相應法所緣故隨增非相應故者謂見滅所斷有漏緣及遍行隨眠相應故隨增非所緣故者謂見滅所斷邪見及彼相應無明所緣故隨增亦相應故者无非所緣故隨增非相應故者謂除見滅所斷邪見及彼相應无明諸餘見滅所斷无漏緣及見苦集所斷非遍行并見道修所斷一切隨眠於彼等起心不相應行見滅所斷有漏緣及遍行隨眠所緣故隨增非相應故諸餘隨眠於彼非所緣故隨增非相應故於見

滅所斷疑相應無明幾隨眠所緣故隨增非相應故幾隨眠相應故隨增非所緣故幾隨眠所緣故隨增亦相應故幾隨眠非所緣故隨增非相應故荅所緣故隨增非相應故者謂見滅所斷有漏緣及遍行隨眠相應故隨增非所緣故者謂見滅所斷疑所緣故隨增亦相應故者無非所緣故隨增非相應故者謂除見滅所斷疑諸餘見滅所斷無漏緣及見苦集所斷非遍行并見道修所斷一切隨眠於彼相應法所緣故隨增非相應故者謂見滅所斷有漏緣及遍行隨眠相應故隨增非所緣故者謂見滅所斷疑及彼相應無明所緣故隨增亦相應故者無非所緣故隨增非相應故者謂除見滅所斷疑及彼相應無明諸餘見滅所斷無漏緣及見苦集所斷非遍行并見道修所斷一切隨眠於彼等起心不相應行見滅所斷有漏緣及遍行隨眠所緣故隨增非相應故諸餘隨眠於彼非所緣故隨增非相應故於見滅所斷邪見疑相應

无明幾隨眠所緣故隨增非相應故幾隨眠相應故隨增非所緣故幾隨眠所緣故隨增非相應故幾隨眠非所緣故隨增非相應故荅所緣故隨增非相應故者謂見滅所斷有漏緣及遍行隨眠相應故隨增非所緣故者謂見滅所斷邪見疑所緣故隨增亦相應故者無非所緣故隨增非相應故者謂除見滅所斷邪見疑諸餘見滅所斷无漏緣及見苦集所斷非遍行并見道修所斷一切隨眠於彼相應法所緣故隨增非相應故者謂見滅所斷有漏緣及遍行隨眠相應故隨增非所緣故者謂見滅所斷邪見疑及彼相應无明所緣故隨增亦相應故者無非所緣故隨增非相應故者謂除見滅所斷邪見疑及彼相應無明諸餘見滅所斷无漏緣及見苦集所斷非遍行并見道修所斷一切隨眠於彼等起心不相應行見滅所斷有漏緣及遍行隨眠所緣故隨增非相應故諸餘隨眠於彼非所緣故隨增非相應故於見滅所斷邪見

不相應无明幾隨眠所縁故隨增非相應故幾隨眠相應故隨增非所縁故幾隨眠所縁故隨增亦相應故幾隨眠非所縁故隨增非相應故荅所縁故隨增非相應故者謂見滅所斷有漏縁无明及遍行隨眠相應故隨增非所縁故者謂見滅所斷疑所縁故隨增亦相應故者謂除見滅所斷有漏縁无明諸餘見滅所斷有漏縁隨眠非所縁故隨增非相應故者謂除見滅所斷疑諸餘見滅所斷无漏縁及見苦集所斷非遍行并見道脩所斷一切隨眠於彼相應法所縁故隨增非相應故者謂遍行隨眠相應故隨增非所縁故者謂除見滅所斷邪見及彼相應无明諸餘見滅所斷无漏縁隨眠所縁故隨增亦相應故者謂見滅所斷有漏縁隨眠非所縁故隨增非相應故者謂見滅所斷邪見及彼相應无明若見苦集所斷非遍行若見道脩所斷一切隨眠於彼等起心不相應行見滅所斷有漏縁及遍行隨眠所縁故隨增非相應故

諸餘隨眠於彼非所縁故隨增非相應故於見滅所斷疑不相應無明幾隨眠所縁故隨增非相應故幾隨眠相應故隨增非所縁故幾隨眠所縁故隨增亦相應故幾隨眠非所縁故隨增非相應故荅所縁故隨增非相應故者謂見滅所斷有漏縁無明及遍行隨眠相應故隨增非所縁故者謂見滅所斷邪見所縁故隨增亦相應故者謂除見滅所斷有漏縁無明諸餘見滅所斷有漏縁隨眠非所縁故隨增非相應故者謂除見滅所斷邪見諸餘見滅所斷无漏縁及見苦集所斷非遍行并見道脩所斷一切隨眠於彼相應法所縁故隨增非相應故者謂遍行隨眠相應故隨增非所縁故者謂除見滅所斷疑及彼相應无明諸餘見滅所斷無漏縁隨眠所縁故隨增亦相應故者謂見滅所斷有漏縁隨眠非所縁故隨增非相應故者謂見滅所斷疑及彼相應无明若見苦集所斷非遍行若見道脩所斷一切隨眠於彼等起心不相應行

見滅所斷有漏縁及遍行隨眠所縁故隨增非相應故諸餘隨眠於彼非所縁故隨增非相應故於見滅所斷邪見疑不相應无明幾隨眠所縁故隨增非相應故幾隨眠相應故隨增非所縁故幾隨眠所縁故隨增亦相應故幾隨眠非所縁故隨增非相應故荅所縁故隨增非相應故者謂見滅所斷有漏縁无明及遍行隨眠相應故隨增非所縁故者无所縁故隨增亦相應故者謂除見滅所斷有漏縁无明諸餘見滅所斷有漏縁隨眠非所縁故隨增非相應故者謂見滅所斷无漏縁及見苦集所斷非遍行并見道脩所斷一切隨眠於彼相應法所縁故隨增非相應故者謂遍行隨眠相應故隨增非所縁故者謂除見滅所斷邪見疑及彼相應无明諸餘見滅所斷无漏縁隨眠所縁故隨增亦相應故者謂見滅所斷有漏縁隨眠非所縁故隨增非相應故者謂見滅所斷邪見疑及彼相應无明若見苦集所斷非遍行若見道脩所斷

一切隨眠於彼等起心不相應行見滅所斷有漏緣及遍行隨眠所緣故隨增非相應故諸餘隨眠於彼非所緣故隨增非相應故見道所斷亦尒如不定繫欲界繫色界繫无色界繫亦尒諸隨眠有漏緣彼隨眠所緣相應故隨增耶荅若隨眠所緣相應故隨增彼隨眠有漏緣有隨眠有漏緣彼隨眠非所緣相應故隨增謂緣異界地遍行隨眠此復云何謂諸隨眠欲界繫緣色界繫若諸隨眠欲界繫緣无色界繫若諸隨眠色界繫緣無色界繫若諸隨眠欲界繫緣色无色界繫異地緣亦尒諸隨眠无漏緣彼隨眠相應故隨增耶荅若隨眠無漏緣彼隨眠相應故隨增有隨眠相應故隨增彼隨眠非无漏緣謂緣異界地遍行隨眠此復云何謂諸隨眠欲界繫緣色界繫若諸隨眠欲界繫緣无色界繫若諸隨眠色界繫緣无色界繫若諸隨眠欲界繫緣色无色界繫異地緣亦尒

品類足論辯攝等品第六之一

有所知法所識法所通達法所緣法增上法有色法無色法有見法无見法有對法无對法有漏法无漏法有為法无為法有淨法无淨法世間法出世間法墮界法不墮界法有味著法无味著法耽嗜依法出離依法心法非心法心所法非心所法心相應法心不相應法心俱有法非心俱有法隨心轉法非隨心轉法心為因法非心為因法心為等无間法非心為等无間法心為所緣法非心為所緣法心為增上法非心為增上法心果法非心果法心異熟法非心異熟法業法非業法業相應法業不相應法業俱有法非業俱有法隨業轉法非隨業轉法業為因法非業為因法業為等无間法非業為等無間法業為所緣法非業為所緣法業為增上法非業為增上法業果法非業果法業異熟法非業異熟法有法非有法有相應法有不相應法有俱有法非有俱有法隨有轉法非隨有轉法有為因法非有為因法有為等无間法非有為等無間法有為所緣法非有為所緣法有為增上法非有為增上法有果法非有果法有異熟法非有異熟法所遍知法非所遍知法所應斷法非所應斷法所應修法非所應修法所應證法非所應證法所應習法非所應習法有罪法无罪法黑法白法有覆法无覆法順退法非順退法有記法无記法已生法非已生法正生法非正生法已滅法非已滅法正滅法非正滅法緣起法非緣起法緣已生法非緣已生法因法非因法有因法非有因法因已生法非因已生法因相應法因不相應法結法非結法順結法非順結法取法非取法有執受法无執受法順取法非順取法煩惱法非煩惱法染汙法不染汙法雜染法非雜染法纏法非纏法所纏法非所纏法順纏法非順纏法有所緣法無所緣法有尋法无尋法有伺法無伺法有喜法无喜法有警覺法无警覺法有事法无事法有緣法無緣法有上法无上法遠法近法有量

法无量法見法非見法見處法見相應法見不相應法異生法法非異生法法共異生法不共異生法定法非定法順熱惱法非順熱惱法根法非根法聖諦所攝法非聖諦所攝法俱有法非俱有法相應法不相應法果法非果法有果法无果法異熟法非異熟法有異熟法无異熟法因緣法非因緣法有因緣法無因緣法離法非離法有離法无離法相續法非相續法有相續法无相續法有三法謂善法不善法无記法學法无學法非學非无學法見所斷法修所斷法非所斷法見所斷為因法修所斷為因法非所斷為因法有見有對法无見有對法无見無對法異熟法異熟法法非異熟非異熟法法劣法中法妙法小法大法无量法可意法不可意法非可意非不可意法樂俱行法苦俱行法不苦不樂俱行法俱生法俱住法俱滅法非俱生法非俱住法非俱滅法心俱生法心俱住法心俱滅法非心俱生法非心俱住

法非心俱滅法有三界謂欲界恚界害界復有三界謂出離界无恚界無害界復有三界謂欲界色界无色界復有三界謂色界无色界滅界有三有謂欲有色有無色有有三漏謂欲漏有漏无明漏有三世謂過去世未來世現在世有三言依事謂過去言依事未來言依事現在言依事有三苦性謂苦苦性壞苦性行苦性有三法謂有尋有伺法无尋唯伺法无尋无伺法有三地謂有尋有伺地無尋唯伺地無尋無伺地有三業謂身業語業意業復有三業謂善業不善業无記業復有三業謂學業无學業非學非無學業復有三業謂見所斷業修所斷業非所斷業復有三業謂順現法受業順次生受業順後次受業復有三業謂順樂受業順苦受業順不苦不樂受業

有四念住謂身念住受念住心念住法念住有四正斷謂為令已生惡不善法得永斷故勤修正斷為令未生惡不善法永不生故勤修正斷為令

未生善法生故勤修正斷為令已生善法堅住不忘修滿倍復增廣智作證故勤修正斷有四神足謂欲三摩地斷行成就神足勤三摩地斷行成就神足心三摩地斷行成就神足觀三摩地斷行成就神足有四靜慮謂初靜慮第二靜慮第三靜慮第四靜慮有四聖諦謂苦聖諦集聖諦滅聖諦道聖諦有四无量謂慈无量悲無量喜无量捨无量有四無色謂空無邊處識无邊處無所有處非想非非想處有四聖種謂隨所得衣喜足聖種隨所得食喜足聖種隨所得卧具喜足聖種樂斷樂修聖種有四沙門果謂預流果一來果不還果阿羅漢果有四智謂法智類智他心智世俗智復有四智謂苦智集智滅智道智有四无㝵解謂法无㝵解義无㝵解詞无㝵解辯無㝵解有四緣謂因緣等无間緣所緣緣增上緣有四食謂段食若麁若細觸食意思食識食有四瀑流謂欲瀑流有瀑流見瀑流無明瀑流有四扼謂欲扼有扼見扼無

明扼有四取謂欲取見取戒禁取我語取有四法謂過去法未來法現在法非過去非未來非現在法復有四法謂欲界繫法色界繫法无色界繫法不繫法復有四法謂善為因法不善為因法無記為因法非善為因非不善為因非無記為因法復有四法謂緣有所緣法緣無所緣法緣有所緣緣無所緣法非緣有所緣非緣無所緣法

有五蘊謂色蘊受蘊想蘊行蘊識蘊有五取蘊謂色取蘊受取蘊想取蘊行取蘊識取蘊有五趣謂捺落迦趣傍生趣鬼趣人趣天趣有五煩惱部謂見苦所斷煩惱部見集所斷煩惱部見滅所斷煩惱部見道所斷煩惱部修所斷煩惱部有五法謂色法心法心所法心不相應行法无為法有六界謂地界水界火界風界空界識界有六法謂見苦所斷法見集所斷法見滅所斷法見道所斷法修所斷法非所斷法有七隨眠謂欲貪隨眠瞋隨眠有貪隨眠慢隨眠無明隨眠

見隨眠疑隨眠有七識住謂有色有情身異想異如人一分天是初識住有色有情身異想一如梵衆天劫初時是第二識住有色有情身一想異如極光淨天是第三識住有色有情身一想一如遍淨天是第四識住無色有情超一切色想滅有對想不思惟種種想入无邊空空無邊處具足住如空无邊處天是第五識住无色有情超一切空无邊處入無邊識識无邊處具足住如識無邊處天是第六識住无色有情超一切識無邊處入无所有无所有處具足住如无所有處天是第七識住有七覺支謂念等覺支擇法等覺支精進等覺支喜等覺支輕安等覺支定等覺支捨等覺支有八解脫謂有色觀諸色是初解脫內無色想觀外色是第二解脫淨解脫身作證具足住是第三解脫超一切色想滅有對想不思惟種種想入无邊空空無邊處具足住是第四解脫超一切空无邊處入無邊識識无邊處具足住是第五解脫超一切

識无邊處入无所有無所有處具足住是第六解脫超一切無所有處入非想非非想處具足住是第七解脫超一切非想非非想處入想受滅身作證具足住是第八解脫有八勝處謂內有色想觀外色少若好顯色若惡顯色於彼諸色勝知勝見具如是想是初勝處內有色想觀外色多若好顯色若惡顯色於彼諸色勝知勝見具如是想是第二勝處內無色想觀外色少若好顯色若惡顯色於彼諸色勝知勝見具如是想是第三勝處內无色想觀外色多若好顯色若惡顯色於彼諸色勝知勝見具如是想是第四勝處內無色想觀外諸色若青青顯青現青光猶如烏莫迦華或如婆羅痆斯深染青衣若青青顯青現青光內無色想觀外諸色若青青顯青現青光亦復如是於彼諸色勝知勝見具如是想是第五勝處內无色想觀外諸色若黃黃顯黃現黃光猶如羯尼迦花或如婆羅痆斯深染黃衣若黃黃顯黃現黃光內无

阿毗達磨品類足論卷第五　第二十張　技字号

色想觀外諸色若黃黃顯黃現黃光亦復如是於彼諸色勝知勝見具如是想是第六勝處內無色想觀外諸色若赤赤顯赤現赤光猶如槃豆時縛迦花或如婆羅痆斯染染赤衣若赤赤顯赤現赤光內无色想觀外諸色若赤赤顯赤現赤光亦復如是於彼諸色勝知勝見具如是想是第七勝處內无色想觀外諸色若白白顯白現白光猶如烏殺斯星或如婆羅痆斯極鮮白衣若白白顯白現白光內无色想觀外諸色若白白顯白現白光亦復如是於彼諸色勝知勝見具如是想是第八勝處有八聖道支謂正見正思惟正語正業正命正精進正念正定

大朝國燕京弘法寺刁造僧普輪

說一切有部品類足論卷第五

阿毗達磨品類足論卷第五

校勘記

一　底本，金藏廣勝寺本。

一　三二頁中四行「之餘」，徑、清作「之三」。

一　三二頁中一一行末字「斷」，資、磧、普、南、徑、清作「緣」。

一　三三頁上八行末字「緣」，麗作「緣故」。

一　三三頁中二二行第三字「弁」，磧、南作「若」。

一　三三頁下一二行第一一字「斷」，諸本（不含石，下同）作「斷疑」。

一　三四頁下三行第七字「非」，諸本作「亦」。

一　三五頁中二〇行第一〇字「故」，磧作「緣」。

一　三六頁上末行「品類足論」，徑、清無。同行「之一」，資、磧、普、南無。

一　三六頁中四行「淨法」，諸本皆作「諍法」。

一　三七頁下二二行第二字「暴」，麗作「瀑」。

一　三七頁下二二行至末行「瀑流」，資、磧、普、南、徑、清皆作「暴流」。

一　三七頁下末行第六字「扼」，麗作「軛」。下同。

一　三八頁下一七行「青衣若」，徑作「若青衣」。

一　三八頁下二二行「或如」，徑作「或無」。

一　三九頁上五行「染染」，諸本作「深染」。

阿毗達磨品類足論卷第六　　校

尊者世友造

三藏法師玄奘奉　詔譯

辯攝等品第六之二

有九結謂愛結恚結慢結無明結見結取結疑結嫉結慳結有九有情居謂有色有情身異想異如人及一分天是初有情居有色有情身異想一如梵衆天劫初時是第二有情居有色有情身一想異如極光淨天是第三有情居有色有情身一想一如遍淨天是第四有情居有色有情无想無異想如无想有情天是第五有情居无色有情超一切色想滅有對想不思惟種種想入无邊空空無邊處具足住如空無邊處天是第六有情居无色有情超一切空无邊處入无邊識識无邊處具足住如識无邊處天是第七有情居无色有情超一切識无邊處入無所有無所有處具足住如无所有處天是第八有情居無色有情超一切无所有處入非想非非想處具足住如非想非非想處天是第九有情居有十遍處謂地遍滿一類想上下傍布无二無量是初遍處水遍滿一類想上下傍布無二無量是第二遍處火遍滿一類想上下傍布无二無量是第三遍處風遍滿一類想上下傍布无二無量是第四遍處青遍滿一類想上下傍布无二无量是第五遍處黃遍滿一類想上下傍布无二無量是第六遍處赤遍滿一類想上下傍布无二無量是第七遍處白遍滿一類想上下傍布無二无量是第八遍處空遍滿一類想上下傍布无二無量是第九遍處識遍滿一類想上下傍布無二无量是第十遍處有十无學法謂無學正見正思惟正語正業正命正精進正念正定正勝解正智

有十一法謂有漏色无漏色有漏受无漏受有漏想无漏想有漏行无漏行有漏識無漏識及无為法有十二處謂眼處色處耳處聲處鼻處香處舌處味處身處觸處意處法處有

十八界謂眼界色界眼識界耳界聲界耳識界鼻界香界鼻識界舌界味界舌識界身界觸界身識界意界法界意識界有二十二根謂眼根耳根鼻根舌根身根女根男根命根意根樂根苦根喜根憂根捨根信根精進根念根定根慧根未知當知根已知根具知根有九十八隨眠謂欲界繫三十六色界繫三十一無色界繫三十一如前説

所知法云何謂一切法是智所知隨其事此復云何謂苦智知苦集智知集滅智知滅道智知道復有善世俗智知苦集滅道及虚空非擇滅故説一切法是智所知隨其事是名所知法所識法云何謂一切法是識所識隨其事此復云何謂眼識識色耳識識聲鼻識識香舌識識味身識識觸意識識法眼色眼識耳聲耳識鼻香鼻識舌味舌識身觸身識意法意識故説一切法是識所識隨其事是名所識法所通達法云何通達者謂善慧此以一切法為所通達隨其事此復云何謂苦忍苦智通達苦集忍集智通達集滅忍滅智通達滅道忍道智通達道復有善有漏慧通達苦集滅道及虚空非擇滅故説通達者謂善慧此以一切法為所通達隨其事是名所通達法所緣法云何謂一切法是心心所法所緣隨其事此復云何謂眼識及相應法緣色耳識及相應法緣聲鼻識及相應法緣香舌識及相應法緣味身識及相應法緣觸意識及相應法緣眼色眼識耳聲耳識鼻香鼻識舌味舌識身觸身識意法意識故説一切法是心心所法所緣隨其事是名所緣法增上法云何謂一切有為法互為增上復有無為法與有為法為增上是名增上法

有色法云何謂十處一處少分無色法云何謂一處一處少分有見法云何謂一處无見法云何謂十一處有對法云何謂十處无對法云何謂二處有漏法云何謂十處二處少分无漏法云何謂二處少分有為法云何謂十一處一處少分无為法云何謂一處少分有諍法云何謂十處二處少分无諍法云何謂二處少分世間出世間法隨界不墮界法有味著無味著法耽嗜依出離依法亦尒心法云何謂一處非心法云何謂十一處心所法云何謂若法與心相應此復云何謂受蘊想蘊相應行蘊非心所法云何謂若法心不相應此復云何謂色心不相應行无為心相應法云何謂心所法此復云何謂受蘊想蘊相應行蘊心不相應法云何謂非心所法此復云何謂色心不相應行无為心俱有法云何謂心俱有十一處少分除意處非心俱有法云何謂意處及非心俱有十一處少分隨心轉法云何謂若法與心一生一住一滅此復云何謂一切心所法及道俱有定俱有戒若心若彼法生老住无常是名隨心轉法非隨心轉法云何謂若法不與心一生一住一滅此復云何謂除隨心轉身語業諸餘色法除隨心轉心不相應行諸餘心不相應行及心无為是名非隨心轉法心

為因法云何謂除巳入正性離生補特伽羅初无漏心諸餘心及餘諸餘異生定當入正性離生者未来初無漏心諸餘心及心為因十一處少分是名心為因法非心為因法云何謂巳入正性離生補特伽羅初無漏心及諸餘異生定當入正性離生者未来初无漏心并心為因十一處少分是名非心為因法心為等無間法云何謂心為等無間心心所法若巳生若正生及无想定滅定若巳生若正生是名心為等無間法非心為等无間法云何謂除心為等无間心心所法諸餘心心所法及除心為等无間心不相應行諸餘心不相應行并色无為是名非心為等無間法心為所縁法云何謂若意識及相應法以心為所縁是名心為所縁法非心為所縁法云何謂除心為所縁意識及相應法諸餘意識及相應法若五識身及相應法若色无為心不相應行是名非心為所縁法心為增上法云何謂有為法以心為增上是名心為增

上法非心為增上法云何謂無為法心果法云何謂一切有為法及擇滅非心果法云何謂虚空非擇滅心異熟法云何心異熟十一處少分除聲處非心異熟法云何謂聲處及非心異熟十一處少分

業法云何謂身語業及思非業法云何謂除身語業諸餘色除思諸餘行蘊及三蘊全并无為法業相應法云何謂若法與思相應此復云何謂一切心心所法除思業不相應法云何謂若法思不相應此復云何謂色及思心不相應行无為業俱有法云何謂意處及業俱有十一處少分除思非業俱有法云何謂思及非業俱有十一處少分除意處除業轉法云何謂若法與思一生一住一滅此復云何謂一切心心所法除思及道俱有定俱有戒若思若彼法生老住无常是名隨業轉法非隨業轉法云何謂若法不與思一生一住一滅此復云何謂除隨業轉身語業諸餘色及除隨業轉心不相應行諸餘心不相應

行思及无為是名非除業轉法業為因法云何謂除巳入正性離生補特伽羅初無漏思諸餘思及餘諸餘異生定當入正性離生者未来初無漏思諸餘思及意處并業為因十一處少分是名業為因法非業為因法云何謂巳入正性離生補特伽羅初無漏思及諸餘異生定當入正性離生者未来初无漏思及非業為因十一處少分除意處是名非業為因法業為等無間法云何謂若法心為等無間非業為等无間法云何謂若法非心為等无間業為所縁法云何謂三識身及相應法以業為所縁是名業為所縁法非業為所縁法云何謂除業為所縁三識身及相應法諸餘即此三識身及相應法并餘三識身及相應法若色無為心不相應行是名非業為所縁法業為增上法云何謂有為法以業為增上非業為增上法云何謂无為法業果法云何謂一切有為法及擇滅非業果法云何謂虚空非擇滅業異熟法云何謂業異熟

十一處少分除聲處非業異熟法云何謂聲處及非業異熟十一處少分有法云何謂有漏法非有法云何謂無漏法有相應法云何謂有漏心心所法有不相應法云何謂無漏心心所法及色無為心不相應行有俱有法云何謂有漏法及與有漏法俱生諸无漏法非有俱有法云何謂除有漏俱生諸無漏法諸餘無漏法隨有轉法及有為因法云何謂有漏法非隨有轉法及非有為因法云何謂無漏法有為等无間法云何謂有漏心心所法等无間諸餘有漏無漏心心所法若巳生若正生及無想定滅定若巳生若正生是名有為等无間法非有為等无間法云何謂除有為等无間心心所法諸餘心心所法及餘有為等无間心不相應行諸餘心不相應行并色無為是名非有為等无間法有為所緣法云何謂五識身及相應法若意識及相應法以有為所緣是名有為所緣法非有為所緣法云何謂除以有為所緣意識及相應法諸餘意識及相應法并色無為心不相應行是名非有為所緣法有為增上法云何謂有為法非有為增上法云何謂無為法有果法云何謂有漏法及世俗道所證結斷非有果法云何謂除有果无漏法諸餘无漏法有異熟法云何謂有異熟十一處少分除聲處非有異熟法云何謂聲處及非有異熟十一處少分

所遍知法云何有二遍知一智遍知二斷遍知智遍知所遍知法云何謂一切法皆是智遍知所應知故非智遍知所遍知法云何謂如是法求不可得无法非智所應知故斷遍知所遍知法即是所應斷法此復云何謂有漏法非斷遍知所遍知法即是非所應斷法此復云何謂无漏法所應修法云何謂善有為法非所應修法云何謂不善無記法及擇滅所應證法云何有二作證一智作證二得作證智作證所應證法云何謂一切法皆是智作證所應證故非智作證所應證法云何謂如是法求不可得無法非智所應證故得作證所應證法云何謂一切善法及依定所證无覆無記天眼天耳非得作證所應證法云何謂除依定所證无覆無記天眼天耳諸餘无記法及一切不善法所應習法云何謂善有為法非所應習法云何謂不善无記法及擇滅有罪法云何謂不善及有覆无記法無罪法云何謂善及無覆无記法黑白法有覆无覆法順退非順退法亦尔有記法云何謂善不善法无記法云何謂除善不善諸餘法巳生法云何謂過去現在法非巳生法云何謂未來法及无為正生法云何謂若法未來現前正起非正生法云何謂除未來現前正起法諸餘未來及過去現在并无為法巳滅法云何謂過去法非巳滅法云何謂未來現在及无為法正滅法云何謂若法現在現前正滅非正滅法云何謂除現在現前正滅法證餘現在及過去未來并无為法緣起法云何謂有為法非緣起法云何謂无為法緣巳生非緣巳生法因法

阿毗達磨品類足論卷第六 第十二張 兆字号

非因法有因法非有因法因已生法
非因已生法亦尔因相應法云何謂
一切心心所法因不相應法云何謂
色無為心不相應行
結法云何謂九結非結法云何謂除
九結諸餘法順結法云何謂一切有
漏法非順結法云何謂一切無漏法
取法云何謂四取非取法云何謂除
四取諸餘法有執受法云何謂有執
受九處少分除聲意法處无執受法
云何謂聲意法處及无執受九處少
分順取法云何謂一切有漏法非順
取法云何謂一切无漏法煩惱法云
何謂若法是纏非煩惱法云何謂若
法非纏染汙法云何謂不善及有覆
无記法不染汙法云何謂善及无覆
無記法雜染法云何謂有漏法非雜
染法云何謂無漏法纏法云何謂若
法是煩惱非纏法云何謂若法非煩
惱所纏法云何謂染汙心心所法非
所纏法云何謂不染汙心心所法及
色無為心不相應行順纏法云何謂
有漏法非順纏法云何謂無漏法

阿毗達磨品類足論卷第六 第十三張 林字号

有所緣法云何謂一切心心所法無
所緣法云何謂色无為心不相應行
有尋法云何謂尋相應法無尋法云
何謂尋不相應法有伺法云何謂伺
相應法无伺法云何謂伺不相應法
有喜法云何謂喜根相應法无喜法
云何謂喜根不相應法有警覺法云
何謂作意相應法無警覺法云何謂
作意不相應法有事有緣法云何謂
有為法无事无緣法云何謂无為法
有上法云何謂一切有為法及虛空
非擇滅无上法云何謂擇滅遠法云
何謂過去未來法近法云何謂現在
及无為法有量法云何謂若法果及
異熟俱有量無量法云何謂若法果
及異熟俱無量見法云何謂眼根五
染汙見世俗正見學見无學見非見
法云何謂除眼根諸餘色蘊除餘八
見諸餘行蘊及三蘊全并无為法見
處法云何謂有漏法非見處法云何
謂无漏法見相應法云何謂八見相
應法見不相應法云何謂八見不相
應法

阿毗達磨品類足論卷第六 第十四張 林字号

異生法法云何謂地獄傍生鬼界有
情北俱盧洲人無想有情天諸蘊界
處及生彼業是名異生法法非異生
法法云何謂四通行四無导解四沙
門果无諍願智邊際定大悲滅定空
空无願無願无相无相雜修靜慮現
觀邊世俗智淨居天蘊界處及生彼
業是名非異生法法共異生法云何
謂共有定及共有生此復云何謂如
是定及如是生異生聖者俱容得有
是名共異生法不共異生法云何謂
四通行四無导解四沙門果无諍願
智邊際定大悲滅定空空无願無願
无相无相雜修靜慮現觀邊世俗
智淨居天蘊界處及生彼業是名不
共異生法定法云何謂五無間業及
學无學法非定法云何謂除五无間
業諸餘有漏及无為法順熱惱法云
何謂不善及有覆无記法非順熱惱
法云何謂善及无覆无記法根法云
何謂內六處及法處所攝根法非根
法云何謂外五處及法處所攝非根
法聖諦所攝法云何謂一切有為法

及擇滅非聖諦所攝法云何謂虛空非擇滅

俱有法云何謂一切有為法非俱有法云何謂无為法相應法云何謂一切心心所法不相應法云何謂色無為心不相應行果法云何謂一切有為法及擇滅非果法云何謂虛空非擇滅有果法云何謂一切有為法无果法云何謂无為法異熟法云何謂異熟十一處少分除聲處非異熟法云何謂聲處及非異熟十一處少分有異熟法云何謂不善善有漏法无異熟法云何謂無記无漏法因緣法云何謂一切法非因緣法云何謂如是法求不可得以一切法是因緣故有因緣法云何謂一切有為法无因緣法云何謂无為法離法云何謂欲界繫善戒色无色界繫出離遠離所生善定及學无學法并擇滅非離法云何謂除欲界繫善戒諸餘欲界繫法除色无色界繫出離遠離所生善定諸餘色无色界繫法及虛空非擇滅有離法云何謂一切有為无離法

云何謂無為法相續法云何謂若法以滅法為先或已生或正生此復云何謂過去現在及未來現前正起法如是後法與前法相續是名相續法非相續法云何謂除未來現前正起法諸餘未來及无為法是名非相續法有相續法云何謂若法以滅法為先而已生此復云何謂除過去現在阿羅漢命終時五蘊諸餘過去現在法如是前法有後相續法是名有相續法無相續法云何謂過去現在阿羅漢命終時五蘊及未來并无為法善法云何謂善五蘊及擇滅不善法云何謂不善五蘊無記法云何謂無記五蘊及虛空非擇滅學法云何謂學五蘊無學法云何謂无學五蘊非學非无學法云何謂有漏五蘊及无為法見所斷法云何謂若法隨信隨法行現觀邊忍所斷此復云何謂見所斷八十八隨眠及彼相應法并彼等起心不相應行脩所斷法云何謂若法學見迹脩所斷此復云何謂脩所斷十隨眠及彼相應法若彼等起

身語業若彼等起心不相應行若不染汙有漏法非所斷法云何謂无漏法見所斷為因法云何謂一切染汙法及見所斷法異熟脩所斷為因法云何謂唯一切脩所斷法非所斷為因法云何謂无漏有為法有見有對法云何謂一處無見有對法云何謂九處无見無對法云何謂二處異熟法云何謂異熟十一處少分除聲處異熟法法云何謂不善善有漏法非異熟非異熟法法云何謂除異熟无記法諸餘無記法及善无漏法劣法云何謂不善及有覆无記法中法云何謂善有漏及无覆無記法妙法云何謂無漏有為法及擇滅小法云何謂小信小欲小勝解及彼相應法彼俱有法若諸色法少小微細不多不廣是名小法大法云何謂大信大欲大勝解及彼相應法彼俱有法若諸色法雖復多廣而非無邊無際无量若虛空非擇滅是名大法无量法云何謂無量信无量欲無量勝解及彼相應法彼俱有法若諸色法多廣无

邊无際无量若擇滅是名無量法可意法云何謂若法意所樂不可意法云何謂若法意所不樂非可意非不可意法云何謂若法順捨樂俱行法云何謂若法樂受相應苦俱行法云何謂若法苦受相應不苦不樂俱行法云何謂若法不苦不樂受相應俱生法云何謂有為法有生相故俱住法云何謂有為法有住相故俱滅法云何謂有為法有滅相故非俱生法云何謂无為法無生相故非俱住法云何謂無為法無住相故非俱滅法云何謂無為法无滅相故心俱生法云何謂心俱生十一處少分除意處心俱住法云何謂心隨轉法心俱滅法云何謂心俱滅十處少分除聲意處非心俱生云何謂意處及非心俱生十一處少分非心俱住法云何謂非心隨轉法非心俱滅法云何謂聲意處及非心俱滅十處少分

欲界云何謂欲貪及欲貪相應受想行識若彼等起身語業若彼等起心不相應行是名欲界恚界云何謂

瞋及瞋相應受想行識若彼等起身語業若彼等起心不相應行是名恚界害界云何謂害及害相應受想行識若彼等起身語業若彼等起心不相應行是名害界出離界云何謂出離及出離相應受想行識若彼等起身語業若彼等起心不相應行并擇滅是名出離界无恚界云何謂無瞋及无瞋相應受想行識若彼等起身語業若彼等起心不相應行是名无恚界无害界云何謂不害及不害相應受想行識若彼等起身語業若彼等起心不相應行是名无害界欲界云何謂欲貪隨增法色界云何謂色貪隨增法無色界云何謂無色貪隨增法色界云何謂欲界色界揔名色界无色界云何謂四無色滅界云何謂擇滅非擇滅復次一切色法揔名色界除擇滅非擇滅諸餘非色法揔名无色界擇滅非擇滅揔名滅界

欲有云何謂若業欲界繫取為緣能感當来彼業異熟是名欲有色有云何謂若業色界繫取為緣能感當

来彼業異熟是名色有无色有云何謂若業无色界繫取為緣能感當来彼業異熟是名无色有欲漏云何謂除欲界繫无明諸餘欲界繫結縛隨眠隨煩惱纏是名欲漏有漏云何謂除色無色界繫无明諸餘色无色界繫結縛隨眠隨煩惱纏是名有漏无明漏云何謂三界無智過去世云何謂若諸行已起已等起已生已等生已轉已現轉已集已現已謝已盡已滅已離已變壞是過去墮過去分墮過去類過去世攝是名過去世未来世云何謂若諸行未已起未已等起未已生未已等生未已轉未已現轉未已集未已現未已和合未已現前是未来墮未来分墮未来類未来世攝是名未来世現在世云何謂若諸行已起已等起已生已等生已轉已現轉已集已現正安住未變壞和合現前是名現在墮現在分墮現在類現在世攝是名現在世過去言依事云何謂過去所攝行未来言依事云何謂未来所攝行現在言依事云何

阿毗達磨品類足論卷第六　第主張　枝字号

謂現在所攝行苦苦性云何謂欲界由苦苦故苦壞苦性云何謂色界由壞苦故苦行苦性云何謂無色界由行苦故苦復次不可意諸行由苦苦故苦可意諸行由壞苦故苦非可意非不可意諸行由行苦故苦復次苦受由苦苦故苦樂受由壞苦故苦不苦不樂受由行苦故苦有尋有伺法云何謂尋伺相應法無尋唯伺法云何謂尋不相應伺相應法无尋无伺法云何謂尋伺不相應法有尋有伺地云何謂欲界梵世及一分无漏法无尋唯伺地云何謂從静慮中間得梵大梵及一分無漏法無尋無伺地云何謂一切極光淨一切遍淨一切廣果一切无色及一分無漏法

說一切有部品類足論卷第六

大元大德十年歲次丙午七月　日奉宣雕刊大藏經板　管主八　謹題

刊字作頭何政　沈宗蓬　徐伯祖　局司馮　書

磧沙延聖寺大藏經局沙門　德璋　妙寧　寫

磧沙延聖寺大藏經局沙門　志璨　清表　對讀

磧沙延聖寺大藏經局沙門　惠明　提調

功緣華嚴調經局前海鹽州僧錄志明修證大師　志顯

平江路嘉定州保安報恩禪寺住持沙門　志璿　點對

平江路磧沙延聖寺首座兼管經局沙門　志明

平江路磧沙延聖寺住持兼管經局沙門　志蓮

十四末

前江西吉州路報恩寺官講所開演沙門　克己　校證

陝西鞏昌路廣嚴禪寺講經沙門　善學　校證

陝西泰州觀音院講經律論持戒沙門　海雲　校證

宣授住持平江路開元禪寺佛慧圓照大師　[illegible]　校證

行宣政院所委官杭州路大滌院孤巖居士何　敬德

行宣政院所委官興安府石佛寺住持沙門　普德

勸緣管局功德主行宣政院所委官前松江府僧錄廣福大師　管主八

勸緣都功德主榮祿大夫中書省左丞張　閭

阿毗達磨品類足論卷第六

校勘記

一　底本，金藏廣勝寺本。

一　四一頁中一一行第七字「緣」，諸本（不含石，下同）作「緣法」。同行「眼識」，磧、南作「非識」。

一　四一頁下二二行「諸餘」，資、磧、普、南、徑、清作「諸隨」。

一　四二頁上二行第一二字及本頁下三行第一一字「餘」，諸本作「除」。次頁上一七行末字，資、磧、普、南、徑、清同。

一　四二頁中三行第一〇字「非」，資、磧、普、南、徑、清作「及非」。

一　四二頁中一六行第九字「除」，諸本作「隨」。頁下一行第九字同。

一　四二頁中一九行第四字「戒」，資、磧、普、南、徑、清作「滅」。同行第八字「彼」，資、磧、普、南、徑、清作「滅」。

一　四三頁上二〇行首字「閒」，清作

「問」。

一　四三頁中一一行首字「二」，麗作「一」。

一　四三頁下二一行首字「證」，諸本作「諸」。

一　四四頁下二行「無想」，資、磧、南作「無相」。

一　四六頁上一七行第五字「生」，麗作「生法」。

一　四七頁上卷末經名後，磧有磧沙延聖寺大藏經局成員名録，今附録於卷末。

趙城縣廣勝寺

阿毗達磨品類足論卷第七　枝

尊者世友造

三藏法師玄奘奉　詔譯

辯攝等品第六之三　下馬村秦大佑施雕板三十片

身業云何謂身表及无表語業云何謂語表及无表意業云何謂思善業云何謂善身語業及善思不善業云何謂不善身語業及不善思无記業云何謂无記身語業及無記思學業云何謂學身語業及學思无學業云何謂无學身語業及無學思非學非无學業云何謂有漏身語業及有漏思見所斷業云何謂若業隨信隨法行現觀邊忍所斷此復云何謂見所斷八十八隨眠相應思修所斷業云何謂若業學見迹修所斷此復云何謂修所斷十隨眠相應思及彼等起身語業并不染汙有漏業非所斷業云何謂無漏身語業及無漏思順現法受業云何謂若業此生造作增長彼業即於此生受異熟非餘生是名順現法受業順次生受業云何謂若

業此生造作增長彼業隨第二生受異熟非餘生是名順次生受業順後次受業云何謂若業此生造作增長彼業或隨第三生或隨第四生或復過此受異熟非餘生是名順後次受業順樂受業云何謂欲界繫善業及色界繫乃至第三靜慮地善業順苦受業云何謂不善業順不苦不樂受業云何謂第四靜慮地繫善業及无色界繫善業

身念住云何謂十有色處及法處所攝色受念住云何謂六受身即眼觸所生受乃至意觸所生受心念住云何謂六識身即眼識乃至意識法念住云何謂受所不攝非色法處復次身增上所起善有漏無漏道是名身念住受增上所起善有漏無漏道是名受念住心增上所起善有漏无漏道是名心念住法增上所起善有漏無漏道是名法念住復次緣身所起善有漏无漏慧是名身念住緣受所起善有漏无漏慧是名受念住緣心所起善有漏無漏慧是名心念住緣

法所起善有漏無漏慧是名法念住為令已生惡不善法得永斷故勤修正斷云何謂為令已生惡不善法永斷增上所起善有漏无漏道為令未生惡不善法永不生故勤修正斷云何謂為令未生惡不善法不生增上所起善有漏无漏道為令未生善法生故勤修正斷云何謂為令未生善法得生增上所起善有漏无漏道為令已生善法堅住不忘修滿倍復增廣智作證故勤修正斷云何謂為令已生善法堅住不忘修滿倍復增廣智證增上所起善有漏无漏道欲三摩地斷行成就神足云何謂欲增上所起善有漏無漏道勤三摩地斷行成就神足云何謂勤增上所起善有漏無漏道心三摩地斷行成就神足云何謂心增上所起善有漏無漏道觀三摩地斷行成就神足云何謂觀增上所起善有漏无漏道

初靜慮云何謂初靜慮所攝善五蘊第二靜慮云何謂第二靜慮所攝善五蘊第三靜慮云何謂第三靜慮所

攝善五蘊第四靜慮云何謂第四靜慮所攝善五蘊苦聖諦云何謂五取蘊集聖諦云何謂有漏因滅聖諦云何謂擇滅道聖諦云何謂學无學法

慈无量云何謂慈及慈相應受想行識若彼等起身語業若彼等起心不相應行是名慈無量悲無量云何謂悲及悲相應受想行識若彼等起身語業若彼等起心不相應行是名悲无量喜無量云何謂喜及喜相應受想行識若彼等起身語業若彼等起心不相應行是名喜無量捨无量云何謂捨及捨相應受想行識若彼等起身語業若彼等起心不相應行是名捨无量空無邊處云何此有二種一定二生此中所有受想行識是名空無邊處識無邊處云何此有二種一定二生此中所有受想行識是名識無邊處无所有處云何此有二種一定二生此中所有受想行識是名無所有處非想非非想處云何此有二種一定二生此中所繫受想行識是名非想非非想處

隨所得衣喜足聖種云何謂隨所得衣喜足增上所起善有漏無漏道是名隨所得衣喜足聖種隨所得食喜足聖種云何謂隨所得食喜足增上所起善有漏無漏道是名隨所得食喜足聖種隨所得卧具喜足聖種云何謂隨所得卧具喜足增上所起善有漏無漏道是名隨所得卧具喜足聖種樂斷樂修聖種云何謂樂斷樂修增上所起善有漏無漏道是名樂斷樂修聖種預流果云何此有二種一有為二無為有為預流果云何謂證預流果所有學法已正當得無為預流果云何謂證預流果所有結斷已正當得是名預流果一來果云何此有二種一有為二無為有為一來果云何謂證一來果所有學法已正當得无為一來果云何謂證一來果所有結斷已正當得是名一來果不還果云何此有二種一有為二無為有為不還果云何謂證不還果所有學法已正當得無為不還果云何謂證不還果所有結斷已正當得是名

不還果阿羅漢果云何此有二種一有為二無為有為阿羅漢果云何謂證阿羅漢果所有无學法已正當得无為阿羅漢果云何謂證阿羅漢果所有結斷已正當得是名阿羅漢果法智世智等二種四智如前應知法無㝵解云何謂於名句文身所有不退智義无㝵解云何謂於勝義所有不退智詞无㝵解云何謂於言詞所有不退智辯無㝵解云何謂於無滯應理言詞及於等持自在顯示所有不退智

因緣云何謂一切有為法等无間緣云何謂除過去現在阿羅漢命終時心心所法諸餘過去現在心心所法所緣緣及增上緣云何謂一切法段食云何謂緣段食諸根長養大種增益資助隨資助充悅隨充悅護隨護轉隨轉益隨益是名段食觸食云何謂緣有漏觸諸根長養大種增益資助隨資助充悅隨充悅護隨護轉隨轉益隨益是名觸食意思食云何謂緣有漏思諸根長養大種增益資助

隨資助充悅隨充悅護隨護轉隨轉益隨益是名意思食識食云何謂緣有漏識諸根長養大種增益資助隨資助充悅隨充悅護隨護轉隨轉益隨益是名識食

欲瀑流云何謂除欲界繫見及无明諸餘欲界繫結縛隨眠隨煩惱纏是名欲瀑流有瀑流云何謂除色無色界繫見及無明諸餘色無色界繫結縛隨眠隨煩惱纏是名有瀑流見瀑流云何謂三界五見即有身見邊執見邪見見取戒禁取是名見瀑流無明瀑流云何謂三界無智四軛亦尔欲取云何謂除欲界繫五見諸餘欲界繫結縛隨眠隨煩惱纏是名欲取見取云何謂四見即有身見邊執見邪見見取是名見取戒禁取云何謂如有一取戒言戒能清淨能解脫能出離能超苦樂至超苦樂處取禁言禁能清淨能解脫能出離能超苦樂至超苦樂處取戒禁言戒禁能清淨能解脫能出離能超苦樂至超苦樂處是名戒禁取我語取云何謂除色無

色界繫五見諸餘色無色界繫結縛隨眠隨煩惱纏是名我語取過去法云何謂過去五蘊未來法云何謂未來五蘊現在法云何謂現在五蘊非過去非未來非現在法云何謂无為法欲界繫法云何謂欲界繫五蘊色界繫法云何謂色界繫五蘊无色界繫法云何謂無色界四蘊不繫法云何謂一切無漏法善為因法云何謂善有為法及善法異熟不善為因法云何謂欲界繫染汙及不善法異熟无記為因法云何謂無記有為及不善法非善為因非不善為因非無記為因法云何謂無為法緣有所緣法云何謂緣心心所法意識及相應法緣无所緣法云何謂五識身及相應法并緣色无為心不相應行意識及相應法緣有所緣緣無所緣法云何諸緣心心所法色无為心不相應行意識及相應法非緣有所緣非緣無所緣法云何謂色無為心不相應行五蘊五取蘊如前說捺落迦趣云何謂捺落迦諸有情類同性同類同衆

同分依得事得處得生彼有情无覆无記色受想行識是名㮈落迦趣傍生趣云何謂傍生諸有情類同性同類同衆同分依得事得處得生彼有情无覆无記色受想行識是名傍生趣鬼趣云何謂鬼諸有情類同性同類同衆同分依得事得處得生彼有情無覆无記色受想行識是名鬼趣人趣云何謂人諸有情類同性同類同衆同分依得事得處得生彼有情无覆无記色受想行識是名人趣天趣云何謂天諸有情類同性同類同衆同分依得事得處得生彼有情無覆无記色受想行識是名天趣見苦所斷煩惱部云何謂有煩惱部隨信隨法行苦現觀邊忍所斷此復云何謂見苦所斷二十八隨眠及彼相應諸煩惱衆見集所斷煩惱部云何謂有煩惱部隨信隨法行集現觀邊忍所斷此復云何謂見集所斷十九隨眠及彼相應諸煩惱衆見滅所斷煩惱部云何謂有煩惱部隨信隨法行滅現觀邊忍所斷此復云何謂見滅

所斷十九隨眠及彼相應諸煩惱衆見道所斷煩惱部云何謂有煩惱部隨信隨法行道現觀邊忍所斷此復云何謂見道所斷二十二隨眠及彼相應諸煩惱衆修所斷煩惱部云何謂有煩惱部學見迹修所斷此復云何謂修所斷十隨眠及彼相應煩惱衆

色等五法如前說

地等六界如前說見苦所斷法云何謂若法隨信隨法行苦現觀邊忍所斷此復云何謂見苦所斷二十八隨眠及彼相應法并彼等起心不相應行是名見苦所斷法見集所斷法云何謂若法隨信隨法行集現觀邊忍所斷此復云何謂見集所斷十九隨眠及彼相應法并彼等起心不相應行是名見集所斷法見滅所斷法云何謂若法隨信隨法行滅現觀邊忍所斷此復云何謂見滅所斷十九隨眠及彼相應法并彼等起心不相應行是名見滅所斷法見道所斷法云何謂若法隨信隨法行道現觀邊忍所斷此復云何謂見道所斷二十二

隨眠及彼相應法并彼等起心不相應行是名見道所斷法修所斷法云何謂若法學見迹修所斷此復云何謂修所斷十隨眠及彼相應法若彼等起身語業若彼等起心不相應行若不染汙諸有漏法是名修所斷法非所斷法云何謂諸无漏法欲貪隨眠云何謂於諸欲諸貪等貪執藏防護耽著愛樂瞋隨眠云何謂於有情心懷憤恚欲為損害根栽對㝵憎怒凶悖猛烈暴惡已正當瞋令諸有情乎相違害有貪隨眠云何謂於色无色諸貪等貪執藏防護耽著愛樂慢隨眠云何謂慢已慢當慢心高舉心持䇲無明隨眠云何謂三界無智見隨眠云何謂五染汙見疑隨眠云何謂於諦猶豫初識住云何謂有色有情身異想異如人一分天是初識住此中初者謂隨筭數漸次順次相續次第此最在初彼繫諸色受想行識㧾名識住第二識住云何謂有色有情身異想一如梵衆天劫初時是第二識住此中第二者謂隨筭數漸

次順次相續次第此居第二彼繫諸色受想行識揔名識住第三識住云何謂有色有情身一想異如極光淨天是第三識住此中第三者謂隨筭數漸次順次相續次第此居第三彼繫諸色受想行識揔名識住第四識住云何謂有色有情身一想一如遍淨天是第四識住此中第四者謂隨筭數漸次順次相續次第此居第四彼繫諸色受想行識揔名識住第五識住云何謂無色有情超一切色想滅有對想不思惟種種想入無邊空空无邊處具足住如空無邊處天是第五識住此中第五者謂隨筭數漸次順次相續次第此居第五彼繫諸受想行識揔名識住第六識住云何謂无色有情超一切空無邊處入無邊識識無邊處具足住如識無邊處天是第六識住此中第六者謂隨筭數漸次順次相續次第此居第六彼繫諸受想行識揔名識住第七識住云何謂無色有情超一切識無邊處入無所有無所有處具足住如无所

有處天是第七識住此中第七者謂隨筭數漸次順次相續次第此居第七彼繫諸受想行識揔名識住

念等覺支云何謂聖弟子等於苦思惟苦於集思惟集於滅思惟滅於道思惟道无漏作意相應諸念隨念別念憶念不忘不失不遺不漏不忘法性心明記性是名念等覺支擇法等覺支云何謂聖弟子等於苦思惟苦於集思惟集於滅思惟滅於道思惟道無漏作意相應於法簡擇極簡擇冣極簡擇解了等了遍了近了機黠通達審察聡叡覺明慧行毗鉢舍那决擇法性是名擇法等覺支精進等覺支云何謂聖弟子等於苦思惟苦於集思惟集於滅思惟滅於道思惟道無漏作意相應諸勤精進勇健勢猛熾盛難制勵意不息心勇悍性是名精進等覺支喜等覺支云何謂聖弟子等於苦思惟苦於集思惟集於滅思惟滅於道思惟道无漏作意相應心欣極欣現前極欣欣性欣類適意悅意喜性喜類樂和合不別離歡

欣悅預有堪任性踊躍踊躍性歡喜歡喜性是名喜等覺支輕安等覺支云何謂聖弟子等於苦思惟苦於集思惟集於滅思惟滅於道思惟道無漏作意相應身輕安心輕安已輕安輕類是名輕安等覺支定等覺支云何謂聖弟子等於苦思惟苦於集思惟集於滅思惟滅於道思惟道无漏作意相應諸令心住等住安住近住堅住不乱不散攝止等持心一境性是名定等覺支捨等覺支云何謂聖弟子等於苦思惟苦於集思惟集於滅思惟滅於道思惟道無漏作意相應心平等性心正直性心无警覺寂靜住性是名捨等覺支

初解脫云何謂有色觀諸色是初解脫此中初者謂隨筭數漸次順次相續次第此冣在初又隨入定漸次順次相續次第此冣在初如是定中所有善色受想行識是名解脫第二解脫云何謂內无色想觀外色是第二解脫此中第二者謂隨筭數漸次順次相續次第此居第二又隨入定漸

阿毗達磨品類足論卷第七　第十五張　枝字号

次順次相續次第此居第二如是定中所有善色受想行識是名解脫第三解脫去何謂淨解脫身作證具足住是第三解脫此中第三者謂隨筭數漸次順次相續次第此居第三又隨入定漸次順次相續次第此居第三如是定中所有善色受想行識是名解脫第四解脫去何謂超一切色想滅有對想不思惟種種想入无邊空空無邊處具足住是第四解脫此中第四者謂隨筭數漸次順次相續次第此居第四又隨入定漸次順次相續次第此居第四如是定中所有善受想行識是名解脫第五解脫去何謂超一切空無邊處入無邊識識無邊處具足住是第五解脫此中第五者謂隨筭數漸次順次相續次第此居第五又隨入定漸次順次相續次第此居第五如是定中所有善受想行識是名解脫第六解脫去何謂超一切識无邊處入無所有無所有處具足住是第六解脫此中第六者謂隨筭數漸次順次相續次第此居

阿毗達磨品類足論卷第七　第十六張　枝字号

第六又隨入定漸次順次相續次第此居第六如是定中所有善受想行識是名解脫第七解脫去何謂超一切无所有處入非想非非想處具足住是第七解脫此中第七者謂隨筭數漸次順次相續次第此居第七又隨入定漸次順次相續次第此居第七如是定中所有善受想行識是名解脫第八解脫去何謂超一切非想非非想處入想受滅身作證具足住是第八解脫此中第八者謂隨筭數漸次順次相續次第此居第八又隨入定漸次順次相續次第此居第八如是定中諸解脫勝解脫異極解脫復次若法想微細為因想微細為筭无間是與想不俱義非不成就義是名解脫

初勝處去何謂內有色想觀外色少若好顯色若惡顯色於彼諸色勝知勝見具如是想是初勝處此中初者謂隨筭數漸次順次相續次第此冣在初又隨入定漸次順次相續次第此冣在初如是定中所有善色受想

阿毗達磨品類足論卷第七　第十七張　枝字号

行識是名勝處第二勝處去何謂內有色想觀外色多若好顯色若惡顯色於彼諸色勝知勝見具如是想是第二勝處此中第二者謂隨筭數漸次順次相續次第此居第二又隨入定漸次順次相續次第此居第二如是定中所有善色受想行識是名勝處第三勝處去何謂內無色想觀外色少若好顯色若惡顯色於彼諸色勝知勝見具如是想是第三勝處此中第三者謂隨筭數漸次順次相續次第此居第三又隨入定漸次順次相續次第此居第三如是定中所有善色受想行識是名勝處第四勝處去何謂內無色想觀外色多若好顯色若惡顯色於彼諸色勝知勝見具如是想是第四勝處此中第四者謂隨筭數漸次順次相續次第此居第四又隨入定漸次順次相續次第此居第四如是定中所有善色受想行識是名勝處第五勝處去何謂內無色想觀外諸色若青青顯青現青光猶如烏莫迦花或如婆羅痆斯深

染青衣若青青顯青現青光內无色想觀諸色若青青顯青現青光亦復如是於彼諸色勝知勝見具如是想是第五勝處此中第五者謂隨筭數漸次順次相續次第此居第五又隨入定漸次順次相續次第此居第五如是定中所有善色受想行識是名勝處第六勝處云何謂內無色想觀外諸色若黃黃顯黃現黃光猶如羯尼迦花或如婆羅痆斯深染黃衣若黃黃顯黃現黃光內无色想觀外諸色若黃黃顯黃現黃光亦復如是於彼諸色勝知勝見具如是想是第六勝處此中第六者謂隨筭數漸次順次相續次第此中第六者謂入定漸次順次相續次第此居第六如是定中所有善色受想行識是名勝處第七勝處云何謂內無色想觀外諸色若赤赤顯赤現赤光猶如腶豆時縛迦花或如婆羅痆斯深染赤衣若赤赤顯赤現赤光內無色想觀外諸色若赤赤顯赤現赤光亦復如是於彼諸色勝知勝見具如是想是第七勝處

此中第七者謂隨筭數漸次順次相續次第此居第七又隨入定漸次順次相續次第此居第七如是定中所有善色受想行識是名勝處第八勝處云何謂內無色想觀外諸色若白白顯白現白光猶如烏殺斯星或如婆羅痆斯極鮮白衣若白白顯白現白光內无色想觀外諸色若白白顯白現白光亦復如是於彼諸色勝知勝見具如是想是第八勝處此中第八者謂隨筭數漸次順次相續次第此居第八又隨入定漸次順次相續次第此居第八如是定中所有善色受想行識是名勝處

說一切有部品類足論卷第七

阿毗達磨品類足論卷第七

校勘記

一　底本，金藏廣勝寺本。

一　五〇頁中七行第九字「悲」，南作「業」。

一　五〇頁中二〇行「所有」，徑作「有所」。

一　五〇頁中二二行第一一字「縶」，普、徑、清作「有」。

一　五一頁中六行「瀑流」，資、磧、普、南、徑、清作「暴流」。下同。

一　五一頁中一二行末字「明」，清作「名」。

一　五一頁下一九行首字「諸」，諸本（不含石，下同）作「謂」。

一　五二頁上一九行第九字「行」，資、磧、普、南、徑無。

一　五二頁中一二行第二字「及」，徑作「見」。

一　五三頁上一二行首字「滅」，資、磧、普、南、徑、清作「識」。

一　五三頁上末行第八字「受」，諸本作「處」。

一　五三頁下一行第六字「任」，磧、南、作「住」。

一　五三頁下六行首字「輕」，諸本作「輕安」。

一　五四頁中一〇行第七字「處」，諸本作「受」。

一　五五頁上二行第三字「諸」，清、麗作「外諸」。

一　五五頁上一五行第七字「中」，諸本作「居」。同行「者謂」，諸本作「又隨」。

一　五五頁中一〇行第二字「見」，清作「是」。

趙城縣廣勝寺

阿毗達磨品類足論卷第八　扶

尊者世友造

三藏法師玄奘奉　詔譯

辯攝等品第六之四　部村邵亍者捺障扨三千片

正見云何謂聖弟子等於苦思惟苦於集思惟集於滅思惟滅於道思惟道無漏作意相應於法簡擇極簡擇最極簡擇解了等了遍了近了機黠通達審察聰叡覺明慧行毗鉢舍那是名正見正思惟云何謂聖弟子等於苦思惟苦於集思惟集於滅思惟滅於道思惟道无漏作意相應諸心尋求遍尋求攝度極攝度現前攝度惟究追尋極思惟思惟性是名正思惟正語云何謂聖弟子等於苦思惟苦於集思惟集於滅思惟滅於道思惟道除趣邪命語四惡行於餘語惡行由決擇力所引无漏遠離止息各別遠離寂靜律儀不作不造不行不犯不毁分限堤塘橋梁舩筏棄捨軌則不違不越不違越住是名正語正業云何謂聖弟子等於苦思惟苦於集思惟集於滅思惟滅於道思惟道除趣邪命身三惡行於餘身惡行由決擇力所引无漏遠離止息各別遠離寂靜律儀不作不造不行不犯不毁分限堤塘橋梁舩筏棄捨軌則不違不越不違越住是名正業正命云何謂聖弟子等於苦思惟苦於集思惟集於滅思惟滅於道思惟道於趣邪命身語惡行由決擇力所引无漏遠離止息各別遠離寂靜律儀不作不造不行不犯不毁分限堤塘橋梁舩筏棄捨軌則不違不越不違越住是名正命正精進云何謂聖弟子於苦思惟苦於集思惟集於滅思惟滅於道思惟道无漏作意相應諸勤精進勇健勢猛熾盛難制勵意不息心勇悍性是名正精進正念云何謂聖弟子等於苦思惟苦於集思惟集於滅思惟滅於道思惟道无漏作意相應諸念隨念別念憶念不忘不失不遺不漏不忘法性心明記性是名正念正定云何謂聖弟子等於苦思惟苦於集思惟集於滅思惟滅於道

思惟道無漏作意相應諸念心住等住安住近住堅住不乱不散攝止等持心一境性是名正定

愛結云何謂三界貪恚結云何謂於有情能為損害慯結云何謂七慯類無明結云何謂三界无智見結云何謂三見取結云何謂二取疑結云何謂於諸諦疑惑猶預嫉結云何謂妬忌慳結云何謂心鄙恡

初有情居云何謂有色有情身異想異如人分天是初有情居此中初者謂隨筭數漸次順次相續次第此㝡在初有情居者謂諸有情於此居止各別居止由此顯彼受生處故名有情居第二有情居云何謂有色有情身異想一如梵衆天劫初時是第二有情居此中第二者謂隨筭數漸次順次相續次第此居第二有情居者義如前說第三有情居云何謂有色有情身一想異如極光淨天是第三有情居此中第三者謂隨筭數漸次順次相續次第此居第三有情居者義如前說第四有情居云何謂有色有情身一想一如遍淨天是第四有情居此中第四者謂隨筭數漸次順次相續次第此居第四有情居者義如前說第五有情居云何謂有色有情无想無異想如无想有情天是第五有情居此中第五者謂隨筭數漸次順次相續次第此居第五有情居者義如前說第六有情居云何謂無色有情超一切色想滅有對想不思惟種種想入无邊空空无邊處具足住如空无邊處天是第六有情居此中第六者謂隨筭數漸次順次相續次第此居第六有情居者義如前說第七有情居云何謂无色有情超一切空無邊處入无邊識識无邊處具足住如識无邊處天是第七有情居此中第七者謂隨筭數漸次順次相續次第此居第七有情居者義如前說第八有情居云何謂无色有情超一切識无邊處入无所有无所有處具足住如无所有處天是第八有情居此中第八者謂隨筭數漸次順次相續次第此居第八有情居者義如前說第九有情居云何謂无色有情超一切无所有處入非想非非想處具足住如非想非非想處天是第九有情居此中第九者謂隨筭數漸次順次相續次第此居第九有情居者義如前說

初遍處云何謂地遍滿一類想上下傍布无二無量是初遍處此中初者謂隨筭數漸次順次相續次第此㝡在初又隨入定漸次順次相續次第此㝡在初如是定中所有善色受想行識是名遍處水火風青黃赤白遍處亦尒第九遍處云何謂空遍滿一類想上下傍布无二无量是第九遍處此中第九者謂隨筭數漸次順次相續次第此居第九又隨入定漸次順次相續次第此居第九如是定中所有善受想行識是名遍處識无邊處遍處亦尒無學正見正思惟正語正業正命正精進正念正定如八支聖道說無學正勝解云何謂聖弟子等於苦思惟苦於集思惟集於滅思惟滅於道思惟道无學作意相應已

正當勝解是名無學正勝解无學正智云何謂盡智无生智是名無學正智

有漏色云何謂若諸色有漏有取於此諸色若過去若未来若現在或欲或貪或瞋或癡或隨一一心所隨煩惱應生時生是名有漏色无漏色云何謂若諸色無漏无取於此諸色若過去若未来若現在或欲或貪或瞋或癡或隨一一心所隨煩惱應生時不生是名無漏色有漏無漏受想行識亦介无為法云何謂三無為即虚空非擇滅擇滅十二處十八界如辯七事品已說

眼根云何謂眼於色已正當見及彼同分耳根云何謂耳於聲已正當聞及彼同分鼻根云何謂鼻於香已正當齅及彼同分舌根云何謂舌於味已正當嘗及彼同分身根云何謂身於觸已正當觸及彼同分女根云何謂身根少分男根云何謂身根少分命根云何謂三界壽意根云何謂六識身樂根云何謂順樂受觸所觸時所起身樂心樂平等受受所攝是名樂根苦根云何謂順苦受觸所觸時所起身苦不平等受受所攝是名苦根喜根云何謂順喜受觸所觸時所起心喜平等受受所攝是名喜根憂根云何謂順憂受觸所觸時所起心憂不平等受受所攝是名憂根捨根云何謂順捨受觸所觸時所起身捨心捨非平等非不平等受受所攝是名捨根信根云何謂依出離遠離所生善法諸信信性增上信性忍可欲作欲為欲造心澄淨性是名信根精進根云何謂依出離遠離所生善法諸勤精進勇健勢猛熾盛難制勵意不息心勇悍性是名精進根念根云何謂依出離遠離所生善法諸念隨念別念憶念不忘不失不遺不漏不忘法性心明記性是名念根定根云何謂依出離遠離所生善法諸心住等住安住近住堅住不亂不散攝止等持心一境性是名定根慧根云何謂依出離遠離所生善法於法簡擇極簡擇寂極簡擇解了等了遍了近了機黠通達審察聡叡覺明慧行毗鉢舍那是名慧根未知當知根云何謂已入正性離生補特伽羅諸學慧慧等根由此諸根隨信隨法行於未現觀四聖諦能現觀是名未知當知根已知根云何謂具見已現觀補特伽羅諸學慧慧等根由此諸根信勝解見至身證於已現觀四聖諦能趣上勝所證功德是名已知根具知根云何謂漏盡阿羅漢諸无學慧慧等根由此諸根慧解脫俱分解脫能得現法樂住是名具知根九十八隨眠如前說

所知法所識法所通達法所緣法增上法十八界十二處五蘊攝十智知六識識一切隨眠隨增有色法十一界十一處一蘊攝八智知除他心滅智六識識欲色界遍行及修所斷隨眠隨增無色法八界二處四蘊攝十智知一識識一切隨眠隨增有見法一界一處一蘊攝七智知除他心滅道智二識識欲色界遍行及修所斷隨眠隨增無見法十七界十一處五

蘊攝十智知五識識一切隨眠隨增
有對法十界十處一蘊攝七智知除
他心滅道知六識識欲色界遍行及
脩所斷隨眠隨增无對法八界二處
五蘊攝十智知一識識一切隨眠隨
增有漏法十八界十二處五蘊攝八
智知除滅道智六識識一切隨眠隨
增无漏法三界二處五蘊攝八智知
除苦集智一識識非隨眠隨增有為
法十八界十二處五蘊攝九智知除
滅智六識識一切隨眠隨增无為法
一界一處非蘊攝六智知除他心苦
集道智一識識非隨眠隨增有諍法
十八界十二處五蘊攝八智知除滅
道智六識識一切隨眠隨增无諍法
三界二處五蘊攝八智知除苦集智
一識識非隨眠隨增世間出世間法
墮界不墮界法有味著无味著法耽
嗜依出離依法亦介
心法七界一處一蘊攝九智知除滅
智一識識一切隨眠隨增非心法十
一界十一處四蘊攝十智知六識識
一切隨眠隨增心所法一界一處三

蘊攝九智知除滅智一識識一切隨
眠隨增非心所法十八界十二處三
蘊攝十智知六識識一切隨眠隨增
心相應心不相應法亦介心俱有法
十一界十一處四蘊攝九智知除滅
智六識識一切隨眠隨增非心俱有
法十八界十二處三蘊攝十智知六
識識一切隨眠隨增隨心轉法一界
一處增非隨心轉法十八界十二處
三蘊攝十智知六識識一切隨眠隨
增心為因法十八界十二處五蘊攝
九智知除滅智六識識一切隨眠隨
增非心為因法十三界十二處三蘊
攝十智知六識識三界遍行及脩所
斷隨眠隨增心為等无間法八界二
處四蘊攝九智知除滅智一識識一
切隨眠隨增非心為等无間法十八
界十二處五蘊攝十智知六識識一
切隨眠隨增心為所緣法三界二處
四蘊攝九智知除滅智一識識三界
有為緣隨眠隨增非心為所緣法十
八界十二處五蘊攝十智知六識識
一切隨眠隨增心為增上法十八界

十二處五蘊攝九智知除滅智六識
識一切隨眠隨增非心為增上法一
界一處非蘊攝六智知除他心苦集
道智一識識蘊攝九智知除滅智六識
識一切隨眠隨增識非隨眠隨增心
果法十八界十二處五蘊攝十智知
六識識一切隨眠隨增非心果法一
界一處非蘊攝一智知謂世俗智一
識識非隨眠隨增心異熟法十七界
十一處五蘊攝八智知除滅道智五
識識除耳識三界遍行及脩所斷隨
眠隨增非心異熟法十八界十二處
五蘊攝十智知六識識一切隨眠隨
增業法三界三處二蘊攝九智知除
滅智三識識謂眼耳意識一切隨眠
隨增非業法十八界十二處五蘊攝
十智知六識識一切隨眠隨增業相
應法八界二處四蘊攝九智知除滅
智一識識一切隨眠隨增業不相應
法十一界十一處二蘊攝十智知六
識識一切隨眠隨增業俱有法十八
界十二處五蘊攝九智知除滅智六
識識一切隨眠隨增非業俱有法十

一界十一處二蘊攝十智知六識識一切隨眠隨增隨業轉法八界二處五蘊攝九智知除滅智一識識一切隨眠隨增非隨業轉法十一界十一處二蘊攝十智知六識識一切隨眠隨增業為因法十八界十二處五蘊攝九智知除滅智六識識一切隨眠隨增非業為因法十一界十一處二蘊攝十智知六識識三界遍行及修所斷隨眠隨增業為等无間法八界二處四蘊攝九智知除滅智一識識一切隨眠隨增非業為等无間法十八界十二處五蘊攝十智知六識識一切隨眠隨增業為所緣法五界二處四蘊攝九智知除滅智一識識三界有為緣隨眠隨增非業為所緣法十八界十二處五蘊攝十智知六識識一切隨眠隨增業為增上法十八界十二處五蘊攝九智知除滅智六識識一切隨眠隨增非業為增上法一界一處非蘊攝六智知除他心苦集道智一識識非隨眠隨增業果法十八界十二處五蘊攝十智知六識識一切隨眠隨增非業果法一界一處非蘊攝一智知謂世俗智一識識非隨眠隨增業異熟法十七界十一處五蘊攝八智知除滅道智五識識除耳識三界遍行及修所斷隨眠隨增非業異熟法十八界十二處五蘊攝十智知六識識一切隨眠隨增有法十八界十二處五蘊攝八智知除滅道智六識識一切隨眠隨增非有法三界二處五蘊攝八智知除苦集智一識識非隨眠隨增有相應法八界二處四蘊攝八智知除滅道智一識識一切隨眠隨增有不相應法十三界十二處五蘊攝十智知六識識三界有漏緣隨眠隨增有俱有法十八界十二處五蘊攝九智知除滅智六識識一切隨眠隨增非有俱有法三界二處五蘊攝八智知除苦集智一識識非隨眠隨增隨有轉法有為因法十八界十二處五蘊攝八智知除滅道智六識識一切隨眠隨增非有隨轉法非有為因法三界三處五蘊攝八智知除苦集智一識識非隨眠隨增有為等無間法八界二處四蘊攝九智知除滅智一識識一切隨眠隨增非有為等無間法十八界十二處五蘊攝十智知六識識一切隨眠隨增有為所緣法八界二處四蘊攝九智知除滅智一識識三界有漏緣隨眠隨增非有為所緣法十三界十二處五蘊攝七智知六識識一切隨眠隨增有為增上法十八界十二處五蘊攝九智知除滅智六識識一切隨眠隨增非有為增上法一界一處非蘊攝六智知除他心苦集道智一識識非隨眠隨增有果法十八界十二處五蘊攝九智知除道智六識識一切隨眠隨增非有果法三界二處五蘊攝八智知除苦集知一識識非隨眠隨增有異熟法十七界十一處五蘊攝八智知除滅道智五識識除耳識三界遍行及修所斷隨眠隨增非有異熟法十八界十二處五蘊攝十智知六識識一切隨眠隨增智遍知所遍知法十八界十二處五蘊攝十智知六識識一切隨眠隨增

非智遍知所遍知法非界非處非蘊攝非智知非識識非隨眠隨增以如是法不可得故斷遍知所遍知法即是所應斷法此法十八界十二處五蘊攝八智知除滅道智六識識一切隨眠隨增非斷遍知所遍知法即是非所應斷法此法三界二處五蘊攝八智知除苦集智一識識非隨眠隨增所應修法十界四處五蘊攝九智知除滅智三識識三界遍行及修所斷隨眠隨增非所應修法十八界十二處五蘊攝九智知除道智六識識一切隨眠隨增智作證所應證法十八界十二處五蘊攝十智知六識識一切隨眠隨增非智作證所應證法非界非處非蘊攝非智知非識識非隨眠隨增以如是法不可得故得作證所應證法十二界六處五蘊攝十智知三識識三界遍行及修所斷隨眠隨增非得作證所應證法十八界十二處五蘊攝八智知除滅道智六識識一切隨眠隨增所應習法十界四處五蘊攝九智知除滅習三識識三界遍行及修所斷隨眠隨增非所應習法十八界十二處五蘊攝九智知除道智六識識一切隨眠隨增有罪法十界四處五蘊攝八智知除滅道智三識識一切隨眠隨增无罪法十八界十二處五蘊攝十智知六識識三界遍行及修所斷隨眠隨增黒白法有覆无覆法順退非順退法亦尒有記法十界四處五蘊攝十智知三識識欲界一切色無色界遍行及修所斷隨眠隨增无記法十八界十二處五蘊攝八智知除滅道智六識識色无色界一切欲界二部及見集所斷遍行隨眠隨增

已生法十八界十二處五蘊攝九智知除滅智六識識一切隨眠隨增非已生法十八界十二處五蘊攝十智知六識識一切隨眠隨增正生非正生法已滅非已滅法正滅非正滅法亦尒緣起法十八界十二處五蘊攝九智知除滅智六識識一切隨眠隨增非緣起法一界一處非蘊攝六智知除他心苦集道智一識識非隨眠隨增緣已生非緣已生法因法非因法有因非有因法因已生非因已生法亦尒因相應法八界二處四蘊攝九智知除滅智一識識一切隨眠隨增因不相應法十一界十一處二蘊攝九智知除他心智六識識三界有漏緣隨眠隨增

結法一界一處一蘊攝八智知除滅道智一識識除无漏緣不共無明諸餘一切隨眠隨增非結法十八界十二處五蘊攝十智知六識識一切隨眠隨增順結法十八界十二處五蘊攝八智知除滅道智六識識一切隨眠隨增非順結法三界二處五蘊攝八智知除苦集智一識識非隨眠隨增取法一界一處一蘊攝八智知除滅道智一識識一切隨眠隨增非取法十八界十二處五蘊攝十智知六識識一切隨眠隨增有執受法九界九處一蘊攝七智知除他心滅道智五識識欲色界遍行及修所斷隨眠隨增無執受法十八界十二處五蘊攝十智知六識識一切隨眠隨增順

取法十八界十二處五蘊攝八智知除滅道智六識識一切隨眠隨增非順取法三界二處五蘊攝八智知除苦集智一識識非隨眠隨增煩惱法一界一處一蘊攝八智知除滅道知一識識一切隨眠隨增非煩惱法十八界十二處五蘊攝十智知六識識一切隨眠隨增染汙法十界四處五蘊攝八智知除滅道智三識識一切隨眠隨增不染汙法十八界十二處五蘊攝十智知六識識三界遍行及修所斷隨眠隨增染汙法十八界十二處五蘊攝八智知除滅道智六識識一切隨眠隨增非雜染法三界二處五蘊攝八智知除苦集智一識識非隨眠隨增纏法一界一處一蘊攝八智知除滅道知一識識一切隨眠隨增非纏法十八界十二處五蘊攝十智知六識識一切隨眠隨增所纏法八界二處四蘊攝八智知除滅道智一識識一切隨眠隨增非所纏法十八界十二處五蘊攝十智知六識識三界有漏緣隨眠隨增順纏法十八界十二處五蘊攝八智知除滅道智六識識一切隨眠隨增非順纏法三界二處五蘊攝八智知除苦集智一識識非隨眠隨增

有所緣法八界二處四蘊攝九智知除滅智一識識一切隨眠隨增无所緣法十一界十一處二蘊攝九智知除他心智六識識三界有漏緣隨眠隨增有尋法八界二處四蘊攝九智知除滅智一識識欲色界一切隨眠隨增无尋法十三界十二處五蘊攝十智知六識識一切隨眠隨增有伺無伺法亦尒有喜法三界二處三蘊攝九智知除滅智一識識色界一切除欲界無漏緣疑及彼相應無明諸餘欲界一切隨眠隨增無喜法十八界十二處五蘊攝十智知六識識一切隨眠隨增有警覺法八界二處四蘊攝九智知除滅智一識識一切隨眠隨增無警覺法十一界十一處二蘊攝十智知六識識一切隨眠隨增有事法有緣法有上法十八界十二處五蘊攝九智知除滅智六識識一切隨眠隨增无事法无緣法无上法一界一處非蘊攝六智知除他心苦集道智一識識非隨眠隨增遠法十八界十二處五蘊攝九智知除滅智六識識一切隨眠隨增近法十八界十二處五蘊攝十智知六識識一切隨眠隨增有量無量法亦尒見法二界二處二蘊攝九智知除滅智一識識三界有漏緣及无漏緣見相應無明隨眠隨增非見法十七界十一處五蘊攝十智知六識識一切隨眠隨增見處法十八界十二處五蘊攝八智知除滅道智六識識一切隨眠隨增非見處法三界二處五蘊攝八智知除苦集智一識識非隨眠隨增見相應法三界二處四蘊攝九智知除滅智一識識三界有漏緣并无漏緣見及彼相應无明隨眠隨增見不相應法十八界十二處五蘊攝十智知六識識除無漏緣見諸餘一切隨眠隨增

說一切有部品類足論卷第八

阿毗達磨品類足論卷第八

校勘記

一　底本，金藏廣勝寺本。

一　五七頁中一四行首字「惟」，諸本（不含石，下同）作「推」。

一　五八頁上一行第一一字「念」，諸本作「令」。

一　五八頁上四行首字「憂」，諸本作「愛」。

一　五八頁上一一行第四字「分」，諸本作「一分」。

一　五八頁中二二行第一三字「順」，資、磧、普、南、清作「隨」。

一　五八頁下一八行第三字「善」，資、磧、普、南、徑、清作「善色」。

一　五九頁中一五行第二字「息」，資、磧作「思」。

一　五九頁中二一行首字「止」，磧、南作「正」。

一　六〇頁中九行「一處」下，諸本有「四蘊攝九智知除滅智一識識一切隨眠隨」十七字。

一　六〇頁下四行第五字至五行第七字「蘊……增」十七字，麗無。

一　六一頁中二二行「三界」，資、磧、普、南、徑、清作「二界」。

一　六一頁下八行第八字「七」，諸本作「十」。

一　六二頁上末行「滅習」，諸本作「滅智」。

一　六二頁中一九行第九字「正」，資、磧、普、南作「三」。

一　六三頁上二行首字「除」，資、磧、普、南、徑、清作「遂」。

一　六三頁上一二行「染汙」，資、磧、普、南、徑、清作「雜染」。

一　六三頁上末行「三界……纏法」十二字，資、磧、普、南、徑、清作「一切隨眠隨增所纏法八界二法」十三字。

一　六三頁中四行第六字「眠」，麗作「非」。

一　六三頁中五行第五字「八」，麗作「二」。

一　六三頁中一三行第七字「善」，磧、普、南、徑、清、麗作「喜」。

一　六三頁中一六行首字「餘」，資、磧、南作「除」。

一　六三頁下一八行「見及」，徑作「及見」。

一　六三頁下一九行「十二」，麗作「十一」。

趙城縣廣勝寺

阿毗達磨品類足論卷第九　枝

尊者世友造

三藏法師玄奘奉　詔譯

辯攝等品第六之五

異生法法十八界十二處五蘊攝八智知除滅道智六識識欲色界一切隨眠隨增非異生法法十一界十處五蘊攝十智知四識識三界遍行及修所斷隨眠隨增共異生法十八界十二處五蘊攝八智知除滅道智六識識一切隨眠隨增不共異生法十一界十處五蘊攝十智知四識識三界遍行及修所斷隨眠隨增定法五界四處五蘊攝九智知除滅智三識識欲界遍行及修所斷隨眠隨增非定法十八界十二處五蘊攝九智知除道智六識識一切隨眠隨增順熱惱法十界四處五蘊攝八智知除滅道智三識識一切隨眠隨增非順熱惱法十八界十二處五蘊攝十智知六識識三界遍行及修所斷隨眠隨增根法十三界七處四蘊攝九智知除滅智一識識一切隨眠隨增非根法六界六處三蘊攝十智知六識識一切隨眠隨增聖諦所攝法十八界十二處五蘊攝十智知六識識一切隨眠隨增非聖諦所攝法一界一處非蘊攝一智知謂世俗智一識識非隨眠隨增俱有法十八界十二處五蘊攝九智知除滅智六識識一切隨眠隨增非俱有法一界一處非蘊攝六智知除他心苦集道智一識識非隨眠隨增相應法八界二處四蘊攝九智知除滅智一識識一切隨眠隨增不相應法十一界十一處二蘊攝九智知除他心智六識識三界有漏緣隨眠隨增果法十八界十二處五蘊攝十智知六識識一切隨眠隨增非果法一界一處非蘊攝一智知謂世俗智一識識非隨眠隨增有果法十八界十二處五蘊攝九智知除滅智六識識一切隨眠隨增無果法一界一處非蘊攝六智知除他心苦集道智一識識非隨眠隨增異熟法十七界十一處五蘊攝八智知除滅道智

五識識三界遍行及修所斷隨眠隨
增非異熟法十八界十二處五蘊攝
十智知六識識一切隨眠隨增有異
熟法十界四處五蘊攝八智知除滅
道智三識識欲界一切色无色界遍
行及修所斷隨眠隨增無異熟法十
八界十二處五蘊攝十智知六識識
色無色界一切欲界二部及見集所
斷遍行隨眠隨增因緣法十八界十
二處五蘊攝十智知六識識一切隨
眠隨增非因緣法非界非處非蘊攝
非智知非識識非隨眠隨增以如是
法不可得故有因緣法十八界十二
處五蘊攝九智知除滅智六識識一
切隨眠隨增無因緣法一界一處非
蘊攝六智知除他心苦集道智一識
識非隨眠隨增離法五界四處五蘊
攝十智知三識識三界遍行及修所
斷隨眠隨增非離法十八界十二處
五蘊攝八智知除滅道智六識識一
切隨眠隨增有離法十八界十二處
五蘊攝九智知除滅智六識識一切
隨眠隨增无離法一界一處非蘊攝

六智知除他心苦集道智一識識非
隨眠隨增相續法十八界十二處五
蘊攝九智知除滅智六識識一切隨
眠隨增非相續法十八界十二處五
蘊攝十智知六識識一切隨眠隨增
有相續无相續法亦尒
善法十界四處五蘊攝十智知三識
識三界遍行及修所斷隨眠隨增不
善法十界四處五蘊攝七智知除類
滅道智三識識欲界一切隨眠隨增
无記法十八界十二處五蘊攝八智
知除滅道智六識識色無色界一切
欲界二部及見集所斷遍行隨眠隨
增學無學法三界二處五蘊攝七智
知除苦集滅智一識識非隨眠隨增
非學非無學法十八界十二處五蘊
攝九智知除道智六識識一切隨眠
隨增見所斷法三界二處四蘊攝八
智知除滅道智一識識三界見所斷
一切隨眠隨增修所斷法十八界十
二處五蘊攝八智知除滅道智六識
識三界修所斷一切及遍行隨眠隨
增非所斷法三界二處五蘊攝八智

知除苦集智一識識非隨眠隨增見
所斷為因法十八界十二處五蘊攝
八智知除滅道智六識識一切隨眠
隨增修所斷為因法十八界十二處
五蘊攝八智知除滅道智六識識三
界修所斷一切及遍行隨眠隨增非
所斷為因法三界二處五蘊攝七智
知除苦集滅智二識識非隨眠隨增
有見有對法一界一處一蘊攝七智
知除他心滅道智二識識欲色界遍
行及修所斷隨眠隨增無見有對法
九界九處一蘊攝七智知除他心滅
道智五識識欲色界遍行及修所斷
隨眠隨增无見無對法八界二處五
蘊攝十智知一識識一切隨眠隨增
異熟法十七界十一處五蘊攝八智
知除滅道智五識識三界遍行及修
所斷隨眠隨增異熟法十界四處
五蘊攝八智知除滅道智三識識欲
界一切色無色界遍行及修所斷隨
眠隨增非異熟非異熟法法十八界
十二處五蘊攝十智知六識識色无
色界一切欲界二部及見集所斷遍

行隨眠隨增劣法十界四處五蘊攝八智知除滅道智三識識一切隨眠隨增中法十八界十二處五蘊攝八智知除滅道智六識識三界遍行及修所斷隨眠隨增妙法三界二處五蘊攝八智知除苦集智一識識非隨眠隨增小法大法十八界十二處五蘊攝九智知除滅智六識識一切隨眠隨增無量法可意法不可意法非可意非不可意法十八界十二處五蘊攝十智知六識識一切隨眠隨增樂俱行法八界二處三蘊攝九智知除滅智一識識色界一切除欲界無漏緣疑及彼相應无明識餘欲界一切隨眠隨增苦俱行法八界二處三蘊攝七智知除類滅道智一識識欲界一切隨眠隨增不苦不樂俱行法八界二處三蘊攝九智知除滅智一識識一切隨眠隨增俱生法俱住法俱滅法十八界十二處五蘊攝九智知除滅智六識識一切隨眠隨增非俱生法非俱住法非俱滅法一界一處非蘊攝六智知除他心苦集道智一識識非隨眠隨增心俱生法十一界十一處四蘊攝九智知除滅智六識識一切隨眠隨增心俱住法一界一處四蘊攝九智知除滅智一識識一切隨眠隨增心俱滅法十界十處四蘊攝九智知除滅智五識識一切隨眠隨增非心俱生法非心俱住法非心俱滅法十八界十二處三蘊攝十智知六識識一切隨眠隨增

欲界十界四處五蘊攝七智知除類滅道智三識識欲界有漏緣隨眠隨增恚界亦尒善界五界四處五蘊攝七智知除類滅道智三識識欲界遍行及修所斷隨眠隨增出離界十界四處五蘊攝十智知三識識三界遍行及修所斷隨眠隨增無恚界無害界十界四處五蘊攝九智知除滅智三識識三界遍行及修所斷隨眠隨增欲界十八界十二處五蘊攝七智知除類滅道智六識識欲界一切隨眠隨增色界十四界十處五蘊攝七智知除法滅道智四識識色界一切隨眠隨增无色界三界二處四蘊攝六智知除法他心滅道智一識識无色界一切隨眠隨增欲界色界名色界者十八界十二處五蘊攝八智知除滅道智六識識欲色界一切隨眠隨增四無色名無色界者三界二處四蘊攝六智知除法他心滅道智一識識無色界一切隨眠隨增擇滅非擇滅名滅界者一界一處非蘊攝六智知除他心苦集道智一識識非隨眠隨增復次一切色法揔名色界者十一界十一處一蘊攝八智知除他心滅智六識識欲色界遍行及修所斷隨眠隨增除擇滅非擇滅諸餘非色法揔名無色界者八界二處四蘊攝九智知除滅智一識識一切隨眠隨增擇滅非擇滅揔名滅界如前說

欲有十八界十二處五蘊攝七智知除類滅道知六識識欲界一切隨眠隨增色有十四界十處五蘊攝七智知除法滅道智四識識色界一切隨眠隨增无色有三界二處四蘊攝六智知除法他心滅道智一識識無色界一切隨眠隨增欲漏一界一處一

蘊攝七智知除類滅道智一識識欲界一切隨眠隨增有漏一界一處一蘊攝七智知除法滅道智一識識色无色界一切隨眠隨增無明漏一界一處一蘊攝八智知除滅道智一識識除無漏緣無明諸餘一切隨眠隨增

三世三言依事十八界十二處五蘊攝九智知除滅智六識識一切隨眠隨增欲界由苦苦故苦者十八界十二處五蘊攝七智知除類滅道智六識識欲界一切隨眠隨增色界由壞苦故苦者十四界十處五蘊攝七智知除法滅道智四識識色界一切隨眠隨增無色界由行苦故苦者三界二處四蘊攝六智知除法他心滅道智一識識無色界一切隨眠隨增復次不可意諸行由苦苦故苦可意諸行由壞苦故苦非可意非不可意諸行由行苦故苦苦者皆十八界十二處五蘊攝八智知除滅道智六識識一切隨眠隨增復次苦受由苦苦故苦者一界一處一蘊攝七智知除類滅道智一識識欲界一切隨眠隨增樂受由壞苦故苦者一界一處一蘊攝八智知除滅道智一識識色界一切除欲界无漏緣疑及彼相應无明諸餘欲界一切隨眠隨增不苦不樂受由行苦故苦者一界一處一蘊攝八智知除滅道智一識識一切隨眠隨增有尋有伺法八界二處四蘊攝九智知除滅智一識識欲色界一切隨眠隨增無尋唯伺法三界二處四蘊攝九智知除滅智一識識欲色界一切隨眠隨增無尋無伺法十三界十二處五蘊攝十智知六識識色无色界一切欲界有漏緣隨眠隨增有尋有伺地十八界十二處五蘊攝九智知除滅智六識識欲色界一切隨眠隨增無尋唯伺地三界二處五蘊攝九智知除滅智一識識色界遍行及修所斷隨眠隨增無尋无伺地十一界十處五蘊攝九智知除滅智四識識色無色界一切隨眠隨增

身業二界二處一蘊攝八智知除他心滅智二識識欲色界遍行及修所斷隨眠隨增語業亦尒意業一界一處一蘊攝九智知除滅智一識識一切隨眠隨增善業三界三處二蘊攝九智知除滅智三識識三界遍行及修所斷隨眠隨增不善業三界三處二蘊攝七智知隨類滅道智三識識欲界一切隨眠隨增無記業三界三處二蘊攝八智知除滅道智三識識色无色界一切欲界三部及見集所斷遍行隨眠隨增學業無學業一界一處二蘊攝七智知除苦集滅智一識識非隨眠隨增非學非无學業三界三處二蘊攝八智知除滅道智三識識一切隨眠隨增見所斷業一界一處一蘊攝八智知除滅道智一識識三界見所斷一切隨眠隨增修所斷業三界三處二蘊攝八智知除滅道智三識識三界修所斷一切及遍行隨眠隨增非所斷業一界一處二蘊攝七智知除苦集滅智一識識非隨眠隨增順現法受業順次生受業順後次受業三界三處二蘊攝八智知除滅道智三識識欲界一切色無

色界遍行及修所斷隨眠隨增順樂受業三界三處二蘊攝八智知除滅道智三識識欲色界遍行及修所斷隨眠隨增順苦受業三界三處二蘊攝七智知除類滅道智三識識欲界一切隨眠隨增順不苦不樂業一界一處二蘊攝七智知除法滅道智一識識色無色界遍行及修所斷隨眠隨增身念住十一界十一處一蘊攝八智知除他心滅智六識識欲色界遍行及修所斷除隨眠隨增受念住一界一處一蘊攝九智知除滅智一識識一切隨眠隨增心念住七界一處一蘊攝九智知除滅智一識識一切隨眠隨增法念住一界一處二蘊攝十智知一識識一切隨眠隨增復次身受心法增上所起善有漏無漏道三界二處五蘊攝九智知除滅智一識識三界遍行及修所斷隨眠隨增復次緣身受心法所起善有漏无漏慧一界一處一蘊攝九智知除滅智一識識三界遍行及修所斷隨眠隨增四正斷四神足三界二處五蘊攝九智知除滅智一識識三界遍行及修所斷隨眠隨增四靜慮三界二處五蘊攝九智知除滅智一識識色界遍行及修所斷隨眠隨增苦集聖諦十八界十二處五蘊攝八智知除滅道智六識識一切隨眠隨增滅聖諦一界一處非蘊攝六智知除他心苦集道智一識識非隨眠隨增道聖諦三界二處五蘊攝七智知除苦集滅智一識識非隨眠隨增四無量三界二處五蘊攝七智知除法滅道智一識識色界遍行及修所斷隨眠隨增空無邊處識無邊處无所有處三界二處四蘊攝七智知除法他心滅智一識識無色界一切隨眠隨增非想非非想處三界二處四蘊攝六智知除法他心滅道智一識識無色界一切隨眠隨增四聖種三界三處五蘊攝九智知除滅智一識識三界遍行及修所斷隨眠隨增有為四沙門果三界二處五蘊攝七智知除苦集滅智一識識非隨眠隨增無為四沙門果一界一處非蘊攝六智知除他心苦集道智一識識非隨眠隨增法智一界一處一蘊攝六智知除類苦集滅智一識識非隨眠隨增類智一界一處一蘊攝六智知除法苦集滅智一識識非隨眠隨增他心智一界一處一蘊攝九智知除滅智一識識色界遍行及修所斷隨眠隨增世俗智一界一處一蘊攝八智知除滅道智一識識除無漏緣見諸餘一切隨眠隨增苦集滅道智一界一處一蘊攝七智知除苦集滅智一識識非隨眠隨增法無㝵解一界一處一蘊攝八智知除滅道智一識識欲色界遍行及修所斷隨眠隨增詞无㝵解亦尒義无㝵解一界一處一蘊攝九智知除滅智一識識三界遍行及修所斷隨眠隨增辯無㝵解亦尒

因緣十八界十二處五蘊攝九智知除滅智六識識一切隨眠隨增等无間緣八界二處四蘊攝九智知除滅智一識識一切隨眠隨增所緣緣增上緣十八界十二處五蘊攝十智知六識識一切隨眠隨增叚食三界三

處一蘊攝六智知除類他心滅道智
四識識欲界遍行及修所断隨眠隨
增觸食意思食一界一處一蘊攝八
智知除滅道智一識識一切隨眠隨
增識食七界一處一蘊攝八智知除
滅道智一識識一切隨眠隨增
欲瀑流一界一處一蘊攝七智知除
類滅道智一識識欲界一切隨眠隨
增有瀑流一界一處一蘊攝七智知
除法滅道智一識識色無色界一切
隨眠隨增見瀑流一界一處一蘊攝
八智知除滅道智一識識三界見所
断有漏緣及見相應無漏緣無明隨
眠隨增無明瀑流一界一處一蘊攝
八智知除滅道智一識識除無漏緣
无明諸餘一切隨眠隨增如四瀑流
四軛亦尒欲取一界一處一蘊攝七
智知除類滅道智一識識欲界一切
隨眠隨增見取一界一處一蘊攝八
智知除滅道智一識識三界見所断
有漏緣及无漏緣見相應無明隨眠
隨增戒禁取一界一處一蘊攝八智
知除滅道智一識識三界見苦所断

一切見集所断遍行見道所断有漏
緣隨眠隨增我語取一界一處一蘊
攝七智知除法滅道智一識識色无
色界一切隨眠隨增過去法未來法
現在法十八界十二處五蘊攝九智
知除滅智六識識一切隨眠隨增非
過去非未來非現在法一界一處非
蘊攝六智知除他心苦集道智一識
識非隨眠隨增欲界繫法十八界十
二處五蘊攝七智知除類滅道智六
識識欲界一切隨眠隨增色界繫法
十四界十處五蘊攝七智知除法滅
道智四識識色界一切隨眠隨增无
色界繫法三界二處四蘊攝六智知
除法他心滅道智一識識無色界一
切隨眠隨增不繫法三界二處五蘊
攝八智知除苦集智一識識非隨眠
隨增善為因法十八界十二處五蘊
攝九智知除滅智六識識三界遍行
及修所断隨眠隨增不善為因法十
八界十二處五蘊攝七智知除類滅
道智六識識欲界一切隨眠隨增無
記為因法十八界十二處五蘊攝八

智知除滅道智六識識一切隨眠隨
增非善為因非不善為因非无記為
因法一界一處非蘊攝六智知除他
心苦集道智一識識非隨眠隨增緣
有所緣法三界二處四蘊攝九智知
除滅智一識識三界有為緣隨眠隨
增緣无所緣法八界二處四蘊攝九
智知除滅智一識識一切隨眠隨增
緣有所緣緣無所緣法三界二處四
蘊攝九智知除滅智一識識三界有
為緣隨眠隨增非緣有所緣非緣无
所緣法十一界十一處二蘊攝九智
知除他心智六識識三界有漏緣隨
眠隨增色蘊十一界十一處一蘊攝
八智知除他心滅智六識識欲色界
遍行及修所断隨眠隨增受蘊一界
一處一蘊攝九智知除滅智一識識
一切隨眠隨增想蘊行蘊亦尒識蘊
七界一處一蘊攝九智知除滅智一
識識一切隨眠隨增色取蘊十一界
十一處一蘊攝七智知除他心滅道
智六識識欲色界遍行及修所断隨
眠隨增受取蘊一界一處一蘊攝八

智知除滅道智一識識一切隨眠隨增想取蘊行取蘊亦尒識取蘊七界一處一蘊攝八智知除滅道智一識識一切隨眠隨增地獄趣十八界十二處五蘊攝七智知除類滅道智六識識欲界一切隨眠隨增傍生趣鬼趣人趣亦尒天趣十八界十二處五蘊攝八智知除滅道智六識識三界一切隨眠隨增見苦所斷煩惱部一界一處一蘊攝八智知除滅道智一識識三界見苦所斷一切及見集所斷遍行隨眠隨增見集所斷煩惱部一界一處一蘊攝八智知除滅道智一識識三界見集所斷一切及見苦所斷遍行隨眠隨增見滅所斷煩惱部一界一處一蘊攝八智知除滅道智一識識三界見滅所斷一切及遍行隨眠隨增見道所斷煩惱部一界一處一蘊攝八智知除滅道智一識識三界見道所斷一切及遍行隨眠隨增修所斷煩惱部一界一處一蘊攝八智知除滅道智一識識三界修所斷一切及遍行隨眠隨增色法十一界十一處一蘊攝八智知除他心滅智六識識欲色界遍行及脩所斷隨眠隨增心法七界一處一蘊攝九智知除滅智一識識一切隨眠隨增心所法一界一處三蘊攝九智知除滅智一識識一切隨眠隨增心不相應行法一界一處一蘊攝八智知除他心滅智一識識三界有漏緣隨眠隨增無為法一界一處非蘊攝六智知除他心苦集道智一識識非隨眠隨增

地界一界一處一蘊攝七智知除他心滅道智二識識欲色界遍行及修所斷隨眠隨增水火風空界亦尒識界七界一處一蘊攝八智知除滅道智一識識一切隨眠隨增見苦所斷法三界二處四蘊攝八智知除滅道智一識識三界見苦苦所斷一切及見集所斷遍行隨眠隨增見集所斷法三界二處四蘊攝八智知除滅道智一識識三界見集所斷一切及見苦所斷遍行隨眠隨增見滅所斷法三界二處四蘊攝八智知除滅道智一識識三界見滅所斷一切及遍行隨眠隨增見道所斷法三界二處四蘊攝八智知除滅道智一識識三界見道所斷一切及遍行隨眠隨增修所斷法十八界十二處五蘊攝八智知除滅道智六識識三界脩所斷一切及遍行隨眠隨增非所斷法三界二處五蘊攝八智知除苦集智一識識非隨眠隨增

欲貪隨眠及瞋隨眠一界一處一蘊攝七智知除類滅道智一識識欲界有漏緣隨眠隨增有貪隨眠一界一處一蘊攝七智知除法滅道智一識識色无色界有漏緣隨眠隨增慢隨眠一界一處一蘊攝八智知除滅道智一識識三界有漏緣隨眠隨增無明隨眠一界一處一蘊攝八智知除滅道智一識識除無漏緣無明諸餘一切隨眠隨增見隨眠一界一處一蘊攝八智知除滅道智一識識三界見所斷有漏緣及無漏緣見相應无明隨眠隨增疑隨眠一界一處一蘊攝八智知除滅道智一識識三界見

所斷有漏緣及無漏緣疑相應無明
隨眠隨增

初識住十八界十二處五蘊攝七智
知除類滅道智六識欲界一切隨
眠隨增第二識住十四界十處五蘊
攝七智知除法滅道智四識色界
一切隨眠隨增第三第四識住十一
界十處五蘊攝七智知除法滅道智
四識色界一切隨眠隨增第五第
六第七識住三界二處四蘊攝六智
知除法他心滅道智一識無色界
一切隨眠隨增

說一切有部品類足論卷第九

阿毘達磨品類足論卷第九

校勘記

一　底本，金藏廣勝寺本。

一　六五頁中一八行第九字「攝」，南、清作「識」。

一　六七頁上一四行第一〇字「識」，資、磧、普、南、徑、清作「諸」。

一　六七頁中一二行第六字「善」，諸本（不含石，下同）作「害」。

一　六八頁上一八行末字「諸」，資、磧、普、南、徑、清作「識」。

一　六八頁下六行第七字「隨」，諸本作「除」。

一　六八頁下九行「三部」，資、磧、普、南、徑、清作「二部」。

一　六九頁上八行第一一字「所」，資、磧、普、南、徑、清無。

一　六九頁上一一行第七字「除」，諸本無。

一　六九頁中五行「十二處」，磧、南作「十三處」。

一　六九頁中一八行「三處」，諸本作「二處」。

一　七〇頁上七行「瀑流」，資、磧、普、南、徑、清作「暴流」。下同。

一　七一頁中一八行「苦苦」，諸本作「苦」。

一　七一頁中二一行第三字「識」，諸本作「識識」。

趙城縣廣勝寺

阿毗達磨品類足論卷第十　交

尊者世友造

三藏法師玄奘奉　詔譯

辯攝等品第六之餘

七等覺支若別一界一處一蘊攝若愍一界一處二蘊攝七智知除苦集滅智一識識非隨眠隨增初第二第三解脫三界二處五蘊攝七智知除法滅道智一識識色界遍行及修所斷隨眠隨增第四第五第六解脫三界二處四蘊攝七智知除法他心滅智一識識无色界遍行及修所斷隨眠隨增第七解脫三界二處四蘊攝六智知除法他心滅道智一識識無色界遍行及修所斷隨眠隨增想受滅解脫一界一處一蘊攝六智知除法他心滅道智一識識無色界遍行及修所斷隨眠隨增八勝處三界三處五蘊攝七智知除法滅道智一識識色界遍行及修所斷隨眠隨增八聖道支中正語正業正命一界一處一蘊攝六智知除他心苦集滅智一識識非隨眠隨增餘五聖道支一界一處一蘊攝七智知除苦集滅智一識識非隨眠隨增

愛結慢結一界一處一蘊攝八智知除滅道智一識識三界有漏緣隨眠隨增恚結一界一處一蘊攝七智知除類滅道智一識識欲界有漏緣隨眠隨增无明結一界一處一蘊攝八智知除滅道智一識識除无漏緣無明諸餘一切隨眠隨增見結一界一處一蘊攝八智知除滅道智一識識三界見所斷有漏緣及无漏緣見相應無明隨眠隨增取結一界一處一蘊攝八智知除滅道智一識識三界見所斷有漏緣隨眠隨增疑結一界一處一蘊攝八智知除滅道智一識識三界見所斷有漏緣及无漏緣疑相應無明隨眠隨增嫉結慳結一界一處一蘊攝七智知除類滅道智一識識欲界遍行及修所斷隨眠隨增初有情居十八界十二處五蘊攝七智知除類滅道智六識識欲界一切隨眠隨增第二有情居十四界十處

五蘊攝七智知除法滅道智四識識色界一切隨眠隨增第三第四第五有情居十一界十處五蘊攝七智知除法滅道智四識識色界一切隨眠隨增餘四有情居三界二處四蘊攝六智知除法他心滅道智一識識無色界一切隨眠隨增

前八遍處三界二處五蘊攝七智知除法滅道智一識識色界遍行及修所斷隨眠隨增後二遍處三界二處四蘊攝六智知除法他心滅道智一識識無色界遍行及修所斷隨眠隨增十無學法中正語正業正命一界一處一蘊攝六智知除他心苦集滅智一識識非隨眠隨增餘七无學法一界一處一蘊攝七智知除苦集滅智一識識非隨眠隨增有漏色十一界十一處一蘊攝七智知除他心滅道智六識識欲色界遍行及修所斷隨眠隨增有漏受想行一界一處一蘊攝八智知除滅道智一識識一切隨眠隨增有漏識七界一處一蘊攝八智知除滅道智一識識一切隨眠隨

增無漏色一界一處一蘊攝六智知除他心苦集滅智一識識非隨眠隨增無漏受想行一界一處一蘊攝七智知除苦集滅智一識識非隨眠隨增無漏識二界一處一蘊攝七智知除苦集滅智一識識非隨眠隨增无為法一界一處非蘊攝六智知除他心苦集道智一識識非隨眠隨增眼處一界一處一蘊攝七智知除他心滅道智一識識欲色界遍行及修所斷隨眠隨增如眼處耳鼻舌身處亦介色處一界一處一蘊攝七智知除他心滅道智二識識欲色界遍行及修所斷隨眠隨增如色處聲觸處亦介香處味處一界一處一蘊攝六智知除類他心滅道智二識識欲界遍行及修所斷隨眠隨增意處七界一處一蘊攝九智知除滅智一識識一切隨眠隨增法處一界一處四蘊攝七智知一識識一切隨眠隨增

眼界一界一處一蘊攝七智知除他心滅道智一識識欲色界遍行及修所斷隨眠隨增耳鼻舌身界亦介色

界一界一處一蘊攝七智知除他心滅道智二識識欲色界遍行及修所斷隨眠隨增聲觸界亦介香界味界一界一處一蘊攝六智知除類他心滅道智二識識欲界遍行及修所斷隨眠隨增意界七界一處一蘊攝九智知除滅智一識識一切隨眠隨增法界一界一處四蘊攝十智知一識識一切隨眠隨增眼識界二界一處一蘊攝八智知除滅道智一識識欲色界遍行及修所斷隨眠隨增耳身識界亦介鼻舌識界二界一處一蘊攝七智知除類滅道智一識識欲界遍行及修所斷隨眠隨增意識界二界一處一蘊攝九智知除滅智一識識一切隨眠隨增

眼根一界一處一蘊攝七智知除他心滅道智一識識欲色界遍行及修所斷隨眠隨增耳鼻舌身根亦介女根男根一界一處一蘊攝六智知除類他心滅道智一識識欲界遍行及修所斷隨眠隨增命根一界一處一蘊攝七智知除他心滅道智一識識三界

遍行及修所斷隨眠隨增意根七界一處一蘊攝九智知除滅智一識識一切隨眠隨增樂根一界一處一蘊攝九智知除滅智一識識色界一切欲界遍行及修所斷隨眠隨增苦根一界一處一蘊攝七智知除類滅道智一識識欲界遍行及修所斷隨眠隨增喜根一界一處一蘊攝九智知除滅智一識識色界一切除欲界無漏緣疑及彼相應無明諸餘欲界一切隨眠隨增憂根一界一處一蘊攝七智知除類滅道智一識識欲界一切隨眠隨增捨根一界一處一蘊攝九智知除滅智一識識一切隨眠隨增信根一界一處一蘊攝九智知除滅智一識識三界遍行及修所斷隨眠隨增精進念定慧根亦尒未知當知根三界二處二蘊攝七智知除苦集滅智一識識非隨眠隨增已知根具知根亦尒

欲界繫有身見隨眠一界一處一蘊攝七智知除類滅道智一識識欲界見苦所斷一切及見集所斷遍行隨眠隨增欲界繫邊執見及見苦所斷餘八隨眠亦尒欲界繫見集所斷邪見隨眠一界一處一蘊攝七智知除類滅道智一識識欲界見集所斷一切及見苦所斷遍行隨眠隨增欲界繫見集所斷餘六隨眠亦尒欲界繫見滅所斷邪見隨眠一界一處一蘊攝七智知除類滅道智一識識欲界見滅所斷有漏緣及邪見相應無明并遍行隨眠隨增欲界繫見滅所斷見所隨眠一界一處一蘊攝七智知除類滅道智一識識欲界見滅所斷有漏緣及遍行隨眠隨增欲界繫見滅所斷貪瞋慢隨眠亦尒欲界繫見滅所斷疑隨眠一界一處一蘊攝七智知除類滅道智一識識欲界見滅所斷有漏緣及疑相應无明并遍行隨眠隨增欲界繫見滅所斷无明隨眠一界一處一蘊攝七智知除類滅道智一識識除欲界見滅所斷無漏緣無明諸餘欲界見滅所斷一切及遍行隨眠隨增欲界繫見道所斷邪見隨眠一界一處一蘊攝七智知除類滅道智一識識欲界見道所斷有漏緣及邪見相應无明并遍行隨眠隨增欲界繫見道所斷見取隨眠一界一處一蘊攝七智知除類滅道智一識識欲界見道所斷有漏緣及遍行隨眠隨增欲界繫見道所斷戒禁取貪瞋慢隨眠亦尒欲界繫見道所斷疑隨眠一界一處一蘊攝七智知除類滅道智一識識欲界見道所斷有漏緣及疑相應无明并遍行隨眠隨增欲界繫見道所斷無明隨眠一界一處一蘊攝七智知除類滅道智一識識除欲界見道所斷無漏緣无明諸餘欲界見道所斷一切及遍行隨眠隨增欲界繫修所斷貪隨眠一界一處一蘊攝七智知除類滅道智一識識欲界修所斷一切及遍行隨眠隨增欲界繫修所斷瞋慢无明隨眠亦尒色界繫有身見隨眠一界一處一蘊攝七智知除法滅道智一識識色界見苦所斷一切及見集所斷遍行隨眠隨增色界繫邊執見及見苦所斷餘七隨眠亦尒色界繫見集

所斷邪見隨眠一界一處一蘊攝七智知除法滅道智一識識色界見集所斷一切及見苦所斷遍行隨眠隨增色界繫見集所斷餘五隨眠亦尒色界繫見滅所斷邪見隨眠一界一處一蘊攝七智知除法滅道智一識識色界見滅所斷有漏緣及邪見相應無明并遍行隨眠隨增色界繫見滅所斷見取隨眠一界一處一蘊攝七智知除法滅道智一識識色界見滅所斷有漏緣及遍行隨眠隨增色界繫見滅所斷貪慢隨眠亦尒色界繫見滅所斷疑隨眠一界一處一蘊攝七智知除法滅道智一識識色界見滅所斷有漏緣及疑相應無明并遍行隨眠隨增色界繫見滅所斷无明隨眠一界一處一蘊攝七智知除法滅道智一識識除色界見滅所斷无漏緣无明諸餘色界見滅所斷一切及遍行隨眠隨增色界繫見道所斷邪見隨眠一界一處一蘊攝七智知除法滅道智一識識色界見道所斷有漏緣及邪見相應無明并遍行隨眠

隨增色界繫見道所斷見取隨眠一界一處一蘊攝七智知除法滅道智一識識色界見道所斷有漏緣及遍行隨眠隨增色界繫見道所斷戒禁取貪慢隨眠亦尒色界繫見道所斷疑隨眠一界一處一蘊攝七智知除法滅道智一識識色界見道所斷有漏緣及疑相應无明并遍行隨眠隨增色界繫見所斷无明隨眠一界一處一蘊攝七智知除法滅道智一識識除色界見道所斷无漏緣无明諸餘色界見道所斷一切及遍行隨眠隨增色界繫脩所斷貪隨眠一界一處一蘊攝七智知除法滅道智一識識色界脩所斷一切及遍行隨眠隨增色界繫脩所斷慢無明隨眠亦尒如色界繫三十一隨眠應知无色界繫三十一隨眠亦尒差別者六智知除法他心滅道智

品類足論辯千問品第七

學處淨果行聖種正斷神足念住諦靜慮无量無色定覺分根處蘊界經

學處謂近事五學處淨謂四證淨果

謂四沙門果行謂四通行聖種謂四聖種正斷謂四正斷神足謂四神足念住謂四念住諦謂四聖諦靜慮謂四靜慮无量謂四無量无色謂四無色定謂四脩定覺分謂七等覺支根謂二十二根處謂十二處蘊謂五蘊界謂十八界經謂頌中前九後九及各惣為一合有二十經依一一經為前五十問

且依近事五學處經為五十問謂五學處幾有色幾無色幾有見幾无見幾有對幾無對幾有漏幾无漏幾有為幾无為幾有異熟幾无異熟幾是緣生是因生是世攝幾非緣生非因生非世攝幾色攝幾名攝幾內處攝幾外處攝幾智遍知所遍知幾非智遍知所遍知

幾斷遍知所遍知幾非斷遍知所遍知幾應斷幾不應斷幾應脩幾不應脩幾染汙幾不染汙幾果非有果幾有果非果幾果亦有果幾非果非有果幾有執受幾無執受幾大種所造幾非大種所造幾有上幾無上幾是

阿毗達磨品類足論卷第十　第十二張　交字号

有幾非有幾因相應幾因不相應幾有六攝善處謂善五蘊及擇滅為六善處攝五學處為五學處攝六善處有五攝不善處謂不善五蘊五不善處攝五學處為五學處攝五不善處有七攝無記處謂無記五蘊及虛空非擇滅為七无記處攝五學處為五學處攝七無記處有三攝漏處謂欲漏有漏无明漏為三漏處攝五學處為五學處攝三漏處有五攝有漏處謂有漏五蘊為五有漏處攝五學處為五學處攝五有漏處有八攝无漏處謂無漏五蘊及三无為為八無漏處攝五學處為五學處攝八无漏處此五學處幾過去幾未來幾現在幾非過去非未來非現在幾善幾不善幾無記幾欲界繫幾色界繫幾無色界繫幾不繫幾學幾无學幾非學非無學

幾見所斷幾脩所斷幾非所斷幾非心非心所非心相應幾是心所與心相應幾唯是心幾隨心轉非受相應幾受相應非隨心轉幾隨心轉亦受

阿毗達磨品類足論卷第十　第十三張　交字号

相應幾非隨心轉非受相應幾隨心轉非想行相應幾想行相應非隨心轉幾隨心轉亦想行相應幾非隨心轉非想行相應幾隨尋轉非伺相應幾伺相應非隨尋轉幾隨尋轉亦伺相應幾非隨尋轉非伺相應幾見非見處幾見處非見幾見亦見處幾非見非見處幾有身見為因非有身見因幾有身見因非有身見為因幾有身見為因亦有身見因幾非有身見為因非有身見因幾業非業異熟幾業異熟非業幾業亦業異熟幾非業非業異熟幾業非隨業轉幾隨業轉非業幾業亦隨業轉幾非業非隨業轉幾所造色非有見色幾有見色非所造色幾所造色亦有見色幾非所造色非有見色

幾所造色非有對色幾有對色非所造色幾所造色亦有對色幾非所造色非有對色幾難見故甚深幾甚深故難見幾善非善為因幾善為因非善幾善亦善為因幾非善非善為因幾不善非不善為因幾不善為因非

阿毗達磨品類足論卷第十　第十四張　交字号

不善幾不善亦不善為因幾非不善非不善為因幾無記非無記為因幾無記為因非無記幾无記亦無記為因幾非无記非無記為因幾因緣非有因幾有因非因緣幾因緣亦有因幾非因緣非有因幾等无間非等无間緣幾等無間緣非等无間幾等無間亦等无間緣幾非等无間非等无間緣幾所緣緣非有所緣幾有所緣非所緣緣幾所緣緣亦有所緣幾非所緣緣非有所緣幾增上緣非有增上幾有增上非增上緣幾增上緣亦有增上幾非增上緣非有增上幾瀑流非順瀑流幾順瀑流非瀑流幾瀑流亦順瀑流幾非瀑流非順瀑流如依學處為五十問依餘十九為問亦爾

五學處者一盡形壽離斷生命二盡形壽離不與取三盡形壽離欲邪行四盡形壽離虛誑語五盡形壽離飲諸酒此五名為近事學處此五學處幾有色等者一切是有色幾有見等者一無見四應分別謂若表是有見若無表是无見幾有對等者一切應

分別謂若表是有對若無表是无對幾有漏等者一切是有漏幾有為等者一切是有為幾有異熟等者一切有異熟幾是緣生等者一切是緣生是因生是世攝幾色攝等者一切是色攝幾内處攝等者一切外處攝幾智遍知所遍知等者一切是智遍知所遍知

此五學處幾斷遍知所遍知等者一切是斷遍知所遍知幾應斷等者一切是應斷幾應修等者一切是應修幾染汙等者一切不染汙幾果非有果等者一切是果亦有果幾有執受等者一切无執受幾大種所造等者一切是大種所造幾有上等者一切是有上幾是有等者一切是有幾因相應等者一切因不相應

此五學處與六善處相攝者一善處少分攝五學處五學處亦攝一善處少分與五不善處相攝者耶不相攝與七无記處相攝者耶不相攝與三漏處相攝者耶不相攝與五有漏處相攝者一有漏處少分攝五學處五

學處亦攝一有漏處少分與八無漏處相攝者耶不相攝幾過去等者一切或過去或未來或現在幾善等者一切是善幾欲界繫等者一切欲界繫幾學等者一切非學非無學

此五學處幾見所斷等者一切修所斷幾非心等者一切非心非心所非心相應幾隨心轉非受相應等者一切非隨心轉非受相應幾隨心轉非想行相應等者一切非隨心轉非想行相應幾隨尋轉非伺相應等者一切非隨尋轉非伺相應幾見非見處等者一切是見處非見幾有身見為因非有身見因等者一切非有身見為因非有身見因幾業非業異熟等者一切是業非業異熟幾業非隨業轉等者一切是業非隨業轉幾所造色非有見色等者一是所造色非有見色四應分別謂若表是所造色亦有見色若无表是所造色非有見色

此五學處幾所造色非有對色等者一切應分別謂若表是所造色亦有對色若無表是所造色非有對色幾

難見故甚深等者一切難見故甚深甚深故難見幾善非善為因等者一切是善亦善為因幾不善非不善為因等者一切非不善非不善為因幾無記非無記為因等者一切非无記非無記為因幾因緣非有因等者一切是因緣亦有因幾等無間非等無間緣等者一切非等無間非等无間緣幾所緣緣非有所緣等者一切是所緣緣非有所緣幾增上緣非有增上等者一切是增上緣亦有增上幾瀑流非順瀑流等者一切順瀑流非瀑流

四證淨者謂佛證淨法證淨僧證淨聖所愛戒證淨此四證淨幾有色等者一有色三無色幾有見等者一切是无見幾有對等者一切是无對幾有漏等者一切是无漏幾有為等者一切是有為幾有異熟等者一切无異熟幾是緣生等者一切是緣生是因生是世攝幾色攝等者一是色攝三是名攝幾内處攝等者一切外處攝幾智遍知所遍知等者一切是智

遍知所遍知

此四證淨幾斷遍知所遍知等者一切非斷遍知所遍知幾應斷等者一切不應斷幾應修等者一切是應修幾染汙等者一切不染汙幾果非有果等者一切是果亦有果幾有執受等者一切無執受幾大種所造等者一是大種所造三非大種所造幾有上等者一切是有上幾是有等者一切非有幾因相應等者一因不相應三因相應

此四證淨與六善處相攝者二善處少分攝四證淨四證淨亦攝二善處少分與五不善處相攝者互不相攝與七无記處相攝者互不相攝與三漏處相攝者互不相攝與五有漏處相攝者互不相攝與八無漏處相攝者一無漏處全一無漏處少分攝四證淨四證淨亦攝一無漏處全一無漏處少分幾過去等者一切或過去或未來或現在幾善等者一切是善幾欲界繫等者一切是不繫幾學等者一切應分別謂佛證淨或學或无

學云何學謂學作意相應佛證淨云何無學謂無學作意相應佛證淨法僧證淨亦尒聖所愛戒證淨戒學或无學云何學謂學身語業云何無學謂无學身語業

此四證淨幾見所斷等者一切非所斷幾非心等者一非心非心法非心相應三是心所與心相應幾隨心轉非受相應等者一隨心轉非受相應三隨心轉亦受相應幾隨心轉非想行相應等者一隨心轉非想相應三隨心轉亦想相應一隨心轉非行相應三隨心轉亦行相應除其自性幾隨尋轉非伺相應等者一切應分別謂佛證淨或有尋有伺或无尋唯伺或無尋无伺云何有尋有伺謂有尋有伺作意相應佛證淨云何無尋唯伺謂無尋唯伺作意相應佛證淨云何无尋無伺謂無尋无伺作意相應佛證淨法僧證淨亦尒聖所愛戒證淨或隨尋轉非伺相應或非隨尋轉非伺相應云何隨尋轉非伺相應謂隨尋轉无漏身語業云何非隨尋

轉非伺相應謂不隨尋轉無漏身語業幾見非見處等者一切非見非見處幾有身見為因非有身見因等者一切非有身見為因非有身見因幾業非業異熟等者一是業非業異熟三非業非業異熟幾業非隨業轉等者一是業亦隨業轉三隨業轉非業幾所造色非有見色等者一是所造色非有見色三非所造色非有見色

說一切有部品類足論卷第十

阿毗達磨品類足論卷第十

校勘記

一　底本，金藏廣勝寺本。

一　七三頁中四行「之餘」，清作「之六」。

一　七三頁中一八行「三處」，資、磧、普、南、徑、清作「二處」。

一　七四頁中二〇行「七智」，資、磧、普、南、徑、清作「十智」。

一　七四頁下五行「二識」，資、磧、普、南、徑、清作「一識」。

一　七五頁上一八行「二蘊」，資、磧、普、南、徑、清作「三蘊」。

一　七五頁中一一行第二字「所」，諸本（不含石，下同）作「取」。

一　七六頁上三行第七字「苦」，磧作「若」。

一　七六頁中九行第五字「見」，諸本作「見道」。

一　七六頁中二〇行品名，資、磧、普、南作「辯千問品第七」；徑、清、麗作「辯千問品第七之一」。

一　七六頁下六行「二十二」，磧、徑、清作「二十一」。

一　七六頁下一一行第五字「五」，諸本無。

一　七七頁上一行末字「幾」，諸本無。

一　七七頁上四行第一二字「五」，諸本作「爲五」。

一　七七頁上九行「三漏」，麗作「二漏」。

一　七七頁中一七行「非有」，資、磧、普、南、徑、清作「有非」。

一　七九頁中三行第一二字「戒」，諸本作「或」。

趙城縣廣勝寺

阿毗達磨品類足論卷第十一　交

尊者世友造

三藏法師玄奘奉　詔譯

辯千問品第七之二

此四證淨幾所造色非有對色等者一是所造色非有對色三非所造色非有對色幾難見故甚深等者一切難見故甚深甚深故難見幾善非善為因等者一切是善亦善為因幾不善非不善為因等者一切非不善非不善為因幾無記非無記為因等者一切非無記非無記為因幾因非有因等者一切是因緣亦有因幾等無間非等無間緣等者一非等無間非等無間緣三應分別謂佛證淨或是等無間非等無間緣或是等無間亦等無間緣或非等無間非等無間緣云何是等無間非等無間緣謂未來現前正起佛證淨云何是等無間亦等無間緣謂過去現在佛證淨云何非等無間非等無間緣謂除未來現前正起佛證淨諸餘未來佛證淨法僧證淨亦尒幾所緣緣非有所緣等者一是所緣緣非有所緣三是所緣緣亦有所緣幾增上緣非有增上等者一切是增上緣亦有增上幾瀑流非順瀑流等者一切非瀑流非順瀑流四沙門果者謂預流果一來果不還果阿羅漢果此四沙門果幾有色等者一切應分別謂沙門果所攝身語業是有色餘皆无色幾有見等者一切是無見幾有對等者一切是無對幾有漏等者一切是無漏幾有為等者一切應分別謂預流果或有為或無為云何有為謂預流果所攝五蘊云何無為謂預流果所攝擇滅一來不還阿羅漢果亦尒幾有異熟等者一切無異熟幾是緣生等者一切應分別謂有為沙門果是緣生是因生是世攝若無為沙門果非緣生非因生非世攝幾色攝等者一切應分別謂沙門果所攝身語業是色攝餘皆是名攝幾內處攝等者一切應分別謂沙門果所攝心意識是內處攝餘皆是外處攝幾智遍知所遍知等

阿毗達磨品類足論卷第十一　第二張　交字号

者一切是智遍知所遍知
此四沙門果幾斷遍知所遍知等者一切非斷遍知所遍知幾應斷等者一切不應斷幾應修等者一切應分別謂有為沙門果是應修若無為沙門果不應修幾染汙等者一切不染汙幾果非有果等者一切應分別謂有為沙門果是果亦有果若無為沙門果是果非有果幾有執受等者一切無執受幾大種所造等者一切應分別謂沙門果所攝身語業是大種所造餘皆非大種所造幾有上等者一切應分別謂有為沙門果是有上若無為沙門果是無上幾是有等者一切非有幾因相應等者一切應分別謂沙門果所攝身語業心不相應行及擇滅因不相應餘皆因相應
此四沙門果與六善處相攝者六善處少分攝四沙門果四沙門果亦攝六善處少分與五不善處相攝者乎不相攝與七無記處相攝者乎不相攝與三漏處相攝者乎不相攝與五有漏處相攝者乎不相攝與八無漏

處相攝者八六無漏處少分攝四沙門果四沙門果亦攝八六無漏處少分幾過去等者一切應分別謂有為沙門果或過去或未來或現在若無為沙門果非過去非未來非現在幾善等者一切是善幾欲界繫等者一切是不繫幾學等者一切應分別謂預流果或學或非學非無學云何學謂有為預流果云何非學非無學謂無為預流果一來不還果亦介阿羅漢果或無學或非學非無學云何無學謂有為阿羅漢果云何非學非無學謂無為阿羅漢果
此四沙門果幾見所斷等者一切非所斷幾非心等者一切應分別謂沙門果所攝身語業心不相應行及擇滅非心非心所非心相應若受蘊想蘊及相應行蘊是心所與心相應若心意識唯是心幾隨心轉非受相應等者一切應分別謂預流果有四句或隨心轉非受相應謂預流果所攝身語業及隨心轉心不相應行并受或受相應非隨心轉謂預流果所攝

心意識或隨心轉亦受相應謂預流果攝想蘊及相應行蘊或非隨心轉非受相應謂除預流果攝隨心轉心不相應行諸餘預流果攝心不相應行及擇滅一來不還阿羅漢果亦介幾隨心轉非想行相應等者一切應分別謂除自性如受應知幾隨尋轉非伺相應等者一切應分別謂預流果有四句或隨尋轉非伺相應謂預流果所攝身語業及隨尋轉心不相應行并伺或伺相應非隨尋轉謂預流果所攝尋或隨尋轉亦伺相應謂預流果所攝尋伺相應心心所法或非隨尋轉非伺相應謂除預流果所攝隨尋轉心不相應行諸餘預流果所攝心不相應行及擇滅一來果亦介不還果有四句或隨尋轉非伺相應謂不還果所攝隨尋轉身語業及隨尋轉心不相應行并尋相應伺或伺相應非隨尋轉謂不還果所攝尋及尋不相應伺相應心心所法或隨尋轉亦伺相應謂不還果所攝尋伺相應心心所法或非隨尋轉非伺相

應謂除不還果所攝隨尋轉身語業心不相應行諸餘不還果所攝身語業心不相應行及不還果所攝尋不相應伺若無尋無伺心心所法并擇滅阿羅漢果亦介幾見非見處等者一切應分別謂預流果所攝慧是見非見處餘皆非見非見處一來不還果亦介阿羅漢果所攝盡無生智所不攝慧是見非見處餘皆非見非見處幾有身見為因非有身見因等者一切非有身見為因非有身見因幾業非業異熟等者一切應分別謂沙門果所攝身語業及思是業非業異熟餘皆非業非業異熟幾業非隨業轉等者一切應分別謂預流果有四句或業非隨業轉謂預流果所攝思或隨業轉非業謂預流果所攝受想識蘊及思所不攝隨業轉行蘊或業亦隨業轉謂預流果所攝身語業或非業非隨業轉謂除預流果所攝隨業轉心不相應行諸餘預流果所攝心不相應行及擇滅一來不還阿羅漢果亦介幾所造色非有見色等者一切應分別謂沙門果所攝身語業是所造色非有見色餘皆非所造色非有見色此四沙門果幾所造色非有對色等者一切應分別謂沙門果所攝身語業是所造色非有對色餘皆非所造色非有對色幾難見故甚深等者一切難見故甚深甚深故難見幾善非善為因等者一切應分別謂有為沙門果是善亦善為因若無為沙門果是善非善為因幾不善非不善為因等者一切非不善非不善為因幾無記非無記為因等者一切非無記非無記為因幾因緣非有因等者一切應分別若有為沙門果是因緣亦有因若無為沙門果非因緣非有因緣幾等無間非等無間緣等者一切應分別謂沙門果或是等無間非等無間緣或是等無間亦等無間緣或非等無間非等無間緣是等無間非等無間緣者謂未來現前正起沙門果所攝心心所法是等無間亦等無間緣者謂過去現在沙門果所攝心心所法非等無間非等無間緣者謂除未來現前正起沙門果所攝心心心所法諸餘未來沙門果所攝心心所法及身語業心不相應行并擇滅幾所緣緣非有所緣等者一切應分別謂沙門果所攝身語業心不相應行及擇滅是所緣緣非有所緣餘皆是所緣緣亦有所緣緣增上緣非有增上等者一切應分別謂有為沙門果是增上緣亦有增上若無為沙門果是增上緣非有增上幾暴流非順暴流等者一切非暴流非順暴流

四通行者謂有苦遲通行有苦速通行有樂遲通行有樂速通行此四通行幾有色等者一切應分別謂通行所攝身語業是有色餘皆是無色幾有見等者一切是無見幾有對等者一切是無對幾有漏等者一切是無漏幾有為等者一切是有為幾有異熟等者一切無異熟幾是緣生等者一切是緣生是因生是世攝幾色攝等者一切應分別謂通行所攝身語業是色攝餘皆是名攝幾內處攝等者一切應分別謂通行所攝心意識

內處攝餘皆外處攝幾智遍知所遍知等者一切是智遍知所遍知此四通行幾斷遍知所遍知等者一切非斷遍知所遍知幾應斷等者一切不應斷幾應修等者一切是應修幾染汙等者一切不染汙幾果非有果等者一切是果亦有果幾有執受等者一切無執受幾大種所造等者一切應分別謂通行所攝身語業是大種所造餘皆非大種所造幾有上等者一切是有上幾是有等者一切非有幾因相應等者一切應分別謂通行所攝身語業心不相應行因不相應餘皆因相應

此四通行與六善處相攝者五善處少分攝四通行四通行亦攝五善處少分與五不善處相攝者互不相攝與七無記處相攝者互不相攝與三漏處相攝者互不相攝與五有漏處相攝者互不相攝與八無漏處相攝者五無漏處攝四通行四通行亦攝五无漏處幾過去等者一切或過去或未來或現在幾善等者一切是善幾欲界繫等者一切是不繫幾學等者一切應分別謂四通行或學或无學云何學謂學五蘊云何無學謂无學五蘊此四通行幾見所斷等者一切非所斷幾非心等者一切應分別謂通行所攝身語業心不相應行非心非心所非心相應若受蘊想蘊相應行蘊是心所與心相應若心意識唯是心幾隨心轉非受相應等者一切應分別謂諸通行各有四句或隨心轉非受相應謂通行所攝身語業及隨心轉心不相應行并受或受相應非隨心轉謂通行所攝心意識或隨心轉亦受相應謂通行所攝想蘊及相應行蘊或非隨心轉非受相應謂除通行所攝隨心轉心不相應行諸餘通行所攝心不相應行幾隨心轉非想行相應等者一切應分別謂除其自性如受應知幾隨尋轉非伺相應等者一切應分別謂苦遲通行有四句或隨尋轉非伺相應謂苦遲通行所攝隨尋轉身語業心不相應行及尋相應伺或伺相應非隨尋轉謂苦遲通行所攝尋及尋不相應伺相應心心所法或隨尋轉亦伺相應謂苦遲通行所攝尋伺相應心心所法或非隨尋轉非伺相應謂除苦遲通行所攝隨尋轉身語業心不相應行諸餘苦遲通行所攝身語業心不相應行及尋不相應伺并無尋無伺心心所法苦速通行亦尒樂遲通行亦有四句或隨尋轉非伺相應謂樂遲通行所攝隨尋轉身語業心不相應行及伺或伺相應非隨尋轉謂樂遲通行所攝尋或隨尋轉亦伺相應謂樂遲通行所攝尋伺相應心心所法或非隨尋轉非伺相應謂除樂遲通行所攝隨尋轉身語業心不相應行諸餘樂遲通行所攝身語業心不相應行及無尋無伺心心所法樂速通行亦尒幾見非見處等者一切應分別謂通行所攝盡無生智所不攝慧是見非見處餘皆非見非見處幾有身見為因非有身見因等者一切非有身見為因非有身見因幾業非業異熟等者一切應分別謂通行所攝身語

業及思是業非業異熟餘皆非業非業異熟幾業非隨業轉等者一切應分別謂諸通行各有四句或業非隨業轉謂通行所攝思或隨業轉非業謂通行所攝受想識蘊及思所不攝隨業轉行蘊或業亦隨業轉謂通行所攝身語業或非業非隨業轉謂除通行所攝隨業轉心不相應行諸餘通行所攝心不相應行幾所造色非有見色等者一切應分別謂通行所攝身語業是所造色非有見色餘皆非所造色非有見色

此四通行幾所造色非有對色等者一切應分別謂通行所攝身語業是所造色非有對色餘皆非所造色非有對色幾難見甚深等者一切難見故甚深甚深故難見幾善非善為因等者一切是善亦善為因幾不善非不善為因等者一切非不善非不善為因幾無記非無記為因等者一切非無記非無記為因幾因緣非有因等者一切是因緣亦有因幾等無間非等無間緣等者一切應分別謂諸通行或是等無間非等無間緣或是等無間亦等無間緣或非等無間非等無間緣是等無間非等無間緣者謂未來現前正起通行所攝心心所法是等無間亦等無間緣者謂過去現在通行所攝心心所法非等無間非等無間緣者謂除未來現前正起通行所攝心心所法諸餘未來通行所攝心心所法及通行所攝身語業心不相應行幾所緣緣非有所緣等者一切應分別謂通行所攝身語業心不相應行是所緣緣非有所緣餘皆是所緣緣亦有所緣幾增上緣非有增上等者一切是增上緣亦有增上幾暴流非順暴流等者一切非暴流非順暴流

四聖種者謂隨所得衣喜足聖種隨所得食喜足聖種隨所得臥具喜足聖種樂斷樂修聖種此四聖種幾有色等者一切應分別謂聖種所攝身語業是有色餘皆是無色幾有見等者一切是無見幾有對等者一切是無對幾有漏等者一切應分別謂諸聖種或有漏或無漏云何有漏謂聖種所攝有漏五蘊云何無漏謂無漏五蘊幾有為等者一切是有為幾有異熟等者一切應分別謂諸聖種若有漏有異熟若無漏無異熟幾是緣生等者一切是緣生是因生是世攝幾色攝等者一切應分別謂聖種所攝身語業是色攝餘皆是名攝幾內處攝等者一切應分別謂聖種所攝心意識內處攝餘皆外處攝幾智遍知所遍知等者一切是智遍知所遍知此四聖種幾斷遍知所遍知等者一切應分別謂諸聖種若有漏是斷遍知所遍知若無漏非斷遍知所遍知幾應斷等者一切應分別謂諸聖種若有漏是應斷若無漏不應斷幾應修等者一切是應修幾染汙等者一切不染汙幾果非有果等者一切是果亦有果幾有執受等者一切無執受幾大種所造等者一切應分別謂聖種所攝身語業是大種所造餘皆非大種所造幾有上等者一切是有上幾是有等者一切應分別謂諸聖

種若有漏是有若無漏非有幾因相應
等者一切應分別謂聖種所攝身語業
心不相應行因不相應餘皆因相應
此四聖種與六善處相攝者五善處
少分攝四聖種四聖種亦攝五善處
少分與五不善處相攝者不不相攝
與七無記處相攝者不不相攝與三
漏處相攝者不不相攝與五有漏處
相攝者應作四句或有漏處非聖種
謂聖種所不攝有漏五蘊或聖種非
有漏處謂無漏四聖種或有漏處亦
聖種謂有漏四聖種或非有漏處非
聖種謂虛空及二滅與八無漏處相
攝者應作四句或無漏處非聖種謂
虛空及二滅或聖種非無漏處謂有
漏四聖種或無漏處亦聖種謂無漏
四聖種或非無漏處非聖種謂聖種
所不攝有漏五蘊幾過去等者一切
或過去或未來或現在幾善等者一
切是善幾欲界繫等者一切應分別
謂諸聖種或欲界繫或色界繫或無
色界繫或不繫云何欲界繫謂聖種
所攝欲界五蘊云何色界繫謂聖種

所攝色界五蘊云何無色界繫謂聖
種所攝無色界四蘊云何不繫謂無
漏五蘊幾學等者一切應分別謂諸
聖種或學或無學或非學非無學云
何學謂學五蘊云何無學謂無學五
蘊云何非學非無學謂聖種所攝有
漏五蘊
此四聖種幾見所斷等者一切應分
別謂諸聖種若有漏修所斷若無漏
非所斷幾非心等者一切應分別謂
聖種所攝身語業心不相應行非心
非心所非心相應聖種所攝受蘊想
蘊相應行蘊是心所與心相應聖種
所攝心意識唯是心幾隨心轉非受
相應等者一切應分別謂諸聖種各
有四句或隨心轉非受相應謂聖種
所攝隨心轉身語業心不相應行及
受或受相應非隨心轉謂聖種所攝
心意識或隨心轉亦受相應謂聖種
所攝想蘊及相應行蘊或非隨心轉
非受相應謂除聖種所攝身語業心
不相應行諸餘聖種所攝身語業心
不相應行幾隨心轉非想行相應等

者一切應分別謂除其自性如受應
知幾隨尋轉非伺相應等者一切應
分別謂諸聖種各有四句或隨尋轉
非伺相應謂聖種所攝隨尋轉身語
業心不相應行及尋相應伺或伺相
應非隨尋轉謂聖種所攝尋及尋不
相應伺相應心心所法或隨尋轉亦
伺相應謂聖種所攝尋伺相應心心
所法或非隨尋轉非伺相應謂除聖
種所攝隨尋轉身語業心不相應行
諸餘聖種所攝身語業心不相應行
及尋不相應伺并無尋無伺心心所
法幾見非見處等者一切應分別謂
諸聖種各有四句或見非見處謂盡
無生智所不攝無漏慧或見處非見
謂見所不攝有漏四聖種或見亦見
處謂聖種所攝世間正見或非見非
見處謂見所不攝無漏四聖種幾有
身見為因非有身見因等者一切非
有身見為因非有身見因幾業非業
異熟等者一切應分別謂聖種所攝
身語業及思是業非業異熟餘皆非
業非業異熟幾業非隨業轉等者一

切應分別謂諸聖種各有四句或業非隨業轉謂除聖種所攝隨業轉身語業諸餘聖種所攝身語業及思或隨業轉非業謂聖種所攝受想識蘊及思所不攝隨業轉行蘊或業亦隨業轉謂聖種所攝隨業轉身語業或非業非隨業轉謂除聖種所攝隨業轉心不相應行諸餘聖種所攝心不相應行幾所造色非有見色等者一切應分別謂聖種所攝身語業是所造色非有見色餘皆非所造色非有見色

此四聖種幾所造色非有對色等者一切應分別謂聖種所攝身語業是所造色非有對色餘皆非所造色非有對色幾難見故甚深等者一切難見甚深甚深故難見幾善非善為因等者一切是善亦善為因幾不善非不善為因等者一切非不善非不善為因幾無記非無記為因等者一切非無記非無記為因幾因緣非有因等者一切是因緣亦有因幾等無間非等無間緣等者一切應分別謂諸聖種或是等無間非等無間緣或是等無間亦等無間緣或非等無間非等無間緣是等無間非等無間緣者謂未來現前正起聖種所攝心心所法是等無間亦等無間緣者謂過去現在聖種所攝心心所法非等無間非等無間緣者謂除未來現前正起聖種所攝心心所法諸餘未來聖種所攝心心所法及聖種所攝身語業心不相應行幾所緣緣非有所緣等者一切應分別謂聖種所攝身語業心不相應行是所緣緣非有所緣餘皆是所緣緣亦有所緣幾增上緣非有增上等者一切是增上緣亦有增上幾暴流非順暴流等者一切應分別謂諸聖種若有漏是順暴流非暴流若無漏非暴流非順暴流如四聖種四正斷四神足亦尒

四念住者謂身念住受念住心念住法念住身念住云何謂緣身善有漏無漏慧受念住云何謂緣受善有漏無漏慧心念住云何謂緣心善有漏無漏慧法念住云何謂緣法善有漏無漏慧此四念住幾有色等者一切無色幾有見等者一切無見幾有對等者一切無對幾有漏等者一切應分別謂緣身慧或有漏或無漏云何有漏謂有漏作意相應緣身慧云何無漏謂無漏作意相應緣身慧緣受心法慧亦尒幾有為等者一切有為幾有異熟等者一切應分別謂諸念住若有漏有異熟若無漏無異熟幾是緣生等者一切是緣生是因生是世攝幾色攝等者一切是名攝幾內處攝等者一切外處攝幾智遍知所遍知等者一切是智遍知所遍知

說一切有部品類足論卷第十一

阿毗達磨品類足論卷第十一

校勘記

一　底本，金藏廣勝寺本。

一　八一頁中六行第一〇字「三」，南、徑、清作「二」。

一　八一頁中一二行第一三字「幾」，資、磧、普、南、徑、清作「緣」。一三行第一三字資同。

一　八二頁上二一行「相攝」，資作「相應」。

一　八二頁中一六行「身語」，磧作「身言」。

一　八三頁中一六行第四字「緣」，諸本（不含石，下同）無。

一　八三頁下七行第九字「緣」，諸本作「幾」。

一　八七頁上一七行首字「見」，麗作「見故」。

一　八七頁下四行第三字「謂」，麗作「諸」。

阿毗達磨品類足論卷第十二　交

尊者世友造

三藏法師玄奘奉　詔譯

辯千問品第七之三

此四念住幾斷遍知所遍知等者一切應分別謂諸念住若有漏是斷遍知所遍知若無漏非斷遍知所遍知幾應斷等者一切應分別謂諸念住若有漏是應斷若無漏不應斷幾應修等者一切是應修幾染汙等者一切不染汙幾果非有果等者一切是果亦有果幾有執受等者一切無執受幾大種所造等者一切非大種所造幾有上等者一切是有上幾是有等者一切應分別謂諸念住若有漏是有若無漏非有幾因相應等者一切因相應

此四念住與六善處相攝者一善處少分攝四念住四念住亦攝一善處少分與五不善處相攝者不不相攝與七無記處相攝者不不相攝與三漏處相攝者不不相攝與五有漏處相攝者應作四句或有漏處非念住謂有漏色受想識蘊及念住所不攝有漏行蘊或念住非有漏處謂無漏四念住或有漏處亦念住謂有漏四念住或非有漏處非念住謂無漏色受想識蘊及念住所不攝無漏行蘊并無為與八無漏處相攝者應作四句或無漏處非念住謂無漏色受想識蘊及念住所不攝無漏行蘊并無為或念住非無漏處謂有漏四念住或無漏處亦念住謂無漏四念住或非無漏處非念住謂有漏色受想識蘊及念住所不攝有漏行蘊幾過去等者一切或過去或未來或現在幾善等者一切是善幾欲界繫等者一切應分別謂緣身慧或欲界繫或色界繫或無色界繫或不繫云何欲界繫謂欲界作意相應緣身慧云何色界繫謂色界作意相應緣身慧云何無色界繫謂無色界作意相應緣身慧云何不繫謂無漏作意相應緣身慧緣受心法慧亦尒幾學等者一切應分別謂緣身慧或學或無學或非

學非無學云何學謂學作意相應緣身慧云何無學謂無學作意相應緣身慧云何非學非無學謂有漏作意相應緣身慧緣受心法慧亦尒此四念住幾見所斷等者一切應分別謂諸念住若有漏修所斷若無漏非所斷幾非心等者一切是心所與心相應幾隨心轉非受相應等者一切隨心轉亦受相應幾隨心轉非想行相應等者一切隨心轉亦想相應一切隨心轉亦行相應除其自性幾隨尋轉非伺相應等者一切應分別謂緣身慧或有尋有伺或無尋唯伺或無尋無伺云何有尋有伺謂有尋有伺作意相應緣身慧云何無尋唯伺謂無尋唯伺作意相應緣身慧云何無尋無伺謂無尋無伺作意相應緣身慧緣受心法慧亦尒幾見非見處等者一切應分別謂緣身慧有四句或見非見處謂盡無生智所不攝無漏緣身慧或見處非見謂五識身相應善慧或見亦見處謂世間正見或非見非見處謂見所不攝無漏緣身慧緣受慧或見非見處或見亦見處或非見非見處者謂盡無生智所不攝無漏緣受慧見亦見處者謂世間正見非見非見處者謂見所不攝無漏緣受慧緣心法慧亦尒幾有身見為因非有身見因等者一切非有身見為因非有身見因幾業非業異熟等者一切非業異熟幾業非隨業轉等者一切隨業轉非業幾所造色非有見色等者一切非所造色非有見色

此四念住幾所造色非有對色等者一切非所造色非有對色幾難見故甚深等者一切難見故甚深甚深故難見幾善非善為因等者一切是善亦善為因幾不善非不善為因等者一切非不善非不善為因幾無記非無記為因等者一切非無記非無記為因幾因緣非有因等者一切是因緣亦有因幾等無間非等無間緣等者一切應分別謂緣身慧或是等無間非等無間緣或是等無間亦等無間緣或非等無間非等無間緣是等無間非等無間緣者謂未來現前正起緣身慧是等無間亦等無間緣者謂過去現在緣身慧非等無間非等無間緣者謂除未來現前正起緣身慧諸餘未來緣身慧緣受心法慧亦尒幾所緣緣非有所緣等者一切是所緣緣亦有所緣幾增上緣非有增上等者一切是增上緣亦有增上幾暴流非順暴流等者一切應分別謂諸念住若有漏是順暴流非暴流若無漏非暴流非順暴流

復次身念住云何謂十色處及法處所攝色受念住云何謂六受身心念住云何謂六識身法念住云何謂受所不攝非色法處非四念住幾有色等者一有色三無色幾有見等者三無見一應分別謂身念住或有見或無見云何有見謂一處云何無見謂九處及一處少分幾有對等者三無對一應分別謂身念住或有對或無對云何有對謂十處云何無對謂一處少分幾有漏等者一切應分別謂身念住或有漏或無漏云何有漏謂

十處及一處少分云何無漏謂一處少分受念住或有漏或無漏云何有漏謂有漏作意相應受蘊云何無漏謂無漏作意相應受蘊心念住亦尒法念住或有漏或無漏云何有漏謂有漏想行蘊云何無漏謂無漏想行蘊及三無為幾有為等者三有為一應分別謂法念住或有為或無為云何有為謂想行蘊云何無為謂三無為幾有異熟等者一切應分別謂身念住或有異熟或無異熟云何有異熟謂不善善有漏色蘊云何無異熟謂無記無漏色蘊受心法念住亦尒幾是緣生等者三是緣生是因生是世攝一應分別謂非念住若有為是緣生是因生是世攝若無為非緣生非因生非世攝幾色攝等者一色攝二名攝幾內處攝等者一內處攝二外處攝一應分別謂身念住或內處攝或外處攝云何內處攝謂五內處云何外處攝謂五外處及一外處少分幾智遍知所遍知等者一切是智遍知所遍知

此四念住幾斷遍知所遍知等者一切應分別謂諸念住若有漏是斷遍知所遍知若無漏非斷遍知所遍知幾應斷等者一切應分別謂諸念住若有漏是應斷若无漏不應斷幾應修等者一切應分別謂身念住或應修或不應修云何應修謂善色蘊云何不應修謂不善无記色蘊受心念住亦尒法念住或應修或不應修云何應修謂善想行蘊云何不應修謂不善无記想行蘊及三無為幾染汙等者一切應分別謂身念住或染汙或不染汙云何染汙謂有覆色蘊云何不染汙謂無覆色蘊受心法念住亦尒幾果非有果等者三是果亦有果一應分別謂法念住或是果非有果或是果亦有果或非果非有果是果非有果者謂擇滅是果亦有果者謂想行蘊非果非有果者謂虛空非擇滅幾有執受等者三无執受一應分別謂身念住或有執受或無執受云何有執受謂自體所攝色蘊云何無執受謂非自體所攝色蘊幾大種

所造等者三非大種所造一應分別謂身念住或大種所造或非大種所造云何大種所造謂九處及二處少分云何非大種所造謂一處少分幾有上等者三有上一應分別謂法念住或有上或无上云何有上謂想行蘊及虛空非擇滅云何無上謂擇滅幾是有等者一切應分別謂諸念住若有漏是有若无漏非有幾因相應等者一因不相應二因相應一應分別謂法念住若是心所因相應若非心所因不相應

此四念住與六善處相攝者六善處攝四念住少分四念住少分亦攝六善處與五不善處相攝者五不善處攝四念住少分四念住少分亦攝五不善處與七无記處相攝者七無記處攝四念住少分四念住少分亦攝七無記處與三漏處相攝者三漏處攝一念住少分一念住少分亦攝三漏處與五有漏處相攝者五有漏處攝四念住少分四念住少分亦攝五有漏處與八無漏處相攝者八无漏

處攝四念住少分四念住少分亦攝八無漏處幾過去等者三或過去或未來或現在一應分別謂法念住若有為或過去或未來或現在若无為非過去非未來非現在幾善等者一切應分別謂身念住或善或不善或无記云何善不善謂三處少分云何無記謂八處及二處少分受念住或善或不善或無記云何善謂善作意相應受蘊云何不善謂不善作意相應受蘊云何無記謂无記作意相應受蘊心念住亦尒法念住或善或不善或无記云何善謂善想行蘊及擇滅云何不善謂不善想行蘊云何無記謂无記想行蘊及虛空非擇滅幾欲界繫等者一切應分別謂身念住或欲界繫或色界繫或不繫云何欲界繫謂二處及九處少分云何色界繫謂九處少分云何不繫謂一處少分受念住或欲界繫或色界繫或无色界繫或不繫云何欲界繫謂欲界作意相應受蘊云何色界繫謂色界作意相應受蘊云何無色界繫謂无色界

作意相應受蘊云何不繫謂無漏作意相應受蘊心念住亦尒法念住或欲界繫或色界繫或無色界繫或不繫云何欲界繫謂欲界想行蘊云何色界繫謂色界想行蘊云何無色界繫謂无色界想行蘊云何不繫謂無漏想行蘊及無為法幾學等者一切應分別謂身念住或學或無學或非學非無學云何學无學謂一處少分云何非學非無學謂十處及一處少分受念住或學或無學或非學非無學云何學謂學作意相應受蘊云何无學謂無學作意相應受蘊云何非學非无學謂有漏作意相應受蘊心念住亦尒法念住或學或無學或非學非无學云何學謂學想行蘊云何無學謂无學想行蘊云何非學非無學謂有漏想行蘊及无為法

此四念住幾見所斷等者一切應分別謂身念住或修所斷或非所斷云何修所斷謂十處及一處少分云何非所斷謂一處少分受念住或見所斷或修所斷或非所斷云何見所斷

謂受念住隨信隨法行現觀邊忍所斷此復云何謂見所斷八十八隨眠相應受蘊云何修所斷謂受念住學見迹修所斷此復云何謂修所斷十隨眠相應受蘊及不染汙有漏受蘊云何非所斷謂无漏受蘊心念住亦尒法念住或見所斷或修所斷或非所斷云何見所斷謂法念住隨信隨法行現觀邊忍所斷此復云何謂見所斷八十八隨眠及彼相應想行蘊并彼等起心不相應行云何修所斷謂法念住學見迹修所斷此復云何謂修所斷十隨眠及彼相應想行蘊若彼等起心不相應行若不染汙有漏想行蘊云何非所斷謂無漏想行蘊及無為法幾非心等者一非心非心所非心相應一是心所與心相應一唯是心一應分別謂法念住若有所緣是心所與心相應若無所緣非心非心所非心相應幾隨心轉非受相應等者一隨心轉非受相應一受相應非隨心轉二應分別謂身念住或隨心轉非受相應或非隨心轉非受

相應隨心轉非受相應者謂隨心轉身語業諸餘色蘊非隨心轉非受相應法念住或隨心轉非受相應或隨心轉亦受相應或非隨心轉非受相應隨心轉非受相應者謂隨心轉心不相應行隨心轉亦受相應者謂想蘊及相應行蘊非隨心轉非受相應者謂除隨心轉心不相應行諸餘心不相應行及無為法幾隨心轉非想行相應等者除其自性如受應知幾隨尋轉非伺相應等者一切應分別謂身念住或隨尋轉非伺相應或非隨尋轉非伺相應隨尋轉非伺相應者謂隨尋轉身語業諸餘色蘊非隨尋轉非伺相應受念住或有尋有伺或无尋唯伺或無尋無伺云何有尋有伺謂有尋有伺作意相應受蘊云何無尋唯伺謂無尋唯伺作意相應受蘊云何無尋无伺謂無尋无伺作意相應受蘊心念住亦尒法念住有四句或隨尋轉非伺相應謂隨尋轉心不相應行及尋相應伺或伺相應非隨尋轉謂尋及尋不相應伺相應想

行蘊或隨尋轉亦伺相應謂尋伺相應想行蘊或非隨尋轉非伺相應謂除隨尋轉心不相應行諸餘心不相應行及尋不相應伺若無尋无伺非受心所若無為法幾見非見處等者一切應分別謂身念住或見處非見或見亦見處或非見非見處見處非見者謂九處及一處少分見亦見處者謂一處非見非見處者謂一處少分受念住有漏是見處非見若無漏非見非見處心念住亦尒法念住有四句或是見非見處謂盡無生智所不攝无漏慧或是見處非見謂有漏想蘊及見所不攝有漏行蘊或是見亦見處謂五染汙見及世間正見或非見非見處謂无漏想蘊及見所不攝無漏行蘊并無為法幾有身見為因非有身見因等者一切應分別謂身念住若染汙有身見為因非有身見因若不染汙非有身見為因非有身見因受念住或有身見為因非有身見因或有身見為因亦有身見因或非有身見為因非有身見因有身見

為因非有身見因者謂除過去現在見苦所斷隨眠相應受蘊亦除過去現在見集所斷遍行隨眠相應受蘊亦除未來有身見相應受蘊諸餘染汙受蘊有身見為因亦有身見因者謂前所除受蘊非有身見為因非有身見因者謂不染汙受蘊心念住亦尒法念住或有身見為因非有身見因或有身見為因亦有身見因或非有身見為因非有身見因有身見為因非有身因者謂除過去現在見苦所斷隨眠及彼相應俱有等想行蘊亦除過去現在見集所斷遍行隨眠及彼相應俱有想行蘊亦除未來有身見相應想行蘊亦除未來有身見及彼相應法生老住无常諸餘染汙想行蘊有身見為因亦有身見因者謂前所除想行蘊非有身見為因非有身見因者謂不染汙想行蘊及無為法幾業非業異熟等者一切應分別謂身念住或業非業異熟或業異熟非業或非業非業異熟業非業異熟者謂身語業業異熟非業者謂業

異熟生色蘊非業非業異熟者謂除業及業異熟色蘊諸餘色蘊受念住或業異熟非業或非業非業異熟業異熟非業者謂業異熟生受蘊諸餘受蘊非業非業異熟心念住亦介法念住有四句或業非業異熟謂業異熟所不攝思或業異熟非業謂思所不攝業異熟生想行蘊或業亦業異熟謂業異熟生思或非業非業異熟謂除業及業異熟想行蘊諸餘想行蘊及無為法幾業非隨業轉等者二隨業轉非業二應分別謂身念住有三句或業非隨業轉謂除隨業轉身語業諸餘身語業或業亦隨業轉謂隨業轉身語業或非業非隨業轉謂除業及隨業轉色蘊諸餘色蘊法念住有三句或業非隨業轉謂思或隨業轉非業謂想蘊及思所不攝隨業轉行蘊或非業非隨業轉謂除業及隨業轉行蘊諸餘行蘊及無為法幾所造色非有見色等者三非所造色非有見色一應分別謂身念住有三句或所造色非有見色謂八處及二

處少分或所造色亦有見色謂一處或非所造色非有見色謂一處少分此四念住幾所造色非有對色等者三非所造色非有對色一應分別謂身念住有三句或所造色非有對色謂一處少分或有對色非所造色謂一處少分或所造色亦有對色謂九處及一處少分幾難見故甚深等者一切難見故甚深甚深故難見幾善非善為因等者一切應分別謂身念住有三句或善為因非善謂善異熟生色蘊或善亦善為因謂善色蘊或非善非善為因謂除善異熟生色蘊諸餘無記及不善色蘊受心念住亦介法念住有四句或善非或善為因謂擇滅善為因非善謂善異熟生想行蘊或善亦善為因謂善想行蘊或非善非善為因謂除善異熟生想行蘊諸餘無記及不善想行蘊并虛空非擇滅幾不善非不善為因等者一切應分別謂身念住有三句或不善為因非不善謂不善異熟生色蘊或不善亦不善為因謂不善色蘊或非不善非不善

為因謂除不善異熟生色蘊諸餘無記及善色蘊受念住有三句或不善為因非不善謂不善異熟生受蘊及欲界有身見邊執見相應受蘊或不善亦不善為因謂不善受蘊或非不善非不善因謂除不善異熟生受蘊及除欲界有身見邊執見相應受蘊諸餘無記及善受蘊心念住亦介法念住有三句或不善為因非不善謂不善異熟生想行蘊及欲界有身見邊執見并彼相應俱有等想行蘊或不善亦不善為因謂不善想行蘊或非不善非不善為因謂除不善異熟生想行蘊及除欲界有身見邊執見并彼相應俱有等想行蘊諸餘無記及善想行蘊并三無為幾無記非無記為因等者一切應分別謂身念住有三句或無記為因非無記謂不善色蘊或無記亦无記為因謂無記色蘊或非無記非无記為因謂善色蘊受心念住亦介法念住有四句或無記非無記為因謂虛空非擇滅或無記為因非無記謂不善想行蘊或無記

亦無記為因謂無記想行蘊或非無記非無記為因謂善想行蘊及擇滅幾因緣非有因謂等者三是因緣亦有因一應分別謂法念住若有為是因緣亦有因若無為非因緣非有因幾等無閒非等無閒緣等者一非等无閒非等無閒緣三應分別謂受念住有三句或等無閒非等无閒緣謂未來現前正起受蘊及過去現在阿羅漢命終時受蘊或等無閒亦等无閒緣謂除過去現在阿羅漢命終時受蘊諸餘過去現在受蘊或非等無閒非等無閒緣謂除未來現前正起受蘊諸餘未來受蘊心念住亦尒法念住有三句或等無閒非等無閒緣謂未來現前正起非受心所及過去現在阿羅漢命終時非受心所并已生正起無想滅定或等無閒亦等无閒緣謂除過去現在阿羅漢命終時非受心所謂餘過去現在非受心所或非等無閒非等無閒緣謂除未來現前正起非受心所諸餘未來非受心所及除等無閒心不相應行諸餘心不相應行并無為法幾所緣緣非有所緣等者一所緣緣非有所緣二所緣緣亦有所緣一應分別謂法念住若是心所是所緣緣亦有所緣若非心所是所緣緣非有所緣幾增上緣非有增上等者三增上緣亦有增上一應分別謂法念住若有為是增上緣亦有增上若無為是增上緣非有增上幾暴流非順暴流等者一切應分別謂身念住若有漏順暴流非暴流若無漏非暴流非順暴流受心念住亦尒法念住有三句或順暴流非暴流謂有漏想蘊及暴流所不攝有漏行蘊或暴流亦順暴流謂四暴流或非暴流非順暴流謂無漏想行蘊及無為法

四聖諦者謂苦聖諦集聖諦滅聖諦道聖諦此四聖諦幾有色等者一无色三應分別謂苦聖諦或有色或無色云何有色謂十處及一處少分云何無色謂一處及一處少分集聖諦亦尒道聖諦所攝身語業是有色餘皆是無色幾有見等者二無見二應分別謂苦聖諦或有見或無見云何有見謂一處云何無見謂十一處集聖諦亦尒幾有對等者二無對二應分別謂苦聖諦或有對或無對云何有對謂十處云何無對謂二處集聖諦亦尒幾有漏等者二有漏二無漏有為等者三有為一無為幾有異熟等者二無異熟二應分別謂苦聖諦或有異熟或無異熟云何有異熟謂善不善苦諦云何無異熟謂無記苦諦集聖諦亦尒幾是緣生等者三是緣生是因生是世攝一非緣生非因生非世攝幾色攝等者一名攝三應分別謂苦聖諦或色攝或名攝云何色攝謂十處及一處少分云何名攝謂一處及一處少分集聖諦亦尒道聖諦所攝身語業是色攝餘皆是名攝諦或內處攝或外處攝云何內處攝謂六內處云何外處攝謂六外處集聖諦亦尒道聖諦所攝心意識內處攝餘皆外處攝幾智遍知所遍知等者一切是智遍知所遍知

說一切有部品類足論卷第十二

阿毗達磨品類足論卷第十二

校勘記

一 底本，金藏廣勝寺本。

一 八九頁中一二行「執受」，資、磧、普、南、徑、清均作「報受」。

一 九〇頁中五行第九字「慧」，徑作「謂」。

一 九〇頁中八行「一切」，諸本（不含石，下同）作「一切非業」。

一 九〇頁下一五行第八字「非」，諸本作「此」。

一 九一頁上八行「或有」，資、磧、普、南、徑、清作「幾有」。

一 九一頁上一〇行第七字「者」，資、磧、普、南、徑、清無。同行第一三字「謂」，徑作「爲」。

一 九一頁上一五行「非念」，麗作「法念」。

一 九一頁上一八行首字「二」，麗作「三」。

一 九三頁上三行「或隨」，資、磧、普、南、徑、清作「有隨」。

一 九三頁上一五行「非詞」，諸本作「非伺」。

一 九三頁中三行「諸餘心」，徑作「除餘心」。

一 九三頁中一〇行第五字「有」，諸本作「若有」。

一 九三頁下二行「苦所」，資、磧、普、南、清作「若所」；徑作「所若」。

一 九三頁下一一行第四字「身」，諸本作「身見」。

一 九四頁上一三行「三句」，麗作「二句」。

一 九四頁中一五行第一〇字「或」，諸本無。

一 九四頁中一六行第二字「善」，諸本作「或善」。

一 九四頁下六行第五字「因」，諸本作「爲因」。

一 九五頁上二〇行第四字「謂」，諸本作「諸」。

一 九五頁下七行首字「有」，資、磧、普、南、徑、清作「幾有」。

一 九五頁下一八行第二字「諦」，諸本作「幾內處攝等者一外處攝三處分別謂苦聖諦」。

阿毗達磨品類足論卷第十三　交

尊者世友造

三藏法師玄奘奉　詔譯

辯千問品第七之四

此四聖諦幾斷遍知所遍知等者二是斷遍知所遍知二非斷遍知所遍知幾應斷等者二應斷二不應斷幾應修等者一應修一不應修二應分別謂苦聖諦或應修或不應修云何應修謂善苦諦云何不應修謂不善無記苦諦集聖諦亦介幾染汙等者二不染汙二應分別謂苦聖諦或染汙或不染汙云何染汙謂有覆苦諦云何不染汙謂無覆苦諦集聖諦亦介幾果非有果等者二是果亦有果一是果非有果幾有執受等者二無執受二應分別謂苦聖諦或有執受或無執受云何有執受謂自體所攝苦諦云何無執受謂非自體所攝苦諦集聖諦亦介幾大種所造等者一非大種所造三應分別謂苦聖諦或大種所造或非大種所造云何大種所造謂九處及二處少分云何非大種所造謂一處及二處少分集聖諦亦介道聖諦所攝身語業是大種所造餘皆非大種所造幾有上等者三有上一無上幾是有等者二是有二非有幾因相應等者一因不相應三應分別謂苦聖諦所攝色心不相應行是因不相應餘皆因相應集聖諦亦介道聖諦所攝身語業心不相應行是因不相應餘皆因相應

此四聖諦與六善處相攝者六善處攝二諦及二諦少分二諦及二諦少分亦攝六善處與五不善處相攝者五不善處攝二諦少分二諦少分亦攝五不善處與七無記處相攝者應作四句或是無記處非諦謂虛空非擇滅或是諦非無記處謂二諦及二諦少分或是無記處亦諦謂二諦少分或非無記處非諦是事不可得與三漏處相攝者三漏處攝二諦少分二諦少分亦攝三漏處與五有漏處相攝者五有漏處攝二諦二諦亦攝五有漏處與八無漏處相攝者應作

四句或是無漏處非諦謂虛空非擇滅或是諦非無漏處謂二諦或無漏處亦諦謂二諦或非無漏處非諦是事不可得幾過去等者三或過去或未來或現在一非過去非未來非現在幾善等者二是善二應分別謂苦聖諦或善或不善或無記云何善謂苦諦所攝善五蘊云何不善謂苦諦所攝不善五蘊云何無記謂苦諦所攝無記五蘊集聖諦亦尒幾欲界繫等者二不繫二應分別謂苦聖諦或欲界繫或色界繫或無色界繫云何欲界繫謂苦諦所攝欲界五蘊云何色界繫謂苦諦所攝色界五蘊云何無色界繫謂苦諦所攝無色界四蘊集聖諦亦尒幾學等者三非學非無學一應分別謂道聖諦或學或無學云何學謂學五蘊云何無學謂無學五蘊

此四聖諦幾見所斷等者二非所斷二應分別謂苦聖諦或見所斷或修所斷云何見所斷謂苦諦隨信隨法行現觀邊忍所斷此復云何謂見所

斷八十八隨眠及彼相應苦諦并彼等起心不相應行云何修所斷謂苦諦學見迹修所斷此復云何謂修所斷十隨眠及彼相應苦諦并彼等起身語業心不相應行若不染汙苦諦集聖諦亦尒幾心等者一非心非心所非心相應三應分別謂苦聖諦所攝色心不相應行非心非心所非心相應受蘊想蘊相應行蘊是心所與心相應心意識唯是心集聖諦亦尒道聖諦所攝身語業心不相應行非心非心所非心相應受蘊想蘊相應行蘊是心所與心相應心意識唯是心幾隨心轉非受相應等者一非隨心轉非受相應三應分別謂苦聖諦有四句或隨心轉非受相應謂隨心轉身語業心不相應行及受或受相應非隨心轉謂心意識或隨心轉亦受相應謂想蘊及相應行蘊或非隨心轉非受相應謂除隨心轉身語業心不相應行諸餘色心不相應行集聖諦亦尒道聖諦有四句或隨心轉非受相應謂身語業及隨心轉心

不相應行并受或受相應非隨心轉謂心意識或隨心轉亦受相應謂想蘊及相應行蘊或非隨心轉非受相應謂除隨心轉心不相應行諸餘心不相應行幾隨心轉非想行相應等者除其自性如受應知幾隨尋轉非伺相應等者一非隨尋轉非伺相應三應分別謂苦聖諦有四句或隨尋轉非伺相應謂隨尋轉身語業心不相應行及尋相應伺或伺相應非隨尋轉謂尋及尋不相應伺相應心心所苦諦或隨尋轉亦伺相應謂尋伺相應心心所苦諦或非隨尋轉非伺相應謂除隨尋轉身語業心不相應行諸餘色心不相應行及尋不相應伺并無尋無伺心心所苦諦集聖諦亦尒道聖諦有四句或隨尋轉非伺相應謂隨尋轉身語業心不相應行及尋相應伺或伺相應非隨尋轉謂尋及尋不相應伺相應心心所法或隨尋轉亦伺相應謂尋伺相應心心所法或非隨尋轉非伺相應謂除隨尋轉身語業心不相應行諸餘身語

業心不相應行及尋不相應伺并無尋無伺心心所法幾見非見處等者一非見非見處三應分別謂苦聖諦或見亦見處或見處非見或見亦見處者謂眼根五染汙見世間正見餘皆見處非見集聖諦亦尒道聖諦所攝盡無生智所不攝慧是見非見處餘皆非見非見處幾有身見為因非有身見因等者二非有身見為因非有身見因二應分別謂苦聖諦或有身見為因非有身見因或有身見為因亦有身見因或非有身見為因非有身見因有身見為因非有身見因者謂除過去現在見苦所斷隨眠及彼相應俱有等苦諦亦除過去現在見集所斷遍行隨眠及彼相應俱有苦諦亦除未來有身見相應苦諦亦除未來有身見及彼相應法生老住無常諸餘染汙苦諦有身見為因亦有身見因者謂前所除苦諦非有身見為因非有身見因者謂不染汙苦諦集聖諦亦尒幾業非業異熟等者一非業非業異熟三應分別謂苦聖諦有四句或業非業異熟謂身語業及業異熟不攝思或業異熟非業謂思所不攝業異熟生苦諦或業亦業異熟謂業異熟生思或非業非業異熟謂除業及業異熟生苦諦諸餘苦諦集聖諦亦尒道聖諦所攝身語業及思是業非業異熟餘皆非業非業異熟幾業非隨業轉等者一非業非隨業轉三應分別謂苦聖諦有四句或業非隨業轉謂除隨業轉身語業諸餘身語業及思或隨業轉非業謂受想識蘊及思所不攝隨業轉行蘊或業亦隨業轉謂隨業轉身語業或非業非隨業轉謂除業及隨業轉苦諦諸餘苦諦集聖諦亦尒道聖諦有四句或業非隨業轉謂思或隨業轉非業謂受想識蘊及思所不攝隨業轉行蘊或業亦隨業轉謂身語業或非業非隨業轉謂除隨業轉心不相應行諸餘心不相應行幾所造色非有見色等者一非所造色非有見色三應分別謂苦聖諦有三句或所造色非有見色謂八處及二處少分或所造色亦有見色謂一處或非所造色非有見色謂一處及二處少分集聖諦亦尒道聖諦所攝身語業是所造色非有見色餘皆非所造色非有見色

此四聖諦幾所造色非有對色等者一非所造色非有對色三應分別謂苦聖諦有四句或所造色非有對色謂一處少分或有對色非所造色謂一處少分或所造色亦有對色謂九處及一處少分或非所造色非有對色謂一處及一處少分集聖諦亦尒道聖諦所攝身語業是所造色非有對色餘皆非所造色非有對色幾難見故甚深等者一切難見故甚深甚深故難見幾善非善為因等者一是善非善為因一是善亦善為因二應分別謂苦聖諦有三句或善為因非善謂善異熟生苦諦或是善亦善為因謂善苦諦或非善非善為因謂除善異熟生苦諦諸餘無記及不善苦諦集聖諦亦尒幾不善非不善為因等者二非不善非不善為因二應分

別謂苦聖諦有三句或不善爲因非不善謂不善異熟生苦諦及欲界繫有身見邊執見并彼相應俱有等苦諦或不善亦不善爲因謂不善苦諦或非不善非不善爲因謂除不善異熟生苦諦及除欲界繫有身見邊執見并彼相應俱有等苦諦諸餘無記及善苦諦集聖諦亦尒幾無記非無記爲因等者二非無記非無記爲因二應分別謂苦聖諦有三句或無記爲因非無記謂不善苦諦或無記亦無記爲因謂無記苦諦或非無記非無記爲因謂善苦諦集聖諦亦尒幾因緣非有因等者三是因緣亦有因一非因緣非有因幾等無間非等無間緣等者一非等無間非等無間緣三應分別謂苦聖諦有三句或是等無間非等無間緣謂未來現前正起心心所苦諦及過去現在阿羅漢命終時心心所苦諦并已生正起無想滅定或是等無間亦等無間緣謂除過去現在阿羅漢命終時心心所苦諦諸餘過去現在心心所苦諦或非

等無間非等無間緣謂除未來現前正起心心所苦諦諸餘未來心心所苦諦除等無間心不相應行諸餘心不相應行及色苦諦集聖諦亦尒道聖諦有三句或是等無間非等無間緣謂未來現前正起心心所道諦或是等無間亦等無間緣謂過去現在心心所道諦或非等無間非等無間緣謂除未來現前正起心心所道諦諸餘未來心心所道諦及身語業心不相應行道諦幾所緣緣非有所緣等者一是所緣緣非有所緣三應分別謂苦聖諦所攝色心不相應行是所緣緣非有所緣諸餘苦諦皆是所緣緣亦有所緣集聖諦亦尒道聖諦所攝身語業心不相應行是所緣緣非有所緣諸餘道諦皆所緣緣亦有所緣幾增上緣非有增上等者一是增上緣非有增上三是增上緣亦有增上幾暴流非順暴流等者二非暴流非順暴流二應分別謂苦聖諦或是暴流亦順暴流或順暴流非暴流是暴流亦順暴流者謂四暴流諸餘

苦諦是順暴流非暴流集聖諦亦尒

四靜慮者謂初靜慮第二靜慮第三靜慮第四靜慮此四靜慮幾有色等者一切應分別謂諸靜慮所攝身語業是有色餘皆是無色幾有見等者一切無見幾有對等者一切無對幾有漏等者一切應分別謂諸靜慮或有漏或無漏云何有漏謂靜慮所攝有漏五蘊云何無漏謂靜慮所攝無漏五蘊幾有爲等者一切有爲幾有異熟等者一切應分別謂諸靜慮若有漏有異熟若無漏無異熟幾是緣生等者一切是緣生是因生是世攝幾色攝等者一切應分別謂諸靜慮所攝身語業是色攝餘皆是名攝幾內處攝等者一切應分別謂諸靜慮所攝心意識內處攝餘皆外處攝幾智遍知所遍知等者一切智遍知所遍知

此四靜慮幾斷遍知所遍知等者一切應分別謂諸靜慮若有漏斷遍知所遍知若無漏非斷遍知所遍知幾應斷等者一切應分別謂諸靜慮若

有漏應斷若無漏不應斷幾應修等者一切是應修幾染汙等者一切不染汙幾果非有果等者一切是果亦有果幾有執受等者一切無執受幾大種所造等者一切應分別謂諸靜慮所攝身語業是大種所造餘皆非大種所造幾有上等者一切是有上幾是有等者一切應分別謂諸靜慮若有漏是有若無漏非有幾因相應等者一切應分別謂諸靜慮所攝身語業心不相應行因不相應餘皆因相應

此四靜慮與六善處相攝者五善處少分攝四靜慮四靜慮亦攝五善處少分與五不善處相攝者互不相攝與七無記處相攝者互不相攝與三漏處相攝者互不相攝與五有漏處相攝者應作四句或有漏處非靜慮謂靜慮所不攝有漏五蘊或靜慮非有漏處謂無漏四靜慮或有漏處亦靜慮謂有漏四靜慮或非有漏處非靜慮謂靜慮所不攝無漏五蘊及無為法與八無漏處相攝者應作四句或無漏處非靜慮謂靜慮所不攝無漏五蘊及無為法或靜慮非無漏處謂有漏四靜慮或無漏處亦靜慮謂無漏四靜慮或非無漏處非靜慮謂靜慮所不攝有漏五蘊幾過去等者一切或過去或未來或現在幾善等者一切是善幾欲界繫等者一切應分別謂諸靜慮若有漏色界繫若無漏是不繫幾學等者一切應分別謂諸靜慮或學或無學或非學非無學云何學謂靜慮所攝學五蘊云何無學謂靜慮所攝無學五蘊云何非學非無學謂靜慮所攝有漏五蘊

此四靜慮幾見所斷等者一切應分別謂諸靜慮若有漏修所斷若無漏非所斷幾非心等者一切應分別謂靜慮所攝身語業心不相應行非心非心所非心相應受蘊想蘊相應行蘊是心所與心相應心意識唯是心幾隨心轉非受相應等者一切應分別謂各有四句或隨心轉非受相應謂靜慮所攝身語業及隨心轉心不相應行并受或受相應非隨心轉謂靜慮所攝心意識或隨心轉亦受相應謂靜慮所攝想蘊及相應行蘊或非隨心轉非受相應謂除靜慮所攝隨心轉心不相應行諸餘靜慮所攝心不相應行幾隨心轉非想行相應等者除其自性如受應知幾隨尋轉非伺相應等者三非隨尋轉非伺相應一切應分別謂初靜慮應作四句或隨尋轉非伺相應謂初靜慮所攝身語業及隨尋轉心不相應行并伺或伺相應非隨尋轉謂初靜慮所攝尋或隨尋轉亦伺相應謂初靜慮所攝尋伺相應心心所法或非隨尋轉非伺相應謂除初靜慮所攝隨尋轉心不相應行諸餘初靜慮所攝心不相應行幾見非見處等者一切應分別謂各有四句或見非見處謂靜慮所攝盡無生智所不攝無漏慧或見處非見謂見所不攝有漏四靜慮或見亦見處謂靜慮所攝有漏慧或非見非見處謂見所不攝無漏四靜慮幾有身見為因非有身見因等者一切非有身見為因非有身見因幾業非

業異熟等者一切應分別謂諸靜慮
所攝身語業及思是業非業異熟餘
皆非業非業異熟幾業非隨業轉等
者一切應分別謂各有四句或業非
隨業轉謂靜慮所攝思或隨業轉非
業謂靜慮所攝受想識蘊及思所不
攝隨業轉行蘊或業亦隨業轉謂靜
慮所攝身語業或非業非隨業轉謂
除靜慮所攝隨業轉心不相應行諸
餘靜慮所攝心不相應行幾所造色
非有見色等者一切應分別謂諸靜
慮所攝身語業是所造色非有見色
餘皆非所造色非有見色
此四靜慮幾所造色非有對色等者
一切應分別謂諸靜慮所攝身語業
是所造色非有對色餘皆非所造色
非有對色幾難見故甚深等者一切
難見故甚深甚深故難見幾善非善
為因等者一切是善亦善為因幾不
善非不善為因等者一切非不善非
不善為因幾無記非無記為因等者
一切非無記非無記為因幾因緣非
有因等者一切是因緣亦有因幾等

無間非等無間緣等者一切應分別
謂初靜慮有三句或是等無間非等
無間緣謂未來現前正起心心所法
或是等無間亦等無間緣謂過去現
在心心所法或非等無間非等無間
緣謂除未來現前正起心心所法諸
餘未來心心所法及身語業心不相
應行第二第三靜慮亦尒第四靜慮
有三句或是等無間非等無間緣謂
未來現前正起心心所法及已生正
起無想定或是等無間亦等無間緣
謂過去現在心心所法或非等無間
非等無間緣謂除未來現前正起心
心所法諸餘未來心心所法及除等
無間心不相應行諸餘心不相應行
并身語業幾所緣緣非有所緣等者
一切應分別謂諸靜慮所攝身語業
心不相應行是所緣緣非有所緣餘
皆是所緣緣亦有所緣幾增上緣非
有增上等者一切是增上緣亦有增
上幾暴流非順暴流等者一切應分
別謂諸靜慮若有漏順暴流非暴流
若無漏非暴流非順暴流四無量者

謂慈無量悲無量喜無量捨無量
此四無量幾有色等者一切應分別
謂諸無量所攝身語業是有色餘皆
無色幾有見等者一切無見幾有對
等者一切無對幾有漏等者一切有
漏幾有為等者一切有為幾有異熟
等者一切有異熟幾是緣生等者一
切是緣生是因生是世攝幾色攝等
者一切應分別謂諸無量所攝身語
業是色攝餘皆是名攝幾內處攝等
者一切應分別謂諸無量所攝心意
識內處攝餘皆外處攝幾智遍知所
遍知等者一切是智遍知所遍知
此四無量幾斷遍知所遍知等者一
切是斷遍知所遍知幾應斷等者一
切是應斷幾應修等者一切是應修
幾染汙等者一切不染汙幾果非有
果等者一切是果亦有果幾有執受
等者一切無執受幾大種所造等者
一切應分別謂諸無量所攝身語業
是大種所造餘皆非大種所造幾有
上等者一切是有上幾是有等者一
切是有幾因相應等者一切應分別

謂諸無量所攝身語業心不相應行因不相應餘皆因相應

此四無量與六善處相攝者五善處少分攝四無量四無量亦攝五善處少分與五不善處相攝者乎不相攝與七無記處相攝者乎不相攝與三漏處相攝者乎不相攝與五有漏處相攝者五有漏處少分攝四無量四無量亦攝五有漏處少分與八無漏處相攝者乎不相攝幾過去等者一切或過去或未來或現在幾善等者一切是善幾欲界繫等者一切色界繫幾學等者一切非學非無學

此四無量幾見所斷等者一切修所斷幾非心等者一切應分別謂諸無量所攝身語業心不相應行非心非心所非心相應受蘊想蘊相應行蘊是心所與心相應心意識唯是心幾隨心轉非受相應等者一切應分別謂各有四句或隨心轉非受相應謂無量所攝身語業及隨心轉心不相應行并受或受相應非隨心轉謂無量所攝心意識或隨心轉亦受相應謂無量所攝想蘊及相應行蘊或非隨心轉非受相應謂除無量所攝隨心轉心不相應行諸餘無量所攝心不相應行幾隨心轉非想行相應等者除其自性如受應知幾隨尋轉非伺相應等者一切應分別謂慈無量有四句或隨尋轉非伺相應謂慈無量所攝隨尋轉身語業心不相應行及尋相應伺或伺相應非隨尋轉謂慈無量所攝尋及尋不相應伺相應心心所法或隨尋轉亦伺相應謂慈無量所攝尋伺相應心心所法或非隨尋轉非伺相應謂除慈無量所攝隨尋轉身語業心不相應行諸餘慈無量所攝身語業心不相應行及慈無量所攝尋不相應伺并慈無量所攝無尋無伺心心所法悲捨無量亦尒喜無量有四句或隨尋轉非伺相應謂喜無量所攝隨尋轉身語業心不相應行及伺或伺相應非隨尋轉謂喜無量所攝尋或隨尋轉亦伺相應謂喜無量所攝尋伺相應心心所法或非隨尋轉非伺相應謂除喜無量所攝隨尋轉身語業心不相應行諸餘喜無量所攝身語業心不相應行及喜無量所攝無尋無伺心心所法幾見非見處等者一切應分別謂諸無量或是見亦見處或是見處非見是見亦見處者謂無量所攝慧餘皆是見處非見幾有身見為因非有身見因等者一切非有身見為因非有身見因幾業非業異熟等者一切應分別謂無量所攝身語業及思是業非業異熟餘皆非業非業異熟幾業非隨業轉等者一切應分別謂各有四句或是業非隨業轉謂無量所攝思或隨業轉非業謂無量所攝受想識蘊及思所不攝隨業轉行蘊或業亦隨業轉謂無量所攝身語業或非業非隨業轉謂除無量所攝隨業轉心不相應行諸餘無量所攝心不相應行幾所造色非有見色等者一切應分別謂無量所攝身語業是所造色非有見色餘皆非所造色非有見色

阿毗達磨品類足論卷第十三

說一切有部品類足論卷第十三

阿毗達磨品類足論卷第十三

校勘記

一　底本，金藏廣勝寺本。

一　九七頁中七行「二應」，曹、南作「一應」。

一　九八頁上六行「二是」，麗作「一是」。

一　九九頁上一七行「身見」，麗作「身見因」。

一　九九頁中二行第五字「不」，諸本作「所不」。

一　九九頁下末行第三字「二」，南作「一」。

一　一〇〇頁中二〇行「二非」，南、麗作「一非」。

一　一〇〇頁下六行「對等」，徑作「漏等」。

一　一〇一頁下八行第三字「切」，諸本無。

一　一〇三頁上九行「八無漏」，資、磧、曹、南、徑、清作「五無漏」。

一　一〇三頁上一四行第九字「等」，資、磧、曹、南、徑、清作「幾等」。

一　一〇三頁中一行「想蘊」，徑作「相蘊」。

一　一〇四頁上卷末經名，徑、清無（末换卷）。

趙城縣廣勝寺

阿毗達磨品類足論卷第十四　交

尊者世友造

三藏法師玄奘奉　詔譯

辯千問品第七之五

此四無量幾所造色非有對色等者一切應分別謂諸無量所攝身語業是所造色非有對色餘皆非所造色非有對色幾難見故甚深等者一切難見故甚深甚深故難見幾善非善為因等者一切是善亦善為因幾不善非不善為因等者一切非不善非不善為因幾无記非无記為因等者一切非无記非無記為因幾因緣非有因等者一切是因緣亦有因幾等無間非等无間緣等者一切應分別謂各有三句或是等無間非等无間緣謂無量所攝未來現前正起心心所法或是等無間亦等无間緣謂無量所攝過去現在心心所法或非等无間非等無間緣謂除無量所攝未來現前正起心心所法諸餘無量所攝未來心心所法及无量所攝身語業心不相應行幾所緣緣非有所緣等者一切應分別謂无量所攝身語業心不相應行是所緣緣非有所緣餘無量所攝皆是所緣緣亦有所緣幾增上緣非有增上等者一切是增上緣亦有增上　幾暴流非順暴流等者一切順暴流亦非暴流

四無色者謂空无邊處識無邊處无所有處非想非非想處此四無色幾有色等者一切无色幾有見等者一切無見幾有對等者一切无對幾有漏等者一有漏三應分別謂空无邊處或有漏或无漏云何有漏謂空無邊處所攝有漏四蘊云何无漏謂空無邊處所攝无漏四蘊識无邊處無所有處亦尒幾有為等者一切有為幾有異熟等者一切應分別謂空无邊處或有異熟或無異熟云何有異熟謂善有漏空无邊處云何無異熟謂无記無漏空无邊處識无邊處無所有處亦尒非想非非想處或有異熟或无異熟云何有異熟謂善非想非非想處云何无異熟謂無記非想

非非想處幾是緣生等者一切是緣生是因生是世攝幾色攝等者一切名攝幾內處攝等者一切應分別謂諸无色所攝心意識內處攝餘皆外處攝幾智遍知所遍知等者一切智遍知所遍知

此四无色幾斷遍知所遍知等者一斷遍知所遍知三應分別謂三無色若有漏斷遍知所遍知若無漏非斷遍知所遍知幾應斷等者一應斷三應分別謂三无色若有漏是應斷若無漏不應斷幾應修等者一切應分別謂空無邊處或應修或不應修云何應修謂善空无邊處云何不應修謂无記空無邊處識无邊處無所有處非想非非想處亦尒幾染汙等者一切應分別謂空無邊處或染汙或不染汙云何染汙謂有覆空无邊處云何不染汙謂無覆空无邊處識無邊處無所有處非想非非想處亦尒幾果非有果等者一切是果亦有果幾有執受等者一切無執受幾大種所造等者一切非大種所造幾有上

等者一切是有上幾是有等者一是有三應分別謂三无色若有漏是有若無漏非有幾因相應等者一切應分別謂諸無色所攝心不相應行因不相應餘皆因相應

此四無色與六善處相攝者應作四句或善處非无色謂善色蘊及無色所不攝善四蘊并擇滅或无色非善處謂無記四无色或善處亦無色謂善四無色或非善處非无色謂不善五蘊無記色蘊及无色所不攝無記四蘊并虛空非擇滅與五不善處相攝者乎不相攝與七無記處相攝者應作四句或无記處非无色謂無記色蘊及無色所不攝無記四蘊并虛空非擇滅或无色非無記處謂善四无色或無記處亦无色謂無記四无色或非無記處非无色謂不善五蘊善色蘊及无色所不攝善四蘊并擇滅與三漏處相攝者應作四句或漏處非无色謂一漏處及二漏處少分或無色非漏處謂漏處所不攝四无色或漏處亦无色謂二漏處少分或

非漏處非無色謂色蘊及漏處无色所不攝四蘊并无為法與五有漏處相攝者應作四句或有漏處非無色謂有漏色蘊及无色所不攝有漏四蘊或無色非有漏處謂三无色少分或有漏處亦无色謂一無色及三无色少分或非有漏處非無色謂无漏色蘊及无色所不攝无漏四蘊并無為法與八無漏處相攝者應作四句或無漏處非无色謂無漏色蘊及无色所不攝無漏四蘊并无為法或无色非無漏處謂一无色及三無色少分或無漏處亦无色謂三无色少分或非無漏處非无色謂有漏色蘊及无色所不攝有漏四蘊幾過去等者一切或過去或未来或現在幾善等者一切應分別謂空无邊處或善或无記云何善謂空無邊處所攝善四蘊云何无記謂空無邊處所攝无記四蘊識无邊處無所有處非想非非想處亦尒幾欲界繫等者一无色繫三應分別謂三无色若有漏无色界繫若无漏是不繫幾學等者一非學

非無學三應分別謂空无邊處或學或無學或非學非无學云何學謂空无邊處所攝學四蘊云何無學謂空无邊處所攝无學四蘊云何非學非无學謂空無邊處所攝有漏四蘊識无邊處無所有處亦尒

此四無色幾見所斷等者一切應分別謂空无邊處或見所斷或修所斷或非所斷云何見所斷謂空無邊處隨信隨法行現觀邊忍所斷此復云何謂見所斷二十八隨眠及彼相應彼等起心不相應行空无邊處云何修所斷謂空无邊處學見迹修所斷此復云何謂修所斷三隨眠及彼相應彼等起心不相應行并不染汙有漏空无邊處云何非所斷謂無漏空無邊處識无邊處無所有處亦尒非想非非想處或見所斷或修所斷云何見所斷謂非想非非想處隨信隨法行現觀邊忍所斷此復云何謂見所斷二十八隨眠及彼相應彼等起心不相應行非想非非想處云何修所斷謂非想非非想處學見迹修所斷

此復云何謂修所斷三隨眠及彼相應彼相應彼等起心不相應行并不染汙非想非非想處幾非心等者一切應分別謂諸无色所攝心不相應行非心非心所非心相應受蘊想蘊相應行蘊是心所與心相應心意識唯是心幾隨心轉非受相應等者一切應分別謂各有四句或隨心轉非受相應謂无色所攝隨心轉心不相應行及受或受相應非隨心轉謂无色所攝心意識或隨心轉亦受相應謂无色所攝想蘊相應行蘊或非隨心轉非受相應謂餘無色所攝隨心轉心不相應行諸餘無色所攝心不相應行幾隨心轉非想行相應等者除其自性如受應知幾隨尋轉非伺相應等者一切非隨尋轉非伺相應幾見非見處等者一切應分別謂空无邊處應作四句或見非見處謂空无邊處所攝盡无生智所不攝無漏慧或見處非見謂見所不攝有漏空無邊處或見亦見處謂空无邊處所攝五染汙見及世俗正見或非見非見

處謂見所不攝无漏空無邊處識无邊處无所有處亦尒非想非非想處或見亦見處或見處非見見亦見處者謂非想非非想處所攝五染汙見世間正見餘非想非非想處皆見處非見幾有身見為因非有身見因等者一切應分別謂空無邊處或有身見為因非有身見因或有身見為因亦有身見因或非有身見為因非有身見因有身見為因非有身見因者謂除過去現在見苦所斷隨眠及彼相應俱有等空無邊處亦除過去現在見集所斷遍行隨眠及彼相應俱有空无邊處亦除未來有身見相應空無邊處亦除未來有身見及彼相應法生老住无常空無邊處諸餘染汙空无邊處有身見為因亦有身見因者謂前所除空無邊處非有身見為因非有身見因者謂不染汙空無邊處識无邊處無所有處非想非非想處亦尒幾業非業異熟等者一切應分別謂空無邊處應作四句或業非業異熟謂空无邊處異熟所不攝

思或業異熟非業謂思所不攝業異熟生空无邊處或業亦業異熟謂空無邊處業異熟生思或非業非業異熟謂除業及業異熟生空无邊處諸餘空無邊處識无邊處無所有處非想非非想處亦尒幾業非隨業轉等者一切應分別謂空无邊處有三句或業非隨業轉謂空无邊處所攝思或隨業轉非業謂空无邊處所攝受想識蘊及思所不攝隨業轉行蘊或非業非隨業轉謂除空无邊處所攝隨業轉心不相應行諸餘空無邊處所攝心不相應行識无邊處無所有處非想非非想處亦尒幾所造色非有見色等者一切非所造色非有見色此四无色幾所造色非有對色等者一切非所造色非有對色幾難見故甚深等者一切難見故甚深甚深故難見幾善非善為因等者一切應分別謂空无邊處有三句或善為因非善謂善異熟生空無邊處或善亦善為因謂善空无邊處或非善非善為因謂除善異熟生空無邊處諸餘无

記空無邊處後三無色亦尒幾不善非不善為因等者一切非不善非不善為因幾无記非無記為因等者一切應分別謂空无邊處或無記亦无記為因或非無記非无記為因無記亦无記為因者謂無記空无邊處非無記非无記為因者謂善空无邊處後三無色亦尒幾因緣非有因等者一切是因緣亦有因幾等无間非等無間緣等者一切應分別謂空無邊處有三句或是等無間非等无間緣謂未来現前正起心心所空无邊處及過去現在阿羅漢命終時心心所空无邊處或是等無間亦等无間緣謂除過去現在阿羅漢命終時心心所空无邊處諸餘過去現在心心所空無邊處或非等无間非等無間緣謂除未来現前正起心心所空无邊處諸餘未来心心所空无邊處及空无邊處心不相應行識無邊處无所有處亦尒非想非非想處有三句或是等无間非等無間緣謂未来現前正起心心所非想非非想處及過

去現在阿羅漢命終時心心所非想非非想處并已生正起滅定或是等无間亦等無間緣謂除過去現在阿羅漢命終時心心所非想非非想處諸餘過去現在心心所非想非非想處或非等无間非等無間緣謂除未来現前正起心心所非想非非想處諸餘未来心心所非想非非想處及除等无間心不相應行非想非非想處諸餘心不相應行非想非非想處幾所緣緣非有所緣等者一切應分別謂諸無色所攝心不相應行是所緣緣非有所緣諸餘无色是所緣緣亦有所緣幾增上緣非有增上等者一切增上緣亦有增上幾暴流非順暴流等者一切應分別謂空无邊處有三句或順暴流非暴流謂暴流所不攝有漏空无邊處或暴流亦順暴流謂三暴流少分或非暴流非順暴流謂无漏空無邊處識无邊處無所有處亦尒非想非非想處或暴流亦順暴流或順暴流非暴流暴流亦順暴流者謂三暴流少分餘皆順暴流

非暴流四修定者一有修定若習若修若多所作得現法樂住二有修定若習若修若多所作得勝知見三有修定若習若修若多所作得分別慧四有修定若習若修若多所作得諸漏盡此四修定幾有色等者一切應分別謂諸修定所攝身語業是有色餘皆是无色幾有見等者一切無見幾有對等者一切无對幾有漏等者一有漏一无漏二應分別謂為現法樂住或有漏或無漏云何有漏謂為現法樂住所攝有漏五蘊云何無漏謂為現法樂住所攝無漏五蘊為分別慧或有漏或无漏云何有漏謂為分別慧所攝有漏五蘊云何無漏謂无漏五蘊幾有為等者一切有為幾有異熟等者一有異熟一无異熟二應分別謂為現法樂住及為分別慧若有漏有異熟若無漏无異熟幾是緣生等者一切是緣生是因生是世攝幾色攝等者一切應分別謂諸修定所攝身語業是色攝餘皆是名攝幾內處攝等者一切應分別謂諸修

阿毗達磨品類足論卷第十四　第十三張　文字号

定所攝心意識內處攝餘皆外處攝幾智遍知所遍知等者一切是智遍知所遍知

此四修定幾斷遍知所遍知等者一是斷遍知所遍知一非斷遍知所遍知二應分別謂為現法樂住及為分別慧若有漏是斷遍知所遍知若无漏非斷遍知所遍知幾應斷等者一應斷一不應斷二應分別謂為現法樂住及為分別慧若有漏是應斷若无漏不應斷幾應修等者一切是應修幾染汙等者一切不染汙幾果非有果等者一切是果亦有果幾有執受等者一切无執受幾大種所造等者一切應分別謂諸修定所攝身語業是大種所造餘皆非大種所造幾有上等者一切是有上幾是有等者一是有一非有二應分別謂為現法樂住及為分別慧若有漏是有若无漏非有幾因相應等者一切應分別謂諸修定所攝身語業心不相應行因不相應餘皆因相應

此四修定與六善處相攝者五善處

阿毗達磨品類足論卷第十四　第十三張　文字号

少分攝四修定四修定亦攝五善處少分與五善處相攝者乎不相攝與七无記處相攝者乎不相攝與三漏處相攝者乎不相攝與五有漏處相攝者應作四句或有漏處非修定謂修定所不攝有漏五蘊或修定非有漏處謂一修定及二少分或有漏處亦修定謂一修定及二少分或非有漏處非修定謂虛空及二滅與八无漏處相攝者應作四句或無漏處非修定謂虛空及二滅或修定非无漏處謂一修定及二少分或无漏處亦修定謂一修定及二少分或非無漏處非修定謂修定所不攝有漏五蘊幾過去等者一切或過去或未來或現在幾善等者一切是善幾欲界繫等者一色界繫一不繫二應分別謂為現法樂住若有漏色界繫若无漏不繫為分別慧或欲界繫或色界繫或无色界繫或不繫云何欲界繫謂為分別慧所攝欲界五蘊云何色界繫謂為分別慧所攝色界五蘊云何無色界繫謂為分別慧所攝无色界

阿毗達磨品類足論卷第十四　第十四張　文字号

四蘊云何不繫謂无漏五蘊幾學等
者一无學一非學非无學二應分別謂
為現法樂住或學或无學或非學非
无學云何學謂為現法樂住所攝學
五蘊云何無學謂為現法住所攝无
學五蘊云何非學非無學謂為現法
住所攝有漏五蘊為分別慧或學或
無學或非學非无學云何學謂學五
蘊云何无學謂无學五蘊云何非學
非无學謂為分別慧所攝有漏五蘊
此四修定幾見所斷等者一修所斷
一非所斷二應分別謂為現法樂住
及為分別慧若有漏修所斷若无漏
非所斷幾非心等者一切應分別謂
諸修定所攝身語業心不相應行非
心非心所非心相應受蘊想蘊相應
行蘊是心所與心相應心意識唯是
心幾隨心轉非受相應等者一切應
分別謂為現法樂住應作四句或隨
心轉非受相應謂為現法樂住所攝
身語業及隨心轉心不相應行并受
或受相應非隨心轉謂為現法樂住
所攝心意識或隨心轉亦受相應謂

為現法樂住所攝想蘊及相應行蘊
或非隨心轉非受相應謂除為現法
樂住所攝隨心轉心不相應行諸餘
為現法樂住所攝心不相應行為勝
知見為盡諸漏亦尒為分別慧應作
四句或隨心轉非受相應謂隨心轉
身語業及為分別慧所攝心不相應
行并受或受相應非隨心轉謂為分
別慧所攝心意識或隨心轉亦受相
應謂為分別慧所攝想蘊及相應行
蘊或非隨心轉非受相應謂除隨心
轉身語業諸餘為分別慧所攝身語
業除為分別慧所攝心不相應行諸
餘為分別慧所攝心不相應行幾隨
心轉非想行相應等者除其自性如
受應知幾隨尋轉非伺相應等者一
無尋无伺三應分別謂為現法樂住
有四句或隨尋轉非伺相應謂為現
法樂住所攝隨尋轉身語業心不相
應行及伺或伺相應非隨尋轉謂為
現法樂住所攝尋或隨尋轉亦伺相
應謂為現法樂住所攝尋伺相應心
心所法或非隨尋轉非伺相應謂除

為現法樂住所攝隨尋轉心不相應
行諸餘為現法樂住所攝心不相應
行為勝知見有四句或隨尋轉非伺
相應謂為勝知見所攝隨尋轉身語
業心不相應行及伺或伺相應非隨
尋轉謂為勝知見所攝尋或隨尋轉
亦伺相應謂為勝知見所攝尋伺相
應心心所法或非隨尋轉非伺相應
謂除為勝知見所攝隨尋轉身語業
心不相應行諸餘為勝知見所攝身
語業心不相應行及為勝知見所攝
无尋無伺心心所法為分別慧有四
句或隨尋轉非伺相應謂隨尋轉身
語業及為分別慧所攝隨尋轉心不
相應行并尋相應伺或伺相應非隨
尋轉謂為分別慧所攝尋及尋不相
應伺相應心心所法或隨尋轉亦伺
相應謂為分別慧所攝尋伺相應心
心所法或非隨尋轉非伺相應謂除
隨尋轉身語業諸餘為分別慧所攝
身語業及除為分別慧所攝隨尋轉
心不相應行諸餘為分別慧所攝心
不相應行并尋不相應伺若无尋无

伺心心所法幾見非見處等者一切應分別謂為現法樂住有四句或見非見處謂為現法樂住所攝盡无生智所不攝無漏慧或見處非見謂見所不攝有漏為現法樂住或見亦見處謂為現法樂住所攝世間正見或非見非見處謂見所不攝无漏為現法樂住為勝知見或見亦見處或見處非見見亦見處者謂為勝知見所攝世間正見諸餘為勝知見是見處非見為分別慧有四句或見非見處謂盡无生智所不攝無漏慧或見處非見謂見所不攝有漏為分別慧或見亦見處謂為分別慧所攝世間正見或非見非見處謂見所不攝无漏為分別慧為盡諸漏所攝慧是見非見處餘皆非見非見處幾有身見為因非有身見因等者一切非有身見為因非有身見因幾業非業異熟等者一切應分別謂諸修定所攝身語業及思是業非業異熟餘皆非業非業異熟幾業非隨業轉等者一切應分別謂為現法樂住有四句或業非

隨業轉謂為現法樂住所攝思或隨業轉非業謂為現法樂住所攝受想識蘊及思所不攝隨業轉行蘊或業亦隨業轉謂為現法樂住所攝身語業或非業非隨業轉謂除為現法樂住所攝隨業轉心不相應行諸餘現法樂住所攝心不相應行為勝知見及為盡諸漏亦尒為分別慧有四句或業非隨業轉謂除為分別慧所攝隨業轉身語業諸餘為分別慧所攝身語業及思或隨業轉非業謂為分別慧所攝受想識蘊及思所不攝隨業轉行蘊或業亦隨業轉謂為分別慧所攝隨業轉身語業或非業非隨業轉謂除為分別慧所攝隨業轉心不相應行諸餘為分別慧所攝心不相應幾所造色非有見色等者一切應分別謂諸修定所攝身語業是所造色非有見色餘皆非所造色非有見色此四修定幾所造色非有對色等者一切應分別謂諸修定所攝身語業是所造色非有對色餘皆非所造色非有對色幾難見故甚深等者一切

難見故甚深甚深故難見幾善非善因等者一切是善亦善為因幾不善非不善為因等者一切非不善非不善為因幾无記非無記為因等者一切非無記非无記為因幾因緣非有因等者一切是因緣亦有因幾等無間非等无間緣等者一切應分別謂各有三句或是等無間非等无間緣謂未来現前正起修定所攝心心所法或是等无間亦等無間緣謂過去現在修定所攝心心所法或非等无間非等無間緣謂除未来現前正起修定所攝心心所法諸餘未来修定所攝心心所法及修定所攝身語業心不相應行幾所緣緣非有所緣等者一切應分別謂諸修定所攝身語業心不相應行是所緣緣非有所緣餘皆是所緣緣亦有所緣幾增上緣非有增上等者一切是增上緣亦有增上幾暴流非順暴流等者一順暴流非暴流一非暴流非順暴流二應分別謂為現法樂住及為分別慧若有漏是順暴流非暴流若无漏非暴

流非順暴流 阿毗達磨品類足論卷第十四　第十二張　交字号

七覺支者謂念等覺支乃至捨等覺支此七覺支幾有色等者一切无色幾有見等者一切無見幾有對等者一切无對幾有漏等者一切無漏幾有為等者一切有為幾有異熟等者一切无異熟幾是緣生等者一切是緣生是因生是世攝幾色攝等者一切名攝幾內處攝等者一切外處攝幾智遍知所遍知等者一切是智遍知所遍知

說一切有部品類足論卷第十四

安邑縣三路李村陳千自發願心謹捨家財雕藏經四卷所期宜福上資先亡宗親父母見存骨肉各保康安三友四恩同成佛果者

阿毗達磨品類足論卷第十四

校勘記

一　底本，金藏廣勝寺本。

一　一〇五頁中一行經名至四行品名，徑、清無（未換卷）。

一　一〇五頁下四行首字「餘」，資、磧、普、南、徑、清作「除」。

一　一〇五頁下六行「增上」，資、磧、普、南、徑、清作「增上緣」。

一　一〇五頁下七行末字「流」，至此徑、清卷第十三終，卷第十四始，且有品名「辯千問品第七之五」。

一　一〇六頁下二一行「无色」，諸本（不含石，下同）作「無色界」。

一　一〇七頁上二二行末字「所」，資、磧、普、南、徑、清無。

一　一〇七頁中二行「彼相應」，諸本無。

一　一〇七頁中一三行第八字「餘」，諸本作「除」。

一　一〇八頁中二〇行第五字「心」，資、磧、普、南、徑、清無。

一　一〇九頁中一八行第四字「一」，磧無。

一　一〇九頁中一九行「若有」，磧、普、南、徑、清作「非有」。

一　一〇九頁下二行「五善處」，諸本作「五不善處」。

一　一〇九頁下一九行第三字「爲」，資、磧、普、南、徑、清作「謂爲」。

一　一一〇頁上三行第三字「无」，諸本無。

一　一一〇頁上五行第一一字及七行首字「住」，麗作「樂住」。

一　一一〇頁下二二行第八字「爲」，資、磧、普、南、徑、清無。

一　一一一頁上六行「世間」，諸本作「世聞」。

一　一一二頁上一行末字「流」，至此徑、清卷第十四終，卷第十五始，且有品名「辯千問品第七之六」。

一　一一二頁上卷末經名，徑、清無（未換卷）。

阿毗達磨品類足論卷第十五　交

尊者世友造

三藏法師玄奘奉　詔譯

辯千問品第七之六

此七覺支幾斷遍知所遍知等者一切非斷遍知所遍知幾應斷等者一切不應斷幾應修等者一切是應修幾染汙等者一切不染汙幾果非有果等者一切是果亦有果幾有執受等者一切無執受幾大種所造等者一切非大種所造幾有上等者一切有上幾是有等者一切非有幾因相應等者一切因相應

此七覺支與六善處相攝者二善處少分攝七覺支七覺支亦攝二善處少分與五不善處相攝者互不相攝與七無記處相攝者互不相攝與三漏處相攝者互不相攝與五有漏處相攝者互不相攝與八無漏處相攝者二無漏處少分攝七覺支七覺支亦攝二無漏處少分幾過去等者一切或過去或未來或現在幾善等者一切是善幾欲界繫等者一切不繫幾學等者一切應分別謂念等覺支或學或無學云何學謂學作意相應念等覺支云何無學謂無學作意相應念等覺支餘六等覺支亦尒

此七覺支幾見所斷等者一切非所斷幾非心等者一切是心所與心相應幾隨心轉非受相應等者一隨心轉非受相應六隨心轉亦受相應幾隨心轉非想行相應等者一切隨心轉想行相應除其自性幾隨尋轉非伺相應等者一切應分別謂念等覺支或有尋有伺或無尋唯伺或無尋無伺云何有尋有伺謂有尋有伺作意相應念等覺支云何無尋唯伺謂無尋唯伺作意相應念等覺支云何無尋無伺謂無尋無伺作意相應念等覺支擇法精進輕安定捨等覺支亦尒喜等覺支或有尋有伺或無尋無伺云何有尋有伺謂有尋有伺作意相應喜等覺支云何無尋無伺謂無尋無伺作意相應喜等覺支幾見非見處等者六非見非見處一應分

別謂擇法等覺支所攝慧無生智所不攝慧是見非見處餘皆非見非見處幾有身見為因非有身見因等者一切非有身見為因非有身見因幾業非業異熟等者一切非業非業異熟幾業非隨業轉等者一切隨業轉非業幾所造色非有見色等者一切非所造色非有見色

此七覺支幾所造色非有對色等者一切非所造色非有對色幾難見故甚深等者一切難見故甚深甚深故難見幾善非善為因等者一切是善亦善為因幾不善非不善為因等者一切非不善非不善為因幾無記非無記為因等者一切非無記非無記為因幾因緣非有因等者一切是因緣亦有因幾等無間非等無間緣等者一切應分別謂念等覺支或是等無間非等無間緣或是等無間亦等無間緣或非等無間非等無間緣是等無間非等無間緣者謂未來現前正起念等覺支是等無間亦等無間緣者謂過去現在念等覺支非等無間非等無間緣者謂除未來現前正起念等覺支諸餘未來念等覺支餘六等覺支亦介幾所緣緣非有所緣等者一切是所緣緣亦有所緣幾增上緣非有增上等者一切是增上緣亦有增上幾暴流非順暴流等者一切非暴流非順暴流

二十二根者謂眼根乃至無知根此二十二根幾有色等者七有色十五無色幾有見等者一切無見幾有對等者七有對十五無對幾有漏等者十有漏三無漏九應分別謂意根或有漏或無漏云何有漏謂有漏作意相應意根云何無漏謂無漏作意相應意根樂喜捨信精進念定慧根亦介幾有為等者一切有為幾有異熟等者一有異熟十一無異熟十應分別謂意根或有異熟或無異熟云何有異熟謂不善善有漏意根云何無異熟謂無記無漏意根樂喜捨根亦介苦根或有異熟或無異熟云何有異熟謂善不善苦根云何無異熟謂無記苦根信精進念定慧根若有漏有異熟若無漏無異熟幾是緣生等者一切是緣生是因生是世攝幾色攝等者七是色攝十五是名攝幾內處攝等者八內處攝十一外處攝三應分別謂未知當知根已知根具知根所攝心意識內處攝餘皆外處攝幾智遍知所遍知等者一切是智遍知所遍知

此二十二根幾斷遍知所遍知等者十是斷遍知所遍知三非斷遍知所遍知九應分別謂意等九根若有漏是斷遍知所遍知若無漏非斷遍知所遍知幾應斷等者十應斷三不應斷九應分別謂意等九根若有漏是應斷若無漏不應斷幾應修等者八應修八不應修六應分別謂意根或應修或不應修云何應修謂善意根云何不應修謂不善無記意根樂苦喜捨根亦介憂根或應修或不應修云何應修謂善憂根云何不應修謂不善憂根幾染汙等者十六不染汙六應分別謂意根或染汙或不染汙云何染汙謂有覆意根云何不染汙

謂無覆意根樂苦喜憂捨根亦尒幾
果非有果等者一切是果亦有果幾
有執受等者十五無執受七應分別
謂眼根或有執受或無執受云何有
執受謂自體所攝眼根云何無執受
謂非自體所攝眼根餘六色根亦尒
幾大種所造等者七大種所造十五
非大種所造幾有上等者一切是有
上幾是有等者十是有三非有九應
分別謂意等九根若有漏是有若無
漏非有幾因相應等者八因不相應
十四因相應
此二十二根與六善處相攝者應作
四句或善處非根謂善色蘊想蘊及
根所不攝善行蘊并擇滅或根非善
處謂八根及六根少分或善處亦根
謂八根及六根少分或非善處非根
謂不善色蘊行蘊不善無記想蘊及
根所不攝色蘊行蘊并虛空非擇滅
與五不善處相攝者應作四句或不
善處非根謂不善色想行蘊或根非
不善處謂十六根及六根少分或不
善處亦根謂六根少分或非不善處

非根謂善色蘊善無記想蘊根所不
攝善無記行蘊及根所不攝無記色
蘊并無為法與七無記處相攝者應
作四句或無記處非根謂無記想蘊
及根所不攝無記色蘊行蘊并虛空
非擇滅或根非無記處謂九根及五根
少分或無記處亦根謂八根及五根
少分或非無記處非根謂善不善色
蘊想蘊不善行蘊及根所不攝善行
蘊并擇滅與三漏處相攝者互不相
攝與五有漏處相攝者應作四句或
有漏處非根謂有漏想蘊及根所不
攝有漏色蘊行蘊或根非有漏處謂
三根及九根少分或有漏處亦根謂
十根及九根少分或非有漏處非根
謂無漏色蘊想蘊及根所不攝無漏
行蘊并三無為與八無漏處相攝者
應作四句或無漏處非根謂無漏色
蘊想蘊及根所不攝無漏行蘊并三
無為或根非無漏處謂十根及九根
少分或無漏處亦根謂三根及九根
少分或非無漏處非根謂有漏想蘊
及根所不攝有漏色蘊行蘊幾過去

等者一切或過去或未來或現前幾
善等者八善八無記六應分別謂意
根或善或不善或無記云何善謂善
作意相應意根云何不善謂不善作
意相應意根云何無記謂無記作意
相應意根樂苦喜捨根亦尒憂根或
善或不善云何善謂善作意相應憂
根云何不善謂不善作意相應憂根
幾欲界繫等者四欲界繫三不繫十
五應分別謂眼根或欲界繫或色界
繫云何欲界繫謂欲界大種所造眼
根云何色界繫謂色界大種所造眼
根耳鼻舌身根亦尒命根或欲界繫
或色界繫或無色界繫云何欲界繫
謂欲界壽云何色界繫謂色界壽云
何無色界繫謂無色界壽意根或欲
界繫或色界繫或無色界繫或不繫
云何欲界繫謂欲界作意相應意根
云何色界繫謂色界作意相應意根
云何無色界繫謂無色界作意相應
意根云何不繫謂無漏作意相應意
根捨及信等五根亦尒樂根或欲界
繫或色界繫或不繫云何欲界繫謂

欲界作意相應樂根云何色界繫謂色界作意相應樂根云何不繫謂無漏作意相應樂根喜根亦尒幾學等者二學一無學十非學非無學九應分別謂意根或學或無學或非學非無學云何學謂學作意相應意根云何無學謂無學作意相應意根云何非學非無學謂有漏作意相應意根樂喜捨信等五根亦尒

此二十二根幾見所断等者九修所断三非所断十應分別謂意根或見所断或修所断或非所断云何見所断謂意根隨信隨法行現觀邊忍所断此復云何謂見所断八十八隨眠相應意根云何修所断謂意根學見迹修所断此復云何謂修所断十隨眠相應意根及不染汙有漏意根云何非所断謂無漏意根捨根亦尒樂根或見所断或修所断或非所断云何見所断謂樂根隨信隨法行現觀邊忍所断此復云何謂見所断二十八隨眠相應樂根云何修所断謂樂根學見迹修所断此復云何謂修所

断五隨眠相應樂根及不染汙有漏樂根云何非所断謂無漏樂根喜根或見所断或修所断或非所断云何見所断謂喜根隨信隨法行現觀邊忍所断此復云何謂見所断五十二隨眠相應喜根云何修所断謂喜根學見迹修所断此復云何謂修所断六隨眠相應喜根及不染汙有漏喜根云何非所断謂無漏喜根憂根或見所断或修所断云何見所断謂憂根隨信隨法行現觀邊忍所断此復云何謂見所断十六隨眠相應憂根云何修所断謂憂根學見迹修所断此復云何謂修所断二隨眠相應憂根及不染汙憂根信等五根若有漏修所断若無漏非所断幾非心等者八非心非心所非心相應十是心所與心相應一唯是心三應分別謂三無漏根所攝八根是心所與心相應一根唯是心幾隨心轉非受相應等者五隨心轉非受相應一受相應非隨心轉五隨心轉亦受相應八非隨心轉非受相應三應分別謂三無漏

根所攝三根隨心轉非受相應一根受相應非隨心轉五根隨心轉亦受相應幾隨心轉非想行相應等者一想相應非隨心轉十隨心轉亦想相應八非隨心轉非想相應三應分別謂三無漏根所攝八根隨心轉亦想相應一根想相應非隨心轉一行相應非隨心轉十隨心轉亦行相應除其自性八非隨心轉非行相應三應分別謂三無漏根所攝一行相應非隨心轉八隨心轉亦行相應除其自性幾隨尋轉非伺相應等者二有尋有伺八無尋無伺十二應分別謂意根或有尋有伺或無尋唯伺或無尋無伺云何有尋有伺謂有尋有伺作意相應意根云何無尋唯伺謂無尋唯伺作意相應意根云何無尋無伺謂無尋無伺作意相應意根捨根信等五根三無漏根亦尒樂根或有尋有伺或無尋無伺云何有尋有伺謂有尋有伺作意相應樂根云何無尋無伺謂無尋無伺作意相應樂根喜根亦尒幾見非見處等者一見亦見

處九見處非見十二應分別謂意根若有漏是見處非見若無漏非見非見處樂喜捨根信等四根亦尒慧根有四句或見非見處謂盡無生智所不攝無漏慧根或見處非見謂見所不攝有漏慧根或見亦見處謂世間正見或非見非見處謂見所不攝無漏慧根未知當知根已知根所攝慧是見非見處餘皆非見非見處具知根所攝盡無生智所不攝慧根是見非見處餘非見非見處幾有身見為因非有身見因等者十六非有身見為因非有身見因六應分別謂意根或有身見為因非有身見因或有身見為因亦有身見因或非有身見為因非有身見因有身見為因非有身見因者謂除過去現在見苦所斷隨眠相應意根亦除過去現在見集所斷遍行隨眠相應意根亦除未來有身見相應意根諸餘染汙意根有身見為因亦有身見因者謂前所除意根非有身見為因非有身見因者謂不染汙意根樂喜捨根亦尒苦根若

染汙有身見為因非有身見因若不染汙非有身見為因非有身見因憂根或有身見為因非有身見因或有身見為因亦有身見因或非有身見為因非有身見因有身見為因非有身見因者謂除過去現在見苦所斷隨眠相應憂根及除過去現在見集所斷遍行隨眠相應憂根諸餘染汙憂根有身見為因亦有身見因者謂前所除憂根非有身見為因非有身見因者謂不染汙憂根幾業非業異熟等者一是業異熟非業九非業非業異熟十二應分別謂眼根或是業異熟非業或非業非業異熟是業異熟非業者謂異熟生眼根餘眼根非業非業異熟耳鼻舌身女男根意樂苦喜捨根亦尒幾業非隨業轉等者八非業非隨業轉十四隨業轉非業幾所造色非有見色等者七是所造色非有見色十五非造色非有見色此二十二根幾所造色非有對色等者七是所造色亦有對色十五非所造色非有對色幾難見故甚深等者

一切難見故甚深甚深故難見幾善非善為因等者八是善亦善為因十四應分別謂眼根或善為因非善或非善非善為因善為因非善者謂善異熟生眼根諸餘眼根非善非善為因耳鼻舌身女男命根亦尒意根或善為因非善或是善亦善為因或非善非善為因善為因非善者謂善異熟生意根是善亦善為因者謂善意根非善非善為因者謂除善異熟生意根諸餘無記不善意根樂喜捨根亦尒苦根或是善亦善為因或非善非善為因是善亦善為因者謂善苦根非善非善為因者謂不善無記苦根憂根或是善亦善為因或非善非善為因是善亦善為因者謂善憂根非善非善為因者謂不善憂根幾不善非不善為因等者八非不善非不善為因十四應分別謂眼根或不善為因非不善或非不善非不善為因不善為因非不善者不善異熟生眼根諸餘眼根非不善非不善為因耳鼻舌身女男命根亦尒意根或不善

為因非不善或不善亦不善為因或非不善非不善為因不善為因非不善者謂不善異熟生意根及欲界繫有身見邊執見相應意根不善亦不善因者謂不善意根非不善非不善為因者謂除不善異熟生意根及除欲界繫有身見邊執見相應意根諸餘無記及善意根樂根或不善亦不善為因或非不善非不善為因不善亦不善為因者謂不善樂根非不善非不善為因者謂善無記樂根苦根或不善為因非不善或不善亦不善為因或非不善非不善為因不善為因非不善者謂異熟生苦根不善亦不善因者謂不善苦根非不善非不善為因者謂除異熟生苦根諸餘無記及善苦根喜根或不善為因非不善或不善亦不善為因或非不善非不善為因不善為因非不善者謂欲界繫有身見邊執見相應喜根不善亦不善為因者謂不善喜根非不善非不善為因者謂除欲界繫有身見邊執見相應喜根諸餘無記及善喜

根捨根亦尒憂根或不善亦不善為因或非不善非不善為因不善亦不善為因者謂不善憂根非不善非不善為因者謂善憂根幾無記非無記為因等者八無記亦無記為因八非無記非無記為因六應分別謂意根或無記為因非無記或無記亦無記為因或非無記非無記為因無記為因非無記者謂不善意根無記亦无記為因者謂無記意根非無記非無記為因者謂善意根樂苦喜捨根亦尒憂根或無記為因非無記或非無記非無記為因無記為因非無記者謂不善憂根非無記非無記為因者謂善憂根幾因緣非有因等者一切是因緣亦有因幾等無間非等無間緣等者八非等無間非等無間緣十四應分別謂意根或是等無間非等無間緣或是等無間亦等無間緣或非等無間非等無間緣是等無間非等無間緣者謂未來現前正起意根及過去現在阿羅漢命終時意根是等無間亦等無間緣者謂除過去現

在阿羅漢命終時意根諸餘過去現在意根非等無間非等無間緣者謂除未來現前正起意根諸餘未来意根捨根亦尒樂根或是等無間非等無間緣或是等無間亦等無間緣或非等無間非等無間緣是等無間非等無間緣者謂未来現前正起樂根是等無間亦等無間緣者謂過去現在樂根非等無間非等無間緣者謂除未来現前正起樂根諸餘未来樂根苦喜憂根信等五根三無漏根亦尒幾所緣緣非有所緣等者八是所緣緣非有所緣十四是所緣緣亦有所緣幾增上緣亦有增上等者一切是增上緣亦有增上幾暴流非順暴流等者十順暴流非暴流三非暴流非順暴流九應分別謂意等九根若有漏順暴流非暴流若無漏非暴流非順暴流

十二處者謂眼處色處乃至意處法處此十二處幾有色等者十有色一無色一應分別謂法處或有色或無色去何有色謂法處所攝身語業去

何無色謂餘法處幾有見等者一有見十一無見幾有對等者十有對二無對幾有漏等者十有漏二應分別謂意處或有漏或無漏云何有漏謂有漏作意相應意處云何無漏謂無漏作意相應意處法處或有漏或無漏云何有漏謂法處所攝有漏身語業及有漏受想行蘊云何無漏謂無漏身語業及無漏受想行蘊并無為法幾有為等者十一有為一應分別謂法處或有為或無為云何有為謂法處所攝身語業及受想行蘊云何無為謂虛空及二滅幾有異熟等者八無異熟四應分別謂色處或有異熟或無異熟云何有異熟謂善不善色處云何無異熟謂無記色處聲處亦尒意處或有異熟或無異熟云何有異熟謂不善善有漏意處云何無異熟謂無記無漏意處法處亦尒幾是緣生等者十一是緣生是因生是世攝一應分別謂法處若有為是緣生是因生是世攝若無為非緣生非因生非世攝幾色攝等者十色攝一名攝一應分別謂法處所攝身語業是色攝餘皆是名攝幾內處攝等者六是內處攝六是外處攝幾智遍知所遍知等者一切是智遍知所遍知此十二處幾斷遍知所遍知等者十是斷遍知所遍知二應分別謂意法處若有漏是斷遍知所遍知若無漏非斷遍知所遍知幾應斷等者十應斷二應分別謂意法處若有漏是應斷若無漏不應斷幾應修等者八不應修四應分別謂色處或應修或不應修云何應修謂善色處云何不應修謂不善無記色處聲處意處亦尒法處或應修或不應修云何應修謂善有為法處云何不應修謂不善無記法處及擇滅幾染汙等者八不染汙四應分別謂色處或染汙或不染汙云何染汙謂有覆色處云何不染汙謂無覆色處聲意法處亦尒幾果非有果等者十一是果亦有果一應分別謂法處或是果非有果或是果亦有果或非果非有果是果非有果者謂擇滅是果亦有果者謂有為法處非果非有果者謂虛空非擇滅幾有執受等者三無執受九應分別謂眼處或有執受或無執受云何有執受謂自體所攝眼處云何無執受謂非自體所攝眼處色耳鼻香舌味身觸處亦尒幾大種所造等者九是大種所造一非大種所造二應分別謂觸處堅濕煖動非大種所造餘是大種所造法處所攝身語業是大種所造餘非大種所造幾有上等者十一有上一應分別謂法處擇滅是無上餘皆是有上幾是有等者十是有二應分別謂意法處若有漏是有若無漏非有幾因相應等者十因不相應一因相應一應分別謂法處諸心所法是因相應餘因不相應

說一切有部品類足論卷第十五

阿毗達磨品類足論卷第十五

校勘記

一　底本，金藏廣勝寺本。

一　一一三頁中一行經名至四行品名，徑、清無(未換卷)。

一　一一三頁中五行「遍知」，資、磧、普、南、徑、清作「幾徧知」。

一　一一四頁中八行「無知」，諸本(不含石，下同)作「具知」。

一　一一五頁上一三行「二十二」，清作「二十三」。

一　一一五頁中五行第一二字「并」，資、磧、普、南、徑、清無。

一　一一五頁中一三行第四字「或」，諸本作「色」。

一　一一七頁上八行末字「慧」，資、磧、普、南、徑、清作「慧根」。

一　一一七頁上一一行第五字「非」，資、磧、普、南、徑、清作「無」。

一　一一七頁上一七行第一一字「若」，徑作「若」。

一　一一七頁中二〇行「非造色」，麗作「非所造色」。

一　一一七頁下一九行「眠相」，諸本作「眠根」。

一　一一八頁上五行「因者」，諸本作「爲因者」。一五行麗同。

一　一一八頁中六行「六應」，資、磧、普、南、徑、清作「亦應」。

一　一一九頁中五行「十二」，徑作「二十」。

一　一一九頁中二〇行「一應」，資、磧、普、南、徑、清作「一處應」。

一　一一九頁下五行第九字「耳」，資、磧、普、南、徑、清作「耳聞」。

阿毗達磨品類足論卷第十六　交

尊者世友造　三藏法師玄奘奉　詔譯

辯千品第七之七

卌十二處與六善處相攝者六善處攝四處少分四處少分亦攝六善處與五不善處相攝者五不善處攝四處少分四處少分亦攝五不善處與七無記處相攝者七無記處攝八處四處少分八處四處少分亦攝七無記處與三漏處相攝者三漏處攝一處少分一處少分亦攝三漏處與五有漏處相攝者五有漏處攝十處二處少分十處二處少分亦攝五有漏處與八無漏處相攝者八無漏處攝二處少分二處少分亦攝八無漏處幾過去等者十一或過去或未來或現在一應分別謂法處若有為或過去或未來或現在若無為非過去非未來非現在幾善等者八無記四應分別

謂色處或善或不善或無記云何善謂善身表云何不善謂不善身

表云何無記謂除善不善身表諸餘色處聲處或善或不善或無記云何善謂善語表云何不善謂不善語表云何無記謂除善不善語表諸餘聲處意處或善或不善或無記云何善謂善作意相應意處云何不善謂不善作意相應意處云何無記謂無記作意相應意處法處或善或不善或無記云何善謂法處所攝善身語業及善受想行蘊并擇滅云何不善謂法處所攝不善身語業及不善受想行蘊云何無記謂無記受想行蘊及虛空非擇滅幾欲界繫等者二欲界繫十應分別謂眼處或欲界繫或色界繫云何欲界繫謂欲界大種所造眼處云何色界繫謂色界大種所造眼處色耳聲鼻舌身處亦尒觸處或欲界繫或色界繫云何欲界繫謂欲界四大種及欲界大種所造觸處云何色界繫謂色界四大種及色界大種所造觸處意處或欲界繫或色界繫或無色界繫或不繫云何欲界繫謂欲界作意相應意處云何色界

繫謂色界作意相應意處云何無色
界繫謂無色界作意相應意處云何
不繫謂無漏作意相應意處法處或
欲界繫或色界繫或無色界繫或不
繫云何欲界繫謂法處所攝欲界身
語業及欲界受想行蘊云何色界繫
謂法處所攝色界身語業及色界受
想行蘊云何無色界繫謂無色界受
想行蘊云何不繫謂無漏身語業及
無漏受想行蘊并三無為幾學等者
十非學非無學二應分別謂意處或
學或無學或非學非無學云何學謂
學作意相應意處云何無學謂無學
作意相應意處云何非學非無學謂
有漏作意相應意處法處或學或無
學或非學非無學云何學謂學身語
業及學受想行蘊云何無學謂無學
身語業及無學受想行蘊云何非學
非無學謂法處所攝有漏身語業及
有漏受想行蘊并虛空二滅此十二
處幾見所斷等者十修所斷二應分
別謂意處或見所斷或修所斷或非
所斷云何見所斷謂意處隨信隨法

行現觀邊忍所斷此復云何謂見所
斷八十八隨眠相應意處云何修所
斷謂意處學見迹修所斷此復云何
謂修所斷十隨眠相應意處及不染
汙有漏意處云何非所斷謂無漏意
處法處或見所斷或修所斷或非所
斷云何見所斷謂法處隨信隨法行
現觀邊忍所斷此復云何謂見所斷
八十八隨眠及彼相應法處并彼等
起心不相應行云何修所斷謂法處
學見迹修所斷此復云何謂修所斷
十隨眠及彼相應法處并彼等起無
表身語業心不相應行若不染汙有
漏法處云何非所斷謂無漏法處幾
非心等者十非心非心所非心相應
一唯是心一應分別謂法處若有所
緣是心所與心相應若無所緣非心
非心所非心相應幾隨心轉非受相
應等者十非隨心轉非受相應一受
相應非隨心轉一應分別謂法處或
隨心轉非受相應或隨心轉亦受相
應或非隨心轉非受相應隨心轉非
受相應者謂隨心轉身語業心不相

應行及受隨心轉亦受相應者謂想
蘊及相應行蘊非隨心轉非受相應
者謂除隨心轉身語業心不相應行
諸餘身語業心不相應行及無為法
幾隨心轉非想行相應等者除其自
性如受應知幾隨尋轉非伺相應等
者十非隨尋轉非伺相應二應分別
謂意處或有尋有伺或無尋唯伺或
無尋無伺云何有尋有伺謂有尋有
伺作意相應意處云何無尋唯伺謂
無尋唯伺作意相應意處云何無尋
無伺謂無尋無伺作意相應意處法
處有四句或隨尋轉非伺相應謂隨
尋轉身語業心不相應行及尋相應
伺或伺相應非隨尋轉謂尋及尋不
相應伺相應心所法或隨尋轉亦伺
相應謂尋伺相應心所法或非隨尋
轉非伺相應謂除隨尋轉身語業心
不相應行諸餘身語業心不相應行
及尋不相應伺并無尋無伺心所法
若無為法幾見非見處等者一見亦
見處九見處非見二應分別謂意處
若有漏是見處非見若無漏非見處

非見法處有四句或見非見處謂盡無生智所不攝無漏慧或見處非見謂見所不攝有漏法處或見亦見處謂五染汙見世俗正見或非見非見處謂見所不攝無漏法處幾有身見為因非有身見因等者八非有身見為因非有身見因四應分別謂色處若染汙有身見為因非有身見因若不染汙非有身見為因非有身見因聲處亦尒意處或有身見為因非有身見因或有身見為因亦有身見因或非有身見為因非有身見因有身見為因非有身見者謂除過去現在見苦所斷隨眠相應意處亦除過去現在見集所斷遍行隨眠相應意處亦除未來有身見相應意處諸餘染汙意處有身見為因亦有身見因者謂前所除意處非有身見為因非有身見因者謂不染汙意處法處或有身見為因非有身見因或有身見為因亦有身見因或非有身見為因非有身見因有身見為因非有身見因者謂除過去現在見苦所斷隨眠及彼相應俱有等法處亦除過去現在見集所斷遍行隨眠及彼相應俱有法處亦除未來有身見相應法處亦除未來有身見及彼相應法生老住無常諸餘染汙法處有身見為因亦有身見因者謂前所除法處非有身見為因非有身見因者謂不染汙法處幾業非業異熟等者一切應分別謂眼處或業異熟非業或非業非業異熟業異熟非業者謂異熟生眼處諸餘眼處非業非業異熟耳鼻香舌味身觸意處亦尒色處或是業非業異熟或業異熟非業或非業非業異熟是業非業異熟者謂身表業異熟非業者謂業異熟生色處非業非業異熟者謂除業及業異熟色處諸餘色處聲處或是業非業異熟或非業非業異熟是業非業異熟者謂語表諸餘聲處非業非業異熟法處有四句或業非業異熟謂法處所攝身語業及異熟所不攝思或業異熟非業謂思所不攝業異熟生法處或業亦業異熟謂異熟生思或非業非業異熟謂除業及業異熟法處諸餘法處幾業非隨業轉等者八非業非隨業轉一隨業轉非業三應分別謂色處或是業非隨業轉或非業非隨業轉是業非隨業轉者謂身表諸餘色處非業非隨業轉聲處或是業非隨業轉或非業非隨業轉是業非隨業轉者謂語表諸餘聲處非業非隨業轉法處有四句或業非隨業轉謂除隨業轉身語業諸餘法處所攝身語業及思或隨業轉非業謂受蘊想蘊及思所不攝隨業轉行蘊或業亦隨業轉謂隨業轉身語業或非業非隨業轉謂除業及隨業轉法處諸餘法處幾所造色非有見色等者有三句或所造色非有見色謂八處及二處少分或所造色亦有見色謂一處或非所造色非有見色謂一處及二處少分此十二處幾所造色非有對色等者有四句或所造色非有對色謂一處少分或有對色非所造色謂一處少分或所造色亦有對色謂九處一處少分或非所造色非有對色謂一處

一處少分幾難見故甚深等者一切難見故甚深甚深故難見幾善非善為因等者一切應分別謂眼處或善為因非善或非善非善為因善為因非善者謂善異熟生眼處諸餘眼處非善非善為因耳鼻香舌味身觸處亦介色處或善為因非善或善亦善為因或非善非善為因善為因非善者謂善異熟生色處善亦善為因者謂善色處非善非善為因者謂除善異熟生色處諸餘無記及不善色處意處亦介聲處或善亦善為因或非善非善為因善亦善為因者謂善聲處諸餘聲處非善非善為因法處有四句或善非善為因謂擇滅或善為因非善謂善異熟生法處或善亦善為因謂善有為法處或非善非善為因謂除善異熟生法處諸餘無記及不善法處幾不善非不善為因等者一切應分別謂眼處或不善為因非不善或非不善非不善為因不善為因非不善者謂不善異熟生眼處諸餘眼處非不善非不善為因耳鼻香

舌味身觸處亦介色處或不善為因非不善或不善亦不善為因或非不善非不善為因不善為因非不善者謂不善異熟生色處不善亦不善為因者謂不善色處非不善非不善為因者謂除不善異熟生色處諸餘無記及善色處聲處或不善亦不善為因或非不善非不善為因不善亦不善為因者謂不善聲處諸餘聲處非不善非不善為因意處或不善為因非不善或不善亦不善為因或非不善非不善為因不善為因非不善者謂不善異熟生意處及欲界有身見邊執見相應意處或不善亦不善為因者謂不善意處非不善非不善為因者謂除不善異熟生意處及除欲界有身見邊執見相應意處諸餘無記及善意處法處或不善為因非不善或不善亦不善為因或非不善非不善為因不善為因非不善者謂不善異熟生法處及欲界有身見邊執見并彼相應法處若彼等起心不相應行不善亦不善為因者謂不善等

起處非不善非不善為因者謂除不善異熟生法處及除欲界有身見邊執見并彼相應法處若彼等起心不相應行諸餘無記及善法處幾無記非無記為因等者八無記亦無記為因四應分別謂色處或無記為因非無記或無記亦無記為因或非無記非無記為因無記為因非無記者謂不善色處無記亦無記為因者謂無記色處非無記非無記為因者謂善色處聲意處亦介法處有四句或無記非無記為因謂虛空非擇滅或無記為因非無記謂不善法處或無記亦無記為因謂無記有為法處或非無記非無記為因謂善法處幾因緣非有因等者十一是因緣亦有因一應分別謂法處若有為是因緣亦有因若无為非因緣非有因幾等无間非等無間緣等者十非等無間非等无間緣二應分別謂意處或是等無間非等無間緣或是等無間亦等無間緣或非等無間非等無間緣是等無間非等無間緣者謂未來現前正起

意處及過去現在阿羅漢命終時意處是等無間亦等無間緣者謂除過去現在阿羅漢命終時意處諸餘過去現在意處非等無間非等無間緣者謂除未來現前正起意處諸餘未來意處法處或是等無間非等無間緣或是等無間亦等無間緣或非等無間非等無間緣是等無間非等無間緣者謂未來現前正起諸心所法及過去現在阿羅漢命終時諸心所法并已生正起無想滅定是等無間亦等無間緣者謂除過去現在阿羅漢命終時諸心所法諸餘過去現在諸心所法非等無間非等無間緣者謂除未來現前正起諸心所法諸餘未來心所法及除等無間心不相應行諸餘心不相應行并身語業虛空二滅幾所緣緣非有所緣等者十所緣緣非有所緣一所緣緣亦有所緣一應分別謂法處若諸心所是所緣緣亦有所緣若非心所是所緣緣非有所緣幾增上緣非有增上等者十一是增上緣亦有增上一應分別謂法處若有為是增上緣亦有增上若無為是增上緣非有增上幾暴流非順暴流等者十順暴流非暴流二應分別謂意處若有漏順暴流非暴流若無漏非暴流非順暴流法處或順暴流非暴流或暴流亦順暴流或非暴流非順暴流順暴流非暴流者謂暴流所不攝有漏法處暴流亦順暴流者謂四暴流非暴流非順暴流者謂無漏法處

五蘊者謂色蘊乃至識蘊此五蘊幾有色等者一有色四無色幾有見等者四無見一應分別謂色蘊或有見或無見云何有見謂一處云何無見謂九處一處少分幾有對等者四無對一應分別謂色蘊或有對或無對云何有對謂十處云何無對謂一處少分幾有漏等者一切應分別謂色蘊或有漏或無漏云何有漏謂十處一處少分云何無漏謂一處少分受蘊或有漏或無漏云何有漏謂有漏作意相應受蘊云何無漏謂無漏作意相應受蘊想識蘊亦尒行蘊或有漏或無漏云何有漏謂有漏心相應及心不相應行蘊云何無漏謂無漏心相應及心不相應行蘊幾有為等者一切是有為幾有異熟等者一切應分別謂色蘊或有異熟或無異熟云何有異熟謂不善善有漏色蘊云何無異熟謂無記無漏色蘊餘四蘊亦尒幾是緣生等者一切是緣生是因生是世攝幾色攝等者一是色攝四是名攝幾內處攝等者一內處攝三外處攝一應分別謂色蘊或內處攝或外處攝云何內處攝謂五內處云何外處攝謂五外處及一外處少分幾智遍知所遍知等者一切是智遍知所遍知

此五蘊幾斷遍知所遍知等者一切應分別謂諸蘊若有漏是斷遍知所遍知若無漏非斷遍知所遍知幾應斷等者一切應分別謂諸蘊若有漏是應斷若無漏不應斷幾應修等者一切應分別謂諸蘊若是善是應修若非善不應修幾染汙等者一切應分別謂諸蘊若有覆是染汙若無覆

不染汙幾果非有果等者若一切是果亦有果幾有執受等者四無執受一應分別謂色蘊或有執受或無執受云何有執受謂自體所攝色蘊云何無執受謂非自體所攝色蘊幾大種所造等者四非大種所造一應分別謂色蘊或是大種所造或非大種所造云何大種所造謂九處二處少分云何非大種所造謂一處少分幾有上等者一切是有上幾是有等者一切應分別謂諸蘊若有漏是有若無漏非有幾因相應等者一因不相應三因相應一應分別謂行蘊若諸心所是因相應若非心所因不相應

此五蘊與六善處相攝者有四句或善處非蘊謂擇滅或蘊非善處謂不善無記五蘊或善處亦蘊謂善五蘊或非善處非蘊謂虛空非擇滅與五不善處相攝者五不善處攝五蘊少分五蘊少分亦攝五不善處與七無記處相攝者有四句或無記處非蘊謂虛空非擇滅或蘊非無記處謂善不善五蘊或無記處亦蘊謂無記五蘊或非無記處非蘊謂擇滅與三漏處相攝者三漏處攝一蘊少分一蘊少分亦攝三漏處與五有漏處相攝者五有漏處攝五蘊少分五蘊少分亦攝五有漏處與八無漏處相攝者應作四句或無漏處非蘊謂虛空二滅或蘊非無漏處謂有漏五蘊或無漏處亦蘊謂無漏五蘊或非無漏處非蘊如是事不可得幾過去等者一切或過去或未來或現在幾善等者一切應分別謂諸蘊或善或不善或無記云何善謂善五蘊云何不善謂不善五蘊云何無記謂無記五蘊幾欲界繫等者一切應分別謂諸蘊或欲界繫或色界繫或無色界繫或不繫云何欲界繫謂欲界五蘊云何色界繫謂色界五蘊云何無色界繫謂無色界四蘊云何不繫謂無漏五蘊幾學等者一切應分別謂諸蘊或學或無學或非學非無學云何學謂學五蘊云何無學謂無學五蘊云何非學非無學謂有漏五蘊此五蘊幾見所斷等者一切應分別謂色蘊若有漏修所斷若無漏非所斷受蘊或見所斷或修所斷或非所斷云何見所斷謂受蘊隨信隨法行現觀邊忍所斷此復云何謂見所斷八十八隨眠相應受蘊云何修所斷謂受蘊學見迹修所斷此復云何謂修所斷十隨眠相應受蘊及不染汙有漏受蘊云何非所斷謂無漏受蘊想識蘊亦介行蘊或見所斷或修所斷或非所斷云何見所斷謂行蘊隨信隨法行現觀邊忍所斷此復云何謂見所斷八十八隨眠及彼相應行蘊并彼等起心不相應行云何修所斷謂行蘊學見迹修所斷此復云何謂修所斷十隨眠及彼相應行蘊并彼等起心不相應行若不染汙有漏行蘊云何非所斷謂無漏行蘊幾非心等者一非心非心所非心相應二是心所與心相應一唯是心一應分別謂行蘊若有所緣是心所與心相應若無所緣非心非心所非心相應幾隨心轉非受相應等者一隨心轉非受相應一受相應非隨心轉一隨心轉亦受相

應二應分別謂色蘊或隨心轉非受相應或非隨心轉非受相應隨心轉非受相應者謂隨心轉身語業諸餘色蘊非隨心轉非受相應行蘊有三句或隨心轉非受相應謂隨心轉心不相應行或隨心轉亦受相應謂心所行蘊或非隨心轉非受相應謂除隨心轉心不相應行諸餘心不相應行幾隨心轉非想行相應等者除想自性如受應知二隨心轉亦行相應一行相應非隨心轉二應分別謂色蘊或隨心轉非行相應或非隨心轉非行相應隨心轉非行相應者謂隨心轉身語業諸餘色蘊非隨心轉非行相應行蘊有三句或隨心轉非行相應謂隨心轉心不相應行或隨心轉亦行相應謂心所行蘊除其自性或非隨心轉非行相應謂除隨心轉心不相應行諸餘心不相應行幾隨尋轉非伺相應等者一切應分別謂色蘊或隨尋轉非伺相應或非隨尋轉非伺相應隨尋轉非伺相應者謂隨尋轉身語業諸餘色蘊非隨尋轉非伺相應受蘊或有尋有伺或無尋唯伺或無尋無伺云何有尋有伺謂有尋有伺作意相應受蘊云何無尋唯伺謂無尋唯伺作意相應受蘊云何無尋無伺謂無尋無伺作意相應受蘊想識蘊亦尒行蘊有四句或隨尋轉非伺相應謂隨尋轉心不相應行及尋相應伺或伺相應非隨尋轉謂尋及尋不相應伺相應心所行蘊或隨尋轉亦伺相應謂尋伺相應心所行蘊或非隨尋轉非伺相應謂除隨尋轉心不相應行諸餘心不相應行及尋不相應伺并無尋無伺心所行蘊幾見非見處等者一切應分別謂色蘊有三句或見處非見謂九處及一處少分或見亦見處謂一處或非見非見處謂一處少分受想識蘊若有漏是見處非見若無漏非見非見處行蘊有四句或見非見處謂盡無生智所不攝无漏慧或見處非見謂見所不攝有漏行蘊或見亦見處謂五染汙見及世間正見或非見非見處謂見所不攝無漏行蘊

說一切有部品類足論卷第十六

阿毗達磨品類足論卷第十六

校勘記

一　底本，金藏廣勝寺本。

一　一二一頁中三行「千品」，諸本（不含石，下同）作「千問品」。

一　一二三頁中一一行第一一字「耳」，資、磧、普、南、徑、清作「耳聲」。

一　一二三頁中一六行首字「果」，資、磧、普、南、徑、清作「非果」。

一　一二三頁下一五行首字「幾」，資、磧、普、南、徑、清作「或」。

一　一二四頁上一三行「謂善」，資、磧、普、南、徑、清作「諸善」。

一　一二四頁中末行第六字「不」，資、磧、普、南、徑、清無。同行末字「等」，資、磧、普、南、徑、清無。

一　一二四頁下一行「起處」，資、磧、普、南、徑、清作「法處」；麗作「起法處」。

一　一二四頁下六行「因四」，資、磧、普、南作「因緣」。

一　一二五頁上一九行「一所」，資、磧、普、南、徑、清作「一切」。

一　一二五頁中九行第六字「流」，磧、南作「亦」。

一　一二五頁下一六行第五字「斷」，資、磧、普、南、徑、清無。

一　一二六頁上一行第一一字「若」，諸本無。

一　一二六頁上一〇行首字「上」，磧、南作「漏」。

一　一二七頁上九行「除想」，資、磧、普、南、徑、清作「想除」。

阿毗達磨品類足論卷第十七　　交

尊者世友造

三藏法師玄奘奉　詔譯

辯千問品第七之八

幾有身見為因非有身見因等者一切應分別謂色蘊若染汙有身見為因非有身見因若不染汙非有身見為因非有身見因受蘊有三句或有身見為因非有身見因謂除過去現在見苦所斷隨眠相應受蘊及除過去現在見集所斷遍行隨眠相應受蘊并除未來有身見相應受蘊諸餘染汙受蘊或有身見為因亦有身見因謂前所除受蘊或非有身見為因非有身見因謂不染汙受蘊想識蘊亦介行蘊有三句或有身見為因非有身見因謂除過去現在見苦所斷隨眠及彼相應俱有等行蘊亦除過去現在見集所斷遍行隨眠及彼相應俱有行蘊亦除未來有身見相應行蘊亦除未來有身見及彼相應法生老住無常諸餘染汙行蘊或有身見為因亦有身見因謂前所除行蘊或非有身見為因非有身見因謂不染汙行蘊幾業非業異熟等者一切應分別謂色蘊有三句或業非業異熟謂身語業或業異熟非業謂業異熟生色蘊或非業非業異熟謂除業及業異熟色蘊諸餘色蘊受蘊或業異熟非業或非業非業異熟業異熟非業者謂業異熟生受蘊諸餘受蘊非業非業異熟想識蘊亦介行蘊有四句或業非業異熟謂業異熟所不攝思或業異熟非業謂思所不攝業異熟生行蘊或業亦業異熟謂業異熟生思或非業非業異熟謂除業及業異熟行蘊諸餘行蘊幾業非隨業轉等者三隨業轉非業二應分別謂色蘊有三句或業非隨業轉謂除隨業轉身語業諸餘身語業或業亦隨業轉謂隨業轉身語業或非業非隨業轉謂除業及隨業轉色蘊諸餘色蘊行蘊有三句或業非隨業轉謂思或隨業轉非業謂思所不攝隨業轉行蘊或非業非隨業轉謂除隨業轉

心不相應行諸餘心不相應行幾所
造色非有見色等者四非所造色非
有見色一應分別謂色蘊有三句或
所造色非有見色謂八處及二處少
分或所造色亦有見色謂一處或非
所造色非有見色謂一處少分
此五蘊幾所造色非有對色等者四
非所造色非有對色一應分別謂色
蘊應作四句或所造色非有對色謂
一處少分或有對色非所造色謂一
處少分或所造色亦有對色謂九處
及一處少分或非所造色非有對色
如是色不可得幾難見故甚深等者
一切難見故甚深甚深故難見幾善
非善為因等者一切應分別謂各有
三句或善為因非善謂善異熟生五
蘊或善亦善為因謂善五蘊或非善
非善為因謂除善異熟生五蘊諸餘
無記不善五蘊幾不善非不善為因
等者一切應分別謂色蘊有三句或
不善為因非不善謂不善異熟生色
蘊或不善亦不善為因謂不善色蘊
或非不善非不善為因謂除不善異

熟色蘊諸餘無記及善色蘊受蘊有
三句或不善為因非不善謂不善異
熟生受蘊及欲界繫有身見邊執見
相應受蘊或不善亦不善為因謂不
善受蘊或非不善非不善為因謂除
不善異熟生受蘊及除欲界繫有身
見邊執見相應受蘊諸餘無記及善
受蘊想識蘊亦尒行蘊有三句或不
善為因非不善謂不善異熟生行蘊
及欲界繫有身見邊執見及彼相應
彼等起行蘊或不善亦不善為因謂
不善行蘊或不善非不善為因謂除
不善異熟行蘊及除欲界繫有身見
邊執見并彼相應彼等起行蘊諸餘
無記及善行蘊幾無記非無記為因
等者一切應分別謂各有三句或無
記為因非無記謂不善五蘊或無記
亦無記為因謂無記五蘊或非無記
非無記為因謂善五蘊幾因緣非有
因等者一切是因緣亦有因幾等無
間非等無間緣等者一非等無間非
等無間緣四應分別謂受蘊有三句
或是等無間非等無間緣謂未來現

前正起受蘊及過去現在阿羅漢命
終時受蘊或是等無間亦等無間緣
謂除過去現在阿羅漢命終時受蘊
諸餘過去現在受蘊或非等無間非
等無間緣謂除未來現前正起受蘊
諸餘未來受蘊想識蘊亦尒行蘊有
三句或是等無間非等無間緣謂未
來現前正起心所行蘊及過去現在阿
羅漢命終時心所行蘊并已生正起
無想滅定或是等無間亦等無間緣
謂除過去現在阿羅漢命終時心心
所行蘊諸餘過去現在心所行蘊或
非等無間非等無間緣謂除未來現
前正起心所行蘊諸餘未來心所行
蘊及除等無間心不相應行諸餘心
不相應行幾所緣緣非有所緣等者
一是所緣緣非有所緣三是所緣緣
亦有所緣一應分別謂行蘊若諸心
所是所緣緣亦有所緣若非心所是
所緣緣非有所緣幾增上緣非有增
上等者一切是增上緣亦有增上幾暴
流非順暴流等者一切應分別謂色
蘊若有漏順暴流非暴流若无漏非暴

流非順暴流受想識蘊亦尒行蘊有三句或順暴流非暴流謂暴流所不攝有漏行蘊或暴流亦順暴流謂四暴流或非暴流非順暴流謂無漏行蘊十八界者謂眼界色界眼識界乃至意界法界意識界此十八界幾有色等者十有色七無色一應分別謂法界或有色或無色云何有色謂法界所攝身語業諸餘法界是無色幾有見等者一有見十七無見幾有對等者十有對八無對幾有漏等者十五有漏三應分別謂意界或有漏或無漏云何有漏謂有漏作意相應意界云何無漏謂無漏作意相應意界意識界亦尒法界或有漏或無漏云何有漏謂法界所攝有漏身語業及有漏受想行蘊云何無漏謂無漏身語業及無漏受想行蘊并無為法幾有為等者十七是有為一應分別謂法界或有為或無為云何有為謂法界所攝身語業及受想行蘊云何無為謂虛空二滅幾有異熟等者八無異熟十應分別謂色界或有異熟或無

異熟云何有異熟謂善不善色界云何無異熟謂無記色界聲及五識界亦尒意界或有異熟或無異熟云何有異熟謂不善善有漏意界云何無異熟謂無記無漏意界法界意識界亦尒幾是緣生等者十七是緣生是因生是世攝一應分別謂法界若有為是緣生是因生是世攝若無為非緣生非因生非世攝幾色攝等者十是色攝七是名攝一應分別謂法界所攝身語業是色攝餘皆是名攝幾內處攝等者十二是內處攝六是外處攝幾智遍知所遍知等者一切是智遍知所遍知

此十八界幾斷遍知所遍知等者十五是斷遍知所遍知三應分別謂意法意識界若有漏是斷遍知所遍知若無漏非斷遍知所遍知幾應斷等者十五是應斷三應分別謂意法意識界若有漏是應斷若無漏不應斷幾應修等者八不應修十應分別謂色界或應修或不應修云何應修謂善色界云何不應修謂不善無記色

界聲界六識界意界亦尒法界或應修或不應修云何應修謂善有為法界云何不應修謂不善無記法界及擇滅幾染汙等者八不染汙十應分別謂色界或染汙或不染汙云何染汙謂有覆色界云何不染汙謂無覆色界聲界六識界意法界亦尒幾果非有果等者十七是果亦有果一應分別謂法界有三句或是果非有果謂擇滅或是果亦有果謂有為法界或非果非有果謂虛空非擇滅幾有執受等者九無執受九應分別謂眼界或有執受或無執受云何有執受謂自體所攝眼界云何無執受謂非自體所攝眼界色耳鼻香舌味身觸界亦尒幾大種所造等者九及二少分是大種所造七及二少分非大種所造幾有上等者十七有上一應分別謂法界或有上或無上云何有上謂有為法界及虛空非擇滅云何無上謂擇滅幾是有等者十五是有三應分別謂意法意識界若有漏是有若無漏非有幾因相應等者七

因相應十因不相應一應分別謂法界若諸心所因相應若非心所因不相應此十八界與六善處相攝者六善處攝十界少分十界少分亦攝六善處與五不善處相攝者五不善處攝十界少分十界少分亦攝五不善處與七無記處相攝者七無記處攝八界十界少分八界十界少分亦攝七無記處與三漏處相攝者三漏處攝一界少分一界少分亦攝三漏處與五有漏處相攝者五有漏處攝十五界三界少分十五界三界少分亦攝五有漏處與八無漏處相攝者八無漏處攝三界少分三界少分亦攝八無漏處幾過去等者十七或過去或未來或現在一應分別謂法界若有為或過去或未來或現在若無為非過去非未來非現在幾善等者八無記十應分別謂色界或善或不善或無記云何善謂善身表云何不善謂不善身表云何無記謂除善不善身表諸餘色界聲界或善或不善或無記云何善謂善語表云何不善謂不善語表云何無記謂除善不善語表諸餘聲界眼識界或善或不善或無記云何善謂善作意相應眼識云何不善謂不善作意相應眼識云何無記謂無記作意相應眼識餘五識界意界亦介法界或善或不善或無記云何善謂法界所攝善身語業及善受想行蘊并擇滅云何不善謂法界所攝不善身語業及不善受想行蘊云何無記謂無記受想行蘊及虛空非擇滅幾欲界繫等者四欲界繫十四應分別謂眼界或欲界繫或色界繫云何欲界繫謂欲界大種所造眼界云何色界繫謂色界大種所造眼界色耳聲鼻舌身界亦介觸界或欲界繫或色界繫云何欲界繫謂欲界四大種及所造觸界云何色界繫謂色界四大種及所造觸界眼識界或欲界繫或色界繫云何欲界繫謂欲界作意相應眼識云何色界繫謂色界作意相應眼識耳身識界亦介意界或欲界繫或色界繫或無色界繫或不繫云何欲界繫謂欲界作意相應意界云何色界繫謂色界作意相應意界云何無色界繫謂無色界作意相應意界云何不繫謂無漏作意相應意界意識界亦介法界或欲界繫或色界繫或無色界繫或不繫云何欲界繫謂法界所攝欲界身語業及欲界受想行蘊云何色界繫謂法界所攝色界身語業及色界受想行蘊云何無色界繫謂無色界受想行蘊云何不繫謂無漏身語業及無漏受想行蘊并無為法幾學等者十五非學非無學三應分別謂意界或學或無學或非學非無學云何學謂學作意相應意界云何無學謂無學作意相應意界云何非學非無學謂有漏作意相應意界意識界亦介法界或學或無學或非學非無學云何學謂學身語業及學受想行蘊云何無學謂無學身語業及無學受想行蘊云何非學非無學謂法界所攝有漏身語業及有漏受想行蘊并無為法此十八界幾見所斷等者十五修所斷三應分別謂意界或見所斷或修

所斷或非所斷云何見所斷謂意界隨信隨法行現觀邊忍所斷此復云何謂見所斷八十八隨眠相應意界云何修所斷謂意界學見迹修所斷此復云何謂修所斷十隨眠相應意界及不染汙有漏意界云何非所斷謂無漏意界意識界亦尒法界或見所斷或修所斷或非所斷云何見所斷謂法界隨信隨法行現觀邊忍所斷此復云何謂見所斷八十八隨眠及彼相應法界并彼等起心不相應行云何修所斷謂法界學見迹修所斷此復云何謂修所斷十隨眠及彼相應法界并彼等起身語業心不相應行若不染汙有漏法界云何非所斷謂無漏法界幾非心等者十非心非心所非心相應七唯是心一應分別謂法界若有所緣是心所與心相應若無所緣非心非心所非心相應幾隨心轉非受相應等者十非隨心轉非受相應七受相應非隨心轉一應分別謂法界有三句或隨心轉非受相應謂隨心轉身語業心不相應行及受或隨心轉亦受相應謂想蘊及相應行蘊或非隨心轉非受相應謂除隨心轉身語業心不相應行諸餘身語業心不相應行及無為法幾隨心轉非想行相應等者除其自性如受應知幾隨尋轉非伺相應等者十非隨尋轉非伺相應五有尋有伺三應分別謂意界或有尋有伺或無尋唯伺或無尋無伺云何有尋有伺謂有尋有伺作意相應意界云何無尋唯伺謂無尋唯伺作意相應意界云何無尋無伺謂無尋無伺作意相應意界意識界亦尒法界有四句或隨尋轉非伺相應謂隨尋轉身語業心不相應行及尋相應伺或伺相應非隨尋轉謂尋及尋不相應伺相應心所法或隨尋轉亦伺相應謂尋伺相應心所法或非隨尋轉非伺相應謂除隨伺轉身語業心不相應行諸餘身語業心不相應行及尋不相應伺并無尋無伺心所法若無為法幾見非見處等者一見亦見處十四見處非見三應分別謂意界若有漏見處非見若無漏非見非見處意識界亦尒法界有四句或見非見處謂盡無生智所不攝無漏慧或見處非見謂見所不攝有漏法界或見亦見處謂五染汙見及世間正見或非見非見處謂見所不攝無漏法界幾有身見為因非有身見因等者八非有身見為因非有身見因十應分別謂色界若染汙有身見為因非有身見因若不染汙非有身見為因非有身見因聲界五識界亦尒意識界或有身見為因非有身見因或有身見為因亦有身見因或非有身見為因非有身見因有身見為因非有身見因者謂除過去現在見苦所斷隨眠相應意界亦除過去現在見集所斷遍行隨眠相應意界亦除未來有身見相應意界諸餘染汙意界有身見為因亦有身因者謂前所除意界非有身見為因非有身因者謂不染汙意界意識界亦尒法界有三句或有身見為因非有身見因謂除過去現在見苦所斷隨眠及彼相應俱有等法界

阿毗達磨品類足論卷第十七　第五張　交字号

亦除過去現在見集所斷遍行隨眠及彼相應俱有法界亦除未来有身見相應法界亦除未来有身見及彼相應法生老住無常諸餘染汙法界或有身見為因亦有身見因謂前所除法界或非有身見為因非有身見因謂不染汙法界幾業非業異熟等者一切應分別謂眼界或業異熟非業或非業非業異熟業異熟非業者謂異熟生眼界非業非業異熟者謂餘眼界耳鼻舌身香味觸界及七心界亦尒色界有三句或業非業異熟謂身表業異熟非業謂業異熟生色界或非業非業異熟謂除業及業異熟色界諸餘色界聲界有二句或業非業異熟謂語表或非業非業異熟謂餘聲界法界有四句或業非業異熟謂法界所攝身語業及業異熟所不攝思或業異熟非業謂思所不攝業異熟法界或業亦業異熟謂業異熟生思或非業非業異熟謂除業及業異熟法界諸餘法界幾業非隨業轉等者七隨業轉非業八非業非

阿毗達磨品類足論卷第十七　第六張　交字号

隨業轉三應分別謂色界或業非隨業轉或非業非隨業轉業非隨業轉者謂身表非業非隨業轉者謂餘色界聲界或業非隨業轉或非業非隨業轉業非隨業轉者謂語表非業非隨業轉者謂餘聲界法界有四句或業非隨業轉謂除隨業轉身語業謂餘法界所攝身語業及思或隨業轉非業謂受蘊想蘊及思所不攝隨業轉行蘊或業亦隨業轉謂隨業轉身語業或非業非隨業轉謂除業及隨業轉法界諸餘法界幾所造色非有見色等者應作三句或所造色非有見色謂八界及二界少分或所造色亦有見色謂一界或非所造色非有見色謂七界及二界少分此十八界幾所造色非有對色等者應作四句或所造色非有對色謂一界少分或有對色非所造色謂一界少分或所造色亦有對色謂九界及一界少分或非所造色非有對色謂七界及一界少分幾難見故甚深等者一切難見故甚深甚深故難見幾善非善為

阿毗達磨品類足論卷第十七　第七張　交字号

因等者一切應分別謂眼界或善為因非善或非善非善為因善為因非善者謂善異熟生眼界非善非善為因者謂餘眼界耳鼻香舌味身觸界亦尒色界有三句或善為因非善謂善異熟生色界或善亦善為因謂善色界或非善非善為因謂除善異熟生色界諸餘無記及不善色界六識意界亦尒聲界有二句或善亦善為因謂善聲界或非善非善為因謂不善無記聲界法界有四句或善非善為因謂擇滅或善為因非善謂善異熟生法界或善亦善為因謂善有為法界或非善非為因謂除善異熟生法界諸餘無記及不善法界幾不善非不善為因等者一切應分別謂眼界或不善為因非不善或非不善非不善為因不善為因非不善者謂不善異熟生眼界非不善非不善為因者謂餘眼界耳鼻香舌味身觸界亦尒色界有三句或不善為因非不善謂不善異熟生色界或不善亦不善為因謂不善色界或非不善非不善

為因謂除不善異熟生色界諸餘無記及善色界眼耳鼻舌身識界亦尒聲界有二句或不善亦不善為因謂不善聲界或非不善非不善為因謂善無記聲界意界有三句或不善為因非不善謂不善異熟生意界及欲界繫有身見邊執見相應意界或不善亦不善為因謂不善意界或非不善非不善為因謂除不善異熟生意界及除欲界繫有身見邊執見相應意界諸餘無記及善意界意識界亦尒法界有三句或不善為因非不善謂不善異熟生法界及欲界繫有身見邊執見及彼相應等起法界或不善亦不善為因謂不善法界或非不善非不善為因謂除不善異熟生法界及除欲界有身見邊執見并彼相應等起法界諸餘無記及善法界幾無記非無記為因等者八無記亦無記為因十應分別謂色界有三句或無記為因非無記謂不善色界或無記亦無記為因謂無記色界或非無記非無記為因謂善色界聲界六識界意界亦尒法界有四句或無記非無記為因謂虛空非擇滅或無記為因非無記謂不善法界或無記亦無記為因謂無記有為法界或非無記非無記為因謂善法界幾因緣非有因等者十七是因緣亦有因一應分別謂法界若有為是因緣亦有因若無為非因緣非有因幾等無間非等無間緣等者十非等無間非等無間緣八應分別謂眼識界有三句或是等無間非等無間緣謂未來現前正起眼識或是等無間亦等無間緣謂過去現在眼識或非等無間非等無間緣謂除未來現前正起眼識諸餘未來眼識耳鼻舌身識界亦尒意界有三句或是等無間非等無間緣謂未來現前正起意界及過去現在阿羅漢命終時意界或是等無間亦等無間緣謂除過去現在阿羅漢命終時意界諸餘過去現在意界或非等無間非等無間緣謂除未來現前正起意界諸餘未來意界意識界亦尒法界有三句或是等無間非等無間緣謂未來現前正起諸心所法及過去現在阿羅漢命終時諸心所法并已生正起無想滅定或是等無間亦等無間緣謂除過去現在阿羅漢命終時諸心所法諸餘過去現在心所法或非等無間非等無間緣謂除未來現前正起諸心所法謂餘未來心所法及除等無間心不相應行諸餘心不相應行及身語業并無為法幾所緣緣非有所緣等者十是所緣緣非有所緣七是所緣緣亦有所緣一應分別謂法界若諸心所是所緣緣亦有所緣若非心所是所緣緣非有所緣幾增上緣非有增上等者十七是增上緣亦有增上一應分別謂法界若有為是增上緣亦有增上若無為是增上緣非有增上幾暴流非順暴流等者十五順暴流非暴流三應分別謂意界若有漏順暴流非暴流若無漏非暴流非順暴流意識界亦尒法界有三句或順暴流非暴流謂暴流所不攝有漏法界或暴流亦順暴流謂四暴流或非暴流非順暴流

謂無漏法界

阿毗達磨品類足論卷第十七[illegible]

說一切有部品類足論卷第十七

阿毗達磨品類足論卷第十七

校勘記

一 底本，金藏廣勝寺本。

一 一二九頁中四行第四字「品」，資、磧、普、南無。

一 一二九頁中一一行「現在」，頁、磧、普、南、徑、清作「現前」。

一 一三〇頁中一二行第六字「不」，麗作「非不」。

一 一三〇頁下八行「心所」，諸本（不含石，下同）作「心所行」。

一 一三〇頁下一一行「心心」，資、磧、普、南、徑、清作「心」。

一 一三二頁下末行第六字「謂」，資、磧、普、南、徑、清無。

一 一三三頁上一五行末字至次行首字「所斷」，徑作「無漏」。

一 一三三頁下一九行第三字及二〇行第六字「身」，麗作「身見」。

一 一三四頁上一一行首字及本頁中三行第一三字「餘」，徑作「除」。

一 一三四頁中七行末字及次頁下七行第一〇字「謂」，諸本作「諸」。

一 一三四頁中一四行「二界」，徑作「一界」。

一 一三四頁下一四行第六字「非」，諸本作「非善」。

一 一三五頁下五行「所法」，資、磧、普、南、徑、清作「所心所法」。

阿毗達磨品類足論卷第十八　交

尊者世友造

三藏法師玄奘奉　詔譯

辯攝等品第八

有色法十一界十一處一蘊攝八智知除他心滅智六識識欲色界遍行及修所斷隨眠隨增唯有色法十界十處一蘊攝非智知五識識非隨眠隨增無色法八界二處四蘊攝十智知一識識一切隨眠隨增唯無色法七界一處四蘊攝二智知謂他心滅智非識識無色界一切欲色界二部及見苦集所斷非遍行隨眠隨增有見法一界一處一蘊攝七智知除他心滅道智二識識欲色界遍行及修所斷隨眠隨增唯有見法一界一處非蘊攝非智知一識識非隨眠隨增無見法十七界十一處五蘊攝十智知五識識一切隨眠隨增唯無見法十七界十一處四蘊攝三智知謂他心滅道智四識識無色界一切欲界二部及見苦集所斷非遍行隨眠隨

增有對法十界十處一蘊攝七智知除他心滅道智六識識欲色界遍行及修所斷隨眠隨增唯有對法十界十處非蘊攝非智知五識識非隨眠隨增無對法八界二處五蘊攝十智知一識識一切隨眠隨增唯無對法八界二處四蘊攝三智知謂他心滅道智非識識無色界一切欲界色界二部及見苦集所斷非遍行隨眠隨增有漏法十八界十二處五蘊攝八智知除滅道智六識識一切隨眠隨增唯有漏法十五界十處非蘊攝二智知謂苦集智五識識一切隨眠隨增無漏法三界二處五蘊攝八智知除苦集智識識非隨眠隨增唯無漏法非界非處非蘊攝二智知謂滅道智非識識非隨眠隨增有為法十八界十二處五蘊攝九智知除滅智六識識一切隨眠隨增唯有為法十七界十一處五蘊攝四智知謂他心苦集道智五識識一切隨眠隨增無為法一界一處非蘊攝六智知除他心苦集道智一識識非隨眠隨增唯無

為法非界非處非蘊攝一智知謂滅智非識識非隨眠隨增有淨無淨法世間出世間法墮界非墮界法有味者無味者法躭嗜依出離依法順結非順結法順取非順取法順纒非順纒法如有漏無漏法應知

有記法十界四處五蘊攝十智知三識識欲界一切色無色界遍行及修所斷隨眠隨增唯有記法非界非處非蘊攝二智知謂滅道智非識識欲界二部及見集所斷非遍行隨眠隨增無記法十八界十二處五蘊攝八智知除滅道智六識識色無色界一切欲界二部及見集所斷遍行隨眠隨增唯無記法八界八處非蘊攝非智知三識識色無色界二部及見苦集所斷非遍行隨眠隨增有覆法十界四處五蘊攝八智知除滅道智三識識一切隨眠隨增唯有覆法非界非處非蘊攝非智知非識識三界二部及見苦集所斷非遍行隨眠隨增無覆法十八界十二處五蘊攝十智知六識識三界遍行及修所斷隨眠隨增唯無覆法八界八處非蘊攝二智知謂滅道智三識識非隨眠隨增應修法十界四處五蘊攝九智知除滅智三識識三界遍行及修所斷隨眠隨增唯應修法非界非處非蘊攝一智知謂道智非識識非隨眠隨增不應修法十八界十二處五蘊攝九智知除道智六識識一切隨眠隨增唯不應修法八界八處非蘊攝一智知謂滅智三識識三界二部及見苦集所斷非遍行隨眠隨增染汙法十界四處五蘊攝八智知除滅道智三識識一切隨眠隨增唯染汙法非界非處非蘊攝非智知非識識三界二部及見苦集所斷非遍行隨眠隨增不染汙法十八界十二處五蘊攝十智知六識識三界遍行及修所斷隨眠隨增唯不染汙法八界八處非蘊攝二智知謂滅道智三識識非隨眠隨增有罪無罪法亦尒有異熟法十界四處五蘊攝八智知除滅道智三識識欲界一切色無色界遍行及修所斷隨眠隨增唯有異熟法非界非處非蘊攝非智知非識識欲界二部及見集所斷非遍行隨眠隨增無異熟法十八界十二處五蘊攝十智知六識識色無色界一切欲界二部及見集所斷遍行隨眠隨增唯無異熟法八界八處非蘊攝二智知謂滅道智三識識色無色界二部及見苦集所斷非遍行隨眠隨增見法二界二處二蘊攝九智除滅智一識識三界有漏緣及見相應無漏緣無明隨眠隨增唯見法一界一處非蘊攝非智知非識識非隨眠隨增非見法十七界十一處五蘊攝十智知六識識一切隨眠隨增唯非見法十六界十處三蘊攝一智知謂滅智五識識除見相應無漏緣無明諸餘無漏緣隨眠隨增內法十二界六處二蘊攝九智知除滅智一識識一切隨眠隨增唯內法十二界六處一蘊攝非智知非識識非隨眠隨增外法六界六處四蘊攝十智知六識識一切隨眠隨增唯外法六界六處三蘊攝一智知謂滅智五識識非隨眠隨增有執受法九

界九處一蘊攝七智知除他心滅道智五識識欲色界遍行及修所斷隨眠隨增唯有執受法非界非處非蘊攝非智知非識識非隨眠隨增無執受法十八界十二處五蘊攝十智知六識識一切隨眠隨增唯無執受法九界三處四蘊攝三智知謂他心滅道智一識識無色界一切欲色界二部及見苦集所斷非遍行隨眠隨增心法七界一處一蘊攝九智知除滅智一識識一切隨眠隨增唯心法七界一處一蘊攝非智知非識識非隨眠隨增非心法十一界十一處四蘊攝十智知六識識一切隨眠隨增唯非心法十一界十一處四蘊攝一智知謂滅智五識識非隨眠隨增有所緣法八界二處四蘊攝九智知除滅智一識識一切隨眠隨增唯有所緣法七界一處三蘊攝一智知謂他心智非識識三界無漏緣隨眠隨增無所緣法十一界十一處二蘊攝九智知除他心智六識識三界有漏緣隨眠隨增唯無所緣法十界十處一蘊

攝一智知謂滅智五識識非隨眠隨增心所法一界一處三蘊攝九智知除滅智一識識一切隨眠隨增唯心所法非界非處二蘊攝非智知非識識非隨眠隨增非心所法十八界十二處三蘊攝十智知六識識一切隨眠隨增唯非心所法十七界十一處二蘊攝一智知謂滅智五識識非隨眠隨增業法三界三處二蘊攝九智知除滅智三識識一切隨眠隨增唯業法非界非處非蘊攝非智知非識識非隨眠隨增非業法十八界十二處五蘊攝十智知六識識一切隨眠隨增唯非業法十五界九處三蘊攝一智知謂滅智三識識非隨眠隨增善法十界四處五蘊攝十智知三識識三界遍行及修所斷隨眠隨增唯善法非界非處非蘊攝二智知謂滅道智非識識非隨眠隨增不善法十界四處五蘊攝七智知除類滅道智三識識欲界一切隨眠隨增唯不善法非界非處非蘊攝非智知非識識欲界二部及見集所斷非遍行隨眠隨

增無記法十八界十二處五蘊攝八智知除滅道智六識識色無色界一切欲界二部及見集所斷遍行隨眠隨增唯無記法八界八處非蘊攝非智知三識識色無色界二部及見苦集所斷非遍行隨眠隨增見所斷法三界三處四蘊攝八智知除滅道智一識識見所斷一切隨眠隨增唯見所斷法非界非處非蘊攝非智知非識識三界二部及見苦集所斷非遍行隨眠隨增修所斷法十八界十二處五蘊攝八智知除滅道智六識識三界遍行及修所斷隨眠隨增唯修所斷法十五界十處非蘊攝非智知五識識修所斷一切隨眠隨增非所斷法三界二處五蘊攝八智知除苦集智一識識非隨眠隨增唯非所斷法非界非處非蘊攝二智知謂滅道智非識識非隨眠隨增學法三界二處五蘊攝七智知除苦集滅智一識識非隨眠隨增唯學法非界非處非蘊攝非智知非識識非隨眠隨增無學法亦介非學非無學法十八界十

二處五蘊攝九智知除道智六識識一切隨眠隨增唯非學非無學法十五界十處非蘊攝三智知謂苦集滅智五識識一切隨眠隨增欲界繫法十八界十二處五蘊攝七智知除類滅道智六識識欲界一切隨眠隨增唯欲界繫法四界二處非蘊攝非智知二識識欲界一切隨眠隨增色界繫法十四界十處五蘊攝七智知除法滅道智四識識色界一切隨眠隨增唯色界繫法非界非處非蘊攝非智知非識識色界一切隨眠隨增無色界繫法三界二處四蘊攝六智知除法他心滅道智一識識無色界一切隨眠隨增唯無色界繫法非界非處非蘊攝非智知非識識無色界一切隨眠隨增不繫法三界二處五蘊攝八智知除苦集智一識識非隨眠隨增唯不繫法非界非處非蘊攝二智知謂滅道智非識識非隨眠隨增過去法十八界十二處五蘊攝九智知除滅智六識識一切隨眠隨增唯過去法非界非處非蘊攝非智知非識識非隨眠隨增未來現在法亦尒非過去非未來非現在法一界一處非蘊攝六智知除他心苦集道智一識識非隨眠隨增唯非過去非未來非現在法非界非處非蘊攝一智知謂滅智非識識非隨眠隨增

苦聖諦所攝法十八界十二處五蘊攝七智知除集滅道智六識識一切隨眠隨增唯苦聖諦所攝法非界非處非蘊攝一智知謂苦智非識識非隨眠隨增集聖諦所攝法十八界十二處五蘊攝七智知除苦滅道智六識識一切隨眠隨增唯集聖諦所攝法非界非處非蘊攝一智知謂集智非識識非隨眠隨增滅聖諦所攝法一界一處非蘊攝六智知除他心苦集道智一識識非隨眠隨增唯滅聖諦所攝法非界非處非蘊攝一智知謂滅智非識識非隨眠隨增道聖諦所攝法三界二處五蘊攝七智知除苦集滅智一識識非隨眠隨增唯道聖諦所攝法非界非處非蘊攝一智知謂道智非識識非隨眠隨增諦所不攝法一界一處非蘊攝一智知謂世俗智一識識非隨眠隨增唯諦所不攝法非界非處非蘊攝非智知非識識非隨眠隨增見苦所斷法三界二處四蘊攝八智知除滅道智一識識見苦所斷一切及見集所斷遍行隨眠隨增唯見苦所斷法非界非處非蘊攝非智知非識識見苦所斷非遍行隨眠隨增見集所斷法三界二處四蘊攝八智知除滅道智一識識見集所斷一切及見苦所斷遍行隨眠隨增唯見集所斷法非界非處非蘊攝非智知非識識見集所斷非遍行隨眠隨增見滅所斷法三界二處四蘊攝八智知除滅道智一識識見滅所斷一切及遍行隨眠隨增唯見滅所斷法非界非處非蘊攝非智知非識識見滅所斷一切隨眠隨增見道所斷法三界二處四蘊攝八智知除滅道智一識識見道所斷一切及遍行隨眠隨增見道所斷法非界非處非蘊攝非智知非識識見道所斷一切隨眠隨增修所斷法十八界十

二處五蘊攝八智知除道智六識識修所斷一切及遍行隨眠隨增唯修所斷法十五界十處非蘊攝非智知五識識修所斷一切隨眠隨增非所斷法三界二處五蘊攝八智知除苦集智一識識非隨眠隨增唯非所斷法非界非處非蘊攝二智知謂滅道智非識識非隨眠隨增色蘊十一界十一處一蘊攝八智知除他心滅智六識識欲色界遍行及修所斷隨眠隨增唯色蘊十界十處一蘊攝非智知五識識非隨眠隨增受蘊一界一處一蘊攝九智知除滅智一識識一切隨眠隨增唯受蘊非界非處一蘊攝非智知非識識非隨眠隨增想行蘊亦尒識蘊七界一處一蘊攝九智知除滅智一識識一切隨眠隨增唯識蘊七界一處一蘊攝非智知非識識非隨眠隨增

眼處一界一處一蘊攝七智知除他心滅道智一識識欲色界遍行及修所斷隨眠隨增唯眼處一界一處非蘊攝非智知非識識非隨眠隨增耳

鼻舌身處亦尒色處一界一處一蘊攝七智知除他心滅道智二識識欲色界遍行及修所斷隨眠隨增唯色處一界一處非蘊攝非智知一識識非隨眠隨增聲觸處亦尒香處一界一處一蘊攝六智知除類他心滅道智二識識欲界遍行及修所斷隨眠隨增唯香處一界一處非蘊攝非智知一識識非隨眠隨增味處亦尒意處七界一處一蘊攝九智知除滅智一識識一切隨眠隨增唯意處七界一處一蘊攝非智知非識識非隨眠隨增法處一界一處四蘊攝十智知一識識一切隨眠隨增唯法處一界一處三蘊攝一智知謂滅智非識識非隨眠隨增眼界一界一處一蘊攝七智知除他心滅道智一識識欲色界遍行及修所斷隨眠隨增唯眼界一界一處非蘊攝非智知非識識非隨眠隨增耳鼻舌身界亦尒色界一界一處一蘊攝七智知除他心滅道智二識識欲色界遍行及修所斷隨眠隨增唯色界一界一處非蘊攝非

智知一識識非隨眠隨增聲觸界亦尒香界一界一處一蘊攝六智知除類他心滅道智二識識欲界遍行及修所斷隨增唯香界一界一處非蘊攝非智知一識識非隨眠隨增味界亦尒意界如意處法界如法處眼識界二界一處一蘊攝八智知除滅道智一識識欲色界遍行及修所斷隨眠隨增唯眼識界一界非處非蘊攝非智知非識識非隨眠隨增耳身識界亦尒鼻識界二界一處一蘊攝七智知除類滅道智一識識欲界遍行及修所斷隨眠隨增唯鼻識界一界非處非蘊攝非智知非識識非隨眠隨增舌識界亦尒意識界二界一處一蘊攝九智知除滅智一識識一切隨眠隨增唯意識界一界非處非蘊攝非智知非識識非隨眠隨增眼根一界一處一蘊攝七智知除他心滅道智一識識欲色界遍行及修所斷隨眠隨增眼根一界一處非蘊攝非智知非識識非隨眠隨增耳鼻舌身根亦尒女根一界一處一蘊攝六智

知除類他心滅道智一識識欲界遍行及修所斷隨眠隨增唯女根非界非處非蘊攝非智知非識識非隨眠隨增男根亦尒命根一界一處一蘊攝七智知除他心滅道智一識識三界遍行及修所斷隨眠隨增唯命根非界非處非蘊攝非智知非識識非隨眠隨增意根如意處樂根一界一處一蘊攝九智知除滅智一識識色界一切欲界遍行及修所斷隨眠隨增唯樂根非界非處非蘊攝非智知非識識非隨眠隨增

苦根一界一處一蘊攝七智知除類滅道智一識識欲界遍行及修所斷隨眠隨增唯苦根非界非處非蘊攝非智知非識識非隨眠隨增喜根一界一處一蘊攝九智知除滅智一識識色界一切除欲界無漏緣疑及彼相應無明諸餘欲界一切隨眠隨增唯喜根非界非處非蘊攝非智知非識識非隨眠隨增憂根一界一處一蘊攝七智知除類滅道智一識識欲界一切隨眠隨增唯憂根非界非處

非蘊攝非智知非識識非隨眠隨增捨根一界一處一蘊攝九智知除滅智一識識一切隨眠隨增唯捨根非界非處非蘊攝非智知非識識非隨眠隨增信根一界一處一蘊攝九智知除滅智一識識三界遍行及修所斷隨眠隨增唯信根非界非處非蘊攝非智知非識識非隨眠隨增精進念定慧根亦尒未知當知根三界二處三蘊攝七智知除苦集滅智一識識非隨眠隨增唯未知當知根非界非處非蘊攝非智知非識識非隨眠隨增已知具知根亦尒

欲界見苦所斷隨眠一界一處一蘊攝七智知除類滅道智一識識欲界見苦所斷一切及見集所斷遍行隨眠隨增唯欲界見苦所斷隨眠非界非處非蘊攝非智知非識識非隨眠隨增欲界見集所斷隨眠一界一處一蘊攝七智知除類滅道智一識識欲界見集所斷一切及見苦所斷遍行隨眠隨增唯欲界見集所斷隨眠非界非處非蘊攝非智知非識識非

隨眠隨增欲界見滅所斷隨眠一界一處一蘊攝七智知除類滅道智一識識除欲界見滅所斷不共無明諸餘欲界見滅所斷一切及遍行隨眠隨增唯欲界見滅所斷隨眠非界非處非蘊攝非智知非識識非隨眠隨增欲界見道所斷隨眠一界一處一蘊攝七智知除類滅道智一識識除欲界見道所斷不共無明諸餘欲界見道所斷一切及遍行隨眠隨增唯欲界見道所斷隨眠非界非處非蘊攝非智知非識識非隨眠隨增欲界修所斷隨眠一界一處一蘊攝七智知除類滅道智一識識欲界修所斷一切及遍行隨眠隨增唯欲界修所斷隨眠非界非處非蘊攝非智知非識識非隨眠隨增色界見苦所斷隨眠一界一處一蘊攝七智知除法滅道智一識識色界見苦所斷一切及見集所斷遍行隨眠隨增唯色界見苦所斷隨眠非界非處非蘊攝非智知非識識非隨眠隨增色界見集所斷隨眠一界一處一蘊攝七智知除

阿毗達磨品類足論卷第十八　第十八張　交字號

法滅道智一識識色界見集所斷一切及見苦所斷遍行隨眠隨增唯色界見集所斷隨眠非界非處非蘊攝非智知非識識非隨眠隨增色界見滅所斷隨眠一界一處一蘊攝七智知除法滅道智一識識除色界見滅所斷不共無明諸餘色界見滅所斷一切及遍行隨眠隨增唯色界見滅所斷隨眠非界非處非蘊攝非智知非識識非隨眠隨增色界見道所斷隨眠一界一處一蘊攝七智知除法滅道智一識識除色界見道所斷不共無明諸餘諸色界見道所斷一切及遍行隨眠隨增唯色界見道所斷隨眠非界非處非蘊攝非智知非識識非隨眠隨增色界修所斷隨眠一界一處一蘊攝七智知除法滅道智一識識色界修所斷一切及遍行隨眠隨增唯色界修所斷隨眠非界非處非蘊攝非智知非識識非隨眠隨增無色界見苦所斷隨眠一界一處一蘊攝六智知除法他心滅道智一識識無色界見苦所斷一切及見集

阿毗達磨品類足論卷第十八　第十九張　交字號

所斷遍行隨眠隨增唯無色界見苦所斷隨眠非界非處非蘊攝非智知非識識非隨眠隨增無色界見集所斷隨眠一界一處一蘊攝六智知除法他心滅道智一識識無色界見集所斷一切及見苦所斷遍行隨眠隨增唯無色界見集所斷隨眠非界非處非蘊攝非智知非識識非隨眠隨增無色界見滅所斷隨眠一界一處一蘊攝六智知除法他心滅道智一識識除無色界見滅所斷不共無明諸餘無色界見滅所斷一切及遍行隨眠隨增唯無色界見滅所斷隨眠非界非處非蘊攝非智知非識識非隨眠隨增無色界見道所斷隨眠一界一處一蘊攝六智知除法他心滅道智一識識除無色界見道所斷不共無明諸餘無色界見道所斷一切及遍行隨眠隨增唯無色界見道所斷隨眠非界非處非蘊攝非智知非識識非隨眠隨增無色界修所斷隨眠一界一處一蘊攝六智知除法他心滅道智一識識無色界修所斷一

阿毗達磨品類足論卷第十八　第二十張　交字號

切及遍行隨眠隨增唯無色界修所斷隨眠非界非處非蘊攝非智知非識識非隨眠隨增

說一切有部品類足論卷第十八

阿毗達磨品類足論卷第十八

校勘記

一　底本，金藏廣勝寺本。

一　一三七頁中一四行「七智」，磧、南作「十智」。

一　一三七頁下八行第一二字「界」，資、磧、普、南、徑、清無。

一　一三七頁下一五行「識識」，諸本(不含石，下同)作「一識識」。

一　一三八頁上二行「有淨無淨法」，諸本作「有諍無諍法」。

一　一三八頁上一六行「三識」，諸本作「三識識」。

一　一三八頁上一七行至一八行「十界四處」，徑作「十四界處」。

一　一三八頁下九行「九智」，諸本作「九智知」。

一　一三八頁下二二行第三字「六」，資、磧、普、南、徑、清無。

一　一三九頁下七行第三字及次頁下九行末字「三」，諸本作「二」。

一　一四〇頁上一三行「三界二處」，資、磧、普、南、徑、清作「二界三處」。

一　一四〇頁下二一行「見道」，諸本作「唯見道」。

一　一四一頁上一行第九字「除」，諸本作「除滅」。

一　一四一頁中一六行「眼界」，資、磧、普、南、徑、清作「謂眼界」。

一　一四一頁下四行「隨增」，諸本作「隨眠隨增」。

一　一四一頁下二一行「眼根」，資、磧、普、南、徑、清作「唯眼根」。

一　一四二頁上五行「七智」，麗作「六智」。

一　一四三頁上一三行「諸色」，麗作「無色」。

衆事分阿毗曇論卷第一　　友

尊者世友造

宋天竺三藏求那跋陀羅共菩提耶舍譯

五法品第一　五法

問云何五法謂色心心法心不相應行無為云何色謂四大及四大造色云何四大謂地界水火風界云何造色謂眼根耳鼻舌身根色聲香味觸入少分及無作色是名色法云何心謂意及六識云何六謂眼識耳鼻舌身意識是名心法

云何心法謂若法心相應謂受想思觸憶欲解脱念定慧信精進覺觀放逸不放逸善根不善根無記根一切結縛使煩惱上煩惱纏若智若見若无間等此及餘心相應共起者是名心法法

云何心不相應行謂若法不與心相應謂諸得无想定滅盡定無想天命根種類處得事得入得生老住无常名身句身味身此及餘不與心相應共起者是名心不相應行法

云何無為謂三无為虛空數滅非數滅是名無為法

云何地界謂堅云何水界謂濕潤云何火界謂温暖云何風界謂飄動

云何眼根謂眼識所依淨色云何耳根謂耳識所依淨色云何鼻根謂鼻識所依淨色云何舌根謂舌識所依淨色云何身根謂身識所依淨色

云何色謂色若好若醜若中間彼二識識先眼識後意識是名為色云何聲聲有二種謂因受四大起因不受四大起彼二識識先耳識後意識是名為聲云何香謂香若好若惡若中間彼二識識先鼻識後意識是名為香云何味謂味若可喜若不可喜若中間彼二識識先舌識後意識是名為味云何觸入少分謂澁滑輕重冷飢渴彼二識識先身識後意識是名觸入少分

云何無作色謂法入所攝色彼一識識謂意識是名无作色

云何眼識謂依眼根行於色云何耳識謂依耳根行於聲云何鼻識謂依

身根行於香云何舌識謂依舌根行於味云何身識謂依身根行於觸云何意識謂依意根行於法

云何受有三受謂苦受樂受不苦不樂受云何想有三想謂少想多想无量想云何思心所造作三種業生謂善不善无記云何觸謂三事和合生三種觸謂苦觸樂觸不苦不樂觸云何憶謂心發悟有三種學無學非學非无學云何欲謂心欲作云何解脫謂心解已解當解云何念謂心不忘云何定謂一心云何慧謂於法决斷云何信謂心淨云何精進謂心堪能勇猛云何覺謂心麁云何觀謂心細云何放逸謂不修善法云何不放逸謂修善法云何善根有三善根謂无貪無恚无癡云何不善根有三不善根謂貪恚癡云何無記根有四无記根謂無記愛无記見無記慢无記無明云何結有九結謂愛結恚結慢結无明結見結他取結疑結嫉結慳結云何愛結謂三界貪云何恚結謂於衆生相違云何慢結有七慢謂慢增慢慢慢我慢增上慢不如慢邪慢云何慢於甲謂勝於勝謂相似於彼起輕心自舉自高是名慢云何增慢於等謂勝於勝謂等於彼起輕心自舉自高是名增慢云何慢慢於勝謂勝於彼起輕心自舉自高是名慢慢云何我慢於五受陰計我我所有於彼起輕心自舉自高是名我慢云何增上慢未得勝法謂得未到謂到未觸謂觸未證謂證於彼起輕心自舉自高是名增上慢云何不如慢於彼極勝謂小不如於彼起輕心自舉自高是名不如慢云何邪慢非德謂德於彼起輕心自舉自高是名邪慢如是七慢名慢結云何無明結謂三界無知云何見結有三見謂身見邊見邪見云何身見謂五受陰見我我所有於彼起欲起忍起見是名身見云何邊見謂五受陰或見常或見斷於彼起欲起忍起見是名邊見云何邪見謂謗因果於彼起欲起忍起見是名邪見如是三見名見結云何他取結有二見謂見取戒取云何見取謂五受陰第一勝妙於彼起欲起忍起見是名見取云何戒取謂五受陰清淨解脫出要於彼起欲起忍起見是名戒取如是二見名他取結云何疑結謂惑諦不了云何嫉結謂心瞋增廣云何慳結謂心堅著是名九結

云何縛謂結即是縛復有三縛謂貪欲縛瞋恚縛愚癡縛

云何使有七使謂貪欲使瞋恚使有愛使慢使无明使見使疑使云何貪欲使有五種謂欲界繫見苦所斷貪欲界繫見集滅道修道所斷貪如是五種名貪欲使云何瞋恚使有五種謂欲界繫見苦所斷瞋欲界繫見集滅道修道所斷瞋如是五種名瞋恚使云何有愛使有十種謂色界繫五種無色界繫五種云何色界繫五種謂色界繫見苦所斷愛色界繫見集滅道修道所斷愛如色界繫五種无色界繫亦如是如是十種名有愛使云何慢使有十五種謂欲界繫五種色界繫五種无色界繫五種云何欲界繫五種謂欲界繫見苦所斷慢欲

界繫見集滅道修道所斷慢如欲界繫五種色無色界繫亦如是如是十五種名慢使云何无明使有十五種謂欲界繫五種色界繫五種無色界繫五種云何欲界繫五種謂欲界繫見苦所斷無明欲界繫見集滅道修道所斷无明如欲界繫五種色无色界繫亦如是如是十五種名無明使云何見使有三十六種謂欲界繫十二種色界繫十二種无色界繫十二種云何欲界繫十二種謂欲界繫見苦所斷身見邊見邪見見取戒取欲界繫見集所斷邪見見取欲界繫見滅所斷邪見見取欲界繫見道所斷邪見見取戒取如欲界繫十二種色無色界繫亦如是如是三十六種名見使云何疑使有十二種謂欲界繫四種色界繫四種无色界繫四種云何欲界繫四種謂欲界繫見苦所斷疑欲界繫見集滅道所斷疑如欲界繫四種色無色界繫亦如是如是十二種名疑使

云何煩惱上煩惱所謂煩惱即是上煩惱復有上煩惱非煩惱謂除煩惱若餘染汙行陰云何纏有八纏謂睡眠掉悔慳嫉無慙無愧（於十纏中無忿覆也）

云何智有十智謂法智比智知他心智等智苦智集智滅智道智盡智無生智

云何法智謂知欲界繫行苦无漏智知欲界繫行因无漏智知欲界繫行滅无漏智知斷欲界繫行道無漏智復次法智亦緣法智地无漏智是名法智

云何比智謂知色無色界繫行苦无漏智知色无色界繫行因无漏智知色无色界繫行滅無漏智知斷色無色界繫行道无漏智復次比智亦緣比智地无漏智是名比智

云何知他心智謂若智修果修得不失智欲界色界地衆生現在心心法亦知无漏心心法是名知他心智

云何等智謂有漏慧是名等智

云何苦智謂無漏智思惟五受陰无常苦空非我是名苦智

云何集智謂無漏智思惟有漏因因集有緣是名集智

云何滅智謂無漏智思惟滅滅止妙離是名滅智

云何道智謂无漏智思惟道道如跡乘是名道智

云何盡智謂我已知苦我已斷集我已證滅我已修道於彼起智見明覺慧無間等是名盡智

云何無生智謂我已知苦不復當知我已斷集不復當斷我已證滅不復當證我已修道不復當修於彼起智見明覺慧无間等是名無生智復次我欲漏已盡是名盡智不復當生是名無生智我有漏无明漏已盡是名盡智不復當生是名無生智

云何見謂智即是見或有見非智所謂八无間忍謂苦法忍苦比忍集法忍集比忍滅法忍滅比忍道法忍道比忍是名見若智若見即是无間等

云何得謂得法云何無想定謂遍淨天離欲上地未離欲作出要想思惟先方便心及心法滅是名无想定云何滅盡定謂无所有處離欲上地未

離欲作止息想先方便心及心法滅是名滅盡定云何无想天謂衆生生無想天心及心法滅是名無想天云何命根謂三界壽云何種類謂衆生種類云何處得謂得方處云何事得謂得陰云何入得謂得内外入云何生謂轉陰云何老謂陰熟云何住謂行起未壞云何无常謂行起壞云何名身謂增語云何句身謂字滿云何味身謂字身説味身云何虛空謂虛空无滿容受諸色来去無礙云何數滅謂數滅滅是解脱云何非數滅謂非數滅滅非解脱

衆事分阿毗曇論分別智品第二

十智云何十謂法智比智知他心智等智苦智集智滅智道智盡智无生智

云何法智緣謂法智欲界繫行緣及無漏緣云何比智緣謂比智色无色界繫行緣及無漏緣云何知他心智緣謂知他心智欲界色界繫現在他心心法緣及无漏緣云何等智緣謂等智一切法緣云何苦智緣謂苦智五受陰緣云何集智緣謂集智有漏因緣云何滅智緣謂滅智數滅緣云何道智緣謂道智學法无學法緣云何盡智緣謂盡智一切有為法緣及數滅緣云何無生智緣謂无生智一切有為法緣及數滅緣

問以何等故法智欲界繫行緣及无漏緣荅謂法智知欲界繫行苦知欲界繫行因知欲界繫行滅知斷欲界繫行道是故説法智欲界繫行緣及无漏緣

以何等故比智色无色界繫行緣及無漏緣謂比智知色無色界繫行苦知色无色界繫行因知色无色界繫行滅知斷色无色界繫行道是故比智色無色界繫行緣及无漏緣

以何等故知他心智欲界色界繫現在他心心法及无漏緣謂知他心智知欲界色界現在他心心法及无漏緣是故知他心智欲界色界繫現在他心心法及无漏緣

以何等故等智一切法緣謂等智知一切法巧便不巧便非巧便非不巧便是故等智一切法緣

以何等故苦智五受陰緣謂苦智知五受陰无常苦空非我是故苦智五受陰緣

以何等故集智有漏因緣謂集智知有漏因因集有緣是故集智有漏因緣

以何等故滅智數滅緣謂滅智知數滅滅止妙離是故滅智數滅緣

以何等故道智學无學法緣謂道智知道道如跡乗是故道智學無學法緣

以何等故盡智一切有為法及數滅緣謂盡智知我已知苦已斷集已證滅已修道是故盡智一切有為法及數滅緣

以何等故無生智一切有為法及數滅緣謂無生智知我已知苦不復當知已斷集不復當斷已證滅不復當證已修道不復當修是故无生智一切有為法及數滅緣

問法智是幾智幾智少分荅法智即法智七智少分謂知他心智苦智集智滅智道智盡智无生智

問比智是幾智幾智少分吝比智即比智七智少分謂知他心智苦智集智滅智道智盡智无生智

問知他心智是幾智幾智少分吝知他心智即知他心智四智少分謂法智比智等智道智

問等智是幾智幾智少分吝等智即等智一智少分謂知他心智

問苦智是幾智幾智少分吝苦智即苦智四智少分謂法智比智盡智无生智如苦智集智滅智亦如是

問道智是幾智幾智少分吝道智即道智五智少分謂法智比智知他心智盡智无生智問盡智是幾智幾智少分吝盡智即盡智六智少分謂法智比智苦集滅道智如盡智无生智亦如是

云何法智即法智謂法智知欲界繫行苦知欲界繫行因知欲界繫行滅知斷欲界繫行道是故法智即法智

云何法智知他心智謂法智知他斷欲界繫行道无漏心心法是故法智知他心智

云何法智苦智謂法智知欲界繫五受陰無常苦空非我是故法智苦智

云何法智集智謂法智知欲界繫行因因集有緣是故法智集智

云何法智滅智謂法智知欲界繫行滅滅止妙離是故法智滅智

云何法智道智謂法智知斷欲界繫行道道如跡乘是故法智道智

云何法智盡智謂法智知我已知欲界繫行苦知我已斷欲界繫行集知我已證欲界繫行滅知我已修斷欲界繫行道是故法智盡智

云何法智无生智謂法智知我已知欲界繫行苦不復當知我已斷欲界繫行集不復當斷知我已證欲界繫行滅不復當證知我已修斷欲界繫行道不復當修是故法智无生智

云何比智即法智謂比智知色無色界繫行苦知色无色界繫行因知色无色界繫行滅知斷色無色界繫行道是故比智即比智

云何比智知他心智謂比智知他斷色无色界繫行道无漏心心法是故比智知他心智

云何比智苦智謂比智知色无色界繫五受陰无常苦空非我是故比智苦智

云何比智集智謂比智知色无色界繫行因因集有緣是故比智集智

云何比智滅智謂比智知色无色界繫行滅滅止妙離是故比智滅智

云何比智道智謂比智知斷色无色界繫行道道如跡乘是故比智道智

云何比智盡智謂比智知我已知色無色界繫行苦知我已斷色无色界繫行集知我已證色無色界繫行滅知我已修斷色無色界繫行道是故比智盡智

云何比智無生智謂比智知我已知色无色界繫行苦不復當知知我已斷色無色界繫行集不復當斷知我已證色無色界繫行滅不復當證知我已修斷色無色界繫行道不復當修是故比智无生智

云何知他心智即知他心智謂知他心智知他欲界色界繫現在心心法

及無漏心心法是故知他心智即知他心智

云何知他心智法智謂知他心智知他斷欲界繫行道無漏心心法是故知他心智法智

云何知他心智比智謂知他心智知他斷色無色界繫行道無漏心心法是故知他心智比智

云何知他心智等智謂知他心智知他有漏心心法是故知他心智等智

云何知他心智道智謂知他心智知他無漏心心法是故知他心智道智

云何等智即等智謂等智知一切法巧便不巧便非巧便非不巧便是故等智即等智

云何等智知他心智謂等智知他有漏心心法是故等智知他心智

云何苦智即苦智謂苦智知五受陰無常苦空非我是故苦智即苦智

云何苦智法智謂苦智知欲界繫五受陰无常苦空非我是故苦智法智

云何苦智比智謂苦智知色无色界繫五受陰無常苦空非我是故苦智比智

云何苦智盡智謂苦智知我已知苦是故苦智盡智

云何苦智無生智謂苦智知我已知苦不復當知是故苦智无生智

云何集智即集智謂集智知有漏因因集有緣是故集智即集智

云何集智法智謂集智知欲界繫行因因集有緣是故集智法智

云何集智比智謂集智知色无色界繫行因因集有緣是故集智比智

云何集智盡智謂集智知我已斷集是故集智盡智

云何集智无生智謂集智知我已斷集不復當斷是故集智無生智

云何滅智即滅智謂滅智知滅滅止妙離是故滅智即滅智

云何滅智法智謂滅智知欲界繫行滅滅止妙離是故滅智法智

云何滅智比智謂滅智知色无色界繫行滅滅止妙離是故滅智比智

云何滅智盡智謂滅智知我已證滅是故滅智盡智

云何滅智无生智謂滅智知我已證滅不復當證是故滅智无生智

云何道智即道智謂道智知道道如跡乘是故道智即道智

云何道智法智謂道智知斷欲界繫行道道如跡乘是故道智法智

云何道智比智謂道智知斷色无色界繫行道道如跡乘是故道智比智

云何道智知他心智謂道智知他無漏心心法是故道智知他心智

云何道智盡智謂道智知我已修道是故道智盡智

云何道智無生智謂道智知我已修道不復當修是故道智無生智

云何盡智即盡智謂盡智知我已知苦我已斷集我已證滅我已修道是故盡智即盡智

云何盡智法智謂盡智知我已知欲界繫行苦我已斷欲界繫行集我已證欲界繫行滅我已修斷欲界繫行道是故盡智法智

云何盡智比智謂盡智知我已知色無色界繫行苦我已斷色無色界繫

衆事分阿毗曇論第一卷　第十八張　友字号

行集我已證色無色界繫行滅我已修斷色无色界繫行道是故盡智比智
云何盡智苦智謂盡智知我已知苦是故盡智苦智
云何盡智集智謂盡智知我已斷集是故盡智集智
云何盡智滅智謂盡智知我已證滅是故盡智滅智
云何盡智道智謂盡智知我已修道是故盡智道智
云何無生智即無生智謂无生智知我已知苦不復當知我已斷集不復當斷我已證滅不復當證我已修道不復當修是故无生智即無生智
云何无生智法智謂无生智知我已知欲界繫行苦不復當知我已斷欲界繫行集不復當斷我已證欲界繫行滅不復當證我已修斷欲界繫行道不復當修是故无生智法智
云何無生智比智謂無生智知我已知色无色界繫行苦不復當知我已斷色無色界繫行集不復當斷我已

衆事分阿毗曇論第一卷　第十九張　友字号

證色無色界繫行滅不復當證我已修斷色無色界繫行道不復當修是故无生智比智
云何無生智苦智謂无生智知我已知苦不復當知是故無生智苦智
云何無生智集智謂无生智知我已斷集不復當斷是故無生智集智
云何無生智滅智謂无生智知我已證滅不復當證是故無生智滅智
云何無生智道智謂无生智知我已修道不復當修是故無生智道智
問此十智幾有漏幾无漏荅一有漏八无漏一當分別知他心智或有漏或無漏云何有漏謂知他心智知他有漏心心法云何无漏謂知他心智知他无漏心心法
問此十智幾有漏緣幾无漏緣荅二有漏緣謂苦智集智二無漏緣謂滅智道智六當分別法智或有漏緣或無漏緣云何有漏緣謂法智苦緣集緣云何無漏緣謂法智滅緣道緣如法智比智盡智無生智亦如是知他心智或有漏緣或無漏緣云何有漏

衆事分阿毗曇論第一卷　第二十張　友字号

緣謂知他心智知他有漏心心法云何無漏緣謂知他心智知他无漏心心法等智或有漏緣或無漏緣云何有漏緣謂等智苦緣集緣云何无漏緣謂等智滅緣道緣及虛空非數滅緣
問此十智幾有為幾无為荅謂十智一切是有為無无為
問此十智幾有為緣幾无為緣荅四有為緣謂知他心智苦智集智道智一无為緣謂滅智五當分別法智或有為緣或無為緣云何有為緣謂法智苦緣集緣道緣云何无為緣謂法智滅緣如法智比智盡智無生智亦如是等智或有為緣或無為緣云何有為緣謂等智苦緣集緣道緣云何無為緣謂等智二種滅緣及虛空緣

衆事分阿毗曇論卷第一

眾事分阿毗曇論卷第一

校勘記

一　底本，金藏廣勝寺本。

一　一四五頁中三行譯者，資、磧、普、南、徑、清作「宋三藏求那跋陁羅共菩提耶舍譯」。以下各卷同。

一　一四五頁中三行譯者與四行品名之間，資、磧、普、南、徑、清有「啓請」二字及五言三十八句偈頌「敬禮最真覺……永處涅盤樂」。偈文載於此論金藏廣勝寺本卷第十二卷末。

一　一四五頁中四行「五法品」，資、磧、普、南冠以「眾事分阿毗曇」。

一　一四五頁下一二行第八字「先」，磧、徑、清作「生」。

一　一四七頁中五行「集智」，資、磧、普、南、徑、清作「集」。

一　一四七頁中一八行第二字「智」，諸本（不含石，下同）作「知」。又第七字「地」，諸本作「他」。

一　一四七頁下四行第一二字「道」，資、磧、普、南、徑、清無。

一　一四八頁上五行「事得」，資、磧、普、南、徑、清作「得事」。

一　一四八頁上一四行「眾事分阿毗曇論」，資、磧、普、南作「眾事分阿毗曇」；徑、清無。

一　一四八頁中一六行「智色」，資、磧、普、南、徑、清作「智知色」。

一　一四九頁上一〇行第一三字「智」，資、磧、普、南、徑、清無。

一　一四九頁中五行第一〇字「知」，資、磧、普、南、徑、清無。次頁中六行第一一字同。

一　一四九頁中一四行「當知我」，諸本作「當知知我」。

一　一四九頁中一八行「法智」，諸本作「比智」。

一　一五〇頁中一八行「欲界」，磧、南作「滅界」。

一　一五一頁上一〇行「已修道」，磧、南作「見修道」。

一　一五一頁下卷末經名，資、磧、普、南作「眾事分阿毗曇卷第一」。

趙城縣廣勝寺

衆事分阿毗曇論卷第二　支

尊者世友造

宋天竺三藏求那跋陀羅共菩提耶舍譯

分別諸入品第三

如世尊為闍諦輸盧郁婆羅門說一切婆羅門當知一切者謂十二入云何十二謂眼入色入耳入聲入鼻入香入舌入味入身入觸入意入法入

問此十二入幾色幾非色荅十是色一非色一分別法入或色或非色云何色謂法入所攝身口業是色餘非色

此十二入幾可見幾不可見謂一可見十一不可見

此十二入幾有對幾無對謂十有對二無對此十二入幾有漏幾无漏謂十有漏二分別意入或有漏或無漏云何有漏謂有漏意行相應意入云何無漏謂无漏意行相應意入法入或有漏或無漏云何有漏謂法入所攝有漏身口業有漏受陰想陰行陰云何無漏謂无漏身口業無漏受陰想陰行陰及無為法

此十二入幾有為幾无為謂十一有為一分別法入或有為或無為云何有為謂法入所攝身口業受陰想陰行陰云何無為謂虛空數滅非數滅

此十二入幾有諍幾無諍謂十有諍二分別一若有漏有諍二若无漏無諍如有諍无諍如是世間出世間有過无過依家依出要使非使受非受纏非纏亦如是

此十二入幾有記幾无記謂八無記四分別色入或有記或無記云何有記謂善不善色入云何无記謂除善不善色入諸餘色入如色入聲入意入法入亦如是

此十二入幾隱沒幾不隱沒謂八不隱沒四分別色入或隱沒或不隱沒云何隱沒謂穢汙云何不隱沒謂不穢汙如色入聲入意入法入亦如是

此十二入幾應修幾不應修謂八不應修四分別色入或應修或不應修云何應修謂善色入云何不應修謂不善无記色入如色入聲入意入亦如是法入或應修或不應修云何應

修謂善有為法入云何不應修謂不善無記法入及數滅

此十二入幾穢汙幾不穢汙謂八不穢汙四分別色入或穢汙或不穢汙云何穢汙謂隱没云何不穢汙謂不隱没如色入聲入意入法入亦如是

此十二入幾有罪幾无罪謂八無罪四分別色入或有罪或無罪云何有罪謂不善色入及隱没無記云何无罪謂善色入及不隱没无記如色入聲入意入法入亦如是

此十二入幾有報幾无報謂八无報四分別色入或有報或無報云何有報謂善不善色入云何无報謂无記色入如色入聲入亦如是意入或有報或无報云何有報謂不善善有漏意入云何无報謂無記无漏意入如意入法入亦如是

此十二入幾見幾非見謂一是見十非見一分別法入或見或非見云何見謂八見名見謂五邪見世俗正見學見无學見餘非見此十二入幾內幾外謂六內六外

此十二入幾受幾不受謂三不受九分別眼入或受或不受云何受謂自性受云何不受謂非自性受如眼入色入耳入鼻入香入舌入味入身入觸入如是

此十二入幾心幾非心謂一是心十一非心

此十二入幾有緣幾无緣謂一有緣十无緣一分別法入或有緣或无緣云何有緣謂心法云何無緣謂非心法

此十二入幾心法幾非心法謂十一非心法一分別法入或心法或非心法云何心法謂有緣云何非心法謂无緣

此十二入幾業幾非業謂九非業三分別色入或業或非業云何業謂身作是業餘非業聲入或業或非業云何業謂口作是業餘非業法入或業或非業云何業謂法入所攝身口業及思是業餘非業

此十二入幾善不善無記謂八無記四分別色入或善不善无記云何善謂善身作云何不善謂不善身作云何無記謂除善不善身作色餘身作色聲入或善不善無記云何善謂善口聲云何不善謂不善口聲云何无記謂除善不善口聲諸餘口聲意入或善不善无記云何善謂善意思惟相應意入云何不善謂不善意思惟相應意入云何无記謂無記意思惟善謂法入所攝善身口業善受陰想陰行陰及數滅云何不善謂法入所攝不善身口業不善受陰想陰行陰云何無記謂法入所攝無記受陰想陰行陰及虛空非數滅

此十二入幾見斷幾修斷幾不斷謂十修斷二分別意入或見斷或修斷或不斷云何見斷若意入隨信行隨法行人無間忍等斷彼云何斷謂見斷八十八使相應意入云何修斷若意入學見迹修斷彼云何斷謂修斷十使相應意入及不穢汙有漏意入云何不斷謂無漏意入法入或見斷或修斷或不斷云何見斷若法入隨信行隨法行人无間忍等斷彼云何

斷謂見斷八十八使彼相應法入彼所起心不相應行云何修斷若法入學見迹修斷彼云何斷謂修斷十使彼相應法入彼所起身口業彼所起心不相應行及不穢汙有漏法入云何不斷謂无漏法入

此十二入幾學幾无學幾非學非無學謂十非學非無學二分別意入或學或无學或非學非無學云何學謂學意思惟相應意入云何无學謂無學意思惟相應意入云何非學非无學謂有漏意思惟相應意入法入或學或无學或非學非无學云何學謂學身口業學受陰想陰行陰云何無學謂无學身口業无學受陰想陰行陰云何非學非無學諸法入所攝有漏身口業有漏受陰想陰行陰及无為法

此十二入幾欲界繫幾色無色界繫幾不繫謂二欲界繫十分別眼入或欲界繫或色界繫云何欲界繫謂眼入欲界繫四大所造云何色界繫謂眼入色界繫四大所造如眼入色入耳入聲入鼻入舌入身入亦如是觸入或欲界繫或色界繫云何欲界繫謂觸入欲界繫四大所造云何色界繫謂觸入色界繫四大所造意入或欲界繫或色界繫或無色界繫或不繫云何欲界繫謂欲界繫意思惟相應意入云何色界繫謂色界繫意思惟相應意入云何無色界繫謂无色界繫意思惟相應意入云何不繫謂無漏意思惟相應意入法入或欲界繫或色界繫或无色界繫或不繫云何欲界繫謂法入欲界繫彼所攝身口業彼所攝受陰想陰行陰云何色界繫謂法入色界繫彼所攝身口業彼所攝受陰想陰行陰云何無色界繫謂法入無色界繫彼所攝受陰想陰行陰云何不繫謂无漏所攝身口業无漏所攝受陰想陰行陰及无為法

此十二入幾過去幾未來幾現在謂十一或過去或未來或現在一分別法入若有為或過去或未來或現在若無為非過去非未來非現在

此十二入幾苦諦攝幾集諦攝幾滅諦攝幾道諦攝幾非諦攝謂十苦集諦所攝二分別意入若有漏苦集諦所攝若無漏道諦所攝法入若有漏苦集諦所攝若无漏有為道諦所攝若數滅滅諦所攝虛空非數滅非諦所攝

此十二入幾見苦斷幾見集斷幾見滅斷幾見道斷幾修斷幾不修斷謂十修斷二分別意入或見苦斷或見集斷或見滅斷或見道斷或修斷或不斷云何見苦斷若意入隨信行隨法行人苦無閒忍等斷彼云何斷謂見苦斷二十八使相應意入云何見集斷若意入隨信行隨法行人集无閒忍等斷彼云何斷謂見集斷十九使相應意入云何見滅斷若意入隨信行隨法行人滅無閒忍等斷彼云何斷謂見滅斷十九使相應意入云何見道斷若意入隨信行隨法行人道无閒忍等斷彼云何斷謂見道斷二十二使相應意入云何修斷若意入學見迹修斷彼云何斷謂修斷十使相應意入及不穢汙有漏意入云何不斷謂無漏意入法入或見苦斷

或見集斷或見滅斷或見道斷或修斷或不斷云何見苦斷若法入隨信行隨法行人苦無間忍等斷彼云何斷謂見苦斷二十八使彼相應法入彼所起心不相應行云何見集斷若法入隨信行隨法行人集無間忍等斷彼云何斷謂見集斷十九使彼相應法入彼所起心不相應行云何見滅斷若法入隨信行隨法行人滅无間忍等斷彼云何斷謂見滅斷十九使彼相應法入彼所起心不相應行云何見道斷若法入隨信行隨法行人道無間忍等斷彼云何斷謂見道斷二十二使彼相應法入彼所起心不相應行云何修斷若法入學見迹修斷彼云何斷謂修斷十使彼相應法入彼所起身口業彼所起心不相應行及不穢汙有漏法入云何不斷謂无漏法入

問五陰十二入為五陰攝十二入為十二入攝五陰荅十二入攝五陰非五陰攝十二入何所不攝謂无為法入

問五陰十八界為五陰攝十八界為十八界攝五陰荅十八界攝五陰非五陰攝十八界何所不攝謂无為法界

問五陰二十二根為五陰攝二十二根為二十二根攝五陰荅二陰及二陰少分攝二十二根二十二根亦攝二陰及二陰少分何所不攝謂一陰及二陰少分

問五陰九十八使為五陰攝九十八使為九十八使攝五陰荅一陰少分攝九十八使九十八使亦攝一陰少分何所不攝謂四陰及一陰少分

問十二入十八界為十二入攝十八界為十八界攝十二入荅展轉相攝隨其所應

問十二入二十二根為十二入攝二十二根為二十二根攝十二入荅六内入及一外入少分攝二十二根二十二根亦攝六内入及一外入少分何所不攝謂五外入及一外入少分

問十二入九十八使為十二入攝九十八使為九十八使攝十二入荅一外入少分攝九十八使九十八使亦攝一外入少分何所不攝謂十一入及一外入少分

問十八界二十二根為十八界攝二十二根為二十二根攝十八界荅十二内界及一外界少分攝二十二根二十二根亦攝十二内界及一外界少分何所不攝謂五外界及一外界少分

問十八界九十八使為十八界攝九十八使為九十八使攝十八界荅一外界少分攝九十八使九十八使亦攝一外界少分何所不攝謂十七界及一外界少分

問二十二根九十八使為二十二根攝九十八使為九十八使攝二十二根荅展轉不相攝

衆事分阿毗曇論分別七事品第四

十八界十二入五陰五盛陰六界十大地法十煩惱大地法十小煩惱大地法五煩惱五觸五見五根五法六識身六觸身六受身六想身六思身六愛身

云何十八界謂眼界色界眼識界耳

界聲界耳識界鼻界香界鼻識界舌界味界舌識界身界觸界身識界意界法界意識界

云何十二入謂眼入色入耳入聲入鼻入香入舌入味入身入觸入意入法入

云何五陰謂色陰受陰想陰行陰識陰云何五盛陰謂色盛陰受盛陰想盛陰行盛陰識盛陰

云何六界謂地界水界火界風界虛空界識界

云何十大地法謂受想思觸憶欲解脫念定慧云何十煩惱大地法謂不信懈怠忘念亂無明邪慧邪憶邪解脫掉放逸云何十小煩惱大地法謂忿恨覆惱嫉慳誑諂憍害

云何五煩惱謂欲貪色貪無色貪瞋恚癡云何五觸謂對觸增上語觸明觸无明觸非明非無明觸云何五見謂身見邊見邪見見取見戒見云何五根謂樂根苦根喜根憂根捨根云何五法謂覺觀識无慚無愧

云何六識身謂眼識耳識鼻識舌識身識意識云何六觸身謂眼觸耳觸鼻觸舌觸身觸意觸云何六受身謂眼觸生受耳鼻舌身意觸生受云何六想身謂眼觸生想耳鼻舌身意觸生想云何六思身謂眼觸生思耳鼻舌身意觸生思云何六愛身謂眼觸生愛耳鼻舌身意觸生愛

云何眼界若眼於色已見今見當見隨彼一一有分云何色界若色於眼已見今見當見隨彼有分云何眼識界若眼見色起眼識眼增上見色若眼識於色若識分別知色是名眼識界

云何耳界若耳於聲已聞今聞當聞隨彼一一有分云何聲界若聲於耳已聞今聞當聞隨彼有分云何耳識界若耳聞聲起耳識耳增上聞聲若耳識於聲若識分別知聲是名耳識界

云何鼻界若鼻於香已覺今覺當覺隨彼一一有分云何香界若香於鼻已覺今覺當覺隨彼有分云何鼻識界若鼻覺香起鼻識鼻增上覺香若鼻識於香若識分別知香是名鼻識界

云何舌界若舌於味已嘗今嘗當嘗隨彼一一有分云何味界若味於舌已嘗今嘗當嘗隨彼有分云何舌識界若舌嘗味起舌識舌增上嘗味若舌識於味若識分別知味是名舌識界

云何身界若身於觸已覺今覺當覺隨彼一一有分云何觸界若觸於身已覺今覺當覺隨彼有分云何身識界若身覺觸起身識身增上覺觸若身識於觸若識分別知觸是名身識界

云何意界若意於法已識今識當識隨彼一一有分云何法界若法於意已識今識當識隨彼有分云何意識界若意緣法起意識意增上緣法若意識於法若識分別知法是名意識界眼入乃至法入廣說亦如是

云何色陰謂十種色入及法入所攝色云何受陰謂六受身云何六謂眼觸生受乃至意觸生受云何想陰謂六想身云何六謂眼觸生想乃至意觸生想云何行陰行陰有二種謂心相應心不相應云何心相應行陰謂思觸意欲解脫念定慧信精進覺觀放逸不放逸善根不善根無記根一

切結縛使煩惱上煩惱纏一切智一切見一切無閒等如是比心相應法是名心相應行陰云何心不相應行陰謂諸得无想正受滅盡正受無想天命根身種類處得事得入得生住異滅名身句身味身如是比心不相應法是名心不相應行陰彼二法揔為行陰數云何識陰謂六識身云何六謂眼識身乃至意識身云何色盛陰若色有漏盛受謂此色若於過去未來現在起欲已起當起或貪或恚或癡彼一一心數煩惱已起當起是名色盛陰受想行盛陰亦如是云何識盛陰若識有漏盛受謂此識若於過去未來現在起欲已起當起或貪或恚或癡彼一一心數煩惱已起當起是名識盛陰

云何地界謂堅相乃至風界如五法品說云何虛空界謂空邊色云何識界謂五識身及有漏意識身

云何受謂受覺如痛等苦樂俱非三境界轉云何想謂想等想增上想於像貌轉云何思謂思等思增上思思起心行於業云何觸謂觸等觸增上觸依緣心和合轉云何憶謂心發悟憶念思惟心行境界云何欲謂欲於緣堅持深著為作欲樂云何解脫謂心解脫意於緣解云何念謂念隨念不捨於緣不廢乱忘云何定謂心等住不動移境不散不乱攝受上一云何慧謂心於法起選擇相决斷覺知照了觀察云何不信謂心不信受不正思惟不修徳本不種善行不造勝業意不清淨云何懈怠謂心下劣不懃勇猛意不捷疾云何忘念謂念虛妄外向邪記云何乱謂心乱散飄馳轉動緣不止一云何无明謂愚三界闇無知云何邪慧謂不順正念邪解决斷云何邪憶謂穢汙意行曲受境界不正思惟云何邪解脫謂穢汙意行解脫於緣云何掉謂心躁動不依寂靜云何放逸謂捨正方便作不應作於諸善法不懃修習云何忿謂於不饒益事於瞋相續起心忿云何恨謂若事不順所欲起心恨云何覆謂覆藏自罪云何惱謂若心熱燒云何嫉謂於所嫌不欲彼利起心垢忌云何慳謂心所受堅著不捨云何誑謂欺偽他云何諂謂起心曲行云何憍謂心醉舉迷云何害謂惱一切衆生起心逼迫

云何欲貪若欲貪等貪結聚貪室堅者愛樂云何色貪若色貪等貪結聚貪室堅著愛樂云何无色貪若無色貪等貪結聚貪室堅著愛樂云何瞋恚謂於彼衆生起損害心誹謗呰切云何疑謂惑諦不了云何對觸謂五識身相應觸云何增上語觸謂意識身相應觸云何明觸謂无漏觸云何無明觸謂穢汙觸云何非明非无明觸謂不穢汙有漏觸云何身見謂於五盛陰起我我所有見於彼堪忍樂者云何邊見謂於五盛陰或斷常見於彼堪忍樂著云何邪見謂誹謗因果毀所應作於彼堪忍樂著云何取見見謂於五盛陰起第一見冣上冣勝於彼堪忍樂著云何取戒見謂於五盛陰起見清淨解脫出要於彼堪忍樂著云何樂根若樂受觸所觸若

起身意樂起覺知想云何呰根若苦受觸所觸若起身等呰起覺知想云何喜根若喜受觸所觸若起心喜想覺受生云何憂根若憂受觸所觸若起心呰想覺受生云何捨根若不苦不樂受觸所觸若起身心非覺受非不覺受生云何覺若心覺遍覺色覺增上色覺覺數覺覺等思惟麁心轉云何觀若心行少行隨微行隨順細心轉云何識謂六識身眼識乃至意識云何無慚若心无慚不慚不媿患過不極猒離不恭敬不柔軟不自畏不自着恣心自在云何无愧若無愧於他於罪无畏於罪無怖於罪不見於諸過惡不着恥他

云何眼識謂眼緣色起眼識眼增上緣色眼識於色若識若分別色是名眼識乃至意識亦如是

云何眼觸謂眼緣色起眼識三和合生觸眼增上緣色眼識於色若觸等觸是名眼觸耳鼻舌身亦如是云何意觸謂意緣法起意識三和合生觸意增上緣法意識於法若觸等觸是名意觸

云何眼觸生受謂眼緣色起眼識三和合生觸觸緣受眼增上緣色眼觸因眼觸集眼觸生眼觸有眼觸意思惟相應眼識於色若覺受等受是名眼觸生受耳鼻舌身亦如是

云何意觸生受謂意緣法起意識三和合生觸觸緣受意增上緣法意觸因意觸集意觸生意觸有意觸思惟相應意識於法若覺受等受是名意觸生受

云何眼觸生想謂眼緣色起眼識三和合生觸觸緣想眼增上緣色眼觸因眼觸集眼觸生眼觸有眼觸意思惟相應眼識於色若想等想增上想分別想是名眼觸生想耳鼻舌身亦如是

云何意觸生想謂意緣法起意識三和合生觸觸緣想意增上緣法意觸因意觸集意觸生意觸有意觸思惟相應意識於法若想等想增上想分別想是名意觸生想

云何眼觸生思謂眼緣色起眼識三和合生觸觸緣思眼增上緣色眼觸因眼觸集眼觸生眼觸有眼觸意思惟相應眼識於色若思等思增上思思轉心行於業是名眼觸生思耳鼻舌身亦如是

云何意觸生思謂意緣法起意識三和合生觸觸緣思意增上緣法意觸因意觸集意觸生意觸有意觸思惟相應意識於法若思等思增上思思轉心行於業是名意觸生思

云何眼觸生愛謂眼緣色起眼識三和合生觸觸緣受受緣愛眼增上緣色眼識於色若貪貪聚貪室堅著愛樂是名眼觸生愛耳鼻舌身亦如是

云何意觸生愛謂意緣法起意識三和合生觸觸緣受受緣愛意增上緣法意識於法若貪貪聚貪室堅著愛樂是名意觸生愛

問眼界幾界幾入幾陰攝眼界攝法幾界幾入幾陰攝眼界不攝法幾界幾入幾陰攝除眼界攝不攝法幾界幾入幾陰攝除眼界攝法餘法幾界幾入幾陰攝除眼界不攝法餘法幾界

幾入幾陰攝除眼界攝不攝法餘法
幾界幾入幾陰攝如眼界乃至意觸
生愛亦如是
荅眼界一界一入一陰攝不攝十七
界十一入五陰如眼界眼界攝法亦
如是
眼界不攝法十七界十一入五陰攝
不攝一界一入一陰眼界攝不攝法
十八界十二入五陰攝除眼界攝法
餘法十七界十一入五陰攝不攝一
界一入一陰除眼界不攝法餘法一
界一入一陰攝不攝十七界十一入
五陰除眼界攝法餘法如眼界不攝
除眼界不攝法餘法如眼界除眼界
攝不攝法若問餘法虛空无事無諭
如眼界九色界十色入亦如是
眼識界一界一入一陰攝不攝十七
界十二入五陰如眼識界耳鼻舌身
意識界六識身亦如是
意界七界一入一陰攝不攝十一界
十一入四陰如意界意入識陰識法
亦如是
法界一界一入四陰攝不攝十七界

十一入二陰如法界法入亦如是
色陰十一界十一入一陰攝不攝八
界二入四陰
受陰一界一入一陰攝不攝十八界
十二入四陰如受陰想陰行陰受大
地想大地亦如是
色盛陰十一界十一入一陰攝不攝
八界二入五陰
受盛陰一界一入一陰攝不攝十八
界十二入五陰如受盛陰想盛陰行
盛陰五色界八大地法十煩惱大地
法十小煩惱大地法五煩惱五觸五
見五根四法五六亦如是
識盛陰十界一入一陰攝不攝十三
界十二入五陰如識盛陰識界亦如是
眼識界一界一入三陰相應不相應
者十八界十二入五陰如眼識界耳
鼻舌身意識界識盛陰識界六識身
亦如是
意界一界一入三陰相應不相應者
十八界十二入三陰如意界意入識
陰識法亦如是法界八界二入四陰
相應不相應者十一界十一入二陰

如法界法入行陰八大地法亦如是
受陰八界二入三陰相應不相應者
十一界十一入三陰如受陰想陰受
大地想大地亦如是
受盛陰八界二入三陰相應不相應
者十三界十二入五陰如受盛陰想
盛陰亦如是
行盛陰八界二入四陰相應不相應
者十三界十二入五陰如行盛陰覺
觀法亦如是
不信八界二入四陰相應不相應者
十八界十二入五陰如不信餘煩惱
大地法亦如是欲貪瞋恚无明觸非
明非无明觸無慚无愧亦如是
忿三界二入四陰相應不相應者十
八界十二入五陰如忿餘小煩惱大
地法无色界貪疑明觸五見六受身
亦如是
色貪六界二入四陰相應不相應者
十八界十二入五陰
對觸七界二入四陰相應不相應者
十三界十二入五陰
增上語觸三界二入四陰相應不相

應者十七界十二入五陰如增上語 衆事分阿毗曇論第二卷 第十四張 衣字号
觸六觸身六思身亦如是
樂根八界二入三陰相應不相應者
十八界十二入五陰如樂根捨根亦
如是
苦根七界二入三陰相應不相應者
十八界十二入五陰
喜根三界二入三陰相應不相應者
十八界十二入五陰如喜根憂根亦
如是
眼觸生受三界二入三陰相應不相
應者十七界十二入五陰如眼觸生
受耳鼻舌身意觸生受六想身亦
如是

衆事分阿毗曇論卷第二

衆事分阿毗曇論卷第二

校勘記

一　底本，金藏廣勝寺本。

一　五三頁中一行經名，資、磧、普、南作「衆事分阿毗曇卷第二」。卷末經名同。

一　五三頁下六行第四字「一」，麗作「二」。

一　五四頁上末行首字「幾」，資、磧、普、南、徑、清無。

一　五四頁中五行「如是」，諸本(不含石，下同)作「亦如是」。

一　五四頁中一九行「身口業」，資、磧、普、南、徑、清作「口身業」。

一　五四頁下一四行末字「謂」，資、磧、普、南、徑、清無。

一　五五頁上一六行第八字「諸」，諸本作「謂」。

一　五五頁中二二行「十二」，麗作「十一」。

一　五五頁下七行第一二字「修」。

一　五六頁中一六行「十二入攝」，諸本無。

一　五六頁下一七行品名，資、磧、普、南作「衆事分阿毗曇分別七事品第四」；徑、清作「分別七事品第四」。

一　五七頁上一四行「忘念」，資、磧、普、南、徑、清作「妄念」。次頁中一二行同。

一　五七頁上一八行第二字「癡」，資、磧、普、南、徑、清作「疑」。

一　五七頁上二〇行「取見戒見」，資、磧、普、南、徑、清作「見取戒取」；麗作「取見見取戒見」。

一　五七頁中末行「今嘗」，磧作「當嘗」。

一　五七頁下四行第四字「味」，磧、南、清作「觸」。

一　五七頁下九行「知觸」，磧作「知味」。

一　五七頁下二二行「意欲」，諸本

作「憶欲」。

一　一五八頁上二一行第七字「如」，諸本作「知」。

一　一五八頁中一八行第一二字「動」，資、磧、普、徑、清作「慟」。

一　一五八頁中二二行第二字「若」，磧、普、南、徑、清作「苦」。

一　一五八頁下一行「垢忌」，諸本作「妬忌」。

一　一五八頁下四行第一一字「一」，諸本無。

一　一五八頁下二二行第五字「見」，資、磧、普、南、徑、清無。

一　一五九頁上九行第三字「覩」，磧、普、南、徑、清作「覺」。

一　一五九頁上一三行第九字「若」，資、磧、普、南、徑、清作「若心」。

一　一五九頁上二〇行「觸眼」，資、磧、普、南、徑、清作「眼觸」。

一　一五九頁中一二行「眼緣」，磧、南、徑、清作「眼觸」。

一　一六〇頁上八行至九行「眼界攝不攝法十八界十二入五陰攝」，資、磧、普、南、徑、清無。

一　一六〇頁中一四行「十界」，諸本作「七界」。

一　一六一頁上九行「十二」，清作「十一」。

趙城縣廣勝寺

衆事分阿毗曇論卷第三　　友

尊者世友造

宋天竺三藏求那跋陁羅共菩提耶舍譯

分別諸使品第五

問九十八使幾界繫答二界繫謂欲界色界無色界問此九十八使幾欲界繫幾色界繫幾無色界繫答三十六欲界繫三十一色界繫三十一无色界繫問此九十八使幾見斷幾修斷答八十八見斷十修斷

問此欲界繫三十六使幾見斷幾修斷答三十二見斷四修斷問此色界繫三十一使幾見斷幾修斷答二十八見斷三修斷如色界繫無色界繫亦如是

問此九十八使幾見苦斷幾見集斷幾見滅斷幾見道斷幾修斷答二十八見苦斷十九見集斷十九見滅斷二十二見道斷十修斷問此欲界繫三十六使幾見苦斷幾見集斷幾見滅斷幾見道斷幾修斷答十見苦斷七見集斷七見滅斷八見道斷四修斷問此色界繫三十一使幾見苦斷幾見集斷幾見滅斷幾見道斷幾修斷答九見苦斷六見集斷六見滅斷七見道斷三修斷如色界繫无色界繫亦如是

問使是何義答微細是使義使是使義隨入是使義隨逐是使義謂彼使不斷不知二事使使緣使及相應使彼自界非他界十二使貪使恚使色貪使无色貪使慢使無明使身見使邊見使邪見使見取使戒取使疑使云何欲貪使使謂愛染念著悅樂可意云何恚使使謂不愛不樂不念不悅可意云何色貪使使謂愛樂淨可樂可意云何無色貪使使謂愛樂可意云何慢使使謂貢高自舉云何无明使使謂无照闇愚云何身見使使謂計我我所有云何邊見使使謂所計或斷或常云何邪見使使謂无作無得起見誹謗云何見取使使謂上勝第一云何戒取使使謂清淨解脫起出要見云何疑使使謂惑諦不了三處起欲愛使此欲愛使不斷不知

欲愛纏所纏法樂著境界惡意思惟行如是乃至三處起疑使此疑使不斷不知疑纏所纏法樂著境界惡意思惟行

問七使十二使為七使攝十二使為十二使攝七使答展轉相攝隨其事云何隨其事彼欲貪使欲貪使攝瞋恚使瞋恚使攝有貪使二使攝慢使慢使攝無明使无明使攝見使五見使攝疑使疑使攝是七使攝十二使十二使亦攝七使是故說展轉相攝其事

問七使九十八使為七使攝九十八使為九十八使攝七使答展轉相攝隨其事云何隨其事彼欲貪使攝五瞋恚使攝五有貪使攝十慢使攝十五無明使攝十五見使攝三十六疑使攝十二是七使攝九十八使九十八使亦攝七使是故說展轉相攝隨其事

問十二使九十八使為十二使攝九十八使為九十八使攝十二使答展轉相攝隨其事云何隨其事彼欲貪

使攝五瞋恚使攝五色貪使攝五无色貪使攝五慢使攝十五無明使攝十五身見使攝三邊見使攝三邪見使攝十二見取使攝十二戒取使攝六疑使攝十二是十二使攝九十八使九十八使亦攝十二使是故說展轉相攝隨其事

問此九十八使幾一切遍幾不一切遍答二十七一切遍六十五不一切遍六分別見苦集斷无明使或一切遍或不一切遍云何一切遍謂見苦集斷不一切遍使不相應无明云何不一切遍謂見苦集斷不一切遍使相應無明

問此欲界繫三十六使幾一切遍幾不一切遍答九　一切遍二十五不一切遍二分別欲界繫見苦集斷无明使或一切遍或不一切遍云何一切遍謂欲界繫見苦集斷不一切遍使不相應无明云何不一切遍謂欲界繫見苦集斷不一切遍使相應无明

問此色界繫三十一使幾一切遍幾不一切遍答九一切遍二十不一切

遍二分別色界繫見苦集斷无明使或一切遍或不一切遍云何一切遍謂色界繫見苦集斷不一切遍使不相應無明云何不一切遍謂色界繫見苦集斷不一切遍使相應无明如色界繫無色界繫亦如是

問此九十八使幾一切遍修斷幾不一切遍非修斷答三十七一切遍修斷五十五不一切遍非修斷六分別見苦集斷无明使或一切遍或不一切遍云何一切遍謂見苦集斷不一切遍不相應无明使云何不一切遍謂見苦集斷不一切遍相應无明使

問此欲界繫三十六使幾一切遍修斷幾不一切遍非修斷答十三一切遍修斷二十一不一切遍非修斷二分別欲界繫見苦集斷無明使或一切遍或不一切遍云何一切遍謂欲界繫見苦集斷不一切遍使不相應無明使云何不一切遍謂欲界繫見苦集斷不一切遍使相應无明使

問此色界繫三十一使幾一切遍修斷幾不一切遍非修斷答十二一切

遍修斷十七不一切遍非修斷二分別見苦集斷无明使或一切遍或不一切遍云何一切遍謂色界繫見苦集斷不一切遍使不相應无明使云何不一切遍謂色界繫見苦集斷不一切遍使相應无明使如色界繫無色界繫亦如是

問此九十八使幾有漏緣幾无漏緣荅八十有漏緣十二無漏緣六分別見滅見道斷无明使或有漏緣或无漏緣云何有漏緣謂見滅見道斷有漏緣使相應无明使云何無漏緣謂見滅見道斷有漏緣使不相應无明使

問此欲界繫三十六使幾有漏緣幾無漏緣荅三十有漏緣四无漏緣二分別欲界繫見滅見道斷無明使或有漏緣或无漏緣云何有漏緣謂欲界繫見滅見道斷有漏緣使相應无明使云何無漏緣謂欲界繫見滅見道斷有漏緣使不相應无明使

問此色界繫三十一使幾有漏緣幾无漏緣荅二十五有漏緣四无漏緣二分別色界繫見滅見道斷無明使或有漏緣或无漏緣云何有漏緣謂色界繫見滅見道斷有漏緣使相應無明使云何無漏緣謂色界繫見滅見道斷有漏緣使不相應无明使如色界繫无色界繫亦如是

問此九十八使幾有為緣幾无為緣荅八十九有為緣六無為緣三分別見滅斷無明使或有為緣或无為緣云何有為緣謂見滅斷有為緣使相應無明使云何無為緣謂見滅斷有為緣使不相應无明使

問此欲界繫三十六使幾有為緣幾無為緣荅三十三有為緣二无為緣一分別欲界繫見滅斷無明使或有為緣或無為緣云何有為緣謂欲界繫見滅斷有為緣使相應无明使云何無為緣謂欲界繫見滅斷有為緣使不相應無明使

問此色界繫三十一使幾有為緣幾無為緣荅二十八有為緣二无為緣一分別色界繫見滅斷无明使或有為緣或無為緣云何有為緣謂色界繫見滅斷有為緣使相應无明使云何無為緣謂色界繫見滅斷有為緣使不相應無明使如色界繫無色界繫亦如是

問此九十八使幾緣使非相應使幾相應使非緣使幾緣使亦相應使幾非緣使亦非相應使荅緣使非相應者無相應使非緣者无漏緣使緣使亦相應使者有漏緣使非緣使亦非相應使者無

問此欲界繫三十六使幾緣使非相應使荅作四句緣使非相應者无相應使非緣者欲界繫无漏緣使緣使亦相應使者欲界繫有漏緣使非緣使亦非相應使者无此色界繫三十一使幾緣使非相應使作四句緣使非相應者无相應使非緣者色界繫無漏緣使緣使亦相應使者色界繫有漏緣使非緣使亦非相應使者无如色界繫無色界繫亦如是二十法見苦斷法見集斷法見滅斷法見道斷法修斷法如不定欲界繫色无色界繫亦如是

問彼見苦斷法幾使使荅見苦斷一

切見集斷一切遍問彼見集斷法幾
使使荅見集斷一切見苦斷一切遍
問彼見滅斷法幾使使荅見滅斷一
切及一切遍問彼見道斷法幾使使
荅見道斷一切及一切遍問彼修斷
法幾使使荅修斷一切及一切遍如
不定欲界繫色无色界繫亦如是
問彼見苦斷法幾使緣使非相應使
荅作四句緣使非相應者見集斷一
切遍使相應使非緣者无緣使亦相
應使者見苦斷一切非緣使亦非相
應使者見集斷不一切遍及見滅見
道斷修斷一切
問彼見集斷法幾使緣使非相應使
荅作四句緣使非相應者見苦斷一
切遍相應使非緣者無緣使亦相應
使者見集斷一切非緣使亦非相應
使者見苦斷不一切遍及見滅見道
斷修斷一切
問彼見滅斷法幾使緣使非相應使
荅作四句緣使非相應者一切遍相
應使非緣者見滅斷無漏緣使緣使
亦相應使者見滅斷有漏緣使非緣

使亦非相應使者見苦集斷不一切
遍見道斷及修斷一切
問彼見道斷法幾使緣使非相應使
荅作四句緣使非相應者一切遍相
應使非緣者見道斷无漏緣使緣使
亦相應使者見道斷有漏緣使非緣
使亦非相應使者見苦集斷不一切
遍見滅斷及修斷一切
問彼修斷法幾使緣使非相應使荅
作四句緣使非相應者一切遍相應
使非緣者无緣使亦相應使者修斷
一切非緣使亦非相應使者見苦集
斷不一切遍及見滅見道斷一切如
不定欲界繫色无色界繫亦如是
即此二十法即此見苦斷法即此見
集斷法即此見滅斷法即此見道斷
法即此修斷法如不定欲界繫色无
色界繫亦如是
問即此見苦斷法幾使使荅即此見
苦斷不一切遍問即此見集斷法幾
使使荅即此見集斷不一切遍問即
此見滅斷法幾使使荅即此見滅斷
一切問即此見道斷法幾使使荅即

此見道斷一切問即此修斷法幾使
使荅即此修斷一切如不定欲界繫
色無色界繫亦如是
問即此見苦斷法幾使緣使非相應
使荅作四句緣使非相應者无相應
使非緣者无緣使亦相應使者見苦
斷不一切遍非緣使亦非相應使者无
問即此見集斷法幾使緣使非相應
使荅作四句緣使非相應者无相應
使非緣者无緣使亦相應使者見集
斷不一切遍非緣使亦非相應使者无
問即此見滅斷法幾使緣使非相應
使荅作四句緣使非相應者无相應
使非緣者見滅斷無漏緣緣使亦相
應使者見滅斷有漏緣非緣使亦非
相應使者無
問即此見道斷法幾使緣使非相應
使荅作四句緣使非相應者无相應
使非緣者見道斷無漏緣緣使亦相
應使者見道斷有漏緣非緣使亦非
相應使者无
問即此修斷法幾使緣使非相應使
荅作四句緣使非相應者无相應使

非緣者無緣使亦相應使者即修斷一切非緣使亦非相應使者无如不定欲界繫色無色界繫亦如是二十心者見苦斷心見集斷心見滅斷心見道斷心修斷心如不定欲界繫色無色界繫亦如是

問見苦斷心幾使使荅見苦斷一切見集斷一切遍彼相應法見苦斷一切見集斷一切遍彼所起心不相應行見苦斷一切見集斷一切遍

問見集斷心幾使使荅見集斷一切見苦斷一切遍彼相應法見集斷一切見苦斷一切遍彼所起心不相應行見集斷一切見苦斷一切遍

問見滅斷心幾使使荅見滅斷一切及一切遍彼相應法見滅斷一切及一切遍彼所起心不相應行見滅斷有漏及一切遍

問見道斷心幾使使荅見道斷一切及一切遍彼相應法見道斷一切及一切遍彼所起心不相應行見道斷有漏緣及一切遍

問修斷心幾使使荅修斷一切及一切遍彼相應法修斷一切及一切遍彼所起心不相應行修斷一切及一切遍如不定欲界繫色無色界繫亦如是

問見苦斷心幾使緣使非相應使荅作四句緣使非相應者見集斷一切遍相應使非緣者无緣使亦相應使者見苦斷一切非緣使亦非相應使者見集斷不一切遍見滅見道及修斷一切彼相應法四句即如心說彼所起心不相應行見苦斷一切見集斷一切遍此使緣使非相應使餘非緣使亦非相應使

問見集斷心幾使緣使非相應使荅作四句緣使非相應者見苦斷一切遍相應使非緣者無緣使亦相應使者見集斷一切非緣使亦非相應使者見苦斷不一切遍見滅見道及修斷一切彼相應法四句即如心說彼所起心不相應行見集斷一切見苦斷一切遍此使緣使非相應使餘非緣使亦非相應使問見滅斷心幾使緣使非相應使荅作四句緣使非相應者一切遍相應使非緣者見滅斷无漏緣緣使亦相應使者見滅斷有漏緣非緣使亦非相應使者見苦集斷不一切遍見道及修斷一切彼相應法四句即如心說彼所起心不相應行見滅斷有漏緣及一切遍此使緣使非相應使餘非緣使亦非相應使如見滅斷見道斷亦如是

問修斷心幾使緣使非相應使荅作四句緣使非相應者一切遍相應使非緣者无緣使亦相應使者修斷一切非緣使亦非相應使者見苦集斷不一切遍及見滅見道斷一切彼相應法四句即如心說彼所起心不相應行修斷一切及一切遍此使緣使非相應使餘非緣使亦非相應使如不定欲界繫色無色界繫亦如是四十八心者見滅邪見相應心見滅斷疑相應心見滅斷邪見疑相應心見滅斷邪見不相應心見滅斷疑不相應心見滅斷邪見疑不相應心如見滅斷見道斷亦如是如不定欲界繫色無色界繫亦如是

問見滅斷邪見相應心幾使使答見
滅斷邪見相應无明見滅斷有漏緣
及一切遍彼相應法見滅斷邪見相
應无明見滅斷有漏緣及一切遍彼
所起心不相應行見滅斷有漏緣及
一切遍

問見滅斷疑相應心幾使使答見滅
斷疑相應无明見滅斷有漏緣及一
切遍彼相應法見滅斷疑相應无明
見滅斷有漏緣及一切遍彼所起心
不相應行見滅斷有漏緣及一切遍
問見滅斷邪見疑相應心幾使使答
見滅斷邪見疑相應無明見滅斷有
漏緣及一切遍彼相應法見滅斷邪
見疑相應无明見滅斷有漏緣及一
切遍彼所起心不相應行見滅斷有
漏緣及一切遍
問見滅斷邪見不相應心幾使使答
除見滅斷邪見彼相應无明餘見滅
斷一切及一切遍彼相應法除見滅
斷邪見相應无明餘見滅斷一切及
一切遍彼所起心不相應行見滅斷
有漏緣及一切遍

問見滅斷疑不相應心幾使使答除
見滅斷疑相應无明餘見滅斷一切
及一切遍彼相應法除見滅斷疑相
應无明餘見滅斷一切及一切遍彼
所起心不相應行見滅斷有漏緣及
一切遍

問見滅斷邪見疑不相應心幾使使
答除見滅斷邪見疑相應无明餘見
滅斷一切及一切遍彼相應法除見
滅斷邪見疑相應無明餘見滅斷一
切及一切遍彼所起心不相應行見
滅斷有漏緣及一切遍如見滅斷見
道斷亦如是如不定欲界繫色無色
界繫亦如是
問見滅斷邪見相應心幾使緣使非
相應使答作四句緣使非相應者旦
滅斷有漏緣及一切遍相應使非緣
者見滅斷邪見相應无明緣使亦相
應使者无非緣使亦非相應使者除
見滅斷邪見相應無明餘見滅斷无
漏緣見苦集斷不一切遍見道及修
斷一切彼相應法四句即如心說彼
所起心不相應行見滅斷有漏緣及

一切遍此使緣使非相應使餘非緣
使亦非相應使

問見滅斷疑相應心幾使緣使非相
應使答作四句緣使非相應者見滅
斷有漏緣及一切遍相應使非緣者
見滅斷疑相應无明緣使亦相應使
者无非緣使亦非相應使者除見滅
斷疑相應無明餘見滅斷无漏緣見
苦集斷不一切遍見道及修斷一切
彼相應法四句即如心說彼所起心
不相應行見滅斷有漏緣及一切遍
此使緣使非相應使餘非緣使亦非
相應使
問見滅斷邪見疑相應心幾使緣使
非相應使答作四句緣使非相應者
見滅斷有漏緣及一切遍相應使非
緣者見滅斷邪見疑相應無明緣使
亦相應使者無非緣使亦非相應使
者除見滅斷邪見疑相應无明餘見
滅斷无漏緣見苦集斷不一切遍見
道及修斷一切彼相應法四句即如
心說彼所起心不相應行見滅斷有
漏緣及一切遍此使緣使非相應使

餘非緣使亦非相應使

問見滅斷邪見不相應心幾使緣使非相應使荅作四句緣使非相應者一切遍相應使非緣者除見滅斷邪見相應無明餘見滅斷无漏緣緣使亦相應使者見滅斷有漏緣非緣使亦非相應使者見滅斷邪見相應无明見苦集斷不一切遍見道及修斷一切彼相應法四句即如心說彼所起心不相應行見滅斷有漏緣及一切遍此使緣使非相應使餘非緣使亦非相應使

問見滅斷疑不相應心幾使緣使非相應使荅作四句緣使非相應者一切遍相應使非緣者除見滅斷疑相應无明餘見滅斷無漏緣緣使亦相應使者見滅斷有漏緣非緣使亦非相應使者見滅斷疑相應无明見苦集斷不一切遍見道及修斷一切彼相應法四句即如心說彼所起心不相應行見滅斷有漏緣及一切遍此使緣使非相應使餘非緣使亦非相應使

問見滅斷邪見疑不相應心幾使緣使非相應使荅作四句緣使非相應者一切遍相應使非緣者除見滅斷邪見疑相應无明餘見滅斷无漏緣緣使亦相應使者見滅斷有漏緣非緣使亦非相應使者見滅斷邪見疑相應無明見苦集斷不一切遍見道及修斷一切彼相應法四句即如心說彼所起心不相應行見滅斷有漏緣及一切遍此使緣使非相應使餘非緣使亦非相應使如見滅斷見道斷亦如是如不定欲界繫色无色界繫亦如是

問此欲界繫三十六使十見苦斷七見集斷七見滅斷八見道斷四修斷云何見苦斷十使荅謂身見邊見見苦斷邪見見取戒取疑貪恚慢无明云何見集斷七使謂見集斷邪見見取疑貪恚慢无明云何見滅斷七使謂見滅斷邪見見取疑貪恚慢无明云何見道斷八使謂見道斷邪見見取戒取疑貪恚慢无明云何修斷四使謂修斷貪恚慢無明

問身見幾使使荅見苦斷一切見集斷一切遍彼相應法見苦斷一切見集斷一切遍彼所起心不相應行見苦斷一切見集斷一切遍如身見邊見見苦斷邪見見取戒取疑貪恚慢無明亦如是

問見集斷邪見幾使使荅見集斷一切見苦斷一切遍彼相應法見集斷一切見苦斷一切遍彼所起心不相應行見集斷一切見苦斷一切遍如見集斷邪見見取疑貪恚慢无明亦如是

問見滅斷邪見幾使使荅見滅斷邪見相應无明見滅斷有漏緣及一切遍彼相應法見滅斷邪見相應無明見滅斷有漏緣及一切遍彼所起心不相應行見滅斷有漏緣及一切遍如見滅斷邪見疑亦如是

問見滅斷見取幾使使荅見滅斷見取相應无明見滅斷有漏緣及一切遍彼相應法見滅斷見取相應无明見滅斷有漏緣及一切遍彼所起心不相應行見滅斷有漏緣及一切遍

如見滅斷見取貪恚慢亦如是
問見滅斷無明幾使使荅見滅斷无明除無漏緣餘見滅斷一切及一切遍彼相應法見滅斷一切及一切遍彼所起心不相應行見滅斷有漏緣及一切遍如見滅斷見道斷亦如是
問修斷貪幾使使荅修斷一切及一切遍彼相應法即如貪說彼所起心不相應行亦如是說如貪恚慢無明亦如是
問身見幾使緣使非相應使荅作四句緣使非相應者除身見相應无明餘見苦斷一切及見集斷一切遍相應使非緣者无緣使亦相應使者身見相應無明非緣使亦非相應使者見集斷不一切遍見滅見道及修斷一切彼相應法緣使非相應者除身見相應無明餘見苦斷一切及見集斷一切遍相應使非緣者無緣使亦相應使者身見相應無明非緣使亦非相應使者見集斷不一切遍見滅見道及修斷一切彼所起心不相應行見苦斷一切見集斷一切遍此使緣使非相應使餘非緣使亦非相應使如身見邊見見苦斷邪見見取戒取疑貪恚慢亦如是
問見苦斷无明幾使緣使非相應使荅作四句緣使非相應者見苦斷無明及見集斷一切遍相應使非緣者无緣使亦相應使者除見苦斷无明餘見苦斷一切非緣使亦非相應使者見集斷不一切遍見滅見道及修斷一切彼相應法緣使非相應者見集斷一切遍相應使非緣者无緣使亦相應使者見苦斷一切非緣使亦非相應使者見集斷不一切遍見滅見道及修斷一切彼所起心不相應行見苦斷一切及見集斷一切遍此使緣使非相應使餘非緣使亦非相應使
問見集斷邪見幾使緣使非相應使荅作四句緣使非相應者除邪見相應無明餘見集斷一切及見苦斷一切遍相應使非緣者无緣使亦相應使者見集斷邪見相應無明非緣使亦非相應使者見苦斷不一切遍見滅見道及修斷一切彼相應法緣使非相應者餘見集斷邪見相應无明餘見集斷一切及見苦斷一切遍相應使非緣者无緣使亦相應使者見集斷邪見相應無明非緣使亦非相應使者見苦斷不一切遍見滅見道及修斷一切彼所起心不相應行見集斷一切及見苦斷一切遍此使緣使非相應使餘非緣使亦非相應使如見集斷邪見見取疑貪恚慢法如是
問見集斷無明幾使緣使非相應使荅作四句緣使非相應者見集斷无明及見苦斷一切遍相應使非緣者無緣使亦相應使者除見集斷无明餘見集斷一切非緣使亦非相應使者見苦斷不一切遍見滅見道及修斷一切彼相應法緣使非相應者見苦斷一切遍相應使非緣者无緣使亦相應使者見集斷一切非緣使亦非相應使者見苦斷不一切遍見滅見道及修斷一切彼所起心不相應行見集斷一切及見苦斷一切遍此使緣使非相應使餘非緣使亦非相應使

問見滅斷邪見幾使緣使非相應使答作四句緣使非相應者見滅斷有漏緣及一切遍相應使非緣者見滅斷邪見相應無明緣使亦相應使者無非緣使亦非相應使者除見滅斷邪見相應无明餘見滅斷無漏緣及見苦集斷不一切遍見道及修斷一切彼相應法緣使非相應者見滅斷有漏緣及一切遍相應使非緣者見滅斷邪見相應无明緣使亦相應使者无非緣使亦非相應使者除見滅斷邪見相應無明餘見滅斷无漏緣見苦集斷不一切遍見道及修斷一切彼所起心不相應行見滅斷有漏緣及一切遍此使緣使非相應使餘非緣使亦非相應使如見滅斷邪見疑亦如是

問見滅斷見取幾使緣使非相應使答作四句緣使非相應者除見滅斷見取相應无明餘見滅斷有漏緣及一切遍相應使非緣者無緣使亦相應使者見滅斷見取相應无明非緣使亦非相應使者見滅斷無漏緣見苦集斷不一切遍見道及修斷一切彼相應法緣使非相應者除見滅斷見取相應無明餘見滅斷有漏緣及一切遍相應使非緣者无緣使亦相應使者見滅斷見取相應無明非緣使亦非相應使者見滅斷无漏緣見苦集斷不一切遍見道及修斷一切彼所起心不相應行見滅斷有漏緣及一切遍此使緣使非相應使餘非緣使亦非相應使如見滅斷見取貪恚慢亦如是

問見滅斷无明幾使緣使非相應使答作四句緣使非相應者見滅斷有漏緣无明及一切遍相應使非緣者除見滅斷无漏緣無明餘見滅斷无漏緣緣使亦相應使者除見滅斷有漏緣无明餘見滅斷有漏緣非緣使亦非相應使者見滅斷无漏緣無明見苦集斷不一切遍見道及修斷一切彼相應法緣使非相應者一切遍相應使非緣者見滅斷无漏緣緣使亦相應使者見滅斷有漏緣非緣使亦非相應使者見苦集斷不一切遍見道及修斷一切彼所起心不相應行見滅斷有漏緣及一切遍此使緣使非相應使餘非緣使亦非相應使如見滅斷見道斷亦如是

問修斷貪幾使緣使非相應使答作四句緣使非相應者除修斷貪相應無明餘修斷一切及一切遍相應使非緣者无緣使亦相應使者修斷貪相應无明非緣使亦非相應使者見苦集斷不一切遍及見滅見道斷一切彼相應法緣使非相應者除修斷貪相應無明餘修斷一切及一切遍相應使非緣者无緣使亦相應使者修斷貪相應無明非緣使亦非相應使者見苦集斷不一切遍及見滅見道斷一切彼所起心不相應行修斷一切及一切遍此使緣使非相應使餘非緣使亦非相應使如貪恚慢亦如是

問修斷無明幾使緣使非相應使答作四句緣使非相應者修斷无明及一切遍相應使非緣者无緣使亦相應使者除修斷无明餘修斷一切非

緣使亦非相應使者見苦集斷不一切遍及見滅見道斷一切彼相應法緣使非相應者一切遍相應使非緣者無緣使亦相應使者修斷一切非緣使亦非相應使者見苦集斷不一切遍及見滅見道斷一切彼所起心不相應行修斷一切及一切遍此使緣使非相應使餘非緣使亦非相應使四十八無明見滅斷邪見相應无明見滅斷疑相應無明見滅斷邪見疑相應無明見滅斷邪見不相應无明見滅斷疑不相應无明見滅斷邪見疑不相應无明如見滅斷見道斷亦如是如不定欲界繫色无色界繫亦如是

問見滅斷邪見相應無明幾使使荅見滅斷邪見見滅斷有漏緣及一切遍彼相應法見滅斷邪見相應无明見滅斷有漏緣及一切遍彼所起心不相應行見滅斷有漏緣及一切遍

問見滅斷疑相應無明幾使使荅見滅斷疑見滅斷有漏緣及一切遍彼相應法見滅斷疑相應無明見滅斷有漏緣及一切遍彼所起心不相應行見滅斷有漏緣及一切遍

問見滅斷邪見疑相應無明幾使使荅見滅斷邪見疑見滅斷有漏緣及一切遍彼相應法見滅斷邪見疑相應無明見滅斷有漏緣及一切遍彼所起心不相應行見滅斷有漏緣及一切遍

問見滅斷邪見不相應无明幾使使荅見滅斷疑見滅斷有漏緣及一切遍彼相應法除見滅斷邪見相應无明餘見滅斷一切及一切遍彼所起心不相應行見滅斷有漏緣及一切遍

問見滅斷疑不相應無明幾使使荅見滅斷邪見見滅斷有漏緣及一切遍彼相應法除見滅斷疑相應无明餘見滅斷一切及一切遍彼所起心不相應行見滅斷有漏緣及一切遍

問見滅斷邪見疑不相應无明幾使使荅見滅斷有漏緣及一切遍彼相應法除見滅斷邪見疑相應无明餘見滅斷一切及一切遍彼所起心不相應行見滅斷有漏緣及一切遍如見滅斷見道斷亦如是如不定欲界繫色無色界繫亦如是

問見滅斷邪見相應无明幾使緣使非相應使荅作四句緣使非相應者見滅斷有漏緣及一切遍相應使非緣者見滅斷邪見緣使亦相應使者無非緣使亦非相應使者除見滅斷邪見餘見滅斷無漏緣見苦集斷不一切遍見道及修斷一切彼相應法緣使非相應者見滅斷有漏緣及一切遍相應使非緣者見滅斷邪見相應无明緣使亦相應使者无非緣使亦非相應使者除見滅斷邪見相應無明餘見滅斷无漏緣見苦集斷不一切遍見道及修斷一切彼所起心不相應行見滅斷有漏緣及一切遍此使緣使非相應使餘非緣使亦非相應使

問見滅斷疑相應無明幾使緣使非相應使荅作四句緣使非相應者見滅斷有漏緣及一切遍相應使非緣者見滅斷疑緣使亦相應使者无非緣使亦非相應使者除見滅斷疑餘

見滅斷無漏緣及見苦集斷不一切
遍見道及修斷一切彼相應法緣使
非相應者見滅斷有漏緣及一切遍
相應使非緣者見滅斷疑相應无明
緣使亦相應使者无非緣使亦非相
應使者除見滅斷疑相應無明餘見
滅斷無漏緣及見苦集斷不一切遍
見道及修斷一切彼所起心不相應
行見滅斷有漏緣及一切遍此使緣
使非相應使餘非緣使亦非相應使
問見滅斷邪見疑相應無明幾使緣
使非相應使荅作四句緣使非相應
者見滅斷有漏緣及一切遍相應使
非緣者見滅斷邪見疑緣使亦相應
使者無非緣使亦非相應使者除見
滅斷邪見疑餘見滅斷无漏緣及見
苦集斷不一切遍見道及修斷一切
彼相應法緣使非相應者見滅斷有
漏緣及一切遍相應使非緣者見滅
斷邪見疑相應無明緣使亦相應使
者無非緣使亦非相應使者除見滅
斷邪見疑相應无明餘見滅斷无漏
緣及見苦集斷不一切遍見道及修

斷一切彼所起心不相應行見滅斷
有漏緣及一切遍此使緣使非相應
使餘非緣使亦非相應使
問見滅斷邪見不相應无明幾使緣
使非相應使荅作四句緣使非相應
者見滅斷有漏緣無明及一切遍相
應使非緣者見滅斷疑緣使亦相應
使者除見滅斷有漏緣无明餘見滅
斷有漏緣非緣使亦非相應使者除
見滅斷疑餘見滅斷无漏緣見若集
斷不一切遍見道及修斷一切彼相
應法緣使非相應者一切遍相應使
非緣者除見滅斷邪見相應无明餘
見滅斷無漏緣緣使亦相應使者見
滅斷有漏緣非緣使亦非相應使者
見滅斷邪見相應无明見若集斷不
一切遍見道及修斷一切彼所起心
不相應行見滅斷有漏緣及一切遍
此使緣使非相應使餘非緣使亦非
相應使
問見滅斷疑不相應无明幾使緣使
非相應使荅作四句緣使非相應者
見滅斷有漏緣无明及一切遍相應

使非緣者見滅斷邪見緣使亦相應
使者除見滅斷有漏緣无明餘見滅
斷有漏緣非緣使亦非相應使者除
見滅斷邪見餘見滅斷無漏緣及見
苦集斷不一切遍見道及修斷一切
彼相應法緣使非相應者一切遍相
應使非緣者除見滅斷邪見相應无
明餘見滅斷無漏緣緣使亦相應使
者見滅斷有漏緣非緣使亦非相應
使者見滅斷疑彼相應无明見苦集
斷不一切遍見道及修斷一切彼所
起心不相應行見滅斷有漏緣及一
切遍此使緣使非相應使餘非緣使
亦非相應使
問見滅斷邪見疑不相應无明幾使
緣使非相應使荅作四句緣使非相
應者見滅斷有漏緣无明及一切遍
相應使非緣者無緣使亦相應使者
除見滅斷有漏緣无明餘見滅斷有
漏緣非緣使亦非相應使者見滅斷
無漏緣見苦集斷不一切遍見道及
修斷一切彼相應法緣使非相應使
者一切遍相應使非緣者除見滅斷

邪見疑相應无明餘見滅斷无漏緣緣使亦相應使者見滅斷有漏緣非緣使亦非相應使者見滅斷邪見疑相應無明見𣥠集斷不一切遍見道及修斷一切彼所起心不相應行見滅斷有漏緣及一切遍𣥠使緣使非相應使餘者非緣使亦非相應使如見滅斷見道斷亦如是如不定欲界繫色无色界繫亦如是

問若有漏緣使緣使相應使耶若緣使相應使有漏緣使耶荅有若使緣使相應使彼有漏緣使或使有漏緣非彼緣使相應使云何有謂他界一切遍謂使欲界繫緣色界繫欲界繫緣無色界繫色界繫緣無色界繫欲界繫緣色无色界繫

問若無漏緣使相應使耶若相應使無漏緣使耶荅有若使相應使彼无漏緣使或使相應使非彼无漏緣使云何有謂他界一切遍使謂使欲界繫緣色界繫欲界繫緣无色界繫色界繫緣無色界繫欲界繫緣色無色界繫

分別諸使品第五竟

衆事分阿毗曇論卷第三

衆事分阿毗曇論卷第三

校勘記

一　底本，金藏廣勝寺本。

一　一六三頁中五行「二界」，諸本（不含石，下同）作「三界」。

一　一六三頁下一四行「可意」，麗作「不可意」。又「云何」，資、磧、南作「云可」。

一　一六四頁上一二行「其事」，諸本作「隨其事」。

一　一六四頁中九行「二十七」，磧、徑、清作「三十七」。

一　一六六頁中一七行第七字「如」，資、磧、普、南、徑、清作「如是」。

一　一六七頁上二行第八字「相」，徑作「利」。

一　一六七頁上一八行「有漏」，諸本作「有漏緣」。

一　一六七頁下一八行第七字「滅」，諸本作「滅斷」。

一　一六八頁中一〇行「相應」，徑作「相見」。

一　一六八頁下四行第一三字「見」，麗作「是」。次頁下五行首字同。

一　一六八頁下七行第五字「使」，徑作「者」。

一　一七〇頁上二〇行「相應」，徑作「相見」。

一　一七〇頁下二行第五字「餘」，諸本作「除」。

一　一七〇頁下一〇行「法如是」，諸本作「亦如是」。

一　一七一頁上一行「滅斷」，徑作「滅集」。

一　一七一頁上四行第三字「見」，徑作「相」。

一　一七一頁中七行首字「見」，諸本無。

一　一七一頁中二〇行末字「遍」，徑

作「相」。

一　一七二頁上四行「修斷」，資、磧、普、南、徑、清作「有修斷」。

一　一七三頁中一〇行「若集」，諸本作「苦集」。

一　一七四頁中卷末經名，資、磧、南作「衆事分阿毗曇卷第三」。

趙城縣廣勝寺

衆事分阿毗曇論卷第四　友

尊者世友造

宋天竺三藏求那跋陀羅共菩提耶舍譯

分別攝品第六初

尒炎法識法通尒炎法緣法增上法色法非色法可見法不可見法有對法無對法有漏法无漏法有為法無為法有諍法无諍法世間法出世間法入法不入法染汙法不染汙法依家法依出要法心法非心法心法法非心法法心相應法心不相應法心共有法非心共有法心隨轉法非心隨轉法心因法非心因法心次第法非心次第法緣心法非緣心法心增上法非心增上法心果法非心果法心報法非心報法業法非業法業相應法非業相應法業共有法非業共有法業隨轉法非業隨轉法業因法非業因法業次第法非業次第法緣業法非緣業法業增上法非業增上法業果法非業果法業報法非業報法有法非有法有相應法非有相應法有共有法非有共有法有隨轉有因法非有隨轉非有因法有次第法非有次第法緣有法非緣有法有增上法非有增上法有果法非有果法有報法非有報法斷知法智所知法非智所知法斷知所斷法非斷知所斷法修法非修法證法非證法習法非習法有罪法无罪法黒法白法退法不退法隱沒法不隱沒法記法無記法已起法不起法今起法非今起法已滅法非滅法今滅法非今滅法緣起法非緣起法緣生法非緣生法因法非因法有因法非有因法因起法非因起法因相應法非因相應法結法非結法生結法非生結法取法非取法受法非受法取生法非取生法煩惱法非煩惱法穢汙法不穢汙法有穢汙法非有穢汙法纏法非纏法纏住法非纏住法纏生法非纏生法有緣法无緣法有覺法非有覺法有觀法非有觀法可樂法非可樂法受用法非受用法有事有緣法无事無緣法有上法無上法遠法近法有

衆事分阿毗曇論卷第四　第二張　友字号

量法无量法見法非見法見處法非見處法見相應法非見相應法凡夫法非凡夫法凡夫共法非凡夫共法定法非定法惱法非惱法根法非根法聖諦攝法非聖諦攝法共有法非共有法相應法非相應法果法非果法有果法非有果法報法非報法有報法非有報法因緣法非因緣法有因緣法非有因緣法出法非出法有出法非有出法相續法非相續法有相續法非有相續法（二法有二百一十六種竟）

善法不善法无記法學法無學法非學非无學法見斷法修斷法不斷法見斷因法修斷因法不斷因法可見有對法不可見有對法不可見无對法報法非報法非報非非報法下法中法上法小法大法無量法意樂法非意樂法非意樂非不意樂法樂俱法苦俱法不苦不樂俱法俱起法俱住法俱滅法非俱起法非俱住法非俱滅法心俱起法心俱住法心俱滅法非心俱起法非心俱住法非心俱滅法三界欲界瞋界害界又三界出

要界无瞋界無害界又三界欲界色界無色界又三界色界无色界滅界三有欲有色有无色有三漏欲漏有漏無明漏三世過去世未来世現在世三說事過去說事未来說事現在說事三苦苦苦變苦行苦苦三法有覺有觀法无覺有觀法无覺無觀法三地有覺有觀地無覺有觀地無覺无觀地三業身業口業意業又三業善業不善業無記業又三業學業无學業非學非無學業又三業見斷業修斷業不斷業又三業現法受業生法受業後法受業又三業樂受業苦受業不苦不樂受業（三法有九十三種竟）

四念處謂身念處受念處心念處法念處四正懃謂已起惡不善法方便令斷正懃未起惡不善法方便令不起正懃未生善法方便令生正懃已生善法方便懃修令住使不忘失滿足修習增廣智證正懃四如意足謂欲定淨行成就如意足精進定淨行成就如意足心定淨行成就如意足慧定淨行成就如意足四禪謂初禪

二禪三禪四禪四聖諦謂苦聖諦苦集聖諦苦滅聖諦苦滅道聖諦四无量謂慈悲喜捨四无色謂空入處識入處無所有入處非想非非想入處四聖種謂隨乞得衣知足聖種謂隨乞得食知足聖種謂得眠卧具等知足聖種謂樂閑靜樂修聖種四沙門果謂須陁洹沙門果斯陁含沙門果阿那含沙門果阿羅漢无上沙門果四智謂法智比智知他心智等智又四智謂苦智集智滅智道智四辯謂義辯法辯辭辯隨應辯四緣謂因緣次第緣緣緣增上緣四食謂麁揣食細觸食意思食識食四流謂欲流有流見流无明流四扼謂欲扼有扼見扼无明扼四取謂欲取見取戒取我取四法謂過去法未来法現在法非過去未来現在法又四法謂欲界繫法色界繫法无色界繫法不繫法又四法謂善因法不善因法无記因法非善因非不善因非无記因法又四法謂有緣緣法无緣緣法有緣緣无緣緣法非有緣緣非无緣緣法（四法有八十四種竟）

五陰謂色陰受陰想陰行陰識陰五盛陰謂色盛陰受想行識盛陰五趣謂地獄趣畜生趣餓鬼趣天趣人趣五煩惱身謂見苦斷煩惱身見集斷煩惱身見滅斷煩惱身見道斷煩惱身修斷煩惱身五法謂色法心法心法法心不相應行法無爲法（五法有二十五種竟）六界謂地界水界火界風界虛空界識界六法謂見苦斷法見集斷法見滅斷法見道斷法修斷法不斷法（六法有二種竟）七使謂貪欲使瞋恚使有愛使慢使无明使見使疑使

七識住謂有色衆生種種身種種想謂人及天是名初識住處有色衆生種種身一種想謂梵天身彼初所轉是名第二識住處有色衆生一種身種種想謂光音天是名第三識住處有色衆生一種身一種想謂遍淨天是名第四識住處無色衆生已離一切色想障閡想究竟不種種想思惟無量空處入無量空入處謂空入處天是名第五識住處無色衆生已離一切空入處無量識入無量識入處識識入處天是名第六識住處无色衆生已離一切識入處無所有入無所有入處謂无所有入處天是名第七識住處

七覺支謂念覺支擇法覺支精進覺支喜覺支猗覺支定覺支捨覺支（七法有二十一種竟）

八解脫處謂内有色想外觀色是名初解脫處内无色想外觀色是名第二解脫處淨身證解脫處是名第三解脫處已離一切色想障閡想究竟無種種想思惟无邊空處入无邊空入處是名第四解脫處離一切空入處无量識入無量識入處是名第五解脫處離一切識入處无所有入無所有入處是名第六解脫處離一切无所有入處非想非非想入非想非非想入處是名第七解脫處已離一切非想非非想入處想受滅身證住是名第八解脫處

八勝處謂内有色想外觀少色好色惡色謂彼色勝處生觀想是名初勝處入内有色想外觀多色好色惡色謂彼色勝處生觀想是名第二勝處入内无色想外觀少色好色惡色謂彼色勝處生觀想是名第三勝處入内無色想外觀多色好色惡色謂彼色勝處生觀想是名第四勝處入内無色想外觀色青色青觀青光辟如鳩夅迦華色成就婆羅㮈衣青青色青觀青光如是比丘内无色想外觀色青青色青觀青光謂彼色勝處生觀想是名第五勝處入内无色想外觀色黃黃色黃觀黃光辟如迦梨耶華色成就婆羅㮈衣黃黃色黃觀黃光如是比丘内无色想外觀色黃黃色黃觀黃光謂彼色勝處生觀想是名第六勝處入内無色想外觀色赤赤色赤觀赤光辟如槃頭嗜婆迦華色成就婆羅㮈衣赤赤色赤觀赤光如是比丘内無色想外觀色赤赤色赤觀赤光謂彼色勝處生觀想是名第七勝處入内无色想外觀色白白色白觀白光辟如優私多羅華色成就婆羅㮈衣白白色白觀白光如是比丘内无色想外觀色白白色白觀白

光謂彼色勝處觀想是名第八勝處八道支謂正見正思惟正語正業正命正方便正念正定（八法有二十四種竟）九結謂貪欲結瞋恚結慢結无明結見結他取結疑結嫉結慳結九衆生居處謂有色衆生種種身種種想謂人及天是名初衆生居處有色衆生種種身一種想謂梵天身彼初所轉是名第二衆生居處有色衆生一種身種種想謂光音天是名第三衆生居處有色衆生一種身一種想謂遍淨天是名第四衆生居處有色衆生无有想謂无想天衆生是名第五衆生居處无色衆生巳離一切色想障㝵想究竟不種種想思惟无量空處入無量空處住所謂空處天是名第六衆生居處无色衆生離一切空處入無量識處住所謂識處天是名第七衆生居處无色衆生離一切識處入无所有處住所謂無所有處天是名第八衆生居處无色衆生離一切無所有處入非想非非想處住所謂非想非非想處天是名第九衆生居處（九法有十八種竟）

十一切入謂地一切入一相生上下諸方无二無量是名初一切入處水火風入青黄赤白空一切入處識一切入處一相生上下諸方无二無量是名十一切入處

十無學法謂無學正見乃至无學解脫无學解脫知見（十法有二十種竟）

十一法謂色有漏无漏受想行識有漏無漏及無為法（十一法有十一種竟）

十二入謂眼入色入乃至意入法入（十二法有十二種竟）

十八界廣說如前分別七事品（十八法有十八種竟）

二十二根謂眼根耳根鼻根舌根身根男根女根命根意根樂根苦根喜根憂根捨根信根精進根念根定根慧根未知當知根巳知根无知根（二十二法有二十二種竟）

九十八使（九十八法有九十八種竟）

云何尒炎法謂一切法尒炎智所知隨其所應云何隨其所應謂彼苦智知苦集智知集滅智知滅道智知道及善等智亦知苦集滅道虛空數滅非數滅此一切法尒炎智所知隨其所應是名尒炎法

云何識法謂一切法識所識識分別隨其所應云何隨其所應謂彼眼識識色耳識識聲鼻識識香舌識識味身識識觸意識識法眼色亦識眼識耳聲亦識耳識鼻香亦識鼻識舌味亦識舌識身觸亦識身識意法亦識意識識此一切法識分別隨其所應是名識法

云何通尒炎謂通尒炎法者謂慧彼一切法通尒炎隨其所應云何隨其所應謂彼苦忍苦智通苦尒炎集忍集智通集尒炎滅忍滅智通滅尒炎道忍道智通道尒炎及善有漏慧亦通苦尒炎集滅道虛空數滅非數滅通尒炎此一切法通尒炎隨其所應是名通尒炎法云何緣法謂一切法緣謂心心法隨其所應云何隨其所應謂彼眼識眼識相應法緣色耳識耳識相應法緣聲鼻識鼻識相應法緣香舌識舌識相應法緣味身識身識相應法緣觸意識意識相應法緣眼

色及眼識緣耳聲及耳識緣鼻香及
鼻識緣身觸及身識緣意法及意識
一切法緣謂心心法是名緣法云何
增上法謂一切有為法展轉增上及
無為法為有為法增上是名增上法
云何色法謂十種色入及一入少分
云何非色法謂一入及一入少分云
何可見法謂一入云何不可見法謂
十一入云何有對法謂十入云何无
對法謂二入云何有漏法謂十入及
二入少分云何无漏法謂二入少分
云何有為法謂十一入及一入少分
云何无為法謂一入少分云何有諍
法謂十入及二入少分云何无諍法
謂二入少分如有諍法无諍法世間
法出世間法入法不入法染汙法不
染汙法依家法依出要法亦如是
云何心法謂一入云何非心法謂十
一入云何心法法謂若法心相應彼
復云何謂受陰想陰彼相應行陰云
何非心法法謂若法心不相應彼復云
何謂色心不相應行及无為如心
法法非心法法心相應法心不相應

法亦如是
云何心共有法謂若心共有十一入
少分除意入云何非心共有法謂意
入若非心共有十一入少分云何心
隨轉法謂若法心共一起一住一滅
共戒彼心及彼法生住異滅是名心
隨轉法云何非心隨轉法謂若法心
不共一起不一住不一滅彼復云何
謂除心法法及道共定共戒若餘色
除心隨轉心不相應行若餘心不相
應行心及无為云何心因法謂若入
起昇離生人除彼初无漏心若餘心
及餘凡夫決定趣向起昇離生除彼
未來初无漏心若餘心若心因十一
入少分云何非心因法謂若入起昇
離生人彼初无漏心及餘凡夫決定
趣向起昇離生彼初未來无漏心及
非心若非心因十一入少分云何心
次第法謂若心次第餘心心法已生
當生若无想定滅盡定已起當起是
名心次第法云何非心次第法謂除
心次第心心法若餘心心法除心次

第心不相應行若餘心不相應行色
及无為云何緣心法謂若意識相應
緣心云何非緣心法謂除緣心意識
相應餘非緣心意識相應及五識相
應色及无為心不相應行云何心增
上法謂有為法云何非心增上法謂
無為法云何心果法謂一切有為法
及數滅云何非心果法謂虛空非數
滅云何心報法謂若心報得十一入
少分除聲入云何非心報法謂聲入
若非心報得十一入少分
云何業法謂身業口業思業云何非
業法謂除身口業若餘色除思業若
餘行除餘受等三陰及无為云何業
相應法謂若法思相應彼復云何謂
一切心心法除思云何非業相應法
謂若法思不相應彼復云何謂色思
心不相應行及无為云何業共有法
謂意入若業共有十一入少分除思
云何非業共有法謂思業除意入及
非業共有十一入少分云何業隨轉
法謂若法與思俱一起一住一滅彼
復云何謂一切心心法除思若道共

定共戒若彼思業及彼法生住異滅是名業隨轉法云何非業隨轉法謂若法不與思俱一起一住一滅彼復云何謂除心心法及業隨轉身口業若餘色除業隨轉心不相應行若餘心不相應行思及无為云何業因法謂若入起昇離生人除彼初无漏思業若餘思及餘凡夫决定趣向起昇離生除彼初未来无漏思業若餘思及意入若業因十一入少分云何非業因法謂若入起昇離生人彼初无漏思及餘凡夫决定趣向起昇離生彼未来初無漏思若非業因十一入少分除意入云何業次第法謂若法心次第云何非業次第法謂若法非心次第云何緣業法謂若眼耳意等彼三識身相應緣業云何非緣業法謂若除眼等緣業三識身相應若眼等餘緣非業三識身相應及鼻舌身等三識身相應色及无為心不相應行云何業增上法謂有為法云何非業增上法謂无為法云何業果法謂一切有為法及數滅云何非業果法

謂虛空非數滅云何業報法謂若業報得十一入少分除聲入云何非業報法謂聲入若非業報得十一入少分云何有法謂有漏法云何非有法謂无漏法云何有相應法謂有漏心心法云何非有相應法謂无漏心心法色及无為心不相應行云何有共有法謂有漏法若无漏法有漏法俱起云何非有共有法謂除有漏法及共有无漏法若餘無漏法云何有隨轉有因法謂有漏法云何非有隨轉非有因法謂无漏法云何有次第法謂彼有漏心心法次第生餘心心法已起當起及无想正受滅盡正受已起當起是名有次第法云何非有次第法謂除有次第心心法若餘心心法除有次第心不相應行若餘心不相應行色及無為云何緣有法謂五識相應及緣有意識相應云何非緣有法謂除五識相應及緣有意識相應若餘意識相應色及无為心不相應行云何有增上法謂有為法云何非有增上法謂无為法云何有果法謂

有漏法若世俗道斷諸結證云何非有果法謂除有漏法及有果无漏法若餘無漏法云何有報法謂若有報得十一入少分除聲入云何非有報法謂聲入若非有報得十一入少分云何斷知法謂二智法智比智云何智所知法謂一切法智所知云何非智所知法謂若求如是法者不可得也

云何斷知所斷法謂有漏法云何非斷知所斷法謂无漏法云何修法謂善有為法云何非修法謂不善无記法及數滅云何證法謂有二證法智證及得證云何智證法謂一切法智所證云何非智證法謂若求如是法不可得也

云何得證法謂善法依正受證不隱沒无記天眼天耳是名得證云何非得證法謂除不隱沒无記天眼天耳若餘无記及不善法云何習法謂善有為法云何非習法謂不善无記法及數滅云何有罪法謂不善法及隱沒无記云何无罪法謂善法及不隱

没无記如有罪法無罪法黒法白法退法不退法亦如是

云何隱没法謂穢汙法云何不隱没法謂不穢汙法云何記法謂善法及不善法云何無記法謂除善不善若餘法是云何已起法謂過去現在法云何不起法謂未来不生法及无為法云何今起法謂若未来法現前必起云何非今起法謂除未来法現前必起若餘未来法過去現在法及无為法云何已滅法謂過去法云何非滅法謂未来現在法及无為法云何今滅法謂若法現在滅云何非今滅法謂除現在現前滅法若餘現在法及過去未来法及无為法云何緣起法謂有為法云何非緣起法謂无為法如緣起法非緣起法緣生法非緣生法因法非因法有因法非有因法因起法非因起法亦如是

云何因相應法謂一切心心法云何非因相應法謂色及無為心不相應行云何結法謂九結云何非結法謂除九結若諸餘法云何生結法謂有漏法云何非生結法謂无漏法云何取法謂四取法云何非取法謂無漏法云何受法謂若法自性所攝云何非受法謂若法非自性所攝云何取生法謂有漏法云何非取生法謂无漏法云何煩惱法謂若法纏所起云何非煩惱法謂若法非纏所起云何穢汙法謂不善法及隱没无記云何不穢汙法謂善法及不隱没無記云何有穢汙法謂有漏法云何非有穢汙法謂无漏法云何纏法謂諸煩惱法云何非纏法謂非諸煩惱法云何纏住法謂穢汙心心法云何非纏住法謂不穢汙心心法色及無為心不相應行云何纏生法謂有漏法云何非纏生法謂无漏法云何有緣法謂一切心心法云何無緣法謂色無為及心不相應

云何有覺法謂若法覺相應云何非有覺法謂若法覺不相應云何有觀法謂若法觀相應云何非有觀法謂若法觀不相應云何可樂法謂若法喜根相應云何非可樂法謂若法喜根不相應云何受用法謂若法意思惟相應云何非受用法謂若法意思惟不相應云何有事有緣法謂有為法云何無事無緣法謂无為法云何有上法謂一切有為法及虛空非數滅云何无上法謂數滅法云何遠法謂過去未来法云何近法謂現在法及无為法云何有量法謂若法有量果及報量所得攝云何无量法謂若法无量果及報量所不攝云何見法謂眼根及五邪見世俗正見學見无學見云何非見法謂除眼根若餘色除八見若餘行陰所攝法受等三陰及无為法云何見處法謂有漏法云何非見處法謂無漏法云何見相應法謂八見相應法云何非見相應法謂非八見相應法

云何凡夫法謂地獄衆生入畜生入餓鬼入鬱單越入入无想天入若由業生彼是名凡夫法云何非凡夫法謂四跡四辯四沙門果无諍願智大悲滅盡正受空空无願無願无相無相熏修禅无間等智淨居天入由業

生彼是名非凡夫法云何凡夫共法謂若道共定共生彼有處容凡夫及聖人若正受若生是名凡夫共法云何非凡夫共法謂如非凡夫法云何定法謂五无間業學法无學法云何非定法謂除五無間業及二學法諸餘有漏法及無為云何惱法謂不善法及隱沒无記云何非惱法謂善法及不隱沒無記云何根法謂六內入及法入中根所攝法云何非根法謂五外入及法入中根所不攝法

云何聖諦攝法謂一切有為法及數滅云何非聖諦攝法謂虛空非數滅云何共相法謂有為法云何非共有法謂无為法云何相應法謂一切心心法云何非相應法謂色无為及心不相應行云何果法謂一切有為法及數滅云何非果法謂虛空非數滅云何有果法謂有為法云何非有果法謂无為法云何報法謂若報得十一入少分除聲入云何非報法謂聲入若非報得十一入少分云何有報法謂不善善有漏法云何非有報法謂無記無漏法云何因緣法謂一切法云何非因緣法謂如是法不可得也云何有因緣法謂有為法云何非有因緣法謂無為法云何出法謂欲界繫善戒色无色界繫出要寂靜善正受學法無學法及數滅云何非出法謂除欲界繫善戒餘欲界繫法除色無色界繫出要寂靜善正受餘色无色界繫法及虛空非數滅云何有出法謂有為法云何非有出法謂无為法云何相續法謂若彼法分段巳起當起彼復云何謂過去現在法若未來法現前必起後法與前法相續是名相續法云何非相續法謂除過去現在法及未來現前必起法若餘未來法及无為法云何有相續法謂若彼法分段巳起彼復云何謂過去現在除阿羅漢㝡後命終五陰若餘過去現在法前法招後相續是名有相續法云何非有相續法謂過去現在阿羅漢㝡後命終五陰若未來法及無為法（二法竟）

衆事分阿毗曇論卷第四

衆事分阿毗曇論卷第四

校勘記

一　底本，金藏廣勝寺本。

一　一七六頁中四行品名，資、磧、普、南作「分別攝品第六」；徑、清作「分別攝品第六之一」。

一　一七六頁下二行「有隨」，徑作「隨有」。

一　一七六頁下八行「白法」，磧、普、南作「自法」。

一　一七六頁下一一行「非滅法」，諸本(不含石，下同)作「非巳滅法」。

一　一七七頁中八行第五字「有」，磧作「方」。

一　一七七頁下六行第九字「得」，諸本作「隨得」。

一　一七七頁下八行第一一字及次行

第三字「含」，徑作「舍」。

一七七頁下一五行第八字「扼」，資、磧、普、南、徑、清作「梔」。下同。

一七八頁中一行首字「識」，諸本作「謂」。

一七八頁下一八行末字「亦」，諸本作「赤」。

一七八頁下一九行第三字「光」，麗作「色」。

一七九頁上一行「觀想」，諸本作「生觀想」。

一七九頁上二一行首字「處」，徑作「是」。

一七九頁中八行夾註右「十法」，資、磧、普、南、徑、清作「一十法」。

一七九頁中一二行夾註左「十二種」，資、磧、普、南作「十一種」。

一七九頁下一一行第五字「炎」，資、磧、普、南、徑、清作「炎法」。又第一〇字「法」，諸本無。

一七九頁下末行第一三字「緣」，資、磧、普、南、徑、清作「緣法」。

一八〇頁中六行「法法」，徑、清作「共法」。

一八〇頁下一四行第三字「除」，資、磧、普、南、徑、清作「陰」。

一八〇頁下二〇行第一二字「意」，磧、普作「息」。

一八一頁上三行末字「復」，資、磧、普作「隨」。

一八一頁上七行第八字「人」，資、磧、普、南、徑、清作「入」。

一八二頁上一二行「滅法」，麗作「已滅法」。

一八二頁中一四行「心心」，資、磧、普、南、徑、清作「心」。

一八二頁中一八行「不相應」，諸本作「不相應行」。

一八二頁下末行第一二字「入」，麗作「人」。

一八三頁上一四行「共相法」，資、磧、普、南、徑、清作「共有法」。

一八三頁中七行第一三字「除」，資、磧、普、南、徑、清作「餘」。

衆事分阿毗曇論卷第五　友

尊者世友造

宋天竺三藏求那跋陀羅共菩提耶舍譯

分別攝品第六中

云何善法謂善五陰及數滅云何不善法謂不善五陰云何无記法謂無記五陰及虛空非數滅云何學法謂學五陰云何无學法謂无學五陰云何非學非無學法謂有漏五陰及无為云何見斷法謂若法隨信行隨法行人無間忍等斷彼云何斷謂見斷八十八使彼相應法彼所起心不相應行云何修斷法謂若法學見跡修斷彼云何斷謂修斷十使彼相應法彼所起身口業彼所起心不相應行及不穢汙有漏法云何不斷法謂无漏法云何見斷因法謂穢汙法若見所斷法報云何修斷因法謂修所斷法即如是法斷云何不斷因法謂无漏有為法云何可見有對法謂一入云何不可見有對法謂九入云何不可見无對法謂二入云何報法謂若

報得十一入少分除聲入云何非報法謂不善善有漏法及聲入云何非報非非報法謂除報无記法若餘無記及無漏法

云何下法謂不善法隱沒無記法云何中法謂善有漏及不隱沒无記法云何上法謂无漏有為法及數滅云何小法謂少信少欲少意解彼相應法彼共有法彼色法謂少微不多不廣是名小法云何大法謂大信大欲大意解彼相應法彼共有法彼色法謂多廣無邊无際無量及虛空非數滅是名大法云何無量法謂无量信無量欲无量意解彼相應法彼共有法彼色法謂多廣无邊無際无量及虛空數滅非數滅是名无量法云何意樂法謂若法意所樂云何非意樂法謂若法非意所樂云何非意樂非非意樂法謂若意於法捨云何樂俱法謂若法樂受相應云何苦俱法謂若法苦受相應云何不苦不樂俱法謂若法不苦不樂受相應云何俱起法謂一切有為法生相故云何俱住

法謂一切有為法住相故云何俱滅

法謂一切有為法滅相故云何非俱
起法謂无為法非生相故云何非俱
住法謂無為法非住相故云何非俱
滅法謂无為法非滅相故云何心俱
起法謂若心俱起十一入少分除意
入云何心俱住法謂若法心隨轉云
何心俱滅法謂若心俱滅十入少分
除聲入及意入云何非心俱起法謂
意入若非心俱起十一入少分云何
非心俱住法謂若法非心隨轉云何
非心俱滅法謂聲入意入若非心俱
滅十入少分云何欲界謂欲貪欲貪
相應若受想行識彼所起身口業彼
所起心不相應行云何瞋恚界謂瞋
恚瞋恚相應若受想行識彼所起身
口業彼所起心不相應行云何害界
謂害害相應若受想行識彼所起身
口業彼所起心不相應行云何出要
界謂出要出要相應若受想行識彼
所起身口業彼所起心不相應行及
數滅云何无瞋恚界謂无瞋恚無瞋
恚相應若受想行識彼所起身口業

彼所起心不相應行云何無害界謂

无害無害相應若受想行識彼所起
身口業彼所起心不相應行云何欲
界謂若法欲貪使所使云何色界謂
若法色貪使所使云何無色界謂若
法無色貪使所使云何色界謂欲界
色界是名色界云何无色界謂四无
色是名無色界云何滅界謂數滅及
非數滅是名滅界
又復一切色法是名色界除數滅非
數滅餘一切非色法是名无色界數
滅及非數滅是名滅界云何欲有謂
若業欲界繫受緣轉起未來彼業報
云何色有謂若業色界繫受緣轉起
未來彼業報云何无色有謂若業無
色界繫受緣轉起未來彼業報云何
欲漏謂除欲界繫无明餘欲界繫相
應結縛使煩惱纏是名欲漏云何有
漏謂除色无色界繫无明餘色無色
界繫相應結縛使煩惱纏是名有漏
云何無明漏謂愚三界闇無知
云何過去世謂若行已起等起生等
生轉已轉已有已過去已盡變過去

過去究竟過去世所攝是名過去世

云何未來世謂若行未起未等起未
生未等生未轉未已轉未有未現在
未來未來究竟未來世所攝是名未
來世云何現在世謂若行今起等起
生等生轉已轉已有已現在住未盡
變現在現在究竟現在世所攝是名
現在世云何過去說事謂過去行云
何未來說事謂未來行云何現在說
事謂現在行云何苦苦苦變苦苦行
苦苦謂欲界苦苦色界變苦苦无
色界行苦苦復次苦受苦苦苦樂受
變苦苦不苦不樂受行苦苦復次非
意樂行苦苦意樂行變苦苦非意
樂非非意樂行行苦苦云何有覺有
觀法謂若覺觀相應云何无覺有觀
法謂若法覺不相應觀相應云何無
覺无觀法謂若法覺觀不相應云何
有覺有觀地謂欲界至梵世及無漏
法云何无覺有觀地謂修禪中閒已
能得至大梵及无漏法云何無覺无
觀地謂一切光音一切遍淨一切果
實一切无色及無漏法

云何身業謂身作及无作云何口業謂口作及无作云何意業謂思業云何善業謂善身口業及善思業云何不善業謂不善身口業及不善思業云何无記業謂無記身口業及无記思業云何學業謂學身口業及學思業云何无學業謂无學身口業及無學思業云何非學非无學業謂有漏身口業及有漏思業云何見斷業謂若業隨信行隨法行人无閒忍等斷彼云何斷謂見斷八十八使相應思業云何修斷業謂若業學見跡修斷彼云何斷謂修斷十使相應思業彼所起身口業及不穢汙有漏業云何不斷業謂无漏身口業及無漏思業云何現法受業謂若業此生作長養彼業即此生受現法報非餘生受是名現法受業云何生受業謂若業此生作長養彼業第二生受報是名生受業云何後受業謂若業此生作長養彼業至第三第四生方受其報或復經衆多生然後受報是名後受業云何樂受業謂欲界相應善業乃至

第三禪善業云何苦受業謂不善業云何不苦不樂受業謂第四禪地善業乃至無色界相應善業　三法竟

云何身念處謂十色入及法入中所攝色是名身念處云何受念處謂六受身眼觸生受如是耳鼻舌身意觸生受云何心念處謂六識身眼識耳鼻舌身意識身是名心念處云何法念處謂受所不攝非色法法入攝是名法念處復次身增上彼道生善有漏及无漏是名身念處受心法增上彼道生善有漏及無漏是名法念處復次緣身慧是身念處緣受心法慧是法念處

云何已起惡不善法方便令斷正勤謂已起惡不善法修令斷增上道生善有漏及无漏是名已起惡不善法方便令斷正勤云何未起惡不善法方便令不起正勤謂未起惡不善法修令不起增上道生善有漏及無漏是名未生惡不善法方便令不生正勤云何未生善法方便令生正勤謂未生善法勤修令生增上道生善有

漏及無漏是名未生善法勤修令生正勤云何已生善法方便勤修令住使不忘失滿足修習增廣智證正勤謂已起善法勤修令住使不忘失滿足修習增廣智證增上道生善有漏及无漏是名已生善法勤修令住使不忘失滿足修習增廣智證正勤

云何欲定淨行成就如意足謂欲增上彼道生善有漏及无漏是名欲定淨行成就如意足云何精進心慧定淨行成就如意足謂慧等增上彼道生善有漏及无漏是名慧定淨行成就如意足

云何初禪謂初禪所攝善五陰云何第二第三第四禪謂乃至第四禪所攝善五陰

云何苦聖諦謂五盛陰云何集聖諦謂有漏因云何苦滅聖諦謂數滅滅云何苦滅道聖諦謂學法无學法

云何慈謂慈慈相應若受想行識彼所起身口業及彼所起心不相應行悲喜亦如是云何捨謂捨捨相應若受想行識彼所起身口業及彼所起

心不相應行
云何虛空入處謂虛空入處有二種謂正受及受生彼相應法若受想行識如虛空入處識入處無所有入處亦如是云何非想非非想入處謂非想非非想入處有二種謂正受及受生彼相應法若受想行識是名非想非非想入處

云何隨乞得衣知足聖種謂隨乞得衣知足業增上彼道生善有漏及无漏是名隨乞得衣知足聖種云何隨乞得食及眠臥具等及樂閑靜樂修聖種謂隨乞得食眠臥具等樂閑靜樂修業增上彼道生善有漏及无漏是名隨乞得食及眠臥具等及樂閑靜樂修聖種

云何須陁洹沙門果謂須陁洹果有二種有為及无為云何須陁洹有為果謂證須陁洹果若學法已得今得當得是名須陁洹有為果云何須陁洹無為果謂證須陁洹果若結使斷已得今得當得是名須陁洹无為果如須陁洹沙門果斯陁含沙門果阿

那含沙門果亦如是云何阿羅漢沙門果謂阿羅漢果有二種有為及无為云何阿羅漢有為果謂證阿羅漢果若无學法已得今得當得是名阿羅漢有為果云何阿羅漢无為果謂證阿羅漢果若諸結斷已得今得當得是名阿羅漢无為果

云何法智謂知欲界繫行无漏智廣說如前五法品乃至无生智亦如是

云何義辯謂不動智於彼第一義善能分別云何法辯謂不動智於彼名味句身善能分別云何辭辯謂不動智於彼言說不生閡想云何隨應辯謂不動智不斷不散决定自在云何因緣謂有為法云何次第緣謂過去現在除阿羅漢𡨥後命終心心法若餘過去現在心心法云何緣緣增上緣謂境界一切法云何麁揣食謂揣食性因彼食故諸根增長四大增長隨養隨護充足清明是名揣食云何觸食謂緣有漏觸諸根增長四大增長養育諸根隨護長養亦如前說云何意思食謂緣有漏思諸根增長四

大增長如前廣說云何識食謂緣有漏識諸根增長四大增長如前廣說

云何欲流謂除欲界繫五見及無明餘欲界繫結縛使煩惱纏是名欲流云何有流謂除色無色界繫五見及無明餘色无色界繫結縛使煩惱纏是名有流云何見流謂五見是名見流云何無明流謂愚三界暗無知如流扼亦如是

云何欲取謂除欲界繫五見餘欲界繫結縛使煩惱結是名欲取云何見取謂四見除一見謂身見邊見邪見取見見是名見取云何戒取謂一見除四見謂取戒見彼復云何謂若人邪取戒相以為清淨即是解脫起見起忍是名戒取云何我取謂除色無色界繫五見餘色无色界繫結縛使煩惱纏是名我取云何過去法謂過去五陰云何未來法謂未來五陰云何現在法謂現在五陰云何非過去未來現在法謂无為法

云何欲界繫法謂欲界繫五陰云何色界繫法謂色界繫五陰云何無色

界繫法謂无色界繫四陰云何不繫法謂無漏五陰及無為云何善因法謂善有為法及善法報云何不善因法謂欲界繫穢汙法及不善法報云何无記因法謂無記有為法及不善法云何非善因非不善因非无記因法謂无為法

云何有緣緣法謂意識相應心心法緣云何無緣緣法謂五識相應若意識相應色無為心不相應行緣云何有緣緣无緣緣法謂若意識相應心心法緣色無為心不相應行緣云何非有緣緣非无緣緣法謂色无為心不相應行　四法竟

云何五陰五盛陰謂廣說如前分別七事品云何地獄趣謂地獄衆生若一性一種類一身自分得處得事得入若地獄衆生生彼處不隱沒无記色受想行識是名地獄趣畜生餓鬼趣亦如是云何天趣人趣謂若天若人一性一種類一身自分得處得事得入若天若人生彼此處不隱沒无記色受想行識是名人天趣

云何見苦斷煩惱隱身謂煩惱身若隨信行隨法行人苦无間忍等斷彼云何斷謂見苦斷二十八使彼相應煩惱身云何見集斷煩惱身謂煩惱身若隨信行隨法行人集无間忍等斷彼云何斷謂見集斷十九使彼相應煩惱身云何見滅斷煩惱身謂煩惱身若隨信行隨法行人滅无間忍等斷彼云何斷謂見滅斷十九使彼相應煩惱身云何見道斷煩惱身謂煩惱身若隨信行隨法行人道无間忍等斷彼云何斷謂見道斷二十二使彼相應煩惱身云何修斷煩惱身謂煩惱身若覺見迹修斷彼云何斷謂修斷十使彼相應煩惱身云何色法謂一切四大及四大所造云何心法謂六識身眼識身乃至意識身云何心法法謂若法心相應彼復云何謂受想思觸憶欲解脫念定慧信精進覺觀乃至煩惱結纒如前五法品廣說云何心不相應行謂若法心不相應彼復云何謂諸得乃至名句味身如前五法品廣說云何无為法謂三無為虛空數滅非數滅　五法竟

云何地界謂堅相云何水界謂濕相云何火界謂熱相云何風界謂輕動相云何虛空界謂空邊色云何識界謂五識身及有漏意識云何見苦斷法謂隨信行隨法行人苦无間忍等斷廣說如前分別諸入品集滅道修亦如是云何不斷法謂无漏法　六法竟

云何欲貪使謂如欲貪說云何瞋恚使謂煩害衆生云何有受使謂色无色愛云何慢使謂慢心高下受云何無明使謂愚三界暗無知云何見使謂五邪見云何疑使謂惑諦不了云何初識住謂有色衆生種種身種種想謂人及天是名初識住處云何初次第相續數謂初識住彼相應不相應若色受想行識是名初識住有色衆生種種身一種想謂梵天身彼初所轉是名第二識住處云何第二次第相續數謂第二識住彼相應不相應若色受想行識是名第二識住有色衆生一種身種種想謂光音天是名第三識住處乃至是名第三識住

廣說如上有色衆生一種身一種想謂遍淨天是名第四識住處乃至是名第四識住廣說如上无色衆生離一切色想離閡想閡想究竟無種種想思惟无邊空處住無邊空入處謂空入處天是名第五識住云何第五次第相續數謂第五識住彼相應若受想行識是名第五識住无色衆生已離一切虛空入處無量識住無量識入處謂識入處天是名第六識住乃至是名第六識住廣說如上无色衆生已離一切識入處無所有住無所有入處謂無所有入處天是名第七識住乃至是名第七識住廣說如上云何念覺支謂賢聖弟子於苦思惟苦於集思惟集於滅思惟滅於道思惟道無漏意思惟相應若念隨念念不忘失不散忘常不廢忘是名念覺支云何擇法覺枝謂賢聖弟子於苦思惟苦於集思惟集於滅思惟滅於道思惟道無漏意思惟相應於法簡擇選擇擇相等擇相決定相慧覺聰明慧行觀察是名擇法覺支云何精

進覺支謂賢聖弟子於苦思惟苦乃至於道思惟道无漏意思惟相應若欲精進方便出要勇健心攝受捷疾无閒是名精進覺支云何喜覺支謂賢聖弟子乃至无漏意思惟相應若心歡喜踊躍增上歡喜決定心樂所堪能喜所喜是名喜覺支云何猗覺支謂賢聖弟子乃至無漏意思惟相應若身猗心猗樂猗所猗是名猗覺支云何定覺支謂賢聖弟子乃至无漏意思惟相應若心住等住樂住所住不散不亂攝受一心是名定覺支云何捨覺支謂賢聖弟子於苦思惟苦於集思惟集於滅思惟滅於道思惟道無漏意思惟相應若心平等等攝受心无受用住是名捨覺支七法竟

云何初解脫處謂內有色想外觀色是名初解脫處云何初次第相續數次第正受謂初解脫處若入正受善色受想行識是名初解脫處內无色想外觀色是名第二解脫處云何第二次第相續數次第正受謂第二解脫處若入正受善色受想行識是名

第二解脫處淨解脫處身證住是名第三解脫處乃至第三次第正受廣說如上離一切色想離閡想閡想究竟思惟無邊空處入无邊空處是名第四解脫處云何第四次第相續數次第正受謂第四解脫處若入正受若善受想行識是名第四解脫處離一切空入處入无邊識處是名第五解脫處乃至第五次第正受廣說如上无所有處非想非非想處乃至第七正受廣說如上是名第七解脫處離一切非想非非想處想受滅身證住是名第八解脫處云何第八次第相續數次第正受謂第八解脫處若入正受若解脫得脫若法想微因想微次第想不相續不成就是名第八解脫處

云何初勝處謂內有色想外觀少色若好色若惡色謂彼勝處生觀想是名初勝處入云何初勝處次第相續數次第正受謂初勝處若入正受善色受想行識是名初勝處入內有色想外觀多色若好色若惡色謂彼勝處

生觀想是名第二勝處入乃至第二正受廣說如上乃至第七勝處正受廣說如上是名第七勝處入内无色想外觀色白白色白觀白光辟如優私多羅華色成就如婆羅㮈衣白白色白觀白光如是比丘内無色想外觀色白白色白觀白光謂彼勝處生觀想是名第八勝處入云何第八次第相續數次第正受謂第八勝處若入正受善色受想行識是名第八勝處入

云何正見謂賢聖弟子於苦思惟苦於集思惟集於滅思惟滅於道思惟道無漏意思惟相應於法簡擇選擇擇相等擇相決定相應覺聰明慧行觀察是名正見云何正思惟謂賢聖弟子乃至於道思惟道无漏意思惟相應若心覺隨覺色覺增上色覺覺數覺覺思惟等思惟是名正思惟云何正語謂賢聖弟子於苦思惟苦乃至於道思惟道无漏意思惟相應除邪命口四過餘口惡行无漏數滅不作不為攝律儀等護自防不作惡行

不作過罪堅固堤塘住堅固不犯住是名正語云何正業謂賢聖弟子乃至於道思惟道无漏意思惟相應除邪命身三惡餘身惡行無漏數滅不作不為乃至堅固不犯住如前正語說是名正業云何正命謂賢聖弟子乃至於道思惟道无漏意思惟相應如前所除邪命身口惡無漏數滅不作不為如上廣說是名正命云何正方便謂賢聖弟子乃至於道思惟道無漏意思惟相應廣說如精進覺支是名正方便正念廣說如念覺支是名正念云何正定謂賢聖弟子於苦思惟苦乃至於道思惟道无漏意思惟相應廣說如正定覺支　八法竟

云何貪欲結謂三界貪云何瞋恚結謂惱害衆生云何慢結謂七慢云何无明結謂愚三界暗无知云何見結謂三見身見邊見邪見云何他取結謂二見見取戒取云何疑結謂惑諦不了云何嫉結謂心妬增廣云何慳結謂心攝受堅著

云何初衆生居處謂有色衆生種種

身種種想謂天及人是名初衆生居處是名初次第相續數云何名衆生居處謂衆生於中止住於中受生入是名衆生住處云何第二第三第四衆生居處謂如識住處廣說云何第五衆生居處謂有色衆生無想所謂无想天是名第五衆生居處第五次第相續數如上廣說云何第六衆生居處謂无色衆生離一切色想離閡想閡想究竟乃至第八衆生居處廣說如後三識住處云何第九衆生居處謂无色衆生離一切無所有處入非想非非想處住所謂非想非非想天是名第九衆生居處次第相續數如上廣說是名九衆生居處　九法竟

云何初一切入處謂地一切入一相生上下諸方无二無量是名初一切入處云何初次第相續數次第正受謂初一切入處若入正受善色受想行識是名地一切入處如地一切入水火風青黃赤白一切入處亦如是空一切入處識一切入處一相生上下諸方无二無量是名十一切入處云

何十一切入次第相續數次第正受謂十一切入處若入正受善色受想行識是名十一切入處

無學正見乃至無學正定如道支說

云何無學正解脫謂賢聖弟子乃至於道思惟道无學意思惟相應若心已解脫當解脫云何無學解脫正知見謂盡智无生智 十法竟

云何有漏色謂若色有漏從取生謂此色過去未來現在若欲令起當起若恚若癡一一心數起諸煩惱令起當起是名有漏色乃至有漏識亦如是

云何無漏色謂若色無漏不從取生謂此色過去未來現在若欲癋生不生若恚若癡及餘心數煩惱癋生不生是名无漏色如是乃至無漏識亦如是

云何无為法謂三無為虛空數滅非數滅 十一法竟

云何十二入十八界謂如前分別七事品廣說 十二法十八法竟

云何眼根謂如眼入如是乃至身根如身入云何女根謂身根少分男根亦如是

云何命根謂三界中命云何意根謂若心意識彼復云何謂六識身所謂眼識乃至意識樂根苦根喜根憂根捨根如前分別七事品廣說

云何信根謂依出要寂靜生信善法增上信正思惟種種行種種作種種思惟心清淨是名信根

云何精進根謂出要寂靜生於善法若欲精進方便勇猛攝心常不懈息是名精進根

云何念根謂出要寂靜生於善法若念隨念是名念根

云何定根謂出要寂靜生於善法若心離乱善住等住是名定根

云何慧根謂出要寂靜生於善法擇法照察決斷審了是名慧根

云何未知當知根所謂趣昇離生人若學慧根謂彼根隨信行隨法行未無間等四聖諦而无間等生是名未知當知根

云何巳知根所謂見諦人无間等若學慧根謂彼根信解脫見到身證巳無間等四聖諦增上无間生是名巳知根

云何無知根所謂阿羅漢盡諸漏結若无學慧根謂彼根慧解脫俱解脫現法樂住增上無間生是名无知根 二十二法竟

云何九十八使謂三十六使欲界繫三十一使色界繫三十一使无色界繫 九十八法竟

衆事分阿毗曇論卷第五

衆事分阿毘曇論卷第五

校勘記

一　底本，金藏廣勝寺本。

一　一八五頁中四行品名，徑、清、麗作「分別攝品第六之二」。

一　一八五頁下一六行第九字「名」，資、磧、普、南、徑、清無。

一　一八六頁下一五行首字「樂」，資、磧、普、南、徑、清作「樂行」。

一　一八八頁中八行第八字「果」，諸本（不含石，下同）作「界」。

一　一八八頁下一一行「煩惱結」，諸本作「煩惱纏」。

一　一八九頁中一行第八字「隱」，諸本無。

一　一八九頁中七行末二字「煩惱」，諸本作「煩惱身」。

一　一八九頁中一四行第四字「覺」，諸本作「學」。

一　一八九頁下一〇行「煩害」，資、磧、普、南、徑、清作「惱害」。又第一〇字「受」，諸本作「愛」。

一　一九一頁上一五行「應覺」，諸本作「慧覺」。

一　一九一頁中一〇行「方便」，資、磧、普、南、徑、清作「方便說」。

一　一九一頁中一二行「正命」，資、磧、普、南、徑、清作「正念」。

一　一九一頁下一五行夾註「九法處」，諸本作「九法竟」。

一　一九二頁中一六行「離乱」，資、磧、普、南、徑、清作「雜亂」。

一　一九二頁下一行第一一字「到」，資、磧、普、南、徑、清作「至」。

一　一九二頁下末行卷末經名，資、磧、普、南作「衆事分阿毘曇卷第五」。

衆事分阿毗曇論卷第六　交

尊者世友造

宋天竺三藏求那跋陀羅共菩提耶舍譯

分別攝品第六後

尒燄法識法通尒燄法縁法增上法十八界十二入五陰攝十智知六識識一切使使色法十一界十一入一陰攝八智知除知他心智及滅智六識識欲色二界一切遍使使及修斷使使非色法八界二入四陰攝十智知一識識一切使使

可見法一界一入一陰攝七智知除知他心智及滅道智二識識欲色二界一切遍使使及修斷使使不可見法十七界十一入五陰攝十智知五識識一切使使

有對法十界十入一陰攝七智知除知他心智及滅道智六識識欲色二界一切遍使使及修斷使使無對法八界二入五陰攝十智知一識識一切使使

有漏法十八界十二入五陰攝八智知除滅道智六識識一切使使无漏法三界二入五陰攝八智知除苦集智一識識使所不使

有為法十八界十二入五陰攝九智知除滅智六識識一切使使無為法一界一入陰所不攝六智知除知他心智及苦集道智一識識使所不使

有諍法十八界十二入五陰攝八智知除滅道智六識識一切使使無諍法三界二入五陰攝八智知除苦集智一識識使所不使如有諍法无諍法世間法出世間法入法不入法染汙法不染汙法依家法依出要法亦如是心法七界一入一陰攝九智知除滅智一識識一切使使非心法十一界十一入四陰攝十智知六識識一切使使

心法法一界一入三陰攝九智知除滅智一識識一切使使非心法法十八界十二入三陰攝十智知六識識一切使使如心法法非心法法心相應法心不相應法亦如是

心共有法十一界十一入四陰攝九

智知除滅智六識識一切使使非心共有法十八界十二入三陰攝十智知六識識一切使使心隨轉法一界一入四陰攝九智知除滅智一識識一切使使非心隨轉法十八界十二入三陰攝十智知六識識一切使使心因法十八界十二入五陰攝九智知除滅智六識識一切使使非心因法十三界十二入五陰攝十智知六識識三界一切遍使使及修斷使使心次第法八界二入四陰攝九智知除滅智一識識一切使使非心次第法十八界十二入五陰攝十智知六識識一切使使緣心法三界二入四陰攝九智知除滅智一識識有為緣使使非緣心法十八界十二入五陰攝十智知六識識一切使使心增上法十八界十二入五陰攝九智知除滅智一切使使非心增上法一界一入陰所不攝六智知除知他心智及苦集道智一識識使所不使心果法十八界十二入五陰攝十智知六識識一切使使非心果法一界一入陰所不攝一智知謂等智一識識使所不使心報法十七界十一入五陰攝八智知除滅道智五識識三界一切遍使使及修斷使使非心報法十八界十二入五陰攝十智知六識識一切使使

業法三界三入二陰攝九智知除滅智三識識謂眼耳及意一切使使非業法十八界十二入五陰攝十智知六識識一切使使業相應法八界二入四陰攝九智知除滅智一識識一切使使非業相應法十一界十一入二陰攝十智知六識識一切使使業共有法十八界十二入五陰攝九智知除滅智六識識一切使使非業共有法十一界十一入二陰攝十智知六識識一切使使業隨轉法八界二入五陰攝九智知除滅智一識識一切使使非業隨轉法十一界十一入二陰攝十智知六識識一切使使業因法十八界十二入五陰攝九智知除滅智六識識一切使使非業因法十一界十一入二陰攝十智知六識識三界一切遍使使及修斷使使業次第法八界二入四陰攝九智知除滅智一識識一切使使非業次第法十八界十二入五陰攝十智知六識識一切使使緣業法五界二入四陰攝九智知除滅智一識識有為緣使使非緣業法十八界十二入五陰攝十智知六識識一切使使業增上法十八界十二入五陰攝九智知除滅智六識識一切使使非業增上法一界一入陰所不攝六智知除知他心智及苦集道智一識識使所不使業果法十八界十二入五陰攝十智知六識識一切使使非業果法一界一入陰所不攝一智知謂等智一識識使所不使業報法十七界十一入五陰攝八智知除滅道智五識識三界一切遍使使及修斷使使非業報法十八界十二入五陰攝十智知六識識一切使使

有法十八界十二入五陰攝八智知除滅道智六識識一切使使非有法三界二入五陰攝八智知除苦集智

一識識使所不使有相應法八界二
入四陰攝八智知除滅道智一識識
一切使使非有相應法十三界十二
入五陰攝十智知六識識有漏緣使
使有共有法十八界十二入五陰攝
九智知除滅智六識識一切使使非
有共有法三界二入五陰攝八智知
除呰集智一識識使所不使有隨轉
有因法十八界十二入五陰攝八智
知除滅道智六識識一切使使非有
隨轉非有因法三界二入五陰攝八
智知除呰集智一識識使所不使有
次第法八界二入四陰攝九智知除
滅智一識識一切使使非有次第法
十八界十二入五陰攝十智知六識
識一切使使緣有法八界二入四陰
攝九智知除滅智一識識有漏緣使
使非緣有法十三界十二入五陰攝
十智知六識識一切使使有增上法
十八界十二入五陰攝九智知除滅
智六識識一切使使非有增上法一
界一入陰所不攝六智知除知他心
智及呰集道智一識識使所不使有

果法十八界十二入五陰攝九智知
除滅智六識識一切使使非有果法
三界二入五陰攝八智知除呰集智
一識識使所不使有報法十七界十
一入五陰攝八智知除滅道智五識
識三界一切遍使使及修斷使使非
有報法十八界十二入五陰攝十智
知六識識一切使使
智所知法十八界十二入五陰攝十
智知六識識一切使使非智所知法
界入及陰所不攝智所不知識所不
識使所不使
斷知所斷法十八界十二入五陰攝
八智知除滅道智六識識一切使使
非斷知所斷法三界二入五陰攝八
智知除呰集智一識識使所不使
修法十界四入五陰攝九智知除滅
智三識識三界一切遍使使及修斷
使使非修法十八界十二入五陰攝
九智知除道智六識識一切使使
智證法十八界十二入五陰攝十智
知六識識一切使使非智證法界入
及陰所不攝智所不知識所不識使

所不使
得證法十二界六入五陰攝十智知
三識識三界一切遍使使及修斷
使使非得證法十八界十二入五陰
攝八智知除滅道智六識識一切使使
習法十界四入五陰攝九智知除滅
智三識識三界一切遍使使及修斷
使使非習法十八界十二入五陰攝
九智知除道智六識識一切使使
有罪法十界四入五陰攝八智知除
滅道智三識識一切使使无罪法十
八界十二入五陰攝十智知六識識
三界一切遍使使及修斷使使如有
罪法无罪法黑法白法退法不退法
隱没法不隱没法亦如是
記法十界四入五陰攝十智知三識
識欲界一切使使色无色界一切遍
使使及修斷使使无記法十八界十
二入五陰攝八智知除滅道智六識
識色无色界一切欲界二身見集斷
一切遍使使
已起法十八界十二入五陰攝九智
知除滅智六識識一切使使不起法

十八界十二入五陰攝十智知六識識一切使如已起法不起法今起法非今起法已滅法非滅法今滅法非今滅法亦如是

緣起法十八界十二入五陰攝九智知除滅智六識識一切使使非緣起法一界一入一陰所不攝六智知除知他心智及苦集道智一識識使所不使如緣起法非緣起法緣生法非緣生法因法非因法有因法非有因法因起法非因起法亦如是

因相應法八界二入四陰攝九智知除滅智一識識一切使使非因相應法十一界十一入二陰攝九智知除知他心智六識識有漏緣使使

結法一界一入一陰攝八智知除滅道智一識識除无漏緣獨无明餘一切使使非結法十八界十二入五陰攝十智知六識識一切使使生結法十八界十二入五陰攝八智知除滅道智六識識一切使使非生結法三界二入五陰攝八智知除苦集智一識識使所不使

取法一界一入一陰攝八智知除滅道智一識識一切使使非取法三界二入五陰攝八智知除苦集智一識識使所不使

受法九界九入一陰攝七智知除知他心智及滅道智五識識欲色二界一切遍使使及修斷使使非受法十八界十二入五陰攝十智知六識識一切使使

取生法十八界十二入五陰攝八智知除滅道智六識識一切使使非取生法三界二入五陰攝八智知除苦集智一識識使所不使煩惱法一界一入一陰攝八智知除滅道智一識識一切使使非煩惱法十八界十二入五陰攝十智知六識識一切使使穢汙法十界四入五陰攝八智知除滅道智三識識一切使使不穢汙法十八界十二入五陰攝十智知六識識一切使使有穢汙法十八界十二入五陰攝八智知除滅道智六識識一切使使非有穢汙法三界二入五陰攝八智知除苦集智一識識使所不使

纏法一界一入一陰攝八智知除滅道智一識識一切使使非纏法十八界十二入五陰攝十智知六識識一切使使纏住法八界二入四陰攝八智知除滅道智一識識一切使使非纏住法十八界十二入五陰攝十智知六識識有漏緣使使纏生法廣說如有漏法非纏生法廣說如无漏法

有緣法八界二入四陰攝九智知除滅智一識識一切使使无緣法十一界十一入二陰攝九智知除知他心智六識識有漏緣使使有覺法八界二入四陰攝九智知除滅智一識識欲色二界一切使使非有覺法十三界十二入五陰攝十智知六識識一切使使如有覺法非有覺法有觀法非有觀法亦如是可樂法三界二入三陰攝九智知除滅智一識識色界一切使使除欲界无漏緣疑相應無明餘欲界一切使使非可樂法十八界十二入五陰攝十智知六識識一切使使

受用法八界二入四陰攝九智知除滅智一識識一切使使非受用法十一界十一入二陰攝十智知六識識一切使使

有事有緣法十八界十二入五陰攝九智知除滅智六識識一切使使无事無緣法一界一入陰所不攝六智知除知他心智及苦集道智一識識使所不使

有上法十八界十二入五陰攝九智知除滅智六識識一切使使無上法一界一入陰所不攝六智知除知他心智及苦集道智一識識使所不使

遠法十八界十二入五陰攝九智知除滅智六識識一切使使近法十八界十二入五陰攝十智知六識識一切使使如遠法近法有量法无量法亦如是

見法二界二入二陰攝九智知除滅智一識識有漏緣使使及无漏緣見彼相應無明非見法十七界十一入五陰攝十智知六識識一切使使見處法十八界十二入五陰攝八智知除滅道智六識識一切使使非見處法三界二入五陰攝八智知除苦集智一識識使所不使見相應法三界二入四陰攝九智知除滅智一識識有漏緣使使及无漏緣見彼相應無明非見相應法十八界十二入五陰攝十智知六識識除無漏緣見餘一切使使

凡夫法十八界十二入五陰攝八智知除滅道智六識識三界一切使使非凡夫法十一界十一入五陰攝十智知四識識三界一切遍使使及修斷使使凡夫共法十八界十二入五陰攝八智知除滅道智六識識三界一切使使非凡夫共法十一界十一入五陰攝十智知四識識三界一切遍使使及修斷使使

定法五界四入五陰攝九智知除滅智三識識欲界一切遍使使及修斷使使非定法十八界十二入五陰攝九智知除道智六識識一切使使

惱法十界四入五陰攝八智知除滅道智三識識一切使使非惱法十八界十二入五陰攝十智知六識識三界一切遍使使及修斷使使

根法十三界七入四陰攝九智知除滅智一識識一切使使非根法六界六入三陰攝十智知六識識一切使使

聖諦攝法十八界十二入五陰攝十智知六識識一切使使非聖諦攝法一界一入陰所不攝一智知謂等智一識識使所不使

共有法十八界十二入五陰攝九智知除滅智六識識一切使使非共有法一界一入陰所不攝六智知除知他心智及苦集道智一識識使所不使

相應法八界二入四陰攝九智知除滅智一識識一切使使非相應法十一界十一入二陰攝九智知除知他心智六識識有漏緣使使

果法十八界十二入五陰攝十智知六識識一切使使非果法一界一入陰所不攝一智知謂等智一識識使所不使有果法十八界十二入五陰攝九智知除滅智六識識一切使使非有果法一界一入陰所不攝六智

知除知他心智及苦集道智一識識使所不使報法十七界十一入五陰攝八智知除滅道智五識識三界一切遍使使及修斷使使非報法十八界十二入五陰攝十智知六識識一切使使有報法十界四入五陰攝八智知除滅道智三識識欲界一切使使色無色界一切遍使使及修斷使使非有報法十八界十二入五陰攝十智知六識識色無色界一切欲界二身見集斷一切遍使使及修斷使使

果法

如有果法非有因緣法廣說如非有因緣法廣說如智所知法非因緣法廣說如非智所知法有因緣法廣說

出法五界四入五陰攝十智知三識識三界一切遍使使及修斷使使非出法十八界十二入五陰攝八智知除滅道智六識識一切使使有出法十八界十二入五陰攝九智知除滅智六識識一切使使非有出法一界一入陰所不攝六智知除知他心智及苦集道智一識識使所不使

相續法十八界十二入五陰攝九智知除滅智六識識一切使使非相續法十八界十二入五陰攝十智知六識識一切使使如相續法非相續法有相續法非有相續法亦如是 竟二法

善法十界四入五陰攝十智知三識識三界一切遍使使及修斷使使不善法十界四入五陰攝七智知除比智及滅道智三識識欲界一切使使無記法十八界十二入五陰攝八智知除滅道智六識識色無色界一切欲界二身見集斷一切遍使使及修斷使使學法三界二入五陰攝七智知除苦集滅智一識識使所不使无學法亦如是非學非无學法十八界十二入五陰攝九智知除道智六識識一切使使

見斷法三界二入四陰攝八智知除滅道智一識識見斷一切使使修斷法十八界十二入五陰攝八智知除滅道智六識識修斷一切使使及一切遍使使不斷法三界二入五陰攝八智知除苦集智一識識使所不使

見斷因法十八界十二入五陰攝八智知除滅道智六識識一切使使修斷因法十八界十二入五陰攝八智知除滅道智六識識修斷一切使使及一切遍使使不斷因法三界二入五陰攝七智知除苦集滅智一識識使所不使

可見有對法一界一入一陰攝七智知除知他心智及滅道智二識識欲色二界一切遍使使及修斷使使不可見有對法九界九入一陰攝七智知除知他心智及滅道智五識識欲色二界一切遍使使及修斷使使不可見无對法八界二入五陰攝十智知一識識一切使使

報法十七界十一入五陰攝八智知除滅道智五識識三界一切遍使使及修斷使使非報法十界四入五陰攝八智知除滅道智三識識欲界一切使使色无色界一切遍使使及修斷使使非報非非報法十八界十二入五陰攝十智知六識識色无色界一切欲界二身見集斷一切遍使使

及修斷使使
下法十界四入五陰攝八智知除滅道智三識識一切使使中法十八界十二入五陰攝八智知除滅道智六識識三界一切遍使使及修斷使使
上法三界二入五陰攝八智知除苦集智一識識使所不使
小法及大法十八界十二入五陰攝九智知除滅智六識識一切使使
無量法意樂法非意樂法非意樂非非不意樂法十八界十二入五陰攝十智知六識識一切使使
樂俱法八界二入三陰攝九智知除滅智一識識色界一切使使除欲界无漏緣疑彼相應无明餘欲界一切使使苦俱法八界二入三陰攝十智知除比智及滅道智一識識欲界一切使使不苦不樂俱法八界二入三陰攝九智知除滅智一識識一切使使
俱起法俱住法俱滅法十八界十二入五陰攝九智知除滅智六識識一切使使非俱起法非俱住法非俱滅法一界一入陰所不攝六智知除知他心智及苦集道智一識識使所不使
心俱起法十一界十一入四陰攝九智知除滅智六識識一切使使心俱住法一界一入四陰攝九智知除滅智一識識一切使使心俱滅法十界十入四陰攝九智知除滅智五識識一切使使非心俱起法非心俱住法非心俱滅法十八界十二入三陰攝十智知六識識一切使使
欲界十界四入五陰攝七智知除比智及滅道智三識識欲界有漏緣使使如欲界瞋恚界亦如是害界五界四入五陰攝七智知除比智及滅道智三識識欲界一切遍使使及修斷使使
出要界十界四入五陰攝十智知三識識三界一切遍使使及修斷使使
无瞋界无害界十界四入五陰攝九智知除滅智三識識三界一切遍使使及修斷使使
欲界十八界十二入五陰攝七智知除比智及滅道智六識識欲界一切使使色界十四界十入五陰攝七智知除法智及滅道智四識識色界一切使使無色界三界二入四陰攝六智知除法智知他心智及滅道智一識識無色界一切使使
欲界色界是名色界者十八界十二入五陰攝八智知除滅道智六識識欲色二界一切使使四无色是名无色界者三界二入四陰攝六智知除法智知他心智及滅道智一識識无色界一切使使數滅及非數滅是名滅界者一界一入陰所不攝六智知除知他心智及苦集道智一識識使所不使一切色法是名色界者十一界十一入一陰攝八智知除知他心智及滅智六識識欲色二界一切遍使使及修斷使使除數滅及非數滅餘一切非色法是名无色界者八界二入四陰攝九智知除滅智一識識一切使使數滅及非數滅是名滅界者一界一入陰所不攝六智知除知他心智及苦集道智一識識使所不使
欲有十八界十二入五陰攝七智知除比智及滅道智六識識欲界一切

衆事分阿毗曇論第六卷第十一張　交十字

使使色有十四界十八五陰攝七智知除法智及滅道智四識識色界一切使使无色有三界二入四陰攝六智知除法智知他心智及滅道智一識識無色界一切使使

欲漏一界一入一陰攝七智知除比智及滅道智一識識欲界一切使使

有漏一界一入一陰攝七智知除法智及滅道智一識識色無色界一切使使

無明漏一界一入一陰攝八智知除滅道智一識識除無漏緣无明餘一切使使

衆事分阿毗曇論卷第六

衆事分阿毗曇論卷第六

校勘記

一　底本，金藏廣勝寺本。

一　一九四頁中四行品名，徑、清、麗作「分別攝品第六之三」。

一　一九四頁下一行「六識識」，徑作「一識識」。

一　一九五頁上一一行末字「知」，普、南作「如」。

一　一九五頁下九行「十二入」，徑作「一二入」。

一　一九六頁上三行「十二」，資、磧、普、南、徑、清作「十一」。

一　一九六頁上六行第六字「智」，徑作「有」。

一　一九七頁上三行「非滅法」，麗作「非已滅法」。

一　一九九頁中三行「十二入」，資、磧、普作「十一入」。次頁上一一行資、磧、普、徑同。

一　二〇〇頁上一一行首字「非」，諸本無。

一　二〇〇頁上一六行第一三字「十」，諸本作「七」。

一　二〇〇頁下八行「二入」，徑作「一入」。

趙城縣廣勝寺

衆事分阿毗曇論卷第七　友

尊者世友造

宋天竺三藏求那跋陁羅共菩提耶舍譯

分別攝品第六後二

三世及三世説事十八界十二入五陰攝九智知除滅智六識識一切使使欲界苦苦十八界十二入五陰攝七智知除比智及滅道智六識識欲界一切使使色界變苦苦十四界十入五陰攝七智知除法智及滅道智四識識色界一切使使无色界行苦苦三界二入四陰攝六智知除法智知他心智及滅道智一識識无色界一切使使復次苦受苦苦一界一入一陰攝七智知除比智及滅道智一識識欲界一切使使樂受變苦苦一界一入一陰攝九智知除滅智一識識色界一切使使除欲界無漏緣疑及彼相應无明餘欲界一切使使不苦不樂受行苦苦一界一入一陰攝九智知除滅智一識識一切使使

有覺有觀法八界二入四陰攝九智知除滅智一識識欲色二界一切使使無覺有觀法三界二入四陰攝九智知除滅智一識識欲色二界一切使使無覺无觀法十三界十二入五陰攝十智知六識識色无色界一切使使欲界有漏緣使使有覺有觀地十八界十二入五陰攝九智知除滅智六識識欲色二界一切使使无覺有觀地三界二入五陰攝九智知除滅智一識識色界一切遍使使及修斷使使无覺無觀地十一界十入五陰攝九智知除滅智四識識色無色界一切使使身業二界二入一陰攝八智知除知他心智及滅智二識識欲色二界一切遍使使及修斷使使如身業口業亦如是意業一界一入一陰攝九智知除滅智一識識一切使使

善業三界三入二陰攝九智知除滅智三識識三界一切遍使使及修斷使使不善業三界三入二陰攝七智知除比智及滅道智三識識欲界一切使使无記業三界三入二陰攝八

智知除滅道智三識識色無色界一切欲界二身見集斷一切遍使使及修斷使使學業一界一入二陰攝七智知除呰集滅智一識識使所不使如學業无學業亦如是非學非無學業三界三入二陰攝八智知除滅道智三識識一切使使

見斷業一界一入一陰攝八智知除滅道智一識識見斷一切使使修斷業三界三入二陰攝八智知除滅道智三識識修斷一切使使及一切遍使使不斷業一界一入二陰攝七智知除呰集滅智一識識使所不使

現法受業生受業後受業三界三入二陰攝八智知除滅道智三識識欲界一切使使色無色界一切遍使使及修斷使使

樂受業三界三入二陰攝八智知除滅道智三識識欲色二界一切遍使使及修斷使使呰受業三界三入二陰攝七智知除比智及滅道智三識識欲界一切使使不呰不樂受業一界一入二陰攝七智知除法智及滅道智一識識色无色界一切遍使使及修斷使使　三法竟

身念處十一界十一入一陰攝八智知除知他心智及滅智六識識欲色二界一切遍使使及修斷使使受念處一界一入一陰攝九智知除滅智一識識一切使使心念處七界一入一陰攝九智知除滅智一識識一切使使法念處一界一入二陰攝十智知一識識一切使使復次身增上彼道生善有漏及无漏受心法增上彼道生善有漏及無漏四正勤四神足三界二入五陰攝九智知除滅智一識識三界一切遍使使及修斷使使禪三界二入五陰攝九智知除滅智一識識色界一切遍使使及修斷使使

呰諦十八界十二入五陰攝八智知除滅道智六識識一切使使如呰諦集諦亦如是滅諦一界一入陰所不攝六智知除知他心智及苦集道智一識識使所不使道諦三界二入五陰攝七智知除呰集滅智一識識使所不使

慈悲喜捨三界二入五陰攝七智知除法智及滅道智一識識色界一切遍使使及修斷使使

空入處識入處无所有入處三界二入四陰攝七智知除法智知他心智滅智一識識無色界一切使使非想非非想入處三界二入四陰攝六智知除法智知他心智及滅道智一識識无色界一切使使

四聖種三界二入五陰攝九智知除滅智一識識三界一切遍使使及修斷使使

有為沙門果三界二入五陰攝七智知除呰集滅智一識識使所不使无為沙門果一界一入陰所不攝六智知除知他心智及苦集道智一識識使所不使

法智一界一入一陰攝六智知除比智及呰集滅智一識識使所不使比智一界一入一陰攝六智知除法智及呰集滅智一識識使所不使知他心智一界一入一陰攝九智知除滅智一識識色界一切遍使使及修斷

使使等智一界一入一陰攝八智知除滅道智一識識除見无漏緣餘一切使使餘智一界一入一陰攝七智知除苦集滅智一識識使所不使義辯及應辯一界一入一陰攝九智知除滅智一識識三界一切遍使使及修斷使使法辯及辭辯一界一入一陰攝八智知除滅道智一識識欲色二界一切遍使使及修斷使使

因緣十八界十二入五陰攝九智知除滅智六識識一切使使次第緣八界二入四蘊攝九智知除滅智一識識一切使使所緣緣及增上緣十八界十二入五陰攝十智知六識識一切使使

揣食三界三入一陰攝六智知除比智知他心智及滅道智四識識欲界一切遍使使及修斷使使觸食及意思食一界一入一陰攝八智知除滅道智一識識一切使使識食七界一入一陰攝八智知除滅道智一識識一切使使

欲流一界一入一陰攝七智知除比智及滅道智一識識欲界一切使使有流一界一入一陰攝七智知除法智及滅道智一識識色無色界一切使使見流一界一入一陰攝八智知除滅道智一識識見斷有漏緣使使除見相應無漏緣无明無明流一界一入一陰攝八智知除滅道智一識識除无漏緣無明餘一切使使如流扼亦如是

欲取一界一入一陰攝七智知除比智及滅道智一識識欲界一切使使見取一界一入一陰攝八智知除滅道智一識識見斷有漏緣使使除見相應无漏緣無明戒取一界一入一陰攝八智知除滅道智一識識見苦斷一切使使見集斷一切遍使使乃至見道斷有漏緣使使我取廣説如有流

過去法未來法現在法十八界十二入五陰攝九智知除滅智六識識一切使使非過去未來現在法一界一入陰所不攝六智知除知他心智及苦集道智一識識使所不使欲界繫法十八界十二入五陰攝七智知除比智及滅道智六識識欲界一切使使色界繫法十四界十入五陰攝七智知除法智及滅道智四識識色界一切使使無色界繫法三界二入四陰攝六智知除法智知他心智及滅道智一識識無色界一切使使不繫法三界二入五陰攝八智知除苦集智一識識使所不使

善因法十八界十二入五陰攝九智知除滅智六識識三界一切遍使使及修斷使使不善因法十八界十二入五陰攝七智知除比智及滅道智六識識欲界一切使使无記因法十八界十二入五陰攝八智知除滅道智六識識一切使使非善因非不善因非无記因法一界一入陰所不攝六智知除知他心智及苦集道智一識識使所不使

有緣緣法三界二入四陰攝九智知除滅智一識識有為緣使使无緣緣法八界二入四陰攝九智知除滅智一識識一切使使有緣緣无緣緣法

三界二入四陰攝九智知除滅智一識識一切使使非有緣緣非无緣緣法十一界十一入二陰攝九智知除知他心智六識識有漏緣使使 四法竟

色陰十一界十一入一陰攝八智知除知他心智及滅智六識識欲色二界一切遍使使及修斷使使受陰想陰行陰一界一入三陰攝九智知除滅智一識識一切使使識陰七界一入一陰攝九智知除滅智一識識一切使使色盛陰十一界十一入一陰攝七智知除知他心智及滅道智六識識欲色二界一切遍使使及修斷使使受盛陰想盛陰行盛陰一界一入三陰攝八智知除滅道智一識識一切使使識盛陰七界一入一陰攝八智知除滅道智一識識一切使使地獄趣畜生餓鬼及人趣十八界十二入五陰攝七智知除比智及滅道智六識識欲界一切使使天趣十八界十二入五陰攝八智知除滅道智六識識三界一切使使

見苦斷煩惱身一界一入一陰攝八智知除滅道智一識識見苦斷一切使使及見集斷一切遍使使見集斷煩惱身一界一入一陰攝八智知除滅道智一識識見集斷一切使使及見苦斷一切遍使使見滅斷煩惱身一界一入一陰攝八智知除滅道智一識識見滅斷有漏緣使使及一切遍使使見道斷煩惱身一界一入一陰攝八智知除滅道智一識識見道斷有漏緣使使及一切遍使使修斷煩惱身一界一入一陰攝八智知除滅道智一識識修斷一切使使及一切遍使使

色法如色陰心法如識陰心法法一界一入三陰攝九智知除滅智一識識一切使使心不相應行一界一入一陰攝八智知除知他心智及滅智一識識有漏緣使使无為法廣說如果非果法 五法竟

地界一界一入一陰攝七智知除知他心智及滅道智二識識欲色二界一切遍使使及修斷使使如地界水界火界風界虛空界亦如是識界七界一入一陰攝八智知除滅道智一識識一切使使

見苦斷法三界二入四陰攝八智知除滅道智一識識見苦斷一切使使及見集斷一切遍使使見集斷法三界二入四陰攝八智知除滅道智一識識見集斷一切使使及見苦斷一切遍使使見滅斷法三界二入四陰攝八智知除滅道智一識識見道斷一切使使及一切遍使使見道斷法三界二入四陰攝八智知除滅道智一識識見道斷一切使使及一切遍使使修斷法十八界十二入五陰攝八智知除滅道智六識識修斷一切使使及一切遍使使不斷法三界二入五陰攝八智知除苦集智一識識使所不使 六法竟

貪欲使及瞋恚使一界一入一陰攝七智知除比智及滅道智一識識欲界有漏緣使使有愛使一界一入一陰攝七智知除法智及滅道智一識識色无色界有漏緣使使慢使一界一入一陰攝八智知除滅道智一識

識三界有漏緣使使无明使一界一入一陰攝八智知除滅道智一識識除無漏緣无明餘一切使使見使一界一入一陰攝八智知除滅道智一識識見斷有漏緣使使及見相應无漏緣無明疑使一界一入一陰攝八智知除滅道智一識識見斷有漏緣使使及疑相應无漏緣无明

初識住處十八界十二入五陰攝七智知除比智及滅道智六識識欲界一切使使第二識住處十四界十入五陰攝七智知除法智及滅道智四識識色界一切使使第三第四識住處十一界十入五陰攝七智知除法智及滅道智一識識色界一切使使第五第六第七識住處三界二入四陰攝六智知除法智知他心智及滅道智一識識无色界一切使使

七覺支品一界一入二陰攝七智知除苦集滅智一識識使所不使七法竟

初解脫處及第二第三解脫處三界二入五陰攝七智知除法智及滅道智一識識色界一切遍使使及修斷使使空入處解脫識入處解脫无所有入處解脫三界二入四陰攝七智知除法智知他心智及滅智一識識無色界一切遍使使及修斷使使非想非非想入處解脫三界二入四陰攝六智知除法智知他心智及滅道智一識識無色界一切遍使使及修斷使使想受滅入處解脫一界一入一陰攝六智知除法智知他心智及滅道智一識識无色界一切遍使使及修斷使使八勝處入及八一切入處三界二入五陰攝七智知除法智及滅道智一識識色界一切遍使使及修斷使使

道支中正語正業正命一界一入一陰攝六智知除知他心智及苦集滅智一識識使所不使諸餘道支一界一入一陰攝七智知除苦集滅智一識識使所不使八法竟

貪欲結及慢結一界一入一陰攝八智知除滅道智一識識三界有漏緣使使瞋恚結一界一入一陰攝七智知除比智及滅道智一識識欲界有漏緣使使無明結如无明使見結如見使他取結一界一入一陰攝八智知除滅道智一識識見斷有漏緣使使疑結一界一入一陰攝八智知除滅道智一識識見斷有漏緣使使及疑相應无漏緣無明慳嫉二結一界一入一陰攝七智知除比智及滅道智一識識欲界一切遍使使及修斷使使

初衆生居處如初識住處第二衆生居處如第二識住處第三第四第五衆生居處如第三第四識住處餘衆生居處如餘識住處九法竟

空一切入處及識一切入處三界二入四陰攝六智知除法智知他心智及滅道智一識識无色界一切遍使使及修斷使使

无學法中正語正業正命一界一入一陰攝六智知除知他心智及苦集滅智一識識使所不使餘无學法如餘道支十法竟

有漏色十一界十一入一陰攝七智知除知他心智及滅道智六識識欲色二界一切遍使使及修斷使使有

漏受想行一界一入三陰攝八智知除滅道智一識識一切使使有漏識如識界无漏色一界一入一陰攝六智知除知他心智及苦集滅智一識識使所不使无漏受想行一界一入三陰攝七智知除苦集滅智一識識使所不使无漏識二界一入一陰攝七智知除苦集智及滅智一識識使所不使无為法廣說如果非果法法十一竟

眼入一界一入一陰攝七智知除知他心智及滅道智一識識欲色二界一切遍使使及修斷使使如眼入耳入鼻入舌入身入眼界耳界鼻界舌界身界眼根耳根鼻根舌根身根亦如是

色入一界一入一陰攝七智知除知他心智及滅道智二識識欲色二界一切遍使使及修斷使使如色入聲入觸入色界聲界觸界亦如是

香入一界一入一陰攝六智知除比智知他心智及滅道智二識識欲界一切遍使使及修斷使使如香入味入香界味界亦如是

意入七界一入一陰攝九智知除滅智一識識一切使使如意入意界意根亦如是

法入一界一入四陰攝十智知一識識一切使使如法入法界亦如是法十二竟

眼識界二界一入一陰攝八智知除滅道智一識識欲色二界一切遍使使及修斷使使如眼識界耳識界身識界亦如是

鼻識界二界一入一陰攝七智知除比智及滅道智一識識欲界一切遍使使及修斷使使如鼻識界舌識界亦如是

意識界二界一入一陰攝九智知除滅智一識識一切使使法十八竟

女根一界一入一陰攝六智知除比智知他心智及滅道智一識識欲界一切遍使使及修斷使使知女根男根亦如是

命根一界一入一陰攝七智知除知他心智及滅道智一識識三界一切遍使使及修斷使使樂根一界一入一陰攝九智知除滅智一識識色界一切使使欲界一切遍使使及修斷使使苦根一界一入一陰攝七智知除比智及滅道智一識識欲界一切遍使使及修斷使使喜根一界一入一陰攝九智知除滅智一識識色界一切使使除欲界无漏緣疑及彼相應无明餘欲界一切使使憂根一界一入一陰攝七智知除比智及滅道智一識識欲界一切使使捨根一界一入一陰攝九智知除滅智一識識一切使使信根一界一入一陰攝九智知除滅智一識識三界一切遍使使及修斷使使如信根精進根念根定根慧根亦如是

未知當知根三界二入三陰攝七智知除苦集滅智一識識使所不使如未知當知根已知根无知根亦如是法二十二竟

欲界繫見苦斷使一界一入一陰攝七智知除比智及滅道智一識識欲界繫見苦斷一切使使及見集斷一切遍使使欲界繫見集斷使一界一入一陰攝七智知除比智及滅道智

一識識欲界繫見集斷一切使使及見苦斷一切遍使使欲界繫見滅斷使一界一入一陰攝七智知除比智及滅道智一識識除欲界繫見滅斷無漏緣不共无明餘欲界繫見滅斷一切使及一切遍使使欲界繫見道斷使一界一入一陰攝七智知除比智及滅道智一識識除欲界繫見道斷無漏緣不共無明餘欲界繫見道斷一切使及一切遍使使欲界繫修斷使一界一入一陰攝七智知除比智及滅道智一識識欲界繫修斷一切使及一切遍使使如欲界繫色界繫无色界繫亦如是色界差別者除法智无色界差別者六智知除法智知他心智滅道智餘如上說

九十八使竟

衆事分阿毗曇論卷第七

衆事分阿毗曇論卷第七

校勘記

一　底本，金藏廣勝寺本。

一　二〇二頁中四行品名，徑、清、麗作「分別攝品第六之四」。

一　二〇二頁中七行「苦苦」，資、磧、普、南、徑、清作「苦苦苦」。一四行同。

一　二〇二頁下一一行「无覺」，徑作「無覩」。

一　二〇二頁下一九行「三入」，麗作「二入」。

一　二〇三頁上六行「三入二」，資、磧、普、南、徑、清作「二入三」。

一　二〇三頁中一九行「滅諦」，徑作「滅智」。

一　二〇四頁上一二行「四蕴」，諸本（不含石，下同）作「四陰」。

一　二〇四頁上末行「七智」，南、徑、清作「六智」。

一　二〇五頁中一行第三字「除」，清作「陰」。

一　二〇五頁中一四行第五字「陰」，資、普、南、徑、清作「除」。

一　二〇五頁下九行「道斷」，資、磧、普、南、徑、清作「滅斷」。

一　二〇六頁中一一行第一一字「八」，資、磧、普、南、徑、清作「入」。

一　二〇六頁下一一行「第四」，徑、清作「第四第五」。

一　二〇七頁上一〇行「七智知」，資、磧、普、南、徑、清作「一智知」。

一　二〇七頁上二一行末字「界」，徑作「色」。

一　二〇七頁中一八行「知女根」，諸本作「如女根」。

一　二〇七頁下七行第四字「餘」，資、磧、普、南、徑、清作「除」。次頁上五行第八字同。

一　二〇七頁下一八行夾註「二十二法竟」，麗作「二十三法竟」。

趙城縣廣勝寺

眾事分阿毘曇論卷第八　支

尊者世友造

宋天竺三藏求那跋陀羅共菩提耶舍譯

千問論品第七初一

戒淨果通種斷如意足念諦

戒者謂優婆塞五戒問云何五答謂優婆塞盡形壽不殺生是優婆塞學迹盡形壽不偷盜不邪婬不妄語不飲酒是優婆塞學迹問此優婆塞五戒幾色幾非色幾可見幾不可見幾有對幾无對幾有漏幾无漏幾有為幾无為幾有報幾無報幾因緣生世所攝幾非因緣生非世所攝幾色攝幾名攝幾內入攝幾外入攝幾智知幾非智知幾斷知知幾非斷知知幾斷幾不斷幾應修幾不應修幾穢汙幾不穢汙幾果幾非果幾有果幾非有果幾果亦有果幾非果亦非有果幾受幾不受幾四大造幾非四大造幾有上幾无上幾是有幾非是有幾因相應幾因不相應

有六處善攝謂善色善受想行識及數滅問為善處攝五戒為五戒攝善處

有五處不善攝謂不善色不善受想行識問為不善處攝五戒為五戒攝不善處

有七處無記攝謂无記色無記受想行識及虛空非數滅問為无記處攝五戒為五戒攝无記處

有三處漏攝謂欲漏有漏無明漏問為漏處攝五戒為五戒攝漏處

有五處有漏攝謂有漏色有漏受想行識問為有漏處攝五戒為五戒攝有漏處

有六處无漏攝謂无漏色無漏受想行識及數滅問為無漏處攝五戒為五戒攝無漏處

問此五戒幾過去幾未來幾現在幾非過去非未來非現在幾善幾不善幾無記幾欲界繫幾色界繫幾无色界繫幾不繫幾學幾无學幾非學非无學幾見諦斷幾修斷幾不斷幾心幾心法幾非心幾非心法幾心相應幾惟心幾心隨轉非受相應幾受相應非心隨轉幾心隨轉亦受相應幾

非心隨轉亦非受相應幾心隨轉非想行相應幾想行相應非心隨轉幾心隨轉亦想行相應幾非心隨轉亦非想行相應幾覺隨轉非觀相應幾觀相應非覺隨轉幾覺隨轉亦觀相應幾非覺隨轉亦非觀相應幾見非見處幾見處非見幾見亦見處幾非見亦非見處幾身見因非身見幾身見非身見因幾身見因亦身見幾非身見因亦非身見幾業非業報幾業報非業幾業亦業報幾非業亦非業報幾業非業隨轉幾業隨轉非業幾業亦業隨轉幾非業亦非業隨轉幾造色非可見色幾可見色非造色色幾造色色亦可見色幾非造色色亦非可見色幾造色色亦有對色幾有對色非造色色幾造色色亦有對色幾非造色亦非有對色幾甚深難了幾難了甚深

幾善非善因幾善因非善幾善亦善因幾非善亦非善因幾不善非不善因幾不善因非不善幾不善亦不善因幾非不善亦非不善因幾无記非無記因幾無記因非無記幾无記亦无記因幾非无記亦非無記因幾因緣緣非有因幾有因非因緣緣幾因緣緣亦有因幾非因緣緣亦非有因幾次第緣緣非次第幾次第非次第緣緣幾次第緣緣亦次第幾非次第緣緣亦非次第幾緣緣非有緣幾有緣非緣緣幾緣緣亦有緣幾非緣緣亦非有緣幾增上緣緣非增上幾增上非增上緣緣幾增上亦增上緣緣幾非增上緣緣亦非增上幾流非隨流幾隨流非流幾流亦隨流幾非流亦非隨流如是一切修多羅廣問

問此優婆塞五戒幾色幾非色者今當荅謂一切是色一不可見四分別謂四作可見無作不可見彼一切作有對无作無對一切是有漏一切是有為一切是有報一切從因緣生世所攝一切是色所攝一切是外入所攝一切是智知一切是斷知一切是斷一切是應修一切不穢汙一切是果亦有果一切是不受一切是四大造一切是有上一切是有一切因不相應

善一處少分攝五戒五戒亦攝善一處少分不善處所不攝无記處所不攝漏處所不攝有漏一處少分攝五戒五戒亦攝有漏一處少分无漏處所不攝一切或過去或未來或現在一切是善一切是欲界繫一切是非學非無學一切是修斷一切是非心非心法非心相應一切是非心隨轉非受相應一切是非心隨轉非想行相應一切是非覺隨轉非觀相應一切是見處非見一切非身見因身見亦非彼因一切是業非業報一切是業非業隨轉一是造色色非可見色四分別謂四若作是造色色可見色若無作是造色色非可見色一切若作是造色色有對色若无作是造色色非有對色一切是甚深難了難了甚深

一切是善亦善因一切非不善亦非不善因一切非無記亦非无記因一切是因緣緣亦有因一切非次第亦

衆事分阿毗曇論第八卷　第六張

非次第緣緣一切是緣緣緣非有緣一切是增上緣緣及有增上一切是隨流非流

淨者謂四不壞淨問云何四荅謂佛不壞淨法不壞淨僧不壞淨聖戒不壞淨

問此四不壞淨幾色幾非色荅一是色三非色一切不可見一切是無對一切是無漏一切是有為一切是无報一切從因緣生世所攝一是色所攝三是名所攝一切是外入所攝一切是智知一切非斷知一切是不斷一切是應修一切不穢汙一切是果及有果一切是不受一是四大造三非四大造一切是有上一切是非有一因不相應三因相應善二處少分攝四不壞淨四不壞淨亦攝善二處少分不善處所不攝無記處所不攝漏處所不攝有漏處所不攝无漏一處及一處少分攝四不壞淨四不壞淨亦攝無漏一處及一處少分一切或過去或未來或現在一切是善一切是不繫

衆事分阿毗曇論第八卷　第七張

問不壞淨幾學幾無學幾非學非无學荅一切應分別佛不壞淨或學或無學云何學謂學意思惟相應佛不壞淨云何無學謂无學意思惟相應佛不壞淨如佛不壞淨法僧不壞淨亦如是

聖戒不壞淨或學或无學云何學謂學身口業云何無學謂无學身口業一切是不斷一非心非心法非心相應三心法心相應一心隨轉非受相應三心隨轉亦受相應一心隨轉非想行相應三心隨轉亦想行相應除其自性

問不壞淨幾覺隨轉非觀相應荅一切應分別佛不壞淨或有覺有觀或無覺有觀或无覺無觀云何有覺有觀謂有覺有觀意思惟相應佛不壞淨云何无覺有觀謂无覺有觀意思惟相應佛不壞淨云何無覺无觀謂無覺无觀意思惟相應佛不壞淨如佛不壞淨法僧不壞淨亦如是

聖戒不壞淨或覺隨轉非觀相應或非覺隨轉亦非觀相應云何覺隨轉

衆事分阿毗曇論第八卷　第八張

非觀相應謂覺隨轉身口業餘非覺隨轉亦非觀相應一切非見亦非見處一切非身見因身見亦非彼因二是業非業報三非業亦非業報一是業亦業隨轉三業隨轉非業一是造色色非可見色三非造色色亦非可見色一是造色色非有對色三非造色色亦非有對色一切是甚深難了難了甚深

一切是善亦善因一切非不善亦非不善因一切非無記亦非无記因一切是因緣緣亦有因

問不壞淨幾次第非次第緣緣荅一非次第亦非次第緣緣三分別佛不壞淨或次第非次第緣緣作三句次第非次第緣緣者謂未來現前必起佛不壞淨次第亦次第緣緣者謂過去現在佛不壞淨非次第亦非次第緣緣者謂除未來現前必起佛不壞淨若餘未來佛不壞淨如佛不壞淨法僧不壞淨亦如是

一是緣緣緣非有緣二是緣緣緣亦有緣一切是增上緣緣及有增上一

切非流亦非隨流
果者謂四沙門果問云何四荅謂須
陁洹果乃至阿羅漢果
問此四沙門果幾色幾非色荅謂沙
門果所攝身口業是色餘非色一切
不可見一切是無對一切是無漏
問沙門果幾有為幾無為荅一切應
分別謂須陁洹果或有為或无為云
何有為謂須陁洹果有為五陰云何
無為謂須陁洹果所攝數滅如須陁
洹果乃至阿羅漢果亦如是
一切是無報沙門果若有為從因緣
生世所攝若無為非因緣生非世所
攝沙門果所攝身口業是色所攝餘
是名所攝沙門果所攝心意識是內
入所攝餘是外入所攝一切是智知
一切非斷知知及不斷若有為是應
修若無為是不應修一切不穢汙若
有為是果及有果若无為是果非有
果一切是不受沙門果所攝身口業
是四大造餘非四大造若有為是有
上若无為是無上一切是非有沙門
果所攝身口業及心不相應行及數
滅因不相應餘因相應
善六處少分攝四沙門果四沙門果
亦攝善六處少分不善處所不攝无
記處所不攝漏處所不攝有漏處所
不攝无漏六處少分攝四沙門果四
沙門果亦攝無漏六處少分若有為
或過去或未來或現在若无為非過
去非未来非現在一切是善一切是
不繫
問沙門果幾學幾无學幾非學非无
學荅一切應分別謂須陁洹果或學
或非學非无學云何學謂須陁洹有
為果云何非學非无學謂須陁洹無
為果如須陁洹果斯陁含果阿那含
果亦如是
阿羅漢果或無學或非學非无學云
何無學謂阿羅漢有為果云何非學
非无學謂阿羅漢无為果一切是不
斷沙門果所攝身口業心不相應行
及數滅非心非心法非心相應沙門
果所攝受陰想陰彼相應行陰是心
法心相應心意識即心也
問須陁洹果幾心隨轉非受相應荅
作四句心隨轉非受相應者謂心隨
轉身口業心隨轉心不相應行及受
受相應非心隨轉者謂心意識心隨
轉亦受相應者謂想陰彼相應行陰
非心隨轉亦非受相應者謂除心隨
轉心不相應行若餘心不相應行及
數滅如須陁洹果乃至阿羅漢果亦
如是如受想行亦如是除其自性
問須陁洹果幾覺隨轉非觀相應荅
作四句覺隨轉非觀相應者謂覺隨
轉身口業覺隨轉心不相應行及覺
相應觀觀相應非覺隨轉者謂覺覺
隨轉亦觀相應者謂覺觀相應心心
法非覺隨轉亦非觀相應者謂除覺
隨轉心不相應行若餘心不相應行
及數滅如須陁洹果斯陁含果亦如是
阿那含果或覺隨轉非觀相應作四
句覺隨轉非觀相應者謂覺隨轉身
口業覺隨轉心不相應行及覺相應
觀觀相應非覺隨轉者謂覺若覺不
相應觀相應心心法覺隨轉亦觀相
應者謂覺觀相應心心法非覺隨轉
亦非觀相應者謂除覺隨轉身口業

若餘身口業除覺隨轉心不相應行若餘心不相應行及覺不相應觀及非覺觀相應心心法及數滅如阿那含果阿羅漢果亦如是

須陁洹果所攝慧是見非見處餘非見亦非見處如須陁洹果斯陁含果阿那含果亦如是

阿羅漢果所攝盡智无生智所不攝無漏慧是見非見處餘非見亦非見處一切非身見因身見亦非彼因沙門果所攝身口業及思是業非業報餘非業亦非業報

問須陁洹果幾業非業隨轉答作四句業非業隨轉者謂思業業隨轉非業者謂受陰想陰識陰若思所不攝業隨轉行陰業亦業隨轉者謂業隨轉身口業非業亦非業隨轉者謂除業隨轉心不相應行若餘心不相應行及數滅如須陁洹果乃至阿羅漢果亦如是沙門果所攝身口業是造色色非可見色餘非造色色亦非可見色沙門果所攝身口業是造色色非有對色餘非造色色亦非有對色

一切是甚深難了難了甚深

沙門果若有為是善亦善因若无為是善非善因一切非不善亦非不善因一切非无記亦非無記因沙門果若有為是因緣緣及有因若无為非因緣緣及非因

問沙門果幾次第非次第緣緣答一切應分別沙門果若有為或次第非次第緣緣作三句次第非次第緣緣者謂未来現前必起心心法次第亦次第緣緣者謂過去現在心心法非次第亦非次第緣緣者謂除未来現前必起心心法若餘未来心心法及身口業心不相應行及數滅沙門果若有為所攝身口業心不相應行及數滅是緣緣緣非有緣餘者是緣緣緣亦有緣沙門果若有為是增上緣緣及有增上若无為是增上緣緣非有增上一切非流亦非隨流

通者謂四通問云何四答謂有苦遟通有苦速通有樂遟通有樂速通云何苦遟通謂未来禪中間禪及三无色若鈍根道云何苦速通謂未来禪中間禪及三無色若利根道云何樂遟通謂根本四禪若鈍根道云何樂速通謂根本四禪若利根道

問此四通幾是色幾非色答通所攝身口業是色餘非色一切不可見一切是无對一切是無漏一切是有為一切是无報一切從因緣生世所攝通所攝身口業是色所攝餘是名所攝通所攝心意識是內入所攝餘是外入所攝一切是智知一切非斷知知及不斷一切是應修一切不穢汙一切是果及有果一切是不受通所攝身口業是四大造餘非四大造一切是有上一切是非有通所攝身口業及心不相應行因不相應餘因相應善五處少分攝四通四通亦攝善五處少分不善處所不攝无記處所不攝漏處所不攝有漏處所不攝无漏五處少分攝四通四通亦攝無漏五處少分一切或過去或未来或現在一切是善一切是不繫

問四通幾學幾無學答一切應分別通或學或无學云何學謂通所攝學

五陰云何無學謂通所攝无學五陰一切是不斷通所攝身口業心不相應行非心非心法非心相應通所攝受陰想陰彼相應行陰是心法心相應心意識即心也

問四通幾心隨轉非受相應荅作四句心隨轉非受相應者謂心隨轉身口業心隨轉心不相應行及受受相應非心隨轉者謂心意識心隨轉亦受相應者謂想陰彼相應行陰非心隨轉亦非受相應者謂除心隨轉心不相應行若餘心不相應行如受想行亦如是除其自性

問苦遲通幾覺隨轉非觀相應荅作四句覺隨轉非觀相應者謂覺隨轉身口業覺隨轉心不相應行及覺相應觀相應非覺隨轉者謂覺若覺不相應觀相應心心法覺隨轉亦觀相應者謂覺觀相應心心法非覺隨轉亦非觀相應者謂除覺隨轉身口業若餘身口業除覺隨轉心不相應行若餘心不相應行及覺不相應觀及非覺觀相應心心法如苦遲通苦速

通亦如是

樂遲通或覺隨轉非觀相應作四句覺隨轉非觀相應者謂覺隨轉身口業覺隨轉心不相應行及覺相應觀觀相應非覺隨轉者謂覺若覺不相應觀相應心心法覺隨轉亦觀相應者謂覺觀相應心心法非覺隨轉亦非觀相應者謂除覺隨轉身口業若餘身口業除覺隨轉心不相應行若餘心不相應行及覺不相應觀及非覺觀相應心心法如樂遲通樂速通亦如是

通所攝盡智无生智所不攝无漏慧是見非見處餘非見亦非見處一切非身見因身見亦非彼因通所攝身口業及思此是業非業報餘非業亦非業報

問四通幾業非業隨轉荅作四句業非業隨轉者謂思業業隨轉非業者謂受陰想陰識陰若思所不攝業隨轉行陰業亦業隨轉者謂業隨轉身口業非業亦非業隨轉者謂除業隨轉心不相應行若餘心不相應行

通所攝身口業是造色色非可見色餘非造色色亦非可見色通所攝身口業是造色色非有對色餘非造色色亦非有對色一切是甚深難了難了甚深

一切是善亦善因一切非不善亦非不善因一切非无記亦非无記因一切是因緣緣亦有因

問四通幾次第非次第緣緣荅一切應分別通或次第非次第緣緣作三句次第非次第緣緣者謂未来現前必起心心法次第亦次第緣緣者謂過去現在心心法非次第亦非次第緣緣者謂除未来現前必起心心法若餘未来心心法及身口業心不相應行通所攝身口業心不相應行是緣緣緣非有緣餘者是緣緣緣亦有緣一切是增上緣緣及有增上一切非流亦非隨流

種者謂四聖種問云何四荅一謂隨乞得衣知足聖種二謂隨乞得食知足聖種三謂隨得眠卧具等知足聖種四謂樂閑靜樂修聖種

問此四聖種幾色幾非色荅聖種所攝身口業是色餘非色一切是不可見一切是无對

問聖種幾有漏幾無漏荅一切應分別聖種或有漏或无漏云何有漏謂聖種所攝有漏五陰云何無漏謂聖種所攝无漏五陰一切是有為若有漏彼有報若無漏彼无報一切從因緣生世所攝聖種所攝身口業是色所攝餘是名所攝聖種所攝心意識是內入所攝餘是外入所攝一切是智知若有漏斷知知及斷若无漏非斷知知及不斷一切是應修一切不穢汙一切是果及有果一切是不受聖種所攝身口業是四大造餘非四大造一切是有上聖種若有漏彼是有若无漏彼非有聖種所攝身口業及心不相應行因不相應餘因相應善五處少分攝四聖種四聖種亦攝善五處少分不善處所不攝无記處所不攝漏處所不攝或有漏處攝非聖種作四句有漏處攝非聖種者謂聖種所不攝有漏五陰聖種攝非有漏處者謂聖種所攝無漏五陰有漏處攝亦聖種者謂聖種所攝有漏五陰非有漏處攝亦非聖種者謂虛空及數滅非數滅或无漏處攝非聖種作四句无漏處攝非聖種者謂虛空及數滅非數滅聖種攝非无漏處者謂聖種所攝有漏五陰無漏處攝亦聖種者謂聖種所攝无漏五陰非无漏處攝亦非聖種者謂聖種所不攝有漏五陰一切或過去或未來或現在一切是善

聖種或欲界繫或色界繫或无色界繫或不繫云何欲界繫謂聖種所攝欲界繫五陰云何色界繫謂聖種所攝色界繫五陰云何无色界繫謂聖種所攝無色界繫四陰云何不繫謂无漏四聖種

問聖種幾學幾無學幾非學非无學荅一切應分別聖種或學或无學或非學非無學云何學謂聖種所攝學五陰云何无學謂聖種所攝無學五陰云何非學非無學謂聖種所攝有漏五陰聖種若有漏彼修斷若无漏彼不斷聖種所攝身口業及心不相應行非心非心法非心相應聖種所攝受陰想陰彼相應行陰是心法心相應心意識即心也

問聖種幾心隨轉非受相應荅作四句心隨轉非受相應者謂心隨轉身口業心隨轉心不相應行及受受相應非心隨轉者謂心意識心隨轉亦受相應者謂想陰彼相應行陰非心隨轉亦非受相應者謂除心隨轉身口業若餘身口業除心隨轉心不相應行若餘心不相應行如受想行亦如是除其自性

問聖種幾覺隨轉非觀相應荅作四句覺隨轉非觀相應者謂覺隨轉身口業覺隨轉心不相應行及覺相應觀觀相應非覺隨轉者謂覺若覺不相應觀相應心心法覺隨轉亦觀相應者謂覺觀相應心心法非覺隨轉亦非觀相應者謂除覺隨轉身口業若餘身口業除覺隨轉心不相應行若餘心不相應行及覺不相應觀及非覺觀相應心心法

問聖種幾見非見處答作四句見非見處者謂聖種所攝盡智无生智所不攝无漏慧見處非見者謂見所不攝有漏四聖種見亦見處者謂世俗正見非見亦非見處者謂見所不攝无漏四聖種

一切非身見因身見亦非彼因聖種所攝身口業及思此是業非業報餘非業亦非業報

問聖種幾業非業隨轉答作四句業非業隨轉者謂除業隨轉身口業若餘身口業及思業業隨轉非業者謂受陰想陰識陰若思所不攝業隨轉行陰業亦業隨轉者謂業隨轉身口業非業亦非業隨轉者謂除業及業隨轉心不相應行若餘心不相應行

聖種所攝身口業是造色色非可見色餘非造色色亦非可見色

聖種所攝身口業是造色色非有對色餘非造色色亦非有對色一切是甚深難了難了甚深

一切是善亦善因一切非不善亦非不善因一切非无記亦非无記因一切是因緣緣亦有因

問聖種幾次第非次第緣緣答一切應分別聖種或次第非次第緣緣作三句次第非次第緣緣者謂未來現前必起心心法次第亦次第緣緣者謂過去現在心心法非次第亦非次第緣緣者謂除未來現前必起心心法若餘未來心心法及身口業心不相應行

聖種所攝身口業心不相應行是緣緣緣非有緣餘者是緣緣緣亦有緣一切是增上緣緣及有增上聖種若有漏彼隨流非流若无漏非流亦非隨流

如四聖種四正懃四如意足善聚修多羅亦如是

念者謂四念處問云何四答謂身念處乃至法念處云何身念處謂緣身慧云何受念處謂緣受慧云何心念處謂緣心慧云何法念處謂緣法慧

問此四念處幾色幾非色答一切非色一切不可見一切是无對

問念處幾有漏幾无漏答一切應分別緣身慧或有漏或无漏云何有漏謂有漏意思惟相應緣身慧云何無漏謂无漏意思惟相應緣身慧如緣身慧乃至緣法慧亦如是

一切是有為念處若有漏彼有報若無漏彼无報一切從因緣生世所攝一切是名所攝一切是外入所攝一切是智知若有漏斷知知及斷若无漏非斷知知及不斷一切是應修一切不穢汙一切是果及有果一切是不受一切非四大造一切是有上念處若有漏是有若无漏非是有一切因相應

善一處少分攝四念處四念處亦攝善一處少分不善處所不攝无記處所不攝漏處所不攝

或有漏處攝非念處作四句有漏處攝非念處者謂有漏色陰有漏受陰想陰識陰念處所不攝有漏行陰念處攝非有漏處者謂无漏四念處有漏處攝亦念處者謂有漏四念處非有漏處攝亦非念處者謂无漏色陰受陰想陰識陰念處所不攝无漏行

陰及無為或无漏處攝非念處作四句无漏處攝非念處者謂無漏色陰受陰想陰識陰念處所不攝無漏行陰及無為念處攝非无漏者謂有漏四念處無漏處攝亦念處者謂無漏四念處非无漏處攝亦非念處者謂有漏色陰受陰想陰識陰念處所不攝有漏行陰一切或過去或未來或現在一切是善

問念處幾界繫荅一切應分別緣身慧或欲界繫或色界繫或无色界繫或不繫云何欲界繫謂欲界繫意思惟相應緣身慧云何色界繫謂色界繫意思惟相應緣身慧云何无色界繫謂无色界繫意思惟相應緣身慧云何無繫謂無漏意思惟相應緣身慧如緣身慧乃至緣法慧亦如是

問念處幾學幾無學幾非學非无學荅一切應分別緣身慧或學或無學或非學非无學云何學謂學意思惟相應緣身慧云何無學謂无學意思惟相應緣身慧云何非學非无學謂有漏意思惟相應緣身慧如緣身慧乃至緣法慧亦如是

念處若有漏彼修斷若無漏彼不斷一切是心法心相應一切心隨轉受相應一切心隨轉想行相應除其自性

問念處幾有覺有觀荅一切應分別緣身慧或有覺有觀或无覺有觀或無覺无觀云何有覺有觀謂有覺有觀意思惟相應緣身慧云何無覺有觀謂无覺有觀意思惟相應緣身慧云何無覺无觀謂無覺无觀意思惟相應緣身慧如緣身慧乃至緣法慧亦如是

問念處幾見非見處荅一切應分別緣身慧或見非見處作四句見非見處者謂盡智无生智所不攝无漏緣身慧見處非見者謂見所不攝有漏緣身慧及五識身相應緣身慧見亦見處者謂世俗正見非見亦非見處者謂見所不攝无漏緣身慧

緣受慧或見非見處作四句見非見處者謂盡智无生智所不攝無漏緣受慧見處非見者謂見所不攝有漏緣受慧見亦見處者謂世俗正見非見亦非見處者謂見所不攝無漏緣受慧如无漏緣受慧緣心慧緣法慧亦如是

一切非身見因身見亦非彼因一切非業亦非業報一切是業隨轉非業一切非造色色非可見色一切非造色色非有對色一切是甚深難了難了甚深

一切是善亦善因一切非不善亦非不善因一切非無記亦非无記因一切是因緣緣亦有因

問念處幾次第非次第緣緣荅一切應分別緣身慧或次第非次第緣緣作三句次第非次第緣緣者謂未來現前必起緣身慧次第亦次第緣緣者謂過去現在緣身慧非次第亦非次第緣緣者謂除未來現前必起緣身慧若餘未來緣身慧如緣身慧乃至緣法慧亦如是

一切是緣緣緣亦有緣一切是增上緣緣及有增上若有漏彼隨流非流餘非流亦非隨流

衆事分阿毗曇論第八卷　共十七張　丈字號

衆事分阿毗曇論卷第八

衆事分阿毗曇論卷第八

校勘記

一　底本，金藏廣勝寺本。

一　二〇九頁中四行品名，徑、清、麗作「千問論品第七之一」。

一　二一〇頁上一六行第一〇字「亦」，諸本(不含石，下同)作「非」。

一　二一〇頁下九行首字「覺」，諸本作「學」。

一　二一〇頁下一二行第七字「學」，資、磧、普、南、徑、清作「覺」。

一　二一一頁上一五行第二字「非」，南、徑、清作「業」。

一　二一一頁上一六行「二處」，徑作「一處」。

一　二一一頁下三行末字「一」，徑作「亦」。

一　二一一頁下二二行「二是」，資、磧、普、南、徑、清作「三是」。

一　二一二頁上一七行「知知」，資、磧、普、南、徑、清作「智知」。

一　二一三頁中一〇行「現前」，徑作「現在」。

一　二一四頁上一七行第二字「觀」。諸本作「觀觀」。

一　二一七頁上一六行「無漏」，徑作「無繫」。

趙城縣廣勝寺

衆事分阿毗曇論卷第九　友

尊者世友造

宋天竺三藏求那跋陁羅共菩提耶舍譯

千問論品第七初二

四念處問云何四荅謂身念處受念處心念處法念處

問此四念處幾色幾非色荅一是色三非色三不可見一分別身念處或可見或不可見云何可見謂一入云何不可見謂九入及一入少分三無對一分別身念處或有對或无對云何有對謂十入云何无對謂一入少分

問四念處幾有漏幾無漏荅一切應分別身念處或有漏或无漏云何有漏謂十入及一入少分云何无漏謂一入少分受念處或有漏或無漏云何有漏謂有漏意思惟相應受念處云何無漏謂無漏意思惟相應受念處如受念處心念處亦如是

法念處或有漏或無漏云何有漏謂有漏想陰行陰云何无漏謂無漏想陰行陰及无為三有為一分別法念處或有為或無為云何有為謂想陰行陰云何無為謂虛空數滅非數滅

問四念處幾有報幾无報荅一切應分別身念處或有報或無報云何有報謂不善及善有漏身念處云何无報謂无記無漏身念處如身念處受心法念處亦如是

三從因緣生世所攝一分別法念處若有為從因緣生世所攝若無為非因緣生非世所攝

一是色所攝三是名所攝一是內入所攝二是外入所攝一分別身念處或內入所攝或外入所攝云何內入所攝謂五內入云何外入所攝謂五外及一外入少分一切是智知若有漏彼斷知知及斷若无漏彼非斷知知及不斷

問四念處幾應修幾不應修荅一切應分別身念處或應修或不應修云何應修修善身念處云何不應修謂不善无記身念處如身念處受心念處亦如是法念處或應修或不應修云何應修謂善有為法念處云何不

應修謂不善无記法念處及虛空數滅非數滅

問四念處幾穢汙幾不穢汙答一切應分別身念處或穢汙或不穢汙云何穢汙謂隱沒云何不穢汙謂不隱沒如身念處受心法念處亦如是

三是果及有果一分別法念處或果非有果作三句果非有果者謂數滅果亦有果者謂有為法念處非果亦非有果者謂虛空及非數滅

三不受一分別身念處或受或不受云何受謂內入自性受云何不受謂非自性受

三非四大造一分別身念處或四大造或非四大造云何四大造謂九入及二入少分云何非四大造謂一入少分

三有上一分別法念處或有上或无上云何有上謂想陰行陰虛空非數滅云何无上謂數滅若有漏彼是有若無漏彼非有一因不相應二因相應一分別法念處若心法因相應若非心法因不相應

善處少分攝四念處少分四念處少分亦攝善處少分不善處少分攝四念處少分四念處少分亦攝不善處少分無記處少分攝四念處少分四念處少分亦攝无記處少分漏處少分攝一念處少分二念處少分亦攝漏處少分有漏處少分攝四念處少分四念處少分亦攝有漏處少分無漏處少分攝四念處少分四念處少分亦攝无漏處少分三或過去或未來或現在一分別法念處若有為或過去或未來或現在若無為非過去非未來非現在

問四念處幾善幾不善幾无記答一切應分別身念處或善或不善或無記云何善謂三入少分云何不善謂三入少分云何無記謂八入及三入少分

受念處或善或不善或无記云何善謂善意思惟相應受念處云何不善謂不善意思惟相應受念處云何无記謂無記意思惟相應受念處如受念處心念處亦如是

法念處或善或不善或無記云何善謂善想陰行陰及數滅云何不善謂不善想陰行陰云何無記謂无記想陰行陰虛空非數滅

問四念處幾界繫答一切應分別身念處或欲界繫或色界繫或不繫云何欲界繫謂二入及九入少分云何色界繫謂九入少分云何不繫謂一入少分

受念處或欲界繫或色界繫或无色界繫或不繫云何欲界繫謂欲界繫意思惟相應受念處云何色界繫謂色界繫意思惟相應受念處云何无色界繫謂無色界繫意思惟相應受念處云何不繫謂无漏意思惟相應受念處如受念處心念處亦如是

法念處或欲界繫或色界繫或无色界繫或不繫云何欲界繫謂欲界繫想陰行陰云何色界繫謂色界繫想陰行陰云何无色界繫謂无色界繫想陰行陰云何不繫謂无漏想陰行陰及無為

問四念處幾學幾无學幾非學非无

學荅一切應分別身念處或學或无學或非學非无學云何學謂一入處少分云何無學謂一入處少分云何非學非无學謂十入及一入少分

受念處或學或无學或非學非无學云何學謂學意思惟相應受念處云何无學謂無學意思惟相應受念處云何非學非无學謂有漏意思惟相應受念處如受念處心念處亦如是

法念處或學或无學或非學非无學云何學謂學想陰行陰云何无學謂無學想陰行陰云何非學非無學謂有漏想陰行陰及無為

問四念處幾見斷幾修斷幾不斷荅一切應分別身念處或修斷或不斷云何修斷謂十入及一入少分云何不斷謂一入少分

受念處或見斷或修斷或不斷云何見斷謂受念處隨信行隨法行人無間等忍斷彼云何斷謂見斷八十八使相應受念處云何修斷謂受念處學見迹修斷彼云何斷謂修斷十使相應受念處及不穢汙有漏受念處

云何不斷謂无漏受念處如受念處心念處亦如是

法念處或見斷或修斷或不斷云何見斷謂法念處隨信行隨法行人无間等忍斷彼云何斷謂見斷八十八使彼相應法念處彼所起心不相應行云何修斷謂法念處學見迹修斷彼云何斷謂修斷十使彼相應法念處彼所起身口業彼所起心不相應行及不穢汙有漏法念處云何不斷謂無漏法念處一非心非心法非心相應一心法心相應一惟心一分別法念處若有緣彼心法及心相應若無緣彼非心非心法非心相應

一心隨轉非受相應一受相應非心隨轉二分別身念處或心隨轉非受相應或非心隨轉亦非受相應心隨轉非受相應者謂心隨轉身口業餘非心隨轉亦非受相應

法念處或心隨轉非受相應作三句心隨轉非受相應者謂心隨轉心不相應行心隨轉亦受相應者謂想陰彼相應行陰非心隨轉亦非受相應

者謂除心隨轉心不相應行若餘心不相應行及无為如受想行亦如是除其自性

問四念處幾覺隨轉非觀相應荅一切應分別身念處或覺隨轉非觀相應或非覺隨轉亦非觀相應覺隨轉非觀相應者謂覺隨轉身口業餘非覺隨轉亦非觀相應

受念處或有覺有觀或无覺有觀或無覺无觀云何有覺有觀謂有覺有觀意思惟相應受念處云何無覺有觀謂无覺有觀意思惟相應受念處云何無覺无觀謂無覺无觀意思惟相應受念處如受念處心念處亦如是法念處或覺隨轉非觀相應作四句覺隨轉非觀相應者謂覺隨轉心不相應行及覺相應觀觀相應非覺隨轉者謂覺若覺不相應觀相應心法法念處覺隨轉亦觀相應者謂覺觀相應心法法念處非覺隨轉亦非觀相應者謂除覺隨轉心不相應行餘心不相應行及覺不相應觀及非覺觀相應心法法念處及无為

問四念處幾見非見處荅一切應分別身念處或見處非見作三句見處非見者謂九入及一入少分見亦見處者謂一入非見亦非見處者謂一入少分

受念處若有漏彼見處非見若无漏非見亦非見處如受念處心念處亦如是

法念處或見非見處作四句見非見處者謂盡智无生智所不攝无漏慧見處非見者謂見所不攝有漏法念處見亦見處者謂五見世俗正見非見亦非見處者謂見所不攝无漏法念處

問四念處幾身見是彼因彼非身見因荅一切應分別身念處若穢汙身見是彼因彼非身見因若不穢汙身見非彼因彼亦非身見因受念處或身見是彼因彼非身見因或身見是彼因彼亦身見因或身見非彼因彼亦非身見因身見是彼因彼非身見因者謂除過去現在見苦斷使彼相應受念處除過去現在見集斷一切遍

使彼相應受念處除未來身見相應受念處除身見生住異滅及彼相應法生住異滅若諸餘穢汙受念處身見是彼因彼亦身見因者謂前所除尒所法者是身見非彼因彼亦非身見因者謂不穢汙受念處如受念處心念處亦如是

法念處或身見是彼因彼非身見因作三句身見是彼因彼非身見因者謂除過去現在見苦斷使彼相應法念處除過去現在見集斷一切遍使彼相應法念處除未來身見相應法念處除身見生住異滅及彼相應法生住異滅若諸餘穢汙法念處身見是彼因彼亦身見因者謂前所除尒所法者是身見非彼因彼亦非身見因者謂不穢汙法念處

問四念處幾業非業報荅一切應分別身念處或業非業報作三句業非業報者謂身口業業報非業者謂報生身念處非業亦非業報者謂除業及業報身念處餘身念處

受念處或業報非業或非業亦非業報業報非業者謂報生受念處餘非業亦非業報如受念處心念處亦如是

法念處或業非業報作四句業非業報者謂報所不攝思業業報非業者謂若思所不攝報生法念處業亦業報者謂報生思業非業亦非業報者謂除業及業報法念處若餘法念處

二業隨轉非業二分別身念處或業非業隨轉作三句業非業隨轉者謂除業隨轉身口業若餘身口業業亦業隨轉者謂業隨轉身口業非業亦非業隨轉者謂除非業隨轉身口業及業隨轉身念處若餘身念處

法念處或業非業隨轉作三句業非業隨轉者謂思業業隨轉非業者謂想陰若思所不攝業隨轉行陰非業亦非業隨轉者謂除業及業隨轉法念處若餘法念處

三非造色色非可見色一分別身念處或造色色非可見色作三句造色色非可見色者謂八入及二入少分造色色亦可見色者謂一入非造色色亦非可見色者謂一入少分三非

造色色非有對色一分別身念處或造色色非有對色作三句造色色非有對色者謂一入少分有對色非造色色者謂一入少分造色色亦有對色者謂九入及一入少分一切是甚深難了難了甚深

問四念處幾善因非善荅一切應分別身念處或善因非善作三句善因非善者謂善報生身念處善亦善因者謂善身念處非善亦非善因者謂除善報生身念處若餘無記及不善身念處如身念處受心念處亦如是法念處或善非善因作四句善非善因者謂數滅善因非善者謂善報生法念處善亦善因者謂善有為法念處非善亦非善因者謂除善報生法念處若餘无記及不善法念處

問四念處幾不善不善因荅一切應分別身念處或不善因非不善作三句不善因非不善者謂不善報生身念處不善亦不善因者謂不善身念處非不善亦非不善因者謂除不善報生身念處若餘无記及善身念處

受念處或不善因非不善作三句不善因非不善者謂不善報生受念處及欲界身見邊見相應受念處不善亦不善因者謂不善受念處非不善亦非不善因者謂除不善報生受念處及除欲界身見邊見相應受念處若餘无記及善受念處如受念處心念處亦如是

法念處或不善因非不善作三句不善因非不善者謂不善報生法念處及欲界身見邊見相應法念處不善亦不善因者謂不善法念處非不善亦非不善因者謂除不善報生法念處及除欲界身見邊見相應法念處若餘无記及善法念處

問四念處幾無記非无記因荅一切應分別身念處或無記因非无記作三句無記因非无記者謂不善身念處無記亦無記因者謂无記身念處非无記亦非無記因者謂善身念處如身念處受心念處亦如是法念處或无記非无記因作四句無記非無記因者謂虛空非數滅无記

因非無記者謂不善法念處无記亦無記因者謂无記有為法念處非無記亦非無記因者謂善法念處三是因緣緣及有因一分別法念處若有為彼因緣緣及有因若无為非因緣緣及非有因一非次第亦非次第緣緣三分別

受念處或次第非次第緣緣作三句次第非次第緣緣者謂未來現前必起受念處過去及現在阿羅漢最後命終受念處次第亦次第緣緣者謂除過去現在阿羅漢最後命終受念處若餘過去及現在受念處非次第亦非次第緣緣者謂除未來現前必起受念處若餘未來受念處如受念處心念處亦如是法念處或次第非次第緣緣作三句次第非次第緣緣者謂未來現前必起心法法念處過去及現在阿羅漢最後命終心法法念處及无想正受滅盡正受已起當起次第亦次第緣緣者謂除過去現在阿羅漢最後命終心法法念處若餘過去及現在心法法念處非次第

亦非次第緣緣者謂除未來現前必起心法法念處若餘未來心法法念處除次第心不相應行若餘心不相應行及无為

一是緣緣緣非有緣二是緣緣緣及有緣法念處若心法緣緣緣及有緣若非心法緣緣緣非有緣

三是增上緣緣及有增上一分別法念處若有為彼是增上緣緣及有增上若无為是增上緣緣非有增上

問四念處幾流幾隨流荅一切應分別身念處若有漏彼隨流非流若无漏彼非流亦非隨流如身念處受心念處亦如是

法念處或隨流非流作三句隨流非流者謂流所不攝有漏法念處流亦隨流者謂四流非流亦非隨流者謂無漏法念處

諦者謂四聖諦問云何四荅謂苦聖諦集聖諦滅聖諦道聖諦

問此四聖諦幾色幾非色荅一非色三分別苦諦或色或非色云何色謂十入及一入少分云何非色謂一入

及一入少分如苦諦集諦亦如是

道諦所攝身口業是色餘非色二不可見二分別苦諦或可見或不可見云何可見謂一入云何不可見謂十一入如苦諦集諦亦如是

二無對二分別苦諦或有對或无對云何有對謂十入云何無對謂二入如苦諦集諦亦如是

二有漏二無漏三有為一无為二無報二分別苦諦或有報或無報云何有報謂善不善苦諦云何无報謂無記苦諦如苦諦集諦亦如是

三從因緣生世所攝一非因緣生非世所攝一名所攝三分別苦諦或色所攝或名所攝云何色所攝謂十入及一入少分云何名所攝謂一入及一入少分如苦諦集諦亦如是道諦所攝身口業是色所攝餘是名所攝

一是外入所攝三分別苦諦或內入所攝或外入所攝云何內入所攝謂六內入云何外入所攝謂六外入如苦諦集諦亦如是

道諦所攝心意識此內入所攝餘外

入所攝一切是智知二斷知知及斷

二非斷知知及不斷

一應修二不應修二分別苦諦或應修或不應修云何應修謂善苦諦云何不應修謂不善无記苦諦如苦諦集諦亦如是

二不穢汙二分別苦諦或穢汙或不穢汙云何穢汙謂隱沒云何不穢汙謂不隱沒如苦諦集諦亦如是

一果非有果三果及有果二不受二分別苦諦或受或不受云何受謂自性受云何不受謂非自性受如苦諦集諦亦如是

一非四大造三分別苦諦或四大造或非四大造云何四大造謂九入及二入少分云何非四大造謂一入及二入少分如苦諦集諦亦如是

道諦所攝身口業四大造餘非四大造三有上一无上二是有二非有一因不相應三分別苦諦所攝色心不相應行因不相應餘因相應如苦諦集諦亦如是

道諦所攝身口業心不相應行因不

相應餘因相應
善處攝二諦及二諦少分二諦及二諦少分亦攝善處不善處攝二諦少分二諦少分亦攝不善處
或無記處攝非諦作四句无記處攝非諦者謂虛空非數滅諦攝非无記處者謂二諦及二諦少分无記處攝亦諦者謂二諦少分非無記處攝亦非諦者是事不可得也
漏處攝二諦少分二諦少分亦攝漏處有漏處攝二諦二諦亦攝有漏處或无漏處攝非諦作四句无漏處攝非諦者謂虛空及非數滅諦攝非无漏處者謂二諦无漏處攝亦諦者謂二諦非無漏處攝亦非諦者是事不可得也
三或過去或未來或現在一非過去非未來非現在
二善二分別苦諦或善或不善或无記云何善謂苦諦所攝善五陰云何不善謂苦諦所攝不善五陰云何无記謂苦諦所攝无記五陰如苦諦集諦亦如是

二不繫二分別苦諦或欲界繫或色界繫或無色界繫云何欲界繫謂苦諦所攝欲界繫五陰云何色界繫謂苦諦所攝色界繫五陰云何无色界繫謂苦諦所攝无色界繫四陰如苦諦集諦亦如是
三非學非无學一分別道諦或學或无學云何學謂學五陰云何无學謂無學五陰
二不斷二分別苦諦或見斷或修斷云何見斷若苦諦隨信行隨法行人無間忍等斷彼云何斷謂見斷八十八使彼相應苦諦彼所起心不相應行云何修斷若苦諦學見迹修斷彼云何斷謂修斷十使彼相應苦諦彼所起身口業彼所起心不相應行及不穢汙苦諦如苦諦集諦亦如是
一非心非心法非心相應三分別苦諦所攝色心不相應行非心非心法非心相應受陰想陰彼相應行陰心法心相應心意識即心也如苦諦集諦亦如是
道諦所攝身口業心不相應行非心非心法非心相應受陰想陰彼相應行陰心法心相應心意識即心也
一非心隨轉非受相應三分別苦諦或心隨轉非受相應作四句心隨轉非受相應者謂心隨轉身口業心隨轉心不相應行及受受相應非心隨轉者謂心意識心隨轉亦受相應者謂想陰彼相應行陰非心隨轉亦非受相應者謂除心隨轉身口業若餘色除心隨轉心不相應行若餘心不相應行如苦諦集諦亦如是
道諦或心隨轉非受相應作四句心隨轉非受相應者謂心隨轉身口業心隨轉心不相應行及受受相應非心隨轉者謂心意識心隨轉亦受相應者謂想陰彼相應行陰非心隨轉亦非受相應者謂除心隨轉心不相應行若餘心不相應行如受想行亦如是除其自性一非覺隨轉非觀相應三分別苦諦或覺隨轉非觀相應作四句覺隨轉非觀相應者謂覺隨轉身口業覺隨轉心不相應行及覺相應觀觀相應非覺隨轉者謂覺若覺

衆事分阿毗曇論第九卷 第二十一張 友字号

不相應觀相應心心法苦諦覺隨轉亦觀相應者謂覺觀相應心心法苦諦非覺隨轉亦非觀相應者謂除覺隨轉身口業若餘色除覺隨轉心不相應行若餘心不相應行及覺不相應觀及非覺觀相應心心法苦諦如苦諦集諦亦如是

道諦或覺隨轉非觀相應作四句覺隨轉非觀相應者謂覺隨轉身口業覺隨轉心不相應行及覺相應觀觀相應非覺隨轉者謂覺若覺不相應觀相應心心法覺隨轉亦觀相應者謂覺觀相應心心法非覺隨轉亦觀相應者謂除覺隨轉身口業若餘身口業除覺隨轉心不相應行若餘心不相應行及覺不相應觀及非覺觀相應心心法

一非見亦非見處三分別苦諦或見亦見處或見處非見見亦見處者謂眼根及五見世俗正見餘見處非見如苦諦集諦亦如是道諦所攝盡智無生智所不攝无漏慧此是見非見處餘非見亦非見處

衆事分阿毗曇論第九卷 第二十二張 友字号

二身見非彼因彼亦非身見因二分別苦諦或身見是彼因彼非身見因或身見是彼因彼亦身見因或身見非彼因彼亦非身見因身見是彼因彼非身見因者謂除過去現在見苦斷使彼相應苦諦除過去現在見集斷一切遍使彼相應苦諦除未來身見相應苦諦除身見生住異滅及彼相應法生住異滅若諸餘穢汙苦諦身見是彼因彼亦身見因者謂前所除尒所法者是身見非彼因彼亦非身見因者謂不穢汙苦諦如苦諦集諦亦如是

一非業非業報三分別苦諦或業非業報作四句業非業報者謂身口業及報所不攝思業業報非業者謂若思所不攝報生苦諦業亦業報者謂報生思業非業亦非業報者謂除業及業報苦諦若餘苦諦如苦諦集諦亦如是

道諦所攝身口業及思是業非業報餘非業亦非業報

一非業亦非業隨轉三分別苦諦或

衆事分阿毗曇論第九卷 第二十三張 友字号

業非業隨轉作四句業非業隨轉者謂除業隨轉身口業若餘身口業及思業業隨轉非業者謂受陰想陰識陰若思所不攝業隨轉行陰業亦業隨轉者謂業隨轉身口業非業亦非業隨轉者謂除業及業隨轉苦諦若餘苦諦如苦諦集諦亦如是

道諦或業非業隨轉作四句業非業隨轉者謂思業業隨轉非業者謂受陰想陰識陰若思所不攝業隨轉行陰業亦業隨轉者謂業隨轉身口業非業亦非業隨轉者謂除業隨轉心不相應行若餘心不相應行

一非造色色非可見色三分別苦諦或造色色非可見色作三句造色色非可見色者謂八入及二入少分造色色亦可見色者謂一入非造色色亦非可見色者謂一入及二入少分如苦諦集諦亦如是

道諦所攝身口業是造色色非可見色餘非造色色亦非可見色

一非造色色亦非有對色三分別苦諦或造色色非有對色作四句造色

色非有對色者謂一入少分有對色非造色色者謂一入少分造色色亦有對色者謂九入及一入少分非造色色亦非有對色者謂一入及一入少分如苦諦集諦亦如是

道諦所攝身口業是造色色非有對色餘非造色色亦非有對色一切是甚深難了難了甚深

一是善非善因一善亦善因二分別苦諦或善因非善作三句善因非善者謂善報生苦諦善亦善因者謂善苦諦非善亦非善因者謂除善報生苦諦若餘無記及不善苦諦如苦諦集諦亦如是

二非不善因亦非不善二分別苦諦或不善因非不善作三句不善因非不善者謂不善報生苦諦及欲界身見邊見彼相應苦諦不善亦不善因者謂不善苦諦非不善亦非不善因者謂除不善報生苦諦除欲界身見邊見彼相應苦諦若餘无記及善苦諦如苦諦集諦亦如是

二非無記亦非无記因二分別苦諦或無記因非无記作三句无記因非无記者謂無善苦諦無記亦无記因者謂无記苦諦非无記亦非無記因者謂善苦諦如苦諦集諦亦如是

一非因緣緣非有因三因緣緣及有因一非次第亦非次第緣緣三分別苦諦或次第非次第緣緣作三句次第非次第緣緣者謂未来現前必起心心法苦諦過去及現在阿羅漢㝡後命終心心法苦諦及无想正受滅盡正受已起當起次第亦次第緣緣者謂除過去現在阿羅漢㝡後命終心心法苦諦若餘過去及現在心心法苦諦非次第亦非次第緣緣者謂除未来現前必起心心法苦諦若餘未来心心法苦諦除次第心不相應行若餘心不相應行及色如苦諦集諦亦如是

道諦或次第非次第緣緣作三句次第非次第緣緣者謂未来現前必起心心法道諦次第亦次第緣緣者謂過去現在心心法道諦非次第亦非次第緣緣者謂除未来現前必起心心法道諦若餘未来心心法道諦及身口業心隨轉心不相應行

一緣緣緣非有緣三分別苦諦所攝色心不相應行緣緣緣非有緣餘緣緣緣及有緣如苦諦集諦亦如是

道諦所攝身口業緣緣緣非有緣餘緣緣緣亦有緣

三是增上緣緣及有增上一是增上緣緣非有增上二非流非隨流二分別苦諦或流亦隨流或隨流非流流亦隨流者謂四流餘隨流非流如苦諦集諦亦如是

衆事分阿毗曇論卷第九

衆事分阿毗曇論卷第九

校勘記

一 底本，金藏廣勝寺本。

一 二一九頁中四行品名，徑、清、麗作「千問論品第七之二」。

一 二一九頁中八行首字「三」，資、磧、普、南、徑、清作「二」。

一 二一九頁下一二行第三字「二」，資、磧、普、南、徑、清作「三」。

一 二一九頁下一五行首字「外」，諸本（不含石，下同）作「外入」。

一 二一九頁下二〇行第四字「修」，諸本作「謂」。

一 二二〇頁中六行第八字「二」，諸本作「一」。二二四頁下三行第四字同。

一 二二〇頁中一七行「八入」，徑、清作「入入」。

一 二二二頁上四行第一二字「者」，資、磧、普、南、徑、清無。

一 二二三頁下一七行第一〇字「及」，資、磧、南、徑作「反」。

一 二二四頁中一一行第一三字「謂」，南、徑、清作「或」。

一 二二六頁上一三行第一三字「亦」，諸本作「亦非」。

一 二二六頁中一八行第七字「亦」，清作「不」。

一 二二七頁中二行「無善」，諸本作「不善」。

趙城縣廣勝寺

衆事分阿毗曇論卷第十　友

尊者世友造

宋天竺三藏求那跋陁羅共菩提耶舍譯

千問論品第七中一

禪無量无色三摩提定菩提品根入陰界禪者謂四禪問云何四荅謂初禪二禪三禪四禪

問此四禪幾色幾非色荅禪所攝身口業此是色餘非色一切不可見一切是无對

問禪幾有漏幾無漏荅一切應分別禪或有漏或无漏云何有漏謂禪所攝有漏五陰云何無漏謂禪所攝无漏五陰一切是有為若有漏彼有報若无漏彼無報一切從因緣生世所攝禪所攝身口業是色所攝餘是名所攝禪所攝心意識是內入所攝餘是外入所攝一切是智知若有漏斷知知及斷若无漏非斷知知及不斷一切是應修一切不穢汙一切是果及有果一切是不受禪所攝身口業是四大造餘非四大造一切是有上禪若有漏彼是有若无漏彼非有禪所攝身口業及心不相應行因不相應餘因相應

善五處少分攝四禪四禪亦攝善五處少分不善處所不攝无記處所不攝漏處所不攝或有漏處攝非禪作四句有漏處攝非禪者謂禪所不攝有漏五陰禪攝非有漏處者謂无漏四禪有漏處攝亦禪者謂有漏四禪非有漏處攝亦非禪者謂禪所不攝无漏五陰及無為

或無漏處攝非禪作四句无漏處攝非禪者謂禪所不攝無漏五陰及无為禪攝非無漏處者謂有漏四禪無漏處攝亦禪者謂無漏四禪非无漏處攝亦非禪者謂禪所不攝漏五陰

一切或過去或未來或現在一切若有漏是色界繫若无漏是不繫

問禪幾學幾无學幾非學非无學荅一切應分別禪或學或無學或非學非无學云何學謂禪所攝學五陰云何無學謂禪所攝無學五陰云何非學非无學謂禪所攝有漏五陰禪若

有漏彼脩斷若無漏彼不斷禪所攝身口業及心不相應行非心非心法非心相應禪所攝受陰想陰彼相應行陰是心法心相應心意識即心也

問禪幾心隨轉非受相應荅作四句心隨轉非受相應者謂心隨轉身口業心隨轉心不相應行及受受相應非心隨轉者謂心意識心隨轉亦受相應者謂想陰彼相應行陰非心隨轉亦非受相應者謂除心隨轉心不相應行若餘心不相應行如受想行亦如是除其自性三非覺非觀一分別初禪或覺隨轉非觀相應作四句覺隨轉非觀相應者謂覺隨轉身口業覺隨轉心不相應行及覺相應觀觀相應非覺隨轉者謂覺覺隨轉亦觀相應者謂覺觀相應心心法非覺隨轉亦非觀相應者謂除覺隨轉心不相應行若餘心不相應行

問禪幾見非見處荅作四句見非見處者謂禪所攝盡智无生智所不攝無漏慧見處非見者謂見所不攝有漏四禪見亦見處者謂世俗正見非見亦非見處者謂見所不攝无漏四禪一切非身見因身見亦非彼因禪所攝身口業及思此是業非業報餘非業亦非業報

問禪幾業非業隨轉荅作四句業非業隨轉者謂思業業隨轉非業者謂受陰想陰識陰若思所不攝業隨轉行陰業亦業隨轉者謂業隨轉身口業非業亦非業隨轉者謂除業隨轉心不相應行若餘心不相應行

禪所攝身口業是造色色非可見色餘非造色色亦非可見色禪所攝身口業是造色色非有對色餘非造色色亦非有對色一切是甚深難了難了甚深

一切是善亦善因一切非不善亦非不善因一切非无記亦非無記因一切是因緣緣亦有因

問禪幾次第非次第緣緣荅一切應分別初禪或次第非次第緣緣作三句次第非次第緣緣者謂未來現前必起心心法次第亦次第緣緣者謂過去現在心心法非次第亦非次第緣緣者謂除未來現前必起心心法若餘未來心心法及身口業心不相應行如初禪第二第三禪亦如是第四禪或次第非次第緣緣作三句次第非次第緣緣者謂未來現前必起心心法及無想正受已起當起次第亦次第緣緣者謂過去現在心心法非次第亦非次第緣緣者謂除未來現前必起心心法若餘未來心心法除次第心不相應行若餘心不相應行及身口業

禪所攝身口業心不相應行是緣緣緣非有緣餘者是緣緣緣亦有緣一切是增上緣緣及有增上禪若有漏彼隨流非流若無漏彼非流亦非隨流

無量者謂四無量問云何四荅謂慈悲喜捨

問此四無量幾色幾非色荅无量所攝身口業此是色餘非色一切是不可見一切是無對一切是有漏一切是有為一切是有報一切從因緣生世所攝無量所攝身口業此是色所攝餘是名所攝無量所攝心意識是

內入所攝餘是外入所攝一切是智
知一切是斷知知及斷一切是應修
一切不穢汙一切是果及有果一切
是有上一切是不受无量所攝身口
業是四大造餘非四大造一切是有
無量所攝身口業及心不相應行因
不相應餘因相應
善五處少分攝四無量四无量亦攝
善五處少分不善處所不攝無記處
所不攝漏處所不攝無漏處所不攝
有漏五處少分攝四無量四無量亦
攝有漏五處少分一切或過去或未
來或現在一切是善一切是色界繫
一切是非學非无學一切是修斷无
量所攝身口業心不相應行非心非
心法非心相應受陰想陰彼相應行
陰心法心相應心意識即心也
問无量幾心隨轉非受相應荅一切
應分別慈或心隨轉非受相應作四
句心隨轉非受相應者謂心隨轉身
口業心隨轉心不相應行及受受相
應非心隨轉者謂心意識心隨轉亦
受相應者謂想陰彼相應行陰非心

隨轉亦非受相應者謂除心隨轉心
不相應行若餘心不相應行如慈悲
喜捨亦如是如受想行亦如是除其
自性
問無量幾覺隨轉非觀相應荅一切
應分別慈心或覺隨轉非觀相應作
四句覺隨轉非觀相應者謂覺隨轉
身口業覺隨轉心不相應行及覺相
應觀觀相應非覺隨轉者謂覺若覺
不相應觀相應心心法覺隨轉亦觀
相應者謂覺觀相應心心法非覺隨
轉亦非觀相應者謂除覺隨轉身口
業若餘身口業除覺隨轉心不相應
行若餘心不相應行及覺不相應觀
及非覺觀相應心心法如慈悲捨亦
如是
喜或覺隨轉非觀相應作四句覺隨
轉非觀相應者謂覺隨轉身口業覺
隨轉心不相應行及覺相應觀觀相
應非覺隨轉者謂覺覺隨轉亦觀相
應者謂覺觀相應心心法非覺隨轉
亦非觀相應者謂除覺隨轉身口業
若餘身口業除覺隨轉心不相應行

若餘心不相應行及非覺觀相應心
心法
無量或見亦見處或見處非見見亦
見處者謂世俗正見餘是見處非見
一切非身見因身見亦非彼因无量
所攝身口業及思是業非業報餘非
業亦非業報
問无量幾業非業隨轉荅作四句業
非業隨轉者謂思業業隨轉非業者
謂受陰想陰識陰若思所不攝業隨
轉行陰業亦業隨轉者謂業隨轉身
口業非業亦非業隨轉者謂隨業隨
轉心不相應行若餘心不相應行
無量所攝身口業是造色色非可見
色餘非造色色亦非可見色
無量所攝身口業是造色色非有對
色餘非造色色亦非有對色一切是
甚深難了難了甚深
一切是善亦善因一切非不善亦非
不善因一切非无記亦非無記因一
切是因緣緣亦有因
問無量幾次第非次第緣緣荅作三
句次第非次第緣緣者謂未來現前

必起心心法次第亦次第緣緣者謂過去現在心心法非次第亦非次第緣緣者謂除未來現前必起心心法若餘未來心心法及身口業心不相應行無量所攝身口業心不相應行緣緣緣非有緣餘緣緣亦有緣一切是增上緣緣及有增上一切隨流非流無色者謂四无色問云何四荅謂空入處識入處無所有入處非想非非想入處

問此四无色幾色幾非色荅一切是非色一切不可見一切是無對一有漏三分別空處或有漏或无漏云何有漏謂空處所攝有漏四陰云何无漏謂空處所攝无漏四陰如空處識處無所有處亦如是一切是有為

問無色幾有報幾无報荅一切應分別空處或有報或無報云何有報謂善有漏空處云何无報謂無記无漏空處如空處識處無所有處亦如是非想非非想處或有報或无報云何有報謂善非想非非想處云何无報

謂无記非想非非想處一切從因緣生世所攝一切是名所攝無色所攝心意識是內入所攝餘是外入所攝一切是智知一斷知知及斷三分別三若有漏彼斷知知及斷若无漏非斷知及不斷

問無色幾是應修幾是不應修荅一切應分別空處或應修或不應修云何應修謂善空處云何不應修謂无記空處如空處識處无所有處非想非非想處亦如是

問无色幾穢汙幾不穢汙荅一切應分別無色或穢汙或不穢汙云何穢汙謂隱沒云何不穢汙謂不隱沒一切是果及有果一切是不受一切非四大造一切有上一是有三分別三若有漏彼是有若无漏彼非有无色所攝心不相應行因不相應餘因相應或善處攝非无色作四句善處攝非无色者謂善色陰无色所不攝善四陰及數滅无色攝非善處者謂無記四無色善處攝亦无色者謂善四无色非善處攝亦非无色者謂不善五

陰无記色陰無色所不攝无記四陰及虛空非數滅不善處所不攝或无記處攝非無色作四句無記處攝非無色者謂无記色陰无色所不攝无記四陰虛空及非數滅無色攝非無記者謂善四无色無記處攝亦无色者謂無記四無色非无記處亦非無色者謂善五陰及數滅或漏處攝非無色作四句漏處攝非无色者謂一漏處及二漏處少分無色攝非漏處者謂漏處所不攝四无色漏處攝亦無色者謂二漏處少分非漏處攝亦非无色者謂色陰漏處所不攝四陰及無為

或有漏處攝非無色作四句有漏處攝非无色者謂有漏色陰無色所不攝有漏四陰無色攝非有漏處者謂三無色少分有漏處攝亦无色者謂一无色及三無色少分非有漏處攝亦非無色者謂无漏色陰無色所不攝无漏四陰及無為

或無漏處攝非无色作四句無漏處攝非無色者謂無漏色陰无色所不

攝无漏四陰及無為无色攝非無漏處者謂一無色及三無色少分无漏處攝亦无色者謂三无色少分非無漏處攝亦非無色者謂有漏色陰及無色所不攝有漏四陰一切或過去或未來或現在

問無色幾善幾无記荅一切應分別无色或善或無記云何善謂无色所攝善四陰云何無記謂无色所攝無記四陰一无色界繫三分別三若有漏彼无色界繫若無漏彼不繫一非學非無學三分別

空處或學或无學或非學非无學云何學謂空處所攝學四陰云何無學謂空處所攝无學四陰云何非學非无學謂空處所攝有漏四陰如空處識處無所有處亦如是

問无色幾見斷幾修斷幾不斷荅一切應分別空處或見斷或修斷或不斷云何見斷謂空處隨信行隨法行人無間忍等斷彼云何斷謂見斷二十八使彼相應空處彼所起心不相應行

云何修斷謂空處學見迹修斷彼云何斷謂修斷三使彼相應空處彼所起心不相應行及不穢汙有漏空處云何不斷謂無漏空處如空處識處無所有處亦如是

非想非非想處或見斷或修斷云何見斷謂非想非非想隨信行隨法行人無間忍等斷彼云何斷謂見斷二十八使彼相應非想非非想處彼所起心不相應行

云何修斷謂非想非非想處學見迹修斷彼云何斷謂修斷三使彼相應非想非非想處彼所起心不相應行及不穢汙有漏非想非非想處

無色所攝心不相應行非心非心法非心相應受陰想陰彼相應行陰心法心相應心意識即心也

問無色幾心隨轉非受相應荅作四句心隨轉非受相應者謂心隨轉心不相應行及受受相應非心隨轉者謂心意識心隨轉亦受相應者謂想陰彼相應行陰非心隨轉亦非受相應者謂除心隨轉心不相應行若餘

心不相應行如受想行亦如是除其自性一切非覺隨轉非觀相應

問无色幾見非見處荅一切應分別空處或見非見處作四句見非見處者謂空處所攝盡智无生智所不攝無漏慧見處非見者謂見所不攝有漏空處見亦見處者謂五見世俗正見非見亦非見處者謂見所不攝无漏空處如空處識處無所有處亦如是

非想非非想處或見亦見處或見處非見見亦見處者謂五見世俗正見餘見處非見四无色幾身見因廣說如苦集諦

問无色幾業非業報荅一切應分別空處或業非業報作四句業非業報者謂報所不攝思業業報非業者謂思所不攝報生空處業亦業報者謂報生思業非業亦非業報者謂除業業報空處若餘空處如空處乃至非想非非想處亦如是

問无色幾業非業隨轉荅作三句業非業隨轉者謂思業業隨轉非業者謂受陰想陰識陰若思所不攝業隨

轉行除非業亦非業隨轉者謂除業隨轉心不相應行若餘心不相應行一切非造色色非可見色一切非造色色非有對色一切是甚深難了難了甚深

問無色幾善因非善荅作三句善因非善者謂善報生四无色善亦善因者謂善四无色非善亦非善因者謂除善報生四无色若餘无記四無色一切非不善亦非不善因

問无色幾無記非無記因荅一切應分別無色或無記亦无記因或非无記亦非無記因无記亦無記因者謂無記四无色非無記亦非无記因者謂善四無色一切因緣緣及有因

問無色幾次第非次第緣緣荅一切應分別空處或次第非次第緣緣作三句次第非次第緣緣者謂未來現前必起心心法空處過去現在阿羅漢最後命終心心法空處次第亦次第緣緣者謂除過去現在阿羅漢最後命終心心法空處若餘過去現在心心法空處非次第亦非次第緣緣者謂除未來現前必起心心法空處若餘未來心心法空處及心不相應行如空處識處无所有處亦如是非想非非想處或次第非次第緣緣作三句次第非次第緣緣者謂未來現前必起心心法非想非非想處過去現在阿羅漢最後命終心心法非想非非想處及滅盡正受已起當起次第亦次第緣緣者謂除過去現在阿羅漢最後命終心心法非想非非想處若餘過去現在非想非非想處非次第亦非次第緣緣者謂除未來現前必起心心法非想非非想處若餘未來心心法非想非非想處除次第心不相應行若餘心不相應行

無色所不攝心不相應行緣緣緣非有緣餘緣緣緣及有緣一切是增上緣緣及有增上

問无色幾流幾隨流荅一切應分別空處或隨流非流作三句隨流非流者謂除流若餘有漏空處流亦隨流者謂三流少分非流亦非隨流者謂无漏空處如空處識處无所有處亦如是

非想非非想處或流亦隨流或隨流非流流亦隨流者謂三流少分此是流亦隨流餘隨流非流

三摩提定者謂四三昧修問云何四荅謂有三昧修廣修習住現法樂轉有三昧修廣修習知見轉有三昧修廣修習慧分別轉有三昧修廣修習漏盡轉

問此四三昧修幾色幾非色荅三昧修所攝身口業是色餘非色一切是不可見一切是无對一有漏一无漏二分別

住現法樂三昧修或有漏或无漏云何有漏謂住現法樂三昧修所攝有漏五陰云何無漏謂住現法樂三昧修所攝无漏五陰

慧分別三昧修或有漏或无漏云何有漏謂慧分別三昧修所攝有漏五陰云何無漏謂慧分別三昧修所攝无漏五陰

一切是有為一有報一无報二分別三若有漏彼有報若无漏彼無報一

衆事分阿毗曇論第十卷　第十八張　支字号

切從因緣生所攝三昧修所攝身口業是色所攝餘是名所攝三昧修所攝心意識是內入所攝餘是外入所攝一切是智知一是斷知知及斷一非斷知知及不斷二分別二若有漏斷知知及斷若无漏非斷知知及不斷一切是應修一切不穢汙一切是果及有果一切是不受三昧修所攝身口業是四大造餘非四大造一切是有上一是有一非有二分別二若有漏彼是有若無漏彼非有三昧修所攝身口業及心不相應行因不相應餘因相應

善五處少分攝四三昧修四三昧修亦攝善五處少分不善所不攝无記所不攝漏所不攝

或有漏處攝非三昧修作四句有漏處攝非三昧修者謂三昧修所不攝有漏五陰三昧修攝非有漏處者謂一三昧修及二三昧修少分有漏處攝亦三昧修者謂一三昧修及二三昧修少分非有漏處攝亦非三昧修者謂虛空及數滅非數滅

衆事分阿毗曇論第十卷　第十九張　支字号

或無漏處攝非三昧修作四句无漏處攝非三昧修者謂虛空及數滅非數滅三昧修攝非无漏者謂一三昧修及二三昧修少分无漏處攝亦三昧修者謂一三昧修及二三昧修少分非无漏處攝亦非三昧修者謂三昧修所不攝有漏五陰

一切或過去或未來或現在一切是善一色界繫一不繫二分別住現法樂三昧修若有漏色界繫若无漏不繫慧分別三昧修或欲界繫或色界繫或無色界繫或不繫云何欲界繫謂慧分別三昧修所攝欲界繫五陰云何色界繫謂慧分別三昧修所攝色界繫五陰云何無色界繫謂慧分別三昧修所攝无色界繫四陰云何不繫謂慧分別三昧修所攝无漏五陰一無學一非學非无學二分別住現法樂三昧修或學或無學或非學非无學云何學謂住現法樂三昧修所攝學五陰云何无學謂住現法樂三昧修所攝無學五陰云何非學非无學謂住現法樂三昧修所攝有漏五

衆事分阿毗曇論第十卷　第二十張　支字号

陰慧分別三昧修或學或无學或非學非无學云何學謂慧分別三昧修所攝學五陰云何无學謂慧分別三昧修所攝無學五陰云何非學非无學謂慧分別三昧修所攝有漏五陰一修斷一不斷二分別二若有漏彼修斷若无漏彼不斷三昧修所攝身口業及心不相應行非心非心法非心相應三昧修所攝受陰想陰彼相應行陰心法心相應心意識即心也

問三昧修幾心隨轉非受相應荅一切應分別住現法樂三昧修或心隨轉非受相應作四句心隨轉非受相應者謂心隨轉身口業心隨轉心不相應行及受受相應非心隨轉者謂心意識心隨轉亦受相應者謂想陰彼相應行陰非心隨轉亦非受相應者謂除心隨轉心不相應行若餘心不相應行如住現法樂三昧修知見三昧修漏盡三昧修亦如是

慧分別三昧修或心隨轉非受相應作四句心隨轉非受相應者謂心隨轉身口業心隨轉心不相應行及受

受相應非心隨轉者謂心意識心隨
轉亦受相應者謂想陰彼相應行陰
非心隨轉亦非受相應者謂陰心隨
轉身口業若餘身口業除心隨轉心
不相應行若餘心不相應行如受想
行亦如是除其自性
一無覺无觀三分別住現法樂三昧
修或覺隨轉非觀相應作四句覺隨
轉非觀相應者廣說如喜心知見三
昧修亦如是慧分別三昧修廣說如
慈心
問三昧修幾見非見處荅一切應分
別住現法樂三昧修或見非見處作
四句見非見處者謂住現法樂三昧
修所攝盡智无生智所不攝无漏慧
見處非見者謂見所不攝有漏住現
法樂三昧修見亦見處者謂世俗正
見非見亦非見處者謂見所不攝无
漏住現法樂三昧修
知見三昧修或見亦見處或見處非
見見亦見處者謂知見三昧修所攝
世俗正見餘見處非見
慧分別三昧修或見非見處作四句

見非見處者謂慧分別三昧修所攝
盡智无生智所不攝无漏慧見處非
見者謂見所不攝有漏慧分別三昧
修見亦見處者謂世俗正見非見亦
非見處者謂見所不攝无漏慧分別
三昧修
漏盡三昧修所攝慧是見非見處餘
非見亦非見處
一切非身見因身見亦非彼因三昧
修所攝身口業及思此是業非業報
餘非業亦非業報
問三昧修幾業非業隨轉荅一切應
分別住現法樂三昧修知見三昧修
漏盡三昧修廣說四句如禪修多羅
中分別慧分別三昧修廣說四句如
聖種修多羅中分別
三昧修所攝身口業是造色色非可
見色餘非造色色亦非可見色三昧
修所攝身口業是造色色非有對色
餘非造色色亦非有對色一切是甚
深難了難了甚深
一切是善亦善因一切非不善亦非
不善因一切非无記亦非无記因一

切是因緣緣及有因
問三昧修幾次第非次第緣緣荅一
切應分別三昧修或次第非次第緣
緣作三句次第非次第緣緣者謂未
來現前必起心心法次第亦次第緣
緣者謂過去現在心心法非次第亦
非次第緣緣者謂除未來現前必起
心心法若餘未來心心法及身口業
心不相應行
三昧修所攝身口業是緣緣緣非有
緣緣餘是緣緣緣亦有緣一切是增上
緣緣及有增上一隨流非流一非流
亦非隨流二分別二若有漏彼隨流
非流若无漏非流亦非隨流菩提品
者謂七覺支問云何七荅謂念覺支
乃至捨覺支
問此七覺支幾色幾非色荅一切非
色一切不可見一切是無對一切是
無漏一切是有為一切是無報一切
從因緣生世所攝一切是名所攝一
切是外入所攝一切是智知一切非
斷知知及不斷一切是應修一切不
穢汙一切是果及有果一切是不受

一切非四大造一切是有上一切非有一切因相應

善二處少分攝七覺支七覺支亦攝善二處少分不善處所不攝无記處所不攝漏處所不攝有漏處所不攝无漏二處少分攝七覺支七覺支亦攝無漏二處少分一切或過去或未來或現在一切是善一切是不繫

問覺支幾學幾无學荅一切應分別念覺支或學或無學云何學謂學意思惟相應念覺支云何无學謂无學意思惟相應念覺支如念覺支餘一切亦如是

一切是不斷一切是心法心相應一心隨轉非受相應六心隨轉亦受相應一切心隨轉想行相應除其自性

問覺支幾覺隨轉非觀相應荅一切應分別念覺支或有覺有觀或无覺有觀或無覺无觀云何有覺有觀謂有覺有觀意思惟相應念覺支云何无覺有觀謂無覺有觀意思惟相應念覺支云何无覺無觀謂无覺無觀意思惟相應念覺支如念覺支擇法精進猗定捨覺支亦如是

喜覺支或有覺有觀或無覺无觀云何有覺有觀謂有覺有觀意思惟相應喜覺支云何無覺无觀謂無覺无觀意思惟相應喜覺支六非見亦非見處一分別擇法覺支所攝盡智无生智所不攝無漏慧是見非見處餘非見亦非見處

一切非身見因身見亦非彼因一切非業亦非業報一切是業隨轉非業一切非造色色非可見色一切非造色色非有對色一切是甚深難了難了甚深

一切是善亦善因一切非不善亦非不善因一切非无記亦非无記因一切是因緣亦有因

問覺支幾次第非次第緣緣荅一切應分別念覺支或次第非次第緣緣作三句次第非次第緣緣者謂未來現前必起念覺支次第亦次第緣緣者謂過去現在念覺支非次第亦非次第緣緣者謂除未來現前必起念覺支若餘未來念覺支如念覺支

餘一切亦如是一切是緣緣緣亦有緣一切是增上緣緣及有增上一切非流亦非隨流

衆事分阿毗曇論卷第十

眾事分阿毗曇論卷第十

校勘記

一　底本，金藏廣勝寺本。

一　二二九頁中四行品名，徑、清、麗作「千問論品第七之三」。

一　二二九頁中一九行首字及第一〇字「知」，麗作「智」。二三一頁上二行第六字同。

一　二二九頁下一六行「漏五陰」，諸本（不含石，下同）作「有漏五陰」。

一　二三〇頁中二行末字「禪」，資、磧、普、南、徑、清作「彼」。

一　二三一頁下一二行第一二字「隨」，麗作「除」。

一　二三二頁中六行第七字「知」，資、磧、普、南、徑、清作「知知」；麗作「智知」。

一　二三二頁下七行「非无記處」，諸本作「非無記處攝」。

一　二三三頁中末行第四字「除」，南、徑、清作「餘」。

一　二三四頁上一行第三字「除」，諸本作「陰」。

一　二三四頁下末行首字「三」，南、清作「二」。

一　二三五頁上一行第五字「生」，諸本作「生世」。

一　二三六頁上三行第一二字「陰」，諸本作「除」。

一　二三六頁下二二行「知知」，資、磧、普、南、麗作「智知」。

一　二三七頁中五行「六非見」，麗作「亦非見」。

眾事分阿毗曇論卷第十一　文

尊者世友造

宋天竺三藏求那跋陀羅共菩提耶舍譯

千問論品第七中二

根者謂二十二根問此二十二根幾色幾非色荅七是色十五非色一切不可見七有對十五無對十有漏三无漏九分別意根或有漏或無漏云何有漏謂有漏意思惟相應意根云何無漏謂无漏意思惟相應意根如意根樂根喜根捨根信精進念定慧根亦如是一切是有為

一有報十一無報十分別意根或有報或無報云何有報謂不善善有漏意根云何无報謂無記无漏意根如意根樂根喜根捨根亦如是

苦根或有報或無報云何有報謂善不善苦根云何無報謂无記苦根信精進念定慧根若有漏彼有報若无漏彼無報

一切從因緣生世所攝七是色所攝十五是名所攝八是內入所攝十一是外入所攝三分別未知當知根已知根無知根所攝心意識是內入所攝餘是外入所攝

一切是智知十是斷知知及斷三非斷知知及不斷無分別九若有漏彼斷知知及斷若無漏非斷知知及不斷

八應修八不應修六分別意根或應修或不應修云何應修謂善意根云何不應修謂不善無記意根如意根樂根苦根喜根捨根亦如是

憂根或應修或不應修云何應修謂善憂根云何不應修謂不善憂根

十六不穢汙六分別意根或穢汙或不穢汙云何穢汙謂隱沒云何不穢汙謂不隱沒如意根樂根苦根喜根憂根捨根亦如是

一切是果及有果十五不受七分別眼根或受或不受云何受若自性受云何不受若非自性受如眼根耳根鼻根舌根身根男根女根亦如是

七四大造十五非四大造一切是有上十是有三非有九分別九若有漏彼是有若无漏彼非有八因不相應

十四因相應

或善處攝非根作四句善處攝非根者謂善色陰想陰根所不攝善行陰及數滅根攝非善處者謂八根六根少分善處攝亦根者謂八根六根少分非善處攝亦非根者謂不善色陰想陰根所不攝不善行陰根所不攝無記色陰想陰根所不攝無記行陰及虛空非數滅

或不善處攝非根作四句不善處攝非根者謂不善色陰想陰根所不攝不善行陰根攝非不善處者謂十六根六根少分不善處攝亦根攝者謂六根少分非不善處攝亦非根者謂善色陰想陰根所不攝善行陰及數滅根所不攝無記色陰想陰根所不攝無記行陰及虛空非數滅

或無記處攝非根作四句無記處攝非根者謂根所不攝無記色陰想陰根所不攝無記行陰虛空及非數滅根攝非無記處者謂九根及五根少分無記處攝亦根者謂八根及五根少分非無記處攝亦非根者謂善色陰想陰根所不攝善行陰及數滅及不善色陰想陰根所不攝不善行陰漏處所不攝或有漏處攝非根作四句有漏處攝非根者謂根所不攝有漏色陰想陰根所不攝有漏行陰根攝非有漏處者謂三根及九根少分有漏處攝亦根者謂十根及九根少分非有漏處攝亦非根者謂无漏色陰想陰根所不攝無漏行陰及无為

或無漏處攝非根作四句无漏處攝非根者謂無漏色陰想陰根所不攝无漏行陰及無為根攝非无漏處者謂十根及九根少分無漏處攝亦根攝者謂三根及九根少分非無漏處攝亦非根者謂根所不攝有漏色陰想陰根所不攝有漏行陰

一切或過去或未來或現在八善八無記六分別意根或善或不善或无記云何善謂善意思惟相應意根云何不善謂不善意思惟相應意根云何無記謂无記意思惟相應意根如意根樂苦喜捨根亦如是

憂根或善或不善云何善謂善意思惟相應憂根云何不善謂不善意思惟相應憂根四欲界繫三不繫十五分別眼根或欲界繫或色界繫云何欲界繫謂眼根欲界繫四大所造云何色界繫謂眼根色界繫四大所造如眼根耳鼻舌身根亦如是

命根或欲界繫或色界繫或无色界繫云何欲界繫謂欲界繫命云何色界繫謂色界繫命云何無色界繫謂無色界繫命

意根或欲界繫或色界繫或无色界繫或不繫云何欲界繫謂欲界繫意思惟相應意根云何色界繫謂色界繫意思惟相應意根云何無色界繫謂無色界繫意思惟相應意根云何不繫謂無漏意思惟相應意根如意根捨根信精進念定慧根亦如是

樂根或欲界繫或色界繫或不繫云何欲界繫謂欲界繫意思惟相應樂根云何色界繫謂色界繫意思惟相應樂根云何不繫謂无漏意思惟相應樂根如樂根喜根亦如是

二學一無學十非學非無學九分別

意根或學或無學或非學非无學云何學謂學意思惟相應意根无學即無學意思惟相應亦如是

云何非學非無學謂有漏意思惟相應意根如意根樂喜捨根信精進念定慧根亦如是

九修斷三不斷十分別意根或見斷或修斷或不斷云何見斷若意根隨信行隨法行人無間忍等斷廣說如分別諸入品云何修斷謂如前廣說云何不斷謂無漏意根如意根捨根亦如是

樂根或見斷或修斷或不斷云何見斷若樂根隨信行隨法行人无間忍等斷彼云何斷謂見斷二十八使相應樂根云何修斷若樂根學見迹修斷彼云何斷謂修斷五使相應樂根及不穢汙有漏樂根云何不斷謂无漏樂根（二十八者三禪四諦二十八五者三禪思惟三欲界思惟貪及无明二也）

喜根或見斷或修斷或不斷云何見斷若喜根隨信行隨法行人無間忍等斷彼云何斷謂見斷五十二使相應喜根云何修斷若喜根學見迹修斷彼云何斷謂修斷六使相應喜根及不穢汙有漏喜根云何不斷謂无漏喜根（五十二者二禪四諦二十八欲界四諦身見一邊見一邪見四戒盜二見盜四貪四慢四无明四六者二禪思惟三欲界思惟貪慢无明三也）

憂根或見斷或修斷云何見斷若憂根隨信行隨法行人無間忍等斷彼云何斷謂見斷十六使相應憂根云何修斷若憂根學見迹修斷彼云何斷謂修斷二使相應憂根及不穢汙憂根（十六者欲界四諦邪見四疑四瞋恚四无明四二者欲界思惟瞋恚无明二也）

信精進念定慧若有漏彼修斷若無漏彼不斷八非心非心法非心相應十心法心相應一即心三分別未知當知根已知根無知根所攝九根八根心法及心相應一根即心也八非心隨轉非受相應一受相應非心隨轉五心隨轉非受相應五心隨轉亦受相應三分別未知當知根已知根無知根所攝三根心隨轉非受相應一受相應非心隨轉五心隨轉亦受相應

八非心隨轉非想行相應一想行相應非心隨轉十心隨轉及想行相應除其自性三分別未知當知根已知根無知根所攝九根八根心隨轉亦想行相應除其自性一根想行相應非心隨轉

二有覺有觀八無覺无觀十二分別意根或有覺有觀或无覺有觀或無覺無觀云何有覺有觀謂有覺有觀意思惟相應意根云何無覺有觀謂無覺有觀意思惟相應意根云何无覺无觀謂無覺无觀意思惟相應意根如意根捨根信精進念定慧根未知當知根已知根無知根亦如是

樂根或有覺有觀或無覺无觀云何有覺有觀謂有覺有觀意思惟相應樂根云何無覺无觀謂無覺无觀意思惟相應樂根如樂根喜根亦如是

一見亦見處九見處非見十二分別意根若有漏彼見處非見若無漏彼非見亦非見處如意根樂根喜根捨根信精進念定根亦如是

慧根或見非見處作四句見非見處者謂盡智无生智所不攝無漏慧根見處非見者謂見所不攝有漏慧根

見亦見處者謂世俗正見非見亦非見處者謂見所不攝無漏慧根未知當知根已知根所攝見非見處餘非見亦非見處無知根所攝盡智无生智所不攝無漏慧根是見非見處餘非見亦非見處十六非身見因身見亦非彼因六分別意根樂根喜根捨根廣說如受念處苦根若穢汙彼身見因身見非彼因若不穢汙彼非身見因身見亦非彼因

憂根或身見因身見非彼因作三句身見因身見非彼因者謂除過去現在見苦斷使相應憂根除過去現在見集斷一切遍使相應憂根若餘穢汙憂根身見因身見亦彼因者謂前尒所所除者是非身見因身見亦非彼因者謂不穢汙憂根

九非業非業報一業報非業十二分別眼根或業報非業或非業亦非業報業報非業者謂報生眼根餘非業亦非業報如眼根耳根鼻根舌根身根男根女根意根樂根喜根捨根苦根亦如是

衆事分阿毗曇論卷第十一　第十張　安字号

八非業非業隨轉十四業隨轉非業七是造色色非可見色十五非造色色非可見色七是造色色有對色十五非造色色非有對色一切是甚深難了難了甚深

八是善亦善因十四分別眼根或善因非善或非善因亦非善善因非善者謂善報生眼根餘非善因亦非善如眼根耳根鼻根舌根身根男根女根命根亦如是

意根或善因非善作三句善因非善者謂善報生意根善亦善因者謂善意根非善亦非善因者謂除善報生意根及善意根若餘不善無記意根如意根樂根喜根捨根亦如是苦根或善亦善因或非善亦非善因善亦善因者謂善苦根非善亦非善因者謂不善及無記苦根

憂根或善亦善因或非善亦非善因善亦善因者謂善憂根非善亦非善因者謂不善憂根

八非不善非不善因十四分別眼根或不善因非不善或非不善因亦非不善不善因非不善者謂不善報生眼根餘非不善因亦非不善如眼根耳根鼻根舌根身根男根女根命根亦如是

衆事分阿毗曇論卷第十一　第十一張　安字号

意根或不善因非不善作三句不善因非不善者謂不善報生意根及欲界身見邊見相應意根不善亦不善因者謂不善意根非不善亦非不善因者謂除不善報生意根除欲界身見邊見相應意根及除不善意根若餘無記及善意根

樂根或不善非不善因或非不善亦非不善因不善非不善因者謂不善樂根非不善亦非不善因者謂善及無記樂根

苦根或不善因非不善作三句不善因非不善者謂不善報生苦根不善亦不善因者謂不善苦根非不善亦非不善因者謂除不善報生苦根及不善苦根若餘無記及善苦根喜根或不善因非不善作三句不善因非不善者謂欲界身見邊見彼相應喜根不善亦不善因者謂不善喜根非

不善亦非不善因者謂除欲界身見邊見彼相應喜根及除不善喜根若餘無記及善喜根如喜根捨根亦如是

憂根或不善亦不善因或非不善亦非不善因不善亦不善因者謂不善憂根非不善亦非不善因者謂善憂根

八非無記亦非无記因八无記亦無記因六分別意根或無記因非无記作三句無記因非无記者謂不善意根無記亦无記因者謂無記意根非无記亦非无記因者謂善意根如意根樂根苦根喜根捨根亦如是

憂根或無記因非無記或非無記亦非无記因无記因非无記者謂不善憂根非无記亦非無記因者謂善憂根一切因緣緣及有因

八非次第亦非次第緣緣十四分別意根或次第非次第緣緣廣說如受念處捨根亦如是

樂根或次第非次第緣緣作三句次第非次第緣緣者謂未來現前必起樂根次第亦次第緣緣者謂過去現在樂根非次第亦非次第緣緣者除未來現前必起樂根若餘未來樂根如樂根苦根喜根憂根信精進念定慧根未知當知根已知根無知根亦如是

八緣緣非有緣十四緣緣緣及有緣一切是增上緣緣亦有增上十隨流非流三非流亦非隨流九分別九若有漏彼隨流非流若無漏彼非流亦非隨流

入者謂十二入問云何十二荅廣說如前

問此十二入幾色幾非色荅謂十色一非色一分別法入中或色或非色云何色謂法入中身口業是色餘非色一可見十一不可見十有對二無對十有漏二分別意入或有漏或無漏云何有漏謂有漏意思惟相應意入云何無漏謂无漏意思惟相應意入法入或有漏或無漏云何有漏謂有漏身口業有漏受陰想陰行陰云何無漏謂无漏身口業無漏受陰想陰行陰及無為十一有為一分別法入或有為或無為云何有為謂法入中身口業受陰想陰行陰云何無為謂虛空數滅及非數滅八无報四分別色入或有報或無報云何有報謂善不善色入云何無報謂除善不善色入若餘色入如色入聲入亦如是意入或有報或無報云何有報謂不善善有漏意入云何無報謂无記及無漏意入如意入法入亦如是十一從因緣生世所攝一分別法入若有為因緣生世所攝若無為非因緣生非世所攝十是色所攝一是名所攝一分別法入中身口業是色所攝餘是名所攝六是內入所攝六是外入所攝一切是智知十斷知知及斷二分別二若有漏彼斷知知及斷若無漏彼非斷知知及不斷八不應修四分別色入或應修或不應修云何應修謂善色入云何不應修謂不善及无記色入如色入聲入意入亦如是

法入廣說如分別諸入品八不穢汙四分別廣說如上十一是果及有果一分別法入中或果非有果作三句

果非有果者謂數滅果亦有果者謂有為法入非果亦非有果者謂虛空及非數滅三不受九分別眼入或受或不受云何受謂自性受云何不受謂非自性受如眼入耳入鼻入舌入身入色入香入味入觸入亦如是

十二入或四大造或非四大造云何四大造謂九入及二入少分云何非四大造謂一入及二入少分十一有上一分別法入或有上或無上云何有上謂法入中身口業及受陰想陰行陰虛空及非數滅云何無上謂數滅十是有二分別二若有漏彼是有若無漏彼非有十因不相應一因相應一分別法入若心法因相應若非心法因不相應

善處攝四入少分四少分亦攝善處不善處攝四入少分四入少分亦攝不善處無記處攝八入及四入少分八入及四入少分亦攝无記處漏處攝一入少分一入少分亦攝漏處有漏處攝十入及二入少分十入及二入少分亦攝有漏處无漏處攝二入少分二入少分亦攝無漏處

十一或過去或未來或現在一分別法入若有為或過去或未來或現在若無為非過去非未來非現在八無記四分別廣說如分別諸入品二欲界繫十分別廣說如分別諸入品

問十二入幾學幾無學幾非學非无學答廣說如分別諸入品十修斷二分別廣說如分別諸入品十非心非心法非心相應一即心一分別法入若有緣心法心相應若無緣非心法非心相應

十非心隨轉非受相應一受相應非心隨轉一分別法入或心隨轉非受相應作三句心隨轉非受相應者謂心隨轉身口業心隨轉心不相應行及受心隨轉亦受相應者謂想陰彼相應行陰非心隨轉亦非受相應者謂除心隨轉身口業若餘身口業除心隨轉心不相應行若餘心不相應行及無為如受想行亦如是除其自性十非覺隨轉亦非觀相應二分別意入或有覺有觀或無覺有觀或无覺無觀云何有覺有觀謂有覺有觀意思惟相應意入云何无覺有觀謂無覺有觀意思惟相應意入云何无覺無觀謂无覺無觀意思惟相應意入法入或覺隨轉非觀相應作四句覺隨轉非觀相應者謂覺隨轉身口業覺隨轉心不相應行及覺相應觀觀相應非覺隨轉者謂覺若覺不相應觀相應心心法覺隨轉亦觀相應者謂覺觀相應心心法非覺隨轉亦非觀相應者謂除覺隨轉身口業若餘身口業除覺隨轉心不相應行若餘心不相應行及覺不相應觀及非覺觀相應心心法法入及無為

一見亦見處九見處非見二分別意入若有漏見處非見若無漏非見亦非見處法入或見非見處作四句見非見處者謂法入所攝盡智無生智所不攝無漏慧見處非見者謂見所不攝有漏法入見亦見處者謂五見世俗正見非見亦非見處者謂見所不攝無漏法入

八非身見因身見亦非彼因四分別

色入若穢汙身見因身見非彼因着不穢汙非身見因身見亦非彼因如色入聲入亦如是意入廣說如受念處法入廣說如法念處

問十二入幾業非業報荅一切應分別眼入或業報非業或非業報亦非業業報非業者謂報生眼入餘非業報亦非業如眼入耳入鼻入香入舌入味入身入觸入意入亦如是色入或業非業報作三句業非業報者謂身作色業報非業者謂報生色入非業亦非業報者謂除業色及業報生色入若餘色入聲入或業非業報或非業亦非業報業非業報者謂口作餘非業亦非業報

法入或業非業報作四句業非業報者謂身口業及報所不攝思業業報非業者謂思所不攝報生法入業亦業報者謂報生思業非業亦非業報者謂除業及業報生法入若餘法入

入非業非業隨轉一業隨轉非業三分別色入或業非業隨轉或非業亦非業隨轉業非業隨轉者謂身作色餘非業亦非業隨轉聲入亦如是

法入或業非業隨轉作四句業非業隨轉者謂除業隨轉身口業若餘身口業及思業業隨轉非業者謂受陰想陰若思所不攝業隨轉行陰業亦業隨轉者謂業隨轉身口業非業亦非業隨轉者謂除業及業隨轉法入若餘法入

十二入或造色色非可見色作三句造色色非可見色者謂八入及二入少分造色色亦可見色者謂一入非造色色亦非可見色者謂一入及二入少分

十二入或造色色非有對色作四句造色色非有對色者謂一入少分有對色非造色色者謂一入少分造色色亦有對色者謂九入及一入少分非造色色亦非有對色者謂一入及一入少分一切是甚深難了難了甚深

問十二入幾善亦善因荅一切應分別眼入或善因非善或非善亦非善因善因非善者謂善報生眼入餘非善因亦非善如眼入耳入鼻入香入舌入味入身入觸入亦如是

色入或善因非善作三句善因非善者謂善報生色入善亦善因者謂善色入非善亦非善因者謂無記及不善色入如色入意入亦如是

聲入或善亦善因或非善亦非善因善亦善因者謂善聲入餘非善亦非善因法入或善非善因廣說如法念處

問十二入幾不善亦不善因荅一切應分別眼入或不善因非不善或非不善亦非不善因不善因非不善者謂不善報生眼入餘非不善因亦非不善如眼入耳入鼻入香入舌入味入身入觸入亦如是

色入或不善因非不善作三句不善因非不善者謂不善報生色入不善亦不善因者謂不善色入非不善亦非不善因者謂无記及善色入

聲入或不善亦不善因或非不善亦非不善因不善亦不善因者謂不善聲入餘非不善亦非不善因意入如意根法入如法念處八無記亦无記因四分別色入或無記因非无記作

三句無記因非无記者謂不善色入无記因亦無記者謂无記色入非無記因亦非無記者謂善色入如色入聲入意入亦如是

法入或無記非无記因作四句無記非無記因者謂虛空及非數滅無記因非无記者謂不善法入無記亦无記因者謂無記有為法入非无記亦非無記因者謂善法入

十一因緣緣及有因一分別法入若有為因緣緣及有因若無為非因緣緣非有因

十非次第亦非次第緣緣二分別意入或次第非次第緣緣作三句次第非次第緣緣者謂未來現前必起意入過去現在阿羅漢宷後命終意入次第亦次第緣緣者謂除過去現在阿羅漢宷後命終意入若餘過去及現在意入非次第亦非次第緣緣者謂除未來現前必起意入若餘未來意入

法入幾次第非次第緣緣作三句次第非次第緣緣者謂未來現前必起

心法法入過去及現在阿羅漢宷後命終心法法入及無想正受滅盡正受已起當起法入次第亦次第緣緣者謂除過去現在阿羅漢宷後命終心法法入若餘過去及現在心法法入非次第亦非次第緣緣者謂除未來現前必起心法法入若餘未來心法法入除次第心不相應行若餘心不相應行身口業及無為

十緣緣緣非有緣一緣緣緣亦有緣一分別法入若心法彼緣緣緣亦有緣餘非緣緣緣亦非有緣

十一是增上緣緣及有增上一分別法入若有為彼增上緣緣及有增上若無為增上緣緣非有增上

十隨流非流二分別意入若有漏彼隨流非流若無漏非流亦非隨流法入或隨流非流作三句隨流非流者謂流所不攝有漏法入流亦隨流者謂四流非流亦非隨流者謂流所不攝無漏法入

衆事分阿毗曇論卷第十一

衆事分阿毗曇論卷第十一

校勘記

一　底本，金藏廣勝寺本。

一　二三九頁中四行品名，徑、清、麗作「千問論品第七之四」。

一　二三九頁下四行「知知」，麗作「智知」。五行、六行同。

一　二三九頁下五行「無分別」，諸本（不含石，下同）作「九分別」。

一　二四〇頁中二二行「樂苦」，徑作「樂根」。

一　二四二頁上一八行第一一字「業」，資、磧、普、南、徑、清作「報」。

一　二四四頁上一七行「四少分」，諸本作「四入少分」。

一　二四四頁中一八行第四字「陰」，資、磧作「隨」。

一　二四四頁下九行第一三字「應」，磧、南作「想」。

一　二四四頁下一三行「非覺」，南作「法覺」。

一　二四四頁下一四行「法入」，資、磧、普、南、徑、清作「入法」。

一　二四六頁上二二行第三字「幾」，麗作「或」。

一　二四六頁中一一行「法入」，麗作「緣法入」。

眾事分阿毗曇論卷第十二　攴

尊者世友造

宋天竺三藏求那跋陀羅共菩提耶舍譯

千問論品第七後

陰者謂五陰問云何五荅廣說如上問此五陰幾色幾非色荅一是色四非色四是不可見一分別色陰或可見或不可見云何可見謂一入云何不可見謂九入及一入少分四無對一分別色陰或有對或无對云何有對謂十入云何無對謂一入少分色陰或有漏或無漏云何有漏謂有漏十入及一入少分云何无漏謂一入少分受陰或有漏或無漏云何有漏謂有漏意思惟相應受陰云何无漏謂無漏意思惟相應受陰如受陰想陰識陰亦如是

行陰或有漏或無漏云何有漏謂若有漏心相應及有漏心不相應行陰云何無漏謂无漏心相應及无漏心不相應行陰一切是有為

問陰幾有報幾無報荅一切應分別色陰或有報或無報云何有報謂不善色陰及善有漏色陰云何无報謂無記及无漏色陰如色陰受陰想陰行陰識陰亦如是

一切從因緣生世所攝一是色所攝四是名所攝一是內入所攝三是外入所攝一分別色陰或內入所攝或外入所攝云何內入所攝謂五內入云何外入所攝謂五外入及一外入少分一切是智知若有漏彼斷知知及斷若無漏彼非斷知知及不斷

問陰幾應修幾不應修荅一切應分別色陰或應修或不應修云何應修謂善色陰云何不應修謂不善及無記色陰如色陰受陰想陰識陰行陰亦如是

問陰幾穢汙幾非穢汙荅一切應分別色陰或穢汙或非穢汙云何穢汙謂不善色陰及隱没無記色陰云何非穢汙謂善色陰及不隱没無記色陰如色陰受陰想陰識陰行陰亦如是

一切是果及有果四不受一分別色

陰或受或不受云何受若自性受云何不受若非自性受四非四大造一分別色陰或四大造或非四大造云何四大造謂九入及三入少分云何非四大造謂一入少分一切有上

問陰幾是有幾非有荅一切應分別陰若有漏彼是有若無漏彼非有一因不相應二因相應一分別行陰若心法因相應若非心法因不相應

或善處攝非陰作四句善處攝非陰者謂數滅陰攝非善處者謂不善及無記五陰善處攝亦陰者謂善五陰非善處攝亦非陰者謂虛空非數滅不善處攝五陰少分五陰少分亦攝不善處

或無記處攝非陰作四句无記處攝非陰者謂虛空及非數滅陰攝非無記處者謂善不善五陰无記處攝亦陰者謂無記五陰非无記處攝亦非陰者謂數滅漏處攝一陰少分一陰少分亦攝漏處有漏處攝五陰少分五陰少分亦攝有漏處

或無漏處攝非陰作四句无漏處攝

非陰者謂虛空數滅非數滅陰攝非無漏處者謂有漏五陰无漏處攝亦陰者謂无漏五陰非無漏處攝亦非陰者是事不可得也

陰或過去或未來或現在陰或善或不善或無記云何善謂善五陰云何不善謂不善五陰云何無記謂无記五陰陰或欲界繫或色界繫或无色界繫或不繫云何欲界繫謂欲界繫五陰云何色界繫謂色界繫五陰云何無色界繫謂无色界繫四陰云何不繫謂無漏五陰

問陰幾學幾無學幾非學非无學荅一切應分別陰或學或無學或非學非無學云何學謂學五陰云何无學謂無學五陰云何非學非无學謂有漏五陰

問陰幾見斷幾修斷荅一切應分別色陰若有漏彼修斷若無漏彼不斷云何修斷謂十入及一入少分云何不斷謂一入少分受陰或見斷或修斷或不斷云何見斷若受陰隨信行隨法行人無間忍等斷彼云何斷謂

見斷八十八使相應受陰云何修斷若受陰學見迹修斷彼云何斷謂修斷十使相應受陰及不穢汙有漏受陰云何不斷謂無漏受陰如受陰想陰識陰亦如是

行陰或見斷或修斷或不斷云何見斷若行陰隨信行隨法行人無間忍等斷彼云何斷謂見斷八十八使彼相應行陰彼所起心不相應行云何修斷若行陰學見迹修斷彼云何斷謂修斷十使彼相應行陰彼所起身口業彼所起心不相應行及不穢汙有漏行陰云何不斷謂無漏行陰一非心非心法非心相應二心法亦心相應一唯心一分別行陰若心不相應彼非心非心法非心相應餘心法亦心相應一心隨轉非受相應一心隨轉亦受相應二分別

色陰或心隨轉非受相應或非心隨轉亦非受相應心隨轉非受相應者謂心隨轉身口業餘非心隨轉亦非受相應

行陰或心隨轉非受相應作三句心

隨轉非受相應者謂心隨轉心不相應行陰心隨轉亦受相應者謂心相應行陰非心隨轉亦非受相應者謂除心隨轉心不相應行陰若餘心不相應行陰如受想亦如是除其自性

問陰幾覺隨轉非觀相應荅一切應分別色陰或覺隨轉非觀相應或非覺隨轉亦非觀相應覺隨轉非觀相應者謂覺隨轉身口業餘非覺隨轉亦非觀相應

受陰或有覺有觀或無覺有觀或无覺無觀云何有覺有觀謂有覺有觀意思惟相應受陰云何無覺有觀謂无覺有觀意思惟相應受陰云何无覺無觀謂无覺無觀意思惟相應受蘊如受陰想陰識陰亦如是

行陰或覺隨轉非觀相應作四句覺隨轉非觀相應者謂覺隨轉心不相應行陰及覺相應觀觀相應非覺隨轉者謂覺若覺不相應觀相應心法行陰覺隨轉亦觀相應者謂覺觀相應心法行陰非覺隨轉亦非觀相應者謂除覺隨轉心不相應行陰若餘

心不相應行陰及覺不相應觀及非覺觀相應心法行陰

問陰幾見非見處荅一切應分別色陰或見處非見作三句見處非見者謂九入及一入少分見亦見處者謂一入非見亦非見處者謂一入少分受陰想陰識陰若有漏彼見處非見若無漏彼非見亦非見處

行陰或見非見處作四句見非見處者謂行陰所攝盡智無生智所不攝無漏慧見處非見者謂見所不攝有漏行陰見亦見處者謂五見及世俗正見非見亦非見處者謂見所不攝無漏行陰

問陰幾身見彼因彼非身見因荅一切應分別色陰如色入受陰想陰識陰如受念處行陰如法念處

問陰幾業非業報荅一切應分別色陰如身念處受陰想陰識陰如受念處行陰如法念處三業隨轉非業二分別色陰如身念處行陰如法念處四陰非造色色非可見色一分別色陰如身念處四非造色色非有對色

一分別色陰如身念處一切是甚深難了難了甚深

問陰幾善因非善荅一切應分別陰或善因非善作三句善因非善者謂善報生五陰善亦善因者謂善五陰非善亦非善因者謂不善及無記五陰

問陰幾不善非不善因荅一切應分別色陰如身念處受陰想陰識陰如受念處行陰如法念處

問陰幾無記因非无記荅一切應分別陰或無記因非无記作三句無記因非無記者謂不善五陰无記亦无記因者謂無記五陰非無記亦非无記因者謂善五陰一切因緣緣及有因一非次第亦非次第緣緣四分別受陰想陰識陰如受念處

行陰或次第非次第緣緣作三句次第非次第緣緣者謂未來現前必起心法行陰過去及現在阿羅漢㝡後命終心法行陰及無想正受滅盡正受已起當起心法行陰次第亦次第緣緣者謂除過去現在阿羅漢㝡後

命終心法行陰若餘過去及現在心法行陰非次第亦非次第緣緣者謂除未来現前必起心法行陰若餘未来心法行陰除次第心不相應行陰若餘心不相應行陰

一緣緣緣非有緣三緣緣緣及有緣一分別行陰若心法彼緣緣緣及有緣若非心法緣緣緣非有緣一切是增上緣緣及有增上

問陰幾流亦隨流荅一切應分別色陰受陰想陰識陰若有漏彼隨流非流若無漏彼非流亦非隨流行陰或隨流非流作三句隨流非流者謂流所不攝有漏行陰流亦隨流者謂四流非流亦非隨流者謂流所不攝無漏行陰

界者謂十八界問云何十八荅廣說如前

問此十八界幾色幾非色荅十是色七非色一分別法界中身口業是色餘非色一可見十七不可見十有對八無對十五有漏三分別意界或有漏或无漏云何有漏謂有漏意思惟

相應意界云何無漏謂无漏意思惟相應意界如意界意識界亦如是

法界如法入十七有為一分別法界如法入八無報十分別色界或有報或无報云何有報謂善不善色界云何無報謂无記色界如色界聲界眼識界耳識界鼻識界舌識界身識界亦如是

意界或有報或無報云何有報謂不善及善有漏意界云何無報謂无記及无漏意界如意界意識界法界亦如是

十七從因緣生世所攝一分別法界如法入十是色所攝七是名所攝一分別法界中身口業是色所攝餘是名所攝十二是內入所攝六是外入所攝一切是智知十五斷知知及斷三分別三若有漏斷知知及斷若無漏非斷知知及不斷八不應修十分別色界或應修或不應修云何應修謂善色界云何不應修謂不善及无記色界如色界聲界眼識耳識鼻識舌識身識界意界意識界亦如是法

界或應修或不應修云何應修謂善有為法界云何不應修謂不善無記法界及數滅八不穢汙十分別色界或穢汙或不穢汙云何穢汙謂不善色界及隱沒無記色界云何不穢汙謂善色界及不隱沒無記色界如色界聲界眼識耳識鼻識舌識身識界意界意識界法界亦如是

十七是果及有果一分別法界如法入九不受九分別眼界或受或不受云何受若自性受云何不受若非自性受如眼界色界耳界鼻界香界舌界味界身界觸界亦如是十八界或四大造或非四大造云何四大造謂九界及二界少分云何非四大造謂七界及二界少分十七界是有上一分別法界如法入十五是有三分別三若有漏彼是有若無漏彼非有十因不相應七因相應一分別法界如法入

善處攝十界少分十界少分亦攝善處不善處攝十界少分十界少分亦攝不善處無記處攝八界及十界少

衆事分阿毗曇論卷第十二　第十二張　文字號

分八界及十界少分亦攝無記處漏
處攝一界少分一界少分亦攝漏處
有漏處攝十五界及三界少分十五
界及三界少分亦攝有漏處無漏處
攝三界少分三界少分亦攝無漏處
十七界或過去或未來或現在一分
別法界如法入八無記十分別色界
或善或不善或無記云何善謂善身
作云何不善謂不善身作云何无記
謂除善不善身作若餘色界聲界亦
如是
眼識界或善或不善或無記云何善
謂善意思惟相應眼識界云何不善
謂不善意思惟相應眼識界云何无
記謂无記意思惟相應眼識界如眼
識耳識鼻識舌識身識意識界
亦如是
法界如法入四欲界繫十四分別眼
界色界耳界聲界鼻界舌界身界觸
界如分別諸入品廣說眼識界或欲
界繫或色界繫云何欲界繫謂欲界
意思惟相應眼識界云何色界繫謂
色界意思惟相應眼識界如眼識界

衆事分阿毗曇論卷第十二　第十三張　文字號

耳識身識界亦如是
意界意識界如意入法界如法入十
五非學非無學三分別意界法界意
識界如分別諸入品廣說十五修斷
三分別意界法界意識界如分別諸
入品廣說十非心非心法非心相應
七即心一分別法界如法入十非心
隨轉非受相應七受相應非心隨轉
一分別法界如法入如受想行亦如
是除其自性十非有覺有觀五有覺
有觀三分別意界及意識界如意入
法界如法入
一見亦見處十四見處非見三分別
意界意識界如意入法界如法入八
非身見因身見亦非彼因十分別色
界若穢汙身見因身見非彼因若不
穢汙非身見因身見亦非彼因如色
界聲界眼識耳識鼻識舌識身識界
亦如是意界及意識界如意入法界
如法入
問十八界幾業非業報荅一切應分
別眼界或業報非業或非業亦非業
報業報非業者謂報生眼界餘非業

衆事分阿毗曇論卷第十二　第十四張　文字號

亦非業報如眼界眼識界耳界耳識
界鼻界香界鼻識界舌界味界舌識
界身界觸界身識界意界意識界亦
如是
色界如色入聲界如聲入法界如法
入八非業亦非業隨轉七業隨轉非
業三分別色界如色入聲界如聲入
法界如法入
十八界或造色色非可見色作三句
造色色非可見色者謂八界及二入
少分造色色亦可見色者謂一界非
造色色非可見色者謂七界及二界
少分
十八界或造色色非有對色作四句
造色色非有對色者謂一界少分有
對色非造色色者謂一界少分造色
色亦有對色者九界及一界少分非
造色色亦非有對色者謂七界及一
界少分一切是甚深難了難了甚深
問十八界幾善非善因荅一切應分
別眼界或善因非善或非善因亦非
善善因非善者謂善報生眼界餘非
善亦非善因如眼界耳鼻香舌味身

觸界亦如是
色界如色入眼識界耳識界鼻識界
舌識界身識界意界意識界亦如是
聲界或善亦善因或非善亦非善因
善亦善因者謂善聲界餘非善亦非
善因法界如法入
問十八界幾不善亦不善因荅一切
應分別眼界廣說如眼入如眼界耳
界鼻界香界舌界味界身界觸界亦
如是
色界如色入如色界眼識界耳識鼻
識舌識身識界亦如是
聲界如聲入意界如意根意識界如
喜根法界如法入八无記亦無記因
十分別色界或无記因非无記作三
句無記因非无記者謂不善色界无
記亦无記因者謂無記色界非无記
亦非无記因者謂善色界如色界眼
識界聲界耳識界鼻識界舌識界身
識界意界意識界亦如是
法界如法入十七因緣緣及有因一
分別法界如法入十界非次第亦非
次第緣緣八分別眼識界或次第非

次第緣緣作三句次第非次第緣緣
者謂未來現前必起眼識界次第亦
次第緣緣者謂過去現在眼識界非
次第亦非次第緣緣者謂除未來現
前必起眼識界若餘未來眼識界
如眼識界耳識鼻識舌識身識界亦
如是
意界及意識界如意入法界如法入
十緣緣非有緣七緣緣亦有緣
一分別法界如法入十七界是增上
緣緣及有增上一分別法界如法入
十五隨流非流三分別意界意識界
如意入法界如法入

衆事分阿毗曇攝品第八

色法十一界十一入一陰攝八智知
除知他心智及滅智六識識欲色二
界一切遍使使及修斷使使即色法
十界十入一陰攝非智知五識識非
使使
非色法八界二入四陰攝十智知一
識識一切使使即非色法七界一入
四陰攝二智知謂知他心智及滅智
非識識无色界一切欲色二界二身

見苦集斷不一切遍使使
可見法一界一入一陰攝七智知除
知他心智及滅道智二識識欲色二
界一切遍使使及修斷使使即可見
法一界一入非陰攝非智知一識識
非使使
不可見法十七界十一入五陰攝十
智知五識識一切使使即不可見法
十七界十一入四陰攝三智知謂知
他心智及滅道智四識識無色界一
切欲色二界二身見苦集斷不一切
遍使使
有對法十界十入一陰攝七智知除
知他心智及滅道智六識識欲色二
界一切遍使使及修斷使使即有對
法十界十入非陰攝非智知五識識
非使使
無對法八界二入五陰攝十智知一
識識一切使使即无對法八界二入
四陰攝三智知謂知他心智及滅道
智非識識无色界一切欲色二界二
身見苦集斷不一切遍使使
有漏法十八界十二入五陰攝八智

知除滅道智六識識一切使使即有漏法十五界十入非陰攝二智知謂苦集智五識識一切使使

無漏法三界二入五陰攝八智知除苦集智一識識使所不使即無漏法非界非入非陰攝二智知謂滅道智非識識非使使

有為法十八界十二入五陰攝九智知除滅智六識識一切使使即有為法十七界十一入五陰攝四智知謂知他心智苦智集智道智五識識一切使使

無為法一界一入陰所不攝六智知除知他心智及苦集道智一識識使所不使即无為法非界非入非陰攝一智知謂滅智非識識非使使

有諍無諍法如有漏无漏法如有諍無諍世間出世間入不入染汙不染汙依家依出要結非結受非受纏非纏法亦如是

記法十界四入五陰攝十智知三識識欲界一切色無色界一切遍使使及修斷使使即記法非界非入非陰

攝二智知謂滅道智非識識欲界二身見集斷不一切遍使使

無記法十八界十二入五陰攝八智知除滅道智六識識色无色界一切欲界二身見集斷一切遍使使即无記法八界八入非陰攝非智知三識識色無色界二身見苦集斷不一切遍使使

隱沒法十界四入五陰攝八智知除滅道智三識識一切使使即隱沒法非界非入非陰攝非智知非識識三界二身見苦集斷不一切遍使使

不隱沒法十八界十二入五陰攝十智知六識識三界一切遍使使及修斷使使即不隱沒法八界八入非陰攝二智知謂滅道智三識識非使使

修法十界四入五陰攝九智知除滅智三識識三界一切遍使使及修斷使使即修法非界非入非陰攝一智知謂道智非識識非使使

非修法十八界十二入五陰攝九智知除道智六識識一切使使即非修法八界八入非陰攝一智知謂滅智

二識識三界二身見苦集斷不一切遍使使

穢汙法十界四入五陰攝八智知除滅道智三識識一切使使即穢汙法非界非入非陰攝非智知非識識三界二身見苦集斷不一切遍使使

非穢汙法十八界十二入五陰攝十智知六識識一切使使即非穢汙法八界八入非陰攝二智知謂滅道智三識識非使使如穢汙法非穢汙有罪無罪亦如是

有報法十界四入五陰攝八智知除滅道智三識識欲界一切色無色界一切遍使使及修斷使使即有報法非界非入非陰攝非智知非識識欲界二身見集斷不一切遍使使

非有報法十八界十二入五陰攝十智知六識識色无色界一切欲界二身見集斷一切遍使使即非有報法八界八入非陰攝二智知謂滅道智三識識色无色界二身見苦集斷不一切遍使使

見法二界二入二陰攝九智知除滅

智一識識有漏緣使使及無漏緣見相應無明使使即見法一界一入非陰攝非智知非識識無漏緣見相應无明使使

非見法十七界十一入五陰攝十智知六識識一切使使即非見法十六界十入三陰攝一智知謂滅智五識識除无漏緣見相應无明若餘无漏緣使使

內法十二界六入二陰攝九智知除滅智一識識一切使使即內法十二界六入一陰攝非智知非識識非使使外法六界六入四陰攝十智知六識識一切使使即外法六界六入三陰攝一智知謂滅智五識識非使使

受法九界九入一陰攝七智知除知他心智及滅道智五識識欲色二界一切遍使使及修斷使使即受法非界非入非陰攝非智知非識識非使使

非受法十八界十二入五陰攝十智知六識識一切使使即非受法九界三入四陰攝三智知謂知他心智及

滅道智一識識無色界一切欲色二界二身見苦集斷不一切遍使使心法七界一入一陰攝九智知除滅智一識識一切使使即心法七界一入一陰攝非智知非識識非使使

有緣法八界二入四陰攝九智知除滅智一識識一切使使即有緣法七界一入三陰攝一智知謂知他心智非識識無漏緣使使无緣法十一界十一入二陰攝九智知除知他心智六識識有漏緣使使即无緣法十界十入一陰攝一智知謂滅智五識識非使使心法法一界一入三陰攝九智知除滅智一識識一切使使即心法法非界非入二陰攝非智知非識識非使使

非心法法十八界十二入三陰攝十智知六識識一切使使即非心法法十七界十一入二陰攝一智知謂滅智五識識非使使

業法三界二入二陰攝九智知除滅智三識識一切使使即業法非界非入非陰攝非智知非識識非使使

非業法十八界十二入五陰攝十智知六識識一切使使即非業法十五界九入三陰攝一智知謂滅智三識識非使使

善法十界四入五陰攝十智知三識識三界一切遍使使及修斷使使即善法非界非入非陰攝二智知謂滅道智非識識非使使不善法十界四入五陰攝七智知除比智及滅道智三識識欲界一切使使即不善法非界非入非陰攝非智知非識識欲界二身見集斷不一切遍使使

無記法十八界十二入五陰攝八智知除滅道智六識識色无色界一切欲界二身見集斷一切遍使使即無記法八界八入非陰攝非智知三識識色無色界二身見苦集斷不一切遍使使

見斷法三界二入四陰攝八智知除滅道智一識識見斷一切使使即見斷法非界非入非陰攝非智知非識識三界二身見苦集斷不一切遍使使

修斷法十八界十二入五陰攝八智

知除滅道智六識識修斷一切及一切遍使使即修斷法十五界十入非陰攝非智知五識識修斷一切使使

無斷法三界二入五陰攝八智知除苦集智一識識使所不使即无斷法非界非入非陰攝二智知謂滅道智非識識非使使

學法三界二入五陰攝七智知除苦集智及滅智一識識使所不使即學法非界非入非陰攝非智知非識識非使使如學法无學法亦如是

非學非無學法十八界十二入五陰攝九智知除道智六識識一切使使即非學非无學法十五界十入非陰攝三智知謂苦集滅智五識識一切使使

欲界繫法十八界十二入五陰攝七智知除比智及滅道智六識識欲界一切使使即欲界繫法四界二入非陰攝非智知二識識欲界一切使使

色界繫法十四界十入五陰攝七智知除法智及滅道智四識識色界一切使使即色界繫法非界非入非陰

攝非智知非識識色界一切使使

無色界繫法三界二入四陰攝六智知除法智知他心智及滅道智一識識無色界一切使使即無色界繫法非界非入非陰攝非智知非識識无色界一切使使

無繫法三界二入五陰攝八智知除苦集智一識識使所不使即无繫法非界非入非陰攝二智知謂滅道智非識識非使使

過去法十八界十二入五陰攝九智知除滅智六識識一切使使即過去法非界非入非陰攝非智知非識識非使使如過去法未来現在法亦如是

非過去未来現在法一界一入陰所不攝六智知除知他心智及苦集道智一識識使所不使即非過去未来現在法非界非入非陰攝一智知謂滅智非識識非使使

苦諦所攝法廣說如苦諦即苦諦所攝法非界非入非陰攝非智知非識識非使使如苦諦集諦所攝法亦如是

滅諦所攝法如滅諦即滅諦所攝法非界非入非陰攝一智知謂滅智非識識非使使道諦所攝法如道諦即道諦所攝法非界非入非陰攝一智知謂道智非識識非使使諦所不攝法一界一入非陰攝一智知謂等智一識識非使使即諦所不攝法非界非入非陰攝非智知非識識非使使

見苦斷法三界二入四陰攝八智知除滅道智一識識見苦斷一切及見集斷一切遍使使即見苦斷法非界非入非陰攝非智知非識識即見苦斷不一切遍使使

如是見集斷差別者即見集斷不一切遍使使見滅斷差別者謂見滅斷一切使使如是見道斷差別者見道斷一切使使

修斷法十八界十二入五陰攝八智知除滅道智六識識修斷一切使使及一切遍使使即修斷法十五界十入非陰攝非智知五識識修斷一切使使

無斷法三界二入五陰攝八智知除

苦集智一識識使所不使即无断法非界非入非陰攝二智知謂滅道智非識識非使使

色陰十一界十一入一陰攝八智知除知他心智及滅智六識識欲色二界一切遍使使及修断使使即色陰十界十入一陰攝非智知五識識非使使

受陰一界一入一陰攝九智知除滅智一識識一切使使即受陰非界非入一陰攝非智知非識識非使使如受陰想陰行陰亦如是識陰七界一入一陰攝九智知除滅智一識識一切使使即識陰七界一入一陰攝非智知非識識非使使

眼入一界一入一陰攝七智知除知他心智及滅道智一識識欲色二界一切遍使使及修断使使即眼入一界一入非陰攝非智知非識識如眼入耳入鼻入舌入身入眼界耳鼻舌身界眼根耳鼻舌身根亦如是

色入一界一入一陰攝七智知除知他心智及滅道智二識識欲色二界

一切遍使使及修断使使即色入一界一入非陰攝非智知一識識非使使如色入聲入觸入色界聲界觸界亦如是

香入一界一入一陰攝六智知除比智知他心智及滅道智二識識欲界一切遍使使及修断使使即香入一界一入非陰攝非智知一識識非使使如香入味入香界味界亦如是

意入七界一入一陰攝九智知除滅智一識識一切使使即意入七界一入一陰攝非智知非識識非使使如意入意根亦如是法入一界一入四陰攝七智知一識識一切使使即法入一界一入三陰攝一智知滅智非識識非使使如法入法界亦如是

眼識界二界一入一陰攝八智知除滅道智一識識欲色二界一切遍使使及修断使使即眼識界一界非入非陰攝非智知非識識非使使如眼識界耳識界身識界亦如是

鼻識界二界一入一陰攝七智知除比智及滅道智一識識欲界一切遍

使使及修断使使即鼻識界一界非入非陰攝非智知非識識非使使如鼻識界舌識界亦如是

意識界二界一入一陰攝九智知除滅智一識識一切使使即意界一界非入非陰攝非智知非識識非使使

女根一界一入一陰攝六智知除比智知他心智及滅道智一識識欲界一切遍使使及修断使使即女根非界非入非陰攝非智知非識識非使使如女根男根亦如是

命根一界一入一陰攝七智知除知他心智及滅道智一識識三界一切遍使使及修断使使即命根非界非入非陰攝非智知非識識非使使

樂根一界一入一陰攝九智知除滅智一識識色界一切使使欲界一切遍使使及修断使使即樂根非界非入非陰攝非智知非識識非使使

喜根一界一入一陰攝九智知除滅智一識識色界一切使使除欲界無漏緣疑及彼相應无明餘欲界一切使使即喜根非界非入非陰攝非智

知非識識非使使
憂根一界一入一陰攝七智知除比智及滅道智一識識欲界一切使使即憂根非界非入非陰攝非智知非識識非使使
捨根一界一入一陰攝九智知除滅智一識識一切使使即捨根非界非入非陰攝非智知非識識非使使
信根一界一入一陰攝九智知除滅智一識識三界一切遍使使及修斷使使即信根非界非入非陰攝非智知非識識非使使如信根精進根念根定根慧根亦如是
苦根一界一入一陰攝七智知除比智及滅道智一識識欲界一切遍使使及修斷使使即苦根非界非入非陰攝非智知非識識非使使
未知當知根三界二入三陰攝七智知除苦集智及滅智一識識非使使即未知當知根非界非入非陰攝非智知非識識非使使如未知當知根已知根無知根亦如是
欲界繫見苦断使一界一入一陰攝

七智知除比智及滅道智一識識欲界繫見苦断一切使使及見集斷一切遍使使即欲界繫見苦断使非界非入非陰攝非智知非識識非使使
欲界繫見集斷使一界一入一陰攝七智知除比智及滅道智一識識欲界繫見集斷一切使使及見苦斷一切遍使使即欲界繫見集斷使非界非入非陰攝非智知非識識非使使
欲界繫見滅斷使一界一入一陰攝七智知除比智及滅道智一識識除欲界繫見滅斷無漏緣不共無明若餘欲界繫見滅斷一切使使及一切遍使使即欲界繫見滅斷使非界非入非陰攝非智知非識識非使使如見滅斷見道斷亦如是
欲界繫修斷使一界一入一陰攝七智知除比智及滅道智一識識欲界繫修斷一切使使及一切遍使使即欲界繫修斷使非界非入非陰攝非智知非識識非使使如欲界繫色界繫无色界繫差別者色无色界繫見苦集滅道修斷使六智知除法智知

他心智及滅道智餘如前説

敬礼寂真覺　无為第一尊　敬礼寂寂滅
及三乘妙道　敬礼寂息心　淨戒清涼僧
今歸憑三寶　欲有所徹通　願加垂威神
必流无滯塞　古昔諸尊人　於妙甚深義
究竟無障导　結集為衆典　助聖揚法化
謹順三藏實　於彼佛遊國　流宣長賢衆
兹土文不傳　塗理在業墨　我釋迦比丘
求那跋陁羅　於此衆事分　真定胡文本
請釋迦比丘　郁菩提耶舍　於彼胡文典
車精究辞譯　執筆録心受　一一從義書
句味粗已定　謹呈舊學僧　實不為名稱
每存增學徒　願以此微緣　善了諸法相
明達四真諦　永處涅槃樂

衆事分阿毗曇論卷第十二

眾事分阿毗曇論卷第十二

校勘記

一　底本，金藏廣勝寺本。
一　二四八頁中四行品名，徑、清作「千問論品第七之五」；麗作「千問論品第七之餘」。
一　二四九頁上四行「三入」，諸本（不含石，下同）作「二入」。
一　二四九頁中一八行「幾修斷」，資、磧、普、南、徑、清作「幾修斷幾不斷」。
一　二四九頁下一四行「二心法」，磧、南、徑、清作「一心法」。
一　二五〇頁上一行第九字「心」，徑無。
一　二五〇頁上一四行第一〇字「受」，磧作「又」。
一　二五〇頁上一六行首字「蘊」，諸本作「陰」。
一　二五〇頁中一五行第六字「彼」，麗作「非彼」。
一　二五一頁中一一行第一一字「界」，資、磧、普、南、徑、清無。
一　二五三頁上一行第二字「界」，徑無。
一　二五三頁中一四行品名，資、磧、普、南作「眾事分阿毗曇論攝擇品第八」；徑、清作「攝擇品第八」。
一　二五四頁上一六行第四字「謂」，資、磧、普、南、徑、清作「識」。
一　二五四頁中一六行第二字、下一行首字及次頁中一〇行第四字「二」，磧、普、南、徑、清作「三」。次頁中二一行第五字諸本同。
一　二五四頁中二〇行「道智」，資、磧、普、南、徑、清作「滅智」。
一　二五四頁下末行「二界」，南作「一界」。
一　二五五頁上八行第一二字「餘」，資、磧、普、南、徑、清作「除」。
一　二五五頁下八行「不善法」，磧作「一不善法」。
一　二五六頁下五行第一一字「諦」，徑作「即諦」。
一　二五七頁上九行第一三字「除」，清作「陰」。
一　二五七頁中一三行第二字「入」，諸本作「入意界」。
一　二五七頁中一四行「七智知」，資、磧、普、南、徑、清作「十智知」。
一　二五七頁中一五行「滅智」，諸本作「謂滅智」。
一　二五八頁下二行至一四行「敬禮寂真覺……永處涅槃樂」五言三十八句，資、磧、普、南、徑、清載於本經卷第一（參見卷一校勘記）。
一　二五八頁下三行「清凉」，資、磧、普、南、徑、清作「清淨」。
一　二五八頁下六行「究竟」，資、磧、普、南、徑、清作「究暢」。
一　二五八頁下八行「壅理」，資、磧、普、南、徑、清作「壅埋」。
一　二五八頁下一〇行第六字「那」，諸本作「師」。
一　二五八頁下一一行「義書」，徑作

「書義」。

一　二五八頁下一三行「法相」，資、磧、普、南、徑、清作「法明」。

趙城縣廣勝寺

毗婆沙序　　　　釋道挻作　　投

毗婆沙者蓋是三藏之指歸九部之司南司南既準則群迷革正指歸既宣則邪輪輟駕自釋迦遷暉六百餘載時北天竺有五百應真以為靈燭久潛神炬落耀含生昏喪重夢方始雖前勝迦旃延撰阿毗曇以拯頹運而後進之賢尋其宗致儒墨竞搆是非紛拏故乃澄神䇿觀搜簡法相造毗婆沙抑止衆說或即其殊辯或標之銓評理致㳙曠文蹄豔博西域勝達之士莫不資之以鏡心鑒之以朗識而冥瀾潛灑將洽殊方然理不虛運弘之由人大沮渠河西王天懷遐廓標誠冲寄雖跡纏紛務而神栖玄境用能丘壑廊館林野是使淵叟投竿巖逸来廷息心昇堂玄客入室誠詣既著理感不期有沙門道泰才敏自天冲氣踈朗閑慱奇趣遠參異言往以漢土方等既備幽宗粗暢其所未練唯三藏九部故杖策冒嶮爰至葱西綜攬梵文義承高旨并獲胡本十万餘偈既達涼境王即欲令宣譯然懼環中之固將或未盡所以側席虛衿企囑明勝天竺沙門浮陁摩周流敷化會至涼境其人開悟㴱博神懷深邃研味鑽仰俞不可測以乙丑歳四月中旬於涼城内苑閑豫宮寺請令傳譯理味沙門智嵩道朗等三百餘人考文評義務在本旨除煩即實質而不野王屢迴駕陶其幽趣使文當理詣片言有寄至丁卯歳七月都訖合一百卷會涼城覆没淪湮遐境所出經本零落殆盡今涼王信向發中探練幽趣故每至新異悕仰奇聞更寫已出本六十卷送至宋臺宜布未聞庶令日新之美敞於當時福祚之興垂於来葉挻以微緣豫參聽末欣遇之誠竊不自默粗例時事以貽来哲

如来滅後法勝比丘造阿毗曇心四卷又迦旃延子造阿毗曇有八揵度凡四十四品後五百應真造毗婆沙重釋八揵度當且䣊時大卷一百太

武破沮渠已後零落收拾得六十卷
後人分之作一百一十卷唯釋三揵
度在五揵度失盡

阿毗曇毗婆沙論卷第一

迦旃延子造　五百羅漢釋

北涼天竺沙門浮陀跋摩共道泰等譯

云何世第一法何故名世第一法如是章及解章義是中應廣說優波提舍問曰誰造此經答曰佛世尊所以然者諸法性相甚深微妙唯一切智乃能究盡問曰誰問誰答答曰或有說者尊者舍利弗問佛答復有說者五百阿羅漢問佛答復有說者諸天問佛答復有說者化人問佛答所以者何諸法性相應當廣說然無問者尒時世尊作化比丘剃除鬚髮著僧伽梨形容端政彼問佛答如問衆義經因緣問曰若然者何故復言迦旃延子造耶答曰彼尊者常好受持讀誦為他解說廣令流布名稱歸彼故言其造復有說者即彼尊者迦旃延子造作此經問曰向言諸法性相甚深微妙唯一切智乃能究竟尊者迦旃延子云何能造答曰彼尊者迦旃延子亦有猛利甚深智慧善知捴相別相又知文義及前後際通達三藏三明六通具八解脫離三界欲獲得願智於五百佛所修行立願願使我於未來世釋迦牟尼佛遺法之中造阿毗曇經問曰若然者佛阿毗曇何者是耶答曰世尊於處處方邑為化衆生作種種說彼尊者迦旃延子於種種說中立章門造偈頌制品名作揵度若說種種不相似義立雜揵度若說使相立使揵度若說智相立智揵度若說業相立業揵度若說四大相立四大揵度若說根相立根揵度若說定相立定揵度若說見相立見揵度如法句經世尊於處處方邑為衆生故種種演說尊者達摩多羅於佛滅後種種說中無常義者立無常品乃至梵志義者立梵志品此迦旃延子亦復如是又諸佛出世盡說三藏所謂修多羅毗尼阿毗曇

問曰修多羅毗尼阿毗曇有何差別答曰或有說者無有差別所以者何從一智海佛河出故因大慈心說故復有說者亦有差別云何差別名即差別所謂此修多羅此毗尼此阿毗曇復次為分別心名修多羅為分別戒名為毗尼為分別慧名阿毗曇問曰若然者修多羅中亦分別戒亦分別慧毗尼中亦分別心亦分別慧阿毗曇中亦分別心亦分別戒如是三藏有何差別答曰從多分故修多羅中多說心法毗尼中多說戒法阿毗曇中多說慧法復次修多羅中若分別心名修多羅若分別戒名毗尼若分別慧名阿毗曇阿毗曇中若分別戒名毗尼若分別心名修多羅若分別慧名阿毗曇毗尼中若分別慧名阿毗曇若分別戒名毗尼若分別心名修多羅如是三藏是名差別復次修多羅中應次第求以何等故世尊說此次復說此（如說信佛次應信法是次第求義）毗尼中應因緣求如說此戒緣何事制阿毗曇中應以相求不以次第復次修多羅依力故說毗尼依大慈故說阿毗曇依無畏故說復次種種雜說名修

多羅廣說戒律名曰毗尼說惣相別相名阿毗曇復次未種善根令種善根名修多羅已種善根欲令成熟名曰毗尼善根已熟得正解脫名阿毗曇復次為初入法名修多羅已入法中為受持戒名曰毗尼已受戒者為令正解名阿毗曇修多羅毗尼阿毗曇是名差別

問曰彼尊者以何因緣造作此經荅曰為饒益他故若有受持讀誦通利說正憶念無量煩惱及諸惡行不現在前以此懃修能入法相辟如有人欲饒益他於黑闇中然大燈明為有目者見種種色彼尊者亦復如是為饒益他造作此經佛亦如是為饒益他說十二部經一修多羅二祇夜三婆伽羅那四伽他五優陁那六尼陁那七阿波陁那八伊帝目多伽九闍陁伽十毗佛略十一阿浮陁達摩十二優婆提舍所以者何若有衆生雖有内因無外緣者終不能修勝進之行若遇外緣則能修行辟如鉢頭摩分陁利拘物頭優鉢羅華在池水中日光不照不開不敷不香日光若照則開敷出香如闇室中有種種物若無燈照終不可見有燈則見衆生亦然雖有内因若無外緣緣不能修勝進之行若遇外緣則能修習勝進之行以是緣故佛說偈言

辟如闇室中　雖有種種物　若無燈明照
有目不能見　若人雖有智　不從他聞法
是人終不能　分別善惡義　辟如有目人
因燈見衆色　有智依多聞　能別善惡義
多聞能知法　多聞能遠惡　多聞離无義
多聞得涅槃

佛經亦說有二因二緣發於正見一從他聞法二内正思惟又說人有四法甚為希有一親近善知識二從他聞法三内正思惟四如法修行又說若我弟子一心聽法能斷五蓋具足修行七覺分法如佛世尊為饒益他故說十二部經彼尊者亦復如是復次為破無明闇故如燈破闇作明阿毗曇者亦復如是破無明闇與智慧明復次欲令無我像得分明故辟如明鏡照諸色像若人能以阿毗曇慧善分別揔相別相無我人像自然顯現復次為度生死河故辟如百千那由他衆生依堅牢舩而無所畏能從此岸到於彼岸如是百千那由他諸佛世尊及諸眷屬亦復如是依阿毗曇舩而無所畏能從此岸到於彼岸復次為諸修多羅經作燈明故如人執炬於諸闇中終无所畏如是行者執阿毗曇炬於諸修多羅義中而無所畏復次為觀察善不善無記法故如善識寶人善別金剛等寶如是知者以阿毗曇慧分別善不善無記法復次為現阿毗曇人須弥山不傾動故如須弥山王安住金輪地上四方猛風不能傾動如是智者以阿毗曇慧須弥山安置於戒金輪地上四倒邪風不能傾動復次以三因緣故尊者迦旃延子造作此經一為增益智故二為開覺意故三為斷我人故增益智者於内外法中一切經論莫若阿毗曇開覺意者衆生常眠無有覺時不知何者是一切遍使何者不遍使何者自界緣遍使何者他界緣遍

使何者有漏緣何者無漏緣何者有為緣何者無為緣云何為攝云何相應云何因云何緣誰成就誰不成就能了知如是等遠近法者是阿毗曇力斷我人者彼尊者造阿毗曇經未曾說有我人於一切處常說無我无人以如是等衆因緣故彼尊者造阿毗曇經問曰阿毗曇體為何者是耶荅曰無漏慧根自體攝一界一入一陰一界者法界一入者法入一陰者行陰若取相應共有攝三界二入五陰三界者意界識界法界二入者意入法入五陰者色受想行識又修多羅說此帝釋長夜其心質直無有諂曲諸有所問為了知故不為嬈乱我當以甚深阿毗曇恣汝所問此中何者是甚深義所謂無漏慧根又如經說有梵志姓犢子其性質直無有諂曲諸有所問為了知故不為嬈乱我當以甚深阿毗曇恣汝所問此中何者是甚深義所謂無漏慧根復有梵摩瑜婆羅門須跋梵志亦如上說如佛告先尼梵志我法甚深難解難了難知難見非思量分別之所能及唯有微妙決定智者乃能知之非汝淺智之所能及所以者何空即無我而汝計我汝常長夜有異見異欲異心以是之故非汝淺智之所及也此中何者是甚深義所謂空三昧也如說愚人無眼而與上座智慧比丘論甚深義此中何者是甚深義所謂退法是也如佛告阿難此十二因緣法甚深難解難了難知難見非思量分別之所能及唯有微妙決定智者乃能知之非汝淺智之所能及此中何者是甚深義所謂因緣是也如說此處甚深所謂緣起此法離欲寂滅涅槃此中何者是甚深義所謂因緣寂靜滅性也如說諸法甚深故難見難見故甚深此中何者是甚深一切諸法體性甚深是也問曰阿毗曇體何者是耶荅曰無漏慧根以無漏慧根力故令生處得慧能受持十二部經讀誦通利亦名阿毗曇也又以無漏慧根力故能令聞慧知惣相別相又令聞慧建立惣相別相又令聞慧斷自性愚及緣中愚於法不謬又以無漏慧根力故能令思慧不淨安般念處等亦名阿毗曇又以無漏慧根力故能令修慧煖頂忍世第一法亦名阿毗曇又以如是等慧令無漏慧根轉得明淨名阿毗曇

問曰若無漏慧根是阿毗曇體者何故此經復名阿毗曇荅曰阿毗曇具故亦名阿毗曇如處處經中說因種種具立種種名以漏具故說漏如說七漏是煩惱是燋然是苦惱實漏有三所謂欲漏有漏無明漏垢具故說垢如偈說

女垢梵行　女縛衆生　苦行梵行
不因水淨

女實非垢實垢有三所謂貪瞋癡垢樂具故說樂如偈說

飲食時樂　著衣亦樂　經行山窟
斯亦復樂

飲食等非樂實樂者是樂受使具故說使如說比丘為色所使為色所繫色非是使實使有七味具說味如說比丘眼味於色色是魔鈎眼非是味

實味是愛欲具說欲如說五欲美好能令愛心增長涂着色等非欲實欲是愛退具說退如說時解脫阿羅漢有五因緣退一者營事勤勞二者多誦經三者諍訟四者遠行五者長病非營事等是退實退是不善隱沒無記法業具說業如說比丘有三種意不善業生苦果報所謂貪恚邪見貪恚邪見體非是業實業有三謂身口意報具故說報如尊者阿泥盧頭說我以一食施報七生三十三天七生波羅奈國食非生報生報者是不善善有漏法如是等處處經中說因種種具說種種名此亦如是阿毗曇具故說阿毗曇問曰以何義故名阿毗曇荅曰尊者和須蜜說能決定分別十二部經名阿毗曇復說能覺了十二因緣名阿毗曇復次於四聖諦能次第得正決定名阿毗曇復說能解說修習八聖道法名阿毗曇復說能證涅槃名阿毗曇尊者婆檀陀說曰煩惱出要繫縛解脫生死涅槃如是等法以名味句身次第撰集分別解說名阿毗曇尊者瞿沙說曰求解脫者諸所施行未分別者皆分別之所謂是苦是苦因是道是道果是方便道是無㝵道是解脫道是勝進道是向果道是得果名阿毗曇尊者波奢說曰此智是究竟智此智是第一智此智是不謬智名阿毗曇阿毗曇人說曰能種種選擇覺了證知一切諸法名阿毗曇復說法性甚深能盡其原底名阿毗曇復說能淨法眼名阿毗曇復說顯發幽隱甚深智慧名阿毗曇復說若人以阿毗曇慧分別惣相別相無有人能如法說其過者名阿毗曇弥沙塞部說曰如燈能照名阿毗曇如說一切照中慧照最上曇摩掘部說曰此法增上名阿毗曇如說一切諸法慧為最上辟喻者說曰種種諸法涅槃為上此法次故名阿毗曇聲論者說曰阿毗言除棄亦言選擇除棄者所謂結縛使纒煩惱選擇者所謂陰入界緣起道品等諸法復次阿毗言增上慢如說名增上慢如說上者名增上者如說上逸名增上逸此經增上名阿毗曇復次阿毗言現前一切諸善道品等法皆現在前名阿毗曇復次阿毗言恭敬此法尊重可敬名阿毗曇此經名智慧基本問曰何故名智慧基本荅曰諸究竟智皆出此經故名基本復次此經名安智足處諸究竟智皆因此經而得成立是故名安智足處問曰此經有何利益荅曰隨順解脫隨順無我斷計我人顯明無我發人覺意出生智慧除愚癡斷疑網得決定皆熾然向出要得相續樂寂靜止生死輪隨順空法到涅槃岸能斷一切外道異見於佛法中能生一切欣樂之心此經有如是等利名阿毗曇

阿毗曇毗婆沙雜揵度世第一法品第一

云何世第一法問曰何故此經先說世第一法為順次說為逆次說耶若順次說者應先說不淨若說安般次說念處次說七處善三種觀義煗頂忍然後應說世第一法若逆次說者應先說阿羅漢果次說阿那含果次說斯陁含果次說須陁洹果次說見

道然後應說世第一法又問為以初入法故說為以達分善根故說為以寂勝功德故說若以初入法說者應說不淨若說安般若以達分善根說者應先說煖法以煖法寂在初故如尊者瞿沙論中先說煖法若以寂勝功德說者應先說阿羅漢果有如是等事如佛在世尊者大迦旃延有正觀智慧成就無量功德无㝵精進入阿毗曇海心无增减覺意無邊言論難勝一切義論無能當者第二迦旃延子亦有如是智慧功德何故造作此經先說世第一法荅曰諸論師說世第一法種種不同或有說者不以順次故說亦不以逆次故說但彼作經者意尒隨彼意故造作此經不違法相是故先說世第一法或有說者阿毗曇應以相求不求次第修多羅經應求次第毗尼應求因緣阿毗曇經若求次第於文煩乱是故不應求其次第或有說者世尊經說若人不能正觀諸行性相能起世第一法者無有是處若能正觀諸行性相能起

世第一法者斯有是處如世尊經中先說世第一法彼作經者因經造論故亦應先說世第一法問曰置作經者世尊何故先說世第一法荅曰世尊為化衆生次第說法諸受化者已得下忍中忍未得上忍及世第一法欲令得故世尊說正觀思惟諸行性相當知即是上忍次得此世第一法是故先說或有說者為止諸誹謗故世第一法多諸誹謗所謂名受誹謗體受誹謗界受誹謗現前受誹謗退受誹謗名受誹謗者或言是性地法非世第一法體受誹謗者或言是五根性界受誹謗者或言是欲界繫或是色無色界繫或是三界繫或是不繫現前受誹謗者是多心相續非是一心退受誹謗者或言世第一法退為止如是等諸誹謗故先說世第一法復次一切生死非牢固法如糞掃汙渥此中誰寂勝誰牢固誰如醍醐所謂世第一法是故先說復次以隨順無我故此經常說無我非如外典說我說欲法說有法說財此經唯說

無我解脫涅槃此世第一法亦觀無我隨順此經故是以先說復次此經於一切論中寂勝世第一法於一切世俗善法中寂勝以此經勝故應先說勝法復次若住世第一法時名真佛出世能得自在受用聖法佛出世閒衆生入法凡有二種一假名二真實假名者剃除鬚髮而被法服正信出家真實者起世第一法次第能入苦法忍是假名沙門有二過患一者破戒二者捨戒入正法者無如是過真實沙門受用聖法能得自在隨其性分終無退失復次住世第一法時無始生死已来聖道門閇今始能開未曾能捨凡夫之性今始能捨未曾能得無漏聖道今始能得是故先說世第一法復次住世第一法時捨名得名捨數得數捨界得界捨性得性捨名得名者捨凡夫名得聖人名數界性亦如是復次住世第一法時得心不得心因得明不得明因得受不得受因復次住彼法時捨舊緣得新緣捨共得不共捨世閒得出世閒復

次為斷疑故衆生謂凡夫性無始來謂無終今說世第一法即示其終復次住彼法時凡夫退患凡夫變異凡夫剛强恶不復起煗頂忍法或有起復次住彼法時無有不得聖法而命終者煗頂忍不尒住彼法時無有不得聖道而命終者不得正決定而得正決定不得得果果出不定聚入正定聚無聖道有聖道無不壞淨有不壞淨亦如是復次住此善根無有止滯煗頂忍法而有止滯復次住彼法時凡夫人所修念處究竟滿足餘則不尒復次住彼法時漏無漏心有斷有續斷者有漏心續者无漏心餘則不尒復次如須弥山王安金輪上四方猛風不能傾動住此法時四倒邪風不能傾動復次住彼法時示始終故猶如明相是夜末晝初彼亦如是世俗之末聖道之初如示始終度已度入出方便究竟亦如是復次欲示相似法有異相故世第一法苦諦所攝能生滅苦道以苦攝世俗攝生死攝諸有攝身見所使攝能生滅苦道

餘則不尒復次世第一法體是世俗緣能生出世緣是故先說如是有垢無垢有過无過有毒無毒有濁无濁有身見聚無身見聚有顛倒聚無顛倒聚有愛聚无愛聚有使聚無使聚亦如是復次以世第一法有勢有力能有所作猶如健夫住此法中得正決定故復次以三事故一以經義故二止誹謗故三即此刹那得果故經義止謗如上說即此刹那得果者世第一法次第能生苦法忍名功用果以是次第諸因緣故先說世第一法復次欲逆次說凡夫所得法故如說世第一法乃至煗法是名凡夫所得出要法如說二十身見等是名凡夫煩惱法此二種法誰能知者唯無我智是故第二品中作如是說頗有一智知一切法乃至廣說此無我智何由而生由覺緣起是故第三品中作如是說一人此生十二種緣乃至廣說所以能覺緣起由於愛敬是故第四品中作如是說云何為愛云何為敬乃至廣說此愛敬何因而起由有

慙愧是故第五品中作如是說云何慙云何愧乃至廣說誰能慙愧由解法相是故第六品中作如是說色中生住老無常當言色也非色也乃至廣說何由能解法相由斷無義修習有義是故第七品中作如是說諸他修苦行當知無義俱乃至廣說何由斷无義修有義由正思憶是故第八品中作如是說云何為思云何為憶乃至廣說以是衆因緣事欲逆次說凡夫所得法是故先說世第一法

云何世第一法荅曰於諸心心數法次第得正決定是名世第一法問曰已能得正決定當能得正決定復是世第一法不荅曰亦是若說現在當知則說過去未來問曰世第一法得正決定為住時得為滅巳得若住時得者亦是凡夫亦是聖人若滅巳得者何故不言巳得正決定而言今得荅曰應說巳得所以經文不說巳得自有巳得說言今得如說大王從何處來此名巳來而說今來巳覺諸受巳斷漏巳得解脱亦如是或有說者

應作是說無間得正決定是名世第一法評曰无間得正決定次第得正決定有何差別復有說者若法忍雖未生此第一法決定為次第緣是故言令得正決定或有說者於諸五根次第得正決定是名世第一法問曰誰作此說荅曰舊阿毗曇人說問曰彼何故說五根是世第一法荅曰彼不必欲令五根是世第一法為斷異論故異論者毗婆闍婆提說信第五根一向無漏故一切凡夫悉不成就問曰彼以何故作如是說荅曰彼依佛經佛經說言五根猛利通達滿足向阿羅漢若無五根墮凡夫數彼以經作如是說故言信等五根悉是无漏為斷彼人如是論故說信等五根是世第一法若信等五根是無漏者無始已來未曾能起一念无漏而得世第一法是故當知五根非純無漏復次若五根是無漏者違佛正經如說若我於信等五根不能如實觀是集是滅是味是患是捨者則不能得阿耨多羅三藐三菩提乃至廣說不應以如是根觀無漏法毗婆闍婆提曰應以如是相觀无漏法云何應觀如經說不能如實觀信等五根者是別相觀信等五根何由而得由親近善知識積集而得是名觀集云何觀滅未知欲知根滅巳知根生是名觀滅云何觀味此無漏法亦為愛緣是名觀味問曰无漏法亦為愛所繫耶荅曰不也如汝法中有無漏緣使緣而不縛我亦如是云何觀患諸無漏法是無愛故是名觀患云何觀捨一切有為涅槃時捨是名觀捨為斷如是種種諸論故作是說於諸五根次第得正決定是名世第一法復次若當五根一向無漏復違佛經如說我以佛眼觀衆生根有上中下毗婆闍婆提說曰佛經說上根者阿羅漢中根者阿那含下根者斯陁含須陁洹育多婆提說曰若介者世尊不轉法輪名轉法輪一切聖人巳滿世間佛亦不須復轉法輪毗婆闍婆提說曰世尊所以說諸衆生上中下根者說根所依處不說根體育多婆提說曰若然者復違此經如說闍提輸那婆羅門往至佛所白佛言沙門瞿曇說有幾根佛荅言有二十二根此亦說根所依處然俱同說是根一是根所依一是根體無有是處是故信等五根應有漏無漏問曰毗婆闍婆提所引佛經當云何通荅曰信等五根有二種有漏無漏彼經唯說无漏所以者何因諸根故說聖人差別復次五根有漏無漏彼經唯說无漏所以者何以聖為對治法故聖人差別問曰上言若無五根墮凡夫數此云何通荅曰彼言墮凡夫數者謂斷善根凡夫或有說者犢子部說五根是世第一法何以故五根是善性以五根善故餘數法亦善亦以根故聖人差別如說五根猛利通達滿足得阿羅漢廣說如上問曰以何事故尊者迦旃延子引犢子部所立義耶荅曰彼犢子部所說而與此經少有相違所謂五根是世第一法凡夫性一向染汙彼以欲界苦諦所斷十使是凡夫性涅槃有三種學无學非學非無學

阿須羅是第六道說有我人為如是等若五若六與此經相違莫謂彼部所說盡與此經同彼作經者為斷如是意故次作是說如我義於諸心心數法次第得正決定是名世第一法問曰如汝所說五根性善餘心心數法性非是善者應是不善無記若以五根性善不善無記親近五根亦名善者令五根亦親近不善無記應是不善無記此則不然何以故根與心心數法同一所依同一行同一所緣同一果同一依同一報共成一事而云其性善是親近善者是妄想耳或有說者誦持修多羅者說言五根是世第一法尊者達摩多羅說曰世第一法體性是思名差別耳尊者佛陀提婆說曰世第一法體性是心名差別耳所以者何信心異乃至慧心異若有衆生能於一時以五種心次第得正決定無有是處若一一次第得正決定斯有是處問曰若然者以不相應法得正決定耶荅曰不也所以者何汝法心不與心相應有為所緣

有為所緣故能次第得正決定我信亦介不與信相應能有所緣有所緣故次第得正決定乃至慧亦如是問曰若然者則有大過所以者何若但信心得正決定不以精進念定慧等得正決定者懈怠失念亂意惡慧亦應次第得正決定乃至慧亦如是為斷彼人如是意故作是說如我義於諸心心數法次第得正決定是世第一法如我義者謂不顛倒如法性順經文同我等意而作是說諸心心數法次第得正決定是名世第一法彼迦旃延子欲顯正義故言世第一法亦是根亦非根問曰如世第一法現在前未來世中心心數法亦修彼為是第一法不耶荅曰或有說者依如經本非世第一法何以故經本說諸心心數法次第得正決定是世第一法彼未來者不能作次第是故非世第一法復次若當是者復違經本如說世第一法當言一心非衆多心評曰應作是說彼未來者亦是世第一法問曰彼未來者不能作次第緣

云何是世第一法耶荅曰彼未來者雖不能作次第而能隨順作次第法辟如比丘布薩時不在僧中而與僧欲名得布薩僧事亦成如是彼在未來世中為現在得如與欲者若未來世中無現在得不與欲者令現在者亦不能作次第若作次第當知皆是未來者力何以故彼未來者不與聖道作障㝵故復次若彼未來非世第一法者與智揵度經文相違所以者何如未曾得道今現在前彼未來世中相似種修若彼未來不作世第一法者云何名彼種相似修以是事故彼未來者亦是世第一法問曰若未來是世第一法者經文何故不說耶荅曰若能與次第緣者經文則說彼不能與次第緣是故不說復次若流轉三世者則說未來不介或有說者從因而生成就此法住在身中是故說之彼未來者雖從因生成就此法不住身中是故不說問曰若然者云何非是衆多心耶荅曰此中唯說現在剎那能成事者故非衆多心或有

說者若能令未來世中修者則說未來不介或有說者若心彼因彼心此果是以故說未來不介或有說者能與因能取果住身中能有所緣是以故說未來不介或有說者有二修義是以故說彼未來者唯有得修無有行修是故不說問曰彼世第一法俱生色心不相應行為是世第一法不耶答曰或有說者如經本說彼非世第一法所以者何彼不能與次第緣故評曰應作是說彼亦是世第一法問曰彼不能與次第緣云何名世第一法耶答曰彼雖不能與次第緣而能隨順次第緣義所以者何彼與世第一法俱生住滅同一果一依一報是以故說問曰彼若是世第一法者經本何故不說耶答曰彼不能與次第緣故是以不說或有說者若從因生成就此法能有所緣是以說之彼雖從因生成就此法不能有所緣是故不說或有說者若是相應有依有勢有行有緣是以故說彼非相應無依无勢無行无緣是故不說問曰彼

世第一法得為是世第一法不耶答曰彼非世第一法問曰以何等故生住無常是世第一法而得非耶答曰生等一事世第一法同一果共行不相離常相隨無前後得則不介不同一果不共行相離不相隨有前後或離所得法如樹皮離樹以是義故非世第一法問曰以何義故沙門果得即沙門果而此第一法得非世第一法耶答曰以成就得故名沙門果是以得即沙門果能與次第緣亦能隨順次第緣義名世第一法得則不介是故非世第一法如是餘達分善根得非達分善根何以故若得即是達分善根者已得聖果應重起達分善根現在前以成就得故而實不介是故得非達分善根或有說者若共起世第一法俱生者名世第一法後生者非餘達分善根亦如是或有說者得即是世第一法其餘達分善根得即是達分善根問曰若然者已得聖果應重起達分善根現在前荅曰或現前或不現在前何者現前所謂得

也何者不現在前所謂諸相應法也評曰不應作如是說如先所說者好問曰世第一法為幾念處荅曰現在一壞緣法念處未來四問曰世第一法為幾緣荅曰為四因緣者相應共有因次第緣者與苦法忍作次第緣境界緣者忍智所緣威勢緣者除其自體餘一切法是彼緣生法於世第一法亦有四緣因緣者相應共有法次第緣者苦忍是境界緣者欲界五陰是威勢緣者除其自體餘一切法是復有義說者云何名出世第一法荅曰苦法忍是所以者何是聖道種子故復有說者金剛喻定是所以者何能盡諸結得究竟果故復有說者盡智是所以者何以初得盡智餘無漏法時淨修故復有說者正三昧是所以者何得一切有為法中正定聚勝故復有說者涅槃是所以者何一切法中冣妙勝故復有說者阿羅漢冣後心是所以者何凡夫人冣後心名世第一法阿羅漢冣後心名出世第一法評曰不應作是說彼阿羅漢

寂後心非出世法故如先說者好問曰頗有世第一法不與苦法忍作次第緣耶荅曰有世間第一法色心不相應法則是問曰頗有相應法不與苦法忍作次第緣耶荅曰有未來修者是也尊者佛陁提婆說曰若以信心得正決定是名世第一法與苦法忍作次第緣餘精進念定慧心是名世第一法而不與苦法忍作次第緣說相似法沙門說曰受與受作次第不與想等餘數法亦如是心法生時遇緣便生若愛前緣生樂受欲有所想生想欲有所作生思問曰若然者無相似次第義荅曰有但非一一次第耳如汝法中無想衆生生時心滅死時心生想去雖遠得作次第我法亦尒如受滅想等生復還生受相去雖遠得作次第評曰不應作是說心與心作次第受與受作次第心心數法一一次第生作次第緣若作是說與經文相違如說云何心次第法荅曰心心數法是也若然者復更有過如依有覺有觀三昧入無覺无觀三

昧有覺有觀三昧不應與無覺无觀三昧作次第緣不相似故无覺無觀三昧則不從次第緣生若依無覺无觀三昧入有覺有觀三昧亦如是若然者無解脫何以故欲相應心唯次第生欲相應心不淨觀等及諸善心無由得生若善心不生則無解脫有如是等過如先說者好

以何等故名世第一法問曰何故作此論荅曰前雖說世第一法體性未說所以名世第一法今欲說故猶如有人世稱言勝未知為以族姓財力眷屬言為勝耶彼亦如是今欲說其所以名世第一名第一者此心心法於餘法為寂為勝為長為尊為上為妙以如是等義故名為第一問曰言第一者於世法中為都勝為分勝耶若都勝者彼則不勝見諦邊等智何以故彼等智見道眷屬不相離慧力勝故一切見道慧力偏多復次彼亦不勝淨修勳禪何以故修勳禪者不與凡夫同生一處復次彼亦不勝得盡智時一切善根何以故得盡智時

所修善根永離一切諸垢障故復次彼亦不勝空空三昧無願无願三昧無相无相三昧何以故空空三昧等乃至惡賤無漏何况有漏若分勝者彼煖頂忍法亦應言第一荅曰或有說者應言分勝何以故唯勝煖頂忍法等故復有說言第一者彼則勝一切凡夫所得禪無量解脫除入一切入乃至第一有中思故或有說者彼則都勝言都勝者非謂一切事業中勝但以能開聖道門故勝彼見道邊等智雖是見道眷屬不相離慧力勝而不能開聖道門如等智淨修勳禪盡智俱生善根空空三昧等不能開聖道門亦復如是或有說者一切都勝以能開聖道門故見道邊等智雖是聖道眷屬乃至慧性偏多若當世第一法不開聖道門者彼則不修若得修者皆是彼世第一法切用之力餘淨修勳禪盡智俱生善根空空三昧等亦復如是問曰第一有何義荅曰寂勝義是第一義得妙果義是第一義能入勝分破有頂義是第一義

寂後心義是第一義如高幢頂更無有上問曰上言寂勝等有何差別答曰或有說者無有差別所以者何此言皆是歎說上妙之義或有說者以善根故而有差別於不淨安般名為寂於聞慧名為勝於思慧名為長於煖法名為尊於頂法名為上於忍法名為妙或有說者以地故而有差別若依未至名為寂若依初禪名為勝若依中間名為長若依二禪名為尊若依三禪名為上若依四禪名為妙或有說者邊頂義名為寂上義名為勝增善義名為長昇進義名為尊堅牢義名為上滿足義名為妙復有說者能與苦法忍作次第故名為寂勝諸凡夫善根故名為勝逮勝進故名為長勝世俗善根故名為尊無二故名為上與無漏相應故名為妙復有說者以寂故名勝以勝故名長以長故名尊以尊故名上以上故名妙復有說者是凡夫寂後心故名為寂猶如樹端能開聖道門故名為勝根猛利故名為長於達分善根中勝故名

為尊折伏煩惱名為上得好果故名為妙復次此心心法捨凡夫性者問曰捨凡夫性為世第一法為苦法忍耶若世第一法捨凡夫性者云何於一剎那以凡夫法捨凡夫性若以苦法忍捨凡夫性者為以生時捨為以滅時捨若以生時捨者云何未起法能有所作若以滅時捨者彼已滅已復何所捨答曰或有說者即彼世第一法時捨問曰若然者云何於一剎那以凡夫法捨凡夫性答曰凡夫性世第一法相妨导是故住世第一法時捨猶如鳥師乘鳥策鳥馬師船師勝怨之人亦復如是復有說者苦法忍生時捨凡夫性滅時斷見苦所斷十使如燈生時破闇已生燋炷盡油問曰若尒者云何未起法能有所作又一法不應能作二事答曰若然者有何過一切內法有二種於未來中能有所作相應者苦法忍是也不相應者生相是也一切外法於未來世能有所作唯燈是也或有說者世第一法苦法忍共捨凡夫性世第一法

如無导道苦法忍如解脫道世第一法與凡夫性成就得俱滅苦法忍與不成就得俱生世第一法依苦法忍苦法忍助其勢力能捨凡夫性辟如羸人依因健者能伏怨家彼亦如是得聖法者苦法忍是也捨邪性者世第一法是也問曰邪性有三種一趣邪性二業邪性三見邪性趣邪性者三惡趣是也業邪性者五無間業是也見邪性者五見是也於此三種邪性為捨何等若捨趣業邪性者尒時則不成就若捨見邪性者道比智現在前尒時乃捨答曰三種俱捨問曰云何俱捨答曰不趣不作不行名為捨不趣者捨趣邪性不作者捨業邪性不行者捨見邪性問曰若然者住上忍時已捨何故乃言住世第一法捨耶答曰破其所依故諸煩惱以凡夫性為所依能趣生死過患猶如師子依於窟穴能害諸狩彼亦如是是故說住世第一法時捨或有說者苦法忍是邪性對治問曰趣邪性業邪性是修道所斷何以乃言苦法忍是

其對治耶荅曰對治有衆多有捨對治有斷對治有持對治有不作對治有不趣對治苦法忍是凡夫性捨對治斷見苦十使是斷對治諸無漏道是持對治不作無間業及餘不善業是不作對治不趣惡道是不趣對治如是等名捨邪性得正性者苦法忍是也得正決定者見道是也問曰一切聖道是正決定何故獨稱見道是也荅曰或有說者諸煩惱令衆生善根不熟愛潤增長染著不離彼見諦道能令衆生善根成熟乾竭愛水離諸染著不作覆障不為所壞不離餘心是故見道名正決定或有說者衆生根熟入於聖道是故見道名正決定復有說者拔煩惱根入於聖道是故見道名正決定復有說者捨五人種入八人性是故見道名正決定或有說者扶持長養名正決定猶如牛馬因於水草長養性命一切聖人因於見道長養慧命是故見道名正決定或有說者此法解縛永更不繫是故見道名正決定或有說者正必定

義是決定義自有決定而正所謂邪定是故必定名正決定或有說者相應如法義是決定義見道相應如法故名正決定問曰諸正是正性耶荅曰諸正性彼正也頗正非正性耶荅曰有世第一法是也問曰以何等故世第一法是正而非正性耶荅曰或有說者衆生無始巳来煩惱惡行邪見顛倒惱乱此心住世第一法而能制伏是故名正體是有漏為使所使不名正性復有說者等義是正義猶如稱懸在中物偏則住如是世第一法等住凡夫性見道中間若苦法忍生聖道偏多是故等義是正義也復有說者等義是正義佛辟支佛阿羅漢等住上上法故是故等義是正義也復有說者等現前行義是正義一切行人皆同住一剎那故復有說者彼世第一法與苦法忍四事同等所謂地根行緣地者如苦法忍依何地與何根相應行何行緣何法彼亦如是與苦法忍四事同故名為正體是有漏為使所使不名正性

阿毗曇毗婆沙論卷第一

阿毗曇毗婆沙論卷第一　校勘記

一　底本，金藏廣勝寺本。

一　二六一頁中一行「毗婆沙序」，[南]、[清]作「阿毗曇毗婆沙論序」。

一　二六一頁中二行末字「作」，[清]作「撰」。

一　二六一頁中五行「邪輪」，[資]、[磧]、[普]、[南]、[徑]、[清]作「邪論」。

一　二六一頁中九行第一一字「墨」，[資]、[磧]、[普]、[南]作「默」。

一　二六一頁中一〇行第三字「挐」，[資]、[磧]、[普]、[南]、[徑]、[清]作「如」。同行第八字「畜」，諸本（不含[石]，下同）作「玄」。

一　二六一頁中一二行第九字「踼」，[資]、[磧]、[普]、[南]、[徑]、[清]作「略」。

一 二六一頁中一三行第一一字「鑒」，麗作「監」。

一 二六一頁中一七行第二字「用」，諸本作「冉」。同行「廊館」，資、磧、普、南、徑、清作「廊廟館第」。

一 二六一頁中一八行第五字「廷」，諸本作「庭」。同行「玄客」，資、磧、普、南、徑、清作「玄容」。

一 二六一頁下一行「綜攪」，資、磧、普、南、徑、清作「綜覽」。同行「胡本」，資、磧、普、南、徑、清作「梵本」。

一 二六一頁下四行「仚囑」，資、磧、普、南、徑、清作「企矚」；麗作「企囑」。同行「浮陁摩」，資、磧、普、南、徑、清作「浮陁跋摩」。

一 二六一頁下六行「俞不可惻」，資、磧、普、南、徑、清作「逾不可測」；麗作「俞不可測」。

一 二六一頁下九行「評義」，資、磧、普、南、徑、清作「詳義」。

一 二六一頁下一二行「涼域」，資、磧、普、南、徑、清作「涼城」。

一 二六一頁下一四行「悕仰」，南、清作「希仰」。

一 二六一頁下一八行第一一字「例」，資、磧、普、南、徑、清作「列」。

一 二六一頁下末行「鬴時」，資、磧、普、南、徑、清作「譯時」。

一 二六二頁上二行「釋三」，資、磧、南作「十三」；徑、清作「三」。

一 二六二頁上三行「失盡」，資、磧、普、南、徑、清作「盡失」。

一 二六二頁上四行經名，資、磧、普作「阿毗曇毗婆沙論序」。

一 二六二頁上五行著者、釋者，資無；磧、普、南、徑、清作「迦旃延子造」。

一 二六二頁上六行譯者，資、磧、普、南、徑、清作「北涼沙門浮陁跋摩共道泰譯」。

一 二六二頁上六行與七行之間，磧、有「阿毗曇毗婆沙論卷第一」一行。

一 二六二頁上一六行「作化」，資、磧、普、南、徑、清作「化作」。

一 二六二頁上末行「究竟」，資、磧、普、南、徑、清作「究盡」。

一 二六二頁下一九行末字「中」，麗作「士」。

一 二六三頁上一八行第一〇字「目」，資、磧作「曰」。

一 二六三頁中四行第一〇字「緣」，諸本作「終」。

一 二六三頁下一一行末字「知」，資、磧、普、南、徑、清作「智」。

一 二六四頁上一二行「識界」，資、磧、普、南、徑、清作「意識界」。

一 二六四頁上二二行「婆羅門」，資、磧、普作「婆羅問」。

一 二六四頁中一五行末字「静」，資、磧、普、南、徑、清無。

一 二六五頁中五行第二字「果」，資、磧、普、南、徑、清無。

一 二六五頁下一六行「阿毗曇毗婆沙雜犍度世第一法品第一」，徑、清作「雜犍度世第一法品第一之一」。

一　二六五頁下一九行「若説」，麗作「次説」。

一　二六六頁中一五行「是色」，資、磧、普、南、徑、清作「是色界」。

一　二六六頁中一六行第七字「者」，麗無。

一　二六六頁中一九行第一〇字「固」，磧作「因」。

一　二六七頁上八行「得得果果」，諸本作「得果得果」。

一　二六七頁上二二行第七字「以」，資、磧、普、南、徑、清作「如」。

一　二六七頁上末行第一〇字「能」，麗作「法」。

一　二六七頁中一〇行第三字「謗」，資、磧、普、南、徑、清作「誹謗」。

一　二六七頁中一二行「次第」，資、磧、普、南、徑、清作「等」。

一　二六七頁下一六行末字「得」，資、磧、普、南、徑、清無。

一　二六八頁上一〇行第一三字「第」，諸本作「等」。

一　二六八頁上一八行第二字「始已」，資作「已以」。

一　二六八頁中一行第五字「根」，諸本作「相」。

一　二六八頁中七行「愛緣」，資、磧、普、南、徑、清作「愛所緣」。

一　二六八頁下一行「輸那」，磧作「輪那」。

一　二六九頁上一三行第一三字「耳」，資、磧、普作「取」。

一　二六九頁上一九行「五種」，資作「二種」。

一　二六九頁下四行「名得」，資、磧、普、南、徑、清作「得名」。

一　二六九頁下一〇行第九字「文」，資、磧作「又」。

一　二七〇頁下二行末字「好」，至此，資、磧、普、南、徑、清換卷，經名、著釋者同卷首。此外，資、磧、普、南有品名「雜揵度世第一法品之二」一行；徑、清有品名「雜犍度世第一法品第一之二」一行。

一　二七〇頁下五行第八字「四」，諸本作「四緣」。

一　二七一頁上一〇行「沙門」，資、磧、普、南、徑、清作「妙門」。

一　二七一頁上一六行「想去」，資、磧、普、南、徑、清作「相去」。

一　二七一頁中一六行「等義」，資、磧、普、南、徑、清作「第一義」。

一　二七一頁中一九行第六字「見」，資、磧、普作「身」。

一　二七二頁上一六行第一〇字「逯」，資、麗作「逮」；磧、普、南、徑、清作「建」。

一　二七二頁中一行「好果」，資、磧、普、南、徑、清作「妙果」。

一　二七二頁中末行第六字「共」，資、磧、普、南、徑、清無。

一　二七二頁下一九行「能趣」，諸本作「能起」。

一　二七三頁上五行「是持」，資、磧、普、南、徑、清作「是時」。

一　二七三頁上一三行「不離」，諸本作「不離」。

一　二七三頁上一九行末字「牛」，資、磧作「生」。

一　二七三頁中一行「而正」，諸本作「而非正」。

一　二七三頁下卷末經名，資、磧、普、南、徑、清無（未換卷）。

趙城縣廣勝寺

阿毗曇毗婆沙論卷第二　投

迦旃延子造　五百羅漢釋

北涼天竺沙門浮陀跋摩共道泰等譯

雜揵度世第一法品之二

世第一法當言欲界繫耶乃至廣說問曰何故作此論答曰先已說世第一法體性及說所以名世第一法未說在何界繫如人言勝已說勝事未知住處今欲說故故作此論或有說者為止並義者意故如摩訶僧祇部說世第一法是欲界繫如犢子部說是色無色界繫何以故若地有聖道處亦有世第一法如曇摩掘部說或言三界繫或言不繫或言非不繫法為止如是等並義意故而作此論問曰以何等故世第一法不當言欲界繫應說其所以不可但以言故此義便立答曰不以欲界道得斷諸蓋亦不能制伏纏亦不能令現前不行所言斷制不行者謂究竟斷制不行何以故以欲界中無道能令蓋纏究竟斷制不行故問曰以何等故欲界中

無道能究竟斷蓋制伏纏耶答曰或有說者欲界中不善根強善根弱是故無道能斷蓋制纏色界善根強無不善根是故有道能斷蓋制纏復有說者欲界不善根如舊住善根如客舊住有勢客則無力是故無道色界善根如舊住無不善是故有道復有說者欲界善不善同一繫縛是故無道色界善根欲界不善根不同繫縛是以色界道能斷欲界蓋　纏復有說者欲界威儀無有忌難猶如夫妻色界威儀共相敬難猶如母子復有說者欲界是破慚愧法如居士子與旃陁羅子交色界有慚愧如王不與旃陁羅交復有說者欲界愛結愛欲界善根以愛善根故不能生厭離想欲界愛不能愛色界善根以不愛故能生厭離想以如是等因緣故欲界中無道能斷蓋制纏色界有道能斷蓋制纏或有說者言斷蓋者是究竟斷制伏諸纏不現前行者是須臾斷如究竟須臾斷如是有縛无縛有影無影有片無片亦如是復有說者言斷蓋

者害其根本言制伏不現前行者是制伏諸纒復有說者言斷蓋者拔諸煩惱制伏不現前行者是制伏諸纒問曰欲界中雖無究竟斷蓋制纒道可無須臾斷蓋制纒道耶答曰有但不可信何以故不堅牢不久住不相續不相着不久住心中不能久伏煩惱得正决定猶如水上浮萍以小石投之雖散隨合蝦蟇入中數散數合有如是等緣故欲界雖有須臾斷道而不可信色界斷道可信何以故牢固久住相續相着久住心中能制伏煩惱得正决定猶如大石投浮萍中散而不合龍象入中亦散不合有如是等緣是故色界道能拔諸蓋制纒害諸煩惱制伏不行問曰若然者如汝所說世第一法應唯在未至禪所以者何斷欲界蓋制纒對治道唯在未至禪餘上地則不應有答曰對治有二種一斷對治二過患對治若依未至禪斷欲界欲有二種對治道餘上地雖無斷對治有過患對治尊者瞿沙說曰六地中盡有斷欲界欲二種

對治道所謂斷對治過患對治何以故依未至禪斷欲界欲其餘諸地而不斷者先已斷故猶如日光於一切時與闇相妨日初出時已破夜闇其餘日分雖與闇相違而不破者先已破故亦如六人同一惡家而共議言隨於何處獲便害之猶如有人次持六燈入於闇室初燈破闇其餘諸燈雖與闇相違而不破者先已破故如是六地中盡有斷欲界欲二種對治道乃至廣說復次云何知六地中盡有斷欲界欲二種對治耶若當六地中無斷欲界欲二種對治者行者依上地得正决定不應分別欲界亦不作證然能分別作證以是緣故知六地中盡有斷欲界欲二種對治若以欲界道能斷蓋制纒亦能除欲界結乃至廣說問曰世第一法不能斷結何以言若當以欲界道得斷蓋制纒乃至廣說答曰世第一法雖不能斷結而此善根妙勝第一在深遠處宜應與彼地離欲界道同在一處是故以道證之問曰以何等故世第一法

不能斷結耶答曰彼善根微小法身未長雖令有大威勢以善根微小法身未長不能斷結有大威勢故不為諸結之所毀壞如師子子身小未長不能害狩有大威勢一切諸狩不能侵害或有說者世第一法是一剎那故不能斷結問曰苦法忍亦一剎那何以能斷結耶答曰彼雖一剎那後有同性相續故是以能斷或有說者彼是方便道不以方便道能斷煩惱但不以欲界道得斷蓋制纒亦不能除欲界結乃以色界道得斷蓋制纒乃至廣說作義者說曰以何等故世第一法不欲界繫耶或有說者欲界卑賤彼善根尊勝復有說者欲界薄醱彼善根美妙復有說者欲界散乱彼善根寂定復有說者欲界非脩彼善根脩復有說者欲界非離欲法彼善根隨順離欲法復有說者若世第一法是欲界繫者有自緣過云何名自緣過如苦法忍緣欲界五陰若世第一法是欲界繫者亦應緣欲界繫五陰若緣欲界繫五陰彼應自緣若不

緣者復違經文如説如苦法忍所緣彼世第一法亦緣便有如是自緣之過作義者説曰以何等故世第一法是色界繫荅曰色界法能與三種道作次第緣所謂見道修道無學道餘界不能與三道作次第緣若欲界能與三道作次第緣者則有世第一法如三道三地三根初生法智分次生比智分如是等色界種種諸功德應當廣説以何等故世第一法不當言無色界繫荅曰得正决定先見欲界苦諦苦行後色無色界俱問曰苦諦有四行何以此中説見苦時但説苦行不説無常空無我行耶荅曰此文應作如是説得正决定時先見欲界苦諦不應言苦行然不尒者彼作經者有何等意荅曰為現初始次第方便法故如説苦行無常空無我行亦應如苦行説復有説者以苦行唯在苦諦中無常行在三諦中空無我行在一切法復有説者此苦與一切有法相違能棄生死猶如小兒雖有種種美食在前有人語言此食是苦即

便捨之復有説者一切衆生老少愚智内道外道皆信是苦復有説者此苦麁現易以智知所以者何佛説苦智為緣何法即緣苦法如智所知覺所覺行所行根根義緣所緣應如智説復有説者説苦文句久遠所傳古昔諸佛皆説苦行是以行者先見於苦問曰以何等故先見欲界苦後色無色界俱荅曰或有説者欲界苦麁現在了了易見是以先見色無色界苦細不現不了了難見是以後見問曰若然者色界苦麁無色界苦細何以俱見耶荅曰以定不定故欲界不定是以先見色界苦雖麁與無色界俱同定故是以俱見如是定不定任離欲地任不離欲地任修地不任修地説亦如是復有説者欲界苦是行者身生病苦痛是以先見色無色界苦非行者身不生苦痛是以後見復有説者欲界苦近是以先見色無色界苦遠是以後見如近遠現見不現見俱不俱此身他身亦如是復有説者行者成就欲界凡夫性故是以先

見不成就色無色界凡夫性故是以後見復有説者行者於欲界苦現見故是以先見色無色界苦不現見故是以後見問曰若色無色界苦不現見者行者云何見耶荅曰現見有二種一離欲現見二自身現見行者於欲界苦有二種現見一離欲現見二自身現見於色無色界苦有一種現見所謂離欲現見猶如商人有財兩擔一自負之二使人擔於自所負有二種現見一知物現見二知輕重現見於他所擔有一種現見所謂知物現見復有説者欲界苦有三種善不善無記是以先見色無色界苦有二種善無記是以後見復有説者見欲界苦時斷二種結不善無記見色無色界苦時唯斷無記如不善無記有報無報生一果生二果無慙無愧相應無慙無愧不相應當知亦如是復有説者謗言無苦先從欲界後色無色界若信有苦亦應先從欲界後色無色界如誹謗生信無智有智疑决定邪見正見當知亦如是若聖道起

先辦欲界事後色無色界俱問曰見道辦事有何差別答曰或有說者無有差別或有說者亦有差別知聚是見道斷結是辦事復有說者知智是見道斷智名辦事如是智作證明得作證明解脱道道果當知亦如是復有說者能見緣境界是見道所作是辦事復有說者一刹那是見道後相續者名辦事如一刹那後相續入數數入當知亦如是復有說者無㝵道所作名見道解脱道所作名辦事如無㝵道所作解脱道所作遠惡脩善捨无義得有義出下賤入勝處棄愛熾然離愛安樂當知亦如是若得正决定時先見無色界苦諦苦行如是世第一法當言無色界繫乃至廣說問曰得正决定時不先見色界苦不妨世第一法得名色界繫如是得正决定時不先見无色界苦諦苦行世第一法是無色界繫有何過耶答曰色界中有遍緣知智能緣下地是故得有世第一法无色界中無遍緣知智能緣下地是故無有世第一法但

聖道起先辦欲界事乃至廣說不應言世第一法是無色界繫作義者說曰以何等故世第一法不當言无色界繫或有說者彼无色界非因非地非器以非器等故是以無世第一法復有說者若彼處有觀諦善根如煗頂忍者是處應有世第一法彼无色中無故无世第一法復有說者若有見道處則有世第一法无色中無見道故无世第一法復有說者若地有智遍緣一切法亦有斷結對治道則有世第一法欲界中雖有智能緣一切地而無斷結對治道无色界中雖有斷結對治道而无智能緣一切地是故欲界無色界无世第一法復有說者欲界善根不寂静故无世第一法無色界道極寂静故无世第一法復有說者欲界善根麤弱故无世第一法无色中非其境界故無世第一法復次或有說者入无色定除去色想乃至廣說問曰不應言復次或有說者若言復次或有說者義則不定應作是說入无色定除去色想乃至

廣說所以者何同明一義故不應如先說无色界苦諦苦行等應作是說入無色定除去色想乃至廣說何以故此是根本義故應作是說而不尒者彼有何義答曰言語有二種一者方便二者根本先所說者是方便語後所說者是根本語復有說者先所說者明苦法忍緣欲界法後所說者明世第一法與苦法忍同一緣當知无色界不能緣欲界問曰除去色想體性是何答曰七地謂四無色定及三未至問曰此處言除去色想四大揵度亦說除去色想如波羅延說偈

除去色想　能斷欲愛　於内外法
無不見者

如衆義經說偈

亦不有有想　亦不無無想　如是除色想
能斷渴愛因

如是等有何差別答曰或有說者此處說除去色想者除下地色想四大揵度言除去色想者除有對色如波羅延衆義經所說偈除去色想者斷緣色愛或有說者此處言除去色想

者是四念處四大揵度言除去色想者是身念處如波羅延衆義經所說除去色想者是法念處復有說者此處言除去色想者是四無色定及三未至四大揵度言除去色想者是第四禪波羅延衆義經所說偈除去色想者除愛緣色復有說者此言除去色想者此內外道共除色想法餘三是不共除色想法

世第一法當言有覺有觀无覺有觀無覺无觀問曰何以作此論荅曰復為止彼人意言世第一法是欲界繫故復有說者先已說世第一法體性已說所以已說界未說地今欲說故復有說者先雖明世第一法是色界繫色界中有三種地有覺有觀无覺有觀无覺無觀地未說世第一法為在何地今欲說故所以者何色界善根有在一地者如淨解脫等有在二地者如喜等今欲說世第一法所在地故是以作論世第一法或有覺有觀乃至廣說云何有覺有觀荅曰若依有覺有觀三昧得世第一法如未至禪初禪是也問曰上言依者有何義耶荅曰或有說者共俱生義是依義彼世第一法 生時相應定力故持彼心品使不散乱是依義也何以知之有成文說共俱生義是依義如說若依空三昧得正决定是中即說俱生是依義如苦法忍與空三昧相應是共俱生依義空三昧亦與世第一法相應是名依義復有說者與次第緣義是依義如增上忍相應三昧與世第一法作次第緣是名依義評曰即依彼地是名依義如是說者好云何无覺有觀荅曰若依無覺有觀三昧得世第一法是名無覺有觀如禪中間是也云何无覺無觀荅曰若依無覺无觀三昧得世第一法是名无覺无觀如二禪乃至第四禪是也問曰何以說世第一法在三地耶荅曰為止併義者意故如弥沙塞部說世第一法是有覺有觀有相有勢无定是凡夫性緣有為有覺有觀者能分別故有相者能緣故有勢者難得故無定者無相似心相續故是凡夫者凡夫身中可得故緣有為者緣諸行故為止如是併義者意故說在三地若依未至地得正决定彼一地見道修一地世第一法修若依初禪得正决定彼二地見道修一地世第一法修若依禪中間得正决定三地見道修一地世第一法修若依二禪得正决定四地見道修一地世第一法修若依三禪得正决定五地見道修一地世第一法修若依四禪得正决定六地見道修一地世第一法修復有說者若依未至禪得正决定一地見道修一地世第一法修若依初禪得正决定二地見道修二地世第一法修若依禪中間得正决定三地見道修三地世第一法修何以故皆是一地法故此中有漏法一種使所使故此中諸善展轉為因故二禪以上如先說評曰彼不應作是說何以故若依无覺有觀三昧得正决定得二種世第一法有覺有觀无覺有觀若然者則違經文如說云何名无覺有觀若依禪中間得世第一法是名無覺有觀

阿毗曇毗婆沙論卷第二 第十五張 投字

如先說者好問曰以何等故見道自
地他地修非世第一法耶荅曰或有
說者見道展轉為因非世第一法復
有說者見道聖人身中修以聖人身中
修故自地他地修世第一法凡夫身
中修以凡夫身中修故唯自地修非
他地修復有說者見道有三事故修
一從因生二能作對治三能辨事從
因生者六地中展轉更相為因對治
者若對治斷一地欲餘地亦名對治
斷辨事者如一地事辨餘地亦辨世
第一法不從因生者不展轉為因故
非對治者不斷結故不辨事者非如
聖道能辨事故修道亦以此三事故
自地他地修彼亦展轉為因如法智
斷欲界結比智亦修彼比智非欲界
對治道法智現前時亦名修亦名對
治辨事者如第四禪地苦智修如初
禪地亦修初禪地道辨事第四禪地
道亦辨如第四禪地道辨事初禪地
亦辨復有說者无漏法所作異有漏
法所作異所以者何世第一法為愛
所繫無漏法者不為愛所繫復有說

阿毗曇毗婆沙論卷第二 第十六張 投字

者世第一法有垢有過患雜毒滓濁
是以不他地自地修見道無垢无過
不雜毒不滓濁是以自地他地修復
有說者世第一法在界為界所繫在
地為地所繫无漏法在界在地不為
界地所繫復有說者世第一法在身
有繫無漏法在身不繫復有說者世
第一法必生報无漏法不生報問曰
同是有漏以何等故見道邊等智自
地他地修非世第一法耶荅曰或有
說者見道邊等智不用功而得以見
道力故修如見道力能自地他地修
彼見道邊等智亦修世第一法大功
力得是以唯自地修非他地修復有
說者見道邊等智是見道眷屬常不
相離如見道自地他地修彼亦如是
世第一法非見道眷屬相離是以唯
自地修非他地修復有說者見道邊
等智堅信堅法身中可得若起上地
法現在前下地便修世第一法凡夫
身中可得一切凡夫不能修於他地
問曰以何等故上地見道現在前時
下地修下地見道

阿毗曇毗婆沙論卷第二 第十七張 投字

現在前時上地不修耶荅曰或有說
者上地法勝若現在前時下地則修
下地法劣現在前時不修上地猶如
勝人不造詣劣人劣人則應造詣勝
人彼亦如是復有說者若依上地得
正決定下地諸法先已得故是以故
修若依下地得正決定上地諸法或
得不得是以不修復有說者上地諸
法從下地因生下地諸法不從上地
因生是以不修復有說者下地法不
能對治上地上地法能對治下地以
不對治故是以不修復有說者若依
上地得正決定尒時離下地欲故是
以修若依下地得正決定上地或離
欲或不離欲設使離欲於上地法不
得自在設得自在應即上地得正決
定而不能得是以知不自在復有說
者下地法攝屬上地是以故脩上地
法不攝屬下地是以不修復有說者
猶如六種守護法故三十三天為俻
阿修羅故安六種守一依水住龍二
杵手神三持花鬘神四常放逸神
五四天王六三十三天若依水住龍

阿毗曇毗婆沙論卷第二　第十八張　投字

能壞阿修羅者餘五無事而水住龍
若不能杵手神助餘四无事而住若
二不勝持花鬘神助餘三無事而住
若三不勝放逸神助餘二无事而住
若四不勝四天王助餘一無事而住
若五不勝三十三天助帝釋无事而
住彼若不勝尒時帝釋躬身自出執
金剛杵雨金剛雹時阿修羅衆即時
退散如是見道斷結對治在六地中
若依未至得正決定即彼地見道斷
見道所斷結其餘五地無事而住若
依初禪得正決定上地則無事而住
未至禪得脩亦隨順初禪若依中間
地得脩亦隨順第四禪復有說者猶
定彼四禪中見道斷見道所斷結下
二禪三禪亦如是若依四禪得正決
如山彼有六重池次第而下其在上
池次流於下下池不能迸流於上如
是上地無漏流注下地是以故修下
地無漏不能流注上地是以不修問
曰世第一法頗有覺非有觀耶有觀
非有覺耶亦有覺有觀耶非有覺非
有觀耶答曰有云何有覺非有觀耶

阿毗曇毗婆沙論卷第二　第十九張

答曰如未至禪初禪覺相應觀是也
所以者何觀不相應故云何有觀非
有覺答曰覺諸中間禪觀相應法云
何有覺有觀答曰如未至禪初禪除
其覺觀餘相應法所謂十大地十善
大地及心云何非有覺非有觀答曰
謂中間禪觀諸餘覺觀不相應法如
二禪三禪四禪相應法及色心不相
應行問曰頗世第一法非有覺有觀
非無覺有觀非无覺無觀耶答曰有
如未至禪初禪地觀彼非有覺有觀
所以者何如說云何覺觀相應法答
曰若法與覺觀相應彼觀唯與覺相
應不與觀相應云何非無覺有觀答
曰觀所以者何如說云何無覺有觀
相應法答曰若法不與覺相應與觀
相應法彼觀唯與覺相應不與觀相
應云何非無覺无觀答曰觀所以者
何如說云何無覺无觀相應法答曰
若法不與覺觀相應彼觀雖不與觀
相應與覺相應問曰頗世第一法非
與有覺有觀相應非不是觀耶答曰
有禪中間觀彼不與覺觀相應非不

阿毗曇毗婆沙論卷第二　第二十張

是觀問曰頗世第一法有覺有觀地
非覺唯觀耶答曰有在未至及初禪地
覺唯與觀相應非覺問曰頗世第一
法在無覺有觀地非覺非觀相應耶
答曰有禪中間觀問曰頗世第一法在
有覺有觀地亦有覺有觀无覺有觀
無覺无觀耶答曰有云何有覺有觀
如未至禪及初禪地覺觀相應法云
何無覺有觀即彼覺是也云何无覺
無觀即彼色心不相應行是也問曰
頗世第一法在無覺有觀地无覺有
觀無覺无觀耶答曰有云何無覺有
觀如禪中間無覺有觀相應法是云
何无覺無觀耶彼觀色心不相應行
世第一法當言樂根相應乃至廣說
問曰何故作此論答曰先已說世第
一法體性所以界地未說相應今欲
說故復有說者先已說世第一法在
三地未說在六地今欲以根明六地
義分明了了如觀掌中阿摩勒菓云
何世第一法樂根相應答曰若依第
三禪得世第一法何者樂根相應何
者非樂根相應答曰除樂根諸餘樂

根相應法何者不相應荅曰樂根色心不相應行去何喜根相應荅曰若依初禪二禪得世第一法此中誰與相應誰不與相應除喜根諸餘喜根相應法誰不與相應喜根色心不相應行去何捨根相應荅曰若依未至禪第四禪得世第一法是也問曰何以不說禪中間耶荅曰應作是說若依未至中間禪第四禪得世第一法而不介者有何義荅曰中間禪通名未至是中誰與相應誰不與相應誰與相應除捨根諸餘捨根相應法誰不與相應捨根色心不相應行頗有世第一法不與喜根樂根捨根相應耶荅曰有色心不相應行頗有相應法而不與世第一法相應耶荅曰有即三根體是也世第一法當言一心為多心乃至廣說問曰何以作此論荅曰先已說世第一法體性已說所以已說界已說地已說根相應未說現在前今欲說故或有說者言世第一法是相續現前為止彼人如是意欲顯世第一法現在前一剎那故或

有說者先說諸心心數法次第得正決定或謂有心心數法多彼剎那亦多為決定此義故而作此論復有說者相續有三種一時相續二生相續三相似相續或謂無二相續唯有相似相續如弥沙塞部所說為止彼人意故而作此論世第一法當言一心為衆多心荅曰當言一心不當言衆多心問曰如世第一法現在前未來心心數法修亦名世第一法此中何以不說荅曰彼亦應說而不說者當知此義是有餘之說如有餘義簡略義亦如是復有說者彼未來者屬現在若說現世當知亦說未來復有說者若能與次第緣是中說之如是義應如先以次第說問曰以何等故世第一法當言一心應說所以不但以言故此義便立荅曰此心心法次第更不起世間有漏心唯生無漏苦法忍相應心若當起者無有是處為分別故設使起者若小若相似若勝若當小者不能得正決定所以者何不以衰退未成道得正決定應以勝進

勢力道得正決定若相似者亦不能得正決定所以者何先不以此道得正決定如初剎那後剎那亦介如初剎那留難停住不得正決定後衆多剎那亦留難停住不得正決定如初剎那不能取聖道後衆多剎那亦不能取聖道問曰若然者修道中若以下心亦不能取聖道荅曰見道異本曾得道異若當勝者亦不能得正決定所以者何前者則非世第一法問曰若非者為是何法荅曰是增上忍後是世第一法問曰以何等故修道中若相似若小能與無漏作次第見道唯勝荅曰修道是本曾得道不多用功力而現在前是以若相似若小能作次第見道是未曾得道多用功力乃現在前是以必用勝者世第一法於世第一法因威勢因者共生因相應因相似因三因者是惣說義若別說者過去於過去二因相應共生過去於未來一相似因未來於未來二因相應共生現在於現在二因相應共生現在於未來一相似因不障

㝵生得法是威勢緣

世第一法當言退當言不退乃至廣說問曰何故作此論荅曰前已說世第一法體性所以界地根一心未說不退今欲說故而作此論或有說世第一法是退者為止彼人意故又欲去他義顯自義與法相相應故問曰世第一法當言退當言不退耶荅曰不退問曰云何不退應說其所以不可但以言故此義便立荅曰世第一法隨順諦轉近諦垂入諦云何隨順諦隨順見道故云何轉近諦轉近見道故云何垂入諦垂入見道故復有說者隨順道諦轉近道諦垂入道諦復有說者隨順苦法忍轉近苦法忍垂入苦法忍世第一法於苦法忍有二種轉近一隨順轉近二垂入轉近彼中間不起不相似有漏心使苦法忍不現在前問曰世第一法是有漏心向言不起不相似有漏心苦法忍是不相似心何以言有漏是不相似心無漏是相似心耶荅曰世第一法惡賤有漏心以惡賤故言不相似無

漏言相似猶如有人為自親里之所苦惱親近他人作親里想於自所親作他人想彼亦如是復有說者世第一法苦法忍同辦一事故所謂捨凡夫事得任聖法猶如士夫渡河渡谷渡山渡坑乃至廣說渡河者從此至彼渡谷者從此岸至彼岸渡山者從此山至彼山渡坑者從高至下從下至高猶如有人從高上墮未至地頃便作是念欲還本處得如意不荅曰不得假使彼人若以神足若以呪術若以藥草還至本處可有是事任世第一法時無有一法能障苦法忍使不現前辟如閻浮提有五大河一名恒伽二名夜摩那三名薩羅由四名阿夷羅跋提五名摩醯流趣大海乃至廣說問曰前喻後喻有何差別荅曰无有差別所以者何欲因二喻以明一義令分明故復有說者前者以內法具為喻後者以外法具為喻復有說者前喻為止內留難法後喻為止外留難法復有說者前喻為止不如法事後喻為顯如法事彼五河流趣大海無能制者無能遮

者無能任者無能移者彼五大河流趣大海頗有人能遮任者不荅曰无也若以神足呪術藥草使彼大河停任不流未足為難無有一法能障世第一法使苦法忍不現在前造此經時在於東方此五大河在於東方故以為喻復有四大河從阿耨達池出流趣大海一名恒伽二名辛頭三名博叉四名私陁彼恒伽河從金象口出繞阿耨達池一匝流趣東海彼辛頭河從銀牛口出亦繞大池一匝流趣南海彼博叉河從琉璃馬口出繞大池一匝流趣西海彼私陁河從頗梨師子口出繞大池一匝流趣北海彼恒伽河有四大河以為眷屬一夜摩那二薩羅由三阿夷羅跋提四名摩醯彼辛頭河亦有四大河以為眷屬一名毗婆奢二名伊羅跋提三名奢多頭四名毗德多彼博叉河有四大河以為眷屬一名婆那二名毗多羅尼三名明儲四名究仲婆彼私陁河亦有四大河以為眷屬一名薩梨二名毗摩三名鄰提四名毗壽彼婆此

中唯說廣大有名字者然彼四河各有五百眷屬合有二千流趣大海頗有人能遮住者不答曰不能無有是處以分別故假使有人以神足呪術藥草能令彼河停住不流未足為難無有一法能障世第一法使苦法忍不現在前復次世第一法與苦法忍作次第緣此文是根本義第一答所以者何彼世第一法生時能與苦法忍次第緣果若此法能與彼法次第緣果者此法無有衆生若法若呪術藥草若佛若辟支佛若聲聞能作障㝵使第二剎那不現在前者無有一法速於心者能於尒時為作障㝵使不能得正決定彼言無有一法速於心者即苦法忍相應心是也作義者說曰以何次第故世第一法不當言退答曰或有說者根本牢固故彼行者修布施時恚以迴向解脫持戒不淨安般念處七處善燸頂忍亦迴向解脫是名根本牢固復有說者世第一法後次生見道無有退見道者彼亦不退復有說者世第一法後次生忍智无有

退忍智者彼亦不退復有說者世第一法後乃至斷非想非非想處見道所斷結無有退非想非非想處見道所斷結者彼亦不退復有說者世第一法是勝進分善根無有退勝進分善根者燸法有三種退分住分勝進分頂亦有三種忍有二種住分勝進分世第一法有一種謂勝進分問曰此皆是達分善根何以說三性答曰名數異耳如定揵度說此善根有三種於此善根退者名退分不退不進名住分勝進者名勝進分彼說三種此說達分善根名數異耳復有說者此善根是一剎那無有退半剎那者問曰頗有二聖人同生一處於世第一法一成就一不成就耶答曰有一依初禪得正決定二依第二禪得正決定彼俱命終生二禪中彼依初禪得正決定則不成就所以者何以離地故失依二禪者彼則成就問曰頗二阿羅漢俱在欲界中於世第一法一成就一不成就耶答曰有一依初禪得正決定二依二禪得正決定彼俱

命終生二禪中陰中得阿羅漢果彼依初禪得正決定者則不成就所以者何以離地故失問曰頗有聖人不成就世第一法成就世第一法解脫得耶答曰有依初禪得正決定彼命終生二禪中以離地故不成就世第一法彼成就世第一法解脫得彼得以二禪所攝故若命終生三禪以上則不成就世第一法問曰頗有聖人不成就世第一法亦不成就解脫得耶答曰有依初禪得正決定彼生命終生第三禪以上則不成就世第一法及解脫得

如經說諸比丘我不見一法速疾迴轉過於心者難以喻知乃至廣說問曰言速疾迴轉者為於世耶為於緣耶若於世者一切有為法亦隨世速疾迴轉不但心也若於緣者諸心心數法受緣亦速疾迴轉不但心也答曰此中亦說世速疾迴轉亦說緣速疾迴轉謂一身中非謂一剎那也若一剎那言速疾迴轉者則有少分速疾迴轉少分不速疾迴轉亦無於緣

速疾迴轉所以者何如說若法能緣彼法或時不緣無有是事是以說世之與緣速疾迴轉謂一身中非謂一剎那彼一身中或生善心或時染汙或時不隱沒無記或依眼生乃至依意生若緣色生乃至緣法生問曰若於世於緣名速疾迴轉者心心數法亦於世於緣速疾迴轉何以獨言心耶荅曰或有說者此是世尊有餘之說亦是世尊為化衆生簡略之說復有說者於心法中誰為最勝所謂心也是以說心猶如王來餘人亦來以王勝故但言王來復有說者以因心故名為心數是故說心以心大故數法亦名大地是故說心復有說者若修證心通法時彼無导道唯緣於心是故說心復有說者心是遠行法如說

獨行遠逝　不在此身　若能調伏
是世梵志

復有說者心為尊導如說

心為前導　心尊心使　中心念善
亦言亦行　安樂自追　如影隨形

或有說者心猶如王如說

第六增上王　此染彼亦染　無染而生染
染者名愚小

復有說者心名城主如說比丘當知言城主者即有漏識復有說者心是內法遍一切處能有所緣內者內入所攝遍者從阿毗地獄上至有頂能有所緣者緣一切法復有說者能起善不善尸羅如說善不善尸羅皆因心起復有說者心起惡法生惡道中心起善法生天人中如世尊言諸比丘都提夜子狝迦摩納婆以向如来生惡心故身壞命終如擲真珠須當墮惡道比丘都提夜子狝迦摩納婆以向如来起善心故如擲真珠須身壞命終當生善道復有說者此心為主多所統攝如說此五情根各行境界心悉能行種種境界復有說者如心行於緣數法皆隨猶如雄魚其所任處雌魚皆隨復有說者心是數法所依之處復有說者心所依受身之處無不有心數法不介有增有減復有說者若心不調伏不守護不淨修數法亦介若心調伏守護淨修數法

亦介復有說者若心不伏數法不伏以不伏故流行色聲香味觸法若心折伏數流亦伏以折伏故不行色聲香味觸法如濾水箭上開則漏上閉則止彼亦如是復有說者世尊先說心速疾迴轉當知餘有餘法亦速疾迴轉如經說我不見一法速疾迴轉過於心者難以喻知問曰如餘經說以獼猴為喻今何故言難以喻知荅曰或有說者此經難以喻知不言不以喻知所以者何非凡人能作不易作不過時作非無慧者作非凡人作者唯佛能作不易作者用功能作不過時作者佛日出世介時能作非無慧作者非麁心乱意之所能作又非凡作者能知善心起住滅相亦知出入及知方便如佛緣覺及諸弟子善於揔相別相復有說者言難以喻知者喻若同若相似同者如說心速疾迴轉其猶如受此是心法經先已說若非心法喻不相似復次難以喻知者不以少功而能得知復次難以喻知者如心速疾能有所緣彼喻亦

尒而無有法與心等者猶如獼猴從一枝至一枝須臾心想迴轉有百千剎那尊者波奢說曰世尊為化衆生還以心喻心彼獼猴輕躁動皆心所為問曰彼心可以一法為定喻不荅曰或有說者有誰能作唯佛能作但無能知者如佛化作一剎那以喻心而無知者是故比丘應善知心應善知心迴轉乃至廣說問曰善知心善知心迴轉有何差別荅曰或有說者無有差別言善知心即是善知心迴轉復有說者有差別若觀心惣相是名善知心觀心別相是名善知心迴轉復有說者若觀心是名善知心若觀數法是名善知心迴轉復有說者若觀心念處是名善知心若觀法念處是名善知心迴轉復有說者若觀識陰是名善知心若觀餘陰是名善知心迴轉復有說者若觀意入是名善知心若觀餘入是名善知心迴轉復有說者若觀七識界是名善知心若觀餘界是名善知心迴轉復有說者若觀心自相是名善知心若觀心所

緣行處是名善知心迴轉復有說者若觀識是名善知心若觀識住處是名善知心迴轉尊者波奢說曰若知有欲心是名善知心若知轉離欲心是名善知心迴轉如有欲心轉離欲心有瞋心轉離瞋心有癡心轉離癡心散亂心攝心懈怠心精進心有掉心無掉心少心多心有染心无染心定心不定心修心不修心解脫心不解脫心繫心不繫心當知亦如是尊者佛陁提婆說曰世尊言善知心迴轉者即是善知心異名說耳如定揵度說我弟子中善知心迴轉摩訶般特迦是也此即說心念處名善知心迴轉

問曰頗住一剎那頃當得世第一法不當得所依緣耶當得所依緣不當得世第一法耶亦當得世第一法及所依緣耶亦不當得世第一法及所依緣耶荅曰有應作四句若依未來禪當得正決定住增上忍一剎那頃當得世第一法不當得所依緣者除未至禪所攝世第一法現在前及所依

緣謂諸餘未來世第一法也當得所依緣不當得世第一法者謂初禪二禪三禪四禪所攝世第一法所依緣也當得世第一法及所依緣者謂未來禪所攝世第一法現在前及所依緣也亦不當得世第一法及所依緣者謂初禪二禪三禪四禪所攝世第一法諸餘所依緣問曰頗住一剎那頃當得世第一法緣有緣法耶當得緣無緣法耶當得緣有緣无緣法耶不當得緣有緣無緣法耶荅曰有住增上忍應作四句初句者謂世第一法能緣心心數法也第二句者謂世第一法能緣色心不相應行也第三句者謂世第一法能緣心心數法色心不相應行也第四句者除上尒所事

彼作經者說世第一法凡作七論五是根本二因論生論五根本者從云何世第一法乃至根相應二因論生論者謂當言一心當言不退造毗婆沙者因此造論廣現多文

阿毗曇毗婆沙論卷第二

阿毗曇毗婆沙論卷第二　第三十六張　投字号

阿毗曇毗婆沙論卷第二

校勘記

一　底本，金藏廣勝寺本。

一　二七七頁中一行經名至四行品名，資、磧、普、南、徑、清無（未換卷）。

一　二七七頁下八行「不善」，資、磧、普、南、徑、清作「不善根」。

一　二七七頁下一〇行第一一字「緾」，資、磧、普、南、徑、清作「制縛」；麗作「制緾」。

一　二七八頁下二一行第一二字、末行第一三字、次頁上六行第一一字及次頁中一二行第二字「若」，徑、清作「苦」。

一　二七九頁上九行「比智」，徑作「此智」。

一　二七九頁上二一行第四字「法」，資、磧、普、南、徑、清作「法中」。

一　二七九頁中一〇行「現在」，資、磧、普、南、徑、清作「現前」。

一　二八〇頁上五行第一三字「明」，資、磧、普、南、徑、清無。

一　二八〇頁中四行「非因」，資、磧、普、南、徑、清作「非田」。

一　二八一頁上二一行「作論」，資、磧、普、南、徑、清作「作此論」。

一　二八二頁上一行第五字「好」，至此，資、磧、普、南、徑、清卷第二終，卷第三始，資、磧、普、南且有品名「雜揵度世第一法品之三」；徑、清有品名「雜揵度世第一法品第一之三」。

一　二八二頁上一八行第一三字「如」，資、磧、普、南、徑、清無。

一　二八二頁上一九行「初禪」，諸本（不含石，下同）作「如初禪」。

一　二八二頁中二行第三字「不」，資、磧、普、南、徑、清作「不依」。

一　二八二頁中一二行「道力」，磧、南、徑、清作「道中」。

一　二八二頁下一一行第九字「能」，資、磧、普、南、徑、清作「不能」。

一　二八二頁下一四行首字「以」，資、

磧、普、南、徑、清作「以故」。

一　二八二頁下二一行第八字「守」，諸本作「守護」。

一　二八三頁上一三行「未至」，磧、南作「不至」。

一　二八三頁上一七行第三字「彼」，諸本作「陂」。

一　二八三頁上一九行「上地」，資、磧、普、南作「土地」。

一　二八三頁中三行第六字「諸」，資、磧、普、南、徑、清作「謂」。

一　二八三頁中二〇行「相應」，資、磧、普、南、徑、清作「相應與觀相應」。

一　二八三頁下一行「有覺」，資、磧、普、南、徑、清作「在有覺」。

一　二八三頁下八行末字「云」，資、磧、普、南作「應」。

一　二八三頁下一四行末字「行」，資、磧、普、南、徑、清作「行是」。

一　二八三頁下一六行「何故」，資、磧、普作「無故」。

一　二八四頁上四行第六至第七字「相應」，資、磧、普、南、徑、清作「相應誰與相應」。

一　二八四頁中一九行首字「更」，麗作「便」。

一　二八四頁下一二行首字「後」，資、磧、普、南、徑、清作「復」。

一　二八五頁下二一行「朋儔」，資、普、南、徑、清作「多奢」，磧作「多儔」。

一　二八五頁下末行第一二字「彼」，諸本作「波」。

一　二八六頁上一〇行「次第」，資、磧、普、南、徑、清作「等」。

一　二八六頁中九行「三性」，麗作「三種」。

一　二八六頁下一一行「生命」，諸本作「若命」。

一　二八七頁中一〇行「天人」，資、磧、普、南、徑、清作「人天」。

一　二八七頁中一九行首字「住」，資、磧、普、南、徑、清作「往」。

一　二八七頁下三行第五字「流」，諸本作「法」。

一　二八七頁下六行「餘法」，麗作「緣法」。

一　二八七頁下一二行第一〇字「者」，資、磧、普、南、徑、清無。

一　二八八頁上四行第九字「蹂」，徑、清、麗作「躁躁」。

一　二八八頁上七行「二一剎那」，磧作「二剎那」。

一　二八九頁上末行「卷第二」，資、磧、普、南、徑、清作「卷第三」。

阿毗曇毗婆沙論卷第三　投

迦旃延子造　五百羅漢釋

北涼天竺沙門浮陀跋摩共道泰等譯

雜揵度世第一法品之三

云何頂法云何頂法退云何煗法乃至廣說問曰此中逆說凡夫所得法說世第一法已何以不次說忍耶荅曰或有說者彼作經者意欲尒乃至廣說復有說者應說云何為忍以何等故名忍當云何繫乃至廣說而不說者有何意耶荅曰此是有餘之說蘭略之義復有說者先已說忍而不彰顯如先說若後心心數法勝者前者則非世第一法為是何耶荅曰增上忍是名說忍復有說者若佛經說此中便說若經不說此中不說佛經無說忍處是故不說說曰如增一阿含中說若不成就六法則不能遠塵離垢得法眼淨云何為六一不樂聞法二雖聞法不攝耳聽三不為知解四所未得法不方便勤求五所得法不善守護六不成就順忍若成就六

法則能遠塵離垢得法眼淨云何為六喜樂聞法乃至成就順忍問曰彼經雖說順忍不說是順諦忍荅曰順忍順諦忍有何差別因論生論以何等故忍言順諦忍煗頂不耶或有說者如說忍言順諦煗頂亦應說而不說者當知皆是有餘之說復有說者順者言隨順彼忍善隨順煗頂不尒復有說者煗法能止緣諦增上愚頂止中愚忍止下愚以止身中愚故生世第一法復有說者煗法能生緣諦下明頂生中明忍生上明以此身中有緣諦明故能生世第一法復有說者煗法於陰悅適頂法於寶悅適忍法於諦悅適以觀聖諦身中悅適故能生世第一法復有說者忍於一切時與見道相似如見道一切時唯法念處現在前彼忍亦尒煗頂不尒所以者何先修法念處後增長三念處展轉現在前是故不相似也忍修習法念處唯增長法念處以與見道相似故名順諦忍煗頂不尒不名順諦復有說者忍法倒近見道煗頂不如

復有說者忍法亦多相續亦一剎那現在前頂煗唯多相續現在前復有說者忍法唯一定意煗頂不尒復有說者忍法正觀不雜煗頂有雜或時起欲界善根復有說者忍法正觀不多不廣而能隨順趣向涅槃煗頂正觀亦多亦廣亦能隨順趣向涅槃此中應說轉買摩尼寶喻以如是等衆因緣故忍名順諦煗頂不得名順諦

是煗頂及下中忍行十六行緣四真諦增上忍行四行緣苦諦復有說者增上忍緣道諦問曰忍為緣何法得正決定荅曰或有說言緣於道諦問曰若然者云何不緣行倒錯耶若緣行倒錯云何不為得正決定而作留難荅曰假令緣行倒錯於正決定不作留難所以者何於此善根修習緣行先有徑路是以入聖道時於此緣行自在能用如見道中先起欲界忍智道次生有頂忍智道彼有頂忍智道後復還生欲界忍智道觀苦行後復生觀習行乃至廣說如此皆名緣

行倒錯不以緣行倒錯便為見道而作留難何以故以於見道修習緣行先有徑路故忍亦如是於得正決定不作留難諸作是說緣道諦增上忍後得正決定彼有三心應同一緣一行所謂世第一法苦法忍苦法智二心應同一行不同一緣謂苦比忍苦比智二心同於一緣不同一行謂習法忍習法智評曰應作是說應緣苦諦增上忍後得正決定彼見道是猛健善根雖緣行倒錯於正決定而無留難彼忍是世俗有漏善根其性羸劣若緣行倒錯則與見道而作留難如實義者應觀苦增上忍後得正決定非先觀道忍後得正決定增上忍行苦行緣苦而忍方便道廣行十六行緣四真諦彼行者正觀欲界苦觀色無色界苦欲界行集色无色界行集欲界行滅色無色界行滅斷欲界行道斷色无色界行道如是三十二心是名下忍行者後時漸漸減損行及緣復更正觀欲界苦色无色界苦乃至觀斷欲界行道除觀斷色無色

界行道從是名中忍復更正觀欲界苦觀色无色界苦乃至觀色無色界行滅除滅一切道復更正觀欲界苦色無色界苦乃至觀欲界行滅除色无色界行滅復更正觀欲界苦乃至觀色無色界行集除一切滅復更正觀欲界苦乃至觀欲界行集除色无色界行集復更正觀欲界苦色無色界苦除一切集復更正觀欲界苦除色无色界苦復更正觀欲界苦常相續不斷不遠離如是觀時深生猒患復更減損但作二心觀於一行如似苦法忍苦法智如是正觀是名中忍彼復以一心觀欲界苦是名上忍後次生世第一法世第一法後次生苦法忍辟如有人欲從己國適於他國多有財寶及諸生業之具不能持去以此財物轉以易錢猶嫌其多不能持去以錢易金猶嫌其多不能持去以金復易多價寶珠持此寶珠隨其所安往適他國如是行者乃至漸捨相續不離生於上忍忍後次生世第一法世第一法後次生苦法忍諸言

緣苦忍後得正決定彼四心須同一行一緣所謂增上忍世第一法苦法忍苦法智二心同一行不同一緣所謂苦比忍苦比智二心同一緣不同一行所謂集法忍集法智是故如此說者好問曰世第一法為有上中下不荅曰無也不得一人心中有多人心中乃有如尊者舍利弗是上目連是中其餘聲聞是下性分亦有上中下佛為上緣覺為中聲聞為下

去何名頂以何等故名頂尊者瞿沙說曰有二種達分善根一是欲界所謂煗頂二是色界所謂忍及世第一法欲界中下者是名為煗上者名頂色界中下者名為忍上者名世第一法評曰彼不應作是說此盡是色界法是修法住定地法能行聖行法如是說者好問曰何以言頂法耶荅曰色界善根有動者有不動者有住不住有難无難有斷不斷有退不退諸彼動者諸不住有難有斷有退者有二下者是煗上者是頂諸彼不動住無難不斷不退者有二下者是忍上

者是世第一法復有說者應言下頂所以者何在下煗法頂故復有說者猶如山頂故名為頂如山頂之道人不久住若無諸難必過此山到於彼山若遇諸難即便退還如是行者住頂無久住者若無諸難必到於忍若有諸難還退到煗是以猶如山頂故名為頂復有說者勝於煗法故名為頂云何為頂歡喜於佛法僧生下小信乃至廣說

問曰何以故言此信為下小耶答曰如尊者瞿沙說此煗頂二遠分善根是欲界法故言下小復有說者此住不久停故故言下小復有說者此信當言異信何以故異於色界定地修地行聖行煗法故故名為異於佛僧生下小信是緣道諦信於法生下小信是緣滅諦信

問曰如頂能緣四諦此中何以唯說緣二諦信不說緣苦集信耶答曰或有說者此中說名義最勝法故於此四諦何者最勝所謂滅道何以故此二諦清淨無過故復有說者此二諦

是妙是離復有說者此二諦能生信處復有說者此二諦有二義一可信二可求復有說者為生受化者信樂心故若世尊說苦集是可敬信者則無受化者何以故彼受化者當作是念此是煩惱惡行邪見顛倒何可敬信而我等常為此苦之所逼迫若世尊說滅道是可敬信彼受化者心生欣樂是故滅道最勝可信復有說者此滅道有可信敬事一樂觀在前二無心捨離復有說者信佛信僧說緣道信信法是緣三諦信若如是者則說盡緣四諦信也如說波羅延摩納婆等能於佛法僧生下小信是名頂法彼作經者引經為證問曰如住頂時亦信陰亦信三寶亦信諦以何等故世尊為摩納婆等但說信寶不說信陰諦耶答曰或有說者彼摩納婆等非不信苦集諦但不信三寶以不信故佛故為說復有說者彼為苦所困欲求離苦往詣佛所如說偈

為苦所逼諸眾生　不知離苦來詣佛
願示法要除眾患　猶如熱時入涼池

如實能離苦者唯有滅道彼有二義可信一常樂觀二常喜求復有說者信佛說緣二諦信僧說緣道諦信信法說緣滅諦信復有說者信佛說緣四諦信信僧說緣道諦信信法說緣三諦信復有說者三寶是生信敬處是以說之復有說者隨行者意悅適故是以說之若於陰生悅適是名為煗於寶生悅適是名為頂於諦生悅適是名為忍

問曰如頂體性是五陰何以世尊為波羅延等以信名說為諸新學比丘以慧名說答曰或有說者唯佛世尊決定明解法相亦知所應作事非餘所及應為眾生而說何法即便說之復有說者以波羅延等未住所作地未入佛法中未得舍摩他未有漸次聞他天言生信來詣佛所尒時世尊因彼善根欲令增長故以信名說彼諸新學比丘與上相違故即慧名說復有說者隨他乏少為饒益故如波羅延等乏少於信釋種比丘乏少於慧是以波羅延等說信以饒益之

釋種比丘說慧以饒益之復有說者
為止諂曲愚癡意故波羅延等雖復
聰明多少於信無信之慧能增長諂
曲是故為波羅延等說信止其諂曲
新學比丘釋種出家雖少有信而多
於慧無慧之信增長愚心是故為新
學比丘說慧止其愚心復有說者世
尊說法要化者二種有利根有鈍根
為利根者說信為鈍根者說慧以波
羅延等利根故說信新學比丘等鈍
根故說慧如利根鈍根內因力外緣
力內分力外分力內正觀思惟增益
外從他聞法內增益無愚無貪修不
修損身見聚處不損身見聚處當知
亦如是

云何頂法退乃至廣說問曰以何等
故說頂有退不說煖退答曰或有說
者如說頂退亦應說煖退而不說者
當知此是有餘之說復有說者行者
在頂之時多諸留難有三時諸煩惱
業多諸留難如從頂至忍尒時惡道
諸煩惱業多作留難所以者何彼諸
煩惱而作是念若彼行者已到於忍

我復於諸身中當生果報離欲界欲
時彼欲界尒諸煩惱業多作留難所以
者何諸煩惱業而作是念若彼行者
出於欲界我復於諸身中生於果報
離非想非非想處欲時是未來有諸
煩惱業多作留難所以者何諸煩惱
業而作是念若彼行者離欲已彼更
不受身我復於諸身中生於果報行
者於此三時多諸留難是故說頂有
退不說煖退復有說者行者尒時生
大憂惱猶如有人見珍寶藏見已歡
喜作是思惟我今永斷貧窮根本彼
欲取時忽然還滅彼人尒時於此寶
藏生大憂惱如是行者住頂法時自
念不久當得於忍永斷惡道心生歡
喜後便還退生大憂惱復有說者若
說頂有退當知亦說煖有退復有說
者以頂法不久住故是以有退復有
說者欲得忍時大獲重利猶如聖人
不墮惡道得忍之時亦復如是如沙
門二十億九十一劫不墮惡道界上
相違名失重利

云何頂退答曰猶如有人親近善知

識從其聞法乃至廣說何以復作此
論答曰前雖說頂體相未說云何得
頂云何失頂今欲說之故作此論猶
如有人親近善知識者說親近善友
從其聞法若聽隨順方便法內正觀
思惟若自身修行正行信佛菩提信
善說法信僧清淨功德是說信寶說
色無常乃至說識無常是說信陰知
有苦集滅道是說信諦彼於餘時不
親近善知識者親近惡友不從他聞
法若不聽隨順方便法不正觀思惟
若自身行邪行失此信法是名頂退
問曰頂退體相為是何耶答曰是不
成就性不隱沒無記心不相應行行
陰所攝復有說者是不信體性所以
者何有信便得無信便失復有說者
以何使纏而退頂法即彼使纏性如
是說者亦是染汙性復有說者若法
隨順退法即是其性若然者一切諸
法盡是退性何以故一切諸法盡順
勢緣故尊者佛陀提婆說曰無所有
性是退性諸法分別无有相對彼善
根和集名頂善根離散名退復有何

阿毗曇毗婆沙論卷第三　第十三張　投

性猶如有人多諸財物他人劫去後便貧窮人問之言汝今貧窮為是何性彼人荅言我本有財他人劫去今唯貧窮當有何性又如有人衣裂他人問言汝今衣裂為是何性彼人荅曰衣本完堅今者破裂更有何性又如有人身本著衣人奪其去他人問言汝今裸形无衣為是何性彼人荅言我本著衣他人奪去今者裸形無衣當有何性如是行者善根和集之時名之為頂後若離散名之為退當有何性是故無所有性是名退性評曰不應作是說如前說者好頂退是不成就性不隱沒无記心不相應行行陰所攝

問曰如說信佛菩提是名信佛乃至廣說以何等故世尊或說信寶或說信陰或說信諦荅曰或有說者佛於法明了乃至廣說復有說者隨衆生愚處佛隨其所愚而解說之復有說者受佛化者有三種一多疑心二染著於我三為見所覆為疑者說寶為染著我者說陰為見所覆者說諦

阿毗曇毗婆沙論卷第三　第十四張　投

云何煗法乃至廣說以何等故名煗荅曰或有說者智緣境界能生於煗燒煩惱薪猶如火攢上下相依生火燒薪復有說者以有智知有能生煗智令有萎悴猶如夏時聚花為積花生煗氣還自萎悴復有說者智生依陰在陰智火還燒於陰猶如兩竹相摩生火還燒竹林尊者瞿沙說曰求解脫智火彼寂在初如火以烟在初為相无漏智火亦以煗法在先為相如日明相在初為相無漏智日亦以煗在初為相是故名煗云何為煗於正法毗尼中生信愛敬乃至廣說問曰若然者說於正法毗尼中生信愛敬盡得煗耶荅曰不然何以故煗者乃是色界修地定地能行聖行所攝於正法毗尼中生信愛敬者也彼正法者說緣道諦信毗尼者說緣滅諦信問曰煗能緣四諦何以但說緣滅道諦信荅曰或有說者滅道於諦中寂勝故應如先頂中廣荅復有說者滅道是可歸依處是以故說復有說者正法說緣三諦信毗尼說緣滅諦信

阿毗曇毗婆沙論卷第三　第十五張　投

是亦名煗能緣四諦彼作經者引經為證如說佛告馬師滿宿比丘我有四句法當為汝說為欲知不當恣汝意彼二人言我等今者便為非器何用知為乃至廣說問曰佛深知彼人不堪受法何故告言當恣汝意荅曰或有說者人謂彼人無教化者所以造作衆惡而自毀壞是以如來舉手語言我所應作今已作之而汝自行邪行以自毀壞非我不教化之過復有說者為止外道誹謗故所以告言當恣汝意若當如來不告彼者諸外道等當作是謗云何大悲於弟子衆有隨順者說法教化不隨順者不說法教化若當如來告彼人者諸外道等不生誹謗復有說者為止諸釋不信心故若當如來不告彼者尒時諸釋生不信心云何悉達不為親族說法教化心懷嫉妬將慮彼人共已相似若其如來告彼人者諸釋尒時便更不生不信之心復有說者彼人自行邪行如來以彼即為證人而語之言汝本在家及今出家自行邪行非是我過尒時如來即以耎語面前責數

是故告言當恣汝意復有說者為生彼人將來善根故佛知彼人而今雖復不能受化將來必生追悔善根所以者何彼人作是念彼大悲者恣我意而我不受非如來過能生如此追悔善根以此緣故必出惡道復有說者佛知彼人於此命終必生龍中受大苦痛便作是念我本從何來生此間自知本在佛法出家次作是念無化我者我今應往作不利益事破壞佛塔及諸精舍殺諸比丘當於介時佛神力故有如來像當立其前而告之言馬師滿宿我有四句之法汝欲知不當知今皆汝等過非我咎也我應作者皆已作之而汝今者自為邪行欲止彼龍瞋恚纏故令守護佛法是以告言當恣汝意問曰云何名四句法答曰或有說者是四諦法何以故彼二人以不見諦故造斯惡行復有說者四念處是何以故彼二人以顛倒故造斯惡行復有說者四正勤是何以故彼二人者多懈怠故造斯惡行復有說者四如意足是何以故彼二人者不能積集諸善故造斯惡行復有說者四聖種是何以故彼二人者貪著利養故造斯惡行復有說者四沙門果是何以故彼二人者實不得沙門而言我得四沙門果故造斯惡行復有說者四善是（一善知界二善知入三善知緣起四善知處非處）何以故彼二人者愚於因果故造斯惡行復有說者如離阿含中說偈

賢聖法中善言最　二常愛言遠不愛
三常實語離虛妄　四常法言遠非法

是名為四復有說者如增一阿含所說無貪無恚正念正定是名為四彼作是言我今何用知是法為世尊告言汝愚癡人遠離我法乃至無有少許煖法問曰彼二人者何以作如是說我今何用知是法為答曰或有說者彼人自知非是法器趣向善道猶為非器況趣涅槃當是器也復有說者諸邪惡行在彼身中數數犯禁自知此身非是法器瓦石可令生芽我今此身終不能生解脫法分復有說者彼人已作決定業故復有說者彼人已近報果法故彼人惡道報相已現在前乃至十指水流而出復有說者佛記彼人當成辟支佛菩提彼作是念何煩如來為我說法我於現世終不能得入正決定以是等衆因緣故彼作是言我今何用知是法為世尊告言遠離我法愚癡人於我正法毗尼中乃至無有少許煖法問曰有衆多毗尼有時毗尼有方毗尼有種性毗尼有家法毗尼有習罪毗尼有犯毗尼有明毗尼有聖毗尼有欲瞋癡毗尼此中為說何者毗尼耶答曰或有說者此中說聖毗尼復有說者此中說欲瞋癡毗尼問曰諸不得煖法一切皆與馬師滿宿同耶答曰不一切也衆生凡有三種有期心二除期心三斷期心有期心者清淨持戒者是也除期心者所作已辦阿羅漢是也斷期心者犯戒者是也以彼無有期心無除期心但有斷期心是以世尊而呵嘖之其餘衆生斷期心者亦與彼同如說乃至無有少許煖法問曰此煖善根最勝微妙住寂靜地今者何以言少耶答曰以於達分善根中最是微小故言為少復有說者

以是見聚善根後邊生故故言少許
見聚善根者謂安般不淨四念處也此四種善根所謂暖法
頂法忍法世第一法名為達分亦名
觀諦亦名修治亦名善根言達分者
無漏聖道是達此善根隨順彼法
羽翼彼法是彼法性分故言達分觀
諦者以無常等行觀諦審諦故名觀
諦修治者為求聖道及果修治此身
除去穢惡欲為法器猶如農夫為求
子實修治田地除去惡草彼亦如是
故名修治言善根者聖道言善涅槃
言果此諸法等是彼初基始立之本
故名善根問曰此暖等善根有何差
別答曰暖法能止緣諦增上愚乃至
能止身中愚故生世第一法復有說
者暖法能生緣諦下明乃至身中有
緣諦明故生世第一法復次暖法能
生緣諦下信頂法生中信忍法生上
信以身中有此信故能生世第一法
復次煖法於陰悅適乃至身中悅適
故生世第一法復有說者暖是念處
所入處頂是暖法所入處忍是頂法
所入處世第一法是忍所入處如是次

第無間亦如是尊者瞿沙說曰此善根
二是欲界所謂暖頂二是色界所謂忍
世第一法評曰不應作是說此是色界
故定地修地能行聖行所攝法如是說
者好問曰暖法有幾種乃至世第一法
幾種答曰或有說者煗法有三種謂
下下下中下上頂法有三種中下中中
中上忍有二種上下上中世第一
法有一種謂上上此四善根以三言
之煗是下頂是中忍世第一法是上
復有說者煗有二種謂下下下中頂
有三種謂下上中下中中忍法有三
種謂中上上下上中世第一法有一
種謂上上此善根以三言之煗是下
頂是下中忍是中上世第一法是上
尊者瞿沙說曰煗有三種下下下中
下上頂有六種下下乃至中上忍有
八種下下乃至上中世第一法一種
謂上上若以三言之煗法一種謂是
下頂有二種謂下中忍有三種謂下
中上世第一法有一種謂上
得煗法亦捨捨有二種離界地時及
退時捨退時捨者作無間業能斷善

根亦墮惡道復有何善利已為涅槃
作決定因如吞鉤餌法得頂法亦捨
捨有二種離界地時及退時退時捨
者作無間業亦墮惡道復有何善利
更不斷善根若然者提婆達多不得頂
法耶如偈說

無德受供養　是名為凡小　有善皆忘失
是名為頂退

此偈當去何通答曰此說得退復有
說者世尊如頂彼以惡心向佛墮於
惡道故言頂墮得忍亦捨捨有一種
離界地時捨彼善根無退不作无間
業不斷善根復有何善利不墮惡道
得世第一法亦捨捨有一種離界地
時捨不退所以者何此善根性是不
退不作無間業不斷善根不墮惡道
復有何善利彼次第得正決定復有
說者得煗法亦捨捨有二種離地界
時及退時退時捨者作无間業亦墮
惡道復有何善利唯不斷善根若然
者提婆達多不得煗法何以故彼斷
善根故得頂法亦捨捨有二種離地
界時及退時退時捨者墮惡道復有

何善利不作無間業不斷善根得忍亦捨有一種離界地時彼善根無退不作無間業不斷善根不墮惡道復有何善利不染著我問曰若然者尸利掘多安伉利摩羅薩遮尼揵子便為不得忍何以故染著我故答曰彼不染著我以論義故言有我耳問曰彼與如來覚諍論我云何乃言不染著我耶答曰彼以不斷我見甕現在前非染著也世第一法得亦捨離界地時捨餘如先說西方人作此論言暖善根有何意趣為何所依有何因緣何法有何果有何依有何報有何善利為行幾行為緣名生為緣義起為是聞慧為是思慧為是修慧為欲界繫為色無色界繫為有覺有觀為無覺有觀為無覺無觀為樂根相應為喜捨根相應為一心為衆多心為退為不退乃至世第一法亦如是問曰暖有何意趣答曰所有布施持戒乃至上忍善根盡以迴向解脫是其意趣為何所依者依色界定起有何因緣者於自地前生善根是相似

因緣何法者緣四真諦有何果者頂近於暖是功用果有何依者自地相似後生善法是其依果有何報者謂色界五陰有何善利者或有說者是涅槃決定因復有說者不斷善根為行幾行者行十六行為緣名生為緣義生者當言緣義生為是聞思修慧者當言是修慧欲色無色界繫者當言色界繫有覺有觀無覺有觀無覺無觀者當言三行為何根相應者當言三隨所應說為一心為衆多心者當言多心為退不退者當言退忍於頂近者是功用果頂有何善利或有說者不斷善根或有說者不作無間業餘如暖說世第一法於忍近者為功用果忍有何善利有此善利不墮惡道復有說者不染著我亦不退其餘如頂世第一法緣苦苦法忍是功用果世第一法有何善利次第得正決定行四行當言一心不退其餘如忍生煗法時若苦集道諦現在一法念處未來修四念處現在行一行未來

修四行取其同性非不同性若緣滅諦現在一法念處未來修一法念處現在一行未來四行增長煗法以下增長中以中增長上時若緣苦集道諦現在四念處展轉現在前未來四現在一行未來十六若緣滅諦現在法念處未來四現在一行未來十六問曰以何等故初生煗法時未來同性者修非不同性增長煗時未來同性不同性修答曰初生時以行觀諦未曾得彼種而得增長時以行觀諦已曾得彼種而得是以具修初生頂時緣苦集滅道現在一法念處未來四現在一行未來十六增長時下增長中中增長上若緣苦集道諦四念處展轉現在前未來四現在一行未來十六若緣滅諦現在一法念處未來四現在一行未來十六初生忍及增長時現在一法念處未來四現在一行未來十六尊者瞿沙說曰初忍時若緣苦集道諦現在一法念處未來四現在一行未來四同性修不異性若緣滅諦現在一法念處未來亦一法

念處現在一行未來四同性修不異性若增長時緣苦集道諦四念處展轉現在前未來四現在一行未來十六若緣滅諦現在一法念處未來四現在一行未來十六評曰彼不應作是說如前說者好問曰以何等故忍一切時法念處現在前耶答曰如見諦道一切時法念處現在前忍亦相似問曰如增長忍時盡修十六行耶答曰不也如漸除所緣行亦如是若緣四諦有十六行若緣三諦有十二行若緣二諦有八行若緣一諦有四行通一忍生勢則有十六問曰以何等故增長忍時或十六或十二或八或四行修答曰漸除所緣漸除所行轉近得正決定是以或時修十六行乃至四行生世第一法時現在一法念處未來四現在一行未來四問曰如世第一法曾得彼種以行觀諦何以故同性行修不異性耶答曰隨彼所得即此法修如人裸形無衣可棄彼亦如是復有說者世第一法最近見道如見道中不修餘行唯修同性世第一法亦復如是問曰若生煖乃至忍時為常相續為不相續答曰或有說者言常相續緣於四諦如見道中十五心常相續現在前彼煖法生時常相續緣四真諦復有說者此義不定或相續或不相續或有煖緣苦而止者或緣集滅道而止者

問曰為正觀思惟何法次能生煖耶答曰是色界修地定地心有猒離有惡賊有渴仰有不隨順生勢不樂有如此正思惟時次能生煖煖次生頂頂次生忍忍次生世第一法世第一法次得正決定問曰若離欲者可尒不離欲者云何答曰不離欲者彼亦可尒有欲界思慧正觀思惟緣苦行苦行次第生煖法餘如上說

問曰諸前身生煖法未生頂法彼便命終於此生中欲生頂法為即生頂法為還起煖法耶答曰或有說者若從師順次聞頂法即從頂去若師不為說還從根本起問曰若然者何以言煖次生頂頂次生忍忍次生世第一法答曰作如是說者謂一身中次第生者若前身中曾得煖法從根本起者也問曰若前身曾得煖法於此生中欲生頂法作何正觀思惟答曰如煖正觀思惟頂亦復尒如生頂生忍亦尒問曰若生煖法為離欲不答曰或有說者不為離欲所以者何彼行者愛樂寧生頂法不起有頂中忍復有說者若彼行者自知有力能生頂者即便生頂自知无力不能生頂欲得離欲所以者何若得離欲我去處轉勝

問曰若依根本地生達分善根為有退不答曰或有說者煖頂有退忍則不退何以故此善根是不退法故評曰彼不應作是說何以故若依根本地生達分善根者即於現身得正決定何以故此諸善根盡為生聖道故若依未至此則不定

問曰若依未至禪生煖法亦生頂忍世第一法得正決定耶答曰或有說者若依未至禪生煖法乃至生世第一法得正決定初禪乃至第四禪亦如是復有說者若依未至禪生煖法

次生初禪煖頂忍世第一法得正決定禪中間二禪三禪四禪亦如是復有説者若依未至禪生於煖頂次生初禪頂忍世第一法得正決定禪中間二禪三禪四禪亦如是復有説者若依未至禪生煖頂忍次生初禪忍生世第一法得正決定乃至第四禪亦如是此則説聲聞次第法問曰菩薩云何荅曰菩薩依第四禪生煖法乃至生世第一法得正決定復有説者菩薩依初禪生煖法頂法忍法二禪三禪亦如是第四禪中生煖頂忍世第一法得正決定問曰如達分善根中不應次生下上不應次生中下云何菩薩而能生耶荅曰自地不能他地則能復有説者欲離如是過當作是説若依初禪生煖法乃至第四禪若依初禪生頂法乃至第四禪若依初禪生忍法乃至第四禪次生世第一法得正決定評曰不應作是説如前説者好所以者何一切菩薩盡依第四禪生煖法乃至生世第一法得正決定故問曰辟支佛復云何荅曰辟支佛獨出世者當知如佛若衆多出世者此則不定與聲聞同如渴伽狩獨生一角彼亦如是獨出世者當知如佛

問曰菩薩前身為曾生達分善根不耶荅曰或有説者曾生為障惡道故菩薩九十一劫不墮惡道者是達分善根之力此是他性達分善根非是己性評曰不應作是説應作是説菩薩不曾生達分善根所以者何一切菩薩所有善根不經歷世菩提樹下一結加趺坐生不淨觀乃至盡智問曰菩薩九十一劫不墮惡道此豈非忍力耶荅曰不必以達分善根能障惡道或以施力或以戒力或以不淨或以安般或以聞慧或以思慧或以煖頂後乃以忍尊者佛陁提婆説曰障於惡道非不因知緣起法其義云何彼作是説覺知緣起法即是无漏道非無漏道力不能障惡道評曰不應作是説如先説者好所以者何菩薩若行布施亦以戒以慧若行戒時亦以施以慧若行慧時亦以施以戒以是因緣能障鄉由他惡道況十處惡道耶聲聞辟支佛所有煖頂菩薩盡能起以障惡道唯不起忍所以者何忍與惡道相妨菩薩於三阿僧祇劫在生死中以願力故生惡道中此中應説魚因緣喻復有説者起聲聞辟支佛忍以障惡道不起菩薩忍所以者何於得道身大玄遠故求辟支佛人以生辟支佛忍不能生佛種忍以近辟支佛道故復有説者求辟支佛人能起佛種忍評曰不應作是説應作是説求辟支佛人不能起佛種忍問曰得忍凡夫命終時為捨忍不若捨者何故不生惡道若捨者何故凡夫捨聖人不捨若不捨者行揵度四大揵度何故不説耶如説若成就身彼成就身業乃至廣説荅曰或有説者捨問曰若捨者何以不生惡道荅曰或有説者彼善根勢力能介雖捨不墮惡道自有善根雖成就不障惡道況不成就所謂生處得善自有善根雖不成就能障惡道況復成就所謂忍也是故彼善根勢力能障惡道復有説者彼善根勢力能令身中墮惡

道煩惱業極令遠離於此身中更不復行若其不行何由得墮惡道耶如人秋時服於下藥藥亦不住彼人身中或有與病俱出或身中自消而能除去病患永使不起如是彼善根勢力令墮惡道諸煩惱業永更不起復有說者此善根曾在彼身中如師子住處在彼身中雖不成就勳者之力能令惡道諸煩惱業更不復行況墮惡道猶如師子所住之處師子若行不在其餘小狩无能到者何況在時復有說者彼善根住此身中猶如舊住諸惡道煩惱業住此身中其猶如客舊住力強客則不如復有說者行者有二種期心一者期心遠離諸惡二者期心深著善法以有此二期心故不墮惡道是故尊者瞿沙說彼行者有如是期心有如是欲如是忍如是可如是意如是敬如是愛如是樂復有說者彼惡道已得非數緣滅諸法已得非數緣滅終不現前復有說者彼行者墮法雨駛流河中不容作餘惡道之業是以不墮惡道復有說

者依倚聖道故彼行者依倚聖道使此身中惡道煩惱業不現在前況墮惡道猶如有人與於怨家依倚於王而彼怨家猶尚不能正面視之何況加害復有說者彼行者以此善根於自身中以守護聖道所住處故猶如王人先守護王所住之地一切人民不敢復住復有說者彼善根決定作人天處故若作決定處業必生彼處猶如貴勝之座處所以定不應復更坐於餘坐如是彼善根所住處定亦復如是復有說者彼行者以正方便令彼惡道諸煩惱業更不復行何況生於惡道復有說者彼行者見惡行過患見善行利益是故不作惡行墮惡道中復有說者有善好期心在此身中不作惡行墮惡道中復有說者以心柔軟故隨順趣涅槃故以信根深牢固故是以不作惡行墮於惡道問曰若捨者何以凡夫捨聖人不捨耶答曰彼凡夫人無聖道對治力以自持御雖有對治道以自持御此道羸劣不堅固久住是以命終時捨聖

人身中有無漏對治道以自持御彼以无漏定力牢固久住是以命終時不捨此中應說合衆來喻復有說者不捨問曰若不捨者業揵度四大揵度何以不說耶答曰或有說者彼中應說而不說者當知此義是有餘之說復有說者彼業揵度中亦說在第三句中說聖人在胎是也聖人有二種有名數聖人實義聖人得達分善根者謂名數聖人得正決定者謂實義聖人是故彼亦說之若人有一出家之心猶得名為聖弟子何況得達分善根者也復有說者或有捨者有不捨者誰不捨耶於此善根常勤方便故作方便一切時作方便善受持善修習者不捨與上相違捨如所聞若於善根常勤方便乃至善修習者雖經生死而常不捨如弥多羅達子初生之時便作是言結有二種乃至廣說如先所聞若於善根不勤方便乃至不善修習於此身中雖得速捨如是當知有捨不捨評曰如實義者凡夫人依彼地生達分善根猶有捨

者何況生於他地
問曰達分善根言得報所謂色界五陰為作彼身初業不荅曰或有說者不作初業所以者何彼似無漏道憎惡受生故餘業作初業彼達分善根唯作滿業然後受報復有說者亦作初業得身報妙好隨順行道
此煖等善根有七十三種其事云何欲界有十種所謂一具縛凡夫二除一品結乃至九品盡者初禪有九或有除一品結乃至九品初禪无具縛人即欲界說故如是乃至無所有處有九種頂忍世第一法亦如是問曰具縛凡夫所得煖法除一品結乃至九品為一種耶荅曰不也具縛凡夫異除一品結異乃至九品異
問曰若退煖法還生煖法為本得得不荅曰不也所以者何彼不數數得用功而得不前後相似故如捨波羅提木叉戒後更受非本得得彼亦如是如煖頂亦尒問曰增長煖時煖增長已還起初者不荅曰不也所以者可得勝進善根前所得者无可欣尚

頂忍亦如是
問曰為於何處生此善根耶荅曰欲界人中謂三天下非欝單越問曰欲界六天不能生耶荅曰不能初生已曾生者能起現在前所以者何若有好身亦有隨順猒患正觀彼處則能生煖此三天下具有此二問曰若有好身則諸天勝人若取隨順猒患正觀則惡道勝荅曰如先說俱有者能天與惡道不俱有故是以不能問曰煖法亦依男身亦依女身若依女身得於煖法復得自身中男子所依煖法耶荅曰得如是當知頂忍亦尒問曰若依男身得於煖法復得自身中女人所依煖法耶荅曰不得頂忍亦如是黄門般吒（有男形不能男 有女形不能女）無形二形不能生煖等四善方便法
慧有三種聞慧思慧修慧荅曰或有師略說十八界十二入五陰復有善誦修多羅毗尼阿毗曇生猒惱心彼作是說三藏所說要者唯是十八界十二入五陰彼即觀察界觀察界已復作三種所謂名體性惣相名者謂

眼界乃至法界體性者謂別相惣相者謂無常苦空无我如是觀時修習此智轉得定意於此界中生猒惱想復略觀十二入眼界即是眼入乃至觸界即是觸入七識界即是意入法界即是法入又略入觀陰彼觀十色入及法入中造色即是色陰意入即是識陰法入即是三陰又略陰即是四念處色陰即是身念處受陰即是受念處識陰即是心念處想陰行陰即是法念處又略陰觀諦諸五陰果是苦諦諸五陰因是集諦五陰滅是滅諦學无學法是道諦彼諦復作二種名體性惣相名者謂是苦乃至道體性者謂別相別相者逼迫行義是苦義乃至出要行義是道義惣相者苦有四行無常苦空无我集有四行因集有緣滅有四行滅止妙離道有四行道如迹乘修習此智轉得定意時如見彼諦時彼亦次第觀別欲界苦作異相別色無色界苦乃至別斷欲界行道亦別乃至色无色界行道當於尒時觀諦猶如觀疊外物作如

是觀時是名聞慧滿足如是展轉修習次生思慧轉進修習次生修慧能行聖行如是觀時是名煖法如是展轉增長次生頂頂次生忍忍次生世第一法次生苦法忍斷見苦所斷十使次第生苦法智如是次第生道比智得須陁洹果次第乃至盡智是名諸善根生次第生法

善根有三種一福分善根二解脫分善根三達分善根福分善根者謂能作生天種子若在人中生豪貴家有大威勢多饒財寶眷屬成就顔貌端嚴能作轉輪聖王帝釋魔王梵王種子解脫分善根者謂能作解脫種子决定不退因必至涅槃達分善根者謂煖法乃至世第一法問曰解脫分善根於何處種耶答曰於欲界中非色界欲界中人道非餘道人道中在三天下非欝單越佛出世時非無佛時復有說者若无佛時遇辟支佛亦種解脫分善根體性是何答曰若身業口業意業但意業偏多為是五識身為是意地答曰是意地非五識身為是方便善為是生得善答曰亦是方便善亦是生得善為是聞慧為是思慧為是修慧答曰是聞慧思慧非修慧為以何事種此善根答曰或以布施或以持戒或以多聞而不必定所以者何有人以一揣食施能種解脫分善根自有能作長齋般遮于瑟而不能種解脫分善根或有持一日齋能種解脫分善根自有終身持戒而不能種解脫分善根或有誦持一偈能種解脫分善根自有善通三藏文義而不能種解脫分善根是故不定何以故或有種者有不種者若以此事迴向解脫涅槃欲永離生死有如是勇猛心者是則能種若不為迴向解脫涅槃永離生死雖多布施終身持戒廣學多聞而不能種解脫分善根有近有遠近者前身中種此身成熟来身解脫遠者曽種解脫分善根經歴由他世受身而不能生達分善根聲聞所得解脫分善根可迴向趣辟支佛辟支佛所得解脫分善根亦可迴向趣佛佛所種解脫分善根不可迴轉

問曰有生滅觀彼以何為方便耶答曰彼行者見春時草木青色如紺琉璃見河駛流淨沫著岸見已作是思惟此諸外法今已復生若入城邑聚落見諸男女歌舞戲笑而問之言何以故介荅言此中生男生女彼復思惟如此内法今已復生彼行者於後秋時見諸草木為秋日所暴冷風所吹被諸霜露枝葉零落河水枯涸彼復思惟如此外法今已復滅若入城邑聚落見諸男女乱髮舉手嘷咷啼哭而問之言何以故介荅言此中男女死喪彼復思惟此中内法今已復滅彼行者深見如此相已還所住處自觀已身有少壯老元常之相次第觀於歳月日時晝夜相續是名方便於此諸時展轉除減乃至觀陰二剎那一生一滅是名生滅觀滿足問曰此生滅觀為虛想觀為實觀耶若是虛想觀者此偈云何通如說

若有知見能盡漏　若無知見云何盡
若能觀陰生滅者　是則解脫煩惱心

非以虛想觀能斷煩惱若當非實觀者應不見諸行有来去相而諸行實

無来去或有作論者說是虛想觀問曰若尒者此偈云何通荅曰有轉轉因故是以說彼轉轉相生猶子孫法其事云何虛想觀能生實想觀實想觀能斷煩惱是故說轉轉因如子孫法復有說者是實想觀問曰若然者諸行無来去然彼行者見於来去荅曰若生滅觀未滿足時便見諸行有来去相若其滿足耳諸行無來去相猶如小兒捽於獨樂旋速則見如住旋遲則見来去陶家輪喻亦復如是

問曰為以一心見生滅為二心一見生一見滅耶若以一心見生滅者云何一心而有二慮若有二慮破一心義復云何見為以見生生時復見滅耶見滅滅時復見生耶若見生生時唯見生者是則為正若見生生時復見滅者是則為邪若見滅滅時唯見滅者是則為正若見滅滅時復見生者是則為邪若當一心見生一心見滅者則無生滅觀荅曰應作是說一心見生一心見滅問曰若然者則無生滅觀荅曰此說通一生中相續生滅觀耳非謂一剎那也

阿毗曇毗婆沙論卷第三

阿毗曇毗婆沙論卷第三

校勘記

一　底本，麗藏本。

一　二九一頁上一行「卷第三」，諸本（不含石，下同）作「卷第四」。

一　二九一頁上四行「之三」，資、磧、普、南作「之四」；徑、清作「第一之四」。

一　二九一頁中末行「不如」，諸本作「不尒」。

一　二九一頁下二行「頂㸑」，諸本作「煖頂」。

一　二九一頁下一六行「倒錯」，徑作「錯倒」。

一　二九二頁上六行末字「二」，南作「一」。

一　二九二頁中三行第四字「滅」，諸本作「除」。三〇三頁下一七行第八字同。

一　二九二頁中末行「諸言」，諸本作「論言」。

一　二九二頁下一行第一二字「須」，資、磧、南、徑、清作「頂」。

一　二九三頁上五行第三字「遇」，資、磧、南作「過」。

一　二九三頁中一四行「是名」，資作「是多」。

一　二九三頁中二〇行「佛故」，諸本作「故佛」。

一　二九三頁中二一行「說偈」，諸本作「偈說」。

一　二九四頁上一行第七字「以」，諸本無。

一　二九四頁上一三行第一三字「修」，南、徑、清作「如」。

一　二九四頁中七行「欲已彼」，諸本作「彼欲已」。

一　二九五頁上二一行末字及末行首字「染」，諸本作「深」。

一　二九五頁中六行第一二字「智」，諸本無。

一　二九五頁下四行第二字「彼」，資、磧、普無。

一　二九五頁下七行末字「造」，磧作「若」。
一　二九六頁上一四行「汝等」，諸本作「是汝等」。
一　二九六頁中六行夾註左「非處」，諸本作「非處也」。
一　二九六頁下一五行首字「有」，諸本作「一有」。
一　二九六頁下二二行第二字「者」，諸本無。
一　二九七頁中四行首字「故」，諸本無。
一　二九七頁中六行「幾種」，諸本作「有幾種」。
一　二九七頁中八行第四字「思」，諸本作「忍」。
一　二九七頁下三行第一二字「退」，諸本作「捨退」。
一　二九七頁下七行「凡小」，磧、普、南、徑、清作「凡心」。
一　二九七頁下一〇行「說者」，南作「善者」；徑、清作「說善者」。
一　二九八頁上末行第三字「緣」，諸本無。
一　二九八頁中一行第一三字「孝」，諸本作「者」。
一　二九八頁下八行及一〇行「初生」，諸本作「生」。
一　二九九頁上六行第七字「好」，至此諸本卷第四終，卷第五始，資、磧、普、南且有品名「雜揵度世第一法品之五」；徑、清有品名「雜揵度世第一法品第一之五」。
一　二九九頁上七行「現在」，磧作「現住」。
一　三〇〇頁上一行第七字「忍」，資、磧作「思」。
一　三〇〇頁中一九行「評曰」，磧、普、南作「問曰」。
一　三〇〇頁下四行末字「此」，諸本作「以」。
一　三〇一頁上一六行「深著」，資、磧、普作「染著」。
一　三〇一頁中八行「復住」，磧作「復行」。
一　三〇一頁下一六行「所聞」，諸本作「先所聞」。
一　三〇二頁上末行首字「可」，諸本作「何」。
一　三〇二頁中一六行夾註，徑、清無。左末字「女」，資、磧、普、南作「女也」。
一　三〇二頁下四行第三字「觀」，諸本作「界觀」。
一　三〇二頁下一三行末字「二」，諸本作「三」。
一　三〇二頁下一九行「修習」，諸本作「彼修習」。
一　三〇三頁上七行「盡智」，諸本作「生盡智」。
一　三〇三頁下一一行第一二字「嘿」，諸本作「號」。
一　三〇三頁下末行第三字「不」，諸本無。
一　三〇四頁上九行第八字「耳」，諸本作「見」。

一　三〇四頁上卷末經名，諸本無（未換卷）。

趙城縣廣勝寺

阿毗曇毗婆沙論卷第四　投

迦旃延子造　五百羅漢釋

北涼天竺沙門浮陀跋摩共道泰等譯

雜揵度世第一品之四

此二十種身見幾是我見幾是我所見乃至廣說問曰何故作此論答曰世尊經中處處說二十種身見而不廣分別唯尊者舍利弗經中一處分別彼雖分別而不說此二十種身見幾是我見幾是我所見因彼諸經不分別故今欲分別故作此論復次毗婆闍婆提作是說身見無所緣如身見緣我實義中無我彼何所緣如人見繩謂是虵見杌謂是人為止彼人如是意故亦欲顯身見有所緣故身見緣五陰但所見事異非無所緣如彼人喻見繩謂是虵見杌謂是人此亦所見事異非無所緣是故止異人意欲顯巳義亦欲示決定法相故而作此論問曰此二十種身見幾是我見幾是我所見答曰五種是我見十五種是我所見問曰若我見有五我所見亦應有五何故說十五我所見耶答曰緣行故說五我見具故說十五我所見所以者何此十五我所見以具故生應說一我見所謂五見中我見應說二如我見我所見應說三謂欲界色無色界我見應說六如欲界中有我見我所見色無色界亦尒應說九如欲界地我見乃至非想非非想地我見應說十八如欲界地我見我所見乃至非想非非想地我見我所見如分別行緣陰應說二十不分別所起處見色是我色異我色屬我我在色中如色四種受想行識亦如是如是五四則有二十以行緣分別十二則有四十八不分別所起處如見眼入是我眼入異我眼入屬我我在眼入中如眼入有四乃至法入亦有四如是十二四則有四十八以行緣分別界則有七十二不分別所起處如眼界是我眼界異我眼界屬我我在眼界中如眼界有四乃至法界亦有四如是十八四則有七十二若分別緣陰分別所起處則有六十

五如說色是我受是我瓔珞受是我僮僕受是我器如受有三想行識亦三如是四三有十二及色有十三如是五種十三則有六十五若分別緣入分別所起處則有四百八眼入是我色入是我瓔珞是我僮僕是我器如眼入有三十四乃至法入亦有三十四十二種三十四則有四百八若分別緣界分別所起處則有九百三十六眼界是我色界是我瓔珞是我僮僕是我器如眼界有五十二乃至法界有五十二十八種五十二則有九百三十六如是種種身諸剎鄉相續則有無量我見我所見此處分別行緣陰不分別所起處則有二十問曰以何等故此身見言種答曰此二十種身見各有差別故言種

阿毗曇毗婆沙論卷第四 第三張 投字号

問曰以何等故因陰說二十我見非因界入答曰或有說者彼作經者有如是意如是欲如是可隨彼意作經不違法相復有說者為現初起初方便入法如因陰說見因界入亦應如是說而不說者當知此義是有餘之說復有說者此陰說見者正佛經所說佛經因陰說二十種我見彼作經者亦依佛經作論說二十種我見問曰置作經者以何等故世尊因陰說二十種我見答曰為化衆生故佛因陰說二十種我見若受化者應聞界入而得度者世尊亦因界入說於我見以不應聞是故不說復有說者諸見生時多依於陰少依界入是故世尊因陰說見不因界入

阿毗曇毗婆沙論卷第四 第四張 投字号

色是我者云何為色諸所有色盡四大四大所造定諸所有有二種有盡諸所有有不盡諸所有言不盡者如求糟糠等少物有亦名諸所有言盡者如求一切物及糟糠等亦諸所有此中唯說盡諸所有色問曰如我見是自界緣非他界緣彼云何能見一切色是我答曰諸是彼所行是彼境界者計以為我非一切色也色異我者云何色異我於此四陰展轉計異於我彼作是念此色是我有如人有財名為有財色屬我者云何色屬我於此四陰展轉計屬我如人有僮僕言僮僕屬我色中我者云何色中我於此四陰展轉計是色中我彼作是念色是我器如油在麻中膩在揣中如酥在酪中如刀在鞘中虵在篋中如血在身中問曰如受是我色是異可尒色麁受細故如說色是我受是異云何見麁色入細受中尊者波奢說曰不應責盲人墮坑亦不應問无明者愚復有說者彼見色是我受是異者彼人見受麁色細是以見色住於受中尊者和須蜜說曰此四大身中盡能覺觸有所觸處則能生受以受處處生故言色裏在受中尊者佛陁提婆說曰彼見受遍在身中從足至頭無不有受處然計色是我不遍在身是故彼見色住在受中

阿毗曇毗婆沙論卷第四 第五張 投字号

問曰以何等故我見說二十種其餘諸見不說耶答曰或有說者彼作經者意欲尒乃至廣說復有說者此為現初起初方便初入法如說身見有二十種戒取應有四十種邪見見取應各有八十種應說而不說者此義是有餘之說復有說者為對治我見

故佛說十種空十種空者所謂內空外空內外空有為空無為空第一義空無所行空无始空性空空空此十種空與何法相對與我見相對以空與我見相對故有二十種我見餘見不尒是故不說

問曰頗於一陰起我見我所見耶答曰起如於眼入起我見其餘諸色起我所見餘四陰亦如是問曰頗有我見者一時於五陰盡計我不耶若有者朔迦書云何通如說唯有一我見無有五我見无五我見者無計五陰是我者是也所以者何計我見唯計一法五陰是別異法計我見家說一我一人無分不壞不變是常若無者薩遮尼乾子經云何通如說瞿曇沙門色是我受想行識是我答曰無有一時計五陰是我者問曰若然者薩遮尼乾子經云何通耶答曰彼自大心重故作如是說復有說者彼不信佛內有知見欲試如來彼為知不故作不順理說次見如來諸論議相領如師子鈎牙銛利口四十齒出梵音

聲彼人聞已心懷怖懅作不順理說復有說者彼人見如來威德勝於梵釋難近難親有如是威德故作不順理說復有說者天神威逼故令彼人作不順理說復有信佛天神作如是念此弊悪人何以久惱如來故以威逼能令彼人作不順理說復有說者或有一時計五陰為我問曰若然者朔迦書所說云何通答曰彼人於此五陰盡作一具聚相問曰若然者復以何為具答曰若計內入為我則以外入為具若計外入為我則以內入為具問曰為有見微塵計以為我不若有者是則無我見非是我見若無者朔迦書復云何通如說五大微塵雖各異相是我是常若言無常是則無理問曰彼書云何通我見見微塵答曰此書說邊見緣微塵此義巳立當知我見緣微塵此義亦立答曰無有見微塵計以為我問曰若然者朔迦書復云何通答曰此書所說不順正法理復有說者有見微塵計以為我有推理見義無實見生時義評曰

不應作是說如前說者好

問曰五陰之外為有起我見者不若有者此經云何通如說若有沙門婆羅門起於我見盡見五受陰若無者說第六我見復云何有答曰無有五陰之外起於我見問曰若然者第六我見云何而有答曰思是行陰於思起我見其餘行陰起於我所見即是第六我見佛經說身見是六十二見根本餘經復說若有沙門婆羅門所起諸見盡依二邊若斷若常此二經有何差別答曰云何能生諸見故說身見為本守護長養諸見故是說邊見復有說者能生諸見是說身見為根本使諸見轉行是說邊見

復有經說若入地一切處定行者作是念地即是我我即是地不離不異餘一切處亦如是問曰諸得一切處定必離第三禪欲彼若見地是我當知是第四禪地身見見第四禪中地為我一切處定法緣欲界彼云何不相違耶答曰此中不定說定如非沙門說名沙門復有說者以本名說故

如王失位猶名為王行者本曾得此定後雖失時猶稱得定復有說者行者於定速疾故失於彼定起欲界身見捨於身見還得彼定如提婆達多於定速疾以神足力自化已身作太子像於阿闍世王抱上迴轉遊戲復現相貌令阿闍世王知是尊者提婆達多當作太子像時阿闍世王抱持嗚之唾其口中貪利養故即便咽之是以世尊而語之言汝是死尸食唾之人若咽唾時彼非離欲若作太子為阿闍世王所抱持時尒時離欲復有說者身見見第四禪中地是我一切處定亦緣第四禪中地問曰若然者一切處定不緣欲界耶答曰一切處定亦緣欲界亦緣第四禪問曰如色界諸天一切恚白彼復云何見青黃赤等差別答曰彼衆生數者其色恚白非衆生數有青黃赤色評曰不應作是說所以者何若我見與一切處定是相應共有法者應有是過云何是一切相應共有法少緣欲界少緣色界身見與一切處定雖非相應共有法而一人亦得二名以計我故名為身見以得定故名得定人身見緣第四禪中地一切處定緣於欲界不同一時是故此論為已善通

無常見常乃至廣說問曰何以作此論答曰此諸邪見於生死中為諸衆生作大繫縛作大衰患作大藏伏猶如世間繫縛衰患藏伏人若不見不能遠避人若見時則能遠避此諸邪見乃至廣說亦復如是此中應以二事推求邪見一以體性二以對治如智揵度見揵度如增益智論彼中亦以二事推求邪見一體性二對治如增益智論中說沙門瞿曇汝是幻世尊之道已過於幻此邪見謗道是其體性見道斷是其對治復作是說此是阿羅漢汝何故慳惜阿羅漢名也世尊之道已過於慳此邪見謗道是其體性見道斷是其對治如偈問論如梵網經說應以起處推求邪見便有三事所謂起處體性對治復有說者不應推求邪見三事所謂起處體性對治若推求邪見如責無明汝何以愚復有說者應以三事推求邪見所謂起處體性對治若能以三事推求邪見雖是具縛凡夫邪見過患不現在前猶如聖人以無漏道斷諸邪見永不復起如陁婆法師昔在罽賓與衆多修行比丘共會一處論說諸見有作是言者諸大德聖人能斷多諸過患邪見惡行永不現前甚為希有尒時陁婆法師在此會中而作是言聖人以無漏道斷諸邪見永不現前有何奇事如我今者住凡夫地以此二事推求邪見若久住生死者無有是處設久住生死更不現前以是緣故應以三事推求邪見無常有常見者云何無常答曰一切有為法問曰彼諸外道為以何事言常耶答曰見色相似相續諸心法憶本所作能誦持諸論云何見色相似相續如昨日所見色今日相似彼作是念童幼時色即老時色云何心法憶本所作如昨日所作今日故憶如是諸先所作後時皆憶能誦持經論者如少所讀至老能誦彼作是念今日誦心即

往日讀心彼以是故計常無常計常是邊見邊見有二種有斷有常是則說邊見體性見苦斷是其對治此見緣苦而生故見苦斷如草露日照則乾彼亦如是若見苦時彼見則斷復有說者苦法忍苦法智是其對治苦法忍苦法智生時斷此虛妄分別顛倒嶮惡斷見問曰如善說法中亦說諸法有自體性相常住而不是邪見何故惡說法中若說此相便是邪見荅曰或有說者善說法雖說有自體性相常住無所作惡說法中於一切時常有所作復有說者善說法中說法性不數數作惡說法中說於法性則數數作復有說者善說法中說於法性為生所生為老所老為無常所壞惡說法中不為生所生乃至廣說復有說者善說法中說法性屬諸因緣彼所說法不屬因緣復有說者善說法所說則與生滅相應彼則不介復有說者善說法中說法則從因生能有所作屬於衆緣以是諸因緣故善說法雖說體性常住不墮邪見惡說法者墮於邪見問曰邊見是何義荅曰取於斷邊取於常邊是邊見義如經說佛告迦旃延若以正智觀世是集言無所有則更不行無所有者即斷見也見此有滅未來身生而作是念是衆生死此生彼非是斷耶又迦旃延若以正智觀世是滅言世有所有則更不行言世有所有者則是常見知此陰界諸入展轉相續彼作是念此諸法等有生有滅非是常也復次起我見者猶是邊僻下賤世所呵責況復於我計有斷常復有說者此見行邊處故有二種義名行邊處一行常邊二行斷邊以是等義故名邊見問曰實義常者是滅盡涅槃云何無常見常不名邪見荅曰諸言無所有是名邪見此則不言無所有更增益所有是故非邪見

常見無常者云何為常荅曰滅盡涅槃問曰彼諸外道為以何事言涅槃無常荅曰彼以四無色定為解脫涅槃一名無身二名無邊意三名淨聚四名世塔無身者是空處定无邊意是識處定淨聚是無所有處定世塔是非想非非想處定彼作是說如此涅槃雖久當還當知釋種所說涅槃亦當復還是以故言涅槃無常彼常見無常者此是邪見是其自性見滅所斷是其對治此見因滅生故故見滅斷如草上露乃至廣說問曰為有邪見能觀是無常行不若有者波伽羅那經云何通如說云何邪見使使荅曰諸謗無因无作是名邪見使此中何以不說若無者此文復云何通如說常見無常此是邪見見滅所斷荅曰有此邪見常見無常問曰若然者波伽羅那經何以不說耶荅曰彼說邪見行相不盡自有諸結行相彼中不盡說復有說者雖有此見悉入彼所說中如謗言無因當知謗集如謗言無所當知謗於三諦復有說者謗言无因是說謗於三諦謗言無作是說謗於滅諦復有說者無有邪見能謗常言無常問曰若然者此文復云何通荅曰涅槃有常相若言無涅槃亦謗常相猶如有人誹人無指亦

謗指所依色香味觸彼亦如是復有說者彼外道言五陰是常釋種言涅槃是常非陰彼作是說除陰之外更無有常以是義故豈非謗涅槃耶

苦作樂見者乃至廣說云何為苦五受陰是實苦彼諸外道以何等故言苦是樂荅曰亦少時樂故言樂如人極時止息為樂熱時凉為樂寒時煗為樂飢渴時得飲食為樂以是事故言陰是樂如說以下法為冣名曰見取是其自性見苦斷是其對治問曰苦有樂見名曰見取以何等故無常見常不名見取荅曰彼無常常見者勝不勝法同為一體自有法雖言常不勝如計虛空非數緣滅苦有樂見以下法為冣名為見取無常見常不名見取復有說者陰中有大苦故以小苦為樂以此小樂同於涅槃故名見取無常見常陰中無有少常同於常者所以者何一剎那須更無停住是散滅法如說云何滅時法荅曰現在法是以事故無常見常是名邊見不名見取

樂有苦見者乃至廣說云何為樂實義樂者滅盡涅槃彼諸外道以何等故以涅槃為苦荅曰如人壞一根時便以為苦彼作是念若壞一根猶以為苦況衆多根以是事故以樂法為苦尊者和須蜜說曰若一根在猶為苦因況多根在不為苦因若諸根滅則為解脫涅槃樂有苦見邪見是其體性見滅斷是其對治此見依滅生還見滅斷如草上露乃至廣說問曰以何等故見涅槃是苦名為邪見非見道諦耶如說道諦亦是樂能至樂故荅曰道有二分苦分樂分以道能至樂處故名為樂分無常故苦名為苦分涅槃無二分純樂諦者即是邪見道諦不尒復有說者如見揵度所說有二種樂一名數樂二實義樂上言能至樂處者是名數樂非實義樂復次以涅槃樂故道得稱樂問曰為有邪見能緣涅槃是苦不耶若有者波伽羅那經云何通如說云何邪見使使荅曰諸謗無因无作乃至廣說應如上常計無常句中說

不淨見淨者云何不淨荅曰一切有漏法有二事故不淨一以煩惱二以境界彼諸外道以何事故不淨見淨荅曰愚於所行以少時淨故如治爪齒鬚髯形容摩身洗浴等以是事故彼見是淨若此法中有少淨性者彼計則非邪見以顛倒想故計屎尿膖脹等是淨故名為見取復應以二事知有漏行是不淨法一從煩惱生二從婬欲生如說以下法為冣此名見取是其自性見苦所斷是其對治乃至廣說問曰現見戾屎涕唾流出彼云何言淨荅曰彼作是說所流出者雖是不淨彼流出處是淨猶如緊首迦樹花其色似肉花盛之時野干見之便作是念如我今者定當食肉久住樹下或時樹花有墮地者即便嗅之乃知非肉復作是念墮者雖非是肉樹上餘者必應是肉彼諸外道亦復如是所流出者雖非是淨所流出處必應是淨問曰如善說法中亦說有漏善行是淨而非邪見彼說即是邪見荅曰有少淨相便見少淨問曰

何等是淨相荅曰不雜煩惱復與煩惱相違是故非是邪見彼惡說法中以不淨法同於實義清淨之法是名邪見復有說者如善說法中以善行為淨故非邪見彼以善不善行不善根煩惱顛倒邪見是淨故名邪見問曰如有漏法雜煩惱故當知不淨云何說言三淨荅曰如實義一切有漏法盡是不淨以假名故說淨云何假名從無貪無恚無癡善根生故亦能對治貪欲等法故名假名

淨見不淨者此見有二種乃至廣說云何為淨荅曰道道果彼諸外道以何事故言滅道不淨荅曰彼作是說如實義諸煩惱是不淨法道能斷之以道能斷諸煩惱故道亦不淨以涅槃從不淨道生故亦是不淨猶如以刀割不淨物刀則不淨以不淨刀更割餘物能令餘物不淨又如水洗不淨物水則不淨若以此水更洗餘物物則不淨如是以道斷諸煩惱道則不淨若以此道生於涅槃亦是不淨言道是不淨此見名邪見是其自性

見道斷是其對治若言滅是不淨此見名邪見是其自性見滅斷是其對治見道斷邪見緣道生故若道智道忍生時斷見滅斷邪見亦如是無我見我者乃至廣說云何無我荅曰一切諸法無我彼諸外道以何事故見我荅曰愚於來去威儀法故彼作是說若無我者誰來誰去誰住誰坐誰屈誰申耶以有我故能來去住坐屈申復次若無我者則無見聞嗅香知味覺觸憶念以有此事必知有我彼無我見我此名身見是其自性見苦所斷是其對治此見緣苦生乃至廣說我有二種一假名我二計人我若計假名我則非邪見若計人我此則邪見問曰此中但說我見何以不說我所見荅曰我見是顛倒性我所見非顛倒性復有說者我見是根本若說我見當知亦說我所見復有說者以有我見得有我所見若說我見當知亦說我所見已見已所見亦如是問曰以何等故不說我見無我名為邪見荅曰以無我故復有說者若我

見無我是則正見不名邪見

非因見因乃至廣說問曰彼云何非因見因荅曰謬見因故如農夫種殖秋大獲實彼作是言此皆尸利夜天恩陁夜天舍摩夜天恩之所與若生男女彼作是言此皆難陁天難陁婆羅天之所與若富貴者生男女彼作是言此皆是毗紐天摩醯首羅天之所與彼作如是謬見於因非因計因此名戒取是其自性見苦所斷是其對治此戒取緣苦生故還見苦斷問曰無因見因是亦名謗因云何非邪見荅曰尊者和須蜜說若謗無因是名邪見彼不言無因非因計因故非邪見

有因无因見乃至廣說彼諸外道以何事故言無因耶荅曰見內外所有諸物有種種相故彼作是言誰鑿河誰積山誰纖剌誰采畫禽獸故說是偈

誰能造剌纖　采畫諸禽獸　此皆無因作
世無自在者

彼有因無因見此名邪見是其自性見集所斷是其對治此見緣集生還

見集斷乃至廣說問曰以何等故此
中說謗因邪見見集所斷見揵度中
說謗因邪見當言見集見道斷荅曰
或有說者彼作經者意欲尒乃至廣
說復有說者此中不說一切因義彼
說一切因義復有說者此中謗生果
因彼中說者謗生果不生果因若說
涅槃無因此豈非正見耶復有說者
此中說謗苦因彼中說謗苦不苦因
復有說者此中無謗道因義是故不
說是謗道邪見唯有謗集因義是以
說是謗集邪見有作無見乃至廣說
云何為有荅曰四謗是也彼諸外道
以何事故言無諦耶荅曰以有我見
故言無諦彼作是說我無有苦是則
謗苦我无有因是則謗集我若無滅
是則謗滅若無有滅則无對治如善
法中作如是言此陰是苦無我生信
苦心言有苦諦此苦有因生信集心
言有集諦若苦有滅生信滅心言有
滅諦滅若有對治生信道心言有道
諦彼有作無見此名邪見是其自性
見苦集滅道所斷是其對治此見緣

四諦生還見四諦斷乃至廣說問曰
以何等故邪見不緣虛空非數緣滅
荅曰或有說者若法是陰是陰因是
陰滅是陰對治邪見則緣虛空非數
緣滅非陰因滅對治是以邪見不緣
復有說者若法是苦是苦因是苦滅
是苦對治邪見則緣虛空非數緣滅
與上相違是故邪見不緣復有說者
若法是煩惱是出要邪見則緣虛空
非數緣滅與上相違是故不緣復有
說者若法為無漏正見所緣亦為邪
見所緣虛空非數緣滅不為正見所
緣邪見亦不緣如邪見正見明非明
智非智決定疑信誹謗當知亦如是
問曰若言無虛空非數緣滅此心為
何所緣荅曰即緣虛空非數緣滅名
所以者何此無深重心如謗煩惱出
要法問曰為是何智荅曰此是思惟
所斷不隱沒無記邪智有作无見者
有有三種一相待有二處所有三實
有相待有者因有故有無因无故有
有處所有者如此處有彼處無實有
者此實有此實無（如苦實有我實無）復有說者

有有二種一物體有二施設有物體
有者謂五陰施設有者謂男女等謗
苦有二種一謗物體二謗果若謗集
者謗物體謗因若謗滅者謗物體不
謗果若謗道者謗物體不謗因或有
說者亦謗因
無作有見乃至廣說問曰何以作此
論荅曰或有說者應作是說若無作
有見當言是身見見苦所斷復有說
者應作是說無作有慧所以者何此
非見性復有說者應作是說此非是
見所以者何五見不說故而不說者
彼有何意荅曰欲作問荅故如說無
作有見此是何見是名為問荅曰此
非是見是名為荅自有雖無是事而
有問荅如十門中未知欲知根知根
知已根無漏無為法亦問幾使所使
此亦是問荅曰不為使所使此亦是
荅如彼雖無是事而有問荅此亦如
是無有是事而作問荅無作有見此
是何見荅曰此非是見是邪智問曰
云何邪智荅曰或有說者是思惟所
斷不隱沒無記法如行正路作非路

想如行非路作正路想如男作女想女作男想如是等想是也復有說者此智亦有隱沒無記所謂與愓相應者如彼梵天作如是說我是大梵諸梵中尊我能造化此是邪智所以者何無有住見諦所斷心能作是言者應作是說如前說者好是思惟所斷不隱沒無記法問曰若然者違智揵度如說云何邪智謂染汙慧答曰不與彼相違所以者何無知有二種所謂實義假名實義者與無明使相應是諸阿羅漢已斷盡假名者如見杌謂是人等者阿羅漢辟支佛亦有唯有如來等正覺二事俱盡

有四倒所謂常樂淨我為相似法所覆故不知無常為適意威儀法所覆故不知苦為皮膚所覆故不知不淨為所作事覆故不知無我問曰此四倒性是何答曰是慧性問曰若是慧者此五見幾是倒幾非倒答曰二見半是倒二見半非倒二見半是倒者身見見取及邊見所攝常見二見半非倒者邪見戒取及邊見所攝斷見

問曰以何等故二見半是倒二見半非耶答曰以三事故名倒一轉行二增益三性倒邪見斷見雖轉行性倒而非增益所以者何是壞物性故戒取雖轉行雖增益性非是倒所以者何有少相似法故亦說有色界道能離欲界欲有無色界道能離色界欲此是倒自體是我是物是相是分是性已說自體所以今當說以何等故名為倒答曰倒有所增故名倒此四倒唯見苦斷所以者何緣苦生故還見苦斷復次此倒緣果生還以見果慧斷復次身見見苦所斷性是到若身見斷亦斷復次苦麁若於麁苦有錯謬者賢聖所呵如人晝日錯謬人之所呵三諦微細若於微細有錯謬者不深呵責如於夜中有脫失者則世人不深呵責復次行者已見苦永無倒心若當行者見苦已不見集者無有是處為分別故說見苦已更不見餘諦若問彼言此陰為是常為是無常彼定答言是無常乃至無一剎那停住者若問為是苦為是樂彼定答言是苦猶熱鐵丸若問為淨為不淨彼定答言是不淨猶如糞聚若問為有我無我耶彼定答言無我以無作者無彼作者無受者故如草木糞掃等

阿毗曇毗婆沙論卷第四

阿毗曇毗婆沙論卷第四

校勘記

一　底本，金藏廣勝寺本。

一　三〇七頁中一行經名至四行品名，資、磧、普、南、徑、清無（未换卷）。

一　三〇七頁中一八行第一二字「止」，資、磧、普、南、徑、清作「爲止」。

一　三〇七頁下一五行「十二」，諸本（不含石，下同）作「十二入」。

一　三〇九頁上二二行「相領」，麗作「相領」。

一　三〇九頁中二二行第二字「法」，資、磧、普、南、徑、清無。

一　三〇九頁下一二行「云何」，資、磧、普、南、徑、清無。

一　三〇九頁下一三行「爲本」，資、磧、普、南、徑、清作「爲根本」。

一　三〇九頁下一五行末字「見」，至此，資、磧、普、南、徑、清卷第五終，卷第六始，資、磧、普、南且有品名「雜揵度世第一法品之六」，徑、清有品名「雜揵度世第一法品第一之六」。

一　三一〇頁上一六行「第四禪」，資、磧、普、南、徑、清作「第四禪中地」。

一　三一〇頁下一八行「諸論」，資、磧、普、南、徑、清作「經論」。

一　三一五頁上四行「草露」，諸本作「草上露」。

一　三一一頁上六行末字「苦」，資、磧、普、南、徑、清作「若苦」。

一　三一一頁上一二行「無所」，資、磧、普、南、徑、清作「而無所」。

一　三一一頁下一八行「無所」，諸本作「無作」。

一　三一二頁上六行首字「受」，磧、普、南、徑、清作「愛」。

一　三一二頁上七行「亦少」，諸本作「以少」。

一　三一二頁上一三行「常見」，資、磧、普、南、徑、清作「見常」。

一　三一二頁上二二行「是以」，諸本作「以是」。

一　三一二頁中八行第一〇字「見」，資、磧、普、南、徑、清作「見此名」。

一　三一二頁中一五行第一〇字「諦」，資、磧作「謗」。

一　三一三頁上一行「不雜」，資、磧、普、南、徑、清作「不離」。

一　三一四頁上一三行「四謗」，諸本作「四諦」。

一　三一四頁上二一行「滅若」，資、磧、普、南、徑、清作「若苦」。

一　三一四頁中末行夾註左「實無」，資、磧、普、南、徑、清作「實無也」。

一　三一四頁下一六行「十門」，資、磧、普、南、徑、清作「十問」。

一　三一五頁上二行首字「女」，資作「於」。

一　三一五頁上一六行第一三字「所」，資、磧、普、南、徑、清無。

一　三一五頁下卷末經名，資、磧、普、南、徑、清無（未换卷）。

阿毗曇毗婆沙論卷第五　投

迦旃延子造　五百羅漢釋

北涼天竺沙門浮陀跋摩共道泰等譯

雜犍度智品第二

頗有一智知一切法耶如此章及解章義是中應廣說優波提舍問曰何以作此論荅曰為止他義故如摩訶僧祇部作如是說自體能知自體如燈是照性能自照亦能照他彼智亦介是智性能自知亦能知他曇摩掘部作是說智能知相應法弥沙塞部作是說智能知共有法彼作是說智有二種一時共生一與心相應一不與心相應心相應智知心不相應法心不相應智知心相應法犢子部作是說人能知非智為止如是諸異義故而作此論頗有一智知一切法耶荅曰無也若復有此智生一切諸法無我此智何所不知耶荅曰不知自體是為便止摩訶僧祇意不知相應便止曇摩掘部意不知共有便止弥沙塞部意以智知不以人知便止犢子部意此中作問作荅作難作通如說頗有一智知一切法耶此則是問荅曰無也此則是荅若復有此智生一切諸法無我此智何所不知此則是難荅曰不知自體不知相應不知共有此則是通問曰誰作此問誰作此荅或有說者毗婆闍婆提問育多婆提荅如毗婆闍婆提問育多婆提言頗有一智知一切法耶育多婆提荅無也毗婆闍婆提復難若此智生一切法無我此智何所不知育多婆提作如是通不知自體不知相應不知共有復有說者弟子問師荅復有說者無有問者无有荅者但作經者有如是意若有人問頗有一智知一切法我當荅無也彼復作此難若此智生一切諸法無我此智何所不知我當荅言不知自體不知相應不知共有此中說一智者是一刹那智是故說不知自體乃至廣說若作是說此十智中頗有一智知一切法耶可作是荅有謂等智是也如是九八七六五四三亦如是若作是說此二智中頗有一智知一切法也荅曰有謂等智也頗即彼等智能知一切法不荅曰知若一刹那頃等智除自體相應共有能知餘一切法次第二刹那生能知前刹那等智及相應共有是故等智二刹那頃一智能知一切法上言一智不知者言一刹那一智問曰以何等故自體不知自體荅曰或有說者諸法除自體於他有緣生義自體於自體無長无損無害无利無育養無壞无增無減无因無緣无次第復有說者若自體知自體者則與世間現喻相違猶如指端不能自觸如眼瞳黑不自見黑如刀不自割是故自體不知自體復有說者若自體知自體者則無二處法如世尊說眼緣色生眼識乃至意緣法生意識復有說者若自體知自體者則無三等觸如世尊說眼緣色生眼識是三等觸然有此觸生是以無有自體能知自體復有說者若自體知自體者則無邪見若邪見能自知我是邪見此則正見不名邪見復有說者若自體

知自體者此智畢竟性能自知不能知他然能知他是故不知自體復有說者若自體知自體者則無取所取如取所取智所知亦如是復有說者若自體知自體者云何知耶為知自體是自體為知他體亦如知自體耶為知他體是他體為知自體亦如知他體耶若知自體是自體若知他體是他體是則為正若知自體如知他體是則為邪若此智生能知自體亦知他體者一智則有二作相有二作相則有二智有二智則有衆多自體問曰若自體不知自體者摩訶僧祇喻云何通答曰此喻不必須通所以者何此喻非修多羅毗尼阿毗曇中說不可以世俗現喻難賢聖法賢聖所作法異世俗所作法異若必欲通者當云何通答曰應說其喻過若喻有過所喻法亦有過云何喻有過答曰燈無根无心非衆生數彼智亦非根非心非衆生數耶復次燈衆微塵所成彼智亦衆微塵所成耶若不尒者則不相似復次如燈體性是照不

若是照性復何所照若體性非照應當是闇則無明性為破闇故取燈若燈體性是闇則有大不相似過以何等故不知相應答曰同緣一法生故是諸心心數法同緣一法生以同緣一法故不能展轉相緣如衆多人仰視虛空不能展轉自相見面彼亦如是復次若慧緣自相應受彼受為自緣為緣他若自緣者有上自緣之過若緣他者則不與慧共同一緣以何等故不知共有法答曰以逼近故如以銅籌感安闍那藥著於眼中以逼近故眼不得見問曰云何名共有法答曰彼迴轉身口業生住無常是也西方沙門作如是說云何共有法慧生時所依陰身是共有法問曰如汝所說慧生時所依身是共有法若然者眼識生則不自見身衆色差別如眼識餘識亦尒彼作是說五識生時能各自緣所依意識不能問曰意能緣一切法汝先言不能是則不然復次若慧生時所依身是名共有法者則有大過何以知之如苦忍生時便

於自身不得決定是名於苦得少決定彼作是言若苦法忍不盡決定苦法智生盡得決定如道法忍不盡決定道法智生盡得決定彼亦如是者彼不應作是說所以者何於道得決定時異於苦得決定時異問曰其事云何答曰如道諦所斷邪見謗一切道欲令於道少分決定無有是處為分別故設使於道少分決定便能斷謗道邪見何況盡決定唯除一剎那相應共有法如身見或計色是我乃至計識是我若苦法忍生時於所依身不得正決定者所緣身我見則不應斷所以者何以苦忍不見我見所緣身故如身見於苦諦所斷煩惱為首若其不斷則餘結不斷餘結不斷則無於苦究竟得正決定若於苦不得究竟正決定於集滅道亦不得究竟正決定以是事故苦法忍現在前於所依身亦見是苦得正決定何以知之如說苦法忍所緣世第一法亦緣彼世第一法緣欲界五陰盡無有餘

頗有一識識一切法乃至廣說問曰以何等故智後次說識答曰或有說者彼作經者意欲尒乃至廣說復有說者此是經論舊法如經說長老摩訶拘郗羅往長老舍利弗所問言長老舍利弗所言智者云何為智次作是問所言識者云何為識乃至廣說如波伽羅郗論中說云何知法次問云何識法如此義等先說智次說識如尊者曇摩難提說若以智以識有所觀察此事必定彼作經者亦隨順舊法是以先說智次說識復有說者識即智智即識唯長一字何者闍郗秦言智毗闍郗秦言識長一字者所謂毗也為斷如是意欲說差別義故先說智次說識復有說者以此俱是根本法故增長法中識為根本寂滅法中智為根本復有說者俱是元首法故如說道品法中誰為元首所謂智也生死法中誰為元首所謂識也復有說者此俱是依法故如說依智不依識亦說如行五根識盡依意識復有說者若說智則說數法所未說者唯是心是故先說智次說心復有說者十二入中二入能緣所謂意入法入若說智即說法入若說識即說意入復有說者此六識各別行境界如眼識識色耳識識聲鼻識識香舌識識味身識識觸意識唯識法為止如是意欲說意識能緣一切法故次智說識復有說者智能緣一切法故次智說識復有說者智能緣揔相別相識唯緣別相為止彼人意欲說識能緣揔相別相故次智說識復有說者智行相似不相似境界識唯行相似境界為止彼人意欲說識行相似不相似境界故次智說識復有說者欲止犢子部意故彼說智是道支識是有枝彼依佛經作如是說識緣名色故知是有枝云何聖道所謂正見乃至正定是故說智是道支為止如是意欲說智識俱是有枝俱是道支故次智說識復有說者止辟喻者意辟喻者說智之與識是次第生法不一時生為止彼人意故作如是說若此智生一切法無我此智何所不知此智必有相應識便止彼人識智次第生意故如智能緣一切法無我識亦如是餘文如上說頗有一識識一切法此中亦有問有荅有難有通應如智文說如說有緣一切法無我行問曰此何處經中說荅曰如偈說

若能以智觀　一切行無我　能生厭苦心　是道得清淨

此偈當知說諸行無我問曰如說能生厭苦心此云何能緣一切法荅曰有說者初半偈說一切法無我行後半偈說緣苦諦行復有說者初半偈是觀行時後半偈說是見苦時復有說者此偈舉說緣苦時無我行所以者何無漏法非是可厭法問曰若然者云何是緣一切法無我行荅曰一切有二種有少分一切有一切一切此中說少分一切非一切一切餘經亦說一切皆熾然無漏法不熾然當知說少分一切彼亦如是說少分一切復有說者餘經亦說一切行無常一切行無我涅槃寂靜此經即說一切法無我行評曰且置佛經說與不說

阿毗曇毗婆沙論卷第五　第十張　設　著

如是說者好應有緣一切無我法行所以者何行者在初行地必有如是觀現在前是以說之問曰如空行亦能緣一切法此中何以不說答曰或有說者彼作經者意欲尒乃至廣說復有說者應說而不說者當知此義是有餘之說復有說者如空行有所以空有所以不空有所以空者如自中無他有所以不空者以自故不空無我行无如此分別是以尊者和須蜜作如是說我不說一切諸法悉空問曰以何等故有漏無我行能緣一切法無漏无我行唯緣於苦答曰或有說者有漏無我行於觀行中勢用勝無漏无我行得正決定時自分中勝如初觀行時行者必觀一切法是無我是以有漏無我行勢用勝能緣一切法無漏无我行於自分中明了故勝是以不緣一切法復有說者無漏無我行能對治四倒如四倒所緣彼無漏無我行亦緣有漏無我行不能對治四倒是以能緣一切法復有說者无漏觀諦有分齊有漏觀諦無分齊

阿毗曇毗婆沙論卷第五　第十一張　設

復有說者無漏者對治煩惱非一切法是煩惱性有漏者不對治煩惱是以能緣一切法問曰如有漏無我行不能盡緣一切法彼作是念一切諸法無我云何非是邪也答曰或有說者彼緣多分不緣少分緣多分者如大海水少分不緣者如海水一渧復有說者隨其所行隨其境界盡緣自體相應共有非其所行非其境界是以不緣問曰緣一切法無我行體性是何答曰慧是體是性乃至廣說已說體性今當說所以名無我行答曰此行無我法故名無我行

界者在欲色界無色界中亦有緣一切法無我行而不能普緣一切法地者在七地謂欲界未至禪中閒根本四禪空處亦有而不能緣一切法問曰為能緣幾所法答曰緣四無色陰諸彼因諸彼滅諸彼比智分諸比智分非數緣滅諸無色非數緣滅及虛空虛空與衆生若言是一若言是異彼空處無我行盡能緣識處亦有無我行而不能緣一切法問曰能緣幾

阿毗曇毗婆沙論卷第五　第十二張　掇

所法答曰緣三無色陰諸彼因諸彼滅諸彼比智分諸比智分非數緣滅三無色非數緣滅除一切虛空彼識處无我行盡能緣不用處緣二地非想非非想處緣一地餘如上說復有說者空處無我行能緣如上所說法復緣五地非數緣滅四無色第四禪如是識處緣四地不用處緣三地非想非非想處緣二地非數緣滅評曰不應作如是說如前說者好所依身者依欲色界身初生依欲界身後依色界所以者何初生依欲界身命終生色界依色界身重起現在前行者唯行無我行緣者緣一切法念處者還緣法念處智者等智三昧相應者不與三昧相應根相應者三根相應謂喜樂捨第三禪與樂根相應初禪二禪喜根相應未至中閒禪及第四禪捨根相應欲界二根相應謂喜捨問曰如善憂根相應能緣一切法此中何以不說與相應答曰體性相違無我行體性欣尚憂根體性愁悴是以不與相應世者當言在過去未來

現在緣世者緣過去未來現在及非世法善不善無記者當言善緣善不善無記者當言三種緣欲色無色界繫者當言欲色界繫亦无色界繫緣欲色無色界繫法者當言緣欲色無色繫法亦緣非繫法是學无學非學非無學者當言非學非無學緣學无學非學非无學者當言三種緣見諦斷修道斷不斷者當言修道斷緣見道斷法修道斷法不斷法者當言三種緣緣名緣義者當言二俱緣緣已身緣他身者當言緣己身他身亦緣非己非他聞慧思慧修慧者當言是三種慧欲界是聞慧思慧色界是聞修慧無色界是修慧方便得生得者當言是方便得是生得如色界聞慧可言是方便亦可言是生得云何言方便得荅曰如於此間修惣相別相生彼則得若不修習雖生彼不得云何亦可言生得荅曰此雖修習不生彼間不名生得欲界命終生二禪中二禪命終生初禪中彼為得不荅曰或有說者不得所以者何以遠故若即二禪得修習生初禪中則得初禪命終生二禪中初禪地法盡捨二禪命終還生二禪彼為得不荅曰得欲界命終生無色界中无色界命終還生無色界中彼為得不荅曰或有說者不得以遠故復有說者若即無色修習還生無色界則得問曰為是聖人能生此法為凡夫人能生此法荅曰聖人亦能凡夫亦能凡夫有二種有內道凡夫有外道凡夫何道凡夫能生此法荅曰內道亦能外道亦能內道凡夫亦方便得亦生處得外道凡夫唯生處得復有說者外道凡夫唯生處得不起現在前所以者何以計我故

問曰云何起緣一切法無我行現在前荅曰生欲界中起現在前時緣一切法生欲界中起色界者現在前亦緣一切法若生初禪不入定現在前時亦緣一切法若入定現在前時緣初禪乃至非想非非想處生初禪起二禪三禪四禪者現在前亦緣初禪乃至非想非非想處若生二禪不入定現在前時能緣一切法若入定現在前時緣二禪乃至非想非非想處若生二禪起三禪四禪者現在前亦緣二禪乃至非想非非想處生三禪四禪亦如是無色中緣一切法無我行若生欲界若生色界若生無色界現在前緣一切法如上說問曰欲界者緣法多色界者緣法多荅曰色界者若不入定所緣與欲界等若入定欲界者多非色界者所以者何不自緣定共色故應作是說不入定時無有不緣一切色身念處無有緣一切受受念處無有緣一切心心念處無有緣一切法法念處

問曰一切法無我行為是欣尚行為是猒離行若是欣尚行者云何緣苦集若是猒離行者云何緣可欣尚法荅曰應作是說是欣尚非猒離行問曰若是欣尚行者云何能緣苦集荅曰雖緣苦集故是欣尚行所以者何設使彼多緣有漏法少緣無漏法而於無漏法故是欣尚行如銅錢䕺上置一金錢銅錢雖多得一金錢猶生

欣尚彼亦如是問曰此行為斷結不耶答曰不斷問曰若不斷結何用起現在前答曰欲令心猛利故心若猛利能入聖道

問曰空行無我行有何差別答曰對治我是無我行對治我所是空行復次對治五我見是無我行對治十五我所見是空行復次對治已見是無我行對治已所見是空行我愛我所愛亦如是復次陰非是我是无我行我不入陰中是空行復次見眼無我生悅適是無我行見我不入眼中生悅適是空行乃至意入亦如是復次性空義是無我行行空義是空行

頗有二心展轉相因耶問曰何以作此論答曰為止外道意故外道作如是說後心是前心因所以者何如水流時後水能逼前水駛流如是法生未來世法逼駛現在現在逼駛過去如是未來法是現在因現在法是過去因為斷如是意故明後心非前心因若當後是前因者則違內外因緣生法如世尊說無明緣行乃至生緣老死若後是前因應當行緣無明乃至老死緣生如說眼緣色生眼識若後為前因應當緣眼識生色如父母是兒因若然者應兒是父母因違如是等內緣生法云何與外緣生法相違如種子為牙因乃至花為果因若然者應牙為種子因乃至果為花因若後為前因復有大過何以故不作業而受果已作業而無果故云何不作業而受果答曰如先受善不善果然後作善不善業先受律儀不律儀戒果然後受律儀戒先受阿毗地獄果然後作五逆業先受轉輪聖王果然後修轉輪聖王業先得阿耨多羅三藐三菩提然後行諸波羅蜜若尒不作業而受果已作業應無果作業而無果則無解脫出要之道若後是前因則有如是大過復次所以作此論者如摩訶僧祇部說二心俱生為止如是意故作此論復次或有說者言因緣無體性今欲分明因緣體性故作此論頗有二心展轉相因耶答曰無耶所以者何無有一人前後二心俱生復有說者言前者諸過去心無二俱生者言後者諸未來心無二俱生者是故答言一人前後二心不俱生復有說者言前者除過去世言後者除未來世不俱者欲明現在一刹那無二心俱生若作是說無有一人前後二心俱生此則止二心俱生者意次作是說非未來心與前心因此則止後與前作因者意復有說者若作是說無有一人前後二心俱生此則止相應共有因義次作是說非未來心與前心因此則止相似因一切遍因報因義此中依五因作論故答曰無若依六因作論者應答言有以有所作因故如二心二受二想二思二觸二作意二解脫二念二定二眼乃至二身二命根二身種類如是等則無展轉因義

頗有二心展轉相緣乃至廣說問曰不應先作是論應先作此論以何等故一人前後二心不俱生然後應次作此問頗有二心前後展轉相緣應作是說而不說者有何意耶答曰或

有説者彼作經者意欲尒乃至廣説
復有説者論有二種一是根本二是
傍生諸作是問頗有二心展轉相因
頗有二心展轉相縁此是根本論以
何等故一人前後二心不俱生是傍
生論是以先論根本次問傍生復有
説者阿毗曇應以相求不以次第若
前若後俱無有過但莫違其相不應
責次第頗有二心展轉相縁問曰何
以作此論答曰前説無有二心展轉
相因亦謂二心無展轉相縁義欲斷
如是疑故而作是論頗有二心展轉
相縁耶復有説者或有言境界縁無
體性為止彼人如是意欲分明境界
縁有實體性故作此論問曰頗有二心
展轉相縁耶答曰有問曰若答言有
此言便足所以者何如説若法是彼
境界縁或時不作境界無有是事以
何等故復作是説若生无當來心耶
答曰不應作是説所以説者欲饒益
弟子令受義時分明了了故頗有二
心展轉相縁耶答曰有若發意思惟
無有未來問曰其事云何答曰邪見

生言無未來次後復生邪見言無過
去邪見亦言無過去諸法是名二心
展轉相縁邪見次生身見身見復計過
去邪見為我如身見邊見計斷常亦
如是見取計過去勝第一戒取計淨
能至解脱計是乗疑猶豫計二里想
受計好妙適意恚計不好妙不適
意慢計自高自舉無明於彼愚冥不
知如是等名染汙心展轉相縁善心
云何答曰如正見計過去是無常苦
空無我因集有縁是有是性分是有
因是有縁如是等名善心邪見展轉
相縁不隱没無記心云何答曰非是
巧便非是不巧便是名無記心邪見
展轉相縁若發意思惟有未來其事
云何答曰如正見生言有未來次後
生正見言有過去亦言有過去諸法
是名二心展轉相縁身見計過去正
見為我乃至不隱没無記縁過去正
見亦如是若發意思惟無未來道問
曰何以復作此論答曰先説有漏心
相縁今欲説無漏心相縁問曰其事
云何答曰若發意思惟無未來道此

心與邪見相應縁無未來道後得正
決定縁過去法作无常苦空無我因
集有縁此中言後時者遮一念遮相
續不限時不限身不限無始巳來以
何等故不限時答曰或有初夜謗道
中夜得正決定中夜謗道後夜得正
決定或有後夜謗道晝得正決定有
晝謗道夜得正決定或有一日一夜
謗道一日一夜得正決定如是半月
一月一時一歳乃至一身當知亦如
是若發意思惟有未來道此心與正
見相應縁有未來道次後生無漏道
縁過去正見是無常苦空无我因集
有縁如是正見縁未來道未來道生
還縁正見是名展轉相縁後時者如
説惣相觀後能入聖道者遮一剎那
須不限相續不限時不限身乃至不
限無始生死巳來如説三種正觀後
能入聖道不限一剎那須乃至不限
無始生死巳來如二知他心智亦展
轉相縁問曰何以復作此論答曰前
説巳身相縁法今欲説他身相縁法
故如二知他心展轉相縁問曰此中

為說何等二知他心答曰此中說根同同利根同中根同下根同是初禪地他心智乃至第四禪地他心智同有漏同無漏同是法智分同是比智分問曰彼云何相緣答曰俱緣彼心不緣彼心所緣若緣心所緣是則自緣心不名緣他心問曰此中為說何等知他心智答曰此中說得證他心智通者問曰亦更有餘能知他心智此中何以不說答曰或有說者彼作經者意欲介乃至廣說復有說者此應說而不說者當知此義是有餘之說復有說者此中說名義俱好者復有說者若體性是通若體性是修若是離欲得若是四支五支禪果此中說之復有說者若智知他心如實無謬是中說之因此事故擾動智海如二心展轉相緣諸數法亦如是亦應分別五識種界善染汙不隱沒無記威儀工巧彼五識不能展轉相緣各行境界故意識能展轉相緣緣一切法故苦諦所斷心與集諦所斷心能展轉相緣苦諦所斷心與修道所斷

心展轉相緣集諦所斷心與修道斷心展轉相緣滅諦所斷有漏緣使展轉相緣亦能緣無漏緣使无漏緣使不能緣有漏緣使道諦所斷有漏緣使展轉相緣亦能緣無漏緣使无漏緣使不能緣有漏緣使無漏緣使於道展轉相緣修道所斷善不善隱沒無記能緣五行所斷心其餘修道所斷展轉相緣不斷心如苦忍苦智集忍集智能緣五行所斷心道緣道隨其所應展轉相緣界者欲界色界展轉相緣欲界不繫法展轉相緣欲界無色界无展轉相緣色界無色界及不繫心展轉相緣善者能緣三種善染汙不隱沒無記染汙能緣三種善染汙不隱沒无記善報無記心緣三種善染汙不隱沒無記不善報无記無展轉緣所以者何意地無不善報无記如說頑業身受報非心耶答曰有諸不善業威儀無記心展轉相緣其事云何答曰威儀有二種一是威儀二是威儀心威儀者謂色香味觸威儀心者能起威儀心是也四識是

威儀方便非起威儀心意識是威儀方便亦是起威儀心彼四識能緣威儀不能緣起威儀心意識能緣威儀亦能緣起威儀心復有說者因威儀心更生意識能緣十二入是能展轉相緣工巧無記心展轉相緣其事云何答曰工巧有二種一是工巧二是工巧心工巧謂色聲香味觸工巧心者能起工巧心者是五識是工巧方便非起工巧心意識是工巧方便亦是起工巧心五識能緣工巧不能緣起工巧心意識能緣工巧亦能緣起工巧心復有說者因工巧心更生意識能緣十二入是能展轉相緣邪見或以因謗果或以果謗因或不以果謗因或不以因謗果云何以因謗果如說此善惡業無果報云何以果謗因如說是人諸所受報無因无緣云何不以果謗因衆生煩惱无因無緣云何不以因謗果如說無過去未來現在是名不以因謗果此邪見苦諦所斷先說二心展轉相因展轉相緣者此中說二緣義所謂因緣境界緣

問曰以何等故此中不說次第緣威勢緣耶荅曰或有說者彼作經者意欲尒乃至廣說復有說者應說而不說者當知此是有餘之說復有說者此義以入彼所說中其事云何若說因緣當知已說次第緣所以者何如說二心無展轉相因當知二心亦無次第緣若說境界緣當知亦說威勢緣所以者何如說二心展轉相緣當知二心亦展轉威勢緣是名已入彼所說中

阿毗曇毗婆沙論卷第五　第二十五張　板

阿毗曇毗婆沙論卷第五

甲辰歲高麗國分司大藏都監奉

勑彫造

阿毗曇毗婆沙論卷第五

校勘記

一　底本，麗藏本。

一　三一七頁上一行經名至三行譯者，諸本（不含石，下同）無（未换卷）。

一　三一七頁上四行「第二」，諸本作「第二之一」。

一　三一七頁上末行「便止」，磧作「便比」。

一　三一七頁中一六行第二字「法」，諸本作「法耶」。同行「若此」，諸本作「荅此」。

一　三一八頁上八行「是自體」，諸本作「是自體是則爲正若知他體如知自體是則爲耶」。

一　三一八頁上一七行第九字「異」，諸本無。

一　三一八頁中一八行第四字「生」，諸本作「生時」。

一　三一八頁下一〇行「唯除」，諸本作「唯餘」。

一　三一八頁下末行「有餘」，至此，諸本卷第六終，卷第七始，資、磧、普、南且有品名「雜揵度智品之二」，徑、清有品名「雜揵度智品第二之二」。

一　三一九頁上九行「義等」，諸本作「等義」。

一　三一九頁下八行第三字「得」，南、徑、清作「行」。

一　三一九頁下一三行第九字「是」，諸本無。

一　三一九頁下末行第七字「且」，磧作「見」。

一　三二〇頁上一行「無我法」，諸本作「法無我」。

一　三二〇頁下一五行首字「壞」，諸本作「唯」。

一　三二〇頁下二〇行「如善」，諸本作「如喜」。

一　三二〇頁下二二行「憂根」，諸本作「憂相」。

一　三二一頁上六行首字「色」，諸本

作「色界」。

一　三二一頁上一七行「方便」，諸本作「方便得」。

一　三二一頁下一八行第九字「尚」，諸本作「尚行」。

一　三二二頁上二行首字「耶」，諸本無。

一　三二二頁上一八行第九字、一九行第六字及第一二字「駛」，諸本作「使」。

一　三二二頁上二〇行「過去」，諸本作「過去法」。

一　三二三頁中六行「二里」，諸本作「二理」。

一　三二三頁中七行首字「受」，諸本作「愛」。同行第一一字「妙」，諸本作「不妙」。

一　三二四頁上四行「比智」，經作「此智」。

一　三二四頁中一行末字「斷」，諸本作「所斷」。

一　三二四頁下九行第八字「是」，諸本作「是也」。

一　三二五頁上卷末經名，諸本無（未換卷）。

趙城縣廣勝寺

阿毗曇毗婆沙論卷第六

迦旃延子造　五百羅漢釋

北涼天竺沙門浮陁跋摩共道泰等譯

投

雜犍度智品之二

以何等故一人前後二心不俱生問曰何以作此論荅曰此是傍生論所以者何前說二心不得展轉相因何以故無有一人前後二心俱生故雖有是說未說所以今欲說之故作此論以何等故一人前後二心不俱生者荅無第二次第緣此說心心數法依次第緣生未來世法依現在世法和合則生不和合則不生現在若與未來次第則生不與次第則不生復有說者以何等故一人前後二心不俱生乃至廣說荅曰衆生法尒一一心次第生不得有二所以者何無第二次第緣故復有說者此說前如兩央相繫以何等故無第二次第緣荅曰衆生一一心次第生不得有二以何等故衆生一一心次第生不得有二荅曰無第二次第緣是名展轉更相荅義如現在有一次第緣未來生一心是中應說如園中閙衆多羊門狹小喻如羊圍俠小門中一一羊出彼心心法生亦復如是現在一刹那與未來刹那開次設現在世有衆多刹那者則與未來衆多刹那開次以無故現在一刹那與未來一刹那開次作義者說曰以何等故二心不俱生荅曰或有說者如命根是一刹那依命根心亦一刹那是故不俱復有說者如身根是一刹那依身根心亦一刹那是故不俱復有說者若二心俱生則心不可調伏如今一心猶剛强難伏何况二心復有說者若二心俱生者則一時有煩惱出要一心煩惱一心出要若尒者則無解无離無乘如是等過復有說者若二心俱生何妨有三若有三者則三界身可一時受若三界一時受身則破界若界破一人亦是欲界亦是色界无色界若然則無解脫乃至廣說若三心俱生何妨有四若有四心則可一時受四生身若然者則壞四生一身亦是

胎生亦是卵生亦是濕生亦是化生則無解脫乃至廣說復有說者若四俱生何妨有五若有五者則可一時受五道身若然者則五道壞若五道壞地獄身乃至即是天身乃至廣說若五俱生何妨有六若有者則可一時緣六根義乃至廣說若不妨六乃至百千未來世中一時俱生一剎那生一剎那滅若然則無未來以有未來則有現在以有現在則有過去若無未來則無現在若无現在則無過去若無過去則无有為若無有為則無无為若無有為无為則無一切諸法有如是等過不得二心一時俱生問曰如衆多數法一時生無如上等諸過若當二心如數法一時生者復有何過答曰如一次第緣與未來一心和合以一心和合故衆生一一心生復有說者如作觀與未來一心和合以一心和合故衆生一一心生若有二心俱生應有二受俱生若有二受則破衆生身法若破衆生身法則有二種身若有二身則有十陰以有

如是過故二心不得俱生

問曰次第緣體性是何答曰如波伽羅那說除過去現在阿羅漢最後心諸餘過去現在心心數法是也復有說者諸過去現在心心數法是次第緣體性問曰若然者阿羅漢最後心無次第緣義云何名次第緣耶答曰不以阿羅漢最後心過故餘心不生更有餘事故令後心不生若當生者能與次第緣問曰次第緣者有何相耶答曰所言體性即是其相所言相者即是體性一切諸法不可離體性別立其相尊者和須蜜說曰相避義是次第緣復有說者發跡相避義是次第緣復有說者能生心義是次第緣復有說者心相續義是次第緣復有說者能取義是次第緣復有說者心勢用義是次第緣尊者佛陁提婆說曰次第生心相是次第緣復有說者未生剎那令剎那生是次第緣阿毗曇人說曰異相法令俱生是次第緣復有說者未生法似自已是次第緣已說次第緣體相未說所以以何等

故名次第緣答曰等無間義是次第緣問曰若然者心與心作次第不與數法作次第耶數法與數法作次第不與心作次第耶答曰如說相似法沙門所說心與心作次第受與受作次第如是說者則有過所以者何貪欲心還與貪欲心作次第瞋恚還與瞋恚愚癡還與愚癡善還與善不善還與不善無記還與无記如是說者則無解脫涅槃如是說者好所謂心與心作次第亦與數法作次第數與數作次第亦與心作次第前心聚與後心聚作次第問曰若心與心作次第則相隨順非數法耶若數法與數法作次第則相隨順非心耶答曰若如說相似法沙門所說心隨順心數法隨順數法評曰不應作是說作如是說者好所謂心與數法作次第數法與心作次第前心聚與後心聚作次第等無差別猶如豆聚如波伽羅那所說若法與彼法作次第或時不作次第耶答曰有若彼法未生問曰此說未生為前者耶為後者耶為如

前法未生後法不名次第若生是次第耶復如後法未生前法不名有次第若生是有次第耶如世第一法苦法忍作次第為如世第一法未生苦法忍不名次第若生是次第耶復如苦法忍未生世第一法不名有次第若生是有次第耶若前法未生後法不名次第若生是次第者有心時可介無心時云何可介如入無想定滅盡定若一七若過一七出定心與入定心名為次第彼第二刹那心必生所以者何若法與彼法能作次第緣果無有衆生无有法無有呪術无有藥草无有佛無有辟支佛无有聲聞能遮此法使第二刹那心令不生者若然者二定則無體若當後法未生前法不名有次第若生是有次第若然者則苦法忍未生世第一法不名有次第何故說未生耶或有說者應作是說前法未生不名次第問曰若然者有心時可介無心時云何荅曰有心時已介無心時亦可介其事云何如入無想定滅盡定彼入定心定初刹那亦取果亦與果諸餘刹那及出定心但名取果彼入定心滅在過去定餘刹那及出定心其現在者與果彼不應作是說所以者何次第緣義無有異時取果異時與果即與果時取果問曰若與果時取果有心時可介無心時云何荅曰如入無想定滅盡定彼入定心與定初一刹那取果與果彼滅在過去定餘刹那及出定心若現在前取果與果若作是說則無異時取果異時與果問曰若然者過去法則有所作荅曰雖過去有所作能取果與果而無有果過去世見色乃至知法無如是作事與果取果可有是事復有說者後法未生前法不名次第後法若生則前法名次第問曰若然者苦法忍未生世第一法不名次第耶荅曰可名次第不名次第緣若苦法忍生是名次第亦名次第緣如次第次第緣次第有次第相續有相續依有依當知亦如是

問曰未來世中有次第緣不耶若有者諸法應未來世中已次第住脩正方便則無有用所以者何聖道於未來世已有次第時到則生脩正方便復何所為復有大過何以故無有制伏貪欲生不淨觀如是亦不能制伏一切煩惱生對治觀若介則無解脫涅槃乃至廣說若無者八分經云何通如說是人十二劫不墮惡趣乃至二十劫云何知三業差別是現法報是生法報是後法報何故一切時世第一法但生苦法忍何以不生乃至盡智等諸法何故金剛喻定但生盡智不生餘法荅曰應作是說未來世中無次第緣問曰若無者則無前說諸過此八分經云何通荅曰世尊觀過去現在以比相亦知未來世其事云何荅曰世尊觀過去世見彼衆生修如是業介所劫中不墮惡道見此衆生脩如是業介所劫中當不墮惡道見諸衆生於過去世修如是業於現世中受如此報見諸衆生於彼造業若受生報若受後報見諸衆生於此造業若受現報若受生報若受後報復有說者衆生有相是心不相應

行住衆生身中世尊不因禪定神通能知衆生身中有此法者佘所劫中不墮惡道即見此相知是衆生受現法報次受生報後受後報評曰不應作是說若作此說明如來唯有比相智無了達智應作是說佛世尊有了達智能知未來雖未來法乱無定次第如来以明淨智能知未来乱法无定次第知諸衆生造如此業經佘所劫不墮惡道受於現報次受生報後受後報悉實無謬如筭數法知於槃聚明了無謬何況如来有自然智問曰以何等故世第一法次生苦法忍不生乃至盡智等諸法荅曰此名數定事相不定所以者何苦法忍在於六地未知為是何地苦法忍三根相應不知定與何根相應行於四行不知定行何行如住增上忍時地行根定剎那不定所以者何有多剎那故不知生者是何剎那次第緣亦不定住世第一法時有五事定地根行次第剎那是名數定事相不定復有說者若法依前法相續生不必次第緣猶如外物無次第緣依於前法相續而生如牙依前種相續得生乃至果依前花相續而生內法亦佘不因次第緣依於前法相續而生苦法忍依世第一法故相續而生餘乃至盡智不依世第一法故是以不生金剛喻定亦應如是通然未来世法屬於現在若於現在和合則生若不和合不生世第一法後能生修道無有是處以分別故設當世第一法與修道和合佘時則生以不與和合故是則不生如是苦法忍屬世第一法故生餘乃至盡智不屬故不生復有說者未来世中有次第緣問曰若未来世有次第緣諸法應次第住荅曰未来世中有次第緣義無次第住未来世法應從何次第緣生者已定然不次第住後若生時從何緣生亦定次第住亦定猶如衆多比丘乱住一處臘數已定行例不定後次第住時臘數亦定行例亦定如是法未生時應屬何緣生者已定次第住不定後若生時從緣生亦定次第住亦定問曰若然者修正方便則無有用亦無解脫涅槃荅曰一心次第略說有二種心當生所謂善與染汙若修正方便善心便生染汙不生若行邪方便染汙便生善心不生如一種子後二種當生所謂牙與爛壞若遇生牙因緣則便生牙若遇爛壞因緣則生爛壞一心次第生二種心亦復如是評曰應作是說未來世中無次第緣所以者何次第緣者是次第住法未來世中無次第住次第緣者是不乱法未来法乱復有說者若未来世有次第緣者修善者常應修善不應作惡若修惡時常應作惡不應修善今現見提婆達多本欲修善而後作惡央掘魔羅氣噓惡人本欲作惡而後修善以如是等因緣故知未来世無次第緣問曰以何等故色法無次第緣荅曰或有說者若法定有所依定有所行定有所緣故有次第緣色法無有所依無所行无所緣是故無次第緣復有說者若法是相應有所依有所行有勢用有所緣故有次第緣色法不

相應無依无行無勢用无緣故無次第緣復有說者次第緣者是次第住法色非次第住法或二万劫或四万劫或六万劫或八万劫斷絶者復有說者次第緣現在前時不乱色法現在前時亂如一時中起欲色界繫色現在前欲界繫不繫色現在前色界繫不繫色現在前是故尊者和須蜜說曰欲界增益色未滅色界增益色生尊者佛陁提婆說曰少色無間生多色多色無間生少色彼少色無間生多色者如空中雲少便生多如小種子生於大樹如小迦羅羅後成大人多色無間生少色者如燒大草積後生少灰以少色無間生多色多色無間生少色故無次第緣問曰如心數法少無間生多多无間生少其事云何答曰如無覺无觀地次生無覺有觀次生有覺有觀如此名少無間生多如有覺有觀地生無覺有觀次生无覺無觀如此名多無間生少答曰不應以地定應以數法定若一受次第生二受若二受次第生一受有如上過以不生故無如上過

問曰以何等故心不相應行無次第緣答曰或有說者若法定有所依定有所行定有所緣故有次第緣心不相應行不尒色法三界繫心不相應行三界繫餘如上色法說問曰以何等故說無想定滅盡定是心次第不說無想天答曰或有說者亦應說而不說者當知此是有餘之說復有說者若用功難得者說不用功不難得者不說復有說者若是善者說彼是無記故不說問曰以何等故無想定滅盡定是心次第而非次第緣耶答曰或有說者若法能生心能增益心能取心是次第緣彼定生時住心导心使心不相續是以不作次第緣復有說者此定斷心遮心行處是不相應無勢用法是以不作次第緣問曰入无想定滅盡定心出定心是其次第中間有尒許多相續定云何是次第答曰此中更無餘心故得名次第猶如有人一在前行一在後来他人問言彼後来人與誰共来其人答言與其甲人次後而來彼二中間雖有村落樹木畜生等物更無餘人故言次第如是彼二心中間雖復曠遠更無餘心故得名次第

問曰諸法是心次第亦是無間耶答曰或有是心次第非心無間有是心無間非心次第有是心次第亦心無間有非心次第非心無間是心次第非心無間者除定初剎那及餘有心法諸餘定及出定心是謂心次第非心無間是心無間非心次第者定初剎那及餘有心法生住無常是謂心無間非心次第是心次第亦心無間者定初剎那諸餘有心法是謂心次第亦心無間非心次第非心無間者除定初剎那及餘有心法生住無常諸餘定剎那及出定心生住無常是謂非心次第非心無間問曰諸是心次第亦是定無間耶答曰應作四句是心次第非定無間者謂定初剎那諸餘有心時是謂心次第非定無間是定無間非心次第者除定初剎那及餘有心法生住無常諸餘定及出

定心生住無常是謂定無間非心次第是心次第亦定無間者除定初刹那及餘有心法諸餘定及出定心是謂心次第亦定無間非心次第非定無間者定初刹那生住無常及餘有心生住無常是謂非心次第　非定無間

阿毘曇毗婆沙論卷第六　第十五張　报字号

觀有三種所謂别相觀惣相觀虚相觀别相觀者觀色是色相乃至觀識是識相觀地是堅相乃至觀風是動相是名别相觀惣相觀者十六聖行觀是名惣相觀虚相觀者不淨安般無量除入解脱一切處是名虚相觀問曰此三種觀何觀次第能入聖道出聖道時何觀家初現在前答曰或有説者入聖道時三種能入出聖道時三種現在前復有説者惣相觀能入聖道出聖道時三種現在前問曰若虚想觀不入聖道此經云何通如説不淨觀次修念覺意答曰此説展轉相因如子孫法其事云何答曰先以不淨觀善調伏心使心止息堪任質直柔軟心得自在然後惣相觀現在前能入聖道復有説者惣相觀現在前能入聖道出聖道時亦惣相觀而現在前問曰若然者若依未至若依初禪若依中間得正决定出聖道時欲界惣相觀現在前可尒若依二禪三禪四禪得正决定彼無欲界惣相觀所以者何以大遠故復更不得惣相觀除達分善根所以者何以聖道後不能復起現在前故出聖道時為起何等惣相觀現在前答曰於煖頂忍中間修惣相觀所謂諸行无常苦空無我涅槃寂静出聖道時此觀現在前評曰不應作是説如前説者好欲界有三種觀所謂聞慧思慧生得慧色界有三種所謂聞慧修慧生得慧無色界有二種修慧生得慧問曰欲界有三種觀慧何等慧現在前能入聖道答曰欲界思慧觀現在前能入聖道出聖道時三種觀現在前色界修慧觀現在前能入聖道出聖道時二種聞修慧觀現在前非生得慧無色界修慧現在前能入聖道出聖道時亦修慧觀現在前非生得慧

阿毘曇毗婆沙論卷第六　第十六張　报字号

問曰以何等故出聖道時欲界生得慧現在前非色無色界答曰欲界生得慧猛利色無色界不猛利若依未至禪得阿羅漢出聖道時還起未至地及欲界心若依無所有處得阿羅漢出聖道時還起無所有處及非想非非想處心若依餘地得阿羅漢出聖道時即起彼地心

初禪有三種味淨無漏乃至無所有處亦三種非想非非想處二種味淨味相應次第生味相應及淨不生無漏淨有三種無漏二種淨及無漏不生味淨初禪有四種有退分住分勝進分達分乃至非想非非想處亦有四種退分次第生退分生住分不生勝進分不生達分住分次第生住分生退分生勝進分不生達分勝進分次第生勝進分生住分生達分不生退分達分次第生達分生勝進分不生住分退分復有説者退分次第生三種不生達分住分勝進分盡生四種達分次第生三種除退分問曰若生二禪三禪四禪地欲入初禪識現

在前幾種觀現在前答曰隨所住地未離欲者三種觀現在前所謂善染汙不隱没無記出時亦三種現在前若離欲二種有十二種心欲界繫四種善不善隱没無記不隱没无記色界繫三種善隱没無記不隱没无記无色界繫亦三種學無學心問曰欲界繫善心次第生幾心復從幾心次第生乃至無學心次第生幾心復從幾心生荅曰欲界繫善心次第生九心欲界繫四色界繫二善隱没無記無色界繫一隱没無記學无學亦從八心次第生欲界繫四色界二善隱没無記學无學不善心次第生欲界四心亦從十心次第生欲界繫四色界繫三無色界繫三隱没無記心亦如是欲界繫不隱没無記心次第生七心欲界四色界二善隱没無記色界一隱没無記亦從五心次第生欲界四色界一善心色界繫善心次第生十一心除無色界繫不隱没无記心餘次第能生亦從九心生自地三欲界二善不隱没無記无色界二善

隱没無記學无學心色界繫隱没无記心次第生六心色界繫三欲界三除不隱没無記心亦從八心次第生色界三欲界三善不隱没无記無色界三色界繫不隱没無記心次第生六心色界三欲界二不善隱没無記無色界一隱没無記亦從色界三心次第生無色界善心次第生九心無色界三欲界二不善隱没无記色界繫二善隱没無記學无學心亦從六心次第生無色界三色界一善心學無學心无色界繫隱没無記心次第生七心無色界三欲界二不善隱没無記色界二善隱没無記亦從七心次第生无色界三欲界二善不隱没無記色界二善不隱没無記色界繫不隱没無記心次第生六心無色界三欲界二不善隱没無記色界一隱没無記亦從無色界三心次第生學心次第生五心欲界善色界善无色界善學無學心亦從四心次第生欲界善色界善无色界善學心無學心次第生四心欲界善色界善无色界

善無學心亦從五心生欲界善色界善无色界善學無學心

九八四與十　七五當知欲　十一九六八
六三當知色　九六七亦七　六三知無色
五四亦四五　當知學无學

有二十種心欲界有八心方便善心生得善心不善心隱没無記心威儀心工巧心報心通果心色界有六心方便善心生得善心隱没無記心威儀心報心通果心無色界有四心方便善心生得善心隱没無記心報心無漏有二心學心無學心問曰欲界方便善心次第生幾心亦從幾心次第生乃至無學心次第生幾心亦從幾心生荅曰欲界方便善心次第生十心欲界七除通果心色界一方便善心學心無學心亦從八心次第生欲界四方便善生得善不善隱没无記色界二方便善隱没無記學无學欲界生得善心次第生九心欲界七除通果心色界隱没無記心无色界隱没無記心亦從十一心次第生欲界七除通果心色界二方便善隱没

無記學无學不善心次第生欲界七心除通果心亦從十四心次第生欲界七除通果心色界四生得善隱没無記威儀報無色界三除方便善隱没无記心亦如是欲界威儀心次第生八心欲界六除方便善通果心色界一隱没無記心无色界一隱没無記心亦從七心次第生欲界七除通果心報心亦如是工巧心次第生六心除方便善通果心亦從七心次第生欲界七除通果心欲界通果心次第生二心欲界通果色界方便善心亦從二心次第生欲界通果色界方便善心色界方便善心次第生十二心色界六欲界三方便善生得善通果心無色界一方便善學無學心亦從十心次第生色界四除威儀心報心欲界二方便善通果心無色界二方便善隱没无記學無學心色界生得善次第生八心色界五除通果心欲界二不善心隱没無記无色界一隱没無記心亦從色界五心次第生除通果心色界隱没無記心次第生

九心色界五除通果心欲界四方便善生得善不善隱没無記亦從十一心次第生色界五除通果心欲界三生得善威儀報心無色界三除方便善色界威儀心次第生七心色界四除方便善通果心欲界二不善隱没無記心无色界一隱没無記心亦從五心次第生色界五除通果心報心亦如是色界通果心次第生色界二方便善通果心亦從二心次第生色界方便善通果心無色界方便善心次第生七心無色界四色界一方便善學無學心亦從六心次第生無色界三除報心色界一方便善學无學心無色界生得善次第生七心無色界四欲界二不善隱没無記色界一隱没無記心亦從无色界四心次第生無色界隱没無記心次第生八心无色界四欲界二不善隱没無記心色界二方便善隱没無記心亦從十心次第生無色界四欲界三生得善威儀報心色界三生得善威儀報心無色界報心次第生六心無色界三

除方便善欲界二不善隱没無記心色界一隱没無記心亦從無色界四心次第生學心次第生六心欲界二生得善方便善色界一方便善心無色界一方便善心學无學心亦從四心次第生欲界一方便善心色界一方便善心無色界一方便善心學心无學心次第生五心欲界二方便善心生得善心色界一方便善心無色界一方便善心無學心亦從五心次第生欲界一方便善心色界一方便善心無色界一方便善心學无學心

十八次生九　十一生於七　十四亦生八
七六及與七　二生二欲盡　十二十八五
九十一七五　二二當知色　七六七四八
十六四無色　六四亦五五　當知學无學

以何等故如人不可得乃至廣說問曰何故作此論荅曰為止他人意故或有說者有人以有人故憶本所作復有說者物性相入相入論者作如是說一切有為法有二分若晝若夜夜時晝入夜中晝時夜入晝中所以者何如夜中所作晝則憶之以夜入晝

中故如晝中所作夜則憶之以晝入夜中故是故憶本所作或有說者物性變物性變論者作如是說迦羅羅變作阿浮陀乃至中年變作老年是故憶本所作如婆吒樹葉青變為黃彼亦如是或有說者物性往来往来論者作如是說迦羅羅来至阿浮陀中往故乃至廣說以是事故憶本所作問曰物性變論往来論有何差別荅曰物性變論言迦羅羅變作阿浮陁往来論言迦羅羅来至阿浮陁中往俱增長故或有說者覺是一性後所知覺即是前所作覺或有說者意界是常以意界常故憶本所作或有說者有根本陰有客陰客陰所作根本陰能知以是故能憶本所作或有說者前心往後心語後心我作如是事是故憶本所作恒河沙數諸佛及佛弟子不作此論言有人不言物性相入不言物性變不言物性往来不言覺性是一不言意界常不言有根本陰客陰不言前心往後心然能憶本所作如此事微細甚深難知為顯

如此微細甚深難知法故而作此論問曰以何等故唯說如人不可得前心不住後心言我有所作而能憶本所作荅曰應如是說以何等故人不可得物性不相入物性不變物性不往来覺性不一意界不常陰性無根本無客陰前心不往後心而能憶本所作而不說者欲現始終略其中間令經文易故若說始人不可得則止有人者意前心不往後心則止往来論者意前心後心則止其餘諸論者意荅曰衆生之法得如是相似習智問曰前言無人今何以言衆生荅曰欲令所說與法體相順故所以者何若不言衆生但言法法於義雖順於文不便若言衆生文義俱順以是故說於衆生復有說者前說實義今說假名衆生之法得如是相似習智習智者是決定是修習是自在義本所作者隨其本事本事者如其性如其體如其相如其物復有說者應言憶本共作云何共作如本所見曾所更復有說者應言憶本作事云何本作

事隨本形色本所為欲明憶本所作義故而作此論喻如能書者乃至廣說如能書者不至彼能書者所問言汝作何字彼亦不荅我作是字然能書者得如此所習智自所作字亦知他所作字亦知乃至海外書来亦能讀知如是前心不往後心然後心能憶本所作復欲重明此義故更作喻如二知他心展轉相緣此亦不問彼汝思何事彼亦不荅我思此事乃至百由旬外二心而能相知如是前心不至後心後心而能憶本所念

復次諸心心數法於所緣定問曰為於何法定言定耶為於眼入定為於色定為於剎那定荅曰或有說者於眼入定不於色定剎那定也所以者何未生心心數法甚多云何於眼入定荅曰如眼識於色定其餘諸識各於自境界定若眼與青色和合則生青識若與餘色和合則生餘識問曰若然者便有二心知青色心則異知黃色等心復違識身經文如說過去眼識為緣過去法緣現在法緣未来

法耶答曰緣過去法不緣現在未來復有說者於眼入定色定於剎那不定所以者何未生心心數法甚多云何於色定答曰若緣青色則生青識餘則不生緣黃等色亦復如是問曰青色衆多有青莖青枝青葉青花青果若緣青莖識云何不　即是緣青枝青葉青花青果識耶評曰應作是說於三法定問曰若然者未生心心數法則多答曰未生法多復有何過未來世寬無住處耶先已有住處故問曰若心心數法於緣定於所依亦定耶答曰於所依亦定其事云何如未來心心數法於所依則遠若生現在前與所依則俱若滅則遠所依復有說者未生心心數法於所依遠若現在前則俱若滅俱滅問曰若心心數法於所緣所依定者彼於何時能有所緣為於生時為於滅時若以生時生時是未來云何未來能有所作若以滅時滅是壞散衰退之法云何壞散衰退之時能有所緣評曰應作是說滅時能緣非是生時所以者何未生法是未來未來法不能有所作滅時名現在現在法能有所作問曰若然者云何以壞散衰退之法能有所作答曰一切有法皆尒體性羸劣屬衆因緣不得自在若心心數法於依所緣和合能有所緣未來世依及境界散乱如未來過去亦尒現在則衆緣和合若當現在不能緣境界者則畢竟無緣境界義問曰若心心數法於所緣所依定者此中何以但說所緣不說所依答曰此中說所念事故不說所依若有所念必依所緣不用所依如一境界則為衆多心心數法所緣如前一心緣已後衆多心亦緣猶如一人而有百子若一子念父餘子亦念彼一境界為多心所緣亦復如是

問曰若所更事異所念事異云何不提婆達多所更延若達多能憶若延若達多所更提婆達多能憶答曰提婆達多身異延若達多身異憶本所依者身則不異復有說者如提婆達多延若達多心不得展轉為因憶本所作前為後因復有說者若心相續若身相續能憶本所作提婆達多延若達多心不相續身不相續問曰若心相續者何以先見一牛後見餘牛言是本牛答曰曾所更事要當相似尒乃識之先所見牛雖復曾更而與後牛不相似故是以不識若前牛與後牛相似尒乃可識前所更意必當有力後不失念而能憶本所作先生心聚以意名說後生心聚以念名說以前意有勢力故令後念憶本所作不失念者所謂不狂心不乱不為苦痛所逼是也

有二種心一同行心二同緣心苦法忍苦比忍苦比智是名同行心不名同緣心集法忍集法智是名同緣心不名同行心苦法智法名同行心亦名同緣心其餘心亦不同行亦不同緣同行心所更事同緣心能憶同緣心所更事同行心能憶有三種心善不善無記若善心所更事善不善無記心能憶不善無記心亦如是復有四種心善不善隱没无記不隱没無

記如善心所更事四種心能憶乃至不隱没無記心所更事四種心能憶復有四種心從因緣生心從次第緣生心從境界緣生心從威勢緣生心若一心曾所更事四心盡能憶復有五種心見苦所斷心乃至修道所斷心若見苦所斷心所更事五種心能憶見集所斷修道所斷亦如是見滅所斷心所更事四種心能憶除見道所斷心道亦如是除見滅所斷心復有六種心所謂六識若六識所更事意識能憶復有十二種心欲界善心不善心隱没無記心不隱没無記心色界三種除不善無色界亦如是學心無學心如十二種心有相似十一法十二念如欲界善心所更法十二念盡能憶不善亦如是隱没無記心所更法有八種念能憶欲界四色界善不隱没无記學無學欲界不隱没無記亦如是色界善心所更法十二種念能憶色界隱没無記心所更法十種念能憶除欲界隱没无記不隱没無記色界不隱没无記心所更法十種念能憶除無色界隱没無記不隱没無記无色界善心所更法十種念能憶除欲界隱没無記不隱没无記無色界隱没无記心所更法九種念能憶欲界善不善色界善隱没無記无色界三種學無學不隱没无記亦如是學心所更法十二種念能憶無學心亦如是

如經說尊者舍利弗作如是言諸長老若不壞意内入照了外入法能生正觀現在前則意識生彼云何壞意入荅曰壞有三種所謂須臾壞命終壞究竟壞須臾壞者若入無想定滅盡定是名須臾壞命終壞者如斷善根壞善意如凡夫人離欲乃至命終時壞不善意究竟壞者如苦比智生苦諦所斷意究竟壞乃至道比智生見諦所斷意究竟壞住不退法斯陁含見諦所斷意及欲界修道所斷六種意究竟壞住不退法阿那含一切見諦所斷意欲界修道所斷染汙意究竟壞住不退法阿羅漢一切染汙意究竟壞

以何等故所念事忘而復憶荅曰衆生之法心相似次第生知見者有三種相似所謂方便相似境界相似隨順相似云何方便相似如人讀修多羅而後忘失後懃方便還復通利毗尼阿毗曇懃方便亦如是先修不淨觀而後忘失後懃方便隨其境界還現在前安般觀界方便亦如是曾聞有婆羅門子讀違陁經而後忘失還欲通利盡其方便而猶不能往詣師所而問之言本所讀經今悉忘失還欲通利雖懃方便猶故不能令當云何其師問言汝本讀時云何而讀弟子荅言初讀經時手則索繩口誦經文師告之言當如先法還讀誦之弟子如教後便通利是名相似方便云何境界相似如於此處見河池山林經行住處從至異處若見如先事者還復憶念本所見事是名境界相似云何隨順相似如得隨順飲食方土住處說法同行之人則能憶本所作曾聞有一比丘讀誦阿含而後忘失雖懃方便猶故不能還得通利往詣

大德阿難所作如是言本讀阿含而令忘失雖懃方便猶故不能還令通利今當云何阿難語言可求多油入浴室中以用塗身煖水洗浴加求隨順飲食方土住處說法同行之人彼如其言具諸方便即還通利是名隨順相似云何次第彼相續不斷是名次第復有說者次第者不相續心還令相續無能遮止不為對治所壞亦所更意力强而不失念者前生心聚以意名說後生心聚以念名說前心有力故能令後心憶本所作不失念者不狂不心乱不為苦痛所逼尊者和須蜜說曰以三事故所念事忘而復憶一者善取前相二者有相似方便三者不失念

以何等故先所念事忘而不憶荅曰衆生之法心不相似次第生心知見者有三種不相似所謂方便不相似境界不相似隨順不相似云何方便不相似如人讀修多羅而後忘失復讀毗尼阿毗曇亦復忘失先修不淨觀後復忘失復修安般觀界方便亦復忘失是名方便不相似云何境界不相似本曾見河池山林經行住處如是等事後至異處不見如是等事於前所見更不復憶是名境界不相似云何隨順不相似若不得隨順飲食方土住處同行之人於前所作永不復憶是名隨順不相似不次第者不相續斷絶是名不次第亦所更意力弱而失所念者彼前生心聚以意名說後生心聚以念名說前心弱故不能令後心憶本所作失念者若狂心乱為苦所逼尊者和須蜜說曰以三事故前所念事忘而不憶一者不善取前相二者無相似方便三者失所念

問曰色界修慧亦有忘而不憶耶荅曰亦有以身羸弱故心亦羸弱心羸弱故所念事忘而不憶誰有此忘而不憶耶荅曰聖人凡夫俱有聖人者須陁洹斯陁含阿那含阿羅漢辟支佛亦於所念事忘而不憶唯有如来憶而不忘何以知之如經說告舍利弗假使諸比丘衆於百年中若以坐牀卧牀轝我而行若當如來無上智辯而有退失無有是處如持四弓喻乃至廣說以是事故知如来無忘

阿毗曇毗婆沙論卷第六

阿毗曇毗婆沙論卷第六

校勘記

一 底本，金藏廣勝寺本。

一 三二七頁中一行經名至四行品名，資、磧、普、南、徑、清無(未換卷)。

一 三二七頁中一一行第二字「答」，資、磧、普、南、徑、清作「答曰」。

一 三二七頁下二行「圂中」，資、磧、普、南、徑、清作「圈中」。

一 三二七頁下三行「伕小喻如羊圂伕小」，資作「伕小喻猶如羊圈狹小」；磧、普、南、徑、清作「狹小喻猶如羊圈狹小」。

一 三二七頁下五行「刹那」，資、磧、普、南、徑、清作「一刹那」。

一 三二八頁中一行末字「生」，至此，資、磧、普、南、徑、清卷第七終，卷第八始，資、磧、普、南且有品名「雜揵度智品之三」，徑、清有品名「雜揵度智品第二之三」。

一 三二九頁上末行「彼入」，磧作「被又」。

一 三二九頁中一三行「有果」，資、磧、普、南、徑、清作「有過」。

一 三二九頁下二行「來世」，資、磧、普、南、徑、清作「來世中」。

一 三二九頁下七行「十二」，資、磧、普、南、徑、清作「十三」。

一 三二九頁下九行「何故」，資、磧、普、南、徑、清作「何以故」。

一 三二九頁下一五行及次頁上五行「比相」，南、徑、清作「此相」。

一 三二九頁下一七行「如是」，資、磧、普、南、徑、清作「如此」。

一 三三〇頁上二行「刼中」，麗作「初中」。

一 三三〇頁上四行第七字及一〇行末字「後」，諸本(不含石，下同)作「復」。

一 三三〇頁上一五行「法忍」，麗作「法忍法」。

一 三三〇頁中六行「以不」，徑作「不以」。

一 三三〇頁中一五行首字「有」，資、磧、普、南、徑、清作「有說」。

一 三三〇頁下四行末二字「染汙」，資、磧、普、南、徑、清作「染汙心」。

一 三三〇頁下一二行首字「法」，資、磧、普、南、徑、清作「世」。

一 三三一頁上六行第四字「亂」，資、磧、普作「得」。

一 三三一頁中五行第八字「三」，資、磧、普、南、徑、清作「二」。三三三頁中四行第六字諸本同。

一 三三二頁上一九行第三字「想」，資、磧、普、南、徑、清作「相」。

一 三三二頁下末行首字「生」，麗作「坐」。

一 三三三頁上一八行末字及本頁中一六行第一二字「色」，諸本作「無色」。

一 三三四頁上一七行「十心」，資、磧、普、南、徑、清作「九心」。

一 三三四頁上一八行末字「二」，資、磧、普、南、徑、清作「一」。

一　三三四頁中二行「無記」，資、磧、普、南、徑、清作「無記心」。

一　三三五頁上八行第二字及一二行首字「徃」，諸本作「住」。

一　三三五頁中三行「不住」，資、磧、普、南、徑、清作「不往」。

一　三三五頁中九行「始人」，諸本作「如人」。

一　三三五頁下一二行末字「念」，至此，資、磧、普、南、徑、清卷第八終，卷第九始，資、磧、普、南且有品名「雜揵度智品之四」，徑、清有品名「雜揵度智品第二之四」。

一　三三六頁上一行「未來」，資、磧、普、南、徑、清作「未來法」。

一　三三六頁上七行第九字「不」，資、磧、普、南、麗作「不耶」。

一　三三六頁上九行「三法」，南、徑、清作「二」。

一　三三六頁上一一行第四字「竟」，麗作「竟」。

一　三三六頁中二二行「依者」，諸本作「作者」。

一　三三六頁下六行第一〇字「復」，資、磧、普、南、徑、清作「後」。

一　三三六頁下一一行「勢力」，清作「執力」。

一　三三六頁下一七行「法名」，諸本作「亦名」。

一　三三七頁上一〇行第四字「道」，資、磧、普、南、徑、清作「修道」。

一　三三七頁上一五行「十一」，諸本作「一二」。

一　三三八頁中二二行第一二字「告」，諸本作「佛告」。

一　三三八頁下卷末經名，資、磧、普、南、徑、清無(未換卷)。

趙城縣廣勝寺

阿毗曇毗婆沙論卷第七　投

迦旃延子造　五百羅漢釋

北涼天竺沙門浮陀跋摩共道泰等譯

雜揵度智品之三

何故祭祀餓鬼則到乃至廣說問曰何故作此論荅曰欲解佛經故如經說生聞婆羅門往至佛所問佛言沙門瞿曇我有親里命過欲施其揣食為得食不佛告婆羅門此事不定所以者何有五道生處地獄乃至天道婆羅門若汝親里生地獄中即食地獄中食以自存活彼云何能受汝所施揣食生畜生人天中亦復如是婆羅門言沙門瞿曇若我親里不生餓鬼中者所施揣食誰當受之佛語婆羅門欲令餓鬼道中無汝親里者无有是處彼經雖說施與餓鬼則到未說所以今者欲說祭祀餓鬼則到非餘處故而作此論彼佛經是此論根本因緣諸經中未說者今盡說之

以何等故祭祀餓鬼則到問曰為以此道高勝故到為以下賤故到若以此道是下賤者地獄畜生是賤下賤若以此道是高勝者人天則勝荅曰應作是說不以勝到亦不以賤到云何能到荅曰此道自尒乃至廣說有二事故祭祀餓鬼則到一者是業二者此道自尒先已說之猶鴻鴈孔雀鸚鵡舍利瞿翅羅共命等諸鳥而能飛行乃至廣說神不勝人勢不勝人隨其所欲而能飛行於虛空中久住遊戲然人欲住虛空去地四指經須臾間猶無能者如彼衆鳥而能飛行生處自尒此餓鬼道祭祀則到生處亦尒亦如一地獄道中或有能自識宿命者如經說地獄衆生作如是念諸沙門婆羅門恒如是說貪欲是將來過患可畏之處是以當斷貪欲我等以不能斷貪欲因緣故今受極劇苦痛極惱問曰彼作如是念時為初生時為中時為後時耶荅曰初生時非中後時所以者何初生之時未受苦痛若受苦痛次前滅事尚不能憶況復久遠問曰為住何心作如是念善耶不善無記耶荅曰住三種心能

作是念為是意地為五識身答曰意
地非五識身為是威儀為是工巧為
是報心答曰是威儀非是工巧報心
所以者何彼處無有工巧以報心是
五識地故為念幾世耶答曰一世於
彼處死來生此閒或有說者亦能憶
念多世評曰不應作是說如先說者
好亦能知他心者其事云何答曰若
獄卒相械種種煞害之器在前而立
作如是念彼獄卒意今欲煞我評曰
不應作是說若然者人亦能知可名
他心智耶如是說者好彼有生處得
智能知此事為初知為中知為後知
耶答曰應如前廣說畜生中亦有能
自識宿命者如經中說傷法汝若是
我父都提耶者可昇此坐即便昇之
復作是言汝若是我父都提耶者可
食此粳米肉飯即便食之復作是言
汝若是我父都提耶者可示我所寶
藏物即便示之問曰作如是念時為
是初為中後耶答曰三時俱能為住
何心答曰住善不善無記心中悉能
威儀工巧報心亦能能知幾世耶

答曰或有說者能知一世無彼生此
處或有說者能知多世何以知之曾
聞有一女人置其嬰兒在於一處有
因緣故餘行不在時有一狼擲其兒
去時人捕摑而語之言汝今何故擲
他兒去狼答之言此小兒母是我等
怨家時人問言有何怨耶狼即答言
此小兒母五百世中常食我兒我亦
五百世中常煞其子若彼能捨舊怨
之心我亦能捨時人語其兒母可捨
怨心兒母答言我今已捨時狼觀兒
母心雖口言捨而心不放即便害其
兒命而去如此者能知他心亦識宿
命何時知耶答曰初中後悉知住何
心知答曰善不善無記悉知意地知
非五識身威儀工巧報心亦能知彼
經文雖不說而餓鬼道亦有此智何
以知之曾聞有一女人為餓鬼所持
即以祝術而問鬼言何以惱他女人
鬼答之言此女人者是我怨家五百
世中而常煞我我亦五百世中斷其
命根若彼能捨舊怨之心我亦能捨
尒時女人作如是言我今已捨怨心

鬼觀女人雖口言捨而心不放鬼即
斷其命根捨之而去為何時知耶答
曰廣說如上諸天道亦有此生處得
智而無現事可說為何時知耶答曰
廣說如上人道中無如此生得智問
曰何以故無答曰非器非田故復次
人中有瞻相智有覩言相智彼生得
智為如此智所覆蔽故復次人中雖
無此生得智而有勝妙者所謂他心
智願智問曰為知幾心答曰或有說
者地獄還知地獄心畜生還知畜生
心餓鬼還知餓鬼心復有說者地獄
還知地獄心畜生還知畜生心亦知
地獄心餓鬼還知餓鬼心亦知地獄
畜生心天盡知五道心問曰若畜生
不知天心者施設世界經云何通如
說善住龍王伊羅拔𨚗龍王知帝釋
心所念猶如猛健丈夫屈申臂頃於
自住處沒在帝釋前立答曰此是比
智何以知之諸天若欲出軍鬪戰之
時善住龍王脊背諸骨自然出聲彼
作是念今我脊背聲出定知諸天必
與阿修羅共戰諸天若欲遊戲之時

伊羅拔那龍王指上自然有香手像
現彼作是念我今指上有香手像現
定知諸天欲遊戲園林餓鬼亦有生
得智能識宿命如偈說
我本求財物 如法或非法 他人得其樂
今我受苦惱
問曰為何時知答曰廣說如上諸天
亦有生得智能自識宿命如偈說
我今於逝林 恒住諸聖眾 法王亦在中
今我心歡喜
問曰為何時知答曰廣說如上問曰
以何等故人無生得智自識宿命答
曰非其器故廣說如上復次為餘法所
覆蔽如性自念前生智復次人中雖
無生得智自識宿命通而有勝妙者
所謂宿命通願智彼亦能雷電興風
降雨者唯畜生能非餘畜生道中雖
龍能非餘彼畜生中能興風降雨近
若是其功用果所住之處遠邊水出
若是其威勢果問曰為一龍能作如
是等事不耶答曰能作問曰若然者
經何以說異耶如說或有天能雨或
有天能風乃至廣說答曰隨其所樂

故或有樂為雨者樂為風者乃至廣
說以所樂不同經說有異如此等自
爾所欲便果彼餓鬼道自爾施其攝
食則到復有說者五道生處各有自
爾之法如地獄報色斷便還續生處
自爾畜生中能飛虛空餓鬼施攝食
則到人中有勇健念力梵行勇健者
不見果而廣能修因念力者大遠所
作大遠所說而能憶念梵行者能得
解脫爾違爾善根得正定天中有
自然隨意所須之物如是等諸道各
有生處自爾之法復有說者方土亦
有生處自爾之法如罽賓土秋時牛
咽繫禁金花鬘餘方貴勝所不能得
如郁伽羅國凡人飲蒲桃酒東方貴
人所不能得如東方貴勝衣綃凡人
衣疊如北方人貴勝衣疊凡人衣綃
如諸道諸方各有生處自爾之法隨
意能果彼餓鬼亦爾施其攝食隨意
能果
復次有人長夜有如是欲有如是念
乃至廣說彼人長夜有如是欲如是
念所念便果猶如邊鄙聚落中人為

富名故守護家財多畜牛羊衣服器
米及諸生業之具為名譽故不施與
人以不施與人故身壞命終墮餓鬼
中復有說者有人性親愛眷屬欲饒
益之為眷屬故如法或不如法求財
及其得時以慳惜故於己眷屬尚無
心與況復餘人以無施心故身壞命
終墮餓鬼中若在本舍邊不淨糞穢
廁溷中住諸親里等生苦惱心作如
是念彼積聚財物自不受用又不能
施人以苦惱心故欲施其食請諸眷
屬親友知識沙門婆羅門施其飲食
爾時餓鬼觀自見之於眷屬財物生
已有想作如是念如此財物我所積
聚今施與人心大歡喜於福田所生
信敬心即時增長捨相應思以如此
業能得現報是故施其攝食則到復
有說者過去世時作如是業施與則
到其事云何尊者和須蜜答曰彼諸
餓鬼以慳惜故有顛倒想有顛倒見
以有顛倒想故見河見非河水見非
水於好飲食見是不淨彼諸親里為
於此人修布施時能生信心則除顛

倒見河是河見水是水見食是食復有説者餓鬼有二種一者樂淨二者樂不淨彼樂淨者以慳惜故於河等顛倒想如先説樂不淨者見河則乾於滿器飲食見其中空若諸親里為其人故修布施時其鬼見已於所施物及福田所生歡喜心即能增長捨相應思以是業故除顛倒想樂淨者於河見河見水是水器中飲食見是淨食樂不淨者見水滿河於空器中見食滿器以是事故作如是説施與餓鬼揣食則到復有説者彼餓鬼前世有少善行施諸飲食不生倒想以慳惜故身心怯弱以怯弱故不能往詣諸餓鬼中有威德者所或有因緣往詣其所心不喜樂所以者何以自身卑賤故彼威德餓鬼以福德因緣有種種飲食此鬼身心怯弱故不敢食之若諸親里為其人故修布施時其鬼見已於所施物及福田所生歡喜心以此信樂心故便得勝身心以得勝身心故而能往詣諸餓鬼中有威德者所生喜心樂心所得飲食盡

能食之以是事故施於餓鬼揣食則到尊者佛陀提婆説曰不應他作他受但以彼諸親里為其鬼故修行布施其鬼若於福田財物生信敬心於此果報亦有其分以是事故施與餓鬼揣食則到非餘道也問曰為餓鬼作福為唯得飲食亦增益其身耶荅曰亦得飲食亦增益身得飲食如先所説云何增益其身其身羸者得香惡色得好麁觸得細無威德身得威德身問曰　餘　道中亦能得此果報不耶荅曰若能生信心則得不能生者則不得問曰若諸道中皆得如是等事此中何以獨説餓鬼道不説餘道荅曰以諸餓鬼為飢渴故常有悕望飲食之心以自存活餘道不必有如是心是故不説復有説者以餓鬼道中常有求心期心是故施之則到有五趣所謂地獄畜生餓鬼人天問曰五趣體性為是不隱沒無記為是三種若是无記者波伽羅那説云何通如説趣性是一切使所使若有三種則壞諸趣體云何壞趣體荅曰地

獄衆生則應成就他化自在天煩惱業及善他化自在天亦成就地獄衆生煩惱業及不善應作此説趣體性是不隱沒無記問曰若然者波伽羅那説云何通荅曰彼應作如是説地獄畜生餓鬼人趣體性是欲界一切遍使及思惟所斷諸使所使天趣體性是三界一切遍使及思惟所斷諸使所使應如是説而不説者有何意耶荅曰彼誦者錯謬故作如是説復有説者和合諸趣心是五行所斷是以一切使所使復有説者趣體性有三種問曰若然者云何不壞趣體性荅曰若已成就言之則壞若以現在行言之則不壞云何現在行言之則不壞荅曰如地獄畜生餓鬼成就他化自在天煩惱業及善而不現前行如他化自在天成就地獄餓鬼畜生煩惱業及不善而不現在行評曰應作是説地獄體性是不隱沒無記何以知之如尊者舍利弗作如是言説長老若地獄漏現在前造作地獄苦痛身口意業所謂身口意曲濁穢果

報生地獄中生已受彼報色乃至識是名地獄趣諸長老除此五陰更無有法名地獄趣以是事故知趣體性是不隱沒無記然以報故五趣差別此是趣性今當說趣所以者何故名為趣答曰趣彼生處趣彼生相續是名為趣

已說諸趣惣相一一相今當說云何名地獄趣答曰是地獄分與地獄衆生為伴受地獄身處所得體性得諸入得生彼處得不隱沒無記色受想行識是名地獄趣以何等故名泥犁迦泥犁迦秦言無有所以者何彼中無有喜樂無氣味无歡喜無利无喜無樂無喜樂故言無有復有說者作增上身口意惡行故生彼處彼處生相續是名地獄趣復有說者地獄趣者是名施設是想施設不必如名恚有其義復有說者是趣卑下於五道中更無卑下如地獄趣故名卑下復有說者是趣墮落如偈說

諸墮地獄者　其身盡倒懸　坐誹謗賢聖
及諸淨行者　諸根皆毀壞　如彼燋爛魚

復有說者泥犁迦秦言無去處所以者何生彼衆生無有去處无有依處無有救處故名无去處復以何故名阿毗至阿毗至秦言無間亦名淳受苦痛亦名百釘釘身亦名六苦觸復有說者衆生生彼者多無處容受故言無間不應作是說所以者何生餘地獄者多生阿毗至者少何以知之作增上身口意惡業生阿毗至中衆生少有作增上身口意惡業者如衆生少作增上善行生有頂中彼亦如是復有說者無有暫樂故名無間問曰若然者餘大地獄中有意樂為樂受間耶答曰雖無意樂樂受有二種一者依二者報一切地獄无報樂受而有依樂受阿毗至中依樂受亦無何以知餘大地獄中有依樂受如施設世界經中說唱活地獄中有冷風來吹衆生身還生血肉或作是唱諸衆生活諸衆生活尒時衆生即便還活以是事故知餘地獄有依樂受阿毗至中無如是事故无依樂受復有說者生阿毗至中衆生其身雖大受

苦痛時無有間處故名无間問曰地獄為在何處答曰或有說者閻浮提下四万由旬有阿毗至地獄問曰其餘諸獄為在上下耶為在傍邊耶答曰或有說者阿毗至獄在於中央其餘諸獄周迴四邊如今城在其中村落圍繞問曰此閻浮提縱廣七千由旬下諸地獄各各廣大如偈說

火焰遍滿多由旬　見者恐怖身毛竪
諸惡衆生常然之　其焰熾盛不可近

如是地獄一一廣大云何可受答曰此大地形下廣上狹其猶壖聚在地是故經說大海漸廣轉深復有說者阿毗至獄㝡在其下次上有火炙地獄次炙地獄次大叫喚地獄次叫喚地獄次押地獄次黑繩地獄次唱活地獄彼阿毗至獄縱廣高下二万由旬周匝八万由旬其餘諸獄縱廣万九千由旬或有說者其餘諸獄縱廣万由旬復有說者閻浮提下四万由旬有阿毗至獄阿毗至獄縱廣高下二万由旬周迴八万由旬大炙地獄縱廣高下五千由旬乃至唱活地獄

各各五千由旬如是七地獄合三万五千由旬餘五千由旬千由旬青色地千由旬黄色地千由旬赤色地千由旬白色地五百由旬是白墡五百由旬是泥一一地獄有十六眷屬云何十六荅曰一一地獄各有四門一一門各有四眷屬一名熱沙上下沒膝地獄二名惡虫沸屎地獄有刀道地獄有雨刀葉地獄有刀林地獄如是三種是第三眷屬第四名熱灰河地獄如是門門各有四種眷屬阿毗至獄通巳身及眷屬合有十七餘七地獄亦佘都合有一百三十六諸眷屬地獄中以種種苦治罪人正地獄中以一種苦治罪人閻浮提下亦有正地獄閻浮提地上唯有邊地獄或在山上或在谷中或在曠野或在空中弗婆提瞿陁尼唯有邊地獄無正地獄欝單曰無正地獄亦无邊地獄所以者何彼是淨果報問曰以何等故閻浮提下有正地獄餘處則無荅曰閻浮提人修善猛利作不善業亦復猛利是故閻浮提有正地獄餘處則無

問曰如餘方亦作五無間諸餘重業為於何處受其報耶荅曰於此閻浮提下受問曰諸地獄卒為是衆生為非衆生耶若是衆生者多作不善業當於何處復受此報若非衆生者曇摩須菩提所說偈復云何通如說

剛強瞋恚人　常樂作諸惡　見他苦生喜
死作閻羅卒

荅曰或有說者是衆生數問曰若然者多作不善業當於何處復受此報荅曰即於彼處受報所以者何作無間業斷善根增上邪見者猶於彼受報況地獄卒復有說者非衆生數以諸衆生罪業因緣故實非衆生作衆生像而現其前以種種事治諸罪人問曰若然者曇摩須菩提偈云何通荅曰此造文頌不必須通所以者何造文頌有增有減有得有失若欲通者其事云何荅曰諸以鐵鑠繫縛衆生詣閻羅王所是衆生數餘種種治諸罪人者非衆生數如是說者好地獄衆生其形云何荅曰其形如人言語云何荅曰初生未受苦痛時盡作

聖語後受苦痛時雖出苦痛聲乃至無有一言可分別者但有打棒壞裂之聲

云何名畜生趣荅曰是畜生趣分與畜生為伴乃至廣說以何等故名畜生趣荅曰其形傍故行亦傍其行傍故形亦傍故名畜生趣復有說者作身口意過行生彼道中故名畜生趣復有說者畜生者名施設想施設不必如名畫有其義復有說者遍有故名畜生趣此遍五道中地獄中有無足者如熊究陁有二足者如烏鳩羅鄉等有四足者如獡等有多足者如百足等餓鬼中亦有無足者如虵等有二足者如烏鳩羅鄉等有四足者有威德者則有象馬等無威德者豬有狗等有多足者如百足等人中亦有無足者如腹行虫等有二足者如鴻鴈等有四足者如象馬等有多足者如百足等天中四天王三十三天有二足者如鴈孔雀等有四足者如象馬等自上有二足者如鴈孔雀鳥等問曰聞自上諸天亦乘象馬佘言

無者其事云何答曰彼衆生福業因緣故作非衆生數象馬形以自娛樂復有説者以盲冥故名為畜生盲冥者謂無明也五道之中無明多者莫若畜生問曰畜生住處正在何所答曰根本住處在大海中諸渚亦有其形云何答曰其形傍側亦有形上向者如毗舍遮如伊盧薩迦如闍盧破迦羅緊鄰羅等言語云何答曰世界初成時一切衆生盡作聖語後以飲食過患時世轉惡諂曲心多便有種種語乃至有不能言者云何名餓鬼趣答曰是餓鬼分乃至廣説以何等故名卑帝梨卑帝梨秦言祖父或有衆生冣初生彼道中名為祖父後諸衆生生彼處生彼相續者亦名祖父是故此趣名為祖父復有説者衆生長夜修行廣布慳貪之心生彼趣中故名餓鬼復有説者此是名施設乃至廣説復有説者多飢渴故名曰餓鬼彼諸衆生其腹如山咽如鍼孔於百千歲不聞水聲亦不曾見何况得觸復有説者被駈使故名曰餓鬼彼

阿毗曇毗婆沙論卷第七　第十八張　投字號

恒為諸天處處駈使是故此趣名曰駈使復有説者常於他人有悕望故名曰餓鬼以如是等緣故此趣名餓鬼問曰此趣住在何處答曰或有説者閻浮提下五百由旬有閻羅王住處是根本住處其餘諸渚亦有住閻浮提渚者有二種一有威德二無威德有威德者住花林果林種種樹上好山林中亦有宮殿在虛空中者無威德者住不淨糞穢屎尿之中弗婆提瞿陁尼亦有二種有威德者無威德者欝單越唯有威德者所以者何彼地清淨果報處四天王三十三天唯有威德者復有説者閻浮提西有五百渚兩渚中間有五百餓鬼城其二百五十有威德者住其二百五十無威德者住是故尼弥轉輪聖王告御者摩多羅曰我欲昇天汝可從是道去使吾見諸衆生受惡報者受善報者尒時摩多羅御者即如王教從諸城過尒時彼王罪福俱見有威德者如諸天子頭戴天冠身著天衣食甘美飲食各各遊戲而自娛樂無威

阿毗曇毗婆沙論卷第七　第十九張　投字號

德者倮形無衣以髮自覆手執瓦器行乞自活其形云何答曰有上立者有傍側者或面似睹如壁上畫像言語云何答曰世界初成一切衆生盡作聖語餘如先説復有説者隨其死處往生彼間如彼本形隨彼本語評曰不應作是説所以者何若從无色界死來生此趣可無形无言耶應作是説隨彼生處形言亦尒

人趣云何答曰是人分是人伴侶乃至廣説以何等故名摩㝹奢摩㝹奢秦言意昔有王名頂生化四天下告諸衆生諸有所作意當善思當善籌量當善憶念時諸衆生即如王教諸有所作思量憶念然後便自有工巧作業種種差別以人所作先意思故是故名人為意如人先未有此名時展轉相呼多羅衆伽亦呼阿婆達荼復有説者以修下身口意善業生彼趣中故名人趣復有説者是名施設廣説如上復有説者慢偏多故五道之中慢心多者莫若於人是故此趣名為人趣復有説者此趣能止息意

阿毗曇毗婆沙論卷第七　第二十張　投字號

故五道之中能止息意莫若人趣所以者何人能得解脫分善根達分善根能親近善知識等四法亦能修行親近善知識等四法是故此趣名人問曰為住何處荅曰住四天下亦住八大渚上所謂一名拘羅婆二名高羅婆三名毗地呵四名蘇毗地呵五名奢吒六名欝多羅曼提鄉七名婆羅八名遮摩羅彼拘羅婆高羅婆二渚是欝單越眷屬毗地呵蘇毗地呵二渚是弗婆提眷屬奢吒欝多羅曼提鄉二渚是瞿陁尼眷屬婆羅遮摩羅二渚是閻浮提眷屬復有說者此二渚是閻浮提別名三天下二渚亦如是復有說者此諸渚上盡有人住但其形短小此一一渚有五百小渚以為眷屬或有人住或無人住問曰人形云何荅曰其形上立言語云何荅曰世界初成時盡作聖語餘如上說云何天趣荅曰天分天伴侶得天身乃至廣說以何等故名天趣荅曰諸趣中勝故有何等勝所謂有勝樂勝吉善勝身勝形體勝有如是勝故名

日天趣復有說者行增上身口意善業生彼趣中故名天趣復有說者此名施設廣說如上復有說者諸天無晝夜常以光明自照故名天趣復有說者以善行因緣故生彼天趣中常自遊戲娛樂故名天趣為住何處荅曰住須弥山側四邊水上繞須弥山廣万六千由旬有杵手天住處次上万由旬遶須弥山廣八千由旬是持花鬘天所住之處次上万由旬遶須弥山廣四千由旬是常放逸天所住之處次上二万由旬繞須弥山廣二千由旬是四天王所住之處有七種金山四天王城天民村落悉在其中此處諸天於下㝡多次上四万由旬須弥山頂有善見城縱廣万由旬是三十三天所住之處須弥山頂縱廣幾何荅曰周匝四万由旬離須弥山頂四万由旬中間如雲有焰摩諸天依地而住如是次第上至善見諸天皆依地住從善見天上至阿迦膩吒天亦依地住齊量云何如須弥山頂量上至他化自在天量亦如是如四

天下齊量初禪地齊量亦如是如千世界齊量第二禪地齊量亦如是如二千世界齊量第三禪地齊量亦如是如三千大千世界齊量第四禪地齊量亦如是復有說者如須弥山頂齊量焰摩諸天齊量轉大一倍如是乃至他化自在天轉大一倍亦尒如千世界齊量初禪齊量亦尒如二千世界齊量第二禪齊量亦尒如三千大千世界齊量第三禪齊量亦尒第四禪地齊量則無量无邊是故於第四禪地起我見者是見難斷難捨復有說者第四禪地齊量不定若諸天子生彼禪中則有尒許宮殿處所若其命終處所便滅是故不定評曰如前說者好彼地無量无邊問曰彼第四禪地三灾所不及云何非是常耶荅曰非常墮諸剎那故諸天其形云何荅曰其形上立言語云何荅曰盡作聖語巳說諸趣種種所以今當復說阿修羅所以何故名阿修羅荅曰修羅是天彼非天故名阿修羅復有說者修羅言端政彼非端政故名阿

脩羅何以知之世界初成時說阿脩羅先住須弥山頂後光音諸天命終生須弥山頂上亦有宮殿自然而出諸阿修羅興大瞋恚即便避之如是有第二天宮展轉乃至三十三天悉滿其上諸阿修羅生大瞋恚捨須弥山頂退下而住以瞋恚故形不端政以是事故名不端政問曰為住何處荅曰或有說者須弥山中有空缺處猶覆寶器中有大城諸阿修羅在中而住問曰若然者諸龍見阿修羅軍著金銀琉璃頗梨鎧手執弓箭種種器杖從阿修羅城出此言善通如說阿脩羅言我所住大海同一鹹味此說云何通荅曰諸阿修羅村落人民居在大海阿脩羅王住須弥山中復有說者阿脩羅居大海水以金為地地上有金臺縱廣五百由旬其上有城諸阿修羅在中而住問曰若然者此經善通如說諸阿修羅言我住大海同一鹹味此言善通如說諸阿修羅軍從城而出乃至廣說此云何通荅曰諸天以龍在金山中用為守邏

是以見之阿修羅城中有四種園觀一名歡喜二名喜樂三名大喜樂四名愛樂亦有質多羅波吒梨樹問曰阿修羅為天趣所攝為餓鬼趣攝若是天趣何以無有得正決定者若是餓鬼趣者何以乃與諸天交親何以復與諸天戰鬬此經復云何通如說帝釋作如是說毗摩質多羅王汝本是此處天荅曰或有說者此是天趣所攝問曰若然者何以無有得正決定者荅曰為諂曲所覆故其事云何荅曰彼阿修羅作如是念佛偏為諸天若佛為說四念處彼作是念為我等說四念處必為諸天說五念處若佛為說三十七助道法彼作是念佛為我等說三十七助道法必為諸天說三十八助道法以為如是諂曲心所覆故不能得正決定復有說者是餓鬼趣所攝問曰若然者何以與諸天交親荅曰諸天貪美色故不為族姓如舍芝阿修羅女端政無雙是以帝釋納之為妻亦如頭摩緊那羅王女名曰摩菟訶利須陁那菩薩納之

為妻菩薩是天趣緊那羅是畜生趣如此皆為美色不為族姓以何等故復與諸天共戰鬬耶荅曰亦有不如與勝者共鬬如奴僕亦與其主而共鬬諍狗亦與人諍彼亦如是此經復云何通如說毗摩質多羅王汝本是此處天荅曰毗摩質多羅王是帝釋婦公以尊重恭敬故作如是言

問曰如拔陁鄉神女旃陁迦神女旃陁利迦神女伊吒地婆神摩頭建陁神等為是天趣所攝為餓鬼趣所攝若是天趣所攝何以奪人精氣亦斷人命受人祠祀若是餓鬼趣所攝者此經云何通如偈說

欝多利莫丙　畢陵伽亦然　若我見真諦
汝等亦當得

荅曰或有說者是天趣所攝問曰若然者何以奪人精氣亦斷人命受人祠祀荅曰彼不奪人精氣亦不斷人命不受人祠祀彼所將眷屬或有奪人精氣者斷人命者受人祠祀者復有說者是餓鬼趣所攝問曰若然者如所說偈云何通耶荅曰彼有信向

諦心故實不見諦於諦中愚何由能見如摩頭建胞神所説云何通荅曰此是自高之言於諸趣中愚何能見趣差别但自高故作如是説如今富者於奴僕邊亦自稱高彼亦如是是四天王給使自言我是天生四天王天中諸依地住神彼盡餓鬼趣所攝諸毗舍遮神緊那羅神醯樓索迦神婆樓尼神奢羅破伏羅神盡畜生趣所攝彼雖其形上立猶有畜生相或有耳尖或有着甲諸夜叉羅刹竭吒富單那鳩槃荼等盡是餓鬼趣所攝如説是地獄分是地獄伴侣命根等心不相應行此説是地獄衆生或有説者不應作是説言是處所得體性得諸入得應言是地獄分地獄伴侣復有説者應説所以者何説處所得者諸界得體性得者諸陰得諸入得者説内外入得問曰若説界陰入得便足何以復作是説生地獄衆生得無記色乃至識荅曰為説報果故以報果故五道差别

阿毗曇毗婆沙論卷第七

阿毗曇毗婆沙論卷第七

校勘記

一　底本，金藏廣勝寺本。

一　三四一頁中一行經名至四行品名，[資]、[磧]、[普]、[南]、[徑]、[清]無（未换卷）。

一　三四一頁下一行「是賤」，諸本（不含[石]，下同）作「是則」。

一　三四一頁下八行第七字「神」，諸本作「然神」。

一　三四一頁下一五行第一三字「是」，[資]、[磧]、[普]、[南]、[徑]、[清]作「見」。

一　三四二頁上一三行第三字「知」，[資]、[磧]、[普]、[南]、[徑]、[清]作「知他」。

一　三四二頁上一五行「傷法」，諸本作「傷佉」。

一　三四二頁上一九行末字至次行首字「寶藏」，[資]、[磧]、[普]、[南]、[徑]、[清]作「藏寶」。

一　三四二頁中一行第一一字「無」，諸本作「死」。

一　三四二頁中六行末字「等」，[資]、[磧]、[普]、[南]、[徑]、[清]無。

一　三四二頁中一九行「祝術」，諸本作「呪術」。

一　三四三頁上九行「我今」，[資]、[磧]、[普]、[南]、[徑]、[清]作「今我」。

一　三四三頁上一五行第八字「命」，[資]、[磧]、[南]無。

一　三四三頁上一八行第二字「能」，[資]、[磧]、[普]、[南]、[徑]、[清]作「能作」。

一　三四三頁中三行「便果」，[資]、[磧]、[普]、[南]、[徑]、[清]作「便異」。

一　三四三頁中一五行「凡人」，[資]、[磧]、[普]、[南]、[徑]、[清]作「凡夫」。

一　三四四頁上一三行「行施」，諸本作「行於」。

一　三四四頁中五行「以是」，[資]、[磧]、[普]、[南]、[徑]、[清]作「以其」。

一　三四四頁下二一行末字「説」，諸

本作「諸」。
一　三四五頁上一三行「泥犁迦秦言無有」，徑、清無。
一　三四五頁中一行「秦言無去處」，徑、清無。
一　三四五頁中四行「秦言無閒」，徑、清無。
一　三四五頁中六行「處容受」，資、磧、普、南、徑、清作「容受處」。
一　三四五頁中一四行第二字「閒」，資作「鼻」。
一　三四五頁下九行「遍滿」，資、磧、普、南、徑、清作「逼滿」。
一　三四五頁下一二行「上侠」，諸本作「上狭」。同行第一一字「埵」，資、磧、普、南、徑、清作「堆」；麗作「垛」。
一　三四五頁下一四行「火炙」，資、磧、普、南、徑、清作「大炙」。
一　三四五頁下二二行「大炙」，麗作「火炙」。
一　三四六頁上四行「五百由旬」，資、磧、普、南、徑、清作「有五百由旬」。
一　三四六頁上一九行「亦无」，資、磧、普、南、徑、清作「亦有」。
一　三四六頁上二〇行「果報」，資、磧、普、南、徑、清作「果報故」。
一　三四六頁中三行「卒爲」，磧作「不爲」。
一　三四六頁下一二行第六字「陁」，資、磧、普、南、徑、清作「陀等」。
一　三四七頁上八行「闇盧」，資、磧、普、南、徑、清作「闍盧」。
一　三四七頁上一四行「畀帝梨秦言祖父」，徑、清無。
一　三四七頁上一八行「修行」，南、徑、清作「不修行」。
一　三四七頁中八行「樹上」，麗作「樹下」。
一　三四七頁下一一行第一二字至次行第三字「摩㝹奢秦言意」，徑、清無。
一　三四七頁下一八行「阿婆達荼」，資、磧、普、南、徑、清作「阿婆建荼」。
一　三四八頁上一六行「短小」，磧作「短少」。
一　三四八頁中二二行第五字「住」，清卷第九至此，資、磧、普、南、徑、清卷第九終，卷第十始，資、磧、普、南且有品名「雜揵度智品之五」，徑、清有品名「雜揵度智品第一之五」。
一　三四九頁上一行「成時説」，資、磧、普、南、徑、清作「成就時諸」；麗作「成時諸」。
一　三五〇頁中卷末經名，資、磧、普、南、徑、清無(未換卷)。

阿毗曇毗婆沙論卷第八　投

迦旃延子造　五百羅漢釋

北涼天竺沙門浮陁跋摩共道泰等譯

雜揵度智品之四

當言一眼見色乃至廣說問曰何以作此論荅曰為止併義者意故如尊者曇摩多羅說眼不見色識見色為止如是意故言眼見非識見如犢子部說一眼見色非二眼一時見所以者何以相遠故以揵疾故人謂兩眼一時見色問曰若以相遠不得一時見者身根亦相遠如兩髀而能一時覺觸生於身識兩眼亦應尒是故為止併義者意而作此論復次為斷人疑意故而作此論衆生兩眼相去或半指一指二三四指半尺一尺一肘一尋半拘盧舍一拘盧舍半由旬一由旬二三四由旬乃至百由旬如大海中有衆生身或百由旬或百四十由旬或二百一十由旬如色界阿迦膩吒天身長万六千由旬如是等衆生兩眼相去甚遠有如此事人生疑心為二識一時生兩眼中為一眼各有一識耶為一一識眼中生已復生一眼中為一識分為二分在兩眼中生為如揁木通兩眼中耶若當二識一時生兩眼中者云何不有二心過若當一眼中生已復生一眼中者云何不有前後刹那過若當一識分為二分在二眼中者云何一識非是分法若依身法是名身識若依眼生是名眼識若當如揁木通兩眼中者云何一識不亦是身識亦是眼識耶而此五識所依各異所行識界亦異一識二依事不應尒如是二識一時生兩眼中一識生一眼中已復生一眼中一識分為二分在兩眼中如揁木通兩眼中皆不應尒非不依二眼生於一識而能分別極遠微細之色如此皆是甚深微妙難知之法欲說甚深微妙難知之法故而作此論問曰云何一識依二眼生荅曰是識所依法故兩眼相去雖遠能為一識而作所依俱是眼識所依法故設有百眼而為一識作依者亦無有過如百水

晶器一面往觀則有百面像現彼亦如是雖是二依生於一識行於境界當言一眼見色乃至廣說荅曰當言兩眼見色應說所以令世人生信何以故當言兩眼見色不當言一眼見色如合一眼不生淨眼識則不能廣見境界於境界不明不了不淨若開兩眼則生淨眼識則能廣見境界於境界明了清淨設如合一眼不生淨眼識不廣見境界乃至廣說開兩眼亦不生淨識不廣見境界乃至廣說者不當言兩眼見色但一眼見色生不淨識不廣見境界乃至廣說若開兩眼生淨眼識能廣見境界乃至廣說是故當言兩眼見色不當言一眼見色合者若以手以衣以薬諸餘障眼具壞者若瞖若赤膜若眼雲若生白膜覆者為煙塵垢所覆滅者若爛敗若虫敗若墮若破若消涸若拔出若自脫如眼色耳聲鼻香亦如是如所依淨識則淨所依不淨識則不淨實義淨者善識是淨染汙是不淨或有眼淨識不淨或有識淨眼不淨或有眼識俱淨或有眼識俱不淨眼淨識不淨者如眼無諸障瞖生染汙識識淨眼不淨者如眼有障瞖生善識眼識俱淨者如眼無障瞖生善識眼識俱不淨者如眼有障瞖生染汙識問曰何故眼耳鼻有二處所而舌身無兩處所耶荅曰如此諸根以莊嚴身若有二舌是鄙陋事世所嫌笑云何此人而有二舌如似毒虵若有二身亦是鄙陋為世所笑云何一人而有二身如犛子併問曰以何等故但有二眼二鼻二耳而不多耶荅曰如此諸根以莊嚴身若有多眼廣說如上復有說者若有多眼則無所益所以者何如二眼見色則淨多亦无益以無益故唯有二眼耳鼻亦應如是說問曰何故二眼二鼻二耳處所唯說一界一入一根荅曰行一境界一識所依以作一事故說一界乃至廣說

問曰為眼見色為識見為識相應慧見為和合見若眼見者無識時亦應見若與餘識合時亦應見若識見者識即見性亦是識性若識相應慧見者耳識相應慧亦應見應聞若和合見者未嘗不和合荅曰眼見色而必須識眼有二種一報眼二長養眼耳鼻舌身亦如是色入有三種有長養報依香味觸亦如是聲有二種有長養有依意入有三種報依剎那彼若法忍相應心名曰剎那法入有四種有報剎那物體物體者以有无為法故問曰頗有唯報眼無長養眼頗有唯長養眼非報眼荅曰無有有報眼无長養眼者如人重人如牆重牆報眼長養眼亦如是頗唯有長養眼无報眼耶荅曰得無眼者是或時長養眼有勢力非報眼或時報眼有勢力非長養眼或時長養眼報眼有勢力或時長養眼有勢力非報眼者如少年時眼或時報眼有勢力非長養眼者如老病時彼長養力少或時長養眼報眼俱有勢力者如中年時或有衆生長養眼有勢力非報眼或有報眼有勢力非長養眼或有長養眼報眼俱有勢力或有長養眼報眼俱无勢

力長養眼有勢力非報眼者如富貴人本眼性劣以種種所須令眼明淨或報眼有勢力非長養眼者如田作人無種種所須之具本眼自淨或有長養眼報眼俱有勢力者如富貴人有種種所須之具本眼明淨或長養眼報眼俱無勢力者如田作人無種種所須之具本眼不明淨問曰為長養眼見色多為報眼見色多荅曰長養眼見多所以者何天眼是長養眼故或時長養眼見淨好非報眼或時報眼見淨好非長養眼或長養眼報眼俱見淨好或時長養眼報眼俱見非淨好問曰為善行報眼見淨好為不善行報眼見淨好荅曰惣而言之善行報眼見淨好所以者何善行報得人好佛辟支佛轉輪聖王皆是人故不善行報是畜生是故惣而言之善行報眼見淨好以身言之或有鳥見勝人如人眼雖是善行報而有障瞖畜生眼雖是不善行報而无障瞖問曰眼微塵為次第傍布為前後重生若次第傍布云何不散壞若前後重生云何前者不障於後荅曰或有說者次第傍布於黑瞳子上對諸境界猶如器中盛水以糠坌上亦如阿闍花子次第傍生眼微塵亦如是問曰若然者云何不散壞耶荅曰薄膜覆故而不散壞復有說者前後重生於黑瞳子上問曰若然者前者云何不障於後荅曰造色性不相障㝵復有說者明淨色不相障㝵猶如秋時潰水明淨不障細鍼墮底猶故可見明淨色不相障㝵亦復如是耳微塵住耳孔內鼻微塵住鼻孔內此三根遶頭如著花鬘舌微塵依舌如半月像其中開空猶如毛許是身根分餘者悉是舌微塵身微塵次第而立復有說者眼微塵其形如銅杵頭耳微塵在耳孔內其形如燈器鼻微塵在鼻孔中其形如爪甲舌微塵其形如偃月刀身微塵其形如大刀男根微塵其形如指揩女根微塵其形如鼓匡以如是等因緣是佛經說相似喻根微塵或時是分或時是彼分或時是一分或時是彼一分耳根鼻根舌根微塵亦如是身根微塵或時是彼分或時是一分或時是彼一分無有全是分時問曰若無全是分時者如入冷池水時如入熱鑊湯時如地獄中十三種猛焰遶身之時此豈非是耶荅曰如此之時故是彼分所以者何若身根微塵盡能生身識者則散壞色入有二十一種所謂青黃赤白長短方圓適不適高下光影明闇煙雲塵霧虛空色問曰為緣一色能生眼識為緣多色能生眼識若緣一色能生眼識者此云何通如說眼能緣五色若緣多色能生眼識者云何不有二覺意有二覺意則有多體荅曰緣一種色能生眼識問曰若然者能緣五色云何通尊者和須蜜荅曰於緣捷疾故佛說俱緣如旋火輪而實不匝以捷疾故而似輪像彼亦如是尊者佛陀提婆說曰於色不決了故言俱緣如觀樹林叢有種種諸色彼亦如是復有說者如五色能生一色見一色時名見五色復次若諸色集聚則多見色生一識若諸色別異則見

一色生一識

聲入有八種有內大因聲有外大因聲內大因聲有二種有適意不適意外大因聲亦如是有衆生數有非衆生數衆生數有二種適意不適意非衆生數亦如是為緣一聲能生耳識為緣多聲能生耳識若但緣一聲能生耳識者如今一時能聞五樂聲者云何不有二心乃至廣說荅曰應作是說緣一聲生耳識問曰若然者不於一時聞五樂聲及多人誦聲耶荅曰五樂聲多人誦聲同是一聲能生耳識復有說者若諸聲聚集則緣多聲能生一識若聲別異則緣一聲而生一識

香入有四種有好有惡好有二種有等有增減惡香亦尒問曰為緣一香能生鼻識為緣多香能生鼻識若緣一香生鼻識者如今一時能齅百種和香若緣多香生鼻識者云何不有二心乃至廣說荅曰應作是說緣一香能生鼻識問曰若然者不能一時齅百種香耶荅曰或有說者百種香能生一種香生於鼻識如是說者好如多香聚集則齅多香生於一識若香別異則齅一香能生一識

味入有六種甜酢鹹辛苦澹問曰為緣一味能生舌識為緣多味能生舌識若緣一味能生舌識者如今一時能甞百味歡喜丸等若緣多味能生舌識者云何不有二心乃至廣說荅曰應作是說緣於一味能生舌識問曰若然者不能一時甞百味歡喜丸耶荅曰或有說者百味歡喜丸能生一種味生於舌識如是說者好如多味聚集則甞多味生於一識若味別異則甞一味生於一識

觸入有十一種四大澀滑輕重冷飢渴問曰為緣一觸能生身識為緣多觸能生身識荅曰十一種觸能生十一種身識復有說者五觸能生一身識如四大及滑生一身識如是四大乃至及渴生一身識問曰若然者云何不名惣緣境界荅曰同一觸入故不名惣緣境界評曰不應作是說如前說者好

問曰為齅甞覺身中香味觸不若齅甞覺身中香味觸者云何檀越所施而有果報復云何不於一切時齅甞覺耶若齅甞覺外香味觸外香味觸與內香味觸無有因義荅曰應作是說能緣內香味觸問曰若然者云何檀越所施而有果報云何不一切時齅甞覺耶荅曰外香味觸能發內香味觸以是事故名之為食復有說者亦齅甞覺觸內入外入若時覺內則不知外覺外則不知內問曰內香味觸體無增減云何齅甞覺觸荅曰彼法雖无增減亦為識所緣所知

法入有七種無作假色受想行虛空數緣滅非數緣滅問曰為緣一法生意入為緣多法生意入荅曰一法亦生二三乃至多法亦生唯除自體相應共有餘一切法能生意識曾聞菩薩六識猛利為知幾所法名為猛利荅曰菩薩宮邊有阿泥盧頭舍舍中次第行列然五百燈菩薩尒時於自宮中不見彼燈及與燈焰但見其光

知然五百燈若一燈滅時菩薩作是言彼五百燈中一燈巳滅以是事故言眼識猛利阿泥盧頭舍中有五百伎女作樂歌儛菩薩聞聲知有五百伎女中或琴弦絶或時睡眠不彈琴時菩薩亦知是名耳識猛利菩薩宫中常燒百種和香菩薩齅之便知是百種香彼合香者欲試菩薩於百種中或增或減若燒香時菩薩亦知本有百種今增尒所種減尒所種是名鼻識猛利菩薩食時常有百味歡喜丸彼諸使人於百味中或增或減菩薩即知以是事故名舌識猛利菩薩洗浴時侍省奉刧波育疊菩薩觸時即便知彼織疊師身有熱病以是事故名身識猛利菩薩意根於一切法而無罣㝵以是事故名意識猛利

問曰此六根幾到境界能知答曰到有二種一者取境界二者於境界无閒若以取境界言之六根盡到若以無間言之則三到三不到三到者謂鼻舌身根三不到者謂眼耳意根問曰若三是不到而能知者何故聞近

聲而不見近色尊者和須蜜荅曰彼界法自尒復有說者眼能取遠境界以極近故不見問曰耳亦是遠境界何以聞近聲荅曰如以銅籌著安闍那藥置黑瞳上以近故不見若聲到耳根微塵上亦復不聞尊者佛陁提婆說曰眼因明故能見近則冥奪於明是以不見如是耳因空故聞聲鼻因風故齅香舌因水故知味身因地堅故覺觸意因所觀故能知法

問曰頗有一微塵作所依一微塵為境界能生識不荅曰無也所以者何此五識身依有對緣有對依積聚緣積聚依和合緣和合復有說者如眼識依自分緣自分彼分耳識亦如是意識依自分彼分緣自分彼分鼻舌身識依自分緣自分復有說者眼識依自界緣自界他界耳識亦如是意識依自界他界緣自界他界餘三識依自界緣自界(界者三界)復有說者眼識依無記緣三種耳識亦如是意識依三種緣三種餘三識依無記緣无記復有說者眼識依近緣近遠耳識亦

如是意識依近遠緣近遠餘三識依近緣近所以者何若三塵與三依合時三識則生不合時則不生復有說者眼識或所依大所緣小或所依小所緣大或所依所緣等所依大所緣小者如見毛端所依小所緣大者如見大山所依所緣等者如見蒱桃珠耳識亦如是意識所依雖無大小而所緣有大小餘三識所依所緣等隨香與所依等鼻識乃至舌身識亦如是或有色雖遠而是境界或有色雖不遠而非境界有色亦遠亦非境界有色亦不遠亦非不境界云何有色雖遠而是境界如四天王所居宫遠人眼所不見此非不是境界以遠故人眼不見不遠亦非不境界者如梵天在此人眼不見亦遠亦非境界者如梵天自住宫亦不遠亦非不境界者除上尒所事尊者和須蜜說曰色有四事故不見極近極遠極細障色迦毗羅弟子作是說色有八事故不見極遠極近根壞意不住微細障為勝所習同故不見問曰眼根為有翳骨

皮肉不耶荅曰無也是淨四大言有骨等者是眼根處所觸骨皮肉是四入謂香味觸

諸過去者盡不現耶乃至廣說問曰何以作此論荅曰優陁耶經是此論本緣世尊共優陁耶東方遊行尒時世尊著一重衣而自洗浴

時優陁耶給事世尊摩拭身體優陁耶是菩薩少小親友常為菩薩案摩調身令見世尊光明照耀勝菩薩時生於尊敬歡喜之心白佛言世尊我今欲以龍跡之偈讚歎世尊世尊告言隨意說之時優陁耶便說此偈

一切結過去　於林離林來　出欲生喜樂
猶如山頂金

一切結過去者過去有二種一世過去二巧便過去世尊於諸結得解脫是名結過去於林離林來者林名居家離林来者所謂出家於林来出家故名於林離林来出欲生喜樂者欲有二種一煩惱欲二境界欲出者出家欲煩乱生喜樂者身心寂靜是名出欲生喜樂猶如山頂金者山者日出處山也金者日也如日在山頂出時其光明淨世尊於諸煩惱使垢山頂出時其光明淨亦復如是復有說者山者黑沙山也金者金沙山也若除黑沙山則金沙山其光明淨世尊亦尒除去一切煩惱使垢黑沙之山則力無畏念處大悲金沙之山其光明淨是故說猶如山頂金是名過去非不現所以者何如来身猶現在故

或有不現非過去者猶如有一若以神足若以呪術乃至廣說若以神足者尒時世尊入如是三昧於梵世中放大光明普令周遍出大音聲令梵天王及諸梵衆普使聞知而無見者如尊者目連入如是三昧能令提婆達多不見其身問曰此神足於誰不現荅曰佛於一切衆生邊不現辟支佛除佛餘一切衆生邊不現舍利弗除佛辟支佛餘一切衆生邊不現目揵連除佛辟支佛舍利弗餘一切衆生邊不現乃至利根於鈍根邊能令不現呪術者諸仙人結如是呪有能誦者令身不現彼神足者於呪術邊令身不現呪術不能於神足邊令身不現問曰呪術還於呪術能令身不現耶荅曰能如善呪術者於不善呪術邊能令身不現藥草者有如是藥草人若執之令身不現如毗舍遮鳩槃茶等呪術者能於持藥草者邊令身不現持藥草者於呪術者邊不能令身不現何以故呪術力能取藥草故生得處者如地獄生得處不能令身不現若當能令身不現者乃至須臾不住地獄中受苦復有說者雖於地獄卒邊不能令身不現能於餘處令身不現畜生餓鬼天亦能令身不現問曰如是各各能於誰令身不現荅曰或有說者地獄還於地獄令身不現畜生於畜生地獄能令身不現餓鬼能於餓鬼畜生地獄令身不現天於五道能令身不現評曰應作是說地獄能於五道令身不現乃至天能於五道令身不現所謂障隔也是謂不現非過去云何過去亦不現耶諸法生始生乃至過去過去世攝如此盡明生法是謂過去亦不現云何

非過去非不現荅曰除上尒所事諸法第一第二第三句已稱已說已行已立名字者除諸餘法未稱未說未行未作名字者作第四句彼已說者是何等耶荅曰所謂一切過去現在世中取如來身及隨陰不現者其餘現在法一切未來世法無為法在在者作第四句是謂非過去非不現問曰以何等故此中不說結不現耶荅曰處處有說結是盡是滅无有處說結不現如此四句亦依世俗法亦依佛經亦依世諦亦依第一義諦

諸過去者彼盡耶乃至廣說過去不盡者如長老憂陁耶所說廣說如上盡不過去者如世尊言此比丘盡地獄趣乃至廣說問曰地獄畜生餓鬼即說地獄畜生餓鬼盡何以復言不墮惡道惡趣耶荅曰更無未曾有事言不墮惡道者即是盡地獄畜生餓鬼但前廣說後是略說文雖有異義無異也復有說者前是廣說後是略說前說是解後說不解復有說者盡是地獄畜生餓鬼如前說不墮惡道

惡趣者是黃門般吒無形二形所以者何此亦是人中惡道惡趣故復有說者盡地獄等如前說不墮惡道惡趣者是不斷善根所以者何若斷善根即是惡道惡趣故如說身壞命終如擲槊頭墮惡道中復有說者盡地獄等如前說不墮惡道惡趣者說十二非律儀家所以者何此亦是惡趣故復有說者盡地獄等如前說不墮惡道惡趣者說惡道惡趣因以因說果故如世尊言汝等比丘若見有人作身口意惡業當知是地獄趣復有說者盡地獄等如前說不墮者說地獄趣所以者何不能成就善果故惡道者是餓鬼趣所以者何於一切時常乏少所須故惡趣者是畜生趣所以者何有衆生生彼趣中世界成時受身乃至世界壞時命終復有說者不墮者盡說三惡道如畜生餓鬼中雖有成就善果者少惡道者盡說三惡道以人天言之盡是惡道惡趣者亦盡說三惡道以身心生其中故盡地獄趣乃至廣說問曰如今地獄鑊

湯獄卒等猶在何以言盡荅曰或有說者不往不生故言盡不往者不復往彼處不生者不復生地獄陰界入復有說者彼聖人不生故言盡彼諸陰界入住不生法故復有說者得非數緣滅故言盡問曰彼亦盡天趣亦盡人趣盡天趣者不生無想天盡人趣者不生欝單越何以但言盡地獄等趣荅曰以都盡故說盡不都盡故說不盡過去亦盡者諸行始生廣說如上亦不過去不盡者除上尒所事如前廣說已說者一切過去現世有如來身未來世中聖人墮惡趣陰界入住不生者餘未來現在法無為法在在者作第四句此說世盡四句今當說結盡四句

復次今當說結結有過去不盡乃至廣說結過去不盡者諸過去結不斷不知不滅不吐不斷者不以聖道斷諸結得不知者不證解脫得復有說者不斷者是斷知不知者是智知不滅者不得數緣滅不吐者不斷諸結得不證無為得復有說者不吐者不

捨纍彼不斷等復是何耶荅曰具縛人見道修道所斷結是也聖人若住苦法忍時亦尒苦比智生餘有四種結如是次第乃至道比智生餘有一種見諦具足修道所斷隨相而說盡不過去者諸結已斷已知已滅已吐斷者以聖道斷諸結得已知者證解脫得復有說者已斷者所謂斷知乃至廣說斷等復是何耶荅曰阿羅漢三界結使斷乃至廣說斷等復是何耶荅曰阿羅漢三界結使斷乃至欲界凡夫結使斷應隨相說過去亦盡者諸過去結已斷乃至廣說斷者以聖道斷乃至廣說不過去亦不盡者諸未来結不斷乃至廣說諸過去盡滅耶乃至廣說作四句過去不滅者如長老優陁耶言乃至廣說是謂過去不滅滅不過去者當說小事小舍言舍滅乃至廣說此是世所傳如東方人小舍言舍滅乃至小眼見色言眼滅故作是說頗有滅眼能見色耶荅曰有如此者是也是名滅不過去過去亦滅者諸行生始生廣說如上

不過去亦不滅者除上尒所事廣說如上已說者是何一切過去法現在有佛身及小滅餘現在法未来世及無為法在在者作第四句

復次今當說結乃至廣說前四句明世滅今四句明數緣滅結或過去不滅乃至作四句廣說如上問曰以何等故但說結不說結法荅曰或有說者作結者意欲尒乃至廣說復有說者若說結當知亦說結法所以者何同一對治斷故復有說者若緣結法皆為結故復有說者結一向染汙故說結法染汙不染汙故不說復有說者若與聖道相妨者說善有漏不隱没無記法不與聖道相妨所以者何善有漏法於道有出有入於定亦有出有入不隱没無記與聖道作所依煩惱與聖道相妨所以應斷若斷煩惱彼法亦斷以同對治斷故譬如燈明不與炷油器相妨唯與闇相妨欲壞闇故燒炷盡油熱器如是有漏善法不與無漏道相妨猶如燈炷油不隱没无記法不與無漏道相妨如器

是以說結不說結法如王不與自國自軍相妨與他國他軍相妨為壞他軍故亦少自損國少自壞軍如有漏善法不與無漏道相妨猶如自軍不隱没無記法猶如自國如是若說斷結當知結法亦斷復有說者若斷宮煩惱亦斷宮生死以是故說結不說結法如結結法受受法使垢纒使垢纒法亦如是

若苦生疑乃至廣說問曰何故作此論荅曰此是佛經如經說有事論婆羅門往詣佛所作如是問沙門瞿曇甚為希有是疑難度非是易度佛語婆羅門如是如是甚為希有是疑難度非是易度婆羅門於意云何古昔諸婆羅門作韋陁者造呪術者一名阿吒駒二名傍摩駒三名傍摩提婆四名毗婆蜜多五名闍婆阿尼六名阿祈羅七名婆羅池殊八名婆私吒九名迦葉十名毗浮如是等皆不斷疑心而便命終婆羅門以是因緣故當知疑心難斷難度佛經說疑不廣分別佛經是此論根本因緣彼中未

說者今當盡說故作此論若苦生疑乃至廣說此是甚深微細難可顯現若緣此苦如是之間多心已過以是事故尊者迦旃延子說苦法忍生乃至道比智生於其中間有六十剎那現其性速疾有苦邪是一意無苦邪是二意彼邪字者以成疑義所以者何若無邪字者有苦是正見無苦是邪見如是以邪字成於苦疑亦應以邪字乃至成於道疑如此八心是寂少者若緣諦生疑亦有多心頗有一意是疑非疑乃至廣說問曰何以作此論為以自體為以境界若以自體者疑心相應法猶豫是疑慧是非疑若以境界者一切凡夫於如來身疑一切聖於如來身不疑若作是說頗有一意是疑非疑何以荅言無荅曰所問者頗有一意是疑非疑是疑者一意猶豫亦是決定邪非疑者一意決定亦是猶豫邪是故荅曰無邪是苦邪此心是疑是苦此心非疑是正見無苦邪此心是疑無苦此心非疑是邪見如是有四正見有四邪見有

八疑問曰此八疑心幾能生正決定幾能生邪決定荅曰四能生正決定四能生邪決定問曰何等人疑能生正決定何等人疑能生邪決定荅曰有人憙親近善知識樂聽聞法有人不憙親近善知識不樂聞法若人憙親近善知識樂聽聞法者如此人疑能生正決定有人不憙親近善知識不樂聞法者如此人疑能生邪決定復有說者有人多與內道人共住有人多與外道人共住若多與內道人共住者如此人疑能生正決定若多與外道人共住者如此人疑能生邪決定復有說者有人多好習內道經有人多好習外書若好習內道經者如是人疑能生正決定若好習外書者如此人疑能生邪決定

有三種𡨋身所謂於過去世疑猶豫現在未來亦如是問曰如疑性非是無明何以說是𡨋身荅曰與無明相似故無有法非无明而與無明相似如疑者是故說疑是𡨋身復有說者𡨋是無明彼疑是其處所是其舍宅

復有說者疑是住處故所以者何若身中有疑必有無明如世人言以親他故言汝即是我身復有說者同是一法所以者何俱是不決定故問曰以何等故世尊說緣世生疑是𡨋身不說緣無為是𡨋身耶荅曰或有說者世是麤法現可了知若於世脫失諸聖說是𡨋身無為法微細不可現得了知是故諸聖不說是𡨋身如人晝行脫失為世人所呵笑如人夜行脫失則不為世所呵笑彼亦如是復有說者為諸外道故緣世生疑說是𡨋身諸外道偏愚於世我曾在過去世不乃至廣說是故說疑世是𡨋身復有說者疑心多緣世生少緣無為生復有說者世乃至小兒猶於中愚所謂去來今事以如是等現事故世尊說疑世心是𡨋身涅槃是非相法甚深微細覺性乃能了知是故疑此法者不說𡨋身如經說佛告比丘以五事故令心弊惡云何為五所謂有人於如來所而生疑心不解不觀不信是名於如來所不斷心弊惡於法

於戒於教亦如是佛所讚歎智人所識修梵行者常以麁言譏刺毀呰觸惱無恭敬心是名於梵行者不斷心獘惡問曰此心獘惡體性是何答曰此心獘惡有二分所謂疑與瞋恚一是疑分一是瞋恚問曰瞋恚是獘惡是事可尒所以者何如説云何瞋恚結答曰若心生害心生獘惡心生瞋恚是名瞋恚結如疑心性非瞋恚何以説是獘惡答曰或有説者無有法性非瞋恚而與瞋恚相似如疑心者如所説疑隱獘心令心堅鞕獘惡猶如良田不種植時堅鞕獘惡彼亦如是復有説者疑隱獘心時尚不能生邪決定況正決定如田獘惡猶不生草何況苗稼復有説者瞋恚令自身獘惡疑心能令自身獘惡亦復如是如田獘惡人所棄捨所生稗𥠖猶不任用何況粳粮如是疑結令衆生生心獘惡猶不能生於邪決定況正決定復有説者同行相對故同行者俱行慈感行相對者同與欣踊行相對問曰以何等故於佛生疑説是獘惡

於僧　非邪答曰佛无過失之行若於佛生疑此疑無過而起僧少有過失之行可見若於僧生疑此疑因過而起以是事故因佛生疑名為獘惡因僧生疑不名獘惡復有説者一向為過故佛世尊乃至無有少過若於佛生疑此疑無過而起衆僧有少隨順事可見故若於僧生疑因過而起以是事故因佛生疑名為獘惡因僧生疑不名獘惡如佛生疑法戒教亦如是問曰以何等故於僧生恚名為獘惡於佛非耶答曰若於佛生恚此心偏重以偏重故更立重名名為擯惡

阿毗曇毗婆沙論卷第八

阿毗曇毗婆沙論卷第八

校勘記

一　底本，金藏廣勝寺本。

一　三五二頁中一行經名至四行品名資、磧、普、南、徑、清無(未換卷)。

二　三五二頁下二行「一一識眼」，資、磧、普、南、徑、清作「二識一眼」。

一　三五二頁下八行「二分」，磧、南作「一分」。

一　三五二頁下九行「身法」，資、磧、普、南、徑、清作「身生」。

一　三五二頁下一二行「行識」，資、磧、普、南、徑、清作「得境」。

一　三五三頁上一二行第一二字「見」，資、磧作「目」。

一　三五三頁上一七行第六字「瞟」，資、磧、普、南、徑、清作「漂」。

一　三五三頁下九行「刹那」，諸本(不含石，下同)作「依刹那」。

一　三五三頁下一四行「無眼」，諸本作「天眼」。

一　三五四頁上一七行「好佛」，諸本作「如佛」。
一　三五四頁中一八行「孔中」，資、磧、普、南、徑、清作「孔内」。
一　三五四頁中二一行首字「庄」，麗作「桩」。
一　三五四頁中二二行首字「根」，資、磧、普、南、徑、清作「眼」；麗作「眼根」。
一　三五四頁下末行「多見」，資作「混多」；磧、普、南、徑、清、麗作「見多」。
一　三五五頁中一六行第一三字「冷」，資、磧、普、南、徑、清作「冷煖」。
一　三五五頁下二一行第一二字「舍」，資、磧、普、南、徑、清作「合」。
一　三五六頁上一四行「侍省」，諸本作「侍者」。
一　三五六頁中二行首字「界」，資、磧、普、南、徑、清作「境界」。
一　三五六頁中四行第一二字「著」，麗作「筋」。
一　三五六頁中二〇行夾註左「三界」，資、磧、普、南、徑、清作「三界也」。
一　三五六頁中末行「近緣」，資、磧、普、南、徑、清作「近遠緣」。
一　三五六頁下四行至五行「大所緣小或所依小所緣大」，資、磧、普、南、徑、清作「小所緣大或所依大所緣小」。
一　三五六頁下一〇行第五字「等」，諸本作「等生」。
一　三五七頁上三行第三字「香」，諸本作「色香」。
一　三五七頁上一六行「二種」，麗作「一種」。
一　三五七頁上一九行「於林」，資、磧、普、南、徑、清作「於家」。
一　三五七頁上二一行「二境界」，麗作「一境界」。
一　三五七頁上二二行首字「家」，資、磧、普、南、徑、清無。
一　三五八頁上二行「已稱」，磧、南作「色稱」。
一　三五八頁上五行「過去」，資、磧、普、南、徑、清作「過去法」。
一　三五八頁上二二行「復有」，資、磧、普、南、徑、清作「復而」。
一　三五八頁中六行第五字「頊」，麗作「須」。
一　三五八頁中九行「不墮」，資、磧、普、南、徑、清作「所墮」。
一　三五八頁中一四行「成就」，資、磧、普、南、徑、清作「成熟」。
一　三五八頁中二二行「三惡道」，資、磧、普、南、徑、清作「三惡趣」。
一　三五九頁上六行「諸結」，資、磧、普、南、徑、清作「諸未來結」。
一　三五九頁上七行第一三字「證」，資、磧、普、南、徑、清作「諸」。
一　三五九頁中九行「作結」，資、磧、普、南、徑、清作「作經」。
一　三五九頁下一行「如王」，資、磧、普、南、徑、清作「譬如王」。
一　三五九頁下八行至九行「使垢緾使垢緾法」，諸本作「使使法垢垢法緟緟法」。

一　三五九頁下一一行「佛經」，磧、普、南、徑、清作「佛結」。

一　三六〇頁上一七行「答曰」，資作「若曰」。

一　三六〇頁下一一行「爲世」，資、磧、普、南、徑、清作「爲世人」。

一　三六〇頁下一八行「相法」，諸本作「根法」。

一　三六一頁上五行末字「一」，諸本作「四」。

一　三六一頁上一六行「瞋恚」，資、磧、普、南、徑、清作「如瞋恚」。

一　三六一頁中六行「爲過」，諸本作「無過」。

一　三六一頁中七行第一二字「有」，麗無。

一　三六一頁中一二行第一〇字「於」，諸本無。

一　三六一頁中末行「卷第八」，資、磧、普、南、徑、清作「卷第十」。

趙城縣廣勝寺

阿毗曇毗婆沙論卷第九　　投

迦旃延子造　五百羅漢釋

北凉天竺沙門浮陁跋摩共道泰等譯

雜揵度智品之五

云何名身云何句身云何味身乃至廣說問曰何以故作此論荅曰彼作經者意欲尒乃至廣說復有說者彼尊者迦旃延子於此經中現種種事善於義相或有人疑彼但善於義不善於文為斷如是等疑欲現於文義中俱得自在故作此論復有說者如聲論家欲令字是色法字體是聲聲是色陰所攝為斷如是意故作如是說字是心不相應行行陰所攝復有說者此名身句身味身能照煩惱出要法所以者何若稱煩惱名當知此法是煩惱若稱出要名當知此法是出要以名身句身味身能顯照煩惱出要法故而作此論復有說者以覺知名句味等法故有三種菩提差別其事云何荅曰若增上慧覺知名等法是名為佛若以中慧名辟支佛若

以下慧名曰聲聞復有說者以覺知名等法故名佛一人為無量說法者復有說者若不能觀察名句味身生大過患若能觀察生大善利其事云何若不能觀察名句味身則煩惱惡行之河常流不絕如罵琉璃太子言婢子何以昇釋種堂彼以不能觀察四五字故與百千眾生墮惡道中彼若能觀察四五字者如山等惡行亦能堪忍以不觀察故有如是折減問曰行者得他罵時云何觀察名身等令恚心不生荅曰或有說者阿拘盧奢泰言是罵拘盧奢泰言喚聲行者作如是念我今不應念是阿字所以者何若有阿字是名為罵若無阿字名曰喚聲若我不念是阿字者使他人終日竟夜常作喚聲於我何為生瞋恚心復有說者行者作如是念若以如是等字罵我於此方是卑陋語於他方是嘆美語我若於此方卑陋語中生於憂苦於異方語生喜樂者我則常憂常苦常喜常樂誰有苦人與我等者以是事故不生恚心復有

阿毗曇毗婆沙論卷第九　第三張　投　号

說者罵我者以是等字行者作是念讚嘆我者為以是字更有異字諦觀察之更無異字但此諸字次第顛倒言是罵是讚我今何為於是字中而生瞋恚復有說者行者作如是念若人罵我以一界少入一入少入一陰少入餘不罵我者十七界一界少入十一入一入少入四陰一陰少入如是不罵我者多罵我者少而我何為生瞋恚心復有說者行者作是念此罵名誰所成就為是罵者為是受罵者推之應是罵者成就若然者便是自罵於我何為而生瞋恚復有說者行者作是念若以一字則不成罵二字則成無有能一時稱一字者若稱後字時前字已滅不至後字如是但以意分別故言是罵者是受罵者以是事故不生瞋心復有說者行者作是念罵者及我一時同一剎那滅後生諸陰亦無罵者及受罵者罵法不可得故是以不生恚心復有說者行者作是念罵者受罵者皆悉是空所以者何無我無人無眾生無壽命無

阿毗曇毗婆沙論卷第九　第四張　投　号

作無作者无受無受者但有諸陰空聚是故不生瞋心行者應以如是等法觀名身句身味身問曰何以復依名句味身作論耶答曰欲現此經文義具足故而作此論復有說者以依此文能顯明陰界入中眾多之義亦能讚嘆佛法僧寶以是事故而作此論

云何名身（名身胡音有三種一語名名二語名名身三語以上名多名身一語名名者一法一名二語名身者二法二名三語以上名多名身者三法三名以上名多名身句身味身亦如是此所問名身者問多語名身也）問曰何以問多語名身不問名不問名身耶答曰彼作經者意欲尒乃至廣說復有說者應問而不問者當知此是有餘之說復有說者名與名身悉入多語名身中是故問多語名身不問名與名身答曰名者稱語種種語增語想數施設世所傳說是謂名如是等語盡說是名問曰何故問多名身而答名耶答曰以名成滿多名身故多名身還成滿多名身復次名能生多名身多名身還生多名身是故問多名身答名問曰名多名

阿毗曇毗婆沙論卷第九　第五張　投

身體性是何答曰是心不相應行已說體性所以今當說何故名名答曰名者亦名隨亦名求亦名合（天竺言音屯舍）此三義隨者隨其所作有如是名求者以是名求有此物應復次求者四陰名求以四陰能取諸界能取諸趣能取諸生是故名求合者於義於造相應故名合問曰何故名多名身答曰眾多名合聚故名多名身如一鳥不名多鳥身眾多鳥名多鳥身馬等亦如是如是一名不名多名身眾多名合集名多名身句身味身當知亦如是如是有名有名身有多名身名者有一字名二字名多字名一字名者名曰名二字名者名曰名身多字名者或說三字或說四字名多名身二字名者亦名名四字名名身或六字或八字名多名身三字名者亦名名六字名名身或九字或十二字名多名身四字名者亦名名八字名名身或十二字或十六字名多名身如是乃至多字立門亦尒如名身味身當知亦如是

云何句身。答曰：隨句義滿現如是事，是名句身。所以引偈者，為作證故。如說：

諸惡莫作　諸善奉行　自淨其意　是諸佛教

彼諸惡莫作是初句，乃至廣說。隨句義滿者，滿偈義也。現如是事者，顯明如是事也。是名句身。此偈有說有解。如說諸惡是說，莫作是解，下諸句亦如是說。如說諸惡於說是足，於解不足，於句不足，於偈不足。莫作於說於解於句足，於偈不足。乃至是諸於說於解於句足，於偈不足。佛教於說於解於句於偈足。此是偈中不長不短。八字為一句，三十二字為一偈。此結偈法名阿㝹吒闡提，是經論數法，亦是計書寫數法。六字為句者名初偈，二十六字為句者是後偈。或有減六字為句者，此偈名周利荼。若過一十六字為句者，此偈名摩羅。

云何味身。答曰：字說是味身。所以引偈者，為作證故。如說：

欲是偈本　字即是味　偈依於名　造是偈體

欲是偈本者，云何為欲。答曰：欲者欲造偈，欲作偈，是名為欲。本者是所起是所因，是名為本。字即是味者，諸字即是味。偈依於名者，偈依名有。造是偈體者，造者是作偈者，偈從作偈者生，如泉出水，如乳房出乳，偈從造者生，故以為體。

有名有名身有多名身，有句有句身有多句身，有味有味身有多味身。彼一字名者，名曰名，不名名身，不名多名身，不名句，不名句身，不名多句身，是名味，不名味身，不名多味身。二字名者，名曰名，不名名身，不名多名身，不名句，不名句身，不名多句身，是名味名味身，不名多味身。彼二字名，一字為名者，名曰名，二字名名身，不名多名身，不名句，不名句身，不名多句身，是名味名味身，不名多味身。四字名者，名曰名，不名名身，不名多名身，不名句，不名句身，不名多句身，是名味名味身，不名多味身。彼四字名，一字為名者，名曰名，二字名名身，餘二字名多名身，不名句，不名句身，不名多句身，是名味名味身名多味身。以二字為名者，名曰名名名身，不名多名身，不名句，不名句身，不名多句身，名味名味身名多味身。八字名者，名曰名，不名名身，不名多名身，是名句，不名句身，不名多句身，是名味名味身名多味身。彼八字名，以一字為名者，名曰名名名身名多名身名句，不名句身，不名多句身，名味名味身名多味身。以二字為名亦如是。四字為名者，名曰名名名身，不名多名身，名句，不名句身，不名多句身，名味名味身名多味身。十六字為名者，名曰名，不名名身，不名多名身，名句名句身，不名多句身，名味名味身名多味身。彼十六字，一字為名者，名曰名名名身名多名身名句名句身，不名多句身，名味名味身名多味身。二字四字為名亦如是。八字為名者，名曰名名名身，不名多名身，名句名句身，不名多句身，名味名味身名多味身。三十二字為名者，名曰名，不名名身，不名多名身，名句名句身名多句身名味名味身名多味身彼三十二字一字為名者二字為名者四字為名者八字為名者如前說十六字為名者名曰名名名身不名多名身名句名句身名多句身名味名味身名多味身一字一名如上廣說一字二名者名曰名名名身不名多名身不名句不名句身不名多句身名味名味身不名多味身一字四名者名曰名名身名多名身不名句不名句身不名多句身名味名味身名多味身一字八名者名曰名名名身名多名身名句不名句身不名多句身名味名味身名多味身一字十六名者是名句名句身不名多句身餘如上說一字三十二名者說皆具足二字一名如前說二字二名者名曰名名名身不名多名身不名句不名句身不名多句身名味名味身名多味身二字二名一字為名者如前說四字一名者如前說四字二名者名曰名名身不名多名身名句不名句身不名多句身名味名味身名多味身彼四字二名一字二字為名者如前說八字一名者如前說八字二名者名曰名名名身不名多名身名句名句身不名多句身名味名味身名多味身彼八字二名一字二字四字為名如前說十六字為一名者如前說十六字二名者名曰名名名身不名多名身名句名句身名多句身名味名味身名多味身彼十六字一名一字二字四字八字為名者如前說

問曰名為隨身處所為隨語處所答曰或有說者名隨語處所諸作是說名隨語處所者生欲界中語是欲界名是欲界人是欲界所說義或三界繫或不繫生欲界作初禪地語語是初禪地名是初禪地人是欲界所說義或三界繫或不繫生初禪中作初禪地語語是初禪地名是初禪地人是初禪地所說義或三界繫或不繫生初禪中作欲界語語是欲界名是欲界人是初禪所說義如前說生二禪三禪四禪中作初禪地語語是初禪名是初禪人是二禪三禪四禪所說義如前說生二禪三禪四禪中作欲界語語是欲界名是欲界人是二禪三禪四禪所說義如前說問曰諸作是說名隨語處所者名是欲界初禪餘三禪地為有名不荅曰或有說者無復有說者有而不可說評曰不應作是說如前說者好復有說者名隨人處者作是說名隨人處者生欲界中作欲界語語是欲界名是欲界人是欲界所說義如前說生欲界中作初禪地語語是初禪地名是欲界人是欲界所說義如前說生初禪中作初禪地語語是初禪名是初禪人是初禪所說義如前說生初禪中作欲界語語是欲界名是初禪人是初禪所說義如前說生二禪三禪四禪中作初禪地語語是初禪名之與人即是彼地所說義如前說生二禪三禪四禪中作欲界語語是欲界名之與人即是彼地所說義如前說問曰若作是說名隨人處者二禪三禪四禪地有名無色界為有名不荅或有

說者無復有說者有而不可說評曰不應作是說如前說者好問曰名為是衆生數為非衆生數耶答曰名是衆生數問曰名者為是長養為是報為是依答曰一切名是依非長養非報問曰若名非報者此經云何通如佛告阿難我亦說名從業生答曰此中說業威勢果言從業生如作如業亦生如名問曰名當言善不善無記耶答曰名當言無記問曰誰成就此名為是說者為是所說法耶若是說者斷善根人亦說善法可成就善耶離欲人亦說不善可成就不善耶若是所說法者非衆生數法及無為法亦是所說法可成就名耶答曰應作是說名是說者成就問曰若然者斷善根人亦說善法離欲人亦說不善法可成就善不善耶答曰不也所以者何彼雖成就善不善法名然名體是無記法

聲聞一心能起一語一語不能說一字問曰如說阿吔非一字耶答曰佘所時已經多剎那世尊一心起一語一語說一字唯佛世尊其言輕疾言聲無過辭辯第一

問曰諸法過去有過去現在未來名耶答曰有過去法有過去名者如毗婆尸佛以如是名說過去法過去法有未來名者如弥勒佛以如是名說過去法過去法有現在名者如今現在以如是名說過去法頗未來法有未來現在過去名耶答曰有未來法有未來名者如弥勒佛以如是名說未來法未來法有過去名者如毗婆尸佛以如是名說未來法未來法有現在名者如今現在以如是名說未來法頗現在法有現在過去未來名耶答曰有現在法有現在名者如今以如是名說現在法現在法有過去名者如毗婆尸佛以如是名說現在法現在法有未來名者如弥勒佛以如是名說現在法

如語能說名名能顯義問曰一切名盡能顯義不耶答曰一切名盡能顯義問曰若然者以如是名顯斷常見第二頭第三手第六陰第十三入第十九界如是等名為顯何義答曰顯衆生常想斷想第二頭想第三手想第六陰想第十三入想第十九界想顯如是等義問曰若以名顯一切法無我此何所不顯答曰或有說者不顯自體相應共有餘法悉顯復有說者唯除自體餘法悉顯復有說者唯除四字所謂諸法無我餘法悉顯復有說者一切法悉顯所以者何如婆字顯婆字婆字顯婆字

問曰為名多耶為義多耶答曰或有說者義多何以故義攝十七界一界少入十一入一入少入四陰一陰少入名攝一界一入一陰少入復有說者名多非義多何以故一義有多名故如尼揵荼書分別諸名一義有千名評曰如是說者好義多非名多所以者何不須更以餘事但以攝界等多故義攝十七界一界少入十一入一入少入四陰一陰少入名攝一界一入一陰少入彼名亦是義若然者應全攝陰界入復有說者若以說法故則名多於義所以者何世尊說法

一義以多名說故若以陰界入則義多於名

問曰義為可說不耶若可說者說火則應燒舌說刀則割舌說不淨則汙舌若不可說云何不顛倒耶如索鳥則馬來如索馬則鳥來此經復云何通如佛告比丘我所說法文亦善義亦善荅曰應作是論義不可說問曰若然者云何所索非顛倒耶荅曰古時人立於鳥名有如是想索鳥則鳥來非馬索馬則馬來非鳥復有說者語能生名名能顯義如是語生鳥名鳥名能顯鳥義馬等亦如是此經云何通者尊者和須蜜荅曰說顯義文故言說義復有說者為破外道所說法外道所說或无義或有少義世尊所說有義有多義是故言說義復有說者外道所說文與義相違義與文相違世尊說法文不違義義不違文問曰文義有何差別荅曰文者味義者所味問曰彼味亦為餘味所味彼味亦是所味耶荅曰彼味亦是所味問曰若然者味與所味有何差別荅曰所味是十七界一界少入十一入一入少入四陰一陰少入所攝味是一界一入一陰少入所攝復有說者義是色非色文是非色如色非色相應不相應有依無依有勢用无勢用有行無行有緣无緣文是不相應乃至是無緣復有說者義是可見不可見文是不可見義是有對無對文是無對義是有漏無漏文是有漏義是有為无為文是有為義是善不善無記文是無記義是墮世不墮世文是墮世義是三界繫不繫文是欲色界繫義是學無學非學非无學文是非學非無學義是見道斷修道斷不斷文是修道斷義是染汙不染汙文是不染汙如染汙不染汙有過無過黑白隱沒不隱沒退不退有報无報文是不染汙乃至是無報文義是謂差別

如經說云何為名四陰為名　問曰如名是心不相應行陰所攝以何等故世尊說四非色陰為名耶荅曰佛說色法非色法為二分諸色法為色陰諸非色法為四陰諸顯義名是心不相應行陰所攝

阿毗曇毗婆沙論卷第九　第十七張　紋

名有六種所謂功德生處時隨欲作事相功德為名者如誦修多羅故名修多羅者誦毗尼故名持律者誦阿毗曇故名阿毗曇者以得須陁洹果故名須陁洹乃至得阿羅漢果者名阿羅漢生處為名者城中生者名城中人如是隨何國生名彼國人時為名者如小兒時名為小兒如老時名為老人隨欲名者如生時父母為作名亦沙門婆羅門為作名作事名者如能畫故名為畫師能銅鐵作故名銅鐵師相為名者如棒杖執蓋故名為棒杖執蓋者復有說者有四種名所謂一想二积互三呾地多四三摩娑想為名者如世貴人以奴為名如貧賤人以貴為名积互為名者能腹行故名腹行虫呾地多為名者如事毗細天名事毗細天者如從婆修提婆天生名婆修提婆子三摩沙為名者如牛駮色名為駮牛如人屬王名為王人復有說者名有二種所謂生作生為名者如婆羅門刹利毗舍首陁作為

自

名者如生時父母為作名若沙門婆羅門為作名復有說者生為名者如生時父母為作名亦沙門婆羅門為作名作為名者後時親友知識更為作名名第二名復有說者有二種名所謂有相無相有相為名者如无常苦空無我陰入等名无相為名者如衆生人鞞羅褌頭等名若佛出世作有相名若佛不出世唯無相名復有說者有二種名所謂共不共不共為名者如三寳等名共為名者諸餘名復有說者一切名盡是共無不共名所以者何一義可立一切名一切義可立一名復有說者有二種名所謂決定不決定決定為名者如須弥山四天下大海此世界始成時是決定名不決定為名者諸餘等名復有說者無決定名所以者何諸餘邊方亦為須弥山等更作餘名評曰如是說者好世界初成時名須弥山四天下大海名亦如是問曰如劫盡時一切散壞誰復作此名荅曰或有說者是仙人入定力復傳此名復有說者衆生有因力能說此名問曰諸名為先有共傳為更有新作者荅曰世界初成須弥山等諸名先有共傳餘名不定復有說者名有二種所謂物作物為名者如提婆達多延若達多名作為名者如作者刈者煑者讀者等名問曰為有知名邊際者不荅曰有唯佛能餘無知者所以者何以佛能知一切名邊際故名一切智

如經說如来出世便有名身等出現世間問曰若佛出世若不出世常有名身等現於世間何以言如来出世便有名身等出現世間荅曰言名身等出世者所謂陰界入名隨順無我隨順解脫隨順空斷人見生覺意背煩惱向出要止愚癡生智慧斷猶豫生決定猒生死樂寂靜断外道意歎内道意為說如是等名身言出現世間

問曰如火名火此名為是有相名為是無相名耶荅曰是有相名如向所說一切顯義名此名是有相問曰若然者火有何相荅曰凡義有二種有相無相如火外無火相言是無相如焰是火相言有火相

佛經有三種名說法謂去来今問曰此三種名說法體性是何荅曰如波伽羅鄉說三種名說法體性攝十八界十二入五陰問曰如波伽羅鄉說三種說法體性攝十八界十二入五陰所說是語所顯是名應是一界一入一陰少入云何說攝十八界十二入五陰荅曰或有說者取三種名說法及眷屬故其事云何荅曰語能生名名能顯義故說及其眷屬復有說者為三義說法故言三名說法所以者何說者聽者皆為於義以是事故盡攝陰界入問曰何故有為法說是三名說法不說無為法耶尊者和須蜜荅曰此經為說有為法有為法不得作第四第五說法復有說者此經為說一切法無為法墮現在世中所以者何以現在法能證得無為法故以是故無為法亦在三種名說法中復有說者若有三性者說是三名說法三性者所謂語名義無為法雖語

有義無語无名是故説不在三名説法中問曰何故世尊説世是三名説法荅曰或有説者為止外道意故外道於世中愚故復有説者為壞未來世中説無過去未來者意故是故説世是三種名説法復有説者外道作如是説若無我者是人説法終無所為為壞如是意而作是説雖無有我為世故説問曰若為過去説法解未來現在事若為未來説法解過去現在事若為現在説法解未來過去事於三種名説法中為是何名説法荅曰或有説者如是説者於三種名説法中是異説復有説者若為過去説法解未來現在事者為過去即過去世解未來現在事即未來現在世攝乃至為現在説過去未來亦如是復有説者若作是説是説三世義若為過去是説過去義解未來現在是説未來現在義未來現在亦如是

如經説有三種名説法無第四第五

問曰若説三種名説法有説有解於義已足何以復言無第四第五荅曰無第四者遮有第四世無第五者決定此義無第五世復有説者无第四者遮第四世無第五者遮無為法復有説者應説四種名説法所謂四聖諦無第五者無第五諦无第六者遮虛空非數滅復有説者應有五種名説法所謂五陰無第六者無第六陰無第七者遮无為法此為三世名説法故無第四第五應有一種名説法所謂作觀無第二第三无第二者無第二作觀無第三者遮作觀所不攝法復有説者應有二種名説法所謂定慧無第三者無第三定若第三慧無第四者遮定慧所不攝法此説三世名説法故無第四第五無第四者遮第四世無第五者遮三世所不攝法以如是數法應説三解脫門説四諦五陰六聖明分想七覺分八道分九次第定十種無學法如來十力應有十種名説法无第十一第十二無第十一者無第十一力無第十二者遮十力所不攝法

即彼經説應以四事察人是長老為可與語為不可與語云何為四一不住是處非處二不住智論三不住分別四不住道迹問曰如此四事有何差別荅曰或有説者不住是處非處者不如實知是處非處不住智論者不如實知智與知不住分別者不如實知世諦第一義諦不住道迹者不如實知此身集道迹不如實知此身滅道迹復有説者不住是處非處者如眼色能生眼識乃至意法能生意識名為是處不如實知者名為不住不住智論者不如實知十智不住分別者不如實知了義不了義經不住道迹者不如實知四種道迹復有説者不住是處非處者不能自定所説是處非處不住智論者不能堪忍分別前後問荅不住分別者不如實知詭誑真實不住道迹者他如法問心不悦可復有説者不住是處非處者不別有無不住智論者不解智人論不住分別者不知假設無有是處之言不住道迹者無有隨應覺意復有説者不住是處非處者於所言論不

別自義他義不住智論者於先所聞執著不捨後所聞義不能觀察不住分別者他說正義心生疑慮如人見酥謂是米飯不住道迹者不識他人所說次第以前為中以中為後復有說者不住是處非處者不知現前可了不可了事不住智論者不能以比想籌量所論不住分別者不知前後所說次第不住道迹者不解他人所問意尊者婆摩勒說曰不住是處非處者不能定所說不住智論者不知詭誑及與真實不住分別者不堪忍分別前後問荅不住道迹者他人如法論心不說可尊者僧伽婆秀說曰不住是處非處者不知多界經所說是處非處義不住智論者不知四十四智七十七智體分不住分別者不知煩惱出要不住道迹者不如實知色滅道法復應以四事察人是長老應以決定荅論作決定荅是可與語乃至廣說云何決定荅論如問佛是等正覺耶應決定荅言是此佛法是善好耶應決定荅言是此聲聞是善隨順衆耶應決定荅言是一切行無常一切行无我涅槃是寂靜耶應決定荅言是是名決定荅論問曰何故如是問者作決定荅荅曰此問於義利益能增長善亦進梵行通達覺意能得涅槃是故如是問者作決定荅論云何分別荅論荅曰若作是問為我說法彼應作是荅法亦衆多過去未来現在善不善無記欲界繫色界繫無色界繫不繫學無學非學非無學見道斷修道斷無斷如是等法為說何法如是隨所問應分別荅是名分別荅論云何反問荅論荅曰如說為我說法應作是荅法亦衆多有過去乃至無斷法於此法中為說何法是名反問荅論問曰分別荅反問荅有何差別荅曰若以荅而言無有差別若以所問應有差別所以者何問有二種有欲知義故問為觸惱故問若為知義故問為我說法者應作是荅法亦衆多有法過去乃至不斷於此法中為說何法若言為我說過去法應作是荅過去法亦衆多有善不善無記若作是言為我說善法應作是荅善法亦衆多有色乃至識若作是言為我說色法應作是荅色亦衆多有不煞生乃至不綺語若作是言為我說不煞生法應作是荅不煞有三種從不貪不恚不癡生為說何等若作是言為我說從不貪生者應作是荅從不貪生有二種作無作若為知義故問應次第分別顯說若為觸惱故問者應荅言法亦衆多為說何法不應語言有過去未来乃至不斷若作是言為我說過去法應作是荅過去法亦衆多不應說善不善無記若作是言為我說善法應作是荅善法亦衆多不應說色乃至識若作是言為我說色應作是荅色亦衆多不應說不煞生乃至不綺語若作是言為我說不煞生應作是荅不煞生亦衆多不應說從無貪無恚無癡生若作是言為我說從不貪生者應作是荅從無貪生亦衆多不應說作無作如是為觸惱問者應作如是荅乃至問盡或時自荅如是有求善義故問有試

他覺意深淺故問或有求義故問或有輕他故問或有質直故問或有諂曲故問或有情性軟弱故問或有自時智故問如軟弱問者應分別荅若自恃智問者應反問荅乃至問盡或時自荅云何置荅論荅曰如諸外道詣世尊所作如是問沙門瞿曇世界是常無常佛言是不應荅問曰何故問世界常無常佛不荅耶荅曰諸外道以人是常往詣佛所作如是問人為是常是無常耶佛作是念畢竟無人若荅言無人彼當作是言我不問有無若荅言斷常畢竟無人有何斷常如人問他言善男子石女兒為恭敬孝順不彼作是念石女無兒若我荅言石女無兒彼當作是語我不問有無若當荅言恭敬孝順者石女無兒有何恭敬孝順彼亦如是此問論非是真實以是非有非實故佛不荅如是有常無常亦常無常非有常非無常世界有邊無邊亦有邊無邊非有邊非無邊當知亦如是復作是問沙門瞿曇神即身耶佛言是不應荅

問曰何故佛不荅此問荅曰諸外道以身是神往詣佛所作如是問沙門瞿曇是身即神乃至廣說佛作是念有身無神若我荅言有身無神彼當作是言我不問有無若當荅言神異於身畢竟無神云何是身是異如人問他言善男子兎角牛角為等相似耶彼人作如是念兎無角牛有角若我荅言兎無角牛有角彼當作是言我不問有无若言等相似兎無有角云何言等相似彼亦如是是問論是有是無是虛是實以是問論是有是無是虛是實故佛不荅身異神異亦復如是復作是問沙門瞿曇如來死後為斷為常乃至廣作四句佛言是不應荅問曰何故佛不荅耶荅曰諸外道以神本無今有往詣佛所作如是問沙門瞿曇如此神本无今有已有為是常為是斷佛作是念畢竟無神去何本無今有已有若斷若常是問論非有非實以是問論非有非實故佛不荅復作是問沙門瞿曇自作自受耶佛言是不應荅問曰何故佛不荅

耶荅曰諸外道以我作我受世尊常說無我復作是問沙門瞿曇他作他受耶佛言是不應荅問曰何故佛不荅耶荅曰諸外道作如是說自在天作我受世尊常說自在果報復作是問沙門瞿曇無作无受耶佛言是不應荅問曰何故佛不荅耶荅曰諸外道作如是說苦樂不從因生佛常說有因有緣問曰如前三荅與荅法相應此云何名荅論乃至不論一句荅曰雖無所說此是根本荅論所以者何與荅理相應乃至不說一句於理善通或有嘿然於理得勝况有所說而不勝耶曾聞有大論師名奢提羅至罽賓國于時佛跡林中有阿羅漢名婆秀羅具足三明離三界欲通達三藏於內外經論無不究暢時奢提羅聞彼林中有大論師即詣其所到已與尊者婆秀羅共相問訊種種慰勞在一面坐時奢提羅語尊者婆秀羅言誰當先立論門婆秀羅荅曰我是舊住應先立論門然汝遠来聽汝隨意先立論門時奢提羅作如是言

一切論有報論時婆秀羅聞是語已嘿然而坐時奢提羅諸弟子輩唱如是言沙門釋子今墮負處從坐欲起而去時尊者婆秀羅作如是言善去汝師若是奢提羅者自知此事從彼林中展轉前行共師作是思惟沙門釋子何故作是言汝師若是奢提羅者自知此事即便自憶我作是言一切論有報彼沙門釋子嘿然不言便為我論無報沙門釋子已為勝我即如所念告諸弟子令我當往還歸謝之諸弟子言於大衆中今已得勝何須復往時師復言我寧於智者邊負不於愚者邊勝即時還詣婆秀羅所作如是言汝是勝者我墮負處汝今是師我是弟子如是嘿然而能得勝何況所説

如佛世尊責諸弟子言是癡人乃至廣説問曰何以作此論答曰佛世尊無相似愛無相似恚無相似慢無相似無明世尊愛恚已斷離於憎愛斷一切諍訟根本如諸弟子有煩惱習如畢陵伽婆蹉有瞋恚習彼長老駡恒河神言小住弊婢長老阿難則有愛習以憐諸釋子故尊者舍利弗有憍慢習捨隨病藥等如是等習佛世尊永無所以者何已離一切諸无巧便煩惱習故然佛有巧便相似言愛相似言者如説善來比丘快能出家瞋恚相似言者汝是釋種婢子諸釋是汝大家慢相似言者如説大王從何處來如告阿難園林外何以有高聲大聲問曰如來以拔習氣根本何以有如是相似言答曰為守護受化田故其事云何此中應廣説破僧因緣所以者何即是此經根本因緣故諸比丘為提婆達多所壞尊者舍利弗化使還來彼諸比丘生大慚愧兼有疑心我等親近提婆達多所受禁戒將不失耶以慙愧心往詣佛所介時世尊以親愛軟語而告之言善来比丘快能出家説是語時彼諸比丘皆得除去慚愧及其疑心所以駡蒼婆吒言婢子者欲破其憍慢心以破憍慢心故次第二身得生天上見於聖諦所以説我成就十力四無所畏者不知佛功德者欲令知故所以言大王從何處来者欲生談論次第法故所以問園林外有高聲大聲者欲令阿難生閑靜親近心故以如是等衆因緣故而作此論

何故世尊責諸弟子言是癡人此有二義一是呵責一言是癡人今欲説癡人義故作是説云何名癡人答曰於佛法中生於愚癡佛法者所謂道也問曰云何於道生愚癡耶答曰不能令道愚癡但於自身增長愚癡復有説者亦能令道愚癡所以者何以道遠離故道不得自在故復有説者佛説斷愚癡法是人於此法不斷愚癡及增愚癡故作是説於佛法中生於愚癡無生分別者令佛功用方便無有果實其事云何如婦人不産名無産分如是聞佛所説不受聖道胎者是人於佛法中名無産分

無果者无依果解脱果無得者於佛法中無所得故无味者不得出離味閑靜味道品味寂滅味故言無味无利者無善果利故辟如良醫四方懃

求種種藥草以與病人為除病故而彼病人反以藥草棄糞掃中生二過患一自病不愈二唐捐醫功如是諸佛世尊作百千万種種苦行勤求无漏聖道之藥為受化者而解說之而聞法者不能修行生二過患一不能自愈諸煩惱病二唐捐諸佛所行功報復次生愚癡者能令自身為非器故名生愚癡復有說者斷佛期心故名生愚癡佛期心者欲令衆生解脫諸苦彼不能修雖苦方便故言斷佛期心復有說者斷於佛法令不相續若彼人身修正行亦令他人修於正行如是轉轉令多衆生修於正行若自身不能修於正行亦令他人不修正行如是轉轉令多衆生不修正行如是之人不能利益一身何況多人復有說者本出家所為而不能得名生愚癡復次於佛法中不如義次行言是癡人此中以佛語為佛法行者應如義次行然後不能行故言癡人復有說者如所應行名如義次行彼於佛法中不如所應行名不如義次

行不隨順者於佛法中不如法隨順不次第行者於佛法中不作相續行犯衆過惡者犯於佛法不如法行者不行次法謂聖道也復有說不如義語次行者不於一切時能行如婆他利比丘於三月後乃受不非時食法復有說者不如義次行者此荅前說於佛法中生於愚癡云何生愚癡荅曰於佛教戒不如義次行乃至不如法修行次法亦如是以何等故佛責諸弟子此荅先所說義荅曰是佛世尊常訓誨語如令和上阿闍梨向諸弟子以憐愍意言是癡人佛亦如是以憐愍饒益故言是癡人諸佛世尊常以四事教化一以歎美二以呵責三以因他四以放捨歎美者如歎美億耳等善哉善哉比丘能清妙之音聲唄頌經法呵責者如呵責優陁耶等因他者如轉法輪時為五比丘說法令八万諸天得道如頻婆娑羅王迎佛令八万人天得道如帝釋問佛亦有八万諸天得道放捨者如犢子性梵志等諸應以呵責教化者若不

呵責則不受化以是故佛世尊呵責弟子如阿闍梨向近住弟子和上向同住弟子以苦切語而呵責之而彼和上阿闍梨非是惡心但以不順法故而呵責之如父母見子為非法事欲擁護故以苦切言而呵責之而彼父母無有惡心若當諸子為非法事而彼父母生苦惱心欲制諸子為非法事以苦切語而呵責之佛亦如是不以惡心若當應以呵責受化而不呵責彼人畢竟無有調伏是故世尊而呵責之復有說者佛大悲心重於一切時常作是念以何方便能饒益衆生若如來不呵責提婆達多者諸餘比丘隨從者衆復當數數觸嬈世尊若當向無比女不言如是盛屎尿器彼女欲心無由得息若當不罵菴婆羅叱言是婢子者彼人無由能破憍慢若不罵其師弗迦羅娑羅者亦無由能破憍慢如是等為增益功德故亦呵責餘人復次以二事故呵責餘人一善根不熟者以呵責故令善根熟二善根雖熟不作方便以呵責

故令生方便得於道果。問曰：以何義故言癡人耶？為以從癡生故言是癡人，為以現行癡故言是癡人？若從癡生者，阿羅漢亦是癡人。何以故？阿羅漢身從癡生故。若以現行故言癡人者，唯阿羅漢得言不癡。所以者何？阿羅漢不現行癡故。若然者，此經云何通？如說癡人遠去莫我前住。評曰：應作是論，現前行癡名曰癡人。問曰：若然者，唯阿羅漢是不癡人，此經云何通？乃至廣說。答曰：此經應如是說：速去比丘，莫我前住。曾聞佛般涅槃時，長壽諸天嫌如是事：此天德神力比丘，今者何以在我前立，障我等前，使不得見世尊身？此是我等最後見世尊身。所以者何？世尊不久當般涅槃。尒時世尊知諸天心所念，告比丘言：遠去，莫我前住。復有說者：先說應以呵責得度者而呵責之，若呵責阿羅漢得勝進者，佛亦呵責言是癡人。問曰：人有愛、有恚、有慢、有見、有癡，何以言是癡人，不言是愛等人耶？答曰：以癡遍一切處故。若行彼地癡，即是彼地癡人。

阿毗曇毗婆沙論卷第九

阿毗曇毗婆沙論卷第九

校勘記

一　底本，金藏廣勝寺本。三六四頁中至三六六頁上、三六九頁下、三七〇頁上、下及次頁上，共計十版，原版漫漶，以麗藏本換。

一　三六四頁中一行「卷第九」，資、磧、普、南、徑、清作「卷第十一」。

一　三六四頁中四行「之五」，資、磧、普、南作「之六」；徑、清作「第二之六」。

一　三六四頁下八行「百十」，資、磧、普、南、徑、清作「百千」。

一　三六四頁下一〇行「折滅」，資、磧、普、南、徑、清作「損滅」。

一　三六四頁下一八行末字「若」，資、磧、普、南、徑、清作「君」。

一　三六五頁上一八行「瞋心」，資、磧、普、南、徑、清作「瞋恚心」。

一　三六五頁中一〇行夾註右「名身」，資、磧、普、南、徑、清作「名名身」。

一　三六五頁中一一行夾註左末字「也」，資、普無。

一　三六五頁下四行夾註左「義」，資、磧、普、南、徑、清作「義也」。

一　三六五頁下一六行「名者」，資、磧、普、南、徑、清作「名身者」。

一　三六六頁上一行夾註左「句身」，資、磧、普、南、徑、清作「句身也」。

一　三六六頁上一一行「不足」，資、磧、普、南、徑、清作「是足」。

一　三六六頁上一二行末字「說」，資、磧、普、南、徑、清作「說足」。

一　三六六頁上一四行「是偈」，資、磧、普、南、徑、清作「偈是」。

一　三六六頁上一九行「一十」，資、磧、普、南、徑、清作「二十」。

一　三六七頁中六行「爲名」，資、磧、普、南、徑、清作「爲名者」。

一　三六七頁中一〇行「一名」，資、磧、普、南、徑、清作「二名」。

一　三六七頁中一四行第一一字「語」，諸本（不含石，下同）作「作欲界語語」。

一　三六八頁上八行第一三字「如」，麗作「好」。九行第三字諸本同。

一　三六八頁上二二行「阿此」，資、磧、普、南、徑、清作「何此」。

一　三六八頁中一六行首字「以」，資、磧、普、南、徑、清作「以今」。

一　三六八頁中一九行第二字「如」，資、磧、普、南、徑、清無。

一　三六八頁下一四行「一人」，諸本作「一入」。

一　三六九頁上五行第八字「不」，麗作「有」。

一　三六九頁上一六行首字「法」，諸本作「法故」。

一　三六九頁中二一行第五字「四」，諸本作「四陰」。

一　三六九頁下一一行末字「盡」，資、磧、普、南、徑、清作「盡故」。

一　三六九頁下一三行「椒杖」，資、磧、普、南、徑、清作「搊杖」。下同。

一　三六九頁下一八行「毗細天」，諸本作「毗紐天」。

一　三六九頁下二〇行「三摩沙」，資、磧、普、南、徑、清作「三摩娑」。

一　三七〇頁中五行「名作」，資、磧、普、南、徑、清作「若作」。

一　三七〇頁下一八行「第五」，資、磧、普、南、徑、清作「第五名」。

一　三七〇頁下末行末字「語」，資、磧、普、南、徑、清作「言」。

一　三七一頁中一三行第九字及第一三字「三」，諸本作「二」。

一　三七一頁中二二行末字「法」，至此資、磧、普、南、徑、清卷第十一終，卷第十二始」，資、磧、普、南且有品名「雜揵度智品之七」；徑、清有品名「雜揵度智品第二之七」。

一　三七一頁下六行「與知」，麗作「與不知」。

一　三七二頁上一四行「不說」，諸本作「不悅」。

一　三七二頁中一行「無當」，資、磧、普、南、徑、清作「無常」。

一　三七三頁上四行首字「時」，諸本作「恃」。

一　三七三頁上二二行末字「問」，麗作「聞」。

一　三七三頁中二〇行末字「論」，資、磧、普、南、徑、清作「是論」。

一　三七三頁下五行「自在」，諸本作「自行」。

一　三七三頁下一〇行「不論」，資、磧、普、南、徑、清作「不說」。

一　三七四頁上一四行「不於」，麗作「又於」。

一　三七四頁中八行「如說」，諸本作「如說我成就十力四無所畏無明相似言者如說」。

一　三七四頁下七行「一言是癡人今欲說」，資、磧、普、南、徑、清作「二言是癡人令斷」；麗作「二言是癡人今欲說」。

一　三七四頁下九行第五字及一〇行第八字「生」，資、磧、普、南、徑、清作「坐」。

一　三七四頁下一五行第二字「及」，諸本作「反」。

一　三七五頁上一行「藥草」，資、磧、普、南、徑、清作「草藥」。

一　三七五頁上二一行「然後」，諸本作「然復」。

一　三七五頁中四行「有說」，諸本作「有說者」。

一　三七五頁中一一行「是佛」，麗作「諸佛」。

一　三七五頁中一七行第一〇字「能」，諸本作「能以」。

一　三七五頁中一八行「頌經」，徑、清作「誦經」。

一　三七五頁下一三行第一二字「能」，資、磧、普、南、徑、清無。

一　三七五頁下一七行第二字「彼」，資、磧、普、南、徑、清作「破」。

一　三七六頁上一一行末字「速」，資、磧、普、南、徑、清作「遠」。

一　三七六頁上一三行「天德」，磧、普、南、徑、清作「大德」。

一　三七六頁中卷末經名，資、磧、普、南、徑、清無（未換卷）。

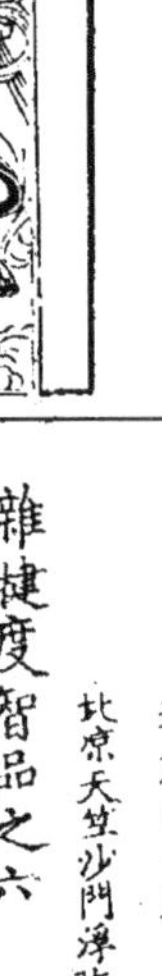

阿毗曇毗婆沙論卷第十

迦旃延子造　五百羅漢釋

北涼天竺沙門浮陁跋摩共道泰等譯

雜揵度智品之六

有六因乃至廣說論曰此六因非佛經說四緣是佛經說今欲以因解緣其事云何相應因乃至報因是因緣所作因者是次第緣境界緣威勢緣問曰因攝緣緣攝因答曰隨體性相攝或有說者應有差別云何差別如相應因乃至報因是因緣所作因是威勢緣次第緣境界緣是緣非因為因攝緣為緣攝因緣攝因非因攝緣不攝何等次第緣境界緣復有說者六因亦是佛經說如增一阿含六法中說經久遠故而有亡失彼尊者迦旃延子以願智力觀佛經中說六因處於此阿毗曇中依六因而作論曾聞增一阿含從一法增乃至百法今唯有一法增乃至十法在餘悉亡失又於一法中亡失者多乃至十法亡失亦多曾聞有大德阿羅漢名奢那婆數

是尊者耆婆迦和上彼尊者般涅槃時即日有七万七千本生因緣有一万阿毗曇論滅不復現從是以後更不復行一論師滅有尒所經論更不復行何況若百若千諸論師滅復有說者雖無有經一處全說六因處處經中別說六因中一一因問曰若然者何經中說相應因答曰如說是名見道根本信名不壞智相應此經說相應因何處說共生因者如說眼緣色生眼識亦生共生受想等此經說共生因何處說相似因者如說此人成就善法亦成就不善法此人不善法滅善法更生此經說相似因何處說遍因者如說比丘若有所思有所分別是名起使何處說報因者如說修行廣布煞生身壞命終生地獄中受不善報此經說報因何處說所依因者如說以二因二緣生於正見乃至廣說此經說所作因如是等經皆說六因此揵度分別因不分別緣見揵度分別緣不分別因問曰何故彼尊者依六因作論答曰以此六因斷

無因惡因者意故復有說者彼尊者所以依六因作論者欲顯現四種果如觀掌中阿摩勒故若說相應共生因即顯現功用果若說相似因遍因即顯現依果若說報因即顯現報果若說所作因即顯現威勢果以是事故依六因作論

云何相應因答曰受於受相應法相應因中因受相應法於受相應因中因問曰何故此法展轉為因答有為法性羸劣故義言問受汝不用想能所覺不受當答言不能如是餘法相離不能有所作是故心心數法展轉相長養展轉相增益展轉相依而能負重如二葦束相依而住衆多亦然如以一繩不能挽大材多繩則能彼亦如是問曰何故不說心耶答曰或有說者彼作經者意欲尒乃至廣說復有說者應說心心數法相應因中因乃至廣說而不說者當知此義是有餘說復有說者此文說諸因義不盡若盡說者應作是說云何相應因心心數法相應因中因云何共生因一切有為法云何相似因過去現在法云何一切遍因過去現在一切遍使及使相應共有法云何報因不善及善有漏法云何所作因一切諸法應如是說諸因若不說者當知說諸因義不盡復有說者已說在先所說受相應法中其義云何如說受受相應法相應因中因乃至廣說問曰若然者何以不即心名說耶答曰等義是相應義此心是宗主如偈說心是第六增上王復有說者以心故名相應不相應法如說是名心相應法是名心不相應法如是想思觸作觀欲解脫念定慧慧相應法相應因中因乃至廣說問曰何以但說十大地數法不說餘數法耶答曰或有說者彼作經者意欲尒乃至廣說復有說者應說而不說者當知此義是有餘說復有說者諸界諸地諸心諸種中可得者說餘數法與上相違故不說

問曰云何是相應義答曰等義是相應義問曰若等義是相應義者此數法於心或多或少於善心多於染汙心少於染汙多於不隱沒無記少於欲界繫多於色界繫少於色界繫多於無色界繫少於有漏多於無漏少如是者云何等義是相應義答曰以體等故言等義是相應義若當一心中有二受一想如是不名為等非相應義一心一受餘數法亦尒以是故等義是相應義復有說者等不相離義是相應義復有說者等不別異義是相應義復有說者等同受義是相應義如車載時諸分皆載無不載者如是心車受緣時諸大地於緣等受無不受者復有說者等同受義是相應義非前後故如秋時群鴿一時詣塲一時食一時起如是心心數法於緣一時造一時所作一時滅復有說者合義是相應義如水乳不相妨故共合如是此法與彼法不相妨故相應復有說者等相愛義是相應義如人更相隨順言是相愛如是此法與彼法更相隨順言是相應尊者婆已說曰有四事等故是相應義所謂時所依行境界時者同一剎那所依者同

一所依行者同於一行境界者同行一境界以是事故是相應義復有說者革束義是相應義如革二束多束相依而住如是心心數法性羸劣故一一不能生不能取緣心與十大地合能行世能取果能知境界能有所作復有說者繫材義是相應義如一介麻不能繫材若多合為索則能繫材如是心大地法廣說如上復有說者相牽渡河義是相應義相牽者展轉相牽手如山谷中駛河一人則不能渡若與多人更相牽手然後能渡如是心與大地廣說如上復有說者同伴義是相應義如曠野道多諸盜賊惡獸一人則不能過若集多人展轉相因然後能過如是心與大地廣說如上尊者和須蜜說曰云何是相應義相生義是相應義問曰若然者眼識能生意識彼是相應耶答曰所依異若同所依能相生者是相應義復次不別異義是相應義問曰若然者四大亦不別異是相應耶答曰四大無有所依若有所依不別異者是相應義復次有所緣義是相應義問曰若然者五識亦有所緣是相應耶答曰所依各異若同所依同所緣是相應義復次同一緣義是相應義問曰若然者眼識意識同於一緣是相應耶今現見多人俱共生心同觀初月是相應耶答曰所依各異若同所依同於一緣是相應義復次合義是相應義問曰若然者壽命煖氣識合在一處是相應耶答曰彼二無所依若有所依亦有合相是相應義復次一時生義是相應義問曰若然者四大一時生是相應耶答曰四大無所依若有所依一時俱生是相應義復次俱生俱住俱滅是相應義問曰若然者心迴轉色心不相應行俱生俱住俱滅則相應耶答曰無有所依若有所依俱生俱住俱滅是相應義復次同一所依同一行同一所緣是相應義問曰何以知同一所依同一行同一所緣是相應耶答曰復何以知同一所依同一行同一所緣非是相應義耶復次同作一事義是相應義問曰若然者忍智同作一事是相應耶答曰彼不同時生若同時生同作一事是相應義尊者佛陀提婆說曰同伴義是相應義如識隨所緣事為諸數名離於俱生是相應義尊者瞿沙說曰同一依同一行同一緣是相應義所以者何有為法性羸劣展轉相因力生不見有一大地獨行世者是故說名相應此相應因於三世中决定能生功用果

云何共生因乃至廣說問曰相應因共生因有何差別答曰或有說者若有相應因則有共生因頗有共生因非相應因耶答曰有諸不相應共生因也問曰此事可尒所問差別者於一剎那中受與想有二因所謂相應因共生因有何差別答曰不相離義是相應因義同一果義是共生因義復有說者同一所依同一行同一緣是相應因義同一生一住一滅是共生因義復有說者牽手渡河義是共生因義相應因義自懃力渡義是共生因義復有說者共財義是相應因義能起

義是共生因義復有說者等義是相應因義不相離義是共生因義

云何共生因答曰心與數法是共生因中因乃至廣說先不說心今則說之心與數法是共生因中因數法轉還與心是共生因中因心與心迴轉身口業是共生因中因身口業者謂禪無漏戒問曰何以不說心迴轉身口業與心是共生因中因答曰應說而不說者當知此義是有餘說復有說者前後廣說中說則略如所作因前後廣說中說則略此亦復尒復有說者心於身口業與因不隨其事身口業於心隨其事不與其因如王於其眷屬與其飲食饒益不隨其事眷屬於王隨其事不與飲食饒益如是心身口業乃至廣說復有說者身口業從心起屬於心從心生故是共生因身口業不能起心心不屬業亦不從生故非共生因評曰不應作是說如是說者好心與心迴轉身口業共生因當知心迴轉身口業與心共生因中因所以者何同一果同一所作故

問曰若然者何以不說答曰上已廣說故心不相應行共生因中因問曰何等是心不相應行答曰或有說者心自體生生與心共生因中因復有說者心與自體生老住滅共生因中因生與心共生因中因非老住滅所以者何增長義是因義彼是散壞義復有說者心與生等生等與心共生因中因復有說者心與心數法生等共生因中因心生等與心共生因中因評曰不應作是說如是說者好心與心數法生等共生因中因心數法生等與心共生因中因問曰若然者此說云何通如說除身見生老住滅諸餘苦諦於身見非共生因答曰應作是說除身見相應法生老住滅諸餘苦諦於身見非共生因而不說者當知此義是有餘說復次共生四大共生因中因諸作是說四大勢無偏者地大水火風大共生因中因三大於地大共生因中因諸作是說四大勢有偏者地大於三大共生因中因三大於地大共生因中因所以者何地大則有多體一體與多體是共生因多體於一體是共生因乃至風大亦如是評曰如是說者好四大若有偏勢若無偏勢地大於三大三大於地大作共生因所以者何地大不因地大生於造色問曰為生已是因為未生是因答曰生亦是因未生亦是因所以者何生已未生盡隨因義中如波伽羅𨙻說云何從因生法一切有為法如彼所說生與未生悉是從因生法此亦如是問曰造色為有共生因不耶答曰有所以者何以一切有為法盡有共生因故問曰造色與造色有共生因不耶答曰無所以者何自體不與自體作共生因復有說者造色與造色作共生因其事云何如眼根共生微塵展轉共生因評曰不應作是說所以者何有對造色不得還與有對造色作共生因

一切心盡有俱共迴轉所謂數法及生等非一切心盡有心迴轉色有十事故名迴轉云何為十一共生二共住三共滅四共一果五共一依六共

一報七善共善八不善共不善九無記共無記十共墮一世中共一果者謂解脫果共一依者謂依果共一報者謂報果惣而言之有十事如世俗斷結道迴轉有八事除不善無記除世俗斷結道迴轉諸餘善有漏迴轉有七事除解脫果不善無記無漏斷結道迴轉有七事除報果不善無記除無漏斷結道迴轉諸餘無漏迴轉有六事除解脫果報果不善無記不善心迴轉有七事除解脫果善無記無記心迴轉有六事除解脫果報果善不善是故惣而言之有十事心於心數法迴轉有五事一共所依二共所行三共所緣四共果五共報數法迴轉於心亦同有五事心與心迴轉色心不相應行有二事一果二報心迴轉色心不相應行與心迴轉有二事一果二報問曰何者是迴轉體性荅曰是四陰五陰如色界是五陰欲界無色界是四陰所以者何欲界無色界無心迴轉戒此是迴轉體性是我是物是相是分是性已說體性所以今當說問曰迴轉是何義荅曰隨順義是迴轉義取一果義是迴轉義因作一事義是迴轉義如義言如汝等所作我等亦作是迴轉義

問曰何故欲界戒不與心迴轉荅曰非其田非其器非其地以非田非器非地故復有說者以欲界非是定地非脩地非離欲地此中戒亦不與心迴轉色界是定地脩地離欲地彼中戒與心迴轉復次義言欲界戒語欲界心汝能為我若破戒若起破戒心煩惱作擁護不欲界心荅言不能戒言汝若不能我何為隨順汝耶猶如有人怖畏惡家語他人言汝能為我作覆護不我當隨順汝他人荅言不能其人語言汝若不能者我何為隨順汝耶彼亦如是色界心能為破戒及起破戒煩惱而作擁護是故彼戒隨順於心問曰一切色界善心盡有迴轉戒色不荅曰不盡有也初禪中有六善心無迴轉戒色三善識身聞慧死時善心起作善心二禪三禪四禪中有二善心無迴轉戒色聞慧死時善心無色界無戒問曰何故無色界無戒荅曰非其田故乃至廣說戒與色俱無色界無色故無戒復有說者戒是四大造無色界無四大故無戒問曰無無漏四大亦無無漏戒耶荅曰無漏戒不以四大故是無漏以心故是無漏戒復次戒對治破戒及起破戒煩惱無色界無破戒及起破戒煩惱是故無戒問曰何故無色界無破戒及起破戒煩惱對治耶荅曰破戒及起破戒煩惱是欲界法無色界於欲界有四事極遠謂所依所依者是次第緣所行所緣對治極遠問曰若然者二禪三禪四禪無犯戒及起犯戒煩惱對治彼亦無迴轉戒色耶荅曰對治有二種一斷對治二過患對治二禪三禪四禪雖無斷對治有過患對治如世尊說不動法心解脫聖弟子入三昧斷不善法脩善法尒時彼身無不善法以過患對治故作如是說無色界無過患對治亦無斷對治

有二種戒一道俱生二定俱生道俱生戒是無漏定俱生戒是有漏若是

道俱生戒非定俱生戒若是定俱生戒非道俱生戒復有説者道俱生戒是無漏定俱生戒是有漏無漏是故道作初句若有道俱生戒彼有定俱生戒耶荅曰彼若有道俱生戒亦有定俱生戒頗有定俱生戒非道俱生戒耶荅曰有謂有漏戒復有説者道俱生戒是無漏定俱生戒是根本禪是故應作四句若有道俱生戒彼亦有定俱生戒耶若有定俱生戒彼亦有道俱生戒耶荅曰或有道俱生戒非定俱生戒乃至廣作四句道俱生戒非定俱生戒者謂未至中閒禪無漏定俱生戒非道俱生戒者根本禪中有漏戒道俱生戒亦定俱生戒者根本禪中無漏非道俱生戒非定俱生戒者未至中閒禪有漏戒一切欲界戒若得道俱生戒彼亦得定俱生戒耶若得定俱生戒彼亦得道俱生戒耶應作四句得道俱生戒非定俱生戒者未離欲得正决定見道中十五心道比智離欲者依未至禪得正决定見道十五心聖人離欲界欲方便

道九無㝵道八解脱道未離欲信解脱人轉根作見到方便無㝵解脱道未離欲聖人起無量心起不淨安般念處如是等時得道俱生戒非定俱生戒得定俱生戒非道俱生戒者凡夫人離欲界欲冣後解脱道離初禪欲即以初禪為方便方便道冣後解脱道若依二禪邊為方便方便道冣後解脱道乃至第三禪亦如是離第四禪欲若以第四禪為方便方便道起神通時五無礙道三解脱道離欲凡夫起無量心起初第二第三解脱起勝處起八一切處起不淨安般念處依禪起達分善根無色界死生色界時色界中上地死生下地時如是等時得定俱生戒非道俱生戒得道俱生戒定俱生戒者離欲人依未至禪得正决定道比智依上地得正决定見道十五心道比智聖人離欲界欲冣後解脱道離初禪欲方便道九無㝵道九解脱道如是乃至離非想非非想處欲離欲信解脱人轉根得見到方便無㝵解脱道時解脱阿羅漢轉根

得不動時方便道九無㝵九解脱道動禪時三心起神通時五無㝵道三解脱道離欲聖人起無量心解脱勝處一切處不淨安般念處辯無諍願智半多俱提迦空无相无願空無相無願滅空微細相如是等時得道俱生戒得定俱生戒不得道俱生戒定俱生戒者除上介所事若捨道俱生戒亦捨定俱生戒耶乃至應作四句捨道俱生戒非定俱生戒者得須陁洹果得斯陁含順次得阿那含未離欲信解脱轉根得見到斯陁含果於勝進道退須陁洹果勝進道退是時捨道俱生戒不捨定俱生戒捨定俱生戒不捨道俱生戒者凡夫人離欲色界欲退時凡夫人聖人欲色界命終生無色界色界命終生欲界中是時捨定俱生戒不捨道俱生戒捨道俱生戒亦捨定俱生戒者依禪得阿那含果阿羅漢果離欲信解脱轉根得見到時解脱轉根得不動退阿羅漢果阿那含勝進道退阿那含果是時捨道俱生戒亦捨定俱生戒不捨

道俱生戒不捨定俱生戒者除上尒所事若成就道俱生戒亦成就定俱生戒耶乃至廣作四句成就道俱生戒非定俱生戒者生欲界中未離欲聖人是名成就道俱生戒非定俱生戒成就定俱生戒非道俱生戒者生欲界中離欲凡夫人亦生色界中是名成就定俱生戒非道俱生戒俱成就者生欲界中聖人離欲界欲亦生色界中是名俱成就俱不成就者生欲界凡夫人不離欲生無色界凡夫人是名俱不成就若不成就道俱生戒亦不成就定俱生戒耶乃至廣説作四句前成就初句作第二句第二句作第一句第三句作第四句第四句作第三句

有四種戒一逮解脱戒二禪戒三無漏戒四斷戒逮解脱戒者欲界戒禪戒者色界戒無漏戒者道俱生戒斷戒者禪戒無漏戒其事云何離欲界欲九無㝵道中世俗迴轉色是名禪戒斷戒離欲界欲九無㝵道中無漏迴轉色是名無漏戒斷戒問曰何故離欲界欲九無㝵道中迴轉色名斷戒耶荅曰以離欲界欲九無㝵道中迴轉色是犯戒及起犯戒煩惱對治以是事故應作四句若是禪戒彼亦是斷戒耶若是斷戒亦是禪戒耶乃至廣作四句是禪戒非斷戒者除離欲界欲九無㝵道中迴轉色諸餘世俗迴轉色是名禪戒非斷戒是斷戒非禪戒者離欲界欲九無㝵道中無漏迴轉色是名斷戒非禪戒俱是者離欲界欲九無㝵道中世俗迴轉色是名俱是俱非者除離欲界欲九無礙道中無漏迴轉色諸餘無漏道迴轉色是名俱非若是無漏戒彼亦是斷戒耶乃至廣作四句是無漏戒非斷戒者除離欲界欲九無㝵道中無漏迴轉色諸餘無漏迴轉色是名無漏非斷戒是斷戒非無漏戒者離欲界欲九無礙道中世俗迴轉色是名斷戒非無漏戒俱是者離欲界欲九無礙道中無漏迴轉色是名俱是俱非者除離欲界欲九無礙道中世俗迴轉色諸餘世俗迴轉色是名俱非

問曰此四種戒若成就者成就幾種耶荅曰或有但成就逮解脱戒或有但成就禪戒或有但成就無漏戒無有但説成就斷戒者或有成就逮解脱戒禪戒者無有但成就逮解脱戒無漏戒者無有但成就逮解脱戒斷戒者或有但成就無漏戒禪戒者或有但成就禪戒斷戒者無有但成就無漏戒斷戒者或有成就逮解脱戒禪戒無漏戒非成就斷戒者或有成就逮解脱戒禪戒斷戒非成就無漏戒者無有成就逮解脱戒無漏戒斷戒非禪戒者或有成就禪戒無漏戒斷戒非成就逮解脱戒者或有成就四種者成就逮解脱戒非餘者生欲界中受戒不得色界善心者也但成就禪戒非餘者生欲界中不受戒具縛凡夫人得色界善心生第二第三第四禪凡夫人也但成無漏戒非餘者聖人生無色界者也但成就逮解脱戒禪戒非餘者生欲界中受戒具縛凡夫人得色界善心者也但成就禪戒無漏戒者生欲界聖人不受戒

欲界修道所斷具縛聖人生二禪三禪四禪者也成就禪戒斷戒非餘者生欲界中凡夫人不受戒離欲界欲一種乃至九種凡夫人生初禪中者也成就逮解脫戒禪戒無漏戒非斷戒者生欲界中受戒聖人欲界修道所斷具縛者也成就逮解脫戒禪戒斷戒非無漏戒者生欲界中凡夫人受戒離一種欲乃至九種是也成就禪無漏斷戒非逮解脫者生欲界中不受戒聖人離一種欲乃至九種生初禪中聖人者也成就四種者生欲界中受戒聖人離一種欲乃至九種問曰此四種戒幾與心迴轉幾不與心迴轉荅曰三與心迴轉所謂禪無漏斷戒一不與心迴轉所謂逮解脫戒問曰何故逮解脫戒不與心迴轉荅曰非其田乃至廣說復次逮解脫戒麁心迴轉戒細復次逮解脫戒重心迴轉戒輕復次逮解脫戒從有作生心迴轉戒從心生復次逮解脫戒從他生心迴轉戒從自生復次逮解脫戒從衆聚和合生心迴轉戒不尒

復次逮解脫戒假施設受得心迴轉戒從法而得復次逮解脫戒行不及心心迴轉戒行則及心復次逮解脫戒為破戒所蔽心迴轉戒不為破戒所蔽復次逮解脫戒為惡心劫煞意所蔽心迴轉戒不為所蔽復次心迴轉戒與心俱生住滅逮解脫戒不尒復次心迴轉戒與心同一果一依一報逮解脫戒與上相違復次法應如是心若善心迴轉法亦善心若不善無記心迴轉法亦不善無記逮解脫戒是善若與心迴轉者唯與善心迴轉不善無記心應斷復次法應如是欲界繫心欲界繫迴轉色界繫心色界繫迴轉無色界繫心無色界繫迴轉不繫心不繫迴轉逮解脫戒是欲界繫若與欲界繫心迴轉色無色界繫心及不繫心現在前時應斷復次法應如是學心學迴轉無學心無學迴轉非學非無學心非學非無學迴轉逮解脫戒是非學非無學若與非學非無學心迴轉學無學心現在前時應斷復次法應如是見道所斷心

見道所斷迴轉修道所斷心修道所斷迴轉無斷心無斷迴轉逮解脫戒是修道所斷若與修道所斷心迴轉見道所斷心無斷心現在前時應斷復次逮解脫戒若與心迴轉者應未來世修若未來世脩亦無有過應未來世成就然無未來世成就復次逮解脫戒與迴轉者界地還生時應得若從色無色界命終生欲界中相續心時應得有如是過則無三種人差別謂住戒住非戒住非戒非非戒復次逮解脫戒以四事故捨一捨戒時二變成二形時三死時四斷善根時若當逮解脫戒與心迴轉者不以此四事亦應捨復次逮解脫戒從受以後一切時生謂眠狂迷悶等時若逮解脫戒與心迴轉者有心時則有無心時應斷復次逮解脫戒與心迴轉者則受戒人無有上下然有上下欲令無如是等過故逮解脫戒不學心迴轉煖法迴轉戒是破戒捨對治頂法忍法世第一法見道修道中道比智迴轉戒是時於破戒作二種對

阿毘曇毘婆沙論卷第十　第三十四張　拾字號

治遠分對治持對治離欲界欲方便道迴轉戒與破戒作捨對治離欲界欲初無𭆗道迴轉戒與破戒作遠分對治持對治與起破戒煩惱作斷對治捨對治七無𭆗道迴轉戒與破戒作遠分對治持對治與起破戒煩惱作捨對治斷對治遠分對治持對治第九無𭆗道與破戒作斷對治遠分對治持對治與起破戒煩惱作斷對治捨對治遠分對治持對治除上所說迴轉戒諸餘迴轉戒與破戒及起破戒煩惱作遠分對治持對治問曰如法智迴轉戒能捨破戒及起破戒煩惱非比智何以言比智有迴轉戒耶尊者和須蜜荅曰彼是因故復次屬彼故復次與彼相續故復次從彼生故復次此已住對治法故所以者何若當法智不捨破戒及起破戒煩惱者比智當捨復次對治法多比智與破戒及起破戒煩惱雖不作捨對治斷對治而作遠分對治持對治尊者佛陀提婆記曰若當法智有迴轉戒比智無迴轉戒者則雖有能對治戒然世尊說有能對治戒有不能對治戒

阿毘曇毘婆沙論卷第十　第三十五張　拾字號

問曰為欲界戒多為色界戒多荅曰或有說者欲界多所以者何以根本業前業後業可得故又以從正性罪遮罪可得故色界唯有根本業性業非餘處可得評曰應作是說色界戒多但未至禪所可攝戒與欲界戒等餘者則多問曰有漏戒多無漏戒多荅曰或有說者有漏戒多有漏戒有二種一種少分無漏戒少無漏戒有一種一種少分評曰應作是說無漏戒多但苦法忍迴轉戒則與有漏戒等餘則是多問曰苦法忍迴轉戒多盡智無生智迴轉戒多荅曰或有說者苦法智迴轉戒於苦法忍迴轉戒一倍勝如是次第轉倍勝乃至盡智無生智於施設經說善通所謂苦法智勝苦法忍乃至道比智勝道比忍離欲界欲方便道一無𭆗一解脫則勝如是轉轉勝乃至第九解脫所以者何如漸漸捨破戒及破戒煩惱彼戒亦漸漸增益如是次第轉轉一倍勝乃至盡智無生智評曰如是說者好如苦法忍戒乃至盡智無生智戒等無有異所以者何同從身口七善生故問曰若然者施設經說云何通荅曰從因生增益故作如是說如苦法智從苦法忍因生而得增益乃至盡智無生智亦如是如是等戒盡是七善問曰佛戒多聲聞戒多荅曰或有說者聲聞戒多非佛所以者何佛唯有一界身戒聲聞有二界身戒評曰應作是說佛戒多所以者何力無畏大悲三不共念處如是等戒聲聞辟支佛所無

阿毘曇毘婆沙論卷第十　第三十六張　拾字號

問曰生欲界中得阿羅漢道得幾地身迴轉戒荅曰如西方沙門作如是說得二十六地身迴轉戒所以者何初禪地有三種所謂梵迦夷梵富樓大梵如罽賓沙門說曰得二十五地身迴轉戒所以者何初禪有二處所所謂梵迦夷梵富樓大梵天即梵富樓攝故猶如村落與阿練若處得彼地身迴轉戒未來世中脩不得起現在前所以者何即彼地報身能起彼

地身迴轉戒現在前諸餘地身迴轉戒成就不起現在前生無色界成就不起現在前所以者何此戒是六地所攝未至禪乃至第四禪無色界自地無戒下地所攝不能起現在前問曰諸生下地盡能起現在前耶答曰不盡起也所以者何一切功德不必盡起現在前故過惡猶不盡起現在前何況諸功德諸功德皆從方便生如先所說依彼地報身起彼地身迴轉戒無有一時起二地報身現在前者何況多也是故得二十五地身迴轉戒不盡起現在前

問曰何故世尊弟子生無色界成就道俱生戒不成就定俱生戒何以故無色界阿羅漢成就道俱生戒不成就定俱生戒答曰或有說者世俗戒縛是繫法是以不成就無漏戒不縛不是繫法是以成就復有說者世俗戒墮世界中墮在地中是故不成就無漏戒雖在地中不墮界中是故成就

問曰諸佛世尊有百年時身戒乃至八万歲時身戒若百年時身得阿耨多羅三藐三菩提為得八万歲時身戒不耶若得者云何此身得異身中戒若不得者施設經說云何通如說諸佛世尊皆等應作是論得問曰若然者云何此身得異身中戒答曰若以此身得異身戒復有何過復次百年時得阿耨多羅三藐三菩提於百年時身所得戒名得在身中成就現在前異身中戒名得不在身中名成就不現在前八万歲時身得阿耨多羅三藐三菩提於八万歲時身所得戒名得在身中成就現在前於餘異身名得不在身中名成就不現在前復有說者不得問曰若然者施設經說云何通如說諸佛皆等答曰即彼經說以三事故等過去世積行皆等所得法身皆等利世間皆等過去世積行皆等者如一佛於三阿僧祇劫行六波羅蜜然後得阿耨多羅三藐三菩提諸佛皆尒所得法身皆等者如一佛成就力無畏大悲三不共念處諸佛亦尒利世間等者如一佛度百千万那由他衆生令入涅槃諸佛亦尒復次根等故言等所以者何皆任增上根故戒亦等皆得增上戒故地亦等皆依第四禪得阿耨多羅三藐三菩提故

云何相似因乃至廣說問曰何以作此論答曰為止無過去未來法現在是無為法以如此文止無過法未來者意故復次為止諸相似法沙門意故彼作是說心唯與心作因受唯與受作因乃至慧唯與意作因為止如是意故作如是說心與心數法心數法與心作相似因以如是事故而作此論

問曰以何等故作如是說前生善根與後生善根及善根相應法作相似因而不作是說過去善根與現在善根及善根相應法作相似因答曰欲現過去有前後義故過去法衆多應有前後若作是說過去法與現在作相似因者則不明過去於過去有相似因若作是說則明過去於過去有相似因問曰以何等故前生善根不

說相應法後生善根說相應法荅曰應作是說前生善根善根相應法與後生善根及善根相應法自界中作相似因中因而不說者當知此是有餘說如先所說此文說因處不盡復有說者為止說相似法沙門意故彼作是說善根與善根作相似因非善根相應法善根相應法與善根相應法作相似因非善根不善無記根亦如是為止如是意故作如是說善根與善根相應法善根相應法與善根作相似因自界中者欲界還與欲界色界還與色界無色界還與無色界如說自界自地亦如是初禪地還與初禪地乃至非想非非想處還與非想非非想處過去善根與未來現在過去現在與未來善根作相似因中因問曰何以復作此論荅曰若別世說於文不亂乃至廣說自界無記根亦如是前生不善根乃至廣說問曰以何等故此不善根中不說自界耶荅曰以不善根唯在欲界故復有說者應說自種見苦所斷種還與見苦所斷種乃至修道所斷種還與修道所斷種復有說者應作是說說善根已不善無記根亦如是問曰若然者不善根唯在欲界云何言自界耶荅曰以自種故言是自界問曰以何等故不作是說前生不善根與後無記根前生無記根與後生不善根作相似因耶荅曰或有說者應作是說而不說者當知此義是有餘說復有說者若作是說則明不善根在三界中無記根唯在欲界少因則有多果多因則有少果故

問曰未來世有相似因不若有者此中何以不說如說云何相似因荅曰前生善根與後生善根善根相應法自界相似因中因如是過去與未來現在過去現在與未來作相似因中因而不說未來與未來作相似因中因若有者云何不二心展轉為因若無者此說云何通如說若法能與彼法作因或時而不與彼法作因耶荅曰不也問曰此法與彼法或時作因或時不作因若法生者則作因若不生者則不作因何以言不也若無者波伽羅那說云何通如說非心因法云何荅曰得正決定人初無漏心是也諸餘凡夫必當得正決定者初無漏心問曰如未得正決定者一切無漏心是非心因法何以但說初無漏心耶若無者復與此經餘所說相違如說苦諦或以身見為因不與身見作因乃至廣說身見為因不與身見作因者除過去現在見苦所斷使及使相應法苦諦除過去現在見集所斷一切遍使及使相應法苦諦除未來世身見及身見相應法諸餘染汙苦諦是謂以身見為因不與身見作因問曰如未來身見不能與未來身見作因何以故除未來身見及身見相應法若無者識身經說云何通如說過去染汙眼識諸使所使亦是因耶若是因亦使所使耶應廣作四句是因不為使所使者諸使在彼心前是自界一切遍不緣若緣已斷相應使解脫為使所使非因者諸使在心後彼是自界一切遍緣而不斷亦因

亦使者諸使在彼心前是自界一切遍緣而不斷相應使不解脫非因非使者諸使在彼心後是自界一切遍非緣緣者已斷他界一切遍使如過去未來現在亦應如是廣作四句問曰過去現在四句可介未來云何通若無者施設經說云何通如說諸法以四事故決定一因二果三所依四所緣若無者云何不無因而有因無果而有果荅曰應作是說未來世無相似因以無故所以不說亦無二心展轉相因過問曰若然者如所說若法能與彼法作因或時不作因乃至廣說此云何通荅曰或有說者此中以二因故作論所謂相應因共生因復有說者以四因故作論所謂相應因共生因報因所作因復有說者以五因故作論除所作因所以者何一切處不遮故應作是說以六因故而作論問曰有法或與彼法作因或時不作因何故作如是說若法能與彼法作因或時不與彼法作因荅言不也荅曰此說宗後生時能作一切遍相似因義從是已後生者無不以此法為因問曰若然者此說云何通如說若法能與彼作次第或時不作次第荅曰若彼法未生問曰次第緣寂後生時亦能作次第緣義從是已後生者無不以此為次第緣何以荅言未生不說寂後生時耶荅曰應說而不說者當知此義是有餘說復次現異說異文若以異文莊嚴於義義則易解復次現二門義故現二種略義故現二種入法性故現二種炬故現二事故現二種文影故現俱生俱通故如說寂後生因義亦應說寂後生緣義如說次第緣未生義亦應說因未生義說現二門義乃至廣說如波伽羅那說非心因法乃至廣說云何通荅曰此說究竟非心因法如未得正決定者一切無漏心未生盡是非心因法若得正決定時初無漏心是非心因法諸餘無漏心是心因法是故彼經說初無漏心是非心因法復有說者此中不說相似因此說二種凡夫所謂能得涅槃者不能得涅槃者此中說不能得涅槃者言是非心因何以知有不得涅槃者荅曰如此所說必得正決定者當知亦有不必得正決定者如是則所說善通如此波伽羅那第二所說除未來身見及身見相應法此云何通荅曰應作是說除未來身見相應法諸餘染汙苦諦如是者此亦善通如識身經說復云何通荅曰如過去作四句現在亦應作四句未來世應作三句或有是因非使所使或是因為使所使或非是因非使所使是因非使所使者諸使與彼心相應已斷是因為使所使者諸使與彼心相應不斷非是因非使所使者如餘緣他使所使他界一切遍使應作如是說而不說者有何意荅曰欲現未來世有前後義故如施設經說一切有為法有四事決定此義云何通荅曰因者說四因相應因共生因報因所作因果者說三果功用果報果威勢果所依者說六種所謂眼識及相應法依眼乃至意識意識相應法依意緣者眼識眼識相

應法緣色乃至意識意識相應法緣法云何不無因而有因無果而有果者荅曰如我義亦無因而有因無果而有果言因者以時故說非謂無法而有復有說者未來世中有相似因問曰若然者諸所難者善通經文何以不說荅曰應說而不說者當知此義是有餘說復有說者此說相似因不盡此中唯說因有力能與果取果者未來世相似因不能與果取果若有者云何不二心展轉相因荅曰未來世中有四行相隨從以通此事如無常行有四行相隨從苦空無我亦有四行相隨從如無常行先生為因後生三行不能與無常行作因餘三行亦如是若作是說依第四禪得阿羅漢彼第四禪相隨從有九地無漏未來世修若出彼禪欲起無漏初禪現在前時則無有因何以故以無相隨從故若然者過去現在無漏道則有作相似因者有不能作者復違此經文前生善法與後生善法

乃至廣說欲令無如是等過者未來世中無相似因問曰色法為有相似因不荅曰辟喻者作如是說色法無相似因以緣力故生其事云何如鑿地深百肘出泥天雨日曝風吹而便生草如此泥未曾生物如屋上生草樹此處亦未曾生物誰與彼作相似因問曰若然者彼文云何通如說過去四大與未來四大因威勢緣彼作是荅我無如是經欲去如是文故作如先說以是事故不必須通若欲必通者當云何通彼威勢緣有二種有近有遠有在此身有在餘身諸近在此身者說名為因若遠在餘身者說名為緣何毗曇人作如是說色法有相似因問曰若有者辟喻者說云何通荅曰以有種子在彼法中住但未得生死因緣故不生若得便生屋上生草樹者若鳥銜種來若風吹來然後乃至以是事故色法有相似因復有說者色法有相似因亦與相似法作因亦與不相似法作因與相似法作因者與此身

相似作因不與餘身相似作因與此身相似作因者如此身歌羅羅時與歌羅羅作相似因作不相似因者如歌羅羅與老作因如此身阿浮陀時與阿浮陀作因乃至老時亦作因與歌羅羅作如是此身老時與老時作因與餘時作緣非因若作如是說者初歌羅羅則無因最後從色則無果復有說者色法有相似因與相似法作因不與不相似法作因亦與此身相似法作因亦與餘身相似法作因餘身相似法與此身相似法作因此身相似法亦與餘身相似法作因於餘時作緣非因如是餘身老時與此身老時作因此身老時復與餘身老時作因於餘時作緣非因復有說者色法有相似因與相似法作因亦與不相似法作因與此身作因亦與餘身作因如餘身歌羅羅與此身歌羅羅作因此身歌羅羅乃至與老時作因此身歌羅羅與餘身歌羅羅作因乃至與餘身老時作因餘身阿浮陀與此身阿浮陀作因乃至老時作因

此身阿浮陁與餘身阿浮陁作因乃至老時作因於歌羅羅時作緣非因餘身老時與此身老時作因此身老時與餘身老時作因於餘作緣非因評曰應作是說餘身十時與此身十時作因此身十時與餘身十時作因外法當知隨所應亦如是說

善五陰展轉為因染汙亦如是展轉為因不隱没無記五陰或有說者展轉為因復有說者不隱没無記四陰與不隱没無記色陰為因色陰不能與不隱没無記四陰作因何以故性羸劣故復有說者不隱没無記色陰與不隱没無記四陰作因不隱没無記四陰不與不隱没無記色陰作因所以者何四陰是勝法色陰是下法勝法不為下法作因復有說者不隱没無記四陰不與色陰作因不隱没無記色陰不與四陰作因不隱没無記四陰展轉為因不隱没無記四陰有三種謂威儀工巧報彼三種展轉為因不荅曰或有說者展轉為因復有說者報與報作因亦與威儀工巧作因威儀與威儀作因亦與工巧作因不與報作因勝法不與下法作因故工巧與工巧作因非報非威儀勝法不與下法作因故復有說者此三法展轉為因所以者何同在一界同一縛故評曰不應作如是說訖所說者好

染汙法有九種下下下中下上中下中中中上上下上中上上問曰彼為展轉作因不荅曰展轉為因問曰若然者云何有九種荅曰對治有九種故此法亦有九種其事云何如下下修道對治上上煩惱乃至上上修道對治下下煩惱以對治有九種故此法亦有九種復有說者以現前行有九種故善法亦有九種下下乃至上上問曰此法為展轉為因不荅曰善法有二種有生得善方便善彼生得善九種相於展轉為因問曰若然者云何有九種荅曰以報有九種故此法有九種如宗勝善能生宗勝報乃至下下善生下下報復有說者以此法現前行有九種故方便善亦有九種下下乃至上上問曰此法展轉為因不荅曰不也下下與下下作因乃至與上上作因生得善與方便善作因以方便善勝故方便善不與生得善作因以生得善劣故方便善有三種聞慧思慧修慧問曰此展轉作因不荅曰不也聞慧與聞慧作因亦與思慧修慧作因思慧與思慧作因不與修慧作因以不同界故不與聞慧作因以聞慧下故修慧與修慧作因不與聞慧思慧作因以異故以下故修慧有四種有煖頂忍世第一法頂法與煖法作因乃至與世第一法作因頂法與頂法作因乃至與世第一法作因忍法與忍法作因亦與世第一法作因

欲界變化心有四種初禪果乃至第四禪果問曰此四種心為展轉作因不荅曰初禪果為初禪果作因乃至第四禪果為第四禪果作因所以者何如禪不展轉作因彼果亦如是復有說者初禪果與初禪果作因乃至與第四禪果作因二禪果與二禪果

作因乃至與第四禪果作因三禪果與三禪果作因亦與第四禪果作因第四禪果與第四禪果作因復有說者盡展轉為因所以者何俱墮一界同一縛故評曰如第二說者好問曰如初禪地有識身有變化心為展轉作因不荅曰識身為變化心作因非變化心為識身作因所以者何勝法不為下法作因故

問曰若相似因能取果者亦能與果耶荅曰若能與果亦能取果頗有能取果不能與果耶荅曰有阿羅漢冣後陰如此是揔說今當分別說善不善無記問曰若善相似因能取果者亦能與果耶若能與果者復能取果耶乃至廣作四句取果不與果者斷善根時冣後捨善根得與果不取果者善根得冣初現在前取果與果者如不斷善根餘時不取果不與果者除上尒所事若不善相似因能取果亦能與果耶乃至廣作四句能取果不能與果者如離欲界欲冣後捨不善得能與果不取果者離欲界欲退

不善得冣初生能取果能與果者如不離欲者餘時不取果不與果者除上尒所事若隱沒無記法相似因能取果亦能與果耶能與果亦能取果耶乃至廣作四句能取果不能與果者如離非想非非想處欲冣後捨隱沒無記得與果不取果者退阿羅漢果時隱沒無記得冣初生取果與果者不離非想非非想處欲餘時不取果不與果者除上尒所事若不隱沒無記相似因取果者亦能與果耶荅曰若能與果彼亦能取果若不取果云何與頗有取果不與果耶荅曰有阿羅漢冣後心已說善不善無記相今當說能緣相若善相似因能取果亦能與果耶若與果亦能取果耶乃至廣作四句能取果不與果者善心次第生不善無記心現在前與果不取果者若不善心無記心次第善心現在前取果與果者如善心次第善心現在前不取果不與果者除上尒所事若不善心相似因能取果者亦能與果耶若與者亦能取果耶乃至

廣作四句取果不與果者如不善心次第若善心無記心現在前與果不取果者如善心無記心次第不善心現在前取果與果者如不善心次第不善心現在前不取果不與果者除上尒所事若隱沒無記心相似因能取果亦能與果耶若能與果亦能取果耶乃至廣作四句能取果不與果者隱沒無記心次第善不善不隱沒無記心現在前與果不取果者善不善不隱沒無記心次第隱沒無記心現在前取果與果者隱沒無記心次第隱沒無記心現在前不取果不與果者除上尒所事若不隱沒無記心相似因能取果亦能與果耶若能與果亦能取果耶乃至廣作四句取果不與果者不隱沒無記心次第善不善隱沒無記心現在前與果不取果者善不善隱沒無記心次第不隱沒無記心現在前取果與果者不隱沒無記心次第不隱沒無記心現在前不取果不與果者除上尒所事已說相似因有緣相相似因相續相今當

阿毗曇毗婆沙論卷第十　第十五張　法字號

說若相似因取果亦能與果耶若能與果亦能取果耶乃至廣作四句善心後相續生二十善心果不與果者除第二心餘十八心與果不取果者初心滅在過去十八心若生現在前取果與果者第二心是也不取果不與果者除上尒所事不善隱没無記不隱没無記亦如是

頗一剎那項若得相似因亦得相似因因耶若得相似因因亦得相似因耶乃至廣作四句得相似因不得相似因因者從上沙門果退住須陁洹果勝進道本得須陁洹初果現在前是時不成就見道得相似因因不得相似因者如本住須陁洹果勝進道能與後生沙門果作相似因得相似因亦得相似因因者除須陁洹初心諸餘須陁洹果曾起現在前不得相似因亦不得相似因因者除上尒所事頗一剎那項知相似因不知相似因所緣耶知相似因所緣不知相似因耶乃至廣作四句知相似因不知相似因所緣者見道中道法智緣前生苦集滅智

阿毗曇毗婆沙論卷第十　第十六張　法字號

分知相似因所緣不知相似因者緣未生法智分知相似因亦知相似因所緣者道法忍是也不知相似因不知所緣者除上尒所事

問曰相似因有增減不荅曰有其事云何或有前身煩惱作增上相似因非今身曾聞阿難入舍衛城乞食時摩鄧伽女見已隨逐而行所以者何以五百世中曾為阿難妻今見阿難欲覺熾盛無心能離如長老孫柢迦在菴羅林中坐是時三惡覺意增上所以者何曾聞此長老本昔曾於此林處作王若本五樂自娛樂處則欲覺增上心生猒患從至餘處恚覺增上所以者何本為王時恒於此處割截人民手足頭耳故恚覺增上心生猒患復至餘處害覺增上所以者何曾於此處繫縛鞭打人民奪其財物故害覺增上如是等過去身煩惱作增上相似因非此身也或有欲心與恚心作增上相似因令恚心增上或有恚心與欲心作相似因令欲心增上如說不善說善無記亦如是以是

阿毗曇毗婆沙論卷第十　第十七張　法字號

事故當知相因因有增減是相似因定在過去現在世果是依果

阿毗曇毗婆沙論卷第十

阿毗曇毗婆沙論卷第十

校勘記

一　底本，金藏廣勝寺本。
一　三七九頁中一行至四行經名、釋者、譯者、品名，資、磧、普、南、徑、清無(未换卷)。
一　三七九頁中五行「論曰」，資、磧、普、南、徑、清作「説曰」。
一　三七九頁下一八行「所依」，諸本(不含石，下同)作「所作」。
一　三八〇頁上一一行「受汝」，諸本作「受法」。
一　三八〇頁上一六行第七字「𢯷」，諸本作「挽」。
一　三八〇頁下七行「一心一」，資、磧、普、南、徑、清作「一心一心」。
一　三八〇頁下末行首字「依」，徑作「以」。
一　三八一頁上八行首字「斤」，資、磧、普、南、徑、清作「片」。
一　三八二頁上一三行第三字「於」，徑作「與」。
一　三八三頁上一四行首字「心」，資、磧、普、南、徑、清無。
一　三八三頁中二行末字「因」，諸本作「同」。
一　三八三頁中四行「轉義」，至此，資、磧、普、南、徑、清卷第十二終，卷第十三始，資、磧、普、南有品名「雜揵度智品之八」；徑、清有品名「雜揵度智品第二之八」。
一　三八三頁下一三行夾註首字「緣」，資、磧、普、南、徑、清作「緣也」。
一　三八三頁下一九行末字「身」，資、磧、普、南、徑、清作「身中」。
一　三八四頁下五行第七字「空」，資、磧、普、南、徑、清作「空空」。同行第九字及第一四字「相」，麗作「想」。
一　三八四頁下六行第三字「空」，資、磧、普、南作「室」；麗作「定」。同行「等時」，徑、清作「等等」。
一　三八五頁下一九行第九字「成」，資、磧、普、南、徑、清作「成就」。
一　三八六頁上九行「九種」，資、磧、普、南、徑、清作「九種欲」。
一　三八六頁下八行第四字「與」，諸本作「與心」。
一　三八六頁下一一行第一一字「住」，麗無。
一　三八六頁下二〇行末字「學」，諸本作「與」。
一　三八七頁上二二行「記曰」，諸本作「説曰」。
一　三八七頁中六行「唯有」，諸本作「雖有」。
一　三八七頁中一一行及一二行「少分」，諸本作「少入」。
一　三八七頁下三行「何同」，資、磧、普、南、徑、清作「何因」。
一　三八八頁上二〇行「墮世」，諸本作「墮在」。
一　三八八頁中五行「是論」，資、磧、普、南、徑、清作「是説」。
一　三八八頁中六行「中戒」，麗作「口戒」。

一 三八八頁中二〇行第三字「六」，諸本作「四」。

一 三八八頁下八行「過法」，諸本作「過去」。

一 三八八頁下九行「復次爲止諸相」，資、磧、普、南、徑、清作「復以爲止謂相」；麗作「復次爲止説相」。

一 三八八頁下一一行「意作」，諸本作「慧作」。

一 三八八頁下一三行第九字「如」，資、磧、普、南、徑、清無。

一 三八九頁上一三行「色界無色界還與無色界」，資、磧、普、南、徑、清作「無色界無色界還與色界」。

一 三九一頁中一一行「先説」，資、磧、普、南、徑、清作「是説」。

一 三九一頁中一五行「何毗曇」，諸本作「阿毗曇」。

一 三九一頁中一八行「生死」，諸本作「生芽」。

一 三九一頁中二〇行「乃至」，諸本作「乃生」。

一 三九一頁下六行第四字「作」，諸本作「作緣」。

一 三九一頁下八行第一〇字「從」，資、磧、普、南、徑、清無。

一 三九一頁下二〇行「與老」，資、磧、普、南、徑、清作「身老」。

一 三九二頁中一六行「下下」，諸本作「從下下」。

一 三九二頁下一一行第一〇字「異」，諸本作「異界」。

一 三九二頁下一二行末字「頂」，資、磧、普、南、徑、清作「暖」；麗作「煗」。

一 三九三頁上七行第八字「爲」，徑、麗作「與」。

一 三九三頁上一三行第二字「陰」，南作「除」。

一 三九三頁中末行第七字「者」，諸本作「果者」。

一 三九三頁下四行「次善」，諸本作「次第」。

一 三九四頁上三行第一〇字「果」，諸本作「取果」。

一 三九四頁上一一行第一一字「因」，資、磧、普、南、徑、清作「因因」。

一 三九四頁中一〇行第九字「如」，資、磧、普、南、徑、清作「斷」。

一 三九四頁中一四行「從至」，資、磧、普、南、徑、清作「復至」；麗作「後至」。

一 三九四頁下一行第五字「相」，諸本作「相似」。

一 三九四頁下卷末行「第十」，資、磧、普、南、徑、清作「第十三」。

阿毗曇毗婆沙論卷第十一　分

迦旃延子造　五百羅漢釋

北涼天竺沙門浮陀跋摩共道泰等譯

雜揵度智品之七

云何一切遍因前生見苦所一切遍使乃至廣說問曰何以作此論答或有說者一切結使盡是遍使為止如是意故亦明結使是一切遍非一切遍而作此論復有說者此五種所斷結有一切遍非一切遍為止如是意明苦集所斷使有一切遍非一切遍故而作此論復有說者苦集所斷使盡是一切遍滅道所斷使盡是無漏緣為止如是意明苦集所斷有一切遍有非一切遍滅道所斷使有有漏緣有無漏緣故而作此論復有說者諸使通三界者是一切遍如諸見疑愛慢無明為止如是意明通三界使亦是一切遍非一切遍而作此論復有說彼者无明有愛是一切遍使如譬喻者說何故作是說耶答曰以是根本使故其事云何無明是前生緣起因

有愛是後生緣起因為止如是意亦明遍不遍使故而作此論復有說者五結是一切遍使所謂諸見愛慢無明心此是毗婆闍婆提所說如說偈

一切處五法　能廣生於苦　諸是愛無明　慢心是為五

為止如是意亦明一切遍不遍使故而作此論如是為止他義欲顯已義亦現法性相應義故而作此論

云何一切遍因答曰前生見苦所斷一切遍使乃至廣說問曰何故不先說過去答曰欲現過去世中有一切遍因故過去法衆多亦有前後若先說過去則不現過去世一切遍因若先作是說則明過去世有一切遍因其事云何若作是說過去於未來現在現在於未來是一切遍因則不明過去於過去有一切遍因若作是說則明過去世有一切遍因前生見苦所斷一切遍使後生見集滅道修道所斷使乃至廣說問曰自種一切遍使與自種一切不遍使作遍因不若作者此中何以不說若不作者何以

他種作自種不作答曰應作是說作問曰若然者何以不說答曰應作如是問前生見苦所斷一切遍使後生見苦集滅道修道所斷乃至廣說而不說者為有何意答曰欲明不成義自種使不說義已成是故欲明不成義故是以不說復次自種於自種有二種因所謂一切遍因相似因他種唯有一切遍因無相似因故是以不說復次自種於自種有二種增長所謂一切遍因門相似因門他種唯有一切遍因門增長故是以不說問曰何故前生見苦所斷一切遍使不說相應法後生使說相應法耶答曰應作是文前生見苦所斷一切遍使及相應法與後生見集滅道修道所斷使及相應法乃至廣說而不作者當知此義是有餘說復次為止說相似法沙門意故彼作是說便還與使作因不與使相應法作因使相應法與使相應法作因不與使作因為止如是說者意故作如是文使與使作因亦與使相應法作因使相應法與使相應法作因亦與使作因自界者欲界還與欲界作因色界還與色界作因無色界還與無色界作因如說自界自地亦介初禅地還與初禅地作因乃至非想非非想處還與非想非非想處作因過去見苦所斷乃至廣說問曰何以復作此論答曰為止言無過去未来以現在世是無為過於世故而作此論一切遍因未分別為分別故說見苦所斷相似略說故言見集所斷亦如是

問曰一切遍因體性是何答曰欲界有十一遍使見苦所断七五見疑無明見集所断四二見疑無明如是色無色界亦十一以是事故波伽羅那作如是說此九十八使幾是一切遍幾非一切遍答曰三十三是一切遍六十五非一切遍問曰如見苦所断無明使非一切遍何以故言三十三是一切遍六十五非一切遍答曰如西方沙門此文作如是說二十七是一切遍六十五非一切遍六當分別見苦所斷無明使或是一切遍或非一切遍云何一切遍見苦所斷非一切遍使不相應無明使如是說者好見苦所斷非一切遍使不相應無明使若作是說一切遍使相應無明則不攝不共無明所以者何彼不與使相應故云何非一切遍見苦所斷非一切遍使相應無明見集所斷亦如是西方沙門作如是說罽賓沙門何以不作如是說答曰是文應如是說如西方沙門若不說當知義則如是復次分多故其事云何見苦所斷無明使有十種七種是一切遍三種非一切遍見集所斷無明使有七種四種是一切遍三種非一切遍以分多故說在一切遍使分中復次彼見苦所断不共無明使一向是遍以自切用力生以是事故三十三是一切遍六十五非一切遍若說身見是一切遍當知相應無明亦一切遍其義已成邊見見取戒取邪見疑若說如是等是遍當知相應無明亦是遍若說愛恚慢是非一切遍當知相應無明亦非一切遍餘所不說者是何

唯有不共無明一向是一切遍以自切用力生以是事故作如是說三十三是一切遍六十五非一切遍皆是一切遍體性乃至廣說

已說體性所以今當說何故言一切遍一切遍有何義一切緣義是一切遍義於緣中有力義是一切遍義緣中有力義者能廣緣義是緣中有力義復次有三種一切本曾起故是一切遍義初一切者是九品使中一切者是一切衆生後一切者是一切有漏法處問曰何以知初一切後一切本曾起耶答曰如施設經說一切皆是苦於是苦法中無有一法凡夫人於中不起我我所見無有不起斷常亦謗無因無作亦起見最勝第一亦起見淨見解脱見是乘凡夫人無有不曾起疑心無智愚闇者如是等衆生有不曾起者以曾起三種一切故名一切遍復次若於一剎那起現在前能為五種所斷作因能緣五種所斷能令五種所斷生愚問曰云何能令緣無漏緣使於緣生愚答曰若計於我則謗於對治及我寂滅先於中愚然後生謗復次若於一剎那起現在前則為五種所斷作因亦能緣使是一切遍義彼相應法雖能作因亦能緣而不能使非使性故彼共俱生等雖能作因而不能緣亦不能使非緣非使性故

問曰遍使相應共有法為是一切遍為非一切遍若是者何以但說三十三使是遍若非者何以相應共有法或是一切遍或非一切遍答曰應作是說非一切遍問曰若然者何以相應共有法或是一切遍或非一切遍答曰如相應共有法或是使或非使如是相應共有法或是一切遍或非一切遍評曰應作是說是一切遍問曰若然者何以但說三十三是一切遍答曰為使故說所為有二種一為法二為使若為使故說有三十三若為法故說是一切遍復有說者此文以彰故說一切遍一以因故二以緣故三以使故彼遍使相應法以因以緣故名一切遍不以使故一切遍使共有法以因故不以緣不以使則以三事故而以為文以是事故共俱生等是一切遍問曰一切遍得為是一切遍不尊者僧伽婆修說曰是一切遍若一切遍得非一切遍者非一切遍是一切遍耶此難非難所以者何若作是說色法得非色非色是色耶如是說者好非是一切遍問曰何故一切遍生老住無常是一切遍得非一切遍耶答曰生老住無常與一切遍使同一果常相隨不相離前後不相遠得不同一果不相隨相離前後相遠於彼聚便為非聚如樹皮離樹彼亦如是問曰以何等故見苦見集所斷立一切遍使見滅見道所斷不立一切遍耶舊阿毗曇人作如是說此處是一切遍使族姓生地故復有說者見苦集所斷使同一意同一作以同意同作故所為牢固以牢固故立一切遍使彼見滅道所斷使意不同所作亦不同以不同故羸劣羸劣故不立一切遍使猶如城邑村落人民若意同所作同者村主惡敵不能

降伏若彼諸人意不同所作不同者則為村主怨敵之所降伏彼亦如是復有說者見苦集所斷使有二種作相應使亦作緣使是故立一切遍見滅道所斷使或作相應使緣使或唯作相應使是故不立一切遍使復有說者見苦集所斷使安立二足安立二足者即上二種使義見滅道所斷使不安立二足不安立二足者 即上一種使義復有說者見苦集所斷使於緣得增長云何於緣增長荅曰此緣有漏法以緣有漏法故能自增長如人觀月眼得增益無有損減彼亦如是見滅道所斷使於緣不得增長云何不得增長以緣無漏法若緣無漏法不得增長如人觀日眼無增長唯有損減彼亦如是復有說者一切見諦所斷結分為二分見苦集所斷作一切遍分非一切遍分見滅道所斷作有漏緣分作無漏緣分復有說者此諸結皆是墮相云何墮相荅曰墮在苦集中為苦集諦所攝故復有說者以苦集所斷使能遍緣一切有漏因果故復有說者以我見可得故問曰見集所斷有何我見可得耶荅曰雖無我見可得而有增長我見法可得復有說者若知見苦所斷果若知見集所斷因則見滅道所斷根本羸劣以羸劣故不立一切遍使如樹斷根故羸劣彼亦如是以如是等緣故不立一切遍

問曰何故見苦集所斷使立一切遍使立不遍使不一切遍者愛恚慢荅曰或有說者此無一切遍相故復有說者此是別相使若是揔相使立一切遍云何別相使荅曰於髮爪齒各各別起愛等諸使云何揔相使荅曰於一切界於一切地一切生處能取我見乃至能取無知愚闇復有說者難可熾燃是非一切遍易可熾燃是一切遍云何難可熾燃荅曰為欲故求瓔珞衣服塗香園林樓閣遊戲之處亦求妻妾侍女為恚故求種種鎧仗鬪戰之具為慢故見他莊嚴治身亦莊嚴治身以是難熾燃故不立一切遍云何易熾燃荅曰諸結若現在前猶如河流諸惡行煩惱不用功派行亦復如是復有說者此十使能緣四諦故立一切遍能緣者見疑無明

問曰何故滅道所斷愛恚慢見取戒取非無漏緣荅曰彼滅道無怨害故無愛恚彼體無可慢故不生慢見取見第一戒取見清淨若於滅道見第一清淨者云何是使以是事故愛等諸結非無漏緣

欲界有十一遍使九是他界緣二是自界緣自界緣者身見邊見問曰以何等故身見邊見不緣他界荅曰唯有介所勢力故復有說者身見邊見從麁法生亦從現見生於麁現見陰而取於我生欲界中色無色界陰是麁非現見問曰生色界中欲界陰是麁是現見何以色界身見不於欲界陰取我荅曰若是現見不離欲能於中取我生色界中欲界陰雖是現見以離欲故不於中取我復有說者生色界中欲界陰雖是現見法無有結使能緣下地問曰如是則因論生論以何等故無有結使能緣下地荅曰若

離下地欲上地煩惱現在前以離下地欲故上地煩惱不緣下地問曰何以知離下地欲上地煩惱現在前荅曰如施設經說有六種非戒欲界繫有二種有心相應心不相應色無色界繫亦有二種有心相應不相應若欲界繫心相應法非戒現在前則四種非戒現在前一欲界心相應二心不相應三色界心不相應四無色界心不相應色界繫心相應非戒現在前則三種非戒現在前一色界心相應二色界心不相應三無色界心不相應無色界繫心相應非戒現在前則二種非戒現在前一無色界心相應二心不相應此中諸煩惱以非戒名說以是事故知離下地欲上地煩惱現在前不緣下地

問曰以何等故欲界諸使能緣色無色界色無色界諸使不能緣欲界荅曰欲界是不定界非離欲地非修地不能善攝伏諸使故能緣色無色界色無色界是定地離欲地修地能善攝伏諸煩惱故彼諸使不能緣下地如人不攝伏己妻得與他人作非法事若善攝伏乃至不能以眼視他況作非法彼亦如是復有說者生欲界中於色無色界陰生疑惑心彼為是常耶非常耶為第一耶非第一耶為淨耶為非淨耶以有如是疑惑故能緣生色無色界中於欲界陰不生如是疑惑心故不緣欲界復有說者若色無色界使能緣欲界者則能緣使欲界若使欲界者則界壞問曰如欲界諸使緣色無色界而不使如是色無色界諸使緣欲界而不使者有何等過荅曰色無色界是尊勝界欲界諸使緣而不使欲界是卑賤界若色無色界諸使緣則能使如下賤人於尊勝者不能作不愛事如尊勝人於下賤者隨意能作彼亦如是

問曰如欲界有九種他界緣使色界亦有九種他界緣使無色界亦有他界緣使不荅曰或有說者無所以者何以上更無界故復有說者有以能緣故不以現在前故有評曰不應作是說更無有界彼何所緣初禪地有九種他地緣一切遍使乃至無所有處亦有九種非想非非想處為有他地緣一切遍使不荅曰或有說者無所以者何更無上地又不緣下地復有說者有以能緣故有不以現在前故有評曰不應作如是說更無上地彼何所緣

欲界邪見能緣三界苦集非一剎那須能謗先謗欲界若苦若集異剎那須謗色無色界問曰以何等故不於一剎那須謗三界若苦若集荅曰欲界邪見緣欲界亦使緣色無色界不使問曰以何等故緣欲界使緣色無色界不使耶荅曰欲界是緣處使處緣而則使色無色界是緣處非是使處雖緣不使復有說者欲界是緣聚使聚緣而則使色無色界是緣聚非使聚緣而不使復次欲界有五種一切遍果色無色界無故緣而不使復次欲界若見苦若見集所斷邪見緣三界若苦若集者云何而緣為如欲界緣而則使色無色界亦緣而則使耶為如色無色界緣而不使欲界亦緣

而不使耶若如色無色界緣而不使欲界亦緣而不使者無有自界使緣有漏法而不作二種使緣使相應使者若一時能緣三界苦集或有使或不使彼相應法亦應或有所使或無所使彼若然者有如是過則體无自使性亦壞相應法欲令無如是過故別緣欲界若苦若集別緣色無色界若苦若集如是初禪地邪見能緣八地若苦若集非一剎那頃能謗八地若苦若集先謗初禪地若苦若集異剎那頃謗餘七地若苦若集如是乃至無所有處邪見緣二地若苦若集非一剎那頃能謗二地若苦若集先謗無所有處若苦若集後異剎那頃謗非想非非想處若苦若集

欲界見苦集所斷邪見能緣三界苦集欲界見滅所斷邪見能緣欲界諸行滅問曰以何等故欲界見苦集所斷邪見能緣三界苦集見道所斷邪見唯緣欲界斷諸行對治尊者婆已說曰若為欲愛所愛起我我所見此法斷對治為欲界見道斷邪見所緣

彼我見法不能他界緣故復次欲界見苦集所斷邪見所緣異對治異欲界見道所斷邪見所緣即是其對治初禪地見苦見集所斷邪見能緣八地若苦若集初禪地見滅所斷邪見緣初禪地諸行滅廣說如上初禪地見苦集所斷邪見能緣八地若苦若集初禪地見道所斷邪見或有說緣斷初禪地諸行對治或有說緣九地比智分斷對治九地者從未至禪乃至無所有處評曰說緣一切比智分此是實義問曰以何等故初禪見滅所斷邪見緣初禪地諸行滅見道所斷邪見緣九地比智分荅曰滅不展轉作因道展轉作因如是乃至非想非非想處見苦集所斷邪見緣非想非非想處若集非想非非想處見滅所斷邪見緣非想非非想處諸行滅見道所斷邪見緣九地比智分餘問荅如初禪說

問曰如一使不能使一切云何名遍使荅曰捴而言之能使一切諸一切遍使是一切遍因一切遍因是一切

遍使耶應廣作四句是也一切遍使非一切遍因者未來一切遍使是也一切遍因一切遍使者過去現在一切遍使相應共有法是也是一切遍使一切遍因者過去現在一切遍使是也非一切遍使非一切遍因者除上尒所事

問曰見道所斷法盡為一切染汙法作因不若見道所斷法盡為一切染汙法作因者斷亦作因不斷亦作因斷與不斷有何差別若見道所斷法盡為一切染汙法作因者何故聖人修道所斷染汙或起現在前或不起現在前不起現在前者謂無有中愛瞋恚纏諸慢起現在前者謂諸餘愛恚纏慢若見道所斷法盡為一切染汙法作因者施設經說云何通如說頗法不善以不善為因耶荅曰有離欲聖人於彼退最初染汙思現在前若見道所斷法不為一切染汙法作因者波伽羅那說云何通如說何者是見道所斷作因法荅曰染汙法亦見道所斷法執若見道所斷法不為

一切染汙法作因者復與此經相違如說云何無記作因法答曰無記有為法不善法若不作因者復違此文如說以身見為因不為身見作因乃至廣說若不作因者復與識身經文相違如說頗有不善眼識以不善無記為因乃至不善意識以不善無記為因耶答言有答曰應作是說見道所斷法盡為一切染汙法作因問曰若然者諸復所說善通前所說者云何通答曰如所說斷與不斷有何差別者名即差別本作因時不斷今雖為因已斷是名差別復有說者前作因時則不為對治所壞今雖為因為對治所壞復有說者本作因時能於自身障导聖道今雖為因不障聖道復有說者本作因時能於自身辦所作事今雖為因不復能作復次本作因時於自身中能取果與果今雖為因不能取果與果唯除已取果者復次本作因時能於自身與相似因一切遍因今雖為因更不與相似因一切遍因復次本作因時能於自身取

依果報果與依果報果今雖為因不能取依報果復次本作因時於自身中生於諸得如火出煙今雖為因更不生得復次本作因時於自身中墮可嫌責墮在非法亦自染汙今雖為因於自身中不墮嫌責不墮非法亦不染汙斷與不斷是名差別何故聖人修道所斷染汙或起現在前或不起現在前答曰見道所斷法或與修道染汙法作相續近因或作不相續遠因若作相續近因者彼聖人則不起現在前若作不相續遠因者彼聖人則起現在前復次若得非數滅者不起現在前若不得者起現在前何故不起無有中愛現在前答曰彼為斷見所長養斷見相續生此愛聖人已斷斷見故不起此愛現在前何故不起瞋恚纏現在前答曰彼為邪見所長養邪見相續生此瞋纏聖人已斷邪見故不起此瞋纏現在前何故不起諸惕現在前答曰彼為我見所長養我見相續生此惕彼聖人我見已斷故此諸惕不現在前施設經說

云何通答曰為不斷因故說彼思有二種因有斷不斷彼說不斷因問曰如聖人未離欲時彼思以不善為因何故說退時答曰尒時此得斷還相續死結還生故問曰後相續思亦以不善為因何故說最初思耶答曰以尒時不成就今成就不相續今相續故復有說者非一切見道所斷法為一切染汙作因問曰若然者先所說善通波伽羅那識身經云何通答曰當以捴相通所以者何自有染汙色以見道所斷法為因者非一切色乃至行陰亦如是自有染汙眼識以見道所斷法為因非一切識乃至意識亦如是是故應以捴相通彼所說尊者奢摩達多立諸使異彼作是說自有見苦所斷使還以見苦所斷使為因自有見苦所斷使以見苦所斷為因亦以見集所斷為因自有見集所斷使以見集所斷為因自有見集所斷使以見集所斷為因亦以見苦所斷為因彼作是說實無是處以分別故說假設聖人見苦不見集乃至

從聖道起從聖道已若見集所斷使現在前此使當言見集所斷因見集所斷生生見集所斷因見苦所斷生答曰應作是說是使因見集所斷生見集所斷使因見苦所斷生不現在前所以者何彼因已斷故如是自有見滅所斷使唯以見滅所斷為因自有見滅所斷使以見滅所斷為因亦以見苦所斷為因自有見滅所斷使以見滅所斷為因亦以見集所斷為因無三種因見道所斷亦如是自有修道所斷法唯以修道所斷為因自有修道所斷法以修道所斷為因亦以見苦所斷為因自有修道所斷法以修道所斷為因亦以見集所斷為因無三種因諸修道所斷唯以修道所斷為因者聖人起現在前諸修道所斷以見苦所斷為因亦以見集所斷為因者聖人不起現在前所以者何因已斷故尊者奢摩達多作如是說則為通前所說彼作如是說如聖人離欲界欲諸修道所斷以修道所斷為因者修道所斷以見苦所斷為因者諸修道所斷以見集所斷為因者盡合集為束如剋契法九品斷後於離欲退諸修道所斷修道所斷為因者成就亦得諸修道所斷見道所斷為因者成就而不得所以者何因已斷故諸修道所斷使未來世成就亦得當起現在前退去者成就而不得評曰不應作是說所以者何同一對治斷使於彼對治道退時云何成就亦得云何成就不得如是波伽羅那識身經所說便不通如前說者好見道所斷法為一切染汙法作因

問曰如愛果斷地斷種斷他界緣何以不使他界他地但使他種耶答曰此一切遍使於自界自地五種中有依果故能使他界他地無依果故不使

問曰一切遍使報一切不遍使報展轉為因不答曰或有說者一切遍使報與不一切遍使報為因非一切遍使報不與一切遍使報作因所以者何如一切遍與不一切遍作因彼一切遍報亦與不一切遍報作因如他種不遍使不能與遍使作因如是不一切遍報不能與一切遍報作因評曰如是說者好一切遍報與不一切遍報作因不一切遍報與一切遍報作因所以者何一切遍使一切不遍使異一切遍使報一切不遍使報不異一切遍因定在過去現在果是依果

云何報因乃至廣說問曰何以作此論答曰為止他義故其事云何或有說者離思更無報因離愛更無報果如辟喻者說思是報因愛是報果為止如是意令離思有報因離愛有報果復有說者報熟因則失壞彼作是說為因乃至報未熟報熟因則失壞如為種乃至牙未生牙生則種失壞為止如是意明報熟因不失壞故復有說者為止諸外道意故外道言善惡諸業無有果報為止是意明善惡諸業有果報故復有說者為止摩訶僧祇部意故摩訶僧祇部作如是說唯心心數法能生報非餘法為止是意明五陰是報因是報果為止他義現於已義亦顯法相相應義故而

作此論

云何報因答曰諸心心數法受報色心心數法心不相應行乃至廣說色者是色陰心者是識陰心數法是三陰心不相應行是彼生老住無常此五陰是報果心迴轉色亦攝在心心數法中復次身口業受報色乃至廣說問曰如心迴轉身口業前已說今復言身口業者是何答曰或有說者是作無作所以者何因受一果故不應作是說言同受一果復有說者此說作即此剎那生無作所以者何同一時受報故此亦不定或有前受或有後受評曰應作是說是作無作復次心不相應行受報色乃至廣說問曰彼法生老住無常已攝在彼法中今說心不相應行是何心不相應行答曰是無想定滅盡定諸得報

問曰無想定為受何報答曰或有說者受無想及色命根受身處（此言受身處者是舊言衆生種類）是第四禪有心報其餘陰是共報復有說者無想定唯受無想報命根受身處是第四禪有心報餘陰是共報復有說者無想定受無想報命根是第四禪有心報餘陰是共報復有說者無想定受無想報餘陰是共報問曰若然者知所說云何通一法是業報業非業答曰一切命根盡是報報以業差別故作是說一法是業報非業復有說者此是世俗言說法如見短壽人言是人作短壽業如見長壽人言作長壽業命根亦從非業生報復有說者無心時亦受第四禪有心報有心時亦受無心報問曰云何無心時亦受第四禪有心報有心時亦受無心報耶答曰若介有何過如受色報時亦受非色報如受非色報時亦受色報尊者奢摩達多說曰無想定報得無想得受身處有心報得色得命根餘心不相應行心心數法非是報評曰不應作是說如是說者好無想定不能造受身處（受身處有二種一是五陰性二是心不相應行此中言不造者不造具五陰性者也）所以者何非是業故業能造受身處及能得報命根無想定報得無想諸餘陰是彼報果（諸餘陰者五情根餘悉是）問曰滅盡定為受何報答曰滅盡定不造受身處若業造受身處受彼報時亦受彼四陰報問曰諸得為受何報答曰得亦不造受身處若造受身處業受彼報時亦受彼報色心心數法心不相應行色者四入四入者色香味觸心心數法者苦受樂受不苦不樂受及相應法心不相應行者得生老住無常尊者僧伽婆修作是說得能造受身處其事云何積集諸得能造受身處受身癡不猛利界小如是報當知皆從得生得能造受身處能得報色心心數法心不相應行色者九入除聲入心心數法者苦受樂受不苦不樂受及相應法心不相應行者命根受身處得生老住無常評曰如是說者好得不能造受身處所以者何若得同一果可言積集業造受身處諸得不同一果積集百千億得亦不能造受身處積集何所益尊者佛陀羅又說曰得不能造受身處受受身處報時亦受彼報如眼處所色香味觸等展轉受報如是乃至身處所色香味觸等展轉受報生

老住無常無有別報諸法生老住無常還與彼法俱共受報

問曰已得報當得報者為是報因不耶答曰是報因問曰此文何以不說答曰以現在顯過去未來故若說現在當知亦說過去未來復有說者所以者施設是地獄乃至天因何事故施設答曰以現在事故施設如說報現在前是名地獄衆生以是事故但說現在如波伽羅鄉說云何有報法答曰不善法有漏善法問曰彼經所說與此文說報因有何差別答曰彼經所說是了義此文所說是不了義此有餘意彼無餘意此說有餘彼說無餘此有岸有影有相續彼無岸無影無相續復次此說生彼說生不生此說現在彼說三世此文彼說是謂差別

問曰有作無作同一報不答曰不也有作報異無作報異問曰身口有作同一報不答曰不也即身有作報亦不同彼身有作有尒所微塵有尒所報即彼生老住無常俱同一報所以者何同一意所起同一果故有作有七種不殺生乃至不綺語當知如向所解如欲界中善不善心心數法四陰作報因得一果善不善色二陰作報因得一果得生老住無常一陰作報因得一果初禪地有心迴轉五陰作報因得一果善心無迴轉四陰作報因得一果善身口有作二陰作報因得一果得生老住無常一陰作報因得一果二禪三禪四禪有心迴轉五陰作報因得一果無迴轉善心四陰作報因得一果得生老住無常及無想定一陰作報因得一果無色界善心四陰作報因得一果得生老住無常及滅盡定一陰作報因得一果有業得一入報謂法入中命根有業得二入報謂意入法入觸入法入亦如是若得報眼入得四入眼入身入觸入法入如眼入耳鼻舌入亦如是若得身入得三入身入觸入法入如身入色香味入亦如是諸作是說一切四大能生色聲一切欲界色香味終不相離若業報得眼入尒時得七入眼身色香味觸法如眼耳鼻舌入亦如是若得身入得六入身色香味觸法若得色入得五入色香味觸法如色入香味觸入亦如是有業報得八入九入十入十一入問曰何故業或報得多入或報得少入答曰有業得種種果有業不得種種果得種種果者得入多不得種種果者得入少如小種子法有得果多者有得果少者得多果者如甘蔗蒲萄稻穬花子等得少果者如種娑羅樹子後生極高唯有一葉其形如蓋如脩芝草等生雖極高唯有一葉彼亦如是問曰何故一世業得三世報無三世業得一世報耶答曰無有多業生於少果如是有一剎那業得多剎那報無有多剎那業得一剎那報

問曰為先作受身處造業先作滿業答曰或有說者先作造業然後作滿業若不造者彼何所滿猶如畫師先摸後以衆采滿之彼亦如是復有說者先作滿業後作造業如菩薩於三阿僧祇劫脩集滿業於最後身乃作

受身處造業評曰應作是說不定或有先作造業後作滿業或有先作滿業後作造業有三種業謂現報業生報業後報業云何現報業若業於此生作亦令增益彼業即此生中得報非餘生是名現報業云何生報業若業於此生作亦令增益彼業次生中得報非餘生是名生報業云何後報業若業於此生作亦令增益彼業後生中得報是名後報業也云何報義荅曰不相似義是報義報有二種有相似報有不相似報相似報者如善法有善依不善法有不善依無記法有無記依不相似報者如善不善法得無記報問曰若不相似義是報義者如地獄作不善業受無記報亦不相似何故言無報耶荅曰彼亦是報但是下賤以下賤故名為無報如下賤村名為無村復次彼亦有報以極苦切故名曰無報猶如無巧便陶師以多薪燒物燒過爛壞言物不熟彼亦如是復次無善果故言無報彼中無有善報問曰餓鬼畜生趣中亦有

善報何故言無報荅曰以少故言無復次彼雖有善但減無增猶如倉穀有出無入名曰倉空復有說者彼雖有報所趣非處故言無報問曰何故不善有漏法生報無漏無記法不生報耶荅曰如外種子其性不破堅實糞土調適溉灌以時亦以自力亦衆具力然後生牙如不破堅實種子在良田中如外種子不破堅實不以糞土調適溉灌不時無衆具力不能生牙如種子在於倉中如外種子若不破亦不堅實羸劣腐壞雖復糞土調適溉灌以時以性羸劣不能生牙如腐種子在良田中如外緣起法有三種內緣起法亦有三種如初種子如是不善有漏法其性不破堅實以愛水溉灌諸餘煩惱糞土調適亦以自力亦衆具力生於有牙如外種子在良田中如第二種子如是無漏善法其性不破堅實無愛水溉灌亦無煩惱糞土調適無衆具力故不生有牙如種子在於倉中如第三種子如是無記法亦不不破不堅實其性羸劣

敗壞雖以愛水溉灌煩惱糞土調適自性羸劣故不生有牙如腐種子在良田中問曰復以何故無漏法不生報耶荅曰行苦集性則能生報無漏是苦集對治道則不生報如是行諸有世俗生死老病道則有報無漏法斷諸有世俗生死老病道則不生報復次如無漏法有報者無漏道則與世俗相續若與世俗道相續無有是事復次無漏道無報器故若無漏法有報者何處受耶若在欲界受非欲界繫法若在色界受非色界繫法若在無色界受非無色界繫法除三界繫法更無報器復次若無漏法能生報者則勝法為下作因是善無漏果是無記有漏復次無漏法是對治若當生報復須對治彼對治復對治如是便為無窮若無窮者則無解脫出要欲令無如是過故說無漏法無報何故無記法無報荅曰有記法能生報若當無記法能生報者如是報法復能生報若報復生報便為無窮乃至廣說欲令無如是過故說無記法

無報
有種種法以報名說或有是依或有
增益或有豐賤飢饉之相或有梵天
當来或有即報如是等以報名說或
有是依以報名說者如說誰是受報
當言愛是我說愛是受報或有增益
以報名說者如說樂受是飲食醫藥
等報或有豐賤飢饉之相以報名說
者如說日月在如是道行有如是相
當有豐賤飢饉等報或有梵天當来
以報名說者如說今此光明照曜為
是梵天當来為有餘事我等更不餘
行當待此光為有何報或有即報以
報名說者如今此文報得色心心數
法乃至廣說問曰為以一業造一受
身處為以一業造多受身處若以一
業造一受身處者施設經說云何通
如說如此衆生本為人時曾作大王
若作大臣非法取財以供已身及與
妻子僮僕兵人以是惡行報故生阿
毗地獄彼處命終彼行果報不得生
四天下生大海中作水性衆生其形
長大所食亦多常𪘨衆生所𪘨衆生

復𪘨其餘衆生如是轉轉相𪘨有餘
衆生著其身者如拘執毛唼食其身
常受苦痛受苦痛故以身揩摩頗梨
山上殺諸衆生流血染水經百由旬
阿尼盧頭經復云何通如說諸長老
我以一食報故七生三十三天七生波
羅㮈國摩訶迦葉因緣復云何通如
說我以一器稊子飯施報故千反生
欝單越一兩鹽喻經復云何通如說
尒許地獄行報於現身受現身行報
於地獄受若一業造多受身處者涅
毗隨經復云何通如說以此業報生
地獄中以餘業報乃至生諸天中施
設經復云何通如說以業種種差別
種種勢力種種行緣便施設諸趣以
趣種種差別種種勢力種種行緣施
設諸生以生種種差別種種勢力種
種行緣施設諸根以根種種差別種
種勢力種種行緣施設諸人復云何
有三業差別現報業生報業後報業
施設經說復云何通如說修行廣布
增上殺生之罪身壞命終墮阿毗地
獄中中者下者乃至廣說評曰應作

是說一業造一受身處若然者後所
說善通前所說云何通如施設經說
者答曰此說別業不說一業餘報本
造業時造五道業彼以造二趣業故
生二趣中謂地獄趣業畜生趣業地
獄業者生地獄中畜生業者生畜生
中阿尼盧頭經云何通者答曰若取
食報食則無報所以者何是無記法
故以因食故作如是說因食故生多
善思以思多故受生亦多或有天中
取果或有人中取果天中取果者生
於天中人中取果者生於人中復有說
者言一食施報者取初種子以一食
施故生大富家饒財多寶或有說彼
有憶前世念或有說有前因力復以
百千食施此處命終復生轉勝大富
之家饒財多寶復行布施以是事故
作如是說猶如農夫春時下一計種
後所獲實不敢食用而復種之如是
勤種不息後獲百千斛子實其人於
大衆中作師子吼唱如是言我種一
斗子實今得百千斛彼人不能以一
計種得百千斛實以種子轉轉相生

故獲如是實如人於一兩金倍息得百千兩彼亦如是復有說者彼以一食施造上中下業下者生人中中者生天中上者出家得解脫摩訶迦葉因緣亦當如是通一兩盬喻經云何通者答曰或有說者彼中說二人作二業受二報有二人俱同殺生作地獄業一人不修身不修戒不修心不修慧生地獄中一人修身修戒修心修慧得生人中復有說者此說一人作二業受二報作一業報生地獄中作異業報得生人中若不修身等生地獄中若修身等得生人中復有說者此說一人作一業受二種報如一人殺生應受地獄報彼業報應生人中若不修身等生地獄中應生人中報住不生法中若修身等得生人中應生地獄報住不生法中彼不應作是說若作是說則破趣破業一業亦是地獄業亦是人業亦是惡趣亦是善趣應作是說此說一人作一業受一報如一人殺生造地獄業報後時於佛法出家便勤方便求道得阿羅漢果以修道力故取地獄業人身中受以是事故尊者和須蜜作如是說地獄業能於人身中受不答曰能人身中有修道力故如煮飯人以水漬手取飯之時則不燒手不漬則燒彼亦如是問曰盬喻經文說尒許云何名尒許答曰尒許者若少若等若相似業故言尒許復有說者一業能造多受身處問曰若然者前所說善通後所說云何通答曰或有業別異轉行或有業不別異不轉行若業別異轉行則通前所說諸不別異不轉行者通後所說如是者前後所說俱得善通評曰應作是說一業造一受身處若如是者現報等三業則有別異作增上不善業生地獄中受增上不善報作中業生畜生中受中報下業生餓鬼中受下報復有說者作增上業生地獄中受增上報中報畜生餓鬼如前說復有說者作增上業生地獄中受三種報中業生畜生中受中下報餓鬼如前說復有說者增上業生地獄中受三種報中業生畜生中受三受種報下業生餓鬼中受中下報復有說者增上業生地獄中受三種報中業生畜生中受三種報下業生餓鬼中受三種報評曰應作是說或有上中下業生地獄中各受三種報畜生餓鬼亦如是或有作三種業生畜生餓鬼中各受三種報作欲界增上善業生他化自在天中受增上善報中業生五天中受中報下業生人中受下報問曰若下業生人中受下報者菩薩是業人中受報此業最上何以言生人業是下答曰菩薩業勝者自有異緣所以者何此身是力無畏所依故若以受報輕妙則他化自在天業勝所以者何彼報身輕妙無垢猶如燈焰菩薩報身故有糞穢不淨復有說者增上善業生他化自在天受三種報五天中人中如前說如是下中上善業從他化自在天轉增乃至人中亦如前不善業廣分別評曰應作是說或有上中下業生他化自在天中各受三種報五天人中亦如是或有作三種業生五天及人

中各受三種報初禪地作不別異三種業生初禪地受不別異三種報作第二禪下業生少光天中受下報中業生無量光天受中報上業生光音天中受上報作第三禪下業生少淨天中受下報中業生無量淨天中受中報上業生遍淨天中受上報作第四禪下業生無罣㝵天中受下報中業生受福天中受中報增上業生廣果天中受上報修下熏禪生無煩天中受下報修中熏禪生不熱天中受中報修上熏禪生善見天中受上報修勝上熏禪生善見天中受勝上報修勝上滿足熏禪生色究竟天中受勝上滿足報作不別異業生空處受不別異報乃至作不別異業生非想非非想處受不別異報

不善業造地獄受身處生地獄中受不善報色心心數法心不相應行色者九入除聲入心心數法者苦受及相應法心不相應行者命根受身處得生老住無常不善業造畜生餓鬼受身處生畜生餓鬼中受善不善報色心心數法心不相應行色者不善色有九入除聲入心心數法者苦受及相應法心不相應行者命根受身處得生等善色有四入色香味觸心心數法者樂受不苦不樂受及相應法心不相應行者得生等復有說者善業不生畜生餓鬼中善報色若生報生心心數法心或有應行問曰今現見畜生餓鬼形色好妙或有形色醜陋答曰或有不善業善業為眷屬善業為眷屬諸不善業為眷屬者形色醜陋善業為眷屬者彼善業力障蔽不善業使形色好妙善業造人六欲天受身處生彼處受善不善報色心心數法心不相應行色者善報色有九入除聲入心心數法者樂受不苦不樂受及相應法心不相應行者命根受身處得生等不善報色有四入色香味觸心心數法者苦受及相應法心不相應行者得生等復有說者不善業不生人六欲天不善報色若生報生心心數法心不相應行問曰今現見人天或有形色醜陋形色好妙答曰或有善業善業為眷屬不善業為眷屬善業為眷屬者形色好不善業為眷屬者彼不善業障蔽善業使形色醜陋善業造色無色界受身處生彼中受善報問曰生人中有二形者為是善業報為是不善業報答曰一形是善業報若非時非處第二形生者是不善報復有說者諸根體是善業報根處所是不善業報

問曰何故欲界不善業受一劫報善業無受一劫報者答曰不善業自有勝事所以者何五道中受報故善業自有勝事所以者何於三界中受報故自有俱勝事所以者何俱受五陰報故問曰若然者何以欲界不善業受一劫報善業不耶答曰欲界是不定界非離欲地非修地是故不善業受一劫報善業不受復有說者欲界不善根強盛善根劣弱復次欲界不善根恒增長善根恒不增長復次欲界不善根是舊住善根是客舊住勢勝客則不如復次欲界不善根能斷善根欲界善根則不能斷不善根復

次欲界法不相忌難猶如夫妻威儀無忌如居士子與栴陁羅子交復次無報器故欲界中一切處無器受善業報經一切者問曰如四天下須弥山金山等此非一切器耶答曰言非報器者此四天下須弥山金山等非是善報復次若欲界善業能得一切報者何由而得唯有最上善業然最上善業離欲時得以離欲業不能造受身處復次先作是說不善業於五道受報問曰因論生論何故善業不五道受報答曰應如先答欲界善根此中唯有一不共答所謂欲界是不善田種不善法易種善法難如田惡草易長稻等難生

佛經說業是眼因阿毗曇說四大是眼因復有說眼是眼因此三所說有何差別答曰以報因故佛經說業是眼因以生因所依因住因增長因潤益因以生因等故言四大是眼因以相似因故言眼是眼因問曰如四大是眼因眼亦是眼因何故佛經但說業是眼因答曰業是衆生自業以業故生業是衆生取果財處衆生屬業衆生以業故有差別異所謂貴賤好惡復次以業種種差別種種勢力種種行經緑乃至廣說復有說者以業故壽有增減與衰進退復有說者以業故有愚小聰黠復有說者以業故諸界諸生諸趣受報差別復有說者以業故七衆有次第別異復有說者一切衆生皆為業所印復次以業異故諸根亦異如種異故芽亦異

佛經說若人修行廣布殺生生地獄中從彼命終來生人中壽命短促問曰即以生地獄業來生人中得短命耶答曰或有說者即以如說修行廣布殺生生地獄中從彼命終來生人中壽命短促復有說者以殺生故業生地獄中以業方便生便短命復有說者以殺生業生地獄中生便短命是彼依果復有說者殺衆生時使他受二種苦一者使他受苦痛二者斷他所愛命以苦痛他故生地獄中斷他所愛命故生便短命問曰若人短命為是善業報為是不善業報尊者和須蜜說曰是善業報非不善業報所以者何以人命等八根是善業報故以善業造人中二十年壽報以殺生故使壽損減應壽二十年唯壽十年十年則斷

佛經說人壽十歲時當生壽二十歲男女問曰無有成就他業者亦無他作他受者何以故作如是說答曰即彼壽十歲人轉壽二十歲如是行十善業道則壽命十倍尊者瞿沙說曰諸業各有定報十歲業有十歲報乃至八万歲業有八万歲報隨修何等因受如是報問曰人壽十歲時不煞生為是善業道所攝不答曰非是業道所攝是不作道非是業道所以者何彼作是制不應殺生為不作道不為業道

施設經說頗不受現法報受生報後報耶答曰有若現報業不現前與報生報業後報業現前與報尒時受生報後報得阿羅漢者非不得生報後報亦如是設問曰如學凡夫人亦有是事何以但言阿羅漢答曰阿羅漢能業是遠是近是可轉是不可轉復有

說者阿羅漢更不受有彼諸業起現在前如人欲至他國債主来責彼亦如是學人凡夫人更受身故當受此報是故不說復有說者若有自力能了知此業報是故說之諸作是說一業歷諸趣有餘報者彼作是說阿羅漢於前餘生作業受報此報有餘以修道力故捨人身上現法業報受生報後報所以受者能以如是緣發起是報唯阿羅漢能學人凡夫人不能施設經說有四種人有壽盡財不盡死者有財盡壽不盡死者有壽盡財盡死者有壽不盡財不盡死者初句者如有一人作短壽業廣令增長廣作財業亦令增長彼壽盡財不盡而死第二句者如有一人作少財業廣令增長復作壽業亦令增長彼財盡壽不盡而死第三句者如有一人作少財業作短壽業俱令增長彼財盡壽盡而死第四句者如有一人廣作財業廣作壽業俱令增長彼財不盡壽不盡以餘惡緣故死彼尊者目揵連作如是說明有横死是報因定在

三世報是其果

阿毗曇毗婆沙論卷第十一

阿毗曇毗婆沙論卷第十一

校勘記

一　底本，金藏廣勝寺本。

一　三九七頁中一行「第十一」，資、磧、普、南、徑、清作「第十四」。

一　三九七頁中四行「智品之七」，資、磧、普、南作「智品之九」；徑、清作「智品第二之九」。

一　三九七頁中五行第一一字「所」，諸本（不含石，下同）作「所斷」。

一　三九七頁中六行第一三字「答」，資、磧、普、南、徑、清作「答曰」。

一　三九七頁中一四行第一一字「有」，資、磧、普、南、徑、清作「使有」。

一　三九七頁中二〇行第二字「彼」，諸本無。

一　三九七頁中二一行「何故」，諸本作「彼何故」。

一　三九七頁下五行「諸是」，諸本作「諸見」。

一　三九七頁下一四行「不現」，資、磧、普、南、徑、清作「不明」。

一　三九八頁上一七行「不作」，麗作「不說」。

一　三九八頁上一九行第一〇字「便」，諸本作「使」。

一　三九八頁中一〇行第四字「說」，資、磧、普、南、徑、清作「如說」。

一　三九八頁下一五行「復次」，南作「復欲」。

一　三九九頁上一九行第二字「有」，資、磧、普、南、徑、清作「無有」；麗作「一有」。

一　三九九頁中二一行第二字「彰」，資、磧、普、南、徑、清作「章」。

一　三九九頁下一行第一二字「使」，諸本作「使使」。

一　三九九頁下二行第一二字「共」，

諸本作「使共」。

一　三九九頁下一八行末字及一九行第五字「作」，資、磧、普、南、徑、清作「住」。

一　四〇〇頁上一〇行「一種」，麗作「二種」。

一　四〇〇頁上末行末字「漏」，麗作「調」。

一　四〇〇頁下二行「此十」，諸本作「此七」。

一　四〇〇頁下一五行末字「是」，資、磧、普、南、徑、清作「非是」。

一　四〇二頁上六行末字「自」，諸本作「自相」。

一　四〇二頁中一〇行首字「比」，資、磧、普、南、徑、清作「皆」。

一　四〇二頁下一行第一〇字「也」，資、磧、普、南、徑、清無。

一　四〇二頁下三行第四字「因」，諸本作「因非」。

一　四〇二頁下一八行第二字「法」，資、磧、普、南、徑、清作「有」。

一　四〇三頁中二行第三字「依」，資、磧、普、南、徑、清作「依果」。

一　四〇三頁中二〇行第九字「續」，麗作「纏」。

一　四〇三頁下一九行「有見」，資作「有已」。

一　四〇四頁上一行第七字「道」，麗作「道起」。

一　四〇四頁上二行末字「集」，資作「諸」。

一　四〇四頁上三行「生生」，麗作「生」。

一　四〇四頁中七行「退去」，諸本作「過去」。

一　四〇四頁中一三行第一三字「緣」，諸本作「緣使」。

一　四〇五頁上三行「廣說」，南作「善說」。

一　四〇五頁上四行第一〇字「心」，資、磧、普、南、徑、清作「心心」。

一　四〇五頁上一〇行「何因」，諸本作「何同」。

一　四〇五頁上二〇行至次行夾註「此言……種類」，徑、清無。

一　四〇五頁上二一行「是第」，資、磧、普、南、徑、清作「是等」。

一　四〇五頁中四行第六字「知」，諸本作「如」。

一　四〇五頁中五行第三字「業」，麗無。

一　四〇五頁中二二行夾註左「者陰」，資、磧、普、南、徑、清作「者除」。

一　四〇六頁上七行第二字「者」，資、磧、普、南、徑、清無。

一　四〇六頁中一五行「得一果」，至此，資、磧、普、南、徑、清卷第十四終，卷第十五始，資、磧、普、南且有品名「雜揵度智品之十」；徑、清有品名「雜犍度智品第二之十」。

一　四〇六頁下一一行「娑羅樹」，資、磧、普、南、徑、清作「婆羅樹」。

一　四〇六頁下末行末字「作」，資、磧、普、南、徑、清作「於」。

一　四〇七頁上一〇行第一〇字「也」，資、磧、普、南、徑、清無。

一　四〇七頁中五行及一六行「不善」，

一　四〇七頁下一七行第一〇字「復」，資、磧、普、南、徑、清作「不善善」。

一　四〇八頁下四行第八字「彼」，資、磧、普、南、徑、清作「復須」。

一　四〇八頁下一八行及二二行末字，磧、普、南、徑、清無。

一　四〇八頁下二一行第八字「唱」，至末行首字「一計」，資、磧、普、南、徑、清作「一升」；麗作「一斗」。

一　四〇八頁下二二行首字「斗」，資、磧、普、南、徑、清作「喝」。

一　四〇九頁上末行第六字「便」，資、磧、普、南、徑、清作「升」。

一　四〇九頁下一行第三字「受」，諸本無。

一　四〇九頁下一一行「是業」，資、磧、普、南、徑、清作「彼」。

一　四一〇頁中八行「或有」，諸本作「不相」。

一　四一〇頁中一〇行「不善業善業」，諸本作「不善業不善業」。

一　四一〇頁下二行第一三字「好」，資、磧、普、南、徑、清作「好妙」。

一　四一〇頁下一八行「一劫」，資、磧、普、南、徑、清作「一切」。

一　四一〇頁下末行第七字「則」，資、磧、普、南、徑、清無。

一　四一一頁上一三行「共答」，資、磧、普、南、徑、清作「共善」。

一　四一一頁中四行「經緣」，資、磧、普、南、徑、清作「緣」；麗作「因緣」。

一　四一一頁中一六行第一三字「故」，資、磧、普、南、徑、清無。

一　四一一頁下一四行「善業」，資、磧、普、南、徑、清作「善報」。

一　四一一頁下一八行末字至一九行首字「後報」，麗無。

一　四一一頁下二〇行「受生報後報得」，麗作「王」。

一　四一二頁中一行第四字「是」，資、磧、普、南、徑、清作「異是」。

一　四一二頁中卷末經名，資、磧、普、南、徑、清無（未換卷）。

趙城縣廣勝寺

阿毗曇毗婆沙論卷第十二　　分

迦旃延子造　五百羅漢釋

北涼天竺沙門浮陀跋摩共道泰等譯

雜揵度智品之八

云何所作因乃至廣說問曰何以作此論答曰為止諸法生時無所作者意亦明法生時因所作而作此論云何所作因眼緣色生眼識彼識以眼作所作因亦以色亦以相應共有法亦以耳聲乃至意識相應共有法作所作因如眼識乃至意識亦如是應說如是等不應說色法無色法等所以者何此六二法攝一切法以善說善解應作是說而不說者有何意答曰初是廣說後是略說初是別說後是摠說初是分別後不分別初說是次第後非次第問曰何以不作是說云何所作因答曰一切法答曰有自體過故若說一切法是所作因自體亦在一切中欲令無如是過故不作是說眼緣色生眼識問曰除自體餘一切法亦是緣能生眼識何以但言眼緣色生眼識耶答曰取眼識所依取眼識所緣故復次以眼色與眼識作近威勢緣故作如是說眼色與眼識作近威勢緣勝眼識俱生生等是故作是說除其自體問曰何故自體不作所作因答曰非其田器乃至廣說復有說者一切法除其自體於他法作緣自體於自體無損無益無增無減無進無退復有說者有無差別過所以者何因即是果作即作事成即成事乃至生即生事復次自體不能與自體作依復次自體不於自體作尊勝復次與世現見法相違世現見眼不自見指端不能自觸刀不能自割多力之人不能自負彼亦如是復有說者不障㝵義是所作因義自體障㝵自體障㝵有二種一者假名二者真實假名障㝵者如人在林座上真實障㝵者如自體障㝵自體復有說者若自體作所作因者復違佛經如經說無明緣行乃至廣說若自體作所作因者則無明緣無明不緣行乃至生緣生不緣老死如經說眼

緣色生眼識不應眼緣色生眼識應
緣眼識生眼識欲令無如是過故自
體不作所作因
所作因即是威勢緣云何威勢緣如
說此法與彼法作威勢緣或時此法
不與彼法作威勢緣耶荅曰無也問
曰法生時除自體餘一切法是威勢
緣和合則生無有不和合時何以不
數數生尊者和須蜜說曰法生時有
一和合無二無多法滅時亦一和合
無二無多復有說者法生已餘生法
多彼法無力能更生如人墮河欲起
復墮一河彼亦如是尊者佛陁提婆
說曰一和合能生一事無有一事能
生二果問曰威勢緣體性是何荅曰
一切法問曰云何是威勢緣義荅曰
多勝義是威勢緣義問曰如波伽羅
那說云何境界緣云何威勢緣荅曰
一切法此有何多勝荅曰若以境界
若以前物言之則無多勝若以剎那
則有多勝若緣一切法無我此法何
所不緣荅曰不緣自體自體不緣相
應共有誰不作威勢唯自體

威勢緣即是所作因云何是所作因
義荅曰如先說不障㝵義是所作因
義問曰若不障㝵義是所作因義者
如人陰界入障㝵人趣餘趣不能障
㝵如眼識障㝵所依處餘識不生處
所有房舍樹木則餘房舍樹木不生
若如是者云何不障㝵義是所作因
義荅曰以如所說故不障㝵義是所
作因義如義言人中陰界入語餘趣
陰界入言我障㝵人趣不障㝵餘趣
使汝餘趣得生如是眼識語餘識言
我障㝵眼處所不障㝵餘處所使汝
得生一房舍樹木語餘房舍樹木言
我障㝵此處所不障㝵餘處所使汝
得成以是事故不障㝵義是所作因義
五陰生時一切法與威勢緣若有一
法不隨順者則不生問曰如色法生
時一切法與威勢緣無色法生時一
切法亦與威勢緣不若無色法生時
一切法與威勢緣色法生時一切法
亦與威勢緣不荅曰不也若與色法
威勢緣時與無色法威勢緣亦尒者
一切法皆是色耶若與無色法威勢

緣時與色法作威勢緣亦尒者一切法
皆是無色耶
阿毗曇者作如是說法生時有因故
生滅時有因故滅有緣故生有緣故
滅有事故生有事故滅辟喻者作如
是說法生時有因故生法滅時無因
故滅有緣故生無緣故滅有事故生
無事故滅我不說滅法有因緣應說
喻如射箭空中去時用力隨時不用
力誰作其因如陶家輪轉時用力住
時不用力誰作其因評曰不應作是
說如前說者好問曰若然者辟喻者
說喻云何通荅曰此不必須通所以
者何此非修多羅毗尼阿毗曇不可
以世間現喻難賢聖法世俗法異賢
聖法異若欲通者當云何通荅曰彼
箭隨亦有因以何為因箭去時若猗
等種種餘物障㝵使墮即是其因設
無障㝵者用力射時即是其因若無
射者何由而墮如是陶家輪轉若以
手等餘物持令不行即是其因設無
手等持者先用力轉時即是其因若
無轉者何由而住問曰若法生亦有

因滅亦有因乃至廣說何以生時不滅滅時不生尊者和須蜜說曰生時和合異滅時和合異復有說者法生時作緣異法滅時作緣異云何生時異生時作緣則隨順滅時作緣則不隨順猶如外國皆夏安居時多持衣鉢從一寺至一寺介時諸賊善取其相此諸比丘出在曠野有人之處諸賊親近礼拜而隨順之前至嶮難無人之處刼其衣鉢而不隨順彼亦如是

一法與多法作所作因多法亦與一法作所作因問曰一法與多法作因時為如一法與耶為如多法與耶多法與一法作因時為如多法與耶為如一法與耶若如一法與多法作因者云何非一因果若如多法與一法作因者云何一法不作多果多法與一法作威勢緣時云何作為如多法與耶為如一法與耶若如多法與一法作威勢緣者云何不多因多果若如一法與者云何多法作一法耶評曰應作是說一法如多法與威勢緣多法如一法與威勢緣問曰若然者云何多不作一一不作多荅曰如我義一亦作多多亦作一以所作因義不以法體有異

過去法與未来現在法作近所作因義言過去法語未来現在法言若我不與汝等作所作因者則汝先因一切有為法無有無因者現在法與過去未来法作近所作因義言現在法語過去未来法言若我不與汝等作所作因者則汝過去汝無果未来法無因一切有為法無有無果無因者過去法是未来現在法所作因未来現在法是過去法果未来法是過去現在法所作因過去現在法非未来果所以者何果法若俱若在後過去現在於未来法不俱不在後現在法與過去未来法作所作因未来法作所作因未来法與現在法作果過去法非果所以者何果法若俱若在後過去法於現在法不俱不在後色法與色法作所作因作威勢果色法與無色法作所作因及威勢果無色法與無色法作所作因及威勢果無色法與色法作所作因及威勢果如是可見與可見可見與不可見不可見與不可見不可見與可見作所作因及威勢果有對無對有漏無漏亦如是有為法與有為法作所作因及威勢果有為法與無為法作威勢果不作所作因無為法與無為法不作所作因不作威勢果無為法與有為法作所作因不作威勢果問曰何以故有為法有因有緣無為法無因無緣荅曰有為法性羸劣須因緣無為法性猛健不須因緣如人羸劣依他而住如人猛健不依他住彼亦如是復次有為法有所作故須因緣無為法無所作故不須因緣如掘者須钁如刈者須鐮彼亦如是復次有為法隨世行能取果能知緣故須因緣無為法不隨世行廣說如上如人遠行須糧不遠行者不須粮彼亦如是復次有為法如王及眷屬如因陁羅及眷屬故須因緣無為法如王不如王眷屬如因陁羅不如因陁羅眷屬故不須因緣問曰有為法不生為是有為留

難故不生為是無為留難故故不生耶答曰有為留難故不生非無為法無為法威勢緣不與他不生法作留難若生隨順作緣如潢池邊尅木作師子口摩竭魚口水在中流出水不流時非此口中為作留難自有餘緣令水不流水若流時為作所依彼亦如是問曰無為法與有為法二種緣謂境界緣威勢緣無為法與他作近威勢緣時為與有緣者為與無緣者荅曰或有說者與有緣者不與無緣者評曰不應作是說應作是說與他作威勢緣等無有異如小豆聚境界緣或與或不與有緣法則與無緣法則不與

善法與善法作近所作因善法與不善法作近所作因不善法與不善法作近所作因不善法與善法作近所作因善法與善法作近所作因者以善業故生大富長者商主家其家諸人好樂行善以親近故亦好行善是名善與善作近所作因善與不善作近所作因者以善業故生王若大臣家其家諸人好行諸惡以親近故亦好行諸惡是名善與不善作近所作因不善與不善作近所作因者以不善業故生惡戒家以親近故常作諸惡是名不善與不善作近所作因不善與善作近所作因者以不善業故身生重患以猒患故修行於善是名不善與善作近所作因

內法與內法作近所作因內法與外法外法與外法外法與內法作近所作因內法與內法作近所作因者如一人能供足多人內法與外法作近所作因者如人種外種子外與外者如糞土水等長養苗稼外與內者如以飲食等長養衆生身如是衆生數與衆生數衆生數與非衆生數非衆生數與非衆生數非衆生數與衆生數廣說如上

一趣能長養五趣如多人食一羊肉或有行善或有行惡行善者能長養二趣謂天趣人趣行惡者長養三趣謂地獄畜生餓鬼

問曰如一人殺生一切衆生盡與作所作因何以有得殺罪有不得者荅曰若作殺方便亦滿殺果得殺罪若不作方便不滿殺果不得殺罪復次若有惡心而得殺罪若無惡心殺心不得殺罪問曰如一衆生不與取一切衆生與作所作因何以有得不與取罪有不得者荅曰若作方便滿其果者得不與取罪不作方便不滿其果不得不與取罪復次若以貪心取他物想得不與取罪不者不得

問曰如外物是一切衆生威勢所生何以或於他邊得不與取罪或不得耶荅曰有功用果威勢果者是人邊得不與取罪唯有威勢果無功用果者是人邊不得不與取罪復次於物作已有想是人邊得罪於物不作已有想者是人邊不得罪問曰威勢果功用果有何差別荅曰作者是功用果食者是威勢果如農夫種作者是功用果威勢果食其子實者是威勢果非功用果

問曰如四天下須弥山等外物是一切衆生業威勢故生衆生有得涅槃

者此物等何故不滅少耶尊者和須蜜說曰有餘世界衆生來生此間以其業勢力故使不減少復次是一切衆生業勢力故生設令唯有一衆生在猶不減少所以者何彼亦有業威勢在其中故何況阿僧祇鄉由他衆生在如尊貴人業威勢故生園林樓觀象馬車乘如是衆生數非衆生數物等其人雖死此物不滅彼亦如是尊者佛陁提婆說曰以過去業故所以不滅少問曰如一轉輪聖王王四天下而得自在彼是何業報耶答曰是造生處業果報問曰為所作因多為所作因果多答曰所作因多非所作因果所以者何所作因是一切法所作因果是有為法以是事故作如是論頗法非是因非次第非境界非威勢耶答曰有自體於自體是也於他體有耶答曰有有為於無為無為於無為

佛經說有三種威勢所謂世威勢我威勢法威勢世威勢者猶如有一煩惱現在前境界易得為世人譏嫌故不作惡業我威勢者猶如有一煩惱現在前境界易得為我不隨惡道故不作惡業法威勢者猶如有一煩惱現在前境界易得彼以多聞故不作惡業亦令世人不譏嫌故不作惡業問曰此三何以說名威勢答曰以能近生善法故一切衆生威勢盡故死除佛世尊威勢不盡而般涅槃

問曰所作因為有增減不答曰有如有多人挽大村時其中或有盡手足力者有不多用力者如豎大塔住時亂索其中有急有緩如是等是名外法有增減如與親里所作因及供給所須則勝他人是名內法有增減

若是因緣亦是次第緣亦是境界緣亦是威勢緣如是一一緣應次第有四緣義問曰若然者云何有四緣體答曰以所作故有四非以物體故有四其事云何如前剎那使後剎那增長名曰因緣前作次第緣令後者生名次第緣後能緣前是境界緣不為他作障㝵是威勢緣因緣如種子法次第緣是開導法境界緣是執杖法威勢緣是不障㝵法揔而言之因緣有四緣義非一一法從因緣生盡有四緣義

問曰因之與緣有何差別尊者和須蜜說曰因即是緣若有此則有是亦是因亦是緣世尊亦說阿難有如是因如是緣如是作生為老死因問曰若有此則有是是因是緣者如人見瓶生覺心瓶是覺因耶答曰不以有瓶是覺因所以者何自有瓶不生覺心和合乃生覺心和合是覺緣非瓶復有說者和合是因和合事是緣問曰若一不為因多亦不為因答曰如一一事不能為因和合衆事則能為因其事云何如一一事不名和合衆事集故乃名和合彼亦如是復有說者相似是因不相似是緣相似者如麥似麥如火似火問曰麥與麥芽有何相似答曰揔而言之麦是芽因問曰若然者四大因等揔而言之亦是芽因耶復有說者近者是因遠者是緣問曰若然者因之與緣無有差別所以者何如心次第生善心是因不

名為緣耶復有說者不共者是因共者是緣問曰若然者麦亦是芽亦是爛壞彼復是緣耶如眼是眼識生處不共餘識彼眼復是眼識因耶復有說者生是因隨生長緣問曰若然者生不是緣隨生不是因耶復有說者自體長養是因他體長養是緣問曰若然者現在善心緣於善法唯名為因不名為緣耶尊者佛陁提婆說曰作是因所作是緣復有說者相似是因不相似是緣復有說者近者是因遠者是緣如近遠彼此亦如是此所作因定是一切法果是威勢果問曰若有相應因亦有共生因耶荅曰若有相應因亦有共生因頗有共生因無相應因耶荅曰有不相應法共生因若有相應因亦有相似因耶若有相似因亦有相應因耶乃至廣作四句有相應因無相似因者未來世相應因有相似因無相應因者不相應法相似因有相應因亦有相似因者相應法相似因無相應因亦無相似因者除上尒所事若有相應因亦有

一切遍因耶若有一切遍因亦有相應因耶乃至廣作四句有相應因無一切遍因者未來世相應因過去現在非一切遍相應因一切遍因非相應因者不相應法一切遍因相應因一切遍因者相應法一切遍因非相應因非一切遍因者除上尒所事若有相應因亦有報因耶若有報因亦有相應因耶乃至廣作四句有相應因無報因者無記無漏相應因有報因無相應因者不相應法報因有相應因亦有報因者相應報因非相應因非報因者除上尒所事若有相應因亦有所作因耶荅曰若相應因亦有所作因頗有所作因無相應因耶荅曰有諸不相應法所作因若有共生因亦有相似因耶荅曰若有相似因亦有共生因頗有共生因無相似因耶荅曰有未來世共生因若有共生因亦有一切遍因耶荅曰若有一切遍因亦有共生因頗有共生因無一切遍因耶荅曰有非一切遍共生因若有共生因亦有報因耶荅曰若有

報因者亦有共生因頗有共生因非報因耶荅曰有無記無漏共生因若有共生因亦有所作因耶荅曰若有共生因亦有所作因頗有所作因非共生因耶荅曰有無為法所作因若有相似因亦有一切遍因耶荅曰若有一切遍因亦有相似因頗有相似因無一切遍因耶荅曰有非一切遍相似因有相似因亦有報因耶若有報因亦有相似因耶乃至廣作四句有相似因無報因者無記無漏相似因有報因無相似因者未來世報因有相似因亦有報因者過去現在報因非相似因非報因者除上尒所事若有相似因亦有所作因耶荅曰若有相似因亦有所作因頗有所作因非相似因耶荅曰有未來世無為法所作因若有一切遍因亦有報因耶若有報因亦有一切遍因耶乃至廣作四句一切相遍因非報因者無記一切遍因有報因非一切遍因者未來世報因過去現在非一切遍報因一切遍因報因者一切遍報因非一

切報因非報因者除上介所事若有一切遍因亦有所作因耶答曰若有一切遍因亦有所作因頗有所作因非一切遍因耶答曰有未來世過去現在非一切遍無為法所作因若有報因亦有所作因耶答曰若有報因亦有所作因頗有所作因非報因耶答曰有無記無漏所作因

問曰此六因幾色幾非色答曰二是非色謂相應因一切遍因餘是色非色如色非色相應不相應有依無依有勢用無勢用有緣無緣有對無對可見不可見當知亦如是問曰此六因幾有漏幾無漏答曰二有漏謂一切遍因報因餘有漏無漏問曰此六因幾有為幾無為答曰五是有為相應因乃至報因一是有為無為謂所作因問曰此六因幾過去幾現在幾未來答曰二是過去現在謂相似因一切遍因三在三世謂相應因共生因報因一在三世亦不在世謂所作因問曰此六因幾善幾不善幾無記答曰一是不善謂一切遍因一是善不善謂報因餘是善不善無記問曰此六因幾欲界繫乃至不繫答曰二是三界繫謂一切遍因報因餘是三界繫不繫問曰此六因幾學幾無學幾非學非無學答曰二是非學非無學謂一切遍因報因餘是三種問曰此六因幾見道所斷幾修道所斷幾無斷答曰一是見道所斷謂一切遍因一是見道修道斷謂報因餘是見道斷修道斷不斷問曰此六因幾染汙幾不染汙答曰一是染汙謂一切遍因餘是染汙不染汙如染汙不染汙有過無過黑白隱沒不隱沒退不退當知亦如是問曰此六因幾有報幾無報答曰一是有報謂報因餘是有報無報相應因共生因現在世一剎那須取果與果相似因一切遍因所作因現在取果過去現在與果一剎那取果多剎那與果報因現在取果過去與果一剎那取果多剎那與果

若心有使使有使心彼使使此心耶乃至廣說問曰何故作此論答曰為止一心者論故彼作是說有使心無使心即是一心所以者何聖道生時與使相妨不與心相妨如治刀法與垢相妨不與刀相妨如衣如衣器鏡與治法相妨不與衣器鏡等相妨如是聖道生時與使相妨不與心相妨乃至聖道未生心則有使聖道若生心則無使我人論者作如是說人縛人解非法縛解尊者曇摩多羅作如是說諸使不相應使亦不緣使彼作是說若作緣使相應使無漏法若作相應使一切時恒使無不與心心數相應時以是事故欲正他義欲顯已義欲現與法相相應義故而作此論也

若心有使者有五種心名有使見苦所斷心乃至修道所斷心以二事故心名有使一以使性二以伴性見苦所斷心見苦所斷使有二事使性伴性見集所斷一切遍使有使性餘使無使性伴性見集所斷心見集所斷使有二事使性伴性見苦所斷一切遍使有使性餘使無使性伴性見滅所斷心見滅所斷使有二事使性伴

性見苦見集所斷一切遍使有使性餘使無使性伴性見道所斷亦如是修道所斷心修道所斷使有二事使性伴性見苦見集所斷一切遍使有使性餘使無使性伴性見苦所斷心與一切遍相應不一切遍相應見集所斷亦如是見滅所斷心有漏緣使相應無漏緣使相應見道所斷亦如是修道所斷心染汙不染汙彼見苦所斷一切遍使相應心見苦所斷斷不一切遍使見集所斷一切遍使有使性餘使無使性伴性見苦所斷不一切遍使相應心不一切遍使有二事使性伴性見苦見集所斷一切遍使有使性無伴性餘使俱無見集所斷亦如是見滅所斷有漏緣使相應心見滅所斷有漏緣使有二事使性伴性見苦見集所斷一切遍使有使性無伴性餘使俱無見滅所斷無漏緣使相應心見滅所斷無漏緣使俱有見滅所斷有漏緣使見苦見集所斷一切遍使有使性無伴性餘使

俱無見道所斷亦如是修道所斷染汙心修道所斷使俱有見苦見集所斷一切遍使有使性無伴性餘使俱無修道所斷不染汙心修道所斷使見苦見集所斷一切遍有使性無伴性性餘使俱無彼見苦所斷心有十種謂五見相應心疑愛恚慢不共無明相應心見集所斷心有七種謂二見相應心疑愛恚慢不共無明相應心見滅所斷亦如是見道所斷心有八種謂三見相應心疑愛恚慢不共無明相應心修道所斷有五種謂愛恚慢不共無明相應心不染汙善無記相應心彼身見相應心身見身見相應無明有二事有使性伴性餘見苦所斷使見集所斷一切遍使有使性無伴性乃至見苦所斷慢使亦如是見苦所斷不共無明相應心見苦所斷不共無明使有二事使性伴性餘見苦所斷使見集所斷一切遍使有使性無伴性餘使俱無見集所斷亦應如是說見滅所斷邪見相應心見滅所斷邪見邪見相應無明有二事

使性伴性見滅所斷有漏緣使見苦集所斷一切遍使有使性無伴性疑相應心當知亦如是見滅所斷見取相應心見滅所斷見取見取相應無明俱有餘見滅所斷有漏緣使諸一切遍有使性無伴餘俱無見滅所斷愛恚慢當知亦如是見滅所斷不共無明相應心見滅所斷不共無明使俱有見滅所斷有漏緣使諸一切遍有使性無伴性餘使俱無見道所斷亦應如是說修道所斷愛相應心修道所斷愛愛相應無明俱有餘修道所斷使諸一切遍有使性無伴性餘使俱無修道所斷恚慢當知亦如是修道所斷不共無明相應心修道所斷不共無明俱有餘修道所斷使諸一切遍使有使性無伴性餘使俱無修道所斷不染汙心修道所斷使諸一切遍使有使性無伴性餘使俱無所說是集要毗婆沙若心有使三界有五種使有使心三界亦有五種若心有使使有使心彼使使此心耶荅曰或使或不使云何使荅曰諸使

未斷彼使使此有使心耶云何不使答曰諸使斷彼使不使此有使心所以者何諸使未斷故斷故不使

問曰何故緣使未斷名有使心斷則不有相應使斷與不斷恒名有使心耶答曰先作是說以二事故心名有使一是使性二是伴性諸緣使與心是名使性不名伴性若彼得斷彼使性義亦斷相應使有二事使性伴性彼若得斷使性則斷伴性不斷不能除心伴性如去文闍草皮尊者和須蜜說曰相應使心染汙緣使心不染汙相應使無別異緣使不尒相應使覆蔽心緣使不尒相應使同一所依同一行同一緣緣使不尒相應使與心同一生一住一滅緣使不尒亦同一果一依一報緣使不尒相應使與心俱生緣使不尒無有能除心相應使如去文闍草皮

誤使使心即使使彼有使心耶答曰或是彼非異或是彼是異是彼非異者或有說者具縛凡夫染汙心評曰不應作是說所以者何具縛者可尒不具亦可尒染汙心可尒不染汙心亦可尒應作是說若心不斷是說為使所使心名有使若不為使所使是說心名無使是彼是異者苦智已生集智未生若心見苦所斷見集所斷緣是彼者見集所斷使所使是異者見苦所斷不使問曰以何等故他種說是彼自種說是異答曰是故先作是說誤使使心即彼使有心彼見集所斷使緣使故說是彼見苦所斷不使故說是異復有說者是異者置異處故云何置異處斷故說置異處復有說者本得自在隨意所作今者已斷是故異說復有說者今已斷故更無所為猶如死人是故說異復有說者聖道力使彼異故說異問曰修道中亦有是彼是異何故不說答曰或有說者應說而不說者當知此義是有餘說復有說者若他種是彼自種是異此中說之修道所斷自種是彼自種是異是故不說問曰云何緣使云何相應使罽賓沙門作如是說諸使隨所行如愛於境界愛樂可適廣說餘使隨所行亦尒相應使者如同罪同繫西方沙門作如是說繫縛義是緣使親近義是相應使尊者婆奢說曰以四事故使名所使一墮惡意二如火熱三如煙塵垢四是呵責墮惡意者如一人作惡令多人亦作以一煩惱故令多心心數法盡墮惡意如火熱者如火燒鐵丸所著器中其器皆熱如是煩惱從何心品生令彼皆熱如煙塵垢者如煙塵垢所著之處令彼皆汙如是諸煩惱隨彼生處令彼心垢汙呵責者如一比丘作惡令增愛呵責如是諸使隨彼生處令彼心受呵責云何相應使答曰如緣使所使相應使亦尒問曰相應使無緣云何說如緣使答曰相應使雖無緣有如上四過問曰過去未來使能使不耶答曰能使若不使者無染心現在前應是無使人復有說者出生諸得如火出煙過去未來諸結出生諸得亦復如是復有說者若不使者則違佛經如經說佛告摩勒子比丘童子不知欲事況起欲心然為欲所

所使復有說者以五事故過去未來使所使一不斷其因二得不斷三不轉其器四不知緣五不得對治

若心有使使有使心彼使此心當斷耶此說緣使當斷諸使於緣可制伏相應使不可制伏如去文闍草皮若心有使乃至廣說去何斷諸使於緣不斷不應作是說諸使於緣不斷所以者何先巳問故應作是說諸使不斷當斷去何不斷諸使巳斷及相應使諸使去何斷荅曰諸使緣斷先巳現（先巳現義者上言緣使當斷者是也）今欲說文諸使於緣生過患是故制伏於緣如人好樂博弈喜入酒舍婬舍而可制伏如是諸使於緣生過患亦可制伏如是汝語諸使緣斷耶此是定他之言若不定他言說他過患及生自過彼作是說荅曰如是若作是說諸使見滅見道所斷無漏緣此使去何斷若言此相應使斷先定言諸使緣斷非相應使若如所說諸使緣斷者諸使於緣不生過患應作是說諸見滅見道有漏緣使此使當斷此使若斷彼使亦斷

如樹有根莖葉等滋茂若斷其根莖等更不滋茂彼亦如是問曰若然者先定言諸使緣斷今則明後緣使斷復有說者如是使緣斷耶荅曰諸使若見所緣則斷若作是說諸使見滅見道有漏緣使此使去何斷若見苦集斷此使非見苦集時斷若見滅道斷此使則不緣滅道應作是說諸見滅道無漏緣使若斷彼使亦斷所以者何有漏緣使依無漏緣使而得增長若彼無漏緣使斷此亦斷如人依村得立若去其村是人必墮彼亦如是問曰若然者先定言諸使見緣斷今則明緣使斷荅曰若尒有何過諸使見緣則斷何況所緣斷而彼不斷耶如果依樹動樹則墮何況斷根而不墮耶彼亦如是復有說者如是使緣斷耶荅曰諸使有緣道所斷評曰不應作是說所以者何世尊說此八聖道能斷去來今苦永無生分滅盡離欲得寂滅涅槃有緣道無緣道俱能斷使尊者奢摩達多說曰以四事故諸使斷一以緣故二以後緣故三以展轉相緣故四得對治故以緣斷者見滅道所斷有緣使以後緣斷者自界使斷他界緣使亦斷展轉緣斷者餘有漏緣使得對治斷者隨所得對治即以斷彼使復有說者以四事故諸使斷一知緣故斷二斷緣三斷後緣四得對治斷亦應廣說也

設使心當斷彼心有此使耶荅曰或是彼非異或是彼是異去何是彼非異荅曰若心無染修道所斷是彼緣使非異相應使使所使所以者何以體無使故是彼是異者染汙心是彼者緣使所使是異者共住不相離問曰以何等故相應使說是異荅曰是故先作是說設使心當斷彼心有此使耶諸緣使說是當斷彼心說有使莫謂諸當斷者是心有使諸不斷者如相應使非心有使欲現決定義故亦說心有使復有說者彼相應使雖不與心可斷而於緣可斷伏復有說者欲生論本故作是說是彼者緣使是異者相應使煩使斷慧不見所緣慧見所緣使不斷乃至廣作四句使斷

慧不見所緣者見諦道中見欲界苦集時斷他界緣使見滅道時斷見滅道所斷有漏緣使修道中以滅道法智離欲時斷修道所斷使慧見所緣使不斷者見色無色界苦集時欲界他界緣使見苦時見集所斷自界緣使見滅道所斷有漏緣使修道所斷使見集時當知亦如是修道中以苦智集智等智離欲時見道所斷有漏緣使以滅智道智離欲時無漏緣使使斷慧見所緣者見苦見集時自界緣使見滅道時無漏緣使修道中以苦智集智等智離欲時斷修道所斷使使不斷慧不見所緣者除上尒所事頗一剎那頃使斷慧不見所緣慧見所緣使不斷乃至廣作四句使斷慧不見所斷者一品欲乃至離多分欲道法忍現在前時彼斷欲界見道所斷有漏緣使慧見所緣使不斷者先所斷道諦所斷無漏緣使使斷慧亦見所緣者斷見道所斷無漏緣使使不斷慧不見所緣者先所斷見道有漏緣使道比忍亦應作如是四句

見滅時亦作如是二四句頗使滅身作證慧不見滅身不作證慧見滅乃至廣作四句初句者見苦時斷見苦所斷使見集時斷見集所斷使見道時斷見道所斷使修道中以苦智集智道智等智離欲斷修道所斷結第二句者見滅時見苦見集見道所斷使第三句者見滅時斷見滅所斷使修道中以滅智離欲第四句者除上尒所事頗一剎那須使滅身作證慧不見滅慧見滅身不作證乃至廣作四句以滅法智得斯陁含果時使滅身作證慧不見滅者色無色界見道所斷使慧見滅身不作證者欲界餘不斷使身作證慧見滅者欲界先所斷使及今所斷使非身作證非慧見滅者色無色界修道所斷使去何緣斷因識乃至廣說此中所說識者所緣斷因亦斷諸作是說因種不與自種作遍因者此說緣斷因識因都斷其事去何苦智巳生集智未生若心集諦所斷苦諦所斷緣此說因都斷所緣都斷緣斷因識是時集諦所斷

心緣集諦所斷緣滅道修道所斷此心因都斷所緣不斷是時集諦所斷心緣苦集滅道修道所斷此心因都斷所緣有斷不斷諸作是說自種與自種作遍因者是說他種因斷緣斷因識其事去何苦智巳生集智未生若心集諦所斷苦諦所斷緣是名緣斷因識所以者何苦諦所斷是彼因是彼所緣彼巳俱斷故名緣斷因識若以苦諦所斷言之是緣斷因識以若集諦所斷言之因有斷不斷緣斷是時集諦所斷心緣集滅道修道所斷因有斷不斷所緣不斷是時集諦所斷心緣苦所斷乃至修道所斷因有斷不斷所緣亦有斷不斷如此現義今當說文緣斷因識幾使荅曰十九一心耶荅曰不也未離欲界欲苦智巳生集智未生若心集諦所斷苦諦所斷緣此心為欲界集諦所斷七使所使巳離欲界欲未離色界欲乃至彼識為幾使所使荅曰色界集諦所斷六使問曰未離欲界欲亦可尒何以說離欲界欲耶荅曰是中說現前

行時不說成就色界使現在前時要離欲界欲非不離欲是故說現前行時不說成就離色界欲未離無色界欲評曰不應說未離無色界欲所以者何若集智未生當知未離無色界欲應作是說離色界欲苦智已生集智未生乃至廣說彼識幾使所使答曰無色界集諦所斷六使問曰修道中亦有緣斷因識其事云何答曰如上上使斷餘八種心是緣斷因識所以者何彼上上斷使亦是因亦是所緣乃至八種斷餘一種未斷八種於一種亦是因亦是所緣何故不說耶答曰應說而不說者當知此義是有餘說復有說者他種識為因他種為緣是他種識是中說之彼三種盡在修道中彼雖有九種而盡在修道中是故不說

問曰以何等故諸因次第說使答曰以是阿毗曇藏故應以十四事了知阿毗曇何等十四六因四緣攝相應成就不成就若了知此十四事名了知阿毗曇復有說者應以七事了知阿毗曇一善知因二善知緣三善知攝相四善知別相五善知攝不攝六善知相應不相應七善知成就不成就若於七法善知者當知於阿毗曇亦善於七法善者名阿毗曇人非謂但誦持其文

阿毗曇毗婆沙論卷第十二

阿毗曇毗婆沙論卷第十二

校勘記

一　底本，金藏廣勝寺本。

一　四一五頁中一行至四行，資、磧、普、南、徑、清無（未换卷）。

一　四一五頁中一八行第一一、一二字「答曰」，諸本（不含石，下同）無。

一　四一五頁下九行「有無」，麗作「無有」。

一　四一五頁下一三行「相追」，麗作「相違」。

一　四一六頁中一七行第一一字「如」，資作「時」。

一　四一七頁中六行「先因」，諸本作「無因」。

一　四一七頁中一〇行第九字「汝」，諸本作「法」。

一　四一七頁下二行第四字「可」，資、磧、普作「可可」。

一　四一七頁下一五行末字「如」，磧、

一　普、南、徑、清無。

一　四一七頁下一六行首字「刈」，資無。

一　四一八頁上一行「故故」，諸本作「故」。

一　四一八頁上一八行「作近所作因」，至此，資、磧、普、南、徑、清卷第十五終，卷第十六始，資、磧、普、南且有品名「雜揵度智品第十」；徑、清有品名「雜揵度智品第二之十一」。

一　四一八頁上一八行第六字「不」，資、磧、普、南、徑、清無。

一　四一八頁上一九行第五字「與」，資、磧、普、南、徑、清作「與不」。

一　四一八頁下一〇行「不得」，資、磧、普、南、徑、清作「不得罪」。

一　四一八頁下一三行第四字「有」，資、磧、普、南、徑、清作「若有」。

一　四一八頁下二〇行「威勢」，麗作「非威勢」。

一　四一九頁上末行「現在」，磧、普、南、徑、清作「現有」。

一　四一九頁中一一行「大塔住」，資、磧、普、南、徑、清作「大塔柱」。

一　四一九頁下末行第六字「心」，資、磧、普、南、徑、清作「善心」。

一　四二〇頁上一行首字「名」，資、磧、普、南、徑、清作「是名」。

一　四二一頁上一行第二字「報」，資、磧、普、南、徑、清作「徧」。

一　四二一頁上末行「不善」，諸本作「不善無記」。

一　四二一頁中二行末字「二」，麗作「三」。

一　四二一頁中一九行「刹那」，資、磧、普、南、徑、清作「刹那頃」。

一　四二一頁下三行「如衣器鏡」，諸本作「器鏡垢」。

一　四二一頁下一二行「欲正」，諸本作「欲止」。

一　四二一頁下二〇行末字「斷」，磧、普、南、徑、清作「使」。

一　四二二頁中六行「性性」，資、磧、普、南、徑、清作「性」。

一　四二二頁下六行第二字及九行末字、一三行第七字「遍」，資、磧、普、南、徑、清作「遍使」。

一　四二二頁下六行「無伴」，諸本作「無伴性」。

一　四二三頁上三行第八字「斷」，諸本作「使斷」。

一　四二三頁上一四行「所依」，資、磧、普、南、徑、清作「時依」。

一　四二三頁上二二行「凡夫」，資、磧作「凡未」。

一　四二三頁中一四行「異説」，諸本作「説異」。

一　四二三頁下一三行「增愛」，諸本作「憎受」。

一　四二三頁下一八行「不使」，資、磧、普、南、徑、清作「不能」。

一　四二四頁上一二行首字「現」，諸本作「現義」。

一　四二四頁上二一行第二字「如」，資、磧、普、南、徑、清作「如此」。

一　四二四頁中一六行「依樹」，磧作

「使樹」。

一 四二四頁中末行第八字「故」，麗作「斷故」。

一 四二四頁下二行第六字「有」，麗作「有漏」。

一 四二四頁下二〇行「伏復」，資、磧、普、南、徑、清作「復次」。

一 四二五頁中一〇行「須使」，資、磧、普、南、徑、清作「頃使」。

一 四二五頁中一九行「因種」，麗作「自種」。

一 四二五頁下一〇行「以若」，諸本作「若以」。

一 四二五頁下一六行「說文」，磧、普、南、徑、清作「說問」。

一 四二六頁上八行第五字「集」，南、徑、清作「欲」。

一 四二六頁中末行「第十二」，資、磧、普、南、徑、清作「第十六」。

阿毗曇毗婆沙論卷第十三

迦旃延子造　五百羅漢釋

北涼天竺沙門浮陀跋摩共道泰等譯

雜揵度人品第三上

一人此生十二支緣幾在過去幾在未來幾在現在如是章及解章義此中應廣說優波提舍問曰何故作此論荅曰為止他義故如毗婆闍婆提說緣起是無為法問曰彼以何義故說緣起是無為法荅曰彼依佛經佛經說若佛出世若不出世法住法界如來成等正覺為他顯現乃至廣說彼以是義故說緣起法是無為為止如是說者意故緣起法隨在世中若隨在世當知緣起法定是有為非是無為所以者何無有無為法隨在世中問曰若緣起是有為法彼經云何通若佛出世若不出世法住法界乃至廣說荅曰應知彼經意趣問曰彼經意趣云何荅曰彼經說因果決定義故若佛出世若不出世無明常是行因行常是無明果如是乃至生是老死因老死是生果如此義是彼經意趣若如汝所解彼經意趣若佛出世若不出世地常堅相乃至風常動相四大可是無為法耶若佛出世若不出世色常色相乃至識常識相如是諸陰復是無為法耶若佛出世若不出世訶梨勒果迦中伽盧醯尼藥常是苦味復是無為法耶如汝所說若佛出世若不出世四大諸陰訶梨勒果迦中伽盧醯尼藥等常是有為如是緣起法若佛出世若不出世雖住法界亦應是有為非是無為是故為止他義欲顯已義亦欲現法相相應義故而作此論

一人此生乃至廣說彼尊者於此中欲明五種義故一者何以唯說一人二者為說何等人三者何以說此生四者為說何等生五者說何現在唯說一人者欲去經文煩閙過故若說一切衆生經文則煩欲令無煩過故唯說一人如說一人當知一切衆生亦尒為說何等人者若人經歷十二支緣猶如蛩石亦如上梯若過去無

明行起現在前能生現在識名色六入觸受若現在愛取有起現在前能生未来生老死者說如此人若過去無明行起現在前能生現在識名色六入觸受若現在愛取有不起現在前不能生未来生老死者此中不說如此人若過去無明行乃至能生未来生老死者此中說之如智揵度中所說學人成就八種道迹彼中為說何等學人荅曰若經歷諸禪三昧猶如登石亦如上梯者先入有覺有觀定次入無覺無觀定次入無色定出無色定入滅盡定出滅盡定起世俗心現在前者彼中說如此人若入有覺有觀定從彼定起乃至入滅盡定從滅盡定起無漏心現在前者彼中不說若入有覺有觀定從彼定起乃至入滅盡定從滅定起有漏心現在前彼中說之亦如經說見此姉妹形容端正彼於後時羸瘦老劣復於後時見病著牀席復於後時見其已死經一日二日乃至七日復於後時見其色青乃至骨節散壞彼中所說女人要經上介所時事若不經上介所時事彼中不說此中說一人者要經歷十二因縁廣說如上何以說此生者若說現在生當知說過去未来亦介為說何等生者通此一身以生名說說何現在者說此一生現在不說剎那現在不說時現在

一人此生十二支縁幾在過去荅曰二謂無明行則止無前世所更事二在未来謂生老死則止無未来世生事八是現在識乃至有則說因果相續二是過去則止常見二是未来則止斷見八是現在則顯中道問曰過去亦有十二支縁未来亦有十二支縁現在亦有十二支縁何故說二在過去二未来八在現在耶荅曰現在法以因推果以果推因現在以因推果者現在愛取有是未来生老死因生老死是其果以果推因者現在識名色六入觸受果此因是過去無明行以現在因推果以現在果推因故而作是說此中說衆生數縁起法如彼伽羅那經所說云何縁起法荅曰一切有為法問曰此說彼說有何差別荅曰此說衆生數彼說衆生數非衆生數此說有根法彼說有根無根法此說有心法彼說有心無心法此說內法彼說內外法此文不了義彼文了義乃至廣說縁起法有四種一者剎那二者相續三者時四者次第此說剎那彼說相續此說時彼說次第問曰此中何以唯說衆生數縁起法耶荅曰彼尊者依佛經作論佛經中說衆生數縁起法佛經是此論根本是故彼尊者依佛經作論問曰如是因論生論以何等故世尊經中唯說衆生數縁起法不說非衆生數荅曰隨順有義是支義此支隨順有故是故唯說衆生數不說非衆生數如此經說衆生數縁起法當知餘經說有支亦說衆生數縁起法問曰縁起法縁生法有何差別荅曰或有說者無有差別所以者何如波伽羅那經所說云何縁起法一切有為法云何縁生法一切有為法此義可介然亦應更求差別相因是縁起果是縁生

如因果事所事相所相成所成續所續生所生取所取當知亦如是復有說者過去是緣起未來現在是緣生復有說者過去是緣起未來是緣生復有說者無明是緣起行是緣生乃至生是緣起老死是緣生復有說者無明是緣起老死是緣生餘十支是緣起緣生復有說者二在過去是緣起二在未來是緣生餘支是緣起緣生尊者富那奢說曰此中應作四句或有緣起非緣生或有緣生非緣起乃至廣作四句緣起非緣生者未來法是也緣生非緣起者過去現在阿羅漢最後死陰是也緣起緣生者除過去現在阿羅漢死五陰諸餘過去現在法是也非緣起非緣生者無為法是也如法身經所說諸無明決定生行不相離常相隨是名緣起緣生若無明不決定生行或時相離不相隨是名緣生非緣起乃至生老死亦應如是說尊者和須蜜說曰因是緣起從因生法是緣生復次和合是緣起從和合生是緣生復次起所起生所生亦如是緣起緣生是謂差別

問曰此緣起法體性是何答曰體是五陰五陰是緣起體是性是我物是相已說體性所以今當說以何等故名緣起法答曰或有說者體性可起待緣而起故名緣起復有說者各各從異緣起故名緣起復有說者等從緣生故名緣起問曰諸法或從四緣起或從三緣生二緣生云何等從緣生是緣起義耶答曰即以是事故等從緣生是緣起義若法應從四緣生者三緣二緣則不能生從三緣生者二緣四緣則不能生從二緣生者三緣四緣則不能生以是事故等從緣生是緣起義復有說者法生時除其自體餘一切法典威勢緣以是事故等從緣生是緣起義復有說者等生是緣起義如說一切衆生心等生等住等滅復有說者一切衆生等同此緣故名緣起法問曰如此衆生或有前般涅槃者或有後般涅槃者云何等同此緣耶答曰前般涅槃者於緣起法前少後多後般涅槃者於緣起法前多後少以是事故等從同緣生是緣起義此中說時緣法法有十二時十二支十二五陰尊者奢摩達說曰於一剎那頃有十二支緣若以貪心煞生彼相應愚是無明彼相應思是行彼相應心是識起有作業必有名色起有作業必有六入彼相應觸是觸彼相應受是受貪即是愛彼相應纏是取彼身口作業是有如此諸法生是生此諸法變是老此諸法壞是死此所說可尒但此中說時緣起有十二時十二支十二五陰不說一剎那頃也如識身經說於前物愚故生愛愚即是無明愛即是行分別前物是識與識俱生四陰是名色與名色相隨諸相是六入六入和合是觸觸所更是受受所樂是愛愛增廣是取能得未來業是有增長諸陰是生諸陰變是老陰散壞是死內熱是憂發聲哀泣是悲身心燋悴是苦惱如是等事是大苦陰種種厄難問曰前說此說有何差別答曰前說是一心此說是多心前說是一剎那後是多相續

如施設經所說云何無明過去諸結是也評曰不應作是說若然者諸法則離自相應作是說云何無明過去諸結時云何過去諸行時云何識相續心及眷屬云何名色已受生相續未生四種色根六入未具一歌羅羅二阿浮陁三卑尸四伽那五波羅奢呵如是等名曰名色云何六入已生四種色根具足六入此諸根未能為觸作所依是時名六入云何為觸此諸根已能為觸作所依未別苦樂不能避危害摑火觸毒把刃及諸不淨是時名觸云何為受能分別苦樂避諸危害不摑火觸毒不把刃離諸不淨能生貪愛不起婬欲於一切物不生染者是時名受云何為愛具上三愛是時名愛云何為取以貪境界故四方追求是時名取云何為有追求之時起身口意業是時名有云何為生如現在識在於未來是時名生云何老死如現在名色六入觸受在於未來是時名老死復有說者無明有二種有破體無明有不破體無明緣行有二種

有思有思所造行緣識有二種有與悔俱有不與悔俱識緣名色有二種有愛處有不愛處名色緣六入有二種有報有長養六入緣觸有二種有對觸增語觸觸緣受有二種有身受有心受受緣愛有二種有婬欲愛有資生愛愛緣取有二種有從見生有從愛生取緣有有二種有從內生有從外生有緣生有二種有一剎那有通一身生緣老有二種有眼所見有與慧所見老緣死有二種有剎那死有一身死

如說無明因行問曰以何等故但說無明緣行不說無明因行耶答曰或有說者亦說無明因行如摩訶尼陁那經所說佛告阿難以如是因如是緣如是事生為老死因如生為老死因乃至無明為行作因亦如是復有說者若說無明因行但說因緣不說餘緣若說無明緣行則具說四緣復有說者若說無明因行唯說染汙行若說無明緣行則說染汙不染汙行問曰以何等故唯說無明緣行不說

行緣無明答曰或有說者若說行緣無明則唯說緣不說因復次此中說時緣起法前生者是無明後生者是行問曰如無明是十二支緣何以但說無明緣行答曰或有說者應說而不說者當知此說有餘乃至廣說復有說者緣有二種有近有遠若說無明緣行則說近緣若於餘支則說遠緣是中說近不說遠如近遠此生他生當知亦如是復次無明與行作緣隨順不同餘支是故說與行作緣不與餘支如說行緣識亦說名色緣識復說緣二生識此三有何差別答曰或有說者行緣識說業差別名色緣識說識住差別緣二生識說所依及境界差別復有說者行緣識如初取時名色緣識如守護時緣二生識如長養時復有說者行緣識說初相續名色緣識說已成立緣二生識說成立已能緣境界復有說者行緣識說行名色名色緣識說報名色緣二生識說所依及緣境界復有說者行緣識說惡趣識名色緣識說人及六欲

大識緣二生識說色無色界色識尊者波奢說曰行緣識是中陰識名色緣識是生陰識二生識是根本有識復有說者行緣識名色緣識說染汙識緣二生識說染汙不染汙識如染汙不染汙隱沒不隱沒有過無過退不退當知亦如是問曰識緣名色名色緣識有何差別答曰識緣名色說初相續名色緣識已相續說成立如是識緣名色說初生名色緣識說生已守護復有說者此展轉相緣如束葦相依而立如御者與象展轉相依能有所至亦如船與船師展轉相依到彼岸問曰如化生云何識緣名色荅曰此說胎生不說化生也評曰應說化生亦尒如化生者初得諸根未猛利時說是識時後若猛利說名色名色緣六入問曰如名色在六入內何故言名色緣六入耶荅曰如先說未得四種色根六入未具歌羅阿浮陁卑尸伽那波羅奢佉時是名名色時六入緣觸問曰此中說六入緣觸餘處復有說名色緣觸復說緣二生觸

此三有何差別荅曰六入緣觸說所依差別名色緣觸說所依及境界差別所以者何一切外法和合皆依於內緣二生觸說現在觸復有說者六入緣觸說時觸名色緣觸即說觸體緣二生觸說三等觸觸緣受問曰觸受是相應共有法何故說觸緣受不說受緣觸耶荅曰雖是相應共有法自有法與彼法有隨順有不隨順如觸與受作緣隨順受與觸作緣不隨順如燈雖與照俱生燈是照因照非燈因彼亦如是如向所說此中說時緣起法觸是前時受是後時是故說觸緣受不說受緣觸受緣愛問曰如樂受緣愛可尒所以者何為稱意故四方追求苦受云何與愛作緣尊者和須蜜說曰苦受與愛作緣勝於樂受不苦不樂受其事云何如世尊說為苦受所逼貪求樂受受樂受故為欲愛使所使復有說者三種受盡能與愛作緣其事云何義言曰樂受作如是說我能使生有相續眾生以貪我故四方追求苦受作如是說我亦能使

生有相續為我所逼以貪樂故四方追求不苦不樂受作如是說有苦樂受處我亦能使生有相續何況第四禪已上無苦樂處而不能也復有說者三受悉能與愛作緣如識身經所說不如實知三受便生於愛問曰此三受云何與愛作緣耶荅曰愛有五種一求樂愛二不欲離樂愛三不生苦愛四速離苦愛五愚愛求樂愛者未生樂受欲令生故生愛不欲離樂愛者已至樂受心不欲離故生愛不生苦愛者苦受未至欲令不生故生愛速離苦愛者已生苦受欲令速滅故生愛未生不苦不樂受欲令生故生愛已生欲不失故生愛亦能生於愚愛愛緣取問曰受緣愛取中愛此二有何差別荅曰初生愛名愛愛增廣名取復有說者下者名愛上者名取復有說者若愛以愛為因是名愛緣愛以愛為因是名為取復有說者若愛是受果是名受緣愛若愛是愛果是名為取復有說者若愛從受生是名受緣愛若愛從愛生是名為取

復有說者若愛能生煩惱是名愛緣愛若愛能生業是名為取問曰以何等故前生緣起無明在初後生緣起愛在初耶答曰或有說者以此二結是根本使無明是過去緣起因愛是未來緣起因復有說者無明有六事一通五種二通六識三能起身口業四是使性五斷善根時能作堅強方便六是一切遍愛有五事如上所說唯非一切遍以無明有六事故在前生緣起法初以愛有五事故在後生緣起法初復有說者無明有三事故說在初一常為元首二與一切結相應三是一切遍愛於受生法中勝故說在後緣起法初復有說者無明有四事一緣有漏無漏二緣有為無為三是遍非遍四能緣自界他界愛唯緣有漏緣有為是不遍緣自界以是事故愛能生未來苦勝故說在後緣起法初此中因事故略說後當廣說有緣生問曰以何等故三有為相中生獨說一支老死共說一支耶尊者波奢說曰佛知諸法相餘無

阿毗曇毗婆沙論卷第十五　第十五張　分字号

能過乃至廣說復有說者隨其事相故法起時生勢用勝法滅時老死勢用勝復有說者法起時生能使此法相續成立老死能使不相續不成立問曰以何等故病不立有支耶答曰或有說者病死支相故復有說者若一切眾生一切時一切處有者說支病非一切眾生一切時一切處盡有如尊者婆拘羅所說我於佛法中出家年過八十不曾有小頭痛何況身病如此欲界眾生不盡有身病況色無色界老死緣憂悲苦惱問曰憂悲苦惱為是有支非耶答曰非也所以者何有支既立憂悲等法壞散有支猶如霜雹是故非支問曰如憂悲等法壞散有支猶如霜雹十二有支盡為作緣何以唯說老死耶答曰或有說者應作是說無明緣行乃至憂悲苦惱而不說者當知此說有餘復有說者以終顯始故復有說者老死時生大憂悲苦惱故復有說者當於介時行惡行者生大恐怖故問曰無明為有因不老死為有果不若有者云何

阿毗曇毗婆沙論卷第十五　第十六張　分字号

不有十三十四支緣耶若無者云何無明非是無因法老死非是無果法耶答曰應作是說無明有因老死有果但不在有支中何者是無明因謂不正念思惟何者是老死果謂憂悲苦惱復有說者無明有因老死有果體是有支非不在有支中是故有支有非十三十四無明因是何謂老死老死果是何謂無明現在愛取是過去無明現在名色六入觸受此四若在未來名老死如說受緣愛當知說老死緣無明十二支緣當知猶如輪轉

應知有一種緣起法如說云何緣起法謂一切有為法復有二種緣起法所謂因果復有三種緣起法所謂業煩惱體行有是業無明愛取是煩惱餘支是體復有四種緣起法所謂無明行生老死現在八支應攝在過去未來四支中現在愛取攝在過去無明中現在有攝在過去行中現在識攝在未來生中現在名色六入觸受攝在未來老死中復有五種緣起法

阿毗曇毗婆沙論卷第十五　第十七張　分字号

所謂愛取有生老死過去現在七支應攝在現在未來五支中過去無明是現在愛取過去行是現在有現在識是未來生現在名色六入觸受是未來老死復有六種緣起法過去因果現在因果未來因果復有七種緣起法所謂無明行識名色六入觸受諸未來現在五支應攝在過去現在七支中現在愛取是過去無明現在有是過去行未來生是現在識未來老死是現在名色六入觸受復有八種緣起法所謂識乃至有過去未來四支應攝在現在八支中過去無明是現在愛取過去行是現在有未來生是現在識未來老死是現在名色六入觸受復有九種緣起法如摩訶尼陁那經所說復有十種緣起法如城喻經所說復有十一種緣起法如智種中說復有十二種緣起法如餘經處處中說十二有支

此十二支緣煩惱為業作緣業為苦作緣苦為苦作緣苦為煩惱作緣煩惱為煩惱作緣煩惱為業作緣業為

苦作緣苦為苦作緣如說無明緣行是名煩惱為業作緣行緣識是名業為苦作緣識緣名色乃至觸緣受是名苦為苦作緣受緣愛是名苦與煩惱作緣愛緣取是名煩惱與煩惱作緣取緣有是名煩惱與業作緣有緣生是名業與苦作緣生緣老死是名苦與苦作緣

此十二支緣二是相續餘是三分二是相續者識與生三分者業煩惱體業者行與有煩惱者無明愛取體者謂餘支如業煩惱體當知三集三道亦如是

此十二支緣如樹有根有體有花有果無明行是其根識名色六入觸受是其體愛取有是其花生老死是其果

此十二支緣或有花有果或無花無果有花有果者謂凡夫人學人无花無果者謂阿羅漢

問曰此十二支緣幾是刹那幾是相續荅曰二是刹那謂識與生餘是相續問曰十二支幾是染汙幾是不染汙荅曰五是染汙謂無明識愛取生

餘是染汙不染汙評曰此中說時緣起法應說是染汙不染汙如前所說五時若是心心數法是染汙餘染汙不染汙

此十二支緣幾在欲界幾在色無色界荅曰或有說者此中唯說欲界綱生衆生復有說者欲界有十二支色界有十一支除名色時無色界有十支除名色六入時色界應作是說識緣六入無色界應作是說識緣觸評曰應作是說欲界有十二支色無色界亦有十二支問曰如色界無名色無色界無名色六入云何俱有十二支耶荅曰如初生色界衆生諸根未猛利名名色時無色界雖無色有名雖無色根而有意根彼應作是說識緣名名緣意入意入緣觸以是義故一切處悉有十二支緣

相似有支還令相似有支相續欲界有支還令欲界有支相續色無色界亦如是唯除受時能令不相似支相續其事云何如生欲界中未離欲起欲界愛取有現在前造未來生老死

彼現在有一愛一取一有未來有一生
一老死離欲界欲未離初禪欲起初
禪愛取有現在前造未來生老死彼
現在有二愛二取二有未來有二生
二老死如是乃至離無所有處欲未
離非想非非想處欲起非想非非想
處愛取有現在前造未來生老死彼
現在有九愛九取九有未來有九生
九老死彼人從欲界命終生非想非
非想處彼本曾起非想非非想地現
在愛取是過去無明有是行未來生
是現在識未來老死是現在名意觸
受諸餘地若現在若未來諸支彼亦
不過去亦不現在亦不未來所以者
何若成就因果則有過去未來現在
以不成就因果故則無過去未來現
在彼復從非想非非想處命終生無
所有處本曾起無所有處現在愛取
有愛取是過去無明有是過去行未來
生是現在識未來老死是現在名意
觸受諸餘地若現在未來諸支亦不
過去未來現在所以者何以成就因果
故則有過去未來現在以不成就因

果故則無過去未來現在從無所有
處命終乃至生欲界中本曾起欲界
愛取有現在前愛取是過去無明有
是過去行未來生是現在識未來老
死是現在名色六入觸受諸餘地支
若現在未來非過去未來現在所以
者何若成就因果則有過去未來現
在若不成就因果則無過去未來現
在生欲界中能造業增長諸有無明
現在時現在有一支即無明也餘支
在未來無明時造諸行現在有二支
謂無明行十在未來從行時至識時
一在現在謂識也二在過去謂無明
行餘支在未來乃至從取時至有時
二支在過去謂無明行二支在未來
謂生老死八在現在識乃至有尊者
冨鄉奢重明此義若無明行在現在
當知十支在未來八在次生中謂識
乃至有二在第三生謂生老死若生
老死現在前十支在過去八支在次
前生中謂識乃至有二在前第三生
謂無明行若八現在前二在過去謂
無明行二在未來謂生老死佛經中

處處說因緣法或時說因或時說果
或時說因果為誰說因為誰說果為
誰俱說荅曰受化衆生凡有三種有
上中下根為上根者說因為中根者
說因果為下根者說果復有衆生初
學已學久學應隨為說或有衆生於
因中果中因果中愚若於因中愚者
為說因果中愚者為說果因果中愚
者為說因果問曰若為下根衆生說
緣起果菩薩於一切衆生中其根寂
勝以何等故觀緣起界荅曰或有說
者彼隨順觀法故所以者何菩薩見
老病死位是思惟此老病死何緣而
有皆由有生乃至廣說復有說者菩
薩見老病死猒世出家既出家已隨
其本心觀生老死復有說者隨順得
正决定故菩薩得正决定時先觀於
果何况未得正决定不先觀也復有
說者如先所說為初學者說果菩薩
於寂後生名為初學雖曾無數劫觀
因緣法後若觀時還從本如人先
雖數數上樹後若上時還從根上彼亦
如是復有說者欲燒增長有樹使無

餘故如人以火先燒樹端至根乃止彼亦如是尊者波奢說曰不以菩薩觀因緣果故名為下根然有二種人有隨見行有隨愛行若隨見行者依空三昧得正決定觀緣起因隨愛行者依無願三昧得正決定觀緣起果菩薩雖隨愛行能依空三昧得正決定觀緣起果菩薩猒老病死苦於諸生死不生欲樂問曰何故菩薩不觀無明行耶答曰或有說者先已廣略觀故觀愛取時即是觀無明觀有時即是觀行以是事故名先已觀乃至廣說問曰若然者觀老死時即是觀名色六入觸受觀生時即是觀識何以復更觀耶答曰先是略觀後是廣觀先不分別後是分別問曰若然者識無廣略何以重觀耶答曰雖無廣略菩薩畏於生故是以重觀所以者何菩薩猒老病死推求其本此老病死由何而有知從相續識生誰造相續識知從業而得業從誰起知從煩惱起煩惱為何所依知依於體彼復更思惟誰造此體知從相續識生菩

薩於是念從相續識造一切過患以是事故重觀於識不觀於行以行無廣略義故齊識而止問曰若然者無明有廣略義何以不觀耶答曰以行無廣略義故是以不觀不可捨行復觀無明何以故觀緣起法應從次第不應越次復有說者菩薩觀有緣生時即是觀業名色若觀行緣識亦是觀業名色如此則是無差別觀復非是觀報名色若觀名色緣識則是觀報名色復有說者若觀有緣生時是名觀遠緣法若觀行緣識亦是觀遠緣法如此則是無差別觀復非是觀近緣法若觀名色緣識則是觀近緣法如近遠此身他身當知亦如是復有說者若觀有緣生則是觀前生緣法若觀行緣識亦是觀前生緣法復非是觀共生緣法若觀名色緣識則觀共生緣法復有說者識從二緣生謂遠緣生伴侶生若觀有緣生是則觀遠緣若觀行緣識亦是觀遠緣如此則是無差別觀復非是觀伴緣法若觀名色緣識是則觀伴緣法復有

說者欲離無窮過故菩薩觀老死時即觀此身名色六入觸受觀生時即觀此身相續識若觀名色六入觸受即觀第二生中老死名觀識時即觀第二身生若觀無明行即是觀第三世亦可觀第四世如是轉轉便為無窮欲離如是過故不觀無明行問曰以何等故菩薩於起作分中觀十支寂滅分中觀十二支耶答曰菩薩憎惡起作愛樂寂滅是故於起作分中觀十寂滅分中觀於十二如說比丘我於是識心便轉還問曰以何等故菩薩於識心中便轉還耶尊者波奢說曰識住所依何等是識所依所謂名色以名色未斷故齊識而還復有說者以緣還故名為轉還如說識緣名色亦說名色緣識以識是名色緣故說於緣轉還復有說者以此二法展轉相緣故名於緣轉還復有說者如步屈虫乘草而行先安前足得移後足若至草端無安足處而便轉還彼亦如是復有說者菩薩猒老病死求其原本何由而有知從相續識生乃

至知煩惱依體推體復依何而有知從相續識生作是思惟一切衆患皆從此生若觀識緣名色即觀此身相續識若觀名色緣識即觀過去身相續識以是事故尊者富那奢所說義便為明了若生老死二支現在時十支在過去八支在次前生中二支在前第三生中若觀此生過去相續識過患未來相續識亦如是故於識心便轉還

佛經處處說緣起法喻如燈如火聚如城問曰以何等故佛經說緣起法如燈乃至如城答曰有人以燈喻緣起法而得明了者佛說如燈若以火聚城喻得分明者佛說如火聚如城復有說者或有衆生於愛取中有少分在者有中分在者有上分在者若少分在者說猶如燈中分在者說猶如火聚上分在者說猶如城

如佛經說無明緣行乃至廣說問曰何故作此論答曰欲令疑者得決定故所以者何行與有體俱是業人謂是一令欲說其所以及差別相故作此論

云何無明緣行答曰為顯示分明施設解說諸業相故若於餘生中作業亦令增長彼業報令得此身彼業此生中俱受報是名無明緣行問曰作與增長有何差別答曰或有說者無有差別所以者何作即增長增長即作故復有說者應有差別所以者何或有以一惡行故墮於惡道或有以三惡行故墮於惡道若作一惡行應墮地獄方便時止是名為作不名增長若此行成滿亦名為作亦名增長以三惡行應墮地獄若作一行二行是名為作不名增長若作三行滿足亦名為作亦名增長善行生人天當知亦如是復有說者若作一無間業應墮地獄若方便時止是名為作不名增長若此業成滿亦名為作亦名增長若作五無間業應墮地獄若作一二三四是名為作不名增長若具作五無間業是名為作亦名增長十惡墮惡道十善生人天說亦如是復有說者或以一善業得生人中或以多善業得生人中如菩薩以三十二

百福故得最後邊身若作三十一百福時是為作不名增長若具三十二百福是名為作亦名增長復有說者業有二種有決定有不決定若作不決定業者是名為作不名增長若作決定業者是名為作亦名增長如是必生報必不生報現報生報後報不定報當知亦如是復有說者業有二種有方便業無方便業有方便業有作有增長無方便業有作無增長如是故作不故作有先思而作有不思而作當知亦如是復有說者業或有是造非滿或是滿非造或是造是滿若是造是滿是名為作亦名增長餘者名作不名增長復有說者若業不善得惡道果若業不善得人天果不善得惡道果者是名為作亦名增長不善得人天果者是名為作不名增長復有說者不善業或有心壞方便不壞有方便壞心不壞有心壞方便壞若心壞方便壞者是名為作亦名增長餘者名作不名增長復有說者有善心具足方便不具足有方便具

足善心不具足有善心具足方便具足善心具足方便具足者是名為作亦名增長餘者名作不名增長復有說者不善業有壞戒不壞見有壞見不壞戒有壞戒壞戒壞戒見見者是名為作亦名增長餘者名作不名增長如是善業便戒具足見具足說亦如是復有說者有善業以善業為眷屬有善業以不善業為眷屬善業以善業為眷屬者是名為作亦名增長善業以不善業為眷屬者是名為作不名增長若說不善與上相違復有說者作不善業不捨不呰不訶責不依對治是名為作亦名增長作不善業捨呰訶責依對治是名為作不名增長復有說者有作善業常生憶念有作善業不生憶念常生憶念者是名為作亦名增長不生憶念者是名為作不名增長復有說者若作不善業不悔是名為作亦名增長若作不善業悔是名為作不名增長如是見過不見過犯惡向他說罪還如法行犯惡不向他說罪不如法行說亦如是

復有說者若作惡知有報是名為作不名增長若作惡不知有報是名為作亦名增長復有說者若數數作業不隨喜是名為作不名增長若數數作業隨喜是名為作亦名增長復有說者若作善行於此身中數生善心是名為作亦名增長若作善行不數生善心是名為作亦名增長作不善行說亦如是復有說者若作業都竟如作房舍一切都竟是名為作亦名增長若作業不竟是名為作不名增長復有說者若作業為同行人所稱譽者是名為作亦名增長不者名作不名增長復有說者若作和合行得和合果是名為作亦名增長若作和合行不得和合果者是名為作不名增長和合如作十善行具足得人天果復有說者若善業決定迴向者是名為作亦名增長若善業不決定迴向者是名為作不名增長不善業決定迴向亦如是復有說者善業為煩惱所覆者是名為作不名增長不為煩惱所覆者是名為作亦名增長不

善業不為善業所覆是名為作亦名增長為善業所覆是名為作不名增長作與增長是名差別若業報令得此有是名無明緣行諸過去如是等業當知盡攝在行分中云何取緣有若於此作業亦令增長彼業報使未來有相續諸未來如是等業當知盡攝在有分中問曰以何等故過去業說名為行現在業說名為有耶答曰以過去業已消已用已作已與果無勢力報已熟猶如糞掃棄於空地更不能生報果以是事故說名為行與上相違說名為有問曰無明緣行取緣有有何差別答曰已說差別此是過去此是現在此是已與果此是未與果此是故業此是新業問曰如汝所說可介應當說緣差別相答曰無明緣行為顯示業廣說如上彼業緣世尊說是一結謂無明結也取緣有者若於此作業乃至廣說彼業緣世尊說是一切結所謂諸取問曰何故過去業緣說是無明現在業緣說是一切結答曰諸過去世不現見故云

何為說荅曰所謂生方時所為方便
起處身緣起者不知本在何趣造今
有業生者不知於何生造今有業方
者不知在何方造今有業時者不知
於何時造今有業所為者不知為是
煞生為是打縛乃至為是無義言造
今有業方便者不知為於衆生數為
於非衆生數作方便造今有業起處
者為是貪欲瞋恚愚癡處造今有業
身者不知為是男女身造今有業緣
者不知為緣過去未來現在為緣色
聲香味觸造今有業如是過去世不
現見故說行緣是無明現在世如上
所說趣乃至緣盡是現見是故彼業
說緣是一切結復有說者過去無明
緣行是已作方便是已與果不猛利
不猛利故說是無明取緣有是現在
業不已作方便未與果性是猛利以
猛利故說是取復有說者過去業不
知為從貪生為從瞋生為從癡生自
身他身無現見者煞煩惱相應共有
法中盡有無明是故說是無明現在
業自身他身俱可現見亦可知從貪
恚癡及餘煩惱生是故說一切結問
曰諸阿羅漢所有業為是無明緣行
為是取緣有耶荅曰非是無明緣行
亦非取緣有所以者何以不從無明
生亦不從取生雖然已與果報已熟
當知盡攝在行分中若未與果報未
熟當知此業攝在有分中已離有支
不在有支中問曰凡夫人生欲界中
為造幾種業耶荅曰凡夫人生欲界
中未離欲能造四種善不善業已
離欲界欲未離初禪欲能造欲界四
種善業造初禪三種業除現報業如
是乃至離無所有處欲能造欲界四
種善業能造四禪四無色定三種業
除現報業凡夫人生初禪中未離欲
能造初禪中四種業若離初禪欲未
離第二禪欲能造初禪中二種業除
生報業能造二禪中三種業除現報
業離二禪欲未離三禪欲能造初禪
中三種業除生報業能造二禪中二
種業除生報現報業能造三禪中三
種業除現報業乃至離無所有處欲
能造初禪中三種業除生報業三禪
三无色定中能造二種業除生報現
報業能造非想非非想處三種業除
現報業如是凡夫人乃至生無所有
處未離欲能造無所有處四種業已
離欲能造無所有處三種業除生報
業能造非想非非想處三種業除現
報業凡夫人生非想非非想處能造
四種業聖人生欲界中未離欲能造
四種業若離欲界欲未離初禪欲能
造欲界二種善業除生報後報業能
造初禪三種業除現報業離初禪欲
未離二禪欲能造欲界二種業如前
說若是不退法唯能造初禪一種業
謂不定報業若是退法能造三種業
除現報業能造二禪中三種業除現
報業離二禪三禪四禪欲當知說亦
如是未離空處欲能造欲界二種業
除生報後報業若是不退法能造四
禪中一種業謂不定報業若是退法
能造三種業除現報業能造空處三
種業除現報業若退生報業不造後
報業若造後報業不造生報業乃至
離無所有處欲未離非想非非想處

欲能造欲界二種業如前說若是不退法能造四禪三無色一種業如前說若是退法能造三種業如前說能造非想非非想處三種業如空處說聖人生初禪中未離初禪欲能造初禪三種業除後報業離初禪欲未離二禪欲能造初禪二種業除生報後報業能造二禪三種業除現報業離二禪欲未離三禪欲造初禪二種業除生報後報業能造二禪一種業謂不定報業能造三禪三種業除現報業乃至離四禪欲未離空處欲能造初禪二種業如前說能造餘三禪一種業謂不定報業能造空處二種業除現報後報業乃至離無所有處欲未離非想非非想處欲能造初禪二種業如前說能造餘三禪三無色定一種業謂不定報業能造非想非非想處二種業除現報後報業如說生初禪當知生餘三禪亦如是是中差別者生餘三禪中未離自地欲能造四種業聖人生空處未離彼地欲能造空處二種業除生報後報業離空處欲未離識處欲能造空處二種業如前說能造識處二種業除現報後報業乃至離無所有處欲未離非想非非想處欲能造空處二種業如前說能造識處無所有處一種業謂不定報業能造非想非非想處二種業除現報後報業如是生無所有處說亦如是聖人生非想非非想處若離欲若未離欲能造彼處二種業除生報後報業住欲界中陰中能造二十二種業還中陰受定不定報如是歌羅羅阿浮陀卑尸伽那波羅者佉嬰孩童子少年中年老時皆受不定報住歌羅羅時能造二十種業還歌羅羅時受定不定報乃至老時皆受定不定報乃至住老時造二種業還於老時受二種報謂定不定報問曰住中陰中造業生陰中受報此報為是生報為是現報耶答曰當言現報不當言生報所以者何中陰即是此生身故

阿毗曇毗婆沙論卷第十三

阿毗曇毗婆沙論卷第十三

校勘記

一　底本，金藏廣勝寺本。

一　四二九頁中一行「第十三」，資、磧、普、南、徑、清作「第十七」。

一　四二九頁中四行「第三上」，資、磧、普作「第三」；南作「第一」；徑、清作「第三之一」。

一　四三〇頁上末行「色青」，資、磧、普、南、徑、清作「青色」。

一　四三〇頁中一一行及一三行「八是」，資、磧、普、南、徑、清作「以是」。

一　四三〇頁中一六行「未來」，麗作「在未來」。

一　四三一頁中三行第一二字「物」，諸本（不含石，下同）作「是物」。

一　四三一頁中八行第一四字「起」，諸本作「生」。

一　四三一頁中一六行「法典」，諸本作「法與」。

一　四三一頁下一行「同緣」，資、磧、

普、南、徑、清作「因緣」。

一　四三一頁下二行「緣法」，諸本作「緣起」。

一　四三一頁下一三行末字及一四行第六字「愛」，資作「受」。

一　四三一頁下一六行「諸相」，諸本作「諸根」。

一　四三一頁下一九行「是憂」，磧、南作「是愛」。

一　四三一頁下二〇行「焦悴」，資、磧、普、南、麗作「燋悴」；徑、清作「憔悴」。

一　四三二頁上四行「過去」，諸本作「行過去」。

一　四三二頁上六行第一〇字「一」，資、磧、普、南、徑、清作「一名」。

一　四三二頁上一二行及一四行「攝火」，磧、普、南、徑、清作「捉火」。

一　四三二頁中一〇行「有眼所見有與」，資、磧、普、南、徑、清作「有根所見有覺」。

一　四三二頁中一三行「因行」，資、磧、普、南、徑、清作「緣行」。

一　四三三頁上三行「二生」，諸本作「緣二生」。

一　四三三頁上一四行「識緣」，資、磧、普、南、徑、清作「說緣」。

一　四三三頁上二〇行「歌羅」，諸本作「歌羅羅」。

一　四三三頁下六行「便生」，資、磧、普、南、徑、清作「使生」。

一　四三三頁下一〇行第四字及一九行第九字、末字「愛」，麗作「受」。

一　四三三頁下一三行「受欲」，資、磧、普、南、徑、清作「愛欲」。

一　四三四頁中六行「病死」，諸本作「病無」。

一　四三四頁下一三行「輪轉」，至此，資、磧、普、南、徑、清卷第十七終，卷第十八始，資、磧、普、南有品名「雜揵度人品之二」；徑、清有品名「雜揵度人品第三之二」。

一　四三四頁下一八行「四種」，資、磧、普、南、徑、清作「四支」。

一　四三五頁下八行末字「十」，磧、普、南、徑、清作「一」。

一　四三五頁下二一行第七字「時」，資、磧、普、南、徑、清作「生時」。

一　四三六頁上九行「九老」，資、磧、普、南作「九者」。

一　四三六頁下一一行第九字「界」，諸本作「果」。

一　四三六頁下一三行第四字「位」，諸本作「作」。

一　四三六頁下一六行「老死」，資、磧、普、南、徑、清作「老病」。

一　四三六頁下二一行「如如」，諸本作「始如」。

一　四三七頁上一行末字「止」，資、磧、普、南、徑、清作「盡」。

一　四三七頁中一行「於是」，資、磧、普、南、徑、清作「作是」。

一　四三七頁下四行第九字「名」，諸本作「若」。

一　四三八頁上九行第八字「是」，資、磧、普、南、徑、清作「是是」。

一　四三八頁上一七行末二字「說猶」，資、磧、普、南、徑、清作「猶說」。

一　四三八頁中一六行「時止」，磧、普、南、徑作「時上」。

一　四三八頁下二行第三字「是」，諸本作「是名」。同行「三十二」，麗作「二十二」。

一　四三八頁下五行第一三字「若」，資、磧、普、南、徑、清無。

一　四三九頁上五行「壞戒壞戒見見」，諸本作「壞見壞戒壞見」。

一　四三九頁上七行「便戒」，麗作「使戒」。

一　四三九頁中八行「亦名」，諸本作「不名」。

一　四三九頁中九行末字「竟」，清作「境」。

一　四四〇頁上一行第三字「說」，麗作「諸趣」。同行第八字「生」，諸本作「趣生」。

一　四四〇頁上二行「起者」，資、磧、普、南、徑、清作「趣者」。

一　四四〇頁中八行「不在有支中」，至此，資、磧、普、南、徑、清卷第十八終，卷第十九始，資、磧、普、南且有品名「雜揵度人品之三」；徑、清有品名「雜揵度人品第三之三」。

一　四四〇頁中一七行「二種」，諸本作「三種」。

一　四四〇頁下二一行「退生」，諸本作「造生」。

一　四四一頁上九行第八字「欲」，資、磧、普、南、徑、清作「欲能」。

一　四四一頁中一行第三字「處」，諸本作「識處」。

一　四四一頁中一二行「耆佉」，資、磧、普、南、徑、清作「奢佉」。

一　四四一頁中一三行「不定」，麗作「定不定」。

一　四四一頁中卷末經名，資、磧、普、南、徑、清無（未換卷）。

阿毗曇毗婆沙論卷第十四　分

迦旃延子造　五百羅漢釋

北涼天竺沙門浮陀跋摩共道泰等譯

雜揵度人品中

頗行緣無明不緣明耶乃至廣說問曰何故因無明與明而作此論答曰或有說者作經者意欲尒乃至廣說復有說者無明與明相違明與無明相違無明與明作對治明與無明作對治復有說者以俱是無首俱是九種俱是根本無明是起作法根本明是寂滅分根本

頗行緣無明乃至廣說處處廣說諸行名如說无明緣行阿毗曇人作如是說此中說時五陰是行尊者瞿沙作如是說此中說業是行如說有害他行此中說不善業是行如說無有害他行此中說善業是行如說造有為行如說一造有為行此中說思是行如說五陰色心心數法心不相應行無為此中說心不相應行陰是行如說有此色受想行識此中說心

相應不相應五陰是行如說三行謂身口意身行者謂出入息口行者謂覺觀意行者謂想思此中說想陰及二陰少分是行如說三行有福分非福分不動分此中說善不善業是行如說行有五過患此中說不善法是行亦說是苦觸復有說者此中說五取陰是行如說聰明者不以行捨行如說諸行無常此中說五取陰是行如說寂滅為樂此中說寂滅為樂此中說寂滅是數法無漏行非以數滅如說諸行無常諸法無我涅槃寂靜此中說一切有為法是行此經亦說一切有為法是行若說相似行凡有十一種欲界有四善不善隱沒不隱沒色界有三善隱沒不隱沒無色界亦尒及無漏行無明與明非欲界善行因為作三緣謂次第境界威勢緣無明與不善行作四因謂相應共生相似遍因為作四緣明非其因為作二緣謂境界威勢緣欲界隱沒無記說亦如是無明非欲界不隱沒無記因除無明報為作三緣謂次第境界

威勢緣明非其因為作一緣謂威勢緣無明與無明報作一因謂報因作四緣謂因次第境界威勢緣明非其因為作一緣謂威勢緣無明與明非色界善行因為作三因除因緣無明與色界隱沒無記行作四因謂相應共生相似遍因為作四緣明非其因為作二緣謂境界威勢緣明與無明非色界不隱沒行因無明為作三緣除因緣明為作一緣謂威勢緣無色界亦如是無明與無漏行除初明諸餘無漏行非因為作二緣謂境界威勢緣明與其相似者作三因謂相應共生相似因為作四緣初明與無明非因為作二緣謂境界威勢緣無明與初明非因為作一緣威勢緣如此說是略毗婆沙

頗行緣無明不緣明耶答曰無也所以者何無有行於無明有緣於明無緣頗行於明有緣於無明無緣耶答曰此亦無也所以者何無有行於明有緣於無明無緣頗行於無明與明有緣耶答曰有所以者何衆生從久來無有不謗道言非道者彼於後時作地利行亦令增長乃至廣說地利行者得田地園林果者是也王行者得作邊地王如摩菟羅王等大王行者得王於一方如瞿沙王無崘荼王桊天子等是也轉輪王行者得王四天下復有說者王行者得王一方如瞿沙王無崘荼王桊天子等是也大王行者得為轉輪王太子已登王位七寶未至是也轉輪王行者已登王位七寶自至是也復有說者地利行者謂一切地處於中尊貴王行者得為轉輪王眷屬小王大王行者若轉輪王太子位轉輪王行者得王四天下七寶自至以是因緣展轉生故使諸衆生及種子藥草樹木皆得生長亦以如法賦稅以此業力故使外種子皆得增長如此義今當廣說如諸外道見壽命有增有減心生猒離復為恐憎會苦愛別離苦在家諸苦之所逼切而便出家既出家已少欲知足精勤苦行持崘難戒種種苦行欲求解脫彼依邪道故轉遠聖道以轉遠故不能得道不得道故便生誹謗言無有道雖有解脫而無其道若當有者我等種種苦行應得此道以不得故當知無道於脩行法而便退還作是思惟於生死中多脩福者猶有崘難況不作者我今當脩施福即作大祀以諸飲食充足多人作如是願使我為王乃至轉輪王如佛弟子見壽命有增有減心生猒離復為恐憎會苦愛別離苦在家諸苦之所逼切而便出家既出家已初夜後夜勤脩方便一七二七日沒於其中間結加趺坐頂安禪鎮行禪翅法杖常住山頂巖石間脩行精進雖然以二事故不得道一善根未熟二行邪方便善根未熟者始於此身而求解脫佛法之中速得解脫者一身中種解脫分善根二身中成熟三身中得解脫而彼未種解脫分善根而求解脫是名善根未熟行邪方便者受錯謬對治以是事故不能得道以不得故便謗於道雖有解脫而無其道若當有者我今種種精進苦行則應當得以是事故而

便退還復更思惟於生死中多作福者猶為嶮難何況不作我今當修福業自作亦教他作施設長齋般闍于瑟因講經法會等以種種飲食充足多人發如是願使我為王至轉輪位如願皆得若當無道邪見無由生謗以有道故邪見便謗是故無漏道作近緣若邪見不謗道後則不生施俱心如是染汙心與不染心作緣若無施俱心則外種子不增長如是內法與外法作近緣此前心具有四緣前心者謂邪見俱心彼相應共有是因緣疑是次第緣道是境界緣除其自體餘一切法是威勢緣彼後心有一威勢緣後心者謂施俱心也問曰以何等故前心有四緣後心有一緣耶荅曰或有說者此文應如是說前心有四緣後心亦應有四緣應如是說而不說者當知此說有餘復有說者此中一向說近緣如識身經所說不為心作障导是威勢緣諸法為作境界者是境界緣前滅心是次第緣俱生法是因緣如是皆說近緣當知此文亦說近緣前心四緣是近緣前心四緣於後心是一威勢緣非因緣非次第緣非境界緣所以者何前心與邪見作因緣邪見相應心不行布施疑心不能與施心開次第緣道心不行施問曰如後生心體以在四緣中前心四緣於後心是威勢緣故云何不自體還與自體作威勢緣耶荅曰或有說者此文應如是說前心四緣與後心作一威勢緣除其自體而不說者當知此說有餘乃至廣說復有說者我先作是說此中一向說近緣後心於前心四緣是遠緣是為捨遠取近復有說者先已除自體是餘論餘日誦餘揵度中說除其自體者猶當信受何況此論此揵度問曰誦前品中說一切諸法除其自體作威勢緣而不信受以是事故此中雖不言除其自體亦復無過

頗行不緣無明亦不緣明耶荅曰無也無有行不緣無明亦不緣明復次若別為一法說者則有頗行緣無明不緣明乃至廣說緣無明不緣明者謂無明報染汙行無明報者無明為作報因明非其因所以者何明無因義故無明與染汙行作四因謂相應共生相似遍因明非其因無因義故緣明不緣無明者除初明諸餘無漏行明與彼作三因謂相應共生相似因無明非其因無因義故緣無明緣明者此則無也所以者何無有行緣無明亦緣明者遠故如偈說

虛空大地相去遠　海彼此岸亦復遠
日出沒處斯亦遠　正法邪法遠中遠

不緣無明不緣明者除無明報諸餘不隱沒無記行何者是耶謂一切善行報不善身口業得生住老无常等報諸長養色餘依色威儀工巧通果法及初明有漏善行如是等法不緣無明不緣明何以故無明與明非其因故問曰如苦法忍得無明與明俱非其因此中何以不說耶荅曰或有說者應說而不說者當知此說有餘復有說者以分別初明共有法時彼亦在中故評曰不應作是說如前說者好問曰無明是何義荅曰不知不

解不識是無明義問曰除明餘一切法亦不知不解不識彼盡是無明耶荅曰若不知不解不識是愚癡相者說是無明餘一切法雖不知不解不識無愚癡相故說不是無明問曰明是何義荅曰知解識義是明義問曰世俗智亦知解識何以不說是明耶荅曰或有說者若知解識能於真諦決定者是明世俗智雖知解識不於真諦得決定故如速分智雖復猛利不能於真諦盡得決定復有說者若知解識能於真諦決定了知究盡第一義者是明世俗智雖知解識不能於真諦決定了知究盡第一義故非明復有說者若智解識能斷煩惱更不生者是明世俗智與上相違故非明復有說者若知解識能破壞有是明世俗智與上相違故非明復有說者若知解識斷生死有相續法及老死相續法者是明世俗智與上相違故非明復有說者若知解識是盡苦集身見諸取道者是明世俗智與上相違故非明復有說者若知解識非身見顛倒體非貪欲瞋恚愚癡之處不離垢濁毒不墮諸有不墮苦集諦中者是明世俗智與上相違故非明復有說者若知解識知已更非無知得決定智更不生愚癡猶豫邪見者是明世俗智與上相違故非明復有說者世俗智在無明明分中所以者何於明無明俱有三緣義故如人親友亦親他惡是人於他不名親友不名惡家彼亦如是復有說者不雜無明故是明義世俗智雜無明故非明復有說者世俗智分能生謗道法是中應說叛臣喻復有說者能治義者是明如人為鬼所著以呪治之如是凡夫為煩惱鬼所著以無漏道治彼世俗智不能究竟治故非明除心因法及非心法諸餘法攝二界一入一陰彼是何耶謂苦法忍相應心攝二界者意識界一入者意入一陰者識陰除明因法及諸餘法非明者攝一界一入一陰彼是何耶謂苦法忍是也攝一界者法界一入者法入一陰行陰說受等諸數法亦應如是問曰諸明以明為因耶設為明因是明耶乃至廣作四句是明非以明為因者謂初明也是明因非明者明相應共生法也是明亦以明為因者除初明諸餘明也非明不以明為因者除上尒所事諸明是明因也設是明因亦是明也乃至廣作四句是明不為明作因者謂未來明也為明作因非明者謂明相應共生法也是明亦為明作因者謂過去現在明也非明不為明作因者除上尒所事苦法忍得有十五一與苦法忍俱二與苦法智俱如是乃至與道比忍俱苦法智得有十四如是轉減乃至道比忍得有一問曰見道更有餘得不耶荅曰或有說者無所以者何如見道滅彼得亦隨滅猶如日沒光亦隨沒如是日如見道日光如諸得若彼道滅得亦隨滅評曰應更有得謂未來世是也此中唯說生者不說不生者苦法忍有一得俱生忍於得不作因得於忍亦不作因與後生無漏道盡為作因苦法智俱生得有二二是道得一是解脫

得二是道得者一是苦法忍得二是苦法智得解脫得者謂欲界見苦所斷十使解脫是也苦法智於得無因義得於智亦無因義苦法忍及俱生得與彼三得作相似因苦比忍俱生得有四三是道得一是解脫得苦比忍與得無因義得於苦比忍亦無因義苦法忍及俱生得與四得作相似因苦法智及俱生得與三得作相似因除苦法忍得以此事故而作是說頗有前生无漏不與後生無漏道而作因耶荅曰有勝不與下作因苦比智俱生得有六四是道得二是解脫得苦比智與六得無因義六得亦與苦比智亦無因義苦法忍俱生得與六得作相似因苦法智及俱生得與五得作相似因除苦法忍得苦比忍及俱生得與後三得作因與前三得不作因問曰何故不為前三得作因耶荅曰以下故勝道不為下作因問曰以道下故不為作因可介解脫得勝何故不為作因也荅曰解脫得雖勝不道力所得故不為作因如是乃至

道比忍有二十二得俱生十五是道得七是解脫得道比忍與二十二得無因義二十二得與道比忍亦無因義苦法忍及俱生得與二十二得作相似因乃至道法智及俱生得與後三得作相似因不與前得作因若苦法忍現在前未来中所脩道盡為作因苦法忍乃至無學道作因復有說者苦法忍現在前未来中所脩道不為作因何以故乃至無一剎那生云何名果評曰說是因者好俱是一身所得復是勝道故如是乃至道比忍現在前未来中所脩道彼道比忍盡為作因從道比智乃至無學道盡為作因乃至金剛喻定現在前未来中所脩道盡為作因及諸無學道盡為作因初生盡智除其自體與一切無學道作因信行人道還與信行人道作因亦與法行人道作因法行人道唯與法行人道作因復有說者信行人道與信行人道作因不與法行人道作因無有信行人作法行人者評曰如是說為作因者好俱是一身

復是勝道故信解脫道與信解脫道作因亦與見到道作因見到道唯與見到道作因時解脫道與時解脫道作因亦與不時解脫道作因不時解脫道唯與不時解脫道作因見道與見道作因亦與修道無學道作因修道與修道作因亦與無學道作因無學道唯與無學道作因聲聞道還與聲聞道作因辟支佛道還與辟支佛道作因佛道還與佛道作因此三道各不更相為因無漏道亦依女身亦依男身或有說者依女身道還與依女身道作因依男身道還與依男身道作因應展轉為因隨其利鈍根性如是說者好或有說一道者或有說多道者說一道者不言見道即是修道見道異修道異見道依九處身得三天下六欲天說一道者閻浮提道乃至即是他化自在天道說多道者閻浮提所依身道異乃至他化自在天所依身道異言多道者復有二種者作如是說若以閻浮提身得見道此道名在得身中成就亦現在前

餘身所依道是得不在身中成就不現在前二者作是說若以闍浮提身得見道彼道名得在身中成就亦現在前餘身所得見道不名得不在身中不成就不現在前修道依欲界身亦依色界亦色界身言一道者若依欲界身所得道色無色界身所得道即是一道言多道者依欲界身所得道異依色無色界身所得道異言多道者復有二種一者說依欲界身得道此道名得在身中成就現在前依餘身得道名得不在身中成就不現在前二者說依欲界身得道名得在身中成就現在前依餘身中成就現在前依餘身得道不得不在身中不成就不現在前評曰不應作是說若然者依欲界身得果已生色無色中彼生已起聖道現在前可言重得果耶如前說者好聖道亦依女身亦依男身言一道者依女身道依男身道即是一道言多道者女身道異依男身道異言多道者復有二種一者言若女身所得道此道名得在身中成就現在前男身中道此道名不得在身中成就不現在前二者言若依女身所得道此道名得在身中成就現在前男身中道此道不得不在身中不成就不現在前評曰不應作是說所以者何依女身得果後得男身起聖道現在前可言重得果耶如前說好阿耨多羅三藐三菩提依百歲身而得乃至亦依八万歲身而得言一道者依百歲身而得阿耨多羅三藐三菩提即是依八万歲身得者言多道者百歲時身所得道異八万歲身所得道亦異言多道者有二種一者言依百歲身得阿耨多羅三藐三菩提此道名得在身中成就現在前餘道名得不在身中成就不現在前二者言百歲身得阿耨多羅三藐三菩提此道名得在身中成就現在前餘身道不得不在身中不成就不現在前問曰若然者一切諸佛皆等此說云何通耶答曰以三事故言等一者本修集善行等二者成就法身等三者利益世間等修集善行者一切諸佛盡於三阿僧祇刼修諸方便四波羅蜜成就法身等者諸佛盡有十力四無所畏大悲三不共念處盡住上上根利益世間等者欲令無量那由他衆生眷屬皆得解脫入於涅槃以是三事故名等復有說者戒亦等盡住上上戒故根亦等盡住上上根故道亦等盡成就上上道故評曰如前說者好問曰頗有一法於一剎那頃能起二十四得現在前耶答曰有若依第四禪得正決定得六地中苦法忍一地有四行謂無常行等得現在前問曰頗斷煩惱得得而不捨捨而不得乃至廣作四句得而不捨者凡夫人離欲界欲乃至離無所有處欲聖人除轉根及得果時諸餘斷結道是也捨而不得者凡夫人離欲還退時從色無色界命終生欲界中時下地命終生上地聖人果中間退時是也亦得亦捨者凡夫人從無色界命終生於色界上地命終生色無色界下地中聖人得果時轉根時及退果時是也不得不捨者除上尒所事入

息出息當言依身迴耶乃至廣說問曰何故作此論荅曰如攝法經所說世尊何故說入息出息是身行耶荅言此是身法身是其本亦屬於身依身故迴如施設經說如曇摩提鄰經說以何等故死者入息出息不迴耶荅言入息出息由心勢力死者無心故入息出息不迴一經說由身一經說由心人謂此二經亦是了義亦是不了義欲顯此二經真實義故而作此論入息出息當言依身迴耶當言依心迴耶荅曰當言依身迴依心迴隨其宜便問曰云何隨宜便荅曰或有說者如嬰孩入息出息少中年中老年多復有說者此有四事故言隨宜便云何為四一者依身二者風道通三者諸孔開四者入息出息地麁心現在前此四事說隨其宜便若當入出息但依身不依心者入無想滅盡定入出息亦應迴何以故彼亦有入出息所依身風道亦通諸毛孔亦開雖無麁心現在故入出息不迴若入出息但依心不依身者無色界衆生亦應入出息迴然彼無此四事故不迴若入出息但依身心不隨宜便者此則在卵等中時乃至廣說在卵等中身非入出息所依風道不通諸孔不開唯有入出息地麁心故是以不迴若當迴者則應躁動復有說者以卵迦羅邏時軟薄故入出息不迴阿浮陁甲尸時身諸孔未開故入出息不迴入第四禪雖有入出息所依身風道亦通諸孔不開以定力故身體盡合復不起入出息地麁心彼地心微細故問曰以何等故說入第四禪者不說生第四禪者耶荅曰或有說者作經者意欲亦乃至廣說復有說者此文應作是說入第四禪及生第四禪而不說者當知此說有餘乃至廣說復次若說入定當知亦說生處如經說前脩此定後生彼處是故入出息依身迴亦依心迴隨其宜便從阿鼻獄上至遍淨天於其中間諸衆生生諸根具者乃至廣說此中說諸根具足者具上四事非眼等根也問曰以何等故入第四禪入出息不迴耶荅曰麁心能起入出息彼心心數法細故復有說者躁動心能起入出息彼心不躁動如人在煩鬧道行便起於塵彼亦如是尊者和須蜜說曰以何等故入第四禪入出息不迴耶以入第四禪者身諸毛孔合以無所依故入出息不迴尊者婆檀陁說曰入第四禪身不動搖彼心不動故身亦不動復有說者欲界以愛境界故令身心麁初禪以覺觀故第二禪以喜故第三禪以樂故第四禪中永離如是法故入出息有出息有入出息地有無入出息地入息者來出息者去四地中有入出息四地者謂欲界初禪二禪三禪五地中無入出息五地者謂第四禪及四無色定問曰住入出息地無入出息地心現在前為有入出息迴不耶荅曰不迴問曰住不入出息地入出息地心現在前為有入出息迴不耶荅曰不迴問曰若住入出息地身入出息地心現在前當言入出息迴為以身故迴為以心故迴耶荅曰或有說者以身故迴諸作是說

以身故迴者生欲界中欲界中心現在前此身是欲界入出息亦是欲界從欲界心迴即是此心所觀境界生欲界中初禪心現在前身是欲界入出息是欲界從初禪心迴即是彼心所觀境界問曰若然者此說云何通如說欲界入出息是初禪無學道中滅答曰欲界入出息或從欲界心迴或從初禪心迴若從欲界心迴者滅若從初禪心迴者現在前復有說者言滅者是斷滅也生欲界中二禪三禪心現在前身是欲界入出息是欲界從二禪三禪心迴即是彼心所觀境界初禪初禪心現在前身是初禪入出息是初禪從初禪心迴即是彼心所觀境界生初禪欲界心現在前身是初禪入出息是初禪從欲界心迴非是彼心所觀境界生初禪二禪三禪心現在前身是初禪入出息是初禪從二禪三禪心迴即是彼心所觀境界生二禪中隨其相說生第三禪中第三禪心現在前身是三禪入出息是第三禪從第三禪心迴即是彼心所觀境界生三禪中欲界心現在前身是第三禪入出息是第三禪從欲界心迴非是彼心所觀境界如是起初禪二禪心現在前身是第三禪入出息是第三禪從初禪二禪心迴非是彼心所觀境界諸作是說入出息以身故迴者欲界入出息為四種心作境界初禪入出息為三種心作境界第二禪入出息為二種心作境界第三禪入出息即為第三禪作境界諸作是說入出息以心故迴者生欲界中欲界心現在前身是欲界入出息是欲界從欲界心迴即是彼心所觀境界若初禪心現在前身是欲界入出息是初禪初禪從初禪心迴即是彼心所觀境界若第二第三禪心現在前身在欲界入出息是第二第三禪從第二第三禪心迴即是彼心所觀境界生初禪中初禪心現在前身是初禪入出息是初禪從初禪心迴即是彼心所觀境界若欲界心現在前身是初禪入出息是欲界從欲界心迴即是彼心所觀境界若第二第三禪心現在前身是初禪入出息是第二第三禪從第二第三禪心迴即是彼心所觀境界生第二禪中說亦如是生第三禪中第三禪心現在前身是第三禪入出息是第三禪從第三禪心迴即是彼心所觀境界若欲界心現在前身是第三禪入出息是欲界從欲界心迴即是彼心所觀境界若初禪二禪心現在前身是第三禪入出息是初禪二禪從初禪二禪心迴即是彼心所觀境界諸作是說入出息依心迴者欲界入出息即是欲界心所觀境界初禪即初禪二禪即二禪三禪即三禪評曰不應作是說如前說者好問曰入出息為是衆生數為非衆生數耶答曰是衆生數問曰為是內法為是外法耶答曰是外法此身中亦有內風然入出息是外風為是長養為是依為是報耶答曰是依此身亦有長養風報風然入出息是依如經說佛告阿難若能令入出息如射箭者相續者是名異食云何名異食耶答曰

雖以上妙飲食長養人身不如正方便入出息切害身法莫若耶方便入出息如箭筈筈相續是何義耶荅曰如以後箭射於前箭是名筈筈相續義復有說者相續不斷義是筈筈相續義問曰入出息為先入耶為先出耶荅曰或有說者言先出齊邊有風起能開諸孔然後乃出復有說者能開諸孔風非入出息諸孔開已風先入如飢渴人少有所食令身長養死時寂後息出更不復入名死復有說者寂後息入更不復出名死如說使我常得入出息入第四禪時息出出第四禪時息入

如說有阿那般那有阿那般那念云何名阿那云何名般那云何名修阿那般那念耶荅曰諸入息是阿那出息是般那復有說者出息是阿那入息是般那如說比丘吸外風入時名阿那如內風出散名般那能緣彼念是名阿那般那念修行廣布念相應共有法是名修阿那般那念阿那般那念說有六事云何為六一數二隨三止四觀五轉六淨數者有五種一數二減數三增數四聚數五淨數數者一至二乃至十減數者從三至一增數者從一至三四聚數者觀六息入六息出復有說者聚數者觀入息是出觀出息是入淨數者觀五息出問曰為先數入息為先數出息耶荅曰先數入息所以者何生時息入死時息出如是觀者是名隨順生死觀法是以先觀入出乃至廣說隨者觀息至咽時心亦隨至至心至齊乃至脚指心亦隨至止者息入時住在咽心亦止觀如是至心至齊乃至住脚指心亦止觀復有說者止者觀風在身中住如觀明珠中綖觀者不但觀風以風大故等觀四大不作差別觀此四大能生何物知生造色次觀造色者為誰作依誰有所作知為心心數法以是事故觀五陰轉者轉此入息觀起身念處次起受心法念處次起煖頂忍世第一法淨者謂苦法忍是也復有說者是諸善根皆是慧分數有二事一數入出息二能捨惡覺隨有二事一能隨入出息二捨離欲覺止有二事一能住息在鼻端二不捨三昧觀有二事一能觀入出息住異相二能取心心數法相轉有二事一能知陰二能入聖道淨有二種一能斷結二能淨見

問曰阿那般那念體性是何荅曰是慧以此心品中念偏多故名阿那般那念取其相應共有法故欲界體依是四陰性色界是五陰性地者在五地中欲界未至禪禪中間二禪未至三禪未至所依身者依欲界身亦依色界然初起時必依欲界行者體非行境界者境界是風念處者非根本念處是念處方便若取念處眷屬者則是身念處所以者何以緣色故問曰若然者何故佛經說阿那般那念是四念處耶荅曰以是念處方便故名四念處問曰若然者不淨觀亦是四念處方便何故不說名四念處耶荅曰若有衆生應聞阿那般那是念處者世尊則說若有衆生應聞不淨是念處而得悟者佛亦說之復有說

者如此經中亦說不淨觀是念處如此經偈說

若能觀青色　亦能觀爛壞　是名身念處
觀淨生欲心　是中亦有受　是名受念處
能以無瞋心　是名心念處　亦斷於愛恚
是名說念處

復次何故說阿那般那念是念處不說不淨觀耶答曰以阿那般那念觀牢固可恃不淨觀法則不尒若行者失念煩惱現在前時速能還觀如人怖恐速走入城彼亦如是復有說者阿那般那念不與外道共不淨觀共復有說者不淨觀能增長衆生想所以者何觀時必觀男女身骨故阿那般那念能增長法相所以者何以是空三昧根本故是故說四念處復有說者阿那般那念緣近法是不雜觀非次第觀非是因衆生觀不多用功不淨觀不尒是故說是念處不說不淨觀也智者一等智根相應者一根相應謂捨根世者謂是三世緣世者謂緣三世善不善無記者謂是善緣善不善無記者謂緣無記欲色無色界繫者謂欲色界繫緣三界繫及不繫者謂緣欲色界繫是學無學非學非無學者謂是非學非無學緣學無學非學非無學法者謂緣非學非無學見道斷修道斷無斷者謂修道斷緣見道修道不斷者謂緣修道斷緣名緣義者謂緣義也緣自緣他者謂緣自他如經說偈

若於安般念　具足能修行　次第而習學
如佛之所說

問曰此偈中說誰具足誰不具足答曰或有說者此中說佛具足聲聞緣覺不具足復有說者佛辟支佛是具足聲聞是不具足復有說者阿羅漢以上是具足學人凡夫人是不具足復有說者聖人是具足凡夫人是不具足評曰如是說者好若具上六事名為具足若不具上六事名不具足

如經中說佛言我於二月入於禪定現如是所應瑞相云何瑞相答曰世尊自敷牀而坐化作比丘眷屬圍遶是其瑞相復有說者世尊令地微動諸比丘見已尋詣佛所此亦是其瑞相

尒時世尊告諸比丘若有外道梵志來問汝言沙門瞿曇於二月中為入何定者汝當答言入阿那般那定問曰如諸外道梵志乃至不識阿那般那定名佛何故作如是說若諸外道來問汝者汝當答言入阿那般那定耶答曰欲令外道生怖有想若諸外道聞阿那般那定名必生怖有想以生怖有想故來至我所以此緣故當入我法作如是說問曰如世尊悉入諸禪定解脫三昧何以但說入阿那般那定耶答曰以阿那般那定在諸禪定初故

如說當觀息短乃至廣說問曰息為先短後長為先長後短耶答曰先觀短後觀長何以知耶答曰如說世尊入定不久入出息速動入定轉久入出息安住如人重擔上嶮難處身體疲極入出息速動若止息時入出息住佛亦如是入息時知自遍身出息時亦知遍身問曰繫念在鼻端云何復知入出息遍身耶答曰尊者和須蜜作如是說遍知此身是無常法而

不失念問曰若然者不名起定耶答曰不名起以不捨其方便故如是展轉觀此身是苦空無我穢汙不淨性若此阿那般那念未成時繫念在鼻端後若成已觀身毛孔猶如藕根風從中入出問曰若然者云何不名起定耶答曰以不捨方便所期心故不名起定尊者婆檀陀說曰如菩薩觀時先繫念在身諸孔風入出處令心不散亂亦不捨方便止息身行入息出息乃至廣說止息身行者令此入出息轉微寂靜或時不觀復有說者觀息短時名入初禪觀息長時入第二禪知息遍身入第三禪止息身行入第四禪如是第四義亦應如是說覺喜入出息者謂初禪二禪也覺樂入出息者即觀察此樂也覺心行入出息者觀察想思也復有說者覺心行者觀意業思止息意行入出息者令彼意行轉微寂靜或時不觀覺心入出息者謂觀察於識也覺隨喜心定心解脫心入出息者如來無隨喜心無定心無解脫心觀察菩薩本所行隨喜心定心解脫心也覺無常入出息者觀察入出息是無常也覺斷入出息者觀察斷過去煩惱也覺離欲入出息者觀察斷未來煩惱也覺滅入出息者觀察斷現在煩惱也復有說者覺無常入出息者觀察心心數法是無常也覺斷入出息者除愛結觀察斷餘結也覺離欲入出息者觀察斷諸煩惱也覺滅入出息者觀察斷一切結法也復有說者覺無常者是觀察身無常也覺斷者觀察斷無明也覺離欲者觀察離欲愛也覺滅者觀察涅槃是寂靜也尊者婆檀說曰覺無常者觀察五取陰也覺斷者觀察五取陰是空無我也覺離欲者觀察五取陰是苦也覺滅者觀察五取陰是不生寂滅法也我作如是念如是住者皆是麁定我應廣住微細定中問曰云何微細定耶答曰或有說者第四禪是復有說者滅盡定是是時夜分有欲界三天來詣菩薩所一下根二中根三上根彼下根天見其無入出息又不動搖無思想行作如是言此瞿曇沙門今者已死彼中根天見其身猶煖雖復經久而不爛壞彼作是言今雖未死後必當死彼上根天曾見諸佛及佛弟子入禪法彼作是言今非是死亦不當死然住此定法應如是

若有人問云何聖住云何天住云何梵住云何學住云何無學住云何如來住應當答言是阿那般那念如是說者是名正答問曰如阿那般那念是非學非無學何故說是學住無學住耶答曰從學無學邊得故名學無學能入學無學法故名學無學復有說者無煩惱故名聖清淨天所有故名學能得學法故名學無學所有故名無學能生無學法故名無學如來住者阿羅漢住名如來住未得而得者勝進是也已曾得者一受現法樂二已至不動復有說者聖所有故名聖住能生聖法故名聖住天所有故名天住能生天故名天住乃至如來所有故名如來住能生如來法故名如來住未得而得者阿羅漢是也已

得受現法樂者現法樂有四種一出家樂二閑靜樂三寂滅樂四三菩提樂如色衆生依身故心迴乃至廣說問曰何以作此論答曰如欲色界衆生依色故心迴無色界無色或謂彼心無所依而迴爲令彼意得決定故而作此論說有所依問曰彼何所依耶答曰命根受身處如是等諸餘心心不相應行不相應行名何等謂凡夫性不成就得生住老滅問曰亦依心迴何以但說身耶答曰以身麁故說身眼根及次第滅心與眼識作依作所依生眼根四大身根生身根四大命根受身處得生住老滅如是等法作依不作所依耳識鼻識舌識說亦如是身根及次第滅心與身識作依作所依生身根四大命根受身處得生住老滅如是等法作依不作所依意識前次第滅心與意識作依作所依身根生身根四大命根受身處得生住老滅如是等法作依不作所依復有說者眼根及次第滅心與眼識作依作所依生眼根四大身根生身根四大色香味觸命根受身處得生住老滅如是等法作依不作所依耳識鼻識舌識說亦如是身根及次第滅心與身識作依作所依生身根四大色香味觸命根受身處得生住老滅如是等法作依不作所依意識前次第滅心與意識作依作所依身根生身根四大色香味觸命根受身處得生住老滅如是等法作依不作所依復有說者眼根及次第滅心與眼識作依作所依俱生四陰作依不作所依耳鼻舌身識亦如是意識前次第滅心與意識作依作所依俱生四陰作依不作所依如是則說生欲色界者生無色界者云何答曰意識前次第滅心與意識作依作所依俱生三陰作依不作所依

問曰命根體爲是一爲是多耶若是一者斷其手足何故命不斷耶若是多者斷其手足何以手足中而無命耶答曰應作是說體實是一以一命根在身中故名之有命如有一學名之有受如有一思名曰有思有一心故名曰有心一心滅故名曰無心如是有一命故名曰有命問曰若然者斷其手足何以不死耶答曰命所依身有二種有具足不具足若斷手足時具足者滅不具足者續生具足所依身在不生法中住不具足者還緣便生問曰何故斷手足時不死斷頭截要而便死耶答曰若斷手足及餘身分時不壞宮多入若斷頭截要則壞宮多入復次若斷手足時不壞宮多入因亦不壞緣若斷頭截要則壞宮多入因亦破其緣令多入在不生法中住復次以頭是諸根聚處以要是入出息住處若壞宮則死手足等身分非諸根聚處亦非入出息住處是故斷截不死復有說者命根體是多法手足中異如是諸餘身分中亦異問曰若然者斷其手足棄在於地何以無命耶答曰手足中命雖性各異而屬於身若離於身更不屬身是故不活復次以離所依長養緣故不活云何受身處答曰衆生相似法受身處亦是一體是不隱沒無記亦是報

亦是依報者說諸趣相似如地獄衆生展轉相似如是餘趣餘生當知亦展轉相似依者說界相似如欲界還似欲界色無色界說亦如是如界相似如是方土族姓居家比丘婆羅門學無學亦應隨相說復有說者報者初生時所得者是也依者後時所得者是也如沙門還似沙門婆羅門還似婆羅門此相似法有得有捨捨者或身死時捨或餘事故捨餘事者如得正決定捨凡夫相似得聖相似阿羅漢般涅槃時捨而不得復有說言衆生相似法有三種謂善不善無記如八人相似法是善五无間業人相似法是不善諸餘人相似法是无記

問曰諸死此生彼盡捨受身處也設捨受身處盡死此生彼耶乃至廣作四句死此生彼不捨受身處者地獄中死還生地獄中乃至天中死還生天中是捨受身處非死此生彼者謂得正決定者是也死此生彼亦捨受身處者地獄中死生餘道中乃至天中死生餘道中是也不死此生彼亦不捨受身處者除上介所事

阿毗曇毗婆沙論卷第十四

阿毗曇毗婆沙論卷第十四

校勘記

一　底本，金藏廣勝寺本。

一　四四四頁中一行經名、二行著者、三行譯者、四行品名，資、磧、普、南、徑、清無（未換卷）。

一　四四五頁上五行「三因」，資、磧、普、南、徑、清作「三緣」。

一　四四五頁上一六行「一緣」，資、磧、普、南、徑、清作「一緣謂」。

一　四四五頁中一〇行「未至」，資、磧、普、南、徑、清作「來至」。

一　四四五頁中一三行第一三字「若」，諸本（不含石，下同）作「居」。

一　四四六頁中六行第二字「施」，資、磧、普、南、徑、清作「布施」。

一　四四六頁中一六行第一〇字「問」，麗作「同」。

一　四四六頁下二〇行「而不說者」，資、磧、普、南、徑、清作「者而不說」。

一　四四七頁上九行第一三字「不」，

資、磧、普、南、徑、清作「不能」。
一　四四七頁上二二行「見諸」，資、磧、普、南、徑、清作「見識」。
一　四四七頁中一行至二行「之處不離」，資、磧、普、南、徑、清作「是處離」；麗作「之處不離」。
一　四四七頁中二行「不墮」，資、磧、普、南、徑、清作「不隨」。
一　四四七頁中一九行「意識界」，資、磧、普、南、徑、清作「意界意識界」。
一　四四七頁中二二行「一陰」，資、磧、普、南、徑、清作「一陰者」。
一　四四七頁下一四行第五字「滅」，資、磧、普、南、徑、清作「滅」。
一　四四八頁上一三行「二是」，資、磧、普作「三是」。
一　四四八頁上末行首字「不」，諸本作「下」。
一　四四八頁中一六行第一三字「道」，資、磧、普、南、徑、清作「前」。
一　四四八頁下末行「在得」，麗作「得在」。

一　四四九頁上六行「亦色界」，諸本作「無色界」。
一　四四九頁中一行「不得」，資、磧、普、南、徑、清作「得不」。
一　四四九頁中三行「各得」，諸本作「名得」。
一　四四九頁下一二行「等得」，南作「等待」。
一　四四九頁下末行「除上介所事」，至此，資、磧、普、南、徑、清卷第十九終，卷第二十始，資、磧、普、南、有品名「雜揵度人品之四」；徑、清有品名「雜犍度人品第三之四」。
一　四五〇頁中一〇行第四字「孔」，資、磧、普、南、徑、清作「毛孔」。
一　四五〇頁下一二行第二字「入」，資、磧、普、南、徑、清作「無入」。
一　四五一頁上一四行第四字「界」，資、磧、普、南、徑、清作「界生」。
一　四五一頁中一五行「初禪初禪」，諸本作「初禪」。
一　四五一頁下六行首二字「第三」，磧、南作「第二」。
一　四五二頁上一二行第一〇字「名」，資、磧、普、南、徑、清作「是名」。
一　四五二頁中一八行「誰有」，資、磧、普、南、徑、清作「能有」。
一　四五二頁中一九行第八字「觀」，資、磧、普、南、徑、清作「都觀」。
一　四五二頁中末行末字「惡」，麗作「思」。
一　四五二頁下一一行「禪禪」，麗作「初禪」。
一　四五三頁上六行第三字「說」，麗作「法」。
一　四五三頁上一一行「怖恐」，資、磧、普、南、徑、清作「恐怖」。
一　四五三頁上一五行「法相」，資、磧、普、南、徑、清作「法想」。
一　四五三頁下七行「若諸」，資、磧、普、南、徑、清作「若謂」。
一　四五三頁下二〇行「息時知自」，資作「自時知息」；磧、普、南、徑、清、麗作「息時知息」。

一 四五四頁上一五行第九字「第」，諸本作「等」。

一 四五四頁下一五行首字「名」，資、磧、普、南、徑、清作「名天不惱害故名梵學所有故名」。

一 四五五頁上九行第四字「行」，資、磧、普、南、徑、清作「行心」。

一 四五五頁上一〇行第五字「得」，資、磧、普、南、徑、清作「得相」。

一 四五五頁下一八行「於地」，資、磧、普、南、徑、清作「於他」。

一 四五六頁上五行「方土」，資、磧、普、南、徑、清作「方士」。

一 四五六頁中卷末經名，資、磧、普、南、徑、清無（未換卷）。卷末，麗有如下後序：「校正後序此卷第十七張第五行欲令無量那由他眷屬之皆得解脫入於涅槃之上國本有能下斷貪欲修悲心者至乃兄弟姊妹欲令安樂非等凡四百五十五字丹宋二本並無者詳其文勢非唯首尾不相連續至於立文之體亦非此論國本妄加耳故今不取但恨未詳此文來自何經此須待勘因書其意以告來賢云」。

趙城縣廣勝寺

阿毗曇毗婆沙論卷第十五　分

迦旃延子造　五百羅漢釋

北涼天竺沙門浮陀跋摩共道泰等譯

雜揵度人品下

無有中愛當言見道斷當言修道斷乃至廣說問曰何故作此論答曰此是佛經世尊經說有三種愛一欲愛二有愛三無有愛世尊經雖說無有中愛不說見道斷修道斷彼經是此論所為根本彼中不說此悉說之以是事故而作此論

問曰無有中愛當言見道斷當言修道斷答曰當言修道斷所以者何無有是無常諸緣彼愛是無有中愛問曰此亦是見道斷何以但言修道斷耶答曰為隨順經義故如經中說猶如有一為恐怖苦痛所逼作如是念使我斷壞乃至死死後無病常得安樂彼經義趣說受身處無常彼所緣愛是修道斷以隨順經義故說修道斷

復次或有說者無有中愛或見道斷或修道斷云何見道斷答曰見道所斷無有中愛乃至廣說此文先說隨順經義今者則說真實義如我義無有中愛當言修道斷如我義者如我隨順佛經中義彼經是此論根本以是事故言無有中愛修道所斷如是汝欲令無有中愛修道所斷耶此是毗婆闍婆提（毗婆闍婆提秦言分別論）定育多婆提之言（育多婆提秦言相應論）若不定他言說他過者此則非理故言汝欲令無有中愛修道斷耶育多婆提答言如是毗婆闍婆提作如是言若作是說須陀洹能起此愛使我斷壞乃至死死後無病常得安樂耶答曰不也問曰何故須陀洹不能起此愛耶答曰或有說者須陀洹信法信業故復有說者已見諸法自體生故復能滿足修空解脫門故復有說者此愛是斷見所增長依斷見生聖人已離斷見故復有說者此愛從次第因生彼次第已斷故尊者奢摩達說曰見道所斷法是其因聖人已斷見道所斷法故毗婆闍婆提作如是言聽我所難說汝違言負處汝作是言無有中愛修道所

斷汝亦應說須陀洹能起此愛使我
斷壞乃至死死後無病常得安樂若
作是語此事不然不應作是說無有
中愛修道所斷若說無有中愛修道
所斷此事不然若說此愛修道所斷
不應言須陀洹不起此愛若須陀洹
不起此愛不應言此愛修道所斷育
多婆提作如是說我不言諸不斷者
必起現在前自有不斷不起現在前
有雖斷而起現在前若當不斷盡起現
在前者則無解脫出要所以者何凡
夫人學人未來世中不斷者多若當
盡起現在前則不得解脫以未來世
無邊故如是事者智人所不可育多
婆提先說如是等法為說他過而欲
立難如是汝意欲令須陀洹未盡地
獄畜生餓鬼愛耶毗婆闍婆提答言
如是育多婆提復更定言汝意欲令
須陀洹能起如此愛使我作伊羅跋
那龍王善住龍王若閻羅王使我於
地獄衆生中尊毗婆闍婆提答言不
也問曰何故須陀洹不起如是等愛耶
答曰凡夫人生處非聖人生處復有

說者愚者生彼中彼是智者故復有
說者彼惡道已得非數滅故若法得
非數滅不復起現在前復有說者愛
有二種一生處愛二資生愛須陀洹
於惡道雖不起生處愛而起資生愛
愛於象馬等如帝釋於青衣鬼所而
起愛心問曰於地獄趣復云何起耶
答曰若其父母生地獄中從可信人
邊聞便生愛心育多婆提復作是言
聽我所難說汝違言負處汝作是言
須陀洹未盡地獄畜生餓鬼愛應作
是說須陀洹能起此愛使我作伊羅
跋那龍王乃至廣說若作是說此事
不然若不說須陀洹能起此處亦不
應說須陀洹未盡地獄畜生餓鬼愛
也若須陀洹未盡地獄畜生餓鬼愛
而不起現在前即是汝違言負處如
汝所說須陀洹緣惡道愛未盡而不
起現在前我所說無有中愛亦如是
育多婆提復難毗婆闍婆提言於意
云何為經所經殺父母此經是修道
所斷耶毗婆闍婆提答曰如是育多
婆提責毗婆闍婆提答曰不也問曰

何故須陀洹不起此經耶答曰或有
說者有增上惡心者能起此經殺父
母彼須陀洹有增上善心故復有說
者有增上無慚無愧者能殺父母須
陀洹有增上慚愧故復有說者彼經
邪見所長養隨邪見後生須陀洹邪
見已斷故復有說者須陀洹已得不
作戒以是事故不起此經育多婆提
復責毗婆闍婆提廣說如上育多婆
提復更難毗婆闍婆提言於意云何
修道所斷法無有中愛此愛當言修
道斷耶毗婆闍婆提答曰如是修道所
斷法者謂有漏善法無有者謂斷善
根育多婆提復責毗婆闍婆提言於
意云何須陀洹能起此愛我當斷善
根耶毗婆闍婆提答曰不也問曰何
故須陀洹不起如是愛耶答曰聖人
愛樂功德常欲成就善法現在前不
欲遠離是故不起育多婆提復責毗
婆闍婆提廣說如上諸言不斷必起
現在前應說有如上等過外書中有
三種難一名疑難二名說過難三名
除壞難佛經中說世尊亦以三種難

難他一名轉勝難二名等義難三名違言難轉勝難者如長爪梵志作如是言我一切不忍佛難言汝於此見亦不忍耶等義難者如波知離問佛汝知幻耶佛荅言知波知離言沙門瞿曇即是幻者佛問波知離汝知拘荼國有惡人名薩婆周羅多行惡法者不耶荅言我知佛言汝亦是多行惡法人也違言難者如優波離居士先言身業重後說仙人惡意故滅迦陵伽大城等此中有多婆提以等義難毗婆闍婆提使墮負處無有名何法耶荅曰三界無常問曰何以作此論荅曰欲令毗婆闍婆提無所言故若不作是說毗婆闍婆提當作是語汝雖以言語伏我然無有中愛體性與法相相應者或見道斷或修道斷是故彼尊者作如是說無有名何法三界無常復有說者先說隨順經義趣後說眞實義復有說者有多婆提還語毗婆闍婆提我雖以言伏汝然無有中愛體性與法相相應或見道斷或修道斷是故作如是說無有名何

法三界無常問曰無漏法亦有無常此中何以不說耶荅曰若法是愛安足處所緣處此中便說無漏無常非愛安足處非愛所緣處是故不說

何等心解脫有欲心耶無欲心耶乃至廣說問曰何故作此論荅曰此是佛經佛經中說欲心得解脫恚癡心得解脫不作是說為有欲心得解脫無欲心得解脫乃至廣說彼經是此論根本今當廣解此經復次或有說心性本淨為客煩惱所覆如毗婆闍婆提說心性本淨彼客煩惱生覆心故不淨問曰若當心性本淨客煩惱覆故不淨可介者何不以本性淨心令客煩惱亦淨耶汝若不說以心淨故令客煩惱淨者為有何因緣復次為心先生後客煩惱生為俱生耶若心先生後客煩惱生者則心住待客煩惱客煩惱生然後覆心若作是說是則一心住二剎那若當俱者為以何時言心性本淨復無未來世以住本性淨心是故為止他義自顯已義亦欲說法相相應義故而作此論

何等心解脫有欲恚癡心解脫耶無欲恚癡心解脫耶荅曰無欲恚癡心解脫問曰無欲恚癡心即是解脫復何所解耶荅曰若以煩惱而言則心名解脫若以世以身而言則不名解脫若諸煩惱不斷彼心不行於世不於世得解脫不行於身不於身得解脫若諸煩惱斷彼心行於世於世得解脫行於身於身得解脫復次或有說者欲相應心得解脫恚癡相應心得解脫如毗婆闍婆提作如是說染汙心即是無染汙心若煩惱未斷是染汙煩惱已斷是不染汙猶如同器有垢未去垢時名曰有垢已去垢故名曰無垢彼亦如是彼如是說者應當違逆呵責所以者何非彼心與欲恚癡相應雜合若欲恚癡不斷此心不名解脫欲恚癡若欲恚癡斷此心名解脫欲恚癡欲證此義故引佛經世尊經說日月有五翳為五翳所覆故日月不明淨云何為五謂雲乃至廣說雲者如夏時少雲能遍虛空煙者如焚燒草木煙遍虛空塵者如天不

雨時風動地塵遍於虚空霧者如大河邊出霧遍於虚空復有說者東方國土若晝若夜雨後日出時霧從地起遍於虚空羅睺羅阿修羅王障者日月是諸天前軍天與阿修羅常共鬬戰以日月威力故諸天常勝羅睺羅阿修羅王而先欲摧滅以是一切衆生業力故而不能滅以手障之如此諸曀與日月相遠而不相近未除彼曀日月於此諸曀而不明淨若除諸曀日月於此諸曀而得明淨如是彼心不與欲恚癡相應雜合若是欲恚癡不斷彼心不名解脱欲恚癡若欲恚癡斷彼心名解脱欲恚癡世尊經說比丘當知得第一大身者謂羅睺羅阿修羅王是也乃至廣說無有衆生能自他身端正第一如羅睺羅阿修羅王者此說變化非謂實身

何等心解脱過去耶未來耶現在耶答曰未來遠心生時無學諸障得解脱障者非想非非想處下下煩惱是也若說未來則止過去現在若說無學則止學心問曰如學心亦得解脱何以但言無學耶答曰或有說者以尊勝故若求勝法無學法勝於學法若求勝人則無學人勝於學人尊者瞿沙說曰若多勝無過言是解脱若得無學心則解脱多亦勝無過復次若心得二種解脱者名為解脱謂自體解脱身得解脱以是事故而作四句或有心自體得解脱非身或有身得解脱非自體乃至廣作四句自體得解脱非身者謂學心是也身得解脱非自體者阿羅漢善有漏不隱沒無記心是也自體解脱身亦解脱者謂無學心是也非自體解脱非身解脱者謂學有漏心一切凡夫心是也復次無障㝵故名解脱學人則為邪解脱所障無學不尒如是學正解脱與邪解脱相對無學不尒復次若心於一切結得解脱名為解脱學心有分解脱有分不解脱無學不尒復有說者若心於五種煩惱事中得解脱五種緣中得解脱名為解脱五種煩惱障㝵五種緣障㝵說亦如是復有說者若不為如摩樓多愛草所繫者是名解脱復次若能揃有頂所依周羅者是名解脱復次若斷三界諸煩惱鬚是名解脱復次若減少解脱能令滿足是名解脱如學人乃至金剛喻定名不滿足得無學心名為滿足復次若得猗樂不為煩惱所障是名解脱學人雖得猗樂為煩惱所障無學人得猗樂不為煩惱所障復次若廣受猗樂名為解脱學人以有所作故受猗樂不廣若得無學心所作已辦則廣受猗樂猶如國王怨敵未盡受樂不廣若怨敵盡者則廣受樂若所作已辦除去重檐更無欲求亦復如是復次衆生常共煩惱獨語若得遠離令且意滿足是名解脱復次若離染汙諸陰重檐者是名解脱復次若離煩惱熱諸入得清涼入是名解脱復次若離煩惱所依諸入得無煩惱所依諸入是名解脱復次若遠離煩惱衆生聚自立無煩惱衆生聚中是名解脱復次若得為世作福田者是名解脱如得說

欲心壞衆生　如草敗良田　若施無欲者
必得於大果

復次若害其命得無閒罪者是名解脫復次若斷諸著決煩惱堤塘除一切障㝵斷於四食離四識住破壞四魔過九衆生居者是名解脫復次若行不雜功德學人雜行善法過惡善行惡行善根不善根乎現在前若唯行善行等不行不善行等者是名解脫問曰如五陰悉得解脫何以獨說心得解脫耶荅曰或有說者以心勝故此中應說如第一品中荅問曰唯有一刹那心得解脫耶荅曰不也若說一刹那生心當知盡說未來一切心所以者何未來無學心得行於世故問曰得盡智時未來世所有修三界善根為得解脫不也荅曰得所以者何亦除其障故問曰若退阿羅漢果還得阿羅漢果先所得過去無漏道彼為得解脫不耶荅曰不得以不除障故如無㝵道滅乃至廣說無㝵道者是金剛喻定問曰何故名金剛喻耶荅曰猶如金剛無所不斷無所不壞無所不穿若鐵若牙若石若摩尼珠若頗梨若山如是等物無不摧

破彼定亦尒於一切煩惱無不摧破無有是處以分別故說若設當具縛凡夫能起此定則能斷一切煩惱何以故是一切煩惱對治法故何以知耶荅曰得阿羅漢時證一切三界見道修道所斷煩惱解脫得以是事故知此定是一切煩惱對治法問曰如金剛喻定體性若是五陰若是四陰何以但名定耶荅曰以定勢偏多故名為定如見道體是五陰以見勢偏多故名為見道如見道邊等智體性是五陰四陰以智勢偏多故說名為智如四道通體性是五陰四陰以通勢多故說名為通金剛喻定體性是五陰四陰以定勢多故說名為定問曰若然者則因論生論彼處何故定勢多耶荅曰或有說者以非想非非想處難斷難破難過須堅固定以安其足發大精進如人欲害爲時先安其足發其武勇然後可害如是非想非非想處難斷難破難過當先安其足發大精進已然後能斷如鳥非想非非想處下下煩惱復有說者非想

非非想處微細難知難可解了當須大持意法如人欲射一毛當須大持意法彼亦如是此金剛喻定若在未至禪則有五十二金剛喻定其事云何金剛喻定與六智俱謂四比智二法智二法智者謂滅智道智依未至禪以苦比智當得阿羅漢果彼觀非想非非想處苦等四行若一行現在前當得阿羅漢果若以集比智觀非想非非想處集等四行若一行現在前當得阿羅漢果若以滅法智觀欲界諸行滅等四行若一行現在前當得阿羅漢果若以道法智觀欲界斷諸行道等四行若一行現在前當得阿羅漢果若以滅比智彼或有觀初禪諸行滅等四行若一行現在前當得阿羅漢果如是乃至觀非想非非想處諸滅亦如是如是八四有三十二若以道比智觀九地中比智分道等四行若一行現在前當得阿羅漢果滅比智三十二道比智四前有十六是名依未至禪有五十二金剛喻定如是依初禪禪中間第二禪第三禪

第四禪亦有五十二金剛喻定空處有二十八若依空處以苦比智觀非想非非想處苦等四行若一行現在前當得阿羅漢果若以集比智說亦如上若以滅比智觀空處諸行滅等四行如前說或觀識處或觀無所有處或觀非想非非想處滅等四行廣說如上若以道比智觀九地中比智分道等四行廣說如上滅比智有十六道比智有四前有八是名依空處二十八金剛喻定識處有二十四無所有處有二十如是隨所應說此是一家義復有說者未至禪中有八十其事云何金剛喻定與六智俱如上說若依未至禪以苦比智當得阿羅漢果觀非想非非想處苦如先說若以集比智觀非想非非想處集如先說若以滅法智觀欲界諸行滅如先說以道法智觀欲界斷諸行道如先說若以滅比智觀初禪諸行滅如先說或有觀乃至非想非非想處諸行滅亦如上說此八四有三十二道比智亦有三十二合六十四前有十六是

名依未至地有八十金剛喻定如是初禪禪中間第二禪第三禪第四禪亦有八十空處有四十若依空處以苦比智當得阿羅漢果廣說如上以集比智說亦如上若以滅比智觀空處諸行滅乃至非想非非想處諸行滅有十六道比智亦有十六前有八是名空處有四十金剛喻定識處有三十二無所有處有二十四應隨相廣說評曰應作如是說者好依未至禪應有百六十四金剛喻定其事云何若依未至禪以苦比智觀非想非非想處苦廣說如上若以集比智觀非想非非想處集說亦如上若以滅法智觀欲界諸行滅說亦如上若以道法智觀欲界斷諸行道說亦如上若滅比智觀初禪諸行滅或有乃至觀非想非非想處諸行滅如是八四有三十二如前說或有觀初禪亦觀第二禪或觀第二禪亦觀第三禪或觀第三禪亦觀第四禪或觀第四禪亦觀空處或觀空處亦觀識處或觀識處亦觀無所有處或觀無所有處

亦觀非想非非想處或有觀初禪第二禪第三禪或有觀第二禪第三禪第四禪或有觀第三禪第四禪空處或有觀第四禪空處識處或有觀空處識處無所有處或有觀識處無所有處非想非非想處或有觀初禪第二禪第三禪第四禪或有觀第二禪第三禪第四禪空處或有觀第三禪第四禪空處識處或有觀第四禪空處識處無所有處或有觀空處識處無所有處非想非非想處或有觀初禪乃至空處或有觀第二禪乃至識處或有觀第三禪乃至無所有處或有觀第四禪乃至非想非非想處或有觀初禪乃至識處或有觀第二禪乃至無所有處或有觀第三禪乃至非想非非想處或有觀初禪乃至無所有處或有觀第二禪乃至非想非非想處或有觀初禪乃至非想非非想處若以道比智觀九地中比智分道等四行若一行現在前當得阿羅漢果此有四前苦比智有四集比智有四滅法智有四道法智有四滅比

智有百四十四如是依未至禪有百六十四金剛喻定初禪禪中間乃至第四禪亦有百六十四定處有五十二若依空處若以苦比智當得阿羅漢果觀非想非非想處苦等四行廣說如上若以集比智觀非想非非想處集廣說如上若以滅比智或觀空處諸行滅乃至或觀非想非非想處諸行滅廣說如上或有觀空處識處或有觀識處無所有處或有觀無所有處非想非非想處或有觀空處乃至無所有處或有觀識處乃至非想非非想處或有觀空處乃至非想非非想處若以道比智觀九地比智分道等四行廣說如上此有四前苦比智有四集比智有四滅比智有四十是名依空處五十二金剛喻定識處有三十六若依識處以苦比智觀非想非非想處苦四行廣說如上若以集比智觀非想非非想處集四行廣說如上若以滅比智觀識處諸行滅乃至或觀非想非非想處諸行滅廣說如上若以滅比智觀識處無所有處或觀無所有處非想非非想處或有觀識處乃至非想非非想處若以道比智觀九地道智分道等四行廣說如上此有四前苦比智四集比智四滅比智二十四如是依識處有三十六金剛喻定無所有處有二十四依無所有處若以苦比智觀非想非非想處苦四行廣說如上若以集比智觀非想非非想處集四行廣說如上若以滅比智觀無所有處諸行滅或觀非想非非想處諸行滅廣說如上或觀無所有處非想非非想處識行滅廣說如上若以道比智觀九地比智分道等四行廣說如上此有四前苦比智四集比智四滅比智有十二如是依無所有處有二十四金剛喻定無色界中不應說法智生色界中不應說法智不應說生上地依下地離欲除非想非非想處亦不應說生上地觀下地滅餘生色界亦如生欲界說生無色界如生欲色界說尊者瞿沙說金剛喻定有十三云何十三謂諸斷非想非非想處煩惱無學道見道所攝有四修道所攝有九

已解脫心得解脫耶未解脫心得解脫耶荅曰已解脫心言得解脫如是汝語已解脫心言得解脫不應說已解脫心言得解脫所以者何若以解脫不得言當解脫若當解脫不得言已解脫問曰已解脫心何以言得解脫耶荅曰以是事故先作是說若以煩惱而言名已解脫若以行世在身而言名得解脫我亦說已解脫言得解脫亦說已作事言作如是說者復有何過佛亦說已解脫言得解脫已作事言作欲證此義故引佛經於汝意云何佛經為是善說不耶如說偈

若斷欲無餘　如蓮花在水　比丘捨此彼
如蛇脫皮去

問曰佛說此偈為已捨言捨耶未捨言捨耶荅曰佛說已捨言捨此中說斷欲無餘言已捨捨如此偈中已捨言捨已作言作我亦如是已解脫言得解脫而無有過為證此義故復引佛經如說偈

惕盡自定意　善心一切脫　一靖居無乱

能度死彼岸

問曰此偈中為說巳度度未度度耶荅曰此中說巳度度若善心一切得解脫時名巳度而言是度如此經說巳度言度巳作言作我亦如是巳解脫言得解脫

又世尊言習猒無欲習無欲解脫習解脫涅槃問曰何以作此論荅曰此是佛經佛經說習猒無欲乃至廣說不分別云何猒云何無欲乃至廣說佛經是此論根本彼中不說者今當說之以是事故而作此論

習有二種一者能生二者能到能生者如習猒能生無欲習無欲能生解脫能到者如習解脫能到涅槃復有說者習有二種一者隨順二者隨應隨順者如習猒得無欲習無欲得解脫隨應者習解脫應得涅槃問曰若是習性亦是緣性耶荅曰諸是緣性則是習性問曰頗是習性非緣性耶荅曰有謂習解脫得涅槃者是也此習於涅槃無四緣義而能到涅槃

云何為猒荅曰無學惡賤五取陰諸行如經本廣說問曰如此猒

亦是無學亦是學亦是非學無學何以唯說無學耶荅曰或有說者以名義俱勝故若求法勝則無學法勝若求人勝則無學人勝尊者瞿沙說曰以多勝無過故唯說無學猒不說學人凡夫人也復有說者世尊說勝法根本故無學是勝法根本故無學是勝法根本非學人凡夫人也復有說者若說終者亦明其始復有說者若無二法相對應如上無學廣說問曰猒體性是何荅曰或有說者體是慧性問曰若然者猒體性是苦忍苦智彼說善通此文云何通如說云何習猒得離欲荅曰與猒相應無欲恚癡善根問曰若然者慧還與慧相應耶荅曰此文應如是說彼猒相應無欲善根不應說無恚無癡應作是說而不說者當知此文是誦者長說復有說者此猒是心數法與心相應問曰若然者此文善通見揵度所說體是苦忍苦智復云何通荅曰彼中說猒以親近苦忍苦智故於何處得猒荅曰苦忍苦智邊評曰不應作是說如

前說者好猒體性是慧云何世俗猒荅曰與不淨相應者是也即是阿郍般郍體是緣苦集煖頂忍是世第一法是緣苦集見道邊等智與悲相應第一第二解脫相應與初四勝處相應是身如病如癰如瘡無常苦空無我因集有緣等行麤說則有如是等相若廣說者量過四海問曰若猒體是可猒耶若體是可猒是猒耶乃至廣作四句初句者無漏猒是也第二句者除世俗猒諸餘有漏體是也第三句者世俗猒是也第四句者除無漏猒諸餘無漏體是也問曰如一切法無我觀為是猒觀也為是欣踊觀耶荅曰此義前無我行中巳說

云何習猒得離欲荅曰與猒相應無欲無有欲善根此文應如是說不應說無恚無有恚問曰無欲體性是何荅曰體性是無貪

云何習無欲得解脫荅曰彼無欲相應解脫乃至廣說一切諸法中有二法體是解脫一者有為二者無為有為者心數法中解脫是也無為者數

滅是也此中唯說有為解脫不說無為解脫有為解脫有二種一者染汙二者不染汙染汙者是世解脫不染汙者是正解脫正解脫復有二種一者有漏二者無漏有漏者與不淨觀相應慈悲喜捨相應無漏者與學無學相應學者有四向住三果無學者唯住一果無學復有二種一時心解脫二非時慧解脫時心解脫者謂五種阿羅漢是也非時慧解脫者不動阿羅漢是也此即是斷欲心得解脫此即是斷無明慧得解脫問曰若斷欲即是慧得解脫斷無明即是心得解脫者攝法論所說云何通耶如說云何斷欲心得解脫答曰無貪善根云何斷無明慧得解脫答曰無癡善根問曰如無貪無癡善根非解脫性何故說是解脫耶答曰此文應如是說云何斷欲心得解脫答曰無貪善根相應解脫是也云何斷無明慧得解脫答曰無癡善根相應解脫是也此文應如是說而不說者有何意耶答曰各有所為故或有為斷欲故勤方便或有為斷無明故勤方便或有為斷欲勤方便者名心解脫或有為斷無明勤方便者名慧解脫然其解脫更無別體復有說者無貪與貪相對無癡與癡相對是故以無貪無癡名說

云何習解脫得涅槃答曰若斷一切愛盡乃至廣說問曰如斷一身見盡亦名涅槃何以言斷一切愛盡耶答曰或有說者此中說滿足涅槃何者是耶謂斷一切愛盡乃至廣說復有說者此中諸所說道盡說無學身中道如說無學身中道說無學身中道果亦如是學人所斷有餘非是無餘問曰云何名涅槃義答曰或有說者諸陰林斷更不生是涅槃義復有說者滅一切煩惱義是涅槃義復有說者滅三種火故是涅槃義復有說者不織義是涅槃義如因經緯織杼等織氎便成若不因經等織氎不成如是因業煩惱經緯故織受生氎便成若不因業等織受生氎不成以是事故不織義是涅槃義

問曰猒無欲解脫涅槃有何差別答曰惡賤是猒不求是無欲心無垢是解脫捨擔是涅槃復有說者惡賤煩惱是猒斷煩惱是無欲不與煩惱俱是解脫諸陰盡是涅槃如尊者瞿沙解此經如實知見是說見地猒是薄地無欲者是無欲地解脫者是無學地涅槃者是諸陰不生

世尊說三界斷界無欲界滅界乃至廣說問曰何故作此論答曰此是佛經佛經說尊者阿難往詣名長老上座所到已乃至廣說問曰以何等故尊者阿難往詣彼所答曰或有說者彼尊者阿難是持佛法船栰者常監臨四衆數數往詣諸比丘所慮諸比丘證受境界寂檀空過以是事故往詣彼所復有說者尊者阿難作是思惟若彼長老比丘有得勝進功德者我當讚善隨喜若不得者我當示其方便尒時阿難往詣彼所生相似信信有二種有相似有不相似相似信者彼若是阿練若問阿練若法是阿毗曇人問阿毗曇法是持修多

羅人問修多羅法是持律人問於律法不相似信者問與上相違尒時阿難問彼長老上座阿練若法汝數數觀何境界耶彼荅言我觀舍摩他毗婆舍那阿難復問若修行廣布舍摩他法有何利耶彼荅言若修行廣布舍摩他法是名修心若修心者得心解脫問曰如阿毗曇義一心中有定有慧云何分別是修定方便人修慧方便人耶荅曰以依具故知或有多依定具或有多依慧具多依定具者性樂獨住常好閑靜樂居空舍不喜言說多依慧具者常好受持讀誦修多羅阿毗曇毗尼亦以教人觀察揔相別相如是等事是名差別復有說者或有繫心一緣而不分別法相或有不繫心一緣而分別法相繫心一緣不分別法相者是名修定若不繫心一緣分別法相者是名修慧阿難問言若以定方便修心者得慧解脫若以慧方便修心者得心解脫若以定以慧方便修心者得何等解脫耶荅言得界解脫復問何等界解脫

荅曰三界謂斷界無欲界滅界問曰如斷是無緣法不能有所緣何故說言得斷界解脫耶荅曰此中觀涅槃解脫以界名說所以者何雖勤行精進而不能生觀涅槃解脫者終不能得心解脫也以是事故觀涅槃解脫說名為界尒時尊者阿難從長老上座比丘所聞如是說已便詣迦梨勤壇上以如是義盡問五百比丘諸比丘皆以如是義荅問曰是諸比丘云何而荅荅曰或有說者如今法會處先下座說彼亦如是復有說者一人荅餘者印可尊者波奢說曰尒時作白羯磨行籌受籌者名荅尒時尊者阿難問諸比丘已往詣佛所以如是等義問佛佛亦以如是義荅問曰尊者阿難以不可上座比丘及五百比丘所說而往問佛耶荅曰可適問曰若可適者何以復問佛耶荅曰欲顯善說法中同見同欲同意具足問荅故外道法中意欲不同破壞法塔善說法中意欲同故不壞法塔以此法妙故師與弟子始終所說不相違背復

有說者欲令多人遠罪過故其事云何曾聞彼長老上座比丘經六十年在母胎中却後生已身形老瘦無有威德尒時多人生輕蔑心作如是言此諸年少氣力強盛初夜後夜勤行精進於勝進法猶故難得何況老瘦身者能得此法然此五百比丘以餘食故為提婆達多所壞後還歸佛是時多人生不信心是諸比丘貪利供養豈當能得勝進之法乃令多人作諸罪過是時阿難欲令多人去罪過故而往問佛彼經雖說斷界無欲界滅界而不廣說此論因彼經故作種種難說優波提舍彼經是此論所為根本諸彼中所不說者今此悉說故作此論

云何斷界我今當先說阿毗曇名數近對治法云何斷界荅曰除愛結諸餘結斷是名斷界諸餘者除愛結餘八結是也云何無欲界荅曰愛結若斷是近對治有欲對無欲故云何滅界荅曰除九結諸餘結法滅是名滅界此中一切有漏體說是結法復有

說者八結結相應法及所起處生等若斷是名斷界愛結愛結相應法及所起處生等若得離欲是無欲界若說九結則攝一切染汙法盡餘唯有有漏善法及不隱沒無記彼若滅是名滅界復有說者有法縛而不染汙有法亦縛亦染有法不縛不染縛而不染法若斷是名斷界亦縛亦染法若得離欲是無欲界不縛不染者他縛他染若滅者是名滅界如縛繫義亦如是復有說者煩惱體若斷是名斷界煩惱於緣得離是名無欲界諸煩惱果更不生是名滅界復有說者過去諸陰若斷是名斷界未來諸陰離欲是名無欲界現在諸陰若滅是名滅界復有說者若苦受斷是名斷界若於樂受離欲是名無欲界不苦不樂受若滅是名滅界復有說者若苦若斷是名斷界變苦若離欲是名無欲界行苦若滅是名滅界尊者奢摩達說曰捨於重擔是名斷界無欲對治有欲若離有欲是名無欲界令生不相續相續者若滅是名滅界復有

說者或有言唯斷愛結問曰若然者則違佛經佛經說諸行若斷是名斷界諸行離欲是名無欲界諸行若滅是名滅界復違波伽羅那經如說可斷法云何答言一切有漏法復說斷智法云何答言一切有漏法答曰愛有緣八結者有還緣愛者有緣餘法者緣八結愛若斷是名斷界緣愛結愛若斷是名無欲界緣餘法愛若斷是名滅界復有說者唯斷於使緣八結使若斷是名斷界緣愛結使若斷是名無欲界緣餘法使若斷是名滅界若斷界是無欲界耶問曰何以復作此論答曰先說阿毗曇名數義今欲說真實義若不尒者人謂但自隨已意不順佛經今欲隨順佛經故作如是欲若斷界是無欲界耶答曰如是乃至廣說所言斷無欲滅此三名雖異義無差別

世尊說三想乃至廣說問曰何以作此論答曰此是佛經佛經說三想不廣分別佛經是此論所為根本彼中不說者今悉說之故作此論

問曰十六行外更有聖道不耶若有者智揵度識身經中何以不說耶若無者此經云何通如說受樂受時如實知受樂受此是何行又如說我已知苦為是何行不復更知此是何行乃至我已修道此是何行不復更修此是何行我生已盡梵行已立所作已辦更不受後有如攝法經所說比丘盡欲漏是名盡智更不復盡是名無生智是何等行有漏無明漏說亦如是評曰應作是說十六行外更無聖道問曰若無者先說善通此經云何通耶受樂受時如實知受樂受乃至廣說答曰不以知受樂受故名如實知樂受知此樂受是道如跡乘故名如實知我已知苦者是二行謂無常行苦行不復更知亦是無常行苦行我已斷集是集等四行更不斷集亦是集等四行我已證滅是滅等四行更不證滅亦是滅等四行我生已盡是集等四行梵行已立是道等四行所作已辦是滅等四行不受後有是苦等二行謂無常行苦行復有說

者我生已盡有五事一者身二者對治三者所作四者果五者人身者一切處生身盡對治者得如此對治能盡一切生所作者智能所作使諸生盡果者得智果能盡一切生人者言是人能盡一切生如攝法經所說比丘盡欲漏者是盡智有六行不復更盡是無生智亦有六行六行者謂無常苦二行及集四行有漏無明漏說亦如是復有說者十六行外更有聖道問曰若有者智揵度識身經中何故不說耶答曰應說而不說者當知此說有餘問曰此有餘說有何義耶答曰若行能得正決定得果離欲及盡諸漏者智揵度識身經則說若諸行不能得正決定不得果不離欲不盡諸漏者然是聖所得道為受現法樂故為遊戲故觀本所作故受用無上聖法故而起現在前復有說者若行現在斷煩惱時能害煩惱能有所作有大功用者則說現在斷煩惱時彼諸行不能害結不有所作無大功用是故不說唯在未來世中修復有說者若行在方便無𢀓解脫勝進道者則說彼說諸行不在無𢀓道解脫道或在勝進道或在遠方便道以是事故智揵度識身經不說若作是說十六行外有聖道者想是聖道若行於斷是斷想若行無欲是無欲想若行於滅是滅想猶如一的為若木若鐵衆箭所中如是一無為體為三想所行諸作說是十六行外更有聖道者斷想非離欲想非滅想乃至廣說諸作是說十六行外更無聖道者彼想是緣若緣斷是斷想若緣無欲是無欲想若緣滅是滅想此文應如是說若斷想是無欲想耶答曰如是乃至廣說

阿毗曇毗婆沙論卷第十五

阿毗曇毗婆沙論卷第十五

校勘記

一　底本，金藏廣勝寺本。

一　四五九頁中一行經名、二行著者、三行譯者、四行品名，資、磧、普、南、徑、清無（未換卷）。

一　四五九頁中一七行「有二」，資、磧、普、南、徑、清作「有一人」。

一　四五九頁中一九行第六字「受」，磧、普、南、徑、清作「愛」。

一　四五九頁下八行夾註左首字「言」，資、磧、普、南、徑、清無。

一　四六〇頁上一六行「如是」，磧、普、南、徑、清作「如見」。

一　四六〇頁下三行第二字「彼」，資、磧、普、南、徑、清作「從」。

一　四六一頁上二行「長爪」，資、磧、普、南作「長抓」。

一　四六一頁上一五行「是語」，資、磧、普、南、徑、清作「是說」。

一　四六一頁中四行「是故不說」，至

此，資、磧、普、南、徑、清卷第二十終，卷第二十一始，資、磧、普、南有品名「雜揵度人品之五」；徑、清有品名「雜揵度人品第三之五」。

一　四六一頁下四行第三字「解」，諸本(不含石，下同)作「解脫」。

一　四六一頁下一三行「同器」，資、磧、普、南、徑、清作「銅器」。

一　四六二頁上一七行「他身」，諸本作「化身」。

一　四六二頁上二〇行第一二字「障」，資、磧、普、南、徑、清作「障礙」。

一　四六二頁下三行第九字「滅」，資、磧、普、南、徑、清作「減」。

一　四六二頁下七行第八字「爲」，資、磧、普、南、徑、清作「復爲」。

一　四六二頁下二一行「偈說」，資、磧、普、南、徑、清作「偈言」。

一　四六三頁上五行「雜行」，資、磧、普、南、徑、清作「離行」。同行末字至次行首字「善行」，資、磧、普、南、徑、清作「行善」。

一　四六三頁上二二行「若牙」，資、磧、普、南、徑、清作「若瓦」。

一　四六三頁中七行「知此」，磧、南、徑、清作「如此」。

一　四六三頁下一一行「法智」下，麗有「觀行現在前當得阿羅漢果若以滅法智」十六字。

一　四六五頁上三行第一〇字「定」，諸本作「空」。

一　四六五頁中一二行末字「識」，諸本作「諸」。

一　四六五頁下一九行「言已捨捨」，資、磧、普、南、徑、清作「言已捨言捨」。

一　四六六頁上二二行夾註左「涅槃」，資、磧、普、南、徑、清作「涅槃也」。

一　四六六頁中一行「無學亦是」，資、磧、普、南、徑、清作「學亦是無」。同行「非學無學」，諸本作「非學非無學」。

一　四六七頁上三行「是世」，諸本作「是邪」。

一　四六七頁上一三行第四字及次頁上二〇行第一三字「慧」，資、磧、普、南、徑、清作「心」。

一　四六七頁上一三行第一三字及次頁上二一行第一一字「心」，資、磧、南、清作「慧」。

一　四六七頁中一六行「林斷」，資、磧、普、南、徑、清作「永斷」。

一　四六七頁中一八行「三種火」，麗作「種種大」。

一　四六七頁中一九行第一三字「等」，資、磧、普、南、清作「匹等」。

一　四六七頁下一一行第一一字「名」，麗無。

一　四六七頁下一四行「舩栰者」，資、磧、普、南、徑、清作「船柂者」；麗作「船杝者」。

一　四六七頁下一六行「證受」，諸本作「謬受」。

一　四六七頁下二〇行末字「相」，資、磧、普、南、徑、清作「彼相」。

一　四六八頁中一五行「詣佛」，磧作

「諸佛」。

一　四六八頁下七行末字「餘」，諸本作「飲」。

一　四六八頁下一五行第二字「諸」，資、磧、普、南、徑、清作「謂」。

一　四六八頁下一六行「此論」，至此，資、磧、普、南、徑、清卷第二十一終，卷第二十二始，資、磧、普、南有品名「雜揵度人品之餘」；徑、清有品名「雜犍度人品第三之六」。

一　四六九頁上一行「者八結結」，資、磧、普作「有八結八結」；南、徑、清作「者八結八結」。

一　四六九頁上一九行首字「若」，磧、南、清作「苦」。同行第七字「變」，麗作「壞」。

一　四六九頁中一七行第三字「欲」，諸本作「説」。

一　四六九頁下五行第二字「苦」，徑、清作「若」。

一　四七〇頁上一九行末字「若」，資、磧、普作「苦」。

一　四七〇頁中二行第五字「説」，資、磧、普、南、徑、清無。

一　四七〇頁中九行「説是」，資、磧、普、南、徑、清作「是説」。

一　四七〇頁中卷末經名，資、磧、普、南、徑、清無(未換卷)。

阿毗曇毗婆沙論卷第十六

迦旃延子造　五百羅漢釋

北涼天竺沙門浮陀跋摩共道泰等譯

雜揵度愛敬品第四

云何為愛云何為敬乃至廣說如此章及解章義此中應廣說優婆提舍問曰何故作此論荅曰此是佛經佛經中說若比丘習慚愧滿足則有愛敬雖作是說不廣分別云何為愛云何為敬今欲說故而作此論復有說者所以作此論者欲斷小人法現大人法故其事云何荅曰小人愛則妨敬敬則妨愛云何愛妨敬猶如在家法父母於子則有親愛子於父母有愛無敬出家法中和上阿闍梨於諸弟子則有親愛弟子於和上阿闍梨有愛無敬是名愛妨敬云何敬妨愛猶如在家法中父母於子教訓嚴難欲令諸子遠惡脩善子於父母有敬無愛出家法中和尚阿闍梨於諸弟子教訓嚴難欲令諸弟子遠惡脩善諸弟子於和尚阿闍梨有敬無愛如是小人愛則妨敬敬則妨愛大人不尒若愛則加敬敬則加愛是故為斷小人法欲現威勢大人法故而作此論佛出世時一人具此二法者多佛不出世一人具此二法者少設令有者當知皆是菩薩摩訶薩

云何為愛荅曰若愛乃至廣說如是等言盡說愛相問曰愛體性是何荅曰愛有二種一染汙二不染汙染汙者體是渴愛不染汙者體是信渴愛有二種一是渴愛二是愛問曰若渴愛是愛耶荅曰若渴愛則是愛頗有愛非渴愛耶荅曰有不染汙愛也信亦有二種一是信二是愛問曰若信是愛耶荅曰或有信非愛或有信是愛信非愛者信而不求者是也信是愛者亦信亦求者是也復有以此義作四句者或有信非愛或有愛非信乃至廣作四句信非愛者信其事而不求也愛非信者染汙愛是也亦信亦愛者愛其事而求者也非信非愛者除上尒所事

云何敬若敬善敬乃至廣說如是等

言盡說敬相問曰此敬體性是何答曰體性是慚愧云何愛敬問曰何故作此論答曰先雖說其體未說此二法俱在一人身中今欲說故復作此論云何愛敬答曰猶如有一以愛敬故意常念佛凡夫人愛敬佛者以佛力故使我得離賦役駈使種種苦事使我復得種種資生隨意之物聖人愛敬佛者以佛力故使我斷無始已來無量諸苦盡惡道因住決定法見於真諦正見清淨復有說者俱愛敬佛意常念之以佛力故使我出家得比丘法及餘諸善安樂之利如尊者優陁耶言世尊滅我無量惡法益我无量善法復次以佛出世故淨三種眼如尊者舍利弗言若佛不出世則我盲無目過此一生復次佛於此法家尊勝故復有說者佛是法主故復有說者無始已來七依之法隱蔽不現佛能開示故復有說者佛能令無數那由他衆生入涅槃城故復有說者佛世尊獨出無明㲉轉於法輪故復有說者以世尊說法故令無量那

由他衆生種諸善根亦令成熟使得解脫以佛說法故使有念處正斷神足根力覺道禪定解脫三摩提辦如是等一切功德盡現世間以如是等事如凡夫聖人愛敬於佛亦愛敬法意常念之所以者何能盡我身心等苦亦依此法能到涅槃亦愛敬僧意常念之所以者何以僧力故使我出家受具足戒得畜百一種物得共和尚阿闍梨等梵行者同依佛法如是等人我行道時是我伴侶以於如是等處有愛有敬故名愛敬有人有愛无敬有敬無愛乃至廣作四句有愛無敬者如在家法父母於子和尚阿闍梨於諸弟子有愛無敬有敬無愛者如於有德他師長所不相伏習者有敬無愛亦敬亦愛者如在家法子於父母弟子於和尚阿闍梨所無愛无敬者除上介所事愛敬四趣中盡有此中所說愛敬是佛法中所行者也云何為養云何為敬乃至廣說問曰何故作此論答曰為斷小人法現大人法故所以者何小人養則妨敬敬

則妨養養妨敬者如在家法父母老病以衣服飲食隨病醫藥以養父母而无有敬出家法中如諸弟子威德多聞善解法相衆所知識彼以衣服飲食隨病醫藥以養和尚阿闍梨其師或時於弟子所受經問義如是等養妨於敬大人不介若養則加敬若敬則如養佛出世時一人具此二法者多佛不出世一人具此二法者少設當有者當知皆是菩薩摩訶薩也菩薩若與人養必加其敬若與其敬必加其養以是事故欲斷小人法現大人法甚希有故而作此論云何為養答曰養有二種一者財二者法問曰財養體性是何答曰或有說者所捨物是復有說者身口業捨是復有說者能令諸根四大長養者是評曰應作是說財養體性是五陰問曰為是何趣耶答曰除地獄趣餘趣盡有復有說者六欲天中無所以者何諸天若欲食時以空金鉢置前隨其福力飲食自出何須財養復有說者彼飲食雖等有餘財物可以與他問

日何處施誰與誰取答曰或有說者畜生趣中還施畜生餓鬼趣中施於二趣人施三趣天施前三趣復有說者能施四趣若人以饒益他意施飲食他人食之四大諸根而得長養是名為施亦名為養雖有饒益他意施他飲食他人食之不長養諸根四大是名為施不名為養若人害心以雜毒食施他他人以祝術藥草力若是有德衆生諸根四大而更增長是名為養不名為施彼施者受不善報問曰法養體是何耶答曰或有說者法養體性是名復有說者是語復有說者若聞法時生未曾有善巧方便是法養體性評曰應作是說取其聞法巧便相應共生法者體是五陰問曰何處有法養耶答曰五趣盡有何以知地獄趣中有耶答曰曾聞弥多達子小生地獄中謂是浴室而便說偈

人間空處受苦樂　非我非他之所作
若受諸觸皆緣身　無有身者誰受苦

時諸衆生聞說此偈緣斯福故從是命終脫地獄苦云何知畜生道中亦有法養答曰如迦賓闍羅鳥等身行梵行為他說法者是也餓鬼中如畢陵迦等是也人天中者盡可現見天中六欲天及色界諸天非無色界天何以知色界諸天亦有耶答曰如手天往詣佛所作如是言如今世尊四衆圍繞而說諸法聞者歡喜奉行我還至無熱天中諸天圍繞而為說法聞者歡喜奉行亦復如是以是事故知色界天中亦有法養若以饒益心為他說法他聞法已生善巧便是名為施亦名為養若以饒益心為他說法他聞法已不生善巧方便者是名為施不名為養若以譏刺心為他說法他人聞已以智慧心生善巧便是名為養不名為施

云何為敬若敬重敬乃至廣說敬體性是懃如前說

云何敬養問曰何以復作此論答曰先已說敬養體性未說一人具此二事故而作此論云何敬養答曰猶如有一而敬養佛問曰以何敬養佛答曰以財敬養佛不能以法所以者何不能生佛未曾有善巧便故所以者何以阿羅呵三藐三佛陀不受用他法法應尒故問曰何故此中不說敬養法耶答曰作緣義是養義彼法離緣故問曰若欲施法當施何處答曰法有二種一者名數二者真實若欲施名數法者應施說法人若書寫經若欲施真實法者守護此物當如敬佛塔云何施僧法養答曰於衆僧中作三契經偈作婆昌遮說決定義種種問答是也云何財養答曰若以種種飲食施作長爾般遮于瑟解經法會供養和尚阿闍梨及餘清淨梵行者問曰誰施誰受答曰佛能施一切衆生法養財養一切衆生能施佛財養不能施法養辟支佛能施一切衆生法養財養除佛世尊一切衆生能施佛施辟支佛財養不能施法養舍利弗能施一切衆生法養財養唯除佛辟支佛一切衆生能施佛辟支佛舍利弗財養不能施法養目揵連能施一切衆生財養法養唯除佛辟支佛舍利弗一切衆生能施佛辟支

佛舍利弗目揵連財養不能施法養乃至利根者能施鈍根者財養法養鈍根者能施利根者財養不能施法養問曰若無有能施佛法養者世尊何故稱可阿難所説讃言善哉善哉如汝所言精進能生菩提亦稱讃億耳比丘善哉善哉汝能以微妙音聲詠誦妙法以阿槃提國語音聲遍滿其言正直易解令多人樂聞故此説復云何通如佛告阿難我亦增益出家閑靜善法荅曰何故稱讃阿難者以阿難所説應時是以稱可何以知之曾聞世尊遊行人間而患背痛數欝多羅僧枕僧伽梨右脅而卧告阿難言汝今當為諸比丘説法尒時阿難為諸比丘解説覺意諸長老如來以念覺意故而得成道亦為他説乃至廣説擇法覺意精進覺意當於阿難分别覺意時世尊自憶念過去無數阿僧衹劫行諸方便皆是精進力以憶念故而起喜心令此有患四大速滅無患四大速生背痛即除尋起加趺而坐告阿難言汝説精進耶阿難言

如是佛言善哉善哉阿難實如汝所言精進能生菩提以是事故稱可阿難稱讃億耳比丘者或有説者欲生彼比丘無畏心故阿槃提國和尚大迦旃延曾遣億耳汝往佛所請求五願所謂一求常澡浴二求皮作敷具三求毗尼師作第五人得受具戒四求着一重革屣五求聽畜長衣過十夜以此五事故來詣佛所世尊威德乃至梵釋護世者不能側近正觀以是事故不敢輙求後世尊稱美乃敢求之是故為令彼比丘生無畏故而稱讃之復有説者欲饒益彼比丘故而稱讃之所以者何彼比丘於阿槃提土地能作佛事欲令彼諸人加尊重心故而稱讃之復有説者以善能誦持優陁鄉波羅延衆義經等適可佛意故而稱讃之復有説者以修淨業令言音清妙故而稱讃之所言增益出家閑靜善法者諸轉轉出家得正決定證於道果能離愛欲亦盡諸漏種佛道因及緣覺聲聞道因生於尊貴多財之家眷屬成就有大威勢顏

貌端正能淨天道及解脱道者皆是我力以我力故令多衆生於我法中出家有如是等利而起喜心故言我令增益出家閑靜善法復有説者欲離誹謗過故讃歎阿尼盧頭等欲令其人威德尊重故讃歎目揵連等欲顯有大功德故讃歎舍利弗等欲令生無畏故讃歎如億耳比丘等

云何身力云何身力劣乃至廣説問曰何故作此論荅曰如毗婆闍婆提説身力身力劣不由於身是心所為為止如是説者意故欲明力體是觸入故而作此論復有説者所以作論者欲止弥沙塞部意故彼作是説身力體是精進身力劣體是懈怠為止如是説者意故欲明身力身力劣體是觸入復有説者所以作此論者欲止辟喻者意故彼作是論説身力身力劣無有定體如為力勝馬馬力勝牛云何一體即是身力是身力劣欲止如是説者意故欲明身力身力劣是決定法故若當身力非決定法則非入所攝非識所識問曰若身力是

決定者辟喻者所説云何通如爲力
勝馬馬力勝牛荅曰此因他故説勝
如馬力於爲猗四大則多強四大則
少牛力於馬猗四大則多強四大則
少然則強力常強弱力常弱以是事
故爲止他意欲顯已義故乃至廣説
而作此論一切有爲法力有強猗所
以者何如眼明了能見是名強力不
如者名爲猗力乃至身亦如是如意
善能知法是名強力不如者名爲猗
力此中説身力身力劣而作此論
云何身力荅曰若身力身勇等乃至
廣説如是等名盡顯現力相如二力
士角力乃至廣説以是義故知身力
身力劣觸入所攝所以者何由觸故
知是人力強是人力劣猶如二健夫
捉一力劣者彼當捉時展轉相知如
強力者捉劣力者知其力劣力劣捉
強力者亦知其力強強力劣力俱一
入所攝謂觸入二識所識謂身識意
識身識識別相意識識別相捴相以
如是義則止説身力不定者意所以
者何若當身力身力劣不定者則不

應定説一入所攝二識識也
問曰身力身力劣體性是何荅曰或
有説者體是四大問曰若然者何大
增故身力強何大增故身力劣耶荅
曰或有説者四大無增自有相似四
大生身加則強有相似四大生身力
則劣復有説者地大增故身力則強
水大增故身力則劣外物亦尒如陁
婆樹佉陁羅樹毗摩樹婆陁羅樹等
以地大偏多故則堅鞕如葦柳𧃇胡
麻蕛等水大偏多故則弱復有説者
身力力劣觸入所攝體非四大是造
色性問曰若然者造色性有七種何
者增故身力強何者增故身力劣耶
荅曰重偏多故身力強輕偏多故身
力劣外物亦尒重者則強輕者則劣
復有説者七種造色外更有身力身
力劣評曰應作是説四大身等身力
則強四大不等身力則劣
如説菩薩有鄉羅延力鄉羅延力齊
量云何荅曰或有説者十凡牛力與
一村天牛力等十村天牛力與一青
牛力等十青牛力與一凡爲力等十

凡爲力與一香爲力等十香爲力與
一大力人力等十大力人力與一鉢
建陁力等十鉢建陁力與半鄉羅延
力等二半鄉羅延力與一鄉羅延力
等一鄉羅延力與菩薩一節力等是
名菩薩身力復有説者此説甚少十
凡牛力與一村天牛力等乃至十凡
爲力與一野爲力等十野爲力與一
伽尼羅爲力等十伽尼羅爲力與一
阿羅勒迦爲力等十阿羅勒迦爲力
與一雪山爲力等十雪山爲力與一
香爲力等十香爲力與一青山爲力
等十青山爲力與一黄山爲力等如
是次十倍亦白優鉢羅拘物頭波頭
摩説亦如是十波頭摩爲力與一大
力人力等十大力人力與一鉢建陁
力等十鉢建陁力與一沙楞伽力等
十沙楞伽力與一婆楞伽力等十婆
楞伽力與一章兔勒力等十章兔勒
力與一婆羅章兔勒力等十婆羅章
兔勒力與一半鄉羅延力等二半鄉
羅延力與一鄉羅延力等是名鄉羅
延力量復有説者此説亦少千伊鄉

拔羅龍王力與菩薩一節力等曾聞
三十三天欲遊戲時伊鄰拔羅龍王
其色純白如拘物頭華七肢安立具
有六手頭赤如因提具波色左右脅
各二由延半前後各一由旬如是遠
身有七由延高二由旬半此是常身
有八千眷屬彼諸眷屬其色赤白如
拘物頭華七肢安立具有六手頭赤
如因提具波色三十三天欲遊戲時
伊鄰拔羅龍王身上自然有香手現
便作是念今者諸天須我即自化身
有三十二頭頭有六手頭赤如因提
具波色第三十三者是其常頭一一
手上化作七池一一池中化作七蓮
花一一花上化作七臺一一臺上化
作七綩綖帳一一帳中有七天女一
一天女有七侍者一一侍者有七伎
女作是化已往至諸天城中所化三
十二頭三十二輔臣及其眷屬而乘
其上常頭帝釋及其眷屬而乘其上
如是凡有一万諸天家族其身輕舉
猶如旋風吹於草葉乘空而上詣遊
戲處尒時諸天都不自見有前後者

到遊戲處尒時諸天各各詣遊戲園
林歡娛快意尒時龍王亦自化身作
天子形而自娛樂如是伊鄰拔羅龍
王力菩薩身者有十八大節一一大
節有千伊鄰拔羅龍王力如是等名
菩薩身力復有說者此說猶少菩薩
身力有十八大節前所說者是菩薩
十八節中最下節力第二所說是菩
薩次勝節力第三所說是第三節力
如是次第各轉倍勝尊者婆檀陁說
曰意力無量當知身力亦無量何以
知之如阿耨多羅三藐三菩提道在
未來世必生現在前尒時三千大千
世界大地震動以是事故知意力無
量身力亦無量問曰若然者何以言
菩薩有鄰羅延力耶答曰以鄰羅延
力世人所尚是以為喻然則意力無
量身力亦無量問曰以何等故菩薩
猶集如是力耶答曰欲現一切皆勝
事故如菩薩於諸世間一切事勝所
謂色族財富眷屬積集功德及諸名
聞力亦應尒如色族等益於世間力
亦應尒復有說者為阿耨多羅三藐

三菩提故所以者何阿耨多羅三藐
三菩提應住如是堅牢身故無有是
處以分別故說若當阿耨多羅三藐
三菩提住須弥山頂者須弥山便當
摧破以力無畏甚尊重故是以如來
初成道時舉足欲行安徐蹈地地故
震動復有說者以阿耨多羅三藐三
菩提故於三千大千世界中閻浮提
閻浮提中有金剛座自然而出菩薩
坐上成等正覺如是亦為阿耨多羅
三藐三菩提故積集堅牢之身復有
說者以此力引致應化衆生故是中
應說化力人喻諸釋子射喻般涅槃
時堅石喻曾聞世尊般涅槃時詣波
波村尒時五百力士脩治道路時有
一石長十二丈廣六丈諸力士等盡
其身力不能令動世尊既至問諸童
子今何所為答言脩治道路世尊復
問我今為汝去此石耶答言可尒佛
告諸人汝悉遠去尒時世尊以脚拇
指舉此大石安置右掌中復以手擲
置虛空中下復接之以口吹散令如
微塵散復還合與本無異時諸力士

而問佛言如是之事為是何力世尊
答言以足拇指舉著掌中是我父母
生身之力後以手擲置虛空中者亦
是父母生身之力以口吹散令如微
塵是神足力散復還合如本無異者
是解脫力時諸力士復更問佛頗更
有力勝於世尊如是力不佛答言有
謂無常力佛告力士若是父母所生
之力及神足解脫力今日中夜當為
無常力之所破壞尒時力士聞說是
事心生猒離佛為說法得見真諦是
故為欲引致應化衆生故修集此力
問曰菩薩何時具滿此力耶答曰菩
薩年二十五時具滿此力從是以後
至年五十其力無減過是已後其力
轉減復有說者其力無減所以者何
意力無減故身力亦尒評曰應作是
說法身無減生身有減以是報故如
優陁耶言今見世尊身色損減乃至
廣說問曰餘衆生有鄰羅延力不耶
答曰如初所說菩薩力餘衆生尚無
何況餘說然世界初成時世界衆生
有鄰羅延力者有半鄰羅延力者有

鉢建陁力者有大力者滿閻浮提問
曰彼諸人骨節相次云何答曰除彼
四種人其餘衆生骨節相逺若人力
與象馬等者骨節相近大力者骨相
接鉢建陁力者骨節相鈎鄰羅延力
者骨節連瑣菩薩骨節蛟龍相結如
渇伽角辟支佛名曰大力問曰轉輪
王為有鄰羅延力無耶答曰轉輪王
無鄰羅延力隨輪寶德身力及餘寶
亦然若其輪是金王四天下其力最
勝若其輪是銀王三天下其力轉減
若其輪是銅王二天下其力復減若
其輪是鐵王一天下其力最劣佛在
世時三人有鉢建陁力一是尊者阿
難二是睒弥釋子三是瞿毗迦釋女
問曰辟支佛出世為如佛獨出為有
俱者耶答曰或有說者獨出無俱所
以者何辟支佛根勝舍利弗如舍利
弗並出於世獨無是事何況五百功
德者一時俱出問曰若辟支佛不並
出世言有五百功德一時出世者為
是何人耶答曰此皆本是聲聞以緣
悟菩提故名辟支佛若本種辟支佛

行成辟支佛者獨出世間當知如佛
已說如来身力今當說意力如来有
十力所謂是處非處智力乃至漏盡
智力問曰力體性是何答曰體性是
智體是智身已說體性今當說所以
何等是力義答曰不為他所伏義是
力義不為他所覆蓋義是力義不斷
伏義是力義宮義決定知義能攝義
最勝義是力義界者宿命智力生死
智力在色界餘力若是有漏是三界
繫若無漏者是不繫地者宿命智力
生死智力在根本四禪地餘力有漏
者在十一地無漏者在九地依者依
欲界身行者是處非處智力至一切
道智力行十六行亦行非行知業法
集智力行八行亦行非行第三第四
第五第六智力行十二行亦行非行
宿命智力生死智力行於非行漏盡
智力若以境界行於四行若以在身
則行十六行亦行非行緣境界者是
處非處智力緣一切法知業法集智
力緣苦集諦第三第四第五第六智
力緣於三諦除滅諦至一切道智力

緣於四諦宿命智力緣於前世欲色界五陰生死智力緣於色入漏盡智刀若以境界緣於滅諦若以在身緣一切法念處者知欲智力宿命智力是法念處生死智力是身念處漏盡智力若以境界是法念處若以在身是四念處餘力是四念處智者是處非處智力至一切道智力是十智知業法集智力是八智除滅智道智第三第四第五第六智力是九智除滅智宿命智力如舊阿毗曇人說是等智尊者婆巳說是四智法智比智若智等智尊者瞿沙說是六智除盡智無生智滅智他心智評曰應如前說一等智者好生死智力舊阿毗曇人說是一等智尊者婆巳說是四智法智比智集智等智真實義者是一等智漏盡智力若以境界是六智除他心智若智集智道智若以在身則有十智所以者何此十智於如來身中盡可得故根者捴而言之則與三根相應過去未來現在者是三世法緣過去未來現在世者是處非處智力至一切道智力緣於三世亦緣非世第二第三第四第五第六智力緣於三世宿命智力過去現在者緣過去世未來世當生者緣過去世若不生者緣於三世生死智力過去者緣過去世現在者緣現在世未來當生者緣未來世不生者緣於三世漏盡智力若以境界緣非世法若以在身緣於三世亦緣非世善不善無記者是善緣善不善無記者知禪解脫三摩提智力緣善無記漏盡智力若以境界緣善若以在身緣善不善無記餘力緣三種繫者宿命智力生死智力色界繫餘力有漏者三界繫無漏是不繫緣三界繫者宿命智力生死智力緣欲色界繫知業法集智力緣三界繫漏盡智力若以境界緣不繫若以在身緣三界繫及不繫餘力緣三界繫緣不繫是學無學非學非無學者宿命智力生死智力是非學非無學餘力若是無漏是無學若是有漏是非學非無學緣學無學非學非無學者知業法集智力宿命智力生死智力緣非學非無學漏盡智力若以境界緣非學非無學若以在身能緣三種餘力三種盡緣見道斷修道斷不斷者宿命智力生死智力是修道斷餘力若有漏是修道斷若無漏是不斷緣見道斷修道斷不斷者知業法集智力宿命智力緣見道斷修道斷生死智力緣修道斷漏盡智力若以境界緣不斷若以在身緣於三種餘力三種盡緣緣名緣義者知欲智力生死智力緣義漏盡智力若以境界緣義若以在身則緣名義餘力亦緣名亦緣義緣自身他身非身者是處非處智力至一切道智力緣自身他身亦緣非身法漏盡智力若以境界緣於非身若以在身三種盡緣餘力緣自身他身問曰此諸力為從方便生為從離欲得耶荅曰可言從方便生亦從離欲得所以者何以從三阿僧祇刧積集方便生故言從方便生以從離非想非非想處欲得故言從離欲得問曰何處生此力荅曰依欲界身生閻浮提非餘方依男子身

非女身問曰知業法集智力生死智力有何差別答曰從麁至細是生死智力從細至麁是知業法集智力如麁細現見不現見因果當知亦如是

已說力無畏今當說三藐三佛陁有四無所畏乃至廣說問曰無畏體性是何答曰體性是慧身初力是初無畏第十力是第二無畏第二力是第三無畏第七力是第四無畏一一力攝四無畏一一無畏攝十力則有四十力四十無畏佛略說故我成就十力四無所畏廣說則成就四十力四十無畏已說體性所以今當說何等是無畏義答曰不可動義是無畏義勇猛義是無畏義不怯弱義是無畏義安隱義清淨義純白義是無畏義

問曰力即是無畏為異無畏耶答曰諸力即是諸無畏如先所說初力即初無畏乃至廣說問曰若然者力與無畏有何差別答曰無有差別如說無畏即力力即無畏復有說者名即差別所以者何是名為力是名無畏復有說者初立是力已立不動是無畏復次有堅強是力勇決是無畏復次不為他所伏是力不怯弱是無畏復次智是力辯是無畏復次因是力果是無畏復次不為他所蓋是力能蓋他是無畏復次自饒益是力饒益他是無畏自利利他亦尒復次自覺是力為他說是無畏積集是力受用是無畏受財義是力分財義是無畏復次知醫方是力治他病是無畏復次法義無导是力辞樂說無导是無畏復次讃求法義無导是力讃求辞樂說無导是無畏諸餘分別如力中說

如來有大悲問曰大悲體性是何答曰是慧復有說者是照評曰不應作是說如前說者好大悲當知即是是處非處力地者是第四禪地其餘分別應隨相說問曰此中何以唯說力無畏大悲不說三念處耶答曰是三種於說法分中勝三念處不尒說力則顯現自義說無畏則現摧伏他義大悲則生欲說法心三念處不尒是故不說

如來亦說成就七法彼七法者當知即是是處非處力如來若更有餘不共法者當知盡是是處非處力問曰此七為是幾智性耶答曰知法知量知衆此是一等智知義者諸作是說涅槃是第一義者是六智性除苦集智他心智道智諸作是說一切法是第一義者是十智性知時知人是九智性除滅智自知是八知性除滅智他心智尊者婆巳說曰自知是四智性謂法智比智道智等智評曰如此諸所說可有是理但彼經所說七法義是一等智如來有五聖智三昧此亦是是處非處力五智者法智比智道智盡智無生智

阿毗曇毗婆沙論卷第十六

阿毗曇毗婆沙論卷第十六

校勘記

一　底本，金藏廣勝寺本。四七三頁中一版，原版殘缺，以麗藏本换。

一　四七三頁中一行經名、二行著者、三行譯者，資、磧、普、南、徑、清無(未换卷)。

一　四七三頁中四行品名，資、磧、普、南作「阿毗曇毗婆沙雜揵度愛敬品第四」；徑、清作「阿毗曇毗雜揵度愛敬品第四之一」。

一　四七三頁中一一行末字「現」，磧作「故」。

一　四七三頁下一一行「是愛」，資、磧、普、南、徑、清作「是信愛」。

一　四七三頁下一二行「則是」，資、磧、普、南、徑、清作「則有」。

一　四七四頁中五行首字「如」，資、磧、普、南、徑、清作「故」。

一　四七四頁中一〇行「同依」，資、磧、普、南、徑、清作「同住」。

一　四七四頁下八行「則如」，諸本(不含石，下同)作「則加」。

一　四七五頁上九行「祝術」，資、磧、麗作「呪術」。

一　四七五頁中六行首字「天」，諸本作「天子」。

一　四七五頁中一四行「爲施」，資、磧、普、南、徑、清作「爲捨」。

一　四七五頁中二二行「以何」，徑作「何以」。

一　四七六頁上一四行第三字「枕」，資、磧、南、清作「杭」。

一　四七六頁上一九行第七字「自」，資、磧、普、南、徑、清作「即自」。

一　四七六頁上二一行「喜心」，資、磧、普、南、徑、清作「善心」。

一　四七六頁中八行第三字「一」，麗作「二」。

一　四七七頁上二行「馬馬力勝牛」，資、磧、普、南、徑、清作「馬力馬力勝牛力」。

一　四七七頁上一一行「此中」，資、磧、普、南作「比中」。

一　四七七頁中六行「大生身加」，資、磧、南、麗作「大生身力」；清作「力生身力」。

一　四七七頁中一二行「身力力」，資、磧、普、南、徑、清作「身力身力」。

一　四七八頁上三行及八行「七肢」，諸本作「七枝」。

一　四七八頁上五行及六行「由延」，徑、清作「由旬」。

一　四七八頁中一行第一一字「詣」，資、磧、普、南、徑、清作「自詣」。

一　四七八頁中一九行「猶集」，諸本作「修集」。

一　四七八頁中二二行「益於」，資、磧、普、南、徑、清作「蓋於」。

一　四七九頁中六行「連瑣」，資、磧、普、南、徑、清作「連鎖」。

一　四七九頁中一七行「無俱」，資、磧、普、南、徑、清作「無俱者」。

一　四七九頁中一九行「獨無」，諸本作「猶無」。

一　四七九頁下一行「當知如佛」，至此，資、磧、普、南、徑、清卷第二十二終，卷第二十三始，資、磧、普、南有品名「雜揵度愛敬品之二」；徑、清有品名「雜揵度愛敬品第四之二」。

一　四七九頁下八行「措義」，普、南、徑、清作「誓義」。

一　四八〇頁上一一行「宿命智」，資、磧、普、南作「力如宿」。

一　四八一頁中一九行及二一行「不介」，資、磧、普、南、徑、清作「不念」。

一　四八一頁下四行第三字「此」，資、磧、普、南、徑、清作「生」。

一　四八一頁下卷末經名，資、磧、普、南、徑、清無（未換卷）。

阿毗曇毗婆沙論卷第十七　分

迦旃延子造　五百羅漢釋
北凉天竺沙門浮陁跋摩共道泰等譯

雜揵度愛敬品中

云何數滅云何非數滅乃至廣說問曰何故作此論答曰為止並義者意如譬喻者說三種滅無體為止如是說者意欲明三種滅各有體相故而作此論復次所以作此論者毗婆闍婆提說三種滅皆是無為欲止如是說者意說三種滅二是無為一是有為故而作此論

云何數滅答曰若滅得解脱是也彼法滅彼得得解脱得解脱得是名數滅云何非數滅答曰若滅非解脱是也彼法若滅彼得不得解脱不得解脱得是名非數滅云何無常滅答曰諸行散滅是也無常滅散滅諸行非如散豆槃等無常滅令諸行於前一剎那能有所作於後剎那更不能有所作非無行體止其所作故作如是說問曰非數滅無常滅有何差別答曰非數滅者疾瘦困厄自作他作苦惱種種魔事如是隨世等法若得解脱是名非數滅若說疾瘦困厄自作他作苦惱種種魔事等法若得解脱是名有漏諸行得非數滅若說隨世等法若得解脱是名無漏諸行得非數滅所以者何無漏諸行亦在世故

無常滅者令諸行散滅乃至廣說問曰何故但問非數滅無常滅不問數滅耶答曰或有說者彼作經者意欲尒乃至廣說復有說者先已說差別如說云何數滅其滅者是解脱乃至廣說二滅者非解脱是以問其差別復有說者以此二滅俱不用功滅故復有說者盡應問三種滅差別云何數滅答曰若滅是解脱不繫相非數滅者是解脱非不繫相無常滅非是解脱亦非不繫相復有說者數滅三世陰入界中可得非數滅未來世不生法中可得無常滅現在世中可得復有說者數滅是善彼得亦善非數滅是無記彼得亦是無記無常滅有三種彼得亦有三種復有說者數滅

第二張　給字号

是不繫彼得是繫不繫非數滅是不繫彼得是繫無常是繫不繫彼得亦是繫不繫復有說者數滅是非學非無學彼得是學無學非學非無學非數滅是非學非無學彼得亦是非學非無學無常滅三種彼得亦三種復有說者數滅是不斷彼得或修道斷或不斷非數滅是不斷彼得是修道斷無常滅三種彼得亦三種復有說者數滅是道果彼得或是道是道果或非道非道果非數滅非道果彼得非道非道果無常滅或是道非道果或是道亦道果或非道非道果彼得亦尒復有說者數滅是滅諦所攝彼得是三諦所攝非數滅非滅諦所攝彼得苦集諦所攝無常滅三種諦所攝得亦尒

問曰何等是數滅義荅曰數者是慧滅是慧果故名數滅復有說者別數得故言是數滅如見苦明苦忍苦智所得別見集見滅見道所得亦別故名數滅復有說者以難得多用功故名為數滅問曰此滅為是一體為是多體耶荅曰或有說者是一體問曰若是一體者證見道所斷諸結滅時亦證修道所斷諸結滅不耶若證者則修道無用若不證者云何一體法少分證少分不證復有說者滅體有五見苦所斷煩惱滅是一種乃至修道所斷煩惱滅是第五種問曰此亦有過所以者何如證欲界修道所斷上上使滅時復證餘品使滅不耶若當證者餘品對治道則無功用若不證者云何一體法少分證少分不證復有說者滅體有十三見道所斷有四修道所斷有九問曰此亦有過所以者何若證欲界修道所斷滅時復證初禪修道所斷滅不若證不證俱同前過評曰應作是說隨有漏法體滅體亦尒問曰若然者先何故問涅槃為一體為多體耶荅曰先應作是問若一衆生證一法滅時一切衆生亦同證此滅不耶若同者云何涅槃不是共法一衆生得涅槃時一切衆生亦應得涅槃若異者云何涅槃非是相似法耶此經復云何通如說如來解脫阿羅漢解脫等無差別荅曰應作是說如一衆生證此法一切衆生亦同證此法問曰若然者云何涅槃不是共法耶荅曰以體言之則同以得言之則異所以者何以諸得各異故問曰若然者云何不一衆生得涅槃時一切衆生亦得涅槃耶荅曰若成就涅槃得者得涅槃若不成就得者不得涅槃復有說者若一衆生證此滅時餘衆生所證者各異問曰若然者云何涅槃非是相似法荅曰言非相似者非相似因以涅槃無相似因故言非相似法問曰若然者苦法忍無相似因亦是非相似法耶荅曰苦法忍雖不從相似因生而能與他作相似因涅槃不從相似因生亦不與他作相似因復有說者以不同故言不相似有為法性因云何性同同在世同是陰同是苦無有一法是常是善者復有說者世法是同彼非世故不同如是陰法苦法諸生法諸趣法當知亦尒復有說者前後是相似彼法無前後故言不相似如前後上

中下法亦如是如來解脫羅漢解脫
此經云何通者以俱是常是善故復
有說者以在一身中決定俱有故所
以者何一切衆生盡有三種菩提性
所謂佛辟支佛聲聞菩提若從佛道
去亦證此法若從辟支佛聲聞道去
亦證此法是故言無差別評曰不應
作是說如前說者好
問曰外物中數滅為有得者不耶若
得者衆生不成就外法云何得若得
者此經復云何通如說諸長老我斷
一切愛得內解脫若不得者此經復
云何通如說云何斷界荅曰一切諸
行斷是名斷界乃至廣說荅曰應作
是說有得者問曰若然者不成就外
法云何得耶荅曰雖不成就外法而
得外法數滅如過去未來命等八根
雖不成就得其數滅我斷一切愛得
內解脫此經云何通者此說若內得
解脫當知外法亦得解脫復有說者
以此解脫從自身修方便得不由外
人修方便得是故言得內解脫復有
說者不得外法中數滅問曰若然者

此經云何通如說一切諸行斷名斷
界乃至廣說荅曰有二種一切有分
一切有一切一切此中說分一切故
言一切復有說者外物中有數滅
而不可得評曰不應作是說寧當說
無不應說有而不可得何用是無用
物為亦有亦得如是說者好若當外
物數滅不可得者則違波伽羅那經
如說云何得作證法荅言一切善法
此法是善亦得可得證欲令無如是
過故說言可得
問曰此數滅體為是陰為非陰耶若
是陰者何不本是涅槃何以故先有
諸陰故若非陰者云何為無所有法
而修於道荅曰應作是說體非是陰
亦非陰然從色陰乃至識陰體得之
此數滅亦名涅槃亦名不相似亦名
非品亦名無跋鄣（跋鄣秦言色亦言性亦言稱讚亦言字）亦
言寂勝亦名智亦名應亦名不親近
亦名不脩亦名可樂亦名近亦名妙
亦名離問曰何故言涅槃荅曰槃鄣
言林涅者言離永離陰林離三火林
離四林故言涅槃復次不織義是涅

槃如先說何故名不相似者無相似
因故如先說亦上中下等故何故名
非品者離諸品故如有為法體性是
品諸作是說有住相者四相及彼法
五法是俱生品諸作是說無住相者
三相及彼法四法是俱生品彼法無
如是相故名為非品復有說者世是
品法彼法離世名為非品諸陰諸苦
諸生諸趣說亦如是何故名無跋鄣
者稱讚之體已自成故不待復更稱
讚如人本性賢善不待稱讚本賢善
故彼亦如是復次有為法中或以因
稱果或以果稱因彼法無果可以稱
因無因可以稱果復次諸聖親證此
法故不待稱讚復次不稱讚者有無
邊稱故如人大德言此人德不可說彼
亦如是復次不可稱讚者周帀有美
稱故如淨明珠周帀除闇彼亦如是
亦如阿波鄣加珠所在之處而便安
立如是若解脫得在人身中此身名
為安立復次不可稱讚者名為非稱
無有人能如法說其過者名為非稱
復有說者離諸性故言無跋鄣此中

無刹利婆羅門居士首陁性故言無跋鄰亦無青黄等色故言無跋鄰有為法或性是色或依色或為色作所依彼法性非是色亦非依色亦不為色作所依何故名寂勝者以上妙故名寂勝如世間以上妙飲食衣服瓔珞等故名寂勝尊者瞿沙說曰彼法是寂勝以是通暢究竟法故何故名智者以智果故如經中說六入是業六入是業果以業名說如斷是智果以智名說如天眼天耳是通果以通名說彼亦如是智果故以智名說何故名應者應受供養故名應世界所有上供盡應受故何故名不親近者以無可親近故有為法以貪其果而親近之如人為貪蔭涼花果故親近於樹彼法與上相違故名不親近問曰若說不親近者何以故經中說親近明人耶答曰以得智故明人者佛若佛弟子以親近故得所緣忍智及成就得是故說親近復有說者明人所依去故說親近如說阿羅漢去至涅槃何故名不修者以不在身中

若法住在身中者修彼法不在身中是故不修復有說者以無可修法故如阿毗曇所說修法彼中無故名曰不修復有說者以無可親近事故所以不修問曰若不修者此偈云何通如偈說

瞿曇坐樹下　禪思不放逸　不久履道迹
涅槃在心中

答曰如尊者波奢所說言涅槃在心中者心中成就涅槃得故何故名可樂者以離一切苦故聖人畏苦涅槃無身心苦故聖人樂之如苦惡戒生死增長老死說亦如是世尊經說時解脫是樂法無漏戒是樂戒者以能到涅槃故何故名近者以是有法故或有說是非有法而彼法實有體性是故說近以是事故世尊經說行者精進成就十五法是名學迹得近涅槃復次不選擇身故名近若刹利修道即證婆羅門毗舍首陁修道亦證復次不選擇處所故名近若於村落若於靜處修道即得復次以是近觀故名近諸聖起緣彼忍智現在前正觀此法如在目前復次以比相故知

近如波伽羅鄰經所說云何遠法謂過去未來法云何近法謂現在前及無為法復次住近處得故名處近近處者謂現在世現在世證故名近復次捨近法得故名近近法名現在聖人捨現在法入涅槃故名近尊者瞿沙說曰精勤次第趣向修正方便者得故名近復次聖道所依身定故此法不尒名近若依此身應起聖道餘身不能涅槃不尒隨修道所依身則能證是名為近問曰何故名妙耶如道亦是妙何以獨稱涅槃為妙波伽羅鄰所說云何妙法無漏善法是也答曰道雖是妙涅槃是妙中妙復次道雖是妙雜無常過故涅槃不尒復次道有對治猒惡善根故如空空三昧無相無相三昧無願無願三昧無有善法能猒惡涅槃者故名為妙問曰涅槃何故名離耶如道亦是離相如波伽羅鄰所說云何離法答言欲界繫或色無色界繫出要寂靜善定學法無學法數滅等法是也答曰涅槃唯是離道是離是可離復次捨一

切法故言離有漏法有二種捨一者離欲捨二者棄捨無漏有為法雖無離欲捨而有棄捨涅槃無離欲捨亦無棄捨復次第一義是離以色故離欲以無色故離色諸有所作諸有所思以涅槃故離

云何非數滅荅曰是滅非解脫問曰何故名非數滅荅曰不以功作而得是名非數滅所以者何如人住此四方所有色聲香味觸是五識身所緣法不以功作而住不生法中故非數滅問曰以何法能得此法耶荅曰或有說者以是去未來陰入界非現在世所以者何以陰入界現在身中可得故如此說者一一刹那中有失有得刹那生時失刹那滅時得復有說者未來世中得非過去所以者何過去諸陰曾在身中今日陰即在身故此說亦有過所以者何未來法生時此法亦捨故評曰於未來不生法中得如是說者好以是故一切時常增益問曰數滅多非數滅多耶荅曰或有說者數滅多非數滅少所以者何數

滅於過去未來現在法中得非數滅唯未來不生法中得故復有說者非數滅多數滅少所以者何非數滅有漏無漏法中得數滅唯有漏法中得故評曰應作是說此二法俱無量無邊以是事故應作四句有法是數滅所得非非數滅所得有法非數滅所得非是數滅所得有法亦數滅所得亦非數滅所得有法非數滅所得亦非非數滅所得初句者過去現在有漏法及未來世生者是也第二句者未來世不生無漏法是也第三句者謂未來世不生有漏法是第四句者謂過去現在無漏法未來世必生無漏法是也

如住此凡夫人得五道中五識非數滅所以者何彼中所有色聲香味觸緣彼識住在不生法中故是以得彼非數滅如此處色聲香味觸彼五處衆生亦於此得非數滅若惡道分巳斷者彼盡得惡道中非數滅問曰誰能斷惡道荅曰或是布施或是持戒或是聞慧或是思慧如不淨阿那般

那念處或是修慧而煖法頂法至忍必斷尊者婆檀陀說曰若不因覺知緣起法則不斷惡道此說云何言覺知緣起法者盡是無漏道評曰不應作是說如是說者好或以布施或以持戒得惡道非數滅乃至以頂得惡道非數滅自有衆生得如上善根惡道分斷鈍根者乃至忍斷問曰為一時得三惡道非數滅為次第得耶荅曰或有說者三種一時得問曰若尒者提婆達多生地獄中豈非得餓鬼畜生非數滅耶荅曰唯除地獄一生分餘地獄生分及餓鬼畜生分一時得評曰若起達分善根斷惡道者一切惡道得非數滅若施等斷惡道此則不定若斷地獄則得地獄非數滅餘則不定餘趣亦如是若以達分善根斷惡道者彼惡道一時非數滅

巳說得惡道非數滅復云何得生處非數滅荅曰住增上忍時除人天中七生分色無色界一切處一生分其餘諸生皆得非數滅須陁洹趣斯陁

含果住方便道不起得斯陀含得欲界六生分非數滅若趣得者住第六無㝵道時得也若斯陀含趣阿那含果住方便道不起得阿那含得欲界一生分非數滅寂後無㝵道當得欲界一切生分數滅若起得者寂後無㝵道得欲界一生分非數滅當得欲界一切生分數滅離初禪欲時若是不退法住方便道不起者得初禪二分二生分非數滅寂後無㝵道當得初禪一切生分數滅若起者寂後無㝵道得二生分非數滅當得一切生分數滅若是退法若起若不起寂後無㝵道當得初禪地一切生分數滅不得非數滅乃至離無所有處欲說亦如是若離非想非非想處欲若是不退住方便道不起者得非想非非想處一生分非數滅寂後無㝵道當得非想非非想處一切生分數滅若起者寂後無㝵道得非想非非想處一生分非數滅當得一切生分數滅若是退法不起離欲者住方便道得八地餘生分非數滅寂後無等道當

得非想非非想處一切生分數滅若起者寂後無㝵道得八地中餘生分非數滅當得非想非非想處一切生分數滅

已說生處諸煩惱復云何荅曰住增上忍時得三界見道所斷煩惱非數滅隨無㝵道隨種當得數滅若是堅人是不退法是不起離欲界欲隨所斷種住方便道得非數滅隨無㝵道隨種當得數滅若起者隨無㝵道隨種得非數滅當得數滅若是退法若起若不起隨無㝵道隨種不得非數滅當得數滅乃至離非想非非想處欲說亦如是問曰退法者於諸煩惱何時得非數滅荅曰或有說者若信解脫轉根得見到時解脫轉根得不動評曰應作是說若得決定更不退尒時得諸煩惱非數滅以是事故而作四句或有煩惱先得非數滅後得數滅先得數滅後得非數滅或有俱得或有俱不得初句者住增上忍於三界見道所斷煩惱是不退法不起離欲住方便道修道所斷煩惱是謂

先得非數滅後得數滅第二句者若是退法三界修道所斷煩惱是謂先得數滅後得非數滅第三句者若是不退法起離欲隨無㝵道隨種得非數滅得數滅後有離欲界欲斷上上煩惱時染汙五識身於所緣得非數滅得數滅乃至離八種欲亦如是若斷下下煩惱時彼下下染汙五識身於所緣得非數滅得數滅亦得欲界善不隱沒無記行數滅離初禪欲斷上上煩惱彼上上染汙三識身於所緣得非數滅得數滅離八種欲亦如是若斷下下煩惱時彼初禪下下染汙三識身於所緣得非數滅得數滅亦得初禪地善不隱沒無記行數滅是謂俱得第四句者除上尒所事

已說煩惱道復云何荅曰堅信人行堅信道時於堅法道得非數滅堅法人行堅法道時於堅信道得非數滅見到人行見到道時於信解脫道得非數滅非時解脫人行非時解脫道時於時解脫道得非數滅聲聞人於聲聞道決定者於辟支佛道佛道得非

數滅辟支佛人於辟支佛道決定者於佛道聲聞道得非數滅求佛道者於佛道決定時於聲聞辟支佛道得非數滅阿羅漢有六種一退法二思法三護法四等住五能勝進六不動問曰此諸阿羅漢於何時得非數滅耶荅曰若退法者於退法決定者於五種得非數滅若不決定者不得乃至能勝進說亦如是不動法者得不動法於五種道得非數滅問曰非數滅皆是勝進時得何以不是道果耶荅曰本離欲時不為此法作方便得故若當為非數滅作方便者非數滅則不可得所以者何若心貪著有是人不能過三惡道若心為涅槃能過惡道

問曰非數滅得是何心果荅曰或有說者是造受生愛心果復有說者若心能使生相續是彼心功用果評曰應作是說隨住何心得非數滅即彼心果

問曰於何法得非數滅荅曰於三界繫及不繫法中得生欲界於此四法中得生色無色界亦如是非數滅得隨生何地即彼地繫

問曰非數滅於何法得增長耶荅曰生欲界中於欲界繫五識身而得增長亦有緣現在欲界意識身而得增長然微細難現於色界三識無量解脫勝處一切處而得增長無色界唯一切處生色界中欲界五識身而得增長意識亦得增長然微細難現色界三識無量解脫勝處一切處而得增長無色界唯一切處生色界中於欲界五識色界三識無量解脫勝處一切處而得增長

問曰聖人生色界中於欲界繫何法中得非數滅耶荅曰初禪命終生二禪中初禪果欲界變化心得非數滅若生三禪中初禪二禪果欲界變化心得非數滅若生第四禪中初禪二禪三禪果欲界變化心得非數滅乃至第三禪命終生第四禪中第三禪果欲界變化心得非數滅問曰色界命終生無色界中於欲界繫何法中得非數滅耶荅曰若初禪命終生無色中四禪果欲界變化心得非數滅第二禪命終生無色中三禪果欲界變化心得非數滅第三禪命終生無色中二禪果欲界變化心得非數滅第四禪命終生無色中一禪果欲界變化心得非數滅聖人生無色界中於欲色界繫法不得非數滅所以者何先巳得故

問曰先入涅槃阿羅漢得非數滅多後入涅槃阿羅漢得非數滅多耶荅曰前入涅槃者多迦葉佛時入涅槃者則多釋迦牟尼佛時入涅槃者釋迦牟尼佛時入涅槃者則多弥勒佛時入涅槃者問曰何等阿羅漢成就非數滅最多荅曰生無色界阿羅漢住最後心者於一切法得非數滅多頗有陰界入永滅而不得非數滅耶荅曰有謂阿羅漢住最後心評曰不應作是說所以者何無有陰界入永滅而得非數滅者問曰阿羅漢住最後心時非是不得非數滅耶荅曰不得所以者何阿羅漢若決定欲入涅槃時介時除若五心六心當起現在前餘陰界入悉得非數滅

世尊說有二涅槃界謂有餘身涅槃界無餘身涅槃界乃至廣說問曰何故作此論答曰上說云何數滅答曰若滅是解脫彼數滅有二種一是有餘身涅槃界二是無餘身涅槃界未說云何有餘身涅槃界無餘身涅槃界今欲說故而作此論復有說有餘身涅槃界有體無餘身涅槃界無體復有說有餘身涅槃界是善無餘身涅槃界是無記復有說有餘身涅槃界是道果無餘身涅槃界非道果復有說有餘身涅槃界是諦所攝無餘身涅槃界非諦所攝復有說有餘身涅槃界是有為無餘身涅槃界是無為有漏無漏亦如是為止如是說者意欲明此義俱是無漏以是事故為止他義欲顯已義乃至廣說而作此論云何有餘身涅槃界答曰阿羅漢住壽四大未滅乃至廣說四大者即四大是也諸根者造色是也相續心者是心心數法也若此四大造色心心數法未滅是有餘身涅槃界復有說者四大是四大身諸根即諸根相續

心是覺性若身諸根覺性未滅是有餘身涅槃界如是等諸有餘故名有餘身涅槃界身有二種一煩惱身二生身唯無煩惱身而有生身復有說者身有二種有染汙不染汙染汙已盡唯有不染汙是故說四大等有餘故言有餘四大為生何法謂生造色依造色能生心心數法乃至廣說彼斷一切結得作證是名有餘身涅槃界云何無餘身涅槃界若阿羅漢已入涅槃四大滅乃至廣說四大者即四大諸根者是造色相續心者是心心數法若此四大諸根心心數法滅是名無餘身涅槃界復有說者四大身諸根即諸根相續心是覺性若身諸根覺性滅是名無餘身涅槃界問曰此文不應作是說身諸根覺性滅名無餘身涅槃界應作是說阿羅漢斷一切結盡入於涅槃是名無餘身涅槃界而不說者有何意耶答曰彼尊者依世俗言說信經故而作是說阿羅漢死時風大能損火大火大損故飲食不消飲食不消故四大羸四大羸

故諸根亦劣諸根劣故不能與心心數法作所依心心數法無所依故則不生心心數法不生便是無餘身涅槃界身有二種一者生身二煩惱身彼二種身俱滅是名無餘身涅槃界復有說者身有二種謂染汙不染汙二種身俱滅一切結使斷是名無餘身涅槃界問曰此中何以不說斷一切結得作證耶答曰以現在得作證故言得作證彼時現在得滅故不言得作證復有說者有衆生處有得誰得此得言是提婆達多延若達多彼中無如是衆生差別故唯此法性是故不說得作證等

問曰凡夫人學人斷為是有餘身涅槃界為是無餘身涅槃界耶答曰亦不名有餘身涅槃界亦不名無餘身涅槃界但名為斷亦名無亦名為滅亦名為諦少分是斷智少分非斷智少分是沙門果少分非沙門果

問曰頗有阿羅漢不住有餘身涅槃界不住無餘身涅槃界耶答曰如經本所說有如說具三事者名有餘身

涅槃界無三事者名無餘身涅槃界生色界阿羅漢入滅盡定唯有四大諸根無相續心生無色界阿羅漢唯有相續心無諸根四大生欲界阿羅漢唯有四大相續心有諸根不具者評曰如是諸阿羅漢皆當言住有餘身涅槃界經文應如是說云何住有餘身涅槃界荅曰阿羅漢住壽一切結盡得作證云何無餘身涅槃界荅曰阿羅漢一切結盡入涅槃若作是說盡攝生欲界生色無色界有心無心具根不具根者

涅槃當言學耶乃至廣說問曰何故作此論荅曰先說數滅是二種涅槃界乃至廣說未說是學無學非學非無學今欲說故而作此論復次何故作此論者為止並義者意故如犢子部說涅槃有三種是學無學非學非無學若學斷諸結得作證是名學若無學斷諸結得作證是名無學若非學非無學斷諸結得作證是名非學非無學為止如是說者意欲顯已義故而作此論

涅槃當言學無學非學非無學耶荅曰涅槃當言非學非無學復有說者涅槃是學無學非學非無學者此是犢子部所說所以者何彼說涅槃有三種性若學斷諸結得作證是名學也無學非學非無學說亦如是作如是說者則有大過云何一解脫體為三得所得便有三性如我義者如此文如此義如此論如我等意涅槃是非學非無學此是尊者迦栴延子欲顯已義經本應齊作是說不應作餘說所以者何若作餘說育多婆提所說有過復有說者應作餘說所以者何毗婆闍婆提問育多婆提如是汝說涅槃是非學非無學耶此是問亦是定言所以者何若不定他言說說他過者是則不可育多婆提荅言如是毗婆闍婆提復作是難於意云何若先以世俗道斷結作證乃至廣說得阿鄃含果彼是學耶育多婆提荅言不也所以者何我說涅槃是非學非無學育多婆提欲說毗婆闍婆提過若當先以世俗道斷結得作證

乃至廣說乃至得阿鄃含果彼是學者本應是學若不得果而是學者何事不可趣阿羅漢斷結作證阿羅漢斷結作證退說亦如是育多婆提於他法中不順義者集置一處而說其過若當涅槃是非學非無學復作學學作無學無學作學者是則不定若不定者則是無常若無常者有為無為無有差別所以者何涅槃未曾作非學非無學復作學學作無學無學作學以是故涅槃於一切時是常是寂滅是非學非無學廣說如經本復有說者育多婆提欲說毗婆闍婆提過毗婆闍婆提有二種一說涅槃是非學非無學復作學學作無學無學作學二說涅槃是非學非無學者常是非學非無學學常是學無學常是無學育多婆提難毗婆闍婆提言涅槃是非學非無學復作學學作無學無學作學者如是汝說涅槃是非學非無學然後作學耶毗婆闍婆提荅言如是育多婆提復難毗婆闍婆提言於意云何若先以世俗道乃至廣

說後見四聖諦得阿那含果彼是學耶毗婆闍婆提答言如是所以者何我說涅槃是非學非無學復作學故育多婆提復問毗婆闍婆提言汝意云何先以世俗道斷結得作證是非學非無學即彼非學非無學作學耶毗婆闍婆提答言如是所以者何我說非學非無學後作學故育多婆提復說毗婆闍婆提過若先以世俗道斷結得作證後得阿那含果當是學者本應是學若不得果而是學者是則不可育多婆提復難毗婆闍婆提言趣阿羅漢斷結得作證是學後作無學阿羅漢斷結得作證退作學說亦如是育多婆提於他法中不順義者集置一處說過如上若說涅槃是非學非無學常是非學非無學乃至無學常是無學者育多婆提難毗婆闍婆提言汝說涅槃有三種耶答曰如是育多婆提難毗婆闍婆提言於意云何若先以世俗道斷欲愛恚未見真諦欲得見故懃修方便修方便時得見真諦得阿那含彼是學耶答曰

如是所以者何我說涅槃有三種故育多婆提難毗婆闍婆提言於意云何若先以世俗道斷結作證是非學非無學後得阿那含果即是學耶答言不也所以者何我說涅槃是非學非無學常是非學非無學乃至廣說毗婆闍婆提反難育多婆提若當涅槃是非學非無學後作學者未得阿那含果時本應是學育多婆提欲去此過故若不得阿那含果而是學者此則不可育多婆提復難毗婆闍婆提若趣阿羅漢果斷結作證阿羅漢斷結作證退說亦如是育多婆提於他法中不順義者集置一處而說其過若當涅槃是非學非無學後作學學作無學無學作學非學非無學常是非學非無學乃至無常是無學者是則不定若不定者則是無常若無常者有為無為無有差別涅槃未曾作非學非無學後作學學作無學無學作學非學非無學常是非學非無學乃至無學常是無學以是事故涅槃於一切時是常是寂滅非學非無學

廣說如經本問曰所說得復有得不耶若當有者得復有得便為無窮若無窮者無成就此得者答曰應作此論得復有得問曰若然者是則無窮答曰無窮有何過未來世寬能容此得以生死法無窮故得亦復然是故難斷難除難過衆苦相續猶如連鎖復有說者以俱在一世一剎那中故非無窮評曰應作是說法生時三法俱生謂法得得得以得故成就彼法及得得以得得故成就得是故非無窮以是事故而作此論

頗有行陰色陰因於一得耶答曰有所謂色得得是也乃至行陰識陰說亦如是有為無為亦同一得所以者何無為得得無為及得得是名有為無為同共一得問曰有成就過去未來得不若成就者云何非是無窮所以者何法生時得法法得俱生此三滅已便生六得三是得三是得得是六生十二十二生二十四乃至無量無邊若不成就者定揵度又云何通耶如說無色界命終生欲界中所得

陰界入四大善不善無記根結縛使纒煩惱當言本得得本不得得荅曰善染汙當言本得得報當言本不得得彼得亦有善亦有染汙復有說者有成就過去未來得者問曰若然者云何非是無窮荅曰假令無窮復有何過未來世窮無容處耶以生死是無窮故難斷難除難過衆苦相續猶如連鏁復有說者無有成就者問曰若然者如說無色界命終生欲界乃至廣說此文云何通耶荅曰此文不說得說得所不攝法評曰不應作是說應作是說有成就過去未來得者所以者何以得故沙門果有差別若不成就過去未來得者一一剎那沙門果亦得亦捨修梵行者則無休息心復更有過以三事故捨於聖道一退二轉根三得果不因此三亦捨聖道然無是處是故有成就過去未來得者苦法忍有十五得一是苦法忍俱二是苦法智俱乃至道比忍俱有十五乃至無學初智除其自體盡是因廣說如上苦集諦得苦集諦攝滅

諦得三諦攝道諦得即道諦攝苦集道諦三世攝彼得亦三世攝滅諦不在三世得三世攝苦集諦是善不善無記彼得亦是善不善無記滅道諦是善彼得亦是善苦集諦是三界繫彼得亦三界繫滅諦是不繫彼得是色無色界繫亦是不繫道諦是不繫得亦是不繫苦集諦是非學非無學彼得亦是非學非無學滅諦是非學非無學彼得是學無學非學非無學道諦是學無學彼得亦是學無學苦集諦是見道修道斷彼得亦是見道修道斷滅諦是不斷彼得是修道斷不斷道諦是不斷彼得亦是不斷欲界見道修道所斷乃至無所有處見道修道所斷解脫得有三種學無學非學非無學非想非非想處見道所斷修道所斷八種解脫得有二種學無學第九種解脫得是無學所以者何彼得與盡智俱生故

問曰欲界見道修道所斷乃至非想非非想處見道修道所斷彼解脫得幾地所攝耶荅曰或有說者隨其斷

對治道在何地彼得亦尒諸作是說隨其斷對治道所在之地彼得亦尒者欲界見道修道所斷解脫得未至禪所攝初禪解脫得三地所攝謂未至初禪中間禪第二禪者四地所攝第三禪者五地所攝第四禪見道修道所斷無色見道所斷者是六地所攝彼處修道所斷者七地所攝識處八地無所有處非想非非想處九地復有說者隨彼過患對治所在之地彼得亦尒諸作是說彼隨有過患對治所在之地彼得亦尒者欲色界見道修道所斷解脫得六地所攝空處見道修道所斷七地識處見道修道所斷八地無所有處非想非非想處見道修道所斷九地復有說者隨地有法智分彼地亦有欲界見道修道所斷解脫得若地有比智分彼亦色無色界見道修道所斷解脫得諸作是說隨彼何法智分彼地亦尒者欲界見道修道所斷解脫得六地所攝色無色界見道修道所斷解脫得九地所攝評曰不應作是說如前說隨

地有斷對治道彼得亦介者好
問若以滅道法智離色無色界欲彼色無色界脩道所斷解脫得為是法智分為是比智分耶答曰或有說是法智分所以者何以是法智所證故評曰不應作是說是比智分
問曰是法智所證云何是比智分耶答曰雖是法智所證而以比智所知然皆是色無色界根本對治隨以何斷而皆是比智分
問曰若離五種欲入見道者苦法忍滅苦法智生彼前所斷欲界見苦所斷五種欲彼剎那中所斷四種欲彼九種盡是與苦法忍俱生無漏得作證如是乃至道法忍滅道法智生彼前所斷欲界見道所斷五種欲彼剎那中所斷四種欲彼九種盡是與道法智俱生無漏得作證若道比忍滅道比智生是時得三界見道所斷與所斷五種欲無漏解脫得不尊者僧伽婆脩答曰得所以者何以是須陀洹亦是斯陀含向故評曰不應作是說言不得者好所以者何不可說住果時復得趣果道彼不得趣果道為以何事言是趣果問曰為以何時得彼解脫得耶答曰或有說者若脩向斯陀含果方便是時便得評曰不應作是說言是時得解脫得應作是說若得斯陀含果是時便得
問曰聖人以世俗道離欲此道為是曾所得道為是未曾得道耶答曰或有說者是曾所得道所以者何如無始以來所用離欲道今所用道即是彼道若以曾所得道離欲界上上欲時於離上上欲中得二種解脫得一是世俗以曾得者二是無漏道未來脩故亦得欲界見道所斷上上煩惱解脫無漏得問曰若作是說是共對治亦是不共對治所以者何以曾所得道斷見道脩道所斷煩惱同在一處如斷草束亦如刻契斷九種欲是名共對治道若聖人以此道斷脩道所斷結時是名不共答曰所曾得道唯是共對治所以者何以見道所斷結已斷若當不斷此亦能斷復有說者聖人所用世俗道是未曾得道所以者何無始以來所用道異今所用道異若作是說以未曾得道離欲界上上欲時得二種解脫得一是世俗二是無漏世俗者以未曾得道故無漏者以未來脩故於欲界見道所斷上上煩惱非對治所以者何以未曾得此道故若作是說則是不共對治第九解脫道若未曾得道已曾得道一時悉得亦得欲界見道脩道所斷漏無漏二種解脫得問曰以何等故第九解脫道已曾得道已未曾得道脩餘無㝵解脫道何以不脩耶答曰離欲得地時脩異斷欲道時異第九解脫道時是離欲得地是故以曾得道未曾得道脩斷欲道時不得地是故未曾得道脩曾得道不脩以是事故智揵度所說善通如說若成就現在他心智亦成就過去未來耶答曰如是評曰如是說者好以未曾得道離欲已曾得道未曾得道脩若作是說以未曾得道離欲已曾得道未曾得道脩者離欲界脩道所斷上上欲

時得三種解脱得一是世俗曾得道二未曾得道三無漏於見道所斷上上欲得一解脱得以曾得道故以是義故善去不共對治過亦作是說

頗有不退不得果不轉根而於見道所斷結得作證耶答曰有如此所說者是也如上上煩惱乃至下下煩惱說亦如是如離欲界欲乃至離無所有處欲說亦如是

問曰頗一剎那頃當得信等五根得而不捨捨而不得乃至廣作四句答曰有初句者向阿那含果住寂後無㝵道時當得初禪地善有漏諸根是也第二句者欲界悔憂俱根是也第三句者無漏諸根捨無㝵道所攝當得解脱道所攝第四句者除上介所事

問曰諸得過去彼法亦過去耶若法過去彼得過去耶乃至廣作四句答曰有初句者數滅非數滅得在過去彼法非過去是也第二句者過去世非衆生數法是也第三句者過去世衆生數法是也第四句者虛空未來現在非衆生數法是也未來現在亦應如是作四句

問曰若法修彼法得亦修耶答曰若法修彼法得亦修頗法得修彼法不修耶答曰有數滅是

問曰若法無得彼法非不有解脱得耶若無解脱得彼法非不有得耶乃至廣作四句答曰有初句者作衆生數法是謂無得非不有解脱得耶第二句者有為無漏數滅非數滅是謂無解脱得非不有得也第三句者虛空是謂非有得非有解脱得也第四句者衆生數有漏法是謂非不有得非不有解脱得也問曰若法有得彼法無解脱得耶若法有解脱得彼法無得耶乃至廣作四句答曰有初句者有為無漏及數滅非數滅是也第二句非衆生數法是也第三句者衆生數有漏法是也第四句者虛空是也

阿毗曇毗婆沙論卷第十七

甲辰歲高麗國分司大藏都監奉

勑彫造

阿毗曇毗婆沙論卷第十七

校勘記

一　底本，金藏廣勝寺本。四八四頁中及四九六頁中共兩版，原版殘缺，以麗藏本換。

一　四八四頁中一行經名、二行著者、三行譯者、四行品名，資、磧、普、南、徑、清無。

一　四八五頁中一三行「有九」，資、磧、普、南、徑、清作「有無」。

一　四八五頁下一八行「性因」，諸本（不含石，下同）作「性同」。

一　四八六頁中九行「善法」，南、徑、清作「諸法」。

一　四八六頁中一六行「亦非」，資、磧、普、南、徑、清作「亦非非」。

一　四八六頁中一八行夾註「跋那…言字」，徑、清無。

一　四八六頁下二行第六字「亦」，資、磧、普、南、徑、清作「亦無」；麗作「無」。

一　四八六頁下三行第八字「如」，麗作「如說」。

一　四八六頁下一八行首字「稱」，資、磧、普、南、徑、清作「稱讚」。

一　四八七頁下一八行第一三字「妙」，磧、南、徑、清作「妙法」。

一　四八八頁上一三行「是去」，諸本作「過去」。

一　四八八頁中五行「一法」，諸本作「二法」。

一　四八八頁下一行第八字「而」，諸本作「如」。

一　四八九頁上二行「若趣」，諸本作「若起」。

一　四八九頁上末行「無等」，諸本作「無礙」。

一　四八九頁下五行第六字「後」，諸本作「復」。

一　四八九頁下一六行「所事」，至此，資、磧、普、南、徑、清卷第二十三終，卷第二十四始，資、磧、普、南有品名「雜揵度愛敬品之三」；徑、清有品名「雜揵度愛敬品第四之三」。

一　四九〇頁上一八行「愛心」，諸本作「處心」。

一　四九〇頁中七行第七字「中」，資、磧、普、南、徑、清作「中於」。

一　四九〇頁中一〇行「生色界」，資、磧、普、南、徑、清作「生無色界」。

一　四九〇頁下一九行「而得」，諸本作「而不得」。

一　四九〇頁下二〇行末字「不」，麗作「非不」。

一　四九一頁中四行第三字「唯」，麗作「雖」。

一　四九一頁中一四行「四大身」，資、磧、普、南、徑、清作「四大者即四大身」。

一　四九一頁下一八行第一〇字「無」，資、磧、普、南、徑、清作「無欲」。

一　四九二頁下二行末字至次行首字「何事」，資、磧、普、南、徑、清作「何事則」；麗作「此事」。

一　四九二頁下一四行「二種」，麗作「二種過」。

一　四九三頁上四行第五字「復」，磧、南、徑作「後」。

一　四九三頁上六行「即彼」，資、磧、普、南、徑、清作「是彼」。

一　四九三頁中一七行「乃至無」，諸本作「乃至無學」。

一　四九三頁下一三行「因於」，諸本作「同於」。

一　四九三頁下一九行「得法法得」，諸本作「法得得得」。

一　四九三頁下二二行「又云何」，資、普、南、徑、清作「文云何」；磧作「文去何」。

一　四九四頁上七行第六字「窮」，磧、普、徑、清作「寬」。

一　四九四頁中末行首字「幾」，資、磧、普、南、徑、清作「斷」。

一　四九四頁下八行「彼處」，諸本作「空處」。

一　四九四頁下一八行末字「色」，資、

磧、普、南、徑、清作「有色」。

一　四九四頁下二〇行「何法」，諸本作「有法」。

一　四九五頁上二行首字「問」，資、磧、普、南、徑、清作「問曰」。

一　四九五頁上一四行「法忍」，資、磧、普、南、徑、清作「法智」。

一　四九五頁下一二行第一〇字「已」，資、磧、普、南、徑、清無。

一　四九六頁上四行「是説」，麗作「過説」。

一　四九六頁中七行第一二字「作」，資、磧、普、南、徑、清作「非」。

一　四九六頁中末行經名「卷第十七」，資、磧、普、南、徑、清作「卷第二十四」。

趙城縣廣勝寺

阿毗曇毗婆沙論卷第十八　分

迦旃延子造　五百羅漢釋

北涼天竺沙門浮陀跋摩共道泰等譯

雜揵度愛敬品下

世尊說無學成就戒身乃至廣說問曰何故作此論答曰此是佛經佛經中說無學成就戒身雖作是說而不分別佛經是此論根本今欲廣解佛經故而作此論復次所以作論者先說有餘身涅槃界無餘身涅槃界涅槃當言學無學非學非無學如此皆說無為阿羅漢果今說有為阿羅漢果故而作此論云何無學戒身答曰無學身戒口戒及淨命如餘處無學支中說正業即是此中無學身戒正語即是口戒正命是淨命問曰如身口戒外更無淨命云何立此三名耶答曰以淨不淨相對故而立三名七不善業從貪瞋癡生從貪生者是名邪命從瞋癡生者身業是邪業口業是邪語從貪生者不復更作是正命從瞋癡生不復更作身業是正業口業

是正語復有說者或有為命故或以遊戲故或以怨心故起七不善業若為命故是名邪命若不為命起身業是邪業起口業是邪語復有說者或有為命故行於種種醫方呪術或有為餘事故餘如前說復有說者或為四種愛故行諸惡行或為餘事者若為四種愛行諸惡行是名邪命餘如前說復有說者若行諂誑等五事是名邪命若為餘事餘如前說復有說者或有遮罪或有性罪若作遮罪是名邪命若作性罪餘如前說所以者何遮罪難除者故復有說者有根本不善業有方便不善業若行方便不善業是名邪命若行根本不善業餘如前說所以者何以方便業難除者故與上所說相違是名正命無學成就戒身乃至廣說問曰如學非學非無學亦成就戒身何以但說無學耶答曰或有說者此是如來教化有餘略勝之說復有說者說最勝義故所以者何若以法而言則無學法勝若以人而言則無學人勝廣說

如上無學法勝學法復有說者世尊或稱譽歎說寂勝弟子或稱中者或稱下者稱寂勝者如偈說

阿羅漢寂樂　以無渴愛故　亦斷於我慢
壞烈無明網

稱中者如讚七善人經中所說稱下者如池喻經說此中唯說稱譽讚說寂勝弟子問曰云何是尸羅義耶答曰冷義是尸羅義所以者何破戒能令身心熱持戒能令身心冷復有說者學習義是尸羅義所以者何數數修習善福故

云何無學定身答曰無學空三昧無相三昧無願三昧問曰定體是一云何說三耶答曰以三事故說三一以對治二以期心三以境界以對治故說空空是我見近對治法問曰身見有二種一行於我二行我所空有二種一行於空二行無我此行與彼何行作近對治耶答曰無我行對於我見空行對我所見復次無我行對五我見空行對十五我所見復次無我行對已見空行對已所見復次無我

行對我親愛空行對我所親愛復次陰非是我是無我行陰中無我是空行復次眼入非我是無我行眼入中無我是空行乃至意入說亦如是復次性空是無我行無所行是空行以期心故說無願無願者不願於有問曰若以期心不願於有名無願者亦期心不願聖道而言無願耶答曰期心不願於陰而聖道依陰期心不願於世而聖道在世期心不願於苦而聖道依苦期心不願增長而聖道依於增長問曰若然者聖人何以修道耶答曰欲至涅槃故所以者何聖人觀察陰於聖道更無有法能至涅槃是以修道以境界故說無相無相者无十相無十相故言無相十相者謂色聲香味觸男女三有為相涅槃無如是相而彼定緣之復次陰是有相彼定緣陰不生復次前後法是有相彼定緣無前後復次若法有上中下是名有相彼定緣無上中下復有說者以行故說三彼空定行於二行謂空無我行無願定行於十行謂苦

無常行集諦四行道諦四行無相定行於四行謂滅諦四行復有說者以對治故說三空行是我見近對治無願是戒取近對治無相是癡近對治

云何無學慧身答曰若智若見若明若覺若現觀乃至廣說評曰此說可尒但此中說正慧身不說分別慧身此文應如是說云何無學慧身答曰盡智無生智不攝無學慧是也云何無學解脫身答曰無學住觀相應解脫此解脫是大地是盡智無生智無學正見相應解脫

云何無學解脫知見身答曰盡智無生智是也問曰何故說盡智無生智是無學解脫知見身耶答曰以是解脫人身中生故

問曰無學慧身無學解脫知見身有何差別答曰無學苦智集智是無學慧身所以者何此二智緣縛法故無學滅智道智是無學解脫知見身所以者何緣無縛法故復次無學苦智集智滅智是無學慧身所以者何此三智緣於解脫不緣緣解脫無漏智

無學道智是無學解脫知見身所以者何此道智緣於解脫亦緣解脫無漏智解脫有二種謂有為解脫無為解脫有為者苦集智所緣無為者滅智所緣智解脫無漏見是道智所緣是故道智是無學解脫知見身以道智三智故復有說者慧或對治邪慧或對治無知若對治邪慧是無學慧身若對治無知是無學解脫知見身如邪慧無知利鈍愚智亦如是戒取在六地謂未至中間根本四禪餘身在九地問曰佛辟支佛聲聞此五種身為有差別不耶荅曰若以地以體則無差別若以根者則有差別利根者說勝中根者說中下根者說下如佛告諸比丘一究竟非衆究竟乃至廣說問曰何故作此論荅曰此是佛經佛經說一究竟非衆究竟佛經雖說一究竟而不分別為以發心故言究竟為以事成故言究竟佛經是此論所為根本諸佛經所不說者今欲說故而作此論

問曰究竟有二何以世尊唯說一耶

尊者波奢荅曰一究竟謂發心究竟無二發心究竟一事成究竟無二事成就究竟世尊亦說一諦無有二諦謂一苦諦無第二苦諦乃至一道諦無第二道諦復有說者唯一究竟無二究竟謂事成究竟發心究竟者皆為事成故發心復有說者諸外道等各各自於所行法中生究竟想佛作是說唯善說法中有究竟法惡說法中無究竟法復有說者此中不說第一究竟但欲說諸外道過失諸外道等斷見者非於常見常見者非於斷見佛作是言若常見者是究竟斷見應非若斷見者是究竟常見應非然常斷俱非究竟法是故欲說外道過故說一究竟非衆究竟

如說一究竟非衆究竟乃至廣說究竟名為何法荅曰世尊或說道究竟或說涅槃究竟云何說道究竟如偈說

若不知道　是聰明慢　未到究竟
不調而死

不知道者謂不見八道也是聰明慢者外道愚小自謂聰明而生憍慢未

到究竟者雖復發意不到究竟不調而死者如有煩惱而生有煩惱而死如偈說道究竟云何涅槃究竟如偈說

到究竟無畏　無說亦無悔　能盡於有箭
此身是後邊

到究竟者究竟有二種一發心究竟二成事究竟是到第一事成究竟也無畏者善修空三昧深解緣起法故不畏惡道及生死苦無說者不如諸外道說邪智邪見無義之言也無悔者善除戒取生畢竟智故能盡於有箭者以善修聖道能令有愛巳盡永滅寂靜住不流法中此身是後邊者巳盡其因故更不生更不生故此身是後邊也

此是寂究竟　無上寂滅道　能盡一切相
出要到不死

此是寂究竟者說事成究竟也寂滅者離三火故道者智所立處無上者無所依故能盡一切相者顯現斷一切業斷一切煩惱相出要者除諸煩惱得清淨故到不死者畢竟到不滅法故如數目揵連婆羅門往至佛所而白

佛言沙門瞿曇所化弟子一切盡到究竟耶世尊告言婆羅門此事不定或有到者有不到者此中說涅槃是事成究竟有發心有發心究竟有事成有事成究竟云何發心究竟乃至事成究竟答曰或有說者世俗道是名發心非究竟聖道名發心亦名究竟世俗道所斷是名事成不名究竟無漏道所斷是名事成亦名究竟復有說者果中間道是名發心不名究竟根本沙門果道是名發心亦名究竟果中間道所斷是名事成不名究竟根本果道所斷是名事成亦名究竟復有說者學道是名發心不名究竟無學道是名發心亦名究竟學道所斷是名事成不名究竟無學道所斷是名事成亦名究竟

如世尊說有諸外道梵志乃至廣說問曰何故作此論答曰此是佛經佛經中說有諸外道梵志作如是論我斷諸取乃至廣說佛經雖作是說而不分別佛經是此論所為根本諸佛經中所不說者今阿毗曇盡欲說故

而作此論

此中問三事一問諸外道實不斷諸取何以佛說諸外道言斷諸取二問如諸外道不施設斷諸取何以言諸外道施設斷欲取戒取見取三問如諸外道施設斷欲取戒取見取不施設斷我取於此三種問中尊者迦栴延子先答中者問曰如諸外道不斷諸取何以言斷欲取戒見取乃至廣說答曰或有說者此是世尊小小說法之言此言應當違逆不應隨順所以者何世尊說法不以無因緣亦不以少因緣諸佛所說盡有因緣非无因緣盡有所為非無所為盡有所化非无所化若他人無緣者佛終不說復有說者世尊現少分斷故作如是說此言亦應違逆不應隨順所以者何如凡夫人斷欲界戒取見取乃至斷無所有處戒取見取凡夫亦斷初禪地我取乃至斷無所有處我取是故此言亦不中用然佛世尊廣說諸法乃至廣說此說是真實義佛未出世時外道異學得名譽利養後佛出

世蔽於外道猶如日光蔽於熒火外道弟子歸伏世尊外道利養轉轉減少時諸外道盡集一處而共議言沙門瞿曇未出世時世間所有名譽利養皆歸我等瞿曇既出如是等事轉轉減少然彼瞿曇無有實德但形容端正善於經論我等形容粗足相況然彼所說經法難及我等今當作何方便得彼經法若當得者世間利養還歸我等作是議言如我衆中蘇尸摩納等聰明利根兼有念力必能受持沙門瞿曇所說經法今可遣往為彼弟子沙門瞿曇必為此人廣說經法彼誦讀已當為我等而來解說時諸外道作是議已即便喻遣蘇尸摩納等汝當往詣瞿曇沙門所求為弟子乃至出家於佛法中所聞經法而能受持是時如來以十力四無所畏於大衆中廣為人天解說諸法有諸外道在大衆邊彷徉而行以竊法故心懷恐怖以恐怖故受持者少忘失者多以是義故當知世尊廣說諸法諸外道等唯誦斷三受忘斷我受復有

說者世尊說法或有滿足有不滿足其所為事無不滿足如經說四念處於念處義便為滿足如說一念處名不滿足如說衆生住身身觀者如爪甲上土不住身身觀者如大地土如說五蓋七覺支六界此說亦是不滿足如說十蓋十四覺支十八界是名滿足以是事故其所為事無不滿足說法有滿足不滿足有諸外道異學受佛法名者乃至廣說為作證故而引佛經如經說有諸外道梵志詣諸比丘所集會堂作如是語諸長老如汝師瞿曇為諸弟子作如是說當斷五蓋於四念處安止其心修七覺支我等為諸弟子亦說如是法乃至廣說彼諸外道與蓋俱生俱死猶不識蓋何況知見念處覺支尚不聞香況知其味然佛廣說諸法乃至廣說如摩揵提梵志來詣佛所被欝多羅僧以手摩此如病如癰如箭如瘡之身作如是言沙門瞿曇此身無病即是涅槃彼梵志身無疥病常得飲食身無病故言身無病得飲食故言是

涅槃彼梵志猶尚不識四大調適無病何況結盡涅槃復有說者無病是道涅槃是道果彼梵志尚不識無病道何況無病道果然佛廣演說法乃至廣說彼所問者今當說之何故外道梵志不施設斷我取答曰如經本說外道梵志長夜著我著衆生乃至廣說復有說者外道異學於我取心生恐怖如人在於山岸上立怖畏於下彼亦如是復有說者畏捨已見隨逐他見外道異學以我見為已見根本而不欲捨復有說者畏斷我命故復有說者畏為同梵行者所輕賤故前所問者今當說之如諸外道不知斷諸取何以言斷諸取取答曰此是世尊隨世言說為作證故而引佛經如說有諸衆生見滅斷壞實義中無有衆生為隨外道世俗言說有衆生此亦如是乃至廣說

有二智一斷智二知智乃至廣說問曰何故作此論答曰前說外道異學施設斷諸取不施設斷我取雖作是說不分別為是斷智為是知智今欲

說故而作此論

有二智謂斷智知智云何知智若知見明覺現觀是也智對無智見對邪慧明對無明覺對邪見現觀對邪觀復有說者此中說無漏知智所以者何無有世俗道能現觀者以是事故唯說無漏知智復有說者此中亦說有漏無漏知智何以知之世俗智亦有知見明覺現觀相故問曰世俗道無現觀義云何言現觀耶答曰現前觀了了是現前觀義世俗道亦能現觀故問曰若然者為說何等世俗知智耶答曰除煖現觀相應慧所謂无量初第二第三解脫八勝處十一切處除如是等觀相應慧諸揔相別相觀者去緣中愚者去物體愚者諸餘實觀如聞思修煖頂忍世第一法如是等也問曰何以定知世俗慧是現觀也答曰如說現前觀了了義是現觀義世俗慧亦能了了現觀何以知之如城喻經說我未成三菩提等亦能生是現觀以是事故知世俗慧能作現觀

云何斷智答曰若一切愛恚癡斷一切煩惱斷名為斷智問曰如斷无所緣智有所緣何以說斷名智耶答曰或有說者以斷是智果故斷名為智如阿羅漢是智果以智名說如天眼天耳是通果以通名說如六入是業果以業名說如此六入是本業如是斷是智果故說名斷智問曰如修道中斷是智果見道中斷是忍果何以說名斷智耶答曰彼是世俗智果故若以世俗道離欲界欲乃至離無所有處欲彼欲界乃至離無所有處是世俗智果問曰世俗道有功處可尒世俗道於非想非非想處无功非想非非想處見道所斷盡是忍果云何彼斷復是斷智耶尊者僧伽婆修答曰有二斷智一是慧果二是智果彼是慧果評曰應作是說所以者何世尊說二智一是斷智二是知智不說斷慧復有說者斷智是無漏知智功用果所以者何如須陁洹以無漏道當得斯陁含果第六无㝵道當通證三界見道所斷及欲界修道所斷六品

結斯陁含以無漏道當得阿那含果第九无㝵道當通證三界見道所斷及欲界修道所斷阿那含當得阿羅漢果金剛喻定當通證三界見道修道所斷斷是金剛喻定功用果以是事故斷是無漏知智功用果尊者佛陁羅測說曰當言斷法所以者何此是諸聖道第一所應第一畢竟第一勝法故尊者瞿沙說曰此當言斷捨所以者何捨棄一切生死法得此斷故復次從智種中生故言斷智如瞿曇姓中生名瞿曇彼亦如是復有說者彼斷雖無所緣而住智相如過去未來眼雖不能見而是見相如過去未來受雖無所覺而是受相乃至慧說亦如是如是斷雖無所緣而是智相是故名斷智問曰如斷身見一結亦名斷智何以說一切結盡名斷智耶答曰斷一身見亦是斷智此中說斷一切結盡斷智不說漸漸斷智復次世尊或說智是知智或說智是斷智云何智是知智如偈說

此賢年少者　欲饒益世間　愛能生諸苦
能知是聰明

多求王此論根本曾聞有王名曰多求受性暴惡為人輕躁多劫人民種種財貨是時人民普共集議退其王位以其次第立以為王時多求王至國邊邑編草作屣以自存活是時弟王問諸臣言我有大兄今何所在諸臣答曰閒在邊邑編草作屣以自存活王聞此言心生愁惱作是思惟唯有一兄勤苦如此我今何用在此王位即遣使往追命使還封一村落是時人民親附者衆所得封邑不供食用復更封與二村三村乃至半國猶故不足是時其兄以半國人力興兵煞弟自立為王尒時帝釋作是思惟今此國王不識恩義作如是惡我當往誑而苦惱之尒時帝釋自化其身作婆羅門像頂戴螺髻身著麁衣左執軍𨤲右把法杖往詣王所以語告言讚美於王在一面立時王問言大婆羅門從何所來婆羅門言我從大海外来王復問言大海之外有何奇事婆羅門言我見一國人民熾盛豊

樂无極王復問言如我今日多諸兵衆若當討罰為可得不婆羅門言往必可得王復問言誰當為我導引在前婆羅門言我當導引王復言若可尒者後更幾日當亦我路婆羅門言却後七日言已便去時王日日下筭計所期日至七日且處處推求先婆羅門而都不見以不見故心生愁苦坐於靜室時釋迦菩薩在彼王國內婆羅門村中生有小因緣来詣王城聞王愁苦無能止者是時菩薩語諸臣言我能去王心中愁苦是時諸臣便將菩薩詣其王所尒時菩薩為其國王說衆義經偈

追求五欲　若獲得時　以稱意故
必生歡喜

乃至盡說滌欲品偈是時菩薩誦此偈已心生猒離得離欲愛以離欲故復說此偈

能行說為正　不行何所說　若說不能行
不名為智者

菩薩說此一偈半為帝釋半為國王若不能行不應許他若許他者便應

即行而不行者是不善事汝亦應當籌量彼人為能去不能去復於何時曾見有人從大海外来而信其言耶是時國王於菩薩所心生歡喜便說此偈

此賢年少者　欲饒益世間　愛能生諸苦
能知是聰明

以此偈說智是知智

云何說智是斷智如說佛告比丘我今當說智所知法智成就智者云何智所知法荅曰五陰是也問曰如智知一切法何以但說知五陰耶荅曰若作是問者如下章荅所以唯知苦此中應盡說之評曰不應作是說所以者何此中說斷智不說知智知五陰不知一切法故問曰若然者應作此論如五陰是二智所知謂知智斷智何以世尊捨知智說斷智耶荅曰或有說者以因此五陰得斷知智故下荅知滅等是中盡應說云何為智荅曰一切結盡乃至廣說問曰如佛說一切盡是名斷界此中何以說一切結盡是斷智耶荅曰此是如来教

化有餘略勝之言復有說者若說結盡當知盡說一切有漏行斷如上說若過去者一切盡滅耶彼中荅者此盡應說云何成就智者荅曰漏盡阿羅漢是也問曰如學人處處有智何以唯說阿羅漢是智人耶荅曰或有說者此是如来有餘之說乃至廣說復有說者以勝故如上荅無學人勝學人此中應廣說復有說者學人隨其所知不悉捨有無學人隨其所知悉能捨有此中亦說云何為說荅曰一切結盡誰盡一切結唯是無學人復有說者此文應如是說云何知智荅曰若知見明覺現觀等乃至廣說亦如說賢年少等乃至廣說云何斷智荅曰一切結盡亦如說我今當說法智乃至廣說

若歸佛趣彼何歸趣乃至廣說問曰何故作此論荅曰為非歸處生歸處想故欲顯真實歸趣處故而作此論如偈說

多有歸趣　山川樹林　園觀塔廟
以畏他故　此歸非安　此歸非勝

其所歸趣　不能勉苦　若歸趣佛
法及衆僧　於四聖諦　能以慧見
此趣是安　此趣是勝　此趣能勉
一切衆苦

是故為非歸趣作歸趣想欲現真實歸趣處故而作此論復有說者為止衆生愚歸趣故衆生或謂歸佛者謂歸趣如來父母所生之身頭足等分為止如是意故若歸趣佛者當歸趣佛菩提无學法者若歸趣法者謂歸善不善無記法及諸比丘所行是應作是不應作法若歸趣法者當歸趣愛盡涅槃法若歸趣僧者謂歸趣四性出家之人欲令衆生於此法中得決定若歸趣僧者當歸趣學无學法是故欲止衆生愚歸趣故而作此論

問曰若歸趣佛彼何歸趣荅曰佛者實有此法以有此法故施設作如是語如是名如是想名為佛乃至廣說

問曰何故作如是說佛者實有此法以有此法故施設作如是語如是名如是想名為佛耶荅曰或有說者佛不但有名施設作如是語如是名如

是想名為佛而無其實為止如是意故而作是說佛者實有此法乃至廣說若歸趣者歸趣如是無學佛菩提法問曰若無學菩提法是真實佛者此經云何通如須達居士所問云何名佛彼荅言佛者有釋種子以信出家剃除鬚髮身著染衣是名為佛荅曰此是說佛所依若說所依當知亦說依者問曰若無學菩提法是真佛者何故惡心出血而得逆罪耶荅曰或有說者以心憎惡無學菩提法故是以惡心出血而得逆罪復有說者壞無學菩提所依故若壞所依則壞依者是故得逆罪若歸趣法彼何歸趣荅曰若歸趣法則歸趣愛盡離涅槃若歸趣僧彼何歸趣荅曰僧者實有此法乃至廣說是名為僧

問曰云何為歸云何為趣歸趣是何義耶荅曰歸者是滅諦道諦少分趣者是口語復有說趣者能起口語心是也復有說者信可此法是名為趣評曰如是說者好能趣口語心及共有法五陰體是趣云何是歸趣義

荅曰救護義是歸趣義問曰若救護義是歸趣義者提婆達多亦歸趣佛法僧而墮惡道不為救護耶荅曰若歸趣者不破戒行不越分界能作救護若歸趣者破於戒行越於分界不為救護如是人畏於怨家歸趣於王求其救護王語彼人若在我國不越分界我能為汝而作救護若越我分界我則不能為汝救護如是衆生畏惡道故歸趣於佛佛作是言若歸趣我不應破於戒行越於分界若破行越於分界我則不能為汝救護是故救護義是趣義復有說者隨尒所歸趣則有尒所救護以歸趣因緣故得出惡道

問曰若歸趣佛者為歸趣一佛為歸趣恒河沙等諸佛若歸趣一佛者云何不是分歸趣耶若歸趣恒河沙等諸佛者何以但言歸趣一佛耶此經復云何通如說我為毗婆尸弟子我為尸棄弟子或有乃至我為釋迦牟尼佛弟子評曰應作是說歸趣恒河沙等諸佛問曰若然者何以言歸趣

一佛耶荅曰此文應如是說我歸趣諸佛而不說者若歸趣一佛當知亦歸趣諸佛言我為一佛弟子者隨其見真諦處言我是彼佛子

問曰若歸趣法者為歸趣自身諸陰滅為歸趣他身諸陰滅為歸趣自他身諸陰滅耶若歸趣自身諸陰滅者云何不是分歸趣耶若歸趣餘者云何救護義是歸趣義荅曰若歸趣者歸趣自身他身問曰若然者云何救護義是歸趣義耶荅曰離於我無救護而性是救護是故救護義是歸義

問曰若歸趣僧者為歸趣一佛僧為歸趣諸佛僧若歸趣一佛僧者云何不是分歸趣耶若歸趣諸佛僧者何以言歸趣一佛僧耶此經復云何通如說佛告賈客汝當歸趣未來世僧評曰應作是說歸趣諸佛僧問曰若然者何以言歸趣一佛僧耶荅曰此文應作是說歸趣諸佛僧而不說者若歸趣一佛僧則為歸趣諸佛僧此經云何通者以現前無僧寶故復有說者以僧寶難得故所以者何有佛

出世而無僧寶

問曰何處有此歸趣耶荅曰若與戒俱者唯人中有若不與戒俱餘趣悉有

問曰有受戒而不受歸趣者是人為得戒不荅曰或有說者不得所以者何若欲受戒應先受歸趣故復有說者若以自大憍心而不歸趣者是人不得戒若人不知為先受戒為先受歸趣若不受歸趣而受戒是人得戒而與戒者得罪

問曰若求受歸趣為得歸趣不耶荅曰不得問曰若不得者或有在母腹中初生小者而亦受歸趣此云何通荅曰此為隨順戒故此人本前生時能施他人受戒具若在腹中若初生小時父母為其受歸趣後若長大作非法事時人便呵言汝在母腹中及初生小時已受歸趣今者何為作非法事其人聞已即遠惡修善是故為隨順戒為受歸趣而實不得復有說者欲令信佛諸天為擁護故問曰若他人為求受歸趣者是人為得不耶荅曰不得問曰若不得者佛涅槃時

阿難白佛拘尸城諸某甲人等歸趣世尊亦歸法僧此言云何通荅曰或有說者佛威神力故般涅槃時令拘尸城諸力人等他人為求而得於戒復有說者尊者阿難入拘尸城為多力人授歸趣戒而還白佛世尊復有如是寂後弟子衆復有說者得如迦尸女羅亞不能言者是也如說若歸趣佛不墮惡道問曰諸歸趣佛盡不墮惡道耶荅曰此為得不壞信者作如是說復有說者為深心歸趣者作如是說

問曰如法寶勝佛何以歸趣時先歸趣佛後歸趣法耶荅曰或有說者佛於教法中尊故是以先歸趣佛復有說者猶如病人先依附醫然後服藥佛如明醫法如良藥僧如授藥人

阿毗曇毗婆沙論卷第十八

阿毗曇毗婆沙論卷第十八

校勘記

一　底本，金藏廣勝寺本。

一　四九九頁中一行「卷第十八」，資、磧、普、南、徑、清作「卷第二十五」。

一　四九九頁中四行「愛敬品下」，資、磧、普、南作「愛敬品之四」；清作「愛敬品第四之四」。

一　四九九頁中九行「作論」，資、磧、普、南、徑、清作「作此論」。

一　四九九頁下六行第五字「故」，資、磧、普、南、徑、清作「者」。

一　五〇〇頁下一〇行第五字及一三行第九字「身」，資、磧、普、南、徑、清作「身耶」。同行「住觀」，諸本（不含石，下同）作「正觀」。

一　五〇〇頁下一一行第二字「此」，資、磧、普、南、徑、清作「此時」。

一　五〇〇頁下一八行「差別」，資、磧、普、南、徑、清作「差別耶」。

一　五〇〇頁下末行第九字「緣」，資、磧、普、南、徑、清無。

一　五〇一頁上七行首字「智」，資、磧、普、南、徑、清作「智知」；麗作「智緣」。

一　五〇一頁上一〇行「戒取」，諸本作「戒身」。

一　五〇一頁中三行第二字「就」，資、磧、普、南、徑、清無。

一　五〇一頁中一三行「常見」，資、磧、普作「斷見」。

一　五〇二頁上一三行第四字「果」，資、磧、普、南、徑、清作「果報」。

一　五〇三頁上五行「爪甲」，資、磧、普作「抓甲」。

一　五〇三頁上一二行「是語」，資、磧、普、南、徑、清作「是言」。

一　五〇三頁中九行「山岸」，資、磧、普、南、徑、清作「山崖」。

一　五〇三頁中一五行「取取」，諸本作「取耶」。

一　五〇三頁下三行第八字「智」，資、磧、普、南、徑、清作「智者」。

一　五〇四頁上一八行「應作」，諸本作「不應作」。

一　五〇四頁下一八行「騾髻」，資、磧、作「螺髻」。

一　五〇四頁下二一行第一一字「言」，資、磧、普、南、徑、清作「答言」。

一　五〇五頁上二行「討罰」，資、磧、普、南、徑、清作「討伐」。

一　五〇五頁上四行「復言」，諸本作「復問言」。

一　五〇五頁中一行第七字「是」，資、磧、普、南、徑、清作「是名」。

一　五〇五頁中六行「世間」，徑、清作「衆生」。

一　五〇五頁中八行「以此」，資、磧、普、南、徑、清作「如此」。

一　五〇五頁中二二行「盡是名斷界」，資、磧、普、南、徑、清作「行盡是名斷智」。

一　五〇五頁下一七行「法智」，資、磧、普、南、徑、清作「智法」。

一　五〇五頁下一八行「佛趣」，資、磧、

普、南、徑、清作「趣佛」。

一　五〇六頁上一六行「此論」，至此，資、磧、普、南、徑、清卷第二十五終，卷第二十六始，資、磧、普、南有品名「雜揵度愛敬品之餘」；徑、清有品名「雜揵度愛敬品第四之五」。

一　五〇六頁上末行首字「不」，資、磧、普、南、徑、清無。

一　五〇六頁中二〇行第八字「說」，資、磧、普、南、徑、清作「說者」。

一　五〇六頁中二二行「能趣」，諸本作「能起」。

一　五〇六頁下四行第九字及五行第一〇字「越」，資、磧、普、南、徑、清作「趣」。

一　五〇六頁下六行第五字「是」，諸本無。

一　五〇六頁下七行「彼人」，資、磧、普、南、徑、清作「救人」。

一　五〇六頁下一一行「破行」，資、磧、普、南、徑、清作「破於戒行」；麗作「破戒行」。

一　五〇六頁下一三行第四字「是」，諸本作「是歸」。

一　五〇七頁上四行「佛子」，諸本作「佛弟子」。

一　五〇七頁上一二行第一三字「歸」，諸本作「歸趣」。

一　五〇七頁中九行「歸趣」，資、磧、普、南、徑、清作「歸趣者」。

一　五〇七頁中一一行「求受」，資、磧、普、南、徑、清作「不求受」；麗作「不求」。

一　五〇七頁下八行第四字「啞」，麗作「噁」。

一　五〇七頁下九行第九字「諸」，資、磧、普、南、徑、清作「若諸」。

一　五〇七頁下卷末經名，資、磧、普、南、徑、清無（未換卷）。

阿毗曇毗婆沙論卷第十九　　分

迦旃延子造　五百羅漢釋

北涼天竺沙門浮陀跋摩共道泰等譯

雜揵度無慚愧品第五

云何無慚云何無愧如此章及解章義此中應廣說優波提舍問曰何故作此論答曰以此二法所行相似故世人見行無慚言是無愧見行無愧言是無慚此二法實異人謂是一欲說其定體亦說差別故而作此論復有說者以此二法能壞世人世尊亦說有二黑法能壞世人謂無慚無愧復有說者以此二法行不善法時勢力最勝如說與何纏相應此心淨是不善謂無慚無愧復有說者以此二法令衆生有種種差別相如說若世無此二法則衆生無種種差別相謂牘羊雞犬等復有說者阿毗曇以此二法一心中可得是故尊者迦栴延子欲說其體及差別相故而作此論

云何無慚答曰若無慚無慚分乃至廣說如是等盡說一無慚體而文有種種問曰雖說無慚體亦應說其所行答曰如不善所行無慚所行亦如是所以者何與不善法相應故問曰此為何所緣耶答曰緣於四諦復有說者先說所行未說其體問曰若然者體是何耶答曰自身即是其體何以知之如說自身法是自相似法是捴相諸作是說先說是所行者應作四句初句者無慚行餘所行是也第二句者行無慚所行無慚相應法是也第三句者無慚行無慚行是也第四句者即是無慚行餘行相應法是也若不尒者除上尒所事如無慚行作四句餘行亦應作四句復有說者先說所緣未說其體未說所行如說無慚無慚分無惡賤無惡賤分是緣苦集諦如說不尊重不善尊重不避他不善避他是緣滅道諦

云何無愧答曰無愧無愧分無愧他乃至廣說如是等盡說一無愧體而文有種種問曰若然者所行云何答曰如不善法所行無愧所行亦如是餘如無慚說問曰所緣云何答曰緣

四聖諦廣説如無慚諸作是説先説是所行者亦應作四句初句者無愧行餘行是也第二句者無愧相應法行無愧行是也第三句者無愧行無愧行也第四句者即無愧行餘行相應法是也若不尒者除上尒所事如無愧行作四句餘行亦應作四句復有説者先説所縁未説其體未説所行如説無愧無愧分不愧他不數數愧無羞無羞分不羞他是縁滅道諦如説行惡不畏行惡不怖不見惡事可畏怖是縁苦集諦

問曰無慚無愧有何差別何故復作此論荅曰以此二法相似故雖説其體相而故須説差別不避他是無慚不見惡事可畏怖是無愧復次不尊重是無慚不見惡事可畏怖是無愧復次不惡賤煩惱是無慚不惡賤惡行是無愧復次自於身作惡是無慚於他身作惡是無愧復次若於一人前作惡不羞是無慚於多人前作惡不羞是無愧復次造智者所呵責因時不羞是無慚造智者所呵責果時不羞是無愧是名差別問曰如此惡法何以不名為使耶荅曰此所行麁使性微細復次此習氣不牢固如燒樺皮使習氣牢固如燒佉陁羅木復次此不能自立使能自立復次此依於使無慚依貪欲無愧依無明使是根本以是事故不名為使

云何為慚云何為愧乃至廣説問曰何故作此論荅曰此二法所行相似世人見行於慚名之為愧見行於愧名之為慚此二法實異人謂是一欲説其定體亦説差別故而作此論復有説者慚愧是無慚無愧近對治先説無慚無愧今説慚愧是彼近對治復有説者此是佛經佛經中説有二白法守護世人所謂慚愧若世人無此二法則謂不施設父母兄弟姉妹男女眷屬有衆生種種形差別謂猪羊雞犬驢馬狐狼等禽狩以有此二法故施設有父母兄弟姉妹男女眷屬亦應有猪羊等種種形差別佛經雖説慚愧不分別其體亦不説差別佛經是此論所為根本彼中所不説者今欲説故而作此論

云何為慚若慚慚分乃至廣説如是等語盡説慚體如上所説問曰慚體如此所行云何荅曰如善法所行此亦復尒與一切善法相應故問曰為縁何法荅曰縁一切法諸作是説先説是所行者應作四句初句者慚行餘行是也第二句者慚相應法行慚所行是也第三句者慚行慚是也第四句者即慚相應法行餘行是也若不尒者除上尒所事如是能行亦應作四句復有説者此説所縁如説慚慚分惡賤惡賤分此縁苦集諦尊重善尊重避他善避他能制惡事是縁滅道諦

云何愧荅曰若愧愧分愧他乃至廣説如是等語盡説愧體問曰若巳説體所行云何荅曰如諸善法所行此亦復尒乃至廣説若作是説先説是所行者應作四句初句者愧行餘行是也第二句者愧相應法行愧所行是也第三句者愧行愧是也第四句者即愧相應法行餘行是也若不尒

者除上介所事餘行亦應作四句復有說者此說所緣如說愧愧分愧他著著分著他是緣滅道諦如說見可惡事是可怖畏是緣苦集諦

問曰慚愧有何差別何故復作此論荅曰以此二法相似故雖說其體相故須說差別避他是慚見惡事可畏是愧餘荅與上相違是慚是愧有無慚與慚相似有慚與無慚相似有無慚與無慚相似有慚與慚相似無慚與慚相似者不可慚事而慚慚與無慚相似者不可慚事而不慚無慚與無慚相似者可慚事而不慚慚與慚相似者可慚事而慚愧說亦如是界者無慚無愧在欲界慚愧在三界若是無漏不繫如法身論說信力乃至慧力是學無學非學非無學慚愧力是非學非無學復有說者慚愧是學無學非學非無學人者凡夫人有聖人亦有以有此法故當知是有漏無漏云何增上不善根云何微不善根乃至廣說問曰何故說增上不善根不說中耶荅曰或有說者彼作經

者意欲介乃至廣說復有說者應作是問云何增上不善根云何中云何微而不說者當知此說有餘乃至廣說復有說者已說初後當知亦略說中間復有說者已說在此二中根所以者何若說上當知中分在微分中若說微當知中分在上分中復有說者若易見易知者則說中法難見難知是故不說復有說者若是世現見世現見若不現見則不說世尊必知二法謂上與微何以知之如說利根者謂央掘魔羅鈍根者謂薩婆達婆而不說中者復有說者若說於中則文重不便若不說中則文輕便

云何增上不善根荅曰不善根能斷善根者乃至廣說問曰斷善根者是邪見何以言是不善根耶荅曰或有說者不善根斷善根方便時勢勝所以者何一切內外法方便時切勝於成時如菩薩見衆生老病死苦發善提心此心能荷負三阿僧祇劫善行使不散壞亦無留難此心甚難後得盡智三界善根未來中修未足為難

復有說者邪見所以能斷善根皆以不善根力不善根能令善根羸劣微薄更無勢力亦令因緣多諸留難然後邪見能斷善根復有說者此文應如是說不善根能斷善根何等不善根荅言邪見相應癡不善根亦斷欲界欲時㝡初滅者是也問曰斷欲界欲不應言亦所以者何即是一荅故荅曰或有說者此荅前所說何等邪見能斷善根荅言離欲界欲時初滅者

云何微不善根荅曰斷欲界欲時㝡後滅者彼滅已得名無欲

問曰不善根斷善根時為一種斷為九種斷若一種斷者此說云何通如說云何微善根荅言善根斷時㝡後滅者彼滅得名善根斷若九種斷者此文云何通如說云何增上不善根斷欲界欲時㝡初滅者云何以一種不善根斷九種善根荅曰或有說者一種斷問曰若然者此文云何通如說云何微善根荅言斷善根時㝡後滅者彼滅得名善根斷荅曰此以現

在不行故作如是說如上上善根先不現在前後得不成就乃至第八善根亦如是彼下善根於一時得二種現前不行亦得不成就所以者何若斷下下善根時於下下善根一時得二種一不現前行二得不成就於八種善根得不成就不得不現前行本已得故以次第得不現前故而作是說斷善根時寂後滅者彼滅得名善根故以一時得九種不成就故而作是說斷欲界欲時寂初滅不善根以是義故此二說善通復有說者九種斷問曰若然者此說云何通如說斷欲界欲寂初滅者乃至廣說答曰有多名九種有因九種有對治九種有報九種有善根斷九種因九種者如下下善根乃至能為上上善根作因上上與上上作因不為餘者對治九種者如下下對治道斷上上煩惱上上對治道斷下下煩惱報九種者如施設論所說脩行上上殺生生阿毗大地獄中轉減者生熱地獄中乃至轉轉減者生畜生餓鬼生善根斷九

種者如下下邪見斷上上善根乃至上上邪見斷下下善根若以斷善根邪見則有九種若以離欲邪見則有一種所以者何斷善根九種邪見時盡從離欲一種中起故下下邪見斷上上善根上上邪見斷下下善根以盡從一種中起故此二說善通

問曰斷善根體是何耶答曰是不成就不隱沒無記心不相應行行陰所攝所以者何邪見斷善根非如刀之斷木若斷善根邪見在彼身中時成就善根得則滅不成就善根得則生以無善根得故名斷善根復有說者能斷善根邪見則是其體若作是說當知斷善根體是染汙法餘義如上頂退中說

問曰何處斷善根答曰閻浮提弗婆提瞿陁尼能斷善根尊者僧伽婆脩說曰唯閻浮提能斷非餘方所以者何如閻浮提人於善分猛利於不善分亦猛利問曰若然者此文云何通如說閻浮提成就諸根極多有十九極少八如閻浮提弗婆提瞿陁尼亦

如是彼作是答此文應如是說弗婆提瞿陁尼極多十九極少十三閻浮提如先說評曰不應作是說如前說者好如此文義閻浮提極多十九極少八弗婆提瞿陁尼亦如是

問曰為男子能斷善根為女人耶答曰如施設論所說以三事勝故能斷善根女人三事不如一男子造業勝於女人二男子欲有所作勝於女人三男子能令諸根利勝於女人是故男子能斷女人不能問曰若然者此文云何通如說若成就女根必成就八根彼作是答此文應作是說若成就女根必成就十三根評曰不應作是說如是說者好男子女人俱能斷善根如此文義若成就女根必成就八根若女人作斷善根方便重於男子如旃遮婆羅門女謗於世尊

問曰為愛行人能斷善根為見行人能斷善根耶答曰見行人能非愛行者所以者何愛行人於煩惱法不堅固於出要法亦不堅固見行人行惡堅固是故見行人能斷善根非愛行

人問曰黃門般吒無形二形能斷善根不耶荅曰不能所以者何見行人能彼是愛行多恚人能彼是多欲復有說者彼心輕躁故不能斷善根

問曰斷何界善根耶荅曰欲界善根

問曰若然者此說云何通如說若人殺折脚蟻子無有悔心當言此人斷三界善根荅曰此文應如是說此人當言斷三界中善根而不說者有何意荅曰欲令三藂滿故成就欲界善根不成就色無色界善根若斷欲界善根則三界善根不成就以是義故為滿三藂故作如是說復有說者以色無色界善根依欲界善根故復有說者若此不斷彼則生長若此斷者彼則乾萎復有說者復更得不成就故所以者何令彼轉更遠故問曰為斷生得善根為斷方便善根耶荅曰斷生得善根非方便所以者何方便善根先已不成就故

問曰為緣有漏邪見斷善根為緣無漏邪見斷善根耶荅曰有漏緣非無漏緣所以者何無漏緣使其性羸劣有相應使無緣使故有漏緣使其性強盛有緣使相應使故

問曰為自界緣邪見斷善根為他界緣邪見斷善根耶荅曰自界緣者所以者何如前所說故

問曰為謗因邪見斷善根為謗果邪見斷善根耶荅曰或有說者謗因者能所以者何如說殺折脚蟻子無有悔心當知是人斷善根者復有說者謗果者能斷善根所以者何如說若決定言無善惡果報當知是人斷三界善根評曰俱能斷善根如是說者好所以者何謗因者如無㝵道謗果者如解脫道謗因者與成就得俱滅謗果者與不成就得俱生是故俱能斷善根問曰何故以折脚蟻子為喻耶荅曰以無過於人故殺無過者猶無悔心况有過者是故引以為喻

問曰住戒人斷善根時為先捨戒後斷為俱耶荅曰或有說者先捨戒後斷善根所以者何彼人身中有一邪見生捨戒後一邪見生斷善根喻如猛風吹樹先折其枝葉後拔其根彼亦如是評曰應作是說若捨彼能生戒心當知戒亦捨

問曰善根還相續時為九種一時相續為一一種續耶荅曰或有說者一一種續復有說者地獄中死還生地獄中三種相續生畜生餓鬼中六種相續生人天中九種相續評曰如是說者好一時九種相續次第現在前喻如病人一時除病漸漸生力彼亦如是

問曰善根為斷者多為相續者多耶荅曰隨其所斷還有尒許相續若斷欲界善根還欲界善根相續若斷生得善根還生得善根相續問曰若斷善根於現法中還能令相續不耶荅曰如說此人於現法中不能還令善根相續決定地獄中生地獄中死還能令善根相續問曰何等人地獄中生時相續何等人死時相續耶荅曰或有說者若於中陰中乃至死時受邪見報以報盡故死時善根還相續若中陰中不受邪見報者則生時善根還相續所以者何如邪見與善根相

妨報亦復介復有說者或有以因力斷善根者或有以緣力斷善根者若以因力斷善根者死時相續若以緣力斷善根者生時相續復有說者或有自力斷善根者或有他力斷善根者若以自力斷善根者死時相續若以他力斷善根者生時相續復有說者或以常見或以斷見若以常見死時相續若以斷見生時相續尊者瞿沙說曰生地獄中時不無報現在前彼作是念我自作此業當受此報若受彼報亦作是念是時善根還相續復有說者現法中能令善根還相續尊者佛陁提婆作如是說何等人於現法中能令善根還相續何等人轉身荅言若得如是善知識多聞能爲是人說次第法語如是言若於我有信敬心於諸梵行者亦應生信敬心若能生信敬心者當知是人於現法中能令善根還相續何等人轉身者斷善根人有作無間罪者有不作者若不作無間罪是人現法中還令相續若作無間罪是人轉身或有破見

破戒或有破見不破戒若破見不破戒是人現法若破見破戒是人轉身破其心破方便當知亦如是問曰若現法能生善根者彼所說云何通如說此人於現法不能還生善根荅曰此說斷善根作無間罪者若於現法還相續者是名成就善根亦現在前若死時生時還相續者是名成就不能令現在前若於現法還相續者不必生地獄中問曰若於現法中還令相續者能得正決定不耶荅曰或有說者不能所以者何以彼身中曾斷善根故使善根羸劣善根羸劣故不能得正決定而故能生達分善根復有說者能生達分善根得正決定乃至能得阿羅漢果如優仇吒婆羅門居士曾斷善根尊者舍利弗還令其人生於善根得正決定是故當知能生達分善根乃至亦能得阿羅漢果

問曰殺斷善根人殺折脚蟻子何者罪重耶荅曰或有說者若佳等纒其罪亦等是爲折脚蟻子斷善根人其量正等復有說者煞折脚蟻子罪多於彼所以者何折脚蟻子不斷善根彼人斷善根如是說者呵責斷善根者若以殺生殺折脚蟻子罪重若以得罪殺人罪重所以者何若殺於人則得邊罪若殺折脚蟻子不得邊罪

問曰於何處受斷善根邪見報耶荅曰於阿毗地獄受如阿羅漢所趣寂上到於涅槃斷善根者所趣寂下到阿毗獄

問曰諸斷善根盡住邪定聚耶荅曰如是若斷善根盡住邪定頗有住邪定不斷善根耶荅曰有如阿闍世王是也復有作四句者或斷善根非邪定或邪定不斷善根乃至廣作四句初句者富蘭那等自言是佛六師是也第二句者阿闍世王是也第三句者提婆達多是也第四句者除上介所事

問曰爲不起斷九種善根爲數數起斷九種善根耶荅曰或有說者不起斷諸善根如見道中不起彼亦如是復有說者或有斷一二三善根而起已復斷評曰不應作是說如說不起者好

云何欲界增上善根云何微乃至廣

說問曰何故問欲界繫善根不問色
無色界耶答曰或有說者作經者意
欲尒乃至廣說復有說者此問初起
方便入法如問欲界當知亦問色無色
界亦不說者當知此問有餘復有說
者先說不善根誰是不善根近對治
所謂欲界善根也是故問之復有說
者若易見易施設者則問色無色界
增上善根難易見易施設而微者難
見難施設所以不問復有說者欲令經
文便故色無色界增上善根雖易顯
現而微者難見若顯現者經文煩乱
所以者何無斷善根法故欲界有斷
善根法故若說微者則經文不煩是
以問之
云何欲界繫上上善根答曰菩薩得
正決定時見道邊所得等智如來得
盡智時得欲界無貪無恚無癡善根
問曰何故見道邊等智得盡智時善
根此二法等而論耶答曰或有說者
此不等論但欲說見道邊等智於見
道邊等智勝者得盡智時善根於盡
智時善根勝者所以者何如辟支佛所

得見道邊等智則勝聲聞如佛所得
見道邊等智則勝辟支佛辟支佛得
盡智時善根則勝聲聞佛得盡智時
善根則勝辟支佛以是義故欲說見
道邊等智於見道邊等智勝故乃至
廣說復有說者此二法等而論之俱
能摧伏過於有頂而得之故所以者何
摧伏出過見道所斷有頂得見道邊
等智摧伏出過修道所斷有頂得盡
智時善根以是義故等而論之復有
說者欲說轉勝法故如辟支佛得見
道邊等智則勝聲聞得盡智時善根
菩薩得見道邊等智則勝辟支佛得
盡智時善根問曰若然者云何言聲
聞辟支佛有增上善根耶答曰以身
勝故說增上如在辟支佛身中則勝
聲聞如在佛身中則勝辟支佛復有
說者有二道見道修道若以見道力
得佛亦勝若以修道力得佛亦勝復
有說者此中亦不說勝亦不說等但
說二種善根
問曰如菩薩得正決定已得此等智
何以言得正決定時耶答曰或有說

者此文應如是說菩薩得正決定已
得此等智而不說者有何意答曰此
中得決定已言得決定時已来言来
如說大王從何處来廣說如上復有
說者得決定時得此等智所以者何
此智苦比智時修從苦比忍決定得
苦比智時故集比忍集比智滅比忍
滅比智亦如是同於所緣未休息故
問曰何故言此智是見道邊耶答曰
以二事故一從見道中得二從見道
後邊得行人見道中得故言見道中
見苦集滅審後得故言後邊問曰如
此法體是四陰五陰何以說名為智
耶答曰此中智分多從多分故說名
為智如見道亦體是五陰以見分多
故說名見道四道通金剛喻定此智
亦如是問曰見苦邊欲界等智見集
邊欲界等智此二何者為勝答曰以
見集邊等智在勝身中故勝所以者
何見集時其道轉淨勝見苦時問曰
欲界見苦邊等智色界見苦邊等智
何者為勝答曰色界者勝所以者何

以色界法勝於欲界法故欲界繫見集邊等智色界繫見苦邊等智何者為勝荅曰欲界者以在勝身中修故勝色界者以界勝故勝問曰見苦邊欲界等智見集邊色界等智此二何者為勝荅曰色界者以二事故勝一以界勝二以在勝身中故勝如以苦問集以苦問滅以集問滅當知亦如是

問曰何故法智邊不修此智耶荅曰以非田非器故乃至廣說復有說者此智以見道後邊得故名見道邊智若當法智邊亦修者此智當言見道中智復有說者此智能摧伏出過有頂然後得之如苦比智現在前此智便修是時名摧伏出過見苦所斷法見集見滅說亦如是復有說者所作已竟不作方便時得此等智如苦法智現在前此智則修是時名於苦已竟不作方便集比智滅比智說亦如是法智當多有所作雖知欲界苦未知色無色界苦雖斷欲界諸行集證欲界諸行滅未斷色無色界諸行集

未證色無色界諸行滅復有說者若苦比智現在前時此智修見苦所斷愛畢竟滅集比智現在前時此智修見集所斷愛畢竟滅滅比智現在前時此智修見滅所斷愛畢竟滅法智分時見苦集滅所斷愛不畢竟滅是以不修問曰道比智邊何以不修此智耶荅曰或有說者非其田器故乃至廣說復有說者此智是見道眷屬隨從見道邊比智是修道故復有說者見道邊等智依堅信堅法身道比智依信解脫見到身復有說者見道邊等智是向道所得道比智是果道所得復有說者所作已竟不作方便是時此智修道比智當多有所作為作何等謂當得未曾得道捨曾得道所斷結使同一味一時得八智修十六行復有說者此智見道邊得故言是見道邊等智若諦有邊名者是處便修三諦有邊名非道諦如說此身苦邊此身集邊此身滅邊不說此身道邊問曰因論生論何故佛經不說道邊耶荅曰有能盡智苦盡斷集盡

證滅無有能盡修道者佛於道盡得修不能盡得行修復有說者若諦以世間道出世間道能見者說邊無有以世間道見道諦者如世間道出世間道有味無味有愛出要繫不繫當知亦如是復有說者前無有際無始以來或曾以世俗道見於三諦彼世俗道亦言我是道後若以真實道見道諦時世俗道慚羞捨去如村落中未立主時自貴者多後若立主諸自貴者慚羞捨去彼亦如是復有說者見道邊等智體若有若諦是有是有果說名為邊苦集諦是有是有果滅諦雖非有是有果道諦非有有亦非有果故復有說者三諦有無量過患無量功德苦集諦是無量過患滅諦是無量功德道諦亦無無量過患亦無無量功德故復有說者凡夫於無始生死已來於三諦曾已有有功後若得正決定時皆見道邊等智亦欲證此法猶如與欲法我亦當知苦乃至證滅然無有凡人曾修聖道者復有說者見苦時不見真道見集滅時

世俗道言我非道是中應說烏孔雀等喻復有說者見道諦時斷緣道諦道使非三諦是故世俗道於三諦自言是道後見道諦而便退還是故不脩界者在欲色界問曰何故無色界中無耶答曰非其田器故乃至廣說復有說者若地有見道則有見道邊等智無色界無見道故無如是因論生論何故無色界無見道耶答曰非其田故乃至廣說復次若有緣一切法無我行是中則有見道無色中無緣一切法無我行故無見道復次若地有達分善根則有見道無色界無達分善根故無見道復次若地有忍有智復次若地有法智分比智分復次見道法決定應尒若依下地得正決定則上地不脩無色中若有見道邊等智者依第四禪入見諦道彼則無用故不脩地者七地中有謂欲界未至中間根本四禪若依未至禪得正決定彼一地見道修二地見道邊等智修若依初禪得正決定二地見道脩三地見道邊等智脩若依中間禪

得正決定三地見道修四地見道邊等智修若依二禪得正決定四地見道修五地見道邊等智修若依三禪得正決定五地見道修六地見道邊等智脩若依四禪得正決定六地見道修七地見道邊等智脩依者依欲界身或有說者依色界身所以者何如來展轉曾有色界身亦能作所依故辟支佛聲聞亦如是報者後當廣說行者行十二行苦邊者行苦四行集邊者行集四行滅邊者行滅四行緣者欲界緣欲界苦色界緣色無色界苦緣集滅說亦如是復有說者此是捴緣如緣欲界苦者緣色界苦者此捴緣苦諦乃至滅諦說亦如是評曰此是別緣非捴緣如前說者好念處者苦集邊是四念處滅邊是法念處智者是等智定者不與定俱根者捴而言之與三根相應謂喜樂捨根三世者是未來世緣三世者若苦集邊者緣於三世滅邊者不緣世善不善無記者是善緣善不善無記者緣欲界苦集者緣三種色界苦集邊者

緣善無記滅邊者唯緣善三界繫者是欲色界繫緣三界者欲界苦集者緣欲界繫色界苦集邊者緣色無色界繫滅邊者緣不繫是學無學非學非無學者是非學非無學緣學無學非學非無學者是緣非學非無學見道斷脩道斷不斷者是脩道斷緣見道修道不斷者若苦集邊者緣見道修道斷若滅邊者緣不斷緣名緣義者若苦集邊者是緣名緣義若滅邊者是緣義緣自身他身不緣身者若苦集邊者緣自身他身若滅邊者不緣身問曰此智為依凡夫身為依聖人身耶若依凡夫身者何以不名凡夫法若依聖人身者此法終不起現在前若起者云何不二道俱現在前或有說者應作此論不依凡夫身亦不依聖人身評曰不應作是說云何名善根不依凡夫身不依聖人身實義者當言依聖人身問曰聖人不起現在前何以言依聖人身耶答曰雖不起現在前以時而言應在聖人身復有說者依堅信堅法身彼堅信堅

法人不起所期心故不現在前問曰
如堅信堅法身雖智忍所依云何復
是此智所依耶荅曰彼有二種身一
種得見道亦在身中成就亦現在前
即此身得此智不在身中成就不現
在前第二身得等智在身中成就亦
現在前即此身得見道不在身中成
就不現在前若此身得見道在身中
成就現在前得是智不在身中成就
不現在前如此身堅信堅法起現在
前若此身得是智在身中成就現在
前得見道不在身中成就不現在前
若起期心堅信堅法亦能起此身現
在前是聞思修慧者欲界者是思慧
以勝故此是聞慧以欲界此離欲地
非定地非修地故非修慧若欲修時
墮思慧中若色界是修慧非聞思慧
所以者何以勝故非聞以色界是離
欲地定地修地故非思慧若欲思時
墮修慧中為在意識五識者在意地
非五識身
問曰得須陁洹果捨見道亦捨見道
邊等智不耶荅曰不捨所以者何捨
無漏時異捨有漏時異無漏法以三
時捨謂退時得果時轉根時有漏法
亦三時捨謂退時離地離界時善根
斷時彼時非退不離地界不斷善根
故不捨復次修道與見道二事相妨
一不得俱成就二不俱現在前修道
與見道邊等智一事相妨不俱現在
前得俱成就問曰若不捨者於修道
中起現在前不耶荅曰不起現在前
以是事故先作是說修道於見道邊
等智一事相妨成就不現在前以不
妨成就故不捨妨現在前行故不現
在前復次以是見道眷屬不離見道
故修道中不現在前復次以依堅信
堅法身故依餘身不起現在道復次
以不離向道故不依餘身現在前
問曰此為有報無耶荅曰有報問曰
此報為在何處荅曰若欲界者報在
欲界若色界者報在色界若在初禪
報在初禪乃至若在四禪報在四禪
曰如聲聞可尒所以者何聲聞當在
色界身故佛辟支佛云何可尒荅曰
彼亦有展轉凡夫時身在色界處報
問曰若然者云何聖人身作因凡夫
身受報耶荅曰若然者有何過有聖
人身作因凡夫身受報如惡道有二
種因一見道所斷二是修道所斷六
種煩惱如此聖人身作因凡夫身應
受報無過彼亦如是復有說者佛辟
支佛亦有聲聞除界入展轉色界身
分而受此報評曰不應作是說如是說
者好以是有漏善根故言有報而此
報不熟未曾有受之者
得盡智時三界善根未來修問曰為
修幾耶荅曰若生欲界得阿羅漢則
三界善根未來世修若生初禪則八
地修乃至若生非想非非想處則一
地修問曰此善根為是生得為是方
便耶荅曰是方便非生得為是聞思
修慧者若欲界者是聞思慧若色界
是聞修慧若無色界是修慧問曰如
欲界是聞思慧色界是聞修慧聞思
慧羸劣云何未來世修耶荅曰以他
力故未來世修非自力為是意地是
六識身是意地非五識身所以者何
方便善在意地生得善在五識問曰

若唯在意地者此說云何通如說滿盡阿羅漢成就六識支幾過去成就幾未來成就幾現在成就為有耶為無耶若有者誰有耶云何有耶答曰有若阿羅漢初起善眼識現在前一支過去六支未来一支現在彼滅已不捨若善耳識現在前二過去六未来一現在彼滅已不捨乃至善意識現在前六過去未来一現在此云何通答曰此中所說者寂初得阿羅漢清淨身所得善根不取無始生死已来者復有說者此說阿羅漢六常住法問曰阿羅漢六常住法體性是何答曰或有說者體性是念慧何以知之答曰依佛經故佛經中說阿羅漢若眼見色以念慧力住於捨心不生憂喜乃至意知法廣說亦介復有說者若取迴轉相應共有體是四陰五陰此是六常住體性乃至廣說已說體性所以今當說何故名常住云何常住義答曰阿羅漢常住此法未曾遠離故名常住問曰一切阿羅漢盡有此常住法不答曰或有說者不

盡有若阿羅漢是非時解脫得種智者此有常住法評曰應作是說一切阿羅漢盡有所以者何一切阿羅漢常有念慧故界者是欲界色界地者五地謂欲界四禪

問曰以何等故得阿羅漢果三界善根未来世修非餘時耶答曰阿羅漢必須世俗出定入定心復次當於介時不滿解脫得滿足故學人解脫乃至金剛喻定不名滿足若得盡智乃名滿足猶如農夫溉田一畦滿已復流一畦若諸畦已滿更不復流彼亦如是復有說者是時心得自在首繫解脫繒是時所修善根如貢上法猶如國王登位首繫繒時一切万姓貢上珍寶彼亦如是復次是時能折伏未曾折伏煩惱力士諸善根皆稱善故修猶如大衆集會一處若能撲未曾有力士者大衆稱慶彼亦如是復有說者是時能破未曾破煩惱怨家諸善根如迎法故修猶如有人能破怨家歸國之時多人出迎彼亦如是復有說者無有前際無始已来諸善

根身常為煩惱身所覆蔽沉沒不能自免欲界煩惱盡時不得止息乃至非想非非想處八種煩惱斷時猶不得止息若九種煩惱盡時是時乃得止息如束箭法九處約之若斷一約乃至八約其束不散若九約都斷然後乃散彼亦如是

時解脫阿羅漢是時二種慧修謂盡智無學正見盡智行十四行無學正見行十六行若依未至禪三十法智修三十比智修乃至第四禪亦如是若依空處三十比智修非法智乃至無所有處亦如是非時解脫阿羅漢是時三種慧修謂盡智無生智無學正見盡智無生智有十四行無學正見有十六行若依未至禪有四十四法智修四十四比智修乃至第四禪亦如是若依空處有四十四比智分修非法智乃至無所有處亦如是

諸心過去一切彼心變易耶乃至廣說問曰何故作此論答曰為止於世中愚言無過去未来現在世是無為法為止如是意欲明過去未来是有

法故而作此論

諸心過去一切彼心變易耶心變易有二種一隨世變易二法變易過去染汙心有二種變易一隨世變易二法變易不染汙心唯一種變易謂隨世變易非法也未來現在染汙心是法變易非隨世也不染汙心非法變易亦非隨世變易諸心過去一切彼心變易耶答曰諸心過去一切彼心變易若為染汙者有二種變易不染汙者有一種變易謂隨世變易頗心變易彼心非過去耶答曰有未來現在欲恚相應心為明此義引佛經為證如說佛告比丘若伺賊以鋸截汝支節是時心變易口不應惡言若心變易口出惡言是汝留難以是義故恚相應心是名變易如說若比丘婬欲變心以是義故欲相應心是名變易問曰一切染汙心盡是變易何以唯說欲恚相應心是變易不說餘使相應心耶答曰或有說者此說有餘乃至廣說復有說者應說餘使相應心而不說者當知此義有餘復有說

者若正是佛經所說此中則說此二心正是佛經所說是故說之如是因論生論何故世尊說欲恚相應心是變易不說餘使相應心耶答曰以欲能變身恚能變境界所以者何若於境界生愛所有心心數法馳騁緣中是時此身猶無情物若於境界生恚猶不能以面向之何況正視復有說者此二能變身能變生處欲心能變身者或有衆生起貪欲纏能變男形使滅女形使生或有衆生起瞋恚纏能使人身滅使成虵身此中應說外道來作比丘喻曾聞有尼揵子來詣佛法出家時諸比丘在其人前說惡說法中種種過患其人聞已於佛法生大瞋恚以瞋恚故人身即滅便成虵身云何欲心能變生處如世尊說告諸比丘有遊戲失念天彼天若快意遊戲受樂之時身體疲惓心則失念以失念故於彼命終云何恚變生處世尊亦說有恚害意天彼諸天心懷恚時以惡眼相視惡眼相視故恚心轉盛恚心轉盛故於彼命終瞋恚復

能變生處如以恚心打他他人即死復有說者欲能變時恚能變形欲變時者以欲故有嬰孩少壯男女等時差別恚變形者以恚故鋸截他手足耳鼻種種身分以此二法能壞時壞形故是以說之復有說者以此二法能生憎愛種種過患故是以說之復有說者此二法速能令身色變異是以說之

若心有染一切彼心變易耶乃至廣說問曰何故作此論答曰先說婬欲心變易或謂唯婬欲心是變易非餘今說三界欲心盡是變易故而作此論

若心有染一切彼心變易耶答曰若心有染一切彼心變易若過去心有二種變易若未來現在有一種變易謂法變易頗有心變易彼心非有染耶答曰有過去欲不相應心若染汙有二種變易不染汙一種謂隨世變易未來現在恚相應心如說伺賊以鋸截汝身體乃至廣說如是心是法變易非有染問曰現在心至過去名

變易未來心至現在何以不名變易耶荅曰若變易心更不變易故名變易未來心至現在復當變易至過去故不名變易復有說者若所作變易隨世變易是名變易現在心雖有隨世變易無所作變易所以者何猶有所作復當變易至過去世故問曰何故名伺賊耶荅曰晝伺其便夜則偷刼問曰何故以鋸為喻耶荅曰以刀截人有入時痛出時不痛有出時痛入時不痛以鋸截人出入俱痛是以為喻若心有恚一切彼心變易耶荅曰若心有恚一切彼心變易如前所說盡應說之頗變易一切彼心非有恚耶荅曰有過去恚不相應心未來現在欲相應心如是一切煩惱相應心隨相應說

阿毗曇毗婆沙論卷第十九

阿毗曇毗婆沙論卷第十九

校勘記

一　底本，金藏廣勝寺本。

一　五一〇頁中一行經名、二行著者、三行譯者，資、磧、普、南、徑、清無（未換卷）。

一　五一〇頁中四行品名，資、磧、普、南作「阿毗曇毗婆沙雜揵度無慚愧品第五」；徑、清作「雜揵度無慚愧品第五之一」。

一　五一〇頁中七行「相似」，磧、普作「相以」。

一　五一一頁下九行「慚行慚」，資、磧、普、南、徑、清作「慚行慚行」。

一　五一一頁下一一行「能行」，諸本（不含石，下同）作「餘行」。

一　五一一頁下一二行「此說」，資、磧、普、南、徑、清作「此論」。

一　五一一頁下二二行「愧行愧」，資、磧、普、南、徑、清作「愧行愧行」。

一　五一二頁中五行「中根」，資、磧、普、南、徑、清作「中攝」。

一　五一二頁中一〇行「世現見」，資、磧、普、南、徑、清作「者則說」；麗作「者即說」。

一　五一二頁下一七行「得名」，資、磧、普、南、徑、清作「時名」。

一　五一二頁下末行第三字「彼」，資、磧、普、南作「後」。

一　五一三頁上一〇行「根故」，麗作「根斷」。

一　五一三頁上末行第一〇字「生」，諸本作「中」。

一　五一四頁上五行「何界」，資、磧、普、南、徑、清作「何等」。

一　五一四頁下七行第一〇字「續」，麗作「續生」。

一　五一五頁下四行「若殺」，資、磧、普、南、徑、清作「若殺人」。

一　五一五頁下二一行第五字「如」，資、磧、普、南、徑、清作「如是」。

一　五一六頁上六行「亦不」，資、磧、普、南、徑、清作「而不」。

一　五一六頁上一六行「以問之」，至此，資、磧、普、南、徑、清卷第二十六終，卷第二十七始，資、磧、普、南有品名「雜揵度無慚愧品之二」；徑、清有品名「雜犍度無慚愧品第五之二」。

一　五一七頁上一八行末字「法」，資、磧、普、南、徑、清作「比」。

一　五一七頁中一〇行「道邊」，資、磧、普、南、徑、清作「道道」。

一　五一七頁下一二行「苦有若諦是有」，資、磧、普、南作「是有若諦是有果」；徑、清作「是有苦諦是有果」；麗作「是有苦諦是有」。

一　五一七頁下一九行「有有」，諸本作「有」。同行末字「後」，資、磧、普、南、徑、清作「德」。

一　五一七頁下二〇行第七字「皆」，資、磧、普、南、徑、清作「彼」。

一　五一七頁下二一行首字「證」，磧作「說」。

一　五一七頁下末行末字「時」後，諸本有「亦不見真道見道諦時乃見真道時」十四字。

一　五一八頁中一四行第一二字「界」，資、磧、普、南、徑、清作「無色界」。

一　五一八頁下四行第六字「緣」，資、磧、普、南、徑、清作「見緣」；麗作「緣見」。

一　五一九頁上二行第七字「雖」，普、南、徑、清作「唯」。

一　五一九頁上一五行第四字及第一一字「此」，諸本作「非」。

一　五一九頁上一八行第九字「聞」，資、磧、普、南、徑、清作「聞慧」。

一　五一九頁上二二行第一〇字「道」，資、磧、普、南作「前」。

一　五一九頁中一五行第一二字「道」，諸本作「前」。

一　五一九頁中二一行首字「曰」，諸本作「問曰」。

一　五一九頁中末行第一三字「處」，諸本作「受」。

一　五一九頁下一一行第一一字「修」，資、磧、普、南、徑、清作「修者」。

一　五二〇頁中二行「此有」，資、磧、普、南、徑、清作「盡有此」。

一　五二〇頁中一四行第三字「繒」，諸本作「羂」。

一　五二一頁中一四行「惡說」，麗作「惡」。

一　五二一頁下八行第九字「令」，資、磧、普作「今」。

一　五二二頁上卷末經名「第十九」，資、磧、普、南、徑、清作「第二十七」。

阿毗曇毗婆沙論卷第二十　分

迦旃延子造　五百羅漢釋

北凉天竺沙門浮陀跋摩共道泰等譯

雜揵度無慚愧品下

一切掉盡悔相應耶乃至廣説問曰何故作此論答曰世尊説掉與悔作一蓋或謂掉外無悔悔外無掉欲説悔外有掉掉外有悔決定義故而作此論

一切掉盡悔相應耶乃至廣説作四句云何掉不與悔相應答曰非悔時心不休不息乃至廣説彼是何耶答曰一切色無色界掉欲界見道所斷四種掉修道所斷五識身掉意識地欲恚慢慳嫉相應掉如是等掉不與悔相應所以者何彼品中無悔故云何悔不與掉相應答曰不染汙心悔乃至廣説彼是何耶如比丘畏戒故悔若不自舉若使人舉露地臥具若自閉若使人閉大小行處門若為作福悔何者是耶有悔因不善悔亦不善有悔不善因善有悔因善悔亦善

有悔善因不善有悔因不善悔亦不善者猶如有一作惡悔我所作惡少應當益作有悔不善因善者猶如有一作善後悔我何故作此善耶如彼居士施辟支佛食後便悔言我寧以此食與奴婢作人何用施是人為有悔因善悔亦善者猶如有一作善後悔便悔言我作善少應當益作如尊者阿尼盧頭作如是言我若知此大德有如是威神者我當益施其食有悔善因不善者猶如有一於戒不犯我作如是事非是善好如不舉露地敷具如是等戒是也此四種中悔善因善悔善因不善是悔不與掉相應云何掉與悔相應謂染汙心悔是也乃至廣説問曰何故問掉應悔而答悔應掉耶答曰此文應如是説云何掉應悔若心悔時不休不息乃至廣説而無説者有何意耶答曰此説染汙心悔應於掉時諸餘染汙心唯掉相應不與悔相應復有説者悔之與掉體俱是蓋應作是問云何掉與悔相應云何悔與掉相應云何掉不與

悔相應悔不與掉相應除上尒所事諸法已立名已稱說者作第一第二第三句未立名未稱說者作第四句

一切睡眠相應耶乃至廣說問曰何故作此論答曰世尊說睡與眠作一蓋或謂睡外無眠眠外無睡今欲說睡外有眠眠外有睡決定義故而作此論

一切睡眠相應耶乃至廣作四句云何睡不與眠相應若身未動時身重是說五識身睡心重是說意識身睡身心瞪瞢等餘句亦如是彼是何耶一切色無色界睡欲界不眠時睡是謂睡不與眠相應云何眠不與睡相應不染汙心眠夢身動心不散心不行五識在意識中眠不汙染心者善心不隱沒無記心是名眠不與睡相應云何睡與眠相應答曰染汙心眠夢乃至廣說餘句答餘句如上掉悔中說

眠當言善耶乃至廣說問曰何故作此論答曰此因論生論先說不染汙心眠夢乃至廣說不說眠是善不善無記彼中不說者今欲說故而作此論

眠當言善耶乃至廣說答曰眠或善不善無記云何善心眠夢是謂善問曰為是生得善心眠夢為是方便善心眠夢耶答曰生得善非方便善問曰何等衆生善心中眠耶答曰不眠時多修行善者以多修行善故眠時亦善如行者不眠時念其境界耶念境界而眠眠中還見本境界誦經施主亦如是如是衆生善心眠何等衆生不善心眠耶答曰不眠時多作惡行者如屠兒獵師盡作不善眠夢亦然如屠獵師盜賊婬人亦如是如是等衆生不善心眠何等衆生無記心眠耶答曰不眠時多作無記行亦無記心眠還見無記事報無記心中亦眠威儀工巧心亦眠還作威儀工巧事身見邊見隱沒無記心亦眠如本有陰多修行善不善無記善不善無記心而死不眠時多行善不善無記眠時亦善不善無記心而眠

眠中所作善增益當言迴耶乃至廣說問曰何故作此論答曰前說善心眠乃至廣說不說眠所作善增益當言迴耶不迴耶彼中不說者今欲說故而作此論

眠中所作善增益當言迴耶乃至廣說或有說得是增益或有說生是增益云何說得是增益耶如定揵度說以何等故凡夫人退時見道修道所斷煩惱增益世尊弟子退時唯修道所斷煩惱增益云何說生是增益如施設經說凡夫人若生欲界愛必生五法何謂為五一欲界愛二欲界愛增益三無明四無明增益五掉此中說善不善思得愛不愛果說名增益彼增益為生愛果為生不愛果耶答曰若善生愛果若不善生不愛果云何善增益如眠夢時施與如人常行布施彼眠夢時亦行是事若好行多聞彼眠夢時亦行是事讀修多羅阿毗曇持戒善亦如是若好修定彼眠夢時亦行是事如修不淨等善眠是名善增益云何不善增益若好惡事彼眠夢時亦行是事如獵師屠兒婬

作煞事賊取他財婬人犯他女色是
名不善增益云何非善增益非不善
增益如人好行威儀工巧事彼眠夢
時亦行是事如行者夢作農夫種植
如銅鐵師等夢作銅鐵等物
問曰若眠時所作善增益者何以佛
說愚人眠時無有果報荅曰如不眠
人能作田種等作以眠故不作佛說
是人言無果報如不眠人能讀誦經
能修不淨等善根能生念處能生煗
等達分善根能得須陁洹果斯陁含
阿那含阿羅漢果以眠故不得如是
等果報是故佛說愚人眠時無有果
報尊者和須蜜說曰以眠時得果少
故佛說無果
佛經中說寧當眠莫起惡覺問曰若
眠不善增益者何故佛說寧當眠不
起惡覺耶荅曰以不眠時數數多起
惡覺故眠時則少以是事故佛說寧
當眠不起惡覺
問曰眠時能作生處造業不耶荅曰
或有說者能作惡道生處造業如婆
羅地迦虫曲蟬虫等受此微怯弱之

身是也
夢名何法乃至廣說問曰何故作此
論荅曰先說夢所作事未說夢體今
欲說故而作此論復次佛經說我為
菩薩時夢見五事波斯匿王夢見十
事如難陁迦母優婆斯白佛言我夫
命過為我現夢餘經說偈
夢中共人會　寤已便不見　一切所有物
死已亦不見
餘經亦說汝等當捨如夢之法云何
如夢法五陰是也乃至廣說佛經雖
處處說夢而不分別佛經是此論所
為根本彼中不說者今欲說故而作
此論復有說者辟喻者說夢非實有
法彼以何故作如是說荅曰以世現事
故作如是說如人夢中飲食飽足諸
根增益寤已飢渴夢中夢作五樂寤
已都不復見夢四種兵而自圍遶寤
已獨已以是事故夢非實有為止如
是說者意亦明夢是實有法故而
作此論
夢名何法荅曰眠時心心數法隨其
所緣寤已不忘向他人說我夢見如

是事是名為夢問曰如夢所見事寤
已不憶設憶不向他人說為是夢不
荅曰此亦是夢此中所說是滿足夢
滿足夢者夢中所見寤已不忘亦向
他人說者是也
問曰夢體性是何荅曰體性是意所
以者何以意力故心心數法生復有
說者夢體性是心心數法所以者何
如經本說心心數法隨其所緣復有
說者心心數法境是夢體性所以者
何如經本說心心數法隨其所緣復
有說者夢體性是五陰
問曰何處有夢耶荅曰欲界非色無
色界或有說者欲界不盡有夢如地
獄衆生所以者何以苦痛所逼故不
得眠復有說者地獄亦有眠時所以
者何如說活地獄中或時有冷風來
如是唱言衆生活衆生活時諸衆生
即便還活冷風吹故暫時得眠以是
事故知地獄中亦有眠夢畜生餓鬼
人亦有眠夢問曰何等人有夢耶荅
曰凡夫聖人俱夢聖人從須陁洹至
辟支佛盡夢唯有諸佛不夢所以者

何唯有諸佛無有疑故亦離一切無巧便習氣故

問曰夢中所見為是所更事為非所更事耶答曰是所更事非不所更事問曰若然者夢見人有角何處曾見有角人耶答曰此是乱想故異處見人異處見角以乱想故言是一處見人有角復有說者大海中有人形垂頭上有角以曾見故今亦夢見問曰如菩薩夢見五事為於何處曾見是事耶答曰所更有二種一者曾見二者曾聞菩薩所夢是曾聞於何處聞過去諸佛為諸弟子說此五夢菩薩於彼而得聞之以曾聞故今亦夢見

問曰誰現此夢耶答曰或有說者是諸鬼神為現吉不吉事尊者和須蜜說曰以五事故現夢如偈說

以疑心分別　覺習因現事　非人來相語

因此五見夢

醫方說有七事故夢如偈說

或所更聞見　所求亦分別　覺習及諸患

因此七見夢

問曰如現在意識不能見色等云何言夢是意地而能見色等耶答曰以見吉不吉相故言見諸仙人說夢亦如是尊者佛陀提婆說曰眠時五識不現在前不能見色等如難陀迦母優婆斯所夢以眠勢衰微是以能見色等問曰夢所念事多第四禪地宿命智所念事多耶答曰夢所念事多非第四禪地宿命智所念事多以是事故而作是說頗不入禪不起通現在前能憶念阿僧祇劫事不答曰有謂夢中所念是也

仙人所說夢書若人夢見如是事當有如是果問曰如知未來世事是願智境界彼不得願智何由能知耶答曰以過去現在事比未來世事故能知如諸仙曾有如是夢有如是果今有如是夢亦當有如是果如此皆以比相故知

如經說當捨如夢等法云何是如夢等法答曰五陰等是也問曰以何等故說五陰如夢答曰以不適人意蹔有不經久故說陰如夢問曰於何處眠耶答曰如先說五道中有眠中陰中亦眠在母胎諸根具者亦眠乃至佛世尊亦眠問曰如薩遮尼揵所說若人眠者其人亦愚所以者何以是蓋故此云何通答曰非一切眠盡是蓋有眠是蓋有眠非蓋眠非蓋者佛起現在前欲調適身故眠是蓋者佛不起現在前所以者何已離一切愚故

有五蓋五蓋攝一切蓋耶乃至廣說

問曰何故作此論答曰佛經說五蓋或謂唯五蓋更無餘蓋欲明五蓋外更有無明蓋故而作此論五蓋攝一切蓋一切蓋攝五蓋耶答曰一切蓋攝五蓋非五蓋攝一切蓋乃至廣說五蓋者所說者是也一切蓋者第六無明蓋是也彼一切蓋能攝五蓋以多故五不攝一切以有餘故如以大器覆小器則遍小器覆大器則不遍彼亦如是一切攝五非五攝一切不攝何等謂無明蓋

佛說無明覆愛結繫愚小得此身聰明亦然問曰如無明是蓋亦是結愛亦是蓋亦是結何以唯說無明覆不說愛覆耶答曰或有說者欲現種種

文種種說故若有種種文義則易解復有說者蓋義是覆義更無有結覆衆生慧眼如無明者繫義是結義更無有結繫於衆生如愛結者猶如一人有二怨家一縛其手足二以土坌其目是人被縛無目不能有所至如是無明覆衆生慧眼愛結繫之不能起向涅槃以是事故尊者瞿沙作如是說以無明覆愛結繫故不善法得生是中應說一名伊利摩二名摩舍輪賊尊者佛陁羅測說曰此現二門乃至廣說如說無明覆愛結繫說愛結覆無明繫亦如是以是故欲現二門義乃至廣說問曰以何等故不說無明蓋在五蓋中耶答曰覆義是蓋義此五法覆勢用等無明覆勢用偏多如一無明蓋覆勢用勝於五蓋所覆勢用復有說者以無明體重故不立無明蓋在五蓋中

諸蓋盡覆耶乃至廣說問曰何故作此論答曰先解經中五蓋所不攝無明蓋今欲說阿毗曇義一切煩惱盡是蓋所以者何一切煩惱盡覆此身中故以是事故尊者迦旃延子作如是問諸蓋覆耶乃至廣作四句云何是蓋非覆過去未來五蓋是也所以者何以是蓋相故言蓋過去蓋所作已竟未來蓋所作未生故不名為覆云何覆非蓋除五蓋諸餘煩惱現在前何者是耶謂色無色界一切結欲界繫諸見慢無明蓋所不攝諸纒現在前時是也云何蓋亦覆五蓋展轉現在前若不眠欲愛蓋現在前時三蓋現在前謂欲愛睡掉蓋眠時有四即增眠蓋瞋恚癡悔說亦如是不眠睡蓋現在前時二蓋現在前謂睡掉蓋眠時二蓋現在前即增眠是也云何非蓋非覆除上尒所事諸法已立名已立說者作第一第二第三句未立名未稱說者作第四句何者是耶行陰作四句在三世五蓋現在煩惱五蓋所不攝者如是法作第一第二第三句諸餘相應不相應行陰全四陰無為法如是等法作第四句問曰如過去煩惱覆過去法未來煩惱覆未來法現在煩惱覆現在法何以

故但說現在煩惱是覆不說過去未來耶答曰或有說者若說現在當知亦說過去未來復有說者現在煩惱能障聖道過去未來煩惱不能障聖道復有說者現在煩惱能取依果報果非過去未來復有說者現在煩惱能取果與果非過去未來復有說者現在煩惱現呵責染汙此身墮不是處非過去未來復有說者現在煩惱能生世愚及緣中愚復有說者現在煩惱有所作復有說者現在煩惱障身所依所行所緣復有說者或有為法或有為人若為法而言過去法為過去煩惱所覆未來現在法為未來現在煩惱所覆若為人而言則現在煩惱名覆人如世人言誰為煩惱所覆謂不得解脫人為煩惱所覆現在陰界入假名為人過去未來陰界入假名為法以是事故現在煩惱名覆非過去未來也

一切欲界繫無明使盡不善耶乃至廣說問曰何故作此論答曰或有說一切結使盡是不善如辟喻者作如

是說一切煩惱盡是不善所以者何無巧便故欲止如是說者意亦欲說欲界身見邊見及相應無明色無色界一切結盡是無記故復有說者一切欲界煩惱盡是不善一切色無色界煩惱盡是無記今欲明欲界身見邊見及相應無明亦是無記以是事故欲止他義顯於已義亦欲說法相相應義故而作此論

一切欲界繫無明使盡不善耶答曰諸不善者盡欲界繫無明使頗有欲界無明使非不善耶答曰有欲界身見邊見相應無明使是也問曰何故欲界身見邊見相應無明非不善耶答曰若體是無慚無愧與無慚無愧相應從無慚無愧生是無慚無愧依果者是不善彼與此相違故非不善復次此法非一向壞於期心云何非一向壞於期心耶答曰體非無慚愧等故復次此法不妨布施持戒修定等故所以者何計我見者為我樂故行於布施為我生善道故行於持戒為我得解脫故而修於定邊見隨身

見後生彼相應無明亦尒復次此二見於自法中愚不遍切他所以者何我見者不如是說眼能見色是可見作如是說我能見我所是可見乃至意知法說亦如是此見未曾遍切於他邊見隨身見後生故相應無明亦尒復次以此見不能生報故尊者和須蜜作如是說何故身見邊見是無記耶答曰以不能生身口麁業故問曰無善煩惱亦有不能生身口麁業者可是無記耶答曰現在雖不起後增益時能起身口麁業身見邊見終不能起復次此見不能令衆生墮於惡道問曰不善煩惱亦有不能令衆生墮惡道者可是無記耶答曰不善煩惱後增長時能令衆生墮於惡道身見邊見終不能令衆生墮惡道故復次此見不能生不愛果故問曰若能得未來有即是生不愛果世尊亦說比丘我不稱美乃至彈指頃生未來有者所以者何有皆是苦故邊見隨身見後生相應無明亦尒尊者佛陁提婆說曰此二見是顛倒能生諸

煩惱非安隱法故是不善若當身見非是不善者誰是不善世尊亦說比丘若無明是不善邊見隨身見後生相應無明亦尒

一切色無色界無明使盡無記耶答曰一切色無色界無明使盡是無記廣說如經本問曰何故色無色界煩惱是無記耶答曰若體是無慚無愧乃至是無慚無愧依果者是不善色無色界煩惱與此相違故非不善復次此諸煩惱不一向壞期心如上所說復次以不能生報故如是因論生論以何等故彼諸煩惱不能生報答曰此論煩惱為四支五支三昧所制持故猶如毒虵為呪所持不能螫人彼亦如是復次彼无報器故若當色無色界煩惱當生報者應生何報必生苦報苦報在欲界不可以色無色界行欲界中受報復次彼煩惱非一向受於顛倒亦少有所因如色無色界邪見謗苦彼有少樂故亦有少勝見取見第一亦有少淨戒取見淨如色界道能淨欲界色無色界道

能淨色無色界道能淨無色界尊者和須蜜說曰以何等故色無色界煩惱是無記荅言不能生身口麁業廣說如上尊者佛陁提婆說曰若當色無色界煩惱非是不善者誰是不善世尊亦說煩惱生業一切見苦集所斷無明使盡是一切遍耶問曰何故作此論荅應如上一切遍因中說一切見苦集所斷無明使盡是一切遍使耶荅曰諸一切遍盡是見苦集所斷無明使頗見苦集所斷無明使非一切遍耶荅曰有非一切遍使相應無明何者是耶欲恚慢等相應無明隨相而說

云何不共無明使荅曰不說苦於苦不忍不可餘諦亦尒此心一向愚一向劣一向癡是故說不共無明問曰若然者云何非是邪見耶荅曰邪見謗言無苦此不欲忍苦猶如宿食不消憎於乳食彼亦如是或有說者上巳說體所行云何荅曰無知黑闇愚癡是也復有說者先說所行如不說苦於苦不忍不可是也問曰若然者波

伽羅那經所說云何通如說云何無明使所使荅言若無知黑闇愚癡是也荅曰彼說無明所行不盡有煩惱所行彼中不說復有說者不說苦等是說無明所緣

問曰云何是不共義耶荅曰罽賓沙門作如是說不與緣四諦煩惱相應故名不共復有說者此使緣於四諦唯是凡夫所行故名不共尊者婆巳說曰不共餘煩惱故名不共所以者何以遠離煩惱所行各異不待煩惱而生故名不共尊者婆摩勒說曰與煩惱別異不共一意故名不共復有說者與煩惱別異不共方便故名不共問曰不共無明為是五種所斷為是見道所斷耶若是見道所斷者識身經所說云何通如說彼是修道所斷不共無明相應心若是五種者此中何以不說耶荅曰或有說者見道所斷問曰若然者識身經所說云何通荅曰此文應如是說彼是修道所斷無明使相應心應作是說而不說者有何意荅曰識身經所說不說不共

無明使若以自功力不自他生者是不共無明彼雖不與煩惱相應不以自功力因他而生是故不是不共復有說者是五種斷問曰此中何以不說耶荅曰或有說者若無明緣四諦不與餘使相應故名不共修道所斷無明有不與煩惱相應者不緣四諦復有說者若不與諸使相應唯凡夫所行者是中則說彼修道所斷雖有不與煩惱相應而是凡夫聖人所行是故不說問曰修道所斷不共無明使何等心邊可得耶荅曰欲界十小煩惱大地色界初禪地諂放逸第二禪乃至非想非非想處放逸俱者是也問曰於何時現在前行耶荅曰若人起正見若人起見心疲勞巳或時起如是等不共無明不共無明不說共乃至廣說問曰如一切心中盡有慧何以說不忍可苦耶荅曰為無明所蔽故彼慧不明不了頗有使不為使所使耶荅曰有緣使巳斷不共俱使所使耶荅曰有緣使巳斷不共無明使是也頗有使不為使所使耶荅曰有即前者是也頗有使不能使

耶答曰有無漏緣不共無明使是也云何不共掉纏耶答曰無不共掉纏問曰何故作此論答曰為止人疑故如有不與煩惱相應不共無明使亦謂有不共掉纏為止如是疑意故答曰無不共掉纏所以者何一切染汙心中盡有無明使復次如有不與煩惱相應不共無明使亦謂有不與纏相應不共掉纏為斷如是疑意答言無不共掉纏所以者何一切染汙心有睡掉故以是事故而作此論

問曰如睡掉通三界五種斷六識身一切染汙心可得何故不問睡但問掉耶答曰或有說者作經者意欲介乃至廣說復有說者以掉多放逸過生諸罪咎故以多過患故波伽羅那經立掉為煩惱大地此經本中問云何不共掉纏亦立為上分結施設經亦說凡夫起欲愛使時五法現在前謂欲愛使欲愛使增益無明使無明使增益掉睡無如上等過故不問復次掉能發動四支五支定覺心睡隨順三昧與三昧相似若睡現在前時如入禪者復以睡為無明所蔽似無明所行愚小不猛利掉不與無明相似猛利是故問掉不問於睡復次睡依於無明若說無明當知已說睡復有說者修善時掉能令遠善退失令人心故發動睡則不介復有說者掉能令三昧中心心數法散乱亦於所緣事移動睡則不介復有說者亦應問睡此文應如是說云何不共睡纏答言無不共睡纏而不說者當知此說有餘復有說者若說掉當知亦說睡所以者何一切處共俱故

阿毗曇毗婆沙論雜揵度色品第六

色法生住老無常當言色耶乃至廣說此章及解章義是中應廣說優婆提舍問曰何故作此論答曰此是佛經佛經中說告諸比丘有三有為相不解此經義趣故諸家作種種異說其義不同如辟喻者說三有為相無有實體所以者何三有為相是不相應行陰所攝不相應行陰無有實體欲止如是說者意亦明三有為相是實有法故而作此論復有說者言此法是無為法如毗婆闍婆提作如是說若此法是有為者其性羸劣以羸劣故不能生法住法滅法無為有力以有力故能令法生住滅或有說此二法是有為一是無為如曇摩掘部作如是說二是有為謂生住一是無為謂滅若此是有為其性羸劣不能滅法以是無為故能滅法為止如是說者意欲明此三法是有為故復有說者此法是相應為止如是說者意故復有說者為止即彼法沙門意故彼法沙門作如是說色法生住無常即是色體乃至識亦如是為止如是等說者意欲顯己義亦欲說法相相應義故而作此論

色法生住老無常當言色耶非色耶答曰當言非色問曰非色入有二種謂意入法入為意入所攝為法入所攝耶答曰法入所攝非色法當言非色即法入所攝可見法當言不可見不可見法有十一入除色入彼非眼入乃至意入所攝是法入所攝不可見法當言不可見即法入所攝有對

阿毗曇毗婆沙論卷第三十　第二十四張　分字号

法當言無對無對是二入謂意入法
入非意入所攝是法入所攝無對法
當言無對即法入所攝有漏法當言
即有漏從是巳後還與彼法相似無
漏即無漏有為即有為以是義故為
止說有為相是無為者意故無為法
無過去未來現在當言即過去未來
現在問曰何以過去法得通三世生
住老無常唯過去耶答曰過去法得
與彼不同一果不共行相離不相隨
於彼聚為非聚如樹皮離樹生等不
尒與彼同一果乃至廣說如過去者
未來現在說亦如是善不善無記當
言即善不善無記三界繫不繫學非
學非無學見道所斷修道所斷不斷
說亦如是說
云何老云何死云何無常問曰何故
作此論答曰先說真實義有為相今
欲說假名有為相故復有說者先說
刹那無常今欲說一世無常故作此論
云何為老乃至廣說問曰此中何故不
問生耶答曰或有說者彼作經者欲
尒乃至廣說復有說者若法於彼法

阿毗曇毗婆沙論卷第三十　第二十五張　分字号

無增益令彼法散壞者是中則問生
於彼法能令增益熾盛是故不問復
有說若法能令彼法相離相遠此中
則問生能令彼法相近相隨是故不
問云何為老答曰鬚白零落身體皮
皺轉轉損減身形曲僂氣息損少身
生黑點猶如彩畫扶杖而行恒患顛
伏行步遲微諸根漸損轉轉衰熟舉
身戰掉是為老云何為死答曰諸行
散滅是名為死如說若死即無常耶
云何死是無常云何無常非死答曰
或有說者寂後命根滅一刹那是名
為死亦名無常餘時陰散滅是名無
常不名為死復有說者與寂後命根
俱滅五陰是名為死亦名無常餘時
陰散滅是名無常不名為死復有說
者一生中命根散滅是名為死亦名
无常餘陰散滅是名無常不名為死
復有說者一生中與命根俱五陰散
失是名為死亦名無常餘陰散失是
名無常不名為死復有說者衆生數
陰散失是名為死亦名無常非衆生
數陰散失是名無常不名為死問曰

阿毗曇毗婆沙論卷第三十　第二十六張　分字号

業力強無常力強耶答曰業力強非
無常業是聖道無常即無常世尊
或說道是受或說是想或說是思或
說是意或說是燈明或說是信進念
定慧或說是栰是石是水是花或說
是慈悲喜捨何處說道是受如說我
實覺苦聖諦何處說道是想如說比
丘修行廣布無常想能斷欲愛乃至
廣說何處說是思如說有業無黑報
無白報能盡業何處說是意如偈說
意能燒星宅　亦不漈於緣　謂佛天人師
應受一切供
何處說是燈明如偈說
汝起莫放逸　以戒自調伏　如是等燈明
駛流不能滅
何處說是信如偈說
信能度大河　不放逸亦然　精進除衆苦
慧能到解脫
何處說精進如說佛告阿難精進能
增長菩提何處說是念如說佛告比
丘我說念過一切處我聖弟子具足
念力守護根門則離不善法能修善
法何處說是定如說有定是正道無

定是邪道有定心得解脫非不定如是等是也何處說是慧如偈說

慧為世間上　趣向於至真　若能正知此必盡於老死

何處說是栰如說比丘當知栰者即八聖道何處說是石如說比丘當知此是正見大石山何處說是水如說比丘當知此八聖道是八味水何處說是花如說此七覺意花何處說是慈悲喜捨如說修慈心三昧得阿那含果悲喜捨亦如是此中說道是業是故說業力彊非無常業能滅過去未來現在行其滅是斷滅無常滅現在行其滅是無常滅或有說無常力彊非業力所以者何業能滅過去未來行無常能滅彼業若人能煞千人敵者是人名為二千人敵彼亦如是是故無常力強非業力如我義者業力彊非無常力所以者何業能令過去未來現在行不行境界無常何所滅耶復有說者業名和合無常名壞和合為業力強無常力強答曰業力強非無常力所以者何和合事難壞和合易復有說者無常力強非業力所以者何彼和合者必有別離如我義業力強非無常力所以者何和合事難壞和合易如人作瓶時難壞瓶時易復有說者若業能作五道受生處造業是業力強非無常力復有說者無常力強非業力所以者何彼業亦為無常所壞如我義業力強非無常力所以者何法造時難壞時易此中亦應說瓶喻

世尊說三有為相問曰何故作此論答曰為止他義故如譬喻者不欲令一剎那中有三有為相彼作是說若一剎那中有三有為相者則一法一時即生即老即無常問曰若然者其義云何答言汝初時名生後時名無常此二中間名老如是說者則一剎那中無三有為相此說不如實分別所以者何說一生中相似法故一生中初生者名生最後者名無常此二中間名老若作是說者則一法無三相為止如是說者意亦明一法有三相故問曰若一法有三相者云何不一法一時即生即老即無常耶答曰所作異故所以者何法生時生有所作法滅時老无常有所作以所作次第各異故而無有過是故為止他義欲顯已義亦欲說法相相應義故而作此論此三有為相有為法有生有滅有住變云何有為法一剎那中有生有滅有住變耶答曰法起時生生彼法法滅時滅滅彼法住變是老老能熟彼法問曰若然者法體是變異者云何法不捨自體耶若不變異者何以說住變是老答曰應作是說法體無變異問曰何以說住變是老耶答曰此是老名老名為老亦名住變復有說者以其體不異故名不變異所作異故名為變異所以者何法生時所作異滅時所作異云何生時所作異滅時所作異答曰法生時有力有功能有所作法滅時衰退散壞以是義故言有變異復有說者法迅速故生迅速遲微故滅濕潤故生萎枯故滅復有說者以經三世故變異所以者何過去法異未來現在法

問曰此相為是捴相為是別相耶若是別相者云何一法而有四相若是捴相者諸法各自有相云何是捴相耶荅曰或有說者此相是別相問曰若然者云何一法而有四相荅曰此說自相非如火熱是自相如受自有生住滅受生住滅不能生乃至識是故言自相諸法各各自有別相如色是不久散壞如病如癰如瘡如箭等百四十種相相有二種一者舊相二是客相生等於彼法是客相非是舊相合聚他物相本自體相亦如是復有說者是捴相問曰若然者諸法各自相云何是捴相耶荅曰相似相如一法有三相一切法亦有三相復有說者非別相亦非捴相所以者何非自體故非別相各有相故非捴相問曰若此非捴相非別相者當言是何法耶荅曰此是諸法印幟若法有此印幟是有為無印幟者是無為如大人相非大人體若有此相者名為大人若無此相者不名大人彼亦如是評曰不應作此說說捴相者好

問曰法生時除其自體餘一切法能生此法何故唯說能生生此法耶荅曰法生時餘法雖有功不名能生唯生體能生如女人產時諸餘女人雖復佐助不名為產唯毋名產彼亦如是尊者和須蜜說曰唯生能生彼法非餘法所以者何若無生者則彼法不生問生若無餘法彼法亦不生復次若有生彼法生非無生問曰亦有餘法作緣使此法生非無餘法緣尊者佛陁提婆說曰法生時生勢最勝故生得其名餘法不尒如作伎書畫渿法作伎時非無伎子敝頭梢等而伎得成然彼伎成師得其名如畫非不因筆墨紙等而人受其名畫時非不因衆彩而人受其名渿時非不因瓫水等而渿者得名彼亦如是

問曰生相為有生相不若有者云何非無窮彼生復有生故若無者誰生此生荅曰應作是說生相復有生相問曰若然者云何非無窮荅曰無窮有何過未來世寬無住處耶又生死是無窮法以是事故難除難過能生衆生無量連璅之苦復次此二同在一刹那中故非無窮彼一刹那中生生二法一生法二生生生生唯生生問曰何故生生二法生生唯生生荅曰如是亦無有過猶如女人有生二子者有雙生者復有說者生相生八法謂彼法生生老後老住後住無常後無常生生生一法謂生問曰何故生生八法生生唯生生荅曰是亦無過猶如牸犬狼犲等或生一子或生多子

問曰諸行為有住相不若有者有為相中何以不說此經復云何通如說諸行不住猶如壽行乃至廣說若無者此文云何通如說色法生老住無常當言色耶乃至廣說彼伽羅鄉經亦說云何住諸行生不散壞荅曰應作是說諸行有住相問曰諸行有住相者有為相中何以不說耶荅曰應說有為法有四相若不說者當知此義有餘復次住相似無為法故不說是有為相復次若相能令諸行歷世者是有為相如生移未來行現在世老無常移現在行在過去世住與彼

法相著無捨離時復次分別諸相時三相隨有為部中住相隨無為部中復次若相能令諸行不增益散壞者說是有為相住能令諸行增益不散壞不說是有為相問曰若然者生能令諸行增益不散壞何以說是有為相耶荅曰生能令諸行增益散壞其於老無常所以者何若生不生諸行在現在者則老無常不能散壞以生生諸行在現在世故老令衰微無常能壞猶如有人雖居牢固之處有三怨家一於牢固之處拋其人出二共斷其命此三於彼人俱作不饒益事若一人不於牢固之處拋出者則二人無由斷其人命彼亦如是問曰若諸行有住相者佛經云何通耶荅曰佛經說不住無有久住相非謂一剎那如命根等復次言無住者無長久時住住相謂少時住復次剎那中住相微細唯佛所知所以者何如以神足屈申臂頃從此閻浮住須弥山頂於其中間衆多剎那相續非不相續是故言從此至彼如是等相唯佛境界非餘所知是故經說無有住相復有說者雖有少時住速為老所衰无常所滅是故住相有如是過患故佛經不說復有說者諸行無住相是以有為相中不說佛經善通此文云何通如說色法生老住無常乃至廣說荅曰此文應如是說色法生老無常乃至廣說不應言住若言住者有何意耶荅曰此住是老異名如生名生亦名出現無常名無常亦名滅盡老名老亦名住評曰應作是說諸行有住相若諸行無住相者不能有所緣欲令無如是過故說諸行有住相

問曰何者是變異為以滅故壞故以為變易故言變異耶荅以滅故言變異者變異與滅則是一體有為法唯有二相若以壞者則法捨自相若以變易者云何不助成外道作如是說諸法變易荅曰應作是說勢衰故言變易所以者何諸行勢盛故生勢衰故言變異復次諸行有力故生衰劣故變異復次諸行未熟名生已熟名變異復次諸行漸羸故變異復次諸行新故名生舊故名變異問曰若然者云何不助成外道義荅曰諸行相續不住外道計有住時住滅言是變如乳作酪如薪作灰不說剎那勢衰故變異此說剎那勢衰變異不說住時變異問曰此有為相與所相為一為異耶若一者云何一法不為多法耶若異者相與所相則異者何故不以餘相為相荅曰應作是說相所相不一是故一不為三三不為一問曰若然者云何不以餘相為相耶荅曰隨相所作處則相所相是故無過復次相與所相常不相離若相離者可以餘相為相以相所相不相離故無如是過如是離合不相離共說亦如是復次相從所相生生所生異如烟雖從火生烟火各異彼亦如是復次相是所相過患如病是人之過患人異病若當不異者人病愈時應當無人餘亦如是復次佛說此相是有為相以是言故當知相異所相如言此人舍亦如是

問曰一切剎那中盡有老者何以不

一切時頭生白髮耶荅曰不應作如是問有白髮無白髮然老與壯年或有相妨或不相妨相妨者不生白髮不相妨者頭生白髮復次或有羸弱四大多強感四大少或強感四大多羸弱四大少若羸弱四大多強感四大少頭生白髮若強感四大多羸弱四大少不生白髮多力少力亦如是復有說者白髮非老白髮是色老是非色但此身後時生如是報滓不好之法猶如麻油亦如木酒後欲盡時必生濁滓彼亦如是問曰何處有此白髮荅曰界者欲界中有非色無色界趣者人畜生餓鬼中有方者三方有非欝單曰所以者何白髮是罪報彼方非受罪報處問曰誰有此白髮耶荅曰凡夫聖人俱有聖人從須陁洹至辟支佛唯除世尊所以者何佛世尊無髮白漸落皮緩面皺音聲破壞死時无解支節痛心不錯乱根不漸滅一時而滅此是佛身之法問曰以何等故佛世尊無白髮漸落皮緩面皺耶荅曰此是惡色佛世尊永離惡色故問曰佛作何業無如是報耶荅曰佛世尊本為菩薩時脩行善法信心堅固未曾衰退以行相似因故受如是相似果以是事故無白髮漸落皮緩面皺

問曰若一切剎那中盡是無常者何以不一切時有死屍現耶荅曰不應問此事有死屍無死屍所以者何有相有相法異無相無相法異有心無心說亦如是復有說者以根法滅生有根法所以無死屍有根法滅生無根法所以有死屍有心無心衆生數非衆生數內法外法說亦如是復有說者衆生業力故所以有衆生業力故所以無衆生業力故所以有者衆生須皮肉筋骨齒爪毛角等以為資生具所以便有衆生業力故所以無者一日夜二十不滿有六十五百千剎那一一剎那有五陰生滅若當一一剎那有死屍者則一衆生死屍滿於世間以衆生業報所以無問曰化生衆生何以無死屍耶荅曰或有說者以生時頓得諸根死時頓捨諸根故如人水中蹔出蹔沒不知沒至何所出從何來復有說者化生衆生其身輕漂猶如火焰風吹至空不知去處雲霧電光亦復如是復有說者四大多者有死屍彼造色多故無死屍復有說者受身非根法多者有死屍受身非根法少者無死屍復有說者受身可捨法多者有死屍受身可捨法少者無死屍可捨法謂髮毛爪齒等也

問曰有為法為體是生故生為與生合故生耶荅曰體是生者生相何所作若與生合生者何故不與無為法合而使無為法生耶荅曰應作是說體是生相問曰若然者生相何所作耶荅曰雖體是生由生相故顯發猶如闇中有瓨瓶等物而由燈顯發不從燈生彼亦如是復有說者與生合故生問曰若然者何以不與無生法合令使無為法生耶荅曰以無合義故若有者亦應生無常說亦如是

問曰如有為法有三有為相無為法有三無為相不耶若有者云何無為法非是聚法耶若無者波伽羅那經

所說云何通如說云何不生法答曰無為法以無生相故云何不住法答曰無為法以無住相故云何不滅法答曰無為法以無滅相故答曰應作是說無為法無無為法相問曰若然者波伽羅𨚗經所說云何通答曰對有為法故如有為法有生住滅無為法無生住滅故作如是說

阿毗曇毗婆沙論卷第二十　第三十九張　分字号

佛經說汝等比丘即出現即生即沒即滅問曰出現與生有何差別沒與死有何差別耶答曰或有說者無有差別所以者何出現即生沒即死同是剎那性故尊者波奢說曰受中陰身是名出現受生陰身是名生壞中陰身是名沒壞生陰身是名死復次卵生胎生濕生衆生受身時是出現所以者何眼等諸根漸出現故化生衆生受身是生所以者何頓得眼等諸根故捨卵胎濕生衆生身是名死所以者何有死屍故捨化生衆生身是名沒所以者何以無死屍故尊者和須蜜說曰入母胎時名生出胎時名出現代謝諸陰是名沒死時陰是名死尊者佛陀提婆說曰諸趣中初受身時名生已在趣中諸陰名出現中陰中死向生陰中是名沒捨命根時陰是名死

阿毗曇毗婆沙論卷第二十　第四十張　分字号

阿毗曇毗婆沙論卷第二十

阿毗曇毗婆沙論卷第二十

校勘記

一　底本，金藏廣勝寺本。五二四頁中一版，原版殘缺，以麗藏本換。

一　五二四頁中一行「第二十」，資、磧、普、南、徑、清作「第二十八」。

一　五二四頁中四行「無慚愧品下」，資、磧、普、南作「無慚愧品之三」；徑、清作「無慚愧品第五之三」。

一　五二四頁下一一行「不犯」，資、磧、普、南、徑、清作「有犯」。

一　五二五頁中四行「善心」，資、磧、普、南、徑、清作「善善心」。

一　五二五頁中一三行「盡作」，諸本（不含石，下同）作「晝作」。

一　五二五頁下一九行第一〇字「讀」，資、磧、普、南、徑、清作「讀誦」。

一　五二七頁中末行第五字「如」，諸本作「如經」。

一　五二八頁中二行第五字「覆」，資、磧、普、南、徑、清作「盡覆」。

一　五二八頁中一二行「癡悔」，資、磧、普、南、徑、清作「疑悔」。

一　五二八頁中一四行「二蓋」，諸本作「三蓋」。

一　五二八頁中一六行「立說」，諸本作「稱說」。

一　五二八頁下八行第四字「現」，資、磧、普、南、徑、清作「現可」。

一　五二八頁下一一行第二字「有」，資、磧、普、南、徑、清作「能有」。

一　五二九頁上六行第一〇字「明」，麗作「現」。

一　五二九頁下一四行「此論」，諸本作「此諸」。

一　五二九頁下二二行「第一」，南、徑、清作「第二」。

一　五三〇頁上一行第三字「色」，資、磧、普、南、徑、清作「色界」。

一　五三〇頁上三行第五字及八行第四字「答」，資、磧、普、南、徑、清作「答曰」。

一　五三〇頁上二〇行首字「憎」，資、磧、普、南、徑、清作「增」。

一　五三〇頁下一行「不自」，諸本作「不因」。

一　五三〇頁下一八行首字「共」，資、磧、麗作「苦」。

一　五三一頁上一行首字「耶」，資、磧、普、南、徑、清作「使耶」。

一　五三一頁中一行「復以」，諸本作「復次」。

一　五三一頁中六行第二字「心」，諸本作「心退」。

一　五三一頁中一二行「共俱故」，至此，資、磧、普、南、徑、清卷第二十八終，卷第二十九始。

一　五三一頁中一三行「阿毗曇毗婆沙論」，資、磧、普、南、徑、清無。

一　五三一頁下一二行首字「彼」，資、磧、普、南、徑、清作「即彼」。同行「無常」，徑、清作「老無常」。

一　五三一頁下一八行首字「謂」，徑、清作「爲」。

一　五三二頁上一四行「學非」，諸本作「學無學非」。

一　五三二頁上一六行末字「說」，諸本無。

一　五三二頁上二二行末字「欲」，諸本作「意欲」。

一　五三二頁中三行第二字「說」，資、磧、普、南、徑、清作「說者」。

一　五三三頁中一六行「汝初」，諸本作「法初」。

一　五三三頁下二一行「迅速」，徑、清無。

一　五三四頁上一四行第一三字「相」，資、磧、普、南、徑、清作「總」。

一　五三四頁中二行「能生」，資、磧、普、南、徑、清作「生能」。

一　五三四頁中八行「問生」，資、磧、普、南作「問曰生」；徑、清作「評曰生」；麗作「問曰」。

一　五三四頁中一四行「如畫」，資、磧、普、南、徑、清作「如書」。

一　五三四頁下二二行「現在」，資、磧、普、南、徑、清作「在現在」。

一　五三五頁上三行「不增益」，資、磧、普、南、徑、清作「增益不」。

一　五三五頁上七行末字「其」，資、磧、普、南、徑、清作「甚」。

一　五三五頁上末行「等相」，資、磧、普、南、徑、清作「等時」。

一　五三五頁中一四行至次行「以爲」，資、磧、普、南、徑、清作「爲以」。

一　五三五頁中一五行第九字「答」，資作「若」；磧、普、南、徑、清作「者」。

一　五三五頁中二〇行「變易」，資、磧、普、南、徑、清作「變異」。

一　五三五頁下八行第一一字「者」，資、磧、普、南作「若異者」；徑、清無。

一　五三五頁下一五行第五字「離」，麗作「雜」。

一　五三六頁上一一行「木酒」，資、磧、普、南、徑、清作「米酒」。

一　五三六頁上一五行「單曰」，資、磧、普、南、徑、清作「單越」。

一　五三六頁中一八行第三字「夜」，資、磧、普、南、徑、清作「一夜」。

一　五三六頁下一一行第五字「答」，資、磧、清、麗作「若」。

一　五三六頁下一二行第四字「合」，資、磧、普、南、徑、清作「合故」。

一　五三七頁中卷末經名，資、磧、普、南、徑、清無(未換卷)。

阿毗曇毗婆沙論卷第二十一　切

迦旃延子造　五百羅漢釋

北涼天竺沙門浮陀跋摩共道泰等譯

雜揵度無義品第七上

諸他修苦行　當知無義俱　畢竟無有利
如陸地船筏

如此章及解章義此中應廣說優波提舍問曰何故作此論答曰雖一切阿毗曇盡皆說佛經然此品偏多所以者何此論品多以經為論復次所以作此論者此是佛經佛經中說佛在優樓頻螺村尼連禪河邊菩提樹下成佛未久尒時世尊告諸比丘我遠離苦行於此苦行快得解脫以自願力故今得第一菩提時諸比丘聞佛所說深生愛樂一心不亂攝耳聽法尒時惡魔波旬作如是念沙門瞿曇今在尼連禪河邊優樓頻螺村菩提樹下坐為弟子說法乃至攝耳聽法我今應往為作留難尒時惡魔化作婆羅門摩納婆像往詣佛所到已說如是偈言

汝今捨苦行　衆生清淨道　若更行餘道
畢竟無有淨

此偈義者時魔語世尊言汝捨古先苦行之道所依耶不能令人淨而生淨想魔以無是淨種種苦行是淨道佛語惡魔非我不能行於苦行而捨之也我諦觀察此道不能斷煩惱以無所能故而我捨之以是事故而說此偈

諸他修苦行　當知無義俱　畢竟無有利
如陸地船筏

諸修苦行有何義耶答曰或有說者此法之外所行盡言為他說法者謂八聖道及聖道方便除此餘是也以道是邪道故與無義俱以是事故說諸他修苦行當知無義俱復有說者他者言下賤非他言妙勝諸外道所行苦行是下賤法所以者何以計我故是故說諸修苦行當知無義俱復有說者他言不死不死者惡魔也是故世尊告不死者諸他修苦行當知無義俱復有說者諸為生天修苦行者是苦行皆言不死苦行以是事故而

作是說諸他修苦行當知無義俱必竟無有利如陸地船筏無用邪見所行苦行不能斷結無用亦如是時魔復語佛言若種種苦行是邪行者汝以何道而自淨耶尒時世尊即說此偈

我修戒定慧　如是究竟道　今已逮清淨
無有上菩提

佛經雖作是說而不廣分別此論即是佛經優波提舍佛經是此論根本諸佛經中所不說者今欲說故而作此論

問曰世尊何故說諸他修苦行當知無義俱答曰此是老死道近老死法隨順老死法不能以是法得盡老死道所以者何衆生欲度老死海行此苦行此諸邪見所行苦行還令衆生沒老死海尊者瞿沙說曰一切增長法是無義一切寂滅法是有義邪見苦行苦行是隨順增長法以隨順增長故不能生寂滅法衆生欲度老死海故修諸苦行而此苦行必令衆生墮老死海所以者何以行邪方便邪方便者為生天故行此苦行是故言

隨老死海中

又世尊言正身結跏趺坐繫念在前乃至廣說問曰如一切威儀盡中行道何故但說結跏趺坐答曰或有說者此是舊所行法所以者何過去恒河沙諸佛及佛弟子盡行此法復有說者能生他人恭敬心故若結跏趺坐起於惡覺猶生他人恭敬之心是故欲生他人恭敬心故復有說者此法非是世俗愛欲法故餘威儀者世俗用之復次此法能生三種善提道故聲聞辟支佛佛菩提不以餘威儀得但以是得復次此法行道時隨順安隱非餘威儀故復次此法能壞魔軍如佛世尊結跏趺坐能破煩惱及天魔軍復次此法能適可天人心故復次此法不與外道共故餘威儀與外道共云何名結跏趺坐尊者波奢說曰跏趺坐者累兩足正觀境界則得隨順定跏趺坐云何繫念在前面上故名繫念在前復次背煩惱在後正觀寂滅在前故名繫念在前復次背生死在後正觀涅槃在前故名繫念在前復次背色等境界在後正觀所緣在前故名繫念在前復次繫念在眼中間故名繫念在前復次以勝慧力正觀境界念念不散故名繫念在前復次念與不貪俱緣於境界故名繫念在前復次繫念在眉中間故名繫念在前

觀青想等乃至廣說問曰何故繫念在面上耶答曰無始以來男於女身起欲心女於男身起欲心多因於面復有說者以面是七入所依處行者欲觀察諸入故復有說者面是隨順不淨觀所以者何面上有七孔流出不淨以此處多出不淨故行者偏觀復有說者非因照不於自面而生於愛以不生愛故繫念在面復次以面上能生猗樂然後遍身猶如愛欲時男女根邊生樂然後遍身復次面上速能生欲心故如見眼耳鼻口好相即生欲心問曰繫念在面者為是初行為是已行為是久行人耶答曰是久行人行人有三種謂初行已行久行初行者往至塚間善取死屍相謂若青若脹若爛若壞若骨若璅若骨璅善取如是相已復觀腳骨踝骨膞骨膝骨髀骨髖骨腰骨脊骨臂骨手骨腕骨肩骨項骨頷骨齒骨髑髏骨於塚間善取如是相已憶而不忘速還住處洗足坐繩牀上若草敷上憶念所見死屍我身亦介如是名為初行行者於所觀境界能令廣亦能令略云何名廣如觀自身骨觀所坐牀亦復是骨次觀屋舍所住之坊僧伽阿藍村落田地所有國土人民乃至大海內所有大地皆觀是骨是名為廣云何為略捨大海內所有骨觀一國土所有骨捨國土內骨乃至捨觀外骨唯觀已身骨能作如是廣略觀是名已行捨自腳骨觀自踝骨捨踝骨乃至觀髑髏骨髑髏骨有二種有左分右分若捨左分觀於右分若捨右分觀於左分捨於二分繫念眉間是名久行是時名為始入身念處觀不淨觀或有緣少自在多或有自在少緣多或有緣少自在少或有緣多自在多初句者謂能數數觀自身於

阿毗曇毗婆沙論第三十卷 第七張 切

所觀境界不能令轉廣第二句者謂能觀大海內骨不能令此觀數數現在前第三句者謂唯觀自身不能令此觀數數現在前第四句者謂能觀大海內骨復令此觀數數現在前不淨觀或有緣無量非自在無量或有自在無量非緣無量或有緣亦無量自在亦無量或有緣亦非無量自在亦非無量初句者謂行者能觀大海內骨不能令此觀數數現在前第二句者謂能觀自身骨數數現在前不能令此觀廣第三句者能觀大海內骨數數現在前第四句者能觀自身骨不能令此觀數數現在前是名行者觀於骨想云何觀揣食不淨想行者觀手中若器中食此食為從何處來知從倉中種種穀中來觀倉中穀復從何來知從田中種種種子中來復觀以何長養種子知以糞水糞復從何來知從屎尿糞掃聚中來如是觀時見不淨物還增益不淨物行者或時入村乞食或在僧中欲入村時所受用水而作屎想所嚼楊枝作臂

阿毗曇毗婆沙論第三十卷 第八張 切

骨想所取衣作人肉想帶作腸想鉢作髑髏想杖作髀骨想行石道上時作髑髏骨想若至村時見牆壁屋舍作骨聚想見男女大小作骨人想其所得食麨作骨麨想蓋作碎齒想種種菜作髮想麨作皮想飯作蟲想糞作膿糞穢想生酥乳酪作腦想酥油蜜石蜜作人肪想蒲桃漿作血想肉作人肉想若入僧時所受淨草作人髮想得麨等作骨麨想餘如前說問曰行者何故作如是想耶答曰彼行者作是念無始已來不淨為淨念應觀此物不淨即作不淨想能作如是想者能對治欲愛復次欲對治欲愛故作如是觀義言行者作師子吼語不淨分我無始已來取汝淨相今欲廣取汝不淨相

問曰何以說不淨觀繫念在前不說阿那波那念觀界方便耶答曰或有說者此說初起方便如說不淨觀繫念在前亦應說阿那波那念觀界方便而不說者當知此說有餘復有說者隨多分故諸比丘多修不淨觀少

阿毗曇毗婆沙論第三十卷 第九張 切

有修阿那波那念者是故說不淨觀不說阿那波那念尊者瞿沙說曰隨其入法時所用繫念在前不必以不淨觀也尊者迦旃延子解佛經故佛經說正心繫念在前除世貪心住無貪法中乃至斷疑蓋亦如是五蓋之中何者最重謂貪欲蓋不淨觀是貪欲蓋近對治不淨觀次第亦能斷餘蓋亦能起禪是故以不淨想繫念在前

問曰不淨觀體性是何答曰是無貪若取其想應共有則體是五陰諸阿練若說體是慧所以者何佛經說若能善攝諸根是名見不淨觀復有說者不淨觀體是猒猒名想應心數法在如是等是名心數法中評曰不應作是說說是不貪者好若取相應共有體是四陰五陰

界者是欲色界地者是十地謂欲界中間禪根本四禪四禪邊身者在欲界行者非十六行別行不淨行緣者緣欲界色入問曰此為緣欲界一切色入不答曰盡緣問曰若然者何以尊者阿㝹盧頭不能於快意天身作

不淨觀耶曾聞尊者阿尼盧頭於一林中跏趺坐禪有四快意天女自化其形端正極妙來詣尊者阿尼盧頭所作如是言尊者阿尼盧頭我是快意天能於四處自在變化者欲見我身何色者我悉能現以娛樂之是時阿尼盧頭作是思惟我今應當作不淨觀即起初禪不淨觀而不能令此觀現在前乃至欲起第四禪不淨觀亦復不能復作是念彼是種種色若當純是一色我則能起即語天女言諸姊妹盡作青色是時天女即作青色復作不淨觀猶故不能復作是言諸姊妹盡作黃色是時天女即作黃色復起不淨觀猶故不能復語之言諸姊妹盡作赤色是時天女即作赤色復起不淨觀猶故不能問曰尊者阿尼盧頭何故語諸天女作種種色耶答曰彼作是念移轉其色我或能起不淨觀復次欲觀彼色好不好相故如是語復作是念白色隨順骨相彼若作白色者我能作不淨觀即語言姊妹汝作白色是時天女即作白色起不淨觀猶故不能復作是念此諸天女端正殊妙即時默然閉目不看是時天女忽然不現如是義云何通耶答曰彼尊者阿尼盧頭雖不能觀餘利根者能如尊者目揵連舍利弗辟支佛佛問曰有能於佛身作不淨觀不耶答曰一切聲聞辟支佛能觀而不能作不淨想所以者何佛身極明淨極妙極勝無諸過咎衆生樂見故是故一切聲聞辟支佛不能作不淨觀唯佛能觀復有說者聲聞亦能觀所以者何不淨有二種一是色過患二是色緣起不能觀色過患而能觀色緣起不淨觀復有二種一是總相二是別相能觀總相不能觀別相念處者根本而言非念處方便而言是身念處智者與等智相應根者總與三根相應定者不與定相應過去未來現在者是三世法緣過去未來現在者過去即緣過去法現在者即緣現在法未來不生者緣三世當生者緣未來善不善無記者是善緣善不善無記者三種盡緣緣無記法多三界繫者欲色繫緣三界者緣欲界學無學非學非無學者是非學非無學緣學無學非學非無學者緣非學非無學見道斷修道斷無斷是修道斷緣見道斷修道斷不斷者是緣修道斷緣自身他身者緣自身亦緣他身緣名緣義者是緣義是離欲得方便得者亦是離欲亦是方便離欲得者離欲界欲得初禪地者乃至離三禪欲得第四禪地者最後身凡夫人聖人得曾所得亦得未曾得其餘凡夫得曾所得離欲得者離欲時得後作方便起現在前佛不以方便起現在前辟支佛起下方便聲聞或作中方便或作上方便起現在前不淨觀有作方便而得後作方便起現在前問曰何等人能起不淨觀耶答曰凡夫聖人俱能聖人者從須陁洹乃至阿羅漢何處起者答曰先作是說欲界中是三方非欝單越欲界天中下能使初行現在前所以者何以無青等死屍故先於人中得後於彼起現在前聞思修者是三種欲界者是

闇思修色界者是闇修問曰觀一切是骨而一切非骨云何此觀非顛倒耶答曰能斷結故非是顛倒問曰觀房舍是骨此觀何所緣耶答曰或有說者緣本所見塜間骨璅復有說者緣房舍中所有虛空界評曰此是虛想觀其所觀即緣彼法如是說者妙問曰此不淨觀為在意地為在六識身耶答曰是意地緣於形色非五識身問曰若是意地非五識身者此經云何通如說眼見色作不淨思惟答曰先眼識見色後意地作不淨思惟復有說者從其門從其道如六喜觀行是意識地從眼門道生乃至身門道生是故說六不淨觀當知亦如是問曰從眼門道生不淨觀作如是說者可尒如彼經說耳聞聲鼻齅香身覺觸意知法作不淨思惟此云何通所以者何除色入餘入非不淨觀境界答曰或有說者不淨觀不緣聲等更有勝行能猒離聲等復有說者為色愛所覆修不淨觀為聲香味觸法愛所覆亦修不淨觀故作如是說復

有說者行者觀形色是不淨形色所依聲香味觸法更以勝不淨觀猒離行觀故作如是說復有說者行者善修不淨觀能伏作色復欲伏於聲等境界若能伏者善若不能者還修不淨觀猶如闘軍時先安營壘然後出陣與怨共闘若勝怨者善若不勝者便還營壘彼亦如是是故作如是說經說有五現見三昧云何為五如說汝等比丘當如實觀察此身從足至頂髮種種不淨充滿其中所謂髮毛爪齒薄皮厚皮筋脉肉骨心肺脾腎肝膽澹蔭大小腸胃屎尿涕唾口中流涎肪𦙽髓腦及以腦脘膿血汗淚生藏熟藏猶如有人於門窓向觀見倉中種種雜穀謂胡麻粳米大小諸豆大麦小麦等比丘如實觀察此身亦復如是若能如是觀者是名初現見三昧復次比丘如實觀察此身乃至廣說除去血肉唯觀白骨識於中行若能如是觀者是名第二現見三昧復次比丘如實觀察此身乃至廣說觀於骨身識於中行亦住今世亦住

来世若能如是觀者是名第三現見三昧復次比丘如實觀察此身乃至廣說但觀骨身識在中行住於来世不住今世若能如是觀者是名第四現見三昧復次比丘乃至觀身白骨識在中行不住今世亦不住来世若能如是觀者是名第五現見三昧問曰此五現見三昧誰之所有答曰第一第二現見三昧凡夫聖人所有第三者是須陁洹斯陁含所有第四者阿那含所有第五者阿羅漢所有問曰第一第二三昧是現見可尒所以者何因現見生故觀識行時云何是現見答曰現見是其方便從現見生故亦名現見諸法立名處多或以自體故立名或以所依故立名或以相應故立名或以對治故立名或以行或以緣或以行緣故立名或以方便故立名自體立名者如諦如陰諦者體是逼切故名苦諦乃至體是求故名道諦體是色故名色陰乃至體是識故名識陰所依立名者如眼識依眼生故名眼識乃至意識依意生故

名意識相應立名者如意業意行如意觸生愛此法與意相應故立名對治立名者如法智比智若法對治欲界是名法智若法對治色無色界是名比智行立名者如苦智集智所以者何此智緣同行不同緣立名者如無相三昧緣無十想法故名無相行緣立名者如滅智道智所以者何此二智行不同緣亦不同方便立名者如他心智空處識處五現見三昧以現見為方便生此定故名現見三昧問曰不淨觀何故名現見三昧耶答曰能生現見三昧故

問曰何故佛不淨觀獨名無上耶答曰或有說者佛不淨觀能勝伏一切境界故獨名無上聲聞辟支佛所有不淨觀不能勝伏一切境界如尊者阿尼盧頭不能勝伏境界不名無上復有說者佛不淨觀是骨觀觀骨是骨觀筋肉等是筋肉乃至廣說評曰若作是說通佛是少境界不淨觀者如前說者好能勝一切境界故獨稱無上

如佛告目揵連提舍梵天何以不為汝說第六人行無相乃至廣說問曰何故作此論答曰此是佛經佛經中佛住舍衛國祇陁林中給孤獨精舍介時有三梵天身光明照曜以夜初夜來詣佛所到佛所已頂礼佛足在一面立時一梵天白佛言世尊婆娌多國有衆多比丘尼命過第二梵天復白佛言世尊彼命過者有是有餘涅槃者第三梵天復白佛言世尊彼命過者有是無餘涅槃者時諸梵天說是語已繞佛三匝忽然不現介時世尊過此夜已使敷牀坐於僧中坐已告諸比丘作如是言昨夜初分有三梵天光明照曜来詣我所乃至第三梵天說是語已繞我三匝忽然不現介時大目揵連在彼衆中作是思惟彼天有如是知見言是有餘涅槃無餘涅槃者是何天耶介時大目揵連隨其所應即入三昧三昧力故於祇陁林忽然不現住梵天上去提舍梵天不遠介時目揵連從三昧起詣提舍梵天所到已作如是言提舍何等梵天有如是知見知是有餘涅槃知是無餘涅槃問曰如目揵連知見勝於梵天百千万分何以問於梵天耶答曰欲顯提舍梵天功德故此天本是目揵連弟子得阿那含果有大功德彼諸梵天無有識者欲顯彼功德令諸梵衆恭敬尊重故是以問之時提舍梵天答目揵連言此梵身諸天有如是知見能知有餘涅槃者介時目揵連問提舍梵天一切梵身諸天盡有此知見知有餘涅槃無餘涅槃不也提舍梵天答曰非一切梵身天有如是知見乃至廣說此諸梵天雖有天壽妙色名譽而不知足不知如實最上遠離法者無是知見若諸梵天有壽色名譽而行知足能知如實最上遠離法者有如是知見尊者目揵連復問提舍梵天此諸梵天去何能知提舍言尊者目揵連若諸比丘得阿羅漢道是俱解脫是諸梵天作是思惟若此大德有身之時人天皆見若身壞命終人天更不復見不但俱解脫若比丘得阿羅漢是慧解

脫是諸梵天作是思惟此比丘得阿羅漢是慧解脫此大德有身之時人天皆見乃至廣說不但慧解脫也若比丘是身證此大德亦能勝進得無學根見到信解脫語亦如是問曰彼諸梵天何以不說堅信堅法耶荅曰或有說者若是彼天境界者則說堅信堅法非其境界是故不說復有說者若是諸梵所行法者則說此法非其所行是故不說尒時目揵連聞提舍梵天所說心生歡喜隨其所應即入三昧以三昧力從梵天沒到柭陁林尒時尊者目揵連從三昧起往詣佛所頂礼佛足在一面坐先共提舍梵天所論說事具以白佛尒時世尊告目揵連言提舍梵天不說第六人行無相耶尒時大目揵連即從座起合掌向佛而白佛言世尊今正是時唯願世尊說第六人行無相若諸比丘聞已當奉行之佛告目揵連諦聽善思念之我今當說目連當知若比丘不觀一切相入心無相三昧是名第六人行無相佛經雖作是說而不分別佛經是此論所為根本此論是佛經優波提舍諸經所不說今欲說故而作此論

云何第六人行無相荅曰堅信堅法是第六人行無相人所以者何七種聖人攝一切聖人提舍梵天已說五種不說此二種是以知之問曰此二人何以說行無相者耶荅曰彼尊者不可施設立名在此在彼乃至廣說問曰此是二人何以說一耶荅曰即如文說此二俱不可施設立名在此在彼以義同故說名為一復有說者此二俱不起不相似心復有說者此二所行心等俱有十五心故復有說者此二俱不起期心故復有說者此二俱是不可施設俱是無言說俱是速疾道以是義故二人為第六人問曰彼五人是行無相人耶何以說此行無相者名第六行無相人荅曰彼五人者非行無相人唯此名行無相人問曰若然者何以說此是第六行無相人荅曰此是數法第六非是行無相第六餘處亦說巳害第五常行前四非是常唯第五者是常以數法故第五者是常非四盡是常如說第六增上五亦如是如是以數法故言第六非無相故言第六也問曰此所說無相無相解脫門不動法心解脫亦說是無相非想非非想處亦說是無相此四有何差別荅曰此中說見道是無相所以者何此是速疾道不起期心若人入此法者不可施設在此在彼故說無相無相解脫門言無相者以緣無十相法故言無相不動法心解脫言無相者不為諸煩惱相所覆蔽亦不更生煩惱相故言無相非想非非想處言無相者以彼處愚劣不猛利不決定所行以縱彼無了了想相無了了非想相是故言無相見道有十五心第十六心俱道比智是修道聲聞能知見道中二心謂苦法忍苦法智若欲觀第三苦比忍心是時乃知第十六道比智相應心辟支佛知見道中三心謂苦法忍苦法智若欲知苦比忍時是時乃知第八集比智相應心佛世尊知見道中所

更相續心問曰何故聲聞知見道中二心辟支佛知三心佛悉知耶荅曰他心智知相似境界不知不相似境界世俗知世俗心心數法無漏知無漏心心數法法智知法智分比智知比智分聲聞辟支佛作方便他心智乃現在前行者欲入見道聲聞他心智現在前是時知見道中二心謂苦法忍俱心苦法智俱心行者入比智分聲聞作比智分他心智方便起比智分他心智現在前欲知第三心乃知第十六心行者欲入見道辟支佛作法智分他心智方便行者入見道辟支佛起法智分他心智現在前知二心謂苦法忍苦法智行者入比智分辟支佛作比智分他心智方便起比智分他心智現在前欲知第三苦比忍心乃知第八集比智心佛不作方便他心智現在前如行者起見道中一一剎那現在前佛亦起他心智知見道一一所更相續心

問曰有能施堅信堅法人食者不也荅曰不能若施衣服牀座則能食則不能所以者何此是速疾道故若入此道必不起期心不可施設在此在彼不故不能施其食問曰若不能施其食者優伽長者經云何通如說居士此是須陁洹此是向須陁洹乃至廣說荅曰此是天語此天或有說是魔王眷屬欲嬈亂居士心故復有說者彼天是餘鬼欲欺誑居士故作如是說復有說者此天是居士家中受記祠神欲令居士心生歡喜亦欲示現情相親近故作如是說復有說者此天是彼居士本日親屬欲示其福田非福田故作如是說問曰天於居士縱令極親非其境界何由而知荅曰向須陁洹果有二種一是假名二是真實若真實者非其境界若假名者是其境界復有說者有能施其食者而彼未食所以者何如行者入見道若弟子若比坐為其受食若檀越以食著其草上若衣裓上如餘經說婆陁利於意云何若比丘是堅信我語之言汝於汙泥以身為橋我欲從上而過為違我言不荅言不此亦說假名須陁洹向非是真實所以者何真實須陁洹向者不起不相似心聞佛所說故復有說者此中亦說真實須陁洹向問曰彼不起不相似心能聞佛所說云何言是真實耶荅曰雖不聞佛所說以深心敬重佛故假令見道可起者亦當隨順佛言是故佛作是言有如是功德者隨順我言何況汝無功德者也

如說世尊轉法輪地神唱言乃至廣說問曰何故作此論荅曰為斷疑故人謂地神有現前了了智知佛轉法輪非是比相智欲說地神無有現前了了智有比相智知佛轉法輪故而作此論

問曰轉法輪非是生得智境界地神云何知耶荅曰以五事故知一世尊起世俗心故知問曰何故世尊起世俗心荅曰見三阿僧祇劫所行今有果報生歡喜故起世俗心復有說者見本所立弘誓今已果故復有說者見本所立願今已果故復有說者欲饒益他意今滿足故以是事故世尊

欲令他知起世俗心乃至畜生亦知何況地神世尊或起世俗心舍利弗等諸大聲聞入頂第四禪以願智力尚不能知或時起世俗心乃至畜生亦能知二者亦告他問曰佛何故告他耶荅曰欲現善說法中所言誠諦故復有說者欲現三阿僧祇劫所行有果報故復有說者欲顯憍陳如是世良福田故復有說者欲令人天生信敬心故復有說者欲現非如世師悋法己破法悋故復有說者欲現已身是大人法故復有說者欲現己身是聰明人故如說有三事是聰明相謂所思是善所行是善所言是善以是事故告他二者彼尊者亦起世俗心問曰彼尊者何故起世俗心耶荅曰彼尊者令無始生死令有邊故除無量苦斷惡道因生決定聚得見真諦故復有說者見本所立誓本所立願本所行事今有果故起世俗心四者彼尊者亦告他問曰何故告他耶荅曰欲現善說法中所言誠諦故復次欲現世尊三阿僧祇劫所行今有

果故復次欲現佛法有大威勢故亦欲現色身為世福田故復次欲生五人等欣仰心故復次欲顯現如來大功用故復次欲現佛法是神變出離法故告他五者從大威德天邊聞問曰何者是大威德天耶荅曰或有說者是淨居天復有說者是欲界天見真諦者復有說者是欲界天曾見過去佛者所以者何過去諸佛轉法輪時有如是相今現是相知佛欲轉法輪即便告他從彼得聞

問曰云何是法輪義荅曰或有說者法體法性義是法輪義復有說者選擇法義是法輪義復有說者能現見法義是法輪義復有說者淨法眼義是法輪義復有說者對治非法輪義是法輪義所以者何如六師自言是天人師亦轉法輪然其輪是八邪道是故對非法輪是法輪義問曰何等是輪義荅曰速疾義是輪義復有說者捨此趣彼義是輪義復次破煩惱義是輪義

問曰何故此輪名梵法輪耶荅曰以

梵世在初具聖道故名梵法輪第二第三禪不在初亦不具聖道第四禪雖是佛身初得而不具聖道復次梵行者身中可得故名梵法輪復次對非梵行故名梵法輪復次破非梵煩惱故名梵法輪復次如來等正覺是梵彼分別解說施設顯現名梵法輪復次以梵音說故名梵法輪復次若具有八聖道處名梵法輪復次若有三界見道修道所斷煩惱對治法可得處名梵法輪不善無記有報無報能生二果能生一果無慚無愧相應無慚無愧不相應有聚體無聚體忍對治智對治可得處名梵法輪復次若有九斷知果道名梵法輪餘三禪中有五斷知果道無色中有一斷知果道初禪中俱有九斷知果道故名梵法輪亦如經說四十法二十是不善分二十是善分若分別解此四十法名梵法輪（四十法者如十邪道自攝勝有十謗十直道十正見等十直亦如是）

問曰如善法隨順法輪可是梵法輪不善法不隨順法輪云何言是梵法

輪耶答曰不以善不善體言是法輪以緣善不善智名梵法輪所以者何此是寂靜無有過咎不害於他故名梵法輪

問曰何故說見道是法輪修道非法輪耶答曰或有說者速疾義是法輪義見道是速疾道不起期心道故復有說者捨此趣彼是法輪義見道捨苦趣集捨集趣滅捨滅趣道復有說者以四事故名法輪一捨此二趣彼三未選者選四已選者不捨捨此者見道中捨苦趣彼者趣集未選擇選擇者是集已選擇不捨者是苦復有說者上下義是法輪義猶如輪輻或時在上或時在下見道亦尒或時智忍緣欲界苦在下或時智忍緣於有頂在上緣於有頂已復緣欲界是故上下義是法輪義復有說者降伏四方天下義是法輪義如轉輪王所有輪寶則能降伏四方天下行者亦尒以見道輪降伏四諦四方天下復有說者猶如輻轂輞法輻用持輞轂用持輻見道苦忍苦智集忍集智如輻滅忍滅智如轂道忍道智如輞所以者何此忍智緣一切道故法智緣法智分比智緣比智分復有說者見道所斷結能生非法八邪法輪見道能對治此法故名法輪尊者瞿沙說曰八聖道一時在此身中轉故名法輪正見正覺正精進正念如輻正語正業正命如轂正定如輞此八法皆是中道中修故名法輪

佛在波羅㮈國初轉法輪問曰菩提樹下已轉法輪何以言波羅㮈國初轉法輪答曰轉法輪有二種一在自身二在他身在菩提樹下是自身轉法輪波羅㮈國是他身轉法輪以在波羅㮈國他身中初轉法輪故名初轉法輪復有說者轉法輪有二種有共不共如聲聞辟支佛是共法輪佛是不共法輪以轉共法輪故言初轉法輪復有說者以最初得無我證人故言初轉法輪復有說者若是時得勝辟支佛者言初轉法輪所以者何辟支佛亦於自身能轉法輪不能於他身而轉法輪唯佛能於他身而轉法輪復有說者若於三阿僧祇劫所行得其果處名初轉法輪所以者何佛若欲於過去諸佛所般涅槃者即得隨意所以身心不解作百千苦行者但欲利益他故若我得無上智時當令無量衆生於生死牢獄而得解脫如是願行於波羅㮈國而得滿足故名初轉法輪復有說者能降伏他故名輪猶如國王降伏城村一切人民故得名為王不但降伏宫人彼直名之為王如是能降伏他身名為法王不獨已身名為法王問曰若聖道所在身中即自身名轉法輪者何以名佛轉法輪耶答曰或有說者以覺悟故言佛轉法輪所以者何隨彼身中有聖道若不以佛語光照則聖道不生若以佛語光照則彼身中聖道便生如池水中雖有波頭摩拘物頭分陁利華若日光不照則不開不敷不香日光若照則開敷香彼亦如是復有說者雖有聖道在彼身中若不以如來言說之手而轉之者則聖道不生如轉輪王若不以金輪寶置右

手中以左手轉之作如是言我金輪寶當有所降伏者是時諸神則不為轉行其輪若以輪寶置左手中以右手旋之是時諸神則為轉行其輪然轉其輪者是神而王受其名彼亦如是復有說者彼身中雖有聖道若不得如來緣顯發者則聖道不生猶如倉中有諸種子若不以緣發者芽則不生彼亦如是復有說者彼身中雖有聖道若如來不以善巧方便名句味身除彼身中障礙者則聖道不生若除其障礙則聖道生復有說者有二因二緣生於正見一從他聞法二內自思惟如從他聞法名佛轉法輪如內自思惟言身中自有聖道如是得於人身成就四法者名多有所作如近善知識從其聞法名佛轉法輪如內自思惟如法修行言身中有聖道

問曰如住苦法忍時已轉法輪何以道比智時言轉法輪耶答曰或有說者住苦法忍時雖轉法輪而轉義未足道比智時轉義乃足復有說者以

道比智時有五事應一得未曾得道二捨曾得道三斷煩惱同一味故四頓得八智五修十六行是時名轉法輪

憍陳如汝解法耶乃至廣說問曰此五人皆是解法者何以獨問憍陳如耶答曰或有說者以憍陳如先見聖諦後乃餘者憍陳如見聖諦時餘者方在達分善根復有說者以本願故先告憍陳如汝解法耶答言已解乃至廣說問曰世尊何故三問憍陳如耶答曰或有說者憍陳如見聖諦已世尊起於如見觀前後際為憍陳如應在惡道陰界入多為我於三阿僧祇劫所經剎那須臾頃多作是觀時見憍陳如應在惡道陰界入多非我三阿僧祇劫所種剎那須臾頃多佛見是已作是思惟我於三阿僧祇劫修集無量苦行令得無上智但能使憍陳如應在惡道陰界入在不生法中不更為餘事者於我便足是以三問復有說者憍陳如能緣縛一切衆生身一切衆生亦能緣縛憍陳如身憍陳如見諦已佛作是念我今得阿耨多羅三藐三菩提更不作餘事但斷憍陳如及一切衆生展轉緣縛者於我便足是故三問更相吞噉更相斷命說亦如是復有說者為近誹謗故佛本為菩薩時出迦毗羅城是時迦毗羅諸釋遣侍者五人二人是母親三人是父親二人言受欲得淨三人言苦行得淨當於菩薩修苦行時言受欲得淨者即便捨去言苦行得淨者而故給侍菩薩菩薩捨苦行處已酥油塗身食諸飲食彼言苦行得淨者心生惱乱即便捨去是時菩薩身力轉增詣菩提樹降伏衆魔得阿耨多羅三藐三菩提成正覺已遍觀世間誰先應聞法我當為說見鬱陁迦子應先得聞是時有天即便白言鬱陁迦子昨日命終尔時如來亦起知見知昨日命終復作是念誰次應聞法我當為說見阿蘭迦蘭次應得聞天復白言阿蘭迦蘭喪来七日佛亦起知見知阿蘭迦蘭喪来七日佛作是念阿蘭迦蘭不聞我法便為大失問曰佛已成道應為彼人說法而

不為說云何不名教化失時尊者瞿沙說曰佛初成道心愛敬法不思餘食未觀衆生誰應得度復有說曰如來大悲未及彼人而便命終復有說者佛未分衆生立為三聚復有說者受佛化者必須根熟彼根未熟而便命終又諸根成熟必由自心彼人惕意行禪自稱是一切智必須久時諸根乃熟問曰若此人根未熟者佛何以言彼人不聞我法便為大失答曰若彼人不命終者佛能除其自稱一切智心亦生信佛是一切智心亦可先令憍陳如前諸根得熟而得受化若彼一人佛得道後四十二日有餘命者能令彼人於我法中大得利益而彼命行盡故世尊捨之若有衆生應受化者如來能自住壽如待須跋陁羅等若能住他壽命者無有是處復有說者佛本為菩薩時是彼人弟子若當彼人不命終者當示其師法亦令彼人知佛所得法非是彼人本所受法以是事故言彼人大失佛作是念誰次應聞法又復白言阿若憍陳如等五人次應得聞亦起知見知阿若憍陳如等次應聞法佛復作是念今在何所天復白言在波羅㮈國佛亦起知見知在波羅㮈國於時世尊漸次向波羅㮈國趣彼五人是時五人見世尊來即共立制如修多羅廣說憍陳如見真諦已佛告之言汝於法解耶乃至廣說汝今觀我有懈惕耶多行法耶於離欲法有退失耶我得甘露法耶是時憍陳如極生慚愧而答佛言今觀世尊無有懈惕不行多法於離欲法亦無退失得甘露法我悉證知以是事故而三問之復次欲滿本擔願故曾聞此賢劫中有王名惡行有仙人名忍辱時王除去男子將諸伎女遊戲林間種種快意時王疲猒而便眠臥時諸伎女為花果故於林樹間處處求覓是時仙人於自住處閑靜禪思時諸伎女遊見仙人即詣其所頂礼足已在一面坐是時仙人為諸伎女說欲過患時王眠覺四方顧視不見侍人作是思惟將無有人將我伎女去耶其王即時瞋恚拔劒遍林樹間而推求之見諸伎女坐仙人邊心生是念今此大鬼將我伎來前問之言汝是誰耶仙人答言我是仙人王復問言汝於此間何所作耶仙人答言行忍辱道王作是念此人見我瞋恚自稱忍辱我今當試為實介不復更問言汝得初禪耶答言不得汝乃至得非想非非想定耶答言不得其王聞已瞋恚轉增語仙人言可申汝臂以刀斷之而問之言汝是何人仙人答言是忍辱人如是復斷一臂亦斷兩足割其耳鼻令仙人身使為七分復問之言汝是何人仙人答言是忍辱人仙人語王今何故生疲猒心汝若以刀割我身體令如微塵者我言忍辱終無有異介時仙人復作是念如彼今日斷我身體使為七分我得阿耨多羅三藐三菩提時先以大悲令汝修七種道斷汝七使時惡行王者今憍陳如是忍辱仙人者今世尊是憍陳如見真諦已佛之威力自見已身本是惡行王斷仙人身使為七分亦憶本擔願

[illegible]第十三張 如字号

是時世尊告憍陳如非我違本誓耶遵本所願耶是時憍陳如即從座起極懷慚愧白佛言世尊不違本誓遵本所願我愚小作是罪今重懺悔以本願滿故三問阿若憍陳如

阿毗曇毗婆沙論卷第二十一

巢縣比丘村揚元白發願以付於人
恭以此功德奉爲先亡宗親父
天界四恩三有同登彼岸

阿毗曇毗婆沙論卷第二十一

校勘記

一　底本，麗藏本。金藏廣勝寺本原版多所漫漶，今採用其中可用者十五版即五四五頁中至五四七頁上及五四七頁下、五四九頁中至五五〇頁上，五五〇頁下至五五二頁上。

一　五四〇頁上一行經名、二行作者、三行譯者，資、磧、普、南、徑、清無（未換卷）。

一　五四〇頁上四行「雜揵度無義品第七上」，資、磧、普、南作「阿毗曇毗婆沙雜揵度無義品第七」；徑、清作「雜揵度無義品第七之一」。

一　五四〇頁上六行「舩䑺」，資、磧、普、南、徑、清作「船椑」。下至本頁下二行同。

一　五四〇頁中三行末字「先」，資、磧、普、南、徑、清作「仙」。

一　五四〇頁中一四行「也以道」，資、磧、普、南、徑、清作「邪道以」。

一　五四〇頁中二一行第六字「者」，資、磧、普、南、徑、清作「言」。

一　五四〇頁下一行至二行「必竟」，徑、清作「畢竟」。

一　五四〇頁下一九行首二字「苦行」，資、磧、普、南、徑、清作「所行」。

一　五四一頁上一行「老死海中」，至此，資、磧、普、南、徑、清卷第二十九終，卷第三十始，資、磧、普、南有品名「雜揵度無義品之二」；徑、清有品名「雜揵度無義第七之二」。

一　五四一頁上一六行「天人」，資作「大人」。

一　五四一頁上二〇行第四字「定」，資、磧、普、南、徑、清作「定名」。

一　五四一頁中四行「念念」，資、磧、普、南、徑、清作「念令」。同行「繫念」，資、磧作「繫令」。

一　五四一頁中一四行第一三字「偏」，資、磧、普、南、徑、清作「徧」。

一　五四一頁下一行第一二字及二行

首字「璅」，資、磧、普、南、徑、清作「鎖」。五四四頁上五行第一〇字同。

一　五四一頁下二行末字「膊」，資、磧、普、南、徑、清作「蹲」。

一　五四一頁下三行第四字「腦」，資、磧、普、南、徑、清作「腟」。

一　五四一頁下四行第八字「額」，資、磧、普、南、徑、清作「頷」。

一　五四一頁下一五行首字「外」，資、磧、普、南、徑、清作「牀」。

一　五四一頁下末行第七字「謂」，徑、清作「爲」。

一　五四二頁中一行「人肉」，資、磧、普、南、徑、清作「人皮」。

一　五四二頁中二行第五字「杖」，資、磧、普、南作「枝」。

一　五四二頁中一二行第一三字「念」，資、磧、普、南、徑、清作「今」。

一　五四二頁下一一行第四字及一四行第一〇字「想」，資、磧、普、南、徑、清作「相」。五四五頁上七行第八字同。

一　五四三頁下四行「無斷」，資、磧、普、南、徑、清作「無斷者」。

一　五四四頁上一行第三字「修」，資、磧、普、南、徑、清無。

一　五四四頁上七行末字「妙」，資、磧、普、南、徑、清作「好」。

一　五四四頁中一三行「澹蔭」，南、徑、清作「痰癊」。

一　五四四頁中一四行第一〇字「腕」，資、磧、普、南、徑、清作「胲」。

一　五四四頁中末行第二字「於」，資、磧、普、南、徑、清作「此」。

一　五四五頁中二行第六字「行」，資、磧、普、南、徑、清作「住」。

一　五四五頁中三行末字「中」，資、磧、普、南、徑、清作「中說」。

一　五四五頁中五行「天身」，資、磧、普、南、徑、清作「身天」。

一　五四五頁中六行首字「夜」，資、磧、普、南、徑、清作「分」。

一　五四五頁下一四行「天盡」，資、磧、南、清作「天壽」。

一　五四五頁下一九行第六字「言」，資、磧、普、南、徑、清作「答言」。

一　五四六頁上五行第八字「語」，資、磧、普、南、徑、清作「說」。

一　五四六頁下一五行第一〇字「以」，資、磧、普、南、徑、清作「似」。

一　五四七頁中三行「不故」，資、磧、普、南、徑、清作「是故」。

一　五四七頁中八行第五字「餘」，資、磧、普、南、徑、清作「餓」。

一　五四七頁中一〇行首字「記」，資、磧、普、南、徑、清作「祀」。

一　五四七頁中二〇行第九字「祴」，磧、南、徑、清作「械」。

一　五四七頁下一五行「作此論」，至此，資、磧、普、南、徑、清卷第三十終，卷第三十一始，資、磧、普、南有品名「雜揵度無義品之三」；徑、清有品名「雜揵度無義品第七之三」。

一　五四七頁下一六行第一〇字「智」，

資、磧、普、南、徑、清作「慧」。

一　五四八頁中二行「色身」，資、磧、普、南、徑、清作「已身」。

一　五四八頁下七行第二字「彼」，資、磧、普、南、徑、清作「法」。

一　五四八頁下一九行第一一字「解」，資、磧、普、南、徑、清作「解說」。

一　五四八頁下二〇行夾註左「十謗十直道十」，資、磧、普、南、徑、清作「十傍十直道有十」。

一　五四九頁上一六行第四字「界」，資、磧、普、南、徑、清作「果」。

一　五四九頁中八行末字「中」，資、磧、普、南、徑、清作「見」。

一　五四九頁中一五行「故名」，資、磧、普、南、徑、清作「故言」。

一　五四九頁下一〇行第一三字「彼」，資、磧、普、南、徑、清作「妓」。

一　五四九頁下一八行首字「便」，資、磧、普、南、徑、清作「使」。

一　五四九頁下末行末字「右」，資、磧、普、南、徑、清作「左」。

一　五五〇頁上一行第四字「左」，資、磧、普、南、徑、清作「右」。

一　五五〇頁中七行第三字「乃」，資、磧、普、南、徑、清作「及」。

一　五五〇頁中一六行第六字「所」，資、磧、普、南、徑、清作「所經」。

一　五五〇頁下一三行第八字「樹」，資、磧、普、南、徑、清作「樹下」。

一　五五〇頁下一七行末字「起」，資、磧、普、南、徑、清作「說」。

一　五五一頁上一三行第一二字「得」，資、磧、普、南、徑、清作「能」。

一　五五一頁上二二行第二字「受」，資、磧、普、南、徑、清作「授」。

一　五五一頁中一行「亦起」，資、磧、普、南、徑、清作「佛亦起」。

一　五五一頁中一九行「遊見」，資、磧、普、南、徑、清作「遥見」。

一　五五一頁下三行第三字「伎」，資、磧、普、南、徑、清作「妓女」。

一　五五一頁下九行第九字「聞」，資、磧、普、南、徑、清作「問」。

一　五五一頁下一七行第一〇字「彼」，資、磧、普、南、徑、清作「汝」。

一　五五一頁下二一行第九字「是」，資、磧、普、南、徑、清作「是見」。

一　五五二頁上末行經名，資、磧、普、南、徑、清無（未換卷）。

阿毗曇毗婆沙論卷第二十二　　切

迦旃延子造　五百羅漢釋

北涼天竺沙門浮陁跋摩共道泰等譯

雜揵度無義品第七下

地神作如是唱世尊轉聖法輪乃至廣說問曰時會亦有餘天唱言佛轉法輪何以獨言地神唱耶荅曰或有說者地神隨從世尊欲令轉法輪無諸留難如來從時轉正法輪無諸留難地神自念所有功勞今已得果心生歡喜是以高聲先唱復有說者時會雖有餘天而閩地神輕躁是以先唱如今大衆集處性輕躁者每喜高聲先唱彼亦如是復有說者彼深生歡喜故是以先唱復有說者是次第法故所以者何地神先唱次虛空神經剎那須臾須上至梵世問曰如處所起聲即處所滅何以言上至梵世耶荅曰此是轉轉法地神唱已餘天復唱如是轉轉乃至梵世猶如一燈轉轉相然彼亦如是

問曰如天亦解法何故言為人轉法輪荅曰或有說者以人先見諦天在後故復有說者人是現見天非現見故復有說者以人為證不以天為證故復有說者佛所行事業與人同故天則不同復有說者諸天亦從人中得善利故復有說者人中有四衆故復有說者若於此處滅亦於此處生雖有聖人滿諸天宮人中有證甘露法者不名法滅若無證者乃名法滅是故若於此處滅亦於此處生若轉輪聖王出世聲徹他化自在天宮憍陳如等聲徹梵世佛聲徹阿迦貳吒問曰何故轉輪聖王聲徹自在天宮憍陳如等聲徹梵世佛聲徹阿迦貳吒荅曰或有說者衆生造業有下中上造下業者聲徹自在天宮造中業者聲徹梵世造上業者聲徹阿迦貳吒復有說者衆生造名譽業有下中上造下業者聲徹自在天宮造中業者聲徹梵世造上業者聲徹阿迦貳吒復有說者衆生讚歎父母師長沙門婆羅門有下中上若下者聲徹自在天宮中者聲徹梵世上者聲徹阿

迦膩吒復有說者若轉輪聖王出世則以十善教化於六欲天中受其果報若有新生天者諸天歡喜我受樂親屬今已增多以轉輪聖王出世之時諸天歡喜故聲徹自在天宮梵天請佛轉法輪故聲徹梵世首陁會諸天覺悟菩薩故出迦毗羅城得無上智是以佛出於世聲徹阿迦膩吒復有說者轉輪聖王是愛欲人是以聲徹不離欲處梵世中有尊卑上下故憍陳如聲徹梵世佛有最勝大名稱故聲徹阿迦膩吒設當有頂衆生有耳識者世尊聲亦應徹彼世尊廣脩無量名譽業故問曰何故轉法輪聲徹於梵世荅曰以梵世是一切人所尊重處復有說者以梵世作三千大千世界分齊故復有說者以梵世有尊卑上下故復有說者以彼地有言語根本覺觀法故如說以覺觀心故而有言語復有說者以彼有自地善染汙不隱沒無記耳識故復有說者以彼有自地善染汙不隱沒無記口有作法故以是事故聲徹梵世

問曰諸佛所說法盡是法輪耶荅曰不也說見道者是名法輪問曰聞佛說法入見道者多何以不名法輪耶荅曰彼雖是法輪而不在初初入法者得名法輪最後入法如須跋陁羅者亦名法輪

問曰一切諸佛盡在波羅㮈國轉於法輪此處定不耶若定者此說云何通如說然燈佛燈光城而轉法輪若不定者曇摩須菩提所說偈云何通如偈說

應念過去佛所依　迦耶大城苑鹿林
皆於此處善分別　清淨妙法無有上

荅曰或有說者應作是論有四處定菩提樹轉法輪處天上來下處大現神變處何以知菩提樹定曾聞有文陁竭轉輪王與四種兵飛行空中到菩提樹上其輪便住不得前過時王怖懅作是思惟我今將無欲失王位有命難耶菩提樹神而語王言大王莫怖不失王位亦無命難王不見下菩提樹耶此中有金剛座一切菩薩皆坐此上得無上智王欲過者可避此處從餘道往時王便下種種供養菩提樹已從餘道去以是事故知菩提樹定何以知轉法輪處定耶即以上偈知其處定何以知天上來處定耶曾聞佛去世後從天上來處有苦惱事諸比丘捨之而去外道異學來居其中後諸比丘還來其處語外道言此是我師天上來處外道復言是我天祠常住之處乃至生大鬪諍時諸比丘語外道言今當俱立誠言應屬誰者當有瑞相時諸外道皆黙令時諸比丘便立誠言諸神證知若令此處是過去諸佛為母說法來下處者當現瑞相時彼住處有大石柱上有石師子即便大吼時諸外道心懷怖懅捨之而去口中又出衆寶華鬘繞此石柱皆悉周遍以是事故知佛從天上來下處定何以知現大神變處定佛在世時諸外道輩求佛共捔現神變經十六大國佛不現神變還舍衛國乃現神變以是事故知現大神變處定問曰若轉法輪處定者然燈佛於燈光城轉于法輪此說云何

通荅曰今此波羅捺國即是昔日燈光城復有說者有三處定謂菩提樹天上來下處現大神變處此三處定如上所說三處不定轉法輪處生處般涅槃處何以知轉法輪處不定若阿羅欝陁迦子不命終者佛不往其所而為說法從摩伽陁將至波羅捺國耶問曰若轉法輪處不定者曇摩須菩提偈云何通荅曰此不必須通所以者何此非修多羅毗尼阿毗曇此是造文頌法凡造文頌者言必過實若必欲通者當云何通荅曰過去亦曾有佛於彼處轉法輪是以作如是說波羅捺是何義耶荅曰有河名波羅捺去其不遠造立王城故名波羅捺何以名仙人論處荅曰若作是說一切諸佛皆於波羅捺國轉法輪者諸佛是最勝仙人始初於彼轉法輪故名仙人論處若作是說諸佛不必於彼處轉法輪者佛出世時有阿羅漢大仙於彼處已住今住當住若佛不出世有辟支佛住若無辟支佛有五通仙住以是事故名仙人論處

亦名仙人住處施鹿林有何義衆鹿於中遊行名曰鹿林復次梵摩達王以此樹林施與衆鹿名施鹿林

又世尊言此比丘漏盡三十三天數集會乃至廣說問曰何故作此論荅曰波利質多樹喻經是此論所為根本或謂三十三天有現前了了智知比丘漏盡非是比相知欲決定說三十三天無現前了了智是比相智所以者何生得慧不知漏盡法以是事故而作此論問曰若生得慧不能知漏盡法者彼諸天云何知耶荅曰以五事故知一世尊起世俗心問曰何故世尊起世俗心荅曰以適世尊意故誰能第一適世尊意謂能斷未來有者世尊亦說比丘若起少分未來有者我不稱讚是人乃至廣說彼比丘斷未來有過世尊意故起世俗心復有說者欲令得他心智者知故以口言告他二告他告他義如先說三彼尊者亦起世俗心問曰彼尊者何故起世俗心耶荅曰彼尊者無始以來煩惱熾然今已得捨捨熾然諸入得清涼諸入捨煩惱衆生住清淨衆生中捨染汙陰重擔得清淨陰生歡喜故起世俗心四彼尊者亦告他問曰彼尊者何故告他荅曰欲現法中所言誠諦故亦令施主施飯食衣服牀坐卧具病瘦醫藥生歡喜心亦顯出家有果實行故是以告他吾從大威德天聞問曰何者是大威德天耶荅曰天中得阿羅漢者是也問曰一切皆知耶荅曰若根等者知問曰其餘天亦稱歎此法不耶荅曰亦稱歎問曰若然者此中何故不說耶荅曰或有說者若諸天數數集會者此中說之三十三天八日十四日十五日思念人天有行善法者不復有說者彼三十三天中或有以波利質多羅樹蔭阿羅漢者是以稱歎復有說者三十三天若聞人多行善者天則歡喜是以稱歎復有說者三十三天常伺察人有行善者為作擁護是故稱歎問曰亦稱學人不耶荅曰亦稱歎如經說若世間人孝事父母諸天稱歎何況學人問曰若然者何以但說

漏盡者不説學人耶荅曰以最勝故乃至廣説復有説者以波利質多羅樹極威時開敷爲喻復有説者以漏盡人應受供養故不雜過患故無罪咎故無嫌恨故是以稱歎復有説者若世有阿羅漢諸天增多惡道減少是以稱歎猶如明王治國以正人民增益彼亦如是復有説者若世有阿羅漢諸人增多阿脩羅衆減少如月滿時大海水增彼亦如是復有説者若世有阿羅漢諸天與阿脩羅戰時則勝如見善精進天子諸天戰勝彼亦如是復有説者若世有阿羅漢後生諸天威德勝前生諸天故是以稱歎如以米甘施勝於四衢施者彼亦如是復有説者若世有阿羅漢以少食施得生天上故是以稱歎如摩訶迦葉以一器稗子飯施阿泥盧頭以一食施彼亦如是復有説者若世有阿羅漢見者能生信歡心得生天上故是以稱歎如蝦蟇惡狗氣嘘旃陀羅以敬信心故得生天上彼亦如是復有説者若世有阿羅漢生死牢獄

得遣大赦如王生子大赦牢獄彼亦如是復有説者若世有阿羅漢則能顯示善趣惡趣道如日出時則見平坦嶮難之道彼亦如是復有説者若世有阿羅漢則不失天位不墮惡道還得天位故猶如帝釋彼亦如是復有説者若世有阿羅漢一切世間常獲善利無空缺時猶如善師教善弟子常得善利無空缺時彼亦如是復有説者若世有阿羅漢雖有天樂而能捨離思得閑靜如帝釋轉輪聖王閻羅王思得出家彼亦如是復有説者若世有阿羅漢一切世間得聞道品等寶而常豐賤如海舩載寶令天下豐賤彼亦如是復有説者若世有阿羅漢一切世人受樂如豐熟時彼亦如是問曰爲稱歎一切阿羅漢不耶荅曰或有説者皆稱歎一切阿羅漢所以者何諸天常好歎説人善一切事辨者甚爲希有是故皆歎復有説者不必稱歎一切阿羅漢作阿羅漢作名譽業亦令增益者則稱歎若不作名譽業雖有作不令增益者隣

比猶無知者何況諸天復有説者若豪貴出家如釋婆陁王等則稱歎之復有説者如經中所説阿羅漢者則稱歎之復有説者若有大智有大福報者若能令諸天衆增惡道減少則稱歎之復有説者若饒益他不生疲猒如舍利弗等則稱歎之復有説者若能護持佛法世所歸趣者則稱歎之問曰諸天爲知增上慢者不耶荅曰若有增上慢自言是阿羅漢者諸天不知若無增上慢自言得阿羅漢者諸天則知復有説者若有深厚善根起增上慢者則不知若起欲界繫不淨觀生增上慢者則知如帝釋世無佛時若見有人閑居無事即往其所觀察是人有成佛相不帝釋尚尒何況餘天而不知也問曰復知犯戒者不耶荅曰若犯麁戒則知細者不知又世尊言有化法調伏有如法修行乃至廣説問曰何故作此論荅曰褌㮏梨師經是此論所爲根本曾聞摩伽陁國有大疾病當是疫時摩伽陁國頻婆娑羅王輔佐人多有死者復

有說者阿闍世王殺父王時亦殺父王左右輔佐諸輔佐親屬往請阿難為我問佛於處處村落有信樂佛者命終之後世尊常悉說其生處此摩伽陁國我諸親屬命終之者不說生處汝當為我請問世尊此諸人等命終之者為生何處介時阿難以親愛故許作方便詣世尊所而白佛言餘者人民有命終者世尊常說其生處摩伽陁國輔佐命終不說生處以佛不說其生處故彼諸親屬生愁惱心不生信敬唯願世尊說其生處世尊於摩伽陁國成等正覺又頻婆婆羅王深心信佛得究竟法敬事衆僧以是事故應說摩伽陁國諸輔佐等死者生處介時世尊默然許之即持衣鉢入郍提揵城乞食食已便還精舍洗足已於軍闍迦房內敷牀而坐善攝身心入於禪定欲觀摩伽陁國侍使生處問曰世尊有如是知見欲有所觀應念即知何以故敷牀座乃至廣說荅曰或有說者欲說甚深難知難明難見事故所以者何一切佛經所說義深遠者莫若於業十二支緣雖是甚深莫若二支體是業者信是甚深如來十力知業力者最是甚深四不可思議法中業不可思議最是甚深八揵度中業揵度最是甚深以是事故敷牀座乃至廣說復有說者欲待受化者集故復有說者禪郍利師未來集故禪郍利師若聞佛欲說是事必來詣佛復有說者佛因是事亦說如來有八如實功德故一明具足二戒具足三說法具足四於現明了五善說道六得善伴七得善眷屬八於一切衆生有饒益心如是廣如經說復有說者欲令阿難聞持不忘益加渴仰尊重心故復有說者欲斷無有實德輕易心故有人少有所知他人來問以輕易故所問便荅如來欲現我今雖有如是知見應念即知而故作方便何況小智而不故作方便耶復有說者欲現聰明人法故世尊亦說聰明有三種相一善思所思二善言所言三善行所行復有說者摩伽陁國諸輔佐等有種種因有種種果有種種業種種報而遍生六欲天中欲諦觀如是事故敷牀座乃至廣說復有說者佛時欲入禪定阿難方問此事佛未荅之即入禪定介時世尊以日後分從禪定起於比丘僧前敷牀而坐介時阿難作是思惟今者世尊身心寂靜正是問時佛知阿難心之所念告阿難言此摩伽陁國諸輔佐等凡八万四千或過是數或是化法調伏或是如法修行斷於三結得須陁洹道乃至廣說問曰云何輔佐荅曰或有說者是頻婆婆羅王內眷屬故名曰輔佐復有說者常侍三寶故名曰輔佐復有說者此是前世時名所以者何頻婆婆羅王本曾為轉輪聖王與四種兵遊行虛空時王轉寶忽然不行廣說如上轉法輪中乃至王八万四千輔佐供養菩提樹已異道而去介時轉輪聖王者今頻婆婆羅王是介時輔佐八万四千人者今諸輔佐是是故知是前世時名復有說者此諸輔佐助王治於二國使國豐威命終之後二國空虛故

名輔佐佛經中說是諸輔佐有是化法調伏有是如法修行而不分別佛經是此論所爲根本諸經中所不說者今欲說故而作此論

云何化法調伏云何如法修行荅曰或有說者諸摩竭輔佐天身見法者名化法調伏人身見法者名如法修行復有說者諸摩竭輔佐不受戒見法者名化法調伏受戒見法者名如法修行復有說者若於此種善根亦令成熟於彼得解脫者名化法調伏於此三事得具足者名如法修行如是於此中種達分善根彼中入見道此中種觀諦善根彼中入見道此中受假名戒彼中得真實戒此中得速解脫戒禪戒彼中得無漏戒此中善學心善學戒彼中善學慧此中得須陁洹果此中得修治善根彼中得淨見此中得信等五根彼中得不壞信當知亦尒是化法調伏於此中種達分善根即此中入見道此中種觀諦善根即此中入見道此中入見道此中受假名戒即此中得真實戒此中得速解脫戒禪戒即此中得無漏戒此中善學心善學戒即此中善學慧此中得須陁洹即此中得須陁洹果此中得修治善根即此中得淨見此中得信等五根即此中得不壞信當知亦尒是如法修行問曰何故天中見法者名化法調伏人中見法者名如法修行荅曰人中習學故聖道現在前亦多讀誦兼解其義初夜後夜勤修方便受一七六七法從日沒時至日出時結跏趺坐勤行精進住於山窟巖石之閒頂安禪鎮行禪毱法杖作如是等精進巳然後聖道乃現在前天中無有是事故若於此閒修如是等方便後生彼中不多用功聖道現在前是故名化法調伏若於人中修如是等法聖道現在前者名如法修行

云何多欲云何不知足乃至廣說問曰何故作此論荅曰此二法所行相似有人性多欲世人言是人不知足有人性不知足世人言是人多欲此二法相似故世人謂是一今欲說其體性亦說差別故而作此論

云何多欲荅曰未得色聲香味觸此說出家人衣服飲食牀敷卧具此說出家人若欲常欲極欲乃至廣說在家者求色等境界四方馳騁佃種者求田地園林牛羊等畜種種穀麥資生之具富貴者求王位國土封邑象馬金銀琉璃等寶出家人求衣鉢等所須之物及房舍弟子徒衆等是名多欲不知足者巳得色聲香味觸此說在家人巳得衣服飲食牀敷卧具是說出家人不知足者不可適所得乃至廣說在家不知足者若於一田地不知足復求二田地於二田地不知足乃至求多亦不知足園林牛羊等畜乃至資生之物說亦如是富貴者於一王位不知足求二王位於二王位不知足乃至求多王位乃至求多珎寶說亦如是出家人於一衣鉢不知足求於二三乃至多求不知足乃至資生之具不知足說亦如是

多欲不知足有何差別問曰何故復作此論荅曰此法相似雖說體性猶

應說差別云何多欲云何不知足多欲者若未得色聲香味觸乃至廣說何以知是多欲耶答曰以所求故知若求色等境界時多作方便以多方便故知所以者何多欲是多方便因不知足者已得色聲香味觸乃至廣說復欲復求何以知是不知足耶答曰若已欲復欲此必數數多求以多求故知所以者何已欲復欲是數數多求因復有說者不知足是因多欲是果此二法更相顯現或以因顯果或以果顯因此二法俱是貪不善根復有說者多欲在意地不知足是在六識身所以者何五識緣現在法多欲緣未來評曰此二法俱在六識身俱是欲界法如是說者好

云何少欲云何知足問曰何故作此論答曰此二法相似有人性少欲世人言是知足有人性知足世人言是少欲此二法相似故世人謂是一今欲說其體性亦說差別故而作此論云何少欲未得色聲香味觸乃至廣說此在家人未得衣服飲食乃至廣說此說出家人若不欲不常欲不極欲乃至廣說在家佃種者不求田地等乃至廣說富貴者不求王位等乃至廣說出家者不求衣鉢等乃至廣說云何知足答曰已得色聲香味觸乃至廣說是說在家人已得衣服飲食等乃至廣說是說出家人知足者可適所得乃至廣說在家知足者於一田地知足不求二田地乃至於一資生具知足不求二乃至廣說富貴者於一王位知足不求二王位於二王位知足不求多王位乃至廣說出家者於一衣鉢知足不求於二乃至於資生之具不求多乃至廣說少欲知足有何差別問曰何故復作此論答曰此法相似雖說體性猶應說差別少欲者若未得色聲香味觸乃至廣說何以知是少欲耶答曰以不求故知以不求是少欲因故知足者已得色聲香味觸乃至廣說何以知是知足耶答曰不數數求故不多作方便不多作方便是知足因是名差別或有少求而是多欲或有多求而是少欲少求是多欲者如須一呵梨勒果得已復欲於二是名少求而是多欲多求而是少欲者如須百千兩金資生之物得已更不復欲是名多求而是少欲或有多求是不知足或有多求是知足多求是不知足者得資生之物足以供身猶故多求是名多求而不知足多求是知足者得資生之物不足供身雖復更求猶是知足問曰何故問少欲而答不欲耶如說不欲不常欲不極欲答曰資生之物有二種一如法二不如法如法者少欲不如法者不欲復有說者資生之物有二種一是所應二非所應所應者少欲非所應者不欲復有說者受他物有二種一以愚故二為止苦止苦者少欲愚者不欲復有說者於財不欲於無漏道欲復有說者一切阿羅漢永斷欲心憐愍衆生故受他所須

云何難滿云何難養乃至廣說問曰何故作此論答曰此二法所行相似有人性是難滿世人言是人難養有人性是難養世人言是人難滿此二

法相似故世人謂是一今欲說其體性亦說差別故而作此論

云何難滿答曰多飲多食是也云何難養答曰若數數飲食是也問曰此二何以不問其差別耶答曰應問應作是說難滿難養有何差別答曰多食是難滿選擇食是難養而不問者當知此說有餘乃至廣說

云何易滿云何易養乃至廣說問曰何故作此論答曰應如上難滿難養所以中說

云何易滿答曰不多食不多飲是也云何易養答曰不數數食是也問曰此中云何不問差別耶答曰應問如上所說或有少食而是難滿或有多食而是易滿少食是難滿者應食一揣而食二揣是名少食而是難滿多食而是易滿者若食一斛乃足供身而更不食是名多食而是易滿曾聞有牸象名曰磨荼載佛舍利來入罽賓國以此善根故於罽賓國死生人中其後出家得阿羅漢果日食飯一斛乃至欲般涅槃時告諸比丘尼汝等集會我當自說所得勝法諸比丘尼不信其言作如是說汝是易滿人云何不自說得勝法耶復語諸比丘尼言莫生不信我有身已來常是易滿亦說前世因緣我本為牸象捨彼身已今得此身能食飯一斛五升而食一斛乃至廣說如是等雖是多食而是易滿曾聞波斯匿王能食飯二斛飲漿二斛是彼功德因緣故因一根粳米一莖甘蔗日日長生亦許飲食故身體肥大以此大身往詣佛所佛便問言大王身體肥大得無疲耶時波斯匿王心生慚愧具向佛說尒時世尊便說此偈

人當有正念　於食知止足　亦不違苦受
易消而增壽

時波斯匿王聞佛所說漸自減食乃至後時唯食飯一斛如是雖復多食而是易滿或選擇食而是難養或有選擇食而是易養選擇食是難養者廣食足供身而選擇好食是也選擇食是易養者廣食不能供身不選擇好食是也或有貪味故數數食所食不多或有所食多而不貪味數數食或有所食多貪味數數食或有所食不多不貪味數數食初句者烏等是也第二句者象馬等是也第三句者狼狗狸猫等是也第四句者除上尒所事問曰此有何差別耶答曰體性即是差別如前說難滿者所食多難養者選擇食復有說者難滿者是多欲難養者是不知足此二法俱是欲界法俱是貪不善根通六識身易滿易養與上相違是也問曰此有何差別耶答曰體性即是差別如前說所食不多是易滿不選擇食是易養復有說者易滿是少欲易養是知足此二法俱是三界法是不貪善根對於貪故通六識身

佛經說有四聖種乃至廣說問曰世尊何故說此經耶答曰為止四種業行故而說此經四種業者或以佃種為業或以販賣為業或以事官為業或以尊貴為業一種業者以乞求為業為止四種業行一種業故世尊說此經復欲顯現業及所應作故業者

應乞求衣服飲食牀卧敷具以自存活所應作者應樂斷煩惱樂修善法如是無盡業所應作無罪業所應作無害他業所應作不同外道業所應作說亦如是復次欲現聖道及聖道具故聖道者謂樂斷樂修者是也聖道具者謂飲食衣服牀敷等是也沙門果沙門果具婆羅門婆羅門具亦如是以如是等事故佛說此經

問曰聖種體性是何答曰對貪故名無貪善根若取相應共有是四陰五陰性復有說者性是不貪精進初三者是不貪樂斷樂修是精進評曰不應作是說如前說者好所以者何樂斷樂修亦是不貪性故問曰若然者云何有四答曰為斷生四種愛故有四為斷因衣生愛說於衣知足聖種為食說食知足為房舍敷具說房舍敷具知足為增長有故說樂斷樂修知足聖種是故為止四種愛故說四聖種此是聖種體性乃至廣說

已說體性所以今當說何故名聖種云何為聖以善故說聖以無漏故說聖復有說者聖人行此法故說聖復有說者能生妙好適意果故說聖此說是依果復有說報果者能生妙好適意報果故說聖云何名種過去恒河沙數諸佛及諸佛弟子從是中生故名種復有說者能令佛法久住故說種所以者何佛般涅槃後道法千年而不壞者是聖種力如摽椽持舍使不散壞彼亦如是復有說者相續義是種義佛涅槃後使佛法相續不斷是種義有如是聖有如是種故名聖種

界者有漏是三界繫無漏是不繫問曰如欲界有四種可介以有衣服飲食牀敷卧具故色界無飲食無色界無衣服飲食牀敷卧具云何有四耶答曰彼雖無如是物有如是功德復有說者此間修衣服飲食牀敷卧具知足法故雖生彼間而猶隨從尊者和須蜜說曰彼雖無此法而有此法對治對治有多種有斷對治有過患對治有持對治有遠分對治色界有此四種對治無色界有二種謂持對治遠分對治尊者佛陀提婆說曰無無漏衣服飲食牀敷卧具而有無漏聖種彼雖無衣服飲食牀敷卧具等而有聖種地者有漏在十一地無漏在九地依者依三界身初者依欲界行者行十六行亦行餘行緣者緣一切法念處者是四念處智者與十智相應定者與三定相應根者與三根相應謂喜樂捨根世者在三世緣者緣過去未來現在亦緣非世法善不善無記者是善緣善不善無記者緣三種三界繫者如先說有漏是三界繫無漏是不繫緣三界繫及不繫者緣三界繫亦緣不繫是學無學非學非無學者是三種緣學無學非學非無學者三種盡緣見道斷無斷者是修道斷無斷緣見道修道無斷者緣三種緣自身他身非身法者緣三種緣名緣義者緣名緣義問曰為是意地為是六識身答曰是意地非五識身所以者何五識身是生得法故復有說者是六識身所以者何一切善心是聖種故評曰不應作是說如前

說者好為是生得善為是方便善答曰是方便善非生得善所以者何一切聞思修善皆為解脫故是聖種復有說者是生得善評曰不應作是說所以者何乃至蟻子有生得善可是聖種耶問曰若是方便者外道禪解脫勝處一切處為是聖種不耶答曰不是所以者何如先說聞思修善為解脫故是聖種外道不知足為增長有及有具故非聖種問曰一切善心中盡有少欲知足所以者何是對貪無貪善根故何以說知足是聖種不說少欲耶答曰或有說者少欲猶是欲名又是無所欲異名若說少欲時猶有所欲不名無所欲知足更無所欲亦無異名故說是聖種復有說者少欲於未得少欲於未來知足者知足於已得知足於現在若於現在所得少物能知足者是為甚難於未得未來轉輪聖王位少欲者未足為難以知足難故說是聖種復有說者少欲是欲界知足是三界復有說者少欲是三界繫非不繫知足是三界繫亦是不繫評曰不應作是說此二法俱是三界繫亦是不繫問曰若然者復還生疑何故說知足是聖種不說少欲耶答曰為異於外道知故說少欲是聖種若說少欲是聖種者諸外道當作是言我等亦是行聖種者所以者何汝等猶著糞掃衣而我等不著衣汝等猶乞食自活而我等多不食汝等猶坐樹下而我等或常舉手翹足而立不坐牀座我等行如此法非是聖種耶外道梵志雖行此法於有有具而不知足是故異外道故不說少欲是聖種

問曰何故隨病藥聖種中不說耶答曰或有說者此法以入上所說中所以者何隨病藥有二種一是可食二不可食可食者在飲食中攝不可食者在衣服牀敷臥具中攝復有說者若一切人一切時所用者說是聖種隨病藥非一切人一切時用如尊者婆拘羅所說我於佛法中出家過八十年不憶此身有病乃至頭痛亦不憶畜隨病藥乃至畜一呵梨勒果如此欲界一切人非一切時畜隨病藥況色無色界復次若受用此法令人放逸若能捨者是名聖種隨病藥不能令人放逸故不說是聖種

問曰何故建解脫戒無作說是聖種不說有作是耶答曰或有說者有作隨剎那滅無作是相續不斷不斷義是聖種復有說者無作與無漏道俱得有作不尒是故無作是聖種在家人有四聖種出家人亦有四在家者有期心而不能行曾聞帝釋坐衆華座有千二百那由他侍女六万伎人常作音樂以娛樂之而彼帝釋常有期心聖種而不受用出家者亦有期心亦行聖種出家者或有隨得於衣服飲食等而不知足是行聖種曾聞有一比丘以日沒時往詣佛所從佛求房而住尒時佛告阿難與此比丘房舍阿難與之尒時比丘語阿難言大德嚴淨此房除去瓦石糞掃之等懸繒幡蓋散種種華燒上妙香敷細軟臥具安置好枕尒時阿難具以是事往白世尊佛告阿難如彼比丘所

言盡為辦具是時阿難恚為具之時彼比丘即入房中坐其牀座於夜初分起淨解脫次第起餘解脫盡一切遍得阿羅漢果兼起神通於日清旦以神通力從彼房舍忽然而去尒時阿難以清旦時詣彼房舍見其門開不見比丘即往白佛具說是事佛告阿難汝於此比丘莫生異想昨夜初分而彼比丘起淨解脫乃至修起神通以神通力從彼房去阿難彼比丘者性樂鮮好從性意天中來生此間若汝不為辦具如是鮮好房舍卧具等者而彼比丘則不能得勝進之法如是出家人雖於衣服牀敷卧具等不知足不隨得而用然能行聖種過去諸佛皆稱歎糞掃衣而不聽著今佛稱歎糞掃衣而聽著問曰何故過去諸佛稱歎糞掃衣而不聽著今佛稱歎而聽著耶荅曰或有說者古昔時人性不貪愛雖有價直百千兩金衣惜著之心不如今人惜著凡夫復有說者古昔時人饒財多寶若求百千兩金衣未足為難如今世人財寶

倫少求糞掃衣猶尚難得何況價直百千兩金衣復有說者古昔時人心好鮮淨於麁弊物不生敬心是以讃歎而不聽用今世時人性好麁弊於受用麁弊物者能生信敬心是以讃歎亦聽受用復有說者古昔時人身體細軟若受用麁弊物者不能自存是以讃歎不聽受用今世時人身體麁强受用麁弊能自存身是以讃歎亦聽受用尊者佛陁提婆說曰古昔諸物若讃歎時亦聽受用所以者何佛不無事有所讃歎糞掃衣輕賤易得求時無過耶荅曰或有說者糞掃衣無多人著故輕賤求時易得故輕賤處處可得故易得佛所聽故求時無過復次此業無過故求時無過復次智人所行故求時無過尊者佛陁提婆說曰少價故言輕賤不從他得故易得無生故求時無過

佛以二事故於知足說是聖種一為斷貪著衣心如難陁等二為讃歎於衣知足如摩訶迦葉等以二事故於食知足說是聖種一為斷貪食心如婆陁利等二為讃歎於食知足如婆拘羅等以二事故於牀座知足說是聖種一為斷貪著物坐心如愚王比丘等如說愚王比丘白佛唯願世尊觀我牀座麁弊如是二為讃歎牀座知足如離婆多等以二事故說樂斷樂修是聖種一為除懈惰者心如闡陁等二為讃歎勤行精進如億耳等以四事故當知是人住聖種者一不樂談得利養二不樂近貪美食人三不多用資生之物其所用者皆是清淨四於諸利養得與不得不生憎愛佛經說此四聖種是最勝是種性是可樂是不雜一切世間若沙門婆羅門若天魔梵無能如法說其過者問曰云何是最勝荅曰或有說者若行此法墮最勝人中如佛說我五百弟子各有最勝之事若於資生之物而知足者佛亦讃歎此人是最勝復次涅槃是最勝此法能到故名最勝復次能知最勝法故名最勝法何等是最勝法謂佛若佛弟子誰能知此法謂行聖種及修聖道者復次此法於

一切滿意善根中最勝故言最勝所以者何一切衆生多不意滿足而死若住聖種者命終之時其意滿足此法體是最勝能到最勝故名最勝復次能去積聚過故所以者何下劣者多積聚最勝者不積聚若住聖種者於諸所須而不積聚轉輪聖王王四天下所有財寶由是易盡住聖種業所用無盡能除積聚法故體是最勝能到涅槃最勝法故名最勝云何是種性答曰如先說過去恒河沙數諸佛及諸弟子皆從是種中生故名舊種性亦令諸佛法常相續不斷故名種性復有說者此法能知種性故名知故名種性云何名可樂答曰所有斷樂及修樂此法能樂故名可樂復次此法亦可言知也所以者何行此法者能次第知夜分故以日沒時結跏趺坐至日出時乃起復次此法能知可樂法故名可樂復次能入聖法胎故名最勝入善法種性故名種性住善法時能知善法氣味故名可樂

云何不雜答曰不雜四種業故謂佃種販賣事官尊貴不雜此業淳善功德故名不雜沙門婆羅門等不能如法說其過者不雜過患不逼切他人故如經說比丘當知我聖弟子心無憎愛云何無憎愛愛名愛恚聖弟子降伏愛恚不為愛恚所伏故名無憎愛此經亦說有樂斷樂修此二有何差別答曰無导道是樂斷解脱道是樂修復次見道是樂斷修道是樂修如見道修道忍知未知欲知根知根見地修地說亦如是

阿毗曇毗婆沙論卷第二十二

阿毗曇毗婆沙論卷第二十二

校勘記

一　底本，金藏廣勝寺本。

一　五五五頁中一行至四行經名、造者、釋者、譯者、品名，資、磧、普、南、徑、清無（未換卷）。

一　五五五頁中一九行首字「那」，諸本（不含石，下同）作「耶」。

一　五五五頁下一二行「阿迦誠吒」，諸本作「阿迦膩吒」。下同。

一　五五六頁中五行「最後」，資、磧、普、南、徑、清作「是最後」。

一　五五六頁中一四行「是論」，資、磧、普、南、徑、清作「是說轉」。

一　五五六頁中一八行第四字「上」，資、磧、普、南、徑、清作「下」。

一　五五六頁下七行第四字「後」，資、磧、普、南、徑、清作「從」。

一　五五六頁下八行「復言」，麗作「後言」。

一　五五六頁下一〇行第四字「語」，

一　資、磧、普、南、徑、清作「諸」。

一　五五六頁下一一行第一三字「默」，資作「體」；磧、普、南、徑、清作「言」。

一　五五七頁中一八行第六字「過」，諸本作「適」。

一　五五七頁下五行第七字「令」，資、磧、普、南、徑、清作「令彼」。同行「飯食」，諸本作「飲食」。

一　五五八頁上九行第四字「人」，資、磧、普、南、徑、清作「天」。

一　五五八頁上一五行「米甘」，資、磧、普、南、徑、清作「味甘」；麗作「米泔」。

一　五五八頁上二〇行「信敬」，資、磧、普、南、徑、清作「敬信」。

一　五五八頁中二一行第一二字「作」，資、磧、普、南、徑、清作「若」。

一　五五八頁下三行第五字「如」，資、磧、普、南、徑、清作「如此」。·

一　五五八頁下一八行「不知」，至此，資、磧、普、南、徑、清卷第三十一終，卷第三十二始，資、磧、普、南有品名「雜揵度無義品之四」；徑、清有品名「雜犍度無義品第七之四」。

一　五五八頁下二二行「疾病」，資、磧、普、南、徑、清作「疾疫」。

一　五五九頁上八行第二字「許」，資、磧、普、南、徑、清作「漸」。

一　五五九頁中一八行「如是」，麗作「如來」。

一　五五九頁下一七行第二字「轉」，諸本作「輪」。

一　五五九頁下末行第五字「成」，諸本作「盛」。

一　五六〇頁中一〇行第八字「六」，資、磧、普、南、徑、清作「大」。

一　五六〇頁下三行第二字「出」，諸本作「在」。

一　五六〇頁下一二行第一二字「適」，資、磧、普、南、徑、清作「遍」。

一　五六一頁上九行「數數」，資、磧、普、南、徑、清作「數」。

一　五六一頁上末行第二字「此」，資、磧、普、南、徑、清作「此說」。

一　五六一頁下一〇行第九字「答」，資、磧、普、南、徑、清作「答曰」。

一　五六一頁下一五行末字「受」，磧、普、南、徑、清作「愛」。

一　五六二頁上一四行「云何」，資、磧、普、南、徑、清作「何以」。

一　五六二頁中六行「五升」，資、磧、普、南、徑、清作「五斗」。

一　五六二頁中九行第二字「飲」，磧、普、南、徑、清作「飯」。

一　五六二頁中一〇行首字「根」，資作「杷」。

一　五六二頁下三行第一二字「烏」，資、磧、普、南、徑、清作「鳥」。

一　五六二頁下四行第二字、第一一字及五行第八字「第」，磧、普、南、徑作「等」。

一　五六二頁下末行第三字「復」，資、磧、普、南、徑、清作「復次」。

一　五六三頁上一六行第六字「曰」，

一　資、磧、普、南、徑、清作「四」。

一　五六三頁上二〇行「知足聖種是故」，清作「知是聖種足故」。

一　五六三頁中六行第四字「復」，資、磧、普作「後」。

一　五六三頁中七行「道法」，資、磧、普、南、徑、清作「遺法」。

一　五六三頁下一六行「道斷」，諸本作「道斷修道斷」。

一　五六三頁下二〇行「六識」，資、磧、普、南、徑、清作「五識」。二二行麗同。

一　五六四頁中四行「故説」，諸本作「故不説」。

一　五六四頁中一〇行「翹足」，資、磧、普、南、徑、清作「蹻足」。

一　五六四頁中末行第一〇字「呵」，麗作「阿」。

一　五六四頁下一二行「伎人」，資、磧、普、南、徑、清作「伎女」。

一　五六四頁下一八行「求房」，資、磧、普、南、徑、清作「所求房」。

一　五六四頁下二一行「幡幰」，資、磧、普、南、徑、清作「幡蓋」。

一　五六五頁上一行「具之」，資、磧、普、南、徑、清作「具足」。

一　五六五頁上二行「夜初」，資、磧、普、南、徑、清作「初夜」。

一　五六五頁上二一行「凡夫」，諸本作「凡衣」。

一　五六五頁中七行「自存」，資、磧、普、南、徑、清作「自在」。

一　五六五頁中一九行第五字「生」，資、磧、普、南、徑、清作「主」。

一　五六五頁中二〇行第六字「於」，資、磧、普、南、徑、清作「於衣」。

一　五六五頁下三行第八字「物」，諸本作「牀」。

一　五六五頁下八行「如億」，磧、普、南、徑、清作「如意」。

一　五六六頁中一〇行末字「如」，資、磧、普、南、徑、清作「如是」。

一　五六六頁中末行「第二十二」，資、磧、普、南、徑、清作「第三十二」。

趙城縣廣勝寺

阿毗曇毗婆沙論卷第二十三　十七

迦旃延子造　五百羅漢釋

北涼天竺沙門浮陀跋摩共道泰等譯

雜揵度思品第八上

云何為思云何為憶乃至廣說如此章及解章義此中應說優波提舍問曰何故作此論荅曰此二法所行相似世人見多思者言是人多憶世人見多憶者言是人多思今欲說其體性亦說差別故或有說此二法是一所以者何聲論者說思之與憶應是一字唯長一點（此是天竺書法）為止如是意欲說差別復有說者此是心之異名如辟喻者說思之與憶是心異名更無別體為止如是說者意欲說思之與憶是心數法各有別體故而作此論云何為思荅曰思數數思乃至廣說如是等語盡是說意業名云何為憶荅曰憶數數憶乃至廣說如是等語盡是說慧別名

思憶有何差別問曰何故復作此論荅曰此二法相似故雖說體性亦應說差別思憶有何差別耶荅曰如經本說思者是業憶者是慧復次所作相是思所知解相是憶復次以思別業以憶故別慧揔相別相思之與憶是謂差別

問曰憶若是慧者慧有三種謂聞思修此三體性是何耶荅曰從聞生者是聞慧從思生者是思慧從修生者是修慧復有說者若受持讀誦思惟觀察十二部經是聞慧依此聞慧次生思慧依此思慧次生修慧如依金鉚生金依金生金剛彼亦如是評曰不應作是說如是說者好受持讀誦思惟觀察十二部經是生得慧依生得慧生聞慧依聞慧生思慧依思慧生修慧如依種生牙依牙生莖葉等彼亦如是問曰此三慧有何差別荅曰聞慧一切時依名解義所以者何行者作是念和上所說有何義修多羅毗尼阿毗曇所說有何義是名聞慧思慧者或時依名解義或時不依名解義修慧者於一切時不依名解義猶如三人於池水中洗浴一不能

淨二雖能不善三善能不能淨者於一切時手攀池邊所有草木然後乃浴能淨而不善者於一切時或攀池邊草木或時不攀而浴善能淨者於一切時不攀草木入中而浴聞慧如第一人浴思慧如第二人浴修慧如第三人浴復有說者聞慧為三慧作因思慧為思慧作因不為聞慧作因以下故不為修慧作因以界異故修慧與修慧作因不為聞慧作因以下故不為思慧作因以界異故復有說者聞慧有三慧果思慧唯有思慧果修慧唯有修慧果復有說者聞慧現在前唯聞慧修思慧現在前唯思慧修此修是行修非得修性劣不及未來故修慧現在前時三慧俱修此是三慧體性乃至廣說

已說體性所以今當說何故名聞思修耶答曰從聞生故說聞從思生故說思從修生故說修

界者聞慧在欲色界思慧在欲界修慧在色無色界問曰欲界中何故無修慧答曰欲界是不定界非離欲地非修地若欲修時便墮思中色界何故無思慧答曰色界是定地修地離欲地欲思時便墮修中復有說者欲界中盡有三慧問曰何者是修慧答曰見道邊等智空空三昧無願無願三昧無相無相三昧盡智邊所有善根是也以少故不說色界有二種謂聞修無色界一種謂修復有說者欲界有三種色界有三種無色界有二種謂思修復有說者欲界有三種色界有三種無色界有三種評曰不應作是說如初說者好地者聞慧在七地思慧在欲界修慧是有漏在十地無漏九地依者聞慧依欲色界身思慧依欲界身修慧依三界身行者聞思慧行十六行亦行餘行修行十六行亦行餘行問曰若盡行十六行亦行餘行有何差別答曰聞思慧自力不能未來得修因他力故未來得修修慧自力未來得修緣者俱緣一切法念處者俱是四念處智者聞思慧是等智修慧是十智根者聞修慧與三根相應思慧與喜捨根相應定者聞思慧不與定相應修慧與三定相應亦不與定相應世者是三世法緣三世者是緣三世亦緣非世善不善無記者是善緣善不善無記者是緣三種三界繫者聞慧是欲色界繫思慧是欲界繫修慧是色無色界繫亦是不繫緣三界繫者盡緣三界繫亦緣不繫是學無學非學非無學者聞思慧是非學非無學修慧是三種緣學無學非學非無學者盡緣三種見道斷修道斷不斷者聞思慧是修道斷修慧是修道斷亦不斷緣見道修道不斷者盡緣三種緣自身他身非身法者盡緣三種緣名緣義者是緣名義在意地在六識身者盡在意地非五識身為是生得為方便者盡是方便佛有幾聲聞辟支佛有幾答曰佛有三種以修慧為名所以者何如來自然成道有力無畏故辟支佛亦有三種以思慧為名所以者何以內自思惟自然成道故聲聞亦有三種以聞慧為名所以者何從聞得生諸善功德故復有說者此三慧盡可言

是聞慧所以者何如説多聞能知法
乃至廣説亦可言盡是思慧所以者
何如經本説思者是業憶者是慧亦
可言盡是修慧所以者何如説云何
修法荅曰有為善法是世尊亦説三
慧所謂言説究竟慧禪定究竟慧出
要究竟慧聞慧即是言説究竟慧思
慧即是禪定究竟慧修慧即是出要
究竟慧

云何為覺云何為觀乃至廣説問曰
何故作此論荅曰此二法所行相似
世人見多覺者言是人多觀見多觀
者言是人多覺令欲説其體性亦説
差別故復決辯喻者作如是説説覺
觀是心之異名為止如是説者意亦
明覺觀是心數法故而作此論

云何為覺荅曰心於緣貫徹種種貫
徹乃至廣説如是等語盡顯説覺相
云何為觀荅曰若心行緣種種行緣
乃至廣説如是等説盡顯説觀相
覺觀有何差別問曰何故復作此論
荅曰此二法相似雖説體性亦應説
差別覺觀有何差別耶荅曰如經本

説麁心是覺細心是觀若作是説明
覺觀是心復有説者若心麁時是覺
心細時是觀若作是説明覺觀不在
一心中復有説者應作是説心中麁
者是覺細者是觀問曰云何一心中
有麁細相違法耶荅曰以所作異故
可得麁所作是覺細所作是觀云何
麁以猛利故云何細不猛利故如以
針刺身生受覺所作亦尒如以鳥翅
根刺身生受觀所作亦尒如一兩蓝
和一兩水置之口中蓝生舌識則猛
利水生舌識則不猛利覺所作當知
如蓝觀所作當知如水一兩水一兩苦
酒喻亦如是法身經亦説如天雷
時聲有麁細覺所作當知如麁聲觀
所作當知如餘細聲銅鈴銅器出麁
細聲亦如是亦如鳥飛虚空鼓其兩
翼當知如覺踊身得去當知如觀若
作是説明覺觀不在一心中此經所
説明覺觀在一心中

分別有三種有自體分別有憶念分
別有現觀分別自體分別者謂覺是
也憶念分別者謂念是也現觀分別
者謂慧是也欲界五識身有一種分
別謂自體分別雖有念不能憶念雖
有慧不能了了現觀意地有三種分
別初禪地三識身有一種分別謂自
體分別雖有念不能憶念雖有慧不
能了了現觀意地不入定時有三種
分別入定有二種分別除現觀分別
第二第三第四禪不入定時有二種
分別除自體分別入定有一種分別
謂憶念分別無現觀分別以極定故
無色中不入定心有二種分別除自
體分別若入定有一種分別謂憶念
分別

云何為掉云何為心乱乃至廣説問
曰何故作此論荅曰此二法相似有
人心掉世人言是人心乱有人心乱
世人言是人心掉或謂此二法是一
令欲決定説其體性亦欲説差別故
而作此論

云何為掉荅曰心不休息不寂静乃
至廣説如是等語盡説掉相云何心
乱荅曰心觀不住乃至廣説如是等
語盡説心乱相或有説者染汙三昧

是心乱復有説者染汙三昧所不攝餘相應法名心乱評曰不應作是説如前説者好

問曰掉與心乱有何差別何故復作此論荅曰此二法相似雖説體性亦應説差別掉與心乱有何差別荅曰不休息相是掉心不住一緣是心乱復有説者發動定心是掉念心馳散於外是心乱外者謂色聲香味觸掉能發動定心如泉水初出心乱令心馳散色聲等如水流遍池中如人坐牀一人来挽臂使起一人驅馳令行掉發動定心如挽臂使起心乱令心馳散色等緣中如驅馳令行若掉是心乱耶若心乱是掉耶乃至廣作四句掉非心乱者若心數數行一緣中是也心乱非掉者若心行多緣中不數數行是也掉亦是心乱者若心行多緣中亦數數行是也非掉非心乱者心行一緣非數數行是也尊者佛陁提婆説曰若心是乱彼亦是掉或有掉非心散心行一緣亦數數行猶如有人行一道中而常馳走彼亦如是

問曰三摩提即心乱耶荅曰染汙三摩提是心乱如先所説有十大地受乃至慧有十煩惱大地謂不信懈怠乱念心乱無明悪慧不正作觀邪解脱掉放逸此十大地十煩惱大地名有二十體有十五所以者何如受想思觸欲此名有五體亦有五如不信懈怠無明掉放逸此名有五體亦有五如作觀解脱念定慧若不染汙是大地若染汙是煩惱大地是以名有十體有五是故十大地十煩惱大地名有二十體有十五復有説者名有二十體有十六所以者何心乱體異定體亦異故若是大地是煩惱大地耶若是煩惱大地是大地耶乃至廣作四句是大地非煩惱大地者受想思觸欲是也是煩惱大地非大地者不信懈怠無明掉放逸是也是大地亦是煩惱大地者作觀解脱念定慧是也作觀即是耶作觀解脱即是耶解脱念即是乱念定即是心乱慧即是悪慧非大地非煩惱大地者除上介所事若作是説體有十六者是大地非煩惱大地有六受想思觸欲定是煩惱大地非大地有六謂不信懈怠心乱無明掉放逸是大地亦是煩惱大地者作觀解脱念慧若不染汙是大地若染汙是煩惱大地非大地非煩惱大地者除上介所事評曰不應作是説如前説者好有十小煩惱大地謂忿嬈覆恨慳嫉誑諂憍害有十善大地謂信猗進慚愧不貪不恚不放逸不害捨有五不善大地謂無明睡掉無慚無愧有三隱没無記大地謂無明睡掉有十不隱没無記大地謂受乃至慧大地一切心中可得煩惱大地一切染汙心中可得小煩惱大地非一切染汙心中可得所以者何所作各異故若有一則無二此是脩道所斷意地欲界心中可得是故説小不説大善大地一切善心中可得不善大地一切不善心中可得隱没無記大地一切隱没無記心中可得不隱没無記大地一切不隱没無記心中可得

有定緣一緣是散乱緣一緣非散乱

行一行是散乱行一行非散乱緣一緣行一行是散乱緣一緣行一行非散乱緣多緣是散乱緣多緣非散乱行多行是散乱行多行非散乱緣多緣行多行是散乱緣多緣行多行非散乱緣一緣是散乱者如一比丘緣是法不淨思惟於緣中未善習若作青想若作赤汁想若作爛想若作脹想若作巳敗想若作血塗想若作散想若骨想若瑣想若骨瑣想作如是觀時其心散乱不作一緣不作一識前定巳失後定不進是名定一緣是散乱

緣一緣非散乱者如一比丘緣是法不淨思惟於緣善習若作青想若赤汁想乃至作骨瑣想作如是觀時心不散乱作一緣作一識前定不失能進後定乃至廣說

行一行是散乱行者如一比丘行無常行於此行不善修習復觀無常復觀須臾復觀前後不相似復觀前後壞滅作如是觀時其心散乱前定巳失後定不進乃至廣說

行一行非散乱者如一比丘行無常行於此行善修習復觀無常乃至觀於壞滅作如是觀時心不散乱前定不失能進後定乃至廣說

緣一緣行一行是散乱者如一比丘觀身是無常於此觀不善修習復觀此身是無常乃至觀身是壞滅作是觀時其心散乱前定巳失後定不進乃至廣說

緣一緣行一行非散乱者如一比丘觀此身無常於此觀善修習復觀此身無常乃至觀身壞滅作是觀時心不散乱不失前定能進後定乃至廣說

緣多緣是散乱者如一比丘觀身是無常於此觀不善修習復觀於受觀心觀法乃至失於前定不進後定乃至廣說

緣多緣非散乱緣者如一比丘觀身是無常於此觀善修習復觀受心法乃至不失前定能進後定乃至廣說

行多行是散乱者如一比丘觀無常行於此觀不善修習復觀苦空無我行乃至失於前定不進後定乃至廣說

行多行非散乱者如一比丘觀身是無常於此觀善修習復觀苦空無我行乃至不失前定能進後定乃至廣說

緣多緣行多行是散乱者如一比丘觀身是無常於此觀不善修習復觀受是苦觀心是空觀法是無我作是觀時其心散乱失於前定不進後定乃至廣說

緣多緣行多行非散乱者如一比丘觀身是無常於此觀善修習復觀受是苦觀心是空觀法是無我作是觀時心不散乱不失前定能進後定乃至廣說

云何無明云何不智乃至廣說問曰何故作此論荅曰不解不了是無明不智相是不智或謂此二法是一欲决定說其體相亦欲說差別故而作此論

云何無明荅曰如經本說不知三界是也若作是說則不攝緣滅道無明使應作是說三界中無知是也則攝

緣滅道無明使云何不智答曰無巧便慧是也問曰何故問少答多耶所以者何不智是染汙無巧便慧是染汙不染汙何以知之如業揵度說諸意惡行盡是無巧便意業耶答言諸意惡行盡是無巧便意業頗有無巧便意業非意惡行耶答言有隱沒無記意業不隱沒無記無巧便意業是也答曰此文應如是說云何不智答言染汙慧應作是說而不說者有何意耶答曰當知此義有餘云何無巧便不智答曰染汙者是非不染汙復有說者無巧便二種一者假名二者真實業揵度說於假名此中說真實如是汝語無巧便慧是不智耶此說是定言不定他言不應說過答曰如是於意云何汝意有如是欲如是說諸知故妄語盡是失念不知而妄語耶答曰如是我有如是意如是欲如是說諸知故妄語盡是失念不智而妄語於意云何有無智故妄語耶答曰不也聽我說汝違言負處汝作是說諸知故妄語盡是失念不智而妄語應作是說無智故妄語不應作是說知故妄語應作是說不智而妄語所以者何從不智生故若不作是說不應言不智是無巧便慧若說有知故妄語不應作是說諸知故妄語盡是失念不智而妄語若作是說此事不然答曰雖從不智生而知故妄語非不智故妄語問曰若然者何故言知故妄語耶答曰知彼事故而相違說是故言知故妄語非不智故妄語復有說者若於大眾中問於彼人知此事不若知言知不知言不知彼人實知而言不知是故言知故妄語復有說者若現前知覺此事時與此事相違說是故言知故妄語復有說者於彼事了了現見而違彼事說是故言知故妄語非不智故妄語若如汝說從不智生故言不智故妄語非知故妄語者妄語不但從不智生乃從多法生謂十大地十煩惱大地受乃至慧不信乃至放逸何故捨如是等法但言不智故妄語於意云何汝有如是欲如是說一切無明與不智相應耶答曰如是於意云何諸知故妄語盡是無明愚無明俱失念不智故而妄語耶答曰如是復於意云何有無不智故妄語耶答曰無也聽我說汝違言負處如是汝語知故妄語盡是無明愚無明俱失念不智故而妄語應作是說有無不智故妄語不應但說不智故而妄語亦應說有無明故妄語所以者何從無明生故若不說無明故妄語不應作是說一切無明與不智相應若作是說諸知故妄語盡是無明愚無明俱失念不智故而妄語如汝所說雖從無明生不名無明妄語我亦如是雖從不智生不名不知故妄語然知故名妄語

云何慢云何憍乃至廣說問曰何故作此論答曰此二法相似見慢者世人言是人憍見憍者世人言是人慢或謂此二法是一令欲決定說其體性亦欲說差別故而作此論

云何慢於卑謂勝於等謂等因此起慢乃至廣說問曰云何於等謂等而作慢耶答曰猶如有一人誦半阿含

有餘緣故而更不進更有一人始誦阿含此二後時一齊誦竟而後誦者便起於慢是名於等起慢云何憍我生處勝族姓勝色勝種勝巧勝財勝端正勝因如是等勝故起慢豪乃至廣說是名憍慢憍有何差別問曰何故復作此論荅曰此二法相似雖說體性亦應說其差別憍慢有何差別荅曰緣他故自計勝是慢相不緣他自於法中心生染汙是憍相問曰慢體性是何荅曰或有說者體性是慢問曰若然者憍慢有何差別荅曰慢有二種一緣他生二緣自生緣他生者是慢緣自生者是憍復有說者體性是愛所以者何如說自於法中心生染汙復有說者有心數法名憍與心相應在意地脩道所斷愛後生問曰若然者憍慢有何差別荅曰有多差別慢是煩惱憍非煩惱慢是結縛使惱纏憍非結縛使惱纏是煩惱垢復有說者慢是見道脩道所斷憍是脩道所斷問曰無色界慢見道所斷慢云何緣他生耶　荅曰本於此間脩行廣布後生彼間以因力故亦現前此間因入定起慢心我於定善他則不善我能速入他則不能我能久住他則不能云何見道所斷慢緣他生耶荅曰如我見者聚在一處更相問言汝我有何相耶荅曰我我有如是相他人聞已作如是念彼說我相相則不如我因身見後生如是慢復有說者無始已來常習此法不必因他而生如尊者阿泥盧頭生如是慢詣尊者舍利弗所作如是言我以天眼觀千世界不多用功乃至廣說尊者舍利弗而語之言此是汝慢如此慢則不因他生然慢多分因他生故言因他生亦有因自生者

若生增上慢我見苦是苦乃至廣說問曰何故作此論荅曰或有說者慢能緣他界亦緣無漏為止如是說者意亦明慢是自界緣緣有漏故而作此論

若生增上慢我見苦是苦此增上慢何所緣耶荅曰猶如有一親近善知識善知識者謂佛佛弟子是也從其聞法聞法者聞隨順涅槃方便法內正思惟正思惟者謂自脩正行復有說者正思惟者觀生死是過患觀出要是善利如法脩行如法脩行者謂次第行法得於順忍順忍者謂順諦忍也依此四須陁洹枝故於苦有忍有欲有說依如是等法身心潤益以是忍力令諸行衰微羸劣於諦轉明便作是念我見苦是苦不觀故須臾見疑不行問曰此文應如是說無有正觀故須臾見疑不行而不說者有何意荅曰當知此義不觀者即是不正觀義須臾見疑不行見者謂身見戒取疑者即疑西方沙門復作是說見者是戒取疑即是疑所以者何得忍者身見不行設有行者亦復不覺所以者何以根鈍故所行微細不久住故是以不覺復次見疑行細行者心麤是以不覺復次以五事故衆生煩惱不行一以定力故二以慧力故三依善師故四以處所好故五性少煩惱彼煩惱不行故作如是念我見

苦是苦因此起慢乃至廣説問曰此增上慢何緣取荅曰緣苦能生增上慢者是順諦忍緣集生增上慢亦如是若生增上慢我見滅是滅此增上慢何緣猶如有一親近善知識廣説如上乃至我見滅是滅因此起慢乃至廣説問曰此增上慢何緣荅曰即緣彼心心數法能生增上慢忍者若作是説則止慢緣無漏者意亦非他界緣亦非無緣若生增上慢我見道是道此中應廣説如滅問曰此慢為是欲界為是色界耶若是欲界者此慢緣忍欲界無忍善根若是色界者離欲者可尒未離欲者云何可尒荅曰或有説者應作是説是色界慢所以者何彼慢緣順諦忍欲界中無順諦忍問曰若然者離欲者可尒未離欲者云何荅曰經本所説明離欲者復有説者未離欲者亦能起此慢所以者何依未來禪與根本禪相似故評曰不應作是説如前説者好復有説者是欲色界問曰色界者可尒所以者何緣彼忍故欲界者云何可尒彼慢不能緣忍自界緣故荅曰欲界中雖無忍有與忍相似善根為慢所緣所以者何欲界中盡有一切善根種子故以欲界中有忍相似善根故慢亦能緣若生增上慢我生已盡乃至廣説此增上慢何緣乃至廣説問曰此增上慢前所説者有何差別荅曰或有説者先所説者是凡夫增上慢後所説者是凡夫聖人增上慢如凡夫聖人見諦不見諦得果不得果得正決定不得正決定住決定聚住不決定聚住正定不住正定當知亦如是復有説先所説者因見道生後所説者因修道生復有説者先所起慢有所因後所起慢無所因復有説者前者是欲色界後者是三界若生增上慢我生已盡此何緣荅曰猶如有一作是念此道此亦我依此道依此迹乃至廣説此道者隨其處作道想此道迹者隨其處作道迹想生已盡者隨其處作生想問曰此增上慢何緣耶荅曰緣生隨彼善根能生增上慢者是生梵行已立説亦如是乃至此增上慢何緣荅曰即緣彼能生慢心心數法梵行已立者阿羅漢於學道名梵行已立於無學道名今立所作已辦者猶如有一作是念此道此迹乃至所作已辦我已斷煩惱已害使已吐結已制伏纏如是等語盡明斷義文雖種種而無異義所以者何若斷煩惱即是斷害使吐結制伏於纏問曰此增上慢何緣耶荅曰即緣能生增上慢心心數法

若生增上慢我更不受有乃至廣説問曰何故復作此論荅曰前説是因時解脱增上慢今説是因不時解脱增上慢前説是因盡智增上慢今説是因無生智增上慢故而作此論

此增上慢何緣荅曰即緣能生增上慢有凡夫能起五種增上慢一於善根二於須陁洹三於斯陁含四於阿那含五於阿羅漢須陁洹起三種斯陁含起二種阿那含起一種阿羅漢無慢復有説者聖人亦起果間增上慢如須陁洹於斯陁含向中起慢斯陁含於阿那含向中起慢阿那含於

阿羅漢向中起慢諸起色界增上慢者要得彼根本地能起彼地增上慢所以者何彼地煩惱屬彼地故若不得根本地不能起彼地煩惱復有說者未至法亦有似根本地若得彼地者亦能起彼地慢評曰不應作是說如前說者好云何卑而起慢乃至廣說問曰何故作此論答曰慢法自高卑他此慢自卑高他或謂此非是慢今欲决定說是慢故而作此論云何卑而起慢猶如有一見他勝若生處姓種色工業財富田宅見他是事作是念彼少勝我不如彼謂生處乃至田宅然彼不如他非百倍千倍生處者有四種謂剎利婆羅門毗舍首陁姓者有四種一婆蹉二憍瑳三舍持羅四婆羅娑(音在和叉)闍亦更有餘姓一佉尼迦夷耶二舍荼虵尼耶三拘荼虵尼耶色者謂白紅赤黑種者謂父種母種工者謂綵畫等業者於工巧中得利勝財富者謂色聲香味觸及其具田宅者謂居業是也見他有如是等事作是念彼少勝我我少不如彼色等乃至田宅然彼非百倍千倍而彼言一倍二倍勝我我一倍二倍不如彼便自高卑他而起於慢

有七慢一慢二過慢三慢過慢四我慢五增上慢六卑慢七邪慢問曰此慢幾見道斷幾修道斷答曰三修道斷謂慢過慢增上慢餘見道修道斷復有說者二見道斷謂我慢邪慢餘是見道修道斷復有說者一是修道斷謂增上慢二是見道斷謂我慢邪慢餘四見道修道斷復有說者盡是見道修道斷問曰若然者云何我慢邪慢修道斷耶答曰身見緣五種斷法計苦諦所斷法是我於此後生我慢乃至計修道所斷是我於此後生我慢是名我慢修道所斷云何修道斷邪慢答曰邪見緣五種所斷法邪見謗苦諦所斷法言無於此後生邪慢乃至謗修道所斷法言無於此後生慢是名修道斷於邪慢問曰七慢幾在欲界幾在色無色界耶答曰或有說者三在欲界謂過慢慢過慢卑慢餘在三界所以者何色界無計生處等起慢故復有說者盡在三界問曰若然者色無色界無計生處等起慢乃至廣說答曰本於此間修行廣布以因力故於彼亦起現前復有說者彼中雖不現行於此因是故亦起現行言我定勝我定少不如彼

又世尊言有三覺謂欲覺恚覺害覺乃至廣說問曰何故作此論答曰此是佛經佛經有三覺欲覺恚覺害覺而不廣分別云何欲覺自害乃至廣說佛經是此論所為根本諸經中不說者今欲說故而作此論

云何欲覺自害答曰猶如有一起欲愛纏身熱心熱所以者何欲愛纏如火燒於自身世尊亦說熱三種火謂貪欲火瞋恚火愚癡火身熱心熱是彼依果長夜起欲愛纏三惡道中受不愛報乃至廣說是彼報果是名欲覺自害云何欲覺害他答曰猶如有一起欲愛纏眼視他妻其夫見之自罵其婦加諸苦害等是名欲覺害他問曰此亦是俱害所以者何彼眼看者亦受苦害等答曰彼看者其夫不

能加害若加害者則為他人之所呵責是以不說云何欲覺俱害答曰猶如有一起欲愛纏婬犯他妻俱有過故而被殺害是名俱害問曰此是三害何以言俱所以者何彼殺者被殺者亦受罪故答曰彼雖是害不為世人所呵責而為世人所譽云何此人憎惡惡法是以不說云何恚覺自害答曰猶如有一起於恚纏身熱心熱乃至廣說是彼依果長夜起恚纏故於三惡道受不愛果乃至廣說若生人天中形色醜陋是彼報果是名恚覺自害云何恚覺害他猶如有一起於恚覺斷他人命是名害他問曰若斷他命是名俱害何以但言害他答曰雖斷他命不為世人之所呵責不盡受現世罪是故不說云何俱害猶如有一斷他人命以斷他命還斷其命問曰還斷其命是名三害何以言俱答曰雖還斷他命不為世人所呵而受歎美言是人篤親里篤親友云何害覺自害答曰猶如有一起害覺纏身熱心熱乃至廣說是彼依果長夜起害覺故乃至廣說是彼報果是名自害云何害他答曰猶如有一若杖打他乃至廣說是名害他此中難答如上云何俱害答曰猶如有一起害覺纏若手若杖打他他亦還打是名俱害此中問答如上

問曰此三覺體性是何答曰欲覺者是欲界五種斷六識身愛相應覺也恚覺者是五種斷六識身恚相應覺也害覺者或有說者恚覺即是害覺問曰若然者恚覺害覺有何差別答曰恚覺有二種或有欲捨眾生意或有但欲打意若欲捨眾生意是恚覺若欲打意是害覺復有說者恚覺有二種或有可恚事生恚或有不可恚事生恚可恚事生恚相應覺是恚覺不可恚事生恚相應覺是害覺復有說者無明相應覺是害覺何以知之如施設經說以何等故衆生有重愚癡答言修行廣布害界害想害覺故有重愚癡彼相應覺是名害覺復有說者亦非恚相應覺亦非無明相應覺自有心數法名害與心相應是恚垢依恚恚後起現在前在意地是修道所斷此說是真實義

有三善覺謂離欲覺無恚覺無害覺問曰此三覺體性是何答曰離欲覺者是心數法是心相應對治欲覺無恚覺無害覺說亦如是一心中不得有三不善覺得有三善覺三不善覺不遍一切不善心中三善覺遍一切善心中三不善覺不與一切不善心相應三善覺與一切善心相應三不善覺不攝一切不善覺三善覺攝一切善覺所以者何三善覺無別體故問曰若三善覺無異體者云何立三覺耶答曰以對治故立三善覺對治欲覺故名離欲覺對治恚覺故名無恚覺對治害覺故名無害覺

佛經說比丘當知我本勤行精進而不放逸欲斷煩惱而猶生欲覺恚覺害覺問曰菩薩若不放逸不應生三不善覺若生三不善覺云何名不放逸尊者和須蜜答曰菩薩雖起不善覺勤行精進故名不放逸菩薩若起不善覺時速能自知是不善覺此是

煩惱非是好法復有說者菩薩若生不善覺時即捨即吐依其對治復有說者菩薩雖生不善覺不令久住尋即制伏除去以是事故雖生不善覺是不放逸復次菩薩雖生不善覺尋斷其因除其依覺知所緣是故名不放逸復次衆生以三事故生諸煩惱一以因力二境界力三方便力菩薩雖生不善覺非境界力非方便力是本因力故名不放逸尊者佛陁提婆說曰菩薩雖生不善覺不令經久即時制伏依其對治經須臾間如一渧水墮熱鐵上是故名不放逸問曰菩薩於何處起欲覺何處起恚覺何處起害覺荅曰或有說者菩薩捨迦毗羅衛豐樂之國及現在轉輪王位猶如棄唾而詣多波樹林漸次至王舍城以日初分手執藕菜入王舍城乞食尒時菩薩形容甚妙百千衆生而隨逐之或以偈頌而讚歎者或有歎詠而稱告者或有合掌而礼拜者或有仰觀無猒足者尒時菩薩作如是念此諸人等初始見我生於歡喜甚

為希有便生愛心愛相應覺是名欲覺尒時菩薩所往之處多人隨逐當於此日竟不得食作是思惟是諸人等何故隨逐我耶心生猒患與猒患相應覺是名恚覺依此二法生於塵穢是名害覺復有說者菩薩出迦毗羅衛往多波林是時諸釋遣侍者五人二是母親三是父親給侍菩薩是時五人二以欲是淨三以苦行是淨尒時菩薩勤行苦行以欲是淨二人便捨之去以苦行是淨三人而猶隨侍是時菩薩捨苦行處還受飲食酥油塗身暖水澡洛是時三人作如是念今觀此人於断結法便為錯乱即捨之去是時村主有女人一名難陁二名難陁婆羅給侍菩薩時彼二女成就妙觸或時摩觸菩薩手足是時菩薩便生愛心與愛相應覺是名欲覺是時菩薩復作是念若彼五人不捨我者我則不親近女人以為給侍於彼五人便生恚心是名恚覺依此二法生於塵穢是名害覺復有說者菩薩在家時輸頭檀王取五百玉女

以為其妻菩薩捨此快樂之處詣多波林是時諸王適聞悉達今已出家即遣使者白輸頭檀王王子悉達今已出家便可悉還我等諸女輸頭檀王作如是言我子悉達雖復捨我出家今見其妻如見子無異云何相還是時諸王心生忿恚合集諸軍圍迦毗羅城或有說者天神往語菩薩或有說者輸頭檀王遣使往語今坐汝故令我苦惱是時菩薩便於父所生於愛心於愛心相應覺是名欲覺於彼諸王生於恚心是名恚覺依此二法生於塵穢是名害覺尊者瞿沙說曰菩薩修苦行時以根利故於欲界聞思善根隨意能得便作是念此諸善根隨順於我雖善積集欲界善根猶生煩惱是時菩薩於此善根便生愛心行於愛禪自於身中生於愛心愛相應覺是名欲覺菩薩根猛利故即時自知我今已起愛即是煩惱所不應為便生恚心是名恚覺依此二法能生垢穢是名害覺復有說者菩薩行苦行時是時惡魔於六年中隨

逐菩薩欲求其短或以好形或以惡形而現菩薩若以好形現時菩薩尒時便生愛心與愛相應覺是名欲覺若以惡形現時菩薩是時便生恚心是名恚覺依此二法生於塵穢是名害覺復有說者菩薩在菩提樹下憶念先所更五欲境界生於愛心是名欲覺聞提婆達入已宮中便生恚心是名恚覺諸釋縱之便生害心是名害覺復有說者菩薩在菩提樹下尒時天魔遣三天女一名渴愛二名喜樂三名喜見菩薩見之便生愛心是名欲覺魔王復將三十六億兵衆欲相惱亂菩薩便生恚心是名恚覺亦於魔衆而生害心是名害覺又世尊言比丘當知我本行菩薩道時起於欲覺自害害他亦俱害乃至害覺亦如是問曰云何菩薩欲覺自害害他亦俱害耶答曰覺相應尒若起欲覺則自害害他亦俱害復有說者起欲覺時捨自利益事是名自害捨他利益事是名害他捨自利利他事是名俱害復有說者起欲覺時自於身取果與果是名自害令施衣服等者不得大果是名害他自害害他故是名俱害依果報果說亦如是復有說者能令自心染汙墮邪道中是名自害餘如上說復有說者能令自身遠離聖樂是名自害令他遠離是名害他餘如上說復有說者能令自身遠聖定慧是名自害令他遠離是名害他餘如上說復有說者能令自身遠解脫果是名自害餘如上說是故尊者瞿沙作如是說能令自身遠離解脫是名自害令阿私陁阿羅荼欝陁迦等不得聖道是名害他餘如上說尊者佛陁提婆說曰若起煩惱能令身心遠一切智離於聖樂為煩惱作依是名自害令施者不得大報是名害他餘如上說復有說者能令自身心熱是名自害損他施等餘如上說復有說者令自身心不適是名自害諸大呵責是名害他餘如上說

如經說如来初成道時多起二種覺一安隱覺二寂靜覺問曰云何名安隱覺寂靜覺耶答曰或有說者無恚無害覺是安隱離欲覺是寂靜復有說者恚覺害覺對治是名安隱覺欲覺對治是名寂靜覺復有說者無恚無癡善根相應覺是名安隱無貪善根相應覺是名寂靜復有說者對治恚癡不善根是名安隱對治貪欲不善根是名寂靜復有說者慈悲相應覺是安隱喜捨相應覺是寂靜復有說者喜捨相應覺是安隱慈悲相應覺是寂靜復有說者苦智集智相應覺是名安隱滅智道智相應覺是寂靜復有說者滅道智相應覺是安隱苦集智相應覺是寂靜復有說者空苦集無願相應覺是名安隱無相無願相應覺是名寂靜復有說者無相無願相應覺是名安隱空苦集無願相應覺是名寂靜復有說者見增長是過患是名安隱見止息是善利是名寂靜是故尊者瞿沙作如是說作方便見增長是過患是安隱覺行止息樂是寂靜覺尊者佛陁提婆說曰如来有無量大悲心憐愍心利益心淳淨心如是等相續善心是名安隱

覺見增長是過患止息是寂靜覺閑
曰何故如来初成道時多起此二覺
耶荅曰以此二覺能淨無上道最在
初故復有說者菩薩在宫人中恒患
多起欲覺是以初成佛時起寂靜覺
行苦行時恒患身疲苦是以初成佛
時起安隱覺

何毗曇毗婆沙論卷第三十三

阿毗曇毗婆沙論卷第三十三

校勘記

一　底本，金藏廣勝寺本。

一　五六九頁中一行「第二十三」，資、磧、普、南、徑、清作「第三十三」。

一　五六九頁中四行「第八上」，資、磧、普、南、徑、清作「第八之一」。

一　五六九頁中一九行「等語」，資、磧、普、南、徑、清作「語等」。

一　五七〇頁中三行第三字「欲」，資、磧、普、南、徑、清作「若欲」。

一　五七〇頁中一六行「修行」，諸本（不含石，下同）作「修慧行」。

一　五七一頁上一四行第一三字「說」，資、磧、普、南、徑、清無。

一　五七一頁上二〇行第八字「說」，資、磧、普、南、徑、清作「語」。

一　五七一頁下二二行第五字「觀」，資、磧、普、南、徑、清作「散」。

一　五七二頁上八行「念心」，諸本作「令心」。

一　五七三頁上一二行第一一字「定」，資、磧、普、南、徑、清作「定緣」。

一　五七三頁中一九行第七字「緣」，資、磧、普、南、徑、清無。

一　五七四頁上一八行第一二字「而」，磧、普、南、徑、清作「有」。

一　五七四頁上二二行第一二字「汝」，諸本作「故」。

一　五七四頁下七行第一〇字「故」，資、磧、普、南、徑、清無。

一　五七五頁上四行第九字「種」，資、磧、普、南、徑、清作「種種」。

一　五七五頁上五行第一一字「慢」，諸本作「憍」。一〇行末字，資、磧、普、南、徑、清同。一一行末字，麗同。一四行第三字，資同。一四行第九字，諸本同。

一　五七五頁中八行末字「相」，資、磧、普、南、徑、清無。

一　五七五頁下一〇行第八字「是」，資、磧、普、南、徑、清作「見」。

一　五七六頁上二行第六字「取」，資、磧、普、南、徑、清作「耶」。

一　五七六頁上九行第五字「止」，麗作「上」。

一　五七六頁上二一行第一二字「好」，磧、普、南、徑、清作「如」。

一　五七六頁中一八行第九字「亦」，諸本作「迹」。

一　五七六頁下一七行第二字「有」，資、磧、普、南、徑、清作「者」。

一　五七七頁上一〇行第六字「是」，資、磧、普、南、徑、清作「其」。

一　五七七頁上一一行「如有」，資、磧、

普、南、徑、清作「如有人」。

一 五七七頁上一二行「姓種」，資、磧、普、南、徑、清作「種姓」。

一 五七七頁中一行第三字「乃」，磧、南作「及」。

一 五七七頁中三行末字「慢」，至此，資、磧、普、南、徑、清卷第三十三終，卷第三十四始。資、磧、普、南有品名「雜揵度思品之二」；徑、清有品名「雜揵度思品第八之二」。

一 五七七頁中七行第三字「慢」，資、磧、普、南、徑、清作「過慢慢」。

一 五七七頁下一五行「熱三」，諸本作「有三」。

一 五七七頁下二一行第四字「加」，麗作「欲」。

一 五七七頁下末行末字「不」，資、磧、普、南、徑、清作「不盡」。

一 五七八頁上一八行末字「其」，資、磧、普、南、徑、清作「自」。

一 五七八頁下五行第六字「是」，資、磧、普、南、徑、清作「與」。

一 五七八頁下一八行第一〇字「生」，磧、普作「不」。

一 五七九頁上二一行第四字「告」，資、磧、普、南、徑、清作「吉」。

一 五七九頁中四行第一一字「恚」，資、磧、普、南、徑、清作「惡」。

一 五七九頁中一五行「女人」，麗作「二女人」。

一 五七九頁下一行第一三字「詣」，清作「諸」。

一 五七九頁下一五行第二字「惡」，諸本作「思」。

一 五八〇頁上七行第四字「吏」，資、磧、普、南、徑、清作「受」。

一 五八〇頁上一四行首字「相」，資、磧、普、南、徑、清無。

一 五八〇頁上一九行第一〇字「尒」，資、磧、普、南、徑、清作「念」。

一 五八〇頁中六行第七字「令」，資、磧、普、南、徑、清作「亦令」。

一 五八〇頁下一四行及一五行「無相」，資、磧、普、南、徑、清作「無相道」。

一 五八〇頁下一七行第一二字「見」，資、磧、普、南、徑、清作「見者」。

一 五八〇頁下一八行第四字「是」，資、磧、普、南、徑、清無。

一 五八一頁上末行卷末經名，資、磧、普、南、徑、清無（未換卷）。

阿毗曇毗婆沙論卷第二十四　切

迦旃延子造　五百羅漢釋

北涼天竺沙門浮陀跋摩共道泰等　譯

雜揵度中思品之二

智多耶所知多耶乃至廣說問曰何故作此論荅曰欲明善說法中三法等故謂智所知行所緣覺所覺悉說法中此三法不等為顛倒所覆故是以欲明善說法三法等故而作此論智多耶所知多耶荅曰所知多非智多所以者何所知攝十七界一界少分十一入一入少分四陰一陰少分智攝一界一入一陰少分復有說者智多非所知多所以者何如非想非非想處一愛為欲界十種智所緣謂欲界苦集所斷五他界緣見使苦集所斷他界緣疑無明相應智善等智如是初禪乃至無所有處盡有十一一智有九種十智有九十種自地則有十一遍智謂七見苦集所斷疑無明相應四智善等智不隱沒無記智如一愛一切愛亦介如愛一切心心數法亦介智增益如山所知不增益

是故智多非所知多若如是說者所知多非智多所以者何欲界十種智相應法是所知非智乃至非想非非想處十三種智相應法是所知非智然智亦是所知設令智非所知者所知猶多所以者何所知攝十七界一界少分十一入一入少分四陰一陰少分智攝一界少分一入少分一陰少分何況智亦是所知是故所知攝十八界十二入五陰智攝一界一入一陰少分是故所知多非智多

智多耶識多耶乃至廣說問曰何故作此論荅曰欲決定重明所知多非智多所以者何一切智處盡有識非一切識處盡有智何處無智耶謂忍相應識一切識處不必有智是故識多非智多智盡與識相應識不必與智相應何處不相應謂忍也所以者何忍非智故

問曰何故忍非智耶荅曰以不決定故忍非智忍唯能見不能知故忍是初觀非畢竟故忍是求覓非轉還故忍所作不捨方便故忍雖是疑對治

猶與疑得俱非決定故非智無礙解脫道雖同所作不得俱在一剎那中故尊者和須蜜說曰欲可此事名忍不可忍時名智尊者佛陀提婆說曰所見究竟是智忍時所見非究竟故非智復有說者若以陰界入故識多非智多所以者何識攝七識界智攝一界少分識攝一入一陰智攝一入一陰少分是故識多非智多

有漏行多無漏行多乃至廣說問曰何故作此論荅曰為止竝義者意如摩訶僧祇部說佛生身是無漏彼何故作如是說荅曰彼依佛經佛經說比丘當知如來生世住世出現世間不為世法所染以是義故知如來生身是無漏為止如是說者意明如來生身是有漏故而作此論若如來生身是無漏者無比女人不應於如來身生染心央掘魔羅不應生恚憍慢婆羅門不應生慢優樓頻螺不應生愚以如來生身生他愛恚或生慢癡是故知如來生身非是無漏問曰若如來生身是有漏非無漏者摩訶僧

祇部所說經云何通答曰彼經說如来法身所以者何若說如来生世住世則說如来生身若說出現世間不為世法所染則說如来法身復次不為世法所染者如来不為世八法所染世人隨順世八法世八法亦隨順世人世八法隨順如来如来不隨順世八法已解脫世法故言不染世法

問曰如来亦有世八法有利者如優伽長者一日中施佛三百万兩財無利者如於婆羅婆羅門村乞食空鉢而入空鉢而還有譽者生時名徹他化自在天成道時名徹阿迦膩吒天轉法輪時名徹梵天非譽者旃遮女孫陁利女謗非譽名徹十六大國毀者如婆羅婆闍恶口婆羅門以五百偈現前罵佛稱者還以五百偈讚佛如婆祇奢優婆離以種種偈讚舍利弗讚歎佛無上法阿難讚歎佛希有法樂者謂猗樂及得一切世間最勝樂苦者如佉陁羅剌剌脚亦以丸石傷於足指頭痛背痛如来亦有如是等世法云何言不為世法所染答曰

世尊雖遇有利等四法而心不高雖遭無利等四法而心不下雖遇有利等四法心不生愛雖遭無利等四法心不生恚如愛恚欣慼憂喜說亦如是譬如須弥山王安立在於金輪上四方猛風不能傾動佛亦如是安立戒輪之上世間八法不能傾動是故為止他義欲現已義故而作此論有漏行多無漏行多答曰有漏行多非無漏行多所以者何有漏行攝十入二入少分無漏行攝二入少分復有說者無漏行多非有漏行多所以者何如欲界繫一法四無漏法緣謂苦法忍苦法智集法忍集法智如欲界一法餘欲界法亦如是如色界繫一法四無漏法緣謂苦比忍苦比智集比忍集比智如一法餘色界法亦如是無色界說亦如是猶有餘無漏法是故無漏行多非有漏行復有說者有漏行多非無漏行所以者何如一無漏法為四種有漏法所緣謂邪見疑無明善等智如一無漏法一切無漏法亦如是餘有漏法猶多是故有漏行多非無漏行

有為法多無為法多耶答曰或有說者有為法多非無為法所以者何有為法攝十二入一入少分無為法攝一入少分復有說者無為法多非有為法所以者何隨所有有漏法有尒所數滅法隨所有無漏道有尒所非數滅法餘無為法者有有漏法非數滅虚空是故無為法多非有為法

云何行具足云何守具足乃至廣說問曰何故作此論答曰此是佛經佛經說我聖弟子戒具足守具足乃至行具足守具足佛經雖說而不分別云何行具足云何守具足諸佛經中所不說者今欲說故而作此論

清淨問曰如學人非學非無學人亦有此法何以唯說無學人耶答曰以無學人勝故廣說無學人勝應如上第三品中戒具足者戒言尸羅亦言行亦言守信亦言器尸羅者言冷無破戒熱故破戒者身心熱持戒者身心冷破戒者三惡道中熱持戒者人

天中冷又尸羅言夢持戒者身心不熱常得善夢故又尸羅言習持戒者善習戒法故又尸羅言定住戒者心易定故又尸羅言池如佛說偈

法泉戒水池　清淨無瑕穢
聖浴身不濕　必到於彼岸

又尸羅如瓔珞有瓔珞嚴身有少時好中年老年則不好有中年好少年老年則不好有老時好少年中年則不好戒瓔珞嚴身三時常好如佛說偈

戒終老安　信善安止　慧為人寶
福無能盜

又尸羅如鏡如鏡明淨像於中現戒清淨者無我像現如說依戒立戒昇無上慧堂又尸羅言威勢如來所以於三千大千世界有威勢者皆是尸羅力故曾聞罽賓國有龍名阿利那受性暴惡去其住處不遠有僧伽藍其龍數為暴害時有五百阿羅漢皆共集會入於禪定以神足力欲駈遣此龍其大龍大威德而不能遣時有一羅漢次從後至時諸羅漢具以是事向後来者說時後来者不入禪定

直彈指語言賢善遠此處去是時此龍聞彈指聲即便遠去時諸羅漢語後来者言汝以何禪定力令此龍去耶後来者而答之言我不以禪定力直以謹慎於戒我守護輕戒猶如重禁我以戒力故令此龍去是故尸羅名有威勢又尸羅言頭如人有頭則能見色聞聲齅香甞味覺觸知法如是行人有尸羅頭者能見苦諦等色聞名身等義齅覺意花香甞出離無事寂靜三菩提味覺禪定解脫等觸知色陰等法揔相別相是故尸羅言頭何故尸羅名守信此是世俗言說法若人善護尸羅者言是人守信不能善護尸羅言是人不守信是故世俗言說尸羅名守信尸羅言行者如人有足能行至餘方如是行人有尸羅足者能行至善道及至涅槃又尸羅言器者以是一切功德所依之處是故尸羅言器尊者瞿沙說曰不破義是尸羅義如人不破於足能有所至如是行者不破尸羅故能至涅槃云何守具足答曰阿羅漢諸根戒是

也此諸根亦言守亦言根亦言生亦言泉亦言白淨亦言所作守者守境界故言守復有說者以念慧等根守境界故言守如鎌能刈名刈具彼亦如是根等餘處當廣說此中略故不說問曰根戒根非戒體性是何答曰是念慧何以知之如經說天神語比丘言莫生瘡疣比丘答曰我當覆之天復問言瘡疣既大以何覆耶比丘答言以念慧覆之如餘偈說

諸世所有流　正念能除斷
亦因念慧力　亭住而不行

是故念慧是根戒體性乱念惡慧是根非戒體性問曰若念慧是根戒體性者此經云何通如說念慧滿足故能滿足根戒云何以自體滿自體耶答曰不也所以者何念慧有因性亦有果性因性者說名念慧果性說名根戒復有說者不放逸是根戒放逸是根非戒復有說者六常住法是根戒諸煩惱依此六門而生是根非戒復有說者五根若斷若知得成就是根戒若五根不斷不知不得不成

就是根非戒若作是說則明成就不成就是根戒非根戒復有說者若成就緣五根煩惱不成就斷緣五根煩惱對治是名根非戒若不成就緣五根煩惱成就斷緣五根煩惱對治是名根戒若作是說則明成就不成就是根戒是根非戒復有說者染汙性是根非戒不染汙性是根戒復有說者若五根能生惡行煩惱是非戒若五根能生善根善行是戒世尊亦說根戒根非戒若作是說則明根戒根非戒是五陰性復有說者罽賓國有二阿羅漢作如是說根戒是不隱沒無記性所以者何不定故不說在善中不說在不善中問曰若體性不定者云何說此是根戒此是根非戒荅曰不隱沒無記體是一行或時隨順善或時隨順不善若隨順善時是名戒若隨順不善時是名非戒

問曰已說根戒根非戒斷戒云何荅曰若以世俗道斷欲界結未至禪所攝九無礙道斷對治是也若依二禪邊斷初禪結第二禪邊所攝九無礙

道是也如是乃至非想非非想處邊斷無所有處結非想非非想邊所攝九無礙道是也若以無漏道斷欲界結未至禪所攝九無礙道是也斷初禪結三地所攝九無礙道是也如是次第第二禪是四地第三禪五地斷第四禪結及無色界見道所斷是六地空處修道所斷是七地識處八地無所有處非想非非想處修道所斷是九地九地所攝無礙道是斷戒

云何凡夫性乃至廣說問曰何故作此論荅曰為止異義者意故如犢子部說欲界見苦所斷十種煩惱是凡夫性彼說凡夫性定是欲界繫是染汙是見道斷是相應為止如是說者意明凡夫性是三界繫是不染汙是修道所斷是不相應法故而作此論云何凡夫性荅曰若不得聖法乃至廣說問曰為不得一切聖法是凡夫性為不得苦法忍是凡夫性耶若不得一切聖法是凡夫性者無有聖人得一切聖法者則無非凡夫性人佛世尊則非成就一切無漏法謂聲聞

辟支佛無漏法及自身學法若不得苦法忍是凡夫性者道比智已生捨苦法忍應是凡夫性荅曰或有說者應作是說不得苦法忍是凡夫性問曰若然者道比智生捨苦法忍是凡夫性耶荅曰苦法忍生時破凡夫性永更不生苦法忍不得言得不得言不得如不得未來眼根得現在者以得現在眼根故破未來眼根不得未来眼根不名得不名不得彼亦如是復有說者道比智生捨苦法忍體性是不得如不得未來眼根得現在眼根而不得過去眼根如是得道比智不得苦法忍問曰若然者云何非凡夫性耶荅曰成就依果故聖人身中無有不成就苦法忍依果時雖不成就苦法忍而非凡夫常是聖人問曰若不得聖法是凡夫性者如說云何凡夫性三界不染汙心不相應行其義云何荅曰若說不得聖法是凡夫性者即明三界不染汙心不相應行義所以者何不得聖法性即是三界不染汙心不相應行復有說者先說

是對治後說是體性復有說者凡夫性體是一法猶如命根非不得性是不染汙心不相應行修道所斷評曰不應作是說體性是不得聖法如是說者好復有說者不得一切無漏法是凡夫性問曰若然者無有聖人盡成就一切無漏法者則無非凡夫性荅曰雖無聖人盡成就一切無漏法者然非凡夫所以者何亦有不得聖道亦有得聖道故復有說者若不得是不共是凡夫性若不得是共非凡夫性復有說者若不得不破是凡夫性若不得破是非凡夫性復次亦不得聖暖聖忍聖見聖欲聖慧乃至廣說問曰此復顯現何義耶荅曰先是略說今是廣說先不分別今則分別復有說者此說極下凡夫不得達分善根者聖暖者是暖法聖見者是頂法聖忍者是下中忍聖欲者是上忍聖慧者是世第一法是故此中說極下凡夫復有說者此中唯分別苦法忍所以者何苦法忍亦名暖見忍欲慧令有種子熱故名暖轉行故名見堪

忍故名忍可諦故名欲分別故名慧復有說者令有種子熱故名暖轉行故名見行忍故名忍欲解脫故名欲覺知故名慧是故此中唯分別苦法忍

凡夫性當言善耶乃至廣說荅曰凡夫性當言無記所以者何善法由善方便得亦由餘善法得由方便者是方便善根由此善根亦令餘善未來世修如見道邊等智盡智邊所得三界善根問曰此中何故不說生得善耶荅曰應說而不說者當知此說有餘乃至廣說復有說者若勝好善此中則說彼是下劣是故不說復有說者方便得善說方便善根由他得善說離欲得善復有說者方便生善說達分勝進分善根由他得善說住分退分善根復有說者此文應如是說善法若方便得若得方便者是方便得得者是生得復有說者得善法若方便若離欲若得若退復有說者方便得者是方便生若得者善根斷還生時得善根是也無有作方便求

為凡夫所以者何無有本非凡夫者此是下賤法故無有求者若凡夫性是善則有大過斷善根時永滅善法不成就得是時應非凡夫若極惡下賤非凡夫者是事不然欲令無如是過故凡夫性不當言善何故非不善耶荅曰凡夫離欲界欲不成就不善法離欲界則非凡夫以如是說則止凡夫性是不善者意若凡夫性是不善者凡夫人離欲界欲者則不應還生欲界然還生欲界是故凡夫性不得言不善

凡夫性當言欲界繫耶乃至廣說荅曰凡夫性或欲界繫或色無色界繫問曰凡夫性何故不當言定欲界繫耶荅曰欲界沒生無色界乃至廣說問曰何故不說欲界沒生色界中耶荅曰欲界沒生色界中雖捨欲界法而不悉捨生無色界悉捨所以者何生色界中猶成就欲界法謂欲界變化心生無色界不成就欲界法以是事故不當言定欲界繫何故不當言定色界繫荅曰色界沒生無色界中

悉不成就色界繫法問曰色界沒生欲界中亦捨色界法此中何以不説耶荅曰雖捨色界法而不悉捨生無色界悉捨是故説色界沒生無色界乃至廣説若當定是色界繫者阿私陁阿羅荼欝陁迦等則不應還生復次所以不説色界沒生欲界者色界沒生欲界中成就色界法生無色界悉不成就色界法是以不説何故凡夫性不當言定無色界繫荅曰得正决定時乃至廣説法應如是若成就彼地凡夫性先見彼地若然聖道生為凡夫性作對治故若聖道生先見無色界凡夫若者凡夫性當言定無色界繫但不介問曰若以聖道初生者凡夫性當言定欲界繫荅曰不應以此設難彼説不當言定欲界繫者先已説故

凡夫性當言見道斷耶乃至廣説荅曰凡夫性當言修道斷不當言見道斷所以者何見道所斷法悉染汙凡夫性非染汙若是見道斷者則是染汙然凡夫性非染汙其事云何若是

見道如世第一法滅乃至廣説染汙法要斷得不成就隨斷幾種染汙法得不成就彼種乃至廣説是時未斷一種染汙法而不成就凡夫性若凡夫性是染汙法者行者亦是凡夫亦是聖人所以者何住苦法忍時成就五種染汙法是時亦是具縛亦是聖人問曰無有成就色無色界凡夫性者何以言是時三界凡夫得不成就耶荅曰或有説者此文應如是説三界中凡夫得不成就而不説者有何意耶荅曰欲令三數滿故作如是説成就欲界凡夫性不成就色無色界凡夫性若不成就欲界凡夫性是人不名成就三界凡夫性是故欲令三數滿故作如是説復有説者斷其可生處故作如是説彼有更生之處令悉斷之令彼法不復得生復有説者欲令不成就法復不成就故云何不成就法復不成就耶荅曰欲令極遠故復有説者三界凡夫性得非數滅故説三界

凡夫性是何等法耶荅曰三界不染

汙心不相應行問曰何故復作此論荅曰為止説凡夫性定欲界繫是染汙是見道斷是相應法者意故而作此論説三界則止定在欲界不染汙則止染汙修道斷則止見道斷不相應則止是相應法者意問曰凡夫性體性是何荅曰如此經説不得聖道乃至廣説此中説凡夫性是不成就不隱沒無記心不相應行行陰所攝問曰凡夫性非行陰所攝所以者何心不相應行法中不説此法故荅曰亦説在如是等諸法名心不相應行中此是凡夫性體性乃至廣説

已説體性所以今當説凡夫性是何義阿毗曇人説曰凡夫分凡夫性凡夫身凡夫體是凡夫性義尊者瞿沙説曰與凡夫相似義是凡夫性義如牛似牛故名牛性餘禽獸等亦如是尊者和須蜜説曰多處受身義是凡夫性義異界生義是凡夫性義趣異趣義是凡夫性義更諸生義是凡夫性義受諸生義是凡夫性義信異師義是凡夫性義行異類義是凡夫性

義造異業義是凡夫性義尊者佛陀提婆說曰受異界異趣異生增長生死義是凡夫性義行異類義是凡夫性義

問曰何故名凡夫耶尊者和須蜜說曰受異生異界異生處造異業行異煩惱信異師行異類等諸法故名凡夫尊者佛陀提婆說曰異於聖法故名凡夫問曰何故說凡夫法耶荅曰此法是凡夫所有故名凡夫法猶如聖人所有法名聖法復次凡夫等得此法成就在身中是故名凡夫法復次凡夫為此法所覆所蔽所纏故名凡夫法復有說者凡夫人作此法行此法隨逐此法故名凡夫尊者佛陀提婆說曰此法是凡夫人法生增長凡夫性故名凡夫法問曰凡夫法凡夫性有何差別荅曰因是凡夫性果是凡夫法如因果作已作廣說亦如是復次無記是凡夫性善不善無記是凡夫法無報是凡夫性有報無報是凡夫法如有報無報生一果二果無慚無愧相應無慚無愧不相應說亦如是復次凡夫性攝一陰少分凡夫法攝五陰復次凡夫性是不相應凡夫法是相應不相應如相應不相應有依無依等說亦如是復次凡夫性是不染汙凡夫法是染汙不染汙尊者佛陀提婆說曰異趣所行是凡夫性異趣所得陰界入法是凡夫法如牛羊禽獸所行是牛羊禽獸性牛羊禽獸所得法是牛羊禽獸法如是等相是名差別

若凡夫性不斷亦成就凡夫性耶若成就凡夫性彼凡夫性不斷耶乃至廣作四句凡夫性不斷不成就凡夫性者生欲界凡夫人未離初禪欲從初禪乃至非想非非想處凡夫性不斷亦不成就離初禪欲未離第二禪欲從第二禪乃至非想非非想處凡夫性不斷亦不成就乃至離無所有處欲非想非非想處凡夫性不斷亦不成就生初禪凡夫人未離第二禪欲第二禪乃至非想非非想處凡夫性不斷亦不成就離第二禪欲未離第三禪欲從第三禪乃至非想非非想處凡夫性不斷亦不成就乃至離無所有處欲非想非非想處凡夫性不斷亦不成就如凡夫人生初禪乃至生識處說亦如是凡夫人生無所有處非想非非想處凡夫性不斷亦不成就凡夫人則尒聖人云何聖人未離欲界欲從欲界乃至非想非非想處凡夫性不斷亦不成就離欲界欲未離初禪欲從初禪乃至非想非非想處凡夫性不斷亦不成就乃至離無所有處欲未離非想非非想處欲非想非非想處凡夫性不斷亦不成就是名不斷亦不成就成就非不斷者凡夫人生欲界離欲界欲成就欲界凡夫性非不斷生初禪離初禪欲乃至廣說無所有處離無所有處欲成就無所有處凡夫性非不斷是名成就非不斷不斷非不成就者凡夫人生欲界中未離欲界欲欲界凡夫性不斷非不成就生初禪未離初禪欲乃至生無所有處未離無所有處欲說亦如是生非想非非想處彼凡夫性不斷非不成就是名不斷非

不成就非不斷不成就者凡夫人生欲界中乃至離無所有處欲從初禪地乃至無所有處凡夫性非不斷不成就生初禪中離無所有處欲從第二禪乃至無所有處凡夫性非不斷不成就乃至生識處離無所有處欲無所有處凡夫性非不斷不成就空處乃至欲界凡夫性非不斷不成就凡夫人生無所有處識處乃至欲界凡夫性非不斷不成就生非想非非想處無所有處乃至欲界凡夫性非不斷不成就一切阿羅漢三界凡夫性非不斷不成就阿那含離無所有處欲從欲界乃至無所有處凡夫性非不斷不成就乃至聖人離欲界欲未離初禪欲欲界凡夫性非不斷不成就是名非不斷不成就若凡夫性已斷亦不成就耶若不成就凡夫性已斷耶乃至廣作四句彼初句作此第二句彼第二句作此初句彼第四句作此第三句彼第三句作此第四句凡夫性若是數滅復是非數滅耶若是非數滅復是數滅耶乃至廣作

四句是數滅非非數滅者凡夫人離欲界欲乃至離無所有處欲是也是非數滅非是數滅者聖人未離欲界欲是也是數滅亦非數滅者聖人離欲界欲諸地說亦如是乃至阿羅漢三界凡夫性得數滅亦得非數滅非數滅非非數滅者未離欲凡夫人是也問曰頗有法一種時捨九種時斷耶荅曰有謂凡夫性是也一種時捨者謂苦法忍是也九種時斷者謂離欲界欲時乃至離非想非非想處欲時是也諸法與邪見相應復與邪覺邪乃至廣說問曰何以說凡夫性次說八邪枝耶荅曰以此二法展轉相扶持故凡夫性扶持八邪枝八邪枝扶持凡夫性復次行者憎惡此八邪法而修道故諸法與邪見相應復與邪覺邪乃至廣作四句邪見一切地中可得非一切染汙心中可得邪覺一切染汙心中可得非一切地中可得此中說謗因果邪見不盡說五邪見是以作大四句與邪見相應非邪覺者邪覺相應邪見欲界未至禪地禪地

邪見相應聚中邪覺體與邪見相應非邪覺所以者何以三事故自體不應自體一者一剎那中無二邪覺二者前後剎那不俱三者除其自體與他一切法作緣餘邪覺不相應邪見相應法彼是何耶謂禪中間乃至無色界九大地法九煩惱大地睡心觀如是等法與邪見相應非邪覺所以者何彼地無邪覺故邪覺相應非邪見者邪見相應邪覺欲界未至禪初禪邪見體應於邪覺所以者何以三事故自體不應自體如前說餘邪見不相應邪覺相應法彼是何耶除欲界未至禪初禪邪見相應法諸餘染汙聚邪覺相應法謂身見邊見戒取見取疑愛恚慢不共無明相應聚如是等法與邪覺相應非邪見所以者何彼聚中無邪見故邪見相應亦邪覺者除邪覺應邪見除邪見應邪覺餘邪見邪覺相應法彼是何耶謂欲界未至禪初禪邪見邪覺相應聚除其自體除慧餘有九大地除惡慧餘九煩惱大地心觀睡時眠時如是等

法與邪見相應亦應邪覺不與邪見邪覺相應者邪覺不應邪見彼是何耶謂除欲界未至禪初禪邪見相應聚邪覺諸餘染汙聚邪覺體不應邪見所以者何聚各異故亦不應邪覺所以者何自體不應自體以三事故亦如上說邪見不應邪覺彼是何耶謂禪中間乃至無色界邪見不應邪覺不應邪見所以者何以三事故自體不應自體亦如上說亦不與邪覺相應彼地無覺故諸餘心心數法謂除中間禪乃至無色界邪見相應法諸餘染汙聚不與邪見相應彼聚中無邪見故不與邪覺相應彼地中無邪覺故善心不隱沒無記心色無為心不相應行善心無記心不應者非染汙故色無為心不相應行不應者非緣法故

諸法與邪見相應復與邪方便耶若與邪方便相應復與邪見耶乃至廣作四句邪見一切地可得非一切染汙心中可得邪方便一切地一切染汙心中可得故作中四句邪見相應非邪方便者邪方便應邪見邪見相應邪方便體應於邪見非邪方便以三事故自體不應自體亦如上說應邪方便非邪見者謂邪見邪方便聚中邪見體應邪方便非邪見所以者何以三事故自體不應自體亦如上說餘邪見不相應法邪方便相應法彼是何耶除邪見相應聚諸餘染汙聚與邪方便相應非邪見如是等法與邪方便相應非邪見所以者何彼聚中無邪見故與邪見亦與邪方便相應者除邪方便應邪見諸餘邪見相應法除邪方便者以邪方便多故除邪見相應聚邪方便體彼是所除諸餘邪見相應法亦除邪見體是為於彼聚中除邪方便體亦除邪見體諸餘心心數法彼是何耶謂除慧餘九大地除惡慧餘九煩惱大地心覺觀睡無慚無愧眠應隨相說不與邪見邪方便相應者邪方便不應邪見彼是何耶謂除邪見相應聚諸餘染汙聚彼聚中邪方便體不應邪見所以者何彼聚中無邪見故不應邪方便以三事故自體不應自體亦如上說諸餘心心數法謂善不隱沒無記色無為心不相應行善心不隱沒無記心非染汙故色無為心不相應行非緣法故如邪見邪方便邪念邪定說亦如是邪覺對邪方便邪念邪定亦如是

諸法與邪方便相應復與邪念相應耶乃至廣作四句此二法一切地一切染汙心中可得是故作小四句與邪方便相應不與邪念相應者謂邪念是也邪念體應邪方便非邪念所以者何以三事故體不自應亦如上說邪念相應非邪方便者謂邪方便是也餘如上說亦與邪方便邪念相應者除邪方便邪念體諸餘染汙心心數法彼是何耶除念餘九大地八煩惱大地睡覺觀眠時心無慚無愧應隨相說非邪方便非邪念相應者諸餘心心數法謂善心不隱沒無記心色無為心不相應行所以如前說如邪方便對邪念對邪定亦如是邪念對邪定亦如是

問曰此八邪枝幾在欲界幾在色無

阿毗曇毗婆沙論第二十四卷　第十八張　切

色界答曰欲界有八色界有八無色界有四除邪語邪業邪命邪覺幾見道斷幾修道斷答曰一是見道斷謂邪見三是修道斷謂邪語邪業邪命四是見道修道斷謂邪覺邪方便邪念邪定問曰此中何故最後說諸邪枝耶答曰欲顯現世第一法功用故此乾度初明出要善法如世第一法能入見道能生聖道聖道見道能壞邪見是故始明聖道終明邪道

世第一及智　　人品與愛敬
無慚色無義　　思品最在後

阿毗曇毗婆沙論卷第二十四

宋本此卷首去智揵度八道品中若成就見亦成就智耶云云乃至卷末云與喜覺支相應非念覺支相應者等九千六紙文其與國本宋本逈異者何耶今檢宋本錯亂此文全是此論第四十八卷之文而重書爲此第二十四卷耳今依二本正之

甲辰歲高麗國分司大藏都監奉
勑彫造

阿毗曇毗婆沙論卷第二十四

校勘記

一　底本，麗藏本。
一　五八三頁上一至四行經名、造者、釋者、譯者、品名，諸本（不含〔石〕，下同）無（未換卷）。
一　五八三頁下一八行第九字「人」，諸本無。
一　五八三頁下二〇行第一一字「蠡」，諸本作「螺」。
一　五八四頁上一一行第五至六字「娑羅」，諸本作「娑羅」。
一　五八四頁上一七行「稱者」，諸本作「復」。
一　五八四頁中五行第一一字「於」，諸本無。
一　五八四頁中八行第六字「現」，諸本作「顯」。
一　五八四頁下四行「十二」，諸本作「十一」。
一　五八五頁上一九行首字「其」，諸本作「彼」。
一　五八五頁上二一行「大龍」，諸本作「龍有」。
一　五八五頁中一二行首字「知」，諸本作「如」。
一　五八五頁下一行「言生」，諸本作「言主」。
一　五八六頁上九行第一一字「是」，諸本作「是根」。
一　五八六頁中六行第一二字「五」，諸本作「是五」。
一　五八六頁中一〇行「是斷戒」，諸本作「是斷結」。至此，諸本卷第三十四終，卷第三十五始，〔資〕、〔磧〕、〔普〕、〔南〕有品名「雜揵度思品之餘」；〔徑〕、〔清〕有品名「雜揵度第八之三」。
一　五八六頁中一五行第八字「應」，諸本作「應法」。
一　五八六頁中一七行第三字「所」，諸本無。
一　五八六頁下一三行第二字「而」，諸本作「亦」。

一　五八七頁上九行第一二字「不」，諸本無。

一　五八七頁上一〇行第三字「有」，諸本作「不」。

一　五八七頁上一五行第一〇字「邪」，諸本作「聖」。

一　五八七頁上一七行「此説」，磧、普、南、徑、清作「此諸」。

一　五八七頁中三行「解脱」，磧、普、南、徑、清作「得脱」。

一　五八八頁上一七行第二字「設」，諸本作「説」。

一　五八八頁中一八行第二字「令」，諸本作「今」。

一　五八八頁中二一行「滅故」，諸本作「法故」。

一　五八八頁中二二行「三界」，資、磧作「三果」。

一　五八八頁下二一行第八字「更」，諸本作「受」。

一　五八八頁下二二行「受諸生」，諸本作「造異業」。

一　五八九頁上一行第二至第一〇字「造……義」，諸本無。

一　五八九頁上一一行「等得」，諸本作「未得」。

一　五八九頁中一八行第六字「不」，資、磧無。

一　五八九頁下一六行「廣説」，諸本作「生」。

一　五九〇頁中三行「非是」，徑、清作「是非」。

一　五九〇頁中一六行「憎惡」，清作「增惡」。

一　五九〇頁中末行第一二字「地」，諸本作「初」。

一　五九〇頁下一〇行第五字「相」，諸本無。

一　五九二頁上卷末經名，諸本無（未換卷）。卷末後記「宋本……正之」，諸本無。

阿毗曇毗婆沙論卷第二十五　切

迦旃延子造　五百羅漢釋
北凉天竺沙門浮陀跋摩共道泰等譯

使揵度不善品第二之一

三結乃至九十八使盡是佛經唯除五結九十八使此非佛經此章中應除此二論曾聞尊者瞿沙作如是說一切阿毗曇論盡解佛經因此經故作如是論諸經中不說者皆悉除之此二論非經所說是故應除五結說五上分結所以者何五上分結是佛經故除九十八使更無所說非佛經故復有說者五結此章中不應除所以者何佛於增一阿含五法中說以經久故而亡失之尊者迦旃延子以願智力觀察於阿毗曇中還說五結曾聞增一阿含從一法至百法而今唯有從一法至十法者在餘悉亡失從一法至十法亡失甚多在者猶少如尊者奢摩婆秀阿羅漢是尊者耆婆迦和上般涅洹時是日亡失七万七千本生經一万阿毗曇論從是以後更不復行一論師滅猶失尒所經論何況佛法中多論師滅復有說者此二論雖非佛經不應除之問曰若非佛經何故不除荅曰作經者意欲尒隨其所欲而造此論亦不違法相於此論中說一切遍說非一切遍說一切遍非一切遍一切遍者三結是也非一切遍者五結是也一切遍非一切遍者九結是也問曰五結可尒九十八使亦非佛經何故不除荅曰一切阿毗曇廣解佛經義若廣解佛經義者是阿毗曇佛經說七使以界以種以行差別故有九十八使是故此二論俱不應除問曰彼尊者造論何故先立章荅曰欲顯現諸門義故所以者何若不先立章者則門義不顯如人不能采畫虛空若欲畫時必有所依彼亦如是復次欲令此論久住世故雖立章門造偈頌制揵度作品名百千衆中乃有一人能具足誦持阿毗曇者何況不立章門乃至品名而能具足誦持此煩乱文欲令無如是過故而先立章問曰彼尊者何

故因佛經而立章耶荅曰以一切阿毗曇盡廣解佛經義故復次欲顯現佛經有無邊義故外道書論有文無義雖有義而少如羅摩延書其文有万二千偈唯明二事一明羅摩延刧思陁去二明羅摩將思陁還一切佛經皆是無量無邊無量者有無量義無邊者有無邊文猶如大海無量無邊無量者謂深無量無邊者謂廣大無邊復次欲顯現佛經堪忍問難轉精妙故外道書論不堪問難若其問難轉不牢固無有義味如獼猴子不耐打觸若其打觸便失糞穢佛經堪耐打觸若打觸時則出清淨戒色及善根觸亦如波羅㮈衣堪耐打觸若加打觸光色轉妙出生妙觸彼亦如是復次欲顯現佛經發則妙故佛經說有三事覆則妙發則不妙謂愚人女人婆羅門書三事發則妙覆則不妙謂智人日月佛經復次欲顯現佛經堪耐思求轉精妙故如人覩日眼不明淨外道書論思求之時使慧眼不淨如人覩月眼則明淨佛法經論

思求之時令慧眼明淨復次先作是說一切阿毗曇盡廣解佛經義以是事故如來所說種種不相似義立雜揵度說諸結義立結使揵度乃至說見義立見揵度一一揵度中分別一切法問曰彼尊者造論何故先立章後作門荅曰如人造舍先平治地然後立舍彼尊者亦復如是欲造法舍如平地法先立於章如造舍法後立於門復次如人種樹先治地然後乃種彼尊者亦復如是欲種法樹如治地法先立於章如種樹法後作於門復次如華鬘師華鬘弟子欲造種種鬘時先經其縷然後以種種色華而莊飾之彼尊者亦復如是欲造法鬘如經縷法先立於章如以華莊飾之後作於門復次如畫師畫弟子欲畫之時先摹其像後布衆彩彼尊者亦復如是如摹像法先立於章如布彩法後作於門復次猶如工匠工匠弟子先量其木後刻支體彼尊者亦復如是如量木法先立於章如刻支體法後作於門復次如行者觀法先觀

四大造色後觀微塵剎那彼尊者亦復如是如觀四大造色法先立於章如觀微塵剎那法後作於門復次世尊說法亦尒先說後解先說者如說六界六觸十八意行四處比丘當知是名為入後解者此名六界乃至四處彼尊者亦復如是先立於章後作於門復次欲現二種善故先立於章現善於文後作於門現善於義如善於文義於文義有力於法無畏於義無畏法無畏果義無畏果當知亦如是復次欲現巳知見不錯乱故若人知見錯乱所造經論亦復錯乱不能善立章門乃至品名若人知見不錯乱者所造經論亦不錯乱善立於章乃至品名是故欲顯巳知見不錯乱故先立於章後作於門

問曰以何等故彼尊者作經先立三結為章後乃至九十八使荅曰彼作經者有如是欲如是意隨其欲意造作此論亦不違法相是故先立三結為章後乃至九十八使尊者波奢說曰雖一切處生疑然不違法相若先

說三不善根後乃至九十八使亦有此疑復次阿毗曇應以相求不應以次第求前說後說俱無有過復次亦可隨義說其次第所以先立三結為章後乃至九十八使若二阿毗曇求其次第則經文煩亂誰能具足受持阿毗曇煩亂文者復次為增法故先說三結後說四五六七九至九十八使復次為說煩惱樹次第增長法故先說三結後四五六七九至九十八使復次欲次第說得四沙門果故若斷三結得須陁洹果不盡斷三不善根及欲漏得斯陁含果盡斷得阿那含果永斷有漏無明漏得阿羅漢果餘流扼縛取盡下分結上分結見身受結使等皆是有漏差別廣分別漏是故欲說次第得四沙門果故先立三結為章後乃至九十八使

三結身見戒取疑問曰此三結體性是何荅曰體性有二十一種身見三界見苦所斷有三種戒取三界見苦見道所斷有六種疑三界見苦集滅道所斷有十二種此二十一種是三結

體我物相性分

已說體性所以今當說何故名結結是何義荅曰縛義是結義合苦義是結義雜毒義是結義縛義是結義者縛即是結何以故知如經說尊者摩訶拘絺羅往尊者舍利弗所作如是問為色縛眼為眼縛色乃至意法亦如是問舍利弗荅尊者摩訶拘絺羅色不縛眼眼不縛色其中欲愛是其縛也譬如白牛黑牛同一扼靷而以繫之尊者拘絺羅於意云何若有說言黑牛繫白牛白牛繫黑牛為是如法說不荅言不也然彼扼靷是其縛如是尊者拘絺羅色不縛眼眼不縛色但於其中欲愛是縛乃至意法說亦如是以是事故知結即是縛合苦義是結義者欲界諸結與欲界苦衆生合色界諸結與色界苦衆生合無色界諸結與無色界苦衆生合欲界諸結與苦合相不與樂合色無色界諸結與苦合相不與樂合以是事故合苦義是結義雜毒義是結義者一切受生妙有漏定如無量解脫陰入一切

處定等聖所遠離以雜煩惱毒故猶雜毒食雖復美妙智人遠之彼亦如是以是事故縛義合苦義雜毒義是結義

佛經說若斷三結名須陁洹不墮惡趣決定入究竟道唯受七有七生天上人中得盡苦際問曰如阿毗曇說斷八十八使名須陁洹如池喻經說斷無量苦名須陁洹以何等故世尊說若斷三結名須陁洹荅曰或有說者此是如來有餘說略言要言為受化者作如是說復次為人故為時衆故為受化者故為法器故所以者何諸佛說法盡為受化者智有深淺亦觀其心及與結使其心者所謂善根結使者謂諸煩惱觀察其心及煩惱已隨其煩惱說對治法亦不說少若說少者則不能除煩惱之病亦不說多若說多者則是如來無利之說譬如醫師治病先觀其病及病所因然後投其對治之藥亦不少投若少投者其病不愈亦不多投若多投者唐捐其功隨其所應而投其藥彼亦如是復次若略說斷三結名須陁洹若

廣說則斷八十八使及無量苦名須陁洹如略說廣說不分別分別頓說次第說亦如是復次為利根者說斷三結名須陁洹為鈍根者說斷八十八結及無量苦名須陁洹如利根鈍根因力緣力內力外力依內思惟力依外說力捷智遲智說亦如是復次欲說易行法以誘進受化者如牽他手令其起故此中應說跋耆子喻曾聞有跋耆子於佛法出家是時已制二百五十戒令族姓子隨其所樂而履行之彼人聞已生憂慮心誰能守護如此諸戒便詣佛所頭面礼足而白佛言世尊制二百五十戒令族姓子隨其所樂而奉行之我今不堪守護此戒

尒時世尊示親善相而不呵責以軟美言而慰愈之善哉善哉跋耆子汝能善學三戒不耶謂善學戒善學心善學慧彼人聞已生大歡喜作如是言我能善學此三種戒學三種戒故次第能學一切諸戒若如來說斷見道所斷八十八使及無量諸苦名須陁洹者則受化者心生憂慮何能拔此八十八煩惱之樹度八十八煩惱大河乾竭八十八煩惱大海摧破八十八煩惱之山脩此八十八對治之道若佛說斷三結名須陁洹諸受化者生大歡喜若斷三結則是易事若斷三結則斷見道一切諸使所以者何同一對治斷故以是事故說易行法廣說如上復次欲說最勝法故一切見道所斷結中此三結最勝是故尊者瞿沙作如是說此三結是一切見道所斷煩惱最勝餘隨從生如因見生愛恚慢等復次此三結是一切見道所斷煩惱元首猶如勝軍常在前行以彼力故餘煩惱生復次以此三結是功德怨家功德者謂須陁洹果誰是彼怨家謂三結是也復次此三結是三三昧近對治身見是空三昧近對治戒取是無願三昧近對治疑是無相三昧近對治復次以此三結是近見道人數數行故如雞揵度說行者住忍見疑不行設有行者亦復不覺以其智劣煩惱微細故見者謂身見戒取疑者即是疑復次以此三結難斷難破難過復次以此三結有增感過重患多過身見有何增感過荅曰身見是六十二見根見是諸煩惱根煩惱是業根業是報根依報生善不善無記法戒取有何增感過荅曰從戒取生種種邪苦行疑有何增感過荅曰疑者疑過去未來世內懷猶豫此是何云何有此誰造此此當云何此衆生為從何來死至何所復次以此三結雖斷雖知阿羅漢猶行相似法身見苦比忍永斷雖斷雖知阿羅漢猶行相似法而作是說此是我衣我鉢是我同房弟子是我近住弟子是我房是我房中資生之物似如計我戒取道比忍永斷雖斷雖知阿羅漢猶行相似法如洗手足住阿練若但畜三衣廣說十三清淨功德因此得畢竟淨想曾聞尊者讇摩奢恒者迦雖是阿羅漢亦日日詣水瀑浴以為淨想疑道比忍永斷雖斷雖知阿羅漢猶行相似法見於遠物疑為是人耶為是杌耶見於

二道疑為是所趣道耶非所趣道耶見二衣二鉢疑為是我衣鉢為非我衣鉢耶復次行者為斷三結故令一切見道所斷結亦盡得斷復次行者為斷三結故亦見知覺識見道所斷結復次以是三結通於三界亦是下分欲愛瞋雖是下分不通三界邊見邪見見取愛慢無明雖通三界而非下分復次於七使中永斷無餘者是中則說須陀洹於七使中永斷二使謂見使疑使復次於九結中永斷無餘乃至廣說須陀洹於九結中三結永斷謂見結疑結取結以是事故尊者瞿沙作如是說此經應如是說斷三結得須陀洹三結者謂見結疑結取結復次於十使中永斷無餘者乃至廣說十使者謂五見愛恚慢無明疑須陀洹永斷六使謂五見疑於六使中唯說三使謂身見戒取疑不說三使謂邊見邪見見取所以者何此從彼生故身見生邊見邊見從身見生戒取生見取見取從戒取生疑生邪見邪見從疑生

已說能生當知亦說從生復次此是現初門現略說現始入此見道所斷結或一種斷二種斷四種斷若說身見當知已說一種斷者若說戒取當知已說二種斷雖更無二種即戒取名二種戒取相應共有法亦名二種若說疑當知已說四種斷者復次見道所斷結或是自界一切遍或他界一切遍若說身見當知已說自界一切遍若說戒取疑當知已說他界一切遍問曰何故自界一切遍說一結他界一切遍說二結荅曰以他界緣於有漏亦緣無漏若說戒取當知已說有漏緣使若說疑當知已說無漏緣使如自界一切遍他界一切遍自地一切遍他地一切遍自界緣他界緣自地緣他地緣當知亦如是復次見道所斷結或有漏緣或無漏緣若說身見戒取當知已說有漏緣使若說疑當知已說無漏緣使問曰何故說二有漏緣說一無漏緣荅曰有漏緣者或自界緣或他界緣若說身見當知已說自界緣若說戒取當知已說他界緣如有漏緣無漏緣世緣出世緣味緣無味緣住緣出緣繫緣不繫緣結緣非結緣受緣非受緣纏緣非纏緣當知亦如是復次見道所斷結或有為緣或無為緣若說身見戒取當知已說有為緣若說疑當知已說無為緣如有為緣無為緣有常緣無常緣有恒緣無恒緣當知亦如是復次見道所斷結或性是見或性非見若說身見戒取當知已說見性者若說疑當知已說非見性者如見性非見性視不視轉行不轉行求不求轉其心不轉其心當知亦如是復次見道所斷結或不善或無記若說戒取疑當知已說不善若說身見當知已說無記如不善無記有報無報生一果二果無慚無愧相應無慚無愧不相應當知亦如是復次見道所斷結有二種或性欣踊或性憂慼若說身見當知已說欣踊者若說戒取疑當知說已憂慼者復次此三結壞三種身身見壞戒身戒取壞定身疑壞

慧身復次此三結能壞八正道身見壞正語正業正命戒取壞正念正定疑壞正見正覺正方便復次欲令疑者得決定故世人多深著我我所深著吉不吉深懷猶豫佛言若衆生行如是法者不名須陁洹若不行如是法者名須陁洹問曰為得初道名須陁洹為得初果名須陁洹若得初道名須陁洹者第八人應是須陁洹第八人者名堅信堅法所以者何彼得初道故若得初果名須陁洹者若離多分欲若離欲界欲得正決定道比智時應是須陁洹所以者何初得果故荅曰或有說者初得道故名須陁洹問曰若然者第八人應是須陁洹所以者何以初得道故荅曰初得道故名須陁洹彼所得道必緣於道者是須陁洹第八人雖初得道緣於苦故不名須陁洹復次初得道故名須陁洹彼道要是道比智果所攝道是須陁洹復次初得道故名須陁洹彼道要有三事一得未曾得道二捨曾得道三斷結同一味得未曾得道者謂修道是也捨曾得道者見道是也斷結同一味者見道所斷結都同一味證復次初得道故名須陁洹彼道要有五事一得未曾得道二捨曾得道三斷結同一味證四頓得八智五具修十六行復次初得道故名須陁洹住彼道時見道所斷結永盡無餘永斷緣倒結永斷忍對治結永斷邪見復次初得道故名須陁洹住彼道時其人可共談說可施設有相復次初得道故名須陁洹住彼道時容有生死復有說者初得果故名須陁洹問曰若然者斷多分欲盡欲界結得正決定道比智時應是須陁洹所以者何是初得果故荅曰初得果故名須陁洹要是順次第具縛非超越人復次初得道故名須陁洹是初得解脫是初得度是得初果人復次初得果故名須陁洹要不以世俗道故斷一種結而得果者復次初得果故名須陁洹是四沙門果最初果者復次初得果故名須陁洹要是具四向四果者復次初得果故名須陁洹是八人四雙者復次初得果故名須陁洹住彼道時亦不壞地亦不壞道斯陁含果雖不壞地而壞於道所以者何有漏無漏道俱能得故阿那含果亦壞於地亦壞於道壞地者依六地而得壞道者有漏無漏道俱能得故阿羅漢果雖不壞道而壞於地所以者何依九地得故須陁洹果地亦不壞道亦不壞不壞地者依未至地得不壞道者唯以無漏道不以有漏道得復有說者不以初得道故名須陁洹不以初得果故名須陁洹然以須陁洹果故彼人名須陁洹因法為名猶如藥水以藥為名酥瓶油瓶亦復如是問曰何故名須陁洹荅曰須陁名聖道流洹名為入入聖道流故名須陁洹問曰若然者斯陁含阿那含阿羅漢亦名須陁洹所以者何亦入聖道流故荅曰此初受名初得道故餘果名者各自有義

不墮惡趣者不墮三惡趣問曰如斯陁含阿那含阿羅漢亦不墮惡趣何故獨說須陁洹不墮惡趣耶荅曰亦

應說而不說者當知此說有餘復次沙門果各自有義如須陁洹不墮惡趣勝故說不墮惡趣斯陁含一往來勝故名一往来阿那含不還欲界勝故名不還阿羅漢更不受有勝故名更不受有以沙門果名自有義故隨義立名問曰凡夫人亦有不墮惡趣者何以不說荅曰應說而不說者當知此說有餘復次凡夫人或墮惡趣或不墮惡趣是以不說聖人必定不墮惡趣是故說之

阿毗曇毗婆沙論第三十五 第十八張 切字号

決定者住正決定聚故名決定須陁洹義應言決定般涅槃所以者何有般涅槃因緣故辟如坏器於三重屋上投之於地未至地頃當言必破彼亦如是

入究竟道者盡智無生智名道彼人有如是欲如是期心如是可如是樂如是意近轉近彼道故言入究竟道

唯受七有者問曰應受十四有若二十八有若以本有而言人中有七天中有七應有十四若以本有中有而言天中本有有七中有有七人中本有有七中有有七應有二十八何故但說七有荅曰此是七數法不過於七人中亦七天上亦七本有亦七中有亦七餘經亦說三說四諦有十二行一諦有十二行四諦應有四十八行三說苦諦有十二行乃至三說道諦有十二行應有四十八行何故但說有十二行此是十二數法不離三轉十二行故餘經亦說比丘七處善三種觀義速於聖法能盡有漏彼不應但七應有三十五處善若無量處善何故但說七處善耶荅曰此是七數法不離於七觀一色陰有七種乃至識陰亦七種故餘經亦說比丘我今當說二法云何二法眼色乃至意法是名二法此非一二應是六二但是二數法故不離於二此七數法不離於七亦復如是廣說如上問曰何故須陁洹唯受七有不增減耶尊者波奢說曰若增若減受於有者皆亦生疑不以疑故違於法相復次有尒許報因還受尒許報果復次以業力故唯受七有以道力故不受第八有

阿毗曇毗婆沙論第三十五 第[illegible]張 切字号

如人為七步虵所螫以四大力故能行七步以毒力故不至第八步復次若受第八有彼身中應空無聖道若空無聖道先是見諦今非見諦本是得正決定今不得正決定本是聖人今非聖人復次若受第八有者則於過去恒沙諸佛則為外人非是內親猶如世人七世相於有親若至八世便為外人彼亦如是復次住增上忍時除欲界七生分色無色界一一處生分餘一切生分得非數滅若法得非數滅更不復起現在前復次以唯有七生處故唯受七有七生處者謂人六欲天是須陁洹生處而於中生七使以如是事故唯受七有不增不減如是諸具受七有須陁洹天上七有人中七有者然須陁洹各有差別或有天七人六天六人五天五人四天四人三天三人二天二人一或有人七天六乃至人二天一說亦如是此中唯說具七有者故說須陁洹受於七有問曰具受七有須陁洹為在

阿毗曇毗婆沙論[illegible]

天上為在人中受第七有耶荅曰或有說者於此生中得須陁洹即數此生為七或有說不在七數者若如數者此說人中得道天上滿七於彼般涅槃若天上得果人中滿七即般涅槃若不數者人中得果還於人中滿七有即般涅槃天中得果還於天中滿七有即般涅槃評曰不應數初得道生在七有中所以者何彼生中有時是凡夫非是聖人若數者唯有二十七有非二十八若唯二十七有則違施設經如說須陁洹經二十八生必盡苦際欲令無如是過故不說初得道生在七有中問曰受七有須陁洹於前六生中為起聖道現在前不耶荅曰或有說者不起若當起者應般涅槃或有說者起現在前問曰若然者何故不般涅槃荅曰以業力故不般涅槃問曰若滿第七有時世無佛在家而得阿羅漢耶荅曰或有說者不得雖無佛法於餘法中要當出家受其法服然後乃得或有說者在家亦得得已不住於家於餘法出家受其法服如是比有五百辟支佛住仙人山中本是聲聞

天上人中者天來人中人住天中猶如世人從林至園中從園至林中彼亦如是生者生中有本有中

得盡苦際者問曰苦際為在苦中為在苦外若在苦中不應言苦際若在苦外世間現喻云何通猶如金籌初亦是金中亦是金後亦是金苦亦如是初亦是苦中亦是苦後亦是苦何者是苦際耶荅曰或有說者阿羅漢最後陰是苦際或有說者滅盡涅槃是苦際若作是說阿羅漢最後陰是苦際者不應言苦際所以者何體盡是苦故荅曰以是事故應言苦際所以者何更不生苦更不與苦相續更不造苦因是故名苦際若作是說滅盡涅槃是苦際者世間金籌現喻云何通荅曰此不必須通所以者何此非脩多羅毗尼阿毗曇不可以世間現喻難賢聖法所以者何賢聖法異世間法異

三不善根貪不善根恚不善根癡不善根問曰三不善根體性是何荅曰有十五種貪不善根欲界五行所斷愛通六識身恚不善根五行所斷恚通六識身癡不善根欲界全四種所斷無明四種者謂集滅道脩道苦諦所斷種當分別苦諦斷無明有十種謂與五見愛恚慢疑相應及不共法八是不善根二非不善根謂欲界身見邊見相應者問曰因是根義身見邊見相應無明是一切不善法因何故不名根耶荅曰若法體是不善為一切不善法作因者立根身見邊見相應無明雖是一切不善法因體非不善是無記故是故癡不善根全是欲界四種謂集滅道脩道所斷及苦諦所斷八種通六識身無明是此十五種是三不善根體乃至廣說

已說體性所以今當說何故名不善根不善根是何義荅曰生義養義增義是不善根義充足義饒益義滋盛義流澍不善義是不善根義尊者和須蜜說曰云何不善根義荅言不善因義是不善根義復次不善種子義

是不善根義復次發起不善義是不善根義復次已生不善助生不善增益不善義是不善根義尊者浮陁提婆說曰不善元本能生不善助生不善增益不善義是不善根義問曰若因義是不善根義者前生不善五陰與後身不善五陰作因前生十不善業與後生十不善業作因前生三十四不善使與後生三十四不善使作因如是等不善法皆應是不善根此三有何異相立不善根耶尊者和須蜜荅曰此是如來有餘之說略言要言為受化者作如是說尊者波奢說曰佛決定知法根亦知勢用餘人所不知若法有不善根相立不善根無者不立尊者瞿沙說曰佛知此三法於不善法作因速疾偏重親近是故此三立不善根餘不善法無此三相故不立根復次此三不善根於一切不善法為元首猶如猛將勝軍在前而行以其威力故餘不善法生復次一切不善法中誰為最勝此三法於一切不善法中名亦最勝義亦最勝

是故立根復次貪不善根是不貪善根近怨對法恚不善根癡不善根是不恚不癡善根近怨對法復次以此三法是功德怨家功德者謂三善根復次以此三不善根於一切不善法作因作根作主住本所作作勢力作緣作增益作集作起處作因者猶如種子作根者令堅牢餘隨相說復次此三不善根能持不善法能使來能生能養能增故復次以此三不善根離欲界欲時多作留難作障㝵如守門者不令人入復次以此三不善根五種斷通六識身是使性能起身口業斷善根時有牢强方便五種斷者見苦斷種乃至修道斷種通六識身者與眼識相應乃至意識相應使性者貪是欲愛使恚是瞋恚使癡是無明使能起身口業者貪起從貪生身口業恚起從恚生身口業癡起從癡生身口業斷善根時牢强方便者如施設經說斷善根時云何而斷以何事斷荅言猶如有一貪欲偏重瞋恚偏重愚癡偏重者能斷善根所以說

五種斷者欲除五見及疑所以說通六識身者欲除慢所以說使性者欲除諸纒問曰如邪見能斷善根何故不立不善根荅曰不善根斷善根時作方便時勢勝事成時亦勝一切善不善法方便時勢用難事成時勢用易曾聞菩薩見世間生老病死苦初發不退轉無上道心從此以後於三阿僧祇劫此心不住不退無能留難障㝵之者此心甚難非得盡智時三界善根於未來修者邪見成時勢用勝非方便時勝是故不立不善根復次若法斷善根時能生不善法助生不善法者立不善根貪恚癡能生不善法助生不善法邪見雖助生不善法不能生不善法復有邪見能斷善根者以諸不善根力故諸不善根先令善根羸劣微薄令其困無有勢力然後邪見能斷善根復次先作是說五種斷者立不善根邪見非五種斷不通六識身彼在意地雖是使性不能起身口業所以者何見道所斷心不與身口業俱起諸不善根所不攝不

善五陰無此五事不善色陰非五種斷不通六識身非是使性不能起身口業斷善根時無牢强方便不善受陰想陰識陰煩惱所不攝相應行陰此雖五行所斷通六識身非是使性雖能起身口業斷善根時無牢强方便不相應行陰雖五種斷不通六識身非是使性不能起身口業斷善根時無牢强方便煩惱中五見及疑非五種斷不通六識身雖是使性不能起身口業所以者何見道所斷心不與身口業俱起斷善根時無牢强方便慢雖五種斷不通六識身雖是使性能起身口業斷善根時無牢强方便纏有十種忿纏覆纏睡纏掉纏眠纏悔纏嫉纏慳纏無慚纏無愧纏睡掉無慚無愧此四雖五種斷非是使性雖能起身口業斷善根時無牢强方便眠雖五種斷不通六識身非是使性不能起身口業斷善根時無牢强方便餘纏非五種斷不通六識身非是使性或時起身口業斷善根時無牢强方便惱恨諂誑憍害此六是

使垢依使而生非根本使無上五事故不立不善根復次此三不善根說是業本是業集如說迦藍摩當知貪是衆生業本是衆生業集恚癡亦是衆生業本是衆生業集復次此三不善根盡業亦盡如說貪盡業亦盡恚癡盡業亦盡復次此三不善根展轉相生展轉相助生如說從貪生恚從恚生貪於此二中亦生無明復次此三不善根能使三受如說貪使樂受恚使苦受癡使不苦不樂受問曰如此三使盡使三受何故作是說耶答曰從多分故貪多使樂受恚多使苦受癡多使不苦不樂受復次貪從樂受生以樂受為根本多造惡業故而生多苦恚從苦受生以苦受為根本多造惡業故而生多苦癡從不苦不樂受生以不苦不樂受為根本多造惡業故而生多苦復次此三善根說是愛憎以愛憎故衆生多起諍訟天阿修羅常共鬭殺多衆生愛者是貪憎者是恚問曰此中何以不說癡耶答曰已說在此二中若當衆生有智

者乃至天欲境界在前猶不共諍何況人間惡欲復次以此現初門要略始入諸煩惱盡從三分生或從愛分生或從恚分生或從癡分生佛經說婆羅門當知若人以二十一煩惱惱於心者雖修行淨心生淨想猶墮惡趣曾聞尊者曇摩多羅一切煩惱立為三分謂貪恚癡分此是貪分此是恚分此是癡分若說貪當知已說貪分若說恚當知已說恚分若說癡當知已說癡分如愛恚癡分親分怨分不親分不怨分有恩分無恩分有適意分無適意分不有適意不無適意當知亦如是復次以三不善根起十惡業故墮十惡處云何三不善根起十惡業答曰佛經說殺生有三種或從貪生或從恚生或從癡生乃至邪見亦復如是施設經亦說三不善根十惡業因根廣說如上云何十惡業生十惡處佛經說修行廣布殺生之業生地獄畜生餓鬼中乃至邪見亦如是施設經亦如是說修行廣布增上殺生之業生阿毗地獄小輕者生

大熱地獄轉輕者生熱地獄轉輕者生大叫喚地獄轉輕者生叫喚地獄轉輕者生衆合地獄轉輕者生黑繩地獄轉輕者等活地獄轉輕者生畜生轉輕者生餓鬼乃至邪見說亦如是是名行十惡業生十惡處復次此三不善根說是内垢如說貪為内垢恚為内垢癡為内垢如内垢内怨内嬈當知亦如是復次此三不善根亦名為增亦名為減如說云何貪增云何恚增云何癡增云何貪減云何恚減云何癡減復次此三不善根能為退者作重因重緣如說若比丘比丘尼自知欲心熾盛恚心熾盛癡心熾盛不能自制比丘比丘尼當知我於善法便為衰退復次此三不善根說是煩惱障如說云何煩惱障荅曰猶如有一貪偏重恚偏重癡偏重是名煩惱障復次此三不善根說名為塵如說是貪塵恚塵癡塵如塵穢垢箭火刺刀毒病當知亦如是問曰此三不善根云何行耶荅曰若心有貪是心無恚若心有恚是心無貪癡則俱有所以者何所行各異故貪行欣踊恚行憂慼復次欲心盛時令身柔軟潤益恚心盛時令身麁強損減復次欲令身柔軟不害前緣恚令身麁強能害前緣云何欲令身柔軟荅曰欲心現在前時自身柔軟云何不害前緣荅曰若於前人生愛心者晝夜觀之無有猒足云何恚心令身麁強荅曰恚心現在前時令自身麁強云何能害前緣荅曰若於前人生恚心者乃至不欲以眼視之

此三不善根是五種斷通六識身何故五種斷若當見道斷非修道斷者修道所斷心便為無根若當修道所斷非見道斷者見道所斷心便為無根何故通六識身若在意地不在五識身者此五識心便為无根若在五識身不在意地者此意地心便為無根一切不善心以此為根與不善欲俱心有二種根謂貪及相應無明恚癡亦如是癡俱心及餘煩惱俱心有一根有一根謂無明也

問曰根有多名或說身見是根或說世尊是根或說欲是根或說不放逸是根或說自體是根此諸根名有何差別荅曰身見是根者以是見計我我所便生諸見世尊是根者以所說故雖此煩惱出要縛解增長寂滅如是等法皆從佛出是故為根欲是根者以能集善法故所以者何若有欲心能集善法若無欲心不能集善法是故以欲為根不放逸是根者以能守護善法若放逸者不能守護善法若不放逸則能守護善法是故不放逸為根自體是根者以自體不捨自性是故自體為根問曰若然者無為法亦是自體根所以者何不捨自性故荅曰若以此義不捨自性為根者無為法亦不捨自體為根復有何過復有欲去如是過而作是說自體是根者以相似因是自體根能生他故問曰若然者苦法忍及眷屬便為無根所以者何無相似因故荅曰雖不從相似因生而能與他作相似因無為法亦不從相似因生亦不能與他作相似因評曰應作是說以不捨自性

故名自性根身見根乃至自體根是名差別 阿毗曇毗婆沙論第二十五卷 第二十三張 切字号

阿毗曇毗婆沙論卷第二十五

阿毗曇毗婆沙論卷第二十五

校勘記

一　底本，金藏廣勝寺本。

一　五九四頁中一行經名、二行作者、三行譯者，資、磧、普、南、徑、清無（未換卷）。

一　五九四頁中四行「使揵度不善品第一之一」，資、磧、普、南作「阿毗曇毗婆沙使揵度不善品第一之一」。

一　五九五頁上六行第三字「去」，資、磧、普、南、徑、清作「還去」。同行第一一字「還」，麗作「羅」。

一　五九五頁中一六行末字「之」，資、磧、普、南、徑、清無。

一　五九五頁下六行第四字「入」，諸本（不含石，下同）作「人」。

一　五九五頁下一七行「於門」，至此，資、磧、普、南、徑、清卷第三十五終，卷第三十六始，資有品名「雜揵度不善品之二」；磧、普、南有品名「使揵度不善品之二」；徑、清有品名「使揵度不善品第一之二」。

一　五九六頁上三行「復次」，磧、普、南、徑、清作「後次」。

一　五九六頁上一〇行第六字「後」，諸本作「後說」。

一　五九六頁中五行「故知」，資、磧、普、南、徑、清作「知之」。

一　五九六頁中七行「意法」，磧、普、南、徑、清作「法法」。

一　五九六頁中一五行第一三字「法」，諸本無。

一　五九六頁中末行第一二字「陰」，諸本作「除」。

一　五九六頁下九行第六字「名」，磧、普、南作「多」。

一　五九六頁下一四行第八字「其」，資、磧、普、南、徑、清作「觀其」。

一　五九七頁上一八行「慰愈」，諸本作「慰喻」。

一　五九七頁中一行「須陁洹」，資、磧、普、南、徑、清作「須陁洹果」。

一　五九七頁中一〇行第一三字「結」，

磧、普、南、徑、清作「緣」。

一　五九七頁中一四行第一〇字「无」，資、磧、普、南、徑、清無。

一　五九七頁中二〇行第一二字「治」，資、磧、普、南、徑、清作「治法」。

一　五九七頁下一九行「畢竟」，資、磧、普、南、徑、清作「究竟」。

一　五九八頁上一二行末字「結」，磧、普、南、徑、清作「斷」。

一　五九八頁上末行末二字「邪見」下，麗有「從身見生戒取生見取見取從戒取生疑生邪見邪見」二十一字。

一　五九八頁下二二行「說巳」，諸本作「巳說」。

一　五九九頁上一七行「須陁洹」，磧、普、南作「須陁者」。

一　五九九頁中一八行「得初」，資、磧、普、南、徑、清作「初得」。

一　六〇〇頁上六行第九字「名」，諸本作「各」。

一　六〇〇頁下九行首字「使」，資、磧、普、南、徑、清作「便」。

一　六〇〇頁下一七行第四字「諸」，資、磧、普、南、徑、清作「說」。

一　六〇一頁上一〇行第八字「人」，資、磧、普、南、徑、清作「七」。

一　六〇一頁中三行第一一字「住」，資、磧、普、南、徑、清作「往」。

一　六〇一頁下六行第九字「斷」，資、磧、普、南、徑、清作「所斷」。

一　六〇一頁下一三行第九字「不」，資、磧、普、南、徑、清無。

一　六〇一頁下二二行第七字「不」，資、磧、普、南、徑、清作「是不」。

一　六〇二頁上七行第三字「身」，諸本作「生」。

一　六〇二頁上一一行「三有」，磧、普、南、徑、清作「有三」。

一　六〇二頁上二〇行「不善」，磧、普、南、徑、清作「善法」。

一　六〇二頁中二行第五字及三行第一〇字「法」，資、磧、普、南、徑、清作「治」。

一　六〇二頁中六行「主住」，諸本作「主作」。

一　六〇二頁中九行第一三字「來」，資、磧、普、南、徑、清作「來世」。

一　六〇二頁中一七行「是無」，資、磧、普、南、徑、清作「見無」。

一　六〇二頁中一八行第二字「使」，磧、普、南、徑、清無。

一　六〇二頁下一一行第一〇字「成」，資、磧、普、南、徑、清作「事成」。

一　六〇二頁下一三行「若法」，資、磧、普、南、徑、清作「不善法」。

一　六〇三頁上末行「惱恨」，資、磧、普、南、徑、清作「恨很」；麗作「恨很」。

一　六〇三頁中一九行「三善」，資、磧、普、南、徑、清作「三不善」。

一　六〇三頁下一二行「無恩分」下，資、磧、普、南、徑、清有「不有恩分不無恩分」八字。

一　六〇四頁上四行第七字「等」，諸本無。

一　六〇四頁上一八行第三字「一」，磧、普、南、徑、清作「一人」。

一　六〇四頁上末行「若心」，磧、普、南、徑作「是心」。

一　六〇四頁中二二行「有一根」，資、磧、普、南、徑、清無。

一　六〇四頁下三行「以是」，資、磧、普、南、徑、清作「以身」。

一　六〇五頁上一行第六字「身」，資、磧、普、南、徑作「根」。

一　六〇五頁上末行「第二十五」，資、磧、普、南、徑、清作「第三十六」。

阿毗曇毗婆沙論卷第二十六　切

迦旃延子造　五百羅漢釋

北涼天竺沙門浮陀跋摩共道泰等譯

使揵度不善品第一之二

三漏欲漏有漏無明漏問曰此三漏體性是何答曰有百八種欲漏有四十一種欲愛有五種恚有五種慢有五種見有十二種疑有四種纏有十種此四十一種是欲漏體有漏有五十二種愛有十種慢有十種疑有八種見有二十四種此五十二種是有漏體無明漏有十五種欲界無明有五色界無明有五無色界無明有五此十五種是無明漏體此百八種是三漏體亦名百八煩惱波伽羅那經亦說云何欲漏答言除欲界繫無明諸餘欲界繫結縛使垢纒是名欲漏云何有漏除色無色界繫無明諸餘色無色界繫結縛使垢纒是名有漏云何無明漏答言三界無知是名無明漏無明漏是三界無知如是說者好若作是說云何無明漏答言緣三界無知作是說者則不攝無漏緣使所以者何無漏緣使不緣在三界法問曰身口惡行為是煩惱為非煩惱若是煩惱此中何故不說若非煩惱識身經說云何通如說身口惡行是不善非結非使非縛是煩惱非纒應捨應斷應知能生苦報故或有作是答者是煩惱體若然者識身經說善通此中何以不說答曰應說身口惡行在欲漏中欲漏有四十三種而不說者有何意耶答曰若法體是煩惱體亦是纒說在欲漏中身口惡行雖是煩惱而體非纒是故不說在欲漏中復有說者身口惡行體非煩惱是以不說在欲漏中問曰若然者識身經說云何通答曰識身經文應如是說身口惡行是不善非結非縛非使非煩惱非纒應捨應斷應知生苦報故而不說者有何意耶答曰身口惡行雖非煩惱為煩惱所惱故說是煩惱問曰若非煩惱為煩惱所惱說是煩惱者非結為結所繫何故不說是結非縛為縛所縛何故不說是縛非

使為使所使何故不說是使非纏為纏所纏何故不說是纏耶荅曰應說而不說者當知此說有餘復次欲現種種說種種文若以種種說種種文莊嚴於義義則易解復次為現二種門二種略二種始入二種炬二種相貌二種文影二種俱通故如非煩惱為煩惱所惱說是煩惱非結為結所繫說是結乃至非纏為纏所纏說是纏如非結為結所繫不說是結乃至非纏為纏所纏不說是纏如是非煩惱為煩惱所惱應說非煩惱是故現二種門乃至現二種俱通此是漏體乃至廣說

已說體性所以今當說何故名漏漏是何義荅曰留住義是漏義浸漬義是漏義流出義是漏義持義是漏義在內義是漏義醉義是漏義放逸義是漏義留住義是漏義者誰令衆生留住欲色無色界耶荅曰漏也浸漬義是漏義者如於糟中浸漬種子其牙便生如是衆生以業種子浸漬煩惱糟中便生未來有牙流出義是漏義者如泉出水乳房出乳如是衆生於六入門流出諸漏持義是漏義者如人為他人所持則不能隨意遊行四方如是衆生為煩惱所持於諸界諸趣諸生生死法中不能自出在內義是漏義者如人鬼在身內故不應說而說不應作而作不應取而取不應觸而觸衆生亦尒煩惱鬼在內不應說而說不應作而作不應觸而觸醉義是漏義者如人飲根莖枝葉花藥等酒則便醉亂無所覺知衆生亦尒飲煩惱酒便無所知放逸義亦如是是故留住義是漏義乃至放逸義是漏義聲論者說曰漏名阿羅婆阿亦言分齊羅婆亦言漏如說天雨分齊至婆吒梨城市施分齊至旃荼羅如是有漏分齊至於有頂問曰若留住義是漏義者業亦令衆生留住生死如說二因二緣而有生死亦令增長謂業煩惱業與煩惱為生死種子是以生死難斷難壞而不滅沒若人或八歲或十歲得阿羅漢從是已後百年壽中煩惱永斷以業力故留住生死何故唯說煩惱是漏不說業耶荅曰以煩惱是業根不可不斷煩惱而捨於業是故說煩惱為漏不說於業復次煩惱能造業猶能生報如以濕泥團打於壁上以濕故著乾猶不墮是濕時力如是衆生有煩惱故造業煩惱雖斷業猶生報復次業是壞法業或令衆生留住生死業或為生死而作對治煩惱非是壞法但為衆生作留住法復次煩惱盡故能得涅槃不必業盡阿羅漢業其猶如山然更不受有於無餘涅槃界而般涅槃以是等諸因緣故說煩惱是漏不說於業

問曰何故欲界諸煩惱除無明立欲漏色無色界諸煩惱除無明立有漏無明立無明漏耶荅曰先作是說留住義是漏義欲界衆生所以留住欲界者以期心於欲意樂於欲染著於欲專求於欲以是事故欲界諸煩惱除無明立欲漏色無色界衆生所以留住色無色界者以期心於有乃至專求於有以是事故色無色界諸煩

惱除無明立有漏欲界衆生所以留住以無明故色無色界衆生所以留住以無明故是故三界無明立無明漏復次欲界雖有煞衆生多求於欲以多求欲故欲界諸煩惱除無明立欲漏色無色界無有欲煞彼衆生多求於有以多求有故色無色界諸煩惱除無明立有漏諸求欲求有皆因無明以是事故三界無明立無明漏復次若界有成有壞是界煩惱除無明立欲漏若界有成無壞是界煩惱除無明立有漏三禪以下雖有成有壞第四禪及無色界有成無壞若界有成有壞衆生留住亦因無明若界有成無壞衆生留住亦因無明是故三界無明立無明漏復有別說有漏者何故名有漏荅曰以衆生於此處求彼有不於彼處求此有辟喻者說二漏謂無明漏有愛漏所以者何以此二結是根本使故無明是過去緣起因故有愛是未來緣起因問曰若煞者云何具三漏耶荅曰彼作是說愛有二種或不善或無記或有報或無報或生一果或生二果或無慚無愧相應或不相應諸不善有報生三界無慚無愧相應愛立欲漏以愛故諸餘煩惱除無明使亦名欲漏諸無記無報生一果不與無慚無愧相應愛立有漏以愛故諸餘色無色界煩惱除無明使亦名有漏問曰何故以愛故欲界諸煩惱除無明使立欲漏色無色界以愛故色無色界諸煩惱除無明使立有漏荅曰以愛故界有差別地有差別種有差別生諸煩惱廣解如愛處說問曰何故三界無明立無明漏尊者波奢說曰佛決定知法相亦知勢用餘人所不知若法堪任獨立漏者使獨立漏若法不堪任獨立漏者彼合集為漏復次留住義是漏義更無有結留住衆生如無明者尊者瞿沙說曰佛知速疾偏重親近留住衆生莫若無明是故獨立無明漏復次以因無明有貪有恚有癡復次無明能令衆生於前際愚後際愚前後際愚於內法愚外法愚內外法愚不知業不知報不知業報不知作善行不知作惡行不知作善惡行不知因不知從因生法不識佛不知法不識僧不知苦集滅道不知有過不知無過不知親近處不知不親近處不知好惡白法黑法不知揔別不知因緣生法不如實知見六觸處法復次以無明難離是大過患愛雖難離而非大過患恚雖大過患而非難離無明是大過患亦難可離復次無明說在前法如說無明在為相故生諸惡不善法無有慚愧復次無明自體是重所作亦重自體重者與一切使俱亦有不共者所作重者與一切使俱作業亦有不共作業者復次無明說是根本如偈說

今世若後世　所以墮惡趣　無明為根本
亦因於貪欲

復次無明說名楞祇有鈍名楞祇自身盲生子亦盲所螫之處亦令他盲無明亦尒自盲亦令相應法盲於衆生身中亦能令盲復次無明在三界緣一界生愚謂無色界在九地緣一地生愚謂非想非非想處四陰有九

種緣一種生愚謂下下種問曰如所說餘他界一切遍使所作亦尒如邪見在三界緣一界謗无色界謂無色界四陰見取在三界緣一界計最勝謂無色界四陰戒取在三界緣一界計能淨謂無色界四陰疑在三界緣一界生猶豫謂無色界四陰地種說亦如是無明有何異事耶荅曰雖同是事而無明更有異義所以者何欲界他界緣一切遍無明使有九種七與他界緣遍使相應二是不共一一無明復有九種上上乃至下下如欲界無明色無色界無明亦如是如欲界地乃至非想非非想處地亦如是以無明有如是無量門無量處所令衆生愚是故三界無明獨立無明漏復次無明在前普遍通一切處在前者為無明所覆於苦不忍不可不欲聞說於集滅道亦尒猶如飢餓之人食惡食飽彼雖得美食而不忍可如無明惡食先在衆生身中彼雖遇四諦美妙之食而不忍可以不忍可故於諦便生疑心為有是苦為無是苦乃至為有是道為無是道如是因無明生於疑心必當決定若遇正說得正決定言有苦集滅道若遇邪說得邪決定言無苦集滅道如是疑心生於邪見彼作是念若無苦集滅道應當有我如是邪見生於身見復作是念此我為斷為常若見我相似相續便謂是常是名常見若我破壞不相續便謂為斷是名斷見是二見名為邊見如是身見生於邊見於此三見一一計能淨此見能淨能得解脫能出要是名戒取如是邊見生於戒取彼作是念此見能淨能解脫能出要者此見便為第一是名見取如是戒取生於見取自可所見生愛不可他見生恚於諸見起高是憍是名無明生使使生纏纏者十纏謂忿乃至無愧忿纏恨纏依於恚覆纏或有說依於愛者所以者何以愛故覆藏其罪或有說依無明所以者何以无知故覆藏其罪睡纏眠纏無慚纏依無明掉纏慳纏無愧纏依愛悔纏依疑六使垢亦依於使恨使垢害使垢依恚恨使垢依見取誑使垢高使垢依愛諂使垢依五見無明生如是等諸煩惱是故說在前普遍見從阿毗地獄上至有頂於中盡有通一切處者不以一剎那頃能為一切五行作因緣一切五行所斷使一切五行所斷以通一切處故一切遍中他地一切遍中緣有漏中緣無漏中緣有為中緣無為中如是等處皆有與一切煩惱共俱共合如油在麻中膩在揣中以無明在前普遍通一切處是故三界無明立無明漏

佛經說以不正思惟未生欲漏令生已生欲漏令增廣有漏無明漏亦如是問曰有尒所煩惱生即尒所煩惱滅所以者何前後不俱生故云何欲漏生而得增廣荅曰以下中上故說名增廣下煩惱為中作緣中為上作緣以下中上作緣故名增廣復次與次第緣故名為增廣若前煩惱未生則不與後煩惱作次第緣若生者作緣復次若前煩惱未生則不與後煩惱作相似因一切遍因若生者作相

似因一切遍因復次若煩惱未生則不能與果取果若生則能取果與果尊者和須蜜說曰佛經說不正思惟故便生欲漏已生欲漏能令增廣有漏無明漏亦如是問曰此煩惱為多不耶荅言不多煩惱未生而生已生復生故名增廣復次煩惱不多說名增廣未來有煩惱生已生不更名未来故名增廣復次煩惱不多說名增廣以數數生故若一煩惱生不正思惟不依對治則二生三生乃至百生千生復次煩惱不多說名增廣但以數數生轉重故生下煩惱不正思惟不依對治便生於中中便生上復次煩惱不多說名增廣但轉行境界故如緣色生煩惱不正思惟不依對治復緣聲香味觸法生尊者佛陁提婆說曰於一生中多行煩惱說名增廣具縛之人煩惱無有增減一切衆生煩惱患等等生阿毗地獄上至有頂但諸煩惱有多行者有少行者誰多行耶諸不正思惟不依對治者誰少行耶諸正思惟依對治者佛經說此

七漏常為損害能生熱惱及諸憂苦或有漏是見道斷乃至廣說問曰實義有三漏謂欲漏有漏無明漏何故說七漏耶荅曰世尊以漏具說漏如處處經中說彼具是彼廣說如上此亦如是漏具說漏尊者波奢說曰佛說三漏竟更有異衆生来在會中佛憐愍故即以此義更以異句異文令彼来衆堪任受化故說七漏復次利根者已解為鈍根者作如是說如利根鈍根因力緣力內力外力依內正思惟力依外聞法力當知亦如是尊者富那耶奢說曰佛經實義說二漏謂見道所斷漏修道所斷漏見道所斷即漏自名說修道所斷漏以對治名說彼對治有二種一須臾對二根本斷初五種說是須臾斷對治後一種說是根本斷對治

佛經說若有如是見於欲漏心解脫於有漏無明漏心解脫問曰如離欲愛時欲漏心得解脫離非想非非想處愛時有漏無明漏心得解脫佛何故於一時中說於三漏心得解脫荅曰已解脫說今解脫如說大王從何處来已来說来廣說如上復次此二法是俱一時滅故更不復現而作是說俱者謂欲漏無明漏有漏無明漏離欲愛時雖斷其俱而未永滅離非想非非想處愛時其俱永滅復次通證故作如是說離欲界欲時證欲漏斷離非想非非想欲時通證三漏斷復次同證一味解脫得故離欲時證欲漏一味解脫得離非想非非想愛時證三漏一味解脫得復次以滅作證故而作是說如說得阿羅漢果時證九十八使滅復次阿羅漢得法智故而作是說學人得法智是欲界對治離非想非非想處欲時無學得法智是欲界對治復次無學人得無學離縛故而作是說離欲界欲時學人得離縛離非想非非想處欲時無學人得離縛復次斷不相續還相續故而作是說衆生無有前際數數斷欲漏還與有漏無明漏相續若離非想非非想處欲時相續法更不相續復次緣不具故作如是說衆生不說前

際有漏無明漏與欲漏作二緣謂次第境界威勢緣若離非想非非想處欲時則緣不具復次為過患對治故而作是說行者離非想非非想處欲時於欲漏生過患想言其穢惡而捐棄之此漏無始已來常隱沒我常欺誑我今已脫欲漏有漏無明漏是故為過患對治而作是說問曰如何阿羅漢五陰得解脫世尊何以但說心得解脫答曰世尊以心為首說心得解脫五陰亦得解脫復次以心名勝義亦勝故彼聚中何者最勝心是最勝猶如王與眷屬俱走人但言王走彼亦如是復次以心故數法名心數以心大故數法名大地復次證他心智通時無學道中唯緣於心不緣心數廣說如心處說

四流欲流有流見流無明流問曰四流體性是何答曰有百八種欲流有二十九種愛有五種恚有五種慢有五種疑有四種纏有十種有流有二十八種愛有十種慢有十種疑有八種見流有三十六種欲界有十二種色界有十二種無色界有十二種無明流有十五種欲界有五種色界有五種無色界有五種此百八種是四流體乃至廣說亦名百八煩惱已說體性所以今當說何故名流流有何義答曰漂義是流義流下義是流義墮義是流義漂義是流義者漂諸衆生墮在諸界諸趣諸生生死中流下義是流義者流下諸衆生諸界諸趣諸生生死中墮義是流義者墮諸衆生諸界諸趣諸生生死中問曰若漂義流下義墮義是流義者上分結則無上分義所以者何上分結令諸衆生趣上向上使上生相續答曰上分義異流義異以界故立上分結所以者何此結令諸衆生趣上向上使上生相續以解脫正行聖道善法分故說流所以者何衆生雖生有頂中猶為流所漂不至解脫正行聖道善法分故是故尊者瞿沙作如是說雖久生上地猶為流所漂為厄所厄尊者婆摩勒說曰以數數現行增上煩惱故名流

問曰何故諸見流中立見流扼中立見扼取中立見取漏中何故不立見漏尊者波奢說曰佛決定知法相亦知勢用餘人所不知若法堪能別立者便別立之若法合集堪能立者便合集立之復次諸見輕躁所行猛利不住一處留住義是漏義與諸愚鈍久住煩惱合故立漏諸見隨順漂義立在流中漂諸衆生墮在諸界諸趣諸生生死中是故別立見流猶如一車駕以二牛性俱躁疾其車必破若一遟一疾則相持御其車不破彼亦如是復次此諸見其性躁動隨順離欲法不隨順留住法留住義是漏義與諸愚鈍久住煩惱合故立漏隨順漂義故立流問曰若諸見性躁動隨順離欲法何故立見流耶答曰為外道故諸外道伺求諸見於生死中而轉覆沒譬如老象墮泥若欲動身求出轉復覆浸彼亦如是毗婆闍婆提立諸見為見漏說有四漏謂欲漏有漏見漏無明漏如我等欲流彼為欲漏乃至我等無明漏是彼無明漏彼

雖作是說亦不須問亦不須荅

四扼欲扼有扼見扼無明扼如說流扼亦如是體無有異而義有異漂義是流義繫義是扼義衆生為流所漂為扼所繫負生死車如牛以軛繫扼鞅以杖捶之然後挽車彼亦如是是故諸經論中說流後次說扼

四取欲取見取戒取我語取問曰四取體性是何荅曰有百八種欲取有三十四種愛有五種恚有五種慢有五種無明有五種疑有四種纏有十種見取有三十種欲界有十種色界有十種無色界有十種戒取有六種欲界有二種色界有二種無色界有二種我語取有三十八種愛有十種慢有十種無明有十種疑有八種此百八種是四取體乃至廣說亦名百八煩惱

已說體性所以今當說何故名取荅曰以三事故名取一以屬故二以揗持故三以選擇故復次以二事故名取一能熾然業二體性猛利熾然業者令五趣衆生諸業常然體性猛利者以黠慧故取是何義薪義是取義纏裹義是取義剌害義是取義薪義是取義者如緣薪故火熾衆生亦介因煩惱故業火燃纏裹義是取義者如蠶以璽自裹即於中死如是衆生以煩惱自裹惡趣中死剌害義是取義者如利剌入身而為惱害取剌剌於法身亦復如是故薪義纏裹義剌義是取義問曰何故漏中立無明漏流中立無明流扼中立無明扼取中何故不立無明取尊者波奢說曰世尊決定知法相亦知勢用餘人所不知若法堪任獨立者便獨立之若法合集堪任立者便合集立之復次先作是說以三事故一以屬故二以搚持故三以選擇故無明雖有屬義搚持義無選擇義所以者何猛利者能選擇無明不猛利復次先作是說以二事故名取一熾然業二所行猛利無明雖能熾然業所行不猛利以愚小不猛利不決定故

問曰何故五見中四見立見取一見立戒取尊者波奢說曰世尊決定知法相亦知勢用餘人所不知若法堪任獨立取者便獨立之若法合集堪任立者便合集立之復次先作是說以二事故名取一能熾然業二所行猛利戒取一見熾然五趣衆生業與餘四見等尊者瞿沙說曰佛知戒取一見速疾偏重親近熾然衆生業非餘四見是故獨立戒取取

復次以戒取與道競故遠於解脫與道競者捨八正妙道行種種苦行以為淨想如不食臥灰向日曝身服氣飲水食果裸行臥棘上著弊衣等遠解脫者以修邪道故轉遠解脫復次以戒取能欺誑二種人故謂內道外道云何欺誑內道如洗手足行十二頭陁以為淨想云何欺誑外道如自餓臥灰種種苦行以為淨想是以尊者瞿沙作如是說如是等淨行皆是世間所行現見之法欺誑內道外道如欺小兒

問曰何故說我語取為以所行故為以境界故若以所行為我語取者身見亦應是我語取所以者何行我行

故若以境界者境界中無我或有作是答者不以所行故亦不以境故若以所行是我語取者身見應是我語取所以者何行我行故亦不以境界境界中無有我故但欲界諸煩惱除見餘立欲取色無色界諸煩惱除見立我語取問曰何故欲界諸煩惱除見立欲取色无色界諸煩惱除見立我語取答曰欲界諸煩惱因欲造自身時須俱須境界須具色界諸煩惱造自身時不因欲不須俱不須境界不須具復次欲界諸煩惱因欲故生因境界故生因具故生因他故生樂色無色界諸煩惱不因欲不因境界不因具不因他生樂但因我生復次欲界諸煩惱不因定能造自身亦因內物亦因外物色無色界諸煩惱因定造自身因內物不因外物復次欲界諸煩惱不能造廣大自身亦不久遠相續色無色界諸煩惱能造廣大身久遠相續如阿迦膩吒天身長万六千由旬是故欲界諸煩惱除見立欲取色無色界諸煩惱除見立我語取

佛經說此四取皆以無明為本因無明生因無明集問曰如諸經說皆愛緣取此中何故說無明為本乃至廣說答曰以近因故說愛緣取以遠因故說無明為本因集如近遠在此在彼俱不俱此身他身說亦如是復次以相似因故說愛緣取以相似因一切遍因故說無明為本因集復次為諸外道故作如是說諸外道無有居家亦不積聚不以貪著境界作諸惡行故墮於惡趣以無明故漂著諸見墮於惡道問曰如愛攝在趣中何以說愛緣取耶答曰始生愛名愛增廣名取故名愛緣取復次下者名愛上者名取

四縛貪身縛恚身縛戒取身縛見取身縛問曰四縛體性是何答曰有二十八種貪身縛是欲愛有五種通六識身恚身縛有五種通六識身戒取身縛三界有六種見取身縛三界有十二種此二十八種是四縛體乃至廣說

已說體性所以今當說何故名縛縛有何義答曰繫義是縛義相續義是縛義繫義是縛義者此四縛等繫衆生繫已復繫集法經亦說若不斷貪不知貪皆是一切處愛身因緣等繫衆生繫已復繫辟如善巧繫花鬘師花鬘弟子以種種花集於前然後經縷作種種鬘縷是花因亦是花緣等繫諸花繫已復繫彼亦如是恚身縛戒取身縛見取身縛說亦如是相續義是縛義者如經說以三事合故入母胎一父母俱有染心二其母無病亦復值時三愛身者現在前或有欲心或有恚心以是事故相續義是縛義問曰若繫義是縛義者縛所不攝餘煩惱亦繫衆生於生死中等縛縛已復縛四縛有何異義世尊別立縛耶答曰此是世尊有餘之說乃至廣說尊者波奢說曰世尊決定知法相亦知勢用餘人所不知若法有縛相者立縛無者不立尊者瞿沙說曰佛知四縛等繫衆生繫已復繫速疾偏重親近非餘煩惱是故立縛復次此縛於諸煩惱偏繫在家出家貪身縛

恚身縛偏繫在家人戒取身縛見取身縛偏繫出家人如在家出家有家無家有積聚無積聚當知亦如是復次四縛偏重繫縛三界衆生貪身縛恚身縛偏重繫縛欲界衆生戒取身縛見取身縛偏重繫縛色無色界衆生復次此四縛是二種使鬪諍根本貪身縛恚身縛能起愛恚使鬪諍根本戒取身縛見取身縛能起見使鬪諍根本如經說執杖持澡灌婆羅門姓詣尊者迦旃延所作如是問何因何縁刹利還共刹利鬪諍婆羅門還共婆羅門鬪毗舍還共毗舍鬪首陁還共首陁鬪彼尊者荅言婆羅門彼因貪著欲愛故刹利還共刹利鬪乃至首陁隨首陁共鬪又問出家之人無有居家無所積聚以何因縁而共鬪耶迦旃延荅言以各於所見而起愛著如二鬪諍根本二邊二箭二戲論二道當知亦如是復次此現門現略現始入諸煩惱或見道斷或見道修道斷若說戒取身縛見取身縛當知已說見道所斷諸煩惱若說貪身縛恚身縛當知已說見道修道所斷諸煩惱復次諸煩惱或是一切遍或非一切遍若說後二身縛當知已說一切遍煩惱若說前二身縛當知已說非一切遍諸煩惱復次諸煩惱或是見性或非見性若說後二身縛當知已說見性諸煩惱若說前二身縛當知已說非見性諸煩惱復次諸煩惱或凡夫人所行或凡夫聖人所行若說後二身縛當知已說凡夫所行諸煩惱若說前二身縛當知已說凡夫聖人所行諸煩惱復次諸煩惱或性欣踊或性憂慼若說恚身縛當知已說憂慼諸煩惱若說餘身縛當知已說欣踊性諸煩惱是故說為現門現略現初入

五蓋欲愛蓋恚蓋睡眠蓋掉悔蓋疑蓋問曰蓋性是何荅曰有三十種欲愛蓋有五種通六識身恚蓋有五種通六識身睡掉俱在三界五種斷道六識身是不善無記不善者立蓋無記者不立有十種眠在欲界五行所斷是意地是善不善無記不善者立蓋無記不立有五種悔是欲界修道所斷在意地是善不善不善者立蓋善者不立有一種疑在三界四種所斷在意地是不善無記不善者立蓋無記不立有四種此三十種是五蓋體蓋有何相尊者和須蜜說曰體即是相相即是體諸法不可離體別說於相復次專求欲是欲愛相於衆生生恚害是恚相令身心覆沒是睡相不動是眠相不休息是掉相起心悔是悔相心於所行不決定是疑相已說蓋體相所以今當說何故名蓋蓋是何義荅曰障義是蓋義破義是蓋義壞義是蓋義墮義是蓋義卧義是蓋義障義是蓋義者障於聖道及聖道方便善根如經說比丘當知此五種樹名為大樹種子雖小而枝體大覆餘小樹令餘小樹破壞墮卧云何為五一名于闍㮶二名迦毗多羅三名阿濕婆多四名優曇跋羅五名尼拘陁諸小樹而此諸大樹所覆不能生於花果如是衆生欲界心樹為蓋所覆不能生覺意花及沙門果是

故障義是蓋義破義壞義墮義卧義是蓋義問曰若障聖道及聖道方便善根是蓋義者蓋所不攝餘煩惱亦障聖道及聖道方便善根亦應是蓋此諸煩惱有何異義世尊獨立蓋耶荅曰或有說者此是世尊有餘之說乃至為受化者故尊者波奢說曰佛決定知法相亦知勢用餘人所不知乃至廣說尊者瞿沙說曰佛知此五蓋乃至障衆生聖道及聖道方便善根非餘煩惱復次此蓋亦障因時亦障果時因時障者五蓋一一蓋現在前時則不得生有漏善心及不隱没無記心何况聖道及聖道方便善根果時障者以五蓋果故生惡趣中則障一切諸善功德復次此五蓋欲界衆生數行數行時微細欲界所有衆生行慢者甚少如生地獄中能起是慢我受苦勝他耶畜生中如蝦蟇等以愚癡故不能起諸見是故尊者瞿沙作如是說一切煩惱盡障聖道與聖道相違但五蓋數行數行時微細世尊立蓋復次此蓋為定及為定果而作留難復次此蓋障三界離欲法障九斷知無漏果障四沙門果復次欲愛蓋遠離欲愛寂滅法恚蓋遠離恚寂滅法睡眠蓋遠離慧法掉悔蓋遠離定法遠離欲愛恚寂滅定慧故令疑箭在心中生為有善惡業報為無耶復次愛恚壞於戒身睡眠壞於慧身掉悔壞於定身壞三種身故疑心猶豫為有善惡業報不耶如壞三戒宮三戒亦如是如三戒三修三淨亦如是復次此現門現略現始入此諸煩惱或一種斷或四種斷或五種斷者說悔當知已說一種斷者若說疑當知已說四種斷者若說餘者當知已說五種斷者復次此諸煩惱或見道斷或修道斷或見道修道斷若說疑當知已說見道斷者若說悔當知已說修道斷者若說餘當知已說見道修道斷者問曰蓋名有五體有幾耶荅曰名有五體有七欲愛蓋名有一體有一恚蓋疑蓋亦如是睡眠蓋名有一體有二掉悔亦尒是為五蓋名有五體有七如名體數體名異體異名異相體異相分別名分別體知名知體當知亦如是問曰何故欲愛蓋恚蓋疑蓋一體立蓋睡眠掉悔二體立蓋尊者波奢說曰佛決定知法相亦知勢用餘人所不知乃至廣說復次若是使性亦是纏性者一體立蓋若是纏性非是使性二體立蓋復次有滿足煩惱不滿足煩惱滿足煩惱者謂結縛使垢纏與此相違名不滿足諸滿足者一體立蓋不滿足者二體立蓋復次以三事故立蓋一食一對治一等重擔欲蓋以何為食荅曰食於淨想以何為對治荅曰不淨以一食一對治故一體立蓋恚蓋以何為食荅曰以宮相為食以何為對治荅曰以慈以一食一對治故一體立蓋疑以何為食荅曰以於世相猶豫為食以何為對治荅曰以觀緣起法以一食一對治故一體立蓋睡眠以何為食荅曰以五法為食一瞪瞢二愁憒三欠呿四食不消化五心悶以何為對治荅曰以慧以五食一對治故二體立蓋掉悔以何為食荅

日以四法為食一念親屬二念國土三念不欲死四念曾所更喜笑遊戲種種樂事以何為對治荅曰以定以四食一對治故二體立蓋等重擔者欲愛蓋恚蓋疑蓋一體能負蓋義重擔睡眠掉悔蓋二體能負蓋義重擔猶如村中事務一人能辦則立一人一人不能辦者則立多人亦如以祿蓋羸強者用一弱者用二彼亦如是是故一食一對治一等重擔者立一蓋問曰何故世尊先說欲愛蓋次說恚蓋後說疑蓋荅曰如是說者則文隨順復次若作是說師授則易弟子受亦易復次隨順生時故蓋生時先生欲愛後生恚疑是故世尊後說恚疑尊者和須蜜說曰愛者妙境界故生欲愛蓋失妙境界故生恚蓋失妙境界心沒故生睡蓋睡覆心故生眠蓋從眠起生掉蓋掉心生悔隨順疑蓋便生

佛經說五蓋或復有十問曰五蓋云何或時有十荅曰以三事故一以緣內緣外二以體性三以蓋不善法緣內緣外者欲愛體有緣內生有緣外生內外生愛俱亦是蓋亦障於慧不生菩提不到涅槃恚蓋亦如是體性者睡眠掉悔蓋亦障於慧不生菩提不到涅槃以善不善法者有疑於善法猶豫有疑於不善法猶豫俱是疑蓋亦障於慧不生菩提不到涅槃以是三事故立蓋或說有十

七使中慢使見使無明使一切色無色界使不立蓋問曰何故慢使不立蓋荅曰蓋覆沒於心慢令心高問曰無明何故不立蓋荅曰等負重義是蓋義無明負重偏多問曰見使何故不立蓋荅曰蓋能滅慧見體是慧不可以慧滅慧如是因論生論如蓋能滅一切善心心數法此中何以但說滅慧荅曰以慧名勝義亦勝故彼聚中誰為最勝慧為最勝若滅於慧何況餘者猶如健夫能害千人敵者何況餘小者問曰何故色無色界使不立蓋荅曰以無蓋義故是以不立復次蓋障㝵三界離欲法色無色界煩惱不障㝵三界離欲法復次蓋障㝵九斷知果無漏道色無色界煩惱不障㝵九斷知果無漏道復次蓋能障㝵四沙門果色無色界煩惱不能障㝵四沙門果復次蓋能為定作留難色無色界煩惱不為定作留難復次蓋能障㝵三道謂見道脩道無學道色無色界煩惱不障㝵三道復次蓋能障㝵三根謂未知欲知根知根已知根色無色界煩惱不障㝵三根如三根三種菩提三種慧三種戒三種身三脩三淨當知亦如是復次蓋一向不善色無色界煩惱非不善如是因論生論何故唯立不善為蓋荅曰以對蓋法聚故世尊獨立不善為蓋如經說比丘何等是善法聚應荅四念處是若問誰是其對應荅不善法聚是若問何者是不善法聚應荅五蓋是是故尊者瞿沙作如是說欲界衆生數數行此煩惱行時微細不覺是過是故為於衆生說名不善

佛經說無明覆愛結縛愚者所行聰明亦然問曰如無明亦能覆亦能繫愛亦能覆亦能繫何故說無明能覆

不說繫說愛能繫不說覆荅曰應說而不說者當知此是如来有餘之說復次欲以種種說種種文莊嚴於義若以種種說種種文莊嚴於義義則易解復次欲現二門如說無明是覆愛亦是覆如是愛是繫無明亦是繫是故欲現二門乃至廣說復次先作是說障義是蓋義更無有使障衆生慧眼與無明等繫義是結義更無有使繫於衆生如愛結者如衆生為無明所盲愛結所繫以盲以繫故不能得趣涅槃此中應說二賊喻是故尊者瞿沙作如是說無明盲衆生愛能繫是以不善法得生是中應說二賊喻復次從多分故無明多覆衆生愛多繫衆生復次無明覆義多愛繫義多

阿毗曇毗婆沙論卷第二十六

阿毗曇毗婆沙論卷第二十六

校勘記

一　底本，金藏廣勝寺本。

一　六〇八頁中一行「第二十六」，資、磧、普、南、徑、清作「第三十七」。

一　六〇八頁中四行「第一之二」，資、磧、普、南作「之三」；徑、清作「第一之三」。

一　六〇八頁中六行末字「罪」，諸本（不含石，下同）作「四」。

一　六〇八頁下六行第三字「非」，麗作「法」。

一　六〇八頁下末行第三字「縛」，資、磧、普、南、徑、清作「繫」。

一　六〇九頁上二一行第八字及末行第二字「槽」，資、磧、普、南、徑、清作「槽」。

一　六〇九頁中一一行首字「藥」，麗作「菓」。

一　六〇九頁中二〇行第一〇字「爲」，資、磧、普、南、徑、清作「共爲」。

一　六〇九頁下末行第一三字「諸」，資、磧、普、南作「說」。

一　六一〇頁上七行第五字「多」，資、磧、普、南、徑、清無。

一　六一〇頁上二一行第三字「故」，資、磧、普、南、徑、清無。

一　六一〇頁中三行第八字「受」，諸本作「愛」。

一　六一〇頁中一五行第六字「使」，資、磧、普、南、徑、清作「便」。

一　六一〇頁下一〇行第九字「在」，諸本作「在前」。

一　六一〇頁下一六行「惡趣」，資、磧、普、南、徑、清作「惡道」。

一　六一〇頁下一八行「樗祇」，諸本皆作「摱祇」。

一　六一一頁上三行「无无」，麗作「無」。

一　六一一頁上二行「他界」，資、磧、普、南、徑、清作「地界」。

一　六一一頁上末行第二字「謗」，磧、普、南、徑、清作「謗」。

一　六一一頁中八行「若我」，資、磧、普、南、徑、清作「若見我」。

一　六一一頁中一一行第六字「此」，資、磧、普、南、徑、清作「能」。

一　六一一頁中二〇行第一四字「故」，麗無。

一　六一一頁下三行第八字「見」，資、磧、普、南、徑、清作「者」。

一　六一二頁上二〇行第三字「患」，諸本作「悉」。

一　六一二頁中五行第八字「是」，諸本作「是漏」。

一　六一二頁中一三行「富那」，資、磧、普、南、徑、清作「富樓那」。

一　六一二頁中一五行「即漏」，資、磧、普、南、徑、清作「漏即」。

一　六一二頁中一六行第一二字「對」，資、磧、普、南、徑、清作「對治」；麗作「斷」。

一　六一二頁中一七行第二字「斷」，資、磧、普、南、徑、清作「斷對治」。

一　六一二頁中一九行「若有」，資、磧、普、南、徑、清作「若有如是知」。

一　六一二頁下一行「令解脱如説」，資、磧、普、南、徑、清作「令解脱如言」。

一　六一三頁上八行第一三字「何」，資、磧、普、南、徑、清無。

一　六一三頁上一六行第八字「唯」，資、磧、普、南、徑、清作「雖」。

一　六一三頁中五行「流流」，麗作「流」。

一　六一三頁中二一行「爲厄所厄」，諸本作「爲梔所梔」。

一　六一三頁下末行第八字「漏」，資、磧、普、南、徑、清作「流」。

一　六一四頁上七行第四字「論」，資、磧、普、南、徑、清作「諸論」。

一　六一四頁中五行第二字「蝨」，麗作「虫」。

一　六一四頁中七行「刔刔」，麗作「荆剌」。

一　六一四頁中八行「是故」，資、磧、普、南、徑、清作「是是故」。

一　六一四頁下八行「取取」，麗作「取」。

一　六一四頁下一二行「裸行」，資、磧、普、南、徑、清作「裸形」。

一　六一四頁下二〇行「如欺小兒」，資、磧、普、南、徑、清作「如欺誑小兒」。至此，資、磧、普、南、徑、清卷第三十七終，卷第三十八始。資、磧、普、南有品名「使揵度不善品之四」；徑、清有品名「使揵度不善品第一之四」。

一　六一五頁上二行第一二字「境」，資、磧、普、南、徑、清作「境界」。

一　六一五頁上七行「立欲」，資、磧、普、南、徑、清作「不立欲」。

一　六一五頁上二〇行「阿迦貳吒」，資、磧、普、南、徑、清作「阿迦膩吒」；麗作「阿迦貳吒」。

一　六一五頁中一〇行第七字「以」，資、磧、普、南、徑、清無。

一　六一五頁中一一行「漂著」，資、磧、普、南、徑、清作「染著」。

一　六一五頁中一二行「趣中」，資、磧、普、南、徑、清作「取中」。

一　六一五頁下四行第九字及一二行第六字「愛」，資、磧、普、南、徑、清作「受」。

一　六一五頁下六行第九字「集」，資、磧、普、南、徑、清作「積集」。

一　六一六頁上一行第三字「緾」，資、磧、普、南、徑、清作「縛」。

一　六一六頁上一二行第一〇字「諍」，資、磧、普、南、徑、清無。

一　六一六頁中一六行第三字「初」，徑、清作「始」。

一　六一六頁中一八行「蓋性」，資、磧、普、南、徑、清作「蓋體性」。

一　六一六頁中二〇行末字「道」，諸本作「通」。

一　六一六頁下一行首字「蓋」，資、磧、普、南、徑、清作「蓋善」。

一　六一六頁下一九行第六字「于」，麗作「千」。

一　六一六頁下二一行第七字「而」，諸本作「爲」。

一　六一七頁上三行第六字「者」，資作「音」。

一　六一七頁上五行「蓋耶」，資作「盡耶」。

一　六一七頁上一七行及二二行「數行數行」，資、磧、普、南、徑、清作「數數行行」。

一　六一七頁中一一行第一二字「始」，磧、南作「如」。

一　六一七頁中一五行「此諸」，資、磧、普、南、徑、清作「此語」。

一　六一七頁下一行第八字「相」，磧、普、南、徑、清作「根」。

一　六一八頁上六行「蓋義」，麗作「義蓋」。

一　六一八頁上一八行「故故」，資、磧、普、南、徑、清作「故」。

一　六一八頁上一九行「生悔」，資、磧、普、南、徑、清作「生悔悔」。

一　六一八頁上末行第一〇字及本頁下一四行第四字「蓋」，諸本作「善」。

一　六一八頁下四行第九字「能」，資、磧、普、南、徑、清作「前」。

一　六一九頁上六行第六字「是」，資、磧、普、南、徑、清作「說」。

一　六一九頁上末行卷末經名，資、磧、普、南、徑、清無（未換卷）。

阿毗曇毗婆沙論卷第二十七　切

迦旃延子造　五百羅漢釋

北凉天竺沙門浮陀跋摩共道泰等譯

使揵度不善品之三

五結愛結恚結慢結嫉結慳結問曰此五結體性是何答曰有三十七種愛結三界有十五種慢亦如是恚結有五種嫉結慳結欲界修道所斷有二種此三十七種是五結體乃至廣說已說體性所以今當說何故名結結有何義答曰繫義是結義廣說如三結處五下分結欲愛結恚結身見戒取疑問曰五下分結體性是何答曰有三十一種欲愛結有五種通六識身恚結有五種通六識身身見三界見苦所斷有三種戒取三界見苦見道所斷有六種疑三界見苦集滅道所斷有十二種此三十一種是五下分結體乃至廣說已說體性所以今當說何故名下分結下分結有何義答曰下界所行故名下復次下界所結能令下生相續能生下報果依

果以是事故名下分結下界者是欲界問曰若然者一切煩惱盡下界所行六十四使是下界所斷三十六是欲界繫二十八是非想非非想處繫三十六能令下界生相續三十四能生下界依果報果二唯生依果如是等煩惱皆有下分義何故世尊唯說五結是下分結尊者波奢說曰佛世尊決定知法相亦知勢用餘人所不知乃至廣說尊者瞿沙說曰佛知此五下分結速疾偏重親近下界所行下界中斷令下界生相續能生下界依果報果非餘煩惱是故說下分結復次有二種下一界下二衆生下界下者是欲界衆生下者是凡夫分衆生所以不能出下界者為是何過皆是欲愛結恚結過衆生所以不能過下凡夫分者皆是身見戒取疑過如說下界下地亦如是復次此五下分結於欲界衆生猶如獄卒伺捕之人欲愛結恚結猶如獄卒身見戒取疑猶如伺捕之人辟如有人閇在獄中令二人守之使不得出令三人伺捕

此人若以親友若以眷屬若以錢財若以傷害獄卒而走出者乃至遠去汝等三人必當將還閇在獄中獄如欲界被閇人如凡夫二獄卒如欲愛結恚結身見戒取疑如三伺捕人或有衆生以不淨觀傷害欲愛結慈觀傷害恚結離欲界欲乃至無所有處欲生非想非非想處身見戒取疑還復將來閇在欲界獄中是故尊者瞿沙作如是說若不斷二法則不出欲界不斷三法則還生欲界尊者婆摩勒說曰以為二種結所縛故不出欲界不斷三結故必還生欲界復次此是現門現略現始入此諸煩惱或一種斷或二種斷或四種斷或五種斷若說身見當知已說一種斷者若說戒取當知已說二種斷者若說疑當知已說四種斷者若說愛恚當知已說五種斷者若問愛恚何以立下分結中應答如不善根中若問何以說三結立下分結中應答如三結中佛告諸比丘汝等受持我所說五下分結耶尒時長老摩勒迦子在會中

坐即從座起偏袒右肩合掌向佛而白佛言我受持世尊所說五下分結佛問摩勒迦子汝云何受持我所說五下分結耶彼荅言世尊說欲愛是下分結我受持之說恚身見戒取疑是下分結我受持之佛告之言愚人汝若如是受持我所說者外道異學當呵責汝如嬰孩小兒仰卧牀中尚無欲心況為欲蓋所覆雖不為欲蓋所覆亦不得言不為欲使所使廣說如經彼嬰孩小兒於色不識欲心乃至不識法可言無有使耶問曰佛經說五下分結彼亦如是受持何故呵責摩勒迦子耶荅曰不以文故以不解義故責其義不責其文長老摩勒迦子作如是說煩惱若行是下分結煩惱若不行者非下分結世尊說使若不斷是下分結不必行與不行復次摩勒迦子說使若現前行是五下分結佛說若成就則是在於三世不必現在復次長老摩勒迦子說使沒溺於心是結佛說有諸使得是結如說若不善知見斷欲愛所起之處不名無使恚乃至疑說亦如是

五上分結色愛無色愛掉慢無明問曰五上分結體性是何荅曰有八種色愛色界修道所斷有一種無色愛無色界修道所斷有一種掉慢無明是色無色界修道所斷有六種此八種是色無色界修道所斷乃至廣說已說體性所以今當說何故名上分結上分結有何義荅曰起上義是上分結義向上義是上分結義令上生相續義是上分結義問曰若趣上義向上義令上生相續義是上分結義者彼諸煩惱不應立流所以者何漂義流下義是流義漂諸衆生諸界諸趣諸生生死中故荅曰流義異上分結義異亦以界故立上分結此諸煩惱令衆生趣上向上令上生相續以無解脫正智無漏聖道善法故立流此諸煩惱衆生雖生有頂猶為流所漂不至解脫正智無漏聖道善法中故是故尊者瞿沙作如是說衆生雖又生在上猶為流所漂問曰愛何故立一上分結掉慢無明各立一耶荅曰掉慢無明亦應說如愛立二上分結而不說者當知此說有餘復次欲以種種文種種說莊嚴於義若以種種文種種說莊嚴於義義則易解復次欲現二種門如愛立二種掉慢無明亦應立二種如掉慢無明立一種愛亦應說一種如是上分結體或四或八如二門二俱通亦如是復次以愛故界別地別種別能生諸煩惱廣說如解愛處

此上分結修道所斷問曰何故上分結唯修道所斷荅曰上分結能令趣上不墮下見道所斷煩惱能令衆生趣上亦令墮下復次上分結是聖人所行非凡夫所行聖人中是阿那含所行非斯陀含須陀洹所行如是因論生論問曰何故上分結阿那含所行非斯陀含須陀洹所行荅曰以阿那含一向上生斯陀含須陀洹亦上生亦下生故復次若出界得果者此身中則行上分結須陀洹斯陀含雖得果不出界復次若出界求斷不善結者則行上分結須陀洹斯陀含亦

不出界亦不永斷不善結復次若出
阿毗曇毗婆沙論第二十七卷　第七張　切
界永斷下分結者彼身中則行上分
結須陁洹斯陁含不出界亦不永斷
下分結復次此煩惱立各別異若身
中立上分結則不立下分結若身中
立下分結則不立上分結復次更不
復行凡夫所行法故立上分結須陁
洹斯陁含猶行凡夫所行法凡夫所
行法者共男女同一牀宿衣憍奢耶
衣著華鬘以栴檀種種香塗身畜金
銀受用金銀器驅使奴婢僮僕亦以
手搏頂頭以𨍏鞭人起如是等身業
共妻婦寢宿摩觸骨人生細滑想如
是等凡夫所行法復次更不入母胎
流血中生不住生藏熟藏如是身中
立上分結如經說質多居士語諸親
里汝等當知我更不入母胎廣說如
上是故尊者瞿沙作如是說若解脫
欲恚則解脫入母胎問曰上分結中
掉體為是結非結若是結者波伽羅那
所說云何通如說云何結法荅言九
結是云何非結法荅言除九結餘法
是也若非結者此經　云何通如說

云何上分結荅言色愛無色愛掉慢
阿毗曇毗婆沙論第二十七卷　第八張　切
無明荅曰應作是說是結問曰若然
者此經善通波伽羅那所說云何通
荅曰西方沙門誦持波伽羅那經作
如是說云何結法荅言九結及五上
分結中掉是也云何非結法荅言除
九結及五上分結中掉餘法是也罽
賓沙門非如是說問曰何故罽賓沙
門非如是說荅曰罽賓沙門應如西
方沙門所說而不說者有何意耶荅
曰以掉是壞想或少分是結少分非
結或於一人是結或於一人非結或
時是結或時非結少分是結少分非
結者色無色界是結欲界非結或於
一人是結或於一人非結者於聖人
是結於凡夫人非結或時是結或時
非結者聖人未離欲界欲非結離欲
界欲是結以有如是壞相故罽賓沙
門所以不說如是因論生論何故色
無色界掉立結欲界掉不立荅曰欲
界是不定界非修地非離欲地此中
無如是定為掉所乱是故欲界掉不
立於結色無色界是定界是修地是

離欲地彼中四枝五枝定為掉所乱
阿毗曇毗婆沙論第二十七卷　第九張　切
是故立結如村落中若村落邊住處
雖有大聲不能作患阿練若住處雖
復小聲猶以為患彼亦如是復次欲
界多諸非法想煩惱如恨佷誑諂高
害如是等煩惱障覆於掉不得明了
是故欲界掉不立是結色無色界無
非法想煩惱彼中掉明了是故立結
如村落中村落邊住處多諸行惡比
丘而不可識若至阿練若住處遠来
可識問曰如掉睡俱在三界五種所
斷通六識身一切染汙心中可得何
以立掉為上分結不立睡耶荅曰以
掉是大過重患多過以是大過重患
多過故世尊立上分結波伽羅那經
說是不善大地以其多過故作如是
說云何結法荅言九結及五上分結
中掉是也以其多過故波伽羅那復
作是說云何不共無明云何不共掉
纏以其多過故施設經復作是說凡
夫人若生欲愛則起五法一欲愛二
欲愛生相三無明使四無明使生相
五掉睡無如是大過重患多故不立

上分結中復次以掉黠慧所行猛利能乱四枝五枝定是故立上分結中睡性愚不黠慧猛利隨順於定所行似定若睡在身者速能起定是故不立上分結中復次以睡覆於無明無明立上分結若當立睡為上分結則為無明所覆

五見身見邊見邪見見取戒取問曰五見體性是何荅曰有三十六種身見三界見苦所斷有三種邊見亦尒邪見三界見苦集滅道所斷有十二種見取亦尒戒取三界見苦見道所斷有六種此三十六使是五見體乃至廣說已說體性所以今當說何故名見見是何義荅曰以四事故名見一能視二轉行三所取堅牢四入緣中猛利視者能看問曰此是邪見所視顛倒何所看耶荅曰所視雖邪顛倒而性是慧以性是慧故能看如人雖看不明了亦復名見轉行者問曰一刹那頃有何轉行耶荅曰以其性猛利故名轉行所取堅牢者此諸見於緣安取堅牢非無漏道力無由可斷若佛佛弟子出世以無漏道力乃能截諸見牙如大海中虫名失獸摩羅彼所齧若草若木非刀不解捨彼亦如是如偈說愚人所受持鱣魚所銜物失獸摩羅齧非斧不能解入緣猛利者諸見入緣猛利如針墮泥中復次以二事故名見一以能觀二以轉行復次以三事故名見一與相相應二成其事三不害所緣復次以三事故名見一有期心二堅著三轉行復次以三事故名見一以期心二以方便三以無知期心者壞於期心方便者壞於方便無知者壞期心方便故復次壞期心者壞行定人壞方便者壞行慧者無知者從他邊有所聞謂見法相

已揔說諸見所以今當別說一一所以何故名身見荅曰從自身生亦從有身生故名身見問曰餘見亦盡從自身生可是身見耶荅曰若見從自身生不從他身生不從無身生此見是身見餘見或從自身生或從他身生或從無身生自身生者謂緣自界他身生者謂緣他界無身生者謂緣無漏問曰如邊見不從他身生亦不從無身生何故不名身見荅曰身見以先受名故更以餘事立邊見名以見二邊故復次若見從自身生染著我我所說身見餘見雖有從自身生者而不染著我我所故如我見我所見已見已所見亦如是復次若見從自身生不違戒施脩說身見餘見雖從自身生無如是事復次若見從自身生信所作受是身見餘見雖從自身生無有是事尊者和須蜜說曰自身名五受陰此見從自身生故名身見問曰何故說五受陰名自身耶荅曰以自作故復次作故亦是自煩惱業果故問曰何故名邊見荅曰此見受二邊若斷若常故名邊見如經說迦旃延若以正智如實知見世間集則不言無世間言無世間者是斷見若見未來陰生作如是念是衆生死此生彼而不斷若以正智如實知見世間滅則不言有世間言有世間者是常見若見陰界入相續生彼作是念

此是滅法非常復次此是外道邊故說邊見外道計我是可呵責下賤之法況復計我是斷常者而不是邊下賤法耶復次外道計我是名取邊是名妄取於緣是名所取愚癡何況計我有斷有常而非邊耶復次此見行斷常二行故名邊見佛經說比丘當知我不與世間諍世間與我諍問曰佛何故不與世間諍尊者和須蜜說曰佛說有因果故若與常見外道共集一處外道計有果無因所以者何無因故常佛作是說汝等有者我亦有之汝言無者是愚癡故若與斷見外道集在一處彼斷見外道說有因無果所以者何斷果故佛作是說汝等有者我亦有之汝言無者是愚癡故佛於一邊取因於一邊取果離於斷常而說中道以是事故佛不與世間諍世間與佛諍復次佛是法論世間是非法論法論者不與非法論者諍復次佛以制法隨順世間世間以實法不隨順佛復次佛是善除鬪諍根本愛之與見是鬪諍根本佛善除

之世人不除是故作如是說我不與世間諍世間與我諍尊者佛陀提婆說曰佛則正論世間不正論正論不與不正論者諍如一馬行於邪道言行惡道如是外道行邪道故言行諍道復次佛見義見法見善見好是故不與世間諍問曰何故名邪見答曰行邪行故說邪見問曰五見盡行邪行皆是邪見耶答曰以名以行故若五見不立名立行者五見盡是邪見所以者何行邪行故若五見立名立行此見名邪見行無所有行是名邪見復次行邪行壞前法是邪見餘見雖行邪行無如是事復次若邪行謗一切因果是名邪見餘見雖行邪行無如是事復次行於邪行與施戒修相違餘見雖行邪行無如是事復次若行邪行謗過去未來現在等正覺道及三漏處是名邪見餘見雖行邪行無如是事復次若行邪行謗二種恩謂法恩衆生恩謗法恩者言無施無祠祀無善惡業果報無今世後世謗衆生恩者言無父無母無化生衆

生言世無阿羅漢無趣正道乃至廣說餘見雖行邪行無如是事復次若行邪行能起二種無恩謂法無恩衆生無恩起法無恩者言無施乃至廣說起衆生無恩者言無父母乃至廣說是名邪見餘見雖行邪行無如是事復次邪見若行邪行壞現見事如人墮火坑中欲令世人生希有想而作是說我今快樂如是衆生墮熾然陰界入中以邪見故言無有苦餘見雖行邪行無如是事復次若行邪行說名是惡如說比丘當知若人邪見所有身口意業及迴轉法其所願求盡生不愛不好不妙法所以者何比丘當知以見惡故餘見雖行邪行無如是事不名邪見問曰何故名見取答曰取見故名見取問曰此見亦取五陰何以但說見取耶答曰因見故取五陰復次若取見若取五陰計第一者是名見取問曰何故名戒取答曰此見取戒故名戒取問曰此盡取五陰何以但說取戒耶答曰因戒故取五陰復次以所行故若取戒若取

陰以所行淨者名戒取問曰何故名取荅曰取他見故名取如身見計我所邊見計斷常邪見謗言無見取取此諸見以為第一戒取取此諸見以為淨是故取他見名為取

六愛身眼觸生愛耳鼻舌身意觸生愛應說一愛如九結中三界愛立一愛結應說二愛如七使中欲界愛說欲愛使色無色界愛說有愛使應說三愛如經說比丘當知愛說有三謂欲愛色愛無色愛應說四愛如經說愛從四事生若比丘比丘尼因衣服生愛生便生成立便成立善便善因食生愛因卧具生愛因有生愛若比丘比丘尼生如是愛廣說如上應說五愛謂因苦斷愛乃至脩道斷愛應說九愛如上上乃至下下愛應說十八愛如說十八意行應說三十六愛如說三十六愛行應說百八愛如說百八愛行若以在身若以刹那則有無量無邊愛問曰以何等故世尊廣一愛說六愛略無量愛說六愛身荅曰以所依故若一若無量愛盡依此

六依六衆六道六識身相應而生問曰恚無明亦依此六依乃至與六識相應而生何故唯說六愛身不說六恚身六無明身荅曰應說而不說者當知此說有餘復次若說愛身當知亦說恚身無明身復次以愛在三界通五識身能自成立恚雖通五識身自成立不在三界無明雖在三界不通五識身能自成立復次愛界別地別種別廣說如解愛處問曰何故名身荅曰以多故說身不以刹那須眼觸生愛名身乃至多刹那眼觸生愛名身不以一烏名為烏軍乃以多烏故名為烏軍車馬步軍亦復如是乃至意觸生多愛名為愛身七使欲愛使恚使有愛使慢使無明使見使疑使問曰七使體性是何荅曰有九十八種欲愛使欲界五種愛通六識身恚使有五種通六識身有愛使色無色界愛有十種慢使三界有十五種在意地無明使三界有十五種見使欲界有十二色界有十二無色界有十二合三十六種疑使三界四種所

斷有十二種此九十八是七使體乃至廣說

已說體性所以今當說何故名使使是何義荅曰微義是使義堅著義是使義相逐義是使義微義是使義者微名細如七微塵成一細堅著義是使義者乃至一刹那須使一微塵亦生於著相逐義是使義者如空行水行衆生逐影法空行者是鳥水行者是水中虫鳥以翅力欲度大海海水中虫取其相已而作是念無有飛鳥能過大海除金翅鳥王即逐其影彼鳥疲極墮水虫便吞之如是諸使得一切時常住身中若不正思惟則生依果報果

復次微者是體著者是所作相逐者是得復次微者是過去使著者是現在使相逐者是未來使復次微義著義是相應使義相逐義是心不相應使義問曰無有不相應使荅曰此中說使得是使外國法師說四種義微義是使義著義是使義遍義是使義相逐義是使義微義是使義者此使自

性微細所行亦微細著義是使義者阿毘曇毘婆沙論第二十七卷　第十九張　切　吉
彼使於此義堅著猶如小兒堅著於
乳遍義是使義者彼使遍在身中如
油在麻中膩在揣中相逐義是使義
者如空行水行垂逐影法復次微義
是使義者是使自體著義是使義者
是所行遍義是使義者是相應相逐
義是使義者是諸得應以三事知使
一以自體二以果三以人以自體者
欲愛使如食興渠恚使如食苦參子
有愛使如乳母染汙衣慢使如憍人
無明使如盲人見使如失道疑使如
臨岐路人果者修行廣布欲愛使生
雀鴿鴛鴦鴿中修行廣布恚使生毒虵
中修行廣布有愛使生色無色界中
修行廣布慢使生卑賤中修行廣布
無明使生盲闇中修行廣布見使生
外道中修行廣布疑使生於邊地以
人者欲愛使以難陀等知恚使以氣
噓指鬘等知有愛使以阿私陀阿羅
吒優陀迦等知慢使以摩郍荅陀等
知無明使以優樓頻螺迦葉等知疑
使以摩勒迦子等知

問曰何故嫉慳不立使耶荅曰無使阿毘曇毘婆沙論第二十七卷　第二十張　切　吉
相故不立使復次嫉慳是麁煩惱微
細是使嫉慳性重使性輕嫉慳性遲
使性捷疾復次嫉慳習氣不牢固使
性習氣牢固習氣牢固者立使不牢
固者不立如燒草燒棵皮處火滅其
地即冷嫉慳習氣亦復如是如燒佉
陀羅木火雖久滅其地猶熱使性習
氣當知亦如是九結愛結恚結慢結
無明結見結取結疑結嫉結慳結問
曰九結體性是何荅曰有百種愛結
三界有十五種恚結有五種慢結三
界有十五種無明結三界有十五種
見結有十八種身見三界有三種邊
見亦尒邪見三界有十二種取結有
十八種見取三界有十二種戒取三
界有六種疑結三界有十二種嫉慳
欲界修道所斷有二種
巳說體性所以今當說何故名結結
有何義荅曰繫義是結義合苦義是
結義雜毒義是結義餘如三結處說
巳摠說九結所以一一所以今當說
云何愛結荅曰三界愛立愛結欲界

愛立欲愛使色無色界愛立有愛使阿毘曇毘婆沙論第二十七卷　第二十一張　切　吉
經說有三愛欲愛色愛無色愛此三
種有何差別荅曰受佛化者有三種
利根中根鈍根為利根者說愛結中
根者說欲愛使有愛使鈍根者說三
愛如利根中根鈍根久行巳行初行
樂略樂廣樂略廣說亦如是復次同
苦繫義故欲界愛亦同苦繫色無色
界愛亦同苦繫故云何恚結害衆生者
是也問曰如於非衆生法中亦起於
害何故但說害衆生耶荅曰於衆生
數法中起恚多非衆生數起恚少復
次於衆生數起恚罪重於非衆生數
起恚罪輕復次因衆生數恚亦恚非
衆生數云何慢結荅曰七種慢是慢
使一慢二大慢三慢大慢四我慢五
增上慢六如慢七邪慢廣說如雜揵
度云何無明結荅曰三界無知如是
說者好若作是說緣三界無知者則
不攝無漏緣使云何見結荅曰三見
是也謂身見邊見邪見云何取結荅
曰二取是也謂見取戒取廣說如波
郍羅經問曰何故五見三見立見結

二見立取結耶答曰同苦繫義故身見名女聲是苦繫義非樂如身見邊見邪見亦如是見取戒取名男聲是苦繫義非樂（天竺聲論法有男聲女聲非男非女聲）復次此二結體等攝使亦等體等者見結體有十八取結體亦十八攝亦如是復次若見行邪行非取是見結若見行邪行取非見是取結云何疑結於諦猶豫何以作此論耶答曰欲令疑意得決定故若遠見高物疑為是人耶為是杌耶若知是人疑為是男耶為是女耶見二道疑為是所趣道為非所趣道耶見二衣二鉢疑為是我衣鉢耶為非我衣鉢耶人謂如此是實疑結欲令此義決定是欲界不隱沒無記邪智若疑為有苦集滅道為無苦集滅道耶此是實疑是名疑結云何嫉結答曰見他善好心不忍云何慳結答曰心慳著問曰何故作此論耶答曰欲令疑者得決定故世人於嫉作慳想於慳作嫉想若人見他好物心生嫉者世人言此人慳此非是慳乃是嫉若人見他牢藏已妻世人言

是嫉而實非嫉乃是慳為斷如是嫉是慳想慳是嫉想亦顯嫉慳差別之相而作此論云何嫉結見他善好心不忍為斷如是嫉是慳意此結是不忍相非慳著相若見他有好物便生嫉心此於我為好云何慳結答曰心慳著作如是說已斷慳作嫉想此結是慳著相非不忍相善守護已妻不令出故

問曰何故於十纏中嫉慳為結非餘纏耶答曰無結相者不立有結相者便立復次以現其終故於十纏中嫉慳是終復次此二能自成立無有二相能自成立者以自力用故成立無二相者一向不善故忿纏覆纏能自成立無有二相然外國法師說此二是使不說是纏故不應問睡掉不能自成立以因他力故立非不二相以不善無記故眠悔雖能自成立亦非不二相以眠有善不善無記悔善不善故無慚無愧雖非二相而自不成立因他力故嫉慳非二相亦自成立故復次此二結是下賤可呵責法復

次此是惡人下人所行故若世人供養他何故生嫉雖復積聚百千財寶不能持五錢至於後世若當施於他者有何過復次世間以此二結故曾多受毀辱世人輕毀二法謂無威勢貧窮者以修行廣布嫉結令無威勢修行廣布慳結令人貧窮若人貧窮無有威勢父母兄弟親屬僮僕乃至已妻而輕賤之復次此二結於欲界衆生能為二事一如獄卒二如守門人如人閉在牢獄以二人守不令出行譬如清淨莊嚴園林以二人守門不令人入惡道當知如牢獄嫉慳當知如獄卒衆生所以不能出惡道獄者以嫉慳所守故人天如清淨莊嚴園林嫉慳如二守門者衆生所以不得人天中樂以嫉慳故以是事故嫉慳立結如經說釋提桓因往至佛所而作是問世尊人天多行何結阿修羅揵闥婆乃至廣說佛告憍尸迦人天多行嫉結慳結阿修羅龍迦樓羅揵闥婆緊那羅摩睺羅伽如是等衆生亦多行嫉結慳結問曰衆生或有九

結或有六結或有三結或有無結九結者具縛凡夫有六結者是離欲界欲凡夫未離欲愛聖人有三結者離欲聖人無結者是阿羅漢無有衆生成就二結一結者何故世尊說人天阿修羅等多成就二結答曰以嫉慳是富貴人所行帝釋於二天中尊復次以此二結故人天阿修羅數數共鬪諸天有好食阿修羅有好女諸天慳惜於食不欲令餘去於女生嫉言於我等好阿修羅於女慳惜不欲令出於食生嫉言於我等好諸天為女故下詣阿修羅城阿修羅為食故上詣天城以是事故天阿修羅數數共鬪尒時帝釋從戰陣出心懷恐怖戰慄未久之間往詣佛所而白佛言天人阿修羅等以何結故數數共鬪世尊以方便力而作是說帝釋當知以嫉慳二結為汝作患生恐怖危難猶如重擔以是事故人天阿修羅等以此二結數數共鬪

九十八使問曰何故作此論答曰欲斷著文沙門意故有著文沙門所說而受持之復作是言佛說七使誰聡明過佛者說九十八使耶欲斷如是說者意故亦欲說九十八使體相性分以是事故而作此論佛經說七使以界以種以行有九十八使七使中欲愛使於九十八使中以種故有五恚使亦尒七使中有愛使於九十八使中以界故有二以種故有五以界以種故有十七使中慢使於九十八使中以界故有三以種故有五以界以種使有十五無明使亦尒七使中見使於九十八使中以界故有三以行故有五以種故有十二以界以種以行故有三十六七使中疑使於九十八使中以界故有三以種故有四以界以種故有十二

阿毗曇毗婆沙論卷第二十七

甲辰歲高麗國分司大藏都監奉
勑彫造

阿毗曇毗婆沙論卷第二十七

校勘記

一　底本，麗藏本。
一　六二二頁上一至四行經名、作者、釋者、譯者、品名，資、磧、普、南、徑、清無（未换卷）。
一　六二二頁上末行第二字「結」，諸本（不含石，下同）作「斷」。
一　六二二頁下二二行首字「佛」，諸本作「佛經說」。
一　六二三頁上五行第五字「受」，磧、普、南作「愛」。
一　六二三頁上九行第一二字「爲」，諸本無。
一　六二三頁中九行「起上」，諸本作「趣上」。
一　六二三頁中末行第二字「一」，諸本作「二」。
一　六二三頁下九行第七字「種」，諸本作「體」。
一　六二四頁上一三行第八字「骨」，

諸本作「滑」。

一　六二四頁上二〇行第七字「結」，諸本無。

一　六二四頁中一一行「壞想」，諸本作「壞相」。

一　六二四頁中一八行第六字「有」，諸本作「掉」。

一　六二四頁下五行末字「高」，諸本作「憍」。

一　六二四頁下一一行「可識」，至此，諸本卷第三十八終，卷第三十九始，資、磧、普、南有品名「使揵度不善品之五」；徑、清有品名「使揵度不善品第一之五」。

一　六二四頁下一三行首字「以」，諸本作「以故」。

一　六二四頁下末行「多故」，諸本作「多過故」。

一　六二五頁中三行第四字「嚙」，磧作「齒」。

一　六二五頁中一八行首字「以」，諸本作「以者」。

一　六二五頁中末行末字「界」，諸本作「界也」。

一　六二五頁下九行「戒施」，諸本作「施戒」。

一　六二六頁上一行第五字「非」，諸本作「非是」。

一　六二六頁中一二行第四字「名」，諸本作「不名」。

一　六二七頁上二行末字「我」，諸本作「我我」。

一　六二七頁上六行第八字「取」，諸本作「耳」。

一　六二七頁上八行第五字「二」，諸本作「三」。

一　六二七頁上一〇行「愛說」，諸本作「愛河」。

一　六二七頁上一一行第四字「愛」，諸本無。

一　六二七頁上一八行第七字「意」，諸本作「愛」。

一　六二七頁中一行第四字「泉」，諸本作「界」。

一　六二七頁中五行第三字「此」，資作「比」。

一　六二七頁下六行第一〇字「細」，諸本作「細塵」。

一　六二八頁上二行第五字「義」，諸本作「身」。

一　六二八頁上一〇行「蔘子」，諸本作「參子」。

一　六二八頁中四行第八字「慳」，磧、普、南、徑、清作「性」。

一　六二八頁中六行第九字「裸」，諸本作「粿」。

一　六二八頁中二二行「一一」，諸本作「一一說」。

一　六二八頁下二行首字「經」，諸本作「結」。

一　六二八頁下一七行第五字「如」，諸本作「不如」。

一　六二八頁下末行「那羅」，資作「伽那羅」；磧、普、南作「伽那那」；徑、清作「伽羅那」。

一　六二九頁上一九行第五字「慳」，

諸本作「堅」。

一　六二九頁中一行「是嫉而實非嫉乃是慳」，諸本作「是慳而實非慳乃是嫉」。

一　六二九頁中一〇行「嫉慳」，諸本作「立慳嫉」。

一　六二九頁中一五行「能自」，諸本作「雖能自」。

一　六二九頁中二一行「自不」，諸本作「不自」。

一　六二九頁下二行「百千」，磧、普、南、徑、清作「日千」。

一　六三〇頁上八行第七字「人」，諸本無。

一　六三〇頁上一五行「恐怖」，諸本作「恐懼」。

一　六三〇頁上一七行「共鬬」，諸本作「共戰」。

一　六三〇頁中九行「有十」，諸本作「有十五」。

一　六三〇頁中末行卷末經名，諸本無(未換卷)。

阿毗曇毗婆沙論卷第二十八　切

迦旃延子造　五百羅漢釋

北涼天竺沙門浮陀跋摩共道泰等譯

使揵度不善品之四

此三結幾不善幾無記乃至九十八使幾不善幾無記問曰何故作此論答曰或有說一切煩惱盡是不善以無巧便所持故如辟喻者作如是說為斷如是意亦明煩惱是不善無記故若無巧便所持是不善者諸煩惱應言無巧便不應言是不善所以者何無巧便是無知持是相應不可以自體還應自體復次或有說欲界諸煩惱盡是不善色無色界諸煩惱盡是無記為斷如是說者意亦明身見邊見是無記法故而作此論復有說者所以作論為何義故而作論答曰欲令此義成立故作此論是故先作是問以何義故彼尊者作論先立章答曰欲現問故令欲現問故作此論此三結幾不善幾無記答曰一是無記謂身見問曰何故身見是無記耶答曰若法是無慚無愧與無慚無愧相應從無慚無愧生與無慚無愧作依果者是不善身見不與無慚無愧相應不從無慚無愧生不與無慚無愧作依果故是無記復次此結不一向壞期心云何不一向壞期心答曰即如上義復次此結不與施戒修相違故是無記若人計我修行布施欲令我樂持戒欲令我生天習修欲令我得解脫復次此結於自體愚不逼切他若人計我眼見色時不作是念眼能見色色是可見而作見念我能見色我所是可見乃至意知法不作是念意能知法法是可知而作是念我能知法我所是可知不逼切他者如是等顛倒見不逼切他復次以身見不生報故是無記尊者和須蜜說曰何故此見是無記耶答曰此見不能起麁身口業問曰若然者不善煩惱亦有不能起麁身口業者答曰貪恚愚癡增盛時能起復次此見不能令人墮惡道問曰若然者不善煩惱亦有不能令人墮惡道者答曰貪恚

愚癡增威時能令人墮惡道此見增威時不能令人墮惡道復次此見不能生不愛果問曰此見能生後有即是生不愛果所以者何如佛說比丘若起後有乃至一剎那者我不稱美所以者何起於有者是苦法故尊者佛陁提婆說曰此見所取是顛倒亦生顛倒應是不善若當身見非不善者誰是不善世尊亦說乃至小愚亦是不善二當分別問曰何故言分別答曰此義應分別是不善分是無記分復次此善當破故言分別毗婆闍婆提作是說此義應解脫分明故言分別戒取疑若在欲界是不善若在色無色界是無記問曰何故色無色界煩惱是無記耶答曰若法是無慚無愧與無慚無愧相應從無慚無愧生與無慚無愧作依果者是不善色無色界煩惱與上相違故是無記復次此煩惱不壞期心云何不壞期心以上義故復次色無色界煩惱不能生報以不生報故是無記所以不能生於報者以為四枝五枝定所制伏

故猶如毒虵為呪術制伏則不能螫人彼亦如是復次非報器故色無色界煩惱是無記若當色無色界能生報者為生何報應生苦受苦受是欲界法不可以色無色界煩惱於欲界中受報復次色無色界非一向能生顛倒有少相似法如色無色界邪見謗言無苦有少樂分見取見色無色界陰是第一彼有少分第一戒取見色無色界有少分淨亦有能淨欲界道無色界有能淨色界道尊者和須蜜說曰何故色無色界諸煩惱是無記答曰不能起麤身口業故問曰不善煩惱亦有不能起麤身口業者答曰貪恚癡增威時能起麤身口業彼增威時不能起麤身口業復次彼諸煩惱不能令人墮惡趣問曰不善煩惱亦有不能令人墮惡道者答曰貪恚癡增威時能令人墮惡道彼諸煩惱增威時不能令人墮惡道復次彼諸煩惱不能生不愛果問曰若生少後有是不愛果廣說如上尊者佛陁提婆說曰若當色無色界煩

惱非不善者誰是不善世尊亦說煩惱生業應是不善三不善根即是不善所以者何此不善根是不善煩惱為不善法作因作根作出處作本作有作緣作集作生故三漏一是無記二當分別一無記者是有漏所以是無記應如上說二當分別者謂欲漏無明漏欲漏或不善或無記云何不善欲漏是無慚無愧亦與無慚無愧相應者是不善無慚無愧即是自體與無慚無愧相應者取三十四種一向不善者三種少分謂睡眠掉舉無慚無愧相應者是不善云何無記欲漏不與無慚無愧相應是則說身見邊見亦說三種少分謂睡眠掉舉身見邊見相應者是名無記問曰無慚不與無慚相應無愧不與無愧相應可是無記欲漏所攝耶答曰此文應如是說云何無記無慚無愧所不攝不相應欲漏無慚無愧不攝則除無慚無愧不相應則除無慚無愧相應而不說者有何意耶答曰無慚雖不與無慚相應與無愧相應無愧雖不

與無愧相應而與無慚相應所以者何不相離故是故非無記欲漏所攝無明漏或不善或無記云何不善無明漏與無慚無愧相應如是則說欲界四種所斷無明謂集滅道修道所斷及苦諦所斷分少謂三見疑愛恚慢相應無明及不共無明云何無記無明漏不與無慚無愧相應者如是則說欲界身見邊見相應無明色無色界五種所斷無明問曰何故十纏中唯說與無慚無愧相應不說餘耶荅曰彼作經者有如是欲如是意隨其欲意而造此論亦不違法相復次此二纏一向不善與一切不善煩惱相應忿纏覆纏嫉纏慳纏雖一向不善而不與一切不善煩惱相應睡纏掉纏雖與一切不善煩惱相應而不一向不善所以者何以不善無記故眠纏悔纏非一向不善所以者何眼有善不善無記悔有善不善無記故無慚無愧一向不善與一切不善煩惱相應故隨有余許無慚無愧相應有余許不善煩惱有余許不善煩惱

有余許無慚無愧相應隨有余許函有流所以者何以是色無色界法故如說色無色界煩惱是無記此亦如是三當分別謂欲流見流無明流欲流或不善或無記云何不善無慚無愧及相應欲流無慚無愧則說無慚無愧體相應欲流則說二十四種一向不善者及三種少分謂睡眠掉舉無慚無愧相應者云何無記謂不與無慚無愧相應欲流如是則說睡眠掉少分與欲界身見邊見相應者見流或不善或無記云何不善欲界繫三見謂邪見見取戒取云何無記欲界繫二見謂身見邊見色無色界繫五見無明流或不善或無記云何不善謂與無慚無愧相應無明流云何無記謂不與無慚無愧相應無明流如流扼亦如是四取一無記謂我語取所以者何以是色無色界法故如說色無色界煩惱是無記此亦如是三當分別謂欲取見取戒取欲取或不善或無記云何不善無慚無愧及

相應欲取無慚無愧則說自體及相應欲取則說二十八一向不善者及四種少分謂睡眠掉無明與無慚無愧相應者云何無記不與無慚無愧相應欲取是則說四種少分謂睡眠掉無明與欲界繫身見邊見相應者見取或不善或無記云何不善欲界繫二見謂邪見見取云何無記欲界繫二見謂身見邊見色無色界四見戒取欲界是不善色無色界是無記四縛二縛是不善謂貪身縛恚身縛二當分別謂見取身縛戒取身縛欲界繫者是不善色無色界繫者是無記五蓋唯不善五結三不善謂恚結慳結嫉結二當分別謂愛結慢結欲界繫是不善色無色界繫是無記五下分結三不善謂欲愛恚結一無記謂身見二當分別謂戒取疑欲界繫是不善色無色界繫是無記上分結唯無記五見二無記謂身見邊見三當分別謂邪見見取戒取欲界繫是不善色無色界繫是無記六愛身二不善謂鼻觸生愛身舌觸生愛身四

當分別謂眼觸生愛身耳觸生愛身
身觸生愛身欲界繫是不善梵世繫
是無記意觸生愛身欲界繫是不善
色無色界繫是無記七使二是不善
謂欲愛使恚使一是無記謂有愛使
四當分別謂慢使無明使見使疑使慢
使疑使欲界繫是不善色無色界繫
是無記無明使或不善或無記云何
不善與無慚無愧相應無明使云何
無記不與無慚無愧相應無明使見
使或不善或無記云何不善欲界繫
三見云何無記欲界繫二見色無色
界繫五見九結三不善謂恚結慳結
嫉結六當分別謂愛結慢結取結疑
結欲界繫是不善色無色界繫是無
記無明結或不善或無記云何不善
與無慚無愧相應無明云何無記不
與無慚無愧相應無明見結或不善
或無記云何不善欲界繫邪見云何
無記欲界繫身見邊見色无色界繫三見九十
八使三十三不善六十四無記一當
分別欲界繫見苦所斷無明使或不
善或無記云何不善與無慚無愧相

應者云何無記不與無慚無愧相應
者此門毗婆沙優波提舍是應廣分
別問曰何故名善何故名不善何故
名無記耶答曰若為巧便所持生愛
果安隱故名善巧便所持者是道諦
生愛果者是苦集諦少分安隱者是
滅諦若不為巧便所持生不愛果不安
隱者是不善此說苦集諦少分此相
違是無記復次生愛果生樂受果是
善生不愛果生苦受果是不善與此
相違是無記復次生可愛有種子是
善生不可愛有種子是不善與此相
違是無記復次生可愛趣中是善生
不可愛趣中是不善與此相違是無
記復次於寂靜分中體性輕舉者是
善於增盛分中體性重沒者是不善
與此相違是無記尊者婆多說曰以
四事故名善一體二親近三能起四
實義體者是自體或有說慚愧是自
體或有說三善根是自體親近者謂
心心數法能起者能起身口業及心
不相應行實義者是涅槃以安隱故
說善是以毗婆闍婆提作如是說自

體善者是智親近善者是識能起善
者能起身口業實義善者是涅槃以
四事故名不善一體二親近三能起
四實義體者是自體或有說無慚無
愧是自體或有說三不善根是自體
親近者是心心數法能起者能起身
口業及心不相應行實義者是生死
不安隱故說不善是以毗婆闍婆提
作如是說自體者是愚癡親近者是
識能起者能起身口業實義者是生
死尊者波奢說曰若法是正觀與正
觀相應從正觀生依果解脫果是名
善若法非正觀乃至不從正觀生依
果是名不善與此相違是名無記如
正觀不正觀慚愧無慚愧善根不善
根信等五根五蓋說亦如是集法經
說何故名善答曰有愛果妙果適意
果可意果故名善報果說亦如是何
故名不善答曰有不愛果不妙果不
適意果不可意果故名不善報果說
亦如是與此相違是無記問曰世尊
定記若定記集定記滅定記道廣說
十二入施設解說顯現何以言無記耶

荅曰不以不解說故言無記但世尊善法記善不善法記不善此法非善法所記非不善法所記故言無記復次世尊說善法有愛果不善法有不愛果此法不生愛不愛果故言無記復次善以二事故名善一以自體二以有報不善亦尒無記雖有自體不生於報故說無記世尊或有不解說名無記（天竺音無記是無荅）如經說沙門瞿曇世界常耶佛言此不應荅問曰何故佛不荅此問耶荅曰外道計人是常彼諸外道往詣佛所作如是問沙門瞿曇人為是常為非常耶佛作是念無人我荅言無彼諸外道當作是說我何說有常無常如問又石女兒為恭敬孝順不彼作是念石女無兒我若荅言無彼當作是說我不問有無若當說恭敬孝順彼當作是說石女無兒云何當說恭敬孝順彼亦如是此論非有非實以非有非實故世尊不荅四種荅如雜揵度智品廣說此三結幾有報幾無報乃至九十八使幾有報幾無報問曰何故作此論荅曰如譬喻者說除思無報因除受無報果為斷如是說者意亦現五陰是報果復次何故作此論荅曰或有說已受報因則無體如迦葉維部彼作是說因義乃至報未熟若報熟彼無因義猶如種子牙未生時有種子義若牙生無種子義彼亦如是為斷如是意亦明報雖熟因故有體復有說者何故作此論荅曰為外道故外道說善惡業無有果報為斷如是意亦明善惡業有果報是故為止他義欲顯已義亦說法相相應義故而作此論假使莫為止他義莫為顯已義但欲說法相相應義故而作此論如初門文所說此門文亦應如是說三結若不善者有報無記者無報乃至九十八使亦尒此門是廣說優波提舍毗婆沙問曰為以自法報俱言有報為以他法報俱言有報耶若以自法報俱言有報者云何因果不並耶亦違偈說如說

作惡不即熟　如薩遮投乳　不即燒愚小
猶如灰底火

有草名薩遮若磨為散投之乳中即便成酪因果不尒云何尒耶荅曰如灰底火初蹈不熱久住乃熱如是不善業因時生喜樂變成果時生諸惡趣陰界入若以他法報俱言有報者無漏聖道亦與他法報俱應言有報荅曰應作是說與自法報俱故言有報問曰若然者云何因果不並耶亦違偈說荅曰俱有二種一者有俱二者並俱有俱者有因有果有緣有報是也有因有果者如百億劫前造因雖滅為後生法作因此法於因雖遠而名有因彼法於果雖遠而名有果有緣者如日月去此四千由旬眼若緣者便生眼識境界雖遠而生眼識名之有緣有報者百億劫前所造業雖滅於今身生報彼業於此報雖遠而言有報並俱者如有覺有觀有喜有用有覺者覺相應法有觀者觀相應法有喜者喜根相應法有用者作觀相應法此中以有俱而作論不以並俱復次俱有二種一有俱二不相離

俱有俱者如說有因乃至有報不相離俱者如說有覺乃至有用此中以有俱而作論不說不相離俱次有三種俱有近俱有遠俱有近遠俱近俱者如說有覺乃至有用遠俱者如說有因乃至有報近遠俱者如說有漏有使有緣有體有漏者有漏法或與漏相應或與漏作所緣相應作緣俱是有漏如有漏有使亦尒有緣者緣有近有遠近緣遠緣俱是有緣如有緣者體亦尒此中以遠俱而作論不以近俱不以近遠俱問曰何故名報答曰生不相似法故名報報有二種有相似有不相似相似者如依善法生善法依不善法生不善法依無記法生無記法不相似者如善不善法生無記報報餘報義如雜揵度智品廣說

此三結幾見道斷幾修道斷乃至九十八使幾見道斷幾修道斷問曰何故作此論答曰或有說凡夫不能離欲聖人不能以世俗道斷結如辟喻者尊者佛陁提婆作如是說若凡夫

人不能斷結而能制纏如是說者名不覆說問曰彼何故作是說耶答曰依佛經故佛經說比丘當知若以聖慧知見法者是名為斷凡夫人無有聖慧無聖慧故不名為斷問曰若然者此經云何通如說比丘當知欝頭藍弗斷欲愛色愛斷空處愛至無所有處愛生非想非非想處亦說外道仙人能離欲愛彼作是答此經不斷說斷不離欲說離欲餘經亦說不斷是斷不離欲是離欲不斷是斷者如偈說

人計諸物是我有　死時皆斷不持去
如是智者不應計　於諸物中我有想

不離欲說離欲者如說如村落中童男童女造作土舍若於此土舍未離欲時心生渇愛修治擁護計是我有若離欲時毀壞捨去如此經不斷說斷彼經亦尒然凡夫人不能斷結言凡夫人離欲界欲者以世俗道制伏下界煩惱上緣初禪如閣樓垂行法離欲界欲乃至離無所有處欲非想非非想處更無上地而可上緣得離

非想非非想處欲如人上樹從枝至枝若至樹端更無有枝而便還下如是凡夫人緣上地法能制伏下地煩惱而不能斷猶如狼狗從麻篳中過雖能摧卧而不能斷彼亦如是為斷如是說者意亦明凡夫人能離欲世俗道能斷結故而作此論復次所以作論者或有說聖人不以世俗道斷結所以者何彼聖人何為捨無漏道而用世俗道為斷如是說者意亦明聖人以世俗道能斷結故而作此論復次所以作論者為止說頓斷沙門意故有沙門說頓斷法如金剛喻定斷一切結無結不斷不破不入不得其邊故喻如金剛無物不斷不破不入不得其邊謂若鐵牙貝珂玉石摩尼等彼亦如是彼說有四沙門果金剛喻定斷一切結問曰若然者何用三沙門果為彼作是答三沙門果巳制伏煩惱後金剛喻定現在前時斷一切結猶如農夫左手執草右手一時以鎌斷之彼亦如是為斷如是說者意亦明煩惱有二種有二種對治

一見道斷二修道斷見道斷者以見道為對治修道斷者以修道為對治復次何故作論者荅曰或有說一時見諦非次第見為止如是說者意亦明見諦有次第故若當一時見諦非次第者則違佛經如經說給孤獨居士往詣佛所作如是問世尊為一時見諦為次第見耶佛荅言居士次第見諦如登梯法復次所以作論者欲明煩惱有二種有二種對治一見道斷種二修道斷種見道為見道斷種作對治修道為修道斷種作對治是故欲止他義欲顯已義亦說法相相應義故而作此論假使莫止他義莫顯已義但欲說法相應義故而作此論此三結幾見道斷幾修道斷見道在前有二種身見在前有二種或見道斷或見道修道斷問曰在前是何義荅曰立分義先荅義是在前義立分義者先立見道所斷分後立不定先荅義者先荅見道所斷後荅不定云何見道斷若身見是非想非非想處繫若堅信堅法以苦忍斷身見在欲界乃至非想非非想處可得以世俗道斷

欲界身見乃至無所有處於非想非非想處世俗道便住更無勢用而還起見道現在前斷非想非非想處身見若說身見則定體若說非想非非想處繫則定地若說堅信堅法則定人若說苦忍則定對治若說斷則定已作事此則說身見是不共對治決定對治聖人能斷凡夫不能用無漏道不用世俗道唯用見道不用修道以忍不用智此中則說如是身見餘身見若凡夫斷以修道斷世尊弟子以見道斷何者是餘身見欲界乃至無所有處若凡夫人以修道斷聖人以見道斷凡夫人以世俗道斷聖人以無漏道斷凡夫人以智斷聖人以忍斷凡夫人九種身見作九時斷聖人九種身見作一時斷凡夫人斷有止息聖人斷無止息凡夫人斷不見諦聖人斷見諦是故作如是荅餘身見若凡夫人以修道斷世尊弟子以見道斷戒取疑見道在前有二種或見道斷或見道修道斷在前義如上說云何見道斷若戒取疑在非想非

非想處繫若堅信堅法以諸忍斷戒取疑從欲界乃至非想非非想處可得世俗道現在前斷欲界戒取疑乃至無所有處世俗道於非想非非想處便住更無勢用而還起見道現在前斷非想非非想處戒取疑若說戒取疑則定體若說非想非非想處繫則定地若說堅信堅法則定人若說諸忍則定對治若說斷則定已作事此則說戒取疑是不共對治決定對治聖人能斷凡夫人不能用無漏道不用世俗道唯以見道不用修道以忍不用智此中則說如是戒取疑餘戒取疑凡夫人斷以修道斷世尊弟子以見道斷餘如上說貪恚癡及欲漏修道在前有二種或修道斷或見道修道斷在前是何義荅曰立分義先荅義是在前義立分義者先立修道所斷分後立不定先荅義者先荅修道所斷後荅不定云何修道斷荅曰貪恚癡及欲漏學見迹以修道斷貪恚癡及欲漏有五種見苦斷種乃至修道斷種見道現在前斷苦諦所

斷乃至道諦所斷貪恚癡及欲漏於修道所斷便生更無勢用而還起修道現在前斷修道所斷貪恚癡及欲漏若說貪恚癡及欲漏則定體若說學見迹則定人若說修道則定對治若說斷則定已作事此貪恚癡及欲漏是不共對治決定對治是聖人所斷非凡夫人是修道斷非見道斷智斷非忍斷此中則說如是貪恚癡及欲漏餘者若凡夫人斷修道斷世尊弟子見道斷餘何者是耶荅曰餘者有四種謂見苦所斷乃至見道所斷若凡夫人斷修道斷世尊弟子見道斷餘廣說如上以是事故而作是說若凡夫人斷是修道斷世尊弟子見道斷問曰若說學見迹以修道斷貪恚癡及欲漏則說聖人身中修道所斷者餘若說凡夫人斷以修道斷若聖人斷以見道斷是則說凡夫聖人身中見苦集滅道所斷貪恚癡及欲漏此中有何餘未稱說者荅曰凡夫人身中修道所斷貪恚癡及欲漏問曰此何以不說耶荅曰應說而不說

者當知此說有餘復次已說在先所說中所以者何以種故立作煩惱種不以在身中立煩惱種齊五種無第六種聖人以見道斷見道所斷種以修道斷修道所斷種凡夫人若見道所斷若修道所斷盡合集以修道斷所以者何凡夫人於五種所斷煩惱必以修道斷此義決定以是事故當知已說在前所說中有漏無明漏見道在前有三種或見道斷或修道斷或見道修道斷何者是在前義荅曰立分義先荅義是在前義先立見道斷種次立修道斷種後立不定先荅者先荅見道所斷種次荅修道所斷種後荅不定云何見道斷若有漏無明漏在非想非非想處繫若堅信堅法以諸忍斷有漏從初禪乃至非想非非想處可得無明漏從欲界乃至非想非非想處可得世俗道現在前斷無明漏從欲界乃至無所有處斷有漏從初禪乃至無所有處於非想非非想處便住更無勢用而還起見道現在前斷非想非非想處見道所

斷有漏無明漏見道於修道所斷便住更無勢用而還起修道現在前斷修道所斷有漏無明漏若說有漏無明漏則定體若說非想非非想處繫則定地若說堅信堅法則定人若說諸忍則定對治若說斷則定已作事有漏無明漏是不共對治決定對治聖人所斷非凡夫人以無漏道斷非世俗道以見道斷非修道以忍斷非智此中則說如是有漏無明漏云何修道斷荅曰有漏無明漏學見迹以修道斷有漏無明漏有五種謂見苦斷乃至修道斷見道斷苦諦所斷乃至道諦所斷有漏無明漏見道於修道所斷便住更無勢用而還起修道現在前斷修道所斷有漏無明漏若說有漏無明漏則定體若說學見迹則定人若說修道則定對治若說斷則定已作事有漏無明漏是不共對治決定對治是聖人斷非凡夫人是修道斷非見道是無漏道斷非世俗道是智斷非忍斷此中則說如是有漏無明漏餘者若凡夫斷以修道斷

世尊弟子以見道斷問曰何者是餘耶答曰無明漏欲界有四種有漏無明漏從初禪乃至無所有處有四種此若凡夫斷以修道斷若聖人斷以見道斷餘廣說如上在前有三種一不共二畢竟三最初不共在前者如三結畢竟在前者如貪恚癡及欲漏最初在前者如有漏無明漏若煩惱是三界見道所斷應作見道在前二種句如三結是也若是欲界五種所斷應作修道在前二種句如貪恚癡及欲漏是也若是三界五種所斷應作見道在前三種句如有漏無明漏是也此說是略毗婆沙五蓋中悔是修道斷疑若凡夫斷以修道斷世尊弟子斷以見道斷五上分結是修道斷五愛身是修道斷嫉結慳結是修道斷九十八使二十八是見道斷十是修道斷餘若凡夫斷是修道斷世尊弟子斷是見道斷問曰如波伽羅那說九十八使八十八是見道斷十是修道斷此中何故說二十八是見道斷十是修道斷耶答曰此文是了

義彼文是未了義此文無餘意彼文有餘意此文無所以彼文有所以此文是實義諦彼文是俗諦復次波伽羅那說順次法說具縛人非超越人此中不說順次法不說具縛人不說超越人復次彼中說凡夫聖人離欲聖道所作世俗道所作此中說聖人離欲不說凡夫說聖道所作不說世俗道復次彼中說離欲界欲乃至離無所有處欲得正決定者先以世俗道斷欲界煩惱乃至無所有處彼見道斷煩惱解脫得差別作證所以者何彼解脫得以見道故而有差別以是事故彼作是說八十八是見道斷十是修道斷是故尊者瞿沙作如是說二十八使是見道斷十是修道斷何故波伽羅那作如是說八十八是見道斷十是修道斷彼作是答二十八決定是見道斷十是修道斷六十不定不定者於見道中而有差別波伽羅那說次第故說八十八是見道斷十是修道斷此門是廣分別毗婆沙問曰何故名見道斷何故名修道

斷耶如見不離修修不離見見道中如實修亦可得修道中如實見亦可得見名為慧修名放逸如實是何義耶答曰數數義偏重義是如實義見道中慧多不放逸少修道中不放逸多慧少復次等量義是如實義如見道中慧亦有尒許不放逸如修道中不放逸亦有尒許慧是故等量義是如實義尊者和須蜜說曰見四真諦斷諸煩惱云何分別此是見道斷此是修道斷耶答曰以見斷以見制伏以見吐諸煩惱故言見道斷復有說者見道所斷煩惱亦應言修道所斷所以者何見道中如實修可得故如我義以見斷以見制伏以見吐諸煩惱名見道斷何故名修道斷答曰隨所得道行廣布斷諸生分斷其量斷其種漸使薄令究竟斷故名修道斷復有作是說者修道所斷煩惱亦可言見道斷所以者何修道中亦有如實見故如我義隨所得道修行廣布斷諸生分斷其量斷其種漸使薄令究竟斷故名修道斷此是何義耶答曰見

道是猛利道若緣彼時九種煩惱一時斷修道是不猛利道數數修習無種煩惱九時而斷譬如利鈇之刀以用割物利者一下斷鈍者數數乃斷彼亦如是復次若以見偏多道斷者名見道斷若以修偏多道斷者名修道斷復次若以二相道斷者名見道斷二相者謂見相慧相若以三相道斷者名修道斷三相者謂見相慧相智相復次若以四相道斷者名見道斷四相者謂眼明覺慧若以五相道斷者名修道斷五相者謂眼明覺慧智復次若以忍斷者是見道斷以智斷者是修道斷復次九種結一時斷者是見道斷九種結九時斷者是修道斷復次以未知欲知根斷者是見道斷以知根斷者是修道斷復次斷時如石裂若是見道斷斷時如耦絶者是修道斷復次與發意相違者是見道斷與方便相違者是修道斷復次未曾見諦而見諦斷者是見道斷已曾見諦而重觀斷者是修道斷復次以一因道斷者是見道斷以二因

道斷者是修道斷復次如力士著鎧斷者是見道斷如無足人行斷者是修道斷復次斷斷時即彼智所知行修道者是見道若斷時是餘智餘所知餘行修是修道斷復次若是向人不成就果斷者是見道斷若是向成就果斷者是修道斷復次若堅信堅法斷者是見道斷若信解脫見到身證斷者是修道斷復次若初出道斷者是見道斷若數數出道斷者是修道斷復次若斷是四沙門果攝者是見道斷若斷或三或二或一沙門果攝者修道斷復次若緣無所有生者是見道斷若緣有所有生者是修道斷復次若斷已不退者是見道斷若斷已或退不退者是修道斷復次斷已更不縛不繫是見道斷斷已或縛或繫是修道斷復次若斷時忍是無㝵道智是解脫道者是見道斷若斷時智是無㝵道智是解脫道者是修道斷復次若斷時智作方便道忍作無㝵道智作解脫道者是見道斷欲若斷時智作方便無㝵解脫道者是

修道斷復次若先得非數滅者是見道斷或先得非數滅後得數滅或先得數滅後得非數滅或一時得數滅非數滅者是修道斷復次若斷時緣一諦道修者是見道若斷時緣四諦道修者是修道斷復次若斷時四行道修者是見斷若斷時十六行道修者是修道斷復次若斷時相似道修者是見道斷若斷時相似不相似道修者是修道斷復次若斷時若一三昧修者是見道斷若斷時若三三昧修者是修道斷復次若斷時不起者是見道斷若斷時或起或不起者是修道斷

此三結幾見苦斷乃至幾修道斷乃至九十八使幾見苦斷乃至幾修道斷問曰何故作此論荅曰前門止說頓斷沙門意不止說一時見諦亦不明次第見諦今欲止一時見諦者意亦明次第見諦故而作此論復有說者前門止說一時見諦者意亦明次第見諦而不廣現明了今欲廣現明了止一時見諦者意亦明次第見諦

故而作此論復次欲顯現未種斷煩惱及五種對治法故五種斷煩惱者謂見苦斷種乃至修道斷種　五種對治法者謂苦忍苦智是見苦斷對治乃至道忍道智是見道斷對治智是修道斷對治以如是事故而作此論

此三結幾見苦斷乃至廣說答曰一見苦斷謂身見問曰何故身見唯見苦斷耶答曰緣苦生故還見苦斷復次此見緣果而生若以慧觀果時此見即斷

復次身見是顛倒性一切顛倒盡見苦斷若顛倒斷時此見即斷所以者何同一對治故復次此煩惱麁故以初無㝵道斷餘細煩惱後金剛喻定斷譬如塵垢不堅著者抖捒便墮若堅著者乃以淳灰多用力然後乃淨亦如瓦器膩不深入水蕩便不去若膩深入以湯煑之然後乃去彼亦如是復次以此見根不深入所緣地以不深入故性劣性劣故最初無㝵道斷餘煩惱根深入所緣地以後無㝵道乃至金剛喻定斷譬如樹根不深

入者小風吹時而能摧臥其根深入者大風吹時不能令臥彼亦如是尊者和須蜜說曰何故身見唯見苦斷答曰身見緣五陰後如實見五陰時身見便斷復次此見從常想樂想淨想我想生若見無常想苦想不淨想無我想此見便斷尊者佛陀提婆說曰此見從自身生故名身見若見自身無我此見便斷戒取或見苦斷或見道斷問曰何故戒取非見集見滅斷耶答曰為外道故外道所行與苦道相違不與集滅相違所以者何外道計集如垢計滅如洗浴處為求洗浴處故行種種苦行諸苦行故煩惱垢益更深心如人為去垢故入濁水澡浴更增其垢彼亦如是復次因苦生故還見苦斷因道生故還見道斷復次因垢生者是見苦斷因淨生者是見道斷復次內道所行是見苦斷外道所行是見道斷

復次非因計因是見苦斷非道計道是見道斷疑見苦集滅道斷問曰何故修道斷中無疑耶　答曰若未見其

體心生猶豫已見其體心則決定是故修道所斷無有疑三不善根三漏見苦斷乃至修道斷摠而言之五種斷或有一種二種四種五種斷者餘門廣說如經本此門是廣說優波提舍毗婆沙問曰何故名見道斷乃至名修道斷耶答曰若緣決定對治決定者名見道斷若緣不決定對治不決定者名修道斷復次若處所決定若緣決定若對治決定者名見道斷若處所不決定緣不決定對治不決定者名修道斷復次若以苦忍苦智作對治乃至道忍道智作對治者名見道斷若以智對治者名修道斷

復次若見苦斷者名見苦斷若見道斷者名見道斷若或見苦或見集或見滅或見道斷者名修道斷復次若遠苦者名見苦乃至若遠道者名見道斷若遠苦集滅道斷者名修道斷

阿毗曇毗婆沙論卷第二十八

阿毗曇毗婆沙論卷第二十八

校勘記

一 底本，金藏廣勝寺本。

一 六三三頁中一至四行經名、造者、釋者、譯者、品名，資、磧、普、南、徑、清無(未換卷)。

一 六三三頁中二〇行第五及第一〇字「問」，資、磧、普、南、徑、清作「門」。同行第七字「今」，資、磧、普、南、徑、清作「令」。

一 六三三頁下八行首字及次頁上一九行第九字「違」，麗作「遠」。

一 六三三頁下一二行第一一字「見」，資、磧、普、南、徑、清作「是」。

一 六三四頁上一二行第五字「善」，諸本(不含石，下同)作「義」。

一 六三四頁上一三行「解脱」，資、磧、普、南、徑、清作「解説」。

一 六三四頁中一七行「墮惡趣」，資、磧、普、南、徑、清作「墮惡道中」。至此，資、磧、普、南、徑、清卷第三十九終，卷第四十始，資、磧、普、南有品名「使揵度不善品之六」；徑、清有品名「使揵度不善品第一之六」。

一 六三四頁下一八行「此文」，磧、普、南、徑、清作「此又」。

一 六三四頁下二〇行第一三字及二一行第八字「除」，麗作「餘」。

一 六三四頁下末行第六字「與」，徑、清作「而與」。

一 六三五頁上二行第一一字「欲」，資、磧、普、南、徑、清作「欲界」。

一 六三五頁上四行「相應」，徑、清作「相應者」。

一 六三五頁上六行「分少」，諸本作「少分」。

一 六三五頁上一九行末字「眼」，諸本作「眠」。

一 六三五頁中九行末字「舉」，資、磧、普、南、徑、清作「與」。

一 六三五頁下二行第八字「八」，徑、清作「八種」。

一 六三五頁下一七行第四字「結」，麗無。

一 六三五頁下末行第九字「舌」，麗作「口」。

一 六三六頁上二〇行「邊見色無」，麗無。

一 六三六頁中一〇行第七字「苦」，磧、普作「若」。

一 六三七頁上一六行第九字「又」，諸本作「人」。

一 六三八頁上三行第一二字「次」，資、磧、普、南、徑、清作「復次」；麗作「復」。

一 六三八頁上一一行第二字「者」，資、磧、普、南、徑、清作「有」。

一 六三八頁上一七行第五字「報」，資、磧、普、南、徑、清無；麗作「除」。

一 六三八頁中七行第一二字「至」，諸本作「乃至」。

一 六三八頁下一六行「貝珂」，資、磧、普作「貝軻」。

一　六三九頁上一四行「相應」，資、磧、普、南、徑、清作「相相應」。

一　六三九頁中二行第八字「住」，麗作「在」。

一　六四〇頁上二行第六字「生」，資、磧、普、南、徑、清作「住」。

一　六四〇頁上六行末字「欲」，資、磧、普、南、徑、清作「欲界」。

一　六四〇頁中二行第一一字「作」，資、磧、普、南、徑、清無。

一　六四一頁上二〇行「是見道斷」，至此，資、磧、普、南、徑、清卷第四十終，卷第四十一始，資、磧、普、南有品名「使揵度不善品之七」；徑、清有品名「使揵度不善品第一之七」。

一　六四一頁中六行第六字「彼」，資、磧、普、南、徑、清作「此」。

一　六四一頁中七行第一〇字「此」，資、磧、普、南、徑、清作「彼」。

一　六四一頁下三行「放逸」，諸本作「不放逸」。

一　六四一頁下四行第七字「偏」，資、磧、普、南、徑、清作「徧」。

一　六四一頁下一七行第四字「行」，資、磧、普、南、徑、清作「修行」。

一　六四一頁下末行第一二字「那」，諸本作「耶」。

一　六四二頁上二行末字「無」，諸本作「九」。

一　六四二頁上三行「利鈌」，資、磧、普、南、徑、清作「利鈍」。

一　六四二頁上四行「斷鈍」，資、磧、普、南、徑、清作「便斷鈍」。

一　六四二頁上一八行第五字「若」，諸本作「者」。同行「耦絶」，資、磧、普作「藕絲」；南、徑、清作「藕絲絶」；麗作「藕絶」。

一　六四二頁中三行「斷斷」，諸本作「若斷」。

一　六四二頁中四行第六字「道」，諸本作「道斷」。

一　六四二頁中五行「修是」下，資、磧、普、南、徑、清有「諸道斷者是」五字。

一　六四二頁中一三行第三字「修」，資、磧、普、南、徑、清作「是修」。

一　六四二頁中二二行第五字「作」，資、磧、普、南、徑、清作「所」。同行末字「欲」，資、磧、普、南、徑、清無。

一　六四二頁下七行「見斷」，資、磧、普、南、徑、清作「見道斷」。

一　六四二頁下九行第一〇至一一字「相似」，資、磧、普、南、徑、清作「相似道」。

一　六四二頁下一五行第六字「苦」，資、磧、普、南、徑、清作「道」。

一　六四三頁上一行「來種」，資、磧、普、南、徑、清作「五種」。

一　六四三頁上一七行第一〇字「力」，資、磧、普、南、徑、清作「功力」。

一　六四三頁上一八行第一二字「不」，諸本無。

一　六四三頁中一行第八字「能」，資、磧、普、南、徑、清作「使」。

一　六四三頁中二行第六字「不」，資、磧、普、南、徑、清作「乃」。

一　六四三頁中一四行第九字「諸」，資、磧、普、南、徑、清作「行諸」。

一　六四三頁中一五行「深心」，資、磧、普、南、徑、清作「增染心」；麗作「染心」。

一　六四三頁中一八行第四字「垢」，資、磧、普、南、徑、清作「苦」。

一　六四三頁下一八行第六字「苦」，諸本作「苦斷」。

一　六四三頁下卷末經名，資、磧、普、南、徑、清無（未換卷）。

阿毗曇毗婆沙論卷第二十九　切

迦旃延子造　五百羅漢釋　帛

北涼天竺沙門浮陁跋摩共道泰等譯

使揵度不善品之五

此三結幾是見幾非見乃至九十八使幾是見幾非見問曰何故作此論答曰或有說一切煩惱皆是見性問曰彼何故作如是說耶答曰彼作是說所行猛利是見性一切煩惱各於自分所行猛利如身見者我我所邊見者斷常邪見者無所有見取者第一戒取者淨所行猛利愛亦如是於染著愛所行猛利恚憎惡慢自高癡愚癡猶豫所行亦猛利為斷如是說者意亦明煩惱有是見性有非見性故而作此論此三結幾是見性幾非見性答曰二是見性謂身見戒取一非見性謂疑餘門廣說如經本問曰何故名見耶答曰此中應廣說如五見見處

此三結幾有覺有觀幾無覺有觀幾無覺無觀乃至九十八使幾有覺有

觀幾無覺有觀幾無覺無觀問曰何故作此論答曰或有說覺觀從欲界乃至有頂如譬喻者說彼何故作是說彼依佛經佛經中說心麤是覺心細是觀此麤細相從欲界乃至有頂中可得尊者佛陁提婆說曰阿毗曇者作如是說心次第相方而有麤細遍三界中然從欲界乃至梵世有覺有觀如是說者則名惡說汝等作如是說麤心是覺細心是觀此麤心細心乃至有頂可得然說覺觀從欲界乃至梵世中有是故汝等所說是惡說非善說惡受持非善受持阿毗曇人作如是說我等所說是善說善受持非惡受持所以者何我以種種事故說麤細相非以一事如說纏麤使細是中不說覺麤觀細所以者何此二法非覺觀相故如說色陰是麤四陰是細如是則說覺之與觀俱是細法所以者何同行陰攝故如說欲界是麤初禪是細如是亦說覺觀是麤是細所以者何欲界初禪俱有覺觀故如說初禪地麤二禪地細如是則

說覺觀是麤所以者何初禪地上更無覺觀故問曰彼說初禪地上有覺觀者云何復說三地差別答曰彼作是說欲界初禪乃至非想非非想處有三種法謂善染汙不隱沒無記禪中間乃至非想非非想處深染汙法是名有覺有觀地禪中間善不隱沒無記法是名無覺有觀地第二禪已上乃至非想非非想處善法不隱沒無記法是名無覺無觀地問曰若然者彼云何通佛經如經說滅於覺觀定生喜樂入第二禪彼作是答滅善覺觀非染汙問曰若然者為因何事滅善覺觀非染汙耶答應先滅染汙後離地時乃滅於善但譬喻者說上地有覺觀當知此說是無明果闇果不勤方便果然覺觀欲界初禪中有故欲止他義乃至廣說而作此論此三結幾有覺有觀幾無覺有觀幾無覺無觀答曰三結有三種或有覺有觀或無覺有觀或無覺無觀云何有覺有觀答曰在欲界初禪者云何無覺有觀答曰在禪中間者云何無覺

無觀答曰在三禪及四無色者餘門 阿毗曇毗婆沙論卷第九 第四張 切
廣說如經本問曰何故名有覺有觀何故名無覺有觀何故名無覺無觀耶答曰與覺俱觀俱與覺相應觀相應與覺觀俱現在前是名有覺有觀若不與覺俱但與觀俱不與覺相應與觀相應已滅覺與觀俱現在前是名無覺有觀若不與覺觀俱亦不與覺觀相應已滅覺觀是名無覺無觀復次若種種數若種種觀是名有覺有觀若數觀不種數是名無覺有觀若不種數不種觀是名無覺無觀

此三結幾樂根相應幾苦根相應幾喜根相應幾憂根相應幾捨根相應乃至九十八使亦如是問曰何故作此論答曰或有說法生時次第生不一時生如辟諭者尊者佛陁提婆作如是說法生時次第生不一時生猶如多伴經過俠道次第而行不得一時若欲二人併行此猶為難何況多人如是一切有為法各各從生相生何緣衆多生法共一時生阿毗曇者作如是說有為法自有一法和合而

生自有多法和合而生一法和合生 阿毗曇毗婆沙論卷第九 第五張 切
者於一剎那須生故名一法和合生多法和合生者如一一數法各有一生雖多不相離故名多法和合生復次所以作論者或有說展轉相因力義是相應義彼作是說若法與彼法相因力生者是相應義如心因心力故生心與心相應數法因心力故生數法與心相應數法因數法力故生數法與數法相應心不因數法力生故心不與數法相應為止如是說者意亦明心與數法相應數法亦與數法相應數法與心相應心不與心相應故而作此論復次所以作論者或有說自體與自體相應不與他相應彼作是說等相敬義是相應義諸法相敬莫過敬自體者為止如是說者意亦明與他法相應義故而作此論復次所以作論者或有說自體於自體不名相應不名不相應不名相應者一切諸法不能與自體作緣不名不相應者等相敬義是相應義所以者何諸法相敬莫過敬自體者為止

如是說者意亦明不亂相應法是故 阿毗曇毗婆沙論卷第九 第六張 切
為止他義欲顯已義乃至廣說此三結幾樂根相應幾苦根相應幾喜根相應幾憂根相應幾捨根相應問曰何故但問與受相應不問與餘數法耶答曰彼作經者意欲尒乃至廣說復次受不妨成就或妨現前行云何不妨成就如一人成就五受云何妨現前行無有二受一時現前行復次以受一體有諸根相故復次以受於緣起輪中猶如車轂法故復次以受受入一切法故復次若不問受更問何耶若問命等八根彼一向是不相應法若問三無漏根信等五根彼一向是善若作是說何不問意根者以意根故名相應法如以心故名心相應法身見戒取與三根相應除苦根憂根所以除苦根者苦根在五識地此是意地所以不與憂根相應者憂根是憂感行此是欣踊行揔而言之與三根相應此在三界在欲界初禪二禪者與二根相應謂喜根捨根在第三禪與二根相應謂樂根捨根在

第四禪及四無色與一根相應謂捨根是故揔而言之與三根相應除苦根憂根疑與四根相應除苦根不與苦根相應者以苦根在五識地揔而言之與四根相應疑在三界在欲界者與二根相應謂憂根捨根若在初禪二禪者與二根相應謂喜根捨根在第三禪者與一根相應謂樂根捨根在第四禪及四無色與一根相應謂捨根是故揔而言之與四根相應問曰何故欲界疑不與喜根相應初禪二禪則與相應答曰欲界疑喜所行各異故疑所行非喜所行喜所行非疑所行所以者何疑行憂慼喜行欣踊同義是相應義彼不同故不與相應初禪二禪俱行欣踊行故相應復次欲界喜麤疑細麤法不與細法相應所以者何等義是相應義故問曰喜有何麤義耶答曰衆生不應起而起於前物不應起而起云何衆生不應起而起衆生性是苦故云何於前物不應起而起見他人若顛若墮若謬誤應起慈愍而更大笑在初禪

二禪者俱微細故相應復次欲界喜輕躁疑居重輕躁不與居重相應所以者何等義是相應義初禪二禪地二俱居重是故相應復次欲界喜從外法生疑從內法生從外生法不與從內生法相應所以者何等義是相應義初禪二禪俱從內生是故相應復次欲界喜是客疑是舊住客不與舊住相應所以者何等義是相應義初禪二禪俱是舊住是故相應復次欲界疑雖不與喜根相應與餘受相應初禪二禪喜是地性受若不與喜根相應者此則名無受心聚壞相應法壞相應法欲令無如是過故欲界疑不與喜根相應初禪二禪疑與喜根相應貪與三根相應除苦根憂根所以者何貪行欣踊憂苦行憂慼恚與三根相應除喜根樂根所以者何恚行憂慼喜樂行欣踊癡欲漏無明漏與五根相應所以者何此三通六識身所行欣踊亦行憂慼故有漏與三根相應除苦根憂根所以者何色無色界無憂苦故色無色界無憂苦

義根揵度中當廣說除邪見餘門義如經本說邪見與四根相應除苦根揔而言之邪見與四根相應然邪見在三界在欲界者與三根相應除苦根樂根在初禪二禪者與二根相應謂喜根捨根在第三禪者與二根相應謂樂根捨根在第四禪及無色定與一根相應謂捨根問曰欲界邪見何者與喜根相應何者與憂根相應答曰有人本性不好布施不好祠祀後若與邪見外道共會一處而聞是語無施無祠祀無善惡業報聞是語時心生信樂便生喜心我所行善好如是邪見與喜根相應有人性好行施祠祀後若與邪見外道共會一處聞作是說無施無祠祀無善惡業報聞是語時心生信樂便生憂心我等所施便為唐捐所以者何無果報故如是邪見與憂根相應此門是廣說優波提舍毗婆沙問曰何故名相應相應義如雜揵度相應因中廣說此三結幾欲界繫幾色界繫幾無色界繫問曰何故作此論答曰或有說

嫉慳在欲界梵世彼何故作如是說答曰彼依佛經佛經說梵天王語諸梵衆我等皆共住此不往詣沙門瞿曇所而於此處自能至老死彼作是說梵王以嫉慳故而作是言為止如是說者意亦明嫉慳唯在欲界故而作此論三結或欲界繫或色界繫或無色界繫此門義廣說如經本問曰何故名欲界繫何故名色界繫無色界繫答曰縛欲界法故名欲界繫縛色無色界法故名色無色界繫如牛繫著柱名柱繫牛彼亦如是復次欲界足為欲界法所繫故名欲界繫色無色界足為色無色界法所繫故名色無色界繫足名煩惱如偈說

佛有無量行　無足誰將去

如人有足則得自在四方遊行如是有煩惱足者則能行於諸趣諸生生死中復次煩惱於欲界作居處想我有想故名欲界繫色無色界煩惱於色無色界作居處想我有想故名色無色界繫居處是愛我有是見以欲界愛潤故見計我我所以色無色

界愛潤故見計我我所復次能生欲界樂欲故名欲界繫能生色無色界樂欲故名色無色界繫樂是愛欲是見復次為欲界生死法所繫故名欲界繫為色無色界生死法所繫故名色無色界繫復次為欲界垢所汙毒所害患所過故名欲界繫為色無色界垢所汙毒所害患所過故名色無色界繫

諸結是欲界彼結在欲界耶是有六種一界是二趣是三人是四入是五漏是六自身是界是者如此中說諸結是欲界彼結在欲界耶此中說法處名是欲界法名欲界是色無色界法名色無色界是趣是者如說法法施時而作是言一切是五趣衆盡生死苦人是者如毗尼說是二人在僧數中僧中可得入是者如波伽羅那說云何色陰十色入及法入中色是漏是者如說云何漏有漏法是身是者如四大揵度說云何大法答曰自身是於六是中以界是而作論不以餘是在有四種一自體在二器在三

所行在四處所在自體在者一切諸法自體自相自性在自分中器在者如果在器中如提婆達多在舍中如器在所行在處所在義亦尒此中以四在而作論隨相而說諸結是欲界彼結在欲界耶答曰或結是欲界彼結不在欲界或結在欲界彼結不是欲界或結是欲界彼結亦在欲界或結不是欲界彼結不在欲界云何結是欲界彼結不在欲界耶答曰為纒所纒魔波旬住梵天上欲與如來語言問曰魔波旬為何纒所纒欲與如來語言耶答曰為忿纒所覆故欲與如來語言復有說者為嫉纒所覆故欲與如來語言復有說者為慳纒所覆故欲與如來語言評曰應作是說為十纒所覆起一一纒現在前欲與如來語言問曰何故名魔答曰斷慧命故名魔（魔秦言殺）復次常行放逸而害自身故名魔何故名波旬答曰常有惡意成就惡法成就惡慧故名波旬（波旬秦言惡）尊者瞿沙說曰應言波旬踰所以者何從波旬踰生彼中故（波旬秦言惡踰名國）住梵

天上欲與如來語言問曰魔王住梵天上何所為耶荅曰梵天諸魔經是此論本緣曾聞佛住舍衛國給孤獨精舍祇陁林中尒時有一梵天於梵天上生如是惡見而作是言此處是常不斷棄出寂滅之法更無有常不斷棄出寂滅之法勝此處者尒時世尊知彼梵天心之所念辟如壯夫屈申臂頃從祇陁林忽然不現至梵天上去梵天不遠而住其邊尒時梵天遥見如來即便請之而白佛言善來大仙此處是常不斷棄出寂滅更無有常勝此處者而汝能捨欲界煩惱乱種種苦事而來此閑甚是快事汝可於此安樂常住尒時如來告梵天言此處非常而汝說常此處非是安樂寂靜棄出之處而汝說是安樂寂靜棄出之處汝為無明所覆故作如是說汝應憶念過去諸梵墮欲界者如華果落尒時梵天復白佛言善來大仙此處常樂廣說如上第二第三亦如是說尒時如來亦第二第三告梵天言此處無常乃至廣說無明覆

汝應憶念過去諸梵墮欲界者如華果落尒時梵天心作是念今者如來難可親近難共語論然諸梵法在離欲地志意閑靜不能與佛競於言論復作是念魔王波旬常與如來共相違逆必能與佛競於言論是時梵王即致波旬到梵天上化作欲界地而以安止尒時梵天復白佛言大仙當知此處是常乃至更無勝者尒時如來復告梵王此處無常廣說如上尒時波旬白佛言大仙汝莫違逆梵王所說隨其教勅常奉行之汝若違逆梵王言者猶如有人功德天神來入其舍以杖驅之我不湏汝汝若違逆梵王之言亦復如是亦如有人從高轉墮若其不以手足自御復當更墮如人墮樹不堅執枝則受苦痛若堅執枝不受苦痛如是大仙汝莫違逆梵王之言如其所說當奉行之復白佛言大仙今者不見梵衆及與我等圍遶梵王隨順梵王不違其言耶尒時世尊便作是念今者惡魔來留難我知是事已即告魔言汝非梵王亦非

梵王眷属所言惡魔留難我者汝身是也尒時波旬便作是念沙門瞿曇今者已知我心所念心懐恐怖生猒離意在一面坐而不能還尒時梵王以神足力能令波旬還自在宮是故彼經即是此論本緣亦為緾所緾色界命終生欲界中陰凡夫人色界命終當生欲界欲界中陰在色界中而現在前所以者何法應如是死陰滅處即生中陰猶如種子滅處必生萌牙彼亦如是從死陰至中陰時欲界三十六使若一現在前令生相續是名結是欲界彼結不在欲界此中是者是界是在者除自體在是餘三在云何結在欲界彼結不是欲界為緾所緾欲界命終生色界中陰凡夫聖人欲界命終生色界中色界中陰在欲界中所以者何法應如是死陰滅處即生中陰猶種子滅處即生萌牙彼亦如是凡夫人從死陰至中陰時色界三十一使若一現在前令生相續聖人從死陰至中陰時色界修道所斷三使若一現在前令生相續亦

阿毗曇毗婆沙論卷第廿九 第十六張 切

結是色無色界住欲界現在前住欲界不死不命終色無色界結現在前凡夫三十一使若一現在前聖人修道所斷三使若一現在前如是等說因愛行禪者因慢行禪者因見行禪者因疑行禪者是名結在欲界彼結不是欲界在者是三在是者是界是云何結是欲界亦在欲界為纏所纏凡夫聖人欲界命終還生欲界中陰凡夫人生五趣無學聖人生二趣無學若生天中若生人中凡夫人從死陰至中陰時三十六使若一現在前令生相續聖人從死陰至中陰時欲界修道所斷四使若一現在前令生相續如從死陰至中陰從中陰至生陰說亦如是亦結是欲界住欲界現在前住欲界不死不命終起欲界結現在前凡夫人三十六使若一現在前聖人欲界修道所斷四使若一現在前是名結是欲界亦在欲界此中是者是界是在者是四在云何結不是欲界亦不在欲界為纏所纏色界命終生色界中陰生陰中色界命終生

阿毗曇毗婆沙論卷第廿九 第十七張 切

色界中者是凡夫聖人凡夫人亦生上亦生下一一處有多生分聖人生上不生下一一處有一生分凡夫人從死陰至中陰時三十一使若一現在前令生相續聖人修道所斷三使若一現在前令生相續從中陰至生陰說亦如是色界命終生無色界中亦是凡夫聖人凡夫人一一處有多生分聖人一一處有一生分凡夫人從死陰至生陰時無色界三十一使若一現在前令生相續聖人三使無色界命終還生無色界亦是凡夫聖人凡夫人亦生上亦生下一一處有多生分聖人生上不生下一一處有一生分凡夫人從死陰至生陰時三十一使若一現在前令生相續聖人三使凡夫人無色界命終生色界中從死陰至中陰時色界三十一使若一現在前令生相續亦結是色無色界住色界現在前住色界不死不命終亦是凡夫聖人凡夫人三十一使現在前聖人三使現在前如是等說因愛行禪者因慢行禪者因見行禪

阿毗曇毗婆沙論卷第廿九 第十八張 切

者因疑行禪者住無色界不死不命終起無色界三十一使現在前亦是凡夫聖人凡夫人起三十一使現在前聖人三使是名結不是欲界亦不在欲界所以者何在色無色界故是者是界是在者是四在諸結是色界亦在色界耶乃至廣作四句前四句初句作此第二句前第二句作此初句前第三句作此第四句前第四句作此第三句諸結是無色界亦在無色界耶荅曰諸結在無色界彼結亦是無色界所以者何無色界唯有無色界繫結故頗有結是無色界不在無色界耶荅曰有是無色界結住欲色界現在前不死不命終無色界結現在前亦是凡夫聖人凡夫人起無色界三十一使現在前聖人三使如是等因愛因慢因見因疑行禪者是名結是無色界是者是界是不在無色界所以者何在欲色界故在者除自體在是餘三在諸結非是欲界亦非在欲界耶乃至廣作四句前四句初句作此第二句前第二句作此初

句前第三句作此第四句前第四句作此第三句諸結非是色界彼結亦非在色界耶乃至廣作四句如欲界說諸結非是無色界彼結亦非在無色界耶荅曰諸結非是無色界彼結亦非在無色界頗結非在無色界彼結非不是無色界耶荅曰有諸結非不是無色界住欲色界現在前住欲色界不死不命終起無色界結現在前亦是凡夫亦是聖人凡夫人起三十一使現在前聖人三使此結非在無色界中所以者何在欲色界故在者三在除自體在非不是無色界所以者何是無色界結故是者是界是問曰何故彼尊者立非句而作論耶荅曰彼作經者意欲尒乃至廣說復次欲現言論自在故若人於言論自在則能以非句而作論於言論不自在者於正句猶不能作何況非句耶復次欲生弟子覺意故若以非句作論則生弟子覺意說法相此亦可尒彼亦可尒復次或有作非句而得長養者如人品中作正句彼人有四彼人有

三彼人有二作非句彼人有五彼人有六彼人有四以是事故彼尊者以非句而作論見諦具足世尊弟子若色不斷為色所繫耶設為色所繫色不斷耶乃至識亦如是問曰何故作此論荅曰或有說斷色有次第斷分齊斷段段斷如外國法師作是說如染汙心心數法九種斷色亦如是為斷如是說者意故亦明染汙心心數法九種斷色善有漏不隱沒無記心心數法於最後無㝵道一時斷故而作此論問曰何故染汙心心數法九種斷色善有漏不隱沒無記心心數法最後無㝵道一時斷耶荅曰以明無明常相妨下下明斷上上無明下中斷上中下上斷上下中下斷中上中中斷中中中上斷中下上下斷下上上中斷下中上上斷下下色善有漏不隱沒無記法不妨明不妨無明但為明無明作所依處立足處如燈明不與炷油器相妨與闇相妨但炷油器為燈明作所依處立足處如是色善有漏不隱沒無記法不與明無明相妨

而與明無明作所依處立足處復次染汙心心數法隨幾種斷不成就彼種色是染汙者住方便道時即不成就最後無㝵道斷色是善不隱沒無記者及餘善有漏不隱沒無記有為法悉於最後無㝵道一時斷此諸法雖已知已斷離三界欲猶故成就是故為止他義欲顯已義乃至廣說而作此論見諦具足世尊弟子色愛未斷乃至廣說問曰為避何事說見諦具足為制何事說世尊弟子荅曰見諦具足為避堅信堅法人世尊弟子為制愚小凡夫問曰何故堅信堅法人不名見諦具足耶荅曰若具足見四真諦永斷邪見是名見諦具足堅信堅法人見諦未具足而當具足未永斷邪見而當永斷復次若身中無四種無明愚闇有四種智名見諦具足堅信堅法人未捨四種無明愚闇未具四種智故復次若裂四種猶豫疑網生四種決定者是見諦具足堅信堅法人未裂四種猶豫疑網亦未具足四種決定故復次若身中無如

阿毗曇毗婆沙論卷第十九　第十六張　切

霜雹煩惱邪見顛倒及諸惡行者名見諦具足堅信堅法人無是事故不名見諦具足猶如苗稼無諸霜雹名為具足彼亦如是復次若能降伏四諦方土是名見諦具足堅信堅法未能降伏四諦方土故名不具足問曰何故凡夫不名世尊弟子耶荅曰若聞佛所說於四諦三寶心無有異凡夫不尒或信佛語或信外道語復次若不事餘天唯事於佛是名世尊弟子凡夫人或事於佛或事自在天等復次若於佛有不壞信是名世尊弟子凡夫人無於佛不壞信故不名世尊弟子復次若於佛法心不移動猶如門閫者是名世尊弟子凡夫輕躁猶如樹花復次若有所聞不為邪聞所壞是名世尊弟子凡夫若有所聞則為邪聞所壞問曰此中誰是見諦具足世尊弟子耶荅曰須陁洹斯陁含阿那含阿羅漢見諦具足世尊弟子若色不斷為色所繫色若斷即時解脫若解脫即時斷若先斷後得解脫無有是事染汙心心數法或有先

阿毗曇毗婆沙論卷第十九　第十七張　切

斷後得解脫者或有俱斷亦解脫者染汙心有九種下下乃至上上前八種先斷後得解脫後一種亦斷亦得解脫若上上斷餘八種有緣縛乃至第八種斷下下種緣縛八種所以者何盡是一使展轉相使故如是等說是略毗婆沙見諦具足世尊弟子若色未斷為色所繫耶荅曰如是設為色所繫色不斷耶荅曰如是所以者何先作是說色若斷即時解脫若解脫即時斷若先斷後解脫者無有是事須陁洹斯陁含五地色不斷為色所繫未離初禪欲阿那含四地色不斷為色所繫乃至離第三禪欲阿那含未離第四禪欲一地色不斷為色所繫見諦具足世尊弟子若受不斷為受所繫耶荅曰若為受所繫彼受不斷須陁洹斯陁含三界修道所斷受不斷為受所繫未離初禪欲阿那含八地受不斷為受所繫乃至離無所有處欲阿那含一地受不斷為受所繫頗為受所繫彼受非不斷耶荅曰有家家斯陁含一種子彼欲界修

阿毗曇毗婆沙論卷第十九　第十八張　切

道所斷上中結彼結相應受為下下結所縛家家若斷三種若斷四種如彼結斷彼相應受亦斷彼相應受為若五若六種結所縛斯陁含已斷六種結如彼結斷相應受亦斷彼相應受為三種結所縛一種子若斷七種八種結如彼結斷彼相應受亦斷彼相應受為一種若二種結所縛如受想行識說亦如是見諦具足世尊弟子若色已斷彼色不繫耶荅曰如是若色不繫彼色斷耶荅曰如是所以者何先作是說若色斷即時解脫若色解脫即時斷若先斷後解脫無有是事離色愛聖人斷五地色彼色不繫離三禪欲未離第四禪欲阿那含四地色斷彼色不繫乃至未離初禪欲阿那含一地色斷彼色不繫見諦具足世尊弟子若受已斷彼受不繫耶荅曰若受不繫彼受已斷阿羅漢三界見道修道所斷受已斷不繫離無所有處欲阿那含三界見道所斷八地修道所斷受斷亦不繫乃至未離初禪欲阿那含二界見道所斷一

地修道所斷受斷亦不繫須陁洹斯陁含三界見道所斷受斷亦不繫頗有斷非不繫耶荅曰有家家斯陁含一種子欲界繫修道所斷上中結斷彼所斷結相應受為下結所繫家家若斷三種若斷四種結如彼結斷受亦斷彼相應受若為五種若六種結所繫斯陁含斷六種結如彼結斷受亦斷彼相應受為三種結所繫一種子若斷七種若八種結如彼結斷受亦斷彼相應受若為一種若二種結所繫如受想行識說亦如是問曰家家須陁洹所不攝須陁洹斷上上中結者為下若七若八種結所繫此中何以不說耶荅曰應說而不說者當知此說有餘復次此是壞相不定故不說若是不壞是定相者此中則說問曰如色無色界結亦可尒如離初禪上上結為八種結所繫乃至八種結斷為一種結所繫乃至非想非非想處結斷亦如是何以但說欲界結不說色無色界耶荅曰應說而不說者當知此說有餘復次此現初義若說欲界當知說色無色界亦尒復次以欲界結斷時生種種人名若斷三種四種名家家若斷六種名斯陁含若斷七八名一種子離色無色結更無如是異人名故是以不說問曰下結斷亦可尒如下上煩惱斷為下中下下結所縛若下上下中結斷為下下結所縛何以但說上中不說下耶荅曰應說而不說者當知此說有餘如上上結斷為下八種結所縛若斷二種為七種所縛如是一一種斷皆為下所縛但不能一一作文是故略說家家是須陁洹差別一種子是斯陁含差別家家者若在二家若在三家二家者斷四種結餘有二有種子三家者斷三種結餘有三有種子家家無有斷五種結者所以者何若能斷五種必斷第六種得斯陁含果所以者何第六種結性羸劣不能障㝵留難斯陁含果猶如一縱不能制烏彼亦如是一種子斷若七若八種結餘有一種子問曰餘有二種結在何以言一有種子耶荅曰不以一種結在名一種子以有一有種子故名一種子復有說者無有盡八種結一種子者所以者何若斷八種結必得離欲界九種結不能障㝵留難離欲法故復有說者有斷八種結一種子者無有說斷五種家家須陁洹所以者何若斷五種必斷六種得斯陁含第六種結性羸劣不能障㝵留難斯陁含果問曰第九種結亦性羸劣不能障㝵留難若一種子能斷第八種者亦能斷第九種而得離欲荅曰家家須陁洹若斷六種結猶在欲界中生所有決定已熟業應於欲界而受報者不能障㝵留難斯陁含果一種子斷九種結更無欲界生分所有決定已熟業應於欲界而受報者能障㝵留難不得離欲作如是說者衆生有三時煩惱業能極障㝵留難一頂向忍時二聖人離欲界欲時三得阿羅漢果時頂向忍時者諸惡趣決定業極為障㝵留難若起忍者我等於誰身中而受報耶聖人離欲界欲時者欲界決定諸業應受報者極作障㝵留

難若離欲者我等於誰身中而受報耶得阿羅漢果時決定應受未來有業極作障㝵留難若得阿羅漢果我等於誰身中而受報耶是故有斷八種結是一種子者無有斷五種是家家須陁洹家家有二種有人中家家天中家家天中家家者天上若二生若三生若一天中若二天中若三天中或一天中一家二家三家人中家家者若二生三生分或一天下或二天下或三天下若一天下或一家二家三家中生一種子天中一種子者天中有一生分人中一種子者人中有一生分以三事故名家家一以業二以根三以斷結以業者或造二生業報或造三生業報以根者得無漏根故斷結者若斷三種若斷四種結於此三事不具一事不名家家以三事故名一種子一以業二以根三以斷結以業者造一生業報以根者得无漏根故斷結者若斷七種若斷八種結於此三事不具者不名一種子問曰聖人住欲界受身造業不耶答曰

或有說者不造所以者何以欲界多過患故雖不作受身造業而作受身滿業問曰若聖人不作欲界受身造業者此云何通如說尒時世尊讚說弥勒成佛時事會中有未離欲學人聞說是已皆共立願使我聞見此好妙事已然後乃般涅槃答曰此須臾時於所須物無所乏少不為苦痛所逼而有所願求若為苦痛所逼於一切生處更無願求我若能如鳥飛於空者即於今日而般涅槃若作是說聖人不作欲界受身造業者彼作是說彼家家若二生三生造業於凡夫時造若斷三種四種結或凡夫時斷或聖人時斷一種子有一生分業亦凡夫時造彼若斷七種八種結或凡夫時斷或聖人時斷復有說者聖人住欲界受身處造業聖人所造者清淨妙好無諸苦患隨順善法若作是說聖人住欲界身受身處造業者家家須陁洹造二生若三生必受報業此業或凡夫時造或聖人時造斷若三若四種結或凡夫時斷或聖人時斷

一種子造一生必受報業此業或凡夫時造或聖人時造斷若七若八種結或凡夫時斷或聖人時斷問曰若人中得須陁洹斯陁含果命終巳生欲界天中得阿那含果彼命終巳為生色無色界中不耶若生者增一經說云何通如說有五人此間種子此間畢竟五人者一受七有人二家家人三斯陁含人四一種子人五現法般涅槃人此間種子者此間得正決定此間畢竟者此間盡漏復有五人此間種子彼間畢竟一中般涅槃二生般涅槃三有行般涅槃四無行般涅槃五上流般涅槃此間種子者此間得正決定彼間畢竟者彼間得盡漏若不生者帝釋所問經云何通如偈說

若知於此法　俱生梵世中　於諸梵中勝
威德最在前

即此經說復云何通如帝釋白佛言世尊如我所行正行若有為我重解說者我當勝進得阿羅漢果能盡苦際我所行正行若無有人為我說者

我必生彼妙色摩尼摩天中諸根具足無有缺減亦不𡋤陋有清淨色以愛樂為食身出光明飛行虛空壽命長遠於此命終當生如是天中荅曰或有說者如此聖人不生色無色界中問曰若然者增一經善通如說有五種人此間種子此間畢竟帝釋所問經云何通如偈說若知於此法乃至廣說荅曰此所說者不說死亦不說生何以知之曾聞釋女瞿夷有三比丘常入其舍以清淨音聲為其唄唱亦數數為說法要尒時瞿夷以聞法故心生欣樂厭患女身願男子身命終之後生三十三天為帝釋子時彼諸天即為立字㮈瞿夷天子時三比丘以自愛音聲故生於下處揵闥婆中揵闥婆是諸天作樂神也朝夕常為諸天作樂尒時瞿夷天子見便識之而語之言我因汝等生信樂心厭患女身成男子身命終之後今得生此為帝釋子汝等淨修無上梵行何緣生卑下揵闥婆中時揵闥婆聞天子言心生厭離得離欲愛二以神足力往梵天中一猶住此以是事故知其不死亦復不生復有說者彼二此間死生彼中本於人中得達分善根聞瞿夷天子所言心生厭患得正決定後離欲愛得阿那含果命終之後生梵世中雖死雖生非本人中得須陁洹斯陁含者問曰若然者帝釋所問經第二說云何通如說我所行正行乃至廣說荅曰帝釋雖當得道果以不知阿毗曇相義故作如是說問曰即於佛前而作是說佛何以不呵之耶荅曰佛知此說不能障道後入法時自當知之復有說者如此聖人生色無色界問曰若然者帝釋所說經善通增一經云何通荅曰聖人不定或有轉行有不轉行若轉行者如帝釋問經說不轉行者如增一經說是則二經俱通評曰如此聖人不生色無色界所以者何聖人易世必有三事一不退二不轉根三不生色無色界所以者何聖道於彼身中以是舊住故

阿毗曇毗婆沙論卷第二十九

阿毗曇毗婆沙論卷第二十九

校勘記

一　底本，麗藏本。

一　六四七頁上一至四行經名、造者、釋者、譯者、品名，諸本（不含石，下同）無（未換卷）。

一　六四七頁上一三行第三字「愛」，諸本作「處」。同行第九字「憎」，諸本作「增」。

一　六四七頁上一四行「愚癡」，諸本作「愚疑」。

一　六四七頁下五行末字至次行第一字「禪……深」十二字，諸本作「欲界初禪善法不隱沒無記法三界」十四字。

一　六四七頁下一四行第九字「答」，諸本作「法」。

一　六四七頁下一六行第一三字「闇」，資作「闇」。

一　六四八頁上一一行第四字「數」，諸本作「種」。

一　六四八頁上一九行第六字「侠」，諸本作「狹」。

一　六四八頁下七行第八字「彧」，諸本無。

一　六四八頁下一〇行第四字「體」，諸本作「體體」。

一　六四八頁下一一行第三字「輪」，諸本作「論」。

一　六四九頁上八行「一根」，諸本作「二根」。

一　六四九頁下二一行第一一字「中」，諸本無。

一　六五〇頁上一五行第六字「足」，諸本作「是」。

一　六五〇頁上一九行首字「生」，諸本無。

一　六五〇頁中九行「色界繫」，至此，諸本卷第四十一終，卷第四十二始，資、磧、普、南有品名「使揵度不善品之八」；徑、清有品名「使揵度不善品第一之八」。

一　六五〇頁中二〇行第八字「漏」，諸本作「漏法」。

一　六五〇頁中二一行「大法」，南、徑、清作「内法」。

一　六五〇頁下一九行及二一行、末行夾註，徑、清無。

一　六五〇頁下二一行夾註左「言惡」，資、磧、普、南作「言惡也」。

一　六五一頁上九行第三字「須」，諸本作「頃」。

一　六五一頁中二行第七字「心」，諸本無。

一　六五一頁中八行「梵天」，諸本作「梵王」。

一　六五一頁中一二行第六字「常」，諸本作「當」。

一　六五三頁上一七行第一三字「在」，諸本作「在者」。

一　六五四頁中一〇行第六字「色」，諸本作「色法」。

一　六五四頁中一九行及二〇行、二二行「所繫」，諸本作「所縛」。

一　六五四頁下三行末字至四行首字「爲若」，諸本作「若爲」。

一　六五四頁下八行「所縛」，諸本作「所繫」。

一　六五四頁下末行「三界」，諸本作「三界」。

一　六五五頁上一三行「上上」，諸本作「上上上」。

一　六五五頁中七行「下中」，諸本作「上中」。

一　六五六頁中三行首字「滿」，諸本作「漏」。

一　六五六頁中一九行「若作」，諸本作「者作」。

一　六五六頁中二〇行第七字「身」，諸本無。

一　六五七頁上三行首字「愛」，諸本作「受」。

一　六五七頁上一二行首字「唱」，資、磧、普、南作「偈」。

一　六五七頁上二二行第三字「生」，諸本作「生此」。

一　六五七頁中末行「第二十九」，諸本作「第四十二」。

趙城縣廣勝寺

阿毗曇毗婆沙論卷第三十　切

迦旃延子造　五百羅漢釋

北涼天竺沙門浮陀跋摩共道泰等譯

使揵度不善品之六

五人堅信堅法信解脫見到身證堅信人於此三結幾成就幾不成就乃至九十八使幾成就幾不成就乃至身證於此三結幾成就幾不成就乃至九十八使幾成就幾不成就問曰何故彼尊者於使揵度中因五人而作論智定揵度中因七人而作論耶荅曰彼作經者意欲尒乃至廣說復次此使揵度因有使人而作論彼智定揵度因有使無使人但有智定者而作論有結說亦如是復次彼尊者以人為章以煩惱為門慧解脫俱解脫人無結故不立門智定揵度以人為章以智定為門慧解脫俱解脫人有智定故而立門以是事故彼尊者於使揵度中因五人而作論智定揵度中因七人而作論七人堅信堅法信解脫見到身證慧解脫俱解脫云何

堅信人猶如有一多敬多信多淨多愛多隨所聞而解了不好多思不多量不多察不多選擇如好信乃至多隨所聞而解了故若聞佛及佛弟子說法教授為說苦空無常無我彼作是念能為我說苦空無常無我甚是快事我應修行苦空無常無我彼修行苦空無常無我時能生世第一法次生苦法忍知欲界諸行是苦空無常無我乃至未生道比智是名堅信人堅信人或是證須陀洹果向或是證斯陀含果向或是證阿那含果向若是具縛若斷五種結得正決定在見道十五心頃是證須陀洹果向人若斷六種結乃至斷八種結得正決定在見道十五心頃是證斯陀含果向人離欲界欲乃至離無所有處欲得正決定在見道十五心頃是證阿那含果向人云何堅法人猶如有一性好多思多量多察多選擇不好多信乃至不好隨所聞而解了以性好多思乃至多選擇故若聞佛及佛弟子說法教授乃至廣說如堅信人是

名堅法人云何信解脫人即彼堅信
人得道比智捨堅信名得信解脫名
問曰為捨何等耶荅曰捨名得名捨
道得道捨名者捨堅信名得名者得
信解脫名捨道者捨見道得道得脩
道信解脫人或是須陁洹或是斯陁
含向或是斯陁含或是阿那含向或
是阿那含或是阿羅漢向住須陁洹
果更不勝進名須陁洹若勝進名斯
陁含向住斯陁含果不勝進名斯陁
含果若勝進名阿那含果向若住阿
那含果不勝進名阿那含若勝進名
阿羅漢果向云何見到人堅法人得
道比智捨堅法名得見到名問曰為
捨何等得何等耶荅曰捨名得名捨
道得道乃至廣說如信解脫人云何
身證人荅曰若人以身證八解脫非
以慧盡餘漏是名身證人云何慧解
脫人若人不以身證八解脫以慧斷
餘漏是名慧解脫人云何俱解脫人
荅曰若人以身證八解脫以慧盡餘
漏是名俱解脫人問曰何以名俱解
脫耶荅曰煩惱障是一分解脫障是

一分斷此二障名俱解脫問曰若得
阿羅漢後得滅盡定雖於解脫障時
有漏心得解脫耶無漏心得解脫耶
荅曰或有說者有漏心得解脫所以
者何無心定時得解脫評曰應作是
說有漏無漏心得解脫所以者何身
得解脫世得解脫若不得滅定時出
定入定心於彼身不行若於彼身不
行於世亦不行若得滅定時入定出
定心則於身中行以於身中行故於
世亦行如說俱解脫人義餘人義亦
應說問曰何故名堅信人荅曰此人
依信生信依有漏信生無漏信依縛
信生解脫信依繫信生不繫信如是
等人本性多信若一語言男子汝應
田作可以自活彼聞是語而不思惟
應作不應作能作不能作有宜便無
宜便聞已便作若復語言男子汝應
商估學習兵法親近王者學書筭數
以此業自活彼不思惟應作不應作
能作不能作有宜便無宜便聞已便
作若復語言男子汝應出家彼不思
惟我應出家不應出家為有宜便為

無宜便為能守護梵行為不能守護
梵行聞是語已即便出家既出家已
若復語言比丘汝應勸化彼不思惟
我於勸化有力耶無力耶能辨不能
辨耶聞已便作若復語言比丘汝應
學誦習彼不思惟我為能辨誦習為
不能辨耶為當誦習脩多羅毗尼阿
毗曇耶聞已誦習若復語言比丘汝
應住阿練若處習阿練若法亦不思
惟能與不能聞已便作以是因緣轉
近聖道彼於後時生世第一法次生
苦法忍乃至未得道比智於見道十
五心頃是名堅信人問曰何故名堅
法人荅曰此人因法生法因世法生
出世法因有漏法生無漏法因縛法
生不縛法如是等人本性好思量若
有人語言男子汝應田作可以自活
彼便思量我能不能為有宜便為無
宜便廣說如堅信人皆悉思量以是
因緣轉近聖道彼於後時生世第一
法次生苦法忍乃至未生道比智於
見道十五心頃是名堅法人問曰堅
信人有尒許信亦有尒許慧堅法人

有尒許慧亦有尒許信何故一名堅信一名堅法耶荅曰或信他言入聖道或有内自思惟入聖道若信他言入聖道者名堅信若内自思惟入聖道者名堅法復次或有以定入聖道或有以慧入聖道若以定入聖道者名堅信若以慧入聖道者名堅法如以定以慧定多慧多樂定樂慧鈍根利根從他聞法力依内思惟力親近善知識聞於正法内自思惟如法脩行先以定脩心後得慧解脫先以慧脩心後得定解脫或有得内心定不得慧或有得慧不得内心定無貪偏多無癡偏多説亦如是問曰何故名信解脫荅曰以信觀信從信得信以信觀信者以見道信觀脩道信從信得信者從向道信得果道信是名信解脫復次此人以信故於三結心得解脫是名信解脫何故名見到荅曰此人以見到見以見道見到脩道見以向道所攝見到果道所攝見復次此人以見故於三結心得解脫是名見到問曰如信解脫亦可言信到如

見到亦可言見解脫何故一說信解脫一說見到耶荅曰應說如說信解脫亦應說信到如說見到亦應說見解脫而不說者有何意耶荅曰欲現種種文故乃至廣說何故名身證荅曰若信解脫若見到得滅定捨信解脫見到名得身證名為捨何等得何等外國法師作如是說捨名得名捨道得道捨名者捨信解脫見到名得名者得身證名捨道者捨信解脫見到道得道者得身證道罽賓沙門作如是說捨名得名者捨信解脫見到名得身證名若不得滅定得阿羅漢果名慧解脫若得滅定得阿羅漢果名俱解脫問曰如見道中有二人堅信堅法脩道中有二人信解脫見到何故無學道中唯說一人耶荅曰或有以世俗道離欲乃至離無所有處欲或以無漏道若離非想非非想處欲時合為一道故唯說一人復次或有偏行貪者或有不著若離非想非非想處欲時身中無貪同一相故唯說一人復次或有偏行癡者或有

不著若離非想非非想處欲時身中無癡同一相故唯說一人偏行慢者說亦如是復次解脫等故如說如來等正覺所得解脫漏盡阿羅漢比丘所得解脫此二解脫等無差別復次以俱除三界煩惱纏縛故俱不欲未来有俱出最後開要故復有說者無學地亦說二種人一時解脫二不時解脫問曰若然者聖人則有六見道有二堅信堅法脩道有二信解脫見到無學道有二時解脫不時解脫云何施設有七人耶荅曰以五事故施設七人一以方便二以根三以定四以解脫五以定以解脫以方便者是堅信堅法以根者是信解脫見到以定者是身證以解脫者是慧解脫以定以解脫者是俱解脫應說一堅信人如七人中一人以根故應說三堅信人謂上中下根以性故應說五堅信人謂退法乃至必勝進以道故應說十五堅信人謂苦法忍乃至道比忍以離欲故應說七十三堅信人欲界有具縛人有離一種欲乃至離九

種欲初禪離九種欲無具縛所以者何離欲界欲即是初禪具縛乃至離無所有處一種欲乃至離九種欲所依身者閻浮提有七十三瞿陁尼有七十三弗婆提有七十三四天王乃至他化自在天各有七十三若在一一身一一剎那則有無量無邊堅信人此中摠說一堅信人堅法人說亦如是唯除以性故者所以者何彼是不動性故應說一種信解脫人如七人中一人以根故應說三以性故應說五以離欲故應說八十二欲界具縛離一種欲乃至離九種欲乃至離無所有處欲亦如是離非想非非想處一種欲乃至離八種欲及斷第九種欲時所依身者欲界有八十二初禪有七十三第二禪有六十四第三禪有五十五第四禪有四十六空處有三十七識處有二十八無所有處有十九非想非非想處有十具縛斷八種欲及斷第九種欲時若以在身以剎那則有無量無邊信解脫此中摠說一信解脫人如信解脫見到說亦如是唯除以性故者所以者何彼是不動性故應說一身證人如七人中一人以根故應說三以性故應說六以離欲故應說十非想非非想處具縛離一種欲乃至離八種欲及斷第九種欲時所依身者欲界有九色界有九無色界有九若以在身以剎那則有無量無邊此中摠說一身證人應說一慧解脫人如七人中一人以根故應說三以性故應說六所依身者有三依欲界身色界身無色界身若以在身以剎那則有無量無邊此中摠說一慧解脫人俱解脫亦如是堅信人於此三結幾成就幾不成就先作是說彼尊者以人為章以煩惱為門令欲以煩惱門明人堅信人若比智未生於此三結一切成就若生二成就謂戒取疑一不成就謂身見餘廣說如經本乃至離色愛滅比智生欲色界一切不成就及無色界苦集滅所斷一切不成就餘者成就問曰何故不說道比智耶答曰道比智若生名信解脫如堅信堅法亦如是所以者何此二地等道等離欲等所依身等定等生處等唯根有差別若鈍根者名堅信利根者名堅法信解脫人於此三結一切不成就廣說如經本如信解脫見到亦如是所以者何此二地等道等離欲等所依身等定等生處等唯根有差別若鈍根者名信解脫若利根者名見到身證人於此三結一切不成就餘廣說如經本此中應作論頗有聖人成就九十八使耶答曰有具縛人信苦法忍時頗有聖人斷八十八結不斷十結而不得果耶

答曰有離色愛人得正決定滅比智時欲界三十六使斷色界三十一使無色界苦集滅諦所斷二十一使十不斷者無色界道諦所斷七使脩道所斷三使彼不得果所以者何是向道故頗有九十八使斷而非阿羅漢耶答曰有離無所有處欲未離非想非非想處欲欲界三十六使斷色界三十一無色界空處識處無所有處三十一使彼非是阿羅漢所以者何

凡夫人亦斷阿那含亦斷評曰不應作此論所以者何以界故立煩惱不以地故

身見於身見有幾緣問曰何故作此論答曰或有說緣無體如辟喻者彼何故作是說耶答曰彼依佛經佛經說無明緣行無明是一相行是若干相云何一相法與若干相作緣尊者佛陁提婆說曰諸師所說緣但有名而無體為止如是說者意亦明緣有實體若當緣無體者一切諸法亦無體所以者何一切有為法盡是因緣次第緣除過去現在阿羅漢最後心餘過去現在一切心心數法境界緣威勢緣一切法是復次若緣無體者一切諸法無甚深義諸法若不以緣相觀察則淺近易知若以緣相觀察諸法則深過四海唯佛智能知非餘所知復次若緣無體者則不施設有三種菩提若以上智觀於緣相名佛菩提若以中智名辟支佛菩提若以下智名聲聞菩提復次若緣無體者則無上中下覺差別若下覺者常是下覺中覺常是中覺上覺常是上覺以觀緣相故下覺可令中中可令上是故尊者瞿沙作如是說若緣無體者則師不能教授弟子使覺性增廣以緣有體故則師教弟子下覺為中中覺為上本是弟子後便為師以是事故當知緣實有體相問曰若緣實有體者辟喻者所說經云何通荅曰無明體雖一相所作有若干以若干門義為行作緣猶如一人有五種能人雖是一而有五能彼亦如是復次所以作論者欲現一切有為法性羸劣無自力由他不自在無所欲作故而作此論或有說有為法自性羸劣或有說由羸劣因緣生故性羸劣如說比丘當知色是無常能生色因緣亦是無常因緣生者色云何是常以有為法性羸劣故或有從四緣生者三緣生者二緣生者乃至無有從一緣生者何況無緣如衆多羸病人或須四人扶者或須三人或須二人乃至無有一人能扶起者何況無人而能起耶彼亦如是無自力者無有自力勢用而能生由他者若無自力名為由他不自在者莫令我生莫令我滅不得自在無所欲作者無有如是欲作之心誰作我我當作何欲現諸法性劣乃至無所欲作故而作此論復次所以作論者欲止於緣起法過故或謂緣起法唯無明緣行乃至生緣老死更無緣起法欲令此義決定若法從緣生即是緣起此中應說僧伽婆修喻是故為止他義欲顯已義乃至廣說問曰身於身見有幾緣荅曰或四三二一問曰何故彼尊者作論此中問身見於身見有幾緣荅或四三二一如智揵度問法智於法智有幾緣荅因次第境界威勢緣耶荅曰彼作經者意欲尒乃至廣說復次為現二門二略乃至廣說此身見於身見有幾緣荅或四三二一法智於法智有幾緣亦應如是荅或四三二一彼法智於法智有幾緣荅因次第境界威勢此中身見於身見有幾緣亦應如是荅曰次第境界威勢復次此說是了義彼說是未了義乃至廣說此

是實諦彼是世諦復次此中分別四種法一分別界二分別世三分別刹那四分別次第彼但分別次第身見於身見有幾緣荅曰或四三二一云何四身見次第生身見即緣前生身見前生身見與後身見作四緣謂因次第境界威勢如一身見刹那後次生第二身見刹那若後生身見緣前生身見者前生身見與後生身見作四緣謂因次第境界威勢因緣者有二因謂相似因一切遍因次第緣者後生身見次前身見後生境界緣者後生身見即緣前生身見因緣者如種子法次第緣者如開道法境界緣者如執杖起法威勢緣者是不相障㝵法後生身見受前身四緣威勢故能行世能取果能有所作能知境界云何三荅曰如身見次第生身見不緣前身見前生身見於後身見因次第威勢無境界如一身見刹那次生第二身見刹那後生身見雖不緣前生身見或緣色陰或緣受陰或緣想陰或緣識陰除身見或緣餘行陰前生

身見與後生身見作三緣因次第威勢無境界因緣者有二因謂相似因一切遍因次第緣者後生身見次前身見後生無境界以不緣前身見故因緣者如種子法次第緣者如開門道法威勢緣者是不障㝵法後生身見受前身見三緣故能行世能取果能有所作能知緣能知境界復有三緣如身見次第生不相似心後還生身見即緣前身見前生身見與後生身見因境界威勢無次第如一身見刹那後不生第二刹那身見或生邊見或生邪見或生戒取或生見取或生疑或生愛恚慢無明或生善有漏不隱沒無記心還生身見即緣前生身見前生身見與後生身見作三緣謂因境界威勢無次第以生不相似心故境界緣者以緣前身見故後生身見受前生身見三緣勢故能行世乃至廣說云何二如身見次第生不相似心後生身見不緣前身見前生身見於後生身見因緣威勢緣無境界緣次第緣如一身見刹那後不生第二

身見刹那或生邊見乃至生善不隱沒無記心還生身見雖不緣前身見或緣色陰乃至識陰除身見亦緣餘行陰前生身見與後生身見作二緣謂因緣威勢緣因緣者有二因謂相似因一切遍因威勢緣者不障㝵故無境界緣不緣前身見故無次第緣後生身見不次前身見後生故後生身見受前身見二緣勢故能行於世廣說如上云何一後生身見於前生身見若緣者境界緣威勢若不緣者一威勢緣問曰何故問一緣而荅二緣耶荅曰諸師作論或有先避過而後荅或有先荅而後避過先避過而後荅者如此說後生身見於前生身見若緣是境界威勢若不緣境界威勢緣是名避過不作境界一威勢緣是名荅先荅而後避過者如一行品說若前生不斷是繫是名荅若前不生生者已斷是不繫是名避過復有說者此名是荅不名避過身見或有一緣或有二緣未來身見於過去現在身見若作境界境界威勢緣若不作境界一威勢

緣未來現在身見於過去身見若作境界境界威勢緣若不作境界一威勢緣若過去身見緣未來現在身見故生未來現在身見於過去身見作二緣謂境界威勢緣若過去身見不緣未來現在身見生者未來現在身見於過去身見作一威勢緣問曰如過去身見所作已竟更無所能何故作是說若緣作境界威勢緣若不緣一威勢緣耶答曰過去身見在現在世時緣未來身見緣已滅墮過去雖滅墮過去更無所作即以前所作而說欲界身見於色界身見一威勢緣無因緣所以者何以地以界因各異故無次第緣所以者何無染汙心命終生上地者無境界緣所以者何無緣下煩惱故有威勢緣不相障㝵故色界身見於欲界身見若作次第次第威勢緣若不作次第一威勢緣住色界身見俱心命終以欲界身見俱心命生相續色界身見於欲界身見作二緣謂次第緣威勢緣次第緣者以欲界身見次色界身見後生故威

勢緣者以不相障㝵故無因緣所以者何以地以界因各異故無境界緣以身見不緣他界故若色界中不住身見俱心命終以欲界身見俱心令生相續者色界身見於欲界身見一威勢緣無次第緣有威勢緣如上說欲界身見於無色界身見一威勢緣無色界身見於欲界身見若作次第次第威勢緣若不作次第一威勢緣廣說如上色界身見於無色界身見一威勢緣無色界身見於色界身見若作次第有次第威勢緣若不作次第一威勢緣廣說如上如身見於身見身見於不一切遍不一切遍於不一切遍不一切遍於一切遍不一切遍於一切遍者下於上於下所以者何此中說他界緣一切遍是一切遍捴而言之使有十種謂五見疑愛恚慢無明此十使五是一切遍五非一切遍五是一切遍者謂邪見見取戒取疑無明五非一切遍者謂身見邊見愛恚慢此文說他界緣一切遍身見邊見在不一切遍中如身見於身見

如是身見於不一切遍者如身見於邊見於愛於恚於慢是名身見於不一切遍不一切遍於不一切遍者如邊見於邊見於愛於恚於慢於身見愛於愛於恚於慢於邊見於身見於恚於慢於愛於身見於邊見慢於慢於身見於邊見於愛於恚是名不一切遍於不一切遍不一切遍於一切遍者如身見於邪見於見取於戒取於疑於無明如身見邊見愛恚慢說亦如是是名不一切遍於一切遍身見於戒取有幾緣耶答曰或四三二一云何四如身見次第生戒取即緣身見前生身見於後生戒取因次第境界威勢緣如一身見剎那後次第生戒取剎那若後生戒取緣前身見者前生身見於後生戒取作四緣謂因次第境界威勢緣因緣者有二因謂相似因一切遍因次第緣者戒取次身見後生故境界緣者後生戒取緣前身見故生因緣者如種子法乃至威勢緣是不相障㝵法後生戒取受前身見四緣勢故能行世廣說

如上云何三荅曰如身見次第生戒取不緣身見前生身見於後生戒取因次第威勢緣無境界緣如一身見刹那後次第生戒取刹那戒取雖不緣身見或緣色陰乃至識陰或緣陰身見餘行陰前生身見於後生戒取有三緣無境界緣因緣者有二因謂相似因一切遍因次第緣者後生戒取次前生身見後生故威勢緣音不相障㝵故無境界緣後生戒取不緣前身見故生生戒取受前生身見三緣勢故能行世廣說如上復有三緣二緣一緣廣說如身見欲界身見於色界戒取一威勢緣廣說如上色界身見於欲界戒取若作次第不作境界有次第威勢緣如住色界身見俱心命終欲界戒取俱心令生相續欲界戒取不緣色界身見色界身見於欲界戒取有次第威勢緣若作境界不作次第有境界威勢緣若不住色界身見俱心命終欲界戒取俱心令生相續即緣色界身見色界身見於欲界戒取有二緣謂境界威勢緣若

作次第境界威勢緣者則有次第境界威勢緣如住色界身見俱心命終欲界戒取俱心令生相續欲界戒取即緣色界身見色界身見於欲界戒取有三緣謂次第境界威勢緣次第緣者欲界戒取次色界身見後生境界緣者欲界戒取緣色界身見故生威勢緣者不相障㝵故無因緣以界以地因各異故若不作次第緣不作境界緣一威勢緣若不住色界身見俱心命終欲界戒取俱心令生相續不緣色界身見故生色界身見於欲界戒取一威勢緣無因緣以界以地因各異故無次第緣以不次色界身見後生故無境界緣以不緣色界身見故以不相障㝵故一威勢緣欲界身見於無色界戒取一威勢緣無色界身見於欲界戒取廣說如上色界身見於無色界戒取廣說如上無色界身見於色界戒取廣說如上如身見於戒取於邪見於見取於疑於無明說亦如是是名身見於一切遍一切遍於一切遍者如邪見於邪見於

見取於戒取於疑於無明見取於見取於戒取於疑於無明於邪見戒取於戒取於疑於無明於邪見於見取疑於疑於無明於邪見於見取於戒取無明於無明於邪見於見取於戒取於疑是名一切遍於一切遍不一切遍於一切遍者如身見於戒取於邪見於見取於疑於無明亦如是如身見邊見愛恚慢說亦如是是名不一切遍於一切遍若問諸法攝應以入觀察若問智應以諦觀察若問識應以界觀察若問煩惱應以種觀察若如是觀察則法體相易知易見此中問煩惱應以種觀察法有五種見苦斷種乃至修道斷種見苦所斷有二種一切遍二不一切遍見集所斷亦如是見滅所斷有二種一緣有漏二緣無漏見道所斷亦如是修道所斷非一切遍見苦所斷一切遍於見苦所斷一切遍因次第境界威勢緣因緣者有四因謂相應因共生因相似因一切遍因次第緣者見苦所斷一切遍次第生見苦所斷一切遍

境界緣者見苦所斷一切遍卽緣見苦所斷一切遍威勢緣者不相障㝵故見苦所斷一切遍於見苦所斷不一切遍因次第境界威勢緣因緣者有二因謂相似因一切遍因次第緣者見苦所斷一切遍次第生見苦所斷不一切遍境界緣者見苦所斷不一切遍緣見苦所斷一切遍威勢緣者不相障㝵故見苦所斷一切遍於見集所斷一切遍因次第境界威勢緣因緣者一因謂一切遍因次第緣者見苦所斷一切遍次第生見集所斷一切遍境界緣者見集所斷一切遍緣見苦所斷一切遍威勢緣者不相障㝵故見苦所斷一切遍於見集所斷不一切遍見滅所斷見道所斷修道所斷因次第威勢緣無境界緣因緣者一因謂一切遍因次第緣者見苦所斷一切遍次第生彼諸使境界緣者彼諸使緣於自種不緣他種威勢緣者不相障㝵故見苦所斷不一切遍於見苦所斷不一切遍因次第境界威勢緣因緣者有三因謂相應因相似因共生因次第緣者見苦所斷不一切遍後次第生見苦所斷不一切遍境界緣者見苦所斷不一切遍緣見苦所斷不一切遍威勢緣者不相障㝵故見苦所斷不一切遍於見苦所斷一切遍因次第境界威勢緣因緣者有一因謂相似因次第緣者見苦所斷不一切遍後次第生見苦所斷一切遍境界緣者見苦所斷一切遍緣見苦所斷不一切遍威勢緣者不相障㝵故見苦所斷不一切遍於見集所斷一切遍次第境界威勢緣無因緣次第緣者見苦所斷不一切遍後次第生見集所斷一切遍境界緣者見集所斷一切遍緣見苦所斷不一切遍威勢緣者不相障㝵故無因緣所以者何不一切遍使不為他種作因見苦所斷不一切遍於見集所斷不一切遍見滅所斷見道所斷修道所斷次第威勢緣無因緣無境界緣次第緣者見苦所斷不一切遍後次第生彼諸使威勢緣者不相障㝵故無因緣所以者何不為他種作因無境界緣所以者何不為他種所緣如見苦所斷一切遍不一切遍見集所斷一切遍不一切遍說亦如是見滅所斷有漏緣使於見滅所斷有漏緣因次第境界威勢緣因緣者有三因謂相應因共生因相似因次第緣者見滅所斷有漏緣使後次第生見滅所斷有漏緣使境界緣者見滅所斷有漏緣使緣見滅所斷有漏緣使威勢緣者不相障㝵故見滅所斷有漏緣使於無漏緣使因次第威勢緣無境界緣因緣者有一因謂相似因次第緣者見滅所斷有漏緣使後次第生無漏緣使威勢緣者不相障㝵故無境界緣所以者何彼使緣無漏使是有漏見滅所斷有漏緣使於見苦見集所斷一切遍使次第境界威勢緣無因緣次第緣者見滅所斷有漏緣使後次第生見苦見集所斷一切遍使故境界緣者見苦見集所斷一切遍使緣見滅所斷有漏緣使故威勢緣者不相障㝵故無因緣者見滅所斷有漏緣使非一切

遍故於見苦見集所斷不一切遍使於見道所斷修道所斷一切使有次第威勢緣次第緣者見滅所斷有漏緣使後次第生見苦見集所斷不一切遍使見道所斷修道所斷一切使故威勢緣者不相障㝵使無因緣者如上所説無境界緣者彼諸使非一切遍故不緣他種見滅所斷無漏緣使於見滅所斷無漏緣使因次第威勢緣無境界緣因者有三因謂相應因共生因相似因次第緣者見滅所斷無漏緣使後次第生見滅所斷無漏緣使威勢緣者不相障㝵故無境界緣者彼使緣無漏使是有漏故見滅所斷無漏緣使於見滅所斷有漏緣使因次第境界威勢緣因緣者有一因謂相似因次第緣者見滅所斷無漏緣使後次第生見滅所斷有漏緣使境界緣者見滅所斷有漏緣使緣見滅所斷無漏緣使故威勢緣者不相障㝵故於見苦見集所斷一切遍使次第境界威勢緣無因緣次第緣者見滅所斷無漏緣使後次第生見苦見集所斷一切遍使故境界緣者見苦見集所斷一切遍使緣見滅所斷無漏緣使故威勢緣者不相障㝵故無因緣者見滅所斷無漏緣使非一切遍故不緣他種於見苦見集所斷不一切遍使見道所斷修道所斷有次第威勢緣無因緣境界緣次第緣者見滅所斷無漏緣使後次第生見苦見集所斷不一切遍使見道所斷修道所斷一切使威勢緣者不相障㝵故無因緣者見滅所斷無漏緣使非一切遍故不為他種作因無境界緣者見苦見集所斷不一切遍使見道修道所斷一切使不緣他種故如見滅所斷有漏緣使無漏緣使見道所斷有漏緣使無漏緣使説亦如是修道所斷使於修道所斷使有因次第境界威勢緣因緣因者有三因謂相應因共生因相似因次第緣者修道所斷使後次第生修道所斷使境界緣者修道所斷使緣修道所斷使威勢緣者不相障㝵故修道所斷使於見苦見集所斷一切遍使有次第境界威勢緣無因緣次第緣者修道所斷使後次第生見苦見集所斷一切遍使境界緣者見苦見集所斷一切遍使緣修道所斷使故威勢緣者不相障㝵故無因緣者修道所斷使非一切遍故不為他種作因於見苦見集所斷不一切遍使見滅見道一切使有次第威勢緣無因緣無境界緣次第緣者修道所斷使後次第生見苦見集所斷不一切遍使見滅見道所斷一切使威勢緣者不相障㝵故無因緣者修道所斷使非一切遍故不為他種作因無境界緣者彼諸使非一切遍故不緣他種此中説一切遍因應如雜揵度智品廣説

阿毗曇毗婆沙論卷第三十

阿毗曇毗婆沙論卷第三十

校勘記

一　底本，金藏廣勝寺本。

一　六五九頁中一行「第三十」，資、磧、普、南、徑、清作「第四十三」。

一　六五九頁中四行「之六」，資、磧、普、南作「之九」；徑、清作「第一之九」。

一　六五九頁中一三行第一三字「彼」，諸本(不含石，下同)無。

一　六五九頁中二一行末字「信」，資、磧、普、南、徑、清無。

一　六五九頁下一六行及一八行「見道」，資、磧、普、南、徑、清作「見道中」。

一　六六〇頁上五行「得道」，諸本作「得道者」。

一　六六〇頁上一一行第二字、第一〇字及一三行第四字「果」，徑無。

一　六六〇頁下一行第五字「能」，資、磧、普、南、徑、清作「作」。

一　六六一頁中一八行「離欲」，麗作「離欲界欲」。

一　六六一頁下七行第七字「開」，資、磧、普、南、徑、清作「闕」。

一　六六一頁下末行第五字「人」，資、磧、普、南、徑、清作「一」。

一　六六二頁上一行「具縛」，諸本作「具縛人」。

一　六六二頁上八行第六字「一」，資、磧、普、南、徑、清作「一聖」。

一　六六二頁下一一行第一一字「信」，諸本作「住」。

一　六六二頁下一二行第四字「聖」，諸本無。同行「結不斷十結」，資、磧、普、南、徑、清作「使不斷十使」。

一　六六二頁下一六行「一使」，資、磧、普、南、徑、清作「八使」。

一　六六三頁中一〇行「問義」，資、磧、普、南、徑、清作「門義」；麗作「義門」。

一　六六三頁下一一行「身於身見」，諸本作「身見於身」。

一　六六三頁下一五行「次第」，麗作「次第緣」。

一　六六三頁下二二行「答曰」，諸本作「答因」。

一　六六四頁上一六行「受前身」，資、磧、普、南、徑、清作「受前身見」。

一　六六四頁中五行「門道」，諸本作「導」。

一　六六四頁中一六行第八字「身」至次頁上六行首字「緣」，資無。

一　六六四頁下四行第二字「陰」，麗作「除」。

一　六六四頁下八行第六字「次」，磧、普、南、徑、清作「以」。

一　六六四頁下一一行「威勢」，磧、普、南、徑、清、麗作「威勢緣」。

一　六六四頁下一六行「若緣是境界威勢若作境界」，磧、普、南、徑、清作「若作緣是境界境界威勢若作」；麗作「若作境界」。

一　六六五頁上二一行第二字「命」，諸本作「令」。

一　六六五頁中一六行「下於上於下」，資、磧、普、南、徑、清作「不於上上於下」；麗作「下於上上於下」。

一　六六五頁下五行末字「見」，資、磧、普、南、徑、清作「見恚」。

一　六六五頁下一一行「不一切」，資、磧、普、南、徑、清作「不於一切」。

一　六六六頁上五行末字「陰」，資、磧、普、南、徑、清作「餘」。

一　六六六頁上九行「緣音」，諸本作「緣者」。

一　六六六頁上一一行第五字「往」，諸本作「後」。

一　六六七頁上一一行首字「緣」，資、磧、普、南、徑、清無。

一　六六七頁下四行「亦如是」，至此，資、磧、普、南、徑、清卷第四十三終，卷第四十四始。資、磧、普、南有品名「使揵度不善品之十」；徑、清有品名「使犍度不善品第一之十」。

一　六六八頁上六行第一〇字「使」，資、磧、普、南、徑、清作「故」。

一　六六八頁上一〇行第七字「因」，資、磧、普、南、徑、清作「因緣」。

一　六六八頁下末行經名，資、磧、普、南、徑、清無（未換卷）。

阿毗曇毗婆沙論卷第三十一　磨

迦旃延子造　五百羅漢釋

北涼天竺沙門浮陀跋摩共道泰等譯

使揵度一行品第二上

九結愛結恚結慢結無明結見結取結疑結嫉結慳結若處所有愛結繫復有恚結繫耶若有恚結繫亦有愛結繫耶如此章及解章義此中應廣說優婆提舍處所有五種一自體處所二緣處所三繫處所四因處所五屬處所自體處所者如見揵度說若處所有所知彼處所亦有所斷耶若處所有所斷彼處所亦有所知耶此中說忍智體名處所見揵度亦說若得彼處所成就彼處所耶或有說者此中說一切法自體名處所復有說者此中說諸法有得相成就相者名處所緣處所者如波伽羅那說一切諸法應以智知隨其處所云何名處所隨智所行隨智緣隨智境界是名處所經亦說有四十四智處所有七十七智處所阿毗曇者作如是說此中說自體處所所以者何以忍以智觀諸有枝忍智體名處所尊者瞿沙作如是說此中說緣處所所以者何以智以忍緣於有枝故名緣處所繫處所者如此中說若處所有愛結繫復有恚結繫耶五種法名處所所以者何五種煩惱能繫此五種法故五種法者謂見苦所斷乃至修道所斷因緣處所者如波伽羅那所說云何有處所法云何無處所法乃至云何有因法云何無因法有因法名有處所法如偈說

比丘心寂靜　能斷諸處所　盡於生死苦

不受未來有

此中說因是處所所以者何有因故有生死因斷故生死斷屬處所者如經說應捨田舍市肆屬我之心如偈說

不捨田財牛馬奴婢種種女色不得解脫如世人言此物屬我此處所屬我於此五種處所中依繫處所而作論不依餘處所復有說者有五種處所一界處所二入處所三陰處所四世界處所五剎那處所於此十處所中

依繫處所而作論犢子部作如是說處所是假名法無有定體結非假名衆生非假名各有定體阿毗曇者作如是說處所非假名結非假名衆生是假名譬喻者作如是說結非假名有定體處所是假名衆生是假名而有定體問曰彼何故說處所是假名法無有定體荅曰彼於是說以於境界中有欲无欲故猶如有一端嚴女人他人見已或起敬心或起欲心或起恚心或起嫉心或起猒心或起悲心或起捨心起敬心者如子見母起欲心者如多欲者見可愛色起恚心者如怨相見起嫉心者如共夫者見之起猒心者如修不淨觀者起悲心者是離欲人彼作是念如是好色不久當壞起捨心者得阿羅漢者以於境界起如是等有欲無欲心故智處所是假名法無有定體此諸煩惱通五識身及在意地通五識身者過去者繫過去處所現在者繫現在處所未來世必生法繫未來世處所必不生者繫三世處所在意地者過去者

繫於三世未来者亦繫三世現在者亦繫三世依眼識生使繫於色彼相應法是相應繫彼相應法是意入法入乃至依身識生使亦如是依意識生使繫十二入彼相應者是相應繫相應法者是意入法入如是說者是一行略毗婆沙若處所有愛結繫復有恚結繫耶荅曰若有恚結繫亦為愛繫結頗為愛結所繫不為恚結所繫耶荅曰有色無色界法未斷愛結者在三界有五種緣有漏非一切遍恚結在欲界有五種緣有漏非一切遍若是具縛欲界五種處所為愛結所繫亦為恚結所繫若為恚結所繫亦為愛結所繫若非具縛則愛結長在三界是故得作稱後句若處所有愛結繫復有恚結繫耶荅曰若有恚結繫亦有愛結繫處所者是欲界繫五種處所頗為愛結所繫不為恚結所繫耶荅曰有色無色界愛結未斷未斷者或有八地愛結未斷或有乃至非想非非想處愛結未斷彼非想非非想處或有五種愛結未斷或有乃

至修道所斷者未斷彼非想非非想處修道所斷或有九種愛結未斷或有乃至下下種未斷者以惣說故言色無色界繫法愛結未斷是名為愛結所繫不為恚結所繫所以者何色無色界無恚結故問曰何故色無色界無有恚結耶荅曰非其田器乃至廣說復次衆生猒患恚故願生色無色界若色無色界有恚結者則不為彼處而修方便若法是下地有上地亦有者則無次第斷法若無次第斷法則無究竟斷法所以者何以次第斷法能生究竟斷法故若無究竟斷法則無解脫出離欲令無如是過故色無色界無有恚結復次若有苦根憂根則有恚結所以者何衆生以憂苦根故於他生恚色無色界無憂苦根復次若有無慙無愧處則有恚結因無慙无愧故衆生起恚色無色界無有無慙無愧如無慙無愧嫉慳男根女根揣食婬愛五蓋勝妙五欲當知亦如是復次若有怨憎相處則有恚結怨憎相者是九惱法色無色界

無有怨憎相是故尊者瞿沙作如是說衆生以怨憎故起於恚結色無色界無有怨憎復次色界有恚結近對治近對治者謂慈是也猶如毗嵐摩風處則無雲翳彼亦如是若處所有愛結繫復有慢結繫耶答曰如是若有慢結繫復有愛結繫耶答曰如是所以者何此二結俱在三界有五種緣有漏非一切遍故若是具結三界五種法為愛結所繫亦為慢結所繫若為慢結所繫亦為愛結所繫是故得作如是句若處所有愛結繫復有無明結繫耶愛結在三界有五種緣有漏非一切遍無明結在三界有五種緣有漏无漏是一切遍非一切遍若具縛三界五種法為愛結所繫亦為无明結所繫若為無明結所繫亦為愛結所繫若非具縛無明使則長於一切遍無漏緣是故得作順前句若處所有愛結繫亦有無明結繫耶答曰若有愛結繫則有無明結繫處所者是三界五種處所頗為无明結所繫不為愛結所繫耶答曰有苦智已生集智未生見苦所斷法見集所斷無明使未斷苦智已生集智未生見苦所斷愛結無明結斷見集所斷無明結緣繫見苦所斷法所以者何無明結是一切遍故愛結不介所以者何自種愛結已斷見集所斷愛結於見苦所斷法不緣繫以非一切遍故非相應繫以是他聚故若處所有愛結繫復有見結繫耶愛結在三界有五種緣有漏非一切遍見結在三界有四種緣有漏無漏是一切遍非一切遍若是具縛三界五種處所為愛結所繫亦為見結所繫若為見結所繫亦為愛結所繫若非具縛愛結則於五種中長見結於一切遍無漏緣中長是故得作四句若處所有愛結繫復有見結繫耶乃至廣作四句為愛結所繫不為見結所繫者集智已生滅智未生見滅所斷見道所斷見不相應法愛結未斷見滅見道所斷見不相應法何者見耶答曰即彼邪見見取戒取愛恚慢疑無明相應法是也如是見不相應為愛結所繫於自聚中緣繫相應繫於他聚中作緣繫非相應繫非見所以者何見是一切遍能緣五種者已斷餘不斷者於餘見不相應法不緣繫緣無漏故不相應繫以異聚故自體不與自體相應修道所斷法愛結未斷或有九地愛結不斷者或有乃至非想非非想處未斷者彼非想非非想處修道所斷愛結或有九種未斷者或有乃至下下種未斷者惣而言之修道所斷法愛結未斷是名愛結所繫不為見結所繫所以者何見結是一切遍能緣五種者已斷修道所斷無有見結滅智已生道智未生見道所斷見不相應法愛結未斷見道所斷見不相應法何者是耶答曰即彼邪見見取戒取疑愛恚慢無明相應法如是等見不相應法為愛結所繫自聚有緣繫相應繫他聚有緣繫不為見結所繫所以者何見結是一切遍能緣五種者已斷餘不斷者於彼法不緣繫以緣無漏故不相應繫是他聚故自體不與自體相應修道所斷法愛

結未斷如前說見諦具足世尊弟子愛結未斷廣說如上為見結繫所非愛結者苦智已生集智未生見集所斷見結未斷苦智已生集智未生見苦所斷愛結斷見結亦斷見集所斷見結緣繫見苦所斷法為見結所繫非愛結繫所以者何自種愛結已斷他種者於見苦所斷法不緣繫非一切遍故非相應繫是他聚故二俱繫者具縛見道所斷法修道所斷法二俱繫問曰何故名具縛耶答曰為五處所縛亦能縛五處故言具縛能繫五處者五種斷結為五處所縛者是五種斷法具縛見苦所斷法一種愛結繫二種見結繫見集所斷亦如是見滅所斷見相應法一種愛結繫三種見結繫見不相應法一種愛結繫二種見結繫見道所斷亦如是修道所斷法一種愛結繫二種見結繫苦智已生集智未生見集見滅道見修道所斷法二俱繫見集所斷修道所斷一種愛結繫一種見結繫見滅所斷見相應法一種愛結繫二種見結

繫見不相應法一種愛結繫一種見結繫見道所斷亦如是見苦所斷法惟為見結所繫不為愛結所繫是故不說集智已生滅智未生見滅見道所斷見相應法二俱繫見滅所斷見相應法一種愛結繫一種見結繫見滅所斷見不相應法惟為愛結所繫不為見結所繫是故不說見道所斷亦如是修道所斷法惟為愛結所繫不為見結所繫二俱不繫者集智已生見苦見集所斷法二俱不繫滅智已生道智未生見苦見集滅所斷法二俱不繫見諦具足世尊弟子見道所斷法二俱不繫已離欲愛欲界繫法二俱不繫已離色無色界欲色無色界繫法二俱不繫所以者何若結斷者處所亦斷此中作是論頗見滅見道所斷見相應法為愛結所繫不為見結所繫非不為見使所使耶答曰有斷六種欲者得正决定集智已生滅智未生見滅見道所斷六種見相應法為愛結所繫不為見結所繫所以者何見結是一切遍緣五種者

已斷緣無漏六種見已斷餘三種未斷无漏緣見於六種已斷法無緣繫緣無漏故無相應繫以他聚故未斷三種愛結於見滅見道所斷六種已斷法作緣繫彼非不為見使所使所以者何三見作見結五見作見使為見使中見取戒取所使故如愛結見結愛結疑結亦如是所以者何如見結在三界四種斷緣有漏无漏是遍不遍疑結亦如是若處所有愛結繫復有取結繫耶愛結在三界五種斷緣有漏非一切遍取結在三界四種斷緣有漏是一切遍非一切遍若是具縛三界五種處所愛結繫亦為取結所繫若為取結所繫亦為愛結所繫若非具縛愛結則長於五種取結長於一切遍是故得作四句或為愛結所繫不為取結所繫乃至廣作四句為愛結所繫不為取結所繫者集智已生滅智未生修道所斷法愛結未斷或有九地愛結未斷或有乃至非想非非想處愛結未斷彼非想非非想處愛結或有無種未斷或有乃

至下下種未斷惣而言之修道所斷法愛結未斷滅智已生道智未生脩道所斷法愛結未斷廣說如上見諦具足世尊弟子修道所斷法愛結未斷是名愛結所繫非取結所繫取結能緣五種者已斷所以者何取結是一切遍能緣五種者已斷取結非修道所斷為取結所繫不為愛結所繫者苦智已生集智未生見苦所斷法見集所斷取結未斷苦智已生集智未生見苦所斷愛結若斷取結亦斷見集所斷取結緣繫見苦所斷是名取結所繫非愛結所繫所以者何自種愛結已斷他種愛結不作緣繫非一切遍故非相應繫以他聚故俱繫者具縛見道修道所斷法二俱繫具縛見苦所斷法一為愛結所繫為二種取結所繫見集所斷亦如是見滅所斷為一種愛結所繫三種取結所繫見道所斷亦如是修道所斷一種愛結所繫二種取結所繫苦智已生集智未生見集見滅見道修道所斷法二俱繫見集所斷修道所斷法為一

種愛結所繫亦為一種取結所繫見滅見道所斷法一種愛結繫二種取結繫見苦所斷法惟為取結所繫不為愛結所繫是故不說集智已生滅智未生見滅見道所斷法二俱繫見滅所斷法為一種愛結所繫一種取結所繫見道所斷亦如是修道所斷法惟為愛結所繫不為取結所繫是以不說滅智已生道智未生見道所斷法二俱繫見道所斷法為一種愛結所繫一種取結所繫修道所斷廣說如上二俱不繫者集智已生滅智未生見苦見集所斷法二俱不繫滅智已生道智未生見苦集滅所斷法二俱不繫見諦具足世尊弟子見道所斷法二俱不繫欲愛已斷欲界繫法二俱不繫色愛已斷色界繫法二俱不繫無色愛已斷一切二俱不繫所以者何彼結若斷處所亦斷若處所有愛結繫復有恚結繫耶愛結在三界五種斷緣有漏非一切遍恚結在欲界修道所斷緣有漏非一切遍若是具縛欲界修道所斷法若為愛

結所繫亦為恚結所繫若為恚結所繫亦為愛結所繫若非具繫愛結長在三界五種斷是故得作稱後句若處所有愛結繫復有恚結繫耶答曰若為恚結所繫亦為愛結所繫修道所斷法為一種愛結所繫一種恚結所繫頗為愛結繫不為恚結所繫耶答曰欲界見道所斷法愛結未斷或有四種法愛結未斷或有乃至見道所斷愛結未斷色無色界繫法愛結未斷是名愛結所繫不為恚結所繫所以者何色無色界無恚結無恚結義如上說如愛結恚結愛結慳結說亦如是如愛結門慢結門說亦如是所以者何此二俱在三界五種斷緣有漏非一切遍若處所有恚結繫復有慢結繫耶恚結在欲界欲界五種斷緣有漏非一切遍慢結在三界五種斷緣有漏非一切遍若是具縛欲界繫五種處所為恚結所繫亦為慢結所繫若為慢結所繫亦為恚結所繫若非具縛慢結長在三界是故得作順前句若處所有恚結繫復有慢

縛繫耶答曰若為恚結所繫亦為慢
結所繫處所者是欲界五種所斷頗
為慢結所繫不為恚結繫耶答曰有
色無色界慢結未斷或有八地慢結
未斷或有乃至非想非非想處慢結
未斷彼非想非非想處或有五種斷
慢結所繫或有修道所斷慢結所繫
彼修道所斷慢結或有九種未斷或
有乃至下下種未斷者揔而言之色
無色界慢結未斷是名慢結所繫不
為恚結所繫所以者何色無色界無
恚結色無色界無恚結義如上說若
處所有恚結繫復有無明結繫耶恚
結在欲界五種所斷緣有漏非一切
遍無明結在三界五種所緣有漏無
漏是一切遍若是具縛欲界五種處
所為恚結所繫亦為無明結所繫若
為无明結所繫亦為恚結所繫若非
具縛無明結長在三界長一切遍是
故得作順前句若處所有恚結繫復
有无明結繫耶答曰若為恚結所繫
亦為無明結所繫處所者欲界繫五
種處所頗為无明結所繫不為恚結

阿毗曇毗婆沙論第三十一卷　第十五張　磨字号

所繫耶答曰有苦智已生集智未生
欲界見苦所斷法見集所斷無明結
未斷苦智已生集智未生見苦所斷
法見集所斷無明結緣繫是名為無
明結所繫不為恚結繫所以者何自
種恚結已斷他種者於見苦所斷非
緣繫非一切遍故非相應繫是他聚
故色無色界繫法無明結未斷或有
八地無明結未斷或有乃至非想非
非想處無明結斷彼非想非非想處
或有五種未斷或有乃至修道所斷
未斷非想非非想處修道所斷或有
九種未斷或有乃至下下種未斷揔
而言之色無色界繫無明結未斷是
名無明結所繫不為恚結所繫所以
者何色無色界无恚色無色界無恚
結義如上說若處所有恚結繫復有
見結繫耶恚結在欲界五種斷緣有
漏非一切遍見結在三界四種斷緣
有漏無漏一切遍非一切遍若是具
縛欲界五欲斷處所有恚結所繫亦
為見結所繫若為見結所繫亦為恚
結所繫若非具縛恚結長在五種斷

阿毗曇毗婆沙論第三十一卷　第十六張　磨字号

見結長在三界一切遍是故得作四
句若為恚結所繫不為見結所繫耶
乃至廣作四句為恚結所繫不為見
結所繫者未離欲愛集智已生滅智
未生欲界繫見滅見道所見不相應
法恚結未斷欲界繫見滅見道所斷
見不相應法何者是耶答曰即彼邪
見見取戒取愛恚慢疑無明相應法
是也此法恚結未斷自聚緣繫相應
繫他聚緣繫非相應繫不為見結所
繫所以者何見結是一切遍緣五種
者已斷餘不斷者於見不相應法非
緣繫緣无漏故餘不斷者於見不相
應法非緣繫緣無漏故非相應繫以
他聚故自體不應自體故欲界繫修
道所斷法恚結未斷或有九種未斷
或有乃至下下種未斷者滅智已生
道智未生欲界繫見道所斷見不相
應法恚結未斷欲界繫見道所斷見
不相應法何者是耶答曰即彼邪見
見取戒取愛恚慢無明疑相應法是
也此法恚結未斷自聚中緣繫相應
繫他聚作緣繫非見結繫所以者何

阿毗曇毗婆沙論第三十一卷　第十七張　磨字号

見結是一切遍能緣五種者已斷餘不斷者於見不相應法非緣繫緣無漏故非相應繫是他聚故自體不應自體故欲界修道所斷法恚結未斷廣說如上見諦具足世尊弟子欲界修道所斷恚結未斷廣說如上是名為恚結所繫不為見結所繫為見結所繫不為恚結所繫者未離欲愛苦智已生集智未生欲界見苦所斷法見集所斷法見結未斷苦智已生集智未生見苦所斷恚結見結已斷見集所斷見結緣繫見苦所斷法為見結所繫不為恚結所繫所以者何自種恚結已斷他種者於見苦所斷法非緣繫非一切遍故非相應繫是他聚故色無色界見結未斷或有八地見結未斷或有乃至非想非非想處見結未斷彼非想非非想處或有四種斷見結未斷或見乃至見道斷結未斷者惣而言之色無色界繫法見結未斷是名見結繫不為恚結所繫所以者何色無色界无有恚結廣說如上云何二俱繫具縛欲界見道修

道所斷法二俱繫具縛欲界見苦所斷法一種恚結繫二種見結繫見集所斷法亦如是見滅所斷見相應法為一種恚結繫三種見結繫見不相應法一種恚結繫二種見結繫見道所斷法亦如是欲界繫修道所斷法一種恚結繫二種見結繫欲愛未斷苦智已生集智未生欲界繫見集滅道修道所斷法二俱繫見集所斷法一種恚結繫一種見結繫見滅所斷見相應法一種恚結繫二種見結繫見不相應法一種恚結繫一種見結繫見道所斷法亦如是修道所斷法一種恚結繫一種見結繫欲界見苦所斷法雖為見結繫不為恚結繫是故不說集智已生滅智未生欲界繫見滅所斷見相應法二俱繫欲界見滅所斷見相應法一種恚結繫一種見結繫見不相應法雖為恚結所繫不為見結所繫是故不說見道所斷法亦如是欲界修道所斷法雖為恚結所繫不為見結所繫是故不說未離欲愛滅智已生道智未生欲界繫

見道所斷見相應法二俱繫一種恚結繫一種見結繫欲界繫見道所斷見不相應法及修道所斷雖為恚結所繫不為見結所繫是故不說是名二俱繫不繫者集智已生滅智未生見苦見集所斷法二俱不繫色無色界見滅見道所斷見不相應法二俱不繫色無色界修道所斷法二俱不繫滅智已生道智未生欲界見苦集滅所斷法二俱不繫色無色界繫見不相應法及修道所斷法二俱不繫見諦具足世尊弟子見道所斷法二俱不繫色無色界繫修道所斷法二俱不繫已離欲愛欲界繫法二俱不繫已離色愛色界繫法二俱不繫已離無色界愛一切不繫所以者何彼結斷故處所亦斷如恚結見結恚結疑結說亦如是所以者何此二結俱在三界四種斷緣有漏無漏是一切遍非一切遍故問曰欲界中有恚結繫不繫義可尒色無色界中無有恚結云何說言恚結不繫耶荅曰不繫有二種一從繫得不繫二性不繫欲

界不繫是從繫得不繫以有恚結故色無色界不繫是性不繫以無恚結故亦如毗尼中說有二人名淨脫起一未曾犯戒二雖有所犯如法除却未曾犯戒者名本淨脫起雖有所犯如法除却者名本非淨脫起得淨脫起彼亦如是若處所有恚結繫復有取結繫耶恚結在欲界五種斷緣有漏非一切遍取結在三界四種斷緣有漏是一切遍非一切遍若是具縛欲界繫五種處所若為恚結所繫亦為取結所繫若為取結所繫亦為恚結繫若非具縛恚結長在五種斷取結長在三界是一切遍是故得作四句若處所有恚結復有取結繫耶乃至廣作四句為恚結所繫不為取結所繫者未離欲愛集智已生滅智未生欲界繫修道所斷法恚結未斷或有九種未斷或有乃至下下種未斷者滅智已生道智未生欲界繫修道所斷法恚結未斷見諦具足世尊弟子欲愛未斷欲界繫修道所斷法恚結未斷是名恚結所繫不為取結所繫

所以者何取結是一切遍能緣五種者已斷修道所斷法中無有取結為取結所繫不為恚結所繫者欲愛未斷苦智已生集智未生欲界繫見苦所斷法見集所斷取結未斷苦智已生集智未生欲界見苦所斷取結恚結已斷見集所斷取結緣繫見苦所斷法為取結所繫不為恚結所繫所以者何自種恚結已斷他種者於見苦所斷非緣繫非一切遍故非相應繫是他聚故色無色界繫法取結未斷或有八地取結未斷或有乃至非想非非想處者彼非想非非想處或有四種未斷或有乃至一種未斷者惣而言之色无色界繫法取結未斷是名取結所繫不為恚結所繫色無色界無有恚結廣說如上俱繫者具縛欲界繫見道修道所斷法二俱繫具縛欲界見苦所斷法一種恚結繫二種取結繫見集所斷修道所斷說亦如是欲界繫見滅所斷法一種恚結繫三種取結繫見道所斷法說亦如是欲愛未斷苦智已生集智未生

欲界見集滅道修道所斷法二俱繫見集所斷修道所斷一種恚結繫一種取結繫欲界見滅所斷法一種恚結繫二種取結繫見道所斷法說亦如是欲界見苦所斷法雖為取結所繫不為恚結所繫是故不說欲愛未盡集智已生滅智未生欲界繫見滅所斷法一種恚結繫一種取結繫見道所斷法說亦如是修道所斷法雖為恚結所繫不為取結所繫是故不說欲愛未斷滅智已生道智未生欲界見道所斷法二俱繫一種恚結繫一種取結繫修道所斷法如上說是名二俱繫俱不繫者廣說如經本乃至離無色界欲二俱不繫所以者何若彼結斷處所亦斷若處所有恚結繫復有嫉結繫耶恚結在欲界如上說嫉結在欲界修道斷緣有漏非一切遍若是具縛欲界修道所斷處所若為恚結所繫亦為嫉結所繫若為嫉結所繫亦為恚結所繫若非具縛恚長在五種斷是故得作稱後句若處所有恚結繫復有嫉結繫耶答曰若

阿毗曇毗婆沙論第三十二卷 第二十四張 磨字

有愱結繫亦有恚結繫處所者謂欲界修道所斷處所也頗為恚結所繫不為愱結所繫耶荅曰有欲界繫見道所斷恚結未斷或有四種斷恚結未斷或有乃至見道所斷恚結未斷惣而言之欲界繫見道所斷法恚未斷是名恚結所繫不為愱結所繫所以者何見道所斷無愱結故如恚結愱結恚結慳結說亦如是所以者何此二結俱是欲界繫修道所斷緣有漏非一切遍故

若處所有無明結繫復有見結繫耶無明結在三界五種斷緣有漏無漏是一切遍見結在三界四種斷緣有漏无漏是一切遍非一切遍若是具縛三界五種斷處所若為无明結所繫亦為見結所繫若為見結所繫亦為無明結所繫若非具縛無明結長在五種斷是故得作𢹂後句若處所有無明結繫復有見結繫耶荅曰若為見結所繫亦為無明結所繫處所者三界五種斷處所頗為無明結所繫不為見結所繫耶荅曰有集智已生滅智未生見滅見道所斷見不相應法无

阿毗曇毗婆沙論第三十二卷 第二十五張 磨字

明結未斷見滅見道所斷見不相應法何者是也荅曰即彼邪見見取戒取愛恚慢疑不共無明相應法是也此法无明結所繫不為見結所繫自聚中緣繫相應繫他聚中作緣繫非相應繫不為見結所繫所以者何見結是一切遍能緣五種者已斷餘不斷者於見滅見道所斷見不相應不緣繫无漏故不相應繫以他聚故修道所斷法無明結未斷或有九地無明結未斷或有乃至非想非非想處无明結未斷彼非想非非想處或有九種無明結未斷或有乃至下下種未斷者惣而言之修道所斷无明結未斷是名無明結所繫非見結所繫所以者何見結是一切遍能緣五種者已斷修道所斷無有見結滅智已生道智未生見道所斷見不相應法無明結未斷及修道所斷法無明結未斷廣說如上見諦具足世尊弟子修道所斷法無明結未斷廣說如上如無明結見結無明結疑結說亦如是所以者何此二結俱在三界四種

阿毗曇毗婆沙論第三十二卷 第二十六張 磨

斷緣有漏無漏是一切遍非一切遍若處所無明結繫復有取結繫耶無明結在三界如上說取結在三界亦如上說若是具縛三界五種斷處所如上說若非具縛無明結長在五種斷是故得作𢹂後句若處所有無明結繫復有取結繫耶荅曰若為取結所繫亦為無明結所繫頗為无明結所繫不為取結所繫耶荅曰有集智已生滅智未生修道所斷法無明結未斷廣說如上滅智已生道智未生修道所斷法无明結未斷如上說見諦具足世尊弟子修道所斷法無明結未斷廣說如上若處所有無明結繫復有愱結繫耶無明結在三界如上說愱結在欲界如上說若是具縛欲界繫修道斷處所若為無明結所繫亦為愱結所繫若為愱結所繫亦為無明結所繫若非具縛无明結長在三界五種斷是故得作𢹂後句若處所有無明結繫復有愱結繫耶荅曰若為愱結所繫亦為无明結所繫處所者是欲界繫修道所斷處所頗為無明

結所繫不為恢結所繫耶答曰有欲界繫見道所斷法無明結未斷或有四種無明結未斷或有乃至見道一種未斷色無色界繫法無明結未斷或有九地無明結未斷或有乃至非想非非想處未斷即彼非想非非想處或有五種无明結未斷或有乃至修道所斷未斷彼修道所斷無明結或有九種未斷或有乃至下下種未斷者惣而言之色無色界無明結未斷如無明結恢結無明結恢結說亦如上所以者何此二結俱在欲界如上說

若處所有見結繫復有取結繫邪見結在三界如上說取結在三界亦如上說若是具縛如上說若非具縛取結長在有漏是故得作順前句若處所有見縛繫復有取結繫耶答曰若為見結所繫亦為取結所繫處所者三界五種斷處所頗為取結所繫不為見結所繫耶答曰有集智已生滅智未生見滅見道所斷見不相應法取結未斷滅智已生道智未生見道所斷見不相應法取結未斷廣說如上若處所有見結繫復有疑結繫邪見結在三界如上說疑結在三界亦如上說若是具縛三界五種斷處所若為見結所繫亦為疑結所繫若為疑結所繫亦為見結所繫若非具縛各各長在自聚中是故得作自根本四句若處所為見結所繫復為疑結所繫耶乃至廣作四句為見結所繫不為疑結所繫者集智已生滅智未生見滅見道所斷見相應法見結未斷滅智已生道智未生見道所斷見相應法見結未斷是名見結所繫非疑結所繫所以者何疑結是一切遍能緣五種者已斷餘者於見相應法非緣繫緣无漏故非相應繫以他聚故為疑結所繫不為見結所繫者集智已生滅智未生見滅見道所斷疑相應法疑結未斷滅智已生道智未生見道所斷疑相應法疑結未斷是名疑結所繫不為見結所繫所以者何見結是一切遍能緣五種者已斷餘不斷者於疑相應法不緣繫緣無漏故非相應繫以他聚故俱繫者具縛見道修道所斷法二俱繫具縛見苦所斷法二種見結繫二種疑結繫見集所斷修道所斷法亦如是見滅所斷見相應法三種見結繫二種疑結繫相應法三種疑結繫一種見結繫見結疑結不相應法二種疑結繫二種見結繫見道所斷亦如是苦智已生集智未生見集見滅見道修道所斷法二俱繫苦智已生集智未生見苦集滅道修道所斷法二俱繫見苦所斷法一種見結繫一種疑結繫見集所斷修道所斷亦如是見滅所斷見相應法二種見結繫一種疑結繫疑相應法二種疑結繫一種見結繫見結疑結不相應法一種見結繫一種疑結繫見道所斷法亦如是二俱不繫者廣說如經本乃至離無色界欲二俱不繫所以者何彼結若斷處所亦斷若處所有見結繫復有恢結繫邪見結在三界如上說恢結在欲界廣說如上若是具縛欲界修道所斷法若為見結所繫亦為恢結所

繫若為嫉結所繫亦為見結所繫若非具縛見結長在三界四種斷嫉結長在修道所斷是故得作四句若處所為見結所繫復為嫉結所繫耶乃至廣作四句為見結所繫不為嫉結所繫者欲界繫見道所斷法見結未斷或有四種未斷或有乃至見道見結未斷色無色界繫法見結未斷或有八地見結未斷或有乃至非想非非想處未斷彼非想非非想處或有四種未斷或有乃至見道見結未斷是名為見結所繫不為嫉結所繫為嫉結所繫非見結所繫者欲愛未斷集智已生滅智未生欲界繫修道所斷法嫉結未斷乃至見諦具足世尊弟子欲愛未斷欲界繫修道所斷法嫉結未斷是名為嫉結所繫不為見結所繫俱繫者具縛人欲界繫修道所斷法二俱繫具縛人欲界繫修道所斷法一種嫉結繫二種見結繫未離欲苦智已生集智未生欲界繫修道所斷法二俱繫一種見結繫一種嫉結繫俱不繫者廣說如經本乃至

離無色界愛二俱不繫如見結嫉結見結慳結亦如是如見結門疑結門亦如是若處所有取結繫復有疑結繫耶廣說應如見結取結取結疑結亦如是若處所有取結繫復有嫉結繫耶廣說如經本如取結嫉結取結慳結說亦如是

若處所有嫉結繫復有慳結繫耶答曰如是所以者何此俱在欲界修道所斷俱緣有漏俱非一切遍問曰如嫉因他生慳因自起何故答言如是耶答曰嫉緣他亦因他生緣已不因已生慳緣已亦因已生緣他不因他生復有說者此二法緣他亦因他生緣已亦因已生問曰如嫉緣他亦因他生可尒因已亦緣已生云何可尒耶答曰猶如有人為二比丘作資生物一則成好二不成好不成好者便作是念如我所作或不好使彼所作亦不成好問曰如慳緣已亦因已生可尒緣他亦因他生云何可尒耶答曰慳亦有因他生猶如有人見他布施便生慳心此人何以施他如是物耶

是故此二亦緣自他生因自他生若處所有過去愛結繫復有未來愛結繫耶乃至廣說有揔相煩惱有別相煩惱別相煩惱者謂愛恚慢嫉慳揔相煩惱者謂无明結見結取結疑結別相煩惱繫三界五種處所在未來世者能繫三世過去不定若前生不斷則繫若前不生生者已斷則不繫現在亦不定若現在前則繫若不現在前則不繫愛結繫三界五種處所未來愛結繫三界五種三世處所過去不定若前生不斷則繫若前不生生者已斷則不繫現在亦不定若現在前則繫若不現在前則不繫如愛結慢結說亦如是恚結繫欲界五種斷三世處所未來恚結繫欲界五種斷三世處所過去不定若前生不斷則繫若前不生生者已斷則不繫現在不定若現在前則繫若不現在前則不繫嫉結繫欲界修道所斷法三世處所未來嫉結繫欲界繫三世修道所斷處所過去不定若前生不斷則繫若前不生生者已斷則不繫現

在亦不定若現在前則繫若不現在
前則不繫如使結繫結說亦如是惣
相煩惱繫三界五種斷三世處所過去惣
來現在說亦如是此說是歷六七人
七略毗婆沙若處所有過去愛結繫
復有未來愛結繫耶答曰如是　所
以者何先作是說未來愛結繫三世
處所設有未來愛結繫復有過去愛
結繫耶答曰若前生不斷則繫若前
不生生者已斷則不繫問曰若過去
愛結斷時即彼時未來愛結亦斷何
故未來世定過去不定而作是說若
前生不斷則繫若前不生生者已斷
則不繫耶外國法師作如是說若說
前生不斷則繫是說中結若前不生
是說下結生者已斷是說上結竊賓
沙門復作是說若說前生不斷則繫
是說三種結若說前不生是說下結
若說生者已斷是說中上結如過去
上中愛結斷未來亦尒不生下愛結
未來世繫處所有未來愛結繫即彼
處所過去前生愛結不斷則繫若前

阿毗曇毗婆沙論第三十一卷　第三十三張　磨字号

不生生者於餘處所生若前不生若
於餘處所生即彼處所生生者已斷
則不繫若處所有過去愛結繫復有
現在愛結繫耶答曰現在若現在前
若不起愛結若起餘結現在前若起
善不隱沒無記心現在前若無心是
故說為現在前設有現在愛結繫復
有過去愛結繫耶答曰若前生不斷
則繫若前不生生者已斷則不繫若
處所有未來愛結繫復有現在愛結
繫耶答曰若現在前廣說如上說有
現在愛結繫復有未來愛結繫耶答
曰如是所以者何先作是說未來愛
結繫三世法若處所有過去愛結繫
復有未來現在愛結繫耶答曰未來
則繫現在若現在前廣說如上設有
未來現在愛結繫復有過去耶答曰
若前生不斷則繫若前不生生者已
斷則不繫前生不斷則繫者若處所
有未來現在愛結繫即彼處所亦有
過去前生愛結者則繫若未來現在
愛結處所異過去已生愛結處所異
則不繫若前不生即於彼處所生者

阿毗曇毗婆沙論第三十一卷　第三十四張　磨字号

已斷則不繫若處所有未來愛結繫
復有過去現在處結繫耶答曰或有
未來愛結繫無過去現在或有過去
無現在或有現在無過去或有過去現
在有未來愛結繫無過去現在者若
處所愛結未斷則明未來有愛結繫
若前不生生者已斷則明過去無愛
結繫若不現在前則明現在無愛結
繫有過去無現在者若處所前生愛
結未斷則明有過去愛結繫不現在
前則明現在無愛結繫有現在無過
去者若有過去愛結繫則有未來愛
結繫有現在無過去者若處所愛結
現在前則明現在有愛結繫若前不
生生者已斷則明過去無愛結繫若
現在愛結繫則有未來愛結繫有過
去現在者若處所有前生愛結繫則
明有過去愛結繫若處所愛結現在
前則明有現在愛結繫若過去現在
有愛結繫未來必有若處所有現在
愛結繫復有過去未來愛結繫耶答
曰未來則繫過去若前生不斷則繫
若前不生生者已斷則不繫設有過

阿毗曇毗婆沙論第三十一卷　第三十五張　磨字号

去未來愛結繫復有現在愛結繫耶答曰若現在前廣說如上諸別相煩惱此中略說如愛結作六句恚結慢結悷結慳結非一切遍無明結作六句亦如是若處所有過去見結繫復有未來見結繫耶答曰如是若有未來見結繫復有過去見結繫耶答曰如是所以者何先作是說諸惣相煩惱盡繫三世法未來現在盡緣三世廣說如經本見結作六句諸惣相煩惱此中略說如見結作六句取結疑結是一切遍無明結作六句亦如是若處所有過去愛結繫復有過去恚結繫耶答曰若前生不斷則繫若前不生生者已斷則不繫若前生不斷則繫者若處所有過去愛結繫即彼處所有過去前生恚結繫若前不生若於餘處生若生者已斷則不繫設有過去恚結繫復有過去愛結繫耶答曰若前生不斷則繫若前不生生者已斷則不繫若前生不斷則繫者若處所有過去恚結繫即彼處所有過去前生愛結繫若前不生若於餘

處生若生者已斷則不繫若處所有過去愛結繫復有未來恚結繫耶答曰若不斷云何不斷耶答曰未離欲愛設有未來恚結繫復有過去愛結繫耶答曰若前生不斷則繫若前不生生者已斷則不繫若前不生斷則繫者若處所有未來恚結繫即彼處所亦有過去前生愛結繫若前不生於餘處生若生者已斷則不繫若處所有過去愛結繫復有現在恚結繫耶答曰若現在前云何現在前答曰若不起餘結不起善有漏不隱沒無記心若非無心是名現在前設有現在恚結繫復有過去愛結繫耶答曰若前生不斷則繫若前不生生者已斷則不繫廣說如上若處所有過去愛結繫復有過去現在恚結繫耶答曰或有過去愛結繫無過去現在恚結繫或有過去無現在或有現在無過去或有過去現在有過去愛結繫无過去現在恚結繫者若處所有前生愛結不斷則繫是明有過去愛結繫即彼處所不生前生恚結生者已

斷則不繫是明無過去恚結繫不現在前則明無現在恚結繫或有過去無現在者若處所前生恚結愛結不斷則繫是明有過去恚結愛結繫無現在則明無現在恚結繫或有現在無過去者若處所前生過去愛結不斷則繫是明有過去愛結繫即彼處所恚結現在前則明有現在恚結繫若前不生生者已斷則明無過去恚結繫或有過去現在者若處所有過去前生愛結恚結不斷則繫則明有過去愛結恚結繫即彼處所恚結現在前則明有現在恚結繫設有過去現在恚結繫復有過去愛結繫耶答曰若前生不斷則繫若前不生生者已斷則不繫廣說如上若處所有過去愛結繫復有未來現在恚結繫耶答曰餘廣說如經本作七句如經本如愛結恚結愛結悷結愛結慳結說亦如是此中差別者應說欲界繫見道所斷法前生愛結不斷則繫愛結慢結愛結無明結廣說如經本若處所有過去愛結繫復有過去見結繫

耶荅曰若不斷云何不斷荅曰若道比智未生設有過去見結繫復有過去愛結繫耶荅曰若前生不斷則繫廣說如上若處所有過去愛結繫耶荅曰若不斷云何不斷荅曰道比智未生設有未來見結繫復有過去愛結繫耶荅曰廣說如經本作七句亦如經本如愛結見結作七句愛結取結愛結疑結作七句說亦如是

過去愛結過去恚結問過去慢結應作七句或有說者七句中初句應作七句所以者何此中問七七句荅曰七七句故如先以過去愛結恚結問過去慢結次問未來慢結次問現在次問過去現在次問未來現在次問過去未來次問過去未來現在慢結亦應如是說先以過去愛恚問未來慢作初句次問現在次問過去現在次問未來現在次問過去未來次問過去未來現在次問過去作㝡後句復以過去愛恚問現在慢作初句次問過去現在次問未來現在次問過去未來次問過去未來現在次問過

去次問未來作㝡後句乃至過去愛恚問過去未來現在慢作初句乃至過去愛恚問過去慢作㝡後句若作是說則有七七句若作是說則唐捐其功於文無益於義無益亦不成七七句若欲於文有益於義有益亦成七七句者應作是說如先以過去愛恚問過去慢作初句乃至以過去愛恚問過去未來現在慢作㝡後句應以未來愛恚問未來慢作初句次問現在次問過去現在次問未來現在次問過去未來次問過去未來現在次問過去作㝡後句復次現在愛恚問現在慢作初句次問過去現在次問未來現在次問過去未來次問過去未來現在次問過去次問未來作㝡後句乃至以過去未來現在愛恚問過去未來現在慢作初句乃至以過去未來現在愛恚問過去未來現在慢作㝡後句若作是說則於文義有益七七句成如愛恚問慢作七七句愛恚問無明亦如是乃至問慳結作七七句亦如是置愛結以恚結慢

結問無明結作七七句乃至問慳結作七七句亦如是置恚以慢無明問見結作七七句乃至問慳結作七七句亦如是乃至㝡後取結以疑結嫉結問慳結作七七句亦如是如以二結問一結作七七句以三以四以五以六以七以八問一結作七七句亦如是

問曰一行歷六小七大七有何差別荅曰名即差別復次以一行法作問名一行以六句作問名歷六以七句作問名小七以二結問一結乃至以八結問一結名大七復次問不相似法不以世定名一行問相似法以世定名歷六問不相似法以世定名小七以二法一法乃至以八法問一法以世定名大七一行歷六小七大七是名差別

阿毗曇毗婆沙論卷第三十一

萬泉縣荆村荆林荆直揚昌楊仚
揚玘楊志楊永堅等同施
刻木樹五十根願同增福利

阿毗曇毗婆沙論卷第三十一

校勘記

一　底本，金藏廣勝寺本。

一　六七一頁中一行經名、二行造者及釋、三行譯者，資、磧、普、南、徑、清無(未换卷)。

一　六七一頁中四行「第二上」，資、磧、普、南作「第二」；徑、清作「第二之一」。

一　六七一頁下一二行「所法如偈說」，資、磧、普、南、徑、清作「所法無因法名無處所法如偈說」；麗作「所法無因法名無處所法如說」。

一　六七一頁下末行第二字「界」，諸本(不含石，下同)無。

一　六七二頁上六行末字「而」，資、磧、普、南、徑、清作「無」。

一　六七二頁上八行第九字「於」，諸本作「作」。

一　六七二頁中四行第八字「使」，資、磧、普、南、徑、清作「彼」。

一　六七二頁中七行第三字「略」，麗無。

一　六七二頁中九行「繫結」，資、磧、普、南、徑、清作「結繫」。

一　六七二頁中一五行第九字「縛」，麗作「結」。

一　六七三頁上九行第一二字「結」，資、磧、普、南、徑、清作「縛」。

一　六七三頁中一五行第九字「於」，資、磧、普、南、徑、清作「非」。

一　六七三頁中二一行第九字「見」，諸本作「是」。次頁下八行末字資、磧、普、南、徑、清同。

一　六七三頁下一五行第四字「度」，諸本作「愛」。

一　六七四頁上二行「繫所」，諸本作「所繫」。

一　六七四頁上二〇行「道見」，諸本作「見道」。

一　六七四頁中一〇行「二俱」，資、磧、普、南、徑、清作「是故不說二俱」。

一　六七四頁中二〇行第八字「得」，資、磧、普、南、徑、清作「行」。

一　六七四頁下末行「無種」，諸本作「九種」。

一　六七五頁上一七行「一爲」，諸本作「爲一種」。

一　六七五頁上一八行第四字「繫」，資、磧、普、南、徑、清作「縛」。

一　六七五頁下七行第七字及次頁中五行第九字「繫」，資、磧、普、南、徑、清作「所繫」。

一　六七六頁上一行首字「縛」，諸本作「結」。六八〇頁上一八行第四字同。

一　六七六頁上一五行第一〇字及下五行第一〇字「所」，諸本作「所斷」。

一　六七六頁中一〇行第七字「斷」，諸本作「未斷」。

一　六七六頁中一六行第八字「恚」，資、磧、普、南、徑、清作「恚結」。

一　六七六頁中二一行「五欲」，諸本作「五種」。

一　六七六頁下一三行第七字至一四行第九字「餘……故」十七字，諸本無。

一　六七七頁上七行「不爲見結所繫」，至此，資、磧、普、南、徑、清卷第四十四終，卷第四十五始，資、磧、普、南有品名「使揵度一行品之二」；徑、清有品名「使揵度一行品第二之二」。

一　六七七頁上八行末字「苦」，麗作「若」。

一　六七七頁上一九行「或見」，資、磧、普、南、徑、清作「或有」。

一　六七七頁中一七行首字「見」，資、磧、普、南、徑、清作「是」。

一　六七八頁上一三行第二字「繫」，清作「所繫」。

一　六七八頁中二二行「三種」，麗作「二種」。

一　六七八頁下七行「未生」，資、磧、普、南、徑、清作「未生故」。

一　六七八頁下二一行末字及次頁上六行第一三字「恚」，諸本作「恚結」。

一　六七九頁上一四行「一切遍」，資、磧、南、清作「一切偏非一切偏」；麗作「一切遍非一切遍」。

一　六七九頁中九行第二字「繫」，諸本作「繫緣」。

一　六七九頁中末行「俱在」，麗作「具在」。

一　六七九頁下一行第一〇字「過」，諸本作「偏」。

一　六八〇頁上五行第三字「九」，資、磧、普、南、徑、清作「八」。

一　六八〇頁上一一行第一一字「悷」，諸本作「慳」。

一　六八〇頁上一七行第六字「緣」，諸本無。

一　六八〇頁中一五行「餘者」，諸本作「餘不斷者」。

一　六八〇頁下六行首二字「結繫」，諸本作「結繫疑」。同行第一一字「疑」，諸本無。

一　六八〇頁下一一行第一三字「繫」，資、磧、普、南、徑、清作「所繫」。

一　六八一頁上一九行第八字「繫」，資、磧、普、南、徑、清作「縛」。

一　六八二頁上二行第八字「繫」，諸本作「慳」。

一　六八二頁上五行「六七人」，資、磧、普、南作「六七大」；徑、清作「六小七大」。

一　六八二頁上二〇行第九字「中」，諸本作「中結」。

一　六八二頁中一行第一〇字「若」，資、磧、普、南、徑、清作「者」。

一　六八二頁中一一行第一三字「説」，諸本作「設」。

一　六八二頁下二行第七字「處」，諸本作「愛」。

一　六八二頁下一一行第一〇字「有」，資、磧、普、南、徑、清作「若有」。

一　六八三頁中六行「不生」，諸本作「生不」。

一　六八三頁中九行首字「於」，諸本

作「若於」。
一 六八三頁下一八行第一二字「如」，資、磧、普、南、徑、清作「亦如」。
一 六八四頁上四行末字「耶」，資、磧、普、南、徑、清作「復有未來見結繫耶」。
一 六八四頁中三行「問過去」，資、磧、普、南、徑、清作「問過去未來」。
一 六八四頁下一六行「二法一法」，諸本作「二法問一法」。
一 六八四頁下末行「第三十一」，資、磧、普、南、徑、清作「第四十五」。

阿毗曇毗婆沙論卷第三十二　慶

迦旃延子造　五百羅漢釋

北涼天竺沙門浮陁跋摩共道泰等譯

使揵度一行品中

身見攝幾使問曰何故作此論荅曰或有說攝法攝他法不攝自法如毗婆闍婆提依佛假名所說經亦依世俗言語法說攝法攝他法不攝自法何者是假名所說經如佛說譬如槩斗受入槩子為槩子依以槩斗勝故攝諸槩子彼作是說槩斗異於槩子而攝槩子是故知攝法攝於他法不攝自法餘經亦說五根慧為最勝為慧所攝慧異四根能攝四根是故知攝他法餘經亦說如佛問呵德迦居士汝云何攝眷屬何以復知已攝眷屬居士荅言世尊所說四攝法布施愛語利益同事以此法攝於眷屬亦知已攝眷屬彼作是說居士眷屬及與攝法各各別異而能相攝是故知攝他法不攝自法餘經復說正見正方便正覺是慧身所攝正念正定是定身所攝彼作是說正見是慧慧身所攝正定定身所攝可介正覺正方便非慧性正念非定性正覺正方便為慧身所攝正念為定身所攝者故知攝法攝於他法世俗言語法者世俗亦作是說戶攝戶樞縷能攝衣索攝薪束在家之人亦作是說我能攝我家資財為馬僮僕出家之人亦作是說我攝衣鉢及攝沙門所用之物彼以如是假名經所說及世俗言語所攝法故知攝法攝他不攝自法亦明攝法攝於自體若當攝法但攝於他不攝自體者則一法體與一切法體同若一法生一切法亦生一法滅一切法亦滅復更有過見苦所斷法則攝修道所斷法見苦所斷法若斷修道所斷法亦應斷若然者則後生對治而無有用欲令無如是過故說攝法攝於自性不攝他法問曰若攝法但攝自法不攝他者毗婆闍婆提所引經及世俗言語法云何通荅曰彼經是未了義是假名是有餘意問曰云何彼經是未了義是假名是

有餘意耶答曰如經說盖斗受入盖子能攝盖子者此中說依持是攝所以者何盖子依盖斗盖斗持盖子故而不散壞如說五根中慧為寂勝為慧所攝此中慧是方便說攝所以者何以慧方便故五根能有所行而成大事如說我以世尊所說四攝法攝於眷屬乃至廣說此中說不離散是攝以四攝方便令眷屬不離散故如說正覺正方便正念是慧身定身所攝者此中說隨順是攝正覺正方便隨順慧身正念隨順定身故如說戶攝戶樞縷能攝衣索攝薪束此中說持是攝如說在家出家人攝田財衣鉢等此中說饒益是攝攝法攝他法者或時攝或時不攝或有所以攝或有所以不攝如偈說

因事生於愛　因事生於恚　世人起愛恚
無不因事者

攝法攝自法者一切時攝皆有所以一切時攝者無有不攝自相時皆有所以者何自體不待所以故攝法若觀察自相法還攝自相法時有何善

利耶答曰除去我想聚想能修法想別想若衆生有我想聚想便生貪恚癡心生貪恚癡故於生老病死憂悲苦惱不能得脫若能除去我想聚想觀色猶如散塵觀無色法前後不俱物觀有為法離散之相猶如散沙便生空解脫門種子若觀諸行空而不樂生死便生無願解脫門種子若不樂生死而求涅槃便生無相解脫門種子依下三昧便生中三昧依中三昧生上三昧依上三昧能離三界欲觀察自相法還攝自相法時有如是善利身見攝三使惣而言之身見攝三使身見在三界欲界身見還攝欲界身見乃至無色界身見還攝無色界身見戒取攝六使疑攝十二使餘攝如經本說

問曰云何名攝答曰自體於自體是有是實是可得故名攝自體於自體非異自體於自體非外自體於自體非遠自體於自體不相捨自體於自體非空自體於自體無盈長自體於自體非不已有非不今有非不當有自體還攝自體故名攝非如手把食指捻衣名攝以諸法還攝自體名攝不攝於他

三結攝三不善根耶三不善根攝三結耶問曰何故作此論答曰或有說攝法攝於他不攝自體欲重止如是說者意故而作此論三結攝三不善根三不善根攝三結耶答曰各不相攝餘廣說如經本

身見令幾有相續問曰何故作此論答曰或有說不染汙心令有相續如毗婆闍婆提作如是說

問曰彼何故作此說耶答曰依佛經佛經說菩薩住正智入母胎住正智住母胎住正智出母胎為止如是說者意欲明唯以染汙心令有相續故而作此論問曰唯以染汙心令有相續者佛經云何通答曰此說不顛倒心名正智衆生皆以顛倒心入母胎唯除菩薩菩薩入母胎時有如是念此是我母此是我父於母起母親愛於父起父親敬以不顛倒心入母胎故名正智復次所以不顛倒心入母

胎故名正智復次所以辟喻作論者
或有說唯以愛恚二結令有相續如
辟喻者彼何故作是說耶荅曰彼依
佛經佛經說三事合故入母胎一父
母有染心共會一處二其母無病值
時三受身者現在前當於是時受身
者二種心展轉現在前若與欲俱若
與恚俱為止如是說者意亦明一切
結令有相續故而作此論問曰若然
者佛經云何通荅曰彼說中有心不
說有相續心或有說惡道中心以恚
心令有相續人天中心以愛心令有
相續為止如是說者意亦明欲界衆
生三十六使令有相續色界三十一
使無色界三十一使令有相續為止
他義乃至廣說而作此論有亦有多
名如此中說衆生數受身處五陰是
五陰名有如說為纏所纏令地獄有
有如說欲界死生欲界中一切欲界
有相續耶此中亦說衆生數受身處
相續此中亦說衆生數受身處五陰
名有如說欲界有相續時㝡初得幾
業報根此中亦說衆生數受身處五
陰名有如說有四有前時有死有中
有生有此中亦如上說如說捨欲界
有還令欲界有相續時一切盡滅欲
界繫法還起欲界繫法現在前此中
亦如上說如說云何有法荅言有漏
法是此中說一切有漏法是有如說
沛仇當知有生時以識為食此中說
生相續時心眷屬名有如說
佛告阿難若業能令後生相續是有
是亦名有此中說造未來有思名有
如說取緣有阿毗曇者作如是說此
中說時五陰名有尊者瞿沙作如是
說造未來有業名有如說七有一地
獄有二畜生有三餓鬼有四天有五
人有六業有七中有此中說五趣因
五趣向是有五趣有即是五趣業有
是五趣因中有是五趣向如說云何
欲有欲界繫取緣能生未來有業此
中說業業報不說取緣
問曰若此中但說業業報不說取緣
者十門中說云何通如說欲有欲界
一切使所使色無色有色無色界一
切使所使欲界可介所以者何欲界
五種斷業盡能生報色無色界修道
所斷業能生報云何可介荅曰十門
文應如是說欲有欲界一切使所使
所色無色有色無色界修道所斷使
及通一切使所而不說者有何意耶
荅曰此中五種斷心能生有令有續
在有分中是有眷屬而作是說復有
說十門章中說業業報解章義中說
業業報及說取緣
問曰若然者此云何通如說彼尊者
何故先立章欲顯門義云何立章義
異解章義異是故如先說者好
問曰何故名有荅曰生滅故名有
問曰若然者所行道亦生滅可是有
耶荅曰若生滅能令有增廣者是有
聖道雖生滅不令有增廣但令損滅
復次若生滅能令有相續增長生老
病死者是有聖道雖復生滅能斷有
相續不增長生老病死復次若生滅
是苦集道迹是世間生死道迹者是
有聖道雖復生滅是苦集滅道迹是
世間生死滅道迹復次若生滅是身
見體是顛倒體是愛體是使體是貪

恚癡立足處雜垢雜毒雜剌雜滓在有墮苦集諦中者是有聖道與此相違不名為有復次可畏義是有義問曰若然者涅槃可畏可是有耶如說比丘當知凡夫愚小聞無我無彼無我所須一切諸物於此法中生怖畏心答曰若畏有者是正畏涅槃是邪復次可畏法凡夫聖人俱畏涅槃唯凡夫所畏非聖人所畏復次是苦器故名有

問曰此亦是樂器如說摩訶男當知若色一向是苦無有樂分不生喜樂者衆生於色不應染著摩訶男以色非一向苦有少樂分能生喜樂故衆生染著亦說有三受苦受樂受不苦不樂受亦說所須是道具道是涅槃具亦說所須樂能生道樂道能到涅槃答曰生死雖有少樂苦分多以樂分少故說名苦分猶毒瓶雖一滴蜜墮中不以一滴蜜故說名蜜瓶以毒多故說名毒瓶身見少分令欲有相續少分令色有相續少分令無色有相續身見在三界在欲界者令欲有相續在色有者令色有相續在無色有者令無色有相續戒取疑亦如是餘廣說如經本相續有五種一中有相續二生有相續三時相續四法相續五剎那相續中有相續者死陰滅次生中陰中陰續死陰名中有相續生有相續者中陰滅次生生陰生陰續中陰名生有相續時相續者迦羅羅時滅次生阿浮陁時阿浮陁時續迦羅羅時名時相續乃至中年時滅次生老年時老年時續中年時是名時相續法相續者善法後次生不善無記法不善無記法續善法後不善無記說亦如是是名法相續剎那相續者前生剎那次生後剎那後剎那續前剎那是名剎那相續此五種相續悉入二相續中謂法相續剎那相續所以者何中有相續生有相續時相續盡是法剎那相續界中欲界有五種相續色界有四除時相續無色界有三除中有相續時相續趣中地獄趣有四除時相續餘四趣及四生有五種相續此中依二種相續而作論謂中有相續生有相續問曰使能令有相續非纏是意地非五識身何故作如是說睡眠掉悔鼻觸生愛舌觸生愛令欲有相續眼觸生愛耳觸生愛身觸生愛令二有相續少入欲有少入色有答曰此文應如是說貪欲蓋恚蓋疑蓋令欲有相續意觸生愛令三有相續餘蓋餘觸生愛不能令有相續若不如是說者當知此說有餘復次以不斷故說名相續若不斷蓋不斷鼻觸生愛舌觸生愛者命終還生欲界若不斷眼觸生愛耳觸生愛身觸生愛者命終生欲界色界復有三事故令有相續一不斷二能生果三令有相續使在五識身能令有相續無記者有一事不斷不不善者有二事一不斷二能生果不能生果不能令有相續使在意地不善者有三事不斷能生果能令有相續無記者有二事不斷令有相續不能生果纏在意地五識身不善者有二事不斷能生果不能令有相續無記者有一事不斷不能生果不能令

有相續若有此三事者能令有相續身見以何三昧滅問曰何故作此論荅曰欲顯佛出世間有如是希有力故而作此論施設經作如是說閻浮提外有轉輪聖王道廣一由旬海水覆之若無轉輪聖王時無有衆生能過上者若轉輪聖王出時海水減一由旬轉輪聖王所行道乃現以金沙布上栴檀香水灑之轉輪聖王欲與四種兵衆遊巡四天下時行此道上如是佛不出世時無有衆生能行根本地衆生雖有離欲者依於邊道不得根本若十力轉輪法王出世時根本道尒乃顯現以三十七品金沙布上以戒定慧栴檀香水而以灑之世尊與無量百千万那由他衆生而行其上至無畏涅槃城是故欲現佛出世間有如是希有力故而作此論

身見以何三昧滅亦可言以何道亦可言以何對治亦可言以何正觀如是說者皆同一義滅亦可言斷亦可言無欲亦可言盡亦可言解脫如是等說皆同一義若有二大師一名耆婆羅二名瞿沙跋摩尊者耆婆羅作如是說此中說畢竟斷無餘斷一向是聖人非凡夫人以無漏道非世俗道七依經是此論根本七依經說根本地不說邊無有依根本地以世俗道而離欲者尊者瞿沙跋摩作如是說此中說畢竟斷無餘斷亦有凡夫人亦有聖人亦世俗道亦以無漏道

問曰若然者七依經非此論根本七依經純說根本荅曰以是事故阿毗曇照明脩多羅其猶如燈經中所不說者此中說之經中所不現者此中顯之經中有餘義者此中說之彼二家所說俱得善通三結依四依未至依四依者依四禪依未至者依未至中間此地名未至

問曰何故名未至耶荅曰未入根本地根本地未現在前而能離欲名未至地

問曰未至地不名為依何故作是說或依四或依未至荅曰此文應如是說若入四依若不入四依而滅而不說者有何意耶荅曰欲重說四依名故如說或入根本得滅或不入根本得滅如人問他男子汝為入城事得成耶為不入城事得成耶三結從欲界乃至非想非非想處可得欲界者依未至初禪者依初依依未至二禪者依二依依未至三禪者依三依依未至四禪及無色依四依依未至所以者何三結是見道所斷必以見道而畢竟斷見道必在六地謂未至中間根本四禪若依未至禪得正决定三結則以未至禪滅若依初禪得正决定三結則依初禪滅若依乃至第四禪得正决定及無色三結即依第四禪滅此中說第四禪及無色三結依四禪及未至貪恚癡及欲漏依未至所以者何離欲愛時此法永斷若凡夫人斷依未至斷聖人亦依未至斷世俗道聖道俱依未至斷有漏或依七或依未至七依者四禪三無色定未至者未來中間有漏從初禪乃至非想非非想處可得彼非想非非想處或依未至而離彼欲或乃至依無所有處離彼欲為無所有處非想

非非想處有漏言七地及未至初禪地者或依初依或依未至三禪地者或依二依或依未至乃至識處或依六依或依未至無所有處非想非非想處或依七依或依未至無明漏或依七依或依未至七依者四禪三無色定未至者未至中間禪無明漏欲界乃至非想非非想處可得彼非想非非想處无明漏或依七依或依未至惣而言之依七依或依未至若欲界者依未至在初禪者依初依或依未至乃至識處依六依依未至無所有處非想非非想處無明漏或依七依或依未至餘廣說如經本

諸結過去彼結已繫耶荅曰若結過去彼結已繫諸結過去彼得亦過去是也頗結已繫彼結非過去耶荅曰有未來現在結是也諸未來現在結得在過去諸結生時或如大牛在前而行或如犢子隨後而行或有俱行如大牛在前行者先生結後生得如犢子隨後行者先生得後生結俱行者結得俱生此中說犢子隨行法諸結未來彼結當繫耶荅曰或結未來彼結不當繫耶乃至廣作四句云何結在未來彼結不當繫耶荅曰諸未來結已斷已知已滅已吐於彼斷結心更不退斷者是斷智知者是智知滅者是數滅吐者斷不解脫得解脫得作證於彼斷結心更不退者不退法阿羅漢未來三界見道修道所斷結已斷乃至已吐彼結更不復繫所以者何彼是不退法故若是退法阿羅漢未來三界見道所斷結已斷乃至已吐彼結更不復繫阿那含是不退法者離無所有處欲未來三界見道所斷結及修道所斷八地結已斷乃至已吐彼結更不復繫乃至離欲界欲未離初禪欲三界見道所斷欲界修道所斷法彼結已斷乃至已吐更不復繫不退法斯陁含未來三界見道所斷結及欲界修道所斷六種結已斷乃至已吐更不復繫須陁洹未來三界見道所斷結已斷乃至已吐更不復繫不退法凡夫如菩薩等離無所有處欲八地見道修道所斷結已斷乃至已吐更不復繫乃至離欲界欲一地說亦如是云何結當繫彼結不在未來耶荅曰諸結過去已斷已知已滅已吐於彼斷結必退退法阿羅漢三界過去修道所斷結已斷乃至已吐彼結當繫退法阿那含離無所有處欲過去八地修道所斷結已斷乃至已吐彼結當繫乃至離欲界欲未離初禪欲說亦如是離無所有處欲退凡夫人過去八地見道修道所斷結已斷乃至已吐彼結當繫乃至離欲界欲未離初禪欲說亦如上云何結在未來彼結當繫耶荅曰諸未來結已斷乃至已吐彼結必退廣說如過去云何結不在未來彼結不當繫耶荅曰諸結過去已斷乃至已吐彼結必不退廣說如未來諸結現在彼結今繫耶荅曰若結現在彼結今繫諸結現在彼得亦現在頗結今繫彼結非現在耶荅曰有諸過去未來結諸過去未來結得在現在繫過去者如大牛行法現在者如犢子行法所可用道斷欲界結退彼道

時還得彼結得不耶問曰何故作此論荅曰或有說無有退法如毗婆闍婆提以現喻故而作是說令現見瓶破唯有破瓦不可還作瓶如是阿羅漢以金剛喻定破諸煩惱令無有餘不可還成煩惱性亦如燒木為灰更無木用如是阿羅漢以智慧火燒諸煩惱更無煩惱用以是現喻故言無退法為斷如是說者意亦明退法有實體若言無退法則違佛經佛經說有二種阿羅漢一退法二不退法復違餘經如說有五因緣時解脫阿羅漢退云何為五一營事二多誦三和鬪諍四遠行五長病復違餘經如說尊者瞿䃋迦得阿羅漢是時解脫六反退失阿羅漢果第七反時畏退此法以刀自害而死欲令無如是過故說退法實有定體

問曰若退法實有定體者毗婆闍婆提說現喻云何通荅曰此不必須通所以者何此非修多羅毗尼阿毗曇不可以世間現事難賢聖法賢聖法異世間法異若欲必通有何意耶荅曰應說喻過若喻有過義亦有過如瓶破時有餘碎瓦阿羅漢諸結斷時為有餘結為無有耶若有餘結　名有結不名阿羅漢若無餘結義異喻異猶如燒木有餘灰在如是阿羅漢諸結盡時為有餘結為无餘結若有餘結不名阿羅漢若無餘結義異喻異然木無燒義木微塵與火微塵作因已滅火微塵與灰微塵作因已滅是故作如是說木是灰因灰因木生作燒木想燒木已有餘灰非無所有是故喻不似義如是阿羅漢煩　盡時非無本性在過去未来世中有相有實體若與結相違諸善功徳在彼身中未生之時名結不斷若與結相違諸善功徳在彼身中出生之時彼結名斷如是修聖道時不令結體使無本性如是聖道是希有事能令阿羅漢斷一切結不令此結非無本性是故尊者瞿沙作如是說煩惱不在身中行故名斷如提婆達多不在舍中非無提婆達多性彼亦如是

問曰毗婆闍婆提云何通有多婆提所引經耶荅曰彼作是說阿羅漢退道不退果所以者何果是無為法故

問曰若然者雖不退果而退於道退於道非是退耶若退無學道時為得學道為不得耶若得者亦應言退果若不得者便有大過退無學道不得學道是時應是凡夫毗婆闍婆提復作是說使是纏種子使不與心相應纏與心相應使能生纏纏若現在前名退阿羅漢諸使已斷故不能生纏云何起纏現在前而退耶是故彼作是說言無退法如是說者好彼作是說言無退法者是無知果闇果愚果不勤方便果而退法有相有實體是故為止他義乃至欲顯已義故而作此論

問曰退法體性是何荅曰是不成就性不隱沒無記心不相應行陰攝在如是法中如說如是等諸法名心不相應行退異退法異退者是不成就性如上說退法是不善法及隱沒無記法亦如破僧異破僧罪異破僧是不和合性是不隱沒無記心不相應

行陰攝破僧罪是妄語僧成就不和合破僧人成就罪如是退異退法異廣說如上復有說者若起使若起纏現在前是退性若然者退法性是染汙復有說者若法隨順退法是退性若作是說一切諸法盡是退性所以者何一切諸法隨順退性故尊者浮陁提婆作如是說退無體性所以者何行者本有如是諸善功德於彼法退失墮落如人為賊所劫財物有人問言汝失財物體性是何彼荅言無有體性本有財物賊劫之去復有何性猶如有一人劫衣去他人問言汝今失衣體性是何彼荅言無有體性所以者何本有此衣人劫之去當有何性猶如有一人裂其衣他人問言汝今衣裂體性是何彼荅言無有體性所以者何衣本是皃他人裂破當有何性彼亦如是評曰應如上說退體性是不成就性乃至廣說

問曰為退已煩惱現在前為煩惱現在前退耶若煩惱現在前退者波伽羅那說云何通如說以三事故起欲愛結一不斷不知欲愛使二起欲愛具現在前三不正觀若煩惱現在前退者此經云何通如說有五因緣時解脫阿羅漢退若煩惱現在前退者定揵度說云何通如說以非學非無學心退生學法得云何是阿羅漢起煩惱心現在前何等心次第起煩惱心若當退已起煩惱者施設經說云何通如說或時心遠或時心剛强以遠以剛强故或時起無色界三纏現在前謂愛慢無明然多起慢纏若彼人於無色界三纏起一一現在前是人名於無色界欲盡退住色界欲盡中識身經說復云何通猶如有一起無色界染汙心現在前是時名捨何善根何善根相續耶荅曰捨無學善根學善根相續退無學心住於學心波伽羅那經說云何通如說云何退法不善隱沒无記法住何等心煩惱現在前荅曰應作是論或有說者起煩惱現在前退如是後說善通波伽羅那說云何通荅曰此為說煩惱不斷者或有已斷煩惱起煩惱現在前或有未斷煩惱起煩惱現在前此中說煩惱未斷現在前者或有染汙心次第起煩惱現在前或有不染汙心次第起煩惱現在前此中說染汙心次第起煩惱現在前者或有退煩惱現在前或有不退煩惱現在前此中說不退煩惱現在前者復次此中說能起滿足煩惱者以三事故衆生起於煩惱一以因力二以境界力三以方便力如說不斷不知欲愛使者是說因力起欲愛具現在前者是說境界力不正觀者是說方便力復次不同外道故作如是說外道說以境界故煩惱生若境界壞則無煩惱為止如是意故彼尊者說因不正觀故煩惱生佛經云何通有五因緣時解脫阿羅漢退荅曰此中說退具名退餘經亦說以餘法具故說名餘法此亦如是以退具故名退法定揵度說云何通荅曰此中說根退不說果退云何阿羅漢起煩惱心荅曰阿羅漢起煩惱現在前若起煩惱現在前便非阿羅漢如凡夫人起無漏法現在前

若起無漏法現在前便非凡夫學人起無學法現在前若起無學法現在前便非學人何等心次第起煩惱心現在前荅曰畢竟離非想非非想處欲還起非想非非想處結便退彼結次第善心後生若非畢竟離欲者起非想非非想處結退彼次第或起善心或起染汙心乃至離初禪欲說亦如是永斷欲界退時二種心次第生煩惱謂善心不隱沒無記心若不都離欲界欲三種心次第生煩惱謂善染汙不隱沒無記心復有說者退後煩惱現在前前所說善通施設經識身經說云何通荅曰此說不知不覺而作是說先退不知不覺後煩惱起時乃知乃覺我今退猶如比丘誦四阿含不諷誦故而便忘失都不覺知後誦不得乃知忘失而非誦時先忘失誦不得故而知忘失彼亦如是波伽羅那經說復云何通荅曰此說減損善法遠於善法若煩惱數數現在前時遠於善法住何等心起煩惱現在前荅曰住不隱沒無記心若威儀若工巧非報心所以者何報心羸劣故

問曰羸劣心不能隨順退法耶荅曰於出要分中心羸劣煩惱分中心熾盛是時乃退報心於二種心中俱是羸劣評曰住威儀工巧報心中盡退謂欲界不隱沒無記心與三界煩惱心相妨彼心若現在前時三界煩惱不得現在前退或有與欲色界煩惱相妨不與無色界煩惱相妨彼心現在前時欲色界煩惱不得現在前若退者起無色界煩惱現在前或有與欲界煩惱相妨不與色無色界煩惱相妨彼心若現在前欲界煩惱不得現在前退若退者起色無色界煩惱乃退或有不與三界煩惱相妨者彼心若現在前時三界煩惱展轉現在前若不得淨禪淨無色得者謂現前行得彼不能以色無色界煩惱現前退若退者起欲界煩惱退若得淨禪得者謂現前行得不得淨無色定彼不能起無色界煩惱退若退者起欲界煩惱退若得淨禪淨無色若得者謂現前行得若退者能起三界煩惱展轉現在前

問曰退時為住意地退為住五識身退耶荅曰住意地退非五識身問曰若住意地非五識身者優陁延王因緣云何通曾聞憂陁延王將諸宮人婇女詣欝毒波陁山林除却男子純與女人五樂自娛其音清妙燒衆名香時諸婇女或有倮形而起儛者介時有五百仙人以神足力飛騰虛空經過彼處時諸仙人眼見色耳聞聲鼻嗅香便失神足猶无翼鳥墮彼林中時王見之而問言汝等是誰諸仙荅言我是仙人王復問言諸賢汝得非想非非想處定耶荅言不得乃至問言汝得初禪耶荅言曾得而今已失時王瞋恚作如是言有欲之人見我宮人婇女非其所以便拔利劒斷五百仙人手足彼諸仙人或有住眼識退者或有住耳識退者或有住鼻識退者憂陁羅摩子因緣復云何通曾聞憂陁羅摩子有王常施其食若食時至以神足力猶如鷹王飛騰虛

空詣於王宮時王即時躬自迎抱坐金牀上以諸仙人所食之味而供養之時彼仙人飯食已竟除器澡漱說偈呪願飛空而去是王後時以國事故欲詣餘處作是念若我行後無人如我常法給事仙人仙人性躁或起瞋恚而呪咀我或失王位或斷我命便問其女作如是言仙人若來如我常法汝能供養不女荅言能時王重約勅女盡心奉養然後乃行營理國事後日食時仙人從空飛行而來時王女如父王法躬身迎抱坐金牀上王女身體細耎仙人離欲而復尠薄身觸女時退失神足飯食訖除器澡漱說偈呪願欲飛空去而不能飛時王宮中有後園林即入其中欲修神足耳聞爲馬車乘之聲而不得修時彼城中人民恒作是念若令大仙在地行者我等當得親近礼足尒時仙人聰明黠慧善知方便語王女言汝今宣告城中人民令日大仙當從王宮步行而出汝等人民所應作者皆悉作之時彼王女如其所勅即便宣

告城中人民是時人民即時除去城中街陌瓦礫糞穢懸諸幡蓋燒衆名香散種種華嚴飾鮮潔猶如天城是時仙人步行而出去城不遠入林樹間欲修神足聞衆鳥聲修不能得便捨林樹復詣河邊以其本法欲修神足復聞水中魚鼈迴轉之聲而不得修便上山上作是思惟我今所以退失善法皆由衆生凡我所有善法淨行苦行使我當作如是衆生能害世間所有地行飛行水性衆生無免我者發是惡誓願已離八地欲生非想非非想有頂處開甘露門寂靜田中八万劫中處閑靜樂業報盡已還生此閻浮波樹林曇摩阿蘭若處作著翅狸身廣五十由旬兩翅各廣五十由旬其身量百五十由旬以此大身煞害空行水陸衆生無得免者身壞命終生阿毗地獄如是等住身識時退帝釋因緣復云何通曾聞佛未出世時天帝釋常往詣提波延那仙人所聽法帝釋後時乘寶飾車欲詣仙人是時帝釋阿修羅女舍芝夫人作

是念今者帝釋捨我欲詣諸餘婇女即隱其形上車上帝釋不知乘到仙人所顧視見之而問言汝何故來仙人今者不欲眼見女人汝可還宮尒時舍芝不欲還去帝釋以蓮華莖打時舍芝夫人以女人耎美之音而謝帝釋仙人聞已起如是欲愛而現在前令其鬚髮即時落地如是等住耳識而退若住意識不住五識退者如是等諸因緣云何通荅曰如是等說皆先依五識生於意識然後乃退尊者僧伽婆修作如是說住五識身亦退所以者何眼見色能生煩惱乃至身觸觸能生煩惱以其對治羸劣故眼見色便退乃至身觸觸便退評曰應作是說住意地退不住五識所以者何意地有六事不與五識共一退二離欲三死四生五斷善根六還令相續

阿毗曇毗婆沙論卷第三十二

阿毗曇毗婆沙論卷第三十二 校勘記

一 底本，金藏廣勝寺本。
一 六八八頁中一行「第三十二」，資、磧、普、南、徑、清作「第四十六」。
一 六八八頁中四行「一行品中」，資、磧、普、南作「一行品之三」；徑、清作「一行品第二之三」。
一 六八八頁中九行末字「槃」，資、磧、普、南、徑、清作「蓋」；麗作「⿰忄盖」。
一 六八八頁中一三行第一一字「爲」，諸本(不含石，下同)無。
一 六八八頁中一八行第七字「此」，麗無。
一 六八九頁上一行第一〇字「蓋」，麗作「⿰忄盖」。下至三行第一二字同。
一 六八九頁上二二行第八字「待」，徑、清作「時」。
一 六八九頁下二〇行第二字「除」，清作「論」。
一 六八九頁下末行至次頁上一行「復次……作論者」，諸本作「復次所以作此論者」。
一 六九〇頁上二行第三字「說」，資、磧、普、南、徑、清作「說者」。
一 六九〇頁上一一行首字「說」，資、磧、普、南、徑、清作「說生」。
一 六九〇頁上末行第三字「根」，資、磧、普、南、徑、清作「相」。
一 六九〇頁中一五行「五趣」，資、磧、普、南、徑、清作「五趣五趣」。
一 六九〇頁下四行首字「所」，諸本無。
一 六九〇頁下五行第六字「所」，諸本作「所使」。
一 六九〇頁下六行末字「續」，諸本作「相續」。
一 六九〇頁下七行第九字「而」，資、磧、普、南、徑、清作「故而」。
一 六九〇頁下一六行「損滅」，資、磧、普、南、徑、清作「損減」。
一 六九一頁上五行「小聞」，諸本作「小聞說涅槃」。
一 六九一頁上一四行第四字「苦」，資、磧、普、南、徑、清作「若」。
一 六九一頁下一〇行「復次」，資、磧、普、南、徑、清作「復有」。
一 六九一頁下一三行末字「界」，資、磧、普、南、徑、清無。
一 六九二頁上九行末字「與」，南、徑、清作「興」。
一 六九二頁上一〇行第七字「四」，資、磧作「以」。
一 六九二頁下一六行第七字「欲」，麗作「次」。
一 六九二頁下一九行「七依」，資、磧、普、南、徑、清作「依七」。
一 六九二頁下二〇行第六字「來」，資、磧、普、南、徑、清作「至」。
一 六九三頁上一行「七地」，資、磧、普、南、徑、清作「七依」。
一 六九三頁上一二行第一〇字「依」，資、磧、普、南、徑、清作「或依」。
一 六九三頁中二行第六字「耶」，資、

一　六九三頁中七行「彼斷」，資、磧、普、南、徑、清作「斷彼」。

一　六九四頁上四行「破瓦」，資、磧、普、南、徑、清作「碎瓦」。

一　六九四頁上二二行第八字「難」，麗作「過」。

一　六九四頁中末行「通有」，資、磧、普、南、徑、清作「通育」。

一　六九五頁上一八行第九字「皃」，諸本作「完」。

一　六九五頁上二〇行「廣說」，至此，資、磧、普、南、徑、清卷第四十六終，卷第四十七始，資、磧、普、南有品名「使揵度一行品之四」；徑、清有品名「使揵度一行品第二之四」。

一　六九五頁中八行「經說」，磧、南作「經論」。

一　六九五頁中一九行第一二字「心」，徑、清作「心起」。

一　六九五頁下四行「現在」，磧、南作「起現在」。

一　六九六頁中一〇行末字「現」，徑、清作「若現」。

一　六九六頁中一一行第一三字「前」，徑、清作「前退」。

一　六九六頁中末行第一二字「若」，徑、清無。

一　六九七頁上一行「即時」，資、磧、普、南、徑、清作「即前」。

一　六九七頁下八行第四字「騾」，資、磧、普、南、徑、清作「螺」。

一　六九七頁下末行經名，資、磧、普、南、徑、清無(未換卷)。

阿毗曇毗婆沙論卷第三十三　　磨

迦旃延子造　五百羅漢釋

北凉天竺沙門浮陀跋摩共道泰等譯

使揵度一行品下

退有三種一得退二不得退三不現前行退得退者得諸善功德而退不得退者一切衆生若勤方便皆應得聖慧眼以貪著名色故不勤方便是名不得退如偈説

一切天世人　皆應得慧眼　貪著名色故

不得見真諦

又如偈説

愚小衆所敬　是則名失利　亡失諸善法

是名為頂墮

世尊為提婆達多故而説此偈彼已起煗善根不久當得頂法於其中間貪著利養故於善法退如是名不得退不現前行退者已得善法不現前行如佛不起佛菩提現在前辟支佛不起辟支佛菩提現在前聲聞不起聲聞菩提現在前是名不現前行退問曰此三種退幾是佛幾是辟支佛

幾是聲聞荅曰佛有一種退謂不現前行退本得善法不現前行故无不得退所以者何於一切衆生中得㝡勝根故無得退所以者何非是退法故辟支佛有二種退一不得退二不現前行退不得退者不得佛根故現前行退者本得善法不現前行故無得退非是退法故聲聞是非時解脱者有二種退一不得退二不現前行退不得退者不得佛辟支佛根故不現前行退者本得善法不現前行故無得退者非退法故時解脱阿羅漢有三種退得退者先得善法而退不得退者不得三種根現前行退者先得善法不現前行復有説者佛世尊無一種退無得退非是退法故無不得退以住一切衆生中㝡勝根故無現前行退所以者何佛於無數阿僧祇劫集諸難行苦行皆欲為衆生説法故無有少時不為衆生辟支佛有一種退先得善法不現前行無得退非退法故無不得退若於辟支佛根已定無求佛根故非時解脱阿羅漢

有一種退先得善法不現前行無得退非退法故無不得退若於非時解脱根已定不求辟支佛佛根故時解脱有二種退得退者先得善法而退現前行退者先得善法不現前行無不得退若於時解脱根已定則不求上二種根故評曰應作是説佛世尊有一種退謂現前行退辟支佛有二種退謂現前行退不得退非時解脱阿羅漢亦如是時解脱阿羅漢有三種退謂得退現前行退不得退問曰云何知佛世尊有現前行退荅曰依佛經故如經説佛告阿難如來有四種增上心受現法樂於此四心展轉有退如諸弟子聚會為説法時若不動法心得解脱身作證不説有退問曰此中為説現前行退為説得退若説現前行退者不動法心得解脱亦應有退所以者何不能一切時令不動法常現在前若説得退者四種增上心亦不應退所以者何如來是不退法應作此論是現前行退問曰若然者不動法心得解脱亦應有退荅

曰不動法心得解脫者以得為勝若得彼法更無所作增上心以現前行為勝若不現在前便言是退復有說者若依未至是說不動法若依根本禪是說增上心如來依未來現在前多若食時若食後為他說法時說法巳欲入定時如來雖於禪定速疾於未至禪速疾勝根本禪猶如疾行之人於行法疾然近處疾勝於遠疾復次自利益是說增上心利益他是說不動如來利益他多自利益少復次慈悲是說不動喜捨是說增上如來多起慈悲少起喜捨復次大悲是說不動大捨是說增上心如來多起大悲少起大捨尊者瞿沙說曰永斷一切結是說不動如來一切時彼得現在前問曰若佛世尊有現前行退有現前行退佛多辟支佛多聲聞多耶荅曰如來現前行退多非聲聞辟支佛所以者何若如來一剎那須現前行退勝辟支佛聲聞盡其形壽退以如來有廣大無邊甚深明淨幽隱之法辟如王四天下轉輪聖王若於一

日離自國土勝於小王盡其形壽離自國土

定揵度作如是說以何等故阿羅漢果退阿那含果退斯陀含果退非須陁洹果耶荅曰即彼文說見諦所斷法緣無所有云何緣無所有荅曰因無法起云何因無法起荅曰因於我起實義中無有我修道所斷法緣於有法云何緣於有法荅曰因於有起云何因於有起荅曰因淨故淨有少淨如髮爪齒脣形色淨等觀此法作淨想故於不淨法退無有法少分是我我所而計於我觀此法時无有於無我法退是故不退復次斷三界見道所斷煩惱名須陁洹果無有能退須陁洹果者復次斷非想非非想處見道所斷煩惱名須陁洹果無有能退非想非非想處見道所斷煩惱者此因論生論以何等故無有能退非想非非想處見道所斷煩惱荅曰非想非非想處煩惱難斷難破難過以難斷難破難過故還令相續亦難復次以忍作對治斷緣无所有煩惱名

須陁洹果無有退忍作對治斷緣無所有煩惱者復次以見道能到須陁洹果無有能退見道者如是因論生論以何等故無有能退見道耶荅曰見道是速疾道不起道无有勢力起彼道者復次行者入見道名入大法河大法流中猶不能起善不隱沒無記心現在前何況染汙心辟如有人墮山澗河峻流之中猶不能據彼此岸何況能渡彼亦如是復次見道是三界見道所斷對治法無有能退三界見道所斷煩惱者復次見道是非想非非想處見道所斷對治无有能退非想非非想處煩惱者復次見道是忍作對治斷緣無所有煩惱無有能退忍作對治斷緣无所有煩惱者問曰若退阿羅漢果住須陁洹果時當言退斯陀含果阿那含果不耶荅曰當言退辟如有人從三重屋上墮至於地當言此人墮三重屋彼亦如是問曰彼二沙門果本不成就何以言退荅曰以不成就復不成就故云何以不成就復不成就荅曰本遠分

復遠故復次以斷介所結故名斯陁含果阿那含果以退結故果亦名退復次諸煩惱以斯陁含果阿那含果為對治彼煩惱本得成就成就煩惱故彼對治名退復次以無㝵解脫道能到斯陁含果阿那含果於彼道退果亦名退復次斯陁含果阿那含果是阿羅漢果因阿羅漢果若退彼果因亦名退問曰須陁洹果亦是阿羅漢果因阿羅漢果亦是彼果何以退彼果時不退因耶荅曰須陁洹果前更無有果若彼退時更無住處若當退須陁洹果者本是見諦今非見諦本是得果今非得果本是決定今非決定本是聖人今非聖人欲令無如是過故說須陁洹果不退

退根本沙門果不命終果中間退命終問曰何故退根本沙門果不命終果中間退命終耶荅曰以易見易施設謂此是須陁洹果乃至謂是阿羅漢果果中間不易見不易施設復次行者是時於果生大悅適辟如農夫於六月中修治田業後獲子實積聚

場上心大悅適彼亦如是復次是時有三事故一得未曾得道二捨曾得道三斷煩惱同於一味復次是時有五事一得未曾得道二捨曾得道三斷煩惱同於一味四頓得八智五修十六行復次是時是止息處最勝止息處復次是時斷結事事成道方便方便成果中間斷結事未成道方便未成復次是時容廣修道果中間不容廣修道復次行者是時善知功德過惡知功德者是道道果知過惡者是生死法復次行者是時善取相貌如人道中行時不能善取四方相貌若坐一處則能善取四方相貌彼亦如是復次行者是時有隨從知見者猶如有人於村落中間為人所劫無有隨從知見者若在村落為人所劫多有隨從知見者復次行者是時先廣修方便道立足處牢固須陁洹果廣修方便道者先為解脫故修施持戒聞慧思慧修慧煗頂忍世第一法見道中十五心頃是也斯陁含果廣修方便道者如上說諸善復更有未

曾有者離欲界欲方便道六無㝵道五解脫道是也阿那含果廣修方便道者如上說諸善復更有未曾有者離欲愛時方便道三無㝵道二解脫道是也阿羅漢果廣修方便道者如上說諸善復更有未曾有者離初禪欲時方便道九無㝵道九解脫道乃至離無所有處欲說亦如是離非想非非想處欲時方便道九無㝵道八解脫道是也復次行者是時斷一切生分止一切生分須陁洹除欲界七生分色無色界一一生處除一生分餘一切生分得非數滅斯陁含除欲界二生分色無色界一一生處除一生分餘一切生分得非數滅阿那含色無色界一一生處除一生分餘一切生分得非數滅阿羅漢一切生分得非數滅復次行者是時頓證三界見道修道所斷煩惱須陁洹頓證三界見道所斷煩惱斯陁含頓證三界見道所斷煩惱及欲界修道所斷六種煩惱阿那含頓證三界見道所斷煩惱及欲界修道所斷九種煩惱阿羅漢頓證三界見道

阿毗曇毗婆沙論第三十三卷 第十張 磨 未大

修道所斷煩惱以如是等事故根本沙門果退不命終果中間退者命終離欲界欲乃至離無所有處欲得正決定若退者以上地煩惱退問曰何故退上地煩惱不退下地者耶荅曰下地煩惱以為二種對治所害故不能更生復次彼煩惱斷已更有重見道法墮上墮上故不能更生如人偃卧在地大山墮上猶不能動何況能起復次彼結斷已生於忍智無有退忍智者復次彼結斷已生法智比智無有畢竟退法智比智者復次彼結斷已生世第一法無有退世第一法者復次彼結斷已生增上忍無有退增上忍者復次凡夫人離欲界欲乃至離无所有處欲從欲界乃至無所有處見道修道所斷煩惱合集如刈草法作九種一時斷後得果時於對治退當言成就見道所斷結不耶若成就者無有聖人退見道所斷結者若不成就者云何煩惱同一對治斷於彼對治退或有成就或不成就此事云何可介

阿毗曇毗婆沙論第三十三卷 第十一張 磨 證

當得阿羅漢果住金剛喻定時成就下下煩惱若退阿羅漢果時還成就非想非非想處下下煩惱為成就金剛喻定不荅曰不成就問曰何故當得阿羅漢果住金剛喻定時成就下下煩惱若退阿羅漢果時成就下下煩惱不成就金剛喻定耶荅曰金剛喻定多用功多用方便然後乃得下下煩惱不多用功不多用方便而現在前復次金剛喻定勝進時得下下煩惱退失時得復次金剛喻定與下下煩惱不妨成就妨現前行下下煩惱與金剛喻定妨成就妨現前行如金剛喻定與下下煩惱不妨成就如是住金剛喻定成就下下煩惱如下下煩惱與金剛喻定妨成就亦妨現前行如是住下下煩惱不成就金剛喻定復次金剛喻定是無㝵道無有住无㝵道退者亦無退已住無㝵道者皆住解脫道勝進道而退得已還住解脫道勝進道

問曰於何處退荅曰界者在欲界非色界非無色界趣者在人趣非餘趣

阿毗曇毗婆沙論第三十三卷 第十二張 磨

問曰何故六欲天中無退耶荅曰彼處无退具故問曰彼處非不多諸退具耶荅曰佛經中所說退具彼中無然諸天得果者多是利根利根者不退問曰若鈍根者人中得果後生六欲天上在彼退耶荅曰不退所以者何聖人易世不退不轉根不生色無色界所以者何聖道在彼身中舊住牢固故

問曰何等人退何等人不退耶荅曰或有信他隨他或有自信自欲若信他隨他入聖道者退自信欲入聖道者不退復次或有廣因力廣方便力廣不放逸力或有不介若廣者不退不介者退復次或有以信入聖道者或有以慧入聖道者若以信入聖道者退若以慧入聖道者不退如以信以慧以奢摩他毗婆舍那可定可慧脩定脩慧得定得慧得內心定不得慧得慧不得內心定住堅信法住堅法法鈍根利根緣力因力內枝力外枝力内正思惟從他聞法當知亦如是復次或有不貪多者或有不愚多者不

貪多者退不愚多者不退復次或有心善解脱慧善解脱或有心善解脱慧不善解脱若心善解脱慧善解脱者不退若心善解脱慧不善解脱者退

問曰退者經幾時答曰經少時不久乃至不自知退若自知退便修勝進方便復次彼煩惱現在前時心生慙愧故速修方便如明目人晝於平地而便顛蹶尋即還起四方顧視無見我者不耶如是行者煩惱起時心生慚愧若佛若佛弟子若諸善人無見我者不耶復次彼煩惱現在前時身心生熱欲令煩惱熱速滅故尋修方便猶如軟身體人小火墮上尋即除却彼亦如是復次煩惱臭穢在身不堪忍故尋修方便猶如好淨之人有少不淨墮於身上尋即除却彼亦如是復有說者此事不定或有久者乃至令根猛利信解脱為見到然後得阿羅漢果

問曰若退阿羅漢果已阿羅漢所不應作者彼人作耶退阿那含斯陀含

果已阿那含斯陀含所不應作彼人作耶答曰不作所以者何得果人所作所行異於凡夫故

阿羅漢有六種一退法二憶法三護法四等住五能進六不動退法者退憶法者心生猒憶持刀欲自害護法者於已解脱心生愛樂善守護之等住者不退不進能進者能進至不動不動者住本根不動問曰退法阿羅漢必退耶憶法者必憶法耶護法者必護法耶等住者必等住耶能進者必能進至不動耶答曰或有說者退法必退乃至能進者必能進至不動以是事故名退乃至名能進若作是說退法必退乃至能進者必能進者以有六事故阿羅漢有六欲界有六色無色界有二謂等住不動若作是說退法阿羅漢不必退乃至能進者不必能進至不動問曰若然者何故名退乃至名能進耶答曰退阿羅漢不必退若退者是退性乃至能進不必能進若能進者是能進性若作是說退法者不必退乃至能進者不必能

進以有六性故有六種阿羅漢如是說者欲界有六種色無色界亦有六

問曰云何立六種阿羅漢耶答曰以根故問曰根有九種上上至下下先說阿羅漢有六種云何以根故阿羅漢有九種答曰或有說者退法阿羅漢成就二種根下下下中憶法成就下上根護法成就中下根等住成就中中根能進成就中上根不動成就上下根辟支佛成就上中根佛成就上上根彼不應作是說無有一人成就二種根者利根者尚不能何況鈍根評曰應作是說退法阿羅漢成就下下根憶法下中護法下上等住中下能進中中不動有二種有從時解脱至不動有性不動從時解脱至不動者中上本性不動者上下辟支佛上中佛上上

退法阿羅漢作一事唯退憶法阿羅漢作二事退法憶法護法阿羅漢作三事退法憶法護法等住阿羅漢作四事退法憶法護法等住能進阿羅漢作五事退法憶法護法等住能進

阿毗曇毗婆沙論第三十三卷第十六張 碧

復有說退法阿羅漢有三事一退住學根二轉至勝根三即住般涅槃憶法阿羅漢有四事一退住學根二退住退法根三轉至勝根四即住般涅槃護法阿羅漢有五事一退住學根二退住退法根三退住憶法四轉至勝根五即住般涅槃等住阿羅漢有六事一退住學根二退住退法根三退住憶法四退住護法五轉至勝根六即住般涅槃能進羅漢有七事一退住學根二退住退法根三退住憶法四退住護法五退住等住六轉至不動七即住般涅槃問曰憶法阿羅漢退住學根為得何等學根為得退法學根為得憶法學根耶荅曰得退法學根非憶法學根所以者何彼未曾得憶法學根故若得者是名為進不名為退世尊經說尊者瞿醯迦是時解脫阿羅漢六反退第七反還得時解脫身作證以刀自害而死問曰彼尊者瞿醯迦為是退法性為是憶法性若是退法性者何故以刀自害若是憶法性者何故六反退耶荅曰

阿毗曇毗婆沙論第三十三卷第十七張 碧

應作此論是退法性問曰何故以刀自害荅曰猒患退故以刀自害若不退以刀自害者是憶法

所可用道斷欲界結退彼道時還得彼結得不耶荅曰還得彼結得諸結得離欲時斷退時還得彼結得所可用道斷色無色界結退彼道時還得彼結得不耶荅曰還得彼結得諸結得離欲時斷退時還得彼結得問曰所可用斷結道於彼道不退所可用退道彼道不能斷結無㝵道能斷結無有退无㝵道者住解脫道退无有以解脫道斷結者何故作是說所可用道斷欲界結退彼道時還得彼結得廣說如上荅曰無㝵道是解脫道因解脫道是無㝵道果若於果退時亦應言因退復次煩惱以无㝵道對治若成就彼煩惱時亦當言退彼對治道復次以煩惱故立斷煩惱無㝵道若成就煩惱時亦當言退彼無㝵道尊者僧伽婆修說曰住無㝵道退住解脫道亦退所以者何斷五種結須陁洹退時彼非是退五無㝵道五

阿毗曇毗婆沙論第三十三卷第十八張 碧

解脫道耶評曰應作是說無有住無㝵道退退已住無㝵道者退解脫道還住解脫道

九斷智欲界繫苦集所斷結斷一斷智色無色界苦集所斷結斷二斷智欲界見滅所斷結斷三斷智色無色界見滅所斷結斷四斷智欲界見道所斷結斷五斷智色無色界見道所斷結斷六斷智五下分結斷七斷智色愛斷八斷智一切結斷九斷智問曰九斷智攝一切斷智一切斷智攝九斷智廣說如經本斷者是无為問曰若斷者是無為不能有所緣何故斷是智耶荅曰斷是智果故說智業果說業如說六入是舊業天眼天耳是通果說通阿羅漢是智果說智如是智果故說斷智問曰若然者脩道所斷結以智斷故是智果可言斷智見道所斷結以忍斷是忍果云何言斷智耶荅曰彼是世俗智果故言斷智如先以世俗道離欲界欲乃至離无所有處欲八地中所斷結斷是世俗智果問曰若然者世俗道能有所

作處可尒非想非非想處世俗道不能有所作非想非非想處見道所斷結斷是忍去何是斷智耶尊者僧伽婆修說曰此是慧果說斷智斷有二種一是慧果彼不應作是說所以者何佛經說二智一知智二斷智不說斷慧評曰應作是說實義智者是金剛喻定斷是彼果所以者何得阿羅漢果時以金剛喻定斷三界見道修道所斷結頓證解脫得故復有說者從智種中生故名斷智如瞿曇姓中生故名瞿曇彼亦如是復次彼斷性相是斷智彼斷雖不能有所緣而性相是斷智說名斷智如過去未來眼根雖不能見而性相是眼彼亦如是尊者瞿沙說曰應言正斷是最勝斷相應斷畢竟斷尊者波奢說曰應言棄斷所以者何棄一切生死得此斷故此斷亦可言斷亦可言無欲亦可言滅亦可言諦亦可言斷智亦可言沙門果亦可言有餘涅槃界无餘涅槃界苦法忍滅苦法智生是時彼斷名斷名無欲名滅名諦不名斷智

不名沙門果不名有餘涅槃界無餘涅槃界苦比忍滅苦比智生是時彼斷名斷乃至名諦不名斷智不名沙門果不名有餘涅槃無餘涅槃界集法忍滅集法智生是時彼斷名斷名無欲名滅名諦名斷智謂欲界見苦見集所斷結盡斷智不名沙門果不名有餘涅槃無餘涅槃界集比忍滅集比智生是時彼斷名斷名無欲名滅名諦名斷智謂色無色界見苦見集所斷結盡斷智不名沙門果不名有餘涅槃無餘涅槃界滅法忍滅滅法智生是時彼斷名斷名無欲名滅名諦名斷智謂欲界見滅所斷結盡斷智不名沙門果不名有餘涅槃無餘涅槃界滅比忍滅滅比智生是時彼斷名斷名無欲名滅名諦名斷智謂色無色界見滅所斷結盡斷智不名沙門果不名有餘涅槃无餘涅槃界道法忍滅道法智生是時彼斷名斷名無欲名滅名諦名斷智謂欲界見道所斷結盡斷智不名沙門果不名有餘涅槃无餘涅槃界道比忍滅

道比智生是時彼斷名斷名無欲名滅名諦名斷智謂色無色界結盡斷智名沙門果謂須陁洹果不名有餘涅槃無餘涅槃界是時三界見苦見集見滅及欲界見道所斷結同一味頓證解脫得是時彼斷名斷名無欲名滅名諦名斷智名沙門果謂須陁洹果不名有餘涅槃無餘涅槃界須陁洹當得斯陁含果斷一種結乃至五種結是時彼斷名斷名無欲名滅名諦不名斷智不名沙門果不名有餘涅槃無餘涅槃界第六無礙道滅第六解脫道生是時彼斷名斷名無欲名滅名諦不名斷智名沙門果謂斯陁含果不名有餘涅槃無餘涅槃界是時三界見道所斷彼斷名斷名無欲名滅名斷智謂先所得斷智名沙門果謂斯陁含果不名有餘涅槃無餘涅槃界欲界修道所斷五種結同一味頓證解脫得是時彼斷名斷名無欲名滅名諦不名斷智名沙門果謂斯陁含果不名有餘涅槃無餘涅槃界斯陁含當得阿那含果斷第七第八種

結時彼斷名斷名無欲名滅名諦不名斷智不名沙門果不名有餘涅槃無餘涅槃界第九無导道滅第九解脫道生是時彼斷名無欲名滅名諦名斷智謂五下分結盡斷智名沙門果謂阿那含果不名有餘涅槃無餘涅槃界即彼時三界見道所斷結及欲界修道所斷九種結同一味頓證解脫得是時彼斷名無欲名滅名諦名斷智謂本得斷智五下分結盡斷智名沙門果謂阿那含果不名有餘涅槃无餘涅槃界離初禪欲斷一種結乃至斷九種結是時彼斷名斷名無欲名滅名諦不名斷智不名沙門果不名有餘涅槃無餘涅槃界乃至離第四禪欲斷一種結乃至斷八種結說亦如是第九無导道滅第九解脫道生是時彼斷名斷名無欲名滅名諦名斷智謂色愛斷斷智不名沙門果不名有餘涅槃無餘涅槃界離空處欲乃至離非想非非想處斷八種結是時彼斷名斷名無欲名滅名諦不名斷智不名沙門果不名有餘涅槃無餘涅槃界金剛喻定滅初盡智生是時九種結斷彼斷名斷名無欲名滅名諦名斷智謂一切結盡斷智名沙門果謂阿羅漢果名有餘涅槃界不名無餘涅槃界即彼時三界見道所斷八地修道所斷非想非非想處修道所斷八種結同一味頓證解脫得是時彼斷名斷名無欲名滅名諦名斷智謂一切結盡斷智名沙門果謂阿羅漢果名有餘涅槃界不名無餘涅槃界若阿羅漢陰界入更不相續入無餘涅槃界是時彼斷名斷名無欲名滅名諦名斷智謂所得斷智名沙門果謂阿羅漢果不名有餘涅槃界名無餘涅槃界

問曰諸斷是無爲何以有時名斷智有時不名斷智答曰尒時或有四事或有五事者名斷智四事者一害俱因二俱繫得解脫三得無漏解脫得四害非想非非想處一切遍使五事者即上四事五永斷於界見道中有四事修道中有五事苦法忍滅苦法智生是時不害俱因雖害見苦所斷不害見集所斷不俱繫得解脫雖見苦所斷繫得解脫見集所斷不得解脫雖得無漏解脫不害非想非非想處一切遍使是時唯有一事無二事是故彼斷名斷不名斷智苦比忍滅苦比智生是時不害俱因雖斷見苦所斷因不害見集所斷因不斷俱繫雖斷見苦所斷繫不斷見集所斷繫雖得無漏解脫得而不畢竟害非想非非想處一切遍使是時唯有二事無有三事故彼斷不名斷智集法忍滅集法智生是時害俱因先害見苦所斷因今害見集所斷因俱繫得解脫先見苦所斷得解脫今見集所斷得解脫得無漏解脫得亦害非想非非想處一切遍使是時得名斷智集比忍滅集比智生是時害俱因先害見苦所斷因今害見集所斷因俱繫得解脫先見苦所斷繫得解脫今見集所斷繫得解脫得無漏解脫得害非想非非想處一切遍使是時具四事故彼斷名斷智滅法忍滅滅法智生是時害俱因先害見苦見集所斷因今害見滅所斷因

俱繫得解脱先見苦見集所斷繫得解脱今見滅所斷繫得解脱得無漏解脱得害非想非非想處一切遍使是時具四事故彼斷名斷智滅比忍滅滅比智生道法忍滅道法智生道比忍滅道比智生説亦如是如是則説見道斷智修道中有五事名斷智離欲界一種欲乃至離八種欲是時不害俱因雖斷八種因不斷下下因所以者何九種結展轉為因故俱繫不得解脱雖八種繫得解脱一種繫不得解脱所以者何九種結展轉相繫故雖得無漏解脱得害非想非非想處一切遍使而不永離界是時唯有二事無三事是故彼斷不名斷智斷第九種結是時害俱因先斷八種因今斷下下因俱繫得解脱先八種繫得解脱今下下繫得解脱得無漏解脱得害非想非非想處一切遍使畢竟離界謂離欲界是時有五事故彼斷名斷智離初禪欲斷一種結乃至斷八種結廣説如欲界斷第九種時害俱因先斷八種因今斷下下因俱

繫得解脱先八種繫得解脱今下下繫得解脱得無漏解脱得害非想非非想處一切遍使而非畢竟離界是時唯有四事無五事是故彼斷不名斷智第二第三禪説亦如是離第四禪欲斷一種結乃至斷八種結不害俱因俱繫不得解脱雖得無漏解脱得害非想非非想處一切遍使而不畢竟離界是時唯有二事無三事是故彼斷不名斷智斷第九種結時害俱因俱繫得解脱得無漏解脱得害非想非非想處一切遍使畢竟離界是時有五事故彼斷名斷智謂色愛盡斷智如離初禪欲乃至離三禪欲離空處欲乃至離無所有處欲説亦如是離非想非非想處欲斷一種結乃至斷八種結時不害俱因俱繫不得解脱雖得無漏解脱得害非想非非想處一切遍使而不畢竟離界是時唯有二事而無三事是故彼斷不名斷智斷第九種結是時害俱因俱繫得解脱得無漏解脱得害非想非非想處一切遍使畢竟離界是時有五

事故彼斷名斷智謂一切結盡斷智問曰為離四禪修道所斷愛名斷智為唯離第四禪修道所斷愛名斷智耶荅曰或有説離四禪愛名斷智復有説離第四禪九種愛名斷智復有説唯離第四禪下下種愛名斷智評曰應作是説離色界一切修道所斷愛名斷智所以者何若離第四禪下下愛色界一切修道所斷愛盡乃名斷智問曰斷法是寂勝法何故二斷得通證謂阿那含阿羅漢果時荅曰此二時畢竟離界亦得果得須陁洹果斯陁含果時雖得果不畢竟離界離第四禪欲雖畢竟離界而非得果得阿那含果時畢竟離界謂離欲界得果得阿那含果得阿羅漢果時畢竟離界謂離无色界得果得阿羅漢果時復次是時畢竟離界斷下分上分結得須陁洹果斯陁含果時不畢竟離界不斷下分上分結離色愛時雖畢竟離界謂離色界不畢竟斷上分結得阿那含果時畢竟離界謂離欲界畢竟斷下分結得阿羅漢果時畢

竟離界謂離無色界畢竟斷上分結復次是時畢竟離界畢竟斷不善無記煩惱得須陁洹果斯陁含果時不畢竟離界亦不畢竟斷不善煩惱離色界時雖畢竟離界不畢竟斷無記煩惱得阿那含果時畢竟離界謂離欲界畢竟斷不善煩惱得阿羅漢果時畢竟離界謂離無色界畢竟斷無記煩惱如不善無記有報無報生二果一果無慚無愧相應無慚无愧不相應當知說亦如是

九斷智誰捨幾誰得幾答曰或有無捨無得者如凡夫人是也問曰此中不問凡夫不答凡夫復有聖人不捨不得者如住本性者是也勝進者亦是如苦法忍滅苦法智生是時不捨不得苦比忍滅苦比智生是時亦不捨不得集法忍滅集法智生是時得一而無所捨集比忍滅集比智生是時得一而無所捨滅法忍滅滅法智生是時得一而無所捨滅比忍滅滅比智生是時得一而無所捨道法忍滅道法智生是時得一而無所捨道比忍滅道比智生若非離欲人得一而無所捨若是離欲人捨五得一（謂道比智）聖人離欲界欲斷一種（謂捨得斷智即是五下分結盡斷智）乃至八種結無得捨斷第九種結是時捨六得一謂五下分結盡斷智是也離初禪欲斷一種乃至九種結無得无捨第二第三禪亦如是離第四禪欲斷一種乃至八種無得捨斷第九種得一而無所捨如初禪二禪三禪空處識處無所有處亦如是離非想非非想處欲斷一種乃至八種結亦無得无捨斷第九種時捨二得一謂一切結　盡斷智是則說勝進時退時亦有捨有得阿羅漢起無色界煩惱退時捨一得二起色界煩惱退時捨一得一起欲界煩惱退時捨一得六離色愛阿那含起色界煩惱退時捨一而無所得起欲界煩惱退時捨二得六未離色愛阿那含起欲界煩惱退時捨一得六退斯陁含果時無捨無得

此九斷智幾是禪果幾是無色定果幾是根本禪果幾是禪邊果幾是根本無色定果幾是無色定邊果幾是見道果幾是修道果幾是忍果幾是智果幾是法智果幾是比智果幾是法智分果幾是比智分果幾是世俗道果幾是無漏道果幾是禪果者答曰九是禪及眷屬果幾是無色定果者答曰二是無色定及眷屬果幾是根本禪果者答曰阿毗曇者作如是說五是根本禪果尊者瞿沙作如是說八是根本禪果幾是禪邊果者答曰九謂未至依是也非餘禪邊幾是根本無色定果者答曰一幾是無色定邊果者答曰一謂空處邊非餘處無色定邊幾是見道果者答曰七幾是修道果者答曰三幾是忍果應說如見道幾是智果者應說如修道幾是法智果者答曰三幾是比智果者答曰二幾是法智分果者答曰六幾是比智分果者答曰五幾是世俗道果者答曰二幾是無漏道果者答曰九若離色愛得正決定色愛盡斷智何時得耶尊者僧伽婆修說曰道比智現在前時得所以者何道比智

亦是向道亦是果道不應作是說住
果而言是向彼未曾起一剎那須向
道現在前何故說言向道耶復有說
若離空處欲是時於未來世修無漏
禪是時得色愛盡斷智此說亦不應
尒所以者何是時對治無色界禪未
來修不對治色界禪修復有說當得
阿羅漢果住金剛喻定三界見道修
道所斷結同一味通證解脫得是時
得色愛盡斷智評曰應作是說彼從
果必起勝果道現在前是時得色愛
盡斷智若不從果更起勝果道現在
前者離三禪欲人依下地得正決定
彼若命終生四禪中若無色界彼不
應成就樂根若然者則與十門所說
相違如說誰成就樂根若生遍淨若
聖人生遍淨上欲令無如是過故從
果起必起勝果道現在前是時得色
愛盡斷智

九斷智攝一切斷智一切斷智攝九
斷智耶答曰一切攝九非九攝一切
九者如此中說一切者此九及諸餘
斷是一切者多九者少一切斷智攝

九斷智餘者猶多譬如大器覆於小
器餘者猶多彼亦如是不攝何者答
曰見諦具足世尊弟子未離欲者欲
界繫修道所斷九斷智所不攝聖人
離欲界欲時斷初種結乃至斷八種結
此斷非九斷智所攝已離欲愛未離
色愛色界修道所斷結斷非九斷智
所攝已斷色愛乃至第四禪斷八種
結彼斷非九斷智所攝已離色愛未
離無色愛无色界修道所斷結非九
斷智所攝離空處欲乃至斷非想非
非想處八種結彼斷非九斷智所攝
問曰苦智已生集智未生三界見苦
所斷結斷彼斷非九斷智所攝何故
此中不說耶答曰應說此文應如是
說一切攝九非九攝一切不攝何等
答苦智已生集智未生三界見苦所
斷煩惱斷彼斷非九斷智所攝餘說
如上而不說者有何意耶答曰此中
所說斷是有斷智人斷彼雖是斷非
是有斷智人斷問曰雖作是說於義
不盡所以者何不說凡夫人斷故答
曰此是略說現初入門故而作是說

八人向須陁洹果證人住須陁洹果
人向斯陁含果證人住斯陁含果向
阿那含果證人住阿那含果向阿羅
漢果證人住阿羅漢果問曰人名有
八實體有幾答曰阿毗曇者作如是
說人名有八實體有五向須陁洹果
證人阿羅漢果名有二實體有二須
陁洹果向斯陁含果證人名有二實
體有一斯陁含果向阿那含果證人
名有二實體有一阿那含果向阿羅
漢果證人名有二實體有一尊者瞿
沙作如是說八人名有八實體有八彼
作是說須陁洹人住須陁洹果不勝
進時名成就須陁洹果人若勝進時
名向斯陁含果證人捨須陁洹果斯
陁含果人住斯陁含果不勝進時名
成就斯陁含果人若勝進時名向阿
那含果證人捨斯陁含果阿那含人
住阿那含果不勝進時名成就阿那
含果人若勝進時名向阿羅漢果證
人捨阿那含果所以者何以根故說
人差別是故生智論作如是說向斯
陁含果證人當言成就須陁洹果不

耶答曰不成就乃至向阿羅漢果諮

人當言成就阿那含果不耶答曰不
成就評曰八人名有八實體有五如
是說者好如名體名數體數名差別
體差別名異體異名別體別知名知
義當知亦如是問曰若八人身有八
實體有五云何說八人差別耶答曰
以行聖道故須陁洹若於須陁洹果
不勝進時於須陁洹果名得名在身
名成就名現前行若於須陁洹果勝
進者是時住向於須陁洹果名得不
在身中名成就不現前行於向名得
名在身中名成就名現前行乃至若
於阿那含果不勝進時於阿那含果
名得名在身中名成就名現前行若
於阿那含果勝進者是時住向於阿
那含果名得不在身中名成就不現
前行於向名得名在身中名成就名
現前行向須陁洹果證入於此九斷
智成就幾不成就幾此中以人為章
以斷智為門答曰或不成就或一二
三四五廣說如經本

阿毘曇毘婆沙論卷第三十三

阿毘曇毘婆沙論卷第三十三

校勘記

一　底本，麗藏本。
一　七〇〇頁上一至四行經名、造者、釋者、譯者、品名，諸本(不含㊂，下同)無(未換卷)。
一　七〇〇頁中六行末字至七行首字「現前」，㊂、㊈作「不現前」。下至次頁上二〇行同（不含次頁第二行）。
一　七〇〇頁中一二行第四字「者」，㊂、㊈無。
一　七〇〇頁中一六行第二字「一」，㊄、㊂、㊈作「三」。
一　七〇〇頁下一三行第四字「如」，諸本作「知」。
一　七〇一頁上一二行「增上」，諸本作「增上心」。
一　七〇一頁中一五行「能退」下，諸本有「三界見道所斷煩惱者」九字。
一　七〇一頁中一六行第五字「者」，諸本無。
一　七〇一頁下九行「山間」，諸本作「山澗」。同行第八字「中」，諸本作「處」。
一　七〇二頁下四行第一二字「二」，㊄、㊂、㊈作「三」。
一　七〇三頁中二〇行「得已」，諸本作「退已」。
一　七〇二頁下一二行第一一字「欲」，諸本作「自欲」。
一　七〇四頁上一六行「復次」，諸本作「復次以」。
一　七〇四頁上二〇行第二字「令」，㊂、㊈作「今」。
一　七〇四頁中七行第一三字「故」，諸本無。
一　七〇四頁下二行「亦有六」，至此，諸本卷第四十七終，卷第四十八始，㊇、㊅、㊆、㊄有品名「使揵度一行品之五」；㊂、㊈有品名「使揵度一行品第二之五」。
一　七〇五頁上一〇行「羅漢」，諸本

作「阿羅漢」。

一　七〇五頁中三行末字「法」，磧、普、南、徑、清作「法性」。

一　七〇五頁下五行「二斷」，資作「一斷」。

一　七〇五頁下一三行末字「故」，諸本作「故彼」。

一　七〇六頁上六行「二智」，諸本作「二斷智」。

一　七〇六頁下二行「色界」，諸本作「色界見道所斷」。

一　七〇六頁下一六行末字「滅」，諸本作「滅名諦」。

一　七〇七頁上四行及九行「彼斷」，諸本作「彼斷名斷」。

一　七〇七頁上八行「九種」，諸本作「八種」。

一　七〇七頁中二一行「永斷」，徑作「永離」；清作「未離」。

一　七〇七頁下三行第八字「不」，諸本作「得不」。

一　七〇七頁下四行「二事」，諸本作「三事」。

一　七〇七頁下一一行「三事」，諸本作「二事」。

一　七〇八頁中一〇行第一三字及本頁下一三行第五字「時」，諸本作「是時」。

一　七〇八頁下一五行末字「得」，諸本作「欲得」。

一　七〇九頁上九行至次行「生二果」，資、磧、普、南作「無生因果」；徑、清作「無生二果」。

一　七〇九頁上一四行「不答」，諸本作「不應答」。

一　七〇九頁上一六行「是如」，徑、清作「如是」。

一　七〇九頁中三行小字「智即是五下分結盡斷智」，諸本作「是五下分結盡斷也」。

一　七〇九頁中四行及八行「得捨」，諸本作「得無捨」。

一　七〇九頁下一四行首字「處」，諸本無。同行末字「七」，諸本作「六」。

一　七一〇頁中一七行首字「答」，諸本作「答曰」。

一　七一〇頁下二行首字「人」，徑、清無。

一　七一〇頁下六行第一〇字「向」，徑、清無。

一　七一〇頁下七行第二字「人」，徑、清作「人向」。

一　七一〇頁下一一行「有一」，諸本作「有二」。

一　七一〇頁下一六行第三字「果」，諸本無。

一　七一一頁上六行「人身」，諸本作「人名」。

一　七一一頁上末行「第三十三」，諸本作「第四十八」。

趙城縣廣勝寺

阿毗曇毗婆沙論卷第三十四

迦旃延子造　五百羅漢釋
北涼天竺沙門浮陁跋摩共道泰等譯

使揵度人品第三上

結有二種謂見道斷種欲修道斷種欲界有二種色界有二種無色界有二種煩欲界繫見道所斷修道所斷結頻得耶乃至廣說章及解章義此中應廣說優波提舍問曰何故作此論荅曰此諸煩惱於生死中作大繫縛無利益難猶如怨家藏伏欲界受大苦惱於色無色界受大苦惱於生死中數數迴轉處在母胎闇冥之處生藏熟藏之所逼切不知云何推求此結如實知見而除斷之欲令知故猶如怨家藏伏不知則害知則可避彼亦如是是故應思量觀察種種善語乃至生生之處而不忘失如尊者弥多達子初生時而作是語結有二種謂見道斷種修道斷種欲界有二種色界有二無色界有二問曰何故彼生時作如是語荅曰彼在母胎為衆

苦所逼而作是念衆生何故數處母胎受如是等苦皆以此二種結故欲說此二結過患故生時便作此語結有二種欲界有二乃至廣說問曰何故名種荅曰此中說聚是種如衆多比丘聚名比丘種如婆羅門聚名婆羅門種彼亦如是所言種者亦可言聚亦可言群實義是一名有差別頻得耶云何名頻得荅曰頻得名一時何以知之荅曰有經說波斯匿王往詣佛所面共世尊種種言論在一面坐而白佛言我聞沙門瞿曇作如是說於去來今無有沙門婆羅門能如實知見一切法若言知見無有是處沙門瞿曇為憶念有此語不佛荅王言我不憶念王復言沙門瞿曇世或有人不善受文義聞時異為他說異唯願世尊憶念此事而解說之佛荅王言我曾作是說於去來今無有頓得如實知見一切法者若言頓得知見無有是處皆從三阿僧祇刧漸漸修行六波羅蜜然後乃知非一時知以是事故知頓得是一時煩欲界繫

阿毗曇毗婆沙論第三十四卷 第三張 磨字号

見道修道所斷結頓得耶答曰頓得離欲凡夫人於彼無欲退問曰誰頓得耶答曰凡夫人離欲愛時欲界繫見道修道所斷結惣為一聚如刈草法九種結一時斷以下下無㝵道斷上上結乃至以上上無㝵道斷下下結凡夫人以下下結於彼無欲退頓得欲界繫見道修道所斷一種結下中退頓得二種乃至以上上結退頓得欲界繫見道修道所斷九種結色界無色界命終生欲界時凡夫人以下下結乃至上上結令生相續頓得欲界繫見道修道所斷九種結頓捨耶答曰捨凡夫人離欲愛時問曰誰頓捨耶答曰凡夫人離欲愛時欲界繫見道修道所斷九種結惣為一聚如刈草法九種結一時斷以下下無㝵道斷上上結乃至以上上無㝵道斷下下結彼欲界繫見道修道所斷下下頓捨漸得耶答曰不得所以者何若先得見道所斷結後得修道所斷結若先得修道所斷結後得見道所斷結無有是處漸捨耶答曰捨世尊

阿毗曇毗婆沙論第三十四卷 第四張 磨字号

弟子先捨見道所斷結後捨修道所斷結見道所斷結以見道斷修道所斷結以修道斷頗色界繫見道修道所斷結頓得耶答曰頓得離色愛凡夫人於彼無欲退問曰誰頓得耶答曰凡夫人離色愛時色界繫見道修道所斷結惣為一聚如刈草法九種結一時斷以下下無㝵道斷上上結乃至以上上無㝵道斷下下結於彼無欲退若以色界繫下下結退者彼頓得色界繫見道修道所斷一種結下中退頓得二種乃至以上上結退頓得色界繫見道修道所斷九種結若以欲界下下結乃至上上結退彼時頓得色界繫見道修道所斷九種結復有說者此文應如是說離色愛凡夫人以欲界梵世地結退不應作是說所以者何此中說於界頓得不說地頓得若以第四禪結退乃至以欲界結退是時頓得色界繫見道修道所斷結無色界命終生欲色界是時頓得色界繫見道修道所斷結凡夫人無色界命終生欲色界中以下下

阿毗曇毗婆沙論第三十五卷 第五張

結乃至上上結令生相續頓得色界繫見道修道所斷九種結頓捨耶答曰捨凡夫人離色愛時問曰誰頓捨耶答曰凡夫人離色愛時色界繫見道修道所斷結惣為一聚如刈草法九種結一時斷以下下無㝵道斷上上結彼頓捨色界繫見道修道所斷結乃至以上上無㝵道斷下下結頓捨色界繫見道修道所斷結漸得耶答曰不得所以者何無有先得見道所斷後得修道所斷者無有先得修道所斷後得見道所斷者漸捨耶答曰捨世尊弟子先捨見道所斷結後捨修道所斷結見道捨見道所斷修道捨修道所斷頗頓得無色界繫見道修道所斷結耶答曰不得所以者何頓得是凡夫人無有凡夫人能盡斷無色界結於彼退頓得無色界見道修道所斷結者頓捨耶答曰不捨所以者何頓捨者是凡夫人無有凡夫人頓捨無色界煩惱者漸得耶答曰不得所以者何無有先得見道所斷結後得修道所斷先得修道所斷

阿毗曇毗婆沙論第三十四卷　第九張　磨字号

後得見道所斷者漸捨耶荅曰捨世尊弟子先捨見道所斷結後捨修道所斷結見道捨見道所斷結修道捨修道所斷結

有世俗行問曰凡夫人以世俗道離欲時斷九種結幾無㝵道捨幾解脫道捨聖人以無漏道斷九種結幾無㝵道捨幾解脫道捨荅曰或有說者凡夫人斷九種結以三無㝵道三解脫道斷謂下下無㝵道下下解脫道斷上三種結下中無㝵道下中解脫道斷中三種結下上無㝵道下上解脫道斷下三種結聖人亦如是復有說者凡夫人斷九種結以一無㝵道一解脫道斷聖人斷九種結以九無㝵道九解脫道斷問曰何故凡夫人斷九種結以一無㝵道一解脫道斷聖人斷九種結以九無㝵道九解脫道斷耶荅曰凡夫人所用道鈍於前法不能觀察思量一一分別聖人所用道猛利於前法能觀察思量一一分別

問曰若作是說欲令凡夫人下而說

阿毗曇毗婆沙論第三十四卷　第十張　磨字号

是勝欲令聖人勝而說是下所以者何凡夫人斷九種結以一無㝵道一解脫道斷聖人斷九種結以九無㝵道九解脫道斷是則凡夫人勝於聖人如人多服毒藥一時吐出誰不可耶評曰應作如是說凡夫人斷九種結以九無㝵道九解脫道斷聖人亦尒問曰若凡夫人斷九種結以九無㝵道九解脫道斷聖人亦尒者凡夫聖人有何差別荅曰凡夫人見道所斷修道所斷結惣為一聚如刈草法九種結一時以九無㝵道九解脫道斷聖人見道所斷九種結以一無㝵道一解脫道修道所斷九種結以九無㝵道九解脫道斷凡夫聖人是謂差別

問曰以世俗道斷結時以幾方便以幾入定荅曰以三方便以三入定以初方便以初入定斷上三種結以第二方便以第二入定斷中三種結以第三方便以第三入定斷下三種結

問曰為起定斷耶為不起定斷耶荅曰或有說者凡夫人不起定斷聖人

阿毗曇毗婆沙論第三十四卷　第八張　磨字号

或起定或不起定斷復有說者凡夫人或起定不起定斷聖人不起定斷評曰應作是說此事不定凡夫人或不起定聖人或起定不起定凡夫人或起定不起定聖人或不起定而斷結復有說者斷欲界結不起定斷色無色界結或起定或不起定復有說者斷欲界結或起定或不起定斷色無色界結不起定評曰此事不定斷欲界結起定不起定斷色無色界結不起定斷欲界結不起定斷色無色界結起定不起定尊者說勝進時凡夫人起下結退時成就下三種結起中結退時成就六種結起上結退時成就九種結聖人起下下結退時成就下下結乃至起上上結退時成就九種結復有說者凡夫人起下下結退時乃至起上上結退時成就九種結聖人如前說

問曰何故凡夫人起下下結退乃至起上上結退成就九種結聖人起下下結退時成就下下結起下中結退時成就二種乃至起上上結退時成

就九種結荅曰凡夫人以世俗定自持彼定性麁劣聖人無漏定自持彼定牢固應作是說凡夫人不服毒藥而死評曰應作是說凡夫人起下下結退還成就下下結乃至起上上結退成就九種結

問曰若然者凡夫人聖人有何差別荅曰凡夫人若起下下結退成就見道脩道所斷下下結乃至起上上結退成就見道脩道所斷九種結聖人起下下退時成就脩道所斷下下結乃至起上上結退時成就脩道所斷九種結不成就見道所斷結凡夫人聖人是謂差別

在欲界聖人有三事一畢竟離欲而命終二退已而命終三漸離欲已而命終凡夫人有二事一畢竟離欲而命終二退已而命終在色界聖人有二事一畢竟離色愛而命終二漸離欲而命終不退所以者何色界無有退者凡夫人有一事畢竟離色愛而命終不退所以者何色界無退无漸離欲而命終者

問曰何故聖人有漸離欲而命終凡夫人不尒耶荅曰聖人以無漏道自持彼道牢固凡夫人以世俗道自持彼道麁劣復次聖人成就定慧分故漸斷結而命終凡夫人不成就定慧分故不能漸斷結而命終復次聖人成就無漏分故漸斷結而命終凡夫人無無漏分故不能漸斷結而命終復次聖人有業力道力以業力故能漸斷結而命終以道力故能畢竟離欲而命終凡夫人無業力以道力强能畢竟離欲而命終者則退復次欲界聖人分中有漸離欲人若斷三種四種結名家家若斷六種結名斯陁含若斷七種八種結名一種子是故聖人有漸離欲而命終者凡夫人分中無漸離欲而命終是故凡夫人無漸離欲而命終者尊者僧伽婆修說曰凡夫人亦有漸離欲而命終者住相續心還成就本所斷結評曰不應作是說如前說者好

以世俗道離欲時無㝵道有幾行解脫道有幾行荅曰無㝵道有三行謂

麁行苦行麁壞行解脫道有三行謂止行妙行離行

問曰若無㝵道中有麁行彼解脫道中有止行耶若無㝵道中有苦行彼解脫道中有妙行耶若無㝵道中有麁壞行彼解脫道中有離行耶荅曰或有說者如所問若無㝵道有麁行者彼解脫道必有正行若無㝵道有苦行者彼解脫道必有妙行若無㝵道有麁壞行者彼解脫道必有離行評曰此事不定若無㝵道中有麁行彼解脫道中三行展轉現在前若無㝵道中有苦行麁壞行者解脫道中三行展轉現在前

問曰以世俗道離欲愛時無㝵道爲緣何法解脫道爲緣何法荅曰九無㝵道緣於欲界九解脫道緣於初禪

問曰若然者根揵度說善通如說頗思惟色界法能知欲界耶荅言能知云何不緣倒錯行倒錯若緣行倒錯云何不爲離欲法作障㝵留難耶荅曰假令緣行倒錯而不能爲離欲法作障㝵留難所以者何於彼離欲法

已善修習徑路已成就如見道中緣欲界忍智後緣色無色界忍智現在前緣色無色界忍智後緣欲界忍智現在前如此雖復緣行倒錯而不為得正決定而作障㝵留難所以者何於彼見道已善修習徑路已成就彼亦如是復有說者九無㝵道八解脫道緣於欲界㝡後解脫道緣於初禪如以滅道智離非想非非想處愛彼九無㝵道八解脫道緣於滅道㝡後解脫道緣於非想非非想處四陰彼亦如是復有說者若離欲愛時起定斷一種結已而住彼一無㝵道緣於欲界一解脫道緣於初禪若斷二種結已而住彼二無㝵道一解脫道緣於欲界一解脫道緣於初禪若乃至斷八種結已而住彼八無㝵道七解脫道緣於欲界第八解脫道緣於初禪復有說者九無㝵道九解脫道盡緣欲界如以苦集智離欲愛時九無㝵道九解脫道緣於欲界彼亦如是問曰若然者則不行倒錯於離欲法不作障㝵留難根揵度說云何通耶如說頗思惟色界法能知欲界耶答言能知答曰此說先觀察分別時行者先作如是分別觀察欲界是麁初禪是止

問曰根揵度文說復云何通如說頗思惟無色界法能知欲界耶答言不能知行者是時不先分別觀察欲界是麁無色界是止耶何故言不能知耶答曰行者亦分別觀察而所觀是遠非於如是遠觀後而能離欲復有說者九無㝵道九解脫道盡緣初禪問曰若然者根揵度說善通如說頗思惟色界法能知欲界耶答言能知亦非緣行倒錯云何緣於他處離他處欲耶答曰若緣餘處離他處欲此亦無過如以滅道智緣於滅道而離苦集所斷欲彼亦如是如是所說盡為生弟子覺意故然此義㝡初說九無㝵道緣於欲界九解脫道緣於初禪者好

問曰無㝵道中為修幾行解脫道中為修幾行答曰凡夫人離欲愛時無㝵道中修麁等三行八解脫道中修

六行謂麁等三行止等三行㝡後解脫道中即修此六行亦修未至初禪無量行乃至離無所有處愛亦如是聖人離欲愛時無㝵道中修十九行謂麁等三行有漏無漏十六聖行八解脫道中修二十二行謂麁等三行止等三行有漏无漏十六聖行㝡後解脫道中即修此二十二行亦修未至初禪無量行聖人離初禪欲時無㝵道中修十九行謂麁等三行十六聖行唯修無漏非有漏八解脫道中修二十二行謂麁等三行止等三行十六聖行唯修無漏非有漏㝡後解脫道即修此二十二行亦修未至初禪無量行乃至離無所有處愛亦如是問曰何故初禪邊修有漏無漏行上地邊唯修無漏不修有漏耶答曰初禪邊有有漏無漏聖行是故修上地邊唯有有漏行無有漏無漏聖行是故唯修無漏行復有說者凡夫人離欲愛時無㝵道中修九行謂麁等三行慈悲喜捨不淨觀安般念八解脫道中修十二行即上九行及止等

三行宿後解脫道中即修此十二行亦修未至初禪無量行聖人離欲愛時無㝵道中修二十五行謂麁等三行慈悲喜捨不淨觀安般念有漏无漏十六聖行八解脫道中修二十八行即此二十五行及止等三行宿後解脫道中即修此二十八行及修未至初禪無量行上地邊如上說

問曰何故初禪邊修如是等諸行上地邊不修耶荅曰初禪邊有種種善根故修如是等諸行上地邊諸善根少故不修如是等諸行復次欲界有種種煩惱故須種種對治上地無種種煩惱故不須種種對治此中所說諸行在於現在俱行負重同所作同者所緣如上說未來世所修行為何所緣耶荅曰離欲愛時九無㝵道中麁等三行修者緣於欲界八解脫道中麁等三行修者緣欲界初禪止等三行修者緣於初禪宿後解脫道中麁等三行修者緣於三界止等三行修者緣於初禪乃至非想非非想處離初禪欲時九無㝵道中麁等三行

修者緣於初禪八解脫道中麁等三行修者緣初禪二禪止等三行修者緣於二禪宿後解脫道中麁等三行修者緣於三界止等三行修者緣於二禪乃至非想非非想處離第二禪欲第三禪欲應隨相說離第四禪欲時九無㝵道中麁等三行修者緣第四禪八解脫道中麁等三行修者緣第四禪及空處止等三行修者緣空處宿後解脫道中麁等三行止等三行修者緣於空處乃至非想非非想處問曰若離第四禪欲時八解脫道中麁等行修者緣第四禪及空處者識身經說云何通如說頗有無色界繫心能知色無色界耶荅言不知荅曰彼中遮一剎那頃不遮多相續若於一剎那頃能知色無色界者無有是處彼解脫道起現在前者未來修行者或緣色界或緣無色界是故一剎那頃不知多相續則知二說便為善通離空處欲時九無㝵道中麁等三行修者緣於空處八解脫道中麁等三行修者緣於空處識處止等三

行修者緣於識處宿後解脫道中麁等三行止等三行修者緣於識處乃至非想非非想處離識處欲離無所有處欲應隨相說

問曰何故禪中所修諸行緣於三界無色中所修諸行唯緣無色界耶荅曰禪能遍緣能緣自地能緣下地亦緣上地無色定不能遍緣雖能緣自地及緣上地不緣下地以是事故禪中所修諸行能緣三界無色中所修諸行唯緣無色界欲界繫見道所斷結種斷為何沙門果攝問曰何以作此論荅曰諸煩惱先分別在界未分別種今欲分別種故而作此論欲界繫見道所斷結種斷為何沙門果攝荅曰四沙門果攝或無處所四沙門果者須陁洹須陁洹果攝乃至阿羅漢阿羅漢果攝無處所者凡夫人離欲無處所離欲人得正決定見道中十五心頃無處所次第人見道中見道諦二心頃無處所如是等時欲界見道所斷結種斷無處所欲界繫修道所斷結種斷為何果攝荅曰阿那

舍果阿羅漢果攝阿那含阿那含果攝阿羅漢阿羅漢果攝無處所者凡夫人離欲無處所離欲人得正決定十五心頃无處所次第人不得言無處所所以者何離欲愛時寂後無导道斷修道所斷結解脫道生時即阿那含果所攝色界繫見道所斷結種斷為何果攝答曰四沙門果攝或無處所四沙門果如上說或無處所者凡夫人離色愛時無處所離色愛人得正決定十五心頃無處所次第人不得言無處所所以者何道比忍畢竟斷此結道比智生時彼斷即為果攝色界繫修道所斷結種斷為何果攝答曰阿羅漢果攝或無處所阿羅漢阿羅漢果攝無處所者凡夫人離色愛无處所離色愛人得正決定見道中十五心頃道比智現在前無處所次第人離第四禪欲時寂後解脫道无處所離空處愛時九無导道九解脫道無處所乃至離無所有處愛時亦如是離非想非非想處愛時九無导道八解脫道時及色界繫修道

所斷已斷已知結無處所無色界繫見道所斷結種斷為何果攝答曰四沙門果攝四沙門果如上說此中不說凡夫人無處所所以者何無有凡夫人能離非想非非想處愛者次第人亦不得言無處所所以者何道比忍畢竟斷此結道比智現在前時彼斷即為果攝無色界繫修道所斷結種斷為何果攝答曰唯阿羅漢果攝此中無離欲凡夫人所以者何無有凡夫人能離非想非非想處愛者次第人亦不得言無處所所以者何金剛喻定畢竟斷此結初盡智生時彼斷即為果攝謂阿羅漢果

結有五種謂見苦所斷種乃至修道所斷種問曰何故作此論答曰先分別煩惱在界有二種未分別五種今欲分別故而作此論見苦所斷結種斷為何果攝答曰四沙門果攝或無處所四沙門果如上說無處所者此中不應說凡夫人離欲次第人見苦時一心頃見集時四心頃見滅時四心頃見道時三心頃是時見苦所斷

結種斷彼斷非果攝見集所斷結種斷為何果攝答曰四沙門果或無處所四沙門果如上說無處所者此中無有凡夫人離欲次第人見集時一心頃見滅時四心頃見道時三心頃是時見集所斷結種斷彼斷非沙門果攝見滅所斷結種斷彼斷何果攝答曰四沙門果或無處所此中不說凡夫人離欲次第人見滅一心頃見道三心頃見時見滅所斷結種斷彼斷非沙門果攝見道所斷結種斷彼斷為何果攝答曰四沙門果此中不說凡夫人離欲亦不說次第人所以者何道比智忍畢竟斷此結道比智現在前彼斷即為果攝修道所斷結種斷彼斷為何果攝答曰阿羅漢果攝此中不說凡夫人離欲亦不說次第人所以者何金剛喻定畢竟斷此結初盡智現在前彼斷即為果攝謂阿羅漢果

結有九種苦法智所斷結種苦比智所斷結種集法智所斷結種集比智所斷結種滅法智所斷結種滅比智

所斷結種道法智所斷結種道比智所斷結種修道所斷結種
問曰何故復作此論荅曰先分別煩惱在界有二種有五種未分別對治斷種今欲分別故而作此論苦法智所斷結種斷彼斷為何果攝荅曰四沙門果或無處所四沙門果如上說無處所者凡夫人離欲無處所離欲人得正決定見道中十五心頃次第人見苦三心頃見集四心頃見滅四心頃見道三心頃是時苦法智所斷結種斷彼斷非沙門果攝苦比智所斷結種斷彼斷為何果攝荅曰四沙門果或無處所四沙門果如上說無處所者此中不說凡夫人離欲次第人見苦一心頃見集四心頃見滅四心頃見道三心頃是時苦比智所斷結種斷彼斷非沙門果攝集法智所斷結種斷彼斷為何果攝荅曰四沙門果或無處所四沙門果如上說無處所者凡夫人離欲無處所離欲人得正決定見道中十五心頃無處所次第人見集三心頃見滅四心頃見

道三心頃是時集法智所斷結種斷彼斷非沙門果攝集比智所斷結種斷彼斷為何果攝荅曰四沙門果或無處所四沙門果如上說無處所者此中不說凡夫人離欲次第人見集一心頃見滅四心頃見道三心頃是時集比智所斷結種斷彼斷非沙門果攝滅法智所斷結種斷彼斷為何果攝荅曰四沙門果或无處所四沙門果如上說無處所者凡夫人離欲無處所離欲人得正決定見道中十五心頃無處所次第人見滅三心頃見道三心頃是時滅法智所斷結種斷彼斷非沙門果攝滅比智所斷結種斷彼斷為何果攝荅曰四沙門果或無處所四沙門果如上說無處所者此中不說凡夫人離欲次第人見滅一心頃見道三心頃是時滅比智所斷結種斷彼斷非沙門果攝道法智所斷結種斷彼斷為何果攝荅曰四沙門果或無處所四沙門果如上說無處所者凡夫人離欲無處所離欲人得正決定見道中十五心頃无

處所次第人見道二心頃是時道法智所斷結種斷彼斷非沙門果攝道比智不斷結種斷彼斷為何果攝荅曰四沙門果四沙門果如上說此中不說凡夫人離欲亦不說次第人所以者何道比智畢竟斷此結道比智現在前彼斷即為果攝修道所斷結種斷彼斷為何果攝荅曰阿羅漢果攝此中不說凡夫人離欲亦不說次第人所以者何金剛喻定畢竟斷此結初盡智現在前彼斷即為果攝謂阿羅漢果問曰為無㝵道斷結為解脫道斷結耶若無㝵道斷結者此文所說云何通如說苦法智所斷結種乃至道比智所斷結種若解脫道斷結者智犍度說云何通如說諸結見苦斷彼結苦智斷耶荅言彼結苦忍斷諸結乃至見道斷彼結道智斷耶荅言諸結道忍斷荅曰應作是說諸結無㝵道斷問曰若然者智犍度說善通此文所說云何通如說苦法智所斷結種乃至廣說荅曰此文應如是說結有九種苦法忍所斷結種乃

至道法忍所斷結種而不說者有何意耶答曰忍屬於智是智眷屬若忍所斷亦名智斷猶如屬王之人若有所作亦名王作彼亦如是復次無㝵道斷結解脫道持令不動若解脫道不重持者則煩惱更生而為過患如人先撲怨家卧於地上後一人來重持令不動若後來人不重持者則怨家更起而為過患又如有人從其舍內逐怨家出後一人來牢閉其門雖復一人逐怨家出後人若不牢閉門者則怨家還入而為過患亦如有人先盛毒虵著於瓶中後一人來牢蓋其口雖復一人先盛後來之人不守蓋口則毒虵還出而為過患彼亦如是復次無㝵道斷結解脫道功多如楗度說此中復廣分別復次無㝵道斷結彼斷解脫得與解脫俱生以俱生故解脫道亦名斷結復次無㝵道斷結解脫道共無㝵道同作一事以同作一事故解脫道亦名斷結

結有十五種欲界見苦所斷結種乃至修道所斷結種色無色界結亦如

是問曰何故復作此論答曰先分別諸煩惱在界二種五種對治種未分別界種今欲分別故而作此論欲界繫見苦所斷結種斷為何果攝答曰四沙門果或無處所四沙門果如上說無處所者凡夫人離欲無處所離欲人得正決定見道中十五心須無處所次第人見苦三心須見集四心須見滅四心須見道三心須是時欲界見苦所斷結種斷彼斷非沙門果攝欲界繫見集所斷見滅所斷見道所斷修道所斷應隨相說色界繫見苦所斷結種斷彼斷為何果攝答曰四沙門果或無處所四沙門果如上說無處所者凡夫人離色愛无處所離色愛人得正決定見道中十五心須無處所次第人見苦一心須見集四心須見滅四心須見道三心須無處所是時色界繫見苦所斷結種斷彼斷非沙門果攝色界繫見集見滅見道修道所斷結種斷應隨相說無色界五種所斷結種斷亦應隨相說身見斷為何果攝答曰四沙門果或

無處所四沙門果如上說無處所者是中不說凡夫人離欲次第人見苦一心須見集四心須見滅四心須見道三心須是時身見斷彼斷非沙門果攝如身見斷下分中身見斷見中身見斷說亦如是戒取疑斷彼斷為何果攝答曰四沙門果四沙門果如上說此中不說凡夫人離欲亦不說次第人所以者何道比忍畢竟斷此結道比智現在前彼斷即為沙門果攝如戒取疑斷見流見扼見取取戒取取戒取身縛見取身縛下分中戒取疑見中邪見見取戒取見使疑使見結取結廣說亦如是貪恚癡不善根及欲漏斷彼斷為何果攝答曰阿那含果阿羅漢果或無處所廣說如欲界繫見修道所斷結種斷如欲漏有漏無明漏餘煩惱與彼相似者應隨相說蓋中疑蓋應廣說如道法智所斷結種斷上分結廣說如色無色界修道所斷結種斷眼耳身觸生愛斷為何果攝答曰阿羅漢果或無處所阿羅漢果攝無處所者凡

夫人離梵世愛無處所離梵世愛人得正決定見道中十五心頃及道比智無處所次第人斷初禪愛時或後解脫道斷第二禪愛乃至斷無所有處愛九無㝵道九解脫道離非想非非想處愛九無㝵道八解脫道是時眼耳身觸生愛斷彼斷非沙門果攝九十八使斷廣說如十五結種斷

向須陁洹果證人所斷結種斷彼斷為何果攝答曰無處所所以者何須陁洹果前更無有果能攝彼斷須陁洹須陁洹果攝須陁洹果攝三界見道所斷結種斷向斯陁含果證人所斷結種斷彼斷為何果攝答曰須陁洹果或無處所須陁洹果攝三界見道所斷結種斷無處所者次第人斷欲界繫五種結斷彼斷非須陁洹果攝所以者何彼勝果道證故如勝果道非果攝斷亦如是斯陁含斯陁含果攝斯陁含果攝三界見道所斷結種斷及欲界修道所斷六種結斷向阿那含果證人所斷結種斷彼斷為何果攝答曰斯陁含果或無處所斷

陁含果攝三界見道所斷結種斷及欲界修道所斷六種結斷無處所者斷欲界修道所斷七種八種結斷向阿羅漢果證入所斷結種斷彼斷為何果攝答曰阿那含果或無處所阿那含果攝三界見道所斷結種斷及欲界修道所斷九種結斷無處所者斷初禪九種結乃至無所有處九種結斷非想非非想處八種結所以者何彼勝果道證故如勝果道非果攝彼斷亦介阿羅漢阿羅漢果攝阿羅漢果攝三界見道修道所斷結種盡

問曰如斷一種結乃至斷五種結以得道比智故名須陁洹斷欲界繫五種結非須陁洹果攝若斷七種八種結得正決定得道比智時名斯陁含彼斷七種八種結非斯陁含果攝若離初禪愛乃至離無所有處愛得正決定得道比智時名阿那含果彼斷初禪九種結乃至無所有處九種結非阿那含果攝何以言須陁洹須陁洹果攝斯陁含斯陁含果攝阿那含阿那含果攝何故不說或無處所耶

答曰此文應如是說須陁洹須陁洹果攝或無處所斯陁含斯陁含果攝或無處所阿那含阿那含果攝或無處所而不說者有何意耶答曰此說次第具縛人不說超越人

見諦具足世尊弟子未離欲愛欲界繫修道所斷結種斷彼斷為何果攝答曰斯陁含果或無處所斯陁含果攝欲界修道所斷六種結斷无處所者斷七種八種結斷已離欲愛未離色愛色界繫修道所斷結種斷彼斷為何果攝答曰無處所斷初禪九種結乃至第四禪八種結斷無處所已離色愛未離無色愛無色界修道所斷結種斷彼斷為何果攝答曰無處所斷空處九種結乃至非想非非想處八種結斷無處所

阿毗曇毗婆沙論卷第三十四

阿毗曇毗婆沙論卷第三十四

校勘記

一　底本，金藏廣勝寺本。
一　七一三頁中一行「第三十四」，資、磧、普、南、徑、清作「第四十九」。
一　七一三頁中四行「人品第三上」，資、磧、普、南作「人品第三」；徑、清作「人品第三之一」。
一　七一三頁中五行第一〇字「欲」，清、麗無。
一　七一三頁中一〇行第一一字「作」，資作「不」。
一　七一三頁中一一行「欲界」，資、磧、普作「於欲欲界」；南、徑、清作「於欲界」。
一　七一三頁中二〇行末字「種」，資、磧、普、南、徑、清無。
一　七一三頁下一六行「問言」，麗作「言」。
一　七一三頁下一九行第一二字「無」，磧、南作「世」。
一　七一四頁上一一行第一三字「人」，麗無。
一　七一四頁中二一行第一四字及次頁下一二行第八字「是」，麗無。
一　七一四頁中二二行末字「夫」，資、磧、普作「天」。
一　七一四頁下一八行第六字「於」，資、磧、普、南、徑、清作「捨」。
一　七一四頁下末行第七至八字「所斷」，資、磧、普、南、徑、清作「所斷無有」。
一　七一五頁上一五行「九種」，磧、南作「一種」。
一　七一五頁上末行第一二字「下」，資、磧、普、南、徑、清作「是下」。
一　七一五頁下二一行第五字「退」，資、磧、普、南、徑、清作「退時」。
一　七一六頁上一一行「起下下」，諸本(不含石，下同)作「起下下結」。
一　七一六頁下八行「正行」，諸本作「止行」。
一　七一七頁上二二行第八字「行」，資、磧、普、南、徑、清作「緣行」。
一　七一七頁中五行第六字「次」，資、磧、普、南、徑、清作「所」。
一　七一七頁中一八行第一一字「寂」，資、磧、普、南、徑、清作「最勝」。
一　七一七頁下一四行末字「初」，資、磧、普、南、徑、清作「第二」。
一　七一七頁下一九行第五字「有」，南、徑、清作「無」。同行「無漏」，徑無。
一　七一七頁下二一行第五字「無」，資、磧、普、南、徑、清作「九無」。
一　七一八頁上一六行首字「者」，資、磧、普、南、徑、清無。
一　七一八頁中二行第四字及七行第一三字、一三行第七字「緣」，資、磧、普、南、徑、清作「緣於」。
一　七一八頁中四行首字「修」，南作「修行」。
一　七一八頁中一三行第四字「行」，資、磧、普、南、徑、清作「三行」。
一　七一八頁中一四行第四字「說」，

資、磧、普、南、徑、清作「所説」。

一 七一八頁下七行第九字「地」，資、南作「他」。

一 七一八頁下八行第一一字「雖」，諸本作「唯」。

一 七一八頁下一二行「何以」，資、磧、普、南、徑、清作「何故」。

一 七一八頁下一五行末字「攝」，資、磧、普、南、徑、清作「所攝」。

一 七一九頁上一九行第一〇字「時」，資無；磧、普、南、徑、清作「證」。

一 七一九頁下二行「四沙門果」，資、磧、普、南、徑、清作「四沙門果所攝」。

一 七一九頁下一〇行「見時」，諸本作「是時」。

一 七一九頁下一四行第一〇字「此」，資、磧、普、南、徑、清作「比」。次頁上一五行第四字，南同。

一 七二〇頁上一三行至次行「四沙門果」，資、磧、普、南、徑、清作「四沙門果攝」。下至本頁中三行同。

一 七二〇頁上二一行「凡夫人」，資、磧、普、南、徑、清作「此中不説凡夫人」。

一 七二〇頁下三行第三字「不」，諸本作「所」。

一 七二〇頁下六行第六字「智」，資、磧、普、南、徑、清作「忍」。

一 七二一頁上一行第三字「法」，資作「比」。

一 七二一頁上八行「死家」，資、磧、普、南、徑、清作「怨家」；麗作「怨」。

一 七二一頁上一三行第七字「中」，資、磧、普、南、徑、清作「内」。

一 七二一頁上一四行「不守」，諸本作「不牢」。

一 七二一頁上二一行「斷結」，至此，資、磧、普、南、徑、清卷第四十九終，卷第五十始，資、磧、普、南有「使揵度人品之二」；徑、清有「使揵度人品第三之二」。

一 七二一頁中二〇行第七字「攝」，資、磧、普、南、徑、清作「所攝」。

一 七二一頁下六行首字「身」，資、磧、普、南、徑、清作「身見邊」。

一 七二一頁下一六行及二二行「阿羅漢果」，資、磧、普、南、徑、清作「阿羅漢果攝」。

一 七二二頁上八行第七字「如」，磧作「中」。

一 七二二頁下末行經名，資、磧、普、南、徑、清無(未換卷)。

阿毗曇毗婆沙論卷第三十五　　磨

迦旃延子造　五百羅漢釋

北涼天竺沙門浮陀跋摩共道泰等譯

使揵度人品中

四沙門果謂須陁洹果斯陁含果阿那含果阿羅漢果問曰何故作此論荅曰或有說沙門果惟是無為如毗婆闍婆提說問曰彼何故作是說耶荅曰彼依佛經佛經說告諸比丘我今當說沙門沙門果沙門人云何名沙門荅曰八聖道名沙門云何名沙門果荅曰須陁洹果乃至阿羅漢果何者是須陁洹果荅曰永斷三結是也何者是斯陁含果荅曰永斷三結薄愛恚癡是也何者是阿那含果荅曰永斷五下分結是也何者是阿羅漢果荅曰永斷愛慢癡一切結是也何者是沙門人荅曰成就如是等法名沙門人因此經故說沙門果惟是無為為止如是說者意亦明沙門果是有為無為故若沙門果惟是無為非有為者違於佛經經說有四向有住四果住果者住有為沙門果不住

阿毗曇毗婆沙論第三十五卷　第二張　磨

無為沙門果問曰是時亦住斷中如施設經說彼住於斷不求勝法不得者得不證者證不解者解荅曰言住斷者非如乘爲馬住爲馬上但於斷法不退不進故言住斷世尊經亦有一向說有為沙門果者如說比丘當知於此五根令增上猛利通達滿足當得俱解脫阿羅漢果轉不如者得慧解脫乃至堅信問曰若沙門果是有為無為者佛經云何通荅曰沙門果是有為無為佛經惟說無為問曰何故佛經惟說無為沙門果荅曰佛經惟說沙門果不說沙門道是沙門亦是沙門果復次此經惟說婆羅門果不說婆羅門道是婆羅門亦是婆羅門果復次佛經說梵行道是梵行亦是梵行果復次佛經說果更無有果道是果更有果復次佛經說離更無有離道是離更有離以是事故欲止他義欲顯已義乃至廣說而作此論四沙門果須陁洹果乃至阿羅漢果云何須陁洹果荅曰如波伽羅那說須陁洹果有二種有為無為云何

阿毗曇毗婆沙論第三十五卷　第三張　磨

有為須陁洹果荅曰證須陁洹果時已得今得當得諸學法已得是過去今得是現在當得是未來是名有為須陁洹果云何無為須陁洹果荅曰證須陁洹果時諸結斷已得今得當得廣說如上

問曰道是有為墮世已得今得當得此事可尒斷是無為不墮於世已得今得當得云何可尒荅曰波伽羅那經應如是說諸結斷今得今解今證而不說者有何意耶荅曰此說在身中得已得者說過去身得今得者說現在身得當得者說未來身得如須陁洹果斯陁含果阿那含果說亦如是云何阿羅漢果荅曰阿羅漢果有二種謂有為無為云何有為阿羅漢果荅曰證阿羅漢果時已得今得當得諸無學法廣說如上施設經說云何須陁洹果荅曰須陁洹果有二種謂有為無為云何有為須陁洹果荅曰彼果得彼得得果得者謂須陁洹果得得者謂彼得得以得故名果

以得得故名成就諸學根學力學戒學善根學八法如是等諸學法名有為須陁洹果云何無為須陁洹果答曰永斷三結如是等諸結法斷八十八使斷如是等諸使法斷是名無為須陁洹果云何斯陁含果答曰斯陁含果有二種謂有為無為廣說如上此中差別者漸斷愛恚癡及漸斷愛恚法云何阿那含果答曰阿那含果有二種謂有為無為有為阿那含果如上說無為阿那含果者永斷五下分結永斷如是等結法永斷九十二使永斷如是等使法是名無為阿那含果云何阿羅漢果答曰阿羅漢果有二種謂有為無為云何有為阿羅漢果答曰阿羅漢果得及彼得得果得者謂阿羅漢得得者謂彼得得得以得故名果以得得故名成就諸無學根無學力無學戒無學善根無學十種法如是等諸無學法是名有為阿羅漢果云何無為阿羅漢果答曰永斷愛慢癡一切煩惱出一切趣斷一切生死道滅三種火已過四流摧

滅諸慢離於渴愛破散巢窟無上究竟無上寂滅無上安樂愛盡無欲涅槃是名無為阿羅漢果此是沙門果體性乃至廣說

已說體性所以今當說何故名沙門果沙門果是何義答曰聖道名沙門是其果故名沙門果問曰聖道名沙門彼果是沙門果者見道中八忍名沙門八智是有為沙門果八種結斷是無為沙門果離欲愛時九無礙道名沙門九解脫道是有為沙門果九種結斷是無為沙門果乃至離非想非非想處欲亦如是則有八十九有為沙門果八十九無為沙門果以世分別八十九在過去八十九在未來八十九在現在波伽羅那經說云何果法答曰一切有為及數滅隨有幾許聖道剎那有尒許有為沙門果隨有幾許解脫法有尒許沙門果若以剎那在身分別則有無量無邊沙門果何故佛經惟說四沙門果答曰或有說者此是如來有餘略要為受化者而作是說尊者波奢說曰佛決

定知法相亦知勢用餘人所不知若法次第相續立沙門果彼次第相續說沙門果復次是時易見易施設謂此是須陁洹果乃至阿羅漢果果中間不易見不易施設復次行者是時於果生大悅適辟如農夫於六月中修治田業後獲子實積聚場上心大悅適彼亦如是復次是時有三事故一得未曾得道二捨曾得道三斷煩惱同於一味復次是時有五事一得未曾得道二捨曾得道三斷煩惱同於一味四頓得八智五修十六行復次是時是止息處復次是時斷結事事成道方便方便成果中間斷結事未成道方便未成復次是時容廣修道果中間不容廣修道復次行者是時善知功德過惡知功德者是道道果知過惡者是生死法復次行者是時善取相貌如人道中行時不能善取四方相貌若坐一處則能善取四方相貌彼亦如是復次行者是時有隨從知見猶如有人於村落中間為人所刧無有隨從知見者若在村落

為人所刼多有隨從知見者復次行
者是時先廣修方便道立足處牢固
須陀洹果廣修方便道者先為解脫
故修施持戒聞慧思慧修慧煖頂忍
世第一法見道中十五心頃是也斯
陀含果廣修方便道者如上說諸善
復更有未曾有者離欲界方便道六
無㝵道五解脫道是也阿那含果廣
修方便道者如上說諸善復更有未
曾有者離欲愛時方便道三無㝵道
二解脫道是也阿羅漢果廣修方便
道者如上說諸善復更有未曾有者
離初禪欲時方便道九無㝵道九解
脫道乃至離無所有處欲說亦如是
離非想非非想處欲時方便道九無
㝵道八解脫道是也復次行者是時
斷一切生分止一切生分須陀洹除
欲界七生分色無色界一一生處除
一生分餘一切生分得非數滅斯陀
含除欲界二生分色無色界一一生
處除一生分餘一切生分得非數滅
阿那含色無色界一一生處除一生
分餘一切生分得非數滅阿羅漢一

切生分得非數滅復次行者是時頓
證三界見道修道所斷煩惱須陀洹
頓證三界見道所斷煩惱斯陀含頓
證三界見道所斷煩惱及欲界修道
所斷六種煩惱阿那含頓證三界見
道所斷煩惱及欲界修道所斷九種
煩惱阿羅漢頓證三界見道修道所
斷煩惱復次根本沙門果退者不命
終果中間退者命終復次對五趣故
說四沙門果須陀洹果對地獄畜生
餓鬼道斯陀含果對人道少分阿那
含果畢竟對人道阿羅漢果對於天
道復次對四生故須陀洹果對濕生
卵生斯陀含果對胎生少分阿那含
果畢竟對胎生阿羅漢果對化生復
次對二種思故一斷善根思二造五
逆業思須陀洹果對斷善根思斯陀
含果對造五逆業思阿那含果對彼
業報阿羅漢果對彼受報陰所以者
何受報必依陰故復次對三法故須
陀洹果對三結斯陀含果對漸薄三
不善根及欲漏阿那含果畢竟對三
不善根及欲漏阿羅漢果對有漏無

明漏復次對四流故須陀洹果對見
流斯陀含果對欲流少分阿那含果
畢竟對欲流阿羅漢果對有流無明
流對扼亦如是復次對四取故須陀
洹果對見取取戒取取斯陀含果對
欲取少分阿那含果畢竟對欲取阿
羅漢果對我語取復次對三五法故
須陀洹果對疑蓋下分中三結斯陀
含果對餘蓋下分中二結少分阿那
含果畢竟對餘蓋下分中二結阿羅
漢果對上分結復次對諸見及六受
身故須陀洹果對五見斯陀含果對
鼻舌觸生受身少分阿那含果畢竟
對鼻舌觸生受身阿羅漢果對餘受
身復次對七使故須陀洹果對見使
疑使斯陀含果對欲愛使恚使少分
阿那含果畢竟對欲愛使恚使阿羅
漢果對餘使復次對九結故須陀洹
果對見結取結疑結斯陀含果對恚
結嫉結慳結少分阿那含果畢竟對
恚結嫉結慳結阿羅漢果對餘結復
次對九十八使故須陀洹果對三界
見道所斷使斯陀含果對欲界修道

阿毗曇毗婆沙論第三十五卷　第十張　磨

所斷少分阿那含果畢竟對欲界修道所斷阿羅漢果對色無色界修道所斷問曰何故離欲愛時立二沙門果謂斯陁含果阿那含果離色無色界愛時立一沙門果謂阿羅漢果尊者波奢說曰皆以離三界愛故立四沙門果以斷三界見道所斷結故立須陁洹果以斷三界見道所斷結及欲界修道所斷六種結故立斯陁含果以斷三界見道所斷結及欲界修道所斷九種結故立阿那含果以斷三界見道修道所斷結故立阿羅漢果復次欲界是不定界非修地非定地非離欲地離彼欲時立二沙門果色無色界是修地定地離欲地離彼愛時立一沙門果

復次欲界難斷難壞難過離彼欲時立二沙門果色無色界與此相違離彼愛時立一沙門果復次欲界多重過患離彼欲時立二沙門果色無色界與此相違離彼欲時立一沙門果復次欲界是駛流難度離彼欲時立二沙門果猶如有人入山間大河其

阿毗曇毗婆沙論第三十五卷　第十一張　磨

水深廣駛疾為其所漂處處止息然後乃度如是欲界是流漂界如經說村主當知夫流漂者是上妙五欲離彼欲時立二沙門果色無色界與此相違離彼欲時立一沙門果復次欲界諸煩惱重所作業亦重離彼欲時立二沙門果辟如負重擔人上嶮難山必數上息然後乃到平地雖復重擔猶能遠有所至如是欲界諸煩惱重所作業亦重離彼欲時立二沙門果色無色界與此相違離彼欲時立一沙門果復次欲界是淤泥糞穢界離彼欲時立二沙門果色無色界與上相違離彼愛時立一沙門果辟如糞穢聚上立堂舍人所不樂如是色無色界雖復妙好以下有不淨欲界故賢聖不樂是故尊者僧伽婆修作如是說欲界多諸過惡謂父母兄弟姊妹妻子死喪亡失財物截劓耳鼻頭手等苦頭痛等四百四病若離此處欲時立二沙門果亦無有過復次以欲界有男身女身離彼欲時立二沙門果色無色界唯有男身離彼欲

阿毗曇毗婆沙論第三十五卷　第十二張　磨

時立一沙門果復次欲界有男根女根離彼欲時立二沙門果色無色界無男女根離彼欲時立一沙門果復次欲界有二種煩惱謂不善無記離彼欲時立二沙門果色無色界有一種煩惱謂無記離彼欲時立一沙門果如不善無記有報無報生二果一果與無慚無愧相應不與無慚無愧相應當知亦如是復次以欲界有憂根　苦根無慚無愧嫉慳飲食愛婬欲愛諸蓋五欲如是等過離彼欲時立二沙門果色無色界無如是等過離彼欲時立一沙門果問曰聖道沙門是彼果故名沙門果若以無漏道得沙門果者可尒若以世俗道得斯陁含果阿那含果云何可尒荅曰如以無漏道離欲愛次第立斯陁含果阿那含果聖人以世俗道離欲愛亦次第立斯陁含果阿那含果尊者僧伽婆修說曰以世俗道斷結無漏道於未來修二沙門果是彼道果不應作如是說所以者何未來道不能有所作復有說者以世俗道現在前斷

結無漏道得一切時生無有斷絕二沙門果即是彼果不應作是說所以者何非是彼果復有說者金剛喻定是實義沙門通證三界見道修道所斷煩惱解脫得即是彼果評曰以從多分故是沙門果聖道果多非有漏道果多若以世俗道得斯陀含果三界見道所斷結斷是沙門果欲界繫修道所斷六種結盡是世俗道果若以世俗道得阿那含果三界見道所斷結斷是沙門果欲界繫修道所斷九種結斷是世俗道果是故當知從多分故名沙門果

問曰四沙門果幾是假名幾是實義答曰二是假名謂斯陀含果阿那含果二是實義謂須陀洹果阿羅漢果問曰何故二是假名二是實義答曰以此二果或以世俗道得或以無漏道得須陀洹果阿羅漢果悉以無漏道得故復次斯陀含果阿那含果以世俗假名道得故果亦是假名須陀洹果阿羅漢果不以假名道得故名實義復次以世俗道無漏道共得故

名假名復有說者二是實義謂阿那含果阿羅漢果所以者何佛辟支佛聲聞皆得此二果故問曰外物或得果多或得果少斷法不尒云何言果答曰以方便故言果行者住於高山閑靜房舍於諸飲食資生之物皆悉知量受一七六七法頂安禪鎮行禪拋法杖堅强精進生如是法是時其師深慰勞言善哉善哉汝行正方便今得此果辟如農夫於六月中脩治田業後獲子實聚置塲上諸舊農夫慰勞新者善哉善哉汝六月勞勤今獲此果彼亦如是問曰此四沙門果幾是禪果幾是無色定果幾是根本禪果幾是禪邊果幾是根本無色定果幾是無色定邊果幾是見道果幾是修道果幾是忍果幾是智果幾是法智果幾是比智果幾是法智分果幾是比智分果幾是有漏道果幾是無漏道果幾是禪果者答曰四是禪及眷屬果幾是無色定果者答曰一是無色定果謂阿羅漢果幾是根本禪果者答曰二謂阿那含果阿羅漢

果幾是禪邊果者答曰四謂初禪邊非餘禪邊幾是根本無色定果者答曰一謂阿羅漢果幾是無色定邊果者答曰無幾是見道果者答曰三除阿羅漢果幾是修道果者答曰三除須陀洹果幾是忍果者答曰三除阿羅漢果幾是智果者答曰三除須陀洹果幾是法智果者答曰三除須陀洹果幾是比智果者答曰一謂阿羅漢果幾是法智分果者答曰三除須陀洹果幾是比智分果者答曰四幾是世俗道果者答曰二謂斯陀含果阿那含果幾是無漏道果者答曰四

佛經說摩伽陀國毗提希子阿闍貫王往詣佛所頭面礼足在一面坐白佛言世尊為設有現法沙門果可得不耶佛言可得佛告王言我今問汝隨汝意荅於意云何若王給侍及諸奴僕不自在者見於大王昇高殿堂五樂自娛受諸快樂便作是念我亦是人然王多脩福故昇高殿堂五樂自娛受諸快樂我等亦應脩諸福業信家非家剃除鬚髮捨家出家彼於

阿毗曇毗婆沙論第三十五卷　第十六張　磨

後時即便出家修行十善不煞乃至
正見王餘使人於外見之若來白王
作是言大王侍使奴僕不自在者今
已剃除鬚髮出家學道修行十善王
今應當將還如前策使王如其言還
將来耶答曰不也我應往見親近恭
敬如彼本日礼敬迎送於我我今亦
應礼敬迎送還恭敬之盡其形壽施
與衣服飲食房舍卧具資生之物大
王當知如此之事豈非是現法沙門
果耶王白佛言實如聖教問曰沙門果
有四今者何故說五沙門果耶答曰
此是出家近功用果如師子吼經復
說此處有初沙門第二沙門第三沙
門第四沙門非餘外道沙門婆羅門
空行之者汝等應當如是作師子吼
此處有初沙門乃至有第四沙門初
沙門者是須陁洹第二沙門是斯陁
含第三沙門是阿那含第四沙門是
阿羅漢尊者波奢說曰佛世尊先說
次第根本法初沙門者是阿羅漢第
二沙門者是阿那含第三沙門者是
斯陁含第四沙門者是須陁洹須跋

阿毗曇毗婆沙論第三十五卷　第十七張　磨

陁羅經復說須跋陁羅當知此處若
有八聖道便有初沙門果乃至第四
沙門果或有說者此中說四向是沙
門初沙門者是向須陁洹果證第二
沙門者是向斯陁含果證第三沙門
者是向阿那含果證第四沙門者是
向阿羅漢果證尊者波奢說曰此中
說四向四果是沙門如說須跋陁羅
當知若有八聖道處當知說向便有
初沙門乃至第四沙門當知說果純
陁經復說有四沙門無第五沙門四
沙門者一勝道沙門二說道沙門三
道命沙門四過道沙門勝道沙門者
是佛世尊所以者何以佛有自然智
故辟支佛亦介說道沙門者如舍利
弗等所以者何我隨佛轉法輪故餘
無學聲聞亦介道命沙門者阿難是
所以者何彼是學亦令他住學法多
聞持戒具足餘學聲聞亦介過道沙
門者如摩訶羅僞盗者是問曰師子
吼經所說沙門須跋陁羅經所說沙
門純陁經所說沙門有何差別答曰
或有說者師子吼經說住果沙門須

阿毗曇毗婆沙論第三十五卷　第十八張　磨

跋陁羅經說住向沙門純陁經說在
向住果沙門復有說者師子吼經須
跋陁羅經說住果沙門純陁經說一
切沙門復有說者師子吼經須跋陁
羅經說聖人沙門純陁經說聖人凡
夫沙門復有說者師子吼經須跋陁
羅經說學無學沙門純陁經說學無
學非學非無學沙門復有說者師子
吼經須跋陁羅經說淨戒沙門純陁
經說淨不淨戒沙門復有說者如師
子吼經所說沙門須跋陁羅經純陁
經所說亦介如須跋陁羅經所說沙
門師子吼經純陁經所說亦介如純
陁經所說沙門師子吼經須跋陁羅
經所說亦介問曰若然者此說云何
通如說作如此師子吼我此衆中有
初沙門乃至第四沙門世尊亦說惡
戒破諸威儀離於白法之人而師子
吼耶答曰亦說所以者何彼雖破戒
而不破見雖破方便不破期心若他
人問此事為好為不好耶答言不好
是沙門所應作所不應作耶答曰不
應作此事為有報為無報耶答言有

阿毗曇毗婆沙論第三十五卷　第十九張

報此報為是可愛為惡道中受為人
天中受答言惡道中受為自身受為
他身受答言自身受非他身受為是
師過為是經過答言非是師過答言
亦非經過是我之過如是正見於因
緣中不愚則九十六種道中所無是
故世尊於此衆中作師子吼
佛經說世有三人名多有所作計其
所作不易可報若盡形壽衣服飲食
隨病醫藥而供養之亦不能報云何
為三有人為他說法令信家非家捨
家出家是名初人多有所作不易可
報次復有人為他說法令他能知集
法皆是滅相於諸法中遠塵離垢得
法眼淨是人所作不易可報乃至廣
說次復有人為他說法能令他人盡
有漏成無漏心得解脫慧得解脫自
身作證是人所作不易可報乃至廣
說問曰如教人令受優婆塞戒是人
亦名多有所作此中何故不說耶答
曰應說而不說若當知此說有餘復
次以出家戒是因果故出家戒是比
丘戒因是優婆塞戒果復次若教他

阿毗曇毗婆沙論第三十五卷　第二十張

出家則名教他入假名法入法有二
種一者入假名法二者入實義法入
假名法者剃除鬚髮出家是也入實
義法者住世第一法入苦法忍是也
復次若教他出家則令他人脫多役
駈使等種種諸苦復次若教他出家
則救濟他人雖於現苦不久亦當得
離生老病死苦復次若教他出家則
令他人得現法樂不久亦當得自在
樂復次若教他出家則假名佛出世
間不久亦當實義佛出世間復次若
教他出家則教他人三戒三身三學
三修三淨三道三地三根三種菩提
復次若教他出家則得決定解脫道如
說若能剃除鬚髮出家者此人必當
決定知見四真諦法復次若教他出
家則教他人令身少事身少事能生
心少事身遠心遠身淨心淨身好心好
身端正心端正亦如是復次若教他
出家則教他剃鬚著袈裟剃鬚則能
生牟尼著袈裟則能去離惡復次若
教他出家則令他人得無盡業无盡
財無過業無過財復次若教他出

阿毗曇毗婆沙論第三十五卷　第二十一張

家則令他人盡形壽持戒淨修梵行
傷佉諸利傷佉諸利是何義耶尊者
和須蜜說曰有仙人一名傷佉二名諸
利淨修梵行威儀具足在家之人所
不能行如畫珂貝上非風吹日曝所
能壞滅在家之人修行梵行不能如
是如畫貝上分明了了在家之人修
行梵行不能如是如阿那舍猶如妻
子畜衆生數非衆生數物凡夫聖人
無有差別復次若教他出家則示他
人帝釋轉輪聖王閻羅王所欲之事
問曰何故教他出家置二果唯說須
陀洹果阿羅漢果答曰已說在此義
中所以者何遠塵離垢得法眼淨三
果可尒具縛人漸離欲人永離欲人
得正決定悉名遠塵離垢得法眼淨
復次現始終故始是須陀洹果終是
阿羅漢果如始終始入已度方便畢竟
說亦如是復次此二果一向無漏道
得非有漏道二果無漏有漏道得如
有漏無漏道解脫道繫縛道亦如是
復次此果俱過非想非非想處人得
須陀洹果過非想非非想處見道所

斷結乃得阿羅漢果過非想非非想
阿毗曇毗婆沙論第三十五卷　第十二張　齊
處修道所斷結乃得復次此現門現
略所有沙門果或以見道得或以修
道得若說須陁洹果當知已說見道
得者若說阿羅漢果當知已說修道
得者如見道修道見地修地未知欲
知根知根說亦如是復次有沙門果
或因見道所斷結盡而立或因修道
所斷結盡而立如見道所斷緣無所
有煩惱緣所有煩惱忍對治煩惱智
對治煩惱亦如是復次已說在此義
中所以者何以必得故若得須陁洹
果必得斯陁含果若得阿羅漢果必
由阿那含果須陁洹成就諸學法彼
法須陁洹果攝耶問曰何故作此論
答曰先說無為沙門果今欲說有為
無為沙門果故而作此論須陁洹成
就諸學法彼法須陁洹果攝耶答曰
或攝或不攝云何攝答曰有為須陁
洹果得已不失得者信解脫得信解
脫諸根見到得見到諸根不失者信
解脫不轉根作見到不失信解脫諸
根云何不攝須陁洹前進得勝妙無

漏諸根前進者方便道六無礙道五
阿毗曇毗婆沙論第三十五卷　第十三張　深
解脫道如是等前進道所有學法須陁洹
成就彼非須陁洹果攝所以者何前
進道非果所攝設法須陁洹果攝彼
法是學耶答曰或是學或是非學非
无學云何是學答曰有為須陁洹果
謂道比智及眷屬云何是非學非無
學答曰無為須陁洹果謂三界見道
所斷結斷斯陁含成就諸學法彼法
斯陁含果攝耶答曰或攝或不攝云
何攝答曰有為斯陁含果得已不失
得者信解脫得信解脫諸根見到得
見到諸根不失者信解脫不轉根作
見到不失信解脫諸根云何不攝斯
陁含前進得勝妙無漏諸根前進者
方便道三無礙道二解脫道如是等
前進道所有學法斯陁含成就彼非
斯陁含果攝所以者何前進道非果
所攝設法斯陁含果攝彼法是學耶
答曰或是學或是非學非无學學者
有為斯陁含果若道比智及眷屬若
第六解脫道及眷屬云何非學非無
學答曰無為斯陁含果謂三界見道

所斷結斷及欲界修道所斷六種結
阿毗曇毗婆沙論第三十五卷　第十四張　齊
斷阿那含成就諸學法彼法阿那含
果攝耶答曰或攝或不攝云何攝答
曰有為阿那含果得已不失得者信
解脫得信解脫諸根見到得見到諸
根不失者信解脫不轉根作見到不
失信解脫諸根云何不攝阿那含前
進得勝妙無漏諸根前進者離初禪
欲方便道九無礙道九解脫道乃至
離非想非非想處愛方便道九無礙
道八解脫道如是等前進道所有學
法阿那含成就彼非阿那含果攝所
以者何前進道非阿那含果攝設法
阿那含果攝彼法是學耶答曰或是
學或是非學非無學云何是學答曰
有為阿那含果若道比智及眷屬若
第九解脫及眷屬云何非學非無學
答曰無為阿那含果三界見道所斷
結斷及欲界修道所斷九種結斷阿
羅漢成就諸無學法彼法阿羅漢果
攝耶答曰如是所以者何阿羅漢所
有方便道無礙道解脫道前進道盡
阿羅漢果攝設法阿羅漢果攝彼法

是無學耶答曰或是無學或是非學非無學云何是無學答曰有為阿羅漢果盡智無生智無學等見及眷屬云何非學非無學答曰無為阿羅漢果三界見道修道所斷結斷

須陁洹成就諸無漏法彼法須陁洹果攝耶答曰或攝或不攝云何攝答曰須陁洹果得已不失得者信解脫得信解脫性須陁洹果見到得見到性須陁洹果三界見道所斷結斷不失者信解脫不轉根作見到不失信解脫性須陁洹果云何不攝須陁洹果前進得勝妙諸無漏根方便道六无㝵道五解脫道如是等前進道及漸斷結得作證謂欲界修道所斷五種結斷如前進道非果攝彼斷亦尒須陁洹所成就非數滅此滅非是須陁洹果所以者何非數滅是無記須陁洹果是善故設法須陁洹果攝彼法是無漏耶答曰如是所以者何有為須陁洹果無為須陁洹果皆是無漏故斯陁含成就諸无漏法彼法斯陁含果攝耶答曰或攝或不攝云何

攝答曰斯陁含果得已不失得者信解脫性得信解脫斯陁含果見到得見到性斯陁含果三界見道所斷結斷及欲界修道所斷六種結斷不失者信解脫不轉根作見到不失信解脫性斯陁含果云何不攝斯陁含果前進得勝妙諸無漏根方便道三無㝵道二解脫道如是等道及漸斷結得作證謂欲界修道所斷二種結斷如前進道非斯陁含果攝斷亦如是斯陁含果所成就非數滅此滅非是斯陁含果所以者何非數滅是無記斯陁含果是善故設法是斯陁含果攝彼法是無漏耶答曰如是所以者何有為斯陁含果無為斯陁含果皆是無漏故阿那含成就無漏諸法彼法阿那含果攝耶答曰或攝或不攝云何攝答曰阿那含果已得不失得者信解脫得信解脫性阿那含果見到得見到性阿那含果三界見道所斷結斷及欲界修道所斷九種結斷不失者信解脫不轉根作見到不失信解脫性阿那含果云何不攝答曰

阿那含前進得勝妙無漏諸根離初禪愛方便道九無㝵道九解脫道如是乃至離非想非非想處愛方便道九無㝵道八解脫道如是等道及漸斷結得作證謂離七地愛及非想非非想處八種愛如前進道非果攝彼斷亦尒阿那含所成就非數滅廣說如上設法阿那含果攝彼法是無漏耶答曰如是廣說如上阿羅漢成就無漏諸法彼法阿羅漢果攝耶答曰或攝或不攝云何攝答曰已得阿羅漢果不失得者時解脫得時解脫性非時解脫得非時解脫性三界見道修道所斷結斷不失者時解脫不轉根作非時解脫不失時解脫性阿羅漢果云何不攝答曰阿羅漢所成就非數滅於如是法得非數滅謂欲界色無色界繫有漏及無漏法非數滅此滅非是阿羅漢果所以者何非數滅是無記阿羅漢果是善故設法阿羅漢果攝彼法是無漏耶答曰如是所以者何有為阿羅漢果無為阿羅漢果皆是無漏故

須陁洹成就諸法彼法須陁洹果攝耶此中問轉增法先問學次問無漏今問不定須陁洹成就諸法彼法須陁洹果攝耶荅曰或法須陁洹果成就彼法非須陁洹果攝云何法須陁洹成就彼法非須陁洹果攝荅曰須陁洹前進得勝妙無漏諸根及漸斷結得作證須陁洹所成就非數滅亦成就有漏諸法謂善染汙不隱沒無記善者謂方便善生得善染汙者三界修道所斷染汙不隱沒無記者威儀工巧報如是等法須陁洹成就非須陁洹果攝云何法須陁洹果攝彼法非須陁洹成就荅曰不得須陁洹果得已便失不得者信解脫不得見到性須陁洹果見到不得信解脫性須陁洹果得已便失者信解脫轉根作見到便失信解脫性須陁洹果云何法須陁洹成就彼法亦須陁洹果攝荅曰得須陁洹果不失廣說如上云何法須陁洹果不成就彼法非須陁洹果攝荅曰除上尒所事若法已稱名已說者作第一第二第三句未稱未說者作第四句彼是何耶荅曰有三種謂善染汙不隱沒無記善有二種謂無漏有漏無漏者一切上下無漏道有漏者謂方便善離欲善生得善若本不得若得便失染汙者三界見道欲界修道所斷染汙須陁洹已斷者不隱沒無記者謂威儀工巧報須陁洹所不成就者一切變化心如是等諸法作第四句故言除上尒所事如須陁洹斯陁含亦如是阿那含成就諸法彼法阿那含果攝耶乃至廣作四句云何法阿那含成就彼法非阿那含果攝荅曰阿那含前進得勝妙無漏諸根及所斷結得作證阿那含所成就非數滅廣說如上阿那含成就諸餘有漏法彼是何耶荅曰有三種謂善染汙不隱沒無記善者方便善生得善離欲善染汙者色無色界繫修道所斷染汙不隱沒無記者威儀工巧報變化心如阿那含所成就者云何法阿那含果攝彼法非阿那含成就荅曰不得阿那含果得已便失不得者信解脫不得見到性阿那含果見到不得信解脫性阿那含果得已便失者信解脫轉根作見到失信解脫性阿那含果云何法阿那含成就彼法阿那含果攝荅曰得阿那含果不失得者信解脫得信解脫性阿那含果見到得見到性阿那含果三界見道所斷結斷欲界修道所斷九種結斷不失者信解脫不轉根作見到不失信解脫性阿那含果云何法非阿那含成就彼法亦非阿那含果攝荅曰除上尒所事若法已稱名已說者作第一第二第三句未稱未說者作第四句彼是何耶荅曰有三種謂善染汙不隱沒無記善者謂無漏有漏無漏者上下無漏道有漏者方便善生得善離欲善若本不得若得便失染汙者三界見道所斷染汙欲界修道所斷染汙不隱沒無記者威儀工巧報變化心本不得得已便失者如是等諸法作第四句故言除上尒所事阿羅漢成就諸法彼法阿羅漢果攝耶乃至廣說四句云何法阿羅漢成就彼法非阿羅

漢攝答曰阿羅漢成就非數滅謂善染汙不隱沒無記阿羅漢於此法得非數滅阿羅漢所成就有漏法此法有二種謂善不隱沒無記善者方便善生得善離欲善若不隱沒無記者威儀工巧報變化心阿羅漢所成就者云何法阿羅漢果攝彼法非阿羅漢成就答曰阿羅漢本不得得已便失不得者時解脫不得非時解脫性阿羅漢果非時解脫不得時解脫性阿羅漢果得已便失者時解脫轉根作不時解脫失時解脫性阿羅漢果云何法阿羅漢成就彼法阿羅漢果攝答曰阿羅漢果得已不失得者時解脫得時解脫性阿羅漢果不時解脫得不時解脫性阿羅漢果三界見道修道所斷結斷不失者時解脫阿羅漢不轉根作不時解脫不失時解脫性阿羅漢果云何法阿羅漢不成就彼法非阿羅漢果攝答曰除上尒所事若法已稱名已說者作第一第二第三句未稱未說者作第四句彼是何耶答曰有三種謂善染汙不隱沒

無記善者方便善離欲善生得善阿羅漢本不得得已便失者染汙者三界見道修道所斷染汙不隱沒無記者威儀工巧報變化心阿羅漢本不得得已便失者如是等諸法作第四句故言除上尒所事

問曰信解脫為轉根作見到不耶若轉者根揵度中何以不說如說若捨無漏根得無漏根彼盡從果至果耶答曰若從果至果盡捨無漏根得无漏根頗有捨無漏根得無漏根彼非從果至果耶答曰有得正决定道比智現前時時解脫阿羅漢轉根作不動彼尊者有何勞惓不說信解脫轉根作見到耶若信解脫不轉根作見到者此文所說云何通如說若不得須陁洹果得已便失若信解脫不轉根作見到者云何言得已便失耶智揵度說復云何通如說須陁洹於此三三昧未來盡成就過去已滅不失現在若現在前若信解脫不轉根作見到者已滅三昧云何失耶識身經說復云何通如說過去無學心得作

三句名已知不名今知不名當知此中成就已知名說時解脫阿羅漢退作信解脫轉根作見到還得阿羅漢果今不成就不當成就時解脫道答曰應作是說信解脫轉根作見到

問曰若然者後所說善通根揵度中何故不說耶答曰彼文應如是說得正决定道比智現在前信解脫轉根作見到時解脫轉根作不動應如是說而不說者有何意耶答曰現始終故始是道比智終是時解脫轉根作不動如始終初入已度方便畢竟亦如是尊者僧伽婆修說曰信解脫轉根作見到得斯陁含果時亦名是得果亦名轉根得阿那含果時亦名得果亦名轉根問曰若然者得須陁洹果時何不名轉根得阿羅漢果時何不名轉根耶答曰出過欲界是數數舊法無有衆生不曾不出過欲界者是故離彼欲時得二沙門果亦名得果亦名轉根出過非想非非想處非是數數舊法無有衆生曾出過者是故離彼欲時得二沙門果但名得果

不名轉根

問曰如汝所說得斯陁含果阿那含果時亦名得果亦名轉根是事可尒退法轉根作憶法乃至等住轉根作能進此中何以不說彼作是荅已說在此義中何以知之退法轉根作憶法時得憶法時根不捨退法根乃至等住轉根作能進時得能進根不捨四種根能進轉根作不動時得不動根不捨五種根彼不應作是說所以者何無有一人成就二根者何況多耶復有說者信解脫不轉根作見到是故根揵度不說

問曰若然者智揵度說云何通荅曰彼文應如是說須陁洹三三昧未来患成就現在若現在前過去已滅不應言不失應說而不說者有何意耶荅曰誦習錯謬故

問曰此文所說復云何通荅曰或有說成就過去未来得或有說不成就過去未来得若作是說不成就過去未来得者彼作是說若不得須陁洹果是說未来若得已是說現在便失是說過去若作是說成就過去未来得者彼作是說須陁洹果有三種謂下中上若初住下須陁洹果不得中上須陁洹果故言不得得下須陁洹果故言得已不應言便失若初住中須陁洹果故言得已不得上須陁洹果故言不得失下須陁洹果故言便失若初住上須陁洹果不應言不得得上須陁洹果故言得已便失者失中下須陁洹果

問曰本不成就中下須陁洹果何故言失荅曰超過二根故名失所以者何起彼二根能生之勢故作是說識身經復云何通荅曰識身經則不可通評曰應作是說信解脫轉根作見到若信解脫不轉根作見到者時解脫亦不轉根作不動所以者何如學地無止息無救護無學地亦尒

尊者佛陁羅測說曰信解脫轉根作見到有六事不共一在欲界不在色無色界二依禪不依無色定三用無漏道不用世俗道四用法智不用比智五退非不退六住果道不住勝果道在欲界不在色無色界者欲界有說法人以說法力故能轉根能作利依禪不依無色定者本依何地得學果即依彼地信解脫轉根作見到用無漏道不用世俗道者以猛利道能轉根世俗道非猛利用法智不用比智者生欲界轉根者於法智得自在不於比智退非不退者猒患退故轉根住果道非勝果道者若住勝果道轉根者則失多道得少道是名減少不名增益阿毗曇者作如是說信解脫轉根作見到如彼所說但於六事中三事不可尒唯在欲界不在色無色界此事可尒依禪不依無色定此亦可尒唯以無漏道不以世俗道者此亦可尒唯用法智不用比智者此不必尒所以者何或有於比智善得自在非法智退法非不退法者此不必尒所以者何退法亦能轉根不退法亦能轉根不必退法唯住果道不住勝果道者此不必尒所以者何住果道亦能轉根住勝果道亦能轉根

問曰若然者豈非捨多道得少道是

損減非增益耶答曰彼求利根不求多道

尊者瞿沙跋摩說曰信解脫轉根作見到唯在閻浮提不在餘方問曰依何地得學果即依彼地轉根耶答曰即依彼地亦依餘地是勝地非下須陀洹斯陀含必依未至禪得果轉根阿那含依得果地亦依餘地轉根阿那含極少者成就三地阿那含果謂初禪未至中間禪若依未至若依初禪若依禪中間必成就三地道比智阿那含果若依二禪得正決定者必成就四地道比智阿那含果若依第三禪成就五地若依第四禪成就六地次第人離欲愛時寂後解脫道成就三地阿那含果若依初禪得正決定即依初禪轉根者彼捨三地阿那含果得三地阿那含果若依初禪得正決定依第二禪轉根者彼捨三地得四地若依初禪得正決定依第三禪轉根者彼捨三地得五地若依初禪得正決定依第四禪轉根者彼捨三地得六地若依二禪得正決定即

依二禪轉根者彼捨四地得四地若依二禪得正決定依第三禪轉根者彼捨四地得五地若依二禪得正決定依第四禪轉根者彼捨四地得六地若依三禪得正決定即依三禪轉根者彼捨五地得五地若依三禪得正決定依第四禪轉根者彼捨五地得六地若依第四禪得正決定即依第四禪轉根者彼捨六地得六地問曰頗有依上地得果依下地轉根耶答曰或有說者無若有者則捨多道得少道是損減非增益故復有說者有如依第四禪得正決定依第三禪轉根者捨六得五依第四禪得正決定依第二禪轉根者捨六得四依第四禪得正決定依初禪轉根者捨六得三三禪二禪初禪應隨相說

問曰若然者豈非捨多道得少道是損減非增益耶答曰若爾亦無有過所以者何彼求利道不求多道頗有離無所有處愛聖人成就一地無漏耶答曰有離無所有處愛依未至禪得正決定見道中十五心頃是也頗

有離無所有處愛阿那含成就三地無漏耶答曰有若依初禪未至中間禪信解脫轉根作見到頗有身證人不成就無漏無色定耶答曰有依禪信解脫轉根作見到未離初禪愛依初禪轉根者捨三地無漏道得三地無漏道離初禪愛未離二禪愛依初禪轉根者捨四得三離第二禪愛未離第三禪愛依初禪轉根者捨五得三離第三禪愛未離第四禪愛依初禪轉根者捨六得三離第四禪愛未離空處愛依初禪轉根者捨七得三離空處愛未離識處愛依初禪轉根者捨八得三離識處愛未離無所有處愛依初禪轉根者捨九得三離第二禪愛乃至離識處愛依第二禪轉根者捨九得四離第三禪愛乃至離識處愛依第三禪轉根者捨九得五離第四禪愛乃至離識處愛依第四禪轉根者捨九得六

問曰離無所有處愛信解脫轉根作見到捨無色界對治道為捨斷不若捨者何不成就結若不捨者對治已

捨以何事故不捨斷耶答曰應作是說不捨問曰對治已捨以何事故不捨於斷答曰無色界對治有二種得雖捨無漏不捨有漏以為有漏所持故不捨問曰如有漏道能有所作處可尒不能有所作處云何可尒如漸離非想非非想處愛信解脫轉根作見到捨非想非非想處修道所斷對治道為捨彼斷不若捨者云何不成就結若不捨者對治已捨以何事故不捨於斷答曰或有說者無有漸離非想非非想處愛而轉根者若轉者或是退或畢竟離欲復有說者有漸離非想非非想處愛轉根者捨對治道不捨斷評曰應作是說捨對治道亦捨斷而不成就結如離無所有處愛命終生非想非非想處從欲界乃至識處所有對治道及斷悉捨而不成就結彼亦如是

信解脫轉根作見到時用一方便道一無礙道一解脫道時解脫轉根作不動時或有說以一方便道一無礙道一解脫道評曰應作是說以一方便

道九無导道九解脫道所以者何以更得沙門果重用功故如人壞舍壞已更作留重用功彼亦如是信解脫轉根作見到時方便道是有漏無漏未來亦修有漏無漏道無导道是無漏未来亦修無漏道解脫道亦是無漏或有說者未来修有漏无漏道或有說者唯修無漏時解脫轉根作不動時方便道是有漏無漏未来修有漏無漏道九无礙道八解脫道唯是無漏未来修無漏道最後解脫道是無漏未来修有漏無漏道及三界善根信解脫轉根作見到時方便道或是曾得或非曾得無礙道解脫道一向非曾得時解脫轉根作不動時方便道或是曾得或非曾得無导道解脫道一向非曾得是信解脫轉根作見到時方便道無礙道是信解脫道攝解脫道是見到道攝時解脫轉根作不動時方便道九無礙八解脫道是時解脫道攝最後解脫道是非時解脫道攝信解脫轉根作見到時若住果道而轉根者彼方便无礙解

脫道是果道攝若住勝果道而轉根者彼方便無礙道是勝果道攝解脫道是果道攝時解脫轉根作不動時方便無导解脫道是果道攝所以者何無勝果道故信解脫轉根作見到時住果而轉根者是名捨果得果若住勝果道而轉根者是名捨果捨勝果道而得果時解脫轉根作不動時名捨果得果

六種阿羅漢謂退法憶法護法等住能進不動若退法轉根作憶法時捨退法根得憶法根若憶法轉根作護法時捨憶法根得護法根若護法轉根作等住時捨護法根得等住根若等住轉根作能進時捨等住根得能進根若能進轉根作不動時捨能進根得不動根如無學地六種修道中六種學性亦如是

問曰退法轉根作不動時為住退法根得不動為次第轉五種根得不動耶答曰或有說者住退法根轉根得不動無學時異用功多難得是故次第轉學地不尒評曰應作是說一切

時次第而轉如修道中有六種性見道中亦有六種性謂退法乃至不動無有轉根者所以者何見道是速疾不起道故如見道中有六種性修行池中亦有六種性謂退法乃至不動若轉者退法煖法不現在前憶法煖法現在前乃至能進煖法不現在前不動煖法現在前聲聞性煖法不現在前辟支佛性煖法現在前辟支佛性煖法不現在前佛性煖法現在前如煖法頂法亦如是忍差別者聲聞性忍不現在前辟支佛性忍現在前無有聲聞辟支佛忍不現在前佛忍現在前所以者何忍與惡趣相妨菩薩以願力故當生惡趣復有說者聲聞煖頂不現在前亦不起辟支佛煖頂現在前所以者何如佛自然無師彼辟支佛亦介如佛一結跏趺坐生諸善法現在前從不淨乃至盡智無生智辟支佛亦介世第一法亦有六種性退法乃至不動無轉根者所以者何彼善根一刹那須無仁相故須陁洹有六種性退法乃至不動是故作

如是說頗有退須陁洹果不成就見道所斷結耶荅曰有從上根性退下根時

阿毗曇毗婆沙論卷第三十五

甲辰歲高麗國分司大藏都監奉勅彫造

阿毗曇毗婆沙論卷第三十五

校勘記

一　底本，麗藏本。

一　七二五頁上一至四行經名、造者、釋者、譯者、品名，諸本（不含石，下同）無（未換卷）。

一　七二五頁上七行第一三字「如」，諸本無。

一　七二五頁中一七行「佛經說」下，諸本有「梵行果不說」五字。

一　七二五頁下一八行第四字「證」，磧、南作「說」。

一　七二六頁上二行「名有」，諸本作「是名有」。

一　七二六頁中一九行「介許」，諸本作「爾許無爲」。

一　七二七頁上一四行「欲說」，諸本作「欲時」。

一　七二七頁下二二行第八字「漢」，諸本作「須」。

一　七二八頁上三行第一二字「二」，

磧作「一」。

一 七二八頁上末行「山間」，諸本作「山澗」。

一 七二八頁中八行第四字「上」，諸本作「止」。

一 七二八頁中二一行第五字「二」，諸本作「四」。

一 七二九頁上六行第四字「是」，諸本作「名」。

一 七二九頁上二一行「亦是」，諸本作「亦如是」。

一 七二九頁中七行第六字「六」，諸本作「大」。

一 七二九頁下二〇行首字「五」，磧、南作「王」。

一 七三一頁上一行「可愛」，諸本作「可受爲不可受答曰不可受」。

一 七三一頁上四行末二字「答言」，諸本無。

一 七三一頁中五行「多役」，諸本作「苦役」。

一 七三一頁中七行第六字「雖」，諸本作「離」。

一 七三一頁中二〇行「剃髮著袈裟剃髮」，諸本作「剃鬚髮著袈裟剃鬚髮」。

一 七三一頁下八行「如妻」，諸本作「有妻」。

一 七三一頁下一四行「遠塵離垢」，徑、清作「遠離塵垢」。

一 七三一頁下一七行「復次」，諸本作「復以」。

一 七三二頁上七行第一一字「有」，諸本作「所有」。

一 七三二頁上一四行「阿那含果」，至此，徑、清卷第五十終，卷第五十一始，且有品名「使揵度人品第三之三」。

一 七三二頁上一五行「須陁洹果攝耶」，至此，資、磧、普、南卷第五十卷終，卷第五十一卷始，且有品名「使揵度人品之三」。

一 七三三頁上一二行及本頁中六行「不攝」，徑、清作「不攝答曰」。

一 七三三頁中二行「性得信解脫」，徑、清作「得信解脫性」。

一 七三三頁下四行「如是」，磧、南、清作「加是」。

一 七三三頁下五行第八字「七」，資、磧、普作「士」。

一 七三四頁上二行末字「漏」，諸本作「學」。

一 七三四頁上九行第八字「謂」，諸本作「諸」。

一 七三四頁上二一行第八字「果」，諸本無。

一 七三四頁中二〇行第八字「報」，諸本作「報生」。

一 七三四頁下二行「廣說」，諸本作「廣作」。

一 七三五頁上五行第八字「若」，諸本無。

一 七三五頁下四行「今不」，諸本作「不今」。

一 七三五頁下一四行第一三字「是」，諸本無。

一　七三六頁上一八行第四字「習」，諸本作「者」。

一　七三六頁下二行「根鈍」，諸本作「鈍根」。

一　七三七頁下末行第三字「何」，諸本作「云何」。

一　七三八頁下一一行首字「能」，徑、清作「勝」。

一　七三八頁下一五行「能進」，諸本作「勝進」。下同。

一　七三九頁上五行「退法」，諸本作「退故」。

一　七三九頁上二二行「無仁」，諸本作「無住」。

一　七三九頁中二行「性退」，諸本作「退住」。

一　七三九頁中末行「第三十五」，諸本作「第五十一」。

阿毗曇毗婆沙論卷第三十六　磨

迦旃延子造　五百羅漢釋

北涼天竺沙門浮陀跋摩共道泰等譯

使犍度人品下

欲界死還生欲界盡欲界有相續耶乃至廣作四句有多名此中說有是受身處衆生數五陰有餘有廣說如一行中云何欲界死還生欲界不欲界有相續耶答曰如欲界死生色界中有現在前欲界死生色界亦是聖人亦是凡夫彼色界中有於欲界現在前所以者何法應如是若處所死有滅即處所中有生如種子滅處此處即生於牙彼亦如是欲界死者是欲界死者有欲界死者是色界中有非欲有相續色有相續是色界中有云何欲有相續不欲界死不生欲界答曰色界死欲界中有現在前凡夫人於色界死欲界中有於色界現在前法應如是若處所死有滅即處所中有生廣說如上是名欲有相續是欲界中有非欲界死非欲界生所以

者何色界死是色界死有色界生是欲界中有云何欲界死還生欲界欲界有相續耶答曰如欲界死還生欲界中有生有欲界死還生欲界亦是聖人亦是凡夫凡夫於諸趣無尋生一一趣中聖人於諸趣有尋生人天中欲界死是欲界死有欲界生是欲界中有欲界有相續者是欲界中有若從中有至生有者欲界死是欲界中有若欲界生是欲界生有欲界有相續者是欲界生有云何非欲界死非欲界生非欲界有相續答曰色界死生色界中有生有色界死生色界中有生有者亦是聖人亦是凡夫若但死有至中有時不名欲界死所以者何是色界死色界死有非欲界生所以者何色界生是色界中有非欲界有相續所以者何色界有相續是色界中有若從中有至生有時非欲界死所以者何是色界中有死非欲界有相續所以者何色界有相續是色界生有色界死生無色界亦是聖人亦是凡夫彼非欲界死所以者何色

界死是色界死有非欲色界生無色界生是無色界生有非欲界有相續所以者何無色界有相續是無色界生有無色界死生無色界亦是聖人亦是凡夫凡夫人生上亦生下聖人生上不生下凡夫人一一處多生聖人一一處一生彼非欲界死所以者何無色界死是無色界死有非欲界生所以者何無色界生是無色界生有非欲界有相續所以者何無色界有相續是無色界生有無色界死生色界是凡夫從死有至中有彼非欲界死所以者何無色界死是無色界死有不生欲界所以者何無色界生是色界中有非欲有相續所以者何色有相續是色界中有色界死還生色界盡色界有相續耶乃至廣作四句云何色界死還生色界非色界有相續耶答曰色界死欲界中有現在前色界死生欲界是凡夫人欲界中有於色界現在前廣說如上色界死是色界死有生色界是欲界中有非色界有相續所以者何欲界有相續是

欲界中有云何色界有相續非色界死非色界生荅曰如欲界死色界中有現在前欲界死生色界亦是凡夫亦是聖人彼色界中有於欲界現在前廣說如上是名色界有相續色界中有非色界死所以者何欲界死是欲界死有非色界生所以者何欲界生是色界中有云何色界死還生色界色界有相續耶荅曰色界死還生色界中有生有色界死還生色界亦是凡夫亦是聖人凡夫生上亦生下一一處有多生聖人生上不生下一一處有一生從死有至中有時色界死是色界死有色界生是色界中有色界有相續是色界中有從中有至生有時色界死是色界中有色界生是色界生有色界有相續是色界生有云何非色界死非生色界非色界有相續荅曰欲界死生欲界中有生有欲界死還生欲界亦是凡夫亦是聖人廣說如上從死有至中有時非色界死非生色界所以者何欲界死是欲界死有欲界生是欲界中有非色

界有相續所以者何欲界有相續是欲界中有從中有至生有時非色界死非色界生所以者何欲界死是欲界中有欲界生是欲界生有非色界有相續所以者何欲界有相續是欲界生有欲界死生無色界亦是凡夫亦是聖人非色界死所以者何欲界死是欲界死有非色界生所以者何無色界生是無色界生有非色界有相續所以者何無色界有相續是無色界生有無色界死生無色界亦是凡夫亦是聖人凡夫生上亦生下一一處有多生聖人生上不生下一一處有一生非色界死所以者何無色界死是無色界死有非色界生所以者何無色界生是無色界生有非色界有相續所以者何無色界有相續是無色界生有無色界死生欲界是凡夫非色界死所以者何無色界死是無色界死有非色界生所以者何欲界生是欲界中有非色界有相續所以者何欲界有相續是欲界中有無色界死還生無色界盡無色界有

相續耶荅曰諸無色界死還生無色界盡無色界有相續頗無色界有相續彼非無色界死非不無色界生耶荅曰有如欲色界死生無色界亦是凡夫亦是聖人非無色界死所以者何欲色界死是欲色界死有無色界生是無色界生有無色界有相續是無色界生有欲界死還生欲界此人有四欲界凡夫聖人色界凡夫聖人色界死還生色界此人有三色界凡夫聖人欲界凡夫無色界死還生無色界此人有二無色界凡夫聖人欲界凡夫九十八使所使九結所繫聖人十使所使六結所繫色界凡夫六十二使所使六結所繫聖人六使所使三結所繫無色界凡夫三十一使所使六結所繫聖人三使所使三結所繫問曰欲界凡夫不為色無色界使所使色界凡夫不為無色界使所使何故說欲界凡夫九十八使所使色界凡夫六十二使所使耶荅曰此中說得名所使如欲界凡夫色無色界使得常現前生色界凡夫人無色

阿毗曇毗婆沙論第三十六卷　第七張　方

界使得常現前生復次於得不解脱故名使所使欲界凡夫於色無色界使得不得解脱色界凡夫於無色界使得不得解脱復次今得得當得得已得得故作如是說今得得是現在當得得是未來已得得是過去復次能生彼使故作是說能生者生欲界凡夫以離欲愛能生色界諸使色界凡夫以離色愛能生無色界諸使復次現曾所行有餘勢故欲界衆生無始以來無有不曾起色無色界使者色界衆生無有不曾起無色界使者問曰若然者色界凡夫曾起欲界使無色界凡夫亦曾起欲色界使何故不使耶答曰雖復曾起以離欲故欲界凡夫未離色無色界愛色界凡夫未離無色界愛聖人十使所使問曰欲界聖人有九十八使所使者如具縛人得正決定苦法忍現在前時成就九十八使此中何以不說耶答曰以時少故不久苦智生是故不說復次此中說現行煩惱人入見道人猶不能起善有漏心何況染汙餘處亦

阿毗曇毗婆沙論第三十六卷　第八張

說現行煩惱人如經說有一婆羅門往詣佛所作如是問汝當為天人龍阿修羅伽樓羅揵闥婆緊那羅摩睺羅伽耶佛言我不當為天乃至摩睺羅伽等所以者何婆羅門當知以諸漏故為天乃至摩睺羅伽等如來永斷諸漏是故婆羅門我不當為天乃至摩睺羅伽等或有說報現前故名人如經說偈

佛者是人　自調常定　行於梵道
心寂靜樂

此中說身受何果報即名此界衆生身受欲界報即名欲界衆生身受色無色界報即名色無色界衆生佛受人報故即名為人餘處亦說報現前故名人如十門中說誰成就眼根答曰生色界若生欲界人得已不失如是等報現前故名人如是受欲界報者名欲界衆生受色無色界報者名色無色界衆生非欲界死非欲界生盡非欲界有相續耶乃至廣作非四句前四句初句作此第二句前第二句作此初句前第三句作此第四句

阿毗曇毗婆沙論第三十六卷　第九張

前第四句作此第三句色界非四句亦如是非無色界死非無色界生盡非無色界有相續耶廣說如經本非欲界死非欲界生此人有五欲界凡夫色界凡夫聖人無色界凡夫聖人問曰應有八人何故說五耶如色界死還生色界凡夫聖人色界死生無色界凡夫聖人色界死生欲界凡夫無色界死生無色界凡夫聖人無色界死生色界凡夫如是等有八何故說五答曰以相似故說五亦色界死生色界凡夫無色界死生色界凡夫此二俱是色界凡夫色界死生無色界聖人無色界死生無色界聖人此二俱是無色界聖人色界死生無色界凡夫無色界死生無色界凡夫此二俱是無色界凡夫餘有欲界凡夫色界聖人以相似故說五非色界死非色界生此人有六欲界凡夫聖人色界凡夫聖人無色界凡夫聖人問曰應有九人何故說六耶如欲界死還生欲界凡夫聖人欲界死生色界凡夫聖人欲界死生無色界凡夫聖

阿毗曇毗婆沙論第三十六卷　第十張

人無色界死生無色界凡夫聖人無色界死生欲界凡夫荅曰以相似故說六欲界死還生欲界凡夫無色界死生欲界凡夫此二俱是欲界凡夫欲界死生無色界凡夫無色界死生無色界凡夫此二俱是無色界凡夫欲界死生無色界聖人無色界死生無色界聖人此二俱是無色界聖人餘有欲界聖人色界凡夫聖人以相似故說六非無色界死非無色界生此人有四欲界凡夫聖人色界凡夫聖人問曰應有七人何故說四耶如欲界死還生欲界凡夫聖人欲界死生色界凡夫聖人色界死還生色界凡夫聖人色界死生欲界凡夫何故說四耶荅曰以相似故說四欲界死還生欲界凡夫色界死生欲界凡夫此二俱是欲界凡夫欲界死生色界凡夫色界死還生色界凡夫此二俱是色界凡夫欲界死生色界聖人色界死還生色界聖人此二俱是色界聖人餘有欲界聖人以相似故說四此諸人為向所說使所使向所說結所繫

阿毗曇毗婆沙論第三十六卷　第十一張

頗欲界死不生欲界耶如先說義今則遮於生有頗欲界死不生欲界耶荅曰不生生欲色界中有若生無色界若般涅槃餘廣說如經本問曰無色界死生欲色界彼中有於何處現在前荅曰或有說者在第四禪不應作是說若無色界有方所者此說便是但無色界無有方所何為遠至第四禪耶復有說者是處所死生無色中即彼處所中有現在前如是說者無色界死生無色界是事不尒評曰應作是說欲界色界死生無色界即彼所生處中有現在前

頗欲界死不生欲界不生色界不生無色界耶此中亦遮生有餘廣說如經本問曰此中何故不問般涅槃耶荅曰應問而不問者當知此說有餘復次此中說死而生者彼雖死而不生復次此中因人而作論彼般涅槃者捨人名法

頗不離欲愛死不生欲界耶毗婆闍婆提於此法中甚愚謂不離欲愛不

阿毗曇毗婆沙論第三十六卷　第十二張

生欲界復不說有中有頗有不離欲愛欲界死不生欲界耶荅曰不生生欲界中有頗不離色愛死不生欲界色界耶荅曰不生生欲色界中有頗不離無色愛死不生欲界色界無色界耶荅曰不生生欲色界中有未離欲愛死不生欲界此人有二欲界凡夫聖人未離色愛死不生欲色界此人有四欲界凡夫聖人色界凡夫聖人問曰應有七人欲界死還生欲界凡夫聖人欲界死生色界凡夫聖人色界死還生色界凡夫聖人色界死生欲界凡夫何故說四耶荅曰以相似故說四欲界死生欲界凡夫色界死生欲界凡夫此二俱是欲界凡夫欲界死生色界凡夫色界死生色界凡夫此二俱是色界凡夫欲界死生色界聖人色界死生色界聖人此二俱是色界聖人餘有欲界聖人以相似故說四未離無色愛死不生欲色無色界此人有四欲界凡夫聖人色界凡夫聖人問曰應有九人欲界死還生欲界中有凡夫聖人色界死還

生色界中有凡夫聖人色界死生欲界中有凡夫無色界死生色界中有凡夫無色界死生欲界中有凡夫何故說四耶答曰以相似故說四欲界死還生欲界中有凡夫色無色界死生欲界中有凡夫此三俱是欲界凡夫欲界死生色界中有凡夫色界死還生色界中有凡夫無色界死生色界中有凡夫此三俱是色界凡夫欲界死生色界中有聖人色界死還生色界中有聖人此二俱是色界聖人餘有欲界聖人以相似故說四此諸人為向所說使所使向所說結所繫中有為有為無問曰何故作此論答曰或有說無中有或有說有中有毗婆闍婆提說無中有育多婆提說有中有問曰毗婆闍婆提依何經說信何事言無中有答曰彼依佛經佛經說作五無間業作已增廣命終無間生地獄中以生地獄無有間故言無中有偈中亦說

壯年便老病　當生閻羅邊　中間無息處

亦不用資糧

以無中息不用資糧故知無中有亦作種種難猶如光影無有中間死有生有無有中間亦復如是問曰育多婆提依何經說信何事言有中有答曰彼依佛經佛經說三事合故得入母胎一父母俱有染心共會一處二其母無病值時三揵闥婆現在前揵闥婆者即是中有說揵闥婆現在前故知有中有餘經亦說中有般涅槃以說有中有般涅槃故知有中有餘經復說沙門瞿曇此身已滅未生彼處於其中間摩羌摩中為施設有諸取不佛告婆蹉於其中間愛是取以說此身滅未生彼處在摩羌摩中故知有中有亦作種種難若於此死當生欝單越此間斷滅彼間本無而生如是則有法而無無法而有欲令無如是過故言有中有問曰毗婆闍婆提云何通育多婆提經耶答曰彼經所說是未了義是假名有餘意問曰彼以何事為未了義是假名有餘意耶彼作是答佛經說三事合故得入母胎一父母俱有染心共會一處二其母無病值時三揵闥婆現在前不應言揵

闥婆若言揵闥婆彼作樂耶應言諸陰行問曰若說揵闥婆若說諸陰行俱非無中有毗婆闍婆提復作是問汝說四生盡有中有二生有三事合可爾謂胎生卵生餘二生不爾答曰若可爾便說不可爾不說然非無中有通第二經者有天名中有於彼天中般涅槃故言中有般涅槃中有天者此間死已應生天中未至須於其中間壽命未盡便般涅槃問曰此天一切經中所不說佛經說有四天王天乃至非想非非想天不說中有天佛經亦說有生般涅槃復有天名生於彼生天而般涅槃言生般涅槃耶乃至上流般涅槃復有天名上流於彼天中而般涅槃言上流般涅槃耶汝說未到諸天壽命未盡而般涅槃衆生多壽命未盡而死除欝單越人兜率天上寂後身菩薩如是等衆生皆是中有般涅槃耶婆蹉經復云何通彼作是說摩羌摩是無色界天彼梵志得天眼離色愛同及死生無色界中彼梵志以天眼於欲色界中

遍觀不見所作是念彼人斷滅行詣佛所作如是問沙門瞿曇此身滅已乃至於其中間為施設有諸取不佛告婆蹉於其中間愛是取以是義故知生無色中非是斷滅問曰佛經說有種種摩兜摩佛經或說色無色界天是摩兜摩或說劫初人是摩兜摩或說中有是摩兜摩何以知唯無色界天是摩兜摩彼作是說何以復知中有是摩兜摩耶荅曰即以此經知所以者何經作是說此身滅已未生彼處於其中間在摩兜摩中以是事故知摩兜摩即是中有種種難復云何通荅曰彼作是說不捨死有乃至生有相續如閣樓佉亞乃至前足未立不放後足彼亦如是若作是說人間死生地獄中未捨人趣地獄趣相續則壞身壞趣二心俱壞趣者亦名人趣亦名地獄趣壞身者亦名人身亦名地獄身二心俱者謂死時心生時心問曰育多婆提云何通毗婆闍婆提所引經耶荅曰彼經是未了義是假名有餘意問曰以何事知是未

了義是假名有餘意耶荅曰彼經作五無間業作已增廣命終無間生地獄中者此遮餘趣餘業遮餘趣者無間之業必生地獄趣不生餘趣遮餘業者無間之業必受生報非現報後報此是彼經未了義若如經文不取其義者經說作五無間業作已增廣命終無間生地獄中不必具作五業生地獄中然有作一二三四及無間業所不攝業生地獄中者經說命終無間生地獄中言無間者於此剎那作無間業即此剎那生地獄中耶然有作五無間業已故有壽命百年者是故不悉如經文當依於義偈所說義通亦如是種種難事復云何通荅曰此不必須通所以者何此非修多羅非毗尼非阿毗曇不可以世間現喻難賢聖法賢聖法異世間法異若必欲通者有何意耶荅曰應說喻過若喻有過義亦有過如光影是無根無心非衆生數法死有生有亦無根無心非衆生數法耶如光影俱生死有生有亦俱生耶然此喻明有中有非無中

有如光影無間死有中有中有生有無間亦復如是如是等義說無中有如是等義說有中有二義之中何者為勝說有中有者勝然毗婆闍婆提說無中有是無明果闇果不慧方便果然中有是實有法是故為止他義欲顯己義乃至廣說而作此論

問曰中有為是趣攝為非趣攝若是趣攝施設經說云何通如說五趣為攝四生四生為攝五趣荅言四生攝五趣非五趣攝四生不攝何等不攝中有法身經說復云何通如說云何眼界荅言四大及清淨造色眼眼根眼入眼界若地獄餓鬼畜生人天眼若修得眼若中有眼若非趣攝者尊者陁羅達多所說云何通如說若向彼趣法即名彼趣彼趣所攝如稻牙生時即名為稻彼亦如是荅曰應作是說中有是趣所攝尊者陁羅達多所說善通施設經說云何通荅曰施設經文應如是說五趣攝四生四生攝五趣耶荅曰展轉隨種相攝而不說者有何意耶荅曰誦者錯謬法身

阿毗曇毗婆沙論第三十六卷 第十九張 磨

經說復去何通答曰法身經文應如是說地獄餓鬼畜生人天眼及修得眼不應說中有眼而不說者有何意耶答曰以中有是微細法於諸趣中顯現已復別顯現猶如賊帥於賊衆中捴被呵責亦別呵責女人亦尒有二呵責一以煩惱捴被呵責二以體賊復別呵責彼亦如是復有說者中有非趣所攝施設經法身經說善通尊者陁羅達多所說復云何通答曰此不必須通所以者何此非修多羅毗尼阿毗曇是自造義或然不然或有言無或無言有若必欲通者有何意耶答曰以相似故作如是說如地獄形中有形亦尒乃至天趣中有說亦如是評曰應作是說中有非趣所攝所以者何去到彼是趣義去未到故非趣所攝復次中有是趣因趣是果因不攝果果不攝因如因果作所作取所取亦如是復次中有是細趣是麁麁不攝細現見不現見了了不了了說亦如是復次中有散乱趣非散乱非散乱不攝散乱復次中有是

阿毗曇毗婆沙論第三十六卷 第二十張 磨

趣中間法故非趣所攝如田中間非田所攝方土村落中間非方土村落所攝彼亦如是

問曰何處有中有答曰欲色界非無色界問曰何故無色界無中有耶答曰非田非器乃至廣說復次若處所有受二種報業則有中有謂中有報業生有報業無色界唯有生有報業如中有報業生有報業初造報業生有報業細果麁果業說亦如是復次若處所受二種報業謂色報業無色報業是處則有中有無色界唯有無色報業如色報業無色報業相應業不相應業有所依業無所依業有勢業無勢業有緣業無緣業說亦如是復次若處所有三種業謂身口意業則有中有無色界唯有意業復次若有十善業道處則有中有無色界唯有三善業道復次若有五陰報業處則有中有無色界唯有四陰報業復次若有二種白法謂白因白果則有中有無色界唯有白因而無白果復次若有來去處則有中有無色界無

阿毗曇毗婆沙論第三十六卷 第二十一張 磨 孝

有來去問曰若然者死已還生自屍中有何來去耶答曰衆生或有生惡道者或有生四天下者或有生天者或般涅槃者生惡道者識在足下滅生四天下者識在齊邊滅生天者識在面滅般涅槃者識在心邊滅衆生多於面上生愛若心識從足下滅來生面上豈非來去耶若識從足滅還生足中無色界猶無是事

問曰中有為有移轉不耶答曰無有移轉謂於界於趣於處問曰若中有於界無移轉者少聞比丘因緣云何通當聞有族姓子於佛法出家不修多聞方便住阿練若處以宿因力故能起世俗初禪謂是須陁洹果乃至起世俗第四禪謂是阿羅漢果於一生中未得謂得未解謂解未證謂證更不求勝進道未得當得未解當解未證後證後身壞命終第四禪中有而現在前當於尒時便作是念我斷一切生分應般涅槃不應更生今我中有何緣而生定無解脫若有解脫我應得之便生謗涅槃邪見以邪見

故第四禪中有即滅阿毗地獄中有而現在前命終後生阿毗地獄荅曰此是前有時移轉非中有時彼死時第四禪瑞相現在前見彼相已便作是念我斷一切生分應般涅槃今此瑞相何緣而生定無解脫若有解脫我應得之便生謗涅槃邪見生邪見故第四禪瑞相便滅阿毗地獄瑞相而現在前身壞命終生阿毗地獄以是事故知於前有時移轉非中有轉問曰若中有於趣無移轉者善行惡行因緣云何通曾聞舍衛國有二人一名善行二名惡行善行者於一身中常行善行不行惡行惡行者於一身中常行惡行不行善行行惡行者以後報善業故天中有現在前當於是時便作是念我一生內常行惡行不行善行應生惡趣不應生天今我天中有何緣而生便作是念定無善惡業報若有者我應得之便生謗因果邪見以邪見故天中有便滅地獄中有即生身壞命終生地獄中行善行者命終時以後報不善業故地獄

中有而現在前便作是念我一生內常行善行不行惡行應生善趣不應生惡趣今我地獄中有何緣而生便作是念定是我後報不善之業今生此果即自憶念所作諸善生大善心而現在前地獄中有便滅天中有即生身壞命終生於天上荅曰如此皆是前有時移轉非中有時一切衆生死時必有好惡瑞相若多行善衆生死時多見好堂舍樓觀園林浴池遊戲之處多行惡衆生死時多見火焰刀毒狼狗塚墓行惡行者死時以後報善業故天瑞相現在前見已便作是念我一生內常行惡行不行善行我應生惡趣不應生天今此瑞相何緣而生定無善惡業報便生謗因果邪見生邪見故生天瑞相便滅地獄瑞相即生行善行者死時以後報惡業故地獄瑞相現在前見已便作是念我一生內常行善行不行惡行應生善處不生惡趣今此瑞相何緣而生定是我後報不善業故今生此果即自憶念所行諸善生大善心而現

在前地獄瑞相便滅天中瑞相即生身壞命終生於天上以是事故此二俱是前有時移轉非中有時問曰若中有於處無移轉者頻婆娑羅王因緣云何通曾聞頻婆娑羅王兜率天中有現在前當生兜率天經須弥山頂見毗沙門天王所食之食其色鮮明香味具足便作是念我先生此後當生兜率天作是念時兜率天中有便滅四天王中有即生命終生於四天王天荅曰此亦是前有時移轉非中有時曾聞頻婆娑羅王為假名子阿闍貰所縛閉在獄中斷其飲食以刀剥足下皮尒時世尊住耆闍崛山以憐愍故便放光明從窓牖中照其身上遇佛光故身得安隱生念佛心我今遭此危難世尊而不見念尒時世尊知其心念便告大目揵連汝詣頻婆娑羅王所作如是言我於大王所應作者皆已作之濟汝惡趣決定報業如來尚不得免尒時大目揵連從佛聞是語已即入禪定以禪定力如其所念從耆闍崛山滅如於泉池

阿毗曇毗婆沙論第三十六卷 第二十三張 唐

水中從地而出住頻婆娑羅王前作如是言大王當知如来言無有二慧眼照淨深見因果作如是言我於大王所應作者皆已作之濟汝惡趣決定報業如来尚不得免作是語已而為說法時頻婆娑羅王以飢渴故而不解了便作是言尊者大目揵連何天揣食最為美妙尒時尊者大目揵連次第歎說四天王食時頻婆娑羅王聞已身壞命絕生四天王天作毗沙門天王太子名闍那梨沙以是事故知是前有時移轉非中有時譬喻者作如是說中有可移轉彼作是說一切諸業皆可移轉造五無間業尚可移轉何況中有若作無間業不可移轉者則無有能過有頂者以有能過有頂者故知五無間業亦可移轉

評曰應作是說中有不可移轉

問曰住中有為經幾時荅曰經於少時不久所以者何彼於六入求受身處是故速令生有相續

問曰衆生受身法和合速令生有相續可尒若受身法不和合者如父在

阿毗曇毗婆沙論第三十六卷 第二十六張 唐

罽賔母在真丹父在真丹母在罽賔云何速令生有相續耶荅曰應觀此衆生或於母作業可移轉於父作業不可移轉或於父作業可移轉於母作業不可移轉或於父母作業俱不可移轉或於父母作業俱可移轉若於母作業可移轉於父作業不可移轉者若是威儀具足淨修梵行身持五戒極善男子必至他婦女邊令彼生相續若於父作業可移轉於母作業不可移轉者若是威儀具足淨修梵行身持五戒極善女人必至他男子邊令彼生相續若於父母作業俱不可移轉者受身者雖未死其人雖所求未得便生去心於其道路火不能燒刃不能傷毒不能害必至彼和合令彼生相續

問曰若衆生常有欲心者可尒若衆生時有欲心者云何可尒如狗秋時有欲心羆冬時有欲心馬春時有欲心牛夏時有欲心如是等云何可尒荅曰以彼衆生業力故非時亦生欲心而得和合令彼生相續復有說者

阿毗曇毗婆沙論第三十六卷 第二十七張 唐

生相似者中如狗時有欲心犲常有欲心應生狗中者生於犲中羆時有欲心熊常有欲心應生羆中者生於熊中馬時有欲心驢常有欲心應生馬中者生於驢中牛時有欲心野牛常有欲心應生牛中者生野牛中尊者奢摩達多說曰中有衆生壽七七日尊者和須蜜說曰中有衆生壽命七日不過一七所以者何彼身羸劣故

問曰若至七日生處不和合者彼斷滅耶荅曰不斷滅即於中有而得久住尊者佛陁提婆說曰中有壽命不定所以者何生處緣不定故中有雖得和合生有不和合故令久時住

問曰中有形為大小荅曰其形如五六歲小兒

問曰其形若尒云何生如是顛倒想於母生愛心於父生恚心荅曰其形雖小諸根猛利猶如壁上畫老人像其形雖小而有老相問曰菩薩中有其形大小荅曰如前時有少年形等亦以三十二相嚴身八十種好隨形紕黃金色繞身圓光一尋以是事故

菩薩住中有時其身光明照百億四天下

問曰若然者法須菩提所說偈去何通如說

其形如白象　四足有六牙　來入母胎時　如遊園觀想

答曰此不必須通所以者何此非修多羅毗尼阿毗曇是自造義或然不然或有言無或無言有若必欲通者有何意耶答曰彼方土法以是夢為吉是故其母夢見是事欲令占相者皆言吉善菩薩於九十一劫更不墮惡趣何緣作畜生形來入母胎

問曰中有為具諸根為不具諸根答曰諸根皆具所以者何中有初生時六入皆求於有復有說者不具諸根

問曰不具何根答曰前時有諸根不具者隨中有故猶如印像似印前時有似中有亦尒評曰應作是說無不具諸根者所以者何中有生時六入皆求於有

問曰中有行時去何答曰衆生應生地獄者行時頭下足上如偈說

墮於地獄者　其身皆倒懸　誹謗於賢聖及諸淨行故

生四天下者則傍行如鳥飛空如壁上畫人飛應生天者頭則上向如仰射虛空箭

問曰中有生時為有衣不答曰一切色界中有生時皆有衣所以者何色界是多慚愧界如法身常以衣覆生身亦尒欲界衆生中有多無衣而生唯除菩薩白淨比丘尼復有說者菩薩中有無衣白淨比丘尼有衣

問曰何故菩薩中有無衣白淨比丘尼有衣答曰白淨比丘尼施四方僧氎

問曰菩薩施四方僧衣段多於白淨比丘尼所施疊縷答曰白淨比丘尼施僧氎已發如是願使我生生之處常著衣服以發願力故中有生時著衣入胎出胎亦常著衣其身轉大衣亦隨大於佛法生信而後出家即以此衣作五種衣懃修方便得阿羅漢般涅槃時即以此衣纒身而闍維之菩薩所行善法皆為迴向無上菩提以能生於似因之果於𡨚後身得於

一切衆生𡨚勝之身

問曰中有衆生為何所食答曰或有說者有飲食處便食飲食河池水邊飲水自存

問曰若然者曾聞如寫㲉米著金鑊中五趣衆生中有散在世間亦復如是一切世間所有飲食但夠中有食者猶不供足何況餘者然彼身輕微飲食麁重若食此食身應散壞若然者去何自活答曰以香為食若衆生有福德者食清淨飲食花果香氣以自存濟無福德者食糞穢不淨種種臭氣以自存濟

中有名中有亦名揵闥婆亦名求有亦名摩㝹摩

問曰何故名中有答曰二有中間生故名中有

問曰若然者餘有亦在二有中間盡名中有耶答曰若是二有中間趣所不攝者名中有若在二有中間趣所攝者不名中有復次若在二有中間微細難明難見難了者名中有餘者雖在二有中間是麁易見易明易了

阿毗曇毗婆沙論第三十六卷　第三十一張　磨　十四

不名中有何故名揵闥婆荅曰以香自活故名揵闥婆何故名求有荅曰生時以六入求有故名求有何故名摩㝹摩荅曰從意生故名摩㝹摩衆生或有從意生或有從業生或有從報生或有從合會生從意生者謂色無色界諸天及中有從業生者謂地獄衆生如說彼中衆生為業所繫從報生者謂飛鳥也從合會生者謂人六欲天

佛經說三事合故得入母胎一父母俱有染心共會一處二其母無病値時三揵闥婆現在前三事合故謂父母揵闥婆父母有染心者謂欲心現在前共會一處者謂欲共合會其母無病者其母歡喜時毗互者作如是說其母以欲濁心如天雨時河水皆濁彼亦如是亦無風冷熱等諸病値時者値女人經水時若經水多薄不成胎若經水少乾不成胎因父母精血分然後成胎是名値時亦名有身揵闥婆現在前者中有現在前若起愛心若起恚心若是男子於母生愛

阿毗曇毗婆沙論第三十六卷　第三十二張　磨

於父生恚彼作是念若無此男子者我當與此女人交會是時便起如是顛倒想見彼人遠去見於自身與此女人而共交會父母合會所有精氣見是已有見已便生喜心生喜心故而便迷悶以迷悶故中有轉重更不移動是時自見已身在母右脅面向母背而坐若是女人於父生愛於母生恚彼作是念若無此女人者當與此男子交會是時便起如是顛倒想見彼女人遠去見於自身與此男子而共交會父母合會所有精氣見是已有見已便生喜心生喜心故而便迷悶以迷悶故中有轉重更不移動是時自見已身在母左脅面向母腹而坐一切衆生皆有如是顛倒想而入母胎唯除菩薩菩薩入胎時知此是我母此是我父於母生母想於父生父想

問曰中有於何處入母身荅曰或有說者彼無障㝵隨處得入

問曰若無障㝵者則不應住母身中荅曰以業力故住母身中評曰應作

阿毗曇毗婆沙論第三十六卷　第三十三張　磨　亖

是說中有從生門入母身中以是事故雙產者後出為大所以者何以先入母胎故

施設經說父母福德等者乃能受胎問曰如富貴男子近貧賤女人富貴女人近卑賤男子云何乃能受胎荅曰當於是時見彼女人生尊貴想自見已身生卑賤想女人自以為勝視男為卑尊貴女人近卑賤男子以他為勝以已為賤彼男子見已為勝以他為賤是時有如是想福德等故乃能受胎

一母胎中有五趣中有如狗豺魚蝦蟇等問曰若地獄中有在彼腹中云何不燒荅曰若作業者被燒不作業者不燒若有持戒等者地獄中亦不能燒所以者何以不作業故衆生在地獄前不必被燒如施設經說有時活地獄衆生冷風來吹唱如是言諸衆生活諸衆生活是時衆生便活以是事故彼中有不必被燒

問曰中有若墻壁山林屋舍瓦石所不能㝵還於中有為相障㝵不荅曰

或有說者相障㝵

問曰若然者云何中有名無障㝵荅曰唯除中有於餘無障㝵復有說者中有於中有還不相障㝵所以者何以無言語故

問曰所往之處為中有去疾為神足去疾荅曰或有說者中有去疾所以者何業力勝神足力故評曰應作是說神足去疾非業力疾問曰若然者云何說業力勝神足力荅曰應知為以何事言業力勝佛神足力能留住一切衆生神足力舍利弗除佛目揵連除佛舍利弗彼中有無有衆生呪術法藥草佛辟支佛能留住使彼生不相續者以是事故說業力勝神足力

問曰中有為展轉相見不荅曰或有說者相見為見幾所荅曰地獄見地獄畜生見畜生餓鬼見餓鬼人見人天見天復有說者地獄見地獄畜生見二趣餓鬼見三趣人見四趣天見五趣復有說者中有非人眼境界是天眼境界

問曰天眼為見幾所荅曰四天王報天眼除自地見下地乃至他化自在天除自地見下地復有說者一切欲界眼不見中有色界眼能見

問曰色界報得眼能見幾所荅曰初禪報得眼除自地見下地乃至第四禪除自地見下地若作是說則無有見第四禪中有者評曰應作是說一切報得眼不見中有天眼若清淨者能見中有若不清淨者則不見中有何以知之佛經說若男子女人破戒行惡身壞命終生如是中有其色如黑縷毼亦如闇夜若天眼淨者乃能見之若男子女人持戒修梵行身壞命終生如是中有其色白淨猶如白㲲亦如明月時夜若天眼淨者乃能見之

如說毗琉璃王對吒惡魔提婆達多即以此身入阿毗地獄

問曰如是等為有中有不耶荅曰有在一剎那死有無間生於中有中有無間生於生有但在一剎那如經說帝釋說偈

大仙應當知　我於此坐處　還得天壽命
唯願憶持之

問曰如此為有死生不若有死生云何受中有若無死生此偈云何通如說我於此坐處還得天壽命荅曰應作是說不死不生

問曰若然者偈云何通荅曰此以斷帝釋惡道因緣故作如是說佛為帝釋說法得見真諦斷惡道因緣得生人天隨意之處欲還向佛作如是愛語我於此坐處還得天壽命乃至廣說如人於牢獄中免濟他人住隨意處其人欲還向彼作如是愛語令我所以得全命者皆是汝恩若無汝者我則永沒復次除見道所斷結病故作如是說佛為帝釋說法除其見道所斷結病令住第一無病之處謂道道果欲還向佛作如是愛語我於此坐處乃至廣說猶如慈心醫師治他人病令得無病安隱之處其人欲還向醫作如是愛語若無汝者我於此處則為永沒彼亦如是復次得神足壽命故作如是說如經說比丘以何

為壽命謂四神足是其壽命佛為彼說法得神足壽命欲還向佛作如是愛語我於坐處乃至廣說復次得慧命根故作如是說如經說以慧為命者是則寂勝佛為說法令其得慧命根欲還向佛作如是愛語我於此坐處乃至廣說

問曰彼本無慧命根耶荅曰本雖有慧命而是有漏聞佛說法見四真諦得無漏慧根故作如是說復次除五種似死相故作如是說諸天命欲終時有五似死相五死相現云何五似死相諸天往来之時身上瓔珞出五樂聲其聲便滅諸天身出光明自身無影或有說者是時身光減少或有說者身光悉滅自身影生諸天身細軟無有垢穢入香池水澡出時乃至無一渧水而著身者如蓮花葉是時水渧著身諸天有種種清淨妙好境界漂諸情根不住一境界於境界迴旋猶如火輪而不暫住是時專住於一境界諸天福德之身眼不曾瞬是時便瞬五死相者經說諸天若男若

女命欲終時先有五死相現一衣不垢而垢二華不萎而萎三腋下本不汗而汗四身本不臭而臭五先安本坐而今不安五似死相則可除却五死相不可除却尒時帝釋五似死相現不久當五死相現便作是念誰能濟我如是危難除佛世尊更無能者尋詣佛所尒時世尊即為說法以聞法故除五似死相欲還向佛作如是愛語我於此坐處乃至廣說若作是說言造現法報業者即於坐上更得命等八根復有說者是時亦有死生

問曰若然者施設經說云何通如說三十三天若男若女初生之時其身如五歲小兒在諸天抱上忽然化生尒時諸天若男若女作如是言此是我男此是我女化生者亦作是言此是我父此是我母問曰尒時諸天為見帝釋如是相不荅曰皆見而作是念今者帝釋有大神力於世尊前現神足力復次諸天中有威德者一名因陁羅二名憂毗因陁羅三名伊舍那四名波闍鉢哆如是等有威德諸

天如前有壯年時身初生時身亦尒化生諸天無有死屍評曰彼無死生如前說者好

施設經說刧初人有化為腹行虫人号之為腹行化為三手者号之為烏如是等身變者為有死生不若有者彼中有云何若無死生者人即作畜生耶荅曰應作是說無有死生問曰若然者人即作畜生耶荅曰人非即作畜生但畜生身與人身相續復有說者刧初時人其形似人後以時惡飲食惡諂曲多故人形便滅畜生形現在前實是人形是畜生猶如呪術力呪人為驢雖形是驢其實是人彼亦如是復有說者衆生從光音天死来生此閒實是畜生其形似人後以時惡飲食惡諂曲多故人形便滅還作畜生形如蝦蟇前時形具後時形具前時形圓黑色後時形方而壯復有說者彼有死生

問曰若然者中有云何荅曰中有微細刧初時人化生無有死生評曰應作是說無有死生

阿毗曇毗婆沙論卷第三十六

阿毗曇毗婆沙論卷第三十六

校勘記

一　底本，麗藏本。

一　七四二頁上一行「第三十六」，諸本(不含石，下同)作「第五十二」。

一　七四二頁上四行「人品下」，資、磧、普、南作「人品之四」；徑、清作「人品第三之四」。

一　七四二頁上一五行「死者有欲界死者」，諸本作「死有欲界生者」。

一　七四二頁中一四行末字「但」，諸本作「從」。

一　七四二頁下一行第一〇字「色」，諸本無。

一　七四二頁下一五行末字「色」，諸本作「色界」。

一　七四三頁下末行「夫人」，諸本作「夫」。

一　七四四頁中一〇行「佛者」，南、徑清作「佛說」。

一　七四四頁中一一行「寂静」，磧作「常静」。

一　七四四頁中一二行「果報」，諸本作「界報」。

一　七四五頁上末行末字至中一行首字「結所」，諸本作「所結」。

一　七四五頁中一〇行第八字「是」，諸本作「若」。

一　七四五頁下末行「聖人」下，諸本有「欲界死色界中有凡夫聖人」十一字。

一　七四六頁中四行第一〇字「有」，諸本作「有耶」。

一　七四六頁中一九行第九字「意」，諸本作「意耶」。

一　七四六頁下六行第八字「尒」，諸本作「儞者」。

一　七四六頁下二二行「天眼」，諸本作「天眼有」。

一　七四七頁上一一行第一一字「已」，諸本作「已來」。

一　七四七頁中四行第四字「必」，諸本作「必受」。

一　七四七頁下九行「云何」，南作「云何可」。

一　七四八頁上八行首字「賤」，諸本作「賊」。

一　七四八頁上一八行首字「故」，諸本作「彼故」。

一　七四八頁上末行第一三字「有」，諸本無。

一　七四八頁中三行「如是」，至此，諸本卷第五十二終，卷第五十三卷始，資、磧、普、南有品名「使揵度人品之五」；徑、清有品名「使犍度人品第三之五」。

一　七四八頁下一九行第三字「後」，諸本作「當」。

一　七四九頁上一〇行末字「轉」，諸本作「時」。

一　七四九頁上末行第三字「命」，諸本作「命欲」。

一　七四九頁中九行第九字「若」，資、磧、普作「苦」。

一　七四九頁下一七行「尼難」，諸本

作「厄難」。

一　七五〇頁上一〇行「命絶」，諸本作「命終」。

一　七五〇頁中一六行第三字「刃」，諸本作「刀」。

一　七五一頁下四行「自存」，諸本作「自在」。

一　七五一頁下五行第一一字「米」，諸本作「水」。

一　七五二頁上一三行「合故」，諸本作「合者」。

一　七五二頁上末行「若是」，磧作「若起」。

一　七五二頁中九行第一三字「當」，諸本作「我當」。

一　七五二頁下一三行第三字「胎」，諸本作「腹」。

一　七五三頁上一二行「一切」，資、普、南作「一劫」。

一　七五三頁上一四行第六字「離」，南、徑、清作「與」。

一　七五三頁中四行末字「見」，諸本無。

一　七五三頁中一四行第三字「若」，諸本作「若善」。

一　七五三頁中一八行第七字「對」，資、磧、普、徑、清作「勤」；南作「勒」。

一　七五四頁上一三行「身上」，諸本作「身衣」。

一　七五四頁上一七行第一〇字「澡」，諸本作「澡浴」。

一　七五四頁上二一行「暫住」，諸本作「繫住」。

一　七五四頁中五行第六字「却」，磧、普作「即」。

一　七五四頁下一〇行「復有」，資、磧、普作「後有」。

一　七五四頁下二二行「死生」，諸本作「死屍」。

一　七五四頁下末行「第三十六」，諸本作「第五十三」。

阿毗曇毗婆沙論卷第三十七　磨

迦旃延子造　五百羅漢釋

北涼天竺沙門浮陁跋摩共道泰等譯

使揵度十門品第四之一

二十二根十八界十二入五陰五取陰六界二法謂色法無色法可見法不可見法有對法無對法有漏法無漏法有為法無為法三法謂過去未來現在法善不善無記法欲色無色界繫法學無學非學非無學法見道斷修道斷無斷法四法謂四諦四禪四無量四無色定八解脫八勝處十一切處八智三三昧三結乃至九十八使眼根幾使所使乃至無色界修道所斷無明使幾使所使如此章及解章義此中應廣作優波提舍

二十二根眼根耳根鼻根舌根身根意根男根女根命根樂根苦根喜根憂根捨根信根精進根念根定根慧根未知欲知根知根知已根問曰何故彼尊者立二十二根而作論荅曰彼作經者有如是欲如是意隨其欲意而作論亦不違法相彼意欲立二十二根而作論隨其意立二十二根復有說者此中不應問彼尊者所以立二十二根所以者何佛經說二十二根佛經是此論所為根本此論亦說二十二根彼尊者不能於二十二根減一根說二十一根增一根說二十三根所以者何佛經不可增減無減可增無增可減故如無增無減無多無少無益無損无量無邊亦如是無量者謂義無量無邊者謂文無邊猶如大海無量無邊无量者謂深無量無邊者謂廣無邊佛經亦如是如尊者舍利弗等百千万億那由他論師為解佛經二句義故造百千万論盡其覺性猶不能知其量得其邊際問曰置造論者何故佛經說二十二根荅曰為受化者故受化者聞說此法則得增益復次此經皆有所以因緣何者是耶荅曰生聞婆羅門往詣佛所問訊世尊種種語已在一面坐而作是言說諸根者多沙門瞿曇說有幾根耶佛告婆羅門我說二十

二根謂眼根乃至知已根如來說二十二根則攝一切諸根義婆羅門若有人言沙門瞿曇所說諸根我能遮止更說餘根但有是言而無有實若還問者亦不能知反生愚惑所以者何非其境界故婆羅門問佛若不應廣問此經所以因緣應問婆羅門往至佛所但問二十二根而不問陰界入真諦沙門果緣起助道等法耶答曰彼婆羅門所疑處便問不疑者不問復次此婆羅門善能旋歷喜試有所問為問根義故經歷九十六種為欲知二道為說幾根如尼揵子說一根謂命根是故彼不飲冷水不斷生草所以者何於外物中計有命根故問曰外道於外物中計有何根答曰或有說計有意根復有說計有命根復有說外道於物中計有意根名有根法計有命根名有命法或有說二根者謂業及意復有說若眼不見色耳不聞聲是名聖修根如波羅奢等作如是說問曰何故名波羅奢耶答曰是其人名無有難名者所以者

何自有不如義而立名復次波羅奢是其姓如婆羅門各有別姓有姓拘蹉有姓婆蹉有姓奢緻羅有姓婆羅墮波羅奢姓亦如是復次若從刹利婆羅門姓生者名波羅奢猶如從驢馬生者名為騾評曰此經波羅奢故名波羅奢彼有弟子名優多羅摩納婆往詣佛所問訊世尊種種語論在一面坐世尊問言汝師波羅奢為諸弟子說修根法不摩納答言我師說之佛問云何說摩納答言若眼不見色耳不聞聲是名聖修根時佛難言若不見色名聖修根者盲者便是聖修根人尒時尊者阿難侍佛後立以扇扇佛復難摩納言若汝所說聾者便是聖修根人所以者何以不聞聲故問曰如尊者舍利弗等百千万億那由他諸大論師惟佛一人能難其義辯及所立言使令不行何故世尊作第一難尊者阿難作第二難世尊何故而不制止尊者阿難耶答曰佛觀阿難咽喉有相欲有所問佛行菩薩道時不曾斷人乃至弟子亦不斷

其問復次佛知阿難所說與我所說等無有異無有增減无增減故而不制止復次若師與弟子俱能伏者是名善伏復次欲令外道無餘言故若當世尊作第一難阿難不作第二難者彼梵志還自衆中作如是說難為彼師所伏不為彼弟子所伏雖伏我等弟子不伏我等師若世尊作第一難阿難作第二難則破外道憍慢之心彼作是念弟子猶能伏我何況於師復次為滿彼梵志意故作如是說彼梵志作是念沙門瞿曇一切力士無能伏者一切論中無能報者一切論中為冣上者往昔諸大論師無能伏者何況我等若彼弟子共我言論往反於理乃可佛於一切時常欲滿化人意如其所念而便作之復次佛以阿難作證此義人彼諸外道於阿難所生信敬處阿難形容端正善知因陁毗陁羅論是故世尊欲以阿難作證此義令彼外道於此義中生信敬故復次欲現不斷弟子問難外道法不聽弟子有所難問所以者何

若聽弟子問難者或時令師墮負處
問若師墮負處問者則失利養如舍
利弗等百千万億諸大論師所立問
難猶無有能共佛等者何況能勝是
故佛法不斷弟子問難復次為現慳
法斷故外道所以不聽弟子問難彼
作是念或能因是事故多得利養佛
則不尒若令一切世人多得利養乃
至無有施佛豪末者如來終無異相
之言復次欲現善說法中所說具足
同於一見無異意故外道法中師所
說異弟子所說異弟子所說異師所
解異弟子所解異善說法中無如是
過如師所說弟子亦尒如師所解弟
子亦解於文句義終無有異是故欲
現善說法中所說具足同於一見無
異意故世尊作第一難阿難作第二
難以是事故不制止阿難所難問曰
外道自作是說眼不見色耳不聞聲
是名聖修根世尊難言若然者盲聾
之人是聖修根則順他說云何名難
答曰佛作是說是名大難斷他所說
亦名惣說諸外道過若眼不見色耳

不聞聲名聖修根者汝等何為捐棄
居家除去飾好修行梵行但當害於
二根便是聖人是故佛說名為大難
斷他所說亦名惣說諸外道過衛施
師復說五根謂眼耳鼻舌身根如僧
佉經復說十一根謂五覺根五事根
五覺根者謂眼耳鼻舌身根五事根
者謂語根手根脚根大便根小便根
意根第十一或有說百二十根者謂
兩眼根兩耳根兩鼻根舌根身根意
根命根五受根信等五根如是等有
二十根地獄趣有二十畜生趣有二
十餓鬼趣有二十人趣有二十天趣
有二十阿修羅趣有二十復有說者
諸外道不說百二十根說有百二十
主如天主龍主阿修羅主人主如是
等上妙之身經百二十處然後得般
涅槃後婆羅門聞說是語心轉疑惑
不知何者是實為說一根者為說乃
至百二十根者彼聞釋種生太子有
三十二大人相以自莊嚴身有八十
種隨形好純黃金色圓光繞身一尋
觀無猒足出家求道得一切智見能

斷一切疑與一切決定盡一切問難
邊際我應往問即詣佛所到已問訊
世尊廣說如上尒時生聞婆羅門白
佛言沙門瞿曇說諸根者多為有幾
根問曰何不作如是問九十六種一
一道中為說有幾根答曰彼婆羅門
雖復黠慧其性諂曲有如是念若我
作如是問者沙門瞿曇當選好者而
說佛告婆羅門有二十二根謂眼根
乃至知已根如來說如是等根能攝
一切根義汝婆羅門若有人言沙門
瞿曇所說諸根我能遮止更說餘根
但有是言而無有實若還問者亦不
能知反生愚惑所以者何非其境界
故問曰何故復作是說若有人言乃
至廣說答曰欲止彼人先所聞或說
一根者乃至說百二十根者皆非如
實我雖有一切智見不能於二十二
根減一根說二十一增一根說二十
三何況外道小智小見邪慧之者以
是事故彼婆羅門往詣佛所但問諸
根不問陰界入真諦沙門果緣起助
道法問曰二十二根名有二十二實

體有幾荅曰阿毗曇者作如是說二十二根名有二十二實體十七彼作是說五根更無別體謂男根女根未知欲知根知根知已根問曰彼何故說男根女根無別體荅曰彼說身根外更無男根女根別體如說云何男根荅曰身根少分云何女根荅曰身根少分何故三無漏根無有別體荅曰九根之外更無三根別體九根者意根樂根喜根捨根信等五根此九根有時名未知欲知根有時名知根有時名知已根在見道時名未知欲知根在脩道時名知根在無學道時名知已根復次在堅信堅法身中名未知欲知根在信解脫見到身證身中名知根在慧解脫俱解脫身中名知已根所以者何九根合聚名未知欲知根九根合聚名知根九根合聚名知已根以是事故說三無漏根無有別體是故說根名有二十二實體有十七尊者曇摩多羅作如是說二十二根名有二十二實體有十四向說五根無有別體更說三根亦无別體

謂命根捨根定根問曰彼何故說命根无別體荅曰命根是心不相應行陰彼說心不相應行陰無有別體何故說捨根無別體荅曰彼說苦受樂受外更無別捨受諸所受若苦若樂不苦不樂云何名受問曰若然者云何通佛經佛經說有苦受樂受不苦不樂受荅曰彼作是說樂受或時上或時下或時黠慧或時不黠慧或時寂靜或時不寂靜苦受亦尒若樂受中下者苦受中下者樂受中不黠慧者苦受中不黠慧者樂受中寂靜者苦受中寂靜者是名不苦不樂受此不决定在一分中其猶如疑無有决定問曰何故說定根無有別體荅曰彼作是說心外無別定根如說云何定根荅曰一心是也是故彼說二十二根名有二十二實體有十四尊者佛陁提婆作如是說二十二根名有二十二實體有一謂意根彼說有為法作二分一四大分二心分四大之外無別造色心外更無別數法彼作是說諸色是四大差別諸無色根是心

差別是故說二十二根名有二十二實體有一謂意根評曰如前說者好名有二十二實體有十七如名體名假體假名異相體異相分別名分別體知名知體亦如是此是根體乃至廣說已說體性所以今當說何故名根根是何義荅曰威勢義是根義明義是根義異義是根義喜觀義是根義勝義是根義取義是根義主義是根義問曰若威勢義是根義者一切有為法展轉有威勢無為法於有為法亦有威勢如是一切有為法盡應是根佛何故獨立此二十二法為根尊者婆奢說曰佛世尊决定知法相亦知勢用餘人所不知若法有根相者立根若法無根相者不立根復次威勢緣或有下者或有上者或有減者或有增者若上者增者立根若減者下者是非根法復次雖有為法展轉有威勢無為法於有為法亦有威勢不如二十二根威勢無明義无異義無喜觀義无勝義無取義無主義如一切衆生展轉有威勢緣或有勝者如

閻羅王於地獄衆主師子王於獸中村主於村中王於國中轉輪聖王於四天下自在天王於欲界梵天王於千世界佛於三界佛有如是威勢勝一切衆生如是一切有為法雖展轉有威勢无為法於有為法有威勢不如二十二根威勢有根義乃至主義以是事故威勢義明義乃至主義是根義

問曰若威勢義是根義者於何處有威勢耶荅曰眼根於四處作威勢緣勝一自莊嚴身二護自身三為眼識及眼識相應作所依四獨能見色自莊嚴身者雖有妙身一切枝體具足若无眼根則無威勢護自身者眼根能見好不好色好者從之惡者避之令此身久住為眼識及眼識相應法作所依者眼識及相應依眼根生觸能見色者眼根能見色餘二十一相所不能耳根於四處作威勢緣勝一自莊嚴身二護自身三為耳識及耳識相應作所依四獨能聞聲自莊嚴身者雖有妙身一切枝體具足若无耳根則無威勢護自身者耳根能聞好不好聲好者從之惡者避之令此身久住為耳識及識相應法作所依者耳識及相應依耳根生觸能聞聲者耳根能聞聲餘二十一根所不能復有說者眼根擁護生身作威勢緣勝如偈說

辟如眼明人　能避嶮惡道　世有聰明人
能遠離諸惡

耳根擁護法身作威勢緣勝如偈說

多聞能知法　多聞能遠離　多聞捨无義
多聞到涅槃

復有說者此二俱擁護生身法身作威勢緣勝擁護生身者如上說擁護法身者眼根親近善知識作威勢緣勝耳根從其聞法作威勢緣勝親近善知識從其聞法能生內正思惟如法修行以是事故經作是說梵摩瑜婆羅門二根不壞謂眼根耳根問曰何故於諸根聚中說二根不壞荅曰以此二根佛出世時能入佛法門故復次以此二根能解如佛法如說比丘當知若不能如實知他心者應以二處觀察如來一以眼觀色二以耳聽聲鼻舌身根於四處作威勢緣勝一莊嚴自身二護自身三能為鼻識舌識身識及相應法作所依四鼻獨能齅香舌獨能知味身獨能覺觸莊嚴自身者雖有妙身一切枝體具足若於此三根无一一根者則無威勢護自身者以此三根故能食揣食令身久住所以者何以揣食是香味觸入故為三識及相應法作所依者依此三根能生三識鼻根獨能齅香者鼻根能齅香餘二十一根所不能舌根獨能知味者舌根獨能知味餘二十一根所不能身根獨能覺觸者身根獨能覺觸餘二十一根所不能意根於二處作威勢緣勝一令未來有相續二自在令他隨順令未來有相續者如說佛告阿難若識不在母身名色成迦羅羅不荅言不也自在令他隨順者如說比丘當知心能將世間能生世間若心生處皆得自在復有說者意根於煩惱出要二處作威勢緣勝煩惱處勝者如說心煩惱故

衆生煩惱出要處勝者如說心出要故衆生出要男根女根於二處作威勢緣勝一異衆生二分別衆生古昔時人無有男女以少造色生故便有男女廣長形異顔色語言衣服飲食皆悉有異復有說者男根女根於煩惱出要二處作威勢緣勝煩惱處勝者不以婬欲合會故勝所以者何此處趣亦不足生疑若有男根女根者能受惡戒能斷善根令此身中無善種子能作五無間業如是等事黃門般吒無形二形所不能作出要處勝者若此二根不壞能受還解脫戒能生禪戒無漏戒能離欲愛色無色愛能生佛種子及聲聞辟支佛種子如是等事黃門般吒無形二形所不能作命根於二處作威勢緣勝一言有根二令諸根不斷隨幾時活言有根死已言無根隨幾時活諸根相續死已諸根不相續復有說者命根於四處作威勢緣勝一令此生相續二擁護此生三能持此生四令生此不斷五受根於煩惱分中作威勢緣勝衆

生以受故四方追求行鐵鏁道及鉤道索道上登越高山入於大海有無量畏難所謂波浪洄澓難失獸摩羅難黑風旋風難水中伏山難沒水難漂在沙上難墮惡龍宮難墮羅刹國難如是等種種追求皆為受因問曰无漏受云何於煩惱分作威勢緣勝荅曰無漏受以方便初生時於煩惱分作威勢緣勝行者欲生无漏受時亦須追求衣服飲食資生之物是故亦於煩惱分中作威勢緣復有說者受根於煩惱出要分作威勢緣勝樂受於煩惱分作威勢緣勝者如說樂受為愛所使出要分中作威勢緣勝者如說心樂則定苦受於煩惱分中作威勢緣者如說恚使使苦受苦受於出要分中作威勢緣勝者如說苦能生信不苦不樂受於煩惱分中作威勢緣勝者如說無明使使不苦不樂受不苦不樂受於出要分中作威勢緣勝者如說依六出要捨觀行信等五根於出要分中作威勢緣勝者如說有信者能親近善人亦如偈說

能信度流　越放逸海　精進除苦
慧到彼岸

復如說若我弟子以信為障板則能障不善外敵修行善法如佛告阿難精進能生菩提若我弟子具足精進身者能捨不善法修行善法如說念是遍法若我弟子以念守門者能捨惡法修行善法如說定是正道不定是邪道定心得清淨非不定心定能知諸陰生滅若我弟子能具足三三昧花鬘者則能捨惡法修行善法如偈說

慧為世間上　能趣厭離者　亦能如實知
能盡老死苦

亦說慧於一切法中為無有上亦說姊妹當知我諸弟子以慧力斷一切結繫使垢纏復說若我弟子具足智慧城者能捨惡法修行善法未知欲知根於未曾見而見法作威勢緣勝知根於已曾見法能除過患作威勢緣勝知已根於已除過患得現法樂作威勢緣勝如是等諸根於如是等諸法作威勢緣勝尊者瞿沙跋摩作

如是說實義應說一根謂意根所以者何意根有三事一在內二遍一切處三能有所緣在內者內入所攝遍一切處者從阿毗地獄上至有頂可得能有所緣者緣一切法餘根不具三事眼耳鼻舌身根雖是內入攝不遍一切處不能有所緣命根雖遍一切處亦不內入攝不能有所緣除捨根餘受根雖能有所緣非內入攝不能遍一切處捨根信等五根雖遍一切處能有所緣非內入所攝三无漏根更无別體諸根合聚立此三根如上說問曰若然者其餘諸根以何事故得名為根答曰為意根作所依作依作煩惱作出要作出要處誰作所依答曰眼耳鼻舌身根誰作依答曰命根誰作煩惱答曰諸受根誰作出要答曰信等五根誰作出要處答曰見道修道无學道問曰男根女根以何事故得名為根答曰以四事故一能有所生二能生欲樂三能制煩惱四能為染汙識及相應法作所依能有所生者生胎生卵生能生欲樂者

行欲之人此處生樂遍身中如聖人眉間生聖樂遍在身中彼亦如是制煩惱者須臾間斷能為染汙識及相應作所依者餘所依生三種識或善不善無記此二所依唯生染汙受相應相親近識尊者僧伽婆修說曰命等六根是實義根命等六根者謂眼耳鼻舌身命根所以者何此六是衆生根本問曰若然者餘根以何事故得名為根答曰此六是衆生根本根本以何為種子識為種子誰令其煩惱謂五受根誰令其出要謂信等五根何處得出要謂見道修道无學道男根女根以何事故得名為根答曰欲界衆生以欲為苗稼種子從何處而有皆從男根女根尊者瞿沙說曰命等八根是實義根命等八根者謂眼耳鼻舌身男根女根命根所以者何此是衆生根本問曰若然者餘根以何事故得名為根答曰此八是衆生根本根本以何為種子誰令其煩惱謂五受根誰令其出要謂信等五根何處得出要謂見道修道無學道

問曰如身根微塵從足至頂盡遍何故此處所身根名男根女根非餘處所耶尊者和須蜜說曰以此處所故分別是男是女問曰若然者二形人亦名男亦名女耶答曰此不名男亦不名女復次此處所能生增長人寂靜人增長人者如富蘭那等六師寂靜人者謂佛辟支佛聲聞尊者佛陀提婆說曰此處所能生諸仙能生牟尼能生善調伏者能生善共住者已總說諸根所以今當一一別說云何眼根答曰若眼已見色今見色當見色及餘彼分眼已見色是過去眼今見色是現在眼當見色是未來眼及餘彼分眼者廣說如界處乃至意根說亦如是云何女根答曰身根少分云何男根答曰身根少分云何命根答曰三界中壽云何樂根答曰因觸生樂受若在身若在心覺樂能忍是名樂根云何苦根答曰因觸生苦受在身覺苦不可忍是名苦根云何喜根答曰因觸生喜受在心覺喜能忍是名喜根云何憂根答曰因觸生憂

受在心覺憂不可忍是名憂根云何捨根答曰因觸生不苦不樂受若在身若在心覺不苦不樂非可忍非不可忍是名捨根云何信根答曰於遠離寂靜善法生信若信是法善信有是分別受其事取其相如是淨心是名信根精進根念根定根慧根廣說如經本云何未知欲知根答曰不見人不得決定人所有覺慧慧根及諸餘根堅信堅法人未見四諦當見四諦是名未知欲知根不見人者謂不見諸諦人不得決定人者不於諸諦得決定所有學慧慧根者則說慧根諸餘根堅信堅法所用八根未見四諦當見四諦則說八根如是等九根合聚名未知欲知根問曰彼根聚中何故再說慧根一說餘根耶答曰以名勝義勝故彼根聚中慧名勝義亦勝復次慧說名前道如說比丘當知種種善法生時慧為前導慧為前相次有慚愧復次慧於三事得決定一於見得決定二於緣得決定三於事得決定彼相應法於二事得決定於

緣得決定於此得決定非於見得決定所以者何非見性故非相應共有法得一決定謂於事得決定非見決定非見相故非緣決定非緣法故復次若以慧見煩惱時煩惱則不得久住如穴居衆生人若見時便還入穴彼亦如是復次若身中有慧照則煩惱賊不能偷劫猶如屋中有燈照者賊則不能偷劫彼亦如是復次以慧能照一切法外物如日月藥草摩尼珠諸天宫能照一界一入一陰一世少分一界少分者謂色界一入少分者謂色入一陰少分者謂色陰一世少分者謂現在世慧能照十八界十二入五陰三世及无為法復次無慧者縛有慧者解復次佛出世時入佛法者以慧而自娯樂佛法以知解為勝辟如有目之人能至寶處如是有慧眼者能至佛法寶處辟如盲人雖往寶處而無所見惡慧之人入佛法寶處亦復如是復次慧名為將亦名為眼亦名為頭亦名為覺亦名為支亦名為道亦名道支復次慧名為眼

餘助道法名為盲如衆多盲人一有目者而獎導之令行正路彼亦如是復次慧断煩惱刀如說姉妹當知聖弟子以智慧刀断一切結縛使垢纏復次慧說名為堂如尊者阿尼盧豆所說我依戒立戒昇無上智慧堂復次慧能立別相揔相法能解別相法能解揔相法能破自體愚能破緣中愚於諸法中得不顛倒復次慧是諸佛所愛敬諸佛不愛敬人色族財富愛敬有慧者復次諸佛以慧故而有差別非以色族財富等以如是事故慧則再說餘根一說云何知根見人決定人所有學慧慧根及諸餘根信解脱見到身證已見四諦重見四諦是名知根見人者見諸諦決定人者於諸諦決定所有學慧慧根則說慧根餘諸根信解脱見到身證所用八根見四諦重見四諦則說八根如是等九根合聚名知根問曰如无學人重見四諦如退法至憶法憶法至護法護法至等住等住至能進能進至不動何故唯說學人不說无學人耶

荅曰應說無學而不說者當知此說有餘復次若說始當知亦說終若始說學當知終說无學如始終初入已度方便畢竟說亦如是復次斷未曾斷結得未曾得果者說名重見无學不斷未曾斷結不得未曾得果故不名重見復次若斷未曾斷煩惱得證未曾證解脫得是名重見無學雖證未曾證解脫得而不斷未曾斷煩惱故是故不說如斷煩惱得證解脫得除過患修功德捨穢惡取勝妙去無義取有義盡渴愛受無煩惱樂當知亦如是復次斷未曾斷无知得未曾得智是名重見無學雖得未曾得智不斷未曾斷无知謂染汙無知以如是等事故唯說學重見諦不說无學

云何知已根荅曰若漏盡阿羅漢無學所有慧慧根解脫俱解脫所用諸根能生現法樂是名知已根漏盡阿羅漢所有慧慧根則說慧解脫俱解脫阿羅漢所用諸根能生現法樂者則說八根如是等九根合聚名知巳根問曰學人亦有現法樂何以但說無學荅曰應說如說无學現法樂亦應說學現法樂復次若說終當知亦說始說畢竟當知亦說方便說已度當知亦說初入復次以名勝義亦勝故若以法而言無學法勝於學法以人而言無學人勝於學人復次无學人所有猗樂不為煩惱所覆學人雖有猗樂為煩惱所覆復次若受猗樂時寬博廣大是說現法樂學人有所作故受猗樂時不寬博廣大不名現法樂无學人無有所作受猗樂寬博廣大故名現法樂辟如國王於諸怨敵未盡降伏所受快樂不寬博廣大彼亦如是復次若無煩惱意語亦蒲諸牟尼是說現法樂復次若受現法樂不受後樂是名現法樂學人受現法樂亦受後樂故不名現法樂以如是等事故無學猗樂名現法樂學人猗樂不名現法樂

問曰為有三明阿羅漢不若有者此中何以不說若無者此經云何通如說尊者舍利弗白佛言世尊此五百比丘幾是三明幾是俱解脫幾是慧解脫問曰尊者舍利弗為知是事不若知者何故問若不知者云何名得聲聞波羅蜜荅曰應作是說尊者舍利弗知問曰若知者何故問荅曰自有知而故問如比尼說佛世尊知而故問復次尊者舍利弗為利益他故問尊者舍利弗雖自知彼會中有不知者無无畏故不能問佛尊者舍利弗無如是過欲利益他故而問復次欲說揔相令別異故而問佛為五百比丘說法聞佛所說得阿羅漢果斷未来有盡可佛意衆生若能得阿羅漢斷未来有是名第一可世尊意尊者舍利弗作如是念此諸尊者雖皆得阿羅漢斷未来有　不知誰勤方便欲說如是揔相令別異故而問復次佛世尊令五百比丘等住於果舍利弗欲令其道差別故而問復次佛世尊令五百比丘等住無為解脫舍利弗欲令有為解脫差別故而問復次欲顯功德寶藏令世知故而問辟如寶藏覆在土中多人不見如是以小欲知足土覆功德寶藏世無知者

復次欲令施主生信心故而問有諸檀越於夏四月中以衣食等所須之物供給衆僧欲令施主知之汝等所施值如是等清淨福田故而問復次彼尊者淨行弟子法故弟子法應問師應荅復次為現破憍慢求法情深故而問復次為壞少有所知生於憍慢不喜問人故而問尊者舍利弗作如是念我所有智慧有十六世人所知有一分我猶問他何況汝等少知見而不問耶復次欲現已身法無慳垢故若人慳於法者見他人問猶尚不喜何況自問復次為止誹謗故而問諸外道等作如是謗沙門瞿曇夜從優波提舍拘律陁邊受法晝為弟子說若尊者舍利弗合十爪掌於大衆中而問於佛彼誹謗便止復次弟子說善法欲以如來印印故而問辟如王家所有符疏若不以王印印者所經關津而不信用若以王印印者所住之處而皆信用如是弟子所說善法若不以如來印印者則於遺法四衆無信受者若以如來印印者則

遺法而四衆皆信受是故弟子所說欲以如來印印故而問荅曰應作是說有三明阿羅漢問曰此中何故不說荅曰應說此文應如是說若慧解脫俱解脫三明阿羅漢能生現法樂復次已說在先說義中三明阿羅漢若是慧解脫若是俱解脫若說慧解脫當知已說慧解脫有三明者若說俱解脫當知已說俱解脫有三明者昔有二論師一名時婆羅二名瞿沙跋摩尊者時婆羅偏讚歎慧尊者瞿沙跋摩偏讚歎滅定尊者時婆羅作如是說慧勝滅定所以者何慧能有所緣滅定無所緣尊者瞿沙跋摩說滅定勝慧所以者何滅定唯聖人有慧凡聖俱有讃歎慧者作如是說若有三明不具八解脫者是名三明若有三明具八解脫者亦名三明具八解脫無三明者是名俱解脫若有一明二明者是名慧解脫所以者何慧勝　滅定故若讃歎滅定者作如是說若具八解脫无三明者是名俱解脫若具八解脫有三明者亦名俱解

脫若有三明不具八解脫者是名三明若有一明二明名慧解脫所以者何滅定勝慧故此二所說俱唐捐其功此二所說於文無益於義无益三明或得滅定或不得滅定若得者名俱解脫三明若不得者名慧解脫三明今當重說未知欲知根知根知已根所以何故名未知欲知根荅曰未知當知未決定當決定未斷當斷是故名未知欲知根問曰若未知當知未決定當決定未斷當斷名未知欲知根者苦法忍生時觀欲界五陰苦得決定後生苦法智亦觀欲界五陰苦得決定是時名知苦已復知苦何故名未知欲知根不名知根耶荅曰苦法忍如觀欲界五陰苦不名已知苦法智名始知復次苦法忍觀欲界五陰決定是苦不名為智苦法智乃知以智為決定不以忍復次若後更不生未知欲知道不為未知欲知學所覆不以上著下不得自在名知根與此相違故名未知欲知根何故名知根荅曰未知已知未決定已決定

未斷已斷問曰若未知已知未決定已決定未斷已斷名知根者道比忍現在前除自體及相應共有法餘比智分悉得決定後生道比智於彼相應共有法始得決定名知根何不名未知欲知根耶荅曰外國法師說第十六心家初道比智剎那名為見道問曰此中不論如是說者乃論十五心是見道者尊者僧伽婆修作如是說道比忍現在前未來有无量道比忍修彼未來修者能於現在道比忍剎那相應共有法得決定不應作是說所以者何未來道不緣有所作問曰若然者其義云何荅曰從多分故已得決定者多未得決定者少已得決定猶如大地未得決定如一揣土須弥山芥子大海一渧虛空蚉翅處空喻亦如是復次彼後更無未知欲知道更不為未知欲知覺所覆不以上著下不得自在是故不名未知欲知根何故名知已根荅曰知已更不知決定已更不決定斷已更不斷是名知已根

問曰若知已更不知決定已更不決定斷已更不斷名知已根者何故於三知已法中一獨名為佛耶荅曰佛初成道時覺一切法作別相觀非揔相觀聲聞辟支佛初成道時覺一切法揔相觀非別相觀復次若智自知遍知決定知是名為佛辟支佛知雖自知非遍知非決定知聲聞智不名自知非遍知非決定知復次若於一切種以緣自覺是名為佛辟支佛雖以緣自覺不於一切種聲聞不於一切種以緣自覺復次若智遍所知覺遍所覺行遍所緣根遍根義所境界遍境界是名為佛聲聞辟支佛不尒復次若所聞不如重擔是名為佛聲聞辟支佛不尒復次所不應行習氣於此身永斷是名為佛聲聞辟支佛不尒復次於甚深十二因緣河能盡其底者是名為佛聲聞辟支佛不尒如三獸度河謂兎馬象兎騰躑乃度馬或盡其底或不盡底而度香象於一切時足蹈其底而度如兎度河聲聞度因緣河亦復如是如馬度河辟

支佛度因緣河亦復如是如香象度河佛度因緣河亦復如是復次若永斷二種無知謂染汙不染汙是名為佛聲聞辟支佛雖斷染汙無知不斷不染汙者復次若永斷二種疑謂是人是杌疑及使性疑是名為佛聲聞辟支佛雖斷使性疑不斷是人是杌疑復次佛得盡智時於三種障心得解脫謂煩惱障解脫障是名為佛復次若依所依具足者是名為佛或有所依具足依不具足如轉輪聖王或依具足所依不具足如辟支佛佛世尊依所依二俱具足如依所依器中物器當知亦尒復次若三事具足是名為佛一色二族三言語復次若具足三事是名為佛一揞顧具足二功果具足三恣所問具足復次若有三不護有三不共念處是名為佛復次若所言無二有無盡辯所記无失是名為佛復次若善知因善知時善知相善知為他說法是名為佛復次若有四種智一無畏智二無善智三無缺失智四不退智是名為佛復次若

知種種因知種種果知種種性知種種對治法是名為佛復次若於世八法得解脱其徳無有能得邊者能為一切危難者作救護是名為佛復次若於十八不共法十力四無所畏大悲三不共念處是名為佛復次若大悲心深遠微細遍一切處於一切衆生无怨憎心深遠者從三阿僧祇刼積衆故微細者濟衆生三苦故遍一切處者縁三界衆生故於一切衆生無怨憎者於怨親中人等不異故如是等事故三巳作法中説一為佛

問曰何故色陰中眼耳鼻舌身立根色聲香味觸不立根耶荅曰無根故不立根復次若是內入者立根外入者不立根復次若作所依者立根若作所縁者不立根復次若是衆生數者立根若或是或非者不立根復次在自身中者立根不定者不立根復次若自所用者立根不定者不立根復次不共者立根共者不立根

問曰受陰中樂受立二根苦受立二根何故不苦不樂受立一根耶荅曰

應説二根而不説者當知此説有餘復次欲現種種説種種文乃至廣説復次欲現二門二略乃至廣説復次樂受或有黠慧者有不黠慧者或有輕躁者有不輕躁者苦受亦尒樂受中若不黠慧不輕躁者立樂根若黠慧輕躁者立喜根苦受亦尒不苦不樂受不黠慧不輕躁故立一根復次樂受樂根所作異喜根所作異苦受亦尒不苦不樂受所作無異復次雖相對法故樂受對苦受苦受對樂受不苦不樂受無相對故立一根

問曰何故想陰不立根耶荅曰不立根法多何故獨問想問曰所以問者色陰行陰少分立根少分不立根受陰識陰盡立根想陰不盡立根不少分立根是故問想陰何故不立根荅曰無根相故不立根復次根以自力自功用立想以他力他功用立如傭作人他教則作不教不作若受有所覺思有所思識有所識然後想有所想復次為他所覆故善想為慧所覆如人憶想不妄世言是入智慧不善

想為顛倒所覆如无常常想顛倒尊者和須蜜説曰何故想不立根耶荅曰威勢義是根義想威勢少問曰想亦有威勢如説一切有為法展轉有威勢少問無為法於有為法亦威勢復次根能害煩惱想不能害問曰想亦能害煩惱如説比丘修行廣布无常想除一切欲愛色無色愛尊者佛陁提婆説曰想取相分別分別體唯取想餘數法行境界巳想然後取相分別

問曰煩惱何故不立根荅曰无根相故不立根復次威勢義是根義煩惱威勢少故不立根問曰煩惱能没生死遠離涅槃壞諸善法云何言威勢少耶荅曰以是下賤可呵法故言威勢少問曰若然者染汙受何故立根耶荅曰受於煩惱有威勢煩惱威勢少猶如獄卒雖所住處下亦與貴勝交往諸獄卒守門者雖復苦切於人無有威勢而不得與貴勝交往彼亦如是尊者僧伽婆修説曰若法有欲無欲身中可得故立根煩惱唯有欲

身中可得故不立根若作是說則憂根知已根不介所以者何憂根唯有欲人身中可得知已根唯無欲人身中可得是故如前說者好

問曰何故受善染汙不隱沒無記立根慧唯善立根染汙不隱沒無記不立根耶答曰受於煩惱分中勢用勝善染汙不隱沒無記盡立根慧於出要法中勢用勝善慧能增益出要染汙慧能斷出要法不隱沒无記慧於出要法無所增益

問曰俱是不相應行陰命根立根受身處何故不立根耶答曰無根相故不立根復次命根是報一切報從業生是以命根立根受身處不定或有是依或有是報是故不立根

問曰寂勝義是根義滅盡涅槃於一切有為無為法中寂勝何以不立根耶答曰此是根畢竟盡處不立根辟如鉼衣畢竟盡處不名鉼衣復次若法行世能取果能有所作能知境界者立根滅盡涅槃與此相違故不立根復次若法是生滅有因是有為相者立根滅盡涅槃與此相違故不立根復次根屬因屬緣屬所作立相涅槃與此相違故不立根復次若法為生所生為老所老為壞所壞者立根涅槃不介復次根在陰墮世與苦相續有前後相上中下相者立根涅槃不介復次言寂勝者於有為法中寂勝故立於涅槃於有為無為法中寂勝故不立根

阿毗曇毗婆沙論卷第三十七

阿毗曇毗婆沙論卷第三十七

校勘記

一　底本，金藏廣勝寺本。

一　七五七頁中一行「第三十七」，資、磧、普、南、徑、清作「第五十四」。

一　七五七頁中四行「第四之一」，資、磧、普、南作「第四」。

一　七五七頁中九行「不善」，資、磧、普、南、徑、清作「不善法」。

一　七五七頁中一六行第九字「處」，麗無。

一　七五八頁上一一行「旋歷」，資、磧、普、南、徑、清作「遊歷」。

一　七五八頁上一二行第一三字「種」，資、磧、普、南、徑、清作「種外道」。

一　七五八頁上一八行第八字「物」，資、磧、普、南、徑、清作「外物」。

一　七五八頁上一九行末字「說」，麗作「計」。

一　七五八頁中六行「此經」，諸本（不含石，下同）作「此姓」。

一　七五八頁下二二行「問難」，資、磧、普、南、徑、清作「問難故」。

一　七五九頁上二行首字及第七字「問」，諸本作「門」。

一　七五九頁上一二行第三至第七字「弟子所說異」，清、麗無。

一　七五九頁上一八行第六字「不」，資、磧、普、南、徑、清作「而不」。

一　七五九頁中一行「爲捐」，麗作「爲緣」。

一　七五九頁中四行末字「施」，資、磧、普、南、徑、清作「世」。

一　七五九頁中一八行第三字「後」，諸本作「彼」。

一　七六〇頁上九行第九字「根」，資、磧、普、南、徑、清作「根者」。

一　七六一頁上一行第八字「主」，麗作「生」。

一　七六一頁上二行首字「村」，資、磧、普、南、徑、清作「封」。

一　七六一頁上七行「根義」，諸本作「明義」。

一　七六一頁上一八行及二二行「觸能」，磧、南、清、麗作「獨能」。本頁中四行清、麗同。

一　七六一頁上一九行第一三字「相」，諸本作「根」。

一　七六一頁中二行第四字「好」，資、磧、普、南作「妙」。

一　七六一頁中三行「及識」，資、磧、普、南、徑、清作「及耳識」。

一　七六一頁中二二行第九字「如」，諸本作「知」。

一　七六二頁上四行「便有」，資、磧、普、南、徑、清作「別便有」。

一　七六二頁上二二行「生此」，諸本作「此生」。

一　七六二頁下一行「能信」，資、磧、普、南、徑、清作「信能」。

一　七六二頁下三行「障板」，徑、清作「障故」。

一　七六二頁下一三行「能趣」，資、磧、普、南、徑、清作「能起」。

一　七六二頁下一六行「慧力」，資、磧、普、南、徑、清作「慧刀」。

一　七六三頁中二一行「種子」，資、磧、普、南、徑、清作「種子謂意根」。

一　七六三頁下一五行「如界」，資、磧、普、南、徑、清作「如男」。

一　七六三頁下一八行「樂根」，資、磧、普作「樂耶」。

一　七六四頁上九行第九字「覺」，資、磧、普、南、徑、清作「學」。

一　七六四頁中一行第六字「此」，諸本作「事」。

一　七六四頁中二二行「爲支」，諸本作「覺支」。

一　七六四頁下二行第四字「獎」，資、磧、普、南、徑、清作「將」。

一　七六四頁下一八行「餘諸」，資、磧、普、南、徑、清作「諸餘」。

一　七六五頁上一二行「煩惱」，資、磧、普、南、徑、清作「煩熱」。

一　七六五頁上一三行「天曾」，諸本作「未曾」。

一　七六五頁中一九行「不名現法樂」，至此，資、磧、普、南、徑、清卷第五十四終，卷第五十五始，資、磧、普、南有品名「使揵度十門品之二」；徑、清有品名「使揵度十門品第四之二」。

一　七六六頁上一〇行「少知」，資、磧、普、南、徑、清作「少少知」。

一　七六六頁上一八行第二字「説」，資、磧、普、南、徑、清作「所説」。

一　七六六頁上二一行第二字「住」，

- 七六六頁中一行「而四衆」，資、磧、普、南、徑、清作「往」。
- 七六六頁中四行第七字「文」，資、普、南、徑、清作「四衆而」。
- 七六六頁下一六行第四字「如」，磧、普作「又」。
- 七六六頁下二一行及次頁上二〇行「下不」，資、磧、普、南、徑、清作「下下不」；麗作「下不不」。
- 七六七頁上八行「不論」，資、磧、普、南、徑、清作「所論」。同行「乃論」，資、磧、普、南、徑、清作「乃說」。
- 七六七頁上一九行「知覺」，資、磧、普作「知學」。
- 七六七頁中一五行「重擔」，資、磧、普、南、徑、清作「重誓」。
- 七六七頁下八行「三種」，諸本作「二種」。
- 七六七頁下一九行「所記」，資、磧、普、南、徑、清作「所說」。
- 七六七頁下二二行「無善智」，資、磧、普、南、徑、清作「無蓋智」；麗作「無著智」。
- 七六八頁上五行第二字「於」，資、磧、普、南、徑、清作「得」。
- 七六八頁上一二行「說一」，資、磧、普、南、徑、清作「一說」。
- 七六八頁上一四行末字「故」，資、磧、普、南、徑、清作「相故」。
- 七六八頁中一〇行末字「雖」，麗作「離」。
- 七六八頁中一九行第一二字「立」，資、磧、普、南、徑、清作「不立」。
- 七六八頁中末行第一〇字「入」，諸本作「人」。
- 七六八頁下五行「少問」，麗無。同行第一二字「亦」，諸本作「亦有」。
- 七六八頁下九行第八字及一〇行末字「相」，麗作「想」。
- 七六八頁下一〇行第三字「餘」，資、磧、普、南、徑、清作「除」。
- 七六八頁下一七行「染汙受何故」，資、磧、普、南、徑、清作「何故染汙受」。
- 七六九頁上九行第一三字「要」，麗作「要法」。
- 七六九頁中二行「立相」，諸本作「立根」。
- 七六九頁中八行第四字「於」，諸本作「根」。
- 七六九頁中末行經名，資、磧、普、南、徑、清無(未換卷)。

趙城縣廣勝寺

阿毗曇毗婆沙論卷第三十八　磨

迦旃延子造　五百羅漢釋

北涼天竺沙門浮陀跋摩共道泰等譯

使揵度十門品之二

十八界眼界色界眼識界乃至意界法界意識界界名略說亦名廣說略說者於說大經如大因緣經大涅槃經等廣說者於說入經入亦名略說亦名廣說略說者於說界經廣說者於說陰經陰亦名略說亦名廣說略說者於說入經廣說者如說若有所受當知皆苦於如是等經名為廣說復有說者界亦名略說亦名廣說即於界中不於餘法所以者何界中心色是廣說心數法是略說入亦是略說亦是廣說即於入中不於餘法所以者何入中色是廣說心心數是略說陰亦是略說亦是廣說即於陰中不於餘法所以者何陰中色心是略說心數是廣說如說若有所受當知皆苦此說一向是略復有說者界是廣說亦攝一切法大因緣經大涅槃經雖是廣說不攝一切法入雖攝一切法而非廣說所以者何是中說法故陰不攝一切法所以者何攝一切有為法不攝無為法故亦非廣說所以者何是略說故如說若有所受當知皆苦此一向是略說佛所說經廣說義如此非謂如說法施財施是略說大因緣經大涅槃經是廣說世尊於所知法先廣說十八界即於彼所知次略說十二入於彼十二入除無為法略說五陰是名世尊廣略之說以如是廣略所說法佛告尊者舍利弗我說諸法若廣若略能知解者難得以如是廣說略說故尊者舍利弗請於世尊說法若廣若略能有知解法實者辟如大海中龍於大海中化作大身上昇虛空興起大雲遍覆虛空放電光出如是雷音我今當雨藥草樹木聞如是音皆生恐怖作如是念大海中龍若降雨者我等皆當沒滅是時大地心無疑懼又無異色而請之言汝當降雨經百千歲我盡能受世尊亦介於主童佛然燈佛迦拘遜陁

阿毗曇毗婆沙論第三十八卷　第三張　磨字号

村佛迦那舍牟尼佛乃至迦葉佛所
長養智身上昇有餘涅槃虛空界中
以大悲雲遍覆世間放智電光出無
我師子吼音作如是言舍利弗我所
說若廣若略知解者難得是時一切
受化者聞說是言心懷恐懼唯除尊者
舍利弗世尊以未曾聞名身句身而
說諸法我等所不能解尊者舍利弗
於六十劫中增長如地知見心無恐
懼又無異色而請於佛世尊說法若
廣若略能有知解法寶之者
問曰有法非聲聞辟支佛境界何故
尊者舍利弗作如是請佛荅曰聲聞
所知非佛知以聲聞境界非佛境界
以聲聞所行非佛所行以聲聞根非
佛根復次佛聽故請尊者舍利弗作
如是念世尊所說常以憐愍知量觀
其田器當雨法雨不唐捐其言若說
一句前人不受佛則不說世尊知我有
尒所受法器則為我說如　是法以
是事故佛聽故
問曰為何等受化者說界何等說入
何等說陰荅曰於界中愚者為說界

阿毗曇毗婆沙論第三十八卷　第四張　磨字号

於入中愚者為說入於陰中愚者為
說陰復次受化者或是初行或是已
行或是久行為初行者說界為已行
者說入為久行者說陰下根中根上
根樂廣樂略樂廣略者說亦如是復
次若恃性憍慢縱逸者為說界所以
者何性義是界義故若恃財憍慢縱
逸者為說入所以者何輸門義是入
義故恃命憍慢縱逸者為說陰所以
者何陰說名煞賊復次於色心愚者
為說界所以者何界中廣說色心略
說數法於色愚者為說入所以者何
入中廣說色略說心心數法於心數
法愚者為說陰所以者何陰中廣說
心數法略說色心復次為計我者說
界為於所依緣愚者說入為我慢者
說陰佛為是受化衆生說陰界入
問曰十八界名有十八實體有幾荅
曰十八界名有十八實體或十七或
十二若說六識身則無意界所以者
何離六識身外更無意界是故名有
十八體有十七若說意界則無六識
身所以者何意界之外更無六識身

阿毗曇毗婆沙論第三十八卷　第五張　磨字号

是故名有十八體有十二如名體名
假體假乃至知名知體說亦如是問
曰十八界體或有十七或有十二者
云何立十八界荅曰以三事故立十
八界一以所依二以依三以境界六
界是所依六界是依六界是境界所
依者眼界乃至意界依者眼識乃至
意識境界者色乃至法問曰若以所
依依境界立十八界者阿羅漢取後
心則非意界所以者何不能生識故
荅曰彼亦是意界所以識更不相續
者非以意界更以餘事故若識生者
亦能作所依過去有十八未來現在
亦有十八問曰過去有十八界可尒
所以者何六識次第滅者是意界未
來現在云何有十八界荅曰以是決
定相故若未來現在識无意界相者
過去者亦無以決定相故過去有十
八界是故以三事說十八界謂所依
依境界佛經作如是喻如大樹藂聚
比丘當知無量界性亦復如是雖說
无量界性而不過十八界盡以三事
故名界謂所依依境界佛經又說六

十二界如多界經說彼亦不過十八盡以三事故名界

問曰佛經何故說六十二界荅曰欲異外道故外道有六十二見以身見為本為對治彼見故說六十二界餘經又說憍尸迦世間有種種无量界衆生各於自界而起貪著生牢彊想言我界勝唯我是實餘者是愚如是盡在十八界亦以三事謂所依依境界復有說者此中諸見以界名說悉在法界中以是事故十八界以三事立界謂所依依境界尊者婆摩勒說曰以四事故立十八界一以自體二以事三以所作四以分別陰以自體者色界乃至法界事者眼識乃至意識所以者何眼界乃至意界分別陰者色陰有十界識陰有七三陰有一界此是界體性乃至廣說已說體性所以今當說何故名界界是何義荅曰性義是界義段義分義別義種種相義不相似義分齊義是界義種種所作是界所作聲論者說曰趣義是界義持養義是界義性義是界義

者辟如一山之中多有諸性鐵性白鑞性鉛性銅性銀性金性石性白墡性如是一所依身有十八界性段義是界義者如諸材段次第安置名宮殿樓觀次第安置竹篾名扇名盖次第安置肉段名為男子分義是界義者十八分是男十八分是女別義是界義者男別有十八女別有十八種種相義是界義者眼界相異乃至法界相異不相似義是界義者眼界於餘界不相似乃至法界於餘界不相似分齊義是界義者眼界自有分齊餘十七界亦有分齊乃至法界自有分齊餘十七界亦有分齊種種所作是界所作者眼界所作乃至非法界所作法界所作乃至非眼界所作聲論者說趣義是界義者趣諸界諸趣諸生持養義是界義者能持自性故是故性義乃至持養義是界義

已總說界所以今當一一別說云何眼界若眼已見色今見色當見色已見色是過去今見色是現在當見色是未來及諸餘彼分眼外國法師作

如是說彼分眼有四種過去有彼分眼界謂眼不見色滅墮過去者現在亦有彼分眼界謂眼不見色今滅者未來亦有彼分眼界謂眼不見色當滅者及未來必不生彼分眼罽賓沙門說彼分眼有五種三種如先說未來必不生彼分眼有二種一與眼識合二不與眼識合若以眼見色於已名自分於餘一切衆生亦名自分若眼不見色於已名彼分於餘一切衆生亦名彼分復有說者若以眼見色於已名自分於餘一切衆生　名彼分若眼不見色於已名彼分於餘一切衆生亦名彼分復有說者若以眼見色於已名自分於餘一切衆生不名自分亦不名彼分若眼不見色於已為彼分於餘一切衆生非自分亦非彼分不應作是說云何是眼不名自分亦非彼分評曰如前說者好若以眼見色於已為自分於餘衆生亦名自分若眼不見色於已名彼分於餘衆生亦名彼分

問曰無有以他眼見色者云何已眼

阿毘曇毘婆沙論第三十八卷　第九張　磨字号

於餘衆生名為自分耶答曰誰說以他眼見色者耶問曰若無說以他眼見色者云何已眼於餘衆生名為自分耶答曰以所作同故如已眼見色已滅於餘衆生亦名見色滅無有以他眼眼見色者問曰自分眼見色彼分眼不見色不見色眼於見色眼云何名彼分答曰展轉為因故見色眼與不見色眼作因不見色眼與見色眼作因復次以展轉相生故見色眼能生不見色眼不見色眼能生見色眼復次展轉相續故見色眼續不見色眼不見色眼續見色眼復次見色眼不見色眼俱是一界一入一根一見諸界有如是相者此中略說如眼界耳界鼻舌界身界說亦如是云何色界答曰若色為眼已見今見當見已見者是過去色今見者是現在色當見者是未來色及餘彼分色彼分色有四種過去有彼分色界謂不為眼所見已滅者現在有彼分色界謂不為眼所見今滅者未來有彼分色界謂不為眼所見當滅者及未來必

阿毘曇毘婆沙論第三十八卷　第十張　磨字号

不生色有色界於一衆生是自分於二三乃至百千衆生是自分色界於一衆生乃至百千衆生是自分者如初生月若生緣彼眼識是自分色界若不生緣彼眼識是彼分色界辟如大會之中有一端正莊嚴伎女在中種種儛戲若生緣彼眼識是名自分已色界若不生緣彼眼識是名彼分色界大衆之中昇立坐法師說法亦復如是有色界於一衆生是彼分於二三乃至百千万一切衆生是彼分謂如須弥山中色大海大地中色問曰如是色界非天眼境界耶答曰雖是境界以不用故然有天眼者不必一切時見所應見色

問曰彼色不為佛眼所見耶答曰是所見以不用故如今無佛無佛眼見色問曰若以眼見色於已是自分於餘一切衆生亦是自分何故色界若為眼所見是自分不為眼所見是彼分耶答曰一色界容有一衆生不見二三衆生則見無有一眼二人用見何況多耶色界有如是相者此中略說

如色界聲香味觸界說亦如是以世俗言說故作是說世俗作如是語汝所嗅香我亦嗅之汝所嘗味我亦嘗之汝所覺觸我亦覺之實義不介若一人已嗅香第二人所不能嗅一人已嘗味第二人所不能嘗一人已覺觸第二人所不能觸若世俗言說丈說如上若以實義文應如是說如眼界耳界鼻界香界舌界味界身界觸界說亦如是云何眼識界答曰眼緣色生眼識問曰眼識生時除其自體餘一切法皆作緣何以但說眼色作緣耶答曰此說眼識所依及境界眼是彼所依色是彼境界復次與眼識作近威勢緣者說眼色與眼識作近威勢緣勝於自體生老无常是以故說問曰眼識亦緣色生何以但言眼識不言色識答曰如外入經說緣色生識是名色識乃至廣說問曰但一經說色識餘經多說眼識答曰若是內法則說不說外法如內外所依所緣根根義所境界境界不共共說亦如是復次識以所依故有別名從眼

生者名為眼識乃至從意生者名為意識如聲以所依故有別名如鼓聲依鼓貝聲依貝琴聲依琴彼亦如是問曰此皆依意何以不盡依名意識耶答曰若依是不共不同別異相作識別名云何眼識所依不共不同別異謂依於眼不依餘乃至身識説亦如是以是事故而作四句或作所依不作次第緣乃至廣作四句作所依不作次第緣者謂俱生眼作次第緣不作所依者謂前次第滅心數法作所依作次第緣者謂意界不作所依不作次第緣者除上尒所事乃至身識説亦如是若為意識作所依亦為意識作次第緣耶答曰若作所依亦作次第緣頗有作次第緣不作所依耶答曰有前次第滅心數法尊者和須蜜説曰亦緣色生識何故不言色識但言眼識答曰眼為識作所依非色復次眼所作勝復次眼在自身中色則不定復次眼是內入色則不定復次眼屬內色則不定復次眼於識有損益色則不尒問曰若然者色亦

有損益答曰一色雖有損益餘色能生眼識眼不尒若一眼壞更無餘眼能生識餘識説亦如是復次眼有上中下識亦有上中下色則不尒復次眼所不共色則不定如緣一界中色生二界中識無有依一界中眼生二界中識緣一趣中色生五趣中識無有依一趣中眼生二趣中識何况多四生説亦如是復次眼是威勢非色尊者佛陁提婆説曰若眼无留難識亦无留難問曰色若有留難識亦有留難亦無色者識何緣生答曰不尒境界常不壞所依有壞若所依壞者識則不生假令有那由他色若所依壞緣色識不生者識則住不生法中問曰眼識識色何故言眼識色耶答曰或説所依以顯依或説依以顯所依説所依以顯依者如此中説眼能識色説依以顯所依者如説眼識所更所分別名見復次以名義勝故如使人涂衣書法猶如伎師作伎時非無伎子伎女及餘侍從時會然伎師於中勝故但言伎師作樂如以涂涂

衣非無人水器等但涂勝故言以涂涂衣如以筆作字令字有差別非無人工紙墨等但筆於中勝故説筆作字令字差別如是雖識能識色以眼勝故説眼識色復次眼是識色具故言眼識色如説伴行於道行者是足非伴伴是道行之具彼亦如是雖識識色眼是識色具故言眼識色有心意識問曰心意識有何差別答曰或有説者無有差別心即是意意即是識如是等皆同一義無有差別如火名火亦名炎亦名熾亦名燋薪如是等十名經説帝釋名因陁羅亦名憍尸迦亦名釋迦亦名千眼一帝釋有如是等十名如阿毗曇説受名為受亦名別受亦名等受亦名覺受一受有如是等五名彼亦如是一心法有三種名復有説差別者名即差別是名心是名意是名識復次過去名意未來名心現在名識復次説界時名心識入時名意説陰時名識復次速行義是心義如偈説

獨行遠逝　不依於身　能調是者

解脫畏怖

復次前導義是意義如偈說

意為前導　意尊意駛　意若念惡
即言即行　罪惡報應　如影隨形

生相續義是識義復次性義是心義輸門義是意義聚義是識義復次種種雜色義是心義如說比丘當知畜生趣所以有種種雜色者皆由心有種種故有種種雜色歸屬義是意義如說比丘當知此五根雖行種種境界必待意分別終歸屬意分別物體相是識義復次增積義是心義解了義是意義別識義是識義尊者婆奢說曰增積義斷義是心義解了義知義是意義能識義別識義是識義增積是有漏斷是無漏解了是有漏知是無漏能識是有漏別識是無漏心意識是謂差別若界有如是相者此中略說如眼識耳識鼻識舌識身識說亦如是云何意界答曰若意能識法已識今識當識及餘彼分意是名意界已識是過去意界今識是現在意界當識是未來意界及餘彼分意界者未來必不生意界無有過去現在彼分意界如意界意識界亦如是問曰何故不說五識界彼分答曰應說而不說者當知此說有餘復次五識以生為差別彼分是不生法復次五識以所作為差別彼分是無所作復次若說意識界彼分當知亦略說五識界彼分云何法界答曰已為意所知今為意所知當為意所知已為意所知是過去法今為意所知是現在法當為意所知是未來法問曰何故不說法界彼分耶答曰無有彼分法界所以者何無有如是法非是境界若生一剎那意界除其自體相應共生餘一切法盡緣問曰十色入亦是意界境界何故說名彼分耶答曰不以意界故說自分彼分乃以眼於色有自分彼分色於眼有自分彼分乃至身觸亦如是若以意界說自分彼分者則十二入盡是自分無有彼分所以者何盡是意境界故以是事故作如是說頗有共生法或是自分或是彼分耶答曰有十色入是彼分生老無常是自分所以者何生老無常是法界所攝故法界中無有彼分頗有相應共生法或是自分或是彼分耶答曰有未來必不生意界是彼分彼相應共生迴轉是自分所以者何是法界攝故法界中無有彼分

問曰頗以一眼界微塵作所依一色界微塵作境界能生眼識耶答曰不生所以者何五識身積聚緣積聚依合聚緣合聚眼識依自界緣自界他界耳識亦尒意識依自界他界緣自界他界餘三識依自界緣自界復次眼識依自緣自緣他耳識亦尒意識依自依他緣自緣他餘三識依自緣自此中說自他者即是界自他復次眼識依近緣近緣遠耳識亦尒意識依近依遠緣近緣遠餘三識依近緣近所以者何根與境界无間識乃得生餘廣說如雜揵度

問曰若彼繫眼彼繫色即生彼繫識亦生餘繫識耶答曰或即生彼繫識亦生餘繫識即生彼繫識者生欲界欲界眼見欲界色生欲界繫識生欲

界初禪眼見初禪色生初禪眼識生初禪初禪眼見初禪色生初禪眼識是名即生彼繫識生餘繫識者生欲界以初禪眼見欲界色生初禪識生欲界以第二禪眼見欲界色生初禪識以第二禪眼見初禪色生初禪識以第二禪眼見第二禪色生初禪識以第三禪眼見欲界色生初禪識以第三禪眼見初禪色生初禪識以第三禪眼見第二禪色生初禪識以第三禪眼見第三禪色生初禪識以第四禪眼見欲界色生初禪識以第四禪眼見初禪色生初禪識以第四禪眼見第二禪第三禪第四禪色生初禪識亦如是則說生欲界者生初禪以初禪眼見欲界色生初禪識餘應隨相廣說如生欲界者生第二禪第三禪第四禪廣說亦如是問曰彼繫身彼繫眼彼繫色即生彼繫識亦生餘繫識耶答曰即生彼繫識亦生餘繫識即生彼繫識者生欲界以欲界身欲界眼見欲界色生欲界識生初禪以初禪身初禪眼見初禪色生初禪識是則說即生彼繫識生餘繫識者生欲界以欲界身初禪眼見初禪色生初禪識以欲界身初禪眼見初禪色生初禪識以欲界身以第二禪眼見欲界色生初禪識以欲界身第二禪眼見初禪色生初禪識以欲界身第二禪眼見第二禪色生初禪識以欲界身第三禪眼見欲界色生初禪識以欲界身第三禪眼見初禪色生初禪識以欲界身第三禪眼見第二禪色生初禪識以欲界身第三禪眼見第三禪色生初禪識以欲界身第四禪眼見欲界色生初禪識以欲界身第四禪眼見初禪色生初禪識見第二禪乃至見第四禪色說亦如是是則說生欲界者生初禪以初禪身初禪眼見欲界色生初禪識以初禪身第二禪眼見欲界色見初禪色見第二禪色說亦如是以初禪身第三禪眼見欲界色初禪色第二禪色第三禪色說亦如是以初禪身第四禪眼見欲界色初禪色第二禪色第三禪色第四禪色說亦如是如生初禪生第二第三第四禪亦應隨相說以是事故作如是說頗有餘繫身餘繫眼餘繫色生餘繫識耶答曰有生欲界以欲界身第三禪眼見第二禪色生初禪識以第四禪眼見第二禪色以第四禪眼見第三禪色說亦如是生第二禪以第二禪身第三禪眼見欲界色生初禪識亦尒以第二禪身以第四禪眼見欲界色生初禪識亦尒以第二禪身第四禪眼見第三禪色生初禪識亦尒生第三禪以第三禪身第四禪眼見欲界色生初禪識亦尒以第三禪身第四禪眼見第二禪色生初禪識亦尒如眼界色界眼識界耳界聲界耳識界說亦如是問曰若彼繫鼻彼繫香即生彼繫識亦生餘繫識耶答曰即生彼繫識不生餘繫識欲界繫鼻欲界香即生欲界繫識如鼻界香界鼻識界舌界味界舌識界說亦如是問曰若彼繫身彼繫觸即生彼繫識亦生餘繫識耶答曰或生彼繫識亦生餘繫識生彼繫識者生欲界以欲界身欲界觸生欲

界識生初禪以初禪身初禪觸生初禪識是則說生彼繫識生餘繫識者生第二禪以第二禪身第二禪觸生初禪識生第三第四禪亦如是所以者何即彼身觸非餘身觸問曰若彼繫意彼繫法即生彼繫識亦生餘繫識耶答曰或生彼繫識或生餘繫識生彼繫識者生欲界以欲界意知欲界法生欲界意識乃至生非想非非想處以非想非非想處意知非想非非想處法生非想非非想處識是則說即生彼處繫識生餘繫識者或有說欲界善心次第生未至依未至依次第生欲界善心復有說者欲界善心次第生未至依亦生初禪未至依初禪次第生欲界善心

復有說者欲界善心次第生未至依初禪中間禪彼三地次第生欲界善心尊者瞿沙作如是說欲界善心次第生未至依初禪中間禪第二禪彼四地次第生欲界善心如行者入超越定從初禪起二禪及眷屬起第三禪現在前此亦如是評曰應作是說欲界善心次第生未至依初禪彼二地次第生欲界善心欲界善心次第生未至依初禪者欲界意次第生初禪意識法或三界繫或不繫彼二地意次第生欲界善心初禪意生欲界意識法或三界繫或不繫初禪次第生第二禪是順次定初禪意生第二禪意識法或三界繫或不繫第二禪次第生初禪是逆次定第二禪意生初禪意識法或三界繫或不繫乃至第三禪次第生第四禪是順次定第三禪意生第四禪意識法或三界繫或不繫第四禪次第生第三禪是逆次定第四禪意生第三禪意識法或三界繫或不繫第四禪次第生空處是順次定第四禪意生空處意識法或無色界繫或不繫空處次第生第四禪是逆次定空處意生第四禪意識法或三界繫或不繫空處次第生識處是順次定空處意生識處意識法或識處繫或無所有處繫或非想非非想處繫或不繫識處次第生空處是逆次定識處意生空處意識法或無色界繫或不繫乃至无所有處次第生非想非非想處是順次定無所有處意生非想非非想處意識法或非想非非想處繫或不繫非想非非想處次第生無所有處是逆次定非想非非想處意生无所有處意識法或无所有處繫或非想非非想處繫或不繫初禪次第生第三禪是順超定初禪意生第三禪意識法或三界繫或不繫第三禪次第生初禪是逆超定第三禪意生初禪意識法或三界繫或不繫如是乃至識處次第生非想非非想處是順超定識處意生非想非非想處意識法或非想非非想處繫或不繫非想非非想處次第生識處是逆超定非想非非想處意生識處意識法或識處無所有處非想非非想處繫或不繫如是等則說定復有餘定亦可尒欲界有四種變化心欲界有初禪果變化心欲界有第二第三第四禪果變化心此變化心次第生淨禪淨禪次第生變化心淨初禪次第生欲界初禪果變化心

初禪意生欲界意識法是變化或四入或二入欲界初禪果變化心次第生淨初禪欲界意生初禪意識法或三界繫或不繫乃至淨第四禪次第生欲界第四禪果變化心第四禪意生欲界意識法是變化若四入若二入欲界第四禪果變化心次第生淨第四禪欲界意生第四禪意識法或三界繫或不繫如是則說定生時亦可尒欲界命終生初禪欲界意生初禪意識法或八地繫或不繫初禪命終生欲界初禪意生欲界意識法或三界繫或不繫欲界命終乃至生非想非非想處欲界意生非想非非想處意識法或非想非非想處繫或不繫非想非非想處命終生欲界非想非非想處意生欲界意識法或三界繫或不繫乃至無所有處命終生非想非非想處無所有處意生非想非非想處意識法或非想非非想處繫或不繫非想非非想處命終生無所有處非想非非想處意生无所有處意識法或無所有處繫或非想非非

想處繫或不繫是則說生時

若成就眼界亦成就色界耶答曰成就眼界亦成就色界頗成就色界非成就眼界耶答曰有生欲界若不得設得便失廣說如根揵度若成就眼界亦成就眼識界耶答曰或成就眼界不成就眼識界乃至廣作四句成就眼界不成就眼識界者生第二第三第四禪眼識不現在前成就眼識界不成就眼界者生欲界不得眼界設得便失成就眼界亦成就眼識界者生欲界得眼界不失若生初禪若生第二第三第四禪眼識界現在前不成就眼界亦不成就眼識界者生無色界若成就色界亦成就眼識界耶答曰若成就眼識界亦成就色界頗成就色界不成就眼識界耶答曰有生第二第三第四禪眼識不現在前若不成就眼界亦不成就色界耶答曰若不成就色界亦不成就眼界頗不成就眼界非不成就色界耶答曰有生欲界不得眼界設得便失若不成就眼界亦不成就眼識界耶答

曰若不成就眼界非不成就眼識界乃至廣作四句不成就眼界非不成就眼識界者生欲界不得眼界設得便失不成就眼識界非不成就眼界者生第二第三第四禪眼識不現在前俱不成就者生色無色界俱非不成就者生欲界得眼界不失若生初禪第二第三第四禪眼識現在前若不成就色界亦不成就眼識界耶答曰若不成就色界亦不成就眼識界頗不成就眼識界非不成就色界耶答曰有生第二第三第四禪眼識不現在前若成就眼界得不成就色界亦尒耶答曰或成就眼界得不成就非色界乃至廣作四句成就眼界得不成就非色界者生欲界失眼界成就色界得不成就非眼界者生欲界無眼界命終生無色界俱成就得不成就者生欲界有眼界命終生無色界若色界命終生無色界俱不成就不得不成就者除上尒所事若成就眼界得不成就眼識界亦尒耶乃至廣作四句成就眼界得不成就非眼

識界者若欲界失眼界第二第三第四禪命終生無色界成就眼識界得不成就非眼界者欲界無眼界命終生無色界若第二第三第四禪眼識現在前而滅者俱成就得不成就者欲界有眼界命終生無色界若初禪命終生無色界俱不成就不得不成就者除上介所事若成就色界得不成就眼識界亦介耶乃至廣作四句成就色界得不成就非眼識界者第二第三第四禪命終生無色界成就眼識界得不成就非色界者第二第三第四禪眼識現在前滅者俱成就得不成就者欲界初禪命終生無色界俱不成就不得不成就者除上介所事若不成就眼界得成就色界亦介耶答曰有若不成就色界得成就眼界亦介頗不成就眼界得成就非色界耶答曰有生欲界次第得眼界若不成就眼界得成就眼識界亦介耶乃至廣作四句不成就眼界得成就非眼識界者無色界命終生第二第三第四禪生欲界次第得眼界不成就眼識界得成就非眼界者生第二第三第四禪眼識現在前俱不成就得成就者無色界命終生欲界初禪非俱不成就得成就者除上介所事若不成就色界得成就眼識界亦介耶乃至廣作四句不成就色界得成就非眼識界者無色界命終生第二第三第四禪不成就眼識界得成就非色界者生第二第三第四禪眼識現在前俱不成就得成就者無色界命終生欲界初禪非俱不成就得成就者除上介所事如説眼界色界眼識界乃至意界法界意識界亦應隨相説是則説相似者如眼色眼識界於餘不相似作五三句耳聲耳識界作三四句鼻香鼻識界作二三句舌未舌識界作二三句身觸身識界作一二句也

阿毗曇毗婆沙論卷第三十八

阿毗曇毗婆沙論卷第三十八

校勘記

一 底本，金藏廣勝寺本。

一 七七二頁中一至四行經名、造者、釋者、譯者、品名，資、磧、普、南、徑、清無（未換卷）。

一 七七二頁下七行首字「説」，諸本（不含石，下同）作「略」。

一 七七二頁下一四行第五字「説」，資、磧、普、南、徑、清無。

一 七七二頁下一五行「世尊」，諸本作「世尊世尊」。

一 七七二頁下末行第七字「童」，資、磧、普、南、徑、清作「幢」。同行至次頁上一行首字「迦拘遜陁村」，資、磧、普、南、徑、清作「迦羅拘遜陁」。

一 七七三頁上七行「身句」，諸本作「味句」。

一 七七三頁上一四行第五字「知」，資、磧、普、南、徑、清作「所知」。

一　七七三頁上一八行第四字「當」，資、磧、普、南、徑、清作「而」。
一　七七三頁上二〇行第一〇字「如」，資、磧、普、南、徑、清作「如如」。
一　七七三頁上二二行首字「問」，諸本作「請問」。
一　七七三頁中九行第三字「恃」，徑、清作「若恃」。
一　七七三頁中一六行「慢者」，麗作「憍者」。
一　七七三頁中一七行第五字「是」，諸本作「如是」。
一　七七三頁下一二行第一一字「若」，磧、普作「苦」。
一　七七三頁下末行「又說」，資、磧、普、南、徑、清作「亦說」。
一　七七四頁上一三行「故故」，資、磧、普、南、徑、清作「故」。
一　七七四頁上一六行「所以者何」，資、普、南、徑、清作「所作者何」；麗作「所作者」。
一　七七四頁上二二行第三字「作」，麗作「依」。
一　七七四頁中二行「白塔」，資、磧、普、南、徑、清作「白墖」。
一　七七四頁中六行「男子」，諸本作「男女」。
一　七七四頁下一二行第一二字「名」，資、磧、普、南、徑、清作「若名」。
一　七七五頁上五行「色滅」，諸本作「色已滅」。
一　七七五頁上六行「眼眼」，南、清、麗作「眼」。
一　七七五頁上一五行第九字「此」，徑、清作「比」。
一　七七五頁上一六行第四字「鼻」，資、磧、普、南、徑、清作「鼻界」。
一　七七五頁中八行首字「已」，諸本無。
一　七七五頁中九行第八字「立」，資、磧、普、南、徑、清作「高」。
一　七七五頁下二行第六字「是」，資、磧、普、南、徑、清作「如是」。
一　七七五頁下七行第九字「若」，資、磧、普、南、徑、清作「若如」。
一　七七五頁下一二行首字「餘」，資、磧、普、南、徑、清無。
一　七七五頁下一九行「廣說」，至此，資、磧、普、南、徑、清卷第五十五終，卷第五十六始，資、磧、普、南有品名「使揵度十門品之三」；徑、清有品名「使揵度十門品第四之三」。
一　七七六頁中五行第二字「所」，資、磧、普、南、徑、清作「是」。
一　七七六頁中九行第三字「說」，資、磧、普、南、徑、清作「識」。
一　七七六頁中一二行第三字「亦」，諸本作「若」。
一　七七六頁中二〇行第五字「名」，資、磧、普、南、徑、清作「色」。
一　七七六頁中二一行首字「使」，諸本作「伎」。
一　七七六頁下一二行「燋薪」，資、磧、普、南、徑、清作「樵薪」。
一　七七六頁下二一行第二字「識」，

諸本作「說」。

一　七七六頁下末行「遠逝」，資、磧、普、南、徑、清作「遠近」。

一　七七七頁上一行「畏怖」，資、磧、普、南、徑、清作「怖畏」。

一　七七七頁上一一行第三字「待」，麗作「持」。

一　七七七頁中一三行「非是」，諸本作「非意」。

一　七七七頁下九行第八字「身」，諸本作「身依」。

一　七七八頁中二行末二字「初禪」，資、磧、普、南、徑、清作「欲界」。

一　七七八頁中四行及本頁下九行「身以」，徑、清作「身」。

一　七七九頁上一三行第一一字「依」，資、磧、普、南、徑、清作「餘」。

一　七七九頁上二二行第一二字「起」，磧、南、徑、清作「超」。

一　七八〇頁中四行「不得」，資、磧、普、南、徑、清作「不得眼界」。

一　七八〇頁下六行「生色」，麗作「生」。

一　七八一頁中一六行「三四」，諸本作「四三」。同行末字「二」，諸本作「三」。

一　七八一頁中一七行第四字「未」，諸本作「味」。

一　七八一頁中一八行「一二」，諸本作「一三」。

一　七八一頁中末行「第三十八」，資、磧、普、南、徑、清作「第五十六」。

阿毗曇毗婆沙論卷第三十九

迦旃延子造　五百羅漢釋

北凉天竺沙門浮陁跋摩共道泰等譯

使揵度十門品之三

十二入眼入乃至法入問曰何故作此論荅曰此是佛經佛經說生聞婆羅門往詣佛所到已面共世尊種種語論問訊已在一面坐尒時生聞婆羅門白佛言世尊說一切者多一切有幾種沙門瞿曇為施設何一切耶佛告婆羅門我施設一切者謂眼入乃至法入是名一切如来說如是法名一切婆羅門若有作是說我能遮止沙門瞿曇所說一切更說餘一切者但有是語而无有實若還問者反生疑惑所以者何非境界故佛經雖作是說而不廣分別佛經是此論所為根本彼中諸不說者今欲廣說故而作此論問曰若作是說有說一切者謂十八界有說一切者謂五陰及無為法有說一切者謂四諦及虛空非數滅有說一切者謂名色如是等所說皆但有是語而無有實若還問者反生愚惑非其境界耶荅曰此中遮義不遮於文若作是說一切法性十二入攝若更有說餘法非十二入攝者如是說者但有是語空无有實乃至廣說說十二入是勝說妙說寂上說問曰說十二入何故名勝說妙說寂上說耶荅曰說入是中說能攝一切法說界雖能攝一切法而是廣說說陰不攝一切法唯攝有為法不攝无為法而是略說說入是中說亦攝一切法若欲觀一切法者當以入門若以入門觀者便生十二智光現十二義像如人瑩磨十二明鏡在其中立有十二像現彼亦如是一身有十二入可得問曰若一身有十二入可得者云何說有十二入耶荅曰以所作異故雖一身中十二入可得然十二入所作各異辟如一屋有十二工巧人居雖同居一屋而所作有十二種彼亦如是復次以二事故立十二入一以所依二以所緣復次以三事故立十二入一以自體二以所依三

以所緣自體者謂眼入乃至法入所依者六所依謂眼乃至意所緣者六所緣色乃至法此是入體性乃至廣說

已說體性所以今當說何故名入入是何義荅曰輸門義是入義輸道義是入義藏義是入義倉義是入義經義是入義煞處義是入義田義是入義泉義是入義流義是入義海義是入義白義是入義淨義是入義輸門義是入義者猶如城中及與村落所輸之物衆生得已長養於身如是以所依及所緣故令心長養輸道義亦如是藏義是入義者猶如藏中有金等寶物可取如是以所依及所緣故有心心數法等可取倉義是入義者猶如倉中有麦等種種子實可取如是以所依及所緣故有心心數法等可取經義是入義者猶如織機經縷在於處處如是以所依及所緣故心心數法在於處處煞處義是入義者猶如煞處斷百千衆生頭在地如是以所依及所緣故令心心數法為无常滅所滅田義是入義者猶如田中有種種苗稼可取如是以所依及所緣故有種種心心數法可取泉義是入義者如偈說

何處泉水生　何處道不通　世間諸苦樂
何處得滅盡

佛作是說

眼耳及與鼻　舌身及與意　此處盡名色
能令無有餘

是處能生泉水乃至廣說流義是入義者如偈說

一切皆流出　以何制此流　以何為流戒
令流止不出

佛作是說

世間所有流　當以正念制　亦名為流戒
慧令流不出

海義是入義者如經說比丘當知眼是人海色是濤波若忍受色濤波者是人能廣度眼海得免洄澓羅剎等難乃至意說亦如是白義是入義者以淨故名白亦名為淨是故輸門義是入義乃至廣說外道書說入名部那（天竺音部那名根亦名為入亦名為作也）如彼摩揵提梵志作如是說沙門瞿曇心無部那而不受我女

已揔說諸入所以今當一一別說其體云何眼入荅曰若眼已見色今見色當見色及餘彼分眼入已見色是過去今見色是現在當見色是未來及餘彼分眼入廣說如界處乃至意入說亦如是云何色入荅曰若色入已為眼所見今為眼所見當為眼所見廣說如界處問曰十色入皆體是色何故說一入名色不說餘耶荅曰以此一入是麁了了現見法復次此入是二眼境界謂肉眼天眼復次此入是三眼境界謂肉眼天眼慧眼復次此是二入境界為　所緣是故尊者瞿沙作如是說是二眼境界為眼識所緣是故此入名為色入非餘復次此入施設有麁細長短在此在彼故復次此入是大部身故復次此入可種可生可長外物可種者是種子時可生者是萌芽時可長者是莖莱華果時內物可種者是迦羅羅時可生者是安浮陀時可長者是卑尸

伽那婆羅奢佉時復次方體是色以色故施設諸方復次由旬體是色以色故施設由旬復次此入能覆餘入猶如巾帽故名色入復次若說二十種二十一種是名色入餘色入不尒聲香味入廣說如界處問曰觸入為可觸故是觸入為體是觸故是觸入為觸所緣故是觸入耶若可觸是觸入者微塵不能觸微塵若體是觸名觸入者體是四大造色非是觸體若為觸所緣名觸入者亦為餘數法所緣答曰應作是說可觸故名觸入問曰若然者微塵不能觸微塵答曰此是世俗言說世俗作如是說眼所更事名見耳所更事名聞鼻所更事名嗅舌所更事名味身所更事名觸復次以緣身緣觸故生身識生彼能緣實義身識故名觸尊者佛陁提婆說曰應言無觸所以者何合取無間色觸時假名為觸無實義觸復次能生餘入增長餘入故名觸入云何法入若法已為意所知今為意所知當為意所知廣說如界處問曰十二入體性是法何法說一入名法非餘入耶答曰雖十二入體性是法然法入應名為法所以者何如十八界雖體性是法獨法界名法如十智雖體性是法獨法智名法七覺支雖體性是法擇法覺支名法六念念法名法四念處法念處名法四不壞淨於法不壞名法四無礙法無㝵名法三歸三寶法歸法寶名法復次餘入有二名此唯有一名復次餘入是不共名此入是共名以共為名復次能生一切諸法生在彼中故名法入復次一切諸法印封相生老無常在彼中故名法入復次以名顯明諸法名在彼中故名法入復次諸法來處說名法入如風來處名為風孔彼亦如是復次能解空法在彼中故名法入

問曰若然者能計我法亦在彼中可言我入耶答曰計我非實解空是實復次第一實法謂常住不變不為生老死所壞滅盡涅槃在彼中故名法入復次能分別揔相別相除物體愚及餘緣中愚不取虛相慧在彼中故名法入復次彼中有多法故名法入多法者謂色無色法相應不相應法有依無依法有行無行法有緣无緣法有勢用法無勢用法已別說諸入一一體今當求其次第何故世尊於內入中先說眼入乃至意入外入中先說色入乃至法入答曰欲令文義隨順故復次欲令說者隨順受持者亦隨順故復次以有麁細故內六入中眼入麁故先說意入細故後說外六入中色入麁故先說法入細故後說問曰云何立內六入外六入為以人故為以法故若以法者一切諸法無有欲心云何立內外若以人者如實義中畢竟无人若無人者云何有內外答曰應作是說以說法故立內外入非一切法若法能與識 作所依是內入作所緣是外入復次根者是內入根義是外入所境界境界亦尒然此內外法不定若我內入是他外入若他內入是我外入佛經說此六入當知是內法問曰如一切法當知皆是內法何故獨說六入是內法耶

荅曰世尊欲教諸弟子於内法行禪故如說觀察内根心不外緣復次欲教諸弟子不行虛妄禪故如說汝等不應行虛妄禪計常樂我淨應行不虛妄禪計無常無我无樂无淨計因集有緣當以是八聖行觀察於有復次欲教諸弟子行不共禪故如說汝等不應行共禪法觀麁觀苦觀麁壞觀止妙離應行不行禪法應觀如病如癰如箭入身常是過患無常苦空無我當以此八法觀察於有復次此經說觀察内法若於内法計有我便計我所計已便計已所於我有愛於我所亦有愛若見有我亦見我所為長養内我故求外所須物佛經說六觸入當知是内法問曰六入六觸入有何差別荅曰或有說者無有差別若說六觸入若說六入名雖有異无差別義復有說者名即差別是名觸入是名六入復次若有所作是名觸入若無所作是名六入若作是說現在者是觸入過去未来者是六入復次若以生六入是觸入若未生六入是六入若作是說過去現在是觸入未来是六入復次若為觸作依是名觸入若為數法作依名六入復次若為心心數法作依是名觸入若空不為心心數法作依是名六入尊者波奢說曰體是六入若為觸作依名六觸入如鉢體性是鉢比丘用故名比丘鉢彼亦如是尊者富那奢說曰體性入是六入所作入是六觸入猶如鐵鉢體性是鉢以盛蘇故名盛蘇鐵鉢問曰此亦是六受入六想六思等入何故獨說六觸入耶荅曰應說六受入乃至六思等入而不說者當知此說有餘復次以觸名義勝故若說六觸入當知亦說六受入乃至六思等入復次觸是心心數法尒心心數法皆從觸生以觸生以觸力故而現在前是故說名觸入

佛經說内六入是此岸外六入是彼岸問曰佛說此岸彼岸為以何法荅曰以近遠法故如河於人近者是此岸遠者是彼岸如是心心數法近者是所依遠者是所緣復次如初入已度法故如人初入河處是此岸已度處是彼岸如是心心數法初入如所依已度如所緣復次滅盡涅槃是彼岸彼法外入所攝以攝彼法故外入名彼岸佛經說身見是此岸身見滅是彼岸問曰此中何者是河荅曰心心數法是如河所攝衆生數非衆生數漂入大海如是所依所緣所攝衆生心心數法皆漂入生死大海

佛經說有八勝處十一切處問曰此亦是入何故但說十二入耶荅曰彼亦在此十二入中彼相應共有法當知皆是意入法入佛經說四無色定是處如空處乃至非想非非想處問曰何故世尊說四無色定是處耶荅曰欲異外道故外道計彼是四種解脫一無身二無邊意三淨聚四世塔無身者是空處无邊意者是識處淨聚者是無所有處世塔者是非想非非想處為異外道故作如是說此是生處非是解脫佛經說二處一無想衆生處二非想非非想衆生處問曰

何故佛經說此二處名處荅曰佛欲異外道故外道計此二處是解脫佛說此是生處非解脫復次此處是退還法而外道計是解脫佛說此處是衆生退還處還生諸界諸生諸趣中故復次此是散法而外道計是解脫佛說此二處是散法衆生於此處散在諸界諸生諸趣中无想衆生散在欲界非想非非想處衆生散在下地復次壽命長遠故外道計是解脫一切凡夫受身處壽命長遠莫若无想處壽五百大劫一切生處壽命長遠莫若非想非非想處壽八万大劫佛作是說此是受生受非是解脫復次佛說餘處有二名一是衆生居二是識住亦以二種名說此二處一名衆生居二名處復次衆生居佛說是識住若是衆生居非識住佛說是處

如經說尊者舍利弗往詣佛所作如是說世尊說入為无有上所言一切謂十二入世尊知此法更無有餘世尊無餘之智更无有上無有沙門婆羅門等覺所知過世尊者問曰尊者舍利弗云何能知所言一切謂十二入荅曰從他聞故能知是法佛經說所言一切謂十二入尊者舍利弗得不壞信於佛所說生尊重信問曰尊者舍利弗從他聞故能知是法非自現智耶荅曰亦自有現智能知所以者何尊者舍利弗於十二入亦能一一知見問曰世尊於十二入一一知見尊者舍利弗於十二入亦一一知見世尊尊者舍利弗所知有何差别荅曰世尊一一知見十二入亦以捴相亦以别相尊者舍利弗一一知見十二入但以捴相不能別相所以者何更有無量入義在十二入中尊者舍利弗須他顯示然後乃知復次尊者舍利弗一一知見十二入從他聞故知世尊所知獨覺无師復次世尊有一切智一切種智尊者舍利弗有一切智无一切種智復次尊者舍利弗以識身故知尊者舍利弗作是念言一切者謂六識所依及緣復次尊者舍利弗以所說無餘故知佛說十二入眼入乃至意入㝡後說法入尊者舍利弗作如是念諸法十一入中所不攝說者應盡在法入中是故以所說无餘故知

五陰色陰乃至識陰

問曰何故作此論荅曰此是佛經佛經說五陰乃至廣說佛經雖說五陰而不廣分別佛經是此論所為根本今欲廣分別故而作此論云何色陰佛經說諸所有色盡是四大及四大造餘經復說云何色陰諸所有色過去未來現在若內若外若麁若細若悪若妙若遠若近如是等捴名色陰乃至識說亦如是阿毗曇者作如是說云何色陰謂十色入及法入中色是名色陰此三說有何差别荅曰各各皆止他義

問曰如經說諸所有色皆是四大及四大造此中為止何等他義荅曰佛為未來世故作是說佛知未來世中當有作是說者四大之外更無造色如佛陁提婆等為止如是說者意故經作是說諸所有色盡是四大及四大造如說諸所有色過去未來現在若內若外乃至廣說此中為止何等

他義荅曰時世有梵志名牢羅𡰱佉不說有過去未來世尊為止彼人意故作如是說諸所有色過去未來現在若內若外乃至廣說如說云何色陰謂十色入及法入中色此中為止何等他義荅曰為止辟喻者意故辟喻者不說法入有色是故尊者達磨多羅作如是說諸所有色盡五識所依五識所緣為止如是說者意故彼依五識所緣云何名為色非五識所尊者造阿毗曇論作如是說云何色陰謂十色入及法入中色問曰若法入中色有實體相者尊者達磨多羅所說云何通荅曰可作是說諸所有色盡五識所依六識所緣法入中色雖不為五識所依五識所緣而為意識所緣復次法入中雖非五識所緣彼所依是身識所緣誰是彼所依謂四大是云何受陰謂六受身眼觸生受耳鼻舌身意觸生受如佛經說阿毗曇說亦尒云何想陰謂六想身眼觸生想耳鼻舌身意觸生想如佛經說阿毗曇說亦尒云何行陰荅曰佛經說謂六思身眼觸生思耳鼻舌身意觸生思阿毗曇者作如是說行陰或相應或不相應乃至廣說問曰世尊何故諸相應不相應行陰但說思是行陰非餘相應不相應法耶荅曰以思長養行勝是故世尊說思是行如愛長養於集勝是故世尊一切有漏中說愛是集彼亦如是復次造作義是行義思體造作云何識陰謂六識身眼識身乃至意識身如經所說阿毗曇說亦尒此是陰體乃至廣說

已說體相所以今當說何故名陰陰是何義荅曰聚義是陰義略義是陰義積義是陰義捴義是陰義若施設世即是施設陰若說多語陰是多語聚義是陰義者諸所有色過去未來現在若內若外乃至廣說盡聚為色陰乃至識陰亦尒略義說亦如是積義是陰義者如種種雜物合為一積如是種種諸色合為色陰乃至識陰亦尒捴義是陰義者識所為色過去未來現在若內若外乃至廣說如是等色捴名色陰乃至識陰亦尒問曰過去未來現在色可合聚不荅曰可能合聚其名不合聚其體乃至識亦如是施設世即是施設陰者如色陰施設有三世乃至識陰亦尒多語是陰語者如多財名財陰多糓名糓陰多軍名軍陰如是億万那由他極遠多色捴為色陰乃至識陰亦尒問曰一微塵可立色陰不耶荅曰或有說不可立若欲立者必須積聚復有說者可立以相故立若一微塵不名陰者衆多合聚亦不名陰阿毗曇者作如是說一微塵不以陰故是一界一入一陰所攝若以陰者是一界一入一陰少分如人於糓聚上取一粒糓他人問言汝取何等彼人若不以糓聚者言我取一粒糓若以糓聚者言我取糓聚一粒糓

已捴說陰所以今當求其次第世尊何故先說色陰後說乃至識陰荅曰欲令文義隨順故復次欲令說者隨順受持者亦隨順故復次以麁細故五陰中色陰麁故先說四無色陰中受陰麁故次色陰說問曰如受非色

不住方所云何施設有麁細耶答曰以所行故如世人言我手受苦樂頭足身諸分等皆受苦樂如是等說色受亦尒想轉細於受次受說想行轉細於想次想說行識麁細在後說問曰如五陰是作想作是行陰世尊何故一陰說名行陰餘不說耶答曰雖五陰盡是作相而行陰得名行如十八界雖體盡是法而法界得名法乃至三寶三歸雖體是法而法寶法歸得名為法如是五陰雖體是行而行得名復次此陰有一名餘陰有二名復次此陰是共名餘陰是共不共名以不共名說復次以能生一切諸法生在彼中故名行陰復次一切諸法印封相生老无常在彼中故名行陰復次以名顯明諸法名在彼中故名行陰復次能解空法在彼中故名行陰問曰若然者能計我法亦在彼中可言我陰耶答曰計我非實解空是實復次能分別摠相別相除物體愚及緣中愚不取虛相慧在彼中故名行陰復次彼中有多法故名行陰多

法者相應不相應法有依无依法有行無行法有緣無緣法有勢用无勢用法問曰何故諸心數法中說想受獨立為陰餘心數法立行陰尊者婆奢說曰世尊決定知法相亦知勢用餘人不能知若法堪任獨立陰者便立不堪任者合集乃立復次欲以種種說種種文莊嚴於義若以種種說種種文莊嚴於義義則易解復次欲見二門二略二入乃至廣說復次此現門現略現始入所有心數法若根性若非根性若說受當知已說根性若說想當知已說非根性如根性非根性明非明有威勢無威勢有力無力當知亦如是復次以此二法故色無色界有差別以受故說色界差別以想故說無色界差別復次行者以此二法故於二界中極生苦惱以受故於色界中極生苦惱以想故於無色界中極生苦惱復次以貪樂受染著顛倒想故衆生於生死中受大苦惱復次以此二法是鬪諍根本受是受鬪諍根本想是見鬪諍根本二鬪

諍根本二煩惱二邊二箭二戲論二見當知亦如是復次以此二法獨受識住名餘數法在行陰中受識住名復次行者增惡此二法故入滅盡定如施設經說以何方便得滅盡定云何修方便得滅盡定答曰彼初行者作如是念云何令我不思諸行令想受不生生者便滅若想受不生生者便滅是名滅定問曰無為法何故不立陰耶答曰无陰相故不立陰復次以是陰究竟處故不立陰如餅衣究竟處不名餅衣彼亦如是復次若法是生滅有因有緣有為相者立陰無為法無生滅無因无有為相故不立陰復次若法屬因屬緣屬和合作者立陰無為法不屬因不屬緣不屬和合作故不立陰復次若法隨世行能取果能有所作能知緣者立陰无為法與上相違故不立陰復次陰隨世行無為法不隨世行陰與苦相續无為法不與苦相續陰有前後无為法无前後陰有上中下無為法無上中下復次无為體非是色亦不名色乃

至體非是識亦不名識復次從他生故立陰無為法不從他生故不立陰無為法以如是等事故不立陰

世尊經說五陰戒陰定陰慧陰解脫陰解脫知見陰問曰如是則有十陰何故說五陰耶荅曰此後五陰即在前五陰中戒陰在色陰中餘四陰在行陰中是故說五經中復說尊者阿難作如是言我從佛邊受八万法陰從比丘邊受二万法陰問曰有如是等多陰世尊何故說五陰耶荅曰雖有如是多陰亦在五陰中或有說佛語體是口業或有說體是名若說體是口業者是色陰攝若說體是名者是行陰攝是故在五陰中問曰法陰剩量為幾許荅曰或有說者如法陰論所說六十偈是一法陰剩量餘法陰亦尒復有說者如世尊種種言辞說四念處是一法陰剩量四正斷四如意足五根五力七覺八道種亦如是尊者瞿沙說曰五十万五千五百五十偈是一法陰剩量評曰應作是說衆生行有八万佛說對治法亦有八万受化者入佛法中以八万法即是八万法陰

五取陰色取陰受想行識取陰問曰何故作此論荅曰此是佛經佛經說五取陰乃至廣說佛經雖說五取陰而不廣分別今欲廣分別故而作此論云何色取陰荅曰若色是有漏是取彼色在過去未來現在若緣彼生欲生愛生恚生癡生怖生如是等心煩惱法生欲生愛者是渴愛生恚者是恚癡者是无明生怖者或有說者不應作是說所以者何先所說煩惱性即是怖故問曰若然者怖體性是何荅曰或有說者是身見性所以者何衆生計我者常怖若說身見當知已說怖復有說者體性是愛所以者何行愛者常怖故若說愛當知已說怖復有說者體性是无明所以者何癡者常怖故若說癡當知已說怖評曰應說怖所以者何怖體性異性是心數法與心相應在如是法中如是等諸餘法是名心數法問曰何處有此怖荅曰在欲界非色無色界問曰若色界无怖者佛經云何通如說比丘當知先生光音衆生見後生者心生恐怖而慰勞言大仙莫怖我等數數曾見燒諸梵宮於彼即滅偈義云何通如偈說

聞諸長壽天　有妙色名譽　心懷恐怖惱
如鹿畏師子

荅曰此中說猒離是怖問曰猒離怖畏有何差別荅曰名即差別是名猒離是名怖畏尊者和須蜜說曰若在欲界名怖若在色界名猒離煩惱中間生者是怖善根中間生者是猒離尊者佛陀提婆說曰於無利事生疑欲得遠離是怖已得遠離心猶生動是猒離怖與猒離是謂差别問曰誰有此怖為是凡夫為是聖人荅曰或有說者是凡夫非是聖人所以者何聖人已離五恐怖故五恐怖者一不活怖二惡名怖三大衆怖四死怖五惡道怖評曰應作是說凡夫亦怖聖人亦怖問曰聖人非已離五恐怖耶荅曰雖無如是等怖有須臾怖問曰何等聖人有怖長耶為學人為无學

人荅曰亦學人亦無學人學人者須陁洹斯陁含阿那含无學人者阿羅漢辟支佛唯除佛世尊所以者何世尊无有恐怖疑慮毛竪如是等心煩惱法者謂緣彼色一切遍使及修道所斷云何受取陰荅曰若受是有漏是取廣說如色陰此中差別者謂緣彼受一切遍非一切遍使如受想行識說亦如是此是取陰體乃至廣說已說體性所以今當說何故名取陰取陰是何義荅曰從取生故名取陰能生取故名取陰復次從取轉故名取陰能轉取故名取陰復次能從取受故名取陰能受取故名取陰復次從取長故名取陰能長取故名取陰復次從取廣故名取陰能廣取故名取陰復次屬取故名取陰如人屬王名為王人彼亦如是中無有我若人問陰汝屬誰耶陰應荅言我屬於取復次取於陰中生時生住時住使時使而不衰損是名取陰復次取於陰中生長增廣故是名取陰復次取於陰中增長饒益故名取陰復次取於陰中生於貪著猶如塵垢是名取陰復次取於陰中心生樂著如魚等樂水故名取陰復次取是陰屬舍立處故名取陰依此陰故生愛見慢无明疑恚諸煩惱及垢與取相似故彼名取陰如欲界取名欲界取陰色界取名色界取陰無色界取名無色界取陰不壞於界不壞於地而壞於身以我取故他陰名取陰以他取故我陰名取陰若不壞身者則一切外物不名取陰所以者何彼外物中无取陰故問曰陰取陰有何差別荅曰名即差別此是陰此是取陰復次陰是有漏无漏取陰是有漏復次陰攝三諦取陰攝二諦復次陰受呵責時增長人受呵責讚歎時寂靜人受讚歎取陰唯受呵責時增長人受呵責陰取陰是謂差別

六界地界水界火界 風界虛空界識界問曰何故尊者迦旃延子因六界而作論荅曰彼尊者有如是欲如是意隨其欲意而作 論亦不違法相彼意欲因六界而作 論便因六界而作論復次不應求彼尊者何故因六界而立論所以者何此是佛經佛經說十八界佛於十八界中說六界六界攝十八界五界及四界少分攝五界者謂眼識界耳鼻舌身識界四界少分者色界觸界意界意識界虛空界攝色界少分地水火風界攝觸界少分識界攝意界意識界少分云何此二少分荅曰此二界有漏无漏攝有漏不攝无漏是故攝少分五界及四界少分攝六界問曰佛何故於十八界中說六界荅曰為受化者受化者於智境界或有全愚或有少分愚若少分愚者為說六界全愚者為說十八界復次受佛化者根有利鈍利根者為說六界鈍根者為說十八界復次受佛化者或有疾有遲疾者為說六界遲者為說十八界復次受佛化者或有憙略或有憙廣憙略者為說六界憙廣者為說十八界復次欲現門故諸所有界若色性若非色若說五界當知已說色性諸界若說識界當知已說無色性諸界如色無色可

見不可見有對無對相應不相應有依無依有行无行有勢用無勢用有緣無緣當知亦如是復次六界能生養長色無色身生者是識界養者是地水火風界長者是虛空界復次此六界能取持增長色無色身取者是識界持者是地水火風界增長者是虛空界復次此六界是衆生根本是一切處衆生根本是無始已來衆生根本是有所分別無所分別衆生根本衆生根本者欲色界衆生從生有乃至死有心此六界無有无勢用時一切處衆生根本者無有欲色界衆生從生有乃至死有此六界无有無勢用時無始已來衆生根本衆生无有前際無有衆生從生有乃至死有此六界无有無勢用時有所分別无所分別衆生根本者衆生可分別是男是女如波羅奢佉時此六界亦有勢用衆生不可分別是男是女如迦羅羅安浮陁畢尸伽那時此六界亦有勢用尊者瞿沙說曰緣此六界故得入母胎以如是等事故於十八界中說六界

云何地界答曰堅揔而言之是堅而堅无量差別內法中堅異外法中堅異內法中堅異者謂髮毛抓齒薄皮厚皮膚肉筋脉骨心脾腎肝肺生藏熟藏腸屎手足等諸身分堅內法分中足堅勝手堅所以者何足行衆生若當以手行者手所有筋血肉則速壞盡如是等身分衆生各自有勝外法中堅者謂地山大石小石樹木銅鐵白鑞鉛錫金銀琉璃車璖馬瑙珂貝等諸物如是等內外諸堅揔為堅相云何水界答曰濕揔而言之是濕而濕无量差別內法濕異外法濕異內法中濕者謂淚汗涕唾肪髓涎膽膿血腦痰癊尿如是等內濕外法中濕者謂泉池河四海水輪等諸濕如是等內外諸濕揔名水界云何火界答曰熱揔而言之是熱而熱无量差別內法中熱異外法中熱異內法中熱者能令此身爝所食飲食能令消熟使身安隱若增長時名為熱病外法中熱者如炬燈燭火燒城燒村火摩尼珠火藥草火日光明火諸天宮光明火波多羅火等或有說內法火熱非外法火所以者何若以飲食著銅鐵釜中然於猛火不能令其色變如腹中食如是等內外法中熱揔名火界云何風界答曰輕動揔而言之是輕動而輕動相无量差別內法中輕動異外法中輕動異內法中輕動者如上向風下向風住脅風住腹風住背風如鍼刺風如截刀風揶風出入息風諸支節風等外法中風者如四方風有塵風无塵風遍風不遍風小風大風毗嵐風風輪等風如是等內外諸風揔名風界云何虛空界答曰佛經說眼中間空耳中間空鼻中閒空口中間空咽喉中間空心中間空心邊空飲食入處住處所食飲食下向在處是名虛空界阿毗曇者作如是說云何虛空界積聚色邊色積聚色邊色者如牆壁邊樹木邊窓向中行来虛指中間色復有說者此文應如是說云何虛空界答曰不可却色邊色色有二種有可却不可却可却

色是衆生數不可却者是非衆生數此虚空界是不可却色邊色謂墻壁邊樹中間葉中間窓向行來處邊色舊阿毗曇罽賓沙門作如是說骨亦有虚空界筋肉血皮晝夜明闇形色亦有虚空界問曰緣彼眼識為生不答曰或有說者不生所以者何以能緣故名緣彼識不以生故復有說者生問曰何故不了了現耶答曰晝為明所覆夜為闇所覆故不了了現問曰虚空虚空界有何差别答曰虚空非色虚空界是色虚空不可見虚空界是可見虚空無對虚空界是有對虚空是無為虚空界是有為問曰若虚空是无為者佛經云何通佛經說如來以手摩虚空諸比丘世尊以手摩無為法耶答曰此中說虚空界是虚空如餘經說比丘當知若畫師若畫師弟子作如是言我能以種種雜色畫虚空中乃至廣說此中說虚空界是虚空如偈說

麋鹿歸林　鳥歸虚空　法歸分别
羅漢歸滅

此中亦說虚空界是虚空又如偈說

虚空无有跡　外道無沙門　愚小有戲論
如來則無有

此中亦說虚空界是虚空餘處亦問虚空而答虚空界如波伽羅那說云何為虚空答曰為虚空不障礙色令色周遍問曰何故問虚空而答虚空界答曰虚空界麁虚空細欲以麁法顯細法故問曰何以知有虚空耶尊者和須蜜答曰佛說故知有虚空問曰聞他說故知有虚空非已現智知答曰亦已現智知若无虚空者則無容受物處以有容受物處知有虚空以有礙无导處故知有虚空復次以有處無导故知有虚空若有导處則非是虚空若無导處則是虚空尊者佛陁提婆說曰虚空不可知非可知法故所以者何空非色非無色非彼非此所言虚空者是世俗假名分别耳問曰虚空何所作答曰虚空無為无所作與種種虚空界作近威勢緣種種虚空界與四大作近威勢緣四大與有對造色作近威勢緣有對造色與心心數法作近威勢緣壞如是等展轉次第法言无虚空然虚空實有體相云何識界答曰五識身及有漏意識問曰何故界中不說無漏意識答曰若法能令有增長者立界無漏識與此相違故不立界復次若法能令有相續增長生老病死者立界無漏意識與此相違故不立界復次若法是苦集道是有生老病死道者立界無漏意識與此相違故不立界復次若法體是身見顛倒是愛是使為貪恚癡作立足處有垢雜毒判濁墮有墮苦集諦者立界無漏識與此相違故不立界尊者和須蜜說曰以何等故無漏識不立界答曰此界從有漏生無漏識不從有漏生復次此界能生有漏无漏識不生有漏復次計我者於界中計我無有於无漏識中計我者復次六界假名是人無漏識不假名是人復次界名有報法無漏識不名有報法復次緣是界故而入母胎不緣無漏識而入母胎復次此六界是无始法無漏識非無始法

阿毗曇毗婆沙論第三十九卷　第二十三張　響字号

尊者他陀提婆說曰：此六界是身分，无漏識非身分。問曰：陰、取陰、界，此三有何差別？答曰：名即差別，是名為陰，是名為取陰，是名為界。復次，施設有為是陰，施設有漏是取陰，施設衆生是界。復次，所作勝是陰，增長所作勝是取陰，生相續勝是界。陰、取陰、界，是謂差別。

阿毗曇毗婆沙論卷第三十九

阿毗曇毗婆沙論卷第三十九
校勘記

一　底本，金藏廣勝寺本。

一　七八四頁中一行「第三十九」，資、磧、普、南、徑、清作「第五十七」。

一　七八四頁中四行「之三」，資、磧、普、南作「之四」；徑、清作「第四之四」。

一　七八四頁中七行第九字「面」，資、磧、普、南、徑、清作「而」。

一　七八五頁中五行首字「何」，資、磧、普、南、徑、清作「佛」。

一　七八五頁中一八行「人海」，南、徑、清作「大海」。

一　七八五頁中一九行「人能」，南、徑、清作「入能」。

一　七八五頁中末行夾註左「亦名」，徑、清作「作名」。

一　七八五頁下一五行第二字「此」，資、磧、普、南、徑、清作「此入」。同行第八字「爲」，資、磧、普、南、徑、清作「爲眼識」；麗作「爲眼色」。

一　七八六頁上一行「伽那」，徑、清作「健男」。

一　七八六頁上一六行第七字「味」，資、磧、普、南、徑、清作「嘗」。

一　七八六頁上一九行「合取無聞」，磧、麗作「合聚無聞」；南、清作「合取無間」。

一　七八六頁中一行「何法」，諸本作「何故」。

一　七八六頁中末行第二字「餘」，資、磧、普、南、徑、清作「除」。

一　七八六頁下一二行末字「人」，資、磧、普、南、徑、清作「入」。

一　七八六頁下一四行第一一字及一五行第六、第九字「人」，徑、清作「入」。

一　七八六頁下一六行第九字「說」，資、磧、普、南、徑、清作「識」。

一　七八七頁上九行「行不行」，諸本作「行不共」。

一　七八七頁中一〇行第六字「鉢」，

資、磧、普、南、徑、清作「鐵」。

一 七八七頁中一一行第六字「是」，麗作「如是」。

一 七八七頁中一六行第一一字「尒」，資、磧、普、南、徑、清作「令」；麗作「今」。

一 七八七頁中一七行「以觸生」，諸本無。

一 七八八頁上八行第四字「諸」，磧、南作「者」。

一 七八八頁上一四行第八字「受」，諸本作「處」。

一 七八八頁中二行第五字「他」，資、磧、普、南、徑、清作「佛」。同行末字「説」，資、磧、普、南、徑、清無。

一 七八九頁上一行「牢羅尼佉」，資、磧、普、南、徑、清作「罕羅尸佉」。

一 七八九頁上一七行第八字「中」，資、磧、普、南、徑、清作「中色」。

一 七八九頁中二一行「識所爲」，資、磧、普、南、徑、清作「諸所有」。

一 七八九頁下一七行「槃聚」，資、磧、普、南、徑、清作「聚穀」。

一 七九〇頁上六行第七字「想」，資、磧、普、南、徑、清作「相」。

一 七九〇頁上一一行第一二字「行」，南作「法」。

一 七九〇頁中三行第八字「心」，資、磧、普、南、徑、清作「心心」。

一 七九〇頁中二〇行末字「染」，資、磧、普、南、徑、清作「深」。

一 七九〇頁中末行首字「受」，諸本作「愛」。同行第一三字「二」，諸本作「如二」。

一 七九〇頁下四行「增惡」，資、磧、普、南、徑、清作「憎惡」。

一 七九〇頁下九行「是名滅定」，至此，資、磧、普、南、徑、清卷第五十七終，卷第五十八始。資、磧、普、南有品名「使揵度十門品之五」；徑、清有品名「使犍度十門品第四之五」。

一 七九〇頁下一八行第二字「果」，資、磧、普、南、徑、清作「聖果」。

一 七九一頁上一六行「劑量」，資、磧、普、南、徑、清作「齊量」。下同。同行第五字「許」，資、磧、普作「計」。

一 七九一頁上一七行「六十」，諸本作「六千」。

一 七九一頁中二〇行「異性」，諸本作「異怖」。

一 七九一頁下末行第七字「長」，諸本作「畏」。

一 七九二頁中三行第一一字「屬」，諸本作「屋」。

一 七九二頁中五行首字「疑」，資、磧、普、南、徑、清作「癡」。

一 七九二頁中八行第九字「地」，資、磧、普、南、徑、清作「他」。

一 七九二頁下二一行首字「門」，徑、清作「問」。同行第七字「若」，資、磧、普、南、徑、清作「若是」。同行第一二字「色」，諸本作「色性」。

一 七九三頁上一五行「根本」，資、磧、普、南、徑、清作「根本者」。

一 七九三頁中四行「毛抓」，諸本作

「毛爪」。

一　七九三頁中一〇行第四字「者」，經、清作「異者」。

一　七九三頁中一六行「疢瘷」，麗作「瘡瘷」。

一　七九三頁下一行「天宮」，磧、普作「天官」。

一　七九三頁下一〇行第一一字「痱」，諸本作「膭」。

一　七九三頁下二一行第三字「虛」，諸本作「處」。

一　七九四頁中一五行「有礙無㝵」，資、磧、普、南、徑、清作「有障礙無障礙」。同行「若有㝵」，資、磧、普、南、徑、清作「若有障礙」。

一　七九四頁中一六行「無㝵」，資、磧、普、南、徑、清作「無障礙」。

一　七九五頁上一行第三字「他」，諸本作「佛」。

一　七九五頁上末行，資、磧、普、南、徑、清無(未換卷)。

趙城縣廣勝寺

阿毗曇毗婆沙論卷第四十　磨

迦旃延子造　五百羅漢釋

北涼天竺沙門浮陀跋摩共道泰等譯

使揵度十門品之四

二法色法無色法問曰何故作此論荅曰為止人見為顯智希有故止人見者此色無色法畢竟無人為顯智希有者為聰明有智人以此二法解了諸法所以者何此二法能攝一切法故以是事故而作此論云何色法荅曰十入一入少分十入者眼耳鼻舌身色聲香味觸一入少分者謂法入云何無色法荅曰一入謂意入一入少分謂法入問曰云何名色法云何名无色法荅曰若法名是色體是色是色若法名非色體非色是无色復次若法體是四大及四大造是色若法體非四大非四大造是无色復次若四大為因體是造色者是色若法不以四大為因體非四大造者是无色復次若法可生生增長是色與此相違是无色尊者和須蜜說曰此

中何者是色相荅曰漸次來義是色相漸次壞義是色相有方所義是色相障导義是色相如與怨俱行常有折減義是色相復次有三義是色相有色可見有對有色不可見有對有色不可見无對可取捨相義是色相復次导義是色相問曰過去未來色微塵及無作色應非色荅曰彼亦是色有色相故過去色是已导未來色是當导微塵雖一不能导合聚則能导无作色雖是无导所依是导何者是所依謂四大是也以四大导故彼亦有导辟如樹動影亦隨動復次可除却義是色相復次有一相義是色相眼色相異乃至法入中色相異尊者佛陀提婆說曰障导可壞義是色相與此相違是无色相問曰何故法入中色十入中不說耶荅曰若色經剎那是微塵性者在十入中法入中色雖經剎那非微塵性是故不說復次若色是五識所依五識所緣是十入中說法入中色非五識所依亦非五識所緣是故不說問曰為色界色

多欲界色多荅曰若以入故欲界色多所以者何欲界色是二入九入少分色界色是九入少分荅以體分色界色多所以者何如施設經所說光音天身轉大梵世天身乃至阿迦膩吒天身亦復轉大

二法可見法不可見法問曰何故作此論荅曰為止人見顯智希有故廣說如上復有說者所以作此論為止併義者意故或有說一切法皆是可見如尊者瞿沙等瞿沙作如是說一切法皆是可見以是慧眼境界故為止如是說者意亦明法是可見不可見故而作此論云何可見法荅曰一入謂色入云何不可見法荅曰十一入問曰何故十色入中說一是可見餘非可見耶荅曰以色入是處現見廣說如十二入中色入有二十種謂長短方圓好不好高下青黃赤白光影明闇雲烟塵霧復有說二十一種者二十種如前說及虛空一種色此二十種色幾種有色无形幾種有色有形荅曰八種有色无形謂青黃赤白光影明闇餘十二種有色有形復有作四句者或有色无形或有形無色乃至廣作四句有色无形者謂青黃赤白光影明闇此八種是也有形无色者謂身有作色也有色有形者謂長短方圓好不好高下雲烟塵霧等十二種是也無色無形者若色无有色亦无有形是也問曰云何可見義云何不可見義尊者和須蜜說曰可見在彼此故是可見義不可見在彼此故是不可見義尊者佛陁提婆說曰是眼境界是眼所行處是可見義與此相違是不可見義問曰水器中像鏡中像為是實為非實耶辟喻者說言非實所以者何鏡不入面中面不入鏡中云何是實阿毗曇者說言是實所以者何是色入為眼識所緣故問曰面不入鏡中鏡不入面中云何是實耶荅曰說若干種生色為色入不說一種生色如緣月緣月光珠緣器故出水如緣日緣日光珠緣乾牛糞故出火而有火用非无其實如因火攢火燧人工故出火而有火用非无其實如是緣鏡緣面生鏡中像實有像用能生眼識非无其實所聞響聲為是實耶為非實耶辟喻者說言非實所以者何如一刹那頃聲生時即彼刹那聲滅何容得及生於響耶阿毗曇者說言是實所以者何是耳境界為耳識所識故問曰如一刹那頃聲生時即彼刹那聲滅何容得及生響耶荅曰說若干種生聲為聲入不說一種生聲如緣舌齒脣咢咽喉等相觸故出聲能生耳識非無其實彼亦如是

二法有對法无對法問曰何故作此論荅曰欲止人見顯智希有故廣說如上云何有對法荅曰十色入謂五內入五外入云何无對法荅曰二入謂意入法入有對有三種一障㝵有對二境界有對三緣有對障㝵有對者如以手打手更相障㝵以石打石更相障㝵如是等是名障㝵有對境界有對者如眼對色等是名境界有對緣有對者如心心數法各自受所緣是名緣有對三種有對此中依障

导有對而作論問曰為障导幾入耶荅曰或有說者障导一入謂觸入餘入非觸復有說者障导五入內入中障导身入外入中障导色香味觸若作是說障导五入者以手打手時以五打五以手打石等時以五打四以石打石時以四打四以石打手時以四打五復有說者障导无色入除聲入若以手打眼時豈非导耶評曰應作是說障导十入若不障导聲入者聲則无積聚義施設經說眼定對色色決定對眼乃至意決定對法法決定對意彼尊者造論說境界有對有眼水中不障导陸地則障导如魚等有眼陸地不障导水中則障导如人等於水不障导於陸不障导如頑跋陁人水生羅叉等於水障导於陸障导者除上尒所事有眼夜不障导晝則障导如鵄梟等晝不障导夜障导者如人等晝夜不障导者如鹿馬狸猫等晝夜障导者除上尒所事此中何者是有對何者是无對荅曰若積聚微塵是有對若不積聚微塵是无

對復次種種異相是有對无種種異相是无對復次若覆蔽相是有對無覆蔽相是無對復次若積聚相是有對无積聚相是無對復次若有大形段是有對无大形段是无對復次若可除却是有對不可除却是无對尊者波奢說曰若別異相是則障导若有障导是則積聚若有積聚則是形段則可除却若可除却則是有對與此相違則是无對尊者和須蜜說曰有別異相有障导相是有對無別異相无障导相是无對尊者佛陁提婆說曰可除却相是有對不可除却相是無對尊者瞿沙說曰若是積聚微塵性有色可施設長短亦能出聲者是有對積聚微塵性則說八入有色可施設長短者則說色入亦能出聲者則說聲入與上相違是无對尊者婆摩勒說曰合集多微塵聚是有對與此相違是无對

二法有漏法无漏法問曰何故作此論荅曰欲止人見顯智希有故廣說如上復有說者所以作論者為止併

義者意故如摩訶僧祇部說佛身一向无漏問曰彼何故作此說荅曰彼依佛經佛經說如來於世間生世間長而出世間不為世間所染彼作是說若出世間不為世間所染則知佛身一向无漏為止如是說者意亦明佛身是有漏若佛身是无漏者無比女不應於佛身生愛心餘廣說如雜揵度云何有漏法荅曰十入二入少分謂意入法入云何无漏法荅曰二入少分謂意入法入問曰何故名有漏法無漏法耶荅曰若法能增長有是有漏與此相違是无漏復次若法能令有相續能增長生老病死是有漏與此相違是无漏乃至廣說若法墮苦集諦是有漏與此相違是无漏尊者和須蜜說曰云何有漏相云何无漏相荅曰從有漏生是有漏相不從有漏生是无漏相復次能生有漏相是有漏不能生有漏相是无漏尊者佛陁提婆說曰若處所能生漏是有漏相若處所不能生漏是无漏相

二法有為法无為法問曰何故作此

論荅曰為止人見為顯智希有廣說如上云何有為法荅曰十一入一入少分謂法入云何無為法荅曰一入少分謂法入問曰何故名有為无為法耶荅曰若法有生滅有因有有為相是有為法與此相違是无為法復次若法屬因屬緣屬所作屬和合者是有為法與此相違是无為法復次若法為生所生為住所住為老所老是有為法與此相違是无為法復次若法行世能聚果能知緣能所作是有為法與此相違是无為法復次若法墮世在陰是苦相續有前後有上中下是有為法與此相違是無為法尊者和須蜜說曰云何是有為相荅曰世相陰相是有為相云何無為相荅曰非世相非陰相是无為相尊者佛陁提婆說曰若以衆生故有生滅者是有為相若不以衆生无生滅者是無為相

三法過去法未來法現在法云何過去法荅曰過去五陰云何未來法荅曰未来五陰云何現在法荅曰現在五陰問曰何故作此論荅曰為止併義者意故如辟喻者作如是說世是常行是无常行行世時如物從器至器猶如多人從一舍至一舍諸行行世亦復如是為止如是說者意亦明行即是世世即是行是故四大揵度作如是說世名何法荅曰說行之言復有說者所以作論者為止言无過去未来於世中愚說現在是无為法者意故亦明過去未来是實有相若无過去未来者則无成就不成就如第二頭第三手第十三入无有成就不成就者若无過去未来則無成就不成就若有成就不成就則知必有過去未来是實有相若言无過去未来則應如是說彼過去若現在時造因彼果當言在過去當言在未来當言在現在耶若在過去者應言有過去不應言无過去若言无過去是事不然若言在未来應言有未来不應言無未来若言无未来是事不然若言在現在則因果共俱若因果俱者則違偈說如說

作悪不即受　不如乳成酪　愚蹈灰底火
不即時燒足

若果不在過去未来現在則无果若無果則無因如第二頭第三手第六陰第十三入若有因果不在過去未来現在者則是常如无為法若果在現在時彼因當言在何處為在過去為在未来為在現在若在過去亦如上說若在未来亦如上說若在現在亦如上說若不在過去未来現在則无因若无因則無果如第二頭第三手第六陰第十三入若有因果不在三世者則應是常如无為法復次若無過去未来者則无出家法如偈說

若說无過去　則无過去佛　若无過去佛
則無出家法

復次若無過去未来者則常妄語如偈說

若說无過去　而言有膳數　則是一切時
而常故妄語

復次若无過去未来者則无現在所以者何以有過去未来故施設現在若无三世則无有為法若无有為法

亦無無為法所以者何以有有為故則施設无為若無有為無為法則无一切法若無一切法則无解脫出離欲令无如是過故說過去未来是實有相是故為止他義欲顯巳義亦欲顯法相相應義故而作此論問曰世體性是何荅曰過去五陰未来現在五陰此是世體性乃至廣說巳說體性所以今當說何故名世世是何義荅曰去義是世義問曰諸行不来不去若来者則不去若去者則不来若来者則来處應空所以者何從彼處来故若去者則妨𢚩去處所以者何去至彼處故是故尊者和須蜜說如是偈

諸行无来相　以諸剎那故　而无有去相
亦无有住者

若行无来去云何有三世耶荅曰以所作故若諸行无所作是名未来若有所作是名現在若所作巳滅是名過去若眼未見色是未来見色是現在見色巳滅是過去問曰若然者現在彼分眼云何有所作荅曰以作相似因故若不現在前則不與未来者作相似因若現在前則與未来者作相似因乃至意亦如是如色未作障㝵是未来若作障㝵是現在若作障㝵巳滅是過去如受未生是未来受若生是現在受若生巳滅是過去受乃至想行識亦如是復次若法未取果與果是未来若取果與果是現在若取果與果巳滅是過去復次若法不取不與依果報果是未来若取依果報果未與者是現在若取依果報果巳滅是過去復次若法未與相似因一切遍因是未来若與是現在若與巳滅是過去復次若法未生未滅是未来若巳生未滅是現在若生巳滅是過去未生未壞巳生未壞巳生巳壞未生未離巳生未離巳生巳離說亦如是復次若法未作三有為相是未来若巳作一今作二是現在若巳作三是過去復次若法未作四緣是未来若作四緣是現在若作四緣巳滅是過去復次若法與三世作因是過去若與二世作因是現在若與一世作因是未来復次若法是三世果是未来若是二世果是現在若是一世果是過去復次以過去未来故施設現在不以現在施設現在以無第四世故以過去現在故施設未来不以未来施設未来以无第四世故以未来現在施設過去不以過去施設過去以无第四世故諸過去所有色所有耶荅曰或是過去所有非色所有乃至廣作四句過去所有非色所有者過去四陰是色所有非過去所有者未来現在色所有過去所有亦色所有者謂過去色所有非過去所有非色所有者謂未来現在四陰所有及无為所有如色作四句乃至識亦作四句如過去作五四句未来現在亦作五四句是則有十五四句若色所有盡是方方分所有耶荅曰若是方方分所有盡是色所有頗有色所有非方方分所有耶荅曰有過去未来色現在微塵及无作色若受所有彼盡非方方分所有耶荅曰若受所有盡非方方分所有頗非方分

所有非受所有耶答曰有想行識所有過去未來色現在微塵无作色及无為法所有如受想行識說亦如是諸所有色盡障导耶答曰若障导者盡是色所有頗有色非障导耶答曰有過去未來色現在微塵及无作色諸所有受盡覺耶答曰若覺盡有受頗有受非覺耶答曰有過去未來受如受想行識說亦如是問曰為已生生未生生若已生生云何諸行非還轉耶若未生生云何諸行非本无而有耶答曰應作是說以事故已生生以事故未生生以事故已生生者諸法本住自體相故生以事故未生生者一切未來法是未生法故生問曰為世生為世中生若世生者云何不一法生時一切法生若一法生一切法生者則壞世若世中生者云何非行異世耶答曰應作是說以事故世生以事故世中生以事故世生者一剎那生時即是世故以事故世中生者於未來世中一剎那生餘剎那未生故問曰為彼法生即彼法滅耶為餘法生餘法滅耶若彼法生即彼法滅者未來法生即未來法滅耶若餘法生餘法滅者色生受滅耶答曰應作是說以事故彼法生即彼法滅以事故餘法生餘法滅以事故彼法生彼法滅者色生即色滅乃至識生即識滅以事故餘法生餘法滅者未來世生現在世滅問曰為自分生為他分生若自分生者云何非本无自分而有自分本无物體而有物體若他分生者云何法不捨自體答曰應作是說不自分生亦不他分生然如其法體生已而滅問曰未來世減過去世增云何不施設二世有增減耶尊者和須蜜說曰為增計數過去未來世有增減不若不增計數過去未來世何故言過去未來世有增減耶復次過去未來无量无邊不說有增減辟如於海取百千瓶水不減投百千瓶水不增以海水无量故彼亦如是復次未來法未生未滅故不減過去法生已滅故不增復次未來法未生不壞故不減過去法生已壞故不增復次未來法未生未離故不減過去法生已離故不增尊者佛陁提婆說曰若法行世者何不說有增減但法因緣和合故生因緣離散則滅問曰過去未來為有積聚如現在墻壁樹木山巖等為散在處處若積聚者云何施主所作不唐捐其功云何不有方所云何不是常云何不現見若散在處處者云何說有過去王名善見城名拘舍跋提講堂名善法亦說有毗婆尸佛乃至迦葉佛云何說有未來城名雞頭未來佛名弥勒云何施設宿命智觀過去事願智觀過去未來事云何非本无今有已有還无答曰應作是說或有說者積聚如現在墻壁等問曰若然者云何非檀越所作不唐捐其功答曰以他見故若彼不修功不現修功則現問曰云何不有方所答曰若有方所復有何過云何非是常耶答曰以有剎那无常故何故不現耶答曰若未為五識身作境界則不現若已作則現評曰應作是說現在者是積聚未來過去者散

在處處所以者何在法數中故問曰若然者云何說有過去荅曰說過去如本現在時云何說有未來荅曰如未來當現在時云何宿命智願智境界過去荅曰如其所更故辟如曾所更字次第立句以顯明義如是彼次第念曾所更事生於智見云何願智境界未來荅曰如過去現在比相故知猶如農夫以比相故知云何非本無今有已有還无荅曰此則不能通薩婆多中有四種論師一說事異二說相異三說時異四說異異說事異者言法行世時事異體不異辟如金銀器破已更作雖形有異其色不異亦如乳成酪時香味雖異其色不異如是未來法至現在時雖捨未來法不捨其體現在法至過去時雖捨現在法不捨其體說相異者言法行世時過去法有過去相非不有未來現在相未來法有未來相非不有過去現在相現在法有現在相非不有過去未來相如人愛一女色於餘女色非不有愛彼亦如是說時異者言法行世時以時異故生於異名非其體異辟如筭籌初下名一轉名十復轉名百如是至千万筭籌是一轉其處故有種種名彼亦如是如是說世者名不嬈亂說以所作故便有三世若法未有所作名未來已作名現在所作已滅名過去說異異者言法行世時以前後故生異名猶如一女亦名為女亦名為母以其有母故名女以其有女故名母如是法行世時以前後生於異非時異體異如是說者則名嬈亂所以者何一世則有三世過去世有三世過去前後二剎那名過去未來過去中剎那名過去現在未來世亦如是問曰何者是薩婆多中四大論師第一名達摩多羅第二名瞿沙第三名和須蜜第四名佛陁提婆

三法善法不善法无記法云何善法荅曰善五陰及數滅云何不善法荅曰不善五陰云何无記法荅曰无記五陰及虛空非數滅何故名善不善无記廣說如不善品中

三法欲界繫法色界繫法无色界繫法云何欲界繫法荅曰欲界繫五陰云何色界繫法荅曰色界繫五陰云何無色界繫法荅曰无色界繫四陰何故名欲界繫色界繫无色界繫法廣說如上

三法學法无學法非學非无學法云何學法荅曰學五陰云何无學法荅曰無學五陰云何非學非無學法荅曰有漏五陰及無為何故名學无學非學非无學荅曰以無貪道學斷貪故名學以無貪道不學斷貪名无學所以者何先已學故與此相違名非學非无學無恚无癡說亦如是復次以無愛道學斷愛彼非愛體是學以无愛道學斷愛則遮无學道體非愛者則遮世俗道以无愛道不學斷愛先已學故體非是愛是无學以無愛道不學斷愛則遮學道體非是愛則遮世俗道與此相違是非學非无學復次學斷煩惱學見真諦是學不學斷煩惱先已斷故不學見真諦先已見故是无學與此相違是非學非无學

復次學斷二求學斷二求欲滿一求謂梵行求是學不學斷二求先巳斷故不學滿一求先巳滿故是无學與此相違是非學非无學復次若身中有煩惱得亦有无漏法可得學斷煩惱是學若身无煩惱得有無漏法可得不學斷煩惱是无學與此相違是非學非无學復次不離愛有无漏法可得學斷愛是學已離愛有无漏法可得不學斷愛是无學與此相違是非學非无學復次見道修道所攝是學无學道所攝是无學三地三根說亦如是復次若无漏法若五種人身中可得是學五種人者謂堅信堅法信解脫見到身證是學若无漏法二種人身中可得是无學二種人者謂時解脫不時解脫與此相違是非學非无學復次若學无漏法七人身中可得學是七人者謂四向住三果人若無漏法一人身中可得是无學一人者謂住一果人與此相違是非學非无學復次若無漏法十八人身中可得是學若无漏法無漏人身中可得是无學與此相違是非學非无學三法見道斷法修道斷法無斷法云何見道斷法荅曰若法堅信堅法行諸忍斷彼是何耶荅曰見道所斷八十八使及相應法從彼起共生法是名見道所斷法云何修道斷法荅曰若法學見迹以修道斷彼是何耶荅曰修道所斷十使及彼相應法從彼生身口業共生法不染汙有漏法是名修道斷法云何不斷法荅曰无漏法問曰何故名見道斷修道斷無斷法荅曰廣說如上

四諦苦諦集諦滅諦道諦問曰何故作此論荅曰此是佛經佛經說四諦苦諦乃至道諦佛經雖說四諦而不廣分別佛經是此論所為根本今欲具分別故而作此論問曰諦體性是何荅曰阿毗曇者作如是說五取陰是苦諦有漏因是集諦數滅是滅諦學无學法是道諦辟喻者作如是說名色是苦諦煩惱業是集諦煩惱業盡是滅諦定慧是道諦毗婆闍婆提作如是說八苦相是苦是苦諦餘有漏法是苦非苦諦生後有愛是集是集諦餘愛餘有漏法是集非集諦生後有愛盡是滅是滅諦餘愛餘有漏法盡是滅非滅諦學八道支是道是道諦餘學法一切无學法是道非道諦若如所說阿羅漢則成就二諦謂苦諦滅諦不成就集諦所以者何生後有愛是集諦阿羅漢生後有愛已斷故不成就道諦所以者何彼說學八道支是道諦阿羅漢得果時已捨故尊者瞿沙說曰若是自身陰若是他身陰若是衆生數若非衆生數如是皆是苦是苦諦行者見苦時自見身苦非他身苦非非衆生數所以者何逼切義是苦義他身苦非衆生數不逼切故以是事故生智論作如是說自身中苦逼切非他身中苦非不因自身他身然後逼切若无自身者他身及非衆生數苦何所逼切若自身中苦因他身中衆生數非衆生數苦因是集是集諦行者見集時見自身苦因不見他身苦因不見非非衆生數苦因若自身中苦盡若他身中

苦盡衆生數非衆生數苦盡是滅是滅諦行者見滅時見自身中滅非他身滅非非衆生數滅若自身對治若他身若衆生數非衆生數對治是道是道諦行者見道時見自身對治道非他身非非衆生數對治道阿毗曇者作如是說若自身苦若他身苦若衆生數非衆生數苦行者見苦時盡見如是苦問曰行者見苦時見遍切苦他身中苦非衆生數苦非遍切行者見苦時何故見耶荅曰彼苦雖非遍切而是所愚處應生於智而是猶豫處應生決定而是誹謗處應生信敬誹作是說他身中苦非衆生數苦非遍切耶若為他人所打非遍切耶若空中木石墮其身上非遍切耶若自身陰因若他身陰因若衆生數非衆生數陰因盡是集是集諦行者見集時盡見是集若自身苦盡若他身若衆生數非衆生數苦盡是滅是滅諦行者見滅時盡見是滅若自身陰對治若他身若衆生數非衆生數陰對治盡是道是道諦行者見道時盡

見是道此是諦體性乃至廣說已說體性所以者何今當說何故名諦諦是何義荅曰實義是諦義審義如義不顛倒義不異義是諦義問曰若實義審義如義不顛倒義不異義是諦義者虛空非數滅亦是實義乃至是不異義何故不立諦耶荅曰若法是苦是苦因是苦盡是苦對治者立諦虛空非數滅非苦非苦因非苦盡非苦對治故不立諦如苦陰病癰箭過患重擔說亦如是復次若法如此岸彼岸河筏者立諦虛空非數滅非此岸彼岸河筏故不立諦復次若法是苦是苦因是道是道果者立諦虛空非數滅與上相違故不立諦復次若法有因有果故立諦虛空非數滅无因果故不立諦復次虛空非數滅无漏故非苦集諦无記故非滅諦无為故非道諦復次此法不行世故不立三諦无記故不立滅諦復次此法非陰故不立三諦非善故不立滅諦復次此法不與苦相隨故不立三諦非善故不立滅諦復次若法為邪見无

漏正見所緣立諦此法非邪見无漏正見所緣故不立諦復次若法為无明明所緣者立諦此法不為无明明所緣故不立諦復次若法體是煩惱出要者立諦此法非煩惱出要故不立諦復次若法能生猒離隨喜者立諦此法不能生猒離隨喜故不立諦問曰若不顛倒義是諦義者顛倒不應為諦所攝所以者何體是顛倒故荅曰以餘事故立顛倒以餘事故為諦所攝以三事故立顛倒一者轉行以猛利故二者虛妄三者一向是顛倒以此法實有體性故為諦所攝復次无常計常无樂計樂不淨計淨无我計我故是顛倒此法有因有果故為諦所攝問曰若不異義是諦義者妄語不應為諦所攝所以者何妄語欲誑他作異語故荅曰以餘事故立妄語以餘事故為諦所攝以異語誑他故立妄語有實體性故為諦所攝復次不見言見不聞言聞不知言知不識言識故立妄語此法有因有果故為諦所攝是故實義是諦義乃至

廣說

問曰：云何立四諦為以體性為以因果為以見時若以體性則有三諦所以者何離苦无集離集无苦滅是第二諦道是第三諦若以因果應有五諦苦亦可言因亦可言果道亦可言因亦可言果滅是第五若以見時應有八諦行者先見欲界苦後見色无色界先見欲界諸行因緣後見色无色界先見欲界諸行滅後見色無色界先見欲界諸行對治道後見色無色界荅曰應作是說以因果故立諦問曰若然者應有五諦荅曰以捴說故无五諦道若因若果捴名苦滅道捴名盡生老病死道問曰苦若因若果亦是苦集道亦是生老病死道荅曰以所行異故苦有果義者行四行謂苦空无常无我苦有因義者行四行謂因集有緣道亦有因義亦有果果義者盡行一種四行謂道如迹乘復次以三事故立四諦一以體性二以因果三以誹謗生信以體性者四諦體性是有漏无漏以因果者有漏體性有因有果有果者是苦諦有因者是集諦無漏體性亦有因有果亦有果无因有因有果者是道諦有果无因者是滅諦問曰何故有漏體性有果者立一諦有因者立一諦无漏體性有因有果立一諦耶荅曰以誹謗生信故有漏體性生二種誹謗言无苦无集生二種信言有苦集道若因若果生一種誹謗言无有道生一種信言有道以此三事故立四諦復次以見諦時故立四真諦問曰若然者應有八諦荅曰若欲界苦若色无色界苦見苦時捴是苦等四行若欲界行因色无色界行因見集時捴是集等四行若欲界行滅色无色界行滅見滅時捴是滅等四行若欲界行對治色无色界行對治見道時捴是道等四行是故見諦時捴行故唯有四諦无八諦

問曰：苦集滅道有何相尊者波奢說曰逼切相是苦相有相是集相寂靜相是滅相乘相是道相尊者和須蜜說曰轉相是苦相能轉相是集相止相是滅相住轉相是道相復次轉有身是苦相能轉有身是集相轉有身盡是滅相住轉有身是道相尊者佛陁提婆說曰物體作諦名五取陰體如熱鐵久共火合與火同色三苦與五取陰合亦復如是是苦諦苦從煩惱生業能迴轉是集諦煩惱業壞更不受有是滅諦脩戒脩定以慧觀生滅能斷有因是道諦佛經說偈

一諦无有二　衆生於此疑　種種說諸諦
不說有沙門

問曰：有四諦何故說一諦尊者波奢說曰一諦者謂苦諦无第二苦諦一集諦无第二集諦一滅諦无第二滅諦一道諦无第二道諦復次一諦者謂滅諦為對種種解脫故外道計種種解脫无身解脫無邊意解脫淨聚解脫世俗解脫無身解脫是空處无邊意解脫是識處淨聚解脫是无所有處世俗解脫是非想非非想處佛作是說此是受身處非是解脫真解脫者唯一滅盡涅槃復次一諦者謂道諦為對種種道故外道計多種道

謂不食道卧灰上道事日月道食風食果道倮形道卧剌棘道著弊衣道佛作是說此非是道此是邪道非善人所依道真實道者謂八聖道復次一諦者謂滅諦以能盡身苦故一諦謂道諦能盡惡道苦故

佛經說二諦謂世諦第一義諦問曰云何是世諦云何是第一義諦耶荅曰或有說者二諦是世諦謂苦諦集諦所以者何世法在此二諦中故如男女行来現在所作事悉在彼中二諦是第一義諦謂滅諦道諦復有說者三諦是世諦謂苦集滅諦所以者何滅諦佛說是假名彼岸城故一諦是第一義諦謂道諦復有說者道諦亦是世諦所以者何佛說道諦亦是假名如沙門婆羅門評曰應作是說四諦亦是世諦亦是第一義諦苦集諦是世諦者如先所說第一義諦者如苦空无常无我因集有緣是也滅諦說是世諦者佛說滅諦如城如園林第一義諦者盡止妙離道諦是世諦者佛說道諦如筏如石山如華如水如梯如樓觀第一義諦者道如迹乘若作是說四諦盡是世諦第一義諦者則一切法盡有世諦第一義諦世諦攝十八界十二入五陰第一義諦亦攝十八界十二入五陰問曰世諦中為有第一義諦不若有第一義諦者便是第一義諦无有世諦若无者亦是一諦謂第一義諦荅曰應作是說世諦中有第一義諦若世諦中无第一義諦者如来說二諦則不如其實以如来說二諦如其實故世諦中應有第一義諦問曰若然者便有一諦謂第一義諦荅曰如是唯有一諦謂第一義諦問曰若然者佛何故說二諦荅曰以事故不以體分唯有一諦謂第一義諦以事故而有差別若以事故名為世諦不以此事名第一義諦若以事故名第一義諦不以此事名為世諦猶如一受有四緣性謂因次第境界威勢緣若因事故名為因緣不以此事故乃至名威勢緣若以此事故名威勢緣不以此事故乃至名因緣又一受有六因性謂相應共生相似一切遍報所作因若以事故名相應因不以此事乃至名所作因若以事故名所作因不以此事乃至名相應因彼亦如是問曰世諦第一義諦為可得施設別體不離合耶荅曰可得尊者和須蜜說曰名是世諦名所顯義是第一義諦復次隨順世間所說名是世諦隨順賢聖所說名是第一義諦尊者佛陁提婆說曰若說衆生如其所念相應之言是名世諦若說緣起等法如其所念相應之言是名第一義諦尊者陁羅達多說曰世諦體相是名苦集諦少分

佛經說婆羅門梵志有三諦是婆羅門梵志諦云何為三婆羅門梵志作如是說不應害衆生如是說者此言是實是名婆羅門梵志初諦婆羅門梵志復作是說我非彼所有彼非我所有如是說者此言是實是名婆羅門梵志第二諦婆羅門梵志復作是說所有集法皆是滅法如是說者此言是實是名婆羅門梵志第三諦問曰此中何者是婆羅門何者是諦荅

曰佛法外道是婆羅門向所說三諦是名諦餘悉非諦不害衆生者不煞一切衆生我非彼所有彼非我所有者我不屬彼彼不屬我所有集法悉是滅法者所有生法皆當歸滅復有說者此佛法内名婆羅門諦者向所說三諦佛為對外道故說此經外道自言是婆羅門而逼切他所以者何為祠祀故煞牛羊水牛及餘種種衆生佛作是說若逼切衆生不名婆羅門實義婆羅門者謂不惱害一切衆生外道自言是婆羅門為天女色故而修梵行佛作是說婆羅門者不應為天女色而修梵行實義婆羅門不為女色不為居家无所染著外道自言是婆羅門而貪著斷常見佛作是說婆羅門者不應貪著斷常若知集法即是滅法是實義婆羅門復次此經說三解脫門方便不害一切衆生是空解脫門方便我非彼所有彼非我所有是說无作解脫門方便所有集法悉是滅法是說无相解脫門方便如三解脫門三三昧三身三學三修三淨說亦如是

佛經說比丘當知觀察四方者是四諦問曰世尊何故說方名諦荅曰為教化故受化者應聞諦以方名說然後悟解如餘經中說佛為受化者說解脫門名方受化者應聞解脫門以方名說佛便以方名說解脫門彼亦如是問曰四諦四方有何相似荅曰俱是法方亦有四諦亦有四問曰何方與何諦相似荅曰東方當知如苦諦西方如集諦如行者見諦時前見苦諦後見集諦復有說者東方是集諦西方是苦諦是因果法前因後果故南方如道諦所以者何道諦是福田故北方如滅諦滅諦无有上故

佛經說慧根當知在四諦中問曰為以攝故言在中為以緣故言在中若以攝故言在中者慧根不攝四諦四諦不攝慧根若以緣者慧能緣一切法荅曰應作是說不以攝故亦不以緣故言在中以慧根分別諦時勢用冣勝說言在中如信根於四不壞信勢用勝故佛作是說信根當知在四不壞中如精進根於四正斷中勢用勝故佛作是說精進根當知在四正斷中念根於四念處勢用勝故佛作是說念根當知在四念處中定根於四禪中勢用勝故佛作是說定根當知在四禪中復有說者以緣故作如是說問曰若然者慧緣一切法荅曰此中說緣有漏无漏慧緣虛空非數滅慧一向有漏故說緣

尊者舍利弗作如是言諸長老當知所有一切善法皆從四諦生四諦所攝在四諦中問曰如三諦是有為能生善法可尒滅諦是无為云何能生善法耶荅曰雖不能生善法能攝善法復次生有二種一有善法二生善法滅諦雖不生善法而是有善法復次此中說得生滅諦雖不生善法而滅諦得善法生尊者波奢說曰此中說忍及知緣在緣中苦忍苦智道諦所攝緣在苦諦集忍集智道諦所攝緣在集諦滅忍滅智道諦所攝緣在滅諦道忍道智道諦所攝緣在道諦

佛經說如來等正覺隨宜說法皆為

拔濟衆生令在勝處亦為分別顯現解說四聖諦法云何為四謂苦聖諦苦集聖諦苦滅聖諦苦滅道聖諦問曰何故言拔濟荅曰自拔濟非以他修道故名拔濟何以知之荅曰經說有婆羅門名度得迦往詣佛所而說是偈

今見婆羅門　現行在人間　我今礼遍眼
願脫我狐疑

問曰此偈為說何事荅曰彼婆羅門其性嬾墮欲令他人修道斷煩惱是故向佛作如是愛語汝實是天而生人間顧見矜愍汝為我故而修聖道斷我煩惱佛即說此偈

我无自在力　能斷汝狐疑　汝見勝法時
乃得度大流

佛作是說婆羅門當知有他人修道自斷煩惱若當他人修道自斷煩惱者我初在菩提樹下修道之時一切衆生煩惱應斷所以者何我有大悲心普及一切衆生故但他人修道自斷煩惱无有是事若自修道自斷煩惱可有是事猶如他人服藥自除其病无有是事若自服藥自除其病斯有是事是故自拔濟名為拔濟不以他修道故而得拔濟復次言拔濟者如高山嶮谷是可畏處凡夫法亦如是平坦地无可畏處聖法亦如是能拔凡夫高山嶮谷可畏之處安置聖法平坦之地无可畏處故言拔濟復次等入正法中故言拔濟等者是世第一法入正法中者是苦法忍問曰何故說諦名拔濟說陰界入不名拔濟耶荅曰以觀諦時得正決定能得果離欲盡漏復次說諦是勝說亦為勝受化者說以近生法身近得諦故說界為初行者說入為已行者說陰為久行者

問曰言聖諦者為以善聖故言聖為以無漏聖故言聖為以聖人成就故言聖若以善聖言聖諦者二是善謂滅道二有二種謂苦集若以无漏聖言聖諦者二諦是有漏二諦是无漏若以聖人成就言聖諦者非聖亦成就如說誰成就　苦集諦荅曰一切衆生荅曰應作是說聖人成就故言聖問曰若然者非聖亦成就諦荅曰言成就者成就四諦凡夫雖成就諦不具四諦問曰聖人亦有不具成就四諦者如具縛人入見道苦法忍現在前荅曰以時少故若苦法智生具成就四復次聖人中有具成就四諦者凡夫中乃至无有一人具成就四諦者尊者僧迦婆修說曰佛在世時凡夫聖人共論此事凡夫人作如是說諸行是常樂我淨聖人作如是說諸行是无常苦空无我凡夫人言我所說是實聖人亦言我所說是實以是事故共詣佛所說同佛作是言聖所說是實所以者何聖諦是聖人所知見法是故名聖諦復次若身中有聖法印者彼所有諦名為聖諦復次若得聖戒名為聖人彼所有諦名為聖諦復次若得聖慧名為聖人彼所有諦名為聖諦復次若得聖舍摩他毗婆舍那名為聖人廣說如上復次若得聖財名為聖人廣說如上復次若得聖覺支名為聖人廣說如上復次若得聖胎名為聖人廣說如上

云何苦聖諦佛經說生苦老苦病苦死苦不愛會苦愛別離苦求不得苦略說五取陰是苦生相故是生苦住變異相故是老苦逼切相故是病苦盡相故是死苦不愛相共會故是不愛會苦相別離故是愛別離苦不得自在故是求不得苦如是等諸苦皆是有漏五取陰所攝是故略而言之五取陰苦復次生是一切苦立足處一切苦因故名生苦壞可愛盛年故是老苦壞不愛无病故是病苦壞不愛命故是死苦共不可愛境界會故是不愛會苦與可愛境界別離故是愛別離苦一切意所念不果故是求不得苦如是等諸苦是有漏取陰所攝故作是說略說五取陰是苦問曰五取陰是廣苦何故言略說五取陰是苦答曰五取陰廣亦是苦略亦是苦住五取陰多諸過患說不可盡是故佛說略而言之五取陰是苦猶如有人多諸過惡人作是言此人過惡不可具說略而言之多過惡人彼亦如是問曰陰中為有樂不耶若陰中有樂者何以不言樂諦但言苦諦若无者佛經云何通如說摩訶男若色一向是苦無樂不能生喜樂意衆生則更无餘因能令衆生起於愛心摩訶男色非一向苦故衆生於中起染愛心乃至識亦如是又如說三受各有定體不相雜合謂苦樂不苦不樂又如說以所須具能修於道以道能到涅槃以道樂能得涅槃樂答曰應作是說陰中有樂而樂少苦多樂法少苦法多以樂少故說在苦分中譬如毒瓶一渧蜜墮中不以一渧蜜故名為蜜瓶以毒多故名為毒瓶彼亦如是復有說者陰中无樂以是事故為苦諦不名樂諦

問曰若然者佛經云何通答曰受上苦時於中苦作樂想受中苦時於下苦作樂想受地獄苦時以畜生苦作樂想受畜生苦時以餓鬼苦作樂想受餓鬼苦時以人苦作樂想受人苦時以天苦作樂想復有說者如世人所言陰中有樂世人飢得飲食寒時得温疲時得乘熱時得凉作如是說我今得樂如聖人言陰中无樂聖人觀阿鼻地獄陰界入如熱鐵丸乃至觀有頂陰界入亦如熱鐵丸

云何苦集聖諦佛經說生後有愛乃喜心俱愛處處喜愛是名苦集聖諦問曰世尊何故捨諸有漏法但說愛是集諦非餘法耶答曰施設集諦愛增益熱用勝是故佛唯說愛是集諦非餘有漏漏如思於造作法增益勢用勝故佛於一切相應不相應法中說思是行陰彼亦如是復次以愛是過去未來現在苦因根本出處起處因故復次以愛數數生苦勢用勝故如偈說

如樹不拔根　雖斷而復生　不拔愛使本
數數還受苦

復次愛能潤澤亦能燒害猶如熱油渧人身上亦潤亦燒彼亦如是復次以愛能起受生死尸鬼故譬如有水處能起死尸鬼如是有愛水處能起受生死尸鬼復次以愛故受畜衆生數非衆生數物衆生以愛故畜衆生數物謂妻子奴婢及諸僮僕象馬牛

羊等衆生數物衆生以愛故畜非衆生數物諸宫殿屋舍種種財寶及種種穀麥復次衆生以愛故長養男身女身衆生以愛故如法供養父母妻子奴婢及諸親屬知識如鳥以愛故於一谷中接取諸蟲於一谷中自養其子復次以愛欲故得未来有身以欲故追求故得復次以愛潤故令生死不萎枯辟如藥果樹木以水潤故而不萎枯彼亦如是復次以愛潤故後有牙生以愛故父母精氣在母胎中爲揵闥婆作所依復次如愛行所依所緣故而生餘煩惱行所依所緣亦生如大魚去處小魚亦隨彼亦如是以是事故說愛衆生煩惱王復次若身中有愛者餘煩惱亦著如衣膩塵垢亦著彼亦如是復次若身中有愛水諸煩惱則樂著此身辟如有水處魚等水性則生樂著彼亦如是復次愛如鹹水難可止足猶如渴人飲於鹹水飲已轉渴如是未離欲衆生得於境界轉生渴愛復次以愛故則異衆生能令合會如以水故能令別異土沙而得合會彼亦如是復次以愛故能令衆生善根不熟亦作潤濕令自身相著辟如蠅著酥油蜜濕草之上則不能飛騰虚空彼亦如是復次愛因時所行異果時所行異因時所行如親愛果時所行如怨家猶如商人入海與羅刹交初所行異後所行異初作是言善来賢善善来大仙願爲我等作主乃至廣說後若交會得其意時擲鐵城中食其血肉唯有餘骨愛亦如是因時所行猶如親愛果時所行猶如怨家衆生以愛故造諸惡業墮惡趣中受无量苦復次愛說是受生因如說業是取生因愛是受生因復次愛難斷難却此中應說喻如有人爲二羅刹所持一作母形二作怨形作母形者難除難却作怨形者易除易却如是未離欲衆生爲二結所因謂恚結愛結恚結易斷易却愛結難斷難却復次以愛結數數微細行愛行時微細難可識知辟如旋師所用利器有所截斷微細難覺彼亦如是復次以愛在三有枝中初生是愛增廣是取前次第滅是无明復次佛經說愛是前導如說阿難當知緣愛故有追求緣追求故得緣得故分處緣分處故生偏愛緣偏愛故生貪著緣貪著故生慳緣慳故受不捨緣受不捨故生守護緣守護持刀執杖生種種鬪諍欺誑妄語生餘種種惡不善法復次以愛於八處涂汙定勢用勝故如說味初禪住時亦味起時亦味乃至非想非非想處亦如是復次佛說愛如縛如偈說愛縶縛衆生如繩繫飛鳥乃至廣說復次佛說愛如網如說我說愛如網如枝復次佛說愛是廣如說廣无過於愛渴復次愛說如河如說比丘當知三河者謂欲愛色愛无色愛復次愛難斷難過難除故復次愛多諸過患故復次以愛故有界老別地老別種老別能生一切煩惱以如是等事故佛經說愛是集說非餘有漏法

云何苦滅聖諦荅曰佛經說生後有愛及喜心俱愛處處喜愛巳吐巳捨盡无餘是名苦滅聖諦問曰集亦滅

何故但說苦滅聖諦，不說集滅聖諦？答曰：應說集滅聖諦，亦應說苦滅諦，而不說者，當知此說有餘。復次若說苦滅，當知已說集滅。所以者何？若外更无有集，若說苦滅，當知已說集滅。復次若說苦滅，受化者則生喜心，言是滅妙好，能滅此弊惡苦集法，不介。以如是等事故，但說苦滅，不說集滅。

云何苦滅道聖諦？答曰：佛經說八聖道是也，正見乃至正定。問曰：此亦是集滅道，不但是滅道，何故但說苦滅道，不說集滅道耶？答曰：如說苦滅道聖諦，亦應說集滅道聖諦，而不說者，當知此說有餘。復次若說苦滅道聖諦，當知已說集滅道聖諦。所以者何？苦外更无集故。復次若說苦滅道聖諦，受化者則生喜心，言是道妙好，能滅此弊惡苦集法，不介。復次欲現道力令苦不生故，設有人問：道汝能令因非因、果非果耶？彼當答言：不能，但能令生苦因緣者不生。復次為止誹謗道故，若人年七歲八歲得阿羅漢道，後壽百年，於其中間身受无量諸苦，如是四百四病等，世人見之而作是言：此人有道，為无所益，受苦若此。佛作是言：道已於此人大有所作，此人若身壞命終，更不受諸苦。以如是等事故，說苦滅道聖諦，不說集滅道聖諦。

阿毗曇毗婆沙論卷第四十

阿毗曇毗婆沙論卷第四十

校勘記

一　底本，金藏廣勝寺本。

一　七九八頁中一行至四行經名、造者、釋者、品名，資、磧、普、南、徑、清無（未換卷）。

一　七九九頁上六行「轉大」，資、磧、普、南、徑、清作「轉大梵」。

一　七九九頁上九行「說者」，資、磧、普作「論者」。

一　七九九頁中二一行「出水」，徑、清作「出水而有水用」。

一　七九九頁中二二行第二字「乾」，資、磧、普作「末」。

一　七九九頁中末行第九字「工」，資、磧、普作「功」；徑、清作「力」。

一　七九九頁下一一行首字「噂」，麗作「噓」。

一　八〇〇頁上八行第一〇字「无」，磧作「九」。

一　八〇〇頁上一一行第一二字「定」，

諸本（不含石，下同）作「決定」。
一 八〇〇頁上一六行第一三字「碩」，資、磧、普、南、徑、清作「須」。
一 八〇〇頁中二〇行「是无對」，至此，資、磧、普、南、徑、清卷第五十八終，卷第五十九始，資、磧、普、南有品名「使揵度十門品之六」；徑、清有品名「使犍度十門品第四之六」。
一 八〇〇頁下五行首字「説」，麗作「説佛」。
一 八〇一頁中一二行「第十三」，徑、清作「第六陰第十三」。
一 八〇一頁下一四行末字「説」，磧無。
一 八〇一頁下一九行「則是」，資、磧、普、南、徑、清作「是則」。
一 八〇二頁下末行「方方」，資、磧、普、南、徑、清作「方」。
一 八〇三頁上七行第一三字「有」，諸本作「是」。
一 八〇三頁中一三行第一二字「減」，資、磧、普、南、徑、清作「滅」。
一 八〇四頁中二二行第一一字「名」，資、磧、普、南、徑、清作「言」。
一 八〇四頁下一九行第八字「學」，麗無。
一 八〇五頁上一八行第一二字「學」，麗無。
一 八〇五頁上一九行「學是」，諸本作「是學」。同行第一三字「謂」，資、磧、普、南、徑、清作「是謂」。
一 八〇五頁上末行末字至本頁中一行首字「無漏」，磧、普、南、徑、清作「九」；麗作「無學」。
一 八〇五頁中一七行首字「具」，資、磧、普、南、徑、清作「廣」。
一 八〇五頁下二二行「非非」，資、磧、普、南、徑、清作「非」。
一 八〇六頁上二〇行首字「若」，資、磧、普、南、徑、清作「苦盡」。
一 八〇六頁中二行「者何」，麗無。
一 八〇七頁上八行第一〇字「苦」，磧、南作「若」。
一 八〇七頁上一九行「果果」，資、磧、普、南、徑、清作「果」。
一 八〇七頁中七行「二種」，磧、南作「一種」。
一 八〇七頁中八行第一〇字「苦」，磧、南作「道」。
一 八〇七頁中一四行第九字「見」，磧、南、徑、清作「是」。
一 八〇七頁中一九行「无八諦」，至此，資、磧、普、南、徑、清卷第五十九終，卷第六十始，資、磧、普、南有品名「使犍度十門品之七」；徑、清有品名「使揵度十門品第四之七」。
一 八〇七頁下三行第五字「住」，麗作「往」。
一 八〇七頁下九行「佛經説偈」，資、磧、普、南、徑、清作「佛説偈言」。
一 八〇七頁下一七行「无身」，資、磧、普、南作「無有」。
一 八〇八頁上末行第一一字「山」，諸本作「如山」。

一　八〇八頁中二〇行第一一字「因」，資、磧、普、南、徑、清作「因以」。

一　八〇八頁中二二行第三字「此」，諸本無。

一　八〇九頁上末行第一〇字「三」，諸本作「三種」。

一　八〇九頁中一九行第八字「緣」，清作「緣故言在中」。

一　八一〇頁上一一行第六字「在」，資、磧、普、南、徑、清作「得」。

一　八一〇頁上一六行「大流」，資、磧、普、南、徑、清作「大海」。

一　八一〇頁上一七行第一〇字「有」，資、磧、普、南、徑、清作「無有」。

一　八一〇頁中一五行末字「者」，資、磧、普、南、徑、清作「者說」。

一　八一〇頁中二二行第六字「說」，資、磧、普、南、徑、清作「就者」。

一　八一〇頁中末行「答曰」，徑、清無。

一　八一〇頁下四行「見道」，資、磧、普、南、徑、清作「見道時」。

一　八一〇頁下一三行「說同」，諸本無。

一　八一一頁上一一行第五字及末字「不」，資、磧、普、南、徑、清作「可」。

一　八一一頁上二二行第九字「多」，資、磧、普、南、徑、清作「是多」。

一　八一一頁中一五行首字「爲」，磧、麗作「名爲」。

一　八一一頁中二二行第九字「飢」，資、磧、普、南、徑、清作「飢渴」。

一　八一一頁下四行末字「乃」，諸本作「及」。

一　八一一頁下八行第三字「熱」，諸本作「勢」。

一　八一一頁下九行「漏漏」，諸本作「漏法」。

一　八一一頁下二一行第一一字「愛」，資、磧、普、南、徑、清作「受」。

一　八一二頁上二行第四字「諸」，諸本作「謂」。

一　八一二頁上一五行「衆生」，資、磧、普、南、徑、清作「是衆」。

一　八一二頁上二〇行第三字「如」，資、磧、普、南、徑、清作「於」。

一　八一二頁上二一行第六字「轉」，磧、南作「生」。

一　八一二頁上二二行首字「得」，資、磧、普、南、徑、清作「復」。同行末字「則」，諸本作「別」。

一　八一二頁中一四行及本頁下一五行「愛說」，資、磧、普、南、徑、清作「說愛」。

一　八一二頁中一六行第三字「如」，資、磧、普、南、徑、清作「猶如」。

一　八一二頁中一七行第四字及一八行首字「怨」，資、磧、普、南、徑、清作「怨家」。

一　八一二頁下一三行第九字「說」，資、磧、普、南、徑、清無。

一　八一二頁下二〇行第六字「說」，諸本作「諦」。

一　八一三頁上一二行第七字「滅」，諸本作「苦滅」。

一　八一三頁中卷末經名，資、磧、普、南、徑、清無(未換卷)。

阿毗曇毗婆沙論卷第四十一　薇

迦旃延子造　五百羅漢釋

北涼天竺沙門浮陀跋摩共道泰等譯

使揵度十門品第四之五

問曰世尊何故先說苦諦乃至後說道諦答曰欲令文義隨順故若先說苦諦後乃至說道諦則文義隨順復次若如是說諦則說者亦易受者亦易復次此諸法或以起處得名或以隨義得名或以見時得名以起處得名者如念處禪無色定等行者先脩身念處佛先說身念處後乃至說法念處禪無色定廣說亦尒隨義得名者如正斷神足根力覺道等見時得名者如四聖諦行者先見苦諦佛先說苦諦後乃至見道諦佛後說道諦問曰此中因論生論行者何故先見苦諦後乃至見道諦答曰以麁細故四諦中苦諦最麁以苦麁故行者先見三諦細故行者後見如索迦人虵摩鄉人兜佉羅人學射之時先射𣪠箕草人濕泥團等箭矢無不著後漸

更學乃至射一毛彼亦如是問曰應先因後果何故行者先見苦果後見集因答曰先見苦後斷集是隨順法云何知苦隨順斷集耶答曰如樹先斷其枝後拔根易如生死樹先知苦枝後拔集根則易問曰道在前滅在後何故行者先證滅後脩道答曰先滅脩道是則隨順若當先脩道後證滅者不知此道為是誰道若先證滅後脩道者乃知此道是滅道如人問他示我道處他人問言為問至何處道答言欲至城道他人答言此道即是如彼以城示道則得隨順此亦如是以滅示道則得隨順復次行者先以道斷緣三諦愚後起緣道現在前斷緣道愚如人於他面無疑於自面有疑若以明鏡照自面像疑心則除彼亦如是復次緣苦愚持緣集愚緣集愚持緣滅愚緣滅愚持緣道愚不得不除緣苦愚除緣集愚不得不除緣集愚除緣滅愚不得不除緣滅愚除緣道愚如持生亦如是復次觀苦觀能生觀集觀觀集觀能生觀滅觀

阿毗曇毗婆沙論第四十二卷 第三張 盛

觀滅觀能生觀道觀不可不生觀苦觀乃至能生觀道觀復次觀苦觀是集觀因是根本是出處是所作是緣是起處集觀是滅觀因等滅觀是道觀因等不可不生觀苦觀乃至生觀道觀復次觀苦觀是觀集觀方便是門是所依乃至滅觀是觀道觀方便是門是所依餘廣說如上復次觀苦觀是觀集觀所依處立足處乃至觀滅觀是觀道觀所依處立足處餘廣說如上尊者波奢說曰行者先知五取陰如癰後求其因知集是因何處能除此因滅處能除誰能滅耶道能滅之如身體細耎之人身生癰瘡受大苦惱作如是念此瘡何由而生知從風冷熱生何處能令無此謂無病處誰能除此謂若塗若熟若破彼亦如是復次行者知此五取陰是過患誰是其因集是其因何處得除滅處得除誰能除之道能除之如人有子作賊行惡親近惡友彼人作是念誰令我子作如是惡知親惡友誰能除制知是善友彼亦如是

阿毗曇毗婆沙論第四十二卷 第四張 盛

彼見苦時先見欲界苦後見色無色界苦問曰何故行者先見欲界苦後見色無色界苦耶答曰以麁細故欲界苦麁色無色界苦細行者先見欲界麁苦後見色無色界細苦問曰若然者色界苦麁無色界苦細何故一時見耶答曰以與此身俱不俱故欲界苦與身俱色無色界苦雖有麁細而不與此身俱故一時見復次欲界苦屬我是我有色無色界苦不屬我不是我有是故俱見復次欲界苦苦痛逼切如負重擔是以先見色無色界苦非苦痛逼切如重擔故是以俱見復次欲界苦是近故先見色無色界苦是遠故俱見如近遠俱不俱此身他身說亦如是問曰行者於色無色界苦為現見不答曰現見有二種一離欲現見二自身現見行者於欲界苦有二種現見謂自身現見離欲現見於色無色界苦雖有離欲現見而無自身現見譬如賈客有財兩擔一自身擔二使他擔於自身擔者有二種現見一知財現見二知重現見

阿毗曇毗婆沙論第四十二卷 第五張 盛

於他擔者有一種現見謂知財現見復次見欲界苦是善不善無記是以先見色無色界苦是善無記是故俱見復次行者成就欲界凡夫性是以先見不成就色無色界凡夫性是故俱見復次誹謗時先謗無欲界苦是以先於欲界苦生信後誹謗色無色界苦是以後生信

問曰見諦時為別相見為揔相見若以別相者別相有無量見諦則無竟已如地有無量別相若觀地別相不能令盡而便命終若以揔相者云何不名一時見諦別相諸法復云何知答曰應作是說以揔相見諦問曰若然者云何不名一時見諦答曰以揔相者於一諦揔相非四諦揔相為少分相故分別無量揔相別相如地有揔相以三大故地是別相一切地皆是堅相是揔相四大是色陰色陰有揔相別相別相者以四陰故揔相者一切色皆是障礙五取陰是苦諦苦諦有別相揔相別相者以三諦故揔相者一切苦皆是逼切相以如是揔

相見諦以無常苦空無我行見諦以苦諦故是揔相以餘三諦故是別相以諦故是別相以陰故是揔相復次一諦非四諦四諦非一諦是故不一時見諦復次一行非四行四行非一行是故不一時見諦復次以覺所覺分明了了故根根義所境界境界亦分明了了故不一時見諦復次以有漏無漏別故不一時見諦復次以有為無為差別故不一時見諦復次苦諦不一時見先見欲界苦後見色無色界苦先見欲界諸行因後見色無色界諸行因先見欲界諸行滅後見色無色界諸行滅先見欲界對治道後見色無色界對治道是故非一時見諦云何知別相法耶答曰見諦時不知別相法一切別相智所應知者盡以揔相智知復次若緣諦別相無知若緣諦揔相無知一時斷故是故揔相見諦時亦知別相所知

佛經說未知苦聖諦當知阿毗曇說云何智所知法答曰一切法問曰一切諸法是智所知如阿毗曇說佛經

何故但說知苦耶答曰佛經說知苦是出世間智阿毗曇說知一切法是世間出世間智如世間出世間有漏無漏縛解繫不繫當知亦如是復次佛經說知苦是近智阿毗曇說知一切法是近智遠智如近遠俱不俱當知亦如是復次以揔相知故佛說知苦以揔相別相知故阿毗曇說知一切法如揔相知別相知揔相解別相解揔相觀別相觀當知亦尒復次佛經說不共智阿毗曇說共不共智復次佛經說見苦時阿毗曇說觀行時復次解有二種一者假名二者實義佛經說假名解知苦阿毗曇說實義知一切法問曰云何假名解答曰現見苦是知果現見集是知因證滅時知滅有二功德不在身中行脩道時為斷一切煩惱道以如是等揔相解故名假名解尊者波奢說曰佛經說當知苦或謂但當知苦更不知餘是故阿毗曇作如是說應知一切法佛經說當斷集或謂但當斷集更不斷餘是故阿毗曇作如是說云何斷法

一切有漏法佛經說當證滅或謂但當證滅更不證餘是故阿毗曇作如是說云何證法答曰一切善法佛經說當脩道或謂但當脩道更不脩餘欲令此事決定故阿毗曇作如是說云何脩法答曰善有為法復次為斷生死根本及道故佛經說當知苦身見是六十二見根六十二見是煩惱根煩惱是業根業是報根依報故生善不善無記法身見知苦時斷是故佛經唯說知苦復次若知苦時斷五我見十五我所見是故佛經唯說知苦復次知苦時斷二見謂身見邊見得二三昧謂空無願是故佛經唯說知苦復次無始已來衆生於陰中計我想人想念想誰能斷此惡想使往善想唯知苦能是故佛經唯說知苦復次衆生無始已來於此無常無我無樂无淨陰中計有常我樂淨誰能斷如是顛倒唯有知苦是故佛經唯說知苦復次為斷貪著陰者故衆生無始已來為此陰受苦痛逼切如負重擔受是苦已復追求陰以追求故

阿毗曇毗婆沙論第四十一卷　第九張　箴

復更生陰猶如小兒為乳母所打還復歸趣彼亦如是為苦所逼還復歸苦是故佛經唯說知苦復次行者見苦時令無始已來諂曲之心邪見顛倒煩惱惡行皆令正直是故佛經唯說知苦復次若知苦時亦名斷苦若斷集時不名知集是故佛經唯說知苦復次行者知苦時住不顛倒想無有是處以分別故說若行者知苦更不知餘諦者有人問此陰為是常是無常耶荅言无常無一剎那住故是苦是樂耶荅言是苦如熱鐵丸是淨不淨耶荅言不淨猶如糞穢有我無我耶荅言中無有人無作者受者但是諸行糞穢之聚復次苦如癰瘡常自困苦如箭入身如刀自割如毒自煞如火自燒如怨自害如住邊城多受厄難復次行者見苦時名真佛出世間如法入佛法得無障礙受行佛法復次行者見苦時捨舊緣得新緣捨共得不共捨世間得出世間復次行者見苦時未開無漏道門令開未曾捨凡夫性令捨未曾得聖道令得

阿毗曇毗婆沙論第四十一卷　第十張　箴

復次行者見苦時捨名得名捨界得界捨性得性捨名得名者捨凡夫名得聖人名捨界得界者捨凡夫界得聖人界捨性得性者捨凡夫性得聖人性復次行者見苦時得心不得心因得業不得業因得明不得明因復次行者見苦時得離五人聚入八人聚五人聚者謂五逆人八人聚者謂四向四果復次行者見苦時捨如樹華凡夫性得住如門閫聖性復次行者見苦時初得於法不壞信復次行者見苦時得無有是處法如說無有是處是見諦具足人不故煞生不故犯戒乃至廣說以如是等事故佛經唯說知苦佛經說集聖諦應知應斷阿毗曇說云何斷法謂有漏法若作是說生後有愛是集聖諦者則生是難如阿毗曇說云何斷法一切有漏法何故佛經但說生彼有愛是集諦耶荅曰前說愛所以此中應廣說若作是說一切有漏因是集諦則生是難如苦亦應斷何故佛經但說斷集荅曰為不生苦故佛作是說汝等若

阿毗曇毗婆沙論第四十一卷　第十一張　箴

不欲苦應當斷集若斷集者苦則不生復次為不生果故佛作是說若汝等不欲果者應當斷因若斷因者果則不生復次欲斷苦流故猶如水相續流若不斷其源則水流不止若斷其源水則不流如是若不斷苦源苦流不止若斷苦源苦流則止復次若斷集者則斷俱因俱繫得解得無漏解脫得斷非想非非想處一切遍因復次若斷因者果亦斷因若滅果亦滅捨因亦捨果吐因亦吐果復次為捨重擔如人身負重擔上嶮難處為此重擔之所逼切他人語言汝若為此重擔所逼切者應斷其擔索若擔索斷擔自當墮衆生亦介身負陰擔上於生死險難之山為此陰擔之所逼切佛作是說汝等若不欲負陰擔者應斷於集若斷於集陰擔則墮復次為對外道故外道不欲苦果而不斷因猶如愚狗捨人逐塊外道亦介不斷苦因不欲苦果佛作是說汝等若不欲苦果當斷其因若斷其因苦則不生復次集中已有三界上中下

果佛作是說汝等若於三界上中下
果不欲求者應當斷集若斷集者則
三界上中下果更不復生復次以集
能生三苦故三苦者謂欲界色界無
色界苦佛作是說汝等不欲三苦者
應當斷集廣說如上復次以集能生
四苦故四苦者謂四生佛作是說汝
等若不欲四苦者廣說如上復次以
集能生五苦故五苦者謂五趣佛作
是說汝等若不欲五苦者廣說如上
以如是等事故佛經說集應知應斷
佛經說苦滅聖諦應知應證阿毗曇
說云何得作證法答曰一切善法問
曰如阿毗曇說一切善法應證佛經
何故唯說證滅答曰此滅是解脫亦
是不繫相復次此滅無處所無有所
依復次此滅是因無果是果無因復
次此滅是因非有因是所作非有所
作是緣非有緣是離非有離是果非
有果復次此滅能令陰無非無法體
復次此滅息三攝四捨五復次此滅
是一味種種道果淨於四姓名無上
法復次此滅是無漏得是有漏无漏

滅是非學非無學得是學無學非學
非無學滅是不繫得是繫不繫滅是
無斷得是脩道斷或不斷滅是滅諦
攝得是苦諦集諦道諦攝復次此滅
是善是常是善離陰是善無有上中
下是無前後際復次此滅是沙門果
非沙門是婆羅門果非婆羅門是梵
行果非梵行是道果非道以如是等
事故佛經說應證滅佛經說苦滅道
聖諦應知應脩阿毗曇說云何脩法
答曰一切有為善法問曰如阿毗曇
說一切有為善法皆應脩何故佛經
但說脩道答曰以道應脩應習故復
次以道有二種脩故一得脩二行脩
世俗道有四種脩謂得脩行脩對治
脩除去脩復次此道脩時不斷緣愛
世俗道脩時斷於緣愛復次此道脩
時其性出而不沒世俗道脩時其性
亦出亦沒於欲界而出於初禪而沒
乃至於無所有處而出於非想非非
想處而沒問曰無漏道亦介離欲界
欲而生初禪乃至離無所有處欲而
生非想非非想處答曰世俗道於彼

處生報非無漏道復次此道若脩則
滅損毀壞於有世俗道脩時則增益
長養於有復次此道若脩則令有不
相續斷增長生老病死法世俗道脩
時令有相續增長生老病死法復次
此道若脩是滅苦集道是滅增長生
老病死道世俗道脩時是苦集道是
增長生老病死道復次此道脩時不
為身見作所緣乃至不墮苦集諦中
世俗道雖脩為身見作所緣乃至墮
苦集諦中復次此道脩時不為界趣
生增長生死法作因世俗道雖脩為
界趣生增長生死法作因復次此道
脩時能盡界趣生增長生死法世俗
道雖脩不能盡界趣生增長生死法
復次此道脩時是沙門是沙門果是
婆羅門是婆羅門果是梵行是梵行
果是有果以如是等事故佛經唯說
脩道問曰聖行名有十六種體有幾
耶答曰或有說者名有十六體有七
緣苦四行名有四體亦有四緣集四
行名有四體有一緣滅道亦介問曰
何故緣苦四行名有四體亦有四答

曰緣苦四行是顛倒近對治如顛倒名有四體亦有四此行亦介評曰應作是說聖行名有十六體有十六如名體名數體數名相體相名異體異當知亦如是問曰聖行體性是何荅曰體性是慧彼慧體是行行餘行亦為行所行彼相應法體非行行餘行亦為行所行彼共有法體非行不行餘行為行所行復有說者聖行是心心數法若作是說聖行體性是心心數法者相應法體性是行行餘行為行所行不相應法體非行不行餘行為行所行復有說者聖行體性是一切法若作是說聖行體性是一切法者相應法體是行行餘行為行所行不相應法體是行不行餘行為行所行評曰應作是說聖行體性是慧如先所說此是行體性乃至廣說

已說體性所以今當說何故名無常行乃至名乘行耶荅曰以二事故是無常一以所作二屬於緣所作者一切有為法所作唯一剎那頃屬於緣者待因緣而生苦痛逼切如負重擔是苦對我所見故是空對我見故是無我因如種子法集如出現法有如相續法能生故是緣如泥團杖輪水繩等合集故瓶生彼亦如是諸陰盡是滅無三相故是止是善是常故是妙是離更無所離故是離對邪道故是道對不正故是正能到解脫城故是迹體性是出不沉沒故是乘復次非究竟故是無常如重擔故苦內無人無作者無受者無說者故空不自在故無我生故是因出現故是集流故是有作相故是緣不相續盡相續故是滅滅三火故是止無苦惱故是妙無過患故是離能去是道相應方便故是正能到正故名迹畢竟過生死故是乘

問曰見苦諦時見苦四行謂無常苦空無我何故但說苦諦不說無常空無我諦耶荅曰應說而不說者當知此說有餘復次若說苦諦當知已說無常空無我諦復次此行是不共行唯在苦諦中無常行在三諦中空無我行在一切法中復次此行與有相違能棄生死若有美妙飲食持與小兒而語之言此食是苦小兒聞已便生捨心而不欲食復次此行是一切所信處謂愚智內道外道復次智所知善分別故佛經說苦智為知何法荅曰知苦如智所知解所解行所行根根義所境界境界當知亦如是復次此行是舊法是舊文句過去諸佛說苦諦苦行今佛亦說苦諦苦行問曰見集諦時見集四行謂因集有緣何故但說集諦不說因有緣諦荅曰應說而不說者當知此說有餘復次若說集諦當知已說因有緣諦復次智所知善分明故佛經說集智為知何法荅曰知集如智所知乃至所境界境界說亦如是復次此行是舊法是舊文句過去諸佛說集諦集行今佛亦說集諦集行問曰見滅時見滅四行謂滅止妙離何故但說滅諦不說止妙離諦荅曰應說而不說者當知此說有餘如集諦說道諦隨義說亦如是滅諦名涅槃名不相似名非品名無色名第一名勝智果名阿

羅漢不應親近不應假名可受名近
名妙名離廣解如雜揵度
佛以聖語為四天王說四諦二解二
不解佛欲饒益憐愍故復作陁毗羅
語說四諦謂伊祢弥祢蹄被陁蹄被
二不解者一解一不解世尊欲饒益
憐愍故作弥梨車語說四諦謂摩奢
兜奢僧奢摩薩婆多毗羅緻是名苦
邊四皆得解問曰佛能以聖語為四天
王說四諦令其解不若能者何故不
使他解不能者偈所說云何通如偈說
佛以一音演說法　而現種種若干義
衆生皆謂獨為我　解說諸法不為他
一音者謂梵音現種種義者若會中
有真丹人者謂佛以真丹語為我說
法如有釋迦人夜摩耶人陁羅陁人
摩羅娑人佉沙人兜佉羅人如是等
人在會中者彼各各作是念佛以我
等語獨為我說法若貪欲多者佛為
我說不淨瞋恚多者佛為我說慈心
愚癡多者佛為我說緣起衆生皆謂
為我解說諸法不為他者時會各謂
佛為說法不為他荅曰應作是說佛
能問曰若然者何故不令他解荅曰
為滿足諸天王心所念故二天王作
是念若佛為我作聖語說四諦者我
則能解一天王作是念若佛以毗羅
語說四諦者我則能解一天王作是
念若佛以弥梨車語說四諦者我則
能解如其念而為說之復次欲現知
衆生語言音聲故或謂如來唯能作
聖語不能作餘語欲令如是疑心得
决定故而作是說復次受化者或於
如來不變形言而得受化或於如來
變異形言而得受化者若於如來不
變形言得受化者若變形言而受化
者則不能解曾聞佛在摩伽陁國為
尊弗迦羅娑羅故步行經十二由旬
令七万衆生皆得見諦皆以不變形
言故若變形言彼諸衆生則不能見
諦若衆生應見如來變現形言而得
度者若不變形言則不得度復有說
者不能世尊非境界事不能為境界
佛雖得自在不能以耳見色眼聽聲
問曰若然者偈義云何通荅曰此是
歎說如来之言所說大過如毗婆闍
婆提作如是說如来常定善安住念
慧故如來不眠以離蓋故如是皆是
歎說如来過美之言復次如来言音
能逾一切聲境界如其所念皆悉能
語如來秦語勝秦中生者如来若作
弥梨車語勝弥梨車中生者復次如
来語言速疾迴轉若作秦語次作擇
迦語以速疾迴轉故人謂一時
佛經說諸比丘是苦聖諦曾從他聞
於法中正觀思惟生眼智明覺諸比
丘是苦聖諦我應當知曾從他聞廣
說如上諸比丘是苦聖諦我已知曾
從他聞廣說如上集滅道說亦如是
諸比丘是苦聖諦曾從他聞廣說如
上是說未知欲知根諸比丘是苦聖
諦我應當知曾從他聞廣說如上是
說知根諸比丘是苦聖諦我已知曾
從他聞廣說如上是說知已根如是
餘一二諦三轉生三根亦尒尊者達
磨多羅作如是說我思惟此所說法
舉身毛竪如來所說義無相違不失
次第今此所說失於次第所以者何
此中知已根後說未知欲知根如是

觀法非佛辟支佛聲聞所觀所以者何無有知已根後起未知欲知根現在前者若欲捨是所說是則不可所以者何此是如來最初之說五比丘八万諸天為證若欲不捨此所說者失於次第彼尊者雖有此念而不捨此說但正其文此經應如是說諸比丘是苦聖諦曾從他聞於法中正觀思惟生眼智明覺是集聖諦是滅聖諦是道聖諦廣說如上諸比丘是苦聖諦我應當知是苦集諦我應當斷是苦滅諦我應當證是苦滅道諦我應當脩廣說如上諸比丘是苦聖諦我已知是苦集諦我已斷是苦滅諦我已證是苦滅道諦我已脩廣說如上若作是說則不失次第隨順見諦時阿毗曇者作如是說經文不應正所以者何過去諸大論師利根智慧不正經文何況尊者達摩多羅利根智慧不如前者問曰若然者此所說豈不違次第耶答曰有二種隨順一所說隨順二見諦隨順以所說隨順故世尊作如是說以隨順見諦故尊

者達磨多羅作如是說尊者波奢說曰此中不說未知欲知根知已根此中說菩薩欲界聞慧思慧菩薩坐道樹下時作如是方便觀行問曰若然者此說云何通如說諸比丘我是時得阿耨多羅三藐三菩提如來以欲界聞慧思慧得阿耨多羅三藐三菩提耶答曰如來本為菩薩作如是方便觀行時以欲界聞慧思慧觀於諸法生智慧光明除去愚闇義名必得阿耨多羅三藐三菩提如人先以生皮覆面除去之後以沙羅覆面其所障礙而其微少彼亦如是諸比丘我三轉四諦十二行生眼智明覺問曰如此三轉四諦十二行應有四十八行何故但說三轉四諦十二行耶答曰此是三說十二行法不過十二餘廣說如雜揵度

問曰此四聖諦若是體斷亦是緣斷耶答曰或是體斷非緣斷或是緣斷非體斷乃至廣作四句體斷非緣斷者謂苦諦集諦無漏緣無緣法緣斷非體斷者謂道諦緣有漏法體斷緣

斷者謂苦集諦緣有漏法非體斷非緣斷者謂道諦緣無漏無緣法一切滅諦四禪初禪第二禪第三禪第四禪問曰何故作此論答曰欲令疑者得決定故波伽羅那說云何初禪答曰初禪所攝善五陰乃至云何第四禪答曰第四禪所攝善五陰彼中說善禪不說染汚不隱沒無記或謂禪唯是善非染汚不隱沒無記今欲決定說禪是善染汚不隱沒無記故而作此論四禪初禪乃至第四禪問曰何故名禪為以斷結故名禪為以正觀故名禪若以斷結故名禪者無色中亦有定能斷結亦應名禪若以正觀故名禪者欲界亦有定能正觀亦應名禪答曰應作是說斷結故名禪問曰若然者無色中亦有定能斷結亦應名禪答曰若定能斷不善無記結者是禪無色定雖能斷無記結不能斷不善結故不名為禪問曰若作是說唯未至依是禪所以者何能斷不善無記結故答曰此中說過患對治對治有二種有過患對治斷對治

上地雖無不善結斷對治有過患對治問曰若作是說上地滅法智道法智一切比智則不名禪所以者何於欲界結不能作斷對治過患對治故答曰雖非全界全地而彼界彼地中有能與欲界結作過患對治者以能者故不能者亦得名禪復次禪中遮少分有少分與欲界結作斷對治過患對治無色界患遮乃至無一刹那與欲界結作斷對治過患對治者尊者瞿沙作如是說此六地盡能與欲界結作斷對治過患對治以未至禪初出故斷欲界結餘者不斷以未至禪斷故如日光初中後時盡與闇相妨然初出者能除夜闇中後者雖與闇相妨而不除闇以初者除故猶如六人共一怨家而共議言我等若先得怨者必斷其命六人之中一得怨而煞餘五人雖於彼人是怨而不煞者先已煞故如人持六燈次第入闇室中初入者除室中闇餘燈雖與闇相妨而不破闇者已先破故如是六地中雖與欲界結作斷對治過患對治以未至禪初生斷欲界結餘地不斷者以未至禪先已斷故若六地非欲界結斷對治者依根本禪得正決定時欲界見道所斷結則無分齊亦不應證解脫得以依根本禪得正決定者於欲界見道所斷煩惱而有分齊證解脫得以是事故知六地盡有欲界煩惱斷對治過患對治復次若定能畢竟斷見道脩道所斷者名禪無色定雖畢竟斷脩道所斷結不斷見道所斷結復次若定能遍緣能斷結者名禪無色定雖能斷結不能遍緣欲界定雖能遍緣不能斷結禪定能遍緣亦能斷結復次若定與五陰俱生作依者名禪無色定與四陰俱生作依者不名為禪復次若定有四枝五枝者名禪無色定無四枝五枝故不名為禪復次若有樂道處名禪無色定無樂道故不名禪復次若定能與道作依者名禪無色定不能與道作依者不名禪復次若定有三種示現者名禪無色定無三種示現故不名禪復次若定有三無漏根者名禪無色定不具三無漏根故不名禪三道亦如是復次若有二道處名禪二道者謂見道脩道忍道智道法智道比智道無色中無見道忍道法智道故不名禪復有說者以正觀名禪問曰若然者欲界亦有正觀應名為禪答曰若定能正觀亦能斷結者名禪欲界定雖能正觀不能斷結故不名禪復次若定牢固相續久住出入意不捨者名禪欲界定與此相違故不名禪復次若有定名亦有定用者名禪欲界定雖有定名無有定用猶如泥椽雖有椽名而無椽用禪定猶如木椽亦有椽名亦有椽用復次若定不為嬈亂風所吹動者名禪欲界定為嬈亂風所吹動故不名禪猶如四衢道中燈為風所吹動禪定不為嬈亂風所吹動故名禪猶室中燈不為風所吹動彼亦如是

禪有十八枝初禪有五枝覺觀喜樂一心第二禪有四枝內信喜樂一心第三禪有五枝捨念慧樂一心第四禪有四枝不苦不樂捨念一心問曰

禪枝名十八體有幾答曰名有十八體有十一初禪有五枝名有五體亦有五第二禪增一枝謂内信第三禪增四枝謂捨念慧樂第四禪增一枝謂不苦不樂是故禪枝名有十八體有十一復有説禪枝名有十八體有十所以者何初禪第二禪第三禪樂俱是一樂枝故不應作是説所以者何初禪樂第二禪樂異第三禪異初禪第二禪樂是猗樂第三禪樂是受樂初禪第二禪樂是行陰攝第三禪樂是受陰攝是故如前説者好如名體名數體數乃至知名知體説亦如是問曰何者是禪何者是枝答曰一心是禪餘者是枝問曰若然然者初禪第三禪有四枝第二禪第四禪有三枝答曰一心是禪亦是禪枝餘者是枝非禪如正見是道是道枝餘是道枝如擇法覺是覺是覺枝餘者是覺枝不非時食是齋是齋枝餘者是齋枝如是一心是禪亦是禪枝此是禪枝體性乃至廣説已説體性所以今當説何故名枝枝是何義答曰隨

順義是枝義俱負義是枝義成大事義是枝義牢堅寂勝義是枝義別異義是枝義隨順義是枝義者若法隨順彼地立枝俱負重成大事牢堅寂勝亦如是別異義是枝義者如軍別異名軍枝如車別異名車枝如是禪別異故名禪枝是故隨順義是枝義乃至廣説

問曰若是初禪枝亦是二禪枝耶答曰或是初禪枝非二禪枝乃至廣作四句是初禪枝非二禪枝者覺觀是也是第二禪枝非初禪枝者内信是也是初禪第二禪枝者喜樂一心是也非初禪非第二禪枝者除上介所事若是初禪枝亦是第三禪枝耶乃至廣作四句是初禪枝非第三禪枝者覺觀喜樂是也是第三禪枝非初禪枝者捨念慧樂是也是初禪枝是第三禪枝者一心是也非初禪枝非第三禪枝者除上介所事若是初禪枝亦是第四禪枝乃至廣作四句是初禪枝非第四禪枝者覺觀喜樂是也是第四禪枝非初禪枝者不苦不

樂捨念是也是初禪枝亦是第四禪枝者一心是也非初禪枝非第四禪枝者除上介所事是第二禪枝亦是第三禪枝耶乃至廣作四句是第二禪枝非第三禪枝者内信喜樂是也是第三禪枝非第二禪枝者捨念慧樂是也是第二禪枝亦是第三禪枝者一心是也非第二禪枝非第三禪枝者除上介所事乃至第三禪四句歷第四禪應隨相説

問曰如猗捨一切地中有何故初禪二禪立猗不立捨耶第三第四禪立捨不立猗耶答曰先作是説隨順義是枝義若法隨順彼地者立枝猗隨順初禪第二禪故立枝捨隨順第三第四禪故立枝復次勢用勝故更相覆蔽如初禪第二禪猗勢用勝覆蔽於捨第三第四禪捨勢用勝故覆蔽於猗問曰云何此二法更相覆蔽答曰以所行相違故如一人一時亦行亦住亦眠亦寤一向相違彼亦如是復次對治欲界五識及麁身故初禪立猗為枝對治初禪三識及麁身故

第二禪立猗為枝第二禪無麁身故第三禪不立猗為枝第三禪無麁身故第四禪不立猗為枝復次以初禪二禪有染汙喜以是事故佛作是説應猗不應捨是故初禪二禪立猗為枝第三第四禪無染汙喜是故諸聖行捨復次以初禪二禪猗生有所緣如説若心喜時身則生猗第三第四禪猗生無所緣是故諸聖行捨問曰内信一切地盡有何故第二禪地立枝非初禪耶荅曰先作是説隨順義是枝若法隨順彼地者立枝内信隨順第二禪地故立枝復次初禪覺觀如火識身如汙泥令心擾濁信不明淨如熱濁泥中面像不現第二禪無覺觀火識身汙泥信則明淨如清冷水面像則現彼亦如是復次行者住第二禪於界離欲於地離欲生大信心行者離不定欲界欲起初禪現在前作如是念我已得離不定界欲不知定界欲為可離不後離初禪欲起二禪現在前是時於界離欲於地離欲生大信心如初禪地欲可離當知一切地乃至非想非非想處欲盡可離以是事故二禪信立枝初禪不立問曰念慧一切地中有何故第三禪地立枝非餘地耶荅曰先作是説隨順義是枝若法隨順彼地者立枝念慧隨順第三禪故立枝復次第三禪道多諸留難自地亦有留難他地亦有留難他地道多諸留難者第二禪喜漂没輕躁猶如羅刹令行者離第三禪欲時生諸衰退為對是事故第三禪立念為枝是故佛作是説汝等當正念莫為第二禪喜之所漂没自地留難者第三禪樂受是一切生死中寂勝樂令行者樂著不能離上地欲為如是事故第三禪慧立枝是故佛作是説汝等應於是樂莫生貪著不求上地離欲法問曰念慧一切地中有何故第四禪地立念為枝不立慧荅曰先作是説隨順義是枝若法隨順彼地者立枝念隨順第四禪故立枝慧不隨順故不立枝復次第四禪道多諸留難他地有留難自地無留難者第三禪地樂受於一切生死中寂勝行者貪著故不求離上地欲是故佛作是説汝等應當正念莫為第三禪地樂之所覆没以自地無留難故不立慧為枝復次第四禪地立不苦不樂受為枝不苦不樂受是無明分慧是明分明無明是相違法故問曰若是禪枝亦是助道分耶荅曰或是禪枝非助道分乃至廣作四句是禪枝非助道分者初禪觀第三禪樂第四禪不苦不樂是也是助道分非禪枝者精進正語正業正命是也是禪枝亦是助道分者諸餘助道分是也非禪枝非助道分者除上介所事問曰初禪觀第三禪樂第四禪不苦不樂何故不立助道分耶荅曰以覆蔽故初禪地觀為覺所覆蔽故不立助道分第三禪地樂為猗樂所覆蔽故不立助道分第四禪地不苦不樂為行捨所覆蔽故不立助道分以如是事故不立助道分問曰精進何故不立禪枝荅曰禪枝於自地勝精進於他地勝初禪地精進作第二禪地方便勝乃至無所有處精進作非

想非非想處方便勝復次精進與生定法相妨與何生定法相妨荅曰樂如說樂故定心生衆生行精進者必苦問曰何故正語正業正命不立禪枝耶荅曰禪枝是相應是有緣是有行是有依是有勢用正語正業正命與此相違故不立禪枝問曰若是禪枝亦是念處耶若是念處亦是禪枝耶若是禪枝亦是正斷神足根力覺道分耶若是正斷神足根力覺道分亦是禪枝耶應隨相廣說復作是問曰若是初禪枝亦是助道分耶若是助道分亦是初禪枝耶乃至第四禪問亦如是應隨相廣說復作是問若是初禪枝亦是念處正斷神足根力覺道分耶若是念處乃至八道分亦是初禪枝耶乃至第四禪問亦如是應隨相廣說

問曰諸邊及無色定為立枝不若立者此中何故不說若不立者施設經云何通如說頗有空處定於空處定道勝根勝定勝枝等耶荅曰有從空處定起次第還入空處定荅曰或有說者諸邊及無色定立枝施設經所說善通此中何故不說荅曰應說如初禪有五枝邊亦有五枝除喜增不苦不樂受如根本第二禪有四枝邊亦有四枝除喜增不苦不樂受如根本第三禪有五枝邊亦有五枝除樂增不苦不樂受如根本第四禪有四枝邊亦有四枝如第四禪四無色定亦應尒評曰諸邊及無色定不立枝是故此中不說問曰施設經所說云何通荅曰此中說根勝道勝定勝者以後定用前定為因生故枝等者說覺道枝

問曰何故初禪第三禪立五枝第二第四禪立四枝耶荅曰先作是說隨順義是枝若法隨順彼地者立枝五枝隨順初禪第三禪故立五枝四枝隨順第二第四禪故立四枝復次欲界是難斷難除難過之界必須牢強對治是故彼對治初禪立五枝第二禪喜難斷難除難過故必須牢強對治是故彼對治第三禪立五枝初禪不難斷難除難過故不須牢強對治是故彼對治第二禪立四枝復次為對欲界五種境界愛故初禪立五枝為對二禪五種喜愛故第三禪立五枝初禪無五種境界愛故第二禪不立五枝第三禪無五種喜愛故第四禪不立五枝復次欲令行者入超越定得隨順故起五枝定入五枝定起四枝定入四枝定問曰如起第三禪入空處定若是四枝或是無枝此中云何得隨順耶荅曰一切外法內法所作初須隨順後事成時則不須隨順外法所作者曾聞有王名旃陁掘白名遮郁伽於十二年造出金法始成得一麦粒許便作師子吼我今力能造作金山內法所作者如行者脩神足時初能舉身離地如半胡麻轉如胡麻半麦一麦半指一指半寸一寸半尺一尺半肘一肘半尋一尋衣鈎衣架後若成時舉身至阿迦膩吒天如是外法內法事未成時必須隨順事已成後不須隨順彼超越定亦尒事未成時起五枝定入五枝定起四枝定入四枝定事已成後起五枝

定入四枝定若無枝定

佛經說有四種勝心數法定受現法樂問曰何故名四種勝心數法定荅曰彼定有大勢力能成大事有大功用是根本禪是故根本四禪名勝心數法定復次彼定中多諸心數法可得故如無量解脫勝處一切處无礙無諍願智半多俱置等是故名勝心數法定復次行者於彼定得多種心受樂如無量解脫乃至空空三昧無相無相三昧無願無願三昧是故名勝心數法定受現法樂者問曰此法亦受後法樂不但現法樂何故說言受現法樂不說受後法樂耶荅曰應說如說受現法樂亦應說受後法樂而不說者當知此說有餘復次若說現法樂當知已說後法樂所以者何後法樂必因現法樂故如說先於此脩定後生彼處復次現法樂能令後法樂相續非後法樂能令現法樂相續是故說現法樂復次現法樂是後法樂方便所依門復次現法樂是一切所信處如愚智內道外道皆信現法樂後法樂或有信者或有不信者不信後法樂者如外道復次諸凡小貪著少欲樂不求離欲佛作是說汝等若欲得廣大樂者當斷欲愛起根本禪現在前當受廣大之樂復次現法樂一切盡受後法樂有受者有不受者以如是等事故佛說禪是現法樂非後法樂

佛經說諸比丘有四種天道能令衆生不淨者淨淨者轉更明勝問曰云何立天道為以得正決定為以盡漏耶若以得正決定立天道者則應有六所以者何依六地得正決定故六地者未至中間根本四種若以盡漏者則應有九所以者何行者依九地得盡漏故九地者謂未至中間四禪三無色定荅曰應作是說亦以得正決定亦以盡漏故立天道是說則遮無色定問曰若然者天道應有六尊者波奢說曰此中說禪及眷屬故有四無六尊者瞿沙作是說此中說清淨天名天天有三種一假名天二生天三清淨天假名天者謂人王等生天者從四天王天乃至非想非非想處天清淨天者謂阿羅漢此中說清淨天名天得二種道謂見道脩道忍道智道法智道比智道能令身心清淨者復次於生天道生怖畏想欲令安住實義天道故佛說此經有四種天道生天者謂三十三天是也彼有四種園林一名質多羅咃二名頗留沙三名弥尸迦婆鄉四名難陁鄉彼園林中有四種道種種綵女所遊行處作諸音樂燒衆名香安置種種餚膳飲食隨意生形鳥出種種音能令諸天遊戲園林受於快樂諸聖亦示滅盡涅槃為園林四禪為道種種道品善法而嚴飾之令諸賢聖受種種快樂入於涅槃云何四種天道如比丘離欲惡不善法乃至廣說問曰盡離欲界法何故佛但說離欲惡不善法耶荅曰如佛說離欲惡不善法當知已說盡離欲界法復次此法體應斷斷已則不成就與聖道相妨有漏善法不隱沒無記法不與聖道相妨欲惡不善法與聖道相妨若斷欲惡不

善法當知有漏善法不隱沒無記法（阿毗曇毗婆沙論第四十一卷 第三十九張 箴字号）亦斷所以者何同一對治斷故辟如燈不與炷油器相妨而與闇相妨若破闇時亦燋炷盡油令器熱復次以此法難斷難除難過故復次以此法是畫惡多諸過患故復次此法離欲愛時多作留難令離欲法不得相續如守門人不令他人入彼亦如是復次行者為對除此法故脩初禪定道復次行者以憎惡此法故盡離欲界復次此法上地所無所不行故以如是等事故佛說離欲惡不善法

阿毗曇毗婆沙論卷第四十一

阿毗曇毗婆沙論卷第四十一

校勘記

一 底本，金藏廣勝寺本。八一七頁中至八二〇頁下四行共十版四行，原版殘缺，以麗藏本換。

一 八一七頁中一行至四行經名、造者、釋者、譯者、品名，資、磧、普、南、徑、清無（未換卷）。

一 八一七頁下八行首字「滅」，諸本作「證滅後」。

一 八一八頁中一一行第二字「是」，諸本作「見」。

一 八一八頁中一三行「如重擔」，資、磧作「如負重擔」；普、南、徑、清作「如負輕擔」。

一 八一八頁下二行第三字「見」，諸本無。

一 八一八頁下八行「生信」，至此，資、磧、普、南、徑、清卷第六十終，卷第六十一始，資、磧、普、南有品名「使揵度十門品之八」；徑、清有品名「使揵度十門品第四之八」。

一 八一九頁下七行「苦身」，諸本作「共身」。

一 八一九頁下一六行「念想」，諸本作「命想」。

一 八二〇頁上八行第一〇字「不」，諸本無。

一 八二〇頁上九行「若行」，諸本作「苦行」。

一 八二〇頁中一九行第九字「彼」，諸本作「後」。

一 八二一頁下二行「滅損」，資、磧、普、南、徑、清作「減損」。

一 八二二頁上末行第八字「痛」，資、磧、普、南、徑、清作「病」。

一 八二二頁中四行首字「繩」，諸本作「縷」。

一 八二二頁中一四行第九字「去」，資、磧、普、南、徑、清作「去故」。

一 八二二頁下一三行「集諦」，資、磧、普、南、徑、清作「緣集諦」。

一 八二三頁上六行首字「二」，資、磧、

普、南、徑、清作「彼二」。

一　八二三頁中一二行第九字「者」，資、磧、普、南、徑、清無。

一　八二三頁中一六行「七万」，麗作「十万」。

一　八二三頁下一九行「一二」，資、磧、普、南、徑、清作「一一」。

一　八二四頁上二行第一二字「知」，資、磧、普、南、徑、清作「知知」。

一　八二四頁中一二行「沙羅」，資、磧、普、南、徑、清作「紗羅」。

一　八二四頁中一三行第四字「其」，磧作「甚」。

一　八二五頁上一八行第一二字「一」，資、磧、普、南、徑、清作「一人」。

一　八二五頁中九行「斷者」，諸本作「斷結者」。

一　八二六頁上一五行「然然」，諸本作「然」。

一　八二六頁中末行第一〇字「枝」，資、磧、普、南、徑、清無。

一　八二六頁下一〇行「相說」，至此，資、磧、普、南、徑、清卷第六十一終，卷第六十二始，資、磧、普、南有品名「使揵度十門品之九」；徑、清有品名「使犍度十門品第四之九」。

一　八二七頁中二二行末字「無」，資、磧、普、南、徑、清作「道無」。

一　八二八頁上一二行首字「曰」，資、磧、普、南、徑、清無。

一　八二八頁中一行第三字「諸」，資、磧、普、南、徑、清作「說」。

一　八二八頁中六行末字「樂」，資、磧、普、南、徑、清作「喜」。

一　八二九頁中一四行「四種」，諸本作「四禪」。

一　八二九頁下一三行「亦示」，麗作「亦尒」。

一　八三〇頁上末行經名，資、磧、普、南、徑、清無（未換卷）。

趙城縣廣勝寺

阿毗曇毗婆沙論卷第四十二　　藏

迦旃延子造　五百羅漢釋

北涼天竺沙門浮陀跋摩共道泰等譯

使犍度十門品之六

問曰此中何者是欲何者是惡不善法荅曰資生欲是欲煩惱欲是惡不善法復次欲是五欲惡不善法是五蓋復次欲是欲愛使惡不善法是餘煩惱復次欲是欲覺惡不善法是恚覺害覺復次欲是欲界惡不善法是恚界害界復次欲是欲想惡不善法是恚想害想有覺有觀者與覺俱故名有覺與觀俱故名有觀離生者問曰如上地離清淨妙好何故但說初禪離不說上地離荅曰說始以顯終故世尊或說始以明終或說終以明始說始以明終者如此中說說終以明始者如說何處受身不自害命不害他命佛告舍利弗非想非非想處天受身不自害命亦不害他命如始終初入已度方便畢竟亦如是復次以此離初入初得故復次初禪離從

離生從初禪定心生如因陸生故名陸生因水生故名水生彼亦如是因離生故名離生復次初禪離為二種無漏所守護二種者謂未至中間復次初禪離是上地離方便所依門復次初禪離能生養增廣上地離復次初禪離是上地離因根本有集緣生起處復次初禪離對非離法故欲界非離法誰是近對治謂初禪離是復次欲令疑者得決定故如欲界有覺觀有識身有尊卑有眷屬初禪亦尒或謂欲界有如是過故非離欲初禪亦有如是過故非離欲令此疑得決定故說初禪有離復次欲令行者心歡喜故行者離欲惡不善法起初禪離生大歡喜勝於後時起上地離猶如飢人初得蔬食勝於後時得好美食復次以初禪能起諸離現在前復次以依初禪能令三種行人入正決定得果離欲盡漏三種行人者謂具縛離欲漸離欲人復次以依初禪故令三種信解脫轉根作見到三種信解脫者謂次第漸離欲離欲人復次

以初禪離能對治三界復次以初禪有得四沙門果道有九斷智果道有七覺枝八道枝是三十七助道法有七種修道有苦根憂根無慚無愧男根女根婬欲摶食愛五蓋五欲對治法復次以初禪是五陰十二入十八界對治法以如是等事故佛經說初禪是離喜樂者喜是喜根樂是猗樂復次喜是受陰攝樂是行陰攝入初禪者若得成就初禪善五陰是名入初禪已滅覺觀乃至廣說問曰如離初禪欲盡滅初禪法何故佛但說滅覺觀耶答曰如佛說滅覺觀當知已說滅初禪法復次以覺觀難斷難除難過故復次以此法是重多諸過患復次此法離初禪愛多作留難令離欲法不相續如守門人不令他入彼亦如是復次行者為對治此法故修二禪定道復次行者憎惡此法故盡離初禪復次此法上地所無不行故以如是等事故佛說滅於覺觀生內信者內是心信是信根心信此法故名內信尊者和須蜜說曰覺觀擾亂

定心覺觀若滅心則清淨故名內淨如水不波浪時名為澄清彼亦如是淤汙喜令定心濁彼若滅心則清淨辟如濁水澄清則名為淨尊者達摩多羅說曰行者入第二禪時於彼禪心則寬博信樂堪忍久住樂觀彼法心不移動住於一處有是處所有是體性我得第二禪心住一處者心唯行一門中故欲界心行於六門初禪心行於四門第二禪心行於一門故言心住一處無覺無觀者覺觀已滅故定生者問曰如初禪亦有定何故第二禪說定初禪不說耶答曰以二禪定明淨勝妙勝初禪定復次二禪中定從定生定所長養定後現在前定者謂初禪初禪定是初定從不定心後現在前不定心者謂欲界心復次初禪有定不定心有內向心有外向心或緣外法或緣內法第二禪唯定唯內向心唯緣內法復次以第二禪滅聲根本聲根本者是覺觀如說有覺觀者能出語聲非無覺觀第二禪中無有是事復次第二禪說是賢

聖默然法如佛告目揵連汝莫輕蔑第二禪此是賢聖默然法以如是事故說二禪定不說初禪喜樂者喜是喜根樂是猗樂復次喜是受陰攝樂是行陰攝入第二禪者若得成就第二禪善五陰名入第二禪離喜住捨乃至廣說問曰如離二禪欲時盡離第二禪法何故世尊獨說離喜答曰如佛說離喜當知已說離二禪法復次以喜難斷難除難過故復次以喜是重多諸過患故復次此法離二禪愛時多作留難令離欲法不相續如守門人不令他入彼亦如是復次行者為對治此法故修三禪定道復次行者憎惡此法故盡離二禪復次此法上地所無不行故以如是等事故佛說離喜住捨有念慧身受樂者身者是意身復次若說意受樂令四大身亦受樂是賢聖所說應捨者所說為他應捨者是自身問曰如一切地盡是賢聖所說應捨何故佛獨說第三禪應捨答曰以第三禪道多諸留難有自地留難亦有他地留難他地

道留難者第二禪喜漂沒輕躁猶如羅剎令行者於離二禪欲法而便褒退自地道留難者第三禪地有一切生死中寂勝樂行者生貪著故不求上地離欲法是故說道者為初行人說留難處第三禪道多諸留難謂第二禪喜汝等應脩正念離第二禪欲時莫為喜所漂沒自地留難者謂一切生死中寂勝樂汝等應以正慧除去貪著應求上地離欲法辟如商人為諸新學商人不知方土過患者說留難事此城中多諸婬女聚博飲酒欺誑之處汝等應遠離之勿令他欺刼奪財物永盡彼亦如是住念樂入第三禪者若得成就第三禪善五陰是名入第三禪斷樂乃至廣說問曰離第三禪欲時盡斷第三禪諸法何故唯說斷樂荅曰如佛說斷樂當知已說斷第三禪法復次以樂難斷難除難過故復次以樂是重多諸過患故復次此樂離第三禪愛時多作留難令離欲法不相續如守門人不令他入彼亦如是復次行者為對治此

法故脩第四禪定道復次行者憎惡此法故盡離第三禪復次此法上地所無不行故以如是等事故佛說斷樂斷苦者問曰離欲界欲時行者已斷苦根何故離三禪欲時言斷苦耶荅曰此中說已斷名斷說遠名近如已来名来如說大王從何處来彼已来名来此中說已来名来餘廣說如上此亦如是已斷名斷遠名為近復次此中說雙法畢竟斷故苦樂是雙離欲愛時雖斷苦樂而樂不畢竟斷離第三禪欲畢竟斷樂復次斷樂者是第三禪樂斷苦者是彼相應心心數法復次斷樂者是第三禪斷苦者是第三禪出入息賢聖以出入息作苦想甚於凡夫受阿毗地獄苦復次斷樂者是第三禪樂斷苦者亦是樂根如說無常故苦先滅憂喜者離欲愛時滅憂根離二禪欲時滅喜根故說先滅憂喜不苦不樂者說不苦不樂受捨者說行捨淨念者問曰下地無漏念亦是淨何故說第四禪念是淨耶荅曰第四禪念以無八事故名

淨謂無苦無樂憂喜覺觀出入息復次彼念無內外留難故下三禪中有內外留難初禪內留難者有如火覺觀外留難者為火所燒第二禪內留難者有如水喜外留難者為水所漂第三禪內留難者有如風出入息外留難者為風所散第四禪無內外留難復次以第四禪念不忘失故三禪為災所及念有忘失第四禪念不為災所及故無有忘失復次無煩惱及患故或有念無煩惱有患有念無患有煩惱有念無煩惱無患有念有煩惱有患無煩惱有患者三禪中無漏念無患有煩惱者第四禪中有漏念無煩惱無患者第四禪无漏念有患有煩惱者三禪中有漏念及欲界念復次以依所依清淨故第四禪所依身明淨猶如燈光如所依明淨故彼念亦明淨復次第四禪是滿足依諸依中寂勝地是到彼岸法復次第四禪是中依猶如齊上有三地無漏下有三地無漏復次第四禪是遍依不動定復次以第四禪有二事廣一處

所廣二善根廣復次第四禪處恒河沙諸菩薩等得正決定成阿耨多羅三藐三菩提一切菩薩盡依第四禪得正決定成阿耨多羅三藐三菩提復次以三種行入盡依第四禪入正決定得果盡漏三種行人者謂佛辟支佛聲聞復次以第四禪四大寂勝形色寂勝故復次以第四禪中念前世智從欲界至第四禪盡能緣以如是等事故佛說第四禪念名淨入第四禪者若得成就第四禪善五陰是名入第四禪

佛經說憂根以初禪滅苦根以第二禪滅問曰二根俱離欲時滅佛何故說憂根以初禪滅苦根以第二禪滅耶荅曰佛說過對治法離欲界欲時雖斷苦彼對治不名過若離對治初禪欲時彼對治名過誰是彼對治荅曰初禪是復次此中說性過離欲愛時雖斷苦根不過其性誰是其性荅曰識身是復次此中說過所依離欲愛時雖斷苦根不過所依離初禪欲時過其所依誰是所依荅曰識身是

復次此中說覺觀是苦賢聖於覺觀作苦想甚於衆生受地獄苦

佛經說均隨當知此勝四心數法定受現法樂行禪比丘應知入知起均隨當知此四無色寂靜解脫行禪比丘應當為他解說問曰何故說禪言知說無色言應當為他解說耶荅曰以禪是麁現見了了法行禪者從禪起復欲入禪佛作是說若欲入者隨意復入無色定微細不現見不了了行禪者從無色定起不欲復入佛作是說若不欲復入者出定入定之法應為他人而解說之莫忘失此法復次禪有種種不相似法故行禪者從禪出已復還欲入佛作是說若欲入者隨意而入無色定無有種種不相似法行禪者出已不欲復入是故佛作是說若不欲入者出定入定之法應為他人解說莫忘失此法復次禪中有多諸功德善利故行禪者出已復還欲入是故佛作是說若欲入者隨意而入無色定無多功德善利行禪者從彼定出不欲復入是故佛作是說若不欲入者應當為他人解說莫忘失此法復次禪遍照法能緣自地亦緣上下地行禪者出已復還欲入佛作是說若欲入者隨意而入無色定非遍照法能緣自地亦緣上地不能緣下地行禪者從彼定起已不欲復入是故佛作是說若不欲入者應為他人而解說之莫忘失此法

佛經說四禪有四善利四無色定有一善利問曰佛何故說四禪有四善利說四無色有一善利耶荅曰先所說諸荅此中應廣說更有二不同荅曰一以禪有三種謂有覺有觀无覺有觀無覺無觀故有四善利無色定唯無覺无觀故有一善利二以禪有種種根謂喜根樂根捨根故有四善利無色定無種種根唯一捨根故有一善利問曰禪善利有何差別荅曰名即差別是名為禪是名善利復次禪三種善染汙不隱沒無記善利唯善復次禪有漏無漏善利唯无漏復次禪是色界繫不繫善利唯不繫復次禪是學無學非學无學善利唯學

無學復次禪是見道斷脩道斷無斷善利非無斷禪善利是謂差別

佛經說四禪是牀座問曰何故佛說四禪是牀座荅曰以是高攝故高者高於欲界攝者攝諸善法復次為諸聖人疲肰生死道示其座處故如道行疲肰坐於牀座則得休息如是諸聖疲肰生死道坐於四禪牀座則得休息

佛經說四禪是涼風問曰何故佛說四禪是涼風荅曰能除止煩惱業熱故以初禪涼止欲界煩惱業熱以第二禪涼止初禪熱以第三禪涼止第二禪熱以第四禪涼止第三禪熱

佛經說四禪是食問曰何故佛經說四禪是食荅曰為滿法身故如村落中所有飲食送向城者皆為長養城中諸人身故如是禪中所有善根皆為長養法身故

佛經說婆羅門當知第四禪是畢竟道問曰何故佛捨三禪說第四禪是畢竟道荅曰彼婆羅門聞佛有一切知見復聞如來以第四禪成阿耨多羅三藐三菩提說第四禪是畢竟道便作是念若沙門瞿曇說第四禪是畢竟道者必定有一切知見便詣佛所到已問如是義佛知彼心所念便捨三禪說四禪是畢竟道彼人聞已生決定心必有一切知見婆羅門是亦名如來所行亦名如來現行法辟如野象於夏中時見地生青茂華草及諸池水心生欣踴以牙掘地然後安足如來亦尒亦以四禪行捨掘所知地而安智足如來道者是住舍摩陁如來所行者是住毗婆舍那如來現行法者是二俱住

佛經說四禪是樂住問曰何故佛說四禪是樂住耶荅曰以易生樂故根本禪以易生故是樂諸邊及無色定以難生故是苦有何難生耶荅曰為欲界煩惱業所縛故未至禪難生現在前如人牢固反繫其手多用功力然後自解如是為欲界煩惱所繫縛故多用功力生彼地道現在前或有以不淨觀起彼地道現在前或有以阿那波那念者以不淨觀者或於十年十二年中脩白骨想或有能起彼地者或有不能者以阿那波那念者或十年十二年中常數出入息或有能起彼地現在前者或不能者已斷欲愛不多用功力起初禪現在前異心滅起異心現在前麁心滅起細心現在前與覺俱心滅起與觀俱心現在前如人以木排木多用功力然後乃排如是初禪異心滅異心現在前麁心滅細心現在前與覺俱心滅與觀俱心現在前多用功力亦復如是若離初禪欲不多用功力起第二禪現在前離第二禪欲起第三禪現在前離第三禪欲起第四禪現在前亦復如是問曰若離第四禪欲起空處現在前亦不多用功力

何故不名樂道荅曰以無色定微細故或有說無無色定如梨毗婆居士往詣尊者阿難所作如是說我是在家之人長夜樂著色聲香味觸聞說無色定心生怖畏如臨深坑去何衆生而無有色復次以行時樂故辟如二人俱欲至一方一從陸道二從水

道雖俱到一方從水道行者樂從陸道行者苦如是無邊衆生得離欲時或依根本禪或依諸邊及無色定雖俱得離欲依根本禪者樂依諸邊无色定者苦復次若處所有二種樂謂受樂猗樂三禪中有二種樂第四禪中雖無受樂廣有猗樂勝於受樂復次有二種故一舊住樂二客樂舊住樂者如住禪起禪現在前客樂者如住禪起無色定現在前復次此中有不惱害衆生樂可得故如說若不惱害他是名為樂復次若起根本禪現在前則遍身四大柔耎若起諸邊現在前則遠心四大柔耎復有說者起諸邊現在前亦遍身四大柔耎但不如起根本禪現在前者辟如二人同一池澡浴一在其邊一入其中雖俱澡浴而入中者令四大潤益勝彼亦如是復次以有二法共在一處等俱生故二法者謂定慧也未至中間禪慧多定少無色定定多慧少根本禪生定慧等復次有二法等俱生故二法謂定精進精進雖一切地偏多以根本禪力故二法生時俱等復次斷有二種有多用功有不多用功諸邊無色定若有所斷則多用功根本禪若有所斷不多用功辟如二人乘馬俱至一方一乘調者一乘不調者雖俱至一方乘調馬者不多用功乘不調馬者則多用功如是諸衆生離欲時或依根本禪或依諸邊无色定若依根本禪者不多用功若依諸邊無色定者則多用功復次以脩道時得安樂故辟如多人渡河或因草束或因浮嚢或因舩或因舫雖從此岸俱渡到彼岸但乘舩渡者安樂彼亦如是以如是等事故佛經說根本禪是樂住如樂住觸住樂觸住亦如是四无量謂慈悲喜捨問曰何故禪次第說無量耶荅曰以無量從禪中生故復次以无量是禪中餘功德故以是事故禪次第說無量問曰无量體性是何荅曰慈悲是無恚善根對治於恚取其迴轉相應共有法體性是四陰五陰欲界者是四陰色界者是五陰問曰此二俱是無恚善根對治於恚慈對治何等恚悲對治何等恚耶荅曰恚或有欲煞衆生者或有欲打衆生者若欲煞衆生恚慈為對治欲打衆生恚悲為對治復次恚有二種一者應恚處而恚二者不應恚處而恚慈則對治應恚處而恚者悲則對治不應恚處而恚者喜是喜根取其迴轉相應共有法體是四陰五陰欲界是四陰色界是五陰問曰若喜體是喜根者波伽羅那所說云何通如說云何為喜荅曰喜相應受想行識及從彼起身口業從彼起心不相應行是名為喜為受還應受耶荅曰波伽羅那文應如是說喜相應想行識乃至廣說不應說受而不說者有何意耶荅曰誦者錯謬故復次波伽羅那說無量體性是五陰雖不與受相應而與餘數法相應復有說者喜自有體是心數法與心相應或有說者是喜根心數聚中可得或有說者是喜根後生捨是無貪善根對治於貪取其迴轉相應共有法體是四陰五陰欲界是四陰色界是五陰此是無

量體性已說體性其相云何荅曰體性即是相相即是體性諸法不可捨於體性別更說相尊者和須蜜說曰饒益相是慈除不饒益相是悲隨喜相是喜放捨相是捨

已說無量體相所以今當說何故名無量無量是何義荅曰對治戲論故名无量問曰若對治戲論是無量者戲論有二種一愛戲論二見戲論以何等无量對治何等戲論荅曰無量不能斷結或以無量對治於愛或以无量對治於見若取其近對治者慈悲是見近對治所以者何見行衆生多憙瞋恚喜捨是愛近對治所以者何愛行衆生多憙相親近復次對治放逸法故名無量放逸者是欲界諸煩惱誰是其近對治謂四無量復次是賢聖所遊戲處名為歡喜如富貴人有種種遊戲處如園林綵女遊獵等名歡喜處彼亦如是

界者在欲色界地者慈悲捨十地中可得謂根本四禪四禪邊欲界禪中間喜在三地欲界初禪二禪復有說者初禪第二禪無悲所以者何初禪第二禪喜是自地愛喜根是欣踊行悲是憂慼行若初禪第二禪有悲者則一心聚中有欣踊行亦有憂慼行問曰初禪第二禪無无漏馱行耶荅曰無漏馱行是實觀隨其實觀心則生喜隨其生喜則欲更知如人為寶故掘地隨其掘地則便得寶隨其得寶復欲更掘彼亦如是非是虛觀評曰應作是說初禪第二禪有悲所依者依欲界行者慈是樂行悲是苦行喜是歡喜行捨是放捨行緣者盡緣欲界緣聚緣衆生緣欲界五陰二陰衆生若緣住自心衆生則緣五陰若緣住他心及無心衆生是緣二陰復有說者初禪無量緣於欲界第二禪无量緣欲界初禪第三禪無量緣欲界初禪第二禪第四禪無量緣欲界初禪第二第三禪復有說者初禪无量緣欲界初禪乃至第四禪無量緣欲界乃至第四禪復有說者慈緣欲界初禪第二第三禪所以者何慈行樂行欲界三禪中有樂受故悲緣欲界所以者何悲行苦行欲界中有苦受故喜緣欲界初禪第二禪所以者何喜行歡喜行欲界初禪第二禪有喜根故捨緣欲界乃至第四禪所以者何捨行放捨行欲界乃至第四禪有捨故評曰如前說者好无量盡緣欲界緣聚緣衆生念處者盡與法念處俱智者盡與等智俱三昧者不與三昧俱根者揔與三根相應謂樂根喜根捨根世者是過去未來現在緣三世者過去緣過去現在緣現在未來必不生者緣三世必生者緣未來善不善無記者是善緣善不善無記者三種盡緣是三界繫不繫者是欲色界繫緣三界繫不繫者緣欲界繫學無學非學非无學者是非學非無學緣學無學非學非無學者緣非學非無學見道斷脩道斷無斷者是脩道斷緣見道斷脩道斷不斷者緣見道脩道斷緣名緣義者二俱緣緣自身他身及非身者是緣他身為是離欲得為是方便得者是離欲得亦是方便得離欲得者離欲界欲得初禪

者離初禪欲得第二禪者離第二禪欲得第三禪者離第三禪欲得第四禪者離四禪欲得者為是新得為是本得者亦是新得亦是本得聖人冣後身凡夫亦是新得亦是本得餘凡夫唯是本得方便得者以方便故起現在前佛不以方便起現在前辟支佛以下方便起現在前聲聞或以中方便或以上方便起現在前

問曰云何生起無量耶答曰慈因親分生行者欲起慈心時一切衆生盡作三分一作親分二作怨分三作非親非怨分親分復作三種謂下中上怨分亦尒非親怨分唯作一種上親分中有重恩者謂父母和上阿闍梨及餘尊重聰智慧梵行者於彼衆生先非樂觀此諸衆生皆令得樂此心堅強難調以從無始以來常習惡心於諸衆生故雖有如是重恩衆生猶不能令善心便住復強還迴此心令住彼法辟如有人以芥子打於錐鋒甚難可住習打不已後乃得住彼亦如是若能觀此上親衆生皆令得樂次觀中親衆生次觀下親若能都觀親分衆生皆令得樂次觀非親非怨分者次觀下怨次觀中怨次觀上怨衆生欲令得樂若能如是觀一切衆生皆令得樂如上親衆生於上怨衆生等無有異是則成就於慈悲喜亦尒捨因非親非怨衆生起所以者何捨親者生愛心捨怨者生恚心是故先捨非親非怨衆生次捨下怨次捨中怨次捨上怨所以者何恚心易却非愛心故次捨下親次捨中親次捨上親若於一切衆生能作如是捨觀者心則平等無所分別其猶如稱如觀樹林無有差別觀諸衆生亦復如是是則成就捨心

問曰何等人能起無量何等人不能起無量答曰人有二種一者憙求人過二者憙求人善若憙求人過者不能起無量所以者何乃至於阿羅漢身猶求其過為有何破何實何垢令我呵之若憙求他善者則能起无量所以者何乃至於斷善根人邊猶求其善問曰斷善根人無有諸善云何於彼人邊求其善耶答曰雖无現善有過去善業報令其身端正生於豪族言有威德多聞機辯取如是等相生於善念彼行妙好有如是果報

問曰此四無量為如說而生為說異生耶答曰或有說者如說而生所以者何行者先欲饒益衆生饒益衆生相是慈是故世尊先說慈心欲除不饒益除不饒益相是悲是故世尊次慈說悲若與饒益除不饒益次生歡喜歡喜相是喜是故世尊次悲說喜次捨衆生放捨相是捨是故世尊冣後說捨復有說者行者先起慈喜捨悲後起慈喜捨所以者何先除衆生不饒益事後與饒益次生捨喜次生捨尊者僧伽婆僻說曰二無量展轉相御若先起悲次必起喜所以者何悲是憂慼喜是歡喜若先起喜次必起悲所以者何喜是掉悲則制之評曰應作是說無量不如說而起所以者何行者或有先起慈乃至捨或有先起捨乃至慈或有得慈不得餘者或有乃至得捨不得餘者無量无有

順次逆次順起逆起如解脫除入一切入彼亦如是

問曰慈次第能起悲喜捨不耶答曰定揵度說云何心念慈三昧答曰衆生樂乃至云何心念捨三昧答曰衆生捨或有說此文是俱生行或有說是次第緣行若說是俱生行者慈次第能起悲喜捨若說是次第緣行者慈次第不能起悲喜捨問曰若不起初禪地無量能起第二禪地無量不耶乃至不起第三禪地无量能起第四禪地无量不耶答曰或有說者不能所以者何初禪地無量是第二禪地無量方便門所依乃至第三禪地无量是第四禪地無量方便門所依故復有說者能若行者於彼地得自在者即依彼地能起无量現在前問曰為初禪地無量後生第二禪地無量疾乃至第三禪地无量後生第四禪地無量疾耶為第四禪地無量後生第三禪地无量疾乃至第二禪地无量後生初禪地無量疾耶答曰第二禪地無量後生初禪地無量疾乃至第四禪地無量後生第三禪地無量疾非初禪地无量後生第二禪地无量疾乃至非第三禪地無量後生第四禪地無量疾如人先學梵書後學佉樓書疾非先學佉樓書後學梵書疾問曰初禪地無量次第能生第二禪地无量不耶乃至第三禪地無量次第能生第四禪地無量不耶答曰或有說者能初禪地无量次第生第二禪地無量乃至第三禪地無量次第生第四禪地無量復有說者不能所以者何無量必須方便方便必須自地相似方便起慈乃至起捨

觀有三種一别相觀二捴相觀三虛相觀别相觀者如觀地是堅相觀水是濕相觀火是熱相觀風是動相捴相觀者如十六聖行俱觀虛相觀者如不淨安那般那無量念解脫勝處一切入俱觀無量於三種觀中是虛相觀

問曰行者觀衆生樂時為以何處樂令衆生樂耶答曰或有說者以第三禪樂所以者何第三禪樂是一切生死中最勝樂故若作是說不起第三禪者則不能起無量復有說者過去世曾得第三禪樂以第三禪地念前世智觀彼樂已以彼樂令衆生樂若作是說若不得第三禪地念前世智則不能起無量復有說者以近所更樂如飲食樂乗樂衣裳樂卧具樂以如是等樂相令衆生樂尊者和須蜜說曰行者以何等樂令衆生樂答曰衆生有樂者以如是相令衆生樂若作是說慈則不能緣一切衆生所以者何一切衆生不必有樂復次衆生有樂根以如是相令衆生樂若作是說慈則不能緣一切衆生所以者何一切衆生不能於一切時起樂根現在前故復次衆生有飲食樂乗樂衣裳樂卧具樂以如是樂相令衆生樂若作是說慈則不能緣一切衆生所以者何一切衆生不必盡得如是樂故尊者佛陁提婆說曰以所知見樂取如是相以憐愍心令衆生樂如本方便時若依村住若依城住以日前分若入城村乞食見純受樂衆生或

乘象馬車舉而行或着耳璫珠環或以種種瓔珞嚴身猶如天子或見純受苦者如無衣裳飲食頭髮蓬亂手足坼裂執破瓦器從他家乞取如是樂苦衆生相速還住處洗足於所坐處結加趺坐令身心柔耎身無障礙心無障礙觀先所取相衆生樂者常令得樂衆生苦者令得先所見樂問曰所觀衆生不盡得樂云何此觀非顛倒耶答曰以其善故非是顛倒從饒益心起故從善心起故從憐愍心起故從正觀心起故與善根相應故與慚愧相應故非是顛倒顛倒有二種一體顛倒二緣顛倒彼觀雖是緣顛倒非體顛倒尊者和須蜜說曰不以住慈故令衆生樂但以此法作方便能制恚斷結尊者佛陀提婆說曰此觀當言不顛倒所以者何與恚相妨故

佛經說若以無怨無恚無害慈心善脩此心令廣大無量如是觀滿一方二方三方四方上方下方亦復如是皆以慈心觀一切處一切衆生問曰此慈緣於衆生何以說滿於一方耶答曰此經文應如是如是說若以無恚無害慈心善脩此心令廣大无量如是觀滿東方衆生南方西方北方衆生乃至廣說而不說者有何意耶答曰此中衆生以方名說如以器示器中物皆以慈心觀一切處一切衆生者問曰此无量觀為以方段為以衆生若以方段者此說云何通如說皆以慈心觀一切處一切衆生若以衆生者云何非得衆生海邊耶答曰或有說者以方段故問曰若然者此所說云何通如說皆以慈心觀一切處一切衆生答曰有二種一切有一切一切有少分一切此中說少分一切復有說者以衆生故問曰若然者云何非不得衆生海邊耶答曰若以此事得衆生海邊者復有何過但衆生海邊可得以捴故非別相如一切衆生皆是四生四生之外更無衆生復有說者佛無量盡衆生邊聲聞辟支佛無量以方段復有說者佛辟支佛无量盡衆生邊聲聞無量以方段評曰應作是說此事不定所以者何此是虛相觀或有盡衆生邊際者或有以方段者問曰為觀一衆生樂為觀多衆生樂答曰初起時觀多衆生所以者何無量是緣聚緣衆生法若後成滿時亦緣一衆生亦緣多衆生

佛經說諸比丘我於七歲中脩習慈心故七經劫成壞不來生此間世界壞時我生光音天世界成時我生空梵世中我曾為大梵天王諸梵中尊無勝我者於千世界而得自在三十六反為帝釋亦於無量世作轉輪聖王主四種兵常以正法降伏衆生成就七寶乃至廣說七歲中者謂七雨時古世好時菩薩為中國王彼國多熱去城不遠有林其地高涼生華果草木及諸流水皆悉具足夏熱之時城中村落人民皆捨居處趣彼林中各脩所業菩薩亦尒更以餘人鎮守於城自詣林中於高顯閑靜處離欲界欲起四无量於夏雨四月中遊四無量心夏熱已過天時轉涼是時人民捨彼樹林還詣居處各脩所業尒

時菩薩亦捨樹林還詣宮城以憐愍故設大法祀脩布施福業施沙門婆羅門諸貧窮作業者及行道人有来求者施其飲食衣服塗香房舍卧具象馬車乘及施燈明如是六反往彼林中或有說者第七反菩薩命行盡命終生光音天或有說者遭世界壞命終生光音天是故於七兩中名為七歲問曰若生梵世光音天中可尒所以者何是彼果是色界繫故言作帝釋轉輪王者云何可尒無量亦於欲界中受報耶荅曰菩薩起三地無量謂欲界地初禅地二禅地受欲界地無量報作轉輪聖王帝釋受初禅地无量報作大梵王受第二禅地無量報生光音天復次欲界有無量出定入定心受出入定心報故作轉輪聖王帝釋受無量報故生梵世光音天中復次欲界有無量方便受方便報故作轉輪聖王帝釋受无量報故生梵世光音天中復次欲界是一切善根種子界一切善根乃至滅定皆有相似法受無量善根相似報故作轉輪聖王帝釋受无量報故生梵世光音天中復次受法祠祀報故作轉輪聖王受持戒報故作帝釋受彼林中脩無量報故生梵世光音天中復次此經說三種福業謂布施持戒脩定福業如彼經說諸比丘我以三業報故令我有大威勢三業者謂施定戒施者是布施福業定者是脩定福業戒者是脩戒福業以布施福業報故作轉輪聖王以持戒福業報故作帝釋以脩定福業報故生梵世光音天中佛經說有三種福業謂布施福業持戒福業脩定福業云何布施福業若以物施沙門婆羅門乃至燈明是名布施福業云何持戒福業不煞於煞更不欲煞不盜不婬不妄語不飲酒亦如是是名持戒福業云何脩定福業常以無怨无恚無害慈心廣說如上悲喜捨心說亦如是是名脩定福業問曰何故色無色界善根唯說無量是脩定福業非餘色無色界善根耶荅曰世人以饒益為福想一切色無色界善根欲饒益他無有如无量者復次世人以福果為福想無量能生廣福果故如偈說

福火不能燒　風不能吹壞　能浮大地水
亦復不能漂　國王若盜賊　雖作諸方便
終不能劫奪　男子女人福　福藏最堅牢
終無有亡失

問曰如非福火亦不能燒何故但說福耶荅曰非福雖不燒燒非福果無量果不巳為火燒不當為火燒不尒為火燒

佛經說諸比丘蘇㕓哆弟子於一切時滿足學者身壞命終生梵世中或於一切時不滿足學者身壞命終生他化自在天或生化樂天或生兜率天或生夜摩天或生三十三天或生四天王或生剎利大姓婆羅門大姓居士大家或生如是等家饒財多寶倉庫盈溢之處問曰若然者蘇㕓哆則勝佛世尊所以者何蘇㕓哆弟子於一切時滿足學者身壞命終生梵世中於一切時不滿足學者身壞命終生他化自在天廣說如上世尊弟子於一切時滿足學者得生天中或

得涅槃於一切時不滿足學者身壞命終生惡道中荅曰於此事中不應說佛不如所以者何如世尊寂小弟子須陁洹則勝蘇尼哆身此乃是佛行菩薩道名蘇尼哆時事問曰世尊行菩薩道時勝成佛時耶荅曰應知彼經所以為以事作如是說蘇尼哆為諸弟子說梵住法得生梵天言一切時滿足學蘇尼哆弟子為梵住法勤行精進能生起者身壞命終生梵世中為梵住法勤行精進不能起者或生他化自在天乃至或生人中然古世時人好不因無量方便亦得生天何況為無量故勤行精進寂勝善根不生天人中耶世尊為諸弟子說逮解脫戒令得涅槃言應學是法世尊弟子於此學中不破不穿不越制度者得生天上及到涅槃世尊弟子於此學中破穿越制度者身壞命終生惡趣中以是事故此經說无量是滿足學尒時蘇尼哆心生是念我不應與諸弟子共生一處我應脩上慈生光音天中時蘇尼哆便脩第二禪地上慈身壞命終生光音天中問曰如蘇尼哆是近佛菩薩不應有法慳何以為諸弟子說生梵世法自生光音天荅曰彼觀弟子諸根有齊量故復次彼諸婆羅門長夜期心梵天隨順轉近欲生梵天是故為說生梵天法復次世無佛時無有能起第二第三第四禪地无量者唯除近佛菩薩問曰如上地無量明淨勝好何故說第二禪地慈名為上慈耶荅曰第二禪地慈於初禪地慈為上故復次於聲聞人邊慈勝故為上復次此慈於舊勝故為上復次世無佛時无有能起第三第四禪地无量者以佛力故佛諸弟子即依彼地起彼地慈是故尊者瞿沙作如是說彼二地慈非凡夫人以佛力故佛諸弟子能起彼慈問曰何故名梵住荅曰以梵世在初具有故未至禪雖在初不具有第二禪雖具有不在初初禪在初亦具有復次對非梵故名梵住非梵者謂欲界煩惱彼是近對治故復次對非梵行故名梵住非梵行者謂欲界婬欲誰是彼近對治謂四梵住法復次梵行者身中可得故名梵住復次世尊是梵彼梵顯現解說故名梵住復次以梵音梵語解說故名梵住復次諸梵脩此法得生梵世故名梵住問曰梵住無量有何差別荅曰或有說者無有差別所以者何四梵住即是四无量四無量即是四梵住復有說者名即差別是名梵住是名无量復次對非梵故名梵住對戲論故名無量復次梵行者身中可得名梵住無戲論者身中可得名无量復次對治非梵行故是梵住對治放逸故是无量復次在梵世者是梵住在上地者是无量復次在未至依梵世者是梵住在上地者是無量復次在未至梵世者是梵住亦名無量在上地者是無量復次曾所得者是梵住未曾得者是無量復次內道中所行者是梵住亦名無量外道中所行者是无量復次共者是梵住不共者是無量是故尊者瞿沙作是說梵住是共法凡夫聖人共故無量是不放逸不共法凡

天聖人不共故梵住無量是謂差別佛經說四種人得梵福云何為四若人於未曾起塔坊處能於此處以如來舍利起塔是名初梵福復次若人於未曾起聖衆精舍坊處能於是處起聖衆精舍是名第二梵福復次若如來弟子衆破還令和合是名第三梵福復次若人能脩四梵住法是名第四梵福辟喻者作如是說此經非如來所說此四亦非梵福所以者何此四果報不等故若人起大塔衆生處得道處轉法輪處般涅槃處若人聚小石積為塔此二福德等無異耶若人起大精舍如祇桓林竹林多摩沙林精舍若人起一重房其福等無異耶若和合如提婆達所破僧若和合俱舍弥鬬諍僧其福等无異耶四梵住是如來經所說亦是梵福阿毗曇者作如是說此經是如來所說亦是梵福問曰此果報何故不等答曰以所為等故若人於未曾起塔坊處為如來大梵故起大塔若人於未曾起塔坊處為如來大梵故起小塔以

所為同故其福無異若無聖衆精舍處起聖衆精舍若如來弟子衆破還令和合此俱為梵行故是梵福等無有異是三所為同故其福等無異復次以相似故若人脩四無量欲饒益無量衆生若於未曾起塔坊處以如來舍利起塔亦欲饒益無量衆生所以者何百千万億衆生以是如來塔故以香華伎樂末香塗香及幢幡蓋種種供具而供養之因是事故生善身口意業種豪族家因緣有大威德饒財多寶形容端正人所樂見或種轉輪王因緣或種帝釋因緣或種魔王因緣或種聲聞因緣或種辟支佛因緣或種佛因緣若脩无量欲饒益无量衆生若於未曾起聖衆精舍坊處起聖衆精舍亦為饒益無量衆生所以者何百千衆生以是如來弟子衆故以種種飲食作一日七日半月一月作般遮于瑟及與常會亦以牀座隨病藥資生所須而給與之令諸比丘讀誦脩多羅毗尼阿毗曇思惟其義生不淨安般念處暖頂忍世第

一法入正決定得果離欲盡漏因是事故種豪族因緣有大威德饒財多寶形容端正人所樂見或種轉輪王因緣或種帝釋因緣或種魔王因緣或種聲聞因緣或種辟支佛因緣或種佛因緣如脩無量饒益无量衆生如來弟子衆破還令和合亦欲饒益無量衆生所以者何若如來弟子衆破應入正決定者不入正決定不得果不離欲不盡漏不轉教不受不讀誦是時不能思惟脩多羅毗尼阿毗曇不能種聲聞辟支佛佛道因緣令三千大千世界法輪停止乃至首陁會天而有異心若僧破還令和合應入正決定者得入乃至首陁會天無有異心以如是相似事故俱是梵福復次若於未曾起塔坊處以如來舍利起塔有四事故名梵福一捨多財生大信心二令多衆生得種善根三都令成竟四安置如來舍利若无如來弟子聖衆精舍坊處始立精舍亦以四事故名梵福一捨多財生大信心二令多衆生得種善根三都令成

竟四無所依者為作所依無居處者為作居處若如來弟子衆破還令和合亦以四事故名梵福一離四種口惡業二行四種口善業三破非法四脩恭敬法若脩四無量亦以四事故名梵福一離憎愛二斷諸蓋三有彼果四是彼繫故問曰幾許名梵福荅曰或有說者若福業報能得轉輪聖王身梵福量亦如是復有說者若福業報能得帝釋身梵福量亦如是復有說者若福業報能得自在天王身梵福量亦如是復有說者若福業報能得梵王身梵福量亦如是復有說者以一切衆生福業威勢故令世界還成梵福量亦如是復有說者除近佛菩薩餘一切衆生所有富貴福業梵福量亦如是復有說者如梵天王請佛所得福業梵福量亦如是評曰梵福量無量無邊如上所說皆是讚歎梵福之言問曰梵天王請佛何時得梵福荅曰或有說者發心欲往請佛時不應作是說所以者何云何未作業而得福耶復有說者請佛時得梵福亦不應作是說所以者何梵天請佛時是欲界不隱沒無記心不隱沒無記心不能生報評曰應作是說梵天王請佛已還自本宮佛以梵天王請故而轉法輪五比丘及八万諸天皆得見諦是聲上聞梵天梵天王聞是聲已心生信敬我請佛故佛轉法輪令他得如是利益是時得梵福

阿毗曇毗婆沙論卷第四十二

阿毗曇毗婆沙論卷第四十二

校勘記

一　底本，金藏廣勝寺本。八三二頁中至八三三頁中共四版，原版殘缺，以麗藏本换。

一　八三二頁中一行至四行經名、造者、釋者、譯者、品名，資、磧、普、南、徑、清無（未换卷）。

一　八三四頁中八行第二字「名」，資、磧、普、南、徑、清作「不名」。

一　八三五頁上五行第七字「入」，諸本（不含石，下同）作「人」。

一　八三五頁上一四行「問田」，諸本作「問曰」。

一　八三五頁下三行「復還」，資、磧、普、南、徑、清作「徧還」。

一　八三五頁下一三行首字「曰」，資、磧、普、南、徑、清無。

一　八三五頁下末行「非学无学」，諸本作「非学非無学」。

一　八三六頁上九行「休息」，至此，資、

磧、普、南、徑、清卷第六十二終，卷第六十三始，資、磧、普、南有品名「使揵度十門品之十」；徑、清有品名「使犍度十門品第四之十」。

一　八三六頁中九行第八字「踊」，資、磧、普、南、徑、清作「躍」。

一　八三六頁中一五行「樂故」，資、磧、普、南、徑、清作「故樂」。

一　八三七頁上五行第七字「若」，麗作「苦」。

一　八三七頁上末行「偏多」，徑、清作「徧多」。

一　八三七頁中一三行「乘舩」，諸本作「乘舫」。

一　八三八頁中二行第八字「受」，麗作「愛」。

一　八三九頁上三行「四禪」，資、磧、普、南、徑、清作「第四禪」。

一　八三九頁上一七行第二字「非」，諸本作「作」。

一　八三九頁下八行第一二字「欲」，諸本作「次」。

一　八三九頁下一〇行第二字「説」，資、磧、普、南、徑、清無。

一　八三九頁下一三行「慈喜捨」，資、磧、普、南、徑、清無。

一　八三九頁下一五行第一一字「捨」，資、磧、普、南、徑、清無。

一　八四〇頁中一三行首字「須」，資、磧、普、南、徑、清作「以」。

一　八四〇頁中一八行「無量」，資、磧、普、南、徑、清作「念無量」。

一　八四一頁上四行「坼裂」，資、磧、普、南、徑、清作「拆裂」。

一　八四一頁上一六行第二字「住」，徑作「説」。

一　八四一頁中二行「如是如是」，諸本作「如是」。同行末字「無」，諸本作「無怨」。

一　八四二頁上五行末字「彼」，資、磧、普、南、徑、清無。

一　八四二頁下一〇行「爲火燒」，至此，資、磧、普、南、徑、清卷第六十三終，卷第六十四始，資、磧、普、南有品名「使揵度十門品之十一」；徑、清有品名「使犍度十門品第四之十一」。

一　八四三頁上七行第七字「事」，諸本作「何事」。

一　八四三頁中九行第一一字「好」，資、磧、普、南、徑、清作「妙」。

一　八四四頁上一一行「如來」，資、磧、普、南、徑、清作「如」。

一　八四四頁中四行「三所」，資、磧、普、南、徑、清作「二所」。

一　八四五頁中末行經名，資、磧、普、南、徑、清無(未換卷)。

趙城縣廣勝寺

阿毗曇毗婆沙論卷第四十三　䉼

迦旃延子造　五百羅漢釋

北凉天竺沙門浮陀跋摩共道泰等譯

使犍度十門品之七

如說若入慈定火不能燒刀不能傷毒不能害水不能漂不為他所煞問曰何故入慈定不為水火刀毒他人所煞耶尊者和須蜜說曰慈定是不害法故害法無能害者復次彼定有大威勢故威勢諸天皆來擁護害不能害復次禪定法不可思議神足法亦介復次入彼定時不住自心不住自心者不死不生尊者佛陀提婆說曰行者入慈定時色界四大遍此身中同為一體其猶若石是故無能害者問曰此悲喜捨定為害法所害不耶若害者何故入慈定不為害法所害入悲喜捨定為害法所害若不害者此中何故不說耶荅曰應作是說不害問曰若然者此中何以不說荅曰應說而不說者當知此說有餘復次已說在先所說中若說慈當知已說悲喜捨復次此現始入方便故如說慈悲喜捨亦如是復次入悲喜捨定時害法雖不能害出定時身有苦痛慈則不介復次入悲喜捨定害法雖不能害猶破肌皮慈則不介復次入悲喜捨定時不能害方便時則害慈方便時無能害者曾聞有人得欲界方便慈犯於王法時人縛送於王而白王言此人犯王法應加刑罰時王乘象執矟欲出城遊即讀經其人所作之罪王應手害時王瞋恚即以矟擲其人彼人見王瞋恚便起慈心以慈心故矟還向王身不遠落地王見是事心生恐怖而問彼人汝有何方道術耶人荅王言我無方道術見王瞋故便起慈心以慈心故害不害我以是事故知慈方便害不能害

佛經說脩行廣布慈心能斷恚脩行廣布悲心能斷苦脩行廣布喜心能斷不喜樂脩行廣布捨心能斷欲愛恚問曰無量為能斷結不耶若能斷者定犍度所說云何通如說慈斷何繫結荅曰無處所悲喜捨斷何繫結

問曰無處所若不能斷者此經云何通答曰應作是說无量不能斷結問曰若然者定揵度所說善通此經云何通答曰此經說須臾斷斷有二種一須臾斷二畢竟斷以須臾斷故佛經說斷以畢竟斷故阿毗曇說不斷是二所說俱為善通如須臾斷畢竟斷有片斷無片斷有影斷无影斷有餘斷無餘斷制斷根本斷當知亦如是問曰若無量不斷結者異經說復去何通如說比丘修慈心定若不勝進餘法必得阿那含果乃至捨心亦如是答曰此中佛說無漏聖道是慈世尊或說聖道是想或說是受或說是意或說是證或說是信進念定慧或說是栰或說是石或說是水或說是華或說是慈悲喜捨何處說是想乃至是華廣說如雜揵度復次常以慈心常觀慈心為求慈心故離於欲愛或是凡夫或是聖人若是凡夫離欲愛已得慈心定彼於後時入正決定得阿那含果若先不離欲入正決定者若得須陁洹果若得斯陁含果所以得阿那含果者以慈定力故若是聖人離於欲愛得慈心定亦得阿那含果以是事故佛作是說比丘修慈定得阿那含果但無量不能斷結如慈悲喜捨亦如是

佛經說脩行廣布慈心斷恚修行廣布捨心斷欲愛恚問曰慈斷何等恚捨斷何等恚耶答曰有欲煞他恚有欲打他恚慈斷欲煞他恚捨斷欲打他恚復次恚有二種或有應恚處而恚或有不應恚處而恚慈斷應恚處恚捨斷不應恚處恚如是等恚是慈所斷如是等恚是捨所斷

佛經說脩行廣布不淨想斷欲愛脩行廣布捨心斷欲恚問曰不淨想斷何等愛捨心斷何等愛答曰愛有二種一婬欲愛二境界愛不淨想斷婬欲愛捨心斷境界愛復次有色愛形愛不淨想斷色愛捨心斷形愛復次有觸愛有容儀愛不淨想斷觸愛捨心斷容儀愛不淨想斷如是等愛捨心斷如是等愛佛經說脩與慈俱念覺枝能得離得無欲得滅捨生死悲喜捨心俱說亦如是問曰無量是有漏念覺枝是無漏去何有漏法與無漏法俱耶尊者和須蜜說曰無量令心調伏質直任用已次生覺枝生覺枝後復生無量故而作是說但有漏法俱

問曰無量中何者最勝答曰或有說者慈勝所以者何慈是不害法故復有說者悲勝所以者何佛以悲故為衆生說法復有說者喜心勝所以者何喜斷不喜樂法故復有說者捨心勝所以者何捨能斷欲愛恚故尊者佛陁提婆說曰捨心最勝所以者何以二事故一以所作二以寂靜所作者脩行廣布捨心斷欲愛恚寂靜者不分別衆生故

問曰何故說大悲不說大慈大喜大捨耶答曰應說一切佛身中所有功德皆應言大所以者何佛有无量憐愍饒益衆生心故但不應作此問所以者何若悲即是大悲可作是問但悲異大悲異故不應作是問問曰若悲異大悲異者悲與大悲有何差別

荅曰名即差别是名悲是名大悲復次悲是無恚善根大悲是无癡善根復次悲在四禪大悲在第四禪復次悲聲聞辟支佛佛盡有大悲唯佛有復次悲是无量所攝大悲非無量所攝復次悲對治恚不善根大悲對治癡不善根復次悲緣欲界大悲緣三界復次悲緣為欲界苦所苦衆生大悲緣為三界苦所苦衆生復次悲緣為苦苦所苦衆生大悲緣為三苦所苦衆生復次悲緣身苦衆生大悲緣身心苦衆生復次悲悲衆生不能救大悲悲衆生能救辟如二人臨河而坐有人為水所漂一人舉手而言此人喪失而不能救第二人褰衣入水救濟其人令得出水悲與大悲亦復如是尊者和須蜜説曰悲與大悲有何差别荅曰一名為悲二名大悲復次體有差别一是無恚善根體二是無癡善根體復次地有差别悲在四禪大悲在第四禪餘廣説如上尊者佛陁提婆説曰大悲是佛在第四禪是不共法深遠微細遍一切處一切衆生無有怨親聲聞辟支佛悲不能緣色無色界悲大悲是謂差别問曰何故名大悲耶荅曰拔濟大苦衆生故名大悲大苦者謂地獄餓鬼畜生苦復次拔濟貪欲瞋恚愚癡大汙泥衆生安置平坦道果中故名大悲復次令諸衆生生大利益事故諸衆生以身口意善業故種豪族因緣有大威勢饒財多寶形色端正或種轉輪聖王帝釋自在天王因緣或種聲聞辟支佛佛道因緣者皆是大悲力故復次以大法得故名大悲非如聲聞辟支佛道或以一齋或以一説或以一食等施人故而得行大布施於一切處施一切人一切可愛物而得故名大悲復次以大方便得故名大悲非如聲聞道六十劫行方便道而得辟支佛百劫行方便佛於三阿僧祇劫行百千難行苦行而得故名大悲復次依大身而住故名大悲非如聲聞辟支佛道依諸根不具身而得若身有三十二大人相莊嚴八十隨形好身光一尋觀無猒足住如是身中故名大悲復次與大樂相違故名大悲佛有甚深明淨不共法捨如是等法樂經過百千万鐵圍諸山為他人説法皆以大悲力故名大悲復次令大人作難作事故名大悲世尊或現作師子像或現作女人像或現作力士像或現作執樂人像或現作乞人牽難陁辟遍至五趣於央掘魔羅前或近或遠成就增上慙愧衆生為化女人故示其陰藏示輕躁相出舌覆面乃至駿際示現如是難作之事皆以大悲力故言大悲復次能動大捨山故佛有二種不共住法一是大悲二是大捨若如來住不共大捨時無有是處以分别故説假令一切衆生熾然猶如火燒薪積者如來猶不視之若如來住不共大悲時見諸衆生受苦惱時如那羅延堅固之身戰動如芭蕉葉故名大悲

如毗尼説佛以遍慈為衆生説法問曰佛以遍慈愍於衆生衆生為得樂不耶若得樂者地獄餓鬼畜生及諸苦厄衆生何不離苦得樂若不得樂

者此偈云何通如偈說

鬼神以惡心　而来趣向人　雖未加毒害
心已懷恐怖

如鬼以惡心来尚能生苦何況如来善心而不生樂荅曰應作是說能令衆生樂問曰若然者偈義善通地獄餓鬼畜生及諸苦厄衆生何不離苦得樂荅曰佛觀衆生業有可轉者有不可轉者若可轉者慈則濟之若不可轉者慈不能濟復有說者不能令衆生樂問曰若然者毗尼說云何通如說佛以遍慈為衆生說法荅曰佛遍慈有種種或現神足或現他所愛事或以藥草與他或以迦陵觸觸之或以安樂影覆以神足者曾聞佛住王舍城迦蘭陁竹林時有居士請佛及僧食尒時世尊以日前分著衣持鉢與諸比丘入王舍城時王阿闍世親近惡友提婆達多故以酒飲陁郁波羅象令其狂逸欲害如来尒時如来舉右手五指化作五師子王時象見之心懷恐怖便欲還走顧視其後有大深坑便梘左右有大高舍仰視空中有大方石石出火焰復四面顧視皆有猛焰唯見世尊足邊清涼象見是已醉心醒悟尒時世尊滅五師子即前以鼻摩世尊足世尊以相好莊嚴手摩其頂上以象語而為說法諸行無常諸法無我涅槃是寂滅法汝應於我生信敬心當脫畜生身象聞是語不復飲食即便命終以清淨心故生三十三天復以天身来詣佛所佛為說法得見真諦便還天宫時世皆言世尊遍慈乃至及陁郁婆羅此中遍慈者謂神足是餘處亦以遍慈而現神足曾聞世尊遊行力士國至波早城住耆留迦林波早城中諸力士等聞佛在彼即共集議我等皆應盡詣佛所若不往者當罰五百兩金尒時有一力士名曰盧遮無有信心有大威勢饒財多寶不欲詣佛心作是念我能輸五百兩金但違親屬此事不可時諸力士盡共同時往詣佛所到已頂札佛足尒時阿難見盧遮力士而語之言汝盧遮善来見佛世尊為世福田不久當於娑羅雙樹林中而滅其身質直少於諂曲語阿難言我今来者不為見佛但隨順親屬故来具以前事向阿難說尒時阿難牽盧遮辟前詣佛所而白佛言此盧遮力士不信佛法僧唯願世尊為其說法令於佛法僧生信尒時世尊作是思惟是盧遮力士是愛行人貪著境界若直為說法則不信解世尊以憐愍心現神足力即於彼處化作一沸屎坑臭穢不淨加有火焰從其中出有如是聲而作是言若盧遮力士不從佛受法生信心者身壞命終當生此中時彼力士見聞是事心大恐怖在佛前坐佛為說法即生信心歸佛歸法歸比丘僧時世皆言世尊遍慈乃至及盧遮力士此中遍慈者謂神足是

或現他所愛事者曾聞佛住弥絺羅國摩訶提婆菴羅林中時有婆羅門婦名婆肆吒一時喪失六子追念子故羸形狂走至摩訶提婆菴羅林中尒時世尊與無量百千眷屬圍遶說法法應如是狂者見佛必得正念尒

時婆肆吒以見佛故還得正念心生慙愧曲身而坐尒時世尊告阿難言汝可與婆肆吒衣我當為其說法阿難即與其衣時婆肆吒著衣已礼佛而坐尒時世尊作是思惟假令恒沙諸佛為其說法以愁惱故終不信解世尊憐愍故以神足力化作六子彼婦人見諸子已心作是念我為此諸子故心生愁惱今得見子無復愁惱尒時世尊隨其所宜而為說法得見真諦世人皆言世尊遍慈乃至及婆肆吒此中遍慈者現他所愛事餘處亦現他所愛事名為遍慈曾聞佛住舍衛國時舍衛國有一婆羅門稻田成熟垂當收刈令一子守時天降雹傷其稻田又害子命婆羅門以傷稲田喪失子故倮形狂走至祇陁林中尒時世尊與百千眷屬圍遶說法法應如是狂者見佛必得正念尒時婆羅門以見佛故還得正念在佛前坐尒時世尊作是思惟假令恒沙諸佛為其說法以愁惱故終不信解世尊憐愍故以神足力化作稻田及所愛子其人見已心作是念我為稻田所愛子故心生愁惱今得見之無復愁惱尒時世尊隨其所宜而為說法得見真諦世人皆言世尊遍慈乃至及婆羅門此中遍慈者現他所愛事以藥草與他者曾聞佛在婆尸國遊行至波羅柰國仙人住處施鹿林中尒時波羅柰國有一居士名摩訶先鞞其婦名摩訶先尼時彼居士夫婦請佛及僧當施一切所須資產之物尒時有一比丘服吐下藥發其風病醫處當服肉汁香病比丘即以是事往告摩訶先尼時摩訶先尼勑使持錢買肉作汁與彼比丘其日梵摩達王生子歡喜宣令不煞時婢遍波羅柰城求肉不得還白大家尒時摩訶先尼作是念我請佛及僧施一切所須資產之物彼病比丘若不得肉者或因此病而死復作是念世尊本行菩薩道時數數為他命故以自身肉布施今我亦應如菩薩法以自身肉施他即入靜室自持利刀割其髀肉與婢令辦肉汁施病比丘時婢如勑成熟肉汁施病比丘尒時比丘不憶念故即便服之所患即除尒時摩訶先尼身體苦痛不安一處尒時摩訶先鞞從外來入不見其婦問其家人摩訶先尼今在何所家人答言今在舍內身體苦痛不安一處具說上事尒時摩訶先鞞極生瞋恚而作是言沙門釋子不知時宜又無猒足雖施者無量受者應當知量當以是事往白世尊即詣佛所尒時世尊百千眷屬圍遶說法世尊妙色見者歡喜居士以見佛故恚蓋即除心生歡喜便作是念我今不應以是事白佛當請佛及僧至我家中乃當說之即頭面礼佛在一面坐佛說法訖即從座起正衣服偏袒右肩合掌白佛而作是言唯願世尊及比丘僧於我家食尒時世尊默然受請摩訶先鞞知佛許已礼佛而退還家即夜辦具餚膳種種所須晨朝敷座遣使白佛飲食已具唯聖知時尒時世尊以日初分著衣持鉢將比丘僧入摩訶先鞞舍坐所敷座佛知故問摩訶先尼今何所在

其夫荅言今在舍内身體苦痛不安其所佛告居士往語汝妻世尊喚汝世尊善知内緣起法亦復善知外緣起法即以神力至香山中取塗斫創香藥與摩訶先尼使用塗創即得除愈時彼創處肌毛皮色平復如故尒時摩訶先鄉往至其妻摩訶先尼所而語之言世尊喚汝妻便荅言居士當知世尊神力不可思議汝語我言世尊喚汝如是時聞我身創苦平復如故是時夫妻倍加信敬共詣佛所頭面礼佛在一面坐尒時世尊隨冝說法俱得見諦世人皆言世尊遍慈乃至及摩訶先尼是中遍慈者謂以藥草與他餘處亦以藥與他曾聞波斯匿王斷賊手足擲棄塹中尒時世尊以日初分著衣持鉢入舍衛城乞食時賊見佛舉聲大喚我今苦厄願見哀愍世尊善知内緣起法亦復善知外緣起法即以神力至香山中取塗斫創香藥塗其創上苦痛即除亦為彼賊隨冝說法即得見諦世人皆言世尊遍慈乃至及賊此中遍慈者以藥草與他以迦陵伽觸觸者曾聞佛住王舍城耆闍崛山如来住山一邊提婆達多住一邊尒時提婆達多患於頭痛晝夜不得眠寐極用苦惱尒時阿難具以白佛尒時如来如申象王鼻辟穿耆闍崛山以迦陵伽觸摩提婆達多頭作至誠言我於羅睺羅提婆達多心無增減此言誠實者提婆達多頭痛當除以誠言故提婆達多頭痛即除時提婆達多作如是念此是誰手知是佛手而作是言快哉悉達善知醫方可以自活世人皆言世尊遍慈乃至及提婆達多此中遍慈以迦陵伽觸餘處亦有迦陵伽觸曾聞世尊巡行房舍至一房内有一病比丘不能起居卧糞穢中見佛世尊高聲而言世尊我今無依無救佛告病比丘汝不以三界世尊故而出家耶荅言如是佛告病比丘汝以我故出家何以言無依无救病比丘汝不病時頗曾瞻養病比丘不荅言不也佛告病比丘汝不瞻養他故今使汝若此尒時世尊自去身衣從草敷中起病比丘復以竹片刮其身上糞穢以白土泥洗帝釋注水尒時世尊除其糞穢更塗房舍浣所汙衣更敷新草以所食半食而以飯之復以迦陵伽觸手摩其頂上時病比丘苦痛即除佛隨冝為其說法即得阿羅漢果世人皆言世尊遍慈乃至及病比丘此中遍慈者以迦陵伽觸

以安樂影覆者曾聞佛共尊者舍利弗一處經行時有一鳥為恐怖逼切故趣舍利弗影猶故恐怖舉身戰慄復趣佛影中恐怖即除止不戰慄尒時尊者舍利弗合十爪指掌而白佛言世尊此鳥在我影中恐怖戰慄在世尊影中止不恐怖戰慄佛告舍利佛汝於六十劫中習不煞心我於三阿僧祇劫習不煞心故世人皆言世尊遍慈乃至及鳥此中遍慈者以安樂影覆餘處亦以安樂影覆曾聞愚癡毗琉璃王毀壞如天宮迦毗羅城斷諸釋命將五百釋女還舍衛國共昇高樓向諸釋女而自歎譽諸釋勇健心懷憍慢我已煞之諸女荅言所

以為汝煞者為戒所縛故時王瞋恚諸釋慢心而今猶有即斷五百釋女手足擲城塹中極大苦惱諸釋女等各作是念我等苦惱世尊豈不憐我等佛知諸女心之所念亦以大悲心故往到其所起世俗心帝釋可以衣覆此諸女尒時帝釋知佛心念即以天衣覆此諸女佛放光明遍諸女上佛光觸故苦痛即除亦隨宜為說法時諸釋女皆得見諦身壞命終生三十三天世人皆言世尊遍慈乃至及諸釋女此中遍慈者以安樂光覆佛經說脩行廣布慈心報不過遍淨脩行廣布悲心報不過空處脩行廣布喜心報不過識處脩行廣布捨心報不過無所有處問曰慈報不過遍淨可尒所以者何是彼果是彼繫故餘三無量是色界繫善根可於無色界受報耶荅曰此義味弥勒下生乃當顯說復有說者尊者奢摩達多能知此義時入定故尊者迦旃延子不問此義復有說者世尊為教化衆生故無色定以無量名說若以無量名

說無色定者受化者則易悟解如受化者應聞解脫以方名說而得悟解佛即以方名說解脫復有說者無色定對治覺支以無量名說第三禪對治覺支以慈名說空處對治以悲名說識處對治以喜名說無所有處對治以捨名說復有說者以相似故慈行樂行樂受從欲界乃至第三禪可得故悲行苦行色處則有斷手足耳鼻頭苦空處呵責於色喜行歡喜識處起識現在前心則多喜捨行放捨無所有處說名捨觀以如是等相似事故而作是說復次以樂住彼處故或有樂觀慈心以慈心故求離欲起初禪現在前心不喜樂有餘求心不能住意離初禪欲起二禪現在前亦如是若離第二禪欲起三禪現在前便生喜樂受無餘求能令意住或有樂觀悲心故離欲愛乃至離第三禪愛起第四禪現在前廣說如上若離第四禪愛起空處現在前心不喜樂廣說如上若離空處愛起識處現在前心則喜樂廣說如上或有樂觀於

捨心捨心故求離欲愛乃至離空處愛起識處現在前心不喜不樂廣說如上若離識處愛起無所有處現在前心則喜樂廣說如上是故以樂住彼處故作如是說復次隨順故作如是說從第三禪起欲界諸根四大潤益隨順慈心從慈心起欲界諸根四大潤益隨順第三禪從空處定起欲界諸根四大潤益隨順悲心從悲心起欲界諸根四大潤益隨順空處定從識處定起欲界諸根四大潤益隨順喜心從喜心起欲界諸根四大潤益隨順識處定從无所有處定起欲界諸根四大潤益隨順捨心從捨心起欲界諸根四大潤益隨順無所有處定是故以隨順故而作是說復次為對治外道故外道於無色定作解脫想謂無身無邊意淨聚世塔為對外道如是想故無色定以无量名說是故尊者瞿沙作如是說外道於滅盡法中愚計無色定以為滅盡為對外道故是以佛經說無色定無量俱非解脫等無有異

四無色定無邊空處无邊識處無所有處非想非非想處問曰何故作此論荅曰為止併義者意故如毗婆闍婆提說無色界有色育多婆提說無色界無色問曰毗婆闍婆提為信何經言无色界有色耶荅曰依佛經佛經說名色緣識無色界有識故亦應有名色餘經亦說壽暖氣識此三法常相隨不相離無有分散各在異處無色界有壽識故亦應有暖氣餘經復說比丘當知若除色受想行識說有來有去有生有死有住者不應作是說無色中有識故亦應有識住處亦說過難若當無色界無色者欲色界命終生無色界或經二万劫色斷或經四万劫色斷或經六万劫色斷或經八万劫色斷若無色界命終還生欲色界久遠斷色還與色相續如是入無餘涅槃界久遠滅行亦應還與行相續欲令無如是過故說無色界有色問曰育多婆提依何經說無色界無色耶荅曰依佛經佛經說寂靜解脫過於色入如是無色定身作

證若說過色入無色定當知無色界無色餘經亦說以色離欲以无色離色離一切心法離一切所作入滅盡涅槃若說離色界入無色界當知無色界無色如說禪經說若有色若有受若有想若有識當觀此法如病乃至廣說如說無色定經說若有受若有想若有行若有識當觀此法如病乃至廣說若說禪時說色若說無色定時不說色以是事故知無色界無色亦說過難若無色界有色者則不應施設次第滅法若無次第滅法亦無畢竟滅法若無畢竟滅法則無解脫出要欲令無如是過故說無色界無色如是一說無色界有色一說無色界無色此二說中何者為勝荅曰育多婆提所說無色界無色者勝問曰育多婆提云何通毗婆闍婆提所依經荅曰彼經是未了義是假名有餘意問曰彼經有何義未了有何義假名有何餘意耶荅曰佛經或說欲界法或說色界法或說無色界法或說欲色界法或說色無色界法或說

三界法或說非三界法說欲界法者如說三界說欲界恚界害界三覺欲覺恚覺害覺三想欲想恚想害想說色界法者如說四禪說無色界法者如說四無色定說欲色界法者如此經說說色無色界法者如說定如說色界欲有色有無色有說非三界法摩㝹摩說三界法者如欲界色界無者如說我今當說涅槃及趣涅槃法如說名色緣識當知此說欲色界法所以者何欲色界有色故名色為識作緣無色界無色故名為識作緣此是通彼經若如彼經說者彼經說六入緣觸無色有觸亦應有六入如經說壽暖氣識常相隨不相離乃至廣說此經亦說欲色界法所以者何欲色界有暖氣故三法常相隨不相離無色界無暖氣壽識二法常相隨不相離此是通彼經若如彼經說者彼經說此三法常相隨不相離無有分散各在異處而此法可施設在異處或在陰中或在界中或在入中在陰中者暖氣是色陰壽是行陰識是識

陰在界中者暖氣是觸界壽是法界識是七心界在入中者壽是法入暖氣是觸入識是意入以是事故彼法可施設各在異處是故不應盡依彼經說應解其義如經說比丘當知若除色受想行識說有來有去有生有死有住者不應作是說者此經亦說欲色界法所以者何欲色界有色故識依此四法而住無色界無色故識依三法而住此是通彼經若如經說者餘經亦說一切衆生皆依食存色無色界亦有摶食耶彼說過難復云何通答曰此不必須通所以者何此非脩多羅毗尼阿毗曇若必欲通者有何意耶答曰如我義色續色色續無色无色續無色無色續色色續色者如欲色界命終還生欲色界色續無色者如欲色界命終生無色界無色續無色者無色界命終還生無色界無色續色者無色界命終生欲色界問曰若然者如欲色界命終生無色界或經二万劫色斷或經四万劫或經六万劫或經八万劫色斷若無色界命終還生欲色界久遠斷色還與色相續者如是入無餘涅槃界久遠滅行亦應還與行相續答曰斷有二種有須臾斷有畢竟斷若須臾斷者還相續若畢竟斷者不相續問曰毗婆闍婆提云何通育多婆提所依經答曰彼作是說彼經是未了義是假名有餘意問曰有何義未了有何假名有何餘意答曰彼作是說經說過色入無色者過於麁色入於細色無色界有色而細經說以色界離欲界而色界有色以無色界離色界而無色界亦應有色問曰若色界以離欲界色故名離欲界者此事可尒但色界以離欲故名離欲界而色界無欲是故此事不尒亦非通經說禪經說無色定經及說過難則不能通然毗婆闍婆提所說是無明果闇果癡果不勤方便果說無色界有色而無色界無色是故為止他義欲顯已義亦欲說法相相應義故而作此論莫止他義亦莫為顯已義但欲說法相如實義故而作此論

四無色定無邊空處无邊識處無所有處非想非非想處云何空處波伽羅鄉說云何空處答曰空處有二種謂定生及生彼中不隱沒無記受想行識是名空處如空處識處無所有處非想非非想處說亦如是定者是無色定生者是無色界生及生彼中不隱沒無記受想行識者是無色報佛經說云何空處過一切色想滅有對想無種種想思惟入無邊空處是名空處問曰色想是眼識相應想離初禪欲時已過何故此處說過色想答曰此中說過所依名過過有二種一過依二過所依離初禪欲時過色想依離第四禪欲時過色想所依復次此說過所行過有二種一過所斷二過現行離初禪欲時過所斷色想離第四禪欲時過現行色想復次此說過住處過有二種一過欲愛二過住處離初禪欲時過色想欲愛離第四禪欲時過色想住處復次生第四禪中以眼識故起色愛現在前以是事故說過一切色想滅有對想者問

曰有對想者是耳鼻舌身識相應想彼或有離欲時滅者或有離欲時不滅者何故言此處滅有對想答曰先所說答此中盡應說之復有說者有對想者名恚相應想問曰離欲愛時滅有對想何故此處說滅有對想答曰滅所為事故諸所為事能生恚想者離第四禪欲時都滅無種種想思惟者云何種種想思惟謂第四禪中諸散想問曰何故名種種想答曰此想緣種種入故染汙者緣十入不染汙者緣十二入問曰何故說無種種想思惟答曰種種想離第四禪欲時極作留難令離欲法不相續如守門人不令他入彼亦如是是故佛作是說不應思惟種種想應離第四禪欲無邊空處者問曰何故名無邊空處為以自體為以所緣若以自體者自體是四陰非無邊空若以緣者則緣四諦虛空非數滅答曰應作是說非以自體亦非以緣故以方便故如施設經所說以何方便求無邊空處定答曰初行者若觀垣頭空若觀樹頭空若觀屋上空取如是空相已觀是虛空作如是想作如是觀察以緣空故生於彼定是故名空處定復次法應如是離色初地必名空處行者先觀上色地離下色地欲離第四禪欲時觀空處四陰離第四禪欲是故彼中作虛空想如人上樹緣上枝捨下枝若至樹頭更無上枝便作空想彼亦如是復次以依故說名空處所以者何從彼定起猶有餘依曾聞有一比丘得空處定從彼定起捫摸虛空餘比丘問言為何所求答言我求我身比丘說言汝身即在牀上入空處定者若得成就空處善四陰是名為入云何無邊識處過一切空處入識處定是名識處問曰何故名識處為以自體為以所緣若以自體體是四陰若以所緣者則緣四諦虛空非數滅答曰非以自體亦非以所緣但以方便故如施設經說云何方便求識處定答曰初行者取淨眼耳鼻舌身意識取是相已思惟觀察於識以方便觀識故生識處定復次以餘依故從識處定起識則歡喜入者若得成就識處定善四陰是名為入云何無所有處答曰過一切識處更無所有入無所有定問曰有何無所有耶答曰彼有無我無我所問曰一切地盡無我无我所答曰雖一切地無我無我所見無我今我見麤劣穿薄少苦无勢莫如無所有觀者復次彼中無常恒不變故名无所有復次无覆無依無救故名無所有復次無所有名无邊行彼中無故名無所有尊者和須蜜說曰此定是無所屬法故名無所有如說我不屬彼彼不屬我故名无所有入者若得成就無所有處善四陰是名為入佛經說無所有處是捨問曰何故佛經說無所有處是捨答曰聖道是捨彼是最後可得處是故名捨尊者和須蜜說曰無邊行是麤觀離彼歡喜得寂靜故名捨尊者佛陀提婆說曰更不念無邊行心無勢用而住於捨云何非想非非想處答曰過一切無所有處入非想非非想處是名非想非非想處問曰何故

名非想非非想處答曰無了了想相無了了無想相无了了想相者無如七想定相無了了無想相者無如滅盡定無想定相而彼想癡騃不了了不決定故名非想非非想入者若得成就非想非非想處善四陰是名入欲界非想非非想處无無漏問曰何故欲界非想非非想處无無漏耶答曰非其田器乃至廣說復次對治有根本故有根本有二一是欲界二是非想非非想處无漏道是有根本對治故不同一處復次對治二邊故邊有二種一是欲界二是非想非非想處無漏道對治二邊故住於中道復次欲界是不定界非離欲地非脩地非想非非想處是愚騃不了了不決定不猛利聖道是定是猛利復次欲界掉偏多非想非非想處定偏多聖道定慧多復次非想非非想處不決定如疑聖道決定

佛經說禪名入說無色定名過問曰何故佛經說無色定名過不說禪耶答曰佛經亦說禪名過如優陁耶經說優陁耶比丘離欲惡不善法有覺有觀離生喜樂入初禪優陁耶我亦說此法是不足是斷是過乃至第四禪說亦如是問曰唯一經中佛說禪是過諸經中多說無色定是過答曰以禪有種種不相似相故不名為過無色定无種種不相似相故說名過復次禪中多說功德善利不名為過無色定中無多功德善利故說名過復次禪是麁是現見不名為過無色定微細難見故說名過復次禪是遍照法緣於上地亦緣下地亦緣自地故不名為過無色定雖緣自地亦緣上地不緣下地故說名過復次以禪有往来躁動生欲界中不死不生以神足力到第四禪第四禪中亦来欲界似如不能有所過故不名為過無色定無来去故說名過復次禪有中有擾亂故欲界中乃至第四禪中有現在前第四禪乃至欲界中有現在前無色中無中有故說名過復次禪中生上起下地心現在前如識身變化心不名為過無色定生上不起下地心現在前故說名過復次禪生上有下地法相續如識身變化心不名為過無色定生上無下地相續法故說名過以如是等事故說無色定是過不說於禪空處壽二万劫識處壽四万劫無所有處壽六万劫非想非非想處壽八万劫問曰何故無色界生處或增倍壽或不增者答曰彼有介許報因勢故有介許報復次空處識處有無邊行亦有餘行空處无邊行報壽万劫餘行報壽万劫識處二万劫是無邊行報二万是餘行報上地無無邊行故無報復次以空處識處有定有恵空處定報壽万劫恵報壽万劫識處定報壽二万劫恵報壽二万劫上地恵少故報亦少復次無色生處二万劫是定壽以離欲故一地增二万劫壽識處二万劫是定壽二万劫是離空處欲壽無所有處二万劫是定壽四万劫是離空處識處欲壽非想非非想處二万劫是定壽六万劫是離空處識處無所有處欲壽

八解脱觀色是色是初解脱内無色想觀外色是第二解脱淨解脱身作證得成就是第三解脱過一切色想滅有對想無種種想思惟入無邊空處是第四解脱過一切空處入無邊識處是第五解脱過一切識處入無所有處是第六解脱過一切無所有處入非想非非想處是第七解脱過一切非想非非想處入滅受想身作證得成就是第八解脱問曰解脱體性是何荅曰初解脱第二第三解脱是無貪善根對治於貪取其相應迴轉欲界是四陰色界是五陰空處識處無所有處非想非非想處解脱是四陰滅受想解脱是不相應行陰所攝此是解脱體性乃至廣説已説體性所以今當説何故名解脱解脱是何義荅曰背棄義是解脱義問曰背棄義是解脱義者何等解脱背棄何處心荅曰初解脱第二解脱背棄色愛心第三解脱背棄不淨心空處解脱背棄下地法乃至非想非非想處解脱亦背棄下地法滅受想解脱背

阿毗曇毗婆沙論卷第四十三　第三十三張　從字號

棄一切有緣心是故背棄義是解脱義尊者和須蜜説曰得解義是解脱義心於煩惱得解得淨故名解脱尊者佛陁提婆説曰虛想觀得解故名解脱

阿毗曇毗婆沙論卷第四十三　第三十四張　從

界者初解脱第二第三解脱在色界空處識處無所有處解脱有漏者在無色界無漏者是不繫非想非非想處解脱滅受想解脱在無色界地者初解脱第二解脱在未至中間及初禪第二禪上地亦有與此相似善根而不立解脱所以者何為對治欲界色愛故立初禪不淨解脱對治初禪色愛故立第二禪不淨解脱第二禪無色愛故第三禪不立不淨解脱第三禪無色愛故第四禪不立不淨解脱淨解脱在第四禪下地亦有與此相似善根而不立解脱所以者何淨解脱對治不淨不為不淨所權伏若當下地立淨解脱者則為不淨所摧伏空處解脱在空處問曰空處法何者是解脱何者非解脱荅曰離第四禪欲時九無㝵八解脱死時善空處非解脱餘善空處是解脱識處解脱在識處問曰識處法何者是解脱何者非解脱荅曰離空處欲時九無㝵八解脱死時善識處非解脱餘善識處是解脱無所有處解脱在無所有處問曰無所有處法何者是解脱何者非解脱荅曰若離識處欲時九無㝵八解脱死時善無所有處非解脱餘善無有處是解脱非想非非想處解脱在非想非非想處問曰非想非非想處法何者是解脱何者非解脱荅曰離無所有處欲時九無㝵八解脱死時善非想非非想處非解脱餘善非想非非想處是解脱滅受想解脱在非想非非想處所依者初解脱第二第三解脱依欲界身滅受想解脱依欲色界身餘解脱依三界身行者初解脱第二解脱行不淨行淨解脱行淨行四無色解脱行十六行或行餘行滅受想解脱不行行緣者初解脱第二第三解脱緣欲界為緣何法荅曰緣色入空處解脱緣四無色及彼因彼滅一切比智分及比智非數

滅四無色非數滅緣一切虛空若一相若異相識處解脫緣二無色及彼因彼滅一切比智分及比智非數滅三無色非數滅緣一切虛空若一相若異相無所有處解脫緣二無色及彼因彼滅一切比智分及比智非數滅二無色非數滅緣一切虛空若一相若異相非想非非想處解脫緣非想非非想處及彼因彼滅一切比智分及比智非數滅一無色定非數滅緣一切虛空若一相若異相滅受想解脫無所緣念處者初解脫第二第三解脫與身念處俱四無色解脫與四念處俱滅受想解脫若以親近念處性念處者則不與俱若以緣念處者是法念處智者初解脫第二第三解脫與等智俱空處識處無所有處解脫與六智俱除法智他心智非想非非想處解脫與等智俱滅受想解脫不與智俱定者初解脫第二第三解脫非想非非想處解脫滅受想解脫不與定俱空處識處無所有處解脫或與定俱或不與定俱根者初解脫第二解脫與喜根捨根相應滅受想解脫不與根相應餘解脫與一捨根相應世者在三世緣三世者初解脫第二第三解脫過去緣過去現在緣現在未來必生者緣未來不生者緣三世四無色解脫緣三世及非世滅受想解脫無所緣善不善無記者是善緣善不善無記者初解脫第二第三解脫緣善不善無記四無色解脫緣善無記滅受想解脫无所緣三界繫及不繫者三是色界繫二是無色界繫餘三有漏者無色界繫无漏者不繫緣三界繫及不繫者三緣欲界繫四緣無色界繫及不繫一是不繫緣學無學非學非無學者五是非學非無學三是學無學非學非无學緣學無學非學非無學者三緣非學非无學四緣三種一無緣見道斷脩道斷不斷者五是脩道斷三若有漏者是脩道斷無漏者不斷緣見道脩道斷不斷者三緣脩道斷四緣三種一無所緣緣名緣義者三緣義四若說無色界有名者緣名緣義若說无名者緣義一無所緣緣自身他身非身法者初解脫緣自身他身第二第三解脫緣他身四無色解脫緣自身他身及非身法一無所緣為是方便得為是離欲得者滅受想解脫是方便得餘是離欲得亦是方便得若在初禪者離欲界欲時得乃至若在非想非非想處者離無所有處欲時得方便得者以方便現在前佛不以方便現在前辟支佛以下方便聲聞或以中或以上方便為是本得為是未曾得者滅受想解脫是未曾得餘是本得亦是未曾得聖人佛法凡夫是本得未曾得餘凡夫是本得八解脫廣說如上觀色是色是初解脫者現見脩內色想不離內色相觀外色若青若膿若膖若脹若骨若骨鏁是名初解脫初者次第數在初故名初隨順次第義在初故名初復次次第入定時數在初故名初隨順次第義入定時在初故名初解脫者入是定時善色受想行識是名解脫內無色想觀外色者不現見脩內色相離內色想

觀外色若青廣說如上是名第二解脫第二義解脫義亦如上說問曰為觀外色時亦觀內無色想為觀外色已復觀內無色想耶若觀外色時亦觀內無色想者云何一心緣於二法若能緣二法亦可緣多法若觀外色已復觀內無色想者此中所說云何通如說內無色想觀外色答曰應作是說若觀外色時是時不觀內無色想問曰若然者此中所說云何通如說內無色相觀外色答曰行者有如是期心故作如是說行者作如是期心我不觀內色但觀外色有如是期心故佛作是說復次此中說行者先分別觀察時故佛作是說復次以義定故若觀內無色想則定觀外色若觀外色則定觀內無色想復次此中說善根及方便內無色想是善根方便觀外色者是滿足善根復次內無色想者是其心觀外色是所緣淨解脫身作證得成就是名第三解脫問曰淨解脫為觀色是色為內無色想觀外色耶若觀色是色者初解脫第

三解脫有何差別若內無色想觀外色者第二解脫第三解脫有何差別答曰應作是說內無色想觀外色問曰若然者第二解脫第三解脫有何差別答曰名即差別是名第二解脫是名第三解脫復次第二解脫在初禪第二禪第三解脫在第四禪復次第二解脫在內道外道身中淨解脫唯在內道身中復次第二解脫行不淨行第三解脫行淨行復次第二解脫對治色愛第三解脫對治不淨復次第二解脫不多所作不多用功而得淨解脫多有所作多用功而得復次第二解脫體明淨緣不明淨體勝妙緣不勝妙淨解脫體勝妙緣勝妙體明淨緣明淨淨解脫緣淨問曰行者何故淨解脫觀緣淨答曰欲試善根故行者作是念我作不淨觀煩惱不生未知此善根為滿足不復試觀淨煩惱亦復不生便知善根已得滿足復次行者觀不淨故心劣心劣故不能修勝進善根復次淨觀令心欣踊能修勝進善根猶塚間比丘常觀

死尸故心則劣弱不能修勝進善根便從住處往清淨妙好河池園林之中觀世種種勝妙之事心生欣踊然後能生勝進善根彼亦如是復次行者作不淨觀心常愁慼无歡喜時則不能修勝進善根若以淨觀捨不淨心能修勝進善根復次欲現自心堅牢故彼作是念我心堅牢乃至作淨觀猶不生煩惱復次欲現善根有大勢用故彼作是念此善根有大勢用乃至緣淨法猶不生煩惱復次欲現自心堅牢亦現善根有大勢用故彼作是念我心堅牢善根有大勢用觀淨境界猶不生煩惱復次淨解脫非凡夫常人能起若行者好喜淨潔從摩醯摩天中來曾聞有一比丘以日入時往詣佛所從佛索房尒時佛告阿難汝為此比丘求住房舍尒時阿難示彼比丘房時彼比丘語阿難言汝可極淨掃灑此房懸繒幡蓋散種種華燒衆名香敷軟牀蓐安置好枕尒時阿難具以是事往白世尊佛告阿難如彼比丘所須悉辦具足尒時

阿難即為辦具時彼比丘入此房中坐其牀座以夜初分起淨解脫因是次第得盡諸漏成阿羅漢獲得神通晨朝以神足力忽然而去尒時阿難晨朝詣彼比丘所入房但見嚴正牀座不見其人見是事已往詣佛所而白佛言彼比丘嚴正牀座不知何去佛告阿難汝於彼比丘莫生輕心彼比丘昨夜起淨解脫得盡漏成阿羅漢獲得神通以神通力忽然而去阿難當知彼比丘者好憙淨潔從摩㝹摩天中來若不得如是清淨房舍牀座卧具者則不能起是善根以是事故知淨解脫非凡常人能起居好憙淨潔從摩㝹摩天中來者則能起淨解脫第三義解脫義如上說空處識處無所有處非想非非想處解脫廣說如四無色定滅受想解脫滅盡定處當廣說第八義解脫義如上說

阿毗曇毗婆沙論卷第四十三

阿毗曇毗婆沙論卷第四十三

校勘記

一　底本，金藏廣勝寺本。八四七頁中一版，原版殘缺，以麗藏本換。

一　八四七頁中一行至四行經名、造者、釋者、譯者、品名，資、磧、普、南、徑、清無(未換卷)。

一　八四七頁中一六行第四字「此」，資、磧、普、南、徑、清作「入」。

一　八四八頁上一行首字「問」，資、磧、普、南、徑、清作「答」。

一　八四八頁中一五行第七字「欲」，資、磧、普、南、徑、清作「欲愛」。

一　八四八頁中一八行第八字「愛」，資、磧、普、南、徑、清作「欲愛」。

一　八四八頁下四行「調伏」，資作「調供」。

一　八四八頁下二一行末字「但」，資、磧、普、南、徑、清無。

一　八四九頁中五行「汙泥」，資、磧、普、南、徑、清作「淤泥」。

一　八四九頁中二〇行「非如」，資、磧、普作「悲如」。

一　八四九頁下二行「明淨」，麗作「淨明」。

一　八四九頁下九行「成就」，資、磧、普、南、徑、清作「或成就」。

一　八五〇頁中一一行「至及」，資、磧、普、南、徑、清作「不及」。

一　八五〇頁下二一行「羸形」，資、磧、普、南、徑、清作「倮形」。

一　八五一頁上一三行「示現」，資、磧、普、南、徑、清作「亦現」。

一　八五一頁中五行「愛事」，至此，資、磧、普、南、徑、清卷第六十四終，卷第六十五始，資、磧、普、南有品名「使揵度十門品之十二」；徑、清有品名「使揵度十門品第四之十二」。

一　八五一頁中一三行第一二字「使」，徑、清作「婢」。

一　八五一頁中末行第二字「令」，資、磧、普、南作「今」。

一 八五一頁下一五行第一〇字「即」，磧、南、徑、清作「而」。

一 八五二頁中五行「如申」，資、磧、普、南、徑、清作「曳」。

一 八五二頁下二行第六字「泥」，資、磧、普、南、徑、清作「塗」。

一 八五三頁上九行第一二字「爲」，資、磧、普、南、徑、清作「而爲」。

一 八五三頁中一七行第三字「若」，資、磧、普、南、徑、清無。

一 八五三頁中一八行第五字「受」，資、磧、普、南、徑、清作「更」。

一 八五三頁下一行「捨心捨心」，資、磧、普、南、徑、清作「捨以捨心」；麗作「捨心以捨心」。

一 八五四頁上二二行第一二字「經」，資、磧、普、南、徑、清無。

一 八五四頁下二行第五字「説」，諸本（不含石，下同）作「謂」。

一 八五五頁上六行「識説」，資、磧、普、南、徑、清作「説識」。

一 八五五頁中一八行「閻果」，諸本作「闇果」。

一 八五六頁上二行第一一字「離」，資、磧、普、南、徑、清作「離初禪」。

一 八五六頁中一三行第四字「説」，資、磧、普、南、徑、清作「語」。

一 八五六頁下七行「少苦」，資、磧、普、南、徑、清作「少力」。

一 八五六頁下一九行第五字「歡」，資、磧、普、南、徑、清作「觀」。

一 八五七頁上三行「七想」，資、磧、普、南、徑、清作「十想」。

一 八五七頁中三行「不足」，麗作「不定」。

一 八五七頁中八行「多説」，資、磧、普、南、徑、清作「多諸」。

一 八五七頁下一二行「二万」，諸本作「二万劫」。

一 八五八頁上一六行「廣説」，至此，資、磧、普、南、徑、清卷第六十五終，卷第六十六始，資、磧、普、南有品名「使揵度十門品之十三」；徑、清有品名「使犍度十門品第四之十三」。

一 八五八頁上一八行末字「背」，諸本作「若背」。

一 八五八頁下九行「無有」，諸本作「無所有」。

一 八五九頁上二行第一〇字「二」，諸本作「三」。

一 八五九頁下一六行「色相」，資、磧、普、南、徑、清作「色想」。下至次頁上一一行同。

一 八六〇頁上六行第一一字「若」，南、徑、清作「我」。

一 八六〇頁上二〇行第五字「其」，資、磧、普、南、徑、清作「期」。

一 八六〇頁中一一行第五字「愛」，資、磧、普、南、徑、清作「愛不淨」。

一 八六〇頁中一七行第七字「觀」，資、磧、普、南、徑、清作「觀時」。

一 八六〇頁下一〇行第四字「彼」，麗作「復」。

一 八六〇頁下二一行末字「枕」，資、磧、普、南、徑、清作「枕」。

一　八六〇頁下末行「具足」，資、磧、普、南、徑、清作「具之」。

一　八六一頁上一四行第一二字「居」，資、磧、普、南、徑、清作「若」。

一　八六一頁上末行經名，資、磧、普、南、徑、清無（未換卷）。

阿毗曇毗婆沙論卷第四十四　　蔵

迦旃延子造　五百羅漢釋

北涼天竺沙門浮陀跋摩共道泰等譯

使揵度十門品之八

問曰何故禪中餘善根立解脫無色定中盡立解脫耶荅曰以禪是麁現見了了故餘善根立解脫无色定是細不現見不了了故盡立解脫復次禪中有種種不相似善根故餘善根立解脫無色定无種種不相似善根故盡立解脫復次禪中多諸功德善利故餘善根立解脫无色定無多功德善利故盡立解脫復次禪能遍照緣於上地亦緣下地緣於自地餘善根立解脫无色定不能遍照能緣上地自地不緣下地是故盡立解脫復次禪解脫是有漏無色定解脫是有漏无漏如是因論生論何故禪中解脫是有漏無色定中解脫是有漏無漏耶荅曰先所說四荅此中應說餘有一異荅禪解脫是虛觀無色定解脫是實觀

佛經說解脫名方問曰何故佛說解脫名方荅曰為教化故受化者應聞說解脫名方乃得悟解是故佛以方名說解脫如餘經說諦名方有受化者應聞說諦名方乃得悟解是故佛說諦名方此亦如是問曰解脫與方有何相似荅曰八法相似解脫有八方亦有八問曰方應有十謂四方四維及上下何故說八荅曰如調象法故應有八調象之法必向四方及四維不能令其向於上下辟如以方故調於龍象如是以方便故得解脫尊者瞿沙作如是說調象解脫有三事同三事異三事同者一以方故龍象可調解脫亦尒以除障故衆生能得解脫二如調龍象趣於一方時不能復趣餘方佛教衆生解脫之法亦復如是得一解脫時無二无多三如調龍象趣一方時便遠餘方世尊為衆生說解脫法亦復如是一解脫現在前餘解脫便遠三事異者一如調龍象若不趣方則不能調佛說解脫法住一處而无所趣能令衆生得解脫法二如調龍象趣一方時不能復趣餘方佛說解脫法不尒能於一時說八解脫法而令衆生皆得悟解三如調龍象趣一方時皆遠餘方佛說解脫法不尒為諸衆生說一解脫法而作方便令餘解脫法皆近復次此中說寂勝調御法曾聞拘薩羅王波斯匿勑捕象人使捕野象若得象者来白於我時捕象人聞王教勑即捕野象来白王言大王當知今已捕得野象王聞是語勑調象師令調野象若善調伏便来白我時調象師受王教勑即以種種苦切之事調於野象能令調伏如舊調象時調象者知象已調来白王言大王當知先勑調象今已善調大王應知是時尒時波斯匿王與調象師共乘此象出田遊獵時象見雌象群欲心熾盛而便馳走趣雌象群時調象者欲迴制之盡其方便不能令迴王及調象者攀樹而下得自濟命還詣宮城語調象者汝以不調之象令我乘之法應尒耶時調象者而白王言唯願大王莫見瞋責此

象實調當使大王後驗此事時象欲心息已便還王宮時調象者將象詣王燒熱鐵丸置其頂上於其耳中而語之言此是最後調汝不動之法汝若堪忍則善若不堪忍當復以前苦切之事次第調汝象聞是語其身不動其猶如山時熱鐵丸燒象頂如燒樺皮王見是事怪未曾有即勅象師去鐵丸語調象言汝今調象能令如此前何故介調象人荅王言我能調身不能調心時王復問調象人言世間頗有能調心者不時調象人荅王言有佛世尊住舍衛國祇桓精舍善能調伏衆生身心尒時波斯匿王作是思惟欲得見佛即與調象人共乘本象往詣佛所尒時世尊與百千眷屬圍遶說法尒時世尊見波斯匿王來以隨宜方便為王說法非聲聞辟支佛所知境界時世尊告諸比丘如調象人善調象已趣於一方若東若西若南若北調牛之人善調於牛調馬之人善調於馬趣於一方廣說如上比丘當知无上調御師善調於人能趣諸方何者是方觀色是色乃至廣說解脫以是事故知此經說最勝調御

經說有一比丘往詣佛所頭面礼足却坐一面而白佛言世尊有明界有淨界有空處界有識處界有无所有處界有非想非非想處界有滅界世尊為以何故立此諸界佛告比丘以闇故立於明界以不淨故立於淨界以色故立空處界以邊故立識處界以所有故立无所有處界以實身故立非想非非想處界以滅實身故立滅界問曰彼比丘為問佛何義佛荅彼比丘何義荅曰彼比丘以覆相問八解脫義佛亦以覆相荅八解脫義明界者是初二解脫淨界者是淨解脫空處界者是空處解脫識處界者是識處解脫无所有處界者是無所有處解脫非想非非想處界者是非想非非想處解脫滅界者滅受想解脫問曰彼比丘何故以覆相問佛八解脫義荅曰彼比丘少欲知足覆藏善法不欲以已功德顯示他人故問曰佛何故以覆相說八解脫荅曰欲滿彼比丘心所願故彼比丘心作是念若佛以覆相為我說八解脫者則善佛是滿他願者善知根性者為彼比丘心所念故覆相而說比丘當知明界是初二解脫為闇故者闇者是欲界色愛初二解脫是彼對治以彼色愛故立二解脫以不淨故立淨界者不淨是初二解脫淨解脫是彼對治以彼故立淨解脫以色故立空處界者色是第四禪空處解脫是彼對治以彼故立空處解脫以邊故立識處界者邊是空處識處解脫是彼對治以彼故立識處解脫問曰空處何故名邊荅曰色盡處是色邊故名邊以所有故立无所有處界者所有者是識處以有无邊行故無所有處解脫是彼對治以彼故立無所有處解脫以實身故立非想非非想處界者實身者是無所有處非想非非想處解脫是彼對治以彼故立非想非非想處解脫以滅實身故立滅界者滅實身名非想非非想解脫滅受想解

脫是彼對治以彼故立滅受相解脫
問曰非想非非想處何故名滅實身
答曰實身是無所有處非想非非想
處是彼對治故言滅時彼比丘聞佛
所說歡喜隨順復更問佛世尊明界
乃至滅界為以何定而得佛告比丘
明界乃至滅界以行定得或有說者
彼比丘問次第得或有說者彼比丘
問斷若作是說彼比丘問次第得者
行定是初禪邊乃至無所有處邊初
禪邊者離欲愛得初二解脫第四禪
邊者離三禪欲得淨解脫空處邊者
離第四禪欲得空處解脫識處邊者
離空處欲得識處解脫無所有處邊
者離識處欲得無所有處解脫此中
餘者非想非非想處解脫滅受相解
脫佛告比丘非想非非想處解脫以
勝行定得勝行定者是非想非非想
處邊以勝行定離無所有處欲得非
想非非想處解脫滅界者以滅受想
處定得滅受想定者是非想非非想
處定所以者何入定出定心在彼處
故若作是說彼比丘問斷者行定是

有漏无漏對治是故能離欲界乃至
離無所有處欲此中餘者非想非非
想處解脫滅受想解脫比丘非想非
非想處解脫以勝行定得勝行定者
是無漏對治世俗道於離非想非非
想處裏退轉還是故以無漏對治離
非想非非想處欲滅界者以滅實身
得滅實身者是滅盡涅槃以滅盡涅
槃故而修滅受想定比丘以闇故立
明界者闇是境界闇初二解脫是彼
對治復有說者彼比丘離三界欲以
覆相廣略問佛佛亦以離三界欲覆
相廣略而荅明界者是現離欲界欲
方便淨界者是略現離欲界欲空處
界者是略現離色界欲識處界无所
有處界非想非非想處界是廣現離
无色界欲滅界是略現離無色界欲
比丘以闇故立明界者闇者是勝妙
五欲受初二解脫是彼對治辟喻者
作如是說彼比丘以覆相問八種定
佛亦以覆相說八種定解此經者有
增有減於此經應作而不作不應作
而作應說廣界而不說是滅不應說

滅界而說是增令當離於增減而解
此經明界者是初禪二禪淨界者是
第三第四禪空處界者是空處識處
界者是識處無所有處界者是無所
有處非想非非想處界者是非想非
非想處比丘以闇故立明界者闇是
諸蓋初禪二禪是彼對治尒時比丘
聞佛所說歡喜隨順而去有滅盡定
問曰何故作此論荅曰為止併義者
意故或有說者滅定有心彼作是說
無有無色衆生無心之定如尊者佛
陁提婆作如是說若滅定無心者不
應說有從彼定起者是名為死不名
為定為止如是說者意故亦現離无
所有處欲非想非非想處心次第起
彼定現在前是故尊者和須蜜作如
是說云何滅定荅曰離無所有處欲
作休息想心令心心數法滅以是事
故根揵度作如是說入滅定時為滅
幾根荅曰七謂意根捨根信等五根
何繫心心數法滅荅曰无色界繫揔
而言之是無色界繫而是非想非非
想處心心數法滅從滅定起時幾根

現在前答曰或七或八有漏心七無漏心八若從彼定起心是非想非非想處心起七根現在前謂意根捨根信等五根若是無所有處心起八根現在前上所說七知根知已根若一現在前何繫心心數法現在前答曰有漏心是無色界繫无漏心是不繫若出定心是非想非非想處者是无色界繫心心數法現在前若出定心是無所有處者起不繫心心數法現在前以是事故明滅定無心所以者何入定時說滅出定時不說滅出定時說現在前不說滅以是事故而作此論

問曰滅定體性是何答曰是心不相應行陰界者在無色界地者在非想非非想處地非下地問曰何故下地無滅定答曰非其田器乃至廣說復次彼定無心心斷起現在前非想非非想處隨順斷心問曰云何非想非非想處隨順斷心答曰若欲入彼定者欲界善心次第起初禪心現在前乃至无所有處心次第起非想非非

想處心現在前非想非非想處心心數法有上中下捨上心起中心捨中心起下心捨下心在彼定是故非想非非想處隨順斷心猶如女人紡㲲隨轉隨續㲲若盡時更不轉續彼亦如是復次二滅心定俱在二界邊无想定在色界邊滅定在無色界邊復次此二定俱在二地邊无想定在第四禪地邊滅定在非想非非想處地邊復次無想定在四大造色邊滅定在心心數法邊復次一切地盡有二種過一過欲二過住處過初禪欲者以自地無漏過初禪住處者以第二禪乃至過無所有處欲者以自地無漏亦以下地過無所有處住處者以非想非非想處過非想非非想處欲者以下地無漏過非想非非想處住處者以滅定若當下地有滅定者下地或有二種過或有三種過非想非非想處唯有一種過欲令無如是過故不說下地有滅定復次滅定以二事故立解脫一以背捨一切緣法二以滅寂後邊心若下地有滅定者不

名背捨一切心所以者何不盡背捨一切心法故亦非滅寂後邊心所以者何滅中心故復次此定是次第定非想非非想處心次第生此定以如是事故下地無滅定云何滅定答曰佛經說過一切非想非非想處問曰滅定是非想非非想處法何以言過一切非想非非想處答曰雖是彼處法以寂靜故言過猶如村落阿練若處復次非想非非想處有二種一有心二無心過一切非想非非想處者過於有心非想非非想處滅受想解脫身作證得成就者是說无心非想非非想處如有心無心相應不相應有依無依有行無行有勢用无勢用有緣無緣當知亦如是復次非想非非想處有二種謂染汙不染汙過一切非想非非想處者過染汙非想非非想處滅受想解脫身作證得成就說不染汙非想非非想處如染汙不染汙見道斷修道斷當知亦如是復次非想非非想處有二種謂本得未曾得過一切非想非非想處者過本

阿毗曇毗婆沙論第四十四卷　第十三張　茂

得非想非非想處滅受想解脫身作證得成就者是未曾得非想非非想處如本得未曾得共不共離欲得方便得當知亦如是復次此中說次第過諸地故先次第過諸地欲後過有心住非想非非想處問曰無學人可尒所以者何無學人於非想非非想處有二種過一離欲過二住處過學人於非想非非想處無二種過過一切非想非非想處云何可尒荅曰一切有二種有少分一切有一切一切此中說少分一切復次此中說住處過學人雖无非想非非想處修道所斷欲過而有住處過復次此說須臾過彼須臾滅非想非非想處有心次生非想非非想處無心滅受想定身作證得成就者問曰入彼定時餘心心數法盡滅何故世尊但說滅受想耶荅曰辟喻者說彼定有心彼作是說入彼定時唯此二法滅問曰我不問彼我問說此言無心者何故尒耶荅曰佛說受想滅當知餘心心數法亦滅復次以此二法名義勝故彼心

阿毗曇毗婆沙論第四十四卷　第十四張　茂

聚中誰為冣勝此二法冣勝故佛說復次此現初門現略現始入法故心心數法有二種或是根性或非根性若說受當知已說根性若說想當知已說非根性者如根性非根性明非明勝不勝妙不妙當知亦如是復次此二法於二界中極為行者而作疲勞受於色界想於無色界是故世尊說此二法復次以此二法於二界中勝故受於色界中勝想於無色界中勝復次以此二法能生二種惱謂愛惱見惱受能生愛惱想能生見惱復次此二法能起二種鬪諍根本受能起貪著欲愛繫縛鬪諍根本想能起見愛貪著繫縛鬪諍根本如二鬪諍根本二邊二箭二戲論二我當知亦如是復次因樂受故生顛倒想令諸衆生於生死中受大苦惱是故世尊說滅此二法復次行者憎惡此二法故起滅定如施設經說行者以何方便求滅定荅曰初行者欲令諸行更無所作更無所思令我受想不生已生者滅未生受想令不生已生受想

阿毗曇毗婆沙論第四十四卷　第十五張　茂

令滅是滅於此滅法无障㝵不問他得自在身作證是名定以是事故世尊說滅此二法問曰滅之與定有何差別荅曰滅是一刹那定是久相續問曰心不動故名定此中心斷無心云何名定荅曰不動有二種一心不動二四大不動此中雖斷心不動而四大不動相續生以四大不動故名定問曰二無心定何故滅定立解脫無想定不立耶尊者波奢說曰佛決定知法相亦知勢用餘人不知若法有解脫相者立解脫無解脫相者不立復次若定是內道法立解脫若定是外道法不立解脫如內道外道聖人凡夫背煩惱起煩惱背識然起識然說亦如是復次捨我見起無我見我見身中可得者不立復次若捨身身中可得者立解脫若起我見捨無見起空現在前身中可得者立解脫若不起空現在前起身見者不立復次先作是說以二事故滅定立解脫一捨一切緣法二滅冣後邊心无想定無此二事故不立解脫復次若更

不生諸界諸生諸趣身中可得者立解脱若更生諸界諸生諸趣身中可得者不立復次背棄義是解脱義得滅定者背捨諸界諸生諸趣增長生死法無想定不尒以如是事故二无心定滅定立解脱無想定不立問曰滅定無想定有何差別荅曰名即差別是名滅定是名无想定復次界亦差別無想定色界繫滅定無色界繫復次地亦差別無想定在第四禪地滅定在非想非非想地復次身亦差別無想定在凡夫身滅定在聖人身復次凡夫人入無想定作離想聖人入滅定作休息想復次凡夫人猒患想入无想定聖人猒患受想入滅定復次凡夫人入無想定欲滅於想聖人入滅定欲滅受想復次凡夫人入無想定滅色界繫心心數法聖人入滅定滅無色界繫心心數法復次凡夫人入無想定滅第四禪地心心數法聖人入滅定滅非想非非想地心心數法復次凡夫人入無想定得色界報聖人入滅定得無色界報尊者

和須蜜說曰無想定滅定有何差別荅曰一是無想定二是滅定復次界亦差別無想定是色界繫滅定是無色界繫餘廣說如上復次凡夫人入無想定得無想果聖人入滅定得非想非非想處果復次凡夫人入無想定得色界繫報學人入滅定得无色界繫報無學人入滅定得餘依無想定滅定是謂差別問曰何故佛經說八解脱二解脱說身作證耶荅曰八解脱盡應說身作證如大因緣經說八解脱身作證得成就問曰何故一經說八解脱身作證多經說二解脱身作證耶荅曰此二解脱多有所作多用功而得故復次以名義勝故八解脱中何者最勝此二解脱復次此二解脱俱在界邊淨解脱在色界邊滅受想解脱在無色界邊復次此二解脱俱在地邊淨解脱在第四禪地邊滅受想解脱在非想非非想地邊復次淨解脱盡四大造色而立滅受想解脱盡心心數法而立故復次淨解脱取色淨相而不生煩惱是故佛

說身作證得成就滅受想解脱無心在身不在心以身力起現在前不以心力是故佛說身作證得成就復次經說八解脱身作證者皆以此二解脱故得成就者得成就有多處說或說色陰少分是得成就或說善五陰或說善四陰或說心不相應行陰少分或說滅盡涅槃說色陰少分得成就者如偈說

汝於勝慧法　得成就於戒　一切皆賢善
廣有諸珎寳

善五陰者如說得成就初禪乃至第四禪善四陰者如說得成就空處乃至非想非非想處心不相應行陰少分者如此中說滅受想解脱滅盡涅槃者如說得成就滅盡涅槃問曰滅定有幾種荅曰或有說者有四種一具縛人所起滅定二斷上三種結三斷中三種結四斷下三種結復有說者此定有四種非具縛起者是斷六種七種八種九種結起者復有說者此定有九種斷上上結起者乃至斷下下結起者復有說者此定有十種

具縛起者斷上上結起者乃至斷下
下結起者問曰若具縛人能起滅定
者凡夫人亦能起荅曰具縛人有二
種一見道所斷具縛二修道所斷具
縛若無非想非非想處見道所斷具
縛有修道所斷具縛者能起滅定若
有二具縛者則不能起評曰應作是
說滅定有十一種具縛人起滅定者
斷上上結起者乃至斷下下結起者
時解脫轉根作不動起者問曰若具
縛者所起滅定乃至時解脫轉根作
不動者所起滅定即是具縛者所起
滅定耶荅曰或有說者即是問曰若
然者云何有十一種荅曰以十一時
起故有十一種復有說者具縛者所
起異乃至不動法所起異問曰若然
者具縛者所起乃至不動者所起有
何差別荅曰具縛者所起後斷一種
結所起者於前具縛者所起得不在
身中成就不現前行斷一種結所起
者得在身中成就現在前行乃至不
動法所起於時解脫所起得不在身
中成就不現前行不動法所起得在

身中成就現在前行
問曰此定為有上中下不耶若有上
中下者施設經說云何通如說滅法
無有差別若無上中下者佛所有定
即是聲聞辟支佛定也荅曰應作是
說此定無上中下問曰若然者施設
經說善通滅法無差別故佛所有定
即是辟支佛聲聞定也荅曰如佛心
斷入此定辟支佛聲聞心斷入此定
等無差別而方便有差別佛不以方
便起此定現在前辟支佛以下方便
聲聞或以中或以上方便評曰應作
是說此定有上中下問曰若然者佛
定異辟支佛聲聞定異此說善通施
設經說云何通如說滅法無有差別
荅曰以住心故施設經說滅法无有
差別定是有為故應有上中下所以
者何一切有為法有上中下相
問曰此定體為有幾耶荅曰或有說
者體有一若滅現在前則無心問曰
若滅剎那現在前即彼剎那名无心
耶荅曰如是若滅剎那現在前即彼
剎那名無心如一受剎那即彼剎那

名為有受一想剎那即彼剎那名為
有想一識剎那即彼剎那名為有識
彼亦如是若一剎那滅即彼剎那名
無心復有說者此定體有十一所以
者何彼滅十大地及心故復有說者
體有二十一種所以者何彼滅十大
地十善大地及心評曰應作是說隨
滅幾種心數法彼定體亦有尒許種
此是定體定相云何荅曰體即是相
相即是體諸法不可離體別說相尊
者和須蜜說曰心法解脫是其相
問曰此定不能斷結何故說名心法
解脫荅曰此說須臾斷有緣法令不
行名解脫而此定不能斷結復有說
者若法想微細為其作因微微作次
第不與此法俱而成就是解脫
問曰此為說何義荅曰或有說者此
中說定若作是說此中說定者想微
細為其作一因謂相似因與微微作
一因謂相似因微細亦作次第緣若
作是說此中說定若法想微細為其
作因微微為其作次第者不應說不
俱所以者何彼人起定現在前故應

說成就所以者何彼人成就定故復
有說者此中說出定心若作是說此
中說出定心者想微細為其作一因
謂相似因微細亦作次第緣若作是
說此中說出定心者若法想微細為
其作因微微作次第應說不俱所以
者何入定時不起出定心現在前故
應說成就所以者何彼人成就出定
心故以是事故知彼人本得出定心
復有說者此中說入定心若作是說
此中說入定心者想與定作一因謂
相似因微細與定作一因謂相似因
亦作次第緣若作是說此中說入定
心者應作是說想微細與定作因定
與微細作次第應說不俱所以者何
在定時不起入定心現在前應說成
就所以者何在定時成就入定心故
問曰此中何者是想何者是微細何
者是微微答曰或有說者空處識處
是想無所有處是微細非想非非想
處是微微復有說者空處識處無所
有處是想非想非非想處是微細若
心心數次第入定者是微微復有說

者非想非非想處亦是想亦是微細
亦是微微所以者何非想非非想處
有上中下上者是想中者是微細下
者是微微問曰想微細微微有何差
別答曰或有說者名即差別是名為
想是名微細是名微微復次上者是
想中者是微細下者是微微復次想
微細能令未來无漏道修微微不修
復次想微細現在前時三念處若一
念處現在前未來四念處修微微現
在前時法念處現在前未來修三念
處除身念處復次想微細或曾得或
不曾得微微是曾得問曰此中因論
生論何故入定心或曾得或不曾得
出定心唯曾得答曰入定心難得多
有所作多用功乃得出定心易得不
多有所作不多用功而得是故唯是
曾得復次入定心能增益定令定相
續出定心不增益定令定羸退不相
續復次入定心是有漏或是曾得或
未曾得出定心是有漏无漏故唯是
曾得此中因論生論何故入定心有
漏出定心有漏無漏耶答曰隨順斷

心故入定心不堅牢羸劣如腐種子
不能生相續法隨順斷心出定心堅
牢不羸劣不如腐種子能生相續法
不隨順斷心復次入定心以定為窮
滅無漏心不計有法是窮滅復次此
是次第定非想非非想處心次第起
此定寂後無漏在無所有處
問曰入定心為何所緣出定心為何
所緣答曰入定心緣定出定心亦緣
定問曰若入定心緣定出心亦緣定
者何不入定時出定出定時入定耶
答曰入定時期心欲入出定時期心
欲出復次入定心緣未來定出定心
緣過去定問曰入定心緣未來定時
為何所緣答曰或有說者緣初剎那
復有說者緣隨起幾所定現在前評
曰應作是說入定心緣未來定則不
可知為緣何法為不緣何法所以者
何未來法是乱法多剎那无次第以
捴緣故言緣未來定問曰出定心緣
過去法時為何所緣答曰或有說者
緣寂後剎那復有說者緣隨所起幾
所定現在前評曰應作是說出定心

阿毗曇毗婆沙論第四十四卷　第二十五張　箴

緣過去定則不可知為緣何法為不緣何法所以者何過去法有多剎那故問曰入滅定時滅何等心過去耶未來耶現在耶若滅過去者過去已自滅若滅未來者未來未生若滅現在者現在不住若定不滅彼亦自滅荅曰應作是說滅未來者問曰未來法未生云何可滅耶荅曰行者住現在世遮住未來心令不生故言滅辟如城邑若斷道閉門竪於高幢不令人出入則名為救彼亦如是復有說者滅未來現在心問曰行者住現在世遮住未來心使不生言滅可尒現在法不住若定不滅彼亦自滅云何言滅荅曰先現在滅心心數法令有緣法相續而滅令現在滅心心數法令有緣法不相續而滅皆是定力

問曰出定時何心心數法現在前荅曰或有說者先所遮住未來心心數法復有說者起未來心心數法現在前先所遮住者在不生法中評曰應作是說起未來心心數法但不可知為起何心為不起何心所以者何未

阿毗曇毗婆沙論第四十四卷　第二十六張　箴

来法是乱是多剎那是無次第

問曰此定為有過去本得未來修不耶荅曰或有說者無過去本得亦無未來修如天眼天耳若作是說此定無本得無未來修者定初剎那成就現在定第二剎那等成就過去現在出定成就過去定復有說者此定有過去本得有未來修如念前世智他心智若作是說此定有過去本得未來修者定初剎那成就未來現在定第二剎那等成就三世出定成就過去未來定評曰應作是說此定無過去本得亦無未來修若此定有過去本得未來修者若退此定還起此定應得本定而不尒若退此定還得此定名得未曾得定如不破戒而還家者還復出家名得未曾得戒彼亦如是

問曰於何處起此定荅曰欲色界非無色界初在欲界若於欲界起滅定於此定退命終生色界中能起此定餘者不能何以知之經說尊者舍利弗語諸比丘諸長老當知若比丘戒

阿毗曇毗婆沙論第四十四卷　第二十七張　箴

具足定具足慧具足者能數數入出滅受想定若於現法及死時不得阿羅漢果身壞命終過摶食諸天生摩㝹摩身天中復於彼處數數出入滅受想定此是實知見有如此事尒時長老優陁夷住彼會中語尊者舍利弗言尊者舍利弗彼比丘生摩㝹摩身天中數數入出滅受想定无有是處第二第三說亦如是問曰何故長老優陁夷三違尊者舍利弗所說耶荅曰長老優陁夷所疑非无處所彼作是念若得此定者必離無所有處欲命終應生非想非非想處彼處不能起滅定亦不解尊者舍利弗意問曰彼尊者舍利弗有何意耶荅曰尊者舍利弗說生色界阿那含長老優陁夷說生無色界者是以違之尊者舍利弗說退阿那含長老優陁夷說不退阿那含是以違之問曰尊者舍利弗何故不為長老優陁夷解此義耶荅曰尊者舍利弗作是念我不能除此愚人深著之心復次尊者舍利弗有如是心欲為解說以優陁夷三

違此言故此心便息如箭喻經說尒時有衆多增上慢比丘皆於佛前自說聖利我生已盡乃至廣說佛作是念我今當為說斷慢法以諸比丘數數自說聖利故此心便息佛世尊有通大悲欲說法心猶尚有息何況尊者舍利弗耶復次尊者舍利弗作是念此所論事必聞於佛佛以此事當呵責優陁夷及長老阿難當使此辱經歷千載令无智者不違智者之言尒時舍利弗作是念此比丘三違我所說諸梵行比丘亦无讚歎我所說者我今應往詣世尊所尒時尊者舍利弗往詣佛所到已頭面礼足却坐一面語諸比丘諸長老當知若比丘戒具足乃至廣說尒時長老優陁夷在彼會中語尊者舍利弗言乃至無有是處尒時尊者舍利弗作是念今此比丘於世尊前違我所說諸梵行比丘亦无稱讚我所說者我今應當默然尒時舍利弗即便默然尒時佛告優陁夷言汝意以何是摩㝹摩身天耶以非想非非想天是耶荅言如是佛告言汝愚人無眼何故與上座比丘論甚深阿毗曇尒時世尊現前呵責優陁夷已便告長老阿難言汝見上座比丘為他所惱無有悲心於彼愚人而不呵責尒時世尊呵優陁夷已便還精舍入於禪定問曰長老優陁夷有過故世尊呵之長老阿難復有何過而被呵耶荅曰優陁夷是阿難弟子是故世尊告於阿難汝應教勑復次優陁夷是長老阿難攝眷屬人是故世尊告言汝應教勑復次長老阿難是維那佛告阿難汝為維那云何不知如法說者非法說者復次此論說甚深阿毗曇事非多人所知唯佛尊者舍利弗能知長老阿難以多聞力故能知以阿難知此法故不稱讚上座比丘所說不隨如法衆有如是過故世尊責之以是事知初起滅定必在欲界若於欲界起滅定退此定已生色界中還起此定餘則不能問曰何故生色界中能初起禪無色定不初起滅定耶荅曰禪以三事故能起一以因力二以業力三以法應尒力以因力者過去近生曽起滅此禪以業力者作决定業必生彼處法應尒力者世界壞時下地衆生必生上地無色定以二事故能起一以因力二以業力无法應尒力以因力者過去近生曽起無色定以業力者作决定業必生彼處無法應尒力者無色界中無世界成壞滅定以一事故能起謂解說者彼解說者為何處寂勝謂在欲界中不以因力所以者何未曽起此定故非以業力所以者何彼定性非業故非法應尒力所以者何無色界無世界成壊故問曰何故欲色界起此定現在前非无色界耶荅曰命根依二事存謂依色依心此定無心心斷故起現在前欲色界起此定者心斷命則斷是名為死存無色界無色依心故命存若無色界中起此定時心雖斷命根依色而不名為定

問曰若起此定已於此定退命終為生空處識處无所有處不荅曰不生所以者何其所應生若能起此定處

若能受報處色界中雖不受此定報能起此定非想非非想處雖不能起此定而受此定報處空處識處无所有處不能起此定亦不能受此定報復有說者生彼處但不名身證不名俱解脫評曰應作是說不生

問曰住彼定為經幾時答曰欲界中以摶食持諸根四大欲界雖入定時不令身有患出定時則有患是故欲界少時入定不得久住過於七日何以知之曾聞有一僧伽藍有一比丘得滅定食時著衣詣食堂中其日彼打揵椎晚彼比丘精勤而作是念我何故空過此時不觀未來何時當打揵椎即立誓願入於滅定乃至打揵椎當起時彼僧伽藍有事難起時諸比丘皆捨僧伽藍去經於三月難事乃解時諸比丘還集會而打揵椎時彼比丘起定即死後有一乞食比丘獲得滅定以日初分著衣持鉢欲詣村乞食時天大雨彼作是念若入村者壞我衣色若不往者何故空過此時不觀未來即立願入定乃至雨止

當起或有說者雨經半月或有說者雨經一月乃止天雨既止彼比丘起即死以是事故知欲界入滅定無患出時有患是故少時入定不過七日色界不以摶食持諸根四大入此定者或經半劫一劫或有過者問曰若不立願入滅定者云何而起答曰如入有心定法自應起復次若欲食若欲大小便入定雖不作患出則作患以是事故必應自起

問曰凡夫人為入滅定不尊者和須蜜說曰凡夫人不入此定所以者何此是聖人定非凡夫定若凡夫人入此定者亦是凡夫定復次凡夫人觀上離下地欲如闍樓蟲非想非非想處更無上地可緣離下地欲是故凡夫人不入此定復次凡夫人數數入定則數數身猗心猗以身心猗故方便則緩方便緩故不能起彼定尊者佛陁提婆說曰凡夫人不入彼定所以者何凡夫人數數入定我見牢固畏後邊滅法如畏深坑是故不能入彼定也問曰菩薩為入滅定不尊者

和須蜜說曰菩薩不入所以者何此定是聖人定若菩薩入此定者亦應是凡夫定復次菩薩觀上離下地欲如闍樓蟲非想非非想處便無上地可緣離下地欲是故菩薩不入此定復次菩薩入滅定所以者何菩薩欲求一切智時作如是念我應推求一切處相若菩薩不入滅定者則於此處不名推求尊者佛陁提婆說曰菩薩不入滅定菩薩雖復摧滅我見不畏寂後滅處如畏深坑不欲令慧有留難及斷絕故不欲入滅定非不能入問曰菩薩前身時不曾起滅定於寂後身而起滅定為先起滅定後得阿耨多羅三藐三菩提為先得阿耨多羅三藐三菩提後得滅定若先起滅定後得阿耨多羅三藐三菩提者云何不違期心起不相似心云何名三十四心得一切智若先得阿耨多羅三藐三菩提後起滅定者云何名滿足學法得盡智時云何名所作已竟外國法師作如是說先起滅定後得阿耨多羅三藐三菩提問曰若然

者去何不違期心

阿毗曇毗婆沙論第四十四卷 第三十四張

荅曰彼作是說菩薩先離无所有處欲依第四禪入正決定不起此處乃至得阿那含果起於滅定得阿耨多羅三藐三菩提問曰云何不名起不相似心耶荅曰彼作是說誰言菩薩无不相似心菩薩有不相似心問曰云何名三十四心得一切智荅曰彼作是說言三十四心者說无漏心不說入定出定心罽賓沙門作如是說先得阿耨多羅三藐三菩提後起滅定問曰若然者云何名滿足學法荅曰言滿足者滿足於根滿足於果不滿足於定問曰云何得盡智時名所作已竟荅曰或有說解脫障是下無知或有說是於諸定不自在或有說是不得定者若作是說解脫障是下無知者世尊得盡智時斷一切無知得一切彼對治智若作是說解脫障是於諸定不自在者世尊得盡智時於諸禪定解脫三昧出入皆得自在若作是說解脫障是不得定者世尊得盡智時得一切定是故得盡智時所作已竟問曰云何名三十四無漏

阿毗曇毗婆沙論第四十四卷 第三十五張

心荅曰菩薩先滅無所有處欲依第四禪入正決定見道中有十五心道比智第十六心道比智即是離非想非非想處欲方便道无礙道有九解脫道有九是名三十四心

如經說毗舍佉優婆夷詣曇摩提那比丘尼所作如是問阿夷云何入滅定彼作是說毗舍佉優婆夷比丘入滅定不作是念我今入滅定當入滅定已於先時調柔其心欲入此定問曰行者入房洗足敷牀結跏趺坐時無如是念我今入滅定當入滅定耶荅曰雖有是事皆是遠時如欲界善心次第起初禪乃至入滅定無如是念我今入滅定當入滅定復作是問阿夷云何起滅定彼作是說毗舍佉優婆夷比丘起滅定時不作是念我今起滅定我當起滅定然緣此身六入命根故而起彼定若為飢渴所逼若欲大小便雖在定時不作患出則作患以是事故從彼定起復問比丘入滅定時為先滅何行身行耶口行

阿毗曇毗婆沙論第四十四卷 第三十六張

耶意行耶彼作是說毗舍佉優婆夷比丘入滅定時先滅口行次滅身行次滅意行問曰說滅意行此事可尒說滅口行身行云何可尒所以者何從初禪起入第二禪時滅於口行從第三禪起入第四禪時滅於身行何故說言入滅定時滅身口行荅曰入滅定時有二種有近有遠遠時則滅身口行近時則滅意行復次若入初禪乃至入非想非非想處盡名入滅定時所以者何為入滅定故起此諸地現在前復作是問阿夷比丘起滅定時先起何行現在前身行耶口行耶意行耶彼作是說毗舍佉優婆夷比丘起滅定時先起意行次起身行次起口行問曰若作是說從滅定先起意行此事可尒若作是說起滅定時起身行口行云何可尒所以者何從第四禪起入第三禪身行乃至從第二禪起入初禪口行乃至生何故說起滅定時起身口行荅曰起滅定有近有遠近者起意行遠者起身口行復次起於滅定乃至初禪盡名起

滅定時所以者何以滅定故從彼諸地起復作是問阿夷比丘起滅定時心何所隨順心何所轉近心何所垂入彼作是説毗舍佉優婆夷比丘從滅定起心隨順離心轉近離心垂入離問曰此中何者是離荅曰或有説者是滅定若作是説是滅定者出定世俗心有二事隨順離轉近離垂入離一以期心二以緣出定無漏心與苦智集智相應者有一事隨順離以緣不以期心與滅智道智相應者亦不以緣亦不以期心復有説者離是滅盡涅槃若作是説離是滅盡涅槃者出定世俗心亦無期心亦无緣亦無隨順離轉近離垂入離若無漏與苦智集智道智相應者於離有期心無緣與滅智相應者於離有期心亦緣復有説者離是滅定亦是滅盡涅槃若作是説離是滅定亦是滅盡涅槃者出定世俗心無漏心與苦集滅智相應者総而言之有二事隨順離轉近離垂入離一以期心二以緣與道相應者有一事隨順離轉近離垂入離有期心無緣復問阿夷比丘從滅定起為觸幾觸彼作是説毗舍佉優婆夷觸三觸一不動觸二無所有觸三無相觸問曰何者是不動觸无所有觸無相觸耶尊者和須蜜説曰空處識處是不動觸無所有處是無所有觸非想非非想處是無相觸復次空是不動觸無願是無所有觸無相是無相觸復次無所有處是不動觸是無所有觸是無相觸無漏者是不動觸无所有處攝故是无所有觸緣涅槃故是無相觸尊者佛陀提婆説曰比丘從滅定起若是非想非非想處心不起餘不相似心當言觸無相觸若是無所有處不相似心當言觸無所有觸若是識處不相似心當言觸不動觸餘五有想定説亦如是問曰如次第入滅定出滅定時亦次第出不耶荅曰如次第入不如次第出如次第出不如次第入如次第睡不如次第覺如次第覺不如次第睡彼亦如是

阿毗曇毗婆沙論卷第四十四

阿毗曇毗婆沙論卷第四十四

校勘記

一　底本，麗藏本。

一　八六四頁上一行至四行經名、造者、釋者、譯者、品名，諸本（不含石，下同）無（未換卷）。

一　八六五頁上九行第七字「言」，徑、清作「人言」。

一　八六五頁下一行首字「曰」，諸本無。

一　八六六頁上一行及一六行「受相」，諸本作「受想」。

一　八六六頁上一〇行首字「行」，諸本作「得」。

一　八六六頁上一一行「四禪」，南作「三禪」。

一　八六六頁下二行第四字「界」，諸本無。

一　八六七頁中五行第四字「續」，諸本作「績」。

一　八六七頁下五行「滅定」，至此，諸

本卷第六十六終，卷第六十七始，資、磧、普、南有品名「使揵度十門品之十四」；徑、清有品名「使犍度十門品第四之十四」。

一　八六七頁下一九行「成就」，諸本作「成就者是」。

一　八六八頁中一一行末字「愛」，諸本作「受」。

一　八七〇頁上四行第三字「見」，資、磧、普作「修」。

一　八七〇頁下二一行第七字「定」，諸本作「定者」。

一　八七一頁下一〇行第一〇字「出」，諸本作「出定」。

一　八七二頁上二二行第三字「説」，磧、南作「不」。

一　八七二頁下六行第六字「住」，諸本作「在」。

一　八七二頁下一〇行首字「老」，清作「者」。

一　八七二頁下一二行第一二字「所」，磧、南作「處」。

一　八七三頁上八行第四字「論」，諸本作「説」。

一　八七三頁下六行第八字「起」，諸本作「起滅」。

一　八七三頁下九行第七字及第一一字「説」，諸本作「脱」。

一　八七四頁上一行第四字「報」，諸本作「此報」。

一　八七四頁中二行末字「起」，諸本作「起定」。

一　八七四頁下四行「便無」，諸本作「更無」。

一　八七五頁中六行「三十四心」，至此，諸本卷第六十七終，卷第六十八始，資、磧、普、南有品名「使揵度十門品第十五」；徑、清有品名「使犍度十門品第四之十五」。

一　八七五頁中二二行第六字「故」，諸本作「欲」。

一　八七六頁中卷末經名，諸本無。未換卷。

阿毗曇毗婆沙論卷第四十五　戠

迦旃延子造　五百羅漢釋

北涼天竺沙門浮陀跋摩共道泰等譯

使揵度十門品之九

如說若得此定依此定立此定更不受未來生老病死受苦起集問曰此定不能斷結何故作是說若得此定乃至廣說荅曰應觀是事為以何故若學人入滅定者起定作如是念此是須臾滅須臾心心數法不行靜妙乃介何況畢竟滅畢竟心心數法不行者以是事故即斷煩惱入無餘涅槃若無學人入滅定者起定作如是念乃至以是事故捨諸陰入無餘涅槃以是事故作如是說若得此定乃至廣說更不受苦起集

施設經說有作願入定不作願出定有不作願入定作願出定有作願入定作願出定有不作願入定不作願出定作願入定不作願出定者猶如有一作如是念使我入滅定不作是念使我出滅定起四種有想定若一現在前得彼定出四種有想定若一現在前是名作願入定不作願出定不作願入定作願出定者猶如有一不作是念使我入滅定而作是念使我出滅定起四種有想定若一現在前彼入滅定出滅定起四種有想定若一現在前是名不作願入定作願出定作願入定作願出定者猶如有一作如是念使我入滅定使我出滅定起四種有想定若一現在前彼入滅定出滅定起四種有想定若一現在前是名作願入定作願出定有不作願入定不作願出定者猶如有一不作是念使我入滅定出滅定起四種有想定若一現在前彼入滅定出滅定起四種有想定若一現在前是名不作願入定不作願出定問曰作願入定作願出定可介何者是不欲入定出定而入定出定荅曰此盡欲入定盡欲出定然入定出定有自在者有不自在者是故施設經作如是說或有入定心得自在出定心不得自在或有出定心得自在入定心不

得自在或有入定出定心得自在或有入定出定心不得自在入定心得自在出定心不得自在者不作願入定作願出定出定心得自在入定心不得自在者不作願出定作願入定入定心得自在出定心得自在者不作願入定不作願出定入定心不得自在出定心不得自在者作願入定作願出定以是事故作如是說入定者盡欲入定出定者盡欲出定問曰此中說何者四有想定答曰是四無色問曰何故說四無色是四有想定答曰四無色定於滅定得作逆次定逆起定若出彼定起非想非非想處心次起無所有處心是逆次定若起識處心是逆起定若出彼定起無所有處心欣起識處心是逆次定若起空處心是逆超定以是事故說四無色是四有想定經說入滅定者火不能燒水不能漂刀不能傷毒不能害不為他所煞問曰何故入滅定者火不能燒水不能漂刀不能傷毒不能害不為他所煞耶尊者和須蜜說曰此定是不害法若入此定害不能害復次此定有大威勢故威德諸天常守護定復次禪禪境界神足神足境界是不可思議復次此定無心無心者不死不生散耆婆經是此論因緣曾聞過去有迦拘孫陀佛有二大賢弟子一名毗頭羅二名散耆婆尒時尊者散耆婆於一城中多所教化於彼城邊多人行處入於滅定時牧牛羊者擔薪草者行道者見皆作是念此大德平坐而死我等應取牛糞乾薪燒之而去如其念即取乾薪牛糞燒已捨去尒時尊者散耆婆晨朝從滅定起速抖擻僧伽梨以日初分著衣持鉢入城乞食時諸牧牛羊擔薪草行道人見者皆作是言此尊者昨日平坐而死我等以乾薪牛糞燒已捨来今復還活時人皆号之為還活所以不燒身者以定力護故所以不燒衣者以神足力持故復有說者所以不燒身不燒衣者皆以定力故是故散耆婆經是此論因緣

如因緣中說施起滅定人得現世報問曰何故施起滅定人得現世報耶答曰此不必須通所以者何此說非脩多羅毗尼阿毗曇此是因緣或然不然若必欲通者有何意耶答曰不得現世報而受多報問曰何故施起滅定者若得現報若得多報答曰若施滅定者食便為施起諸禪解脫三昧者食所以者何若欲入此定者先起欲界善心次第入初禪乃至非想非非想處次第入滅定欲起此定從此定次第起非想非非想處心乃至初禪次第起欲界善心以行者身中脩如是等功德故施食得現世報若得多報復次從此定起出入言說著衣受取飲食如是等威儀寂靜故信心婆羅門居士生敬重心以衣食等施得現世報若得多報復次此定生人希有想若人聞彼比丘得於滅定極生希有想信心婆羅門居士以清淨心施其衣食等得現世報若得多報復次若施起滅定者食便名施不食人食入有想定者雖不食摶食而食有漏觸食意思食識食入無漏定

雖不食四種有漏食而以無漏觸意思識持身入滅定者無四種食亦不以無漏觸意思識持身是故施起滅定者則施不食人食得現世報若得多報復次若施起滅定者食便是施到涅槃還者食所以者何此定與涅槃相似故如入無餘涅槃時一切心心數法不生滅一切有緣法此定亦介是故施其食者得現世報若得多報不但施滅定人食得現世報施五種人食亦得現世報一從滅定起二從慈心起三從無諍起四從見道起五從得盡智起又施五種人食得多報一施父二施母三施病人四施說法人五施近佛菩薩

問曰此定為是受生處造業為是滿業耶荅曰此是滿業非是造業所以者何造業必是業性彼非業性問曰此定為得現報為得生報為得後報耶荅曰此定得生報不得現報所以者何非想非非想處不能起此定問曰何處受此定報荅曰於非想非非想處報四陰若成就滅定亦成就滅定報耶荅曰或成就滅定不成就滅定報乃至廣作四句成就滅定不成就滅定報者生欲色界得滅定若得滅定不退生非非想處未受滅定報成就滅定報不成就滅定者於此得滅定退生非想非非想處受滅定報成就滅定亦成就滅定報者於此得滅定不退生非想非非想處受滅定報不成就滅定亦不成就滅定報者生欲色界中不得滅定生空處識處無所有處若得滅定退若不得滅定生非想非非想處不受滅定報

若退滅定亦退阿羅漢果耶荅曰或退滅定不退阿羅漢果乃至廣作四句退滅定不退阿羅漢果者學人退滅定阿羅漢得滅定退不得自在非起結現在前退阿羅漢果不退滅定者慧解脫阿羅漢退學時得滅定无學時起非想非非想處結退滅定亦退阿羅漢果者學時得滅定無學時起下地結退無學時得滅定三界結若起一界結退不退滅定亦不退阿羅漢果者除上介所事

阿羅漢果者六種謂退法憶法護法等住能進不動諸退法阿羅漢盡是俱解脫耶若是俱解脫阿羅漢盡是退法耶乃至不動阿羅漢盡是俱解脫耶若是俱解脫阿羅漢盡是不動耶荅曰或是退法阿羅漢非是俱解脫乃至廣作四句是退法阿羅漢非俱解脫者諸退法阿羅漢不得滅定是俱解脫阿羅漢非是退法者憶法乃至不動得滅定是退法阿羅漢亦是俱解脫者退法阿羅漢得滅定非退法阿羅漢亦非俱解脫者憶法乃至不動不得滅定如退法阿羅漢作四句餘五種阿羅漢作五四句亦如是

如無學道有六種阿羅漢學地亦有六種性學諸退法學盡是身證耶若是身證盡是退法學耶乃至不動性學是身證耶若是身證盡是不動性學耶荅曰或是退法性學非身證乃至廣作四句是退法性學非身證者退法性學不得滅定是身證非退法性學者憶法乃至不動性學得滅定是退法性學亦是身證者退法學得

滅定非退性學亦非得身證者憶法乃至不動性學不得滅定如退法性學作四句餘五性學作五四句亦如是若法與心作次第亦是無間耶答曰或法與心作次第非是心無間乃至廣作四句與心作次第非心無間者除定初刹那及有心時餘定刹那及出定心是也是心無間非心次第者定初刹那及有心時生住无常是也是心次第亦心無間者定初刹那及有心時是也非心次第非心無間者除定初刹那及有心時生住無常餘定刹那及出定心生住無常是也若法是心次第亦是定無間耶答曰或法是心次第非定無間乃至廣作四句是心次第非定無間者定初刹那及有心時是也是定無間非心次第者除定初刹那及有心時生住無常餘定刹那及出定心生住無常是也是心次第亦定無間者除定初刹那及有心時定餘刹那及出定心是也非心次第非定無間者定初刹那及餘有心生住無常是也八勝處乃至廣說問曰勝處體性是何答曰是不貪善根對治於貪若取相應迴轉欲界是四陰色界是五陰

已說體性所以今當說何故名勝處勝處是何義答曰勝於境界勝於煩惱故名勝處雖諸行者不能盡勝境界然於境界不生煩惱故名勝處如世尊說勝此處故名勝處

界者是色界地者初四勝處未至中間初禪第二禪地後四勝處在第四禪地所依身者是欲界身緣者緣於欲界爲何所緣答曰緣色入盡緣一切欲界色入耶答曰盡緣問曰若然者經云何通如說尊者阿泥盧頭在舍衛國住一精舍有四快意天女來詣尊者阿泥盧頭所作如是言尊者阿泥盧頭我等是快意天女於四處得自在意欲作何等色隨意能作以自娛樂若欲須衣服瓔珞隨意能作而自娛樂尒時尊者阿泥盧頭作如是念我今應觀此女作不淨想即起初禪不淨想不能勝之乃至起第四禪不淨觀亦不能勝復作是念此色雜故不能勝之若純一色我則能勝作是念已而語之言姊妹汝等於四處中得自在者盡作青色來即皆青色亦不能勝復作是念若轉此色或能勝之復語之言作黃色來即皆黃色赤色亦尒不能勝之尒時阿泥盧頭復作是念白色隨順不淨想若作白色我或能勝復語之言作白色來即皆白色亦不能勝尒時尊者阿泥盧頭知此色雜妙不可勝故閉目而坐是時天女作如是念今此尊者不能憶念我等知此事已忽然不現尊者阿泥盧頭不勝境界境界不勝尊者阿泥盧頭辟如二力士相撲不能相勝彼亦如是此說云何通答曰尊者阿泥盧頭雖不能勝餘利根者如佛舍利弗目揵連等則勝問曰能於佛身作不淨觀不答曰能作唯佛能非餘聲聞辟支佛能所以者何佛身清淨無垢一切不淨觀者不能於佛身作不淨想唯佛世尊能於自身作不淨觀復次不淨觀有二種一觀色過患二觀緣起觀色過患不淨觀不

能於佛身作已過患不淨觀能作
緣起觀餘廣說如雜揵度不淨觀處
念處者盡與身念處俱智者盡與等
智俱三昧者不與三昧俱根者捴而
言之與二根相應謂喜根捨根過去
未来現在者是三世緣三世者過去
緣過去未来必生者緣未来不生者
緣三世現在者緣現在善不善無記
者是善緣善不善無記者盡緣三種
三界繫者是色界繫緣三界繫及不
繫者是緣欲界繫是學無學非學非
無學者是非學非无學緣學無學非
學非無學者緣非學非无學是見道
斷修道斷無斷者是修道斷緣見道
斷修道斷無斷者緣修道斷名緣義
緣者是緣義緣自身他身非身者初
二緣自身他身餘緣他身是離欲得
方便得者是離欲得亦是方便得初
禪者離欲界欲得二禪者離初禪欲
得第四禪者離第三禪欲得以方便
起現在前是方便得佛不以方便起
現在前辟支佛以下方便聲聞或以
中或以上方便是曾得未曾得者聖
人最後身凡夫起曾得未曾得者餘
凡夫起曾得者
八勝處內有色想觀外色內有色想
者觀自身色修色想不離色想觀外
色者觀少外色若好若惡少有二種
一境界少二自在少好色者不弊壞
青黃赤白色惡色者弊壞青黃赤白
色於此色生勝知見者斷於欲愛過
於欲愛緣取前色皆得自在是名為
勝猶如大家大家子驅使奴僕皆得
自在彼亦如是是名初勝處初者次
第數在初故名初復次次第入彼定
時初入故名初勝處者若入此定善
色受想行識是名勝處如初勝處第
二勝處亦尒異者先觀少今觀多多
有二種一境界多二自在多餘如上
說內無色想觀外色內無色想者內
不修色想離色想觀外色少餘廣說
如上是名第三勝處如第三勝處第
四勝處亦尒異者第三觀少好惡色
第四觀多內無色想觀外色如上所
說觀青色者作如是觀解諸所有色
若略若廣盡觀是青如眼識所觀眼
識所行次生意識觀青色青光青影
如是內無色想觀外青色青光青影
生勝知勝見者斷於欲愛過於欲愛
是名勝於色緣取前色皆得自在猶
如大家大家子驅使奴僕皆得自在
彼亦如是有如是想者起如是想現
在前是名第五勝處第五義廣說如
上如青色黃色赤色白色說亦如是
一一異者黃勝處應說迦鄰迦華喻
赤色者應說槃頭耆婆迦華喻白色
者應說優師迦星喻問曰此四種色
何者最妙尊者和須蜜說曰白色最
妙世人亦說是吉色猶如四方之中
東方最勝世人亦稱為吉彼亦如是
尊者佛陁提婆說曰觀白色者心則
清淨不隨順睡眠法
十一切處乃至廣說問曰十一切處
體性是何荅曰八是无貪善根對治
於貪若取相應迴轉是四陰五陰性
若是欲界四陰若是色界五陰空處
識處一切處體性是四陰此是一切
處體性乃至廣說
已說體性所以今當說何故名一切

處一切處是何義答曰以二事故名一切處一以不缺二以廣大不缺者無有處所緣地復緣於水如緣地若緣水緣火風青黃赤白空處識處不缺亦如是廣大者普遍緣地乃至普遍緣識尊者佛陁提婆說曰遍緣一切無有空缺名一切處

界者八在色界二在無色界地者八在第四禪地空處一切處在空處地識處一切處在識處地所以者何淨解脫在第四禪地能入後四勝處後四勝處能入八一切處淨解脫緣淨境界不能分別若好若惡青黃赤白勝處能分別不能令無邊一切處能令青黃赤白無邊此色為何所依如依四大是故次觀无邊地無邊水無邊火無邊風此廣大誰所生以覺故知色等依空是故次觀无邊空處彼覺何所依依於識是故次觀無邊識識更無所依故更不立一切處所依身者八依欲界身後二依三界身行者不行行緣者八緣欲界緣欲界何法答曰緣於色入二緣無色界念處

者八與身念處俱後二與法念處俱智者盡與等智俱三昧者不與三昧俱根者與一捨根相應過去未來現在者是三世緣三世者八過去者緣過去未來必生者緣未來必不生者緣三世現在者緣現在後二者緣三世善不善無記者是善緣善不善無記者八緣三種二緣善無記是三界繫不繫者八是色界繫二是無色界繫緣三界繫不繫者八緣欲界繫二緣無色界繫是學无學非學非無學者是非學非無學緣學无學非學非無學者緣非學非無學是見道斷修道斷不斷者是修道斷緣見道斷修道斷不斷者八緣修道斷二緣見道修道斷緣名緣義者是緣義緣自身他身非身法者八緣他身二緣自身他身是離欲得方便得者是離欲得是方便得離欲得者離欲時得方便得者作方便得佛不以方便起現在前辟支佛以下方便聲聞或以中或以上是本得未曾得者是本得亦是未曾得聖人內道凡夫亦是本得亦

是未曾得餘凡夫是本得問曰一切處方便云何答曰四以眼識為方便滿足時緣青黃赤白色入四以身識為方便滿足時緣地水火風觸入復有說者七以眼識為方便除風一切處復有說者八以眼識為方便問曰風一切處云何以眼識為方便答曰眼識亦取風色入如是相謂有塵無塵滿一切處毗嵐風等空一切處以空為方便識處一切處以識為方便

十一切處云何為十觀上下諸邊地無有缺無有量上者是上方下者是下方諸邊者是四方四維無缺者不雜無量者無有邊際是名初一切處初者次第數在初故名初復次順次入此定時初入故名初一切處者入此定時善色受想行識此是一切處乃至識處一切處說亦如是異者空處一切處識處一切處不說色陰問曰八一切處緣上下諸邊可尒所以者何彼所緣有方所故空處一切處識處一切處所緣無方所云何有上下諸邊答曰八一切處應說有上下

諸邊二一切處無上下諸邊若如是說者有何意耶答曰行此定者在上下諸邊故如人中修空處一切處是下四天王天中修識處一切處是一餘方說亦如是

問曰何故第三禪無解脫无勝處無一切處耶答曰非其田器乃至廣說復次對治欲界色愛故初禪立解脫對治初禪色愛故第二禪立解脫第二禪無色愛故第三禪不立解脫以第三禪無解脫故亦無勝處亦無一切處所以者何以解脫入勝處以勝處入一切處故復次以遠故不妙故第三禪於欲界遠於四禪不妙復次以妙第三無色定故空處識處有無邊行非想非非想處有滅定無所有處無無邊行亦無滅定如第三無色定善根減少第三禪亦如是復次第三禪有一切生死最勝受樂行者多於中著樂故不能起解脫勝處一切處問曰若然者何故有無量神通等切德答曰一切起不必有一切功德若當彼地無無量無神通者彼地便是空無切德地

佛経說入地一切定者作如是念地即是我我即是地我定與地無二無別餘一切處亦如是問曰若得一切處必離第三禪欲若計地是我必是第四禪地身見計第四禪地是我一切處緣欲界此去何可介答曰此中說不定名定如非沙門說名沙門非婆羅門說名婆羅門彼亦如是復次此說前所得事辟如國王雖復亡國富貴之事猶名為王此亦如是先得此定而退失之以曽得故作如是說復次彼是速入定者於彼定退起欲界身見計欲界地是我速還離欲起一切處復緣欲界如提婆達多能速入定以神足力自化作小兒五花剃髮著金瓔珞於太子阿闍世抱上宛轉遊戲復現此相使太子阿闍世知是大聖提婆達多時太子阿闍世抱弄嗚之以唾著其口中以貪利養故而咽其唾是故世尊語提婆達多汝死尸食唾之人彼食唾時退失神足速入定故尋得離欲自化其身還在太子阿闍世抱上宛轉遊戲復次身見計第四禪地是我一切處亦觀第四禪地問曰一切處緣於欲界答曰亦有緣第四禪者若作是說者一切處亦緣第四禪問曰若然者色界諸天純是白色去何觀青黃赤色耶答曰彼作是說色界諸天身純一白色諸非衆生數物有青黃赤色不應作是說若身見與一切處相應者有如是過去何相應共有法或緣欲界或緣第四禪身見不與一切處相應然一人亦名計我亦名得定以起身見故名為計我以起一切處故名為得定身見計第四禪地是我一切處緣欲界非一時故此經善通

有地定有地一切處定乃至有白定有白一切處定問曰地定地一切處定有何差別答曰地定在欲界四禪地一切處定在第四禪復次方便是定滿足是一切處復次因是定果是一切處復次少分是定遍是一切處地定地一切處定是謂差別

問曰解脫勝處一切處有何差別答

曰名即差別是名解脫是名勝處是名一切處復次下善根是解脫中善根是勝處上善根是一切處復次少善根是解脫多中善根是勝處无量上善根是一切處復次因是解脫果是一切處因果是勝處復次背捨義是解脫勝緣義是勝處遍緣義是一切處復次心解脫是解脫勝煩惱義是勝處無缺遍義是一切處復次若得解脫不必得勝處一切處若得解脫勝處不必得一切處若得一切處必得解脫勝處所以者何解脫能入勝處勝處能入一切處解脫勝處一切處是謂差別八智法智比智他心智等智苦智集智滅智道智云何法智乃至道智廣說如經本問曰彼尊者何故於此論中以八智而作論荅曰彼尊者有如是欲如是可如是意欲以八智而作論隨其欲意亦不違法相立八智而作論餘處亦立八智而作論如定智揵度中說或欲以二智而作論即立二智如智揵度中說他心智念前世智根揵度中立法智比智定揵度中立盡智無生智或欲以四智而作論即立四智如根揵度中說若苦智是苦無漏智耶乃至若道智是道無漏智耶或欲以十智而作論即立十智隨其所知辟如陶師以知泥團安置輪上隨其所欲出種種物不損所能彼尊者亦如是以聞思修慧除所知過隨其所欲而作論不違法相亦如是復次不應求彼尊者何故立八智耶所以者何此是佛經佛經說八智法智乃至道智彼尊者以佛經是此論根本因緣故依八智而作論彼尊者無力於八智中減一智說七智增一智說九智所以者何佛經無有增減無增者无增可減無減者無減可增如無增無減無益無損無量无邊無量者是无量義無邊者是無邊文猶如大海水無量无邊无量者深無量無邊者廣无邊一切佛經亦無量无邊無量者義無量无邊者文無邊如尊者舍利弗等百千論師欲解佛經二句義故造百千郵由他論盡其覺性退還而不能知佛經二句義邊際到於彼岸問曰若佛經是此論根本因緣者佛經中多種說智或說二智如二法中或說四智如四法中或說八智如八法中或說十智如十法中何故彼尊者於多種智中此使揵度依八智而作論荅曰八智是中說攝一切智二智雖攝一切智而是略說十智雖攝一切智而是廣說復次若智數數修數數現在前者依此智而作論復次此八智亦是智性亦是見性盡智无生智雖是智性而非見性復次若智是有欲無欲人身中可得者依此智而作論盡智無生智是無欲人身中可得復次若智是學无學人身中可得者依此智而作論盡智無生智是無學人身中可得如學无學所作已所作未棄重擔已棄重擔未逮已利已逮已利有求無求當知亦介彼尊者或依剎那頃一智而作論如雜揵度說頗有一智知一切法耶荅曰不知若依十智而作論者此論不成若依九八七六五四三二智而作論者此論不

成乃至一智二剎那須而作論者此論亦不成所以者何初智剎那須不知自體相應共有法第二剎那須知前智相應共有法彼中依剎那須一智而作論故荅曰不知或說一智攝一切智謂法智非如法智以體是法故或說二智攝一切智如有漏智無漏智縛智解智繫智不繫智或說三智攝一切智如法智比智等智或說四智攝一切智前三智更增他心智或說五智攝一切智如等智苦集滅道智或說六智攝一切智前五智更增他心智或說七智攝一切智除他心智或說八智攝一切智增他心智問曰若八智攝一切智者復有八智謂法住智涅槃智生死智漏盡智念前世智願智盡智无生智云何攝耶荅曰雖更有八智亦是八智所攝所以者何此八智盡在前八智中故問曰此八智云何在前八智中荅曰住名諸法因三界上中下果在因中住若知此智名為因智因智是四智性等智法智比智集智涅槃智是滅智

亦是四智性等智法智比智滅智生死智者舊阿毗曇者罽賓沙門作如是說是一智謂等智尊者婆摩勒已作如是說生死智是四智性謂法智比智等智苦智評曰應作是說是一等智漏盡智或有說者是漏盡人身中可得故名漏盡智若作是說是十智性或有說者漏盡智是緣漏盡處智若作是說漏盡智是四智性謂法智比智等智滅智念前世智舊阿毗曇者罽賓沙門作如是說是一等智尊者瞿沙作如是說是六智除滅智他心智非他心智所以者何他心智緣現在法非滅智所以者何滅智緣無為法評曰應作是說是一等智願智是一等智或有說是八智性者除盡智無生智所以者何願智是見性彼二智非見性評曰應作是說願智是一等智盡智無生智是六智謂法智比智苦集滅道智以如是等事故八智攝一切智尊者僧伽婆修說曰應說一智謂決定智所以者何決定義是智義彼決定有有漏有無漏有縛有

解有繫有不繫有漏者是等智是縛是繫無漏智是解是無繫或是欲界對治或是色無色界對治或是欲界對治者是法智若是色無色界對治者是比智此三智若知他心心數法是知他心智無漏決定智或行苦四行乃至行道四行若行苦四行者是苦智乃至若行道四行者是道智問曰若然者唯有三智法智比智等智荅曰如是唯有三智謂法智比智等智問曰若然者云何立八智荅曰以五事故一以對治二以方便三以自體四以行五以緣行對治者是法智比智方便者是他心智自體者是等智行者是苦智集智所以者何此智行不同緣同緣行者是滅智道智所以者何此智緣不同行不同故以此五事故立八智尊者婆摩勒說曰對治四種愚故立八智四種愚者界愚心愚法愚諦愚對治界愚故說法智比智對治心愚故說他心智對治法愚故說等智對治諦愚故說苦集滅道智此是智體性乃至廣說已說體性

所以今當說何故名智智是何義答曰決定義是智義問曰若決定義是智義者疑相應智則非智所以者何不決定故答曰疑相應慧亦是智但疑於聚中有勢用故言是疑聚如多愛人名為愛行非無恚癡以愛有勢用故多為愛行彼亦如是恚行癡行說亦如是辟喻者作如是說若心有智則無不智若心決定則無猶豫若心有麁則無有細亦為阿毗曇者說過汝說法相猶如若干草木雜生一處而無別相一心中有智無智非智非不智猶豫決定非猶豫非決定麁細非麁非細阿毗曇者復作是說我法生時聚生一心中有智無智非智非無智決定猶豫非決定非猶豫麁細非麁非細智者是智非智者是無明非智非無智者是餘心心數法猶豫者是疑決定者是慧非決定非猶豫者是餘心心數法麁是覺細是觀非麁非細是餘法復有說者以二事故名智一以決定二以適可知苦乃至知道名決定自適適他意故名適可

已總說諸智所以今當一一分別說所以者何何故名法智答曰體是法故名法智問曰餘智體亦是法何故不名法智耶答曰餘智雖體是法而法智是法如十八界雖體是法十二入體亦是法七覺支體亦是法四念處體亦是法四不壞淨體亦是法四無礙體亦是法三歸三寶體亦是法而法界法入擇法覺支念法法念處法不壞淨法無㝵法歸法寶法而名為法如是十智體雖是法而法智名法復次法智有一名餘智有二名法智是共名餘智是共不共名以不共名說復次以初知法故名法智後知法故名比智復次彼智相應初得信法名法智後得信法名比智復次於法中現見故名法智次現後生故名比智復次欲界多諸非法煩惱如忿恨諂誑放逸害等非法誰是彼近對治謂法智是也色無色界無如是非法煩惱故名比智復次若智是六地所攝緣於一地是法智若智九地所攝緣於八地是比智復次若智六地所攝緣六地者是法智若智九地所攝緣九地者是比智復次若智對治十八界十二入五陰者是法智若智對治十四界十入五陰者是比智復次若智對治善不善无記五陰者是法智若智對治善無記五陰者是比智若智對治福非福不動行者是法智若智對治福不動行者是比智復次若智對治摶食愛婬欲愛是法智若智對治定愛是比智何故名知他心智答曰知他心故名知他心智問曰亦知他心數法何故但名知他心智耶答曰以期心故行者期心作如是念使我知他心若知他心亦知數法猶如有人作如是念使我見王若見王時亦見王侍者彼亦如是復次此法以種種事故得名或以自體或以對治或以方便或以相應或以所依或以行或以緣或以行緣以自體者如陰如諦如等智以對治者如法智比智若對治欲界名法智若對治色無色界名比智以方便者如空處

識處五現三昧他心智以相應者如婆伽羅經說云何樂受法荅曰若法與樂受相應云何苦受法荅曰若法與苦受相應云何不苦不樂受法荅曰若法與不苦不樂受相應以所依者眼識乃至意識若依眼生名眼識乃至依意生名意識以行者是苦智集智所以者何此智行不同緣同或以緣者念處無相三昧以行緣者是滅道智所以者何彼行不同緣亦不同復次以名義勝故此聚中誰為㝡勝心為㝡勝辟如王來眷屬亦來但言王來彼亦如是餘廣說如雜揵度說心處何故名等智荅曰世人等行此智故名等智如男女來去世人現所行法等問曰亦緣第一義法何故名世智荅曰從多分故多緣世法少緣第一義法復次此智無第一義相以多人所稱故名世智猶如多人所立之王雖非王種以多人所立故亦名為王彼亦如是復次此智是假名所以者何一切人一切衆生一切處盡有此智故復次此智是愚所依處

愚立足處復次此智是所著故猶如人著上座著維䣊聲論者說曰此智為无智所覆故名等智猶器中物名為覆物何故名苦智乃至道智荅曰以對治决定故所緣决定故乃至道智亦如是復次處所决定故對治决定故名苦智乃至道智復次行苦四行故名苦智乃至行道四行故名道智問曰若有漏慧行苦四行乃至行道四行是苦智耶荅曰若行苦四行行道四行於諦有決定者名苦智道智善有漏慧雖行苦四行乃至行道四行於諦不決定故不名苦智乃至道智復次若行苦四行乃至行道四行煩惱更生復次若行苦集滅道四行見不復名不見知不復名不知已得決定處不為無知猶豫邪見所覆善有漏慧雖行苦等四行見還不見知還不知還為無明猶豫邪見所覆復次若行苦等四行能滅損破壞於有是苦智乃至道智善有漏慧雖行苦四行乃至行道四行增益長養於有餘荅如雜揵度說復次若行苦等

四行不行集滅道等四行是苦智若行集等四行不行苦滅道等四行是集智若行滅等四行不行苦集道等四行是滅智若行道四行不行苦集滅等四行是道智善有漏慧若行苦等四行亦行集滅道等四行或行苦行亦行集行或行苦行亦行滅行或行苦行亦行道行或行集行亦行滅行或行集行亦行道行或行滅行亦行道行或行苦行亦行集行滅行或行苦行亦行集行道行或行苦行亦行滅行道行或行集行亦行滅行道行或行苦行亦行集行滅行道行行如是行時當言是苦智乃至當言是道智復次若行苦集滅道四行不同苦集一繫善有漏慧雖行苦集滅道四行同苦集一繫問曰滅道不同一繫何故不立滅道智耶荅曰以始不中立故終亦不中立界者他心智有漏者是色界繫无漏者是不繫等智是三界繫餘是不繫地者法智在六地謂未至中間根本四禪比智在九地上說六地三無色地除非想非非

想地他心智在根本四禪地等智在十一地欲界未至中間根本四禪四無色地餘若是法智分在六地若是比智分在九地所依身者法智依欲界身他心智依欲色界身比智等智依三界身餘若是法智分依欲界身若是比智分依三界身行者法智比智行十六行他心智若無漏者行道四行有漏者不行行等智行十六行亦有不行行者苦智行苦等四行集智行集等四行滅智行滅等四行道智行道等四行緣者法智比智緣四諦他心智緣心心數法等智緣一切法苦智緣苦諦集智緣集諦滅智緣滅諦道智緣道諦念處者他心智是三念處除身念處滅智是法念處餘智是四念處智者即智三昧者法智比智與三三昧俱他心智若無漏者與道無願三昧俱有漏者不與三昧俱等智不與三昧俱苦智與二三昧俱集智與集無願三昧俱滅智與無相三昧俱道智與道無願三昧俱根者等智與五根相應餘智捴而言之

與三根相應過去未來現在者是三世緣三世及非世者法智比智等智緣三世亦緣非世法他心智過去者緣過去現在者緣現在未來必不生者緣三世必生者緣未來滅智緣非世法餘智緣三世善不善無記者等智是三種餘智是善緣善不善无記者比智緣善無記滅智道智緣善餘智緣三種是三界繫及不繫者他心智有漏者是色界繫无漏者是不繫等智是三界繫餘智是不繫緣三界繫不繫者法智緣欲界繫及不繫比智緣色無色界繫及不繫他心智緣欲色界繫及不繫等智緣三界繫及不繫苦智集智緣三界繫滅智道智緣不繫是學無學非學非无學者他心智是三種等智是非學非無學餘智是學無學緣學無學非學非無學者法智比智等智他心智緣三種苦集滅智緣非學非無學道智緣學無學是見道斷修道斷不斷者他心智有漏者修道斷無漏者是不斷等智是見道修道斷餘智是不斷緣見道

斷修道斷不斷者法智比智他心智等智緣三種苦智集智緣見道斷修道斷滅智道智緣不斷緣名緣義者法智比智等智苦智集智緣名緣義餘智緣義緣自身他身非身者法智比智等智緣自身他身及非身他心智緣他身苦智集智道智緣自身他身滅智緣非身若苦智行苦行耶若行苦行是苦智耶荅曰或是苦智非行苦行乃至廣作四句是苦智非行苦行者苦智行無常行空行无我行行苦行非苦智者行苦行苦智相應法是苦智亦行苦行者苦智行苦行非苦智非行苦行者若即取此種性者行無常行空行無我行苦智相應法若不即取此種性者除上尒所事已行苦行當行苦行說亦如是如苦行有三四句無常行空行無我行亦有三四句如苦智有十二四句集智滅智道智各十二四句合四十八四句有四事故名法智一以初知法二以現見法三是實智四是捨智有四事名比智一以因比相知果二以果比

相知因三以身口行比相知心四以所說比相知佛有四事名他心智謂因次第緣威勢如此智有四事智所緣亦有四事謂因次第緣威勢有四事名等智一以名等二以縛等三以假等四以著等有四事名苦一以熱惱二以生三以身受四以死若智行此四事是名苦智有四事名集一以業二以煩惱三以愛四以無明若智行此四事名集智有四事名滅初沙門果斷三結第二果斷三結薄愛恚癡第三果斷五下分結第四果斷一切結若智行此四行是滅智有四事名道一從第八乃至一切學諸有所作二降伏怨敵三觀本所作四近漏盡若智行此四行是名道智有四事名盡智一不攝見二不行空三除他心智四方便遲緩有四事名無生智一知因二知果三知自身四以人十智應言一智謂法智非如法智以體是法故十智應言一智謂決定智所以者何決定義是智十智應言一智謂智所知亦是一智謂於所知審實生著九智應言一智謂道智以道諦攝故十智應言一智謂願智以滿所願故十智應言一智謂盡智盡諸煩惱身中可得故十智應言一智謂無生智更不迴還故

三三昧空無願無相應說一三昧如心數法中定如定根定力定覺枝正定應說二三昧謂有漏無漏縛解應說四三昧謂欲界繫色界繫無色界繫不繫應說五三昧謂欲界繫色界繫無色界繫學無學若以在身若以剎那則有無量三昧云何世尊於一三昧於無量三昧立三三昧荅曰以三事故一以對治二以期心三以所緣對治者是空三昧空三昧是身見近對治身見行我行我所行空三昧行空無我行為以何行對治何行荅曰以無我行對治我行以空行對治我所行復次無我行對治五我見行空行對治十五我所見行復次無我行對治已見空行對治已所見復次無我行對治我見愛空行對治我所見愛復次陰非我是無我行陰中無我是空行復次眼非我是無我行眼中無我是空行乃至意亦如是復次性空是無我行無所行空是空行期心者是無願期心不願於有故名無願問曰亦期心不願於道耶荅曰不應作是問亦不期心不願於道然不願於道自有所以聖道雖非有而依於有行者期心不願於陰而聖道依陰不願於世而聖道依世不願於苦而聖道與苦相續問曰若然者聖人何故修道荅曰欲到涅槃故行者作如是念除於聖道更有方便到涅槃不知更無有是故欲到涅槃故修道所緣者是無相緣無十相法故是無相十相者謂色聲香味觸男女相及三有為相復次陰是相彼緣陰滅故是無相世是相前後是相下中上是相彼不緣世不緣前後不緣下中上故是無相復有說者三三昧亦行行空三昧行二行謂空無我行無願三昧行十行謂集道八行無常苦行无相三昧行四行謂滅四行復有說者三三昧是對治空三昧是身見近對

治無願三昧是戒取近對治無相三昧是疑近對治施設經說空三昧是空非無願无相無願三昧是無願非空無相无相三昧是無相非空無願所以者何空三昧所行非無願无相無願無相亦如是復次說空三昧是无願無願是空三昧無相即無相非空非無願問曰何故二三昧同一體一三昧異體耶荅曰以此二三昧一時得對治一種法一時得者若依空三昧得正決定見苦四心須未來無願三昧修若依無願三昧得正決定見苦四心須未來空三昧修對治一種法者此二三昧俱對治見苦所斷法復次說空三昧是空無願無相云何是空此中無有常不變易空無我無我所云何是無願此三昧不願於愛不願於恚不願於癡不願未來有云何是無相荅曰此三昧無色聲香味觸故是無相無願是无願亦是空亦是無相云何是無願此三昧不願愛恚癡不願未來有云何是空此三昧空無有常乃至無我無我所云何是無相此三昧無有色相乃至觸相無相三昧是無相是空是無願云何是無相此三昧無色相乃至无觸云何是空此三昧無有常乃至無我無我所云何是無願此三昧不願於愛乃至廣說此是三昧體性乃至廣說已說體性所以今當說何故名三昧三昧是何義荅曰以三事故名三昧一以正二以攝三以相續正者無始以來煩惱惡行邪見顛倒令心心數法嬈濁所以令其正直者皆是三昧力攝者無始以來心心數法散乱於色聲香味觸法中所以攝令不散住一緣中皆是三昧力相續者心心數法生無定次第善心次第生染汙無記心染汙心次第生善心無記心無記心次第生善心染汙心所以能捨二種心但令善心相續者皆是三昧力

阿毗曇毗婆沙論卷第四十五

阿毗曇毗婆沙論卷第四十五

校勘記

一　底本，金藏廣勝寺本。八八二頁中至八八三頁下六行，共四版六行原版殘缺，以麗藏本换。

一　八七八頁中一行至四行，經名、造者、釋者、譯者、品名，資、磧、普、南、徑、清無（未换卷）。

一　八七八頁下一行第四字「得」，資、磧、普、南、徑、清作「從」。

一　八七九頁上一六行「定起」，諸本作「定起」。

一　八七九頁上一七行「欣起」，諸本作「次起」。

一　八七九頁上二〇行及二二行「漂刃」，資、磧、普、南、徑、清作「漂刃」。

一　八七九頁中三行「護定」，資、磧、普、南、徑、清作「護之」。

一　八七九頁下七行首字「施」，資、磧、普、南、徑、清作「施起」。

一　八八〇頁上八行「不生」，資、磧、普、南、徑、清作「不生不滅」。
一　八八〇頁下一九行「非身」，資、磧、普、南、徑、清作「非是身」。
一　八八一頁上一行「退性」，資、磧、普、南、徑、清作「退法性」。
一　八八一頁上四行「亦是」，清作「非是」。
一　八八二頁上一〇行第四字「者」，資、磧、普、南、徑、清作「者及不繫者」。
一　八八二頁中四行「修色」，徑、清作「循色」。
一　八八二頁中八行第八字「見」，資、磧、普、南、徑、清作「勝見」。
一　八八三頁上一五行末字「如」，資、磧、普、南、徑、清作「知」。
一　八八三頁下九行第一〇字「空」，資、磧、普、南、徑、清作「空處」。
一　八八四頁上四行末字「一」，諸本作「上」。
一　八八四頁上一五行第二字「妙」，諸本作「如」。
一　八八四頁上一八行「滅少」，諸本作「減少」。
一　八八四頁中二一行末字「汝」，諸本作「汝如」。
一　八八五頁上四行第六字「多」，資、磧、普、南、徑、清作「勝多」。
一　八八五頁上七行第四字「勝」，資、磧、普、南、徑、清作「能勝」。
一　八八五頁上一四行「差別」，至此，資、磧、普、南、徑、清卷第六十八終，卷第六十九始，資、磧、普、南有品名「使揵度十門品之十六」；徑、清有品名「使犍度十門品第四之十六」。
一　八八五頁上末行「智根」，資、磧、普、南、徑、清作「智智」。同行第一二字「立」，資、磧、普、南、徑、清作「亦立」。
一　八八五頁中末行第二字「由」，資、磧、普、南、徑、清無。
一　八八六頁中三行「摩勒」，資、磧、普、南無。
一　八八六頁下四行第八字「是」，麗無。
一　八八七頁上七行第三字「多」，諸本作「名」。
一　八八七頁上一五行第四字「聚」，資、磧、普、南、徑、清作「衆」。
一　八八七頁下五行「十入」，麗作「十二入」。
一　八八八頁上一九行第八字「世」，資、磧、普、南、徑、清無。
一　八八八頁中一〇行「苦智」，資、磧、普、南、徑、清作「苦智乃至道智」。
一　八八八頁中末行第八字「說」，資、磧、普、南、徑、清作「廣說」。
一　八八八頁下四行第八字「道」，資、磧、普、南、徑、清作「道等」。
一　八八九頁上一行末字至次行首二字「在十一」，磧作「六千一」。
一　八八九頁上九行第九字「等」，資、磧、普、南、徑、清作「等等」。
一　八八九頁上二〇行「二三昧」，資、

一　八八九頁中三行第八字「法」，南、磧、普、南、徑、清作「三三昧」。

一　八八九頁中八行第九字「智」，資、磧、普、南、徑、清作「者」。

一　八八九頁下一四行第九字「若」，資、磧、普、南、徑、清無。

一　八九〇頁中一行第四字「九」，南、徑、清作「苦」。

一　八九〇頁中六行「三三昧」，磧作「十」。

一　八九一頁中三行末字「觸」，諸本作「二三昧」。

一　八九一頁中九行第四字「二」，磧作「觸相」。

一　八九一頁中一一行第三字「蜀」，麗作「三」。

一　八九一頁中一五行第三字「無」，麗作「觸」。

一　八九一頁中末行經名，資、磧、普、南、徑、清無(未換卷)。

阿毗曇毗婆沙論卷第四十六　　　　蔵

迦旃延子造　五百羅漢釋

北涼天竺沙門浮陁跋摩共道泰等譯

使揵度十門品之十

復有三事故名三昧一住一緣二繫在一緣三正思惟復有三事故名三昧一自正心二生種善根三令心正直相續復有三事故名三昧一於緣中不從二持種種善法三能令種種善心住一緣中尊者和須蜜說曰何故名三昧答曰能令種種善心住一緣中餘說如上尊者佛陁提婆說曰三昧有多名有善法三昧有不善法三昧有無記法三昧有九次第三昧此中說心正三昧名三昧

界者有漏者三界繫無漏者不繫地者有漏者在十一地無漏者在九地所依身者依三界身行者空有二行無願有十行無相有四行緣者空三昧有漏者緣一切無漏者緣苦諦無願緣三諦無相緣滅諦念處者空無願三昧是四念處無相三昧是法念處智者空三昧與四智俱謂法智比智等智苦智無願三昧與七智俱除滅智無相三昧與四智俱謂法智比智等智滅智三昧者即三昧根者捴而言之與三根相應過去未來現在者是三世緣三世法者空三昧緣三世及非世法無願緣三世無相緣非世善不善无記者是善緣善不善無記者空無願緣三種無相緣善是三界繫不繫者或三界繫或不繫緣三界繫及不繫者空三昧有漏者緣三界繫及不繫无漏者緣三界繫無願緣三界繫及不繫無相緣不繫是學無學非學非無學者是三種緣學無學非學非無學者空三昧有漏者緣三種無漏者緣非學非無學無願緣三種無相緣非學非無學是見道斷修道斷不斷者有漏者是修道斷無漏者不斷緣見道斷修道斷不斷者空三昧有漏者緣三種無漏者緣見道斷修道斷無願緣三種無相緣不斷緣名緣義者空無願緣義緣名無相緣義緣自身他身非身者空三昧

毗婆沙第四十六卷　第二張　陳字

有漏者緣三種無漏者及無願緣自身他身無相緣非身若空三昧盡行空行耶答曰或空三昧不行空行乃至廣作四句空三昧不行空行者空三昧行無我行行空行非空三昧者行空行空三昧相應法空三昧行空行者行空行空三昧非空三昧非行空行者若即取此種性行無我行空三昧相應法若不即取此種性除上尒所事已行當行亦如是如空三昧空行作四句空三昧行無我行亦如是無願作三十四句無相作十二四句合四十八四句問曰三昧解脫門有何差別答曰三昧是有漏无漏解脫門唯無漏問曰何故三昧是有漏无漏解脫門唯無漏耶答曰解脫門不應是有漏不應是繫縛問曰為以得正決定為以盡漏立解脫門耶若以得正決定者苦法忍相應定應是解脫門若以盡漏者金剛喻定應是解脫門答曰應作是說以得正決定亦以盡漏故名解脫門所以者何得一切聖道盡名決定一切斷盡名盡

漏如世第一法次第得苦法忍苦次第得集集次第得滅滅次第得道盡漏者或依空三昧盡三界漏或依無願三昧盡三界漏或依無相三昧盡三界漏問曰何故名解脫門答曰如楯法故辟如鬪人執盾在前斷怨敵頭行者尒時持如盾解脫門在前斷煩惱怨家成就頭墮著不成就地如說定是正道不定是邪道定心得解脫非不定心有定者能知陰生滅

施設經廣說空謂內空外空內外空有為空無為空無始空性空無所有空第一義空空空問曰施設經何故廣說空耶答曰以空是二十身見近對治

佛經說若聖弟子具足三三昧驕者能斷不善法脩行善法問曰何故說三三昧名驕答曰以其妙好世人生欣上心故如少年時首繫花驕若男若女生愛敬心行者亦尒若繫三昧驕諸天世人則生愛敬復次如人首繫華驕風則不乱其髮諸功德首若繫三昧其〻驕者掉風不能乱辟如花

若繫以為驕則所用處多諸功德亦尒若繫以為驕則多有所用能得正決定得果離欲盡漏復次世人於所繫華作驕想賢聖亦尒以三三昧繫諸功德亦作驕想亦如世人次第繫華而生驕想賢聖亦尒次第繫心於一緣中亦作驕想

佛經說空三昧是上座住處問曰何故說空三昧是上座住處答曰以諸上座多住是處故三界中佛是有德上座次辟支佛彼尊者舍利弗常住此處故言上座住處復次空是內道中不共法內道一切皆是上座外道一切皆是年少內道中年八歲者皆是上座所以者何成就上座法故外道年八十者皆是年少所以者何成就年少法故問曰諸外道有無願无相耶答曰雖無根本者有相似者麁行似無願止行似無相空乃至無相似者況根本復次以能生上座法故空名上座住處上座法者是道道果誰能生者謂空能生復次安住審諦法故空名上座住處衆生若不得空

三昧則情性輕躁躁動若得空三昧
情性則不動如山是故尊者瞿沙作
如是說若知解脫法則情性審諦情
性審諦名上座是故說空是上座住
處復次行者住空法時適意不適意
好不好有利益事無利益事資生樂
事資生苦事於此事中心不移動曾
聞尊者舍利弗其母命終共住弟子
還俗長齒比丘常於尊者舍利弗有
怨嫌心作如是念我今應往告其不
吉之事尒時長齒比丘便詣尊者舍
利弗所作如是語長老當知汝母命
過共住弟子還俗尊者舍利弗作如
是荅我母命過此是有身之法我弟
子還俗此是凡夫之法時長齒比丘
作是念長老舍利弗雖作是言心必
有異尒時尊者舍利弗以是事故明
朝著衣持鉢入舍衛城次第乞食飲
食訖還詣住處舉衣鉢洗足已以尼
師檀著肩上從祇桓林詣安樂林於
晝日靈處坐一樹下心生是念世間
頗有可愛妙色變易散滅之時令我
生憂悲苦惱者不遍觀見無有者尒

時尊者舍利弗以日暮時從安陁林
還祇桓林尒時長老阿難於所住精
舍門邊經行見尊者舍利弗来問言
尊者舍利弗從何處来舍利弗荅言
我從安陁林来復問尊者舍利弗汝
於安陁林多住何三昧舍利弗荅言
住覺觀三昧阿難復問住何覺何觀
耶舍利弗言我晝日於安陁林有如
是覺世間頗有可愛妙色乃至廣說
阿難問言尊者舍利弗於意云何為
有如是色不舍利弗荅言無也阿難
復語尊者舍利弗言汝常作是說若
佛不出世我等便為無目而死佛是
可愛妙色若當變易散滅汝不生憂
悲苦惱耶尊者舍利弗荅言若令世
尊變易散滅我亦不生憂悲苦惱但
有是念世尊速般涅槃世間眼速滅
尒時長老阿難歎言善哉善哉尊者
舍利弗善除我見我所見及與我慢
斷其根本如斷多羅樹頭更不復生
如来雖是可愛色若當變易散滅者
當有何憂悲苦惱耶是故行者住彼
法時於適意不適意好不好有利益

無利益資生樂事資生苦事心不移
動是故名空是上座住處復說尊者
舍利弗於俱薩羅國住一林中尒時
有一阿耆婆梵志亦住彼林去尊者
舍利弗不遠值彼人民設四月節會
時彼梵志詣村落中多飲好酒飽食
猪肉復持餘肉及酒一瓶還所住林
見尊者舍利弗坐一樹下生輕賤心
彼之與我俱是出家我今極樂而彼
比丘極苦即說偈言

我飲粳粮酒　竊持一瓶来　地上山草木
視之猶金聚

尒時尊者舍利弗作如是念此如死
梵志向我說如是偈我今亦應說偈
時尊者舍利弗便說此偈

我飲無相酒　復竊持空瓶　地上山草木
視之猶唾聚

此偈中尊者舍利弗以三解脫門作
師子吼如說我飲無相酒是無相解
脫門復竊持空瓶者是空解脫門地
上山草木視之猶唾聚是無願解
脫門
說無相有多名或說空是無相或說

見道是無相或說不動心解脫是無相或說非想非非想處是無相或說無相是无相說空是無相者如經說有一比丘得無相心定彼比丘根鈍不知是定有何功德有何果報作是思惟誰知此定功德果報復作此念長老阿難佛所稱譽諸梵行者之所信敬必知此定所有功德果報我今應往問如是事復作是念長老阿難善知物相若我往問當還問我汝得是定耶若荅言得彼比丘是少欲覆藏言法者不欲顯己功德若荅言不得是現前妄語若作餘言不正荅者則是惱乱上座比丘我由來不曾惱乱上座比丘我今但應隨逐其後若為他人說是法者我當得聞時彼比丘於六年中隨阿難後而猶不聞為他解說尒時比丘問長老阿難言若人得無相心定心無增減住難得行猶水停住已住故解脫已解脫故住世尊說是空有何功德有何果報耶尒時長老阿難問彼比丘汝得此定耶時彼比丘作如是念如我所畏今

果問之即便默然尒時阿難作如是說若比丘於無相心定無增无減乃至廣說佛說此定所有果報得一切知見能生智慧修道盡漏汝亦不久當得此法不增者是斷我見不減者斷我所見五我見十五我所見亦如是不增者是生死不減者是涅槃住難得行者此行難得多用功多有所作如水停住者辟如水從其源出停住一處更不餘流如是彼定住於一緣更不餘緣住故解脫者是自體解脫解脫故住者是身中解脫是中說空是無相餘處亦說無相是空如法印經說若斷色相觀色乃至廣說衆生相是境界相若彼比丘見於空法則除衆生相於境界不見有男相女相是故尊者瞿沙作如是說衆生相是境界相若有是空行於境界不見有男相女相說見道是無相者如說目揵連提舍梵志不說第六人行無相耶云何第六人行無相荅曰第六人行無相者是堅信堅法所以者何彼是无相不可數不可易知在此在

彼若苦法忍若苦法智乃至道比忍比智問曰何故見道名无相荅曰此道是速疾道不起期心道故不動心解脫是無相者如說長老伽婆多貪欲是相恚癡是相不動心解脫是寂勝無相問曰何故不動心解脫名無相耶荅曰煩惱是相彼心不為煩惱所覆不為所壞不以上著下非不淨自在是故說不動心解脫名無相非想非非想處名無相者如說我多用功德無相心定問曰何故說非想非非想處名無相定荅曰以非想非非想處愚癡不猛利不決定猶如疑亦無了了有想相亦無了了无想相說無相名無相者如此中說經說

佛在舍衛國住東方精舍弥伽羅母堂尒時長老阿難往詣佛所頭面札足白佛言世尊昔於一時世尊住於釋種弥周吒村我從世尊聞如是義我今多住空三昧我為善受持憶念如是說不佛告阿難如汝所言善受持憶念如我所說而無有異問曰若善受持不應生疑若生疑者不名善

受持荅曰以是事故名善受持所以者何不生邪見不轉教餘人不都忘失故問曰如長老阿難多聞捴持一切智所說八万法聚以正念器盛之何故於一句中而生疑心荅曰聞此法時心有愁惱害諸釋時是此論因緣如愚癡瑠璃王煞害諸釋尒時阿難將一比丘入迦毗羅城此城本時如諸天城當是之時其猶丘塚所有樓觀却敵埤垷種種宻牖皆悉毀壞清泉諸池悉皆燒濁鴻鴈鴛鴦孔雀鸚鵡鸜鵒羅鳥為烟火逼皆飛翔虛空諸小男女皆啼哭逐阿難後作如是言大德阿難我母命過我父命過我父母命過尒時長老阿難復至修迦羅處梵志精舍愚癡琉璃王於其處埋迦毗羅諸釋半身在於地中以鐵末末之煞七万七千賢聖尒時阿難見是事已極生愁惱次復世尊諸根无異其心安住不動如山善御其心如持油鉢制伏五根如馬正視入迦毗羅城尒時長老阿難觀世尊面顔色和悅見已作是念如我親族離

別生處毀壞世尊不尒我今苦惱而世尊心不動如山尒時世尊知阿難所念而告之言我多住空三昧故汝心住村落想我住阿蘭若想汝住親族想處我住凡人想汝作衆生想處我作滿足法想尒時世尊知阿難及諸比丘不堪行道便將諸比丘漸次遊行到舍衛國東方精舍弥迦羅母堂尒時長老阿難愁惱轉滅往詣佛所頭面礼足而白佛言廣說如上以是事故阿難問此事時心有愁惱聞佛所說我常住空三昧所以生疑問曰佛說我多住空為住何空荅曰或有說者住無所行空所以者何無所行空隨順四威儀法行時餘三威儀空餘威儀時亦尒評曰應作是說住性空所以者何但觀法性故是故阿難比丘若欲多住空者當觀聚落及衆生住阿練若想時諸比丘皆有是念此住空法是佛不共法佛為除比丘心所疑而告阿難若比丘欲多住空三昧者除聚落及衆生想住阿練若想問曰何故佛告比丘除此二想

荅曰以諸比丘於此二想生苦惱故阿難若比丘除聚落想及衆生想住阿練若想當作地想乃至作非想非非想處想問曰何故世尊一切時除下想說上想不說其根本耶荅曰此說是舊法過去恒沙諸佛說法皆尒復次欲令所說不乱故若世尊說不除下想便說上想者則所說法乱諸佛說法而無有乱復次欲離重說法過故若世尊不除下想說於上想則是重說法佛世尊不重說法復次定是略要法若世尊一切時說根本者則經文多復次欲現論議道故論義之道若有所說必定其言若重定前言則壞論義道佛是无對論師善知論義道故問曰說村落想為現何事乃至說非想非非想處為現何事荅曰村落想為現迦毗羅想衆生想者現諸釋想阿練若想者現屋拘陁精舍想亦現諸比丘行道處想地想者現覩色是散壞想所以者何有色故有截手足耳鼻苦空想者現覩空想乃至非想非非想處現覩非想非非

想處想復次村落想者是十五我所見衆生想者是五我見阿練若處想者是空三昧地想者是所緣彼諸對治是無色定復次村落想者是欲界器世界衆生想是欲界衆生世界阿練若想是初禪二禪地想是第三第四禪彼諸對治是無色定復次村落想是欲界所以者何欲界說名村落如偈說

若伏村落刺　亦無罵繫害　苦樂心不動
是名為比丘

衆生想是初禪所以者何彼中有尋思眷屬故阿練若想是第二禪所以者何第二禪是賢聖默然法故地想是第四禪所以者何彼中有勝處一切處故彼諸對治是無色定阿難是名入無上空所謂盡漏不多用功心得解脫問曰云何多用功心得解脫不多用功心得解脫答曰時解脫多用功非時解脫不多用功復次五種阿羅漢名多用功不動阿羅漢不多用功若依未至中間三無色定所得解脫名多用功若依根本禪所得解脫名不多用功

復有三三昧謂空空三昧無願無願三昧無相无相三昧云何空空三昧答曰如施設經說若比丘觀有漏取行是空此有漏取行空中無有常不變易法空無我無我所作如是思惟時復更生心心數法觀前思惟心是空中無有常不變易法空無我無我所辟如有人欲燒十木百木千木聚以為積然火燒之復捉長竿在邊其中若有墮落不燒者以長竿聚之知木已燒所捉長竿亦投火中行者亦尒先觀有漏取行是空廣說如上云何无願無願三昧答曰若比丘觀有漏取行是無常是變易法如是思惟時復更生心心數法觀前思惟心亦是无常變易法如人燒木廣說如上比丘亦尒觀有漏取行是无常乃至廣說是名無願無願云何無相無相三昧答曰若比丘觀寂滅法此是妙離所謂盡愛離欲滅盡涅槃作是思惟時復更生心心數法觀前思惟心亦是寂滅乃至廣說如上是名取陰

是空次生空空三昧即觀空是空汝空亦空無願無願三昧觀五取陰是无常復生無願無願三昧觀前无願汝無願亦是无常無相無相三昧觀寂滅涅槃後生無相無相三昧觀前無相三昧非數寂滅汝無相三昧非數滅無三相故亦是寂滅辟如旃陁羅燒死屍時手執長竿繞其邊行若其中有墮落者當以此竿聚之知其燒盡亦以長竿投之火中空三昧亦尒觀五取陰是空後生空空三昧觀空三昧汝亦是空無願無相說亦如是問曰云何得此三昧答曰或有說者是見道邊得如見道邊等智或有說者離欲界欲時如變化心評曰應作是說若應得三昧者離非想非非想欲時得作方便現在前

問曰幾智後起此三昧現在前答曰四法智比智苦智滅智摠而言之四智後欲界者三智後法智苦智滅智色無色界亦三智後比智苦智滅智若是欲界空空等三昧依未至禪所攝無漏道後起現在前非想非非想

處者無所有處所攝無漏道後起現在前餘者即自地無漏道後起現前界者在三界地者在十一地所依身者依欲界身行者空有二行空空有一行唯空行問曰何故空二行空空唯一行耶答曰以在行空行空三昧後生故復次此行與有相違能捨生死此善根能觀无漏是過患何況生死問曰何故不行無我行答曰若見諸法無我不見空者雖猒離生死其心不勝若見諸法空則猒離生死心勝如人在道獨行之時不大愁悁若共伴行離別之時則大愁悁彼亦如是无願行十行無願無願唯行无常行問曰何故無願行十行无願無願唯行無常行答曰以在行無常行無願後生故復次此行與有相違能捨生死此善根能觀無漏道是過患何况生死何故不行苦行答曰不觀道作如此行何故不行習業行答曰若行習等行則觀聖道是有相續法故何故不行道等四行答曰若行道等行則適可聖道不名過患無相行四

行無相無相行止行問曰何故無相行四行無相無相行止行答曰以在行止行无相後生故問曰何故不行滅行答曰滅有二種有非數滅有无常滅不知為緣何滅何故不行妙行答曰波伽羅鄃說云何妙法無漏無為法彼是中法是故不行妙行問曰何故不行離行答曰波伽羅鄃說云何離法答曰欲界繫善戒色無色界出要善定學法無學法及數滅彼無有是一相緣者空空無願無願或有說者緣寂後聖道剎鄃或有說者緣寂後聖道剎鄃俱五陰或有說者緣一生中聖道或有說者緣一生中聖道俱五陰無相無相緣非數滅念處者是法念處智者與等智俱定者即是定根者惣而言之與三根相應世者在三世緣世者空空無願無願若作是說緣寂後聖道剎鄃者過去現在緣過去未來寂初當生者緣現在餘未来剎鄃緣三世若作是說緣一生中聖道者空空無願無願二俱緣三世無相無相緣非善不善無記者

是善緣善不善无記者空空無願無願緣善無相無相緣無記繫者是三界繫緣三界繫不繫者緣不繫是學無學非學非無學者是非學非无學緣學無學非學非无學者空空無願无願緣無學无相無相緣非學非無學是見道斷修道斷不斷者是修道斷緣見道斷修道斷不斷者緣不斷緣名緣義者是緣義緣自身他身非身者空空無願無願緣自身無相無相緣非身問曰何處起是三昧答曰欲界中非色無色界起者是人趣中非餘起人中三天下非欝單越依男身女身者俱能瞿沙跋摩作如是說唯閻浮提非餘方依男身非女身所以者何此善根依牢強身女人身劣弱評曰如前說者好所以者何男子心得自在定得自在女人亦心得自在定得自在為是學人為是無學人者是無學人時解脫非時解脫者是非時解脫所以者何何等人能起此定謂於定自在身中無煩惱信解脫人不於定得自在亦不身中無煩惱

見到雖於定得自在不身中無煩惱時解脫雖身中無煩惱於定不得自在非時解脫身中无煩惱於定得自在問曰何者是三昧為初刹那是後相續者是若初者是餘何所為若後相續者是識身所說云何通如說煩法是世俗有漏是取陰所攝從内起因慧生是善是欲界繫次聖道生緣無漏是不共法唯聖人不共凡夫耶答曰有欲界繫空空无願無願無相無相也答曰應作是說初刹那是問曰若然者餘刹那為是何耶答曰是似彼善根復有說者相續者盡是問曰若然者識身所說云何通答曰初者是聖道次第緣无漏餘者雖非聖道次第亦緣無漏

問曰何時起此三昧現在前答曰般涅槃時阿羅漢欲般涅槃時從聖道起已起此三昧現在前從此三昧起已便般涅槃更不復起更不復起聖道評曰應作是說得此三昧已欲用便起現在前問曰聖道後起此三昧現在前此三昧後復起聖道現在前

不耶答曰或有說者不起所以者何此三昧憎惡聖道故復有說者能起問曰若能起者云何名憎惡聖道答曰此三昧雖復憎惡聖道不如聖道憎惡於有聖道後猶起有漏心何況此定後不起無漏心耶然聖道次第起此定此定次第不起無漏心此定唯是有漏問曰此定何以唯是有漏答曰以不斷結故

問曰聖人何故修此定耶答曰以四事故修一欲住現法樂故二欲遊戲故三欲觀本所作故四受用聖法故復次此定是勝法聖人欲遊此定故

阿毗曇毗婆沙論智揵度八道品第一

佛說學人成就八種學道跡漏盡阿羅漢梵行已立成就十種無學道學人八種學道迹幾成就過去幾成就未来現在漏盡阿羅漢梵行已立十種無學道幾成就過去幾成就未来現在如此章及解章義此中應廣說優波提舍問曰何故作此論答曰為止於世中愚言無過去未来世成就說現在世是無為法者意故亦明過

去未来行成就是實有法若過去未来行非實有者則無成就不成就過去未来行者如第二頭第三手第六陰第十三入無有成就不成就者以有成就過去未来行故知過去未来行是實有法復有說所以作論者或有說成就非實有法如譬喻者尊者佛陁提婆說成就無體非實有法所以者何若衆生不離彼法名為成就然不離是分別相待和合法无有實體如五指聚名之為拳散則非拳若衆生不離彼法名為成就若離彼法不名成就問曰彼何故作如是說答曰彼依佛經佛經說轉輪王成就七寶彼為成就他身法及非衆生數法耶若轉輪王成就輪寶神珠寶者則壞法體所以者何亦是衆生數亦非衆生數故若成就象馬寶者則壞趣所以者何亦是人趣亦是畜生趣故若成就玉女寶者則壞身所以者何亦是男身亦是女身故若成就主藏王兵臣者則壞業所以者何亦是尊貴亦是卑賤故欲令無如是過故說

成就無有實體欲止如是說者意亦明成就有實體若成就無實體者則違此經如說學人成就八種學道迹漏盡阿羅漢梵行已立成就十種無學道聖人有漏心現在前時成就過去未来現在無無漏道故則不成就復違餘經如說此人成就善法亦成就不善無記法若善法現在前時則離不善無記法不應成就不善法現在前時則離善法無記法不應成就無記法現在前時則離善不善法不應成就復違餘經如說比丘成就七法於現法中多住喜樂若修方便必能盡漏無有比丘成就七法者於七法中若起一一法現在前則成就一法若起餘法現在前於七法中則不成就復違餘經如說如来成就十力無有如来成就十力者若成就一力若不成就如来於十力中若起二力現在前則成就一力所以者何於一刹那中無兩慧並現在前何況多若起餘法現在前則不成就力復有餘過凡夫人可言離三界結離三界

結人可言凡夫人凡夫人可言離三界結者凡夫人善不隱沒无記心現在前時則不成就過去未来現在三界結應是離三界欲人離三界欲人是凡夫者阿羅漢起善有漏及不隱沒無記心現在前時則不成就過去未来現在無漏法以不成就無漏法故應是凡夫欲令無如是過故說成就是實有法問曰若成就是實有法者譬喻者所引經云何通耶荅曰轉輪王於七寶中得隨意自在用故世尊說名成就復有說所以作論者或說成就是實有法不成就非實有法為止如是說者意亦明不成就是實有法若不成就非實有者成就亦非實有所以者何因不成就故施設成就如因明有闇因夜有晝因寒有熱因不成就有成就亦尒復次不成就與成就是兩兩近相對法如貪與不貪恚與不恚癡與不癡是兩兩近相對法彼亦如是復次若不成就無實體者則無施設有斷煩惱法所以者何聖道生時斷於煩惱非如以石磨

香聖道生時斷煩惱得證解脫得故名斷煩惱復有說所以作論者或有說聖道是無為法如毗婆闍婆提說聖道是無為法彼作是說阿耨多羅三藐三菩提是一常住法諸佛出世盡覺悟此道辟如莊嚴象馬足乘多人更乘人人雖異而乘常一如是阿耨多羅三藐三菩提道是一常住諸佛出世皆悟此道諸佛雖異其道常一問曰彼何故作如是說荅曰依於佛經佛經說我得過去諸仙所得舊道以佛說道是舊法故言是無為為止如是說者意故亦明道在世中若道在世必是有為非是无為所以者何無有無為法在於世者若道是无為法者則違此經如說毗舍佉優婆夷往詣檀摩提那比丘尼所作如是問道為是有為為是無為耶彼作是荅毗舍佉優婆夷道是有為非是无為問曰若道是有為非無為者毗婆闍婆提所說經云何通荅曰以五事同故說名舊道一以方便同二以地同三以行同四以境界同五以所作

同方便同者如一佛於三阿僧祇劫滿足六波羅蜜諸佛亦尒地同者其道盡在第四禪地行同者盡行十六行境界同者盡緣四諦所作同者如一佛以道滅煩惱一切佛亦尒以此義通彼經若如經所說不依義者即此經中說我曾過舊城舊村城村可是無為法耶雖說城村是舊而非無為道亦如是雖說舊道而非無為如偈說

若斷欲無餘　如蓮華在水　比丘離彼此
如虵脫舊皮

虵皮可是無為法耶如是虵皮雖說是舊而非無為道亦如是是故為止他義欲顯已義亦欲說法相相應義故而作此論

八種者正見乃至正定成就者問曰誰成就為法成就為人成就耶若法成就一切法無所欲云何成就若人成就於實義中人不可得若无有人云何成就荅曰應作是說成就非法非人實義中有成就不成就而無成就不成就者實義中有縛有解而无縛者解者有煩惱有出要而無煩惱者出要者有生有死而無生者死者有業有業報而無作業受業報者有道有道果而無修道證道果者於實義中有成就不成就而無成就不成就者或有說者法成就問曰若然者眼入成就十一入十一入亦成就眼入耶荅曰若作是說眼入成就十一入十一入成就眼入而無過評曰應作是說成就非法非人然四陰五陰生時有如是相似得名成就不成就尊者和須蜜說曰一切法無所欲於無所欲法中有何成就不成就者問曰若然者佛經云何通如說此人成就善不善法荅曰此是如來隨俗言說而無有實問曰云何是成就義尊者和須蜜荅曰不斷義是成就義問曰若然者具縛凡夫於一切法不斷盡成就耶荅曰不也不得彼法故復次不棄義是成就義問曰若然者學人不棄無學法成就彼法耶荅曰不也不得彼法故尊者佛陀提婆說曰得而不失義是成就義若得彼法不失是名成就問曰何故名學為學學法故名學耶為得學法故名學耶若學學法是學者定犍度所說云何通如說學住自性若得學法是學者佛經云何通如說佛告尸婆迦學學法故名學荅曰應作是說學學法故名學問曰若然者佛經善通定犍度所說云何通荅曰彼中說得學法故名學人復有說者得學法故名學問曰若然者定犍度所說善通佛經云何通荅曰佛經中說不捨期心不捨方便學人若住善不善無記心而不捨趣涅槃心故名學如人在道路中止息他人問言欲何所趣彼人荅言欲趣某方其人以不捨去心故雖住言去彼亦如是學迹者問曰無學迹於學迹明淨勝妙何故但說學迹不說无學迹耶荅曰應說而不說者當知此說有餘復次此說始起初入法者已說學當知亦說無學復次以所作各各不同故學人以道迹所作勝无學人以解脫所作勝如王與臣所作各各不同王以尊貴降伏所作為勝

臣以執仗鬬戰所作為勝彼亦如是
復次學道迹能斷煩惱猶如器仗能
破怨敵無學不尒復次學道迹能作
斷煩惱方便及斷煩惱無學不尒復
次數數行義是道迹義无學不數數
行故不名為迹
學人成就八種道迹幾成就過去幾
成就未來幾成就現在荅曰若依有
覺有觀三昧有覺有觀三昧者是未
至及初禪問曰此中何者是依荅曰
或有說者俱生故是依復有說者次
第緣是依評曰應作是說依彼二地
起此法故名依初者有四種一得正
决定初二得果初三轉根初四離欲
初得正决定初者依彼二地得正决
定得果初者依彼二地初得學果轉
根初者依彼二地信解脫轉根作見
到離欲初者以世俗道離欲依彼二
地初起無漏道現在前此中依四種
初而作論隨相而說學見現在前問
曰學人或起非學非無學見何故但
說學人學見現在前耶荅曰應作是
說或學見現在前而不說者當知學

人必起學見不起非學非無學見如
所說諸初刹那現在前無過去所以
者何未有一刹那經生滅者設有生
滅以得果轉根故而捨八未來成就
修八現在成就若滅已不捨滅者是
无常滅不捨者捨聖道有三種一得
果二退三轉根若不得果不退不轉
根即依彼地滅已復起現在前問曰
何故依彼地滅已復起現在前耶荅
曰學人依彼地共煩惱戰得勝破結
怨敵念其恩故復起現在前如人著
鎧執仗與怨共鬬既得勝已其人後
時以念恩故數數修治器仗而覆藏
之不令毀壞彼亦如是復次以四事
故重起現在前一欲受現法樂故二
欲遊戲故三欲觀先所作故四欲受
用聖法故學第二刹那須八成就過
去是前刹那生滅者八成就未來是
未來修者八成就現在是現在前者
彼滅已不捨若依无覺無觀三昧學
見現在前八成就過去是依有覺有
觀地生滅者八成就未來是未來修
者七成就現在是現在前者除正覺

所以者何地無正覺故彼滅已不捨
依無色定學見現在前八成就過去
是有覺有觀地生滅者八成就未來
是未來修者四成就現在除正覺正
語正業正命彼地無故彼滅已不捨
若入滅定若起世俗心現在前八成
就過去是有覺有觀地生滅者八成
就未來見未來修者現在無若入滅
定是時無心有心者能修道若起世
俗心現在前彼心是有漏此中但說
無漏道種若依無覺無觀三昧無覺
无觀三昧是第二第三第四禪問曰
此中何故不說中間禪耶荅曰應說
而不說者當知此說有餘復次已在
後所說中故所以者何更无異種與
第二第三第四禪種同故依義如先
說初者有四種如先說學見現在前
如說初刹那不成就過去如先說八
成就未來七現在如先說彼滅已不
捨如先說復依無覺無觀三昧學見
現在前第二刹那須七成就過去是
依無覺無觀地生滅者八成就未來
七現在如先說彼滅已不捨依無色

定學見現在前七成就過去是無覺无觀地生滅者八未来四現在成就如先說彼滅已不捨入滅定若起世俗心如先說彼滅已不捨依有覺有觀三昧學見現在前七成就過去是無學無觀地生滅者八未来八現在成就如先說若依無色定無色定名空處識處無所有處依者如先說初者四種初如先說此中依離欲初而作論非得正决定初所以者何無有依無色定得正决定者非得果初所以者何無有依無色定得學果者非轉根初所以者何無有依無色定轉學根者以世俗道離下地欲後依彼地初起無漏道現在前宷初剎那無過去八未来四現在成就如先說問曰如世俗無色定非不因世俗禪無漏無色定非不因無漏禪世俗禪是世俗無色定方便所依門無漏禪是無漏無色定方便所依門何故說無過去耶荅曰道種或有在禪地者或有在無色地者彼雖起在禪地者未起在無色地者是故無過去滅者是

无常滅不捨者捨聖道有三種如先說依彼地生滅聖道復起現在前問曰何故依彼地生滅聖道復起現在前耶荅曰以念恩故廣說如上第一剎那頃四成就過去是依無色定生滅者八成就未来是未来脩者四成就現在是起現在前者除正覺正語正業正命彼地無故彼滅已不捨若入滅定若起世俗心現在前四成就過去八成就未来現在無如先說彼滅已不捨依有覺有觀三昧學見現在前四成就過去是依無色定生滅者八成就未来是未来脩者八成就現在是起現在前者問曰無色定次第能起有覺有觀三昧耶荅曰不能此說說次第不說定次第此說說隨順不說定隨順彼滅已不捨依無覺無觀三昧學見現在前四成就過去是依無色定生滅者問曰過去有八是依有覺有觀三昧生滅者何故說四耶荅曰此中一切處唯說宷初生滅者八成就未来是未来脩者七成就現在是起現在前者除正覺彼地

無故問曰此中說何等學人荅曰此中說習學次第入一切定猶如登石上梯者先入有覺有觀三昧次入無覺無觀三昧次入無色定次入滅定次起世俗心說如是學人若先入有覺有觀三昧次入無覺無觀三昧次入無色定以入滅定不起世俗心不說如是學人餘如雜揵度人品中說十二枝緣端正女人喻

有四種道一苦遲慧道二苦速慧道三樂遲慧道四樂速慧道問曰應說一道謂盡苦道盡生死有道盡老死道應說二道一盡色道二盡名道應說三道一盡欲界道二盡色界道三盡無色界道應說五道謂盡色道乃至盡識道應說十一道謂盡老死道乃至盡行道若以在身若在剎那則有无量無邊道何故世尊於一道廣說四道於無量無邊道略說四道云何施設立四道耶荅曰以三事故一以地二以根三以人揔而言之以三事應以二事或以地以根或以地以人以地以根者依未至中間三無色

定鈍根人所行道是名苦遲慧即依此地利根人所行道是名苦速慧道依根本禪鈍根人所行道是名樂遲慧道即依此禪利根人所行道是名樂速慧道是名以地以根以地以人者依未至中間禪三無色定堅信信解脫時解脫人所行道是名苦遲慧道即依此地堅法見到非時解脫人所行道是名苦速慧道依根本禪堅信信解脫時解脫人所行道是名樂遲慧道即依此禪堅法見到非時解脫人所行道是名樂速慧道是名以地以人

阿毗曇毗婆沙論卷第四十六　第三十六張　箴字号

阿毗曇毗婆沙論卷第四十六

阿毗曇毗婆沙論卷第四十六

校勘記

一　底本，金藏廣勝寺本。八九四頁中一版，原版殘缺，以麗藏本換。

一　八九四頁中一行至四行經名、造者、釋者、譯者、品名，資、磧、普、南、徑、清無(未換卷)。

一　八九四頁中五行「一緣」，資、磧、普、南、徑、清作「一處」。

一　八九四頁中一四行第一〇字「九」，資、磧、普、南、徑、清作「無」。

一　八九四頁中一五行「名三昧」，至此，資、磧、普、南、徑、清卷第六十九終，卷第七十始，資、磧、普、南有品名「使揵度十門品之十七」；徑、清有品名「使犍度十門品第四之十七」。

一　八九四頁中二〇行「一切」，資、磧、普、南、徑、清作「一切法」。

一　八九五頁上二行第九字「若」，資、磧、普、南、徑、清作「苦」。八行第四字資、磧、普同。

一　八九五頁中六行第九字及七行第八字「盾」，諸本(不含石，下同)作「楯」。

一　八九五頁中一〇行末字「滅」，資、磧、普、南、徑、清作「滅滅」。

一　八九五頁下一一行第七字「彼」，資、磧、普、南、徑、清作「次」。

一　八九五頁下二〇行第三字「况」，資、磧、普、南、徑、清作「何况」。

一　八九六頁上二〇行「安樂林」，磧、南、清作「安隱林」。

一　八九六頁中二一行第七字「色」，資、磧、普、南、徑、清作「妙色」。

一　八九七頁上六行第二字「惟」，資作「誰」。

一　八九七頁上一二行第二字「言」，資、磧、普、南、徑、清作「善」。

一　八九七頁上二一行第五字「空」，資、磧、普、南、徑、清作「定」。

一　八九七頁下四行「伽婆多」，資、磧、普、南、徑、清作「伽婆達多」。

一　八九七頁下八行末字「淨」，資、磧、普、南、徑、清作「得」。

一　八九七頁下一一行第二字「德」，資、磧、普、南、徑、清作「得」。

一　八九七頁下一二行第三字「處」，資、磧、普、南、徑、清無。

一　八九七頁下一三行第四字「癡」，資、磧、普、南、徑、清作「駭」。

一　八九七頁下一八行第二字「白」，資、磧、普、南、徑、清作「而白」。

一　八九八頁上二行「不都」，資、磧、普、南、徑、清作「不敢」。

一　八九八頁上一〇行「埤堄」，麗作「睥睨」。

一　八九八頁上一八行「末末」，磧、南、徑、清作「来来」。

一　八九八頁上一九行「次復」，資、磧、普、南、徑、清作「復次」。

一　八九八頁中四行第五字「想」，資、磧、普、南、徑、清作「想處」。同行第一三字「住」，資、磧、普、南、徑、清作「作」。五行第五字同。

一　八九八頁中九行「轉滅」，資、磧、普、南、徑、清作「轉增」。

一　八九八頁下一一行第五字「佛」，資、磧、普、南、徑、清作「諸佛」。

一　八九九頁上一二行末字至次行首字「尋思」，諸本作「尊畀」。

一　八九九頁上一七行「功心」，資、磧、普作「出心」。

一　八九九頁中八行第二字「中」，資、磧、普、南、徑、清作「是中」。

一　八九九頁中一一行第七字及一二行第三字「燒」，資、磧、普、南、徑、清作「燋」。

一　八九九頁中末行「是名」下，資、磧、普、南、徑、清有「無相無相阿毗曇者作如是說空三昧觀五」十七字。

一　八九九頁下三行首字「復」，諸本作「後」。

一　八九九頁下九行第九字「知」，資、磧、普、南、徑、清作「如」。

一　九〇〇頁上二行「現前」，資、磧、普、南、徑、清作「現在前」。

一　九〇〇頁上一三行首字「共」，資、磧、普作「苦」。

一　九〇〇頁上二〇行第一〇字「業」，諸本作「等」。

一　九〇〇頁中末行「非善」，諸本作「非世善」。

一　九〇〇頁下一二行「欲界」，資、磧、普、南、徑、清作「於欲界」。同行第九字「起」，資、磧、普、南、徑、清作「趣」。一三行第三字諸本同。

一　九〇一頁上六行「識身」，資、磧、普、南、徑、清作「識身經」。

一　九〇一頁上七行第八字「取」，資、磧、普、南、徑、清作「取取」。

一　九〇一頁上一一行第三字「也」，資、磧、普、南、徑、清作「是也」。

一　九〇一頁中八行「此定」，資、磧、普、南、徑、清作「云何此定」。

一　九〇一頁中一三行第六字「勝」，資、磧、普作「脫」。

一　九〇一頁中一三行末「遊此定故」，資、磧、普、南、徑、清卷第七至此。

十終，卷第七十一始。

一 九〇一頁中一四行品名「阿……第一」，資、磧、普、南作「智犍度八道品第一」；徑、清作「智犍度八道品第一之一」。

一 九〇二頁上三行末字「迹」，資、磧、南作「亦」。

一 九〇二頁中一二行末字「或」，資、磧、普、南、徑、清作「或有」。

一 九〇二頁下五行「菩提」，諸本作「菩提道」。

一 九〇二頁下六行第一二字「足」，諸本作「之」。

一 九〇三頁下一三行「路中」，資、磧、普、南、徑、清作「中路」。

一 九〇四頁上一行第四字「仗」，南作「伏」。

一 九〇四頁下八行第四字「見」，諸本作「是」。

一 九〇四頁下一八行「如説」，資、磧、普、南、徑、清作「如先説」。

一 九〇五頁上六行「無學」，諸本作「無覺」。

一 九〇五頁中四行「第一」，諸本作「第二」。

一 九〇五頁中一六行「説説隨」，資、磧、普、南、徑、清作「説隨」。

一 九〇五頁下七行第五字「以」，諸本作「次」。

一 九〇五頁下八行末字「説」，資、磧、普、南、徑、清作「廣説」。

一 九〇六頁上一行第一二字「慧」，資、磧、普、南、徑、清作「慧道」。

一 九〇六頁上四行首字「慧」，資、磧、普、南無。

一 九〇六頁上末行經名，資、磧、普、南、徑、清無。

趙城縣廣勝寺

阿毗曇毗婆沙論卷第四十七　　箴

迦旃延子造　五百羅漢釋

北涼天竺沙門浮陀跋摩共道泰等譯

智揵度八道品上

問曰四道體性是何答曰是五陰四陰性若在禪地是五陰在無色定是四陰此是四道體性我相物分

已說體性所以今當說何故名道道是何義趣向正義是道義趣向涅槃城義是道義若遲慧道者問曰無漏道非苦受不與苦受相應何故名苦耶答曰諸邊无色道難生故名苦根本禪道易生故名樂云何諸邊无色道難生耶答曰欲界煩惱及業繫縛故多用功乃生未至禪如人被縛多用功力乃能自解彼亦如是我有修不淨觀生彼地者或有修安那波那念生彼地者修不淨觀者或於十年或十二年中常觀白骨或有能生彼地者或不能生者修安那波那念者若於十年若十二年中常數息或有能生彼地者或不能生者已離欲愛

不多用功能起初禪現在前初禪異心心數法滅異心心數法生滅麁心生細心覺俱心滅觀俱心生如人以木拼木多用功然後乃拼初禪亦尒異心心數法滅異心心數法生麁心滅細心生覺俱心滅觀俱心生已離初禪欲不多用功起第二禪現在前第三第四禪亦如是問曰離第四禪欲亦不多用功起无色定現在前何故名苦道耶答曰無色定是微細法或有言無無色定者如多毗婆居士往詣尊者阿難所作如是問尊者阿難我是在家之人長夜樂着色聲香味觸聞說无色衆生心生怖畏如臨大坑云何名衆生而無有色根本禪是樂道如二人俱至一方一從水道一從陸道雖俱至一方從水道者樂非陸道者諸衆生離欲亦如是或依諸邊無色定或依根本禪雖俱得離欲依禪者樂非諸邊无色定復次有二種樂故名樂謂受樂猗樂三禪中有猗樂受樂第四禪雖無受樂而猗樂多勝餘地二種樂復次有二種樂

故名樂謂舊樂客樂舊樂者住禪起禪現在前客樂者住禪起無色定現在前餘説禪樂相如上四禪中廣説問曰何故名遲荅曰以得此道不能速至涅槃城故名遲問曰何故名速荅曰以得此道能速至涅槃城故名速問曰若不速至名遲疾至名速者有信解脱人速至勝見到者若信解脱人精勤見到人不精勤則信解脱人速有所至非見到者如偈説

不放逸放逸　睡眠覺寤者　猶如利鈍馬
前發者先至

猶如二人俱至一方一乘疾馬一乘鈍馬雖乘鈍馬以前發故先有所至如是信解脱人勤行精進先至涅槃見到人不勤精進故後至涅槃荅曰此中説等行精進者若等行精進見到者則先至問曰此四道是四陰五陰性何故説名慧耶荅曰此道雖是四陰五陰性以慧偏多故名慧道如見道是五陰性以見偏多故名為見道邊等智是五陰四陰性以智偏多故名智金剛喻定是五陰四陰性以

定偏多故名定四道亦介是五陰四陰性以慧偏多故名慧道云何苦遲慧道如經説比丘厭惡五取陰是名苦遲慧道問曰此道緣四諦何故世尊唯説緣苦諦耶荅曰應説緣四諦而不説者當知此説有餘復次此説始初入法為説緣苦諦當知亦説緣餘諦復次佛經説四道方便不説四道體四道方便道中作如是厭惡觀集法經中復説云何苦遲慧道荅曰非根本禪所攝鈍五根是也云何苦速慧道荅曰非根本禪所攝利五根是也云何樂遲慧荅曰根本禪所攝鈍五根是也云何樂速慧道荅曰根本禪所攝利五根是也問曰此道是五陰四陰性何故但説是根耶荅曰此中説最勝者五根性是巧便能成大事故問曰為有中根不若有者此中何故不説耶若無者佛經云何通如説諸衆生隨世而生隨世而長有下根者有中根者有上根者其上根者煩惱微薄易可教化若不聞法則退失善根荅曰應作是説无有中根

所以者何見道有二種一堅信道二堅法道修道中亦有二種一信解脱道二見到道无學道中亦有二種一時解脱道二不時解脱道以無第三道故無有中根問曰若然者佛經云何通荅曰受化見聖諦者或有在初或有在中或有在後在初者名利根在中者名中根在後者名下根復次受化見聖諦者有近有遠或有不近不遠者近者是利根如憍陳如等遠者是鈍根如須跋陀羅等不近不遠是中根如舍利弗目揵連等復有説者有中根問曰此中何故不説耶荅曰已説在先所説中若説下根時中根則在上根中若説上根時中根則在下根中是故尊者瞿沙作如是説中根為在何處荅曰在下中所以者何上中下者名中復次在上中所以者何下中上者名中復次俱在二中評曰如是説者好所以者何佛亦是堅法人辟支佛亦是堅法人聲聞得波羅蜜者亦是堅法人彼根盡等耶以於一道有三種根故經作是説以

无第三道故阿毗曇者則說無中根是故二說善通集法經復說修行廣布苦遲慧道能滿足苦速慧道修行廣布樂遲慧道能滿足樂速慧道問曰此說何者滿足為說滿足根為說滿足離欲耶若滿足根者苦遲慧道則滿足二速慧道樂遲慧道亦滿足二速慧道若滿足離欲者則遲道滿足遲道速道滿足速道荅曰應作是說滿足根所以者何彼經說相似法滿足不說不相似法滿足苦道與苦道相似樂道與樂道相似問曰誰成就幾道荅曰或一或二誰一耶荅曰未離欲界欲鈍根者成就苦遲道已離欲界欲成就二謂樂遲道未離欲界欲利根者成就一苦速道已離欲界欲成就二謂樂速道尊者僧伽婆修說曰有盡成就四道者如依根本禪轉根住无礙道時不捨二鈍道已得二利道不應作是說所以者何若作是說則壞根壞人壞根者亦是鈍根亦是利根壞人者亦是信解脫亦是見到

問曰誰以此幾道能有所作荅曰或有以一二三四道者而不於一時鈍根者離欲界欲時以苦遲慧道而有所作即此人依根本禪離禪欲時以樂遲道而有所作信解脫人依根本禪轉根作見到復依根本禪離禪欲以樂速慧道而有所作復依无色定離無色定欲以苦速道而有所作復有以四道而有所作者鈍根人離欲界欲乃至離非想非非想處欲時以苦遲道樂遲道而有所作於彼離欲退從信解脫轉根作見到復離欲界欲時乃至離非想非非想處欲時以二速道而有所作

問曰誰當得此幾道誰當捨此幾道荅曰或有不當得不當捨者如一切凡夫人問曰此中不應問荅凡夫人荅曰聖人亦有不當得不當捨者如住本性聖人若聖人勝進時乃有當得當捨者未離欲界欲得正決定時苦法忍乃至道法智無所捨當得一道比忍當捨一得一已離欲界欲依未至禪得正決定時苦法忍乃至道法智無所捨當得一道比忍當捨一當得二若依上地得正決定時苦法忍乃至道法智无所捨當得二道比忍當捨二當得二須陁洹向斯陁含果時方便道五无礙道五解脫道無所捨當得一第六無㝵道當捨一當得一斯陁含向阿那含果時方便道二無礙二解脫道无所捨當得一第九无㝵道當捨一得二離初禪欲乃至離無所有處欲方便道无礙道解脫道无所捨當得二離非想非非想處欲時方便道八无礙道八解脫道無所捨當得二第九無礙道當捨二得二是說離欲法轉根時未離欲界欲信解脫轉根作見到方便道無所捨當得一無礙道當捨一得一已離欲界欲信解脫轉根作見到時方便道无所捨當得二無㝵道當捨二得二時解脫阿羅漢轉根作不動時方便道八無礙道八解脫道無所捨當得二第九无㝵道當捨二得二未離欲界欲聖人起無量初一解脫初四勝處不淨安般波那念念處時无所

捨當得一已離欲界欲聖人起無量解脫勝處一切處不淨安那波那念念處修熏禪起通時五無礙道三解脫道起無㝵无諍願智般多俱畳空無願無相空無願無相三昧滅定微細想時无所捨當得二是說勝進時退時者阿羅漢起色無色界結退當捨二得二起欲界結退時當捨二得一離色界結阿那含起色界結退時當捨二無所得即此阿那含起欲界結退時當捨二得一退斯陁含果時捨一得一

如說有四種人一現法遲身壞速二現法速身壞遲三現法遲身壞遲四現法速身壞速問曰如說有現法遲身壞亦遲有現法速身壞亦速此事可尒若說現法遲身壞速者此則不然所以者何聖人易世尚不退不轉根不生色無色界何況有現法速身壞遲耶荅曰此中不說退亦不說轉根者但說精勤不精勤者若現身精勤身壞不精勤是說現身速身壞遲若現身不精勤身壞精勤是說現身遲身壞速若現身不精勤身壞亦不精勤是說現身遲身壞亦遲若現身精勤身壞亦精勤是說現身速身壞速

經說有四種道一不堪忍道二堪忍道三調伏道四寂靜道不堪忍道者不堪忍寒熱飢渴蚊虻亂蚤諸虫等他人惡語非理之言身生種種苦痛不能堪忍如是等事是名不堪忍道堪者能堪忍寒熱等苦是名堪忍道調伏道者是能守護諸根是名調伏道寂靜道者无漏聖道名寂靜道問曰為前四道攝後四道後四道攝前四道耶荅曰後攝前非前攝後四道攝前四道耶荅曰後則攝前非前攝後不攝何等荅曰不攝後三道謂不堪忍道堪忍道調伏道

經說有四種斷有苦遲慧斷苦速慧斷樂遲慧斷樂速慧斷若斷是苦是遲是斷以苦以遲故是下若斷是苦是速是斷以苦故是下若斷是遲是樂是斷以遲故是下若斷是樂是速是斷不能利益多人亦不廣及人天故是下世尊所有斷能利益多人廣及人天故是斷寂上問曰為四道攝四斷四斷攝四道耶

荅曰展轉隨相相攝若斷是苦是遲是苦遲慧道若斷是苦是速是苦速慧道若斷是樂是遲是樂遲慧道若斷是樂是速是樂速慧道或有說者四斷是无學四道是學無學若作是說四斷是無學四道是學无學者四道則攝四斷非四斷攝四道不攝何等不攝學四道問曰聖道非下如波伽羅那說云何下法不善隱沒無記法何故說斷名下耶荅曰下有二種一染汙下二減損下斷雖非染汙下是減損下是故名下若斷是苦是遲是說未至禪禪中間三無色定是說時解脫道若斷是苦是速是說聲聞人非時解脫道若斷是樂是遲是說根本禪時解脫道若斷是樂是速不利益多人不廣及人天是說根本禪聲聞人非時解脫道若斷是樂是速能利益多人廣及人天是說佛道是中餘者是辟支佛道為在何分或有

說者是聲聞分評曰應作是說是佛分所以者何如佛獨覺无師辟支佛亦介復有說者三斷如先若斷是樂是速不能利益多人廣及人天者說是辟支佛道若斷是樂是速能利益多人廣及人天是說佛道是中餘者是根本禪聲聞人非時解脫道為在何分或有說者是辟支佛分評曰應作是說是佛分所以者何此根從佛邊生故復有說者三道是外道法若斷是樂是速不能利益多人廣及人天是說辟支佛道若斷是樂是速能利益多人廣及人天是說佛道是中餘者是聲聞道為在何分耶荅曰或有說者在辟支佛分評曰應作是說在佛分所以者何此根從佛邊生故復有說者前三道是外道法若斷是樂是速不能利益多人廣及人天是說聲聞道斷是樂是速能利益多人廣及人天是說佛道是中餘者辟支佛道為在何分荅曰或有說者在聲聞分評曰應作是說在佛分所以者何如佛无師辟支佛亦介

問曰此四道中世尊為依何道入正決定得果離欲盡漏辟支佛為依何道得波羅蜜聲聞人為依何道耶荅曰佛世尊依樂速道入正決定得果離欲盡漏何以知之經說摩勒迦子往詣佛所作如是問世尊於此四道為以何道得阿耨多羅三藐三菩提耶佛荅摩勒迦子言如来依樂速慧道得阿耨多羅三藐三菩提時摩勒迦子便作二難言是樂道云何行種種苦行言是速道云何經六年佛告摩勒迦子愚人我不以如是威儀所行得阿耨多羅三藐三菩提以是事故知如来以樂速慧道得阿耨多羅三藐三菩提如渇伽獸角獨出辟支佛當知如佛世尊為衆多出世者此則不定尊者舍利弗依苦速慧道入正決定依樂速慧道得盡漏所以者何依未至禪入正決定依第四禪盡漏故尊者目揵連依苦速慧道入正決定乃至盡漏所以者何依未至禪入正決定依無色定盡漏故問曰何故尊者舍利弗依第四禪尊者目揵連依無色定得阿羅漢果耶荅曰尊者舍利弗多行慧故依第四禪尊者目揵連多行定故依無色定問曰得波羅蜜聲聞人為盡次第得四沙門果不耶荅曰盡次第得所以者何彼尊者善能解說出入住沙門道果故問曰善能解說出入住沙門果道无有與如来等者何故不次第得四沙門果耶荅曰不應於如来作如是問所以者何如来本為菩薩時自在解說四沙門果勝於尊者舍利弗得盡智時復有說者得波羅蜜聲聞人不次第得四沙門果所以者何若有先離欲者要退然後得須陁洹果耶問曰若然者云何能善解說四沙門果耶荅曰此亦无過如尊者阿難是鈍根人住於學地善能解說四沙門果何況利根住无學地者評曰應作是說得波羅蜜聲聞人盡次第得四沙門果不以善能解說四沙門果如恒河沙數得波羅蜜聲聞人盡順次入正決定次第得四沙門果法應如是

漏盡阿羅漢梵行已立十種无學道幾成就過去幾成就未來幾成就現在荅曰若依有覺有觀三昧有覺有觀三昧者是未至禪初禪依者如先說初者有二種一得阿羅漢果初二時解脫轉根作不動初是中因此二初而作論應隨相而說无學初智現在前如所說二時初剎那無過去所以者何未有剎那生滅故已有者以得果轉根故捨十成就未來是未來修者九成就現在是現在前者除正見所以者何彼剎那中無故若滅已不捨滅者是无常滅不捨者捨聖道有三種如先說彼不得果不退不轉根依彼地復起聖道現在前所以復起聖道現在前者如先說第二剎那須九成就過去是前剎那生滅者十成就未來是未來修者九成就現在是現在前者彼滅已不捨依无覺無觀三昧无學智現在前九成就過去是有覺有觀地生滅者十成就未來是未來修者八成就現在是現在前者除正覺彼地中无故除正見彼剎

那中无故彼滅已不捨依無色定無學智現在前九成就過去有覺有觀地生滅者十成就未來是未來修者五成就現在是現在前者除正見彼剎那中無故除正覺正語正業正命彼地中无故彼滅已不捨若入滅定若起世俗心九成就過去是有覺有觀地生滅者十成就未來是未來修者現在無入滅定者無心有心者能修道世俗心是有漏无學法是無漏彼滅已不捨依有覺有觀三昧無學初見現在前九成就過去是與智俱生滅者十成就未來是未來修者九成就現在是現在前者除正智彼剎那中无故彼滅已不捨依有覺有觀三昧無學若智若見現在前十成就過去是與智與見俱生滅者十成就未來是未來修者九成就現在是現在前者若智現在前彼剎那中無見若見現在前彼剎那中無智滅已不捨依無覺無觀三昧無學若智若見現在前十成就過去是有覺有觀地生滅者十成就未來是未來修者八

成就現在是現在前者若智現在前彼剎那中無見若見現在前彼剎那中無智除正覺彼地中无故彼滅已不捨依無色定無學若智若見現在前十成就過去是有覺有觀地生滅者十成就未來是未來修者五成就現在見現在前者若智現在前彼剎那中無見若見現在前彼剎那中無智除正覺正語正業正命彼地中無故彼滅已不捨若入滅定若起世俗心現在前十成就過去十成就未來現在無如先說若依無覺無觀三昧無學初智現在前無覺无觀三昧者是第二第三第四禪問曰何故不說中間禪耶荅曰如先說依者如先說初者如先說无學初正智現在前過去无如先說十成就未來如先說八成就現在除正見彼剎那中無故除正覺彼地無故彼滅已不捨如先說復依无覺无觀三昧無學正智現在前八成就過去是前剎那俱生滅者十成就未來如先說八成就現在如先說彼滅已不捨依无色定無學

正智現在前八成就過去十成就未来五成就現在如先說彼滅已不捨若入滅定若起世俗心現在前八成就過去十成就未来現在无如先說彼滅已不捨依有覺有觀三昧无學正智現在前八成就過去十成就未来如先說九成就現在除正見彼剎那中无故彼滅已不捨依無覺無觀三昧無學初見現在前八成就過去與智俱生滅者十成就未来如先說八成就現在除正智彼剎那中無故除正覺如先說彼滅已不捨復依无覺無觀三昧无學若智若見現在前九成就過去與智與見俱生滅者十成就未来八成就現在如先說彼滅已不捨依無色定無學若智若見現在前九成就過去十成就未来五成就現在如先說彼滅已不捨若入滅定若起世俗心現在前九成就過去十成就未来現在無如先說彼滅已不捨依有覺有觀三昧無學若智若見現在前九成就過去十成就未来九成就現在如先說若依無色定無

學初智現在前無色定是空處識處无所有處依者如先說初者如先說無學初智現在前過去无十成就未来五成就現在如先說彼滅已不捨復依無色定無學正智現在前五成就過去是前剎那俱生滅者十成就未来五成就現在如先說彼滅已不捨若入滅定若起世俗心現在前五成就過去十成就未来現在前無如先說彼滅已不捨依有覺有觀三昧无學正智現在前五成就過去十成就未来九成就現在如先說彼滅已不捨依無覺無觀三昧无學正智現在前五成就過去十成就未来八成就現在如先說彼滅已不捨依無色定無學初見現在前五成就過去是與智俱生滅者十成就未来如先說五成就現在除正智彼剎那中無故除正覺正語正業正命彼地中無故彼滅已不捨復依无色定無學若智若見現在前六成就過去與智與見俱生滅者十成就未来五成就現在如先說彼滅已不捨若入滅定若起

世俗心現在前六成就過去十成就未来現在无如先說彼滅已不捨依有覺有觀三昧無學若智若見現在前六成就過去十成就未来九成就現在如先說彼滅已不捨依無覺無觀三昧無學若智若見現在前六成就過去十成就未来八成就現在如先說問曰何故餘沙門果是无身道見是解脫道阿羅漢果見是无礙道智是解脫道耶答曰得阿羅漢果時息一切所作更不施設方便故

問曰學人為有正智正解脫不耶若有者此中何故不說若無者佛經云何通如說居士莫怖凡夫愚小成就邪智邪解脫故畏墮地獄畜生餓鬼趣汝已斷邪智邪解脫成就正智正解脫答曰應作是說有問曰此中何故不說答曰法或有唯是法體者或有是法體亦是支體者學人唯有法體而無支體問曰何故無學正智正解脫立支學人不立耶答曰以名義勝故若以法而言無學法勝學法若以人而言無學人勝學人復次以無

學正智正解脫名勝无過患故復次以无學斷一切有根本故復次無學得二種心解脫一自性解脫二在身解脫是故得作四句有心自性解脫非在身解脫有在身解脫非自性解脫有自性解脫亦在身解脫有非自性解脫非在身解脫自性解脫非在身解脫者學心是也在身解脫非自性解脫者无學有漏心是也自性解脫亦在身解脫者无學心是也非自性解脫非在身解脫者學有漏心一切凡夫人心是也復次無學正智正解脫无障导故學人邪智障礙正智邪解脫障礙正解脫問曰邪見能障导正見何故學正見立支耶荅曰學人正見斷於煩惱時猶如鎧仗故立支復次無學正智正解脫无相對法故學人正智與邪智相對正解脫與邪解脫相對復次無學心一切解脫學心少分解脫少分不解脫少分解脫者是見道所斷煩惱少分不解脫者是修道所斷煩惱復次若心一切障导解脫一切障礙處解脫者立支一切障导者是五種斷煩惱一切障导處者是五種斷煩惱境界學人不介餘無學功德廣說如雜揵度問曰若如所說學人則有邪智邪解脫佛經云何通如說居士莫怖凡夫愚小成就邪智邪解脫故是墮地獄畜生餓鬼趣汝邪智邪解脫已斷成就正智正解脫荅曰經說無墮惡趣邪智邪解脫學人猶有餘邪智邪解脫

佛經說阿難當知舍利弗是聡明比丘須陁洹所有四支爲須達長者分别有十種問曰云何尊者舍利弗分别須陁洹四支爲十種耶尊者波奢說曰一支說有十種親近善知識有十種乃至如法修行有十種尊者冨那耶奢說曰信是親近善知識多聞法正見是正思惟餘是如法修行尊者瞿沙說曰信戒是親近善知識多聞是聞法正見是正思惟餘是如法修行尊者和須蜜說曰信戒是親近善知識多聞智慧是聞法正見是正思惟餘者是如法修行阿毗曇者作如是說信戒施是親近善知識多聞智慧是聞法正見是正思惟餘是如法修行尊者佛陁提婆說曰須陁洹支者即是須陁洹支尊者舍利弗爲須達長者分别不壞信有十種以三事故一以自體二以起處三以所依以自體者是信是戒何者是信戒根本謂无漏智無漏善根以起處者是正覺依正覺故長養戒聞施慧所依者是解脫

問曰何故名阿羅漢荅曰阿羅名煩惱漢名煞以智慧刀煞煩惱故名阿羅漢復次更不生諸界諸趣諸生死中名阿羅漢復次遠離惡不善法故名阿羅漢如偈說

遠離惡不善　安住善住中　應受世上供

故名阿羅漢

復次應受冣勝供養故名阿羅漢一切沙門所應用物无有不應受者漏盡者問曰如漏處亦盡何故但說漏盡荅曰世尊先說漏盡當知亦說漏處復次若法是自性斷斷已不成就此法與聖道相妨聖道不與有漏善不隱沒无記法相妨唯與漏法相妨

若漏斷善有漏法不隱沒無記法亦斷同一對治故如燈不與炷油器相妨而與闇相妨為破闇故然燈亦燋炷盡油熱器復次以漏難斷難除難過復次以漏是重過患故復次漏是漏是漏處流軛縛取使結亦尒善有漏不隱沒無記法不尒

云何為智云何為見云何為慧問曰何故作此論荅曰或有說忍是智如辟喻者佛陁提婆作如是說慧眼初緣境界是忍後增長是智是故下智是忍如人在道行先生念欲住然後乃住慧眼初緣境界時是忍增長是智是故下智是忍為止如是說者意亦明忍非智故而作此論復次所以作論者或有說盡智无生智是見性為止如是說者意亦明盡智無生智非見性故而作此論復次此揵度是智性中應分別何者是智性見性慧性法云何為見荅曰眼根五見世俗正見學見無學見是也問曰眼相何故名見耶荅曰以四事故名見一以賢聖人說故二以世俗人說故三以經說故四以世間現見故賢聖世俗人說者如說我見是人行住坐卧若見人顛蹶迷錯者作如是說如有見邪經說者佛說若眼見色不應分別是男是女生於涂愛復說若眼見色好不生愛惡不生恚復說若見適意色不適意色非適意色非不適意色應當觀察復說若眼見色不應生愛恚應生捨心復說若見色應當正觀是不淨法世間現見者尊者和須蜜說曰此是世人言說我現見是事淨現見是事不淨尊者佛陁提婆說曰經亦說世人亦說眼所及識所更是名為見五見名見者以四事故廣說如見揵度見處中所說世俗正見名見者以是見性故學見無學見所以名見者以是見性故如夜有雲時見色涂汙慧見法亦尒如夜無雲時見色善有漏慧見亦尒如晝有雲時見色學慧見法亦尒如晝无雲時見色无學慧見法亦尒云何為智荅曰除見道中忍餘意識相應慧是也彼有三種善涂汙不隱沒无記善有二種有漏無漏有漏者是世俗正見無漏者是學无學八智涂汙者是五見及愛恚慢疑無明相應者不隱沒無記者威儀工巧報生變化心俱者是也及五識身相應慧彼亦有三種善穢汙不隱沒無記善者是生得善穢汙者與愛恚俱不隱沒無記者與報心俱云何為慧荅曰意識相應慧是也彼亦有三種善穢汙不隱沒無記善者有二種有漏無漏有漏者是世俗正見無漏者是見道中八忍學无學八智餘如先說五識相應慧如先說

已說自體今當說同異相若見是智耶乃至廣作四句是見非智者眼根見見道中諸忍是也問曰何故眼根非智耶荅曰眼根是色智非是色復次眼根是非相應非依非行非緣智是相應是依是行是緣見道中諸忍何故非智耶荅曰是忍非已忍是觀非知是觀非已觀是求覔非已足是施設止息方便復次忍是疑對治彼疑得與此忍俱生故決定義是智義復次無礙道解脫道雖同作一事不

得同在一刹那中生尊者和須蜜說曰堪忍故名忍不可以堪忍是智尊者佛陁提婆說曰已見名智忍非已見是名見非智智非見者除五見及世俗正見諸餘意識相應有漏慧彼有二種染汙不隱沒無記染汙者與愛恚慢疑無明相應者是也問曰何故與愛等相應染汙慧非見耶荅曰見所行猛利彼慧所行不猛利復次見於緣深入慧於緣不深入復次愛相應慧為二結所覆蔽遮故二結者謂愛及相應无明餘亦如是問曰不共無明相應慧不為二結所覆何以故不名見耶荅曰不共無明覆慧重於三結不隱沒無記者是威儀工巧報生變化心俱者是也問曰何故不隱沒無記慧非見耶荅曰見所行猛利彼慧所行不猛利復次見於緣深入彼慧於緣不深入復次見有勢力彼慧微劣問曰如報慧微劣可尒威儀工巧者亦有勢用如世尊威儀眦首羯磨天工巧乃似願智所作荅曰雖極工巧為邪命所覆復次雖是極

巧猶為他人所識言是處不好五識相應慧何故非見耶荅曰見所行猛利於緣深入彼慧所行不猛利於緣不深入復次見能分別彼慧不能分別復次見緣三世及無為彼慧唯緣現在復次見緣捴相別相彼慧唯緣別相復次見於緣數數行彼慧不尒復次見於緣籌量觀察彼慧不尒問曰盡智无生智何故非見耶荅曰見所行猛利彼智所行不猛利復次見生時於施設有所作彼智生止息方便无所作如鳥住安隱處復次見現在前有所求彼智現前无所求是故尊者瞿沙作如是說於勝法更无所求故盡智無生智非見復次一切無漏慧有二種或對治邪見或對治无智復有說者无漏法三種或對治邪見非無智或對治無智非邪見或對治邪見亦對治无智若對治邪見非无智者是見非智如見道中諸忍若對治無智非邪見者是智非見如盡智无生智對治邪見亦對治無智者諸餘無漏慧尊者和須蜜說曰盡智

無生智何故非見耶荅曰若盡智无生智是見性者阿羅漢則成就九種道然佛世尊說阿羅漢成就十種道問曰如世俗正見是見性智性學見是見性智性無學見是見性智性若盡智無生智亦是見性智性者有何過耶荅曰若如方便初入法時世俗正見是見是智立是正見支非正智支學見是見是智立正見支非正智支无學見是見是智立正見支不立正智支如是盡智無生智體亦是見是智者亦應立正見支不立正智支則阿羅漢成就九種道无十世尊說阿羅漢成就十種道尊者佛陁提婆說曰決定無疑此智是見所以者何以猛利故若作是問阿羅漢成就九種道然佛說有十種道應如是荅十道二在无學地八在學無學地亦見亦智者除見道中諸忍盡智無生智諸餘無漏慧彼是何耶謂學八智無學正見五見世俗正見亦是見相亦是智相非智非見者除上尒所事若法第一第二第三句已立名已稱說

除之諸餘法未立名未稱說者作第四句彼是何耶色陰中除眼根諸餘色陰是也行陰中除一切慧謂善染汙不隱沒無記亦在意地亦五識地亦有漏無漏諸餘相應不相應行陰是也三陰及無為法如是等作第四句是名除上介所事若見是慧耶乃至廣作四句見非慧者眼根是也慧非見者除五見世俗正見諸餘意識相應有漏慧五識相應慧及盡智无生智餘廣說如前四句亦見亦慧者除盡智無生智諸餘無漏慧彼是何耶謂見道中諸忍學八智無學正見五見世俗正見是諸法有見相慧相非見非慧者除上介所事如先說若智是慧耶答曰諸智是慧頗有是慧非智耶荅曰有見道中諸忍是也廣說攝亦如是

阿毗曇毗婆沙論卷第四十七

阿毗曇毗婆沙論卷第四十七

校勘記

一　底本，金藏廣勝寺本。

一　九〇九頁中一行至四行經名、造者、釋者、譯者、品名，資、磧、普、南、徑、清無。

一　九〇九頁中一〇行首字「城」，資、磧、普、南、徑、清作「地」。

一　九〇九頁中一六行「我有」，諸本（不含石，下同）作「或有」。

一　九一〇頁上一一行「覺寤」，資、磧、普、南、徑、清作「寤寐」。

一　九一〇頁上二一行至二二行「見道」，資、磧、普、南、徑、清作「見道見道」。

一　九一〇頁中一三行第七字「慧」，諸本作「慧道」。

一　九一〇頁中一七行「便能」，資、磧、普、南、徑、清作「不能」。

一　九一一頁上一四行「成就」，資、磧、普、南、徑、清作「成就一」。

一　九一一頁上末行「是見到」，至此，資、磧、普、南、徑、清卷第七十一終，卷第七十二始。卷首資、磧、普、南有「智揵度八道品之二」；徑、清有「智揵度八道品第一之二」。

一　九一一頁下八行「無礙」，資、磧、普、南、徑、清作「無礙道」。

一　九一一頁下二二行「初一」，資、磧、普、南、徑、清作「初二」。

一　九一二頁上一一行末字「時」，資、磧、普、南、徑、清作「時時」。

一　九一二頁中一〇行「堪者」，諸本作「堪忍道者」。

一　九一二頁中一四行至次行「答曰……四道耶」，磧、普、南、徑、清、麗無。

一　九一二頁中一五行第九字「則」，資無。

一　九一二頁中一六行首字「後」下，資有「四道攝前四道耶答曰後則攝前非前攝後」十七字。

一　九一二頁中一六行「不攝何等」，

磧、普、南、徑、清、麗作「問曰不攝何等」。

一　九一三頁上四末字行至五行首字「説是」，資、磧、普、南、徑、清作「是説」。

一　九一三頁上一五行第三字「者」，磧、普作「在」。

一　九一三頁上一九行第五字「斷」，麗作「若斷」。

一　九一三頁上二〇行「餘者」，資、磧、普、南、徑、清作「餘者是」。

一　九一三頁下七行「道果」，資、磧、普、南、徑、清作「果道」。

一　九一四頁上三行第五字「依」，資、磧、普、南作「衣」。

一　九一四頁上四行第五字「是」，資、磧、普、南、徑、清無。

一　九一四頁中二行「有覺」，諸本作「是有覺」。

一　九一四頁中一四行「是現」，資、磧、普、南、徑、清作「見」。

一　九一四頁中一六行「若身」，諸本作「若見」。

一　九一四頁下七行第四字「見」，資、磧、普、南、徑、清作「是」。

一　九一五頁上二〇行「現在」，資、磧、普、南、徑、清作「現在前」。

一　九一五頁中九行第一二字「前」，資、磧、普、南、徑、清無。

一　九一五頁中二二行「十成」，資、磧、普、南、徑、清作「一成」。

一　九一六頁上一行第七字「名」，資、磧、普、南、徑、清作「多」。

一　九一六頁中一七行首字「法」，資、磧、普、南、徑、清作「是聞法」。

一　九一六頁下八行「所依」，資、磧、普、南、徑、清作「以所依」。

一　九一六頁下一二行「生死」，資、磧、普、南、徑、清作「生生死」。

一　九一六頁下一五行「善住」，資、磧、普、南、徑、清作「善法」。

一　九一六頁下二一行「自性」，資、磧、普、南、徑、清作「自住」。

一　九一七頁上二〇行「性法」，至此，資、磧、普、南、徑、清卷第七十二終，卷第七十三始。卷首資、磧、普、南有「智揵度八道品之三」；徑、清有「智揵度八道品第一之三」。

一　九一七頁上二一行「眼相」，諸本作「眼根」。

一　九一七頁中一九行第六字「見」，資、磧、普、南、徑、清作「見法」。

一　九一八頁上一六行第二字「生」，資、磧、普、南、徑、清無。

一　九一八頁下二二行末字「若」，資、磧、普、南、徑、清作「答」。

一　九一九頁上二行第一〇字及三行第八字「除」，資、磧、普、南、徑、清作「陰」。

一　九一九頁上末行經名，資、磧、普、南、徑、清無。未换卷。

趙城縣廣勝寺

阿毗曇毗婆沙論卷第四十八　　箴

迦旃延子造　五百羅漢釋
北涼天竺沙門浮陁跋摩共道泰等譯

智揵度八道品中

若成就見亦成就智耶答曰如是若成就智亦成就見耶答曰如是若成就見亦成就慧耶答曰如是若成就慧亦成就見耶答曰如是若成就智亦成就慧耶答曰如是若成就慧亦成就智耶答曰如是誰成就見智慧耶答曰一切衆生捴而言之一切衆生然有多少斷善根者成就三界見道所斷見智慧三界修道所斷染汙智慧欲界繫不隱没无記智慧不斷善根者若不得色界善心成就三界見道所斷見智慧三界修道所斷染汙智慧欲界繫善見智慧欲界繫不隱没無記智慧若得色界善心未離欲界欲成就三界見道所斷見智慧三界修道所斷染汙智慧欲色界善見智慧欲界繫不隱没無記智慧已離欲界欲若不得无色界善心成就色無色界見道所斷見智慧修道所斷染汙智慧欲色界善見智慧欲色界不隱没无記智慧若得無色界善心未離色界欲成就色無色界見道所斷見智慧修道所斷染汙智慧三界善見智慧欲色界不隱没无記智慧若離色界欲成就无色界見道所斷見智慧修道所斷染汙智慧三界善見智慧欲色界不隱没无記智慧生色界凡夫不得無色界善心成就色無色界見道所斷見智慧修道所斷染汙智慧成就色界繫善見智慧欲色界不隱没无記智慧若得無色界善心未離色界欲成就色無色界見道所斷見智慧修道所斷染汙智慧色無色界善見智慧欲色界不隱没無記智慧已離色界欲成就無色界見道所斷見智慧修道所斷染汙智慧色無色界善見智慧欲色界不隱没無記智慧生無色界凡夫報心不現在前成就無色界繫見道所斷見智慧修道所斷染汙智慧無色界善見智慧若報心現在前成就無色

界見道所斷見智慧修道所斷涂汙智慧無色界善見智慧不隱沒無記智慧是則說凡夫人堅信堅法人者苦智未生成就三界見道所斷見智慧修道所斷涂汙智慧欲色界善見智慧欲界不隱沒无記智慧無漏見慧苦智已生集智未生成就三界集滅道所斷見智慧修道所斷涂汙智慧欲色界善見智慧欲界不隱沒無記智慧無漏見智慧乃至滅智已生道智未生成就三界見道所斷見智慧修道所斷涂汙智慧欲色界善見智慧欲界不隱沒無記智慧無漏見智慧須陁洹斯陁含成就三界修道所斷涂汙智慧欲色界善見智慧欲色界不隱沒無記智慧无漏見智慧生欲界阿那含若不得無色界善心成就色無色界修道所斷涂汙智慧欲色界善見智慧欲色界不隱沒無記智慧無漏見智慧若得無色界善心未離色界欲成就色無色界修道所斷涂汙智慧三界善見智慧欲色界不隱沒無記智慧无漏見智慧已離色界欲成就無色界修道所斷涂汙智慧三界善見智慧欲色界不隱沒無記智慧無漏見智慧生色界阿那含若不得無色界善心成就色無色界修道所斷涂汙智慧色界善見智慧欲色界不隱沒無記智慧无漏見智慧若得無色界善心未離色界欲成就色無色界修道所斷涂汙智慧色無色界善見智慧欲色界不隱沒無記智慧无漏見智慧已離色界欲成就無色界修道所斷涂汙智慧色無色界善見智慧欲色界不隱沒無記智慧无漏見智慧生色界阿羅漢成就色無色界善見智慧欲色界不隱沒無記智慧無漏見智慧生無色界阿那含報心不現在前成就无色界修道所斷涂汙智慧善見智慧無漏見智慧若報心現在前成就不隱沒無記智慧餘如先說生無色界阿羅漢報心不現在前成就無色界善見智慧無漏見智慧若報心現在前成就不隱沒無記智慧餘如先說

若見斷彼智斷耶荅曰如是若智斷彼見斷耶荅曰如是若見斷彼慧斷耶荅曰如是若慧斷彼見斷耶荅曰如是若智斷彼慧斷耶荅曰如是若慧斷彼智斷耶荅曰如是誰斷見智慧耶荅曰是阿羅漢餘斷有多有少者已離無所有處欲阿那含斷三界見道所斷八地修道所斷見智慧乃至未離初禪欲阿那含斷三界見道所斷欲界修道所斷見智慧須陁洹斯陁含斷三界見道所斷見智慧堅信堅法人苦智已生集智未生斷三界見苦所斷見智慧乃至滅智已生道智未生斷三界見苦集滅所斷見智慧離无所有處欲凡夫人離八地見道修道所斷見智慧乃至離欲界欲凡夫人斷一地見道修道所斷見智慧

諸正見是擇法覺支耶問曰何故作此論荅曰前論是此論所為根本前作是說云何為見云何為智云何為慧而不作是說諸正見是擇法覺支耶以前所說是此論所為根本今欲廣說故而作此論

此阿毗曇中有是決定相若覺支後

說道支者當知道支一向无漏若道支後說覺支者當知道支是有漏無漏此中道支後說覺支故當知道支是有漏無漏或有正見非擇法覺支乃至廣作四句是正見非擇法覺支者世俗正見是也所以者何覺支一向是無漏故是擇法覺支非正見者盡智无生智是也所以者何彼無見相故是正見亦是擇法覺支者除盡智無生智諸餘無漏慧是也彼是何耶謂見道中諸忍學八智無學正見是也所以者何彼有見相覺相故非正見非擇法覺支者除上介所事若法已立名已稱說者作第一第二第三句未立名未稱說者作第四句彼是何耶行陰作此四句意識地善慧有漏無漏者作前三句餘有相應不相應行陰作第四句餘有四陰及無為法亦作第四句是名除上介所事諸正智是擇法覺支耶荅曰或正智非擇法覺支乃至廣作四句是正智非擇法覺支者世俗正智是也所以者何彼無覺支相故是擇法覺支非正智者見道中八忍是也所以者何彼無智相故是正智亦是擇法覺支者除見道中諸忍諸餘無漏慧是也彼是何耶學無學八智所以者何彼有智相覺支相故非正智非擇法覺支者除上介所事如先說此中異者盡說一切善慧意地及五識地有漏無漏者問曰何故不問餘覺支耶荅曰亦應作是問若正方便是精進覺支耶荅曰若是精進覺支亦是正方便頗有正方便非精進覺支耶荅曰有世俗正方便是也餘覺支道支亦應如是問而不問者有何意耶荅曰應知此彼所說有餘復次此中說始終者始者是正見終者是正智如始入時出時方便畢竟亦如是復次若滿足作四句義者則說若唯有順後句者此中不說復次此是智捷疾若法是見智慧性者此中廣分別

念覺支現在前時幾覺支道支現在前耶問曰何故作此論荅曰有說法生時次第非一時如辟喻者佛陁提婆作如是說法生時次第不一時生猶如伴狹道中行一出一入不得一時二人併行何況多耶如是有為法各各從生相而生有何勢力能一時生耶問曰彼何故作是說耶荅曰彼依佛經佛經說若心微劣修三覺支者便為非時謂猗定捨覺支是時應修三覺支謂擇法精進喜覺支若心掉動修三覺支者便為非時謂擇法精進喜覺支是時應修三覺支謂猗定捨覺支若佛經說三覺支是時三覺支非時者當知法生時次第而生非一時生亦更引餘經如尊者舍利弗作如是說諸長老當知我得七覺支隨意自在我於日初分欲住如是覺支隨意得住以日中分後分欲住如是覺支隨意得住以此二經所說知法生時次第而生非一時生欲止如是說者意亦明法一時而生問曰若法一時而生非次第生者佛經云何通如說修三覺支是時三是非時荅曰此經說法生時一時而生非不一時所以者何若心中有二有三覺支者已明法一時而生非次第問曰

此助道法隨其地無減少修者何故言修三覺支是時三覺支非時耶答曰覺支有二分一是定分二是慧分若定分覺支現在前時修慧分三覺支便為非時所以者何以定分勢用偏多故是時應修三覺支與上相違說慧分亦如是復次或有為定入聖道者或有為慧入聖道者若為定入聖道者修定分三覺支是時修慧分三覺支是非時若為慧入聖道者修慧分三覺支是時修定分三覺支是非時尊者舍利弗所説經復云何通答曰尊者舍利弗善知出定入定身心相若欲以日初分入如是覺支便得隨意自在日中分後分亦如是故作是說復次此經說三地覺支謂有覺有觀地無覺有觀地無覺无觀地若欲以日初分入有覺有觀地覺支以日中分入無覺有觀地覺支以日後分入無覺无觀地覺支皆得隨意故作是說復次此中說三根俱覺支謂樂根喜根捨根俱覺支若欲以日初分入樂根俱覺支以日中分入喜根俱覺支以日後分入捨根俱覺支皆得隨意故作是說空無相无願俱盡智无生智無覺正見俱覺支說亦如是辟喻者作如是說此中說七地覺支謂根本四禪三无色定覺支在此七地中若欲以日初分入初禪地覺支乃至入無所有處地覺支以日中分以日後分入初禪地覺支乃至入無所有處地覺支皆得隨意故作是說復有說者所以作論者或有說諸邊禪中有喜無戒或說上地有正覺或說無色地中有戒為止如是等說者意故而作此論

念覺支現在前時幾覺支道支現在前答曰若依有覺有觀未至禪學念覺支現在前時六覺支八道支現在前無學六覺支九道支現在前以是說用止諸邊禪中有喜无戒者意問曰如未至禪定無有覺有觀何故作是說依有覺有觀未至禪耶答曰應作是說若依未至禪定應說有覺有觀而作是說有何意耶答曰欲令疑者得決定故如四大揵度說上地諸邊亦言未至或有聞說未至謂是上地未至若説有覺有觀當知必是初禪未至若依初禪學念覺支現在前七覺支八道支現在前无學七覺支九道支現在前若依禪中間學念覺支現在前時六覺支七道支現在前无學六覺支八道支現在前若作是說則止說上地有正覺者意如禪中間第三第四禪亦如是若依第二禪學念覺支現在前七覺支七道支現在前無學七覺支八道支現在前若依无色界定學念覺支現在前時六覺支四道支現在前無學六覺支五道支現在前若作是說則止說無色界有戒者意諸覺支道支一切地一切無漏心中所得者說亦如念覺支何者是耶謂擇法精進猗定捨覺支正見正方便正念正定喜覺支現在前時幾覺支道支現在前答曰若依初禪學喜覺支現在前時七覺支八道支現在前无學七覺支九道支現在前若依第二禪學喜覺支現在前時七覺支七道支現在前无學七覺

支八道支現在前正覺支現在前時幾覺支道現在前耶荅曰若依未至禪學正覺現在道時六覺支八道支現在前无學六覺支九道支現在前若依初禪學正覺現在前時七覺支八道支現在前无學七覺支九道支現在前

問曰何故諸邊中無喜耶荅曰諸邊離欲未離欲能起現在前故不能生喜如人多處被縛有解不解處不能生喜彼亦如是問曰何故上地無正覺耶荅曰非其田器故乃至廣說復次為除正覺故求上地若法地有覺者則下地不作方便求於上地若法下地有上地亦有者則無次第滅若无次第滅則無究竟滅所以者何以次第滅能到究竟滅若无究竟滅則无解脫復次若有身業口業處有正覺上地無身業口業故無正覺問曰何故无色界無戒耶荅曰無田器故乃至廣說復次為除戒故求無色界若無色界有戒者則下地衆生不作方便求无色界若法下地有上地亦有者則无次第滅若無次第滅則無究竟滅所以者何次第滅能到究竟滅若无究竟滅則无解脫復次戒是色少分無色中無色戒是四大造無色界無四大問曰無無漏四大何故有无漏戒耶荅曰无漏戒不以四大力故是無漏以心力故是無漏復次戒對治惡戒無色界無惡戒故无戒所以者何惡戒在欲界欲界於無色界有四事遠一以所依遠二以所行遠三以所緣遠四以對治遠

三十七助道法四念處四正斷四如意足五根五力七覺支八道支佛說助道法无三十七七覺支是助道法何以知之經說有一比丘往詣佛所到已頭面礼足却住一面而白佛言世尊所言覺支者何故名覺支耶佛告比丘是七助道法故名覺支謂念覺支擇法覺支精進覺支喜覺支猗覺支定覺支捨覺支以是事故知覺支是助道法問曰助道法有三十七世尊何故說七覺支是助道法耶荅曰隨彼比丘所問佛說七覺支是助道法若彼比丘問四念處者佛亦說四念處是助道法復次彼經一向說无漏助道法餘則不定如念處有二種謂有漏无漏乃至道支有漏无漏復有說者佛說三十七助道法以經之時故而亡失之如隨羅達多所說助道法應言一支乃至三十七支如三十七助道法如斧柯喻經中亦說无漏三十七助道法若取決定修道則是七覺支若取不決定則有六支種所以者何念處有二種或有漏無漏乃至道支亦如是問曰助道法名有三十七體有幾耶荅曰助道法名有三十七體有十一或十二若說盡在覺支中覺支名有七體亦七四念處慧根慧力正見盡在擇法覺支中四正斷精進根精進力正方便盡在精進覺支中四如意足定根定力正定盡在定覺支中念根念力正念盡在念覺支中餘者有信根道支中有正語正業正命若盡說在道支中者若說正語正業外更無正命者八道支名有八體有七若說正語正業外別

有正命者道支名有八體有八四念處慧根慧力擇法覺支盡在正見中四正斷精進根精進力精進覺支盡在正方便中四如意足定根定力定覺支盡在正定中念根念力念覺支盡在正念中餘有信根覺支中有喜猗捨以是事故助道法名有三十七體有十一或十二如名體名數體數名異體異名相體異相知名知體亦如是此是助道法體法性乃至廣說

何故名助道法助道是何義荅曰盡智无生智是菩提此諸法隨順彼法助彼法是彼法分勢用勝故名助道法已捴說助道法所以今當各各別說所以何故名念處耶荅曰分別聚義是念處義聚名五取陰若欲分別應以念處而燒然義是正斷義積聚義法義是如意足義增上勝義是根義不可壞義是力義覺知義是覺支義求覔義是道支義

已別說助道法所以今當別說覺支道支所以何故名覺支為以覺故名覺支為以是覺支故名覺支耶若以覺故名覺支者一是六非若以是覺支故名覺支者六是一非荅曰應作是說以覺故名覺支問曰若然者一是六非荅曰此諸法盡是彼法分盡隨順彼法勢用勝故名覺支復有說者以是覺支故名覺支問曰若然者六是一非荅曰擇法覺支是覺是覺支餘唯是覺支何故名道支耶為以求覔故是道支為以是求覔支故是道支若以求覔是道支者一是七非若以是求覔支故是道支者七是一非荅曰應作是說以求覔故是道支問曰若然者一是七非荅曰此諸法盡是彼法分隨順彼法勢用勝故名道支復有說者求覔支故是道支問曰若然者七是一非荅曰正見是求覔是求覔支餘是求覔支如擇法覺支是覺是覺支如正定是禪是禪支不非時食是齋是齋支正見亦如是是求覔是求覔支

已各各別說助道法所以今當求其次第何故先說四念處乃至後說八道支耶荅曰隨順言說次第法故復次佛說則隨順問者則易受復次四念處如眼見餘助道法如盲不令墮不如法處如衆多盲人有目將導不令墮非道中彼亦如是復以念處能了了分別捴相別相法壞物體愚壞緣中愚取法實相不令增減復次念處從初覺地乃至盡智无生智勢用常勝正斷從暖法以上勢用常勝如意足從頂法以上勢用常勝五根從忍法以上勢用常勝五力從世第一法以上勢用常勝道支於見道中勝覺支於修道中勝問曰何故見道中道支勝修道中覺支勝耶荅曰去義是道義見道中去極速疾故覺是覺支義修道中有九種覺數數覺故問曰若見道中是道支修道中是覺支者世尊何故先說覺支後說道支耶荅曰隨順言說次第法故復次佛說則隨順問者則易受復次欲漸次增一支故先說四法次說五七八法復次欲漸出要法漸次增益故

已捴說助道法次第今當一一別說

覺支道支次第何故先說念覺支後乃至捨覺支耶答曰隨順言說次第法故復次佛說則隨順問者則易受尊者瞿沙說曰已見諦人以憶念先所得法力能滿足修覺支是故佛先說念覺支如經說行人正觀此法念現在前不生愚惑能滿足修念覺支以念力故於法能分別選擇籌量能滿足修擇法覺支以於法能選擇分別籌量故便行精進能滿足修精進覺支已行精進故便生不雜味喜能滿足修喜覺支以喜故身心猗樂能滿足修猗覺支以定猗樂故心定能滿足修定覺支以心定故離貪憂住捨故能滿足修捨覺支問曰何故世尊道支中先說正見後乃至正定耶答曰隨順言說次第法故復次佛說則隨順問者則易受尊者瞿沙說曰已見諦者以正見故能修道支如說以正見故能修道支如說以正見故能生正覺正語正業正命正方便正念正定

已說覺支道支次第今當說地何等地有幾助道法答曰未至禪有三十六除喜初禪有三十七中間禪有三十五除喜正覺第二禪有三十六除正覺第三第四禪有三十五除喜正覺無色中有三十二除喜正覺正語正業正命

已說地今當說現在前時何地幾助道法一時現在前耶答曰依未至禪有三十六一時現在前則有三十三除三念處所以者何以所緣各異故尚不能起二何況多初禪有三十七則有三十四一時現在前亦除三念處禪中間有三十五則有三十二一時現在前亦除三念處如中間禪第三第四禪亦如是第二禪有三十六則有三十三一時現在前亦除三念處無色中三十二則有二十九現在前亦除三念處

已說現在前今當說同異相若是覺支亦是道支耶答曰或是覺支非道支乃至廣作四句是覺支非道支者喜猗捨覺支是也是道支非覺支者正覺正語正業正命是也是覺支亦是道支者除信諸餘助道法是也非覺支道支者信是也問曰何故喜立覺支耶答曰覺義是覺支義喜隨順覺支問曰云何喜隨順覺支耶答曰若如實數數覺境界則生喜若數數生喜則如實覺境界如人掘地得寶得寶故更掘更掘故復得彼亦如是問曰何故喜不立道支耶答曰去義是道支義喜不隨順去問曰何故喜不隨順去耶答曰若數數喜則住不去如人在道行若數數止息便欲住不去彼亦如是問曰何故猗捨立覺支耶答曰覺義是覺支義猗捨隨順覺支問曰云何猗捨隨順覺支耶答曰若於一切事得猗捨則能如實覺境界問曰何故猗捨不立道支耶答曰去義是道支義猗捨不隨順去問曰何故猗捨不隨順去耶答曰猗捨與去相違如行住眠寤一向相違彼亦如是問曰何故正覺立道支耶答曰去義是道支義以正覺能發動正見出離生死故如人以杖捶牛能有所至彼亦如是問曰正覺何故不立

覺支耶荅曰正覺性發動覺支性寂靜故問曰何故正語正業正命立道支耶荅曰去義是道支義正語業命於道車爲轂故問曰何故正語業命不立覺支耶荅曰正語業命是道支非道復次正語業命是不相應無依无行無緣覺支與此相違問曰信何故非覺支道支耶荅曰始入法時信勢用勝故已入法修覺支道支復次出要法有滿足不滿足滿足出要法者有根力覺道相者是也與此相違名不滿足若不滿足出要法有覺支相无道支相者立覺支如喜猗捨若無覺支相有道支相者立道支如正覺正語業命若滿足出要法有覺支道支相者立覺支道支如餘覺支道支是也若不滿足出要法无覺支道支相者不立覺支道支如信是也

問曰何故不立心爲助道法耶荅曰无助道分故復次心於煩惱出要法中俱有勢用助道法於出要法中偏有勢用復次心緣揔相別相助道法唯緣揔相復次如煩惱是數法非心彼對治法亦尒是數法非心若作是說心定故名定者即是助道法中定也

問曰何故三根中喜根立助道法樂根捨根不立助道法耶荅曰无助道相故不立助道分復次助道法所行猛利彼二根遲鈍所行不猛利復次樂根爲猗樂所覆蔽捨根爲行捨所覆蔽是故不立助道法

問曰聖種何故不立助道法耶荅曰亦有立者如毗婆闍婆提說有三十一助道法問曰我不問如是說者荅曰助道法於在家出家人中有二事勝一期心勝二受行勝聖種於出家人中二事勝一期心勝二受行勝於在家人中有一事勝謂期心勝非受行勝如帝釋坐衆華座上十二那由他婇女而自圍繞有六万作音樂者名住聖種但有期心而不受行如頻婆娑羅王等須達長者等亦復如是若作是說樂斷是精進者即是精進覺支波伽羅那經說云何念覺支荅曰聖弟子觀苦是苦乃至觀道是道與不壞智相應爲菩提念數數念次第念常不忘不失是說未知欲知根復次若聖弟子見生死是過患見涅槃是勝妙爲菩提念乃至廣說是說知根阿羅漢觀解脫心念是說知已根乃至捨覺支說亦如是云何正見荅曰若聖弟子觀苦是苦乃至觀道是道是觀察分別能取其相覺明見慧是說未知欲知根若聖弟子見生死是過患見涅槃是勝妙是觀察分別乃至廣說是說知根阿羅漢觀自心解脫是觀察分別乃至廣說是說知已根乃至正定說亦如是

問曰何故覺支中說爲菩提念道支中不說耶荅曰應說而不說者當知此說有餘復次欲現異文異說故若以種種說莊嚴於文義則易解復次欲現二門二略二初入法二影二俱通故如覺支中說爲菩提念道支中說爲菩提正見亦尒如道支中不說爲菩提正見覺支中亦尒復次先作是說盡智无生智是菩提修道中覺支勢用勝修道近盡智无生智是故覺支中說爲菩提非道支經說爲寂

滅為離次為涅槃故修不淨觀俱念覺支乃至捨覺支問曰不淨觀是有漏覺支是無漏云何有漏无漏俱耶尊者和須蜜說曰先以不淨觀令心隨從調柔質直堪忍自在次起覺支現在前覺支後復起不淨觀以覺支動不淨觀故作如是說而無有漏无漏俱者佛經說聖弟子一心攝耳聽法能斷五蓋具足修七覺支問曰如定心能斷結非不定心是意地非五識身何故作如是說一心攝耳聽法乃至廣說荅曰此說轉轉相生法耳識次生善意識善意識次生從聞生意從聞生意次生從思生意從思生意次生從修生意以從修生意而斷煩惱復次此說相續法善意識與善耳識相續故能斷煩惱而作是說問曰若无㝵道能斷煩惱不能滿足修覺支若解脫道能滿足修覺支不能斷煩惱荅曰佛說相近法故而作是說諸法與念覺支相應亦與擇法覺支相應耶荅曰或與念覺支相應不與擇法覺支相應乃至廣作四句與念覺支相應非擇法覺支者是擇法覺支所以者何以三事故自體不與自體相應一以二慧不得併生二以前後不俱三以一切諸法除其自體與餘法作緣與擇法覺支相應非念覺支者是念覺支所以者何以求故自體不與自體相應如先說與念覺支擇法覺支相應者諸法與念覺支擇法覺支相應者彼是何耶荅曰與念覺支擇法覺支俱聚中俱除自體諸餘與念覺支擇法覺支相應者彼是何耶謂八大地十善大地若在有覺有觀地則有覺觀及心非念覺支擇法覺支相應者諸餘心心數法色無為心不相應行此中多說无漏心更无餘者餘有有漏心心數法色無為心不相應行作第四句如念覺支擇法覺支念覺支念精進猗定捨覺支正方便正定說亦如是諸法與念覺支相應亦與喜覺支相應耶乃至廣作四句念覺支在一切地一切無漏心中喜覺支在一切無漏心中非在一切地是故得作一中四句與念覺支相應非喜覺支者是喜覺支與念覺支相應寂中喜覺支體與念覺支相應不與喜覺支相應所以者何以三事故自體不與自體相應如先說餘不與喜覺支相應與念覺支相應法彼是何耶荅曰未至禪中間禪第三第四禪三無色中與念覺支相應法彼法不與喜覺支相應所以者何彼諸地中無喜故與喜覺支相應非念覺支相應者

阿毗曇毗婆沙論卷第四十八

阿毗曇毗婆沙論卷第四十八

校勘記

一 底本，金藏廣勝寺本。

一 九二一頁中一行至四行經名、造者、譯者、品名，資、磧、普、南、徑、清無。未換卷。

一 九二一頁中一八行「無記」，磧作「無相」。

一 九二一頁下四行第九字「色」，磧、南、清無。

一 九二二頁上四行首字「苦」，資、磧、普、南、徑、清作「法」。

一 九二二頁上七行「慧苦」，資、磧、普、南、徑、清作「智慧苦法」。

一 九二二頁中一七行「所斷」，磧、南、徑、清作「所攝」。

一 九二二頁下一三行第四字「生」，麗作「至」。

一 九二二頁下末行第六字「有」，資、磧、普、南、徑、清作「者」。

一 九二三頁上一二行第一一字「覺」，資、磧、普、南、徑、清作「覺支」。

一 九二三頁中一二行第九字「餘」，資、磧、普、南、徑、清作「除」。

一 九二三頁下一行第三字「伴」，諸本（不含石，下同）作「多伴」。

一 九二三頁下九行第三字「喜」，清作「善」。

一 九二三頁下一三行「長老」，清作「長者」。

一 九二三頁下一四行第一二字「住」，磧、普、南、徑、清作「在」。

一 九二四頁中三行第七字「覺」，諸本作「學」。

一 九二四頁中一九行第三字「未」，資、磧、普、南、徑、清作「來」。同行第七字「無」，資、磧、普、南、徑、清作「是」。

一 九二四頁中二一行第九字「定」，資、磧、普、南、徑、清作「不」。

一 九二四頁下二一行「九道」，資、磧、普、南、徑、清作「八道」。

一 九二五頁上二行第四字「道」，諸本作「道支」。

一 九二五頁上三行「道時」，諸本作「前時」。

一 九二五頁上一三行「法地」，諸本作「上地」。

一 九二五頁中一四行「七七」，麗作「七」。

一 九二六頁中二一行「是求覓支」，至此，資、磧、普、南、徑、清卷第七十三終，卷第七十四始。卷首資、磧、普、南有「智揵度八道品之四」；徑、清有「智揵度八道品第一之四」。

一 九二六頁下五行「復以」，資、磧、普、南、徑、清作「復次」。

一 九二六頁下八行第四字「覺」，資、磧、普、南、徑、清作「學」。

一 九二七頁下一行第七字「諸」，資、磧、普、南、徑、清作「語」。

一 九二八頁上三行「業命」，資、磧、普、南、徑、清作「正業正命」。

一 九二八頁中二〇行第八字「是」，

資、磧、普、南、徑、清作「是斷」。

一 九二八頁下一行第四字「常」，南作「當」。

一 九二九頁上一行「離次」，諸本作「離欲」。

一 九二九頁上六行第七字「復」，資、磧、普、南、徑、清作「次復」。

一 九二九頁上七行首字「動」，資、磧、普、南、徑、清作「熏」。

一 九二九頁上二〇行「佛説」，資、磧、普、南、徑、清作「所説」。

一 九二九頁中九行第八字「是」，資、磧、普、南、徑、清作「亦是」。

一 九二九頁下二行第五字「寂」，諸本作「聚」。

一 九二九頁下九行第八字「與」，資、磧、南、徑、清作「不與」。

一 九二九頁下末行經名，資、磧、普、南、徑、清無。未換卷。

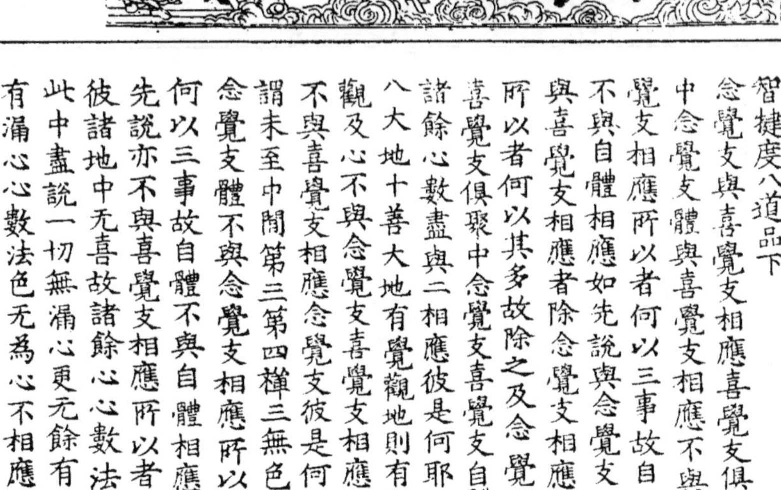

阿毗曇毗婆沙論卷第四十九　歲

迦旃延子造　五百羅漢釋

北凉天竺沙門浮陁跋摩共道泰等譯

智揵度八道品下

念覺支與喜覺支相應喜覺支俱聚中念覺支體與喜覺支相應不與念覺支相應所以者何以三事故自體不與自體相應如先說與念覺支亦與喜覺支相應者除念覺支相應者所以者何以其多故除之及念覺支喜覺支俱聚中念覺支喜覺支自體諸餘心數盡與二相應彼是何耶謂八大地十善大地有覺觀地則有覺觀及心不與念覺支喜覺支相應者不與喜覺支相應念覺支彼是何耶謂未至中間第三第四禪三無色中念覺支體不與念覺支相應所以者何以三事故自體不與自體相應如先說亦不與喜覺支相應所以者何彼諸地中无喜故諸餘心心數法者此中盡說一切無漏心更无餘有餘有漏心心數法色无為心不相應行作第四句如念覺支喜覺支念覺支正見正覺亦如是諸法與念覺支相應亦與正念相應耶答曰如是說與正念相應亦與念覺支相應耶答曰如是如念覺支擇法精進猗定捨覺支正方便正念正定說亦如是諸法擇法覺支相應亦與正見相應耶答曰若法與正見相應亦與擇法覺支相應頗法與擇法覺支相應非正見耶答曰有正見所不攝擇法覺支相應法彼是何耶謂盡智无生智相應法諸法精進覺支相應亦與正方便相應耶答曰如是若與正方便相應亦與精進覺支相應耶

答曰如是諸法與定覺支相應亦與正定相應耶答曰如是若與正定相應亦與定覺支相應耶答曰如是諸法與喜覺支相應亦與猗覺支相應耶答曰或與喜覺支相應不與猗覺支相應乃至應作四句喜在一切無漏心中不在一切地中猗在一切無漏心中亦在一切地中與喜覺支相應非猗覺支相應者猗覺支與喜覺

支相應喜覺支俱聚中猗覺支體與喜覺支相應不與猗覺支相應所以者何以三事故自體不應自體如先說與猗覺支相應非喜覺支相應者是喜覺支猗覺支俱聚中喜覺支體與猗覺支相應所以者何以三事故自體不應自體如先說餘喜覺支不相應猗覺支相應法彼是何耶謂未至禪禪中間第三第四禪三無色中猗覺支相應法與猗覺支相應非喜覺支所以者何彼地中无喜故與喜覺支相應亦與猗覺支相應者除猗覺支及與猗覺支相應者所以者何以多故除之與喜覺支猗覺支俱聚中者除自體諸餘心心數法俱與二相應彼是何耶謂九大地九善大地在有覺有觀地則有覺觀及心非喜覺支亦非猗覺支相應者喜覺支不相應猗覺支彼是何耶謂未至禪禪中間第三第四禪三無色中猗覺支體不與喜覺支相應所以者何彼地中無喜故亦不與猗覺支相應所以者何以三事故自體不應自體如說諸餘心心數法者此中盡說一切無漏心更無餘有餘有漏心心數法亦色無為心不相應行如是等諸法不與喜覺支相應亦不與猗覺支相應如喜覺支猗覺支喜覺支捨覺支正方便正念正定說亦如是諸法與喜覺支相應亦與正見相應耶喜在一切無漏心中不在一切地正見在一切地不在一切无漏心中是故得作大四句與喜覺支相應非正見者正見與喜覺支相應喜覺支俱聚中正見體與喜覺支相應不與正見相應所以者何以三事故自體不應自體如先說餘正見不相應喜覺支相應法彼是何耶初禪第二禪中盡智無生智俱聚中喜覺支相應法不與正見相應所以者何是他聚故與正見相應非喜覺支者喜覺支與正見相應正見俱聚中喜覺支體與正見相應不與喜覺支相應所以者何以三事故自體不應自體如先說餘喜覺支不相應正見相應法彼是何耶謂未至禪禪中間第三第四禪三无色中正見相應法不與喜覺支相應彼地中無喜故與喜覺支亦與正見相應者除正見與喜覺支相應除喜覺支與正見相應諸餘心心數法彼是何耶謂八大地十善大地在有覺有觀地則有覺觀及心不與喜覺支亦不與正見相應者正見不與喜覺支相應彼是何耶未至禪禪中間第三第四禪三無色中正見體不與喜覺支相應所以者何彼地中無喜故不與正見相應所以者何以三事故自體不應自體如先說喜覺支不與正見相應彼是何耶初禪第二禪盡智無生智俱中喜覺支體不與正見相應所以者何是他聚集故不與喜覺支相應所以者何以三事故自體不應自體如先說餘心心數法彼是何耶未至禪禪中間第三第四禪三無色中盡智無生智俱聚有漏心心數法色無為心不相應行如喜覺支正見喜覺支正覺正覺於正見說亦如是

云何世俗正見云何世俗正智問何故作此論荅曰前論是此論所為根本前論作如是論云何為見云何為

智云何為慧而不作是論云何世俗正見云何世俗正智以前論是此論所為根本今欲廣分別故而作此論復有說所以作論者或有說意識相應善慧不盡是見性如辟喻者說彼是何耶謂次五識生者能起身口業者死時心問曰彼何故說次五識生者非見性耶如五識不能分別彼次生意識亦不能分別何故能起身口業者非見性耶答曰見行内彼行於外何故死時心非見耶答曰見有勢力彼慧微劣問曰彼作是說云何通佛經如是說人欲死時善心心數法與正見俱答曰彼作是說佛說死時前相續心非死時心為止如是說者意亦明一切意識相應有漏善慧盡是見性故而作此論

云何世俗正見答曰意識相應有漏善慧彼是何耶謂不淨覺相應者安般念念處與暖頂忍世第一法相應者與禪無量解脫勝處一切處相應者世俗正見多於四大海水此中略說廣者云何　世俗正智答曰意

識相應有漏善慧彼是何耶答曰不淨覺相應乃至世俗正智多於四大海水及五識相應善慧彼是何耶善眼識相應乃至善身識相應者善眼識相應慧何者是耶答曰如見父母佛辟支佛聲聞及諸尊重處生善眼識善耳識相應慧何者是耶答曰如聞佛語及父母諸尊重處語生善耳識餘善三識非常人能起唯除觀搏食修行者能起三善識已說體性今當說同異相若是世俗正見亦是世俗正智耶答曰若是世俗正見亦是世俗正智頗是世俗正智非世俗正見耶答曰有五識相應善慧是也世俗正見攝世俗正智世俗正智攝世俗正見耶答曰世俗正智攝世俗正見非世俗正見攝世俗正智不攝何等謂五識相應善慧

若成就世俗正見亦成就世俗正智耶答曰如是若成就世俗正智亦成就世俗正見耶答曰如是誰成就世俗正見世俗正智耶答曰不斷善根者捴而言之是不斷善根者然有多

少或有但成就欲界善見智者但成就色界者或有但成就無色界者或有成就欲色界者或成就色無色界者或有成就欲色無色界見智者以是事故捴而言之是不斷善根者然有多少

若斷世俗正見亦斷世俗正智耶答曰如是若斷世俗正智亦斷世俗正見耶答曰如是誰斷世俗正見正智耶答曰阿羅漢捴而言之是阿羅漢餘人則有多少若離无所有處欲斷八地正見正智乃至離欲界欲未離初禪欲斷一地正見正智是故捴而言之是阿羅漢餘人則有多少

問曰何故名世俗耶為以毀壞故言世俗耶為以是貪立足處言世俗耶若以毀壞言世俗者无漏道亦毀壞應是世俗若以是貪立足處言世俗者亦恚癡立足處答曰應作是說以毀壞言世俗問曰若然者无漏道亦毀壞應是世俗答曰若毀壞增長於有无漏道雖毀壞不增長於有令有損減復次毀壞能令有相續生老病

死相續无漏道雖毀壞能斷有不令生老病死相續復次若毀壞是苦集道迹生老病死道迹無漏道雖毀壞是滅苦集道迹滅生老病死道迹復次若毀壞是身見愛使所緣處是貪恚癡立足處雜垢雜毒雜過雜滓堅在苦集性中者是世俗聖道與此相違不名世俗復次有說者是貪立足處言世俗問曰若然者亦是恚癡立足處荅曰若說是貪立足處亦是恚癡立足處問曰若世俗是毀壞耶荅曰或是世俗非毀壞乃至廣作四句是世俗非毀壞者過去未來二漏是毀壞非世俗者現在道諦是毀壞亦是世俗者現在二漏非毀壞亦非世俗者過去未來道諦一切無為法經說長老式蜜提往詣佛所而白佛言世尊所言世俗者是何耶佛告式蜜提以毀壞故言世俗復問何等是毀壞佛告式蜜提眼入是毀壞乃至意入是毀壞問曰世尊何故說入是世俗耶荅曰為受化者故受化者應聞入是世俗乃得悟解故佛說入是世俗問曰毀壞有何差別耶荅曰毀者是剎那頃无常壞是身壞時无常復次毀是細無常壞是麁無常復次毀是內法無常壞是外法無常復次毀是衆生數法壞是非衆生數法

云何無漏見云何無漏智問曰何故作此論荅曰前論是此論所為根本前論作如是說云何為見云何為智云何為慧而不作是說云何无漏見云何無漏智以前論是此論根本今欲廣分別故而作此論復次欲說近對治法故先說云何世俗正見云何世俗正智何法是其近對治謂无漏見智故作此論云何无漏見荅曰盡智无生智所不攝餘無漏慧彼是何耶見道中八忍學八智無學正見云何无漏智荅曰除見道中諸忍餘無漏慧彼是何耶學無學八智是也

已說體性今當說同異相諸无漏見是无漏智耶荅曰或是无漏見非無漏智乃至廣作四句是無漏見非無漏智者見道中諸忍是也所以者何彼有見相无有智相是無漏智非无漏見者盡智無生智是也所以者何彼是智相無有見相是無漏見亦是无漏智者除見道中諸忍盡智无生智餘无漏慧是也彼是何耶學八智無學正見是也所以者何彼是見相亦是智相非无漏見非無漏智者除上尒所事若法已立名已稱已說者除之餘未立名未稱未說者作第四句彼是何耶行陰作此四句一切無漏慧作三句有見相智相者餘有相應不相應行陰四陰及无為法作第四句是名除上尒所事攝亦如是若成就無漏見亦成就无漏智耶荅曰若成就无漏智亦成就無漏見頗成就無漏見非无漏智耶荅曰有住苦法忍時

問定理攝成就不說斷問曰何故不說斷耶荅曰若說於文不煩彼尊者迦旃延子乃至不捨一剎那而作文分別若所說於文煩者如四大海水文義盡略說之復次以垢故斷无漏法無垢故不斷問曰若无漏法不斷者佛經云何通如說比丘汝若解筏

喻法者法尚應斷何況非法荅曰斷二種一除愛斷二捨斷此中說捨斷无漏法雖無除愛斷而有捨斷以捨斷故而作是說諸比丘捨聖道盡漏以念恩故復數數起聖道現在前而受種種身苦謂頭痛等苦是故佛作是說比丘當知聖道所應作者皆已作之應捨此道入於涅槃如人依筏渡河以念恩故猶頂戴肩負他人語言汝男子筏所應作皆已作之汝今應捨隨意而去彼亦如是

云何是法云何非法耶荅曰內道言說是法外道言說是非法內道法隨順空隨順无我隨順涅槃法尚應捨何況外道言說令有相續令生老病死相續者耶復次善受持名句味身者是法不善受持者是非法善受持名句味身者尚捨何況不善受持名句味身者尊者瞿沙說曰善受持阿含經者名法不善受持者名非法以增長生死故應捨何況非法尊者波奢說曰正觀是法不正觀是非法正觀法尚應捨何況不正觀法耶復次慚愧是法无慚愧是非法三善根是法三不善根是非法五根是法四顛倒是非法四念處是法五蓋是非法六念是法六愛身是非法七覺支是法七使是非法八道支是法八邪支是非法九次第定是法九結是非法十善業道是法十不善業道是非法如是等法尚應斷何況非法

阿毗曇毗婆沙論智揵度他心智品第二

云何他人心智云何念前世智如是章及解章義此中應廣說優波提舍

問曰彼尊者迦旃延子何故作二智而作論荅曰彼尊者有如是欲如是意隨其欲意而作論亦不違法相彼意欲因二智而作論即論二智謂他心智念前世智意欲論二智故餘處亦因二智而作論如根揵度中論法智比智餘處亦因二智而作論如定揵度論盡智无生智餘處意欲論四智即因四智而作論如根揵度論苦集滅道智如說若苦智是苦无漏智耶乃至若道智是道无漏智耶餘處意欲論八智即因八智而作論如使揵度定揵度智揵度所說餘處意欲論十智即因十智而作論如說眼根以幾智知猶如善巧陶師先調柔泥團安置輪上隨其欲意作種種器彼尊者亦尒以聞思慧觀察法相斷緣中愚故隨其欲意造論亦不違法相

復次此二智以離欲得方便得體是脩慧亦是通體是四支五支禪果故復次此二智體是智性見性復次以此二智各緣一世他心智緣現在世念前世智緣過去世若作是說念前世智是有漏无漏者應作是說以此二智是有漏無漏故云何他心智荅曰若智是修是修果從修生得不失是修者體是修是修果者是四支五支禪果從修生者修習故得不失者得不捨問曰何故不說已得當得者但說令得耶荅曰應說而不說者當知此說有餘復次若得此智名得道者名知他心者是中說之非已得當得者以失故以此智知他心所覺所觀所行所覺者是欲界初禪所觀者是中間禪所行者是上三禪復有說

者所覺是欲界初禪所觀者從欲界乃至中間禪所行者從欲界乃至第四禪問曰他人心覺觀緣色時他心智亦知他心所緣色耶荅曰外國法師經文作如是說若智知欲色界現前他人心心數法及无漏心是名他心智問曰罽賓沙門何故不作如是說耶荅曰亦應作如是說而不說者有何意耶荅曰言所覺所觀所行者說其體不說所緣處心心數法如實知之心者是心數法者是數法如實知之者是說知境界應說一知他心智謂知他心智通應說二謂知有漏无漏及縛解繫不繫應說三謂上中下應說四謂四禪果應說六謂有漏上中下無漏上中下應說八謂四禪有漏无漏應說九謂下下乃至上上應說十二謂四禪中各有三種謂上中下應說十八謂有漏有九无漏有九應說二十四初禪有漏有三無漏有三乃至第四禪亦尒應說三十六謂初禪有九種乃至第四禪有九種應說七十二初禪有漏有九種無漏有九種乃至第四禪亦尒若以在身若在剎那則有无量無邊他心智此中捴說一種他心智而作論

問曰他心智體是何耶荅曰體是慧已說體性所以今當說何故名知他心智荅曰知他心故名知他心智問曰亦知數法何故但名知他心耶荅曰以期心故行者期心勤修方便欲知他心不期數法亦知數法故名知他心智如人求見於王不求見眷屬若見王時亦見眷屬彼亦如是復次諸法立名各有所以或以自體或以對治或以方便或以相應或以所依或以所行或以所緣或以行以緣以自體者如五陰四諦等智是也餘解廣說如上

界者有漏是色界繫无漏是不繫問曰何故无色界無他心智耶荅曰非其田故乃至廣說復次他心智因色故生无色界無色地者是四根本禪地不在諸邊无色地間曰諸邊中何故無知他心智耶荅曰此是通若有三昧能生通果則有此智諸邊中無此定故問曰中間禪心以何知他心智知耶荅曰或有說者以初禪地者知復有說者以二禪地者知評曰應作是說以初禪地者知所以者何是一地法故所依者依欲色界身行者無漏者行道等四行有漏者不行行緣者初禪地者緣欲界初禪二禪地者緣欲界乃至第二禪第三禪地者緣欲界乃至第三禪第四禪地者緣欲界乃至第四禪他心智不知無色界問曰何故他心智不知無色界荅曰他心智不知上地法初禪他心智不知第二禪心乃至第三禪他心智不知第四禪心問曰生欲色界起无色定現在前他心智能知彼心心數法不耶荅曰不知所以者何如果時不知因時亦尒念處者是三念處除身念處智者是四智謂法智比智道智等智三昧者无漏者與道無願相應有漏者不與相應根者捴與三根相應謂樂喜捨根世者在三世緣三世者過去者緣過去現在者緣現在未來不生者緣三世必生者緣未來

善不善無記者是善緣善不善无記者緣三種三界繫及不繫者有漏是色界繫无漏是不繫緣三界繫及不繫者緣欲色界及不繫是學无學非學非无學者是三種緣學无學非學非無學者盡緣三種見道斷修道斷不斷者有漏者是修道斷无漏者是不斷緣見道修道不斷者盡緣三種緣名緣義者是緣義緣自身他身及非身者緣他身是方便得離欲得者是方便亦是離欲初禪者離欲界欲得乃至第四禪離三禪欲得方便者以方便現在前佛不以方便現在前辟支佛以下方便聲聞或以中或以上方便問曰他心智方便云何荅曰如施設經說初行者先取自身相若身有如是色則有如是心若有如是心則身有如是色取自身相已亦取他人身相若他身有如是色則有如是心若有如是心則身有如是色取如是相已作是思惟令此衆生為何所觀何所分別作是思惟時如實知之此衆生如是思惟如是分别是名

他心智滿足集法經亦說他心智方便云何荅曰觀五取陰是苦空无常无我作如是觀无漏智問曰如他心智緣四諦智何故但說緣苦智者耶荅曰應說盡緣而不說者當知此說有餘復次此說初起入法方便若說緣苦智當知亦說緣餘智問曰前方便此後方便有何差别耶荅曰前所說方便至有漏无漏此所說方便一向是无漏復次後方便勝妙明淨勝前方便問曰若眼不見色為能知他心不耶荅曰能知以耳聞其聲故若眼不見色耳不聞聲為知他心不荅曰知以鼻齅其香故若眼耳鼻不見色聞聲齅香為能知他心不耶荅曰知以舌知味故若不見色聞聲齅香知味為能知他心不耶荅曰知以身觸故若不見色乃至身不覺觸為能知他心不耶荅曰或有說者不知所以者何以他心智因色故評曰應作是說方便時不知滿足時能知問曰何故他心智方便時因色生耶荅曰因麁得入細故他心智方便時緣自已滿足

時不緣自已問曰何故他心智方便時緣自已滿足時不緣自已耶荅曰他心智不緣他心所緣所行若他心智緣他心所緣所行者亦可名自心智本曾所得有漏心心數法十五種欲界有三種謂上中下乃至第四禪亦有三種初禪地下有漏他心智知欲界三種心心數法及知初禪下有漏心心數法中者知欲界三種知初禪下中二種上者知欲界三種初禪三種如初禪乃至第四禪上者知十五種如本曾起有漏心有十五種未曾得有漏心亦有十五種无漏心有十二種初禪地有三種謂上中下乃至第四禪亦介第二禪地下无漏心知初禪地下无漏心亦知二禪下者第二禪中者知初禪第二禪下中二種上者知初禪第二禪下中上三種知第二禪乃至第四禪上者知十二種无漏心心數法問曰何故下有漏他心智知下地三種及自地下者无漏下他心智知下地下心心數法及自地下者非中上耶荅曰有漏心心數

法異无漏心心數法異一身中可有三種有漏心心數法无漏心心數法以根故別若是下根則無中上根乃至若是上根則无中下根

他心智不知勝地勝根勝人心勝地初禪地他心智不知第二禪地心心數法乃至第三禪地不知第四禪地心心數法勝根者下根他心智不知中上根心心數法勝人者學人他心智不知无學人心心數法問曰一切无學人他心智盡知學人心心數法耶荅曰不知時解脫不知見到心見到不知時解脫心所以者何見到於時解脫根勝故時解脫於見到人勝故問曰學人起第二禪心現在前无學人起初禪心現在前為展轉相知不荅曰不知所以者何无學人於學人人勝學人於无學人地勝聲聞起第二禪心心數法現在前佛起初禪心心數法現在前為展轉相知不荅曰不知所以者何佛於聲聞根勝聲聞於佛地勝欲界有四種變化心謂初禪果乃至第四禪果初禪地他心智為知此四種心不荅曰或有說者知所以者何盡是欲界心故復有說者唯知初禪果餘則不知所以者何如不知因果亦不知

是佛所有无漏心及未曾得有漏心无有他心智能知者已曾得有漏心佛欲令他知則知若佛欲令鈍根者知利根者不知鈍根者則知利根者不知佛欲令薩波達知舍利弗不知薩波達則知舍利弗不知欲令畜生得知人不知者畜生則知人不知何以知之有經說佛住鞞提迦夜城羚迦精舍時衆多比丘置鉢在露地及世尊鉢亦在露地尒時有一獮猴從娑羅樹下往詣衆多鉢所時諸比丘恐破鉢故皆共遮之尒時世尊告諸比丘汝等莫遮此獮猴不破汝等鉢也尒時獮猴取世尊鉢徐還上樹成滿流蜜以奉世尊世尊不受以雜虫故尒時世尊起世俗心欲令去虫是時獮猴即知佛意却在一面除蜜中虫復上世尊世尊不受以未作淨故世尊復起世俗心若此獮猴以水作淨者我則受之是時獮猴即知佛心以水作淨佛便受之以其淨故尒時獮猴以世尊受其蜜故心生歡喜踊躍无量起儛却行墮坑而死得生人中於佛法出家得阿羅漢道名摩頭婆肆吒以是事故尊者波毗奢作偈讚佛

欲令人天知佛心　隨其所念皆能知
若入諸禪深妙定　無有能知佛心者

問曰佛為得知佛心他心智不耶荅曰或有說者不得所以者何世無二佛故復有說者得以能緣故不以起現在前辟支佛如渴伽獸角獨出世者與佛无異若作是說衆多出世者有緣辟支佛心他心智亦能緣亦能起現在前聲聞有知聲聞心他心智亦能緣亦能起現在前佛所有无漏心及未曾得有漏心无色界心無有他心智能知此心者

衆生或有生有滅生者生欲界色界衆生及生无色界凡夫人為當得他心智不耶荅曰以二事故當得一以能緣二以現前行滅者生無色界聖

人若涅槃者為當得他心智不荅曰不當得復有說者當得以能緣故不以現前行評曰不應作是說當得不現前行寧當說不得不當說得不現在前行

有境界是佛他心智所知非辟支佛聲聞所知有境界是佛辟支佛他心智所知非聲聞所知有境界是佛辟支佛聲聞他心智所知如經說比丘當知雪山中有如是處獼猴所不能行人亦不能行有處所獼猴能行人不能行有處所獼猴能行人亦能行雪山猶如境界獼猴如辟支佛人如聲聞如是之義今當顯現見道有十五心他心智知相似法有漏者知有漏无漏者知無漏已曾得者知已曾得未曾得者知未曾得法智分者知法智分比智分者知比智分聲聞人他心智見道中知二心辟支佛知四心佛一一次第知所以者何辟支佛聲聞以方便現在前佛不以方便現在前行者入見道作方便聲聞人為法智分他心智作方便行者已入見道聲聞起法智分他心智現在前能知行者二心謂苦法忍苦法智行者入比智分聲聞人為比智分他心智作方便行者已入比智分聲聞人起比智分他心智現在前欲知苦比忍乃知道比智行者為見道作方便辟支佛為法智分他心智作方便行者已入見道辟支佛起法智分他心智現在前知行者二心謂苦法忍苦法智行者入比智分辟支佛為比智分他心智作方便行者已入比智分辟支佛起比智分他心智現在前欲知苦比忍乃知滅比忍滅比智佛不以方便一切功德現在前如行者一一次第起見道現在前世尊以他心智一一次第而知

佛於三種道以捴相知亦以別相知辟支佛亦知三種道於聲聞辟支佛道以捴相別相知於佛道以捴相知不以別相聲聞亦知三種道於聲聞道以捴相別相知於辟支佛道以捴相知不以別相問曰聲聞見道諦時為見辟支佛佛道不若見者他心智何故不知若不見者云何得緣彼不壞信耶荅曰應作是說見問曰若然者他心智何故不知耶荅曰以捴相智見他心智是別相知故一衆生所有他心智知一切衆生心心數法智時為知受體為知受諸剎那耶若但知受體者諸餘受不被知者云何知耶若知受諸剎那者云何自身非衆多耶自身衆多者我他心智體有二十一種知一衆生一剎那受如一剎那受餘一切剎那受亦尒如受剎那餘心心數法剎那亦尒如一衆生心心數法餘衆生心心數法亦尒我他心智俱心心數法則多一切衆生如我心心數法多所依身亦應多荅曰應作是說知受體問曰若然者餘所不知受云何知耶荅曰若知餘受无有是處知時唯知所知者復有說者知受諸剎那問曰若然者云何自身非衆多耶荅曰多有何過所以者何如我他心智體有二十一種知一切衆生心心數法一切衆生他心智體亦有二十一種知我心心數法是故無過

問曰：他心智為緣過去、緣未來、緣現在耶？答曰：緣現在。問曰：若然者，經本所說云何通？如說過去未來法九智知。答曰：經本應作是說：過去未來法八智知，除滅智、他心智。而不說者，有何意耶？隨緣故說。過去者緣過去，未來者緣未來。若如所說他心智知三刹那，謂知現在刹那、次前滅者、次當生者，經本應作是說。

問曰：他心智為緣一法、為緣多法耶？若緣一法，經所說云何通？如說有欲心如實知有欲心。若一時知欲亦知心者，豈非知多法耶？餘經所說復云何通？如說當世尊憶念時，遍知衆僧心之所念。若緣多法者，云何體是三念處耶？答曰：應作是說緣於一法。問曰：若然者，佛經云何通？如說如實知有欲心。答曰：心與欲相應，故名有欲心。若知欲不知心，若知心不知欲，如觀垢衣，若觀垢則不觀衣，若觀衣則不觀垢，彼亦如是。餘經復云何通？如說世尊當憶念時，遍知衆僧心之所念。答曰：以比相知，非以他心智。世尊以他心智觀一比丘心住寂靜道，次以比相智知諸比丘心亦尒。復有說者，世尊不以他心智知，亦不以比相智知，乃以願智知。復有說者，世尊不以他心智、比相智、願智知。世尊得盡智時，得未曾得欲界不隱沒无記心心數法，亦不入禪，亦不起通現在前，當憶念時，遍知諸比丘僧心。復有說者，知多法。問曰：若然者，云何體是三念處耶？答曰：初方便時是三念處，通若滿足是捴緣法念處。評曰：應作是說：一切他心智緣一法，是別相觀，緣現在，緣他，緣心心數法，見道中無，在修道中，不與空、无相三昧相應，不攝盡智、无生智，無學道中无他心智法，應如是。

云何念前世智？答曰：若智是修，是修果，從修生，得不失，以此智憶念過去无數生如是相貌，是名念前世智。是中問答廣說如他心智。云何如是相、如是貌？答曰：如是相者是前時有，如是貌者是中有。復有說者，如是相是中有，如是貌是前時有。所以者何？前時有可示此是刹利、婆羅門、毗舍、首陀差別貌。如經說：佛告阿難：若有如是相、如是貌施設者名色身，若无如是相、如是貌，可施設有對觸不？答言：不也。彼經說內入是相，外入是貌。復有說者，彼經說內入是貌，外入是相。所以者何？以內入故說諸識相差別。如說除上尒所事，是中无如是相貌，是以除之。如說若以如是相、如是貌入初禪，如是相者是方便，如是貌者是所緣。如偈說：

若成就八智　十六行相貌　如閻浮檀金
無能說其過

是中說慧名相貌。過去无數生者，是說念前世智境界。應說一：念前世智，得念前世智通、念前世明、念前世力。應說二：謂已曾得、未曾得。應說三：謂上中下。應說四：謂初禪果乃至第四禪果。應說六：已曾得有三種，未曾得有三種，謂上中下。應說八：初禪地有二種，謂已曾得、未曾得，乃至第四禪地亦如是。應說九：謂下下乃至上上。應說十二：初禪有三種，謂上中下，乃至第四禪亦如是。應說十八：謂已曾得有九種未曾得有九種應說二十四初禪有六種謂已曾得有三種未曾得有三種乃至第四禪亦如是應說三十六初禪有九種乃至第四禪亦如是應說七十二初禪已曾得有九種未曾得有九種乃至第四禪亦如是若以在身若在剎那則有无量无邊念前世智此中因揔說一念前世智而作論問曰念前世智體性是何荅曰體性是慧以念力多故名念前世智如念處體性是慧以念力多故名念處如阿那波那念體性是慧以念力多故名阿那波那念憶前生念體性是慧以念力多故名憶前生念除色想體性是慧以想力多故名除色想如是念前世智體性是慧以念力多故名念前世智此是念前世智體性乃至廣說

阿毗曇毗婆沙論卷第四十九

阿毗曇毗婆沙論卷第四十九

校勘記

一　底本，金藏廣勝寺本。

一　九三二頁中一行至四行經名、造者、釋者、譯者、品名，資、磧、普、南、徑、清無（未換卷）。

一　九三二頁下三行第一三字「說」，諸本（不含石，下同）作「設」。

一　九三三頁上末行「如說」，諸本作「如先說」。

一　九三三頁中一三行首字「餘」，資、磧、普、南、徑、清作「除」。

一　九三三頁下二行第八字「除」，資、磧、普、南、徑、清作「餘」。

一　九三三頁下一二行末字「俱」，資、磧、普、南、徑、清作「俱聚」。

一　九三三頁下一八行第五字「聚」，資、磧、普、南、徑、清作「聚中」。

一　九三三頁下末行第七字「論」，諸本作「說」。次頁上一行第一〇字及上一七行末字資、磧、普、南、徑、清同。

一　九三四頁上四行第七字「論」，資、磧、普、南、徑、清作「此論」。

一　九三四頁上一〇行「行內」，資、磧、普、南、徑、清作「行於內」。

一　九三五頁上六行末字「堅」，資、磧、普、南、徑、清作「墮」。

一　九三五頁中五行末字「法」，磧、普無。

一　九三五頁下八行第三字「餘」，磧、普、南、徑、清作「於」。

一　九三五頁下一二行第一一字「亦」，資、磧、普、南、徑、清作「立」。

一　九三六頁上三行第五字「無」，資、磧、普、南、徑、清無。

一　九三六頁上一一行首字「應」，資、磧、普、南、徑、清作「當」。

一　九三六頁中八行「非法」，至此，資、磧、普、南、徑、清卷第七十四終，卷第七十五始。

一　九三六頁中九行「阿……第二」，資、磧、普、南作「智揵度他心智品第二」；徑、清作「智揵度他心智品第二之一」。

一　九三六頁下一五行第七字「是」，資、磧、普、南、徑、清作「果」。

一　九三六頁下一九行末字「道」，資、磧、普、南、徑、清作「通」。

一　九三七頁上一九行第一一字及二〇行首字「九」，資、磧、普、南、徑、清作「九種」。

一　九三七頁上二〇行第六字「四」，資、磧、普、南、徑、清作「四謂」。

一　九三七頁中一九行「其田」，資、磧、普、南、徑、清作「其因」。

一　九三八頁上二一行第九字「令」，諸本作「今」。

一　九三八頁中一三行第一〇字「知」，諸本作「能知」。同行第一三字「不」，資、磧、普、南、徑、清作「不耶」。

一　九三八頁下一八行第六字「第」，資、磧、普、南、徑、清無。

一　九三九頁上五行末字「地」，諸本作「地者」。

一　九四〇頁中二一行第一一字「佛」，資、磧、普、南、徑、清作「佛佛」。

一　九四一頁中一三行第五字「緣」，資、磧、普、南、徑、清無。

一　九四一頁下七行首字「相」，資、磧、普、南、徑、清作「根」。

一　九四二頁上末行經名，資、磧、普、南、徑、清無(未換卷)。

阿毗曇毗婆沙論卷第五十　箴

迦旃延子造　五百羅漢釋

北涼天竺沙門浮陀跋摩共道泰等譯

智揵度他心智品第二之二

已說體性所以今當說何故名念前世智答曰念前世陰故名念前世智界者是色界問曰何故無色界中無念前世智答曰非其因故乃至廣說復次念前世智因色生無色界無色故無地者在根本四禪地非諸邊無色中所以者何若有通所依定處是處有念前世智諸邊無色中無通所依定故無念前世智問曰以何地念前世智念中間禪耶答曰或有說以初禪者復有說以第二禪者評曰應作是說以初禪者所以者何同一地故所依身者依欲色界身行者無所行緣者初禪念前世智知初禪及欲界前生五陰乃至第四禪者知欲界乃至第四禪前生五陰不知無色界問曰何故念前世智不知無色界耶答曰念前世智不知上地法初禪者

不知第二禪前世五陰乃至第三禪不知第四禪前世五陰無色界中則無念前世智問曰生欲色界中起無色定現在前念前世智為能知不答曰不知所以者何如不知果因亦如是問曰若念前世智不知無色界者佛經云何通如說世尊於過去處處無數生若生有色無色有想無想過去無數生有如是相貌盡能憶念問曰說何者是色何者非色答曰色者是前時有無色者是中有問曰若然者聲聞亦能知與佛有何異復有說者色者是欲色界無色者是無色界問曰若然者世尊云何知無色界耶答曰以比相知問曰若然者聲聞以比相亦能知與佛有何異耶答曰如外道觀前世事若於欲界色界不見則言斷滅聲聞觀前世事若於欲界色界中過二万劫不見者言是衆生生於空處而彼衆生或於上地未盡其壽若過四万劫不見者言是衆生生於識處而彼衆生或再生空處或於上地未盡其壽若過六万劫不見

者言是衆生生無所有處而彼衆生或三生空處或一生半生識處或於非想非非想處未盡其壽若過八万劫不見者言是衆生生非想非非想處而彼衆生或四生空處二生識處一生半生無所有處世尊若欲觀無色界時衆生於欲色界中命終者觀其死時心知是衆生生於空處是衆生生於識處是衆生生無所有處是衆生生非想非非想處是衆生盡壽是衆生不盡壽若於無色界命終生欲色界者觀生時心知是衆生從空處死乃至從非想非非想處死是衆生盡彼壽是衆生不盡彼壽外道比相智見於斷滅聲聞比相智所知或如其事或不如其事佛世尊比相智明淨妙好悉如其事無有虛者念處者是捴緣法念處尊者瞿沙說是四念處如所說念前世苦樂事若念苦樂豈非是受念處耶答曰前世時或曾得樂所須具苦所須具念是事故作如是說而實是捴緣法念處智者是等智尊者瞿沙說是六智除他心

智滅智所以除他心智者以緣現在故所以除滅智者以緣無為故評曰應作是說是一等智三昧者不與三昧相應根者揔與三根相應世者在三世緣三世者過去現在者緣過去未來者緣三世善不善无記者是善緣善不善無記者緣三種三界繫者是色界繫緣三界繫者緣欲色界是學無學非學非無學者是非學非無學緣學無學非學非無學者緣非學非無學是見道斷修道斷不斷者是修道斷緣見道斷修道斷不斷者緣見道修道斷緣名緣義者緣名緣義緣自身他身非身者是緣自身他身是離欲得方便得者是離欲得亦以方便離欲時得方便起現在前初禪者離欲界欲得乃至第四禪者離三禪欲得聖人佛法凡夫得本曾得未曾得念前世智外道凡夫得本曾得念前世智離欲時得方便起現在前佛不以方便起現在前辟支佛以下方便聲聞或以中或以上方便問曰念前世智方便云何荅曰如施設經

說初行始入法者取次前滅意識相念已知之復取次滅意識相問曰取久滅意識相為以時為以剎那耶荅曰以時若以剎那者則不能念半便死可是方便無滿足者取此生老時相念已知之次取中年時相次取少年時相次取童子時相次取嬰孩時相次取波奢佉時次取健鞞時次取卑尸時次取阿浮陁時次取迦羅羅時相念已知之次取欲入母胎時心相念已知之是名念前世智滿足不應作是說所以者何中有中死次入母胎中有即屬此生評曰應作是說若能念知前世死時最後一剎那者是名念前世智滿足問曰欲修念前世智時為緣自身為緣他身荅曰或有說者緣自身問曰若然者無色界命終者則不可念復有說者緣他身評曰應作是說緣自身亦緣他身緣自身作方便若自見從無色界命終者則緣他身令得滿足若緣他身作方便見他從無色界命終者則緣自身令得滿足是故緣自身他身修念

前世智令得滿足

問曰念前世智為念曾所更事為念未曾所更事耶荅曰念曾所更事問曰若然者則無念生淨居天者所以者何無有曾生淨居天者荅曰曾更有二種謂若見若聞淨居天處雖不曾見而得曾聞

問曰為因欲界生此智耶為因色界生此智耶荅曰亦因欲界亦因色界或有因欲界作方便於色界得滿足或有因色界作方便於欲界得滿足或有因欲界作方便於欲界得滿足或有因色界作方便於色界得滿足因欲界作方便於色界得滿足者與惡性難共住衆生同在一處作是思惟如此惡性難共住衆生必是於欲界命終者觀察是時乃是色界命終者因色界作方便於欲界得滿足者與善性易可共住衆生同在一處作是思惟如此善性易可共住衆生必是色界命終者觀察是時乃是欲界命終者因欲界作方便於欲界得滿足者與惡性難共住衆生同在一處

阿毗曇毗婆沙論第五十卷　第七張

作是思惟如此惡性難共住衆生必於欲界命終觀察是時是欲界命終者因色界作方便於色界得滿足者與善性易共住衆生同在一處作是思惟如此善性易可共住衆生必是色界命終者觀察是時是色界命終者

問曰為觀一一世為觀多世耶答曰初學時觀一一世滿足時觀百千万世世尊初學時則能觀百千万世問曰為能捨過百千万世乃觀久遠百千万世不耶答曰初學則不能後滿足時則能世尊初學則能捨過百千万世乃觀久遠百千万世問曰次第觀前世乃至久遠若欲止時各還次第止耶為一時止耶答曰或有說者還次第止評曰應作是說隨意而觀亦隨意而止問曰次第觀前世經久遠時捨已即能觀未来世耶答曰佛世尊能非餘人所以者何佛世尊觀前世智次第能生觀未来智觀未来智次第能生觀前世智不以方便一切功德悉現前故

阿毗曇毗婆沙論第五十卷　第八張

問曰於一剎那中能觀幾世耶答曰一世何以知之如毗尼中說尊者輸毗多作如是說我一發意須能憶念五百世生事諸比丘皆言應駈遂之所以者何自稱得無有是事過人法故佛告諸比丘不應駈遂是比丘所以者何是比丘從無想天来生此間無想天壽經五百劫憶念一生事故言五百世

問曰於一時須能觀幾趣耶答曰或有說者能觀一趣復有說者能觀二趣謂地獄趣畜生趣或畜生餓鬼趣或畜生天趣或畜生人趣若觀轉輪王時則憶念三趣謂人畜生餓鬼趣人趣者王及臣屬畜生趣者是象馬餓鬼趣者是受祭祀鬼神及轉輪等諸神若觀頂生王時則憶念四趣畜生趣是象馬餓鬼趣是受祭祀神天趣是帝釋及眷屬人趣是頂生及眷屬無有是處以分別故說若令五趣共在一處者亦於一時能憶念五趣佛經說常見有三種有憶念二万劫者有憶念四万劫者有憶念六万劫

阿毗曇毗婆沙論第五十卷　第九張

者問曰何等常見憶念二万劫事何等四万劫何等六万劫耶答曰常見者根有上中下下者憶念二万劫中者四万劫上者六万劫復次或有憶念火水風劫者憶念火者二万劫水者四万劫風者六万劫復次或有憶念喜樂捨根壞時憶念喜根壞者二万劫樂根四万劫捨根六万劫復次或是聲聞性或是辟支佛性或是佛性聲聞性者憶念二万劫辟支佛性者憶念四万劫佛性者憶念六万劫若是他心智盡知他心心數法耶答曰或是他心智不知他心心數法乃至廣作四句是知他心智不知他心心數法者他心智在過去未来有如是相不知他心心數法所以者何過去者所作已竟未来者未有所作是知他心心數法非他心智者猶如有一若以相知若聞其說若生處得如是智故能知問曰誰能以相知耶答曰人能曾聞跋難陀釋子至一優婆塞家其家門邊繫一駁犢時跋難陀釋子語優婆塞言汝家門邊所繫犢

子其色斑駮若以其皮作敷具者好時優婆塞作是思惟是比丘欲得是犢子皮以為敷具即便煞犢以皮與之時跋難陁釋子持其犢皮往詣祇洹犢母鳴呼而隨逐之如是等名以相知誰聞説能知耶曾聞有一居士著新衣服詣祇洹精舍跋難陁釋子見已而語之言善哉居士汝所著衣中作僧伽梨欝多羅僧安陁會若敷具是時居士作是思惟是比丘欲得我衣即便與之復有説者聞説能知即是以相知經文應如是説若以相知若卜筮知他心心數法以相知者如先説卜筮知者如諸外道或以指卦或觸衣物若以筭術若逆取相便能知他心心數法誰有生處得智耶荅曰地獄衆生然無定名者問曰生處得智為生時能知中時能知後時能知耶荅曰初生未受苦知後受苦時猶不能知自心何况他心為住善心時能知為住穢汙無記心時知耶荅曰住三種心盡能知為住意識為住五識身能知耶荅曰住意識知非

五識為住威儀為住工巧為住報心耶荅曰住威儀心非工巧報心所以者何彼衆生無工巧故非報心報心在五識故畜生中亦有能知他心心數法者曾聞有一女人以兒置一處有緣餘行時有一狼取其兒去時人語言何故取他兒耶狼作是言此兒母常食我子我今還食其子若彼能捨怨心我亦捨之時人語是女人可捨怨心女人荅言我今已捨時狼觀女人心不捨其怨而口言捨即煞其兒捨之而去問曰畜生為生時知為中時知為後時知耶荅曰三時盡知為住善心染汙心不隱沒無記心知耶荅曰三種盡知為住意識為住五識身知耶荅曰住意識知非五識身為住威儀工巧報心知耶荅曰三種盡知餘鬼亦知他心心數法曾聞有鬼入一女人身中呪師問之何故觸惱他女人耶彼鬼荅言此女人五百世中與我作怨常斷我命我亦斷其命彼若能捨怨心我亦捨之時人語是女人可捨怨心女人荅言我今已

捨鬼觀女心雖口言捨怨心不除即斷其命捨之而去問曰為生時知為中時知為後時知耶荅曰三時盡知為住善心染汙心不隱沒無記心知耶荅曰三種盡知為住意識知為住五識知荅曰住意識知為住威儀工巧報心知耶荅曰三種盡知天中亦有生處得知能知他心心數法然无定名初中後知者廣説如畜生餓鬼趣餘廣説如雜揵度是知他心智亦知他心心數法者若智是修是修果從修生得不失此智現在前知欲色界衆生心心數法及無漏心心數法非知他心智非知他心心數法者除上介所事除上介所事者廣如先説行陰作此四句此中盡説過去未来現在他心智及現相智聞他説智生得智作前三句餘相應不相應行陰四陰及無為法作第四句是名除上介所事

若是念前世智盡知前世無數生耶乃至廣作四句是念前世智不知前世無數生者念前世智在過去未来

有念前世智相而不知前世無數生事所以者何過去所作已竟未來未有所作知前世無數生非念前世智者猶如有一有自性念生智者有生處得智者誰有念生智耶荅曰人有誰有生處得智耶荅曰地獄衆生如經說地獄衆生作如是言沙門婆羅門見貪欲未來過患故為我等說法應當斷欲我等不用其言以貪欲因緣故今受苦痛果報問曰地獄衆生為初時知為中後知耶荅曰初時知非中後若未受苦時則知已受苦時次前滅法猶尚不知何況久遠滅者餘廣說如他心智處畜生亦有生處得智如經說汝若是我父都提耶者可昇此座廣說如雜揵度問曰為初時知為中後知耶荅曰初時知中後亦知廣說如他心智處餓鬼亦有生處得智如偈說

我自聚財物　以法及非法　他今受快樂

而我受苦惱

問曰為初時知為中後知耶荅曰初中後盡知廣說如他心智處天亦有

生處得智如偈說

今此祇陁林　賢聖僧所居　法王亦在中

我心大歡喜

問曰為初時知為中後知耶荅曰初中後盡知廣說如他心智處問曰人中何故無生處得智耶荅曰非其因故廣說如上復次為念生智所覆蔽故復次人中雖無生處得智而有勝妙念前世智願智是念前世智亦知前世無數生者若智是修是修果從修生得不失以此智念前世無數生有如是相貌非念前世智亦非念前世无數生者除上尒所事除上尒所事廣說如上此中行陰作四句三世念前世智及現在念生智生處得智作前三句餘相應不相應行陰四陰及無為法作第四句是名除上尒所事若是念前世智亦知過去他人陰界入及心耶乃至廣作四句初句者是自緣念前世智第二句者是願智方便緣他者第三句者是緣他念前世智第四句者是願智方便自緣者此四句是略毗婆沙是念前世智不

知過去他人陰界入及心者若智是修是修果從修生得不失以此智念前世生自陰界入及心是說自緣念前世智知過去他人陰界入及心非念前世智者若智是修乃至廣說以此智知他此生過去陰界入及心是說願智方便緣他身者言念前世智亦知過去他人陰界入及心者若智是修乃至廣說以此智知前生過去他人陰界入及心是說念前世智緣他者非念前世智亦不知過去他人陰界入及心者若智是修乃至廣說以此智知此生過去自身陰界入及心是說願智方便緣自身者

阿毗曇毗婆沙論卷第五十

甲辰歲高國分司大藏都監奉
勑彫造

阿毗曇毗婆沙論卷第五十

校勘記

一　底本，麗藏本。

一　九四四頁上一行至四行經名、造者，釋者、譯者、品名，諸本（不含石，下同）無（未換卷）。

一　九四四頁上六行第八字「陰」，諸本作「五陰」。

一　九四四頁上八行第九字「因」，諸本作「界」。

一　九四四頁中一九行第一〇字「者」，諸本作「不」。

一　九四四頁下一六行末字「智」，諸本作「智知」。

一　九四五頁下一行「滿足」，至此，諸本卷第七十五終，卷第七十六始，資、磧、普、南有品名「智揵度他心智品之二」；徑、清有「智揵度他心智品第二之二」。

一　九四六頁中二行「者輸」，清作「諸輸」。

一　九四六頁中二二行第四字「常」，資、磧、普、南作「當」。

一　九四七頁上一五行第一一字「逆」，南作「遥」。

一　九四七頁中七行「他兒」，徑作「其兒」。

一　九四七頁中一八行第三字「餘」，諸本作「餓」。

一　九四七頁下一行第五字「心」，南、徑、清作「人」。

一　九四八頁上一五行第一三字「耶」，諸本作「那」。

一　九四八頁下七行第一〇字「言」，諸本作「是」。

一　九四八頁下卷末經名，諸本無（未換卷）。

阿毗曇毗婆沙論卷第五十一　規

迦旃延子造　五百羅漢釋

北涼天竺沙門浮陁跋摩共道泰等譯

智犍度他心智品第二之二

有自性念生智問曰自性念生智體性是何答曰體性是慧彼心聚中以念力多故名念生智如念處安那般那念除去色想亦如是此是自性念生智體性乃至廣說

已說體性所以今當說何故名自性念生智答曰生而得此智故名自性念生智復次住善心性不善心性無記心性能知故名自性念生智復次過去法更不變故名自性能知此法故名自性念生智

問曰為作何業得是智耶答曰或有說者常為衆生說歡喜樂聞語彼業能生如是報復有說者若修治狹小處令使寬博以此業故在母胎中而不迫迮以是業故能生此報復有說者若人以甘美飲食施他彼業得如此報評曰應作是說此是不惱害他業報若衆生不作惱害他業在母胎中則得寬博不為風熱冷病胎血所困苦若出胎時亦不為產門所逼切以是事故不忘所念一切衆生若於產門不逼切者皆有念前世智以為產門所逼切故皆失所念問曰念生智為初時勝為中後時勝耶答曰或有初中後盡勝者或有初勝者如尸婆羅等初生之時作如是說此家中頗有種種財物及諸穀米可以施於貧窮者不或有中時勝者如賴吒波羅等或有後時勝者如養摩羅吒等

問曰念生智為念幾生耶答曰或有說者念一生復有說念二生乃至七生曾聞王舍城中有屠兒名伽吒是阿闍貰王少時親友而語阿闍貰言太子汝若登王位時與我作何善事耶阿闍貰答言與汝從心所願阿闍貰害其父命而登王位時屠兒伽吒往詣王所而白王言大王往日許我所願今正是時王答之言隨意求索時伽吒屠兒便說心願使我於王舍城內獨得屠煞不聽餘人時王語言

汝今何用是弊惡頭為更求餘頭是時屠兒復語王言善惡諸業悉無果報王語之言何以知之作是說耶屠兒荅言大王當知我自憶念於七世中在王舍城常屠羊自活命終之後生三十三天王聞是語極生疑惟即以是事而往白佛佛告王言如其所說而無有異此人施辟支佛食發於邪願使我於王舍城中常獨煞羊賣肉以此業故七生人中七生天上今於此身業報已盡却後七日身壞命終當生盧膸地獄以是事故知念生智憶念七世復有說者能念五百世事曾聞有一比丘自念五百世次第常生餓鬼中若憶念過去飢渴苦時則於諸有而生苦想斷一切緣獨勤行精進得須陁洹果作是思惟我恒得諸比丘所須之物使我行道我今應當還求所須施諸比丘即行勸化時諸比丘而語之言汝先嬾惰今以何故勤行教化時彼比丘即向諸比丘廣說上事以是事故知念生智憶念五百世事復有一比丘自憶念次第五百世生地獄中若憶念受地獄苦時舉身毛孔血流而出汗身及衣日日詣水澡浴浣衣勤行精進得阿羅漢果更不澡浴浣衣時諸比丘而語之言汝常澡浴浣衣以水為淨今何以不此比丘向諸比丘廣說上事如此憶念五百世事復有或憶念世界成時者曾聞有旃陁羅王名多羅犍伕善通咒術及諸論有子名奢頭羅顏貌端正當於介時尊者舍利弗作婆羅門名弗伽羅娑羅善通皮陁及皮陁分經有女名疲翅多時旃陁羅王往詣弗伽羅娑羅所而語之言可以汝女用妻我子時弗伽羅娑羅婆羅門便生瞋恚而語之言汝於四姓卑下我於四姓尊貴何緣以女用妻汝子時旃陁羅王語婆羅門言夫種族姓尊卑無有常定汝頗曾聞誰造梵書耶婆羅門荅言我聞是瞿頻陁羅婆羅門所造復問誰造佉盧吒書耶婆羅門荅言我聞是佉盧吒仙人所造復問誰造此皮陁及皮陁分經而荅之言皆是往昔大婆羅門等之所造作時旃陁羅言如是等往昔諸人皆是我身時婆羅門聞是語已心生歡喜便以己女而妻其子如此憶念世界成時事經說佛告村主我自憶念九十一刧以来不曾為飲食故起身口意惡業問曰佛為以念前世智為以自性念生智憶念此事若以念前世智知者何以念九十一刧而不多耶若以自性念生智知者何故但說憶念七世或五百世乃至憶念世界成時而不說憶念九十一刧者耶荅曰應作是說佛以念前世智知問曰若然者何故但說九十一刧而不多耶尊者波奢說曰若說百刧亦生此疑但說此不違法相復次九十一刧中有七佛出世故復次從此已来種相好業故復有說者以自性念生智知問曰若然者何故說自性念生智憶念七世若五百世乃至刧成時而不說九十一刧耶荅曰餘人如此佛則多知問曰自性念生智為憶念中有時不荅日或有說者不知所以者何中有微細非自性念生智

境界故評曰應作是說憶念中有所以者何若不憶念者於前生則憶念少多不憶念少分

問曰菩薩前身時有自性念生智最後身時為有不耶若有者云何緣力勝因力耶若無者菩薩云何轉襄退耶荅曰應作是說最後身有問曰若然者云何現在外緣力勝過去內因力耶荅曰不以無外緣力故名為內因力乃以利根故名內因力菩薩於一切衆生根利最勝誰作是說菩薩最後身無外緣力耶淨居諸天為現老病死苦亦因弥伽釋王女為說讃涅槃偈如說

安樂以為母　無憂以為父　寂靜以為妻
不久汝當得

見聞是事心生猒患然後出家過去諸佛亦為菩薩說道具諸法如是等豈非外緣力耶復有說者最後身無問曰若然者云何菩薩轉襄退耶荅曰菩薩雖無此智而有勝妙念前世智頑智

云何時心解脫云何不動心解脫問曰何故作此論荅曰此是佛經佛經說佛告阿難比丘不應樂著聚集種種談議所以者何若樂著聚集種種談議欲求身證時心解脫不動心解脫者無有是處若比丘不樂著聚集種種談議欲求身證時心解脫不動心解脫者斯有是處佛經雖作是說而不廣分別云何是解脫體性云何得此解脫根揵度雖說得是二解脫而不說此二解脫體性今欲說此二解脫體性故而作此論復有說所以作論者或說時心解脫是有漏非時心解脫是無漏欲止如是說者意亦明此二解脫是無漏復有說所以作此論者或有說時心解脫是有為非時心解脫是無為為止如是說者意亦明此二解脫是有為故復有說所以作論者或有說時心解脫是學非時心解脫是無學所以者何時心解脫有所作故非時心解脫無所作故為止如是說者意亦明此二解脫俱是無學故而作此論

一切有為無為法中二法是解脫體性有為法中是大地中解脫無為法中是數滅大地中解脫有二種謂染汙不染汙染汙者邪解脫不染汙者是正解脫正解脫有二種有漏無漏有漏者與不淨無量等相應者是也無漏者學無學學者與苦法忍乃至金剛喻定相應者是也無學者是阿羅漢阿羅漢有二種謂時心解脫非時心解脫時心解脫者五種阿羅漢非時心解脫者是一種阿羅漢此二種阿羅漢離欲得無欲是心解脫離無明是慧解脫問曰若離欲得無欲是心解脫離無明是慧解脫者集法經說云何通如說云何時心解脫荅曰是不貪善根對治於貪云何非時心解脫荅言是不癡善根對治於癡如是解脫是善根性耶荅曰集法經文應如是說云何時心解脫荅曰言與不貪善根相應解脫是也云何非時心解脫荅言與不癡善根相應解脫是也此文應如是說而不說者有何意耶荅曰或有為不貪故而斷貪心或有為不癡故斷於癡心是故作如

是說問曰何故名時解脫荅曰待時得故名時待時者待於六時六時者謂衣食卧具說法方人待衣者得好細軟衣則能得解脫不得則不得解脫待食者若得蘇蜜肉等美食能得解脫不得則不得解脫待卧具者若得厚軟卧具能得解脫不得則不得解脫待說法者若聞善方便說法人所說則能得解脫不聞則不得解脫待方者若其方寂靜無諸乱内則能得解脫若不寂靜則不得解脫待人者若得善性易共住人同處者則能得解脫不得則不得解脫何故名非時解脫耶荅曰不待時而得解脫故名非時解脫不待時者不待六時謂衣食卧具說法方人等不待衣時者著糞掃衣能修善法勝時解脫著價直百千兩衣不待食時者雖食下賤麁食而能修道勝時解脫食百味食不待卧具時者坐於石上而能修道勝時解脫坐厚軟坐上不待說法時者若聞無方便說法人所說則速入禪定不待方時者若其方多聲乱内則速入定不待人時者若得惡性難共住人而共同處則速入定復次狹小道得此法故名時解脫問曰何者是狹小道荅曰或有於一身中種善根弟二身成熟弟三身得解脫若不以狹小道得者名非時解脫何者非狹小道或有於六十劫而修方便如尊者舍利弗或有於百劫而修方便如辟支佛或有於三阿僧祇劫而修方便如佛世尊復次以劣弱道得故名時解脫何者是劣弱道於彼善法不數數修不常修一切時修若於日初分修中分後分則不修若於初夜修中夜後夜則不修與上相違名非時解脫復次以多定道得故名時解脫以多慧道得故名非時解脫復次行者若為適意不適意利益不利益苦樂所須具作障㝵者名時解脫與上相違名非時解脫

時解脫是五種阿羅漢非時解脫是一種不動法阿羅漢問曰何故五種阿羅漢是時解脫荅曰各有勝故五種阿羅漢是時解脫以人多故一種不動法阿羅漢是非時解脫合三乘道故亦有等義俱在無過清淨身中生故復次以下人多故五種阿羅漢名時解脫以上人少故一種不動法阿羅漢名非時解脫如今世間王者大臣長者居士甚少卑下人甚多如是辟支佛得波羅蜜聲聞甚少時解脫阿羅漢甚多復次易得易起故五種阿羅漢是時解脫難得難起故一種不動法羅漢是非時解脫如今世人往師子王國及真丹國還者甚少若從此村至彼村還者甚多彼亦如是復次時解脫法不多用功不有所作而得故五種阿羅漢是時解脫非時解脫法多用功多有所作而得故一種不動法阿羅漢名非時解脫復次時解脫法有增有減故五種阿羅漢是時解脫增者是勝進減者是退非時解脫無增減故一種不動法阿羅漢是非時解脫無增者無勝進無減者無退如說時解脫是愛法問曰何故時解脫是愛法耶荅曰如經本說時解脫阿羅漢守護愛重此法使

我於此法莫退如人唯有一目其家
眷屬皆共護之不令冷熱風塵而毀
壞之彼亦如是復次時解脫阿羅漢
於解脫不得自在多用功乃現在前
起現在故心生歡喜故名愛法非時
解脫於解脫得自在不多用功而現
在前起現在故心不生喜不名愛法
復次時解脫阿羅漢有退以畏退故
數數起解脫現在前非時解脫阿羅
漢無退以不畏退故不數數起解脫
現在前復次時解脫阿羅漢多人所
愛用故名愛法與此相違名不愛法
復次時解脫阿羅漢以多信道得故
名愛法非時解脫阿羅漢以慧多得
道故名不愛法復次非時解脫阿羅
漢有憎惡聖道善根如空空無願無
願無相無相三昧以此善根憎惡聖
道故不愛此法時解脫阿羅漢無此
善根故愛護此法經本雖不說義應
如是問曰何故非時解脫阿羅漢名
不動法耶答曰以勝妙故如今世間
所有勝妙飲食衣服瓔珞所在之處
不動人瞋心彼亦如是復次煩惱能

令人心動能令人心生而不熱濕而
相者以穢汙故在善心上無其勢力
故不得自在故名不動復次已斷煩
惱更不復退故名不動如善射人正
射於的稱言不動彼亦如是如經說
佛告舍利弗若比丘比丘尼有不動
解脫法寶瓔珞者能斷不善法修於
善法問曰何故不動解脫名法寶瓔
珞耶答曰以堅牢故勝妙故無過故
輕舉故無垢故清淨故難得故名寶
瓔珞復次辟如泉池之中若以寶珠
投之則不雜垢穢若人身中有不動
解脫寶瓔珞者則不雜煩惱垢穢亦
復如是復次如人屋中有摩尼寶珠
者則無黑闇若人身中有不動法寶
珠者則無無明黑闇亦復如是復次
如方寶珠所置之處即安不動若人
身中有不動解脫方寶珠者其心不
動亦復如是復次如人家中有無價
寶珠者其家畢竟無貧窮之苦若人
身中有不動寶珠者其人永斷聖道
貧窮之苦亦復如是復次辟如如意
寶珠安置幢上隨人意念雨種種寶

能令百千衆生離貧窮苦佛世尊亦
尒以不動寶珠安置四無量幢上隨
衆生所念雨種種法寶除去衆生貧
窮法寶之苦亦復如是問曰若不動
心解脫是勝妙法者何故經說是不
增不減法耶答曰行者等得此法故
若滿東方有刹利子若滿南方有婆
羅門子若滿西方有居士子若滿北
方有首陁子剃除鬚髮身著法服信
家非家於正法出家皆身證不動心
解脫而此法無有增減復次欲說佛
法饒財多寶故佛法除不動心解脫
更有無量餘善法功德不動心解脫
唯是一法故復次欲現如來身中有
無量功德故除不動心解脫更有無
量餘善功德不動心解脫唯是一法
故復次欲令疑者得決定故經說尊
者目揵連於僧中擯出瞻婆比丘諸
比丘咸有是念令僧減少佛作是說
若我弟子得深遠勝妙不動心解脫
於僧中出者不能令僧有增有減何
況彼犯戒衆威儀遠離白淨法者豈
能令僧有增減耶復次此法是無增

無滅法故無增者無勝進無減者不退失一切時心解脫盡與盡智相應耶問曰何故作此論荅曰欲令疑者得決定故時解脫阿羅漢修二種慧謂盡智無學正見非時解脫阿羅漢修三種慧謂盡智無生智無學正見或謂如時解脫阿羅漢修二種慧非時解脫者亦尒如非時解脫阿羅漢修三種慧時解脫亦尒欲決定說時解脫修二種慧非時解脫修三種慧故而作此論

諸時解脫盡盡智相應耶廣作四句如經本說盡智者時解脫阿羅漢金剛喻定一刹那須現在前盡智次第相續起現在前從盡智起或起無學正見或起世俗心非時解脫阿羅漢金剛喻定盡智俱一刹那須現在前次第相續起無生智現在前從無生智起或起無學正見或起世俗心一切阿羅漢盡修無學正見不必盡起現在前問曰盡智無生智有何差別耶荅曰或有說者名即差別是名盡智是名無生智復次所作已竟名盡智從無學因生名無生智復次或未曾得而得或曾得而得名盡智未曾得而得名無生智復次解脫道勝進道所攝名盡智唯勝進道所攝名無生智復次盡智有五種阿羅漢無生智有一種阿羅漢謂不動心解脫盡智無生智是謂差別問曰初盡智為是何智耶荅曰或有說者是苦比智所以者何行者初入聖道時觀果出亦觀果如以毒箭射獸毒遍身中後若死時毒氣還在瘡孔彼亦如是復有說者是集比智所以者何行者入聖道時觀果出聖道時觀因故如是生死法或是因是果若知因知果則生死道斷名為苦邊評曰應作是說是苦比智集比智若是苦比智非集比智若是集比智非苦比智

阿毗曇毗婆沙論卷第五十一

阿毗曇毗婆沙論卷第五十一

校勘記

一　底本，金藏廣勝寺本。

一　九五〇頁中一行至四行經名、造者、釋者、譯者、品名，資、磧、普、南、徑、清無(未换卷)。

一　九五〇頁中四行「之二」，麗作「之三」。

一　九五〇頁中八行第六字「想」，資、磧、普、南、徑、清作「相」。

一　九五〇頁下二行「胎血」，資、磧、普、南、徑、清作「脂血血」；麗作「脂血」。

一　九五〇頁下三行第一一字「門」，資、磧、普、南、徑、清作「門門」。

一　九五一頁上一六行「獨勤」，資、磧、普、南、徑、清作「務勤」。

一　九五一頁中一四行「娑羅」，資、磧、普、南、徑、清無。

一　九五一頁中一八行首字「種」，資、磧、普、南、徑、清無。

一　九五一頁中二二行「皮陁」，資、磧、普、南、徑、清皆作「違陁」。

一　九五一頁下八行第一〇字「念」，磧作「在」。

一　九五二頁上三行第二字「多」，磧、普、南、徑、清作「分」。

一　九五二頁中一四行第八字「漏」，資、磧、普、南、徑、清作「漏故」。

一　九五二頁中末行第九字「二」，清作「一」。

一　九五二頁下四行第一一字「有」，資、磧、普、南、徑、清作「謂有」。

一　九五二頁下一八行第一二字「曰」，磧、清無。

一　九五三頁上一七行及一九行「解脱」，諸本作「解脱者」。

一　九五三頁中一二行第八字「一」，資、磧、普、南、徑、清作「不一」。

一　九五三頁中一七行首字「行」，麗作「得」。

一　九五三頁下一〇行「羅漢」，諸本(不含石，下同)作「阿羅漢」。

一　九五三頁下二一行「無退」，至此，資、磧、普、南、徑、清卷第七十六終，卷第七十七始，資、磧、普、南有品名「智揵度他心智品之三」；徑、清有品名「智犍度他心智品第二之三」。

一　九五四頁上一三行「道得」，諸本作「得道」。

一　九五四頁上一六至一七行「空無願無願無相」，資、磧、普、南、徑、清作「無願無相空無願」。

一　九五四頁上二一行「如今」，南、徑、清作「如令」。

一　九五四頁中二行「無其」，資、磧、普、南、徑、清作「不堪」。

一　九五四頁中二〇行第八字「無」，資、磧、普、南、徑、清作「更無」。

一　九五四頁中末行第五字「憧」，諸本作「幢」。

一　九五五頁中卷末經名，資、磧、普、南、徑、清無(未換卷)。

趙城縣廣勝寺

阿毗曇毗婆沙論卷第五十二　翅

迦旃延子造　五百羅漢釋

北涼天竺沙門浮陀跋摩共道泰等譯

智揵度他心智品第三之三

我生已盡者為盡過去生為盡未來生為盡現在生言我生盡耶若盡過去生過去生已滅若盡未來生未來生未至若盡現在生現在生不住答曰應作是說盡二世生所以者何此中言生者是非想非非想處四陰行者於三世中盡明見故能離非想非非想處欲尊者佛陀提婆說曰佛經說牟尼見生盡亦作是問為見過去生未來生現在生盡言生盡耶答曰應作是說見未來生盡所以者何行者修一切梵行苦行盡為止未來生故如人有三尼難一者已受二者今受三者當受已受者受竟今受者忍受當受者若以財物若因親族力作諸方便斷當生者行者亦介過去不用切已滅現在生當忍受竟未來生以正方便滅永令不生生有多種或

說入母胎時名生或說出母胎時名生或說時五陰名生或說不相應行陰少分名生或說非想非非想處四陰名生何處說入母胎時名生者如經說諸家生彼彼處生出現出母胎時名生者如說菩薩已生行於七步說時五陰名生者如說有緣生說不相應行陰名生者如說一剎那頃誰起耶謂生也說非想非非想處四陰名生者如此中說我生已盡梵行已立者為立學道名梵行已立為立無學道名梵行已立答曰已立學道名梵行已立無學道名今立所作已辦者已斷一切煩惱所作事已竟復次畢竟盡一切界畢竟盡一切生畢竟斷一切增長生死法名所作已辦不受後有者是明無生智尊者和須蜜說曰若不斷煩惱不名生盡若斷煩惱名為生盡若不斷煩惱不名梵行已立若斷煩惱名梵行已立若不斷煩惱不名所作已辦若斷煩惱名所作已辦若不斷煩惱名受後有若斷煩惱名不受後有問曰一切阿羅漢

不盡得無生智何以故一切經中盡說不受後有耶答曰佛說利根與經相應者然集經法者一切經中皆說復有說者集法諸尊者皆有願智無㝵智以觀察之若利根與經相應者說之後有不善誦持經者一切經中皆作是說評曰應作是說一切阿羅漢盡不受後有

問曰何等阿羅漢修二種慧何等阿羅漢修三種慧答曰或有阿羅漢心善解脫慧善解脫或有心善解脫慧不善解脫若心善解脫慧善解脫者修三種慧若心善解脫慧不善解脫者修二種慧復次或有以苦智集智盡三界結者或有滅智道智盡三界結者若以苦智集智盡三界結者修三種慧若以滅智道智盡三界結者修二種慧復次或以空苦集無願三昧盡三界結者或以無相道無願三昧盡三界結者若以空苦集無願三昧盡三界結者修三種慧若以無相道無願三昧盡三界結者修二種慧復次或有為定入聖道或有為慧入聖道若為定入聖道者修三種慧如定道慧道定多道慧多道欲可定道欲可慧道鈍根利根緣力因力說亦如是復次或有以定修心以慧得解脫者修二種慧或有以慧修心以定得解脫者修三種慧復次得內心寂靜不得觀慧法或有得內心寂靜亦得觀慧法前者修二種慧後者修三種慧復次若人成就四法甚為希有一親近善知識二從其聞法三內正思惟四如法修行若成就初二種法者修二種慧若成就後二種法者修三種慧復次或有從他聞法多或有內正思惟多若從他聞法多者修二種慧若內正思惟多者修三種慧或有無貪善根多或有無癡善根多若無貪善根多者修二種慧若無癡善根多者修三種慧

我生已盡是說盡智梵行已立所作已辦不受後有是說無生智復有說者我生已盡梵行已立是說盡智所作已辦不受後有是說無生智復次我生已盡梵行已立所作已辦是說盡智不受後有是說無生智問曰無有阿羅漢二盡智剎那後起無生智者何況多何故作是說言我生已盡梵行已立所作已辦是盡智耶答曰雖是一剎那而有三種義故作是說尊者波奢說曰如是說者不說盡智不說無生智亦不說無學正見此是讚歎阿羅漢辞言阿羅漢生已盡梵行已立所作已辦不受後有復次我生已盡是說盡智梵行已立是說道智所作已辦是說滅智不受後有是說無生智復次我生已盡是說知集梵行已立是說知道所作已辦是說知滅不受後有是說知苦說盡作證亦如是復次我生已盡是說斷集梵行已立是說修道所作已辦是說證滅不受後有是說知苦復次我生已盡是說斷因梵行已立是說修道所作已辦是說得果不受後有是說知體復次我生已盡是說集智梵行已立是說道智所作已辦是說滅智不受後有是說苦智復次我生已盡是說集無願梵行已立是說道無願所

作已辦是說無相不受後有是說空
及苦無願
問曰何故名盡智為以緣盡故名盡
智為以煩惱盡身中生故名盡智耶
若以緣盡故名盡智者滅智應是盡
智若以煩惱盡身中生名盡智者無
生智無學正見亦應是盡智荅曰應
作是說煩惱盡身中生故名盡智問
曰若然者無生智無學正見應是盡
智荅曰若智在初一切皆有者名盡
智無學正見雖一切皆有而不在初
無生智不在初亦非一切皆有盡智
在初一切皆有故問曰十六聖行外
更有無漏慧不此中問荅廣說如雜
揵度云何學明云何學智云何無學
明云何無學智問曰何故作此論荅
曰世間以種種世俗諸論以為明想
不識真明欲止如是說者意亦明真
明義故而作此論復有說所以作此
論者此是佛經經說佛告居士如汝
以學智學見學明見四聖諦今此耶
奢童子亦以無學智無學見無學明
見四聖諦不復更住居士家受五欲

樂佛經雖作是說而不廣分別佛經
是此論所為根本今欲廣分別故而
作此論
云何學明荅曰學慧是也云何學智
荅曰學八智是也云何無學明荅曰
無學慧是也云何無學智荅曰無學
八智是也謂四法智四比智此是明
體性乃至廣說
所以今當說何故名明明是何義荅
曰覺識了了義是明義問曰若覺識
了了義是明義者善有漏慧亦覺識
了了是明義耶荅曰若於四真諦覺
識了了畢竟了了更不生顛倒廣說
如雜揵度問曰若善有漏慧不名明
者佛經云何通如說無學有三種明
無學念前世智證明無學生死智證
明無學漏盡智證明荅曰有少分明
勢故名明何者是少分明與煩惱相
違亦不離煩惱故名少分明復次此
二明能生能隨順實義無漏明故名
明是故尊者和須蜜作如是說第一
實義無漏明者是漏盡明餘二明能
生此明故名明復次念前世智證明

知前際增長法生死智證明知後際
增長法漏盡智證明知涅槃寂靜法
尊者佛陁提婆亦作是說念前世智
證明知此衆生從彼處沒來生此間
過去世因果相續法生死智證明知
此衆生作如是業當生彼處未來因
果相續法漏盡智證明知此衆生以
如是道能盡漏因果畢竟法是名第
一實義明復次念前世智證明覺識
了了過去世事生死智證明覺識了
了未來世事漏盡智證明覺識了了
無為涅槃復次念前世智證明除過
去無知黑闇生死智證明除未來無
知黑闇漏盡智證明除於涅槃無知
黑闇問曰何故六通中三立明三不
立明耶荅曰身通是工巧法天耳通
聞聲而已他心智通緣別相法此三
明能隨順猒離法能棄生死隨順善
法能到涅槃問曰此三明云何能隨
順猒離法能棄生死隨順善法能到
涅槃耶荅曰念前世智證明見過去
世事生大猒離生死智證明見未來
世事生大猒離以猒離故漏盡智證

明能作正觀斷於煩惱復次念前世智證明知過去相續種種諸因生死生大厭離故漏盡智證明能作正觀斷於煩惱復次念前世智證明知過去自身衰惱事生大厭離生死智證明見未來他身衰惱事生大厭離以厭離故漏盡智證明能作正觀斷於煩惱復次念前世智證明除於有愚生死智證明除衆生愚漏盡智證明除於法愚復次念前世智證明對治常見生死智證明對治斷見漏盡智證明對治二邊住於中道復次念前世智證明能生空生死智證明能生無願漏盡智證明能生無相以如是等義故此三明隨順厭離之法能棄生死隨順善法到於涅槃集法經說有三種無學明謂念前世智證明生死智證明漏盡智證明云何無學念前世智證明答言知諸衆生生死為相續法無學智云何無學生死智證明答言知諸衆生自所作業無學智云何無學漏盡智證明答言盡漏無學智問曰漏盡智證明言是無學可介餘二明是非學非無學何故說是無學明耶答曰集法經應作是說無學人有三明而不說者有何意耶答曰二明雖是非學非無學以是無學人身中可得故亦名無學如施設經說三昧有二種一是聖二非是聖聖三昧有三種一善有漏二無漏三不隱沒無記善有漏三昧以善故名聖不以無漏無漏三昧以善故以無漏故名聖不隱沒無記三昧亦非善亦非無漏而名聖者以是聖人身中可得故名聖彼亦如是問曰何故無學人身中立明學人身中不立明耶答曰以明義勝故若以法而言無學法勝於學法若以人而言無學人勝於學人復次不雜無明故名明學人身中慧雜無明故不名明

如來身中所有漏盡智有四事一名通二名明三名力四名示現通者是漏盡通明者是漏盡明力者是漏盡力示現者是說法示現辟支佛無學聲聞所有漏盡智有三事一是漏盡通二是漏盡明三是示現非力如來身中所有念前世智生死智有三事一是通二是明三是力非示現辟支佛無學聲聞所有念前世智生死智有二事是通是明非力非示現學人身中所有念前世智生死智有一事謂是通非明非力非示現問曰如來身中所有智立力非辟支佛聲聞身中智耶答曰無障导義是力義聲聞辟支佛智為無智所障导故非力曾聞佛世尊尊者舍利弗共一處經行有一衆生來詣其所佛告舍利弗汝可觀是衆生過去世中何處與是衆生而共同止時尊者舍利弗即以初禪念前世智觀不知乃至以第四禪念前世智觀亦不知即從定起而白佛言我觀是衆生都不能見所從來處佛告舍利弗辟支佛所有智見過於汝等復過辟支佛所有智見此衆生從某世界來生此間後時世尊與舍利弗復在一處經行時有一人命終世尊見已告舍利弗言汝可觀是人為生何處時尊者舍利弗即以初

襌天眼觀之而不能見乃至起第四 阿毘曇毘婆沙論第五十二卷　第十三張　學字
襌天眼觀之亦不能見即從定起而白佛言我以天眼觀察是人不知為生何處佛告舍利弗過辟支佛所知境界有某國土此人生於彼中間曰如來所有念前世智生死智勝妙可尒如佛漏盡智聲聞辟支佛亦尒何故佛漏盡智立力非聲聞辟支佛耶荅曰佛漏盡智亦勝妙如來身中所有漏盡智其性猛利若緣煩惱煩惱即斷聲聞辟支佛漏盡智不猛利故數數緣煩惱煩惱乃斷辟如二人斫樹一人勇健加用利斧一人性劣又用鈍斧雖俱斫樹而勇健以利斧者疾非性劣以鈍斧斫者彼亦如是非以自身所有漏盡智名為力令彼衆生得漏盡故名力世尊知此衆生以苦遅道能盡漏此衆生以樂速道能盡漏是故名力

阿毘曇毘婆沙論卷第五十二

阿毘曇毘婆沙論卷第五十二

校勘記

一　底本，金藏廣勝寺本。
一　九五七頁中一行至四行經名、造者、釋者、譯者、品名，磧、南、清無（未換卷）。
一　九五七頁中四行「之三」，麗作「之四」。
一　九五七頁中九行第七字「二」，諸本（不含石）作「三」。次頁上二二行第一二字，資、磧、普、南、徑、清同。
一　九五八頁下末行第一一字「道」，資、磧、普、南、徑、清作「道智」。
一　九五九頁上一四行「廣說」，徑、清作「應說」。
一　九五九頁中七行第一〇字「比」，磧、普、徑、清作「此」。
一　九六〇頁中二一行第一〇字「力」，資、磧、普作「是」。
一　九六一頁上一五行「性劣」，資、磧、普、南、徑、清作「劣性」。
一　九六一頁上一八行「道能」，諸本皆作「通能」。
一　九六一頁上卷末經名，資、磧、普、南、徑、清無（未換卷）。

阿毗曇毗婆沙論卷第五十三　䂓

迦旃延子造　五百羅漢釋

北涼天竺沙門浮陀跋摩共道泰等譯　知

智揵度他心智品第二之五

問曰此六通幾是明非示現幾是示現非明幾是明亦是示現幾非是明亦非示現耶荅曰二是明非示現者謂念前世智生死智二是示現非明者謂身通他心智通是明亦示現者謂漏盡通非明非示現者謂天耳通

問曰此六通何故三是示現三非示現荅曰令他信樂生希有想入於法者名為示現三通不介若作是說我天耳聞聲天眼見色能知過去無數生事人皆生疑此事或虛或實曾聞有一居士請尼揵陀若提子及弟子衆於其家食時尼揵陀若提子既入其家而便微笑居士問言大師已離種種調戲今何故笑師荅之言今我法中所有妙法汝可悉得聞耶是時居士殷勤重問而便荅言南拔提河側有二獼猴共鬪不已忽然墮河為

水所漂是以我笑是時居士而作是言大師天眼甚為希有明淨乃介時諸尼揵各坐其牀次第下食以飯覆羹而上其師餘諸尼揵以羹在上諸餘尼揵應時皆食其師而獨不食居士問言大師今者何故不食師荅之言此飯無羹是以不食是時居士便語師言天眼明淨希有不介見南拔提河側獼猴墮河而不見飯底羹耶以是事故三通非示現不能令他信樂生希有想入於佛法若以身通令一身為多多還為一種種變化上至梵世令多衆生生希有想若有知他心所念法者語他人言汝有如是念作如是思惟悉如其心而不相違令多衆生於佛法中生希有想若為他說法使遠塵離垢得法眼淨者亦令多衆生於佛法中生希有想以是事故三通令他信樂生希有想入於佛法

問曰何等人應為現神變何等人不應為現神變耶荅曰若一向信若一向不信者不應為現神變若在中不定信不定不信者應為現神變令入

佛法何以知之經說佛住那迦揵陀城波婆利迦菴羅林時有居士子名翅跋多往詣佛所頭面礼足却坐一面而白佛言世尊此那迦乾陀城豊樂熾盛人民衆多加信敬佛法僧唯願世尊可聽一沙門於此國土諸人衆前現上人法種種神變使那迦揵陀人於佛法僧倍生信敬佛告居士子我不為諸弟子作如是說汝等來往之處於諸人前現上人法種種神變我為諸弟子而作是說汝等應覆藏善法發露惡法介時居士子復白佛言世尊見何過患不令諸弟子現神變而作是說覆藏善法發露惡法耶佛告居士子示現有三種一神足示現二知他心示現三說法示現云何名神足示現居士子若沙門婆羅門示現種種神變一身為多身多身為一身乃至梵世身得自在有信者見向不信者說而作是言我見沙門婆羅門示現種種神變一身為多身多身為一身乃至梵世身得自在時不信者語信者言汝見此事有何奇

異有呪名揵陁羅有人受持讀誦亦能示現種種神變居士子於意云何如是不信者豈非嬈責諸信者耶居士子白佛言世尊實生嬈責復次居士子若沙門婆羅門說他人心所念汝有如是念如是思惟悉如其言而無虛者有信者聞向不信者說而作是言我見沙門婆羅門知他心所念法乃至廣說時不信者言汝見此事有何奇異有呪名刹尼迦若有受持讀誦之者能知他人心所念法乃至廣說居士子當知我以如是過患故不聽諸弟子示現種種神變而作是說汝等當覆藏善法發露惡法以是事故一向信一向不信不應為示現種種神變若在中不定信不定不信者應為現神變令入佛法問曰何故名示現答曰如守門者法故名為示現如守門人示現內法令外人知示現外法令內人知示現內法令外人知者如說王令在內澡浴飲食觀種種珍寶示現外法令內人知者如說今某國某村持如是信物今在門外

以是事故如守門者法故名為示現佛經說菩薩於夜初分起通起明於夜中分起通起明於夜後分起通起明問曰菩薩何故初中後夜起通明耶答曰是恒河沙等諸菩薩次第行法復次初中後夜起通明者欲令此身成法器故復次欲令所作了了分明故復次欲安足故起通欲遠照故起明復次喻如無學解脫道故起通明通如無學道明如解脫道復次喻如見道修道故通如見道明如修道復次喻如善有漏法無漏法有漏無漏無記法故二通是善有漏謂身通念前世智通一通是無漏謂漏盡智通一通是有漏無漏謂他心智通二通是不隱沒無記謂天眼天耳通復次次第降魔衆故曾聞菩薩修苦行知此非道便從彼起受難陁難陁婆羅門姊妹十六種乳糜令身有力從吉人邊受草詣菩提樹下躬自敷草猶如娑伽龍王結身交趺而坐作是誓言我於此坐不盡漏終不起是時天地六種震動如大海中舩亦動

自在天宮如佉陁梨菜尒時魔王便作是念今此宮殿何故震動如此觀察乃知是菩薩在菩提樹結交趺坐立堅固誓即從自宮詣菩薩所作是言可起刹利今時濁惡衆生剛強汝不能得阿耨多羅三藐三菩提正應居在轉輪王位我當獻汝七寶尒時菩薩語惡魔言汝今所說猶如小兒日月星宿可令墮落山林大地住在虛空欲令我於此坐不盡漏而起者無有是處尒時惡魔復語菩薩今我軟美之言而汝不用當現大怖畏事令汝見之是時惡魔作是語已便甬衆華還詣自宮遍告六欲諸天汝等皆應執持種種器仗鬪戰之具我今有怨在菩提樹下惡魔去後未久之間尒時菩薩即作是念若與常人有所諍競尚不可輕何況欲界中尊尒時菩薩審諦觀察離欲之道速離欲界欲起初禪神足化作種種相對之類魔衆作鳥形來者化作狸猫像狸猫形來者化作狗犬像狗犬形來者化作豹像豹形來者化作虎像虎形

来者化作師子像師子形来者化作刀劒火焰者作雨雨者作盖自化其身在琉璃宫内以用障身不障其眼亦化此大地可令出聲化作如是相對法已復作是念我不曾為行道之人作留難耶便起念前世智見過去百千万世不曾為行道之人而作留難乃以種種行道之具而饒益之復作是念我作何善業悪魔作何善業見於悪魔作一大無限施會如魔所作會我復倍是百千万數悪魔布施福業尚不如我何況持戒修定福業尒時菩薩以福德力故端正而坐是時悪魔將三十六億魔軍皆作種種悪貌形色詣菩提樹下尒時菩薩語悪魔言汝作一無限施會如汝所作無限施會我復倍汝百千万數魔語菩薩我之施會以汝為證誰證汝耶尒時菩薩即以相好荘嚴之手按地出大音聲魔軍聞聲尋即破壞是時菩薩以業報天眼見一由旬色不聞其聲便起天耳通一由旬外雖聞其聲不見其色次起天眼通雖見色聞聲不知其心為何所念次起他心智通知帝釋眷屬心生歡喜魔王眷屬心生愁惱尒時菩薩復作是念悪魔為以何事發是悪心皆因五欲具貪着五欲皆由煩惱以是事故便起漏盡通故作是説欲次第降魔故初中後夜起通明現在前

若見苦時先得何等不壞淨見集滅道時先得何等不壞淨問曰何故作此論荅曰或有説一時見諦無次第見諦如毗婆闍婆提問曰彼何故作如是説耶荅曰彼依佛經佛經説若於苦無疑亦於集滅道無疑若説於苦無疑亦於集滅道無疑者豈非一時見諦非次第耶為止如是説者意亦明次第見諦若一時見諦非次第者則違佛經如説須達多居士往詣佛所作如是問世尊為一時見諦為次第見諦耶佛告居士次第見諦非一時見諦辟如登四桄梯法問曰若次第見諦非一時者毗婆闍婆提所引經云何通耶荅曰彼經文應如是説若於道無疑亦於苦集滅無疑應作是説而不説者有何意耶荅曰佛説得果人若一人得果於四諦無疑復次此經説不行疑人若人見苦畢竟不行於疑故作是説尊者佛陁提婆作如是説行者始入見道義名於一切處信問曰彼尊者説次第見諦不説一時見諦何故作是説耶荅曰應解彼所説以彼作是説行者在苦法忍時更無住時必得一切信如持泥器於三重屋上擲之於地未至之頃義已名破彼亦如是是故欲止他義欲顯巳義亦欲説法相相應義故而作此論

佛身中無學法是名佛縁彼無漏信名於佛不壞信辟支佛身中所有三根菩薩身中所有二根三諦名法若縁彼無漏信名於法不壞信聲聞身中所有學法無學法若縁彼無漏信是名於僧不壞信無漏戒是聖所愛戒若見苦時先得何等信荅曰得法即於苦法尊者瞿沙説曰信過患法於苦諦信切德法於滅諦若見集時先得何等信荅曰得法即於集法尊

者瞿沙說曰見過患法於集諦見功德法於滅諦若見滅時先得何等信荅曰得法即於滅法問曰行者見三諦時得二種不壞淨謂信及戒何故但說信不說戒耶荅曰應說而不說者當知此說有餘復次此中不問有得幾不壞淨但問有得緣何不壞淨戒是無緣法故是以不說若見道時先得何等信荅曰得於佛法僧不壞信外國法師作如是說見道諦三剎那頃信根現在前時取其相應迴轉法有四不壞淨彼信若緣佛身中無學法是名於佛不壞信若緣辟支佛身中三根菩薩二根名於法不壞信若緣聲聞身中學無學法是名於僧不壞信取其迴轉戒名聖所愛戒不應如外國法師所說罽賓沙門作如是說彼信惣緣於法無所分別名於法不壞信但信現在前時未來則有無量信修未來修信或有緣佛無學法者是名不共緣於佛不壞信或有緣辟支佛三根菩薩二根者是名不共緣於法不壞信或有緣聲聞身中學無學法者是名不共緣於僧不壞信或有緣佛身中無學法辟支佛身中三根菩薩身中二根或有緣佛身中無學法聲聞身中學無學法或有緣辟支佛身中三根菩薩身中二根聲聞身中學無學法或有緣佛身中無學法辟支佛身中三根菩薩身中二根聲聞身中學無學法如是等盡是共緣於法不壞信亦得迴轉聖所愛戒如見道諦時三剎那頃道比智亦如是異者行人尒時見道諦三心須不得修緣前三諦信是時須修問曰如滅道體是淨處是淨處見時得不壞淨可尒苦集諦體非是淨非是淨處所以者何是煩惱惡行邪見顛倒法云何見時得不壞淨耶荅曰以二事故得不壞淨一是可信二是可求於滅道諦得不壞淨有二事以是可信亦是可求於苦集諦得不壞淨唯有一事是可信非是可求尊者瞿沙說曰若為苦集所逼則見滅道是勝如人為風暴所逼則見室宅為勝妙彼亦如是堅信人於堅信道以二事故得不壞淨一是可信二是可求於堅法道亦有二事堅法人於堅法道亦以二事一是可信二是可求於堅信道唯是可信非是可求信解脫道見到道時解脫道非時解脫道聲聞道辟支佛道佛道隨相而說問曰若信舍利弗身中無學法為是於法不壞信為是於僧不壞信若是法者彼緣聲聞身中無學法若是僧者舍利弗一人非僧荅曰應說是僧問曰若然者一人云何是僧荅曰若以法而言是僧若以人而言非僧

若依未至禪得未曾得於佛不壞淨現在前時現在二謂於佛及戒未來四若起曾得者現在前現在二未來無乃至依第四禪說亦如是若依無色定得未曾得於佛不壞淨現在前時現在一謂信佛未來四若起曾得者現在前現在一未來無

問曰云何立不壞淨為以自體為以所緣若以自體者應有二種謂信及戒若以所緣者應有三種謂佛法僧所以者何戒無所緣故荅曰應作是

說以自體亦以所緣自體者是戒所緣者是信如自體所緣自體三寶自體三歸說亦如是此是不壞淨體性乃至廣說已說體性所以今當說何故名不壞不壞淨是何義答曰種種觀解種種籌量得故名不壞淨復次不可破故名不壞淨若沙門婆羅門若天若魔若梵及餘世間無有能如法破者故名不壞淨復次此信不可斷故名不壞淨無有沙門婆羅門能如法斷者廣說如上尊者瞿沙說曰若於佛法不種種觀解不種種籌量猶如水上不繫之船輕躁易壞與上相違則不輕躁易壞故名不壞淨問曰世尊何故先說於佛不壞淨乃至後說戒不壞淨耶答曰若作是說則文義隨順說者則易受者易解復次佛喻如醫法喻無病僧喻瞻病人戒喻良藥復次佛能說法故在初佛為說何法所以次信法為誰說法為僧說所以次信僧為以何事故名僧以戒故名僧所以次戒復次能示衆生道故先信佛能到涅槃城故次信法

猶如善伴故次信僧如資粮故次戒復次信佛如船師信法如彼岸信僧如同載者信戒如船

佛經說此聖所愛戒不破不穿不雜穢惡智者所稱譽問曰聖所愛戒何故名不破不穿不雜穢惡廣說如雜揵度

阿毗曇毗婆沙論卷第五十三

甲辰歲高麗國分司大藏都監奉
勑彫造

阿毗曇毗婆沙論卷第五十三

校勘記

一　底本，麗藏本。

一　九六二頁上一行至四行經名、造者、釋者、譯者、品名，諸本（不含石，下同）無（未換卷）。

一　九六三頁中一行「示現」，至此，諸本卷第七十七終，卷第七十八始，資、磧、普、南有品名「智揵度他心智品之四」；徑、清有品名「智揵度他心智品第二之四」。

一　九六三頁中一九行第八字「乳」，諸本作「乳蜜」。

一　九六三頁中末行第二字「天」，徑、清作「大」。

一　九六四頁上八行第三字「以」，徑、清作「至」。

一　九六四頁下一行末字「佛」，諸本作「佛經」。

一　九六五頁中一三行第八字「處」，諸本無。

一　九六五頁下末行第八字「緣」，諸本作「結」。

一　九六六頁上五行第四字「壞」，諸本作「壞淨」。

一　九六六頁中卷末經名，諸本無（未換卷）。

趙城縣廣勝寺

阿毗曇毗婆沙論卷第五十四　規

迦旃延子造　五百羅漢釋

北涼天竺沙門浮陀跋摩共道泰等譯

智揵度他心智品第二之五

佛經說佛告比丘若有衆生能信樂汝所說者汝等應以慈愍心為說四不壞淨令得安住修行此法廣如契經說問曰世尊何故說此經耶荅曰欲為說法者顯示應聽法緣故說法者不知應為誰說誰不應為說心生怯弱佛作是說汝等不應輕有所說若有衆生能信樂汝所說者乃可為說復次欲說報恩法故佛說此經經說佛告比丘若人於百年中一肩負父一肩負母處處遊行猶不名為報父母恩佛告比丘若父母不信教令立信無戒為說善戒慳悋教令布施無慧教令修慧尒乃名為報父母恩問曰諸佛法中所有善法盡應教人何故獨說教四不壞淨耶尊者波奢說曰此中世尊說聖道名不壞淨一切聖道或是相應法或是共有法若說信則說相應法聖道若說戒則說共有法聖道復次此說現初門略要始入法一切佛法所有善法或是色或非色若說戒當知已說色性善法若說信當知已說非色性善法如色法非色法相應不相應有依無依有行無行有勢用無勢用有緣無緣當知亦如是復次所有善法或是根性或非根性若說信當知已說根性善法若說戒當知已說非根性善法復次依四不壞淨故施設四沙門果復次此四不壞淨有二種相一不壞相二是淨相不壞相者無漏信不為非信所壞無漏戒不為非戒所壞信於心數法中是淨相戒於四大法中是淨相復次為示止惡道貧窮怖畏方便故戒能止惡道怖畏信能止貧窮怖畏無漏信戒雖無障非不因有漏信戒復次欲引道依外道受化者令入佛法故諸比丘或有親屬依外道受化以親愛故讚歎佛法毀呰外道法令他瞋恚轉遠佛法佛於是說汝等無力無畏不知衆生諸相心行汝於

彼人若有憐愍心者當為說四不壞淨若得四不壞淨心不移動所以者何比丘當知四大可令變異若人得四不壞淨無有變異問曰一切諸法盡不變異何以獨說四大不變異耶荅曰以四法明四法故復次行者先觀四大不變異相然後於一切法見不變異相復次外道計四大是常佛說四大非是常法假令四大如外道所說是常者是常法可令變異若我弟子成就四不壞淨有變異者無有是處復次四大能持展轉增長生死法

佛經說信是大象手問曰何故佛說信是大象手荅曰能有所取故如象有手能取衆生數非衆生數物如是聖弟子有信手者能取善法

佛經說若聖弟子成就於佛不壞淨多住此法特是時先成就於佛不壞淨諸天心大歡喜作如是言如我等成就多住於佛不壞淨故来生此間諸聖弟子亦成就於佛不壞淨身壞命終亦當生此間與我等同處成就於法不壞淨於僧不壞淨於戒不壞淨亦如是問曰彼諸天先於此間盡成就四不壞淨何故諸天或有讚歎於佛不壞淨者或有乃至讚歎於戒不壞淨者耶荅曰衆生或有為於佛不壞淨勤修方便入於佛法或有乃至為於戒不壞淨勤修方便入於佛法若為於佛不壞淨諸天勤修方便入於佛法者則讚歎於佛不壞淨乃至為於戒不壞淨諸天勤修方便入於佛法者則讚歎於戒不壞淨復次諸天或有樂觀於佛者或有樂觀於戒者若樂觀於佛者讚歎於佛不壞淨乃至若樂觀於戒者讚歎於戒不壞淨

佛經說阿闍世王成就無根信問曰一切有為法皆有根何故說阿闍世王信無根耶荅曰此信以無見道根故如說不壞智相應信以見道為根彼無見道根故言無根而有與見道相似信為根復次無無漏智善根故言無根無漏信以無漏智無漏善根為根彼不得無漏智亦不得無漏善根而得與無漏相似信復次阿闍世王不久供養佛亦不親近諸有德比丘而得如是信若於樓觀象馬之上見佛世尊即前向佛以身投地身無苦痛是無根信力亦是佛之威神是故名無根信復次此信無相似因無有法與彼信作相似因者如接樹無根彼信亦尒故名無根復次雖有此信不免惡道故名無根信

此四顛倒須陁洹幾斷幾不斷問曰何故作此論荅曰如毗婆闍婆提說有十二顛倒謂無常有常想顛倒心顛倒見顛倒苦有樂想顛倒心顛倒見顛倒無我我想顛倒心顛倒見顛倒不淨淨想顛倒心顛倒見顛倒八是見道斷四是修道斷八見道斷者無常常想顛倒見顛倒苦有樂想顛倒見顛倒無我我想顛倒見顛倒不淨淨想顛倒見顛倒四是修道斷者無常計常心顛倒苦計樂心顛倒無我計我心顛倒不淨計淨心顛倒諸見道斷者苦比忍現在前時畢竟斷諸修道斷者金剛喻定現在前時畢竟斷問曰彼何故作如是說荅曰彼

依佛經佛經說佛告比丘此四顛倒想顛倒心顛倒見顛倒乃至廣說依此經故說十二顛倒以二事止如是說者意而作問答若作是問此四顛倒須陁洹幾斷幾不斷則止彼說十二者意若作是答須陁洹盡斷則止彼說是修道斷者意所以者何修道中無如是法是須陁洹所斷若顛倒有十二種亦是修道斷者則違佛經如說佛告比丘若有四顛倒所顛倒者當知皆是愚小凡夫所以者何凡夫觀生死法不見端緒如觀狗腸佛經若說四當知則無十二若說皆是愚小凡夫當知則非修道所斷問曰若顛倒但有四者毗婆闍婆提所引經云何通耶答曰想心親近顛倒故亦名顛倒問曰受等諸數法亦親近顛倒法何故不名顛倒耶答曰此二是世俗言說法故世俗皆作是說此人心顛倒想顛倒而不說受顛倒思顛倒問曰顛倒體性是何答曰體性是慧問曰若顛倒體性是慧者此五見幾是顛倒幾非顛倒答曰二見半是顛倒二見半非顛倒二見半是顛倒者謂身見見取邊見中常見二見半非顛倒者謂邪見戒取邊見中斷見問曰何故二見半是顛倒二見半非顛倒耶答曰以三事故是顛倒一以猛利二以妄取三以一向性顛倒邪見邊見所攝斷見雖是猛利一向性顛倒而非妄取所以者何一向壞物體故戒取雖是猛利亦是妄取而非一向性顛倒所以者何有少相似故有色界道能離欲界有無色界道能離色界此是顛倒體性乃至廣說已說體性所以今當說何故名顛倒顛倒是何義答曰所取顛倒故名顛倒此顛倒一向見苦斷問曰何故顛倒一向見苦斷耶答曰因苦生故還見苦斷復次此顛倒依果生故還見果斷復次身見是見苦斷性是顛倒以身見是見苦斷故顛倒亦見苦斷復次苦諦是麁現法若於麁現法中謬誤者則為賢聖之所呵責如人晝日謬誤人所呵責彼亦如是餘三諦微細若於微細法中有謬誤者賢聖不必呵責如人於夜有謬誤者不必為人之所呵責復次行者見苦已更無顛倒心無有是處以分別故而作是說假令行者見苦諦已不見餘三諦他人問言此陰是常是斷答言是斷無有一剎那住者為是苦是樂耶答言是苦如熱鐵丸是淨不淨耶答言是不淨糞穢聚有我無我耶答言無我無作無作者

問曰堅信堅法人亦斷顛倒何故但說須陁洹耶答曰應說而不說者當知此說有餘復次堅信堅法人是分別相於此顛倒或有斷者有不斷者此中一向說不分別相者復次欲令疑者得決定故須陁洹行凡夫所行法與妻子同一處宿手捫摸骨人者憍奢耶衣栴檀塗身亦著種種瓔珞華鬘亦駈使奴婢僕從亦以手打搏眾生時人見此事故謂不斷顛倒欲令此疑得決定故而作是說堅信堅法人尚無有漏善心不隱沒無記心現在前何況染汙心耶

問曰須陁洹斯陁含起染愛時為是

樂想淨想為是苦想不淨想若起樂想淨想者云何不是顛倒耶若是苦想不淨想者云何起染愛耶答曰應作是說起樂想淨想問曰若然者云何不是顛倒耶答曰先作是說以三事故是顛倒一以猛利二以妄取三以一向性倒須陁洹染愛雖是猛利及以妄取而非一向性倒復次或有於諦計樂計淨或有於境界計樂計淨於諦計樂計淨者須陁洹永斷於境界計樂計淨者須陁洹未斷復有說須陁洹起染愛時計苦計不淨問曰若然者云何起染愛耶答曰從無始巳来學習此法身心生熱為制伏此心故起此染愛猶如自喜婆羅門指觸糞穢詣鍛師所求以火淨之時鍛師語言可以灰土泥草而以淨之婆羅門言如是等物不能淨於我指必當以火淨之是時鍛師燒鉗作火色以鉗其指時婆羅門為熱所苦逼便振其手以指著口中婆羅門審知指不淨但為苦痛所逼而著口中彼亦如是復次為無始巳来久習煩惱所逼切故為治此法起於染愛如人身體鮮白軟細而生癰瘡極用苦痛求欲治之醫語之言汝可以濕狗糞而用塗之其人即塗審知狗糞不淨為除病故而以塗之彼亦如是

此三三昧須陁洹幾過去成就幾未来成就幾現在成就問曰何故作此論答曰為止言無過去未来行於世中愚故廣說如上

此三三昧須陁洹幾過去成就幾未来成就幾現在成就答曰未来悉成就過去滅巳不捨則成就現在若現在前則成就道比智最初剎那無過去所以者何未有一剎那生巳滅者生巳滅者得果故捨三未来成就一現在謂無願三昧彼滅巳不捨若起空三昧現在前一過去成就謂無願三昧三未来一現在謂空彼滅巳不捨若起無相三昧現在前二過去謂空無願三昧三未来一現在謂無相若滅巳不捨於此三三昧若起一現在前過去未来三現在一起現在前者三三昧廣如使揵度大章說信解脫轉根作見到廣說如人品中若道過去彼道巳修巳脩耶乃至廣說修有四種一得修二行修三對治修四除去修有為善法是得修行修有漏法是對治修除去修外國法師說修有六種四如先說更有二修謂戒修分別修戒修者是修根如說若此六根善調伏善覆藏善守護善修者謂能生樂分別修者分別於身如說此身謂髮毛爪齒等乃至廣說芻箕沙門作如是說此二修當知在前二修中謂對治修除去修是故修有四種此中依二種修而作論謂得修行修如說若修法智亦修比智耶此亦依二修而作論如說修身修心修戒修慧此亦依二修而作論謂對治修除去修如說云何修眼根亦依此二修而作論如說若修世俗初禪亦修無漏耶此亦依二修而作論謂得修行修如說若修空三昧亦修無願耶亦依此二修而作論如說若修身念處亦修受念處耶亦依此二修而作論如說若修無常想亦觀無常想耶此

中或有說是得修者或有說是行修者如說云何可修法一切善有為法此中雖有四種修義亦依得修行修而作論是故得作四句有法是得修行修非對治修除去修有法是對治修除去修非得修行修有法是得修行修亦是對治修除去修有法非得修行修亦非對治修除去修是得修行修非對治修除去修者無漏有為法是也是對治修除去修非得修行修者染汙法不隱沒無記有為法是也是得修行修亦是對治修除去修者善有漏法是也非得修行修亦非對治修除去修者無為法是也問曰修是何義答曰勳義是修義學習義是修義明淨義是修義現前修以行名說未來修以得名說現在以現在前故名修未來以當生故名修復次現在有所作故名修未來與欲故名修復次現在在身中故名修未來以得故名修

若道過去彼道已修已猗耶答曰若道過去已修已猗修者謂二種修得修行修已猗者已過去故頗道已修已猗彼道不過去耶答曰有未來道已修已猗起不淨觀現在前未來有無量剎那修從第二剎那以後盡名已修已猗道謂得修以在未來故不名過去乃至起初盡智現在前未來有無量盡智剎那修從第二剎那修已後盡名已修已猗道謂得修若道未來彼道非已修非已猗耶答曰或道在未來彼道非不已修非不已猗乃至廣作四句云何道在未來彼道非不已修非不已猗答曰諸未來道已修已猗如上所說云何道非已修非已猗彼道非未來耶答曰起未曾得道現在前起不淨觀乃至盡智現在前此道非已修非已猗此道非未來非已修者是行修故非未來者是現在故云何道在未來彼道非已修非已猗答曰諸未來道非已修非已猗者起不淨觀乃至盡智現在前未來無量剎那修諸未來修與最初剎那俱者彼道非已修已猗所以者何是今修今猗謂得修而彼道在未來云何道不在未來彼道非不已修非不已猗答曰過去道亦起曾得道現在前曾得道者曾得不淨觀乃至盡智起現在前問曰此道是今修今猗是行修何故說非不已修非已猗耶答曰此文應如是說過去道是也不應說起曾得道現在前若作是說有何意耶答曰此道雖是行修今修今猗亦是得修已修已猗若道現在彼道今修今猗耶答曰若道現在彼道今修今猗或具二修謂得修行修或有唯行修者頗道今修今猗彼道非現在耶答曰有起未曾得道現在前未來相似義修相似有四種一修相似二戒相似三界相似四性相似修相似者此中說起未曾得道現在前未來相似者修此中或有說有漏道有漏道相似修無漏道無漏相似修評曰應作是說有漏道有漏道無漏道相似修無漏道有無漏道有漏道相似所以者何以彼力故起世俗道現在前有漏無漏道修起無漏道現在前無漏有漏道修戒相似者如業

揵度說若成就過去戒亦成就未來現在相似戒耶相似戒者如逮解脫戒有相似逮解脫戒禪戒有相似禪戒無漏戒有相似無漏戒有作戒有相似有作戒無作戒有相似無作戒界相似者如根揵度說若成就此相似眼根亦成就此相似身根耶若法同在一界可得者名界相似欲界法與欲界法相似色界法與色界法相似無色界法與無色界法相似性相似者如毗尼中說尊者陁婆摩羅子左手放光為諸相似比丘分房舍卧具相似誦修多羅者同在一處相似誦毗尼者同在一處相似誦阿毗曇者同在一處相似行阿練若法者同在一處欲令諸比丘同住談論靜默者各相隨順故餘經亦說衆生種類相似相隨行惡者與行惡者相隨行善者與行善者相隨此中於此四種相似中依修相似而作論起不淨觀現在前未來有無量不淨觀刹那修諸未來修與最初刹那俱者此是今修謂得修彼道非見在在未來故阿那般那念處煗頂忍世第一法見道修道盡智現在前時說亦如是問曰退阿羅漢果住須陁洹果時須陁洹果但是得亦是修耶答曰但是得不修若還得阿羅漢果時但是得亦是修耶答曰過去者是得非修未來者是得亦修問曰何故過去者是得非修未來者是得亦修耶答曰若有現在因者有得亦修若無現在因者但得非修問曰須陁洹果亦有現在因何故但得非修耶答曰若有現在因能勝進者是得亦修住須陁洹果雖有現在因而是退道故但得非修

阿毗曇毗婆沙論卷第五十四

阿毗曇毗婆沙論卷第五十四

校勘記

一　底本，金藏廣勝寺本。

一　九六七頁中一行至四行經名、造者、釋者、譯者、品名，資、磧、普、南、徑、清無（未換）。

一　九六七頁中四行「之五」，麗作「之六」。

一　九六七頁下二一行第四字「受」，磧、南、清作「愛」。

一　九六七頁下二二行第一〇字「於」，資、磧、普、南、徑、清作「作」。

一　九六七頁下末行「諸相」，諸本作「諸根」。

一　九六八頁下六行第一二字「接」，資、磧、普、南、徑、清作「揵」；麗作「乾」。

一　九六九頁上一二行第一二字「狗」，資、磧、普、南、徑、清作「殉」。

一　九六九頁下八行第二字「淨」，資、磧、普、南、徑、清作「淨如」。

一 九六九頁下一六行第一二字「骨」，磧、普、南、徑、清作「滑」。

一 九六九頁下一八行末字「搏」，資、磧、普、南、徑、清作「縛」。

一 九七〇頁上一二行「染愛」，南作「愛染」。

一 九七〇頁上二〇行「所苦」，資、磧、普、南、徑、清作「苦所」。

一 九七〇頁中九行「如上」，至此，資、磧、普、南、徑、清卷第七十八終，卷第七十九始，資、磧、普、南有品名「智揵度他心智品之五」；徑、清有品名「智揵度他心智品第二之五」。

一 九七一頁上一五行第七字「勲」，資、磧、普、南、徑、清作「動」。

一 九七一頁下一四行第六字「以」，諸本無。

一 九七一頁下一六行第三字「者」，資、磧、普、南、徑、清作「者何」。

一 九七一頁下二〇行「有無漏道」，資、磧、普、南、徑、清作「有無漏道有無漏道」。

一 九七一頁下二一行第九字「力」，徑、清作「有」。

一 九七二頁中五行第三字「還」，資、磧、普、南、徑、清作「逮」。

一 九七二頁中卷末經名，資、磧、普、南、徑、清無(未換卷)。

阿毗曇毗婆沙論卷第五十五　規 善

迦旃延子造　五百羅漢釋

北涼天竺沙門浮陀跋摩共道泰等　譯

智揵度修智品第三之二

八智法智比智他心智等智苦智集智滅智道智云何法智乃至道智如此章及解章義此中應廣說優波提舍問曰彼尊者迦旃延子何故依八智而作論答曰此中應廣如使揵度大章中說法智攝幾智乃至道智攝幾智問曰何故作此論答曰為止併義者意故如毗婆闍婆提說攝他性法不攝自性法為止如是說者意而作此論攝如使揵度一行品中廣說法智攝法智亦攝五智少分謂他心智苦集滅道智揔而言之法智攝法智然法智在六地謂未至中間根本四禪未至禪中者攝未至禪中者乃至第四禪中者攝第四禪中者又法智是四智謂是苦智乃至道智苦智攝苦法智乃至道智攝道法智又法智在過去未來現在過去者攝過去者未來現在者攝未來現在者又過

去法智有無量剎那彼剎那即攝彼剎那未來現在說亦如是云何攝他心智少分邪答曰他心智是有漏無漏攝無漏者不攝有漏者彼無漏復有二種謂法智分比智分攝法智分不攝比智分是名少分云何攝苦智少分邪答曰苦智是法智分比智分攝法智分不攝比智分是名少分乃至道智說亦如是比智攝比智亦攝五智少分廣說如法智他心智攝他心智亦攝四智少分謂法智比智等智道智揔而言之他心智攝他心智然他心智在根本四禪中初禪者攝初禪者乃至第四禪者攝第四禪者又他心智是有漏無漏有漏者攝有漏者無漏者攝無漏者又他心智是法智分比智分法智分攝法智分者比智分攝比智分者在過去未來現在如先所說云何攝法智少分邪法智是四智攝道智不攝餘智是名少分又道智是揔相別相攝別相者不攝揔相者道智有緣三世者有緣現在者有緣自身有緣他身者有緣心

心數法者有緣五陰者攝緣現在他身心心數法者不攝緣過去未來自身及五陰者是名少分比智亦如是隨相而說云何攝等智少分邪答曰等智在十一地從欲界乃至非想非非想處攝在根本四禪地者不攝餘地者又等智緣揔相別相攝別相者不攝揔相餘廣說如上云何攝道智少分答曰道智在九地謂未至中間根本四禪三無色定攝根本禪地不攝餘地者是名少分又道智緣揔相別相乃至廣說是名少分等智攝等智亦攝一智少分謂他心智揔而言之等智攝等智然等智在十一地謂欲界未至中間根本四禪四無色定欲界攝欲界者乃至非想非非想處攝非想非非想處者又欲界者有善穢汙不隱沒無記善攝善者穢汙攝穢汙者不隱沒無記攝不隱沒無記者此三在過去未來現在過去未來現在即攝過去未來現在者又過去有無量剎那彼剎那即攝彼剎那者未來亦如是如是欲界乃至非想非

非想地說亦如是云何攝他心智少
分答曰他心智是有漏無漏攝有漏
者不攝無漏者是名少分苦智攝苦
智亦攝二智少分謂法智比智揔而
言之苦智攝苦智然苦智在九地謂
未至中間根本四禪三無色定未至
禪攝未至禪者乃至無所有處攝無
所有處者餘廣說如上云何攝法智
少分答曰法智是四智謂苦集滅道
智攝苦智分不攝餘智分是名少分
如法智比智亦如是如苦智集滅智
亦如是道智攝道智亦攝三智少分
謂法智比智他心智揔而言之道智
攝道智廣說如上苦智異者攝他心
智少分云何攝他心智少分答曰他
心智是有漏無漏攝無漏者不攝有
漏者是名少分若成就法智於此八
智為成就幾不成就幾問曰何故作
此論答曰為上說無成就者意故而
作此論

若成就法智於此八智為成就幾不
成就幾答曰或成就三四五六七八
苦法智時無他心智三謂法智苦智
等智有他心智四苦比忍時無他心
智三有他心智四此中增見增慧增
道不增智不增名苦比智時無他心
智四謂法智比智等智苦智有他心
智五此中增見增慧增道增智增名
集法忍時無他心智四有他心智五
此中增見增慧增道不增智不增名
集法智時無他心智五謂法智比智
等智苦智集智有他心智六此中增
見增慧增道增智增名集法忍時無他
心智五有他心智六此中增見增慧
增道不增智不增名集比智時無他
心智五有他心智六此中增見增慧
增道不增智不增名所以者何苦比
智時已立比智名集法智時已立集
智名滅法忍時無他心智五有他心
智六此中增見增慧增道不增智不
增名滅法智時無他心智六謂法智
比智等智集智滅智有他心智七此
中增見增慧增道增智增名滅比忍
時無他心智六有他心智七此中增
見增慧增道不增智不增名滅比智
時無他心智六有他心智七此中增
見增慧增道不增智不增名所以者
何滅法智時已立滅智名苦比智時
已立比智名道法忍時無他心智六
有他心智七此中增見增慧增道不
增智不增名道法智時無他心智七
謂法智比智等智苦智集智滅智道
智有他心智八此中增見增慧增道
增智增名道比忍時無他心智七有
他心智八此中增見增慧增道不增
智不增名所以者何道法智時已立
道智名苦比智時已立比智名乃至
成就道智隨相而說

若脩法智時亦修比智耶修有四種
廣說如上此中因二修而作論謂得
修行修凡夫人離欲界欲時方便道
九無导道八解脫道中現在修等智
未來亦修等智第九解脫道中現在
修等智未來修等智他心智離初禪
欲時若即依初禪作方便者方便道
中現在修等智未來修等智他心智
若依第二禪邊作方便者方便道九
無礙道八解脫道現在修等智未來
亦修等智第九解脫道現在修等智

未來修等智他心智乃至離第三禪欲亦如是離第四禪欲時若即依第四禪作方便者方便道現在修等智未來修等智他心智若依空處邊作方便者方便道九無㝵道九解脫道現在修等智未來亦修等智離空處欲時方便道九無㝵道九解脫道現在修等智未來亦修等智乃至離無所有處欲說亦如是未離欲界欲凡夫起四無量初二解脫初四勝處不淨安那般那念念處煖頂忍世第一法時現在修等智未來亦修等智離欲界欲凡夫起四無量初三解脫八勝處八一切處不淨安那般那念念處時現在修等智未來修等智他心智離欲界欲凡夫起達分善根時現在修等智未來亦修等智離欲界欲凡夫起通時方便道二解脫道中現在修等智未來修等智他心智一解脫道中現在修他心智未來修等智他心智五無㝵道中現在修等智未來亦修等智即彼凡夫起無色界解脫空處一切處識處一切處依無色界念處時現在修等智未來亦修等

智此則說凡夫人聖人見道中起如是功德現在前即是功德未來修如起忍現在前即未來修忍起智現在前即未來修智唯除三心須未來修世俗道謂苦比智集比智滅比智修見道邊等智問曰何故見道中唯修答曰見道中所緣定對治定故唯修相似法修道中修相似不相似法那相似法不修不相似者修道中所緣不定對治亦不定故修相似不相似法餘答廣說如雜揵度若無他心智入見道道比智現在前時現在修二智謂道智比智未來修六智除等智他心智若有他心智現在亦修二智未來修七智除等智聖人以世俗道離欲界欲時若以無漏作方便方便道於八智中若一一智現在前未來修七智若以世俗道作方便方便道九無㝵道八解脫道中現在修等智未來修七智第九解脫道現在修等智未來修八智離初禪欲時若以無漏作方便於八智中若一一智現在

前修未來修八智若以世俗道作方便方便道九解脫道中現在修等智未來修八智九無㝵道中現在修等智未來修七智乃至離無所有處欲說亦如是聖人以無漏道離欲界欲時若以世俗作方便現在修等智未來修七智若以無漏作方便於八智中若起一一智現在前修未來修七智九無㝵道八解脫道於四智中若起一一智現在前修未來修七智第九解脫道於四智中若一一智現在前修未來修八智離初禪欲時若以世俗道作方便現在修等智未來修八智若以無漏作方便於八智中若一一智現在前修未來修八智九無㝵道於六智中若一一智現在前修未來修七智九解脫道於六智中若一一智現在前修未來修八智乃至離無所有處欲說亦如是離非想非非想處欲時若以世俗作方便現在修等智未來修八智若以無漏作方便若八智中若一一智現在前修未來修八智九無㝵道於六智中若

一一智現在前修未來修六智八解脫道於六智中若一一智現在前修未來修七智第九解脫道於二智中若一一智現在前修未來修八智及三界善根是則說聖人離欲未離欲界欲信解脫轉根作見到若以世俗作方便道方便道中現在修等智未來修七智若以無漏作方便方便道於八智中若一一智現在前修未來修七智無㝵道於八智中若一一智現在前修未來修六智解脫道於八智中若一一智現在前修未來或有說者修六智或有說者修七智離欲界欲信解脫轉根作見到時若以世俗作方便道中現在修等智未來修八智若以無漏作方便方便道於八智中若一一智現在前修未來修八智無㝵道於八智中若一一智現在前修未來修六智解脫道於八智中若一一智現在前修未來或有說修七智或有說修八智時解脫阿羅漢轉根作不動時若以世俗作方便方便道中現在修等智未來修八智若以

無漏作方便於八智中若一一智現在前修未來修八智九無㝵道於六智中若一一智現在前修未來修六智八解脫道於六智中若一一智現在前修未來修七智第九解脫道於二智中若一一智現在前修未來修八智及三界善根修動禪時初剎那頃於八智中若一一智現在前修未來修七智第二剎那頃現在前修等智未來修七智第三剎那頃於八智中若一一智現在前修未來修八智起通時五無㝵道中現在修等智未來修七智二解脫道中現在修等智未來修八智起他心智解脫時現在修他心智未來修八智起四無量初三解脫八勝處八一切處不淨安那般那念禪中世俗念處世俗無㝵無諍願智半多俱置迦空空三昧無願無願三昧無相無相三昧世俗無色解脫空處識處一切處無色界世俗念處入滅定微細想時現在修等智未來修八智起無漏智時現在修他心智未來修八智起禪中無漏念處無

漏無㝵於八智中現在若一一智現在前修未來修八智起無色界無漏解脫無漏無㝵無漏念處於四智中若一一智現在前修未來修八智起出滅定微微心現在修等智未來亦修等智如是等說是略毗婆沙若修法智時亦修比智耶乃至廣說作四句修法智不修比智者見道中苦法智集法智滅法智道法智時不修比智所以者何見道中若修此功德即此功德未來修法智現在前即修法智比智現在前即修比智學見迹若阿羅漢起本得法智現在前學者是須陀洹斯陀含阿那含迹是聖諦若有見者名為見迹阿羅漢者若慧解脫若俱解脫是時不修比智所以者何起本得功德現在前尚不能令次後剎那修何況未來遠者修比智不修法智者見道中苦比智集比智滅比智時不修法智如先所說學見迹若阿羅漢起本得比智現在前如上所說修法智亦修比智者入見道道比智時修法智亦修比智所以者何

是時捨曾得道得未曾得道斷煩惱同一味證解脫得具得八智修十六行學見迹若阿羅漢起未曾得無漏智現在前學人以無漏道離欲界欲時若以無漏作方便方便道九無㝵道九解脫道乃至離無所有處欲得俱修離非想非非想處欲時若以無漏作方便方便道九無㝵道八解脫道信解脫轉根作見到時若以無漏作方便方便道無㝵道解脫道修勳禪時前後心剎那學人起無漏他心智起無漏念處起無色無漏解脫如是等時起未曾得無漏智現在前得修法智比智離非想非非想處欲阿羅漢住最後解脫道時解脫阿羅漢轉根作不動若以無漏作方便方便道九無㝵道九解脫道修勳禪時前後心剎那起無漏他心智起無漏念處起無漏無㝵起無漏解脫如是等時起未曾得無漏智現在前得修法智比智起未曾得世俗智現在前是時得修法智比智學人以世俗道離欲界欲若以世俗作方便方便道九

無㝵道九解脫道乃至離無所有處欲說亦如是若為斷非想非非想處欲以世俗作方便方便道信解脫轉根作見到時若以世俗作方便方便道修勳禪時中心剎那起通時方便方便道五無㝵道三解脫道起四無量世俗解脫勝處一切處不淨安那般那念世俗念處入滅定微細想時解脫阿羅漢轉根作不動若以世俗作方便方便道修勳禪時中心剎那起通時方便道五無㝵道三解脫道起無量世俗解脫勝處一切處起世俗念處世俗無礙起無諍願智半多俱置迦入滅定時微細想如是等時起未曾得世俗智現在前未來得修法智比智不修法智比智者學見迹若阿羅漢起已曾得世俗智現在前已曾得功德現在前尚不能令次後剎那修何況未來遠者起未曾得世俗智現在前謂聞思慧及出滅定微微心是時不得修法智比智一切凡夫人不修此智所以者何此智非凡夫法故是以不修染汙心者是退分

其性沉重與懈怠相應勝妙與精進相應心能有所修無記心者是果下劣弱如腐種子不能有所修堅固牢強心能有所修入無想定滅定是無心法有心法能有所修無想眾生或有說者一切時不能起善心現在前或有說者雖起善心不能為修作所依一切忍現在前時唯修忍不修智問曰起已曾得法現在前何故無未來修耶答曰此法已用已有所作已與果故復次此法已修已猗更無勢用復次起已曾得法現在前時是行修在未來世時是得修以經歷世故但有損減何得更增益耶如人食用先所聚財物但有損減更無增益彼亦如是

復次多用功多有所作者欲令未來世能起已曾得法現在前不多用功不多有所作故不能令未來世者修

復次若起已曾得法現在前未來修者世尊般涅槃時入一切諸禪三昧亦應未來世修若修者則世尊得盡智時則不具得一切諸善功德欲令

無如是過故起已曾得功德無未來世修餘智修隨相廣說如經本有見道邊等智有得盡智時善根此中應廣說如雜揵度

法智當言緣法智邪問曰何故作此論答曰欲止說境界緣無有體性者意亦明境界緣實有體性故而作此論或有說者此中作如是問法智緣幾智邪若如其所說法智不緣比智盡緣餘智比智不緣法智盡緣餘智他心智等智盡緣諸智苦智集智緣等智他心智不緣餘智滅智不緣諸智道智不緣等智盡緣餘智復有說者此中作如是問法智為幾智所緣若作是說法智為幾智所緣者若如其所說苦智集智比智滅智不緣法智餘智則緣苦智集智法智滅智不緣比智餘智則緣滅智不緣他心智餘智則緣滅智道智不緣等智餘智則緣苦集滅智各不為苦集滅智所緣餘智則緣苦集滅智不緣道智餘智則緣問曰何故法智比智各不相緣邪答曰法智境界於下比智境界於上譬如二人同住一處一人視地一人視空其二人面各不相視彼亦如是

法智於法智有幾緣乃至於道智有幾緣邪問曰何故作此論答曰欲止說四緣無體性者意亦欲明四緣實有體性故而作此論法智於法智有幾緣邪答曰法智於法智因次第緣威勢問曰何故此中說緣異使揵度不善品中說緣異如此中說法智於法智因次第緣威勢如不善品中說身見於身見或四三二一邪答曰如此中所說法智於法智因次第緣威勢彼中亦應如是說如彼所說身見於身見或四三二一此中亦應如是說復次欲現二門二略廣說如使揵度法智於法智因次第緣威勢因者如種子故次第者前開導故境界緣者如執杖故威勢緣者不相障礙故法智於法智有一因謂相似因次第緣者法智次第起法智現在前境界緣者法智緣法智威勢緣者不相障礙法智於比智因次第威勢無緣因者謂相似因次第緣者法智次第起比智現在前威勢緣者不相障㝵故無緣者法智比智各不相緣法智於他心智因次第緣威勢如先所說法智於等智次第緣威勢無因所以者何因者如種子無漏法不為有漏法作種子法智於苦集滅智因次第威勢無緣所以者何苦集智緣有漏法此智是無漏滅智緣無為此智是有為餘廣說如上法智於道智因次第緣威勢廣說如上比智如法智隨相而說他心智於他心智因次第緣威勢如上所說此中異者若有因無緣若有緣無因有因無緣者自身於自身有緣無因者他身於自身他心智於等智因次第緣威勢因者二因謂相似因報因餘廣說如上他心智於苦集智因次第緣威勢因者謂相似因若有因無緣若有緣無因有因無緣者因是無漏苦集智緣有漏有緣無因者苦集智緣有漏因是無漏故他心智於滅智因次第威勢無緣廣說如上他心智於道智法智比智因次第緣威勢廣說如上等智於

等智因次第緣威勢因者有三因謂相似因一切遍因報因餘廣說如上等智於苦集智次第緣威勢無因所以者何因如種子有漏法不為無漏法作種子等智於滅智道智次第威勢無因無緣次第者次第智次第起滅道智現在前威勢者不相障㝵無因者有漏法不為無漏法作因無緣者滅道智緣無漏等智是有漏等智於法智比智次第緣威勢無因廣說如上等智於他心智因次第緣威勢因者謂相似因餘廣說如上苦集滅智於苦集滅智因次第威勢無緣因者相似因次第緣者苦集滅智次第起苦集滅智威勢緣者不相障㝵無緣所以者何苦集智緣有漏此諸智是無漏滅智緣無為此諸智是有為苦集滅智於道智法智比智他心智因次第緣威勢廣說如上苦集滅智於等智次第緣威勢無因廣說如上道智於道智法智比智他心智因次第緣威勢廣說如上道智於等智次第緣威勢無因廣說如上道智於苦

集滅智因次第威勢無緣所以者何道智是學無學此諸智緣非學非無學諸結欲界繫彼結法智斷邪問曰何故作此論答曰欲令疑者得決定故法智能斷色無色界結比智不能斷欲界結或謂如法智能斷色無色界結比智亦能斷欲界結或謂如比智不能斷欲界結法智亦不能斷色無色界結欲令此義決定法智能斷色無色界結比智不能斷欲界結故而作此論

問曰何故法智能斷色無色界結比智不能斷欲界結邪答曰法智先斷欲界結故能斷色無色界結比智先不斷色無色界結故不能斷欲界結復有說者以比智未斷色無色界結故法智能斷以法智已斷欲界結故比智不斷復次若比智能斷欲界結者為已斷色無色界結邪為未斷邪若已斷者無有先斷色無色界結後斷欲界結者若未斷者比智則應有如是責自界結欲未斷乃斷他界結譬如國王不能降伏自國乃欲降伏他國王則有如是責云何不能降伏自國乃欲降伏他國彼亦如是復次道比智時比智設離欲界欲最後解脫道比智乃出以沒不出故不能斷欲界結復次法智斷欲界結已最後解脫道其性猛利以猛利故能上斷色無色界結比智斷非想非非想處結最後解脫道其性猛利以猛利故欲斷欲界結而欲界結已斷復次邪見能緣三界苦集者先已斷結次求其對治及滅而能使色無色界結便斷色無色界邪見不能緣欲界不求對治及滅故不能斷欲界結復次若是他界一切遍能緣三界苦集者先已斷後求其對治及滅而能使色無色界結便斷猶如負責之人先殺怨賊後亦壞其遊戲歡娛之處彼亦如是復次法智猛利不多用功能斷不善無記煩惱何況無記煩惱邪譬如利刀能斷於鐵何況草木彼亦如是比智非猛利智多用功力乃能斷無記煩惱何能斷不善煩惱譬如鈍刀多用功力能斷草木何能斷鐵邪

彼亦如是復次法智如千人敵云何如千人敵以能對治十八界十二入五陰故比智非如千人敵云何非如千人敵以對治十四界十　入五陰四陰故復次行者為欲界五陰之所逼切如負重擔求其對治及滅時能斷色無色界結法智能斷色無色界結者是滅道法智非苦集法智問曰何故非苦集法智答曰行者為欲界五陰之所逼切欲負重擔求其對治及滅時能斷色無色界結復次欲界是不定界非修地非離欲地色無色界是定地修地離欲地不可以緣不定界智斷定界結復次欲界是麤界色界是細界不可以緣麤界智斷細界結復次欲界是下界色界是中界無色界是上界不可以緣下界智斷中上界結復次若苦集法智能斷色無色界結者便為於異處修猒異處得解脫譬如斷手繫手得解脫斷脚繫脚得解脫不可斷手繫脚得解脫斷脚繫手得解脫彼亦如是若以滅道法智斷色無色界結必是生欲界者非生色無色界者問曰何故但是生欲界者非是生色無色界者答曰入法智出比智方便心是欲界繫法以棄彼法生色無色界故復次與法智迴轉成是欲界四大造棄彼四大生色無色界故復次法智於欲界所作已竟更不作方便於色無色界更不起現在前猶如阿羅漢更不起三界斷對治現在前彼亦如是

校正序

宋本此卷首云智揵度他心智品第二之六已說體性所以今當說何故名念前世智云云乃至卷末云是說願智方便緣自身者等九十五紙文其與國本宋本逈異者何耶今撿宋本錯乱此文即是此論前文宋丹則第五十卷國本則五十一卷之全耳而重書為此五十五卷者錯也今依丹本正之國本雖與二本不同但分卷有異耳序則不乱焉

阿毗曇毗婆沙論卷第五十五

甲辰歲高麗國分司大藏都監奉勅彫造

阿毗曇毗婆沙論卷第五十五

校勘記

一　底本，麗藏本。

一　九七四頁上一行至三行經名、造者、釋者、譯者，諸本（不含石，下同）無（未換卷）。

一　九七四頁上四行「智……之一」，資、磧、普、南作「阿毗曇毗婆沙論智揵度修智品第三」。

一　九七四頁上六行「乃至」，諸本作「乃至云何」。

一　九七四頁中八行第五字「不」，資、磧、普、南作「及」。

一　九七四頁中二一行第九字「相」，資、磧、普、南作「相不」。

一　九七四頁中末行第六字「身」，諸本作「身者」。

一　九七五頁上一九行第六字「上」，諸本作「止」。

一　九七五頁中一八行第六字「時」，磧、普、南作「持」。

一　九七五頁中一九行第四字「智」，諸本作「智苦智」。

一　九七五頁下一七行第七字「第」，磧、南、清無。

一　九七七頁上一五行「方便」，諸本作「方便方便」。

一　九七七頁中一四行「解脱」，諸本作「解脱道」。

一　九七七頁中一七行首字「朋」，諸本作「那」。

一　九七七頁中二一行第二字「入」，諸本作「生」。

一　九七七頁下一四行第一〇字「迹」，諸本無。

一　九七八頁上七行第八字「想」，清作「相」。

一　九七八頁上一四行「比智」，諸本無。

一　九七八頁上一九行第七字「起」，諸本作「起無色」。

一　九七八頁中四行第一二字「便」，諸本作「便道」。

一　九七八頁下一六行「如是」，至此，終，卷第八十始，資、磧、普、南、徑、清卷第七十九品名「智揵度修智品之二」；資、磧、普、南有品名「智揵度修智品第三之二」。徑、清有品名「智揵度修智品第三之二」。

一　九七八頁下一九行第五字「作」，磧作「何」。

一　九八〇頁上二二行第二字「緣」，諸本無。

一　九八〇頁中一四行第四字「故」，諸本作「故謂」。

一　九八〇頁中一九行第一〇字「結」，諸本作「結斷」。

一　九八〇頁下一六行「負責」，諸本作「負債」。

一　九八一頁上四行第一〇字「十」，諸本作「十二」。

一　九八一頁上七行第七字「法」，諸本作「若法」。

一　九八一頁中五行第四字「成」，諸本作「戒」。

一　九八一頁中一〇至二〇行「校正序」全文，諸本無。

一　九八一頁中二一行卷末經名，諸本無（未换卷）。

趙城縣廣勝寺

阿毗曇毗婆沙論卷第五十六　覲

迦旃延子造　五百羅漢釋

北涼天竺沙門浮陀跋摩共道泰等譯

智揵度修智品第二　問曰若然者何故阿羅漢起苦集智現在前耶

答曰欲覲此五陰猶如重擔過患法故尊者瞿沙作如是說生無色界不能起禪及禪中功德現在前生色界中則能此說是何義耶答曰此說滅道法智生色界者能起此智斷色無色界結若煩惱已斷更不起此智評曰不應作是說生色界起法智現在前所以者何此智非彼界對治故復次此是不定壞相或有起少分謂滅道法智或有不起少分者謂苦集法智或有起者或不起者未離欲者起已離欲者不起或時起或時不起離欲道時起餘善根時不起以是事故如前說者好諸結欲界繫彼結法智斷耶答曰或結是欲界繫彼結非法智斷乃至廣作四句云何結是欲界繫彼結非法智斷答曰諸結忍斷亦餘智斷亦不斷忍者是四法忍餘智者是等智不斷者若已斷若不作方便斷云何結是法智斷彼結非是欲界繫答曰諸結是色無色界繫法智斷法智者是滅道法智離色無色界結者云何結是欲界繫彼結法智斷答曰諸結欲界繫法智斷法智者是四法智離欲界結者云何結非是欲界繫彼結非是法智斷答曰諸結色無色界繫彼忍斷若餘智斷亦不斷忍者是四比忍餘智斷者若等智斷若比智斷不斷者若已斷若不作方便斷諸結色無色界繫彼結比智斷耶答曰諸結比智斷彼結色無色界繫頗有結色無色界繫彼結非比智斷耶答曰諸結忍斷亦餘智斷亦不斷忍者是四比忍餘智者是法智等智不斷者若已斷若不作方便斷諸結見苦斷彼結苦智斷耶答曰或結是見苦斷彼結非苦智斷諸結忍斷所以者何彼忍是此結對治故或結是苦智斷彼非見苦斷諸結是修道斷彼結苦智斷所以者何苦智是修道所斷結對治故如見苦所斷結乃

至見道所斷結說亦如是問曰為無㝵道斷煩惱為解脫斷耶若無㝵道斷煩惱者使揵度所說云何通如說結有九種苦法智所斷種乃至修道所斷種若解脫道斷煩惱者此文所說云何通如說或結是見苦斷彼非智斷或結是苦智斷彼結非見苦斷荅曰應作是說無㝵道斷煩惱非解脫道斷廣說如使揵度

諸結法智斷法智滅作證耶問曰何故作此論荅曰或有說無㝵道斷結得解脫道證解脫得此是外國法師所說為止如是說者意亦明無㝵道斷結得證解脫得若當無㝵道斷結得解脫道證解脫得者則違此文如說諸結法智斷比智滅作證耶亦應作如是荅若以滅道法智斷非想非非想處結比智滅作證而不作是荅者當知無㝵道斷結得亦得證解脫得諸結法智斷彼結法智滅作證邪荅曰諸結法智斷彼結法智滅作證隨斷尒所結即證尒所滅頗結法智滅作證彼結非法智斷耶荅曰有諸結忍斷亦餘智斷須陁洹以世俗道趣斯陁含果斷一種結乃至五種若第六無㝵道是法智者是時證三界見道結忍所斷者及欲界修道等智所斷五種結斯陁含趣阿那含果以世俗道斷二種結若第九無㝵道是法智者是時證三界見道結忍所斷者及欲界修道等智所斷八種結離初禪欲乃至離無所有處欲若以比智等智離非想非非想處欲以比智斷八種結第九無㝵道是法智者是時證三界見道忍所斷結及欲界修道等智所斷結七地中比智等智所斷結非想非非想處比智所斷八種結如是等結是法智滅作證諸結比智斷彼結比智滅作證耶荅曰諸結比智斷比智滅作證隨斷尒所結有尒所滅作證頗結比智滅作證彼結非比智斷耶荅曰有諸結忍斷亦餘智斷比智滅作證若以法智若以等智離欲界欲乃至離無所有處欲若以法智斷非想非非想處一種結乃至八種若第九無㝵是比智者是時證三界見道忍所斷結及八地法智等智所斷結法智所斷非想非非想處八種結諸結苦智斷彼結苦智滅作證耶荅曰諸結苦智斷彼結苦智滅作證隨斷尒所結有尒所滅作證頗結苦智滅作證彼結非苦智斷耶荅曰有諸結忍滅亦餘智滅苦智滅作證須陁洹趣斯陁含果以集滅道智等智斷一種結乃至五種若第六無㝵道是苦智者是時證三界見道忍所斷結及欲界修道集滅道智等智所斷五種結斯陁含趣阿那含果時以集滅道智等智斷二種結若第九無㝵是苦智者是時證三界見道忍所斷結欲界修道集滅道智等智所斷結以集滅道智等智離初禪欲乃至離無所有處欲以集滅道智斷非想非非想處一種結乃至八種若第九無㝵道是苦智者是時證三界見道忍所斷結八地修道集滅道智等智所斷結非想非非想處修道集滅道智所斷八種結如苦智乃至道智說亦如是

問曰前門所說此門所說有何差別
答曰若作是說無㝵道斷結得解脫
道得作證者前門是無㝵道所作此
門是解脫道所作若作是說無㝵道
斷結得亦證解脫得解脫道唯證解
脫得者前門是無㝵道斷結得證解
脫得此門說解脫道證解脫得如斷
結得證解脫得離過患習功德去無
利得有利捨甲賤得勝妙離染愛得
寂靜樂亦如是復次斷是前門得無
為是此門復次斷結及作證是前門
先斷結後作證是此門前門此門是
謂差別眼根幾智知乃至無色界修
道所斷無明使幾智知問曰何故作
此論答曰或有說無境界唯有智或
說無智唯有境界為止如是說者意
故而作此論
諸法若問攝應思界而答若問識應
思入而答若問使應思種而答若問
智應思諦而答如是諸法易可顯現
此中問智應思諦而答法有五種謂
苦集滅道諦所攝非諦所攝欲界苦
集諦攝相應不相應法色無色界苦

集諦亦介滅諦唯攝不相應法道諦
攝相應不相應法非諦所攝法攝不
相應法欲界苦集諦所攝相應法七
智知除比智滅智道智不相應法六
智知除比智滅智道智他心智色界
苦集諦所攝相應法七智知除法智
滅智道智不相應法六智知除法智
滅智道智他心智無色界苦集諦所
攝相應不相應法六智知除法智滅
智道智他心智滅諦所攝法六智知
除他心智苦智集智道智道諦所攝
相應法七智知除苦智集智滅智不
相應法六智知除苦智集智滅智他
心智非諦所攝法一智知謂等智問
曰何故名智答曰智所知故名智何
故名所知答曰為智所知故名所知
如稱所稱量所量亦如是量是智所
量是所知此是略毗婆沙餘門廣說
如經本如說修行廣布無常想斷欲
愛色無色愛掉慢無明問曰何故作
此論答曰此是佛經佛經說修行廣
布無常想乃至廣說佛經雖作是說
而不廣分別佛經是此論所為根本

今欲廣分別故而作此論問曰若佛
經是此論所為根本者世尊何故說
此經耶答曰欲令懈慢不勤精進受
化者勤精進故復次為貪後有弟子
令不更求後有故世尊說弥勒佛出
世時有諸比丘作是願使我見弥勒
佛出乃般涅槃佛作是說汝等今者
有資產所須適意故作如是念後若
為諸有苦之所逼切者於諸有中不
生願樂修行廣布無常想能斷欲愛
者此想當言與法智苦智相應當言
有覺有觀所以者何在有覺有觀地
故當言與捨根相應彼地有捨根故
當言與無願相應謂苦無願當言緣
欲界繫緣欲界五陰故斷一切色愛
者彼想當言與比智苦智相應或有
覺有觀在未至初禪者或無覺有
觀在中間禪者或無覺無觀在三禪
者或樂根相應在第三禪者或喜根
相應在初禪第二禪者或捨根相應
在未至中間第四禪者無願相應謂
苦無願當言緣色界繫緣色界五陰
故斷一切無色愛者此想當言與比

智苦智相應當言或有覺有觀在未
至初禪者或無覺有觀在禪中間者
或無覺無觀在三禪三無色定者或
樂根相應在第三禪者或喜根相應
在初禪二禪者或捨根相應在未至
中間第四禪三無色定者與無願相
應謂苦無願當言緣無色界繫緣無
色界四陰故斷一切掉慢無明者此
想當言或法智相應苦智相應比智
相應餘廣說如上
問曰八聖道盡能斷結何故獨稱無
漏想答曰世尊此中聖道以想名說
世尊或說道名想廣說如四無量處
問曰無常想是七使對治此中何故
作三說耶答曰若使在三界是五種
斷見疑雖在三界非五種斷恚使雖
五種斷不在三界復次此使在三界
亦是見道修道斷見疑雖在三界非
修道斷恚雖是見道修道斷不在三
界復次此使在三界是凡夫聖人所
行見疑雖在三界非聖人所行恚使
雖是凡夫聖人所行非在三界
問曰何故三說愛使一說餘使答曰

餘使應說如愛使而不說者當知此
說有餘復次欲以種種說莊嚴於文
若以種種說莊嚴於文義則易解復
次欲現二門故乃至廣說復次此愛
是重惡多衆過患欲重觀其過患故
廣說如上四諦處
問曰無常想是見苦所斷使對治何
故說斷一切欲愛使耶乃至廣說答
曰一切有二種有少分一切有一切
一切此中說少分一切復次此中說
聖人以無常想斷三界修道所斷一
切煩惱
餘經復說修行廣布無常想能斷我
慢問曰無常想是七慢對治何故但
說斷我慢耶答曰無常想是我慢近
對治如說無常想能生無我想若比
丘有無常想無我想者能斷我慢速
於此法得盡諸漏
如說比丘於七處善觀三種義速於
此法得盡有漏問曰何故作此論答
曰此是佛經佛經說比丘於七處善
乃至廣說佛經是此論所為根本今
欲廣分別故而作此論問曰若佛經

是此論所為根本者世尊何故說是
經耶答曰學人於上沙門果不作方
便設作方便而不解知佛作是說如
汝等入見道方便不放捨者不久亦
當得盡諸漏復次已得道者患於修
道所斷煩惱欲說修道對治令失道
者還得道故如人猛健患於怨家他
人語言汝今猛健何不降伏怨家彼
亦如是
如實知色是苦四智謂法智比智等
智苦智法智知欲界色比智知色界
色等智知一切色苦智知有漏色無
常苦空無我問曰此則是四善處耶
答曰此皆觀一諦觀苦觀果如實知
色是集四智謂法智比智等智集智
法智知欲界集比智知色界集等智
知一切集集智知有漏色因集有緣
問曰此則是四善處耶答曰此皆觀
一諦觀集觀因如實知色滅是四智謂法智比智等
智滅智法智欲界色滅比智知色界色滅等智
知一切色滅滅智知一切有漏色滅止妙離問曰此
則是四善處耶答曰此皆觀一諦觀
滅觀畢竟如實知色滅道是四智謂

法智比智等智道智法智知欲界色滅道比智知色界色滅道等智知一切色滅道道智知一切有漏色滅道正迹乘問曰此則是四善處耶答曰此皆觀一諦觀道觀對治如實知色味此是四智謂法智比智等智集智問曰此則是四善處耶答曰此則觀一諦觀集觀味如實知色患此是四智謂法智比智等智苦智問曰此則是四善處耶答曰此則觀一諦觀苦觀患如實知色離此是四智謂法智比智滅智等智問曰此則是四善處耶答曰此則觀一諦觀滅觀離如色陰有七善處乃至識陰亦有七善處問曰若然者則有三十五善處亦有無量善處答曰此是七處法如色陰有七乃至識陰亦有七不過於七如經說須陁洹受七有此是七處法不過於七廣說如四諦處尊者波奢說曰如實知色是苦乃至如實知識是苦如實知色是集知色是滅知色是滅道知色是味知色是患知色是離乃至知識亦如是若如是說則有七

善處復次若略說則有七善處若廣說則有三十五善處無量善處如廣略分別不分別亦如是復次若為利根者說則有七善處若為鈍根者說則有三十五善處無量善處如利根鈍根因力緣力內支力外支力內思惟力外聞法力聞所能解力廣分別力當知亦如是復次如在見道時則有七如觀察時則有三十五無量善處復次如賢聖所行時則有七如世俗所行則有三十五無量善處復次若作捴相觀則有七善處若作別相觀則有三十五無量善處問曰此中為說別相觀為說捴相觀耶若說別相觀者此文所說云何通如說速於此法得盡有漏若是捴相觀者此文所說復云何通如說如實知色乃至如實知識答曰應作是說是別相觀問曰若然者如說速於此法得盡有漏云何通答曰此中說別相觀能生捴相觀捴相觀得盡有漏復有說者此中觀捴相觀問曰若然者此文所說云何通如說如實知色乃至如實

知識答曰此文應如是說如實知陰是苦集滅道味患離而不說者有何意耶答曰不必說與見道時同或有說與見道時同或說與見道時異如世尊為四天王以聖語說四諦二解二不解世尊復以陁毗羅語說四諦一解一不解世尊復以弥離車語說四諦然後乃解如是觀解時以別相入道時是捴相問曰七處善觀三種義有何差別答曰七處善是無漏觀三種義是有漏問曰若然者此所說云何通如說如實知色是四智謂法智比智等智答曰此中數智行於境界不必盡是無漏問曰能以七處善同觀三種義能以觀三種義同七處善不答曰或有說者不能所以者何七處善是無漏觀三種義是有漏復有說者七處善是有漏無漏觀三種義是有漏問曰若然者能以七處善同觀三種義以觀三種義同七處善不答曰能但多用功多有所作如實知色乃至知識如實知色患乃至知識患是說觀陰如實知色是集乃至

知識是集如實知色是味乃至知識是味是說觀入如實知色是滅乃至知識是滅如實知色是離乃至知識是離是說觀界可說如是同相但多用功多有所作

問曰觀三種義在前七處善在後何故世尊先說七處善後說觀三種義耶答曰若作是說則所說隨順義則易解受者亦易復次世尊所說文義具足若先說觀三種義義雖具足文不具足世尊說法文義具足復次若應先說七善處則說七善處若應後說觀三種義則說觀三種義所以者何觀三種義或在見道初或在修道初此中說在修道初者不說在見道初者如見道修道見地修地未知欲知根知根亦如是復次觀三種義或在六地聖道初或在九地聖道初此中說九地初者不說六地初者尊者波奢說曰此中說四種地謂修行地見地修地無學地如說比丘七處善觀三種義是說修行地如實知色是說苦集滅道乃至知識是苦集滅道是說見地觀色乃至識是味患離是說修地速於此法得盡有漏是說無學地問曰若然者何故見道中說四善處修道中說三善處耶答曰見道中未曾見諦而見修道中已曾見諦而見復次見道中未曾得見聖性而得觀行於諦修道中已曾得聖性觀行於諦

問曰此中何故重說三諦一說道諦答曰此中廣說道諦如說如實知色是苦此是道諦如實知色是集滅道是味患離乃至知識亦如是是道諦復次此所說為已見諦人佛作是說汝等若能如實觀察陰者不久當得盡漏復次三諦是有邊法如說五取陰邊五取陰集邊五取陰滅邊問曰若然者因論生論何故三諦說有邊道諦不說有邊耶答曰此中邊義廣如說見道邊等智處復次有已生苦有未生苦有已生苦因有未生苦因有已生苦滅有未生苦滅諸已生苦未生苦已生苦因未生苦因已生苦滅未生苦滅誰能知斷證耶謂是道諦

問曰世尊何故廣分別智所知耶答曰欲令失道者還知道故作如是說復次此所說為愛行人佛作是說汝等應觀此陰味及過患若見此陰味及過患者不久當得盡漏

問曰何故見道中先觀苦後觀集修道中先觀集後觀苦耶答曰隨順有二種一見道隨順二所說隨順如見道隨順先觀苦後觀集如所說隨順先觀集後觀苦見道次第所說次第亦如是

問曰色集色味有何差別答曰名即差別是名色集是名色味復次色集是意地色味通六識身復次集是染汙不染汙味是染汙復次集在三界味在欲界問曰陰為有多種集為有一種集若有多種集者施設經說云何通如說此愛是過去未來現在苦因苦本苦緣若一種者此經云何通如說喜愛集是色集觸集是三陰集名色集是識集答曰應作是說有所以是多種集有所以是一種集為說近因故是多種集為說遠因故是一

種集如近因遠因此身他身亦如是復次此中說三種集一煩惱集二苦集三業集喜愛集色集是說煩惱集觸集三陰集是說苦集名色集識集是說業集此中說名色是業如煩惱集苦集業集煩惱有苦有業有煩惱道苦道業道煩惱苦業當知亦如是復次此中說三時謂積聚時受用時守護時喜愛集色集是說積聚時觸集三陰集是說受用時名色集識集是說守護時復次此中說三時有謂前時有中有生有喜愛集色集是說前時有觸集三陰集是說中有名色集識集是說生有復次喜愛集色集是說名緣色觸集三陰集是說名緣名色集識集是說名色緣名復次愛求未來有是故佛作是說喜愛集是色集心心數法因觸而活從觸生以觸力故能現在前佛作是說觸集是三陰集識因名色立而得增廣是故佛作是說名色集是識集問曰色滅色離有何差別答曰若愛造此色彼愛若滅是名色滅若緣此色生諸餘愛彼愛若離是名色離乃至廣說問曰何故問色滅答愛滅耶答曰因若斷果亦斷因若滅果亦滅捨因亦捨果若吐因亦吐果若害因亦害果故問曰何故已生愛說滅未生愛說離耶答曰已生愛不可作未生愛佛作是說但當滅之未生愛應令不生但當離如是有三種衰患一已受二今受三當受已受者受竟今受者忍受當受者或以自力或眷屬力或財物力方便求離彼亦如是餘答廣說如雜揵度如色滅色離乃至識滅識離說亦如是問曰此中何故三說愛不說餘煩惱業耶答曰以愛是重過患難斷難除故廣說如上如此中及施設經多分別滅諦問曰何故此中及施設經多分別滅諦耶答曰以此滅於有為無為法中最勝故

阿毗曇毗婆沙論卷第五十六

阿毗曇毗婆沙論卷第五十六

校勘記

一　底本，金藏廣勝寺本。

一　九八三頁中一行至四行經名、造者、釋者、譯者、品名，資、磧、普、南、徑、清無（未换卷）。

一　九八三頁中四行「第二」，麗作「第三之二」。

一　九八四頁下四行第五字「諸」，資、磧、普、南、徑、清作「證」。

一　九八五頁上八行第一三字「去」，資、磧、普、南、徑、清作「止」。

一　九八五頁下六行第七字「作」，資、磧、普、南、徑、清無。

一　九八五頁下末行末字「比」，資、磧、普、南、徑、清作「法」。

一　九八六頁中一八行第六字「諸」，資、磧、普、南、徑、清作「有」。

一　九八六頁中一九行第六字「七」，資、磧、普、南、徑、清作「十」。

一　九八六頁中二二行末字「今」，磧、

徑、清作「令」。

一　九八六頁下一行第四字「所」，資、磧、普、南、徑、清無。

一　九八六頁下一九行「知知」，諸本（不含石，下同）作「知」。

一　九八六頁下二〇行第六字「欲」，諸本作「知欲」。

一　九八八頁中四行第八字「善」，資、磧、普、南、徑、清作「道」。

一　九八九頁中七行第一一字「令」，南、徑、清作「今」。

一　九八九頁中一五行「難斷」，資、磧、普、南、徑、清作「難斷難斷」。

一　九八九頁中末行「第五十六」，資、磧、普、南、徑、清作「第八十」。

趙城縣廣勝寺

阿毗曇毗婆沙論卷第五十七

迦旃延子造　五百羅漢釋

北京天竺沙門浮陀跋摩共道泰等譯

智揵度相應品第四之一

七人堅信堅法信解脫見到身證慧解脫俱解脫人八智三三昧三根七覺支八道支堅信人於此八智幾成就幾不成就乃至俱解脫人幾成就幾不成就如此章及解章義此中廣說優波提舍問曰何故此中及定揵度依七人而作論使揵度中依五人而作論廣說如使揵度不善品中

堅信人於此八智幾成就幾不成就

問曰何故作此論荅曰欲止言無成就者意亦明實有成就故而作此論復次欲以七人作章八智三三昧等立門故而作此論

堅信人於此八智幾成就幾不成就荅曰或一二三四五六七八苦法忍無知他心智一有他心智二苦法智無他心智三有他心智四此中增見增慧增通增智增名苦比忍無他心智三有他心智四苦比智無他心智五有他心智六乃至道比忍無他心智七有他心智八如堅信堅法亦如是所以者何此二人地等所依身等道等離欲等定等唯根有差別堅信是鈍根堅法是利根信解脫人於此八智幾成就幾不成就荅曰無他心智七有他心智八如信解脫見到亦如是所以者何此二人地等廣說如上身證人於此八智盡成就如身證人慧解脫俱解脫人亦如是堅信人於此八智幾過去成就幾未來成就幾現在成就問曰何故作此論荅曰為止言無過去未來者意亦明過去未來是實有法故而作此論復次先捴明智成就不成就今欲分別世中成就不成就故而作此論

堅信人於此八智幾過去成就幾未來成就幾現在成就荅曰苦法忍無他心智一過去未來成就有他心智二過去未來成就無有現在現在是忍故苦法智無他心智一過去成就謂等智三未來成就謂法智等智苦

智二現在成就謂法智苦智有他心智二過去成就四未來成就增他心智二現在成就如先說苦比忍無他心智三過去未來成就有他心智四增他心智現在無是忍故苦比智無他心智三過去成就四未來成就增比智二現在成就謂苦智比智有他心智四過去成就五未來成就二現在成就如先說乃至道比忍現在前無他心智七過去未來成就除他心智有他心智八增他心智現在無是忍故如堅信堅法亦如是所以者何此二人地等廣說如上信解脫人於此八智幾過去成就幾未來成就幾現在成就廣說如經本堅信人法智現在前時幾智現在前荅曰二法智苦智二法智集智二法智滅智二法智道智二體性是一以事故異對治欲界故是法智以行故是苦集滅道智比智現在前時幾智現在前荅曰二比智苦智二比智集智二比智滅智二體性是一以事故異對治色無色界故是比智以行故是苦集滅智

苦智現在前時幾智現在前荅曰二苦智法智二苦智比智二體性是一以事故異以行故是苦智以對治故是法智比智集智滅智說亦如是道智現在前時幾智現在前荅曰二道智法智二體性是一以事故異以行故是道智以對治故是法智如堅信堅法亦如是信解脫人法智現在前時幾智現在前荅曰或二或三法智苦智二法智集智二法智滅智二法智道智無他心智二有他心智三體性是一以事故異對治故是法智以行故是苦集滅道智以方便故是他心智如法智比智亦如是他心智現在前時幾智現在前荅曰或二或三他心智等智二他心智道智三體性是一以事故異方便故是他心智對治故是法智比智以自體故是等智以行故是道智等智現在前時幾智現在前荅曰或一或二無他心智一有他心智二體性是一以事故異以自體故是等智以方便故是他心智苦智集滅智如先說道智現在前時

幾智現在前荅曰或二或三道智無他心智二有他心智三體性是一以事故異以行故是道智以對治故是法智比智以方便故是他心智如信解脫見到身證亦如是慧解脫人法智現在前時幾智現在前荅曰或二或三法智苦智非盡智無生智二若是盡智無生智三體性是一以事故異對治故是法智以行故是苦智以所作竟故是盡智以從因生故是無生智集智滅智說亦如是法智道智非盡智無生智他心智二若是盡智無生智他心智三體性是一以事故異以對治故是法智以行故是道智以所作竟故是盡智從因生故是無生智以方便故是他心智比智亦如是他心智等智如先說苦智現在前時幾智現在前荅曰或二或三苦智法智非盡智無生智二若是盡智無生智三苦智比智非盡智無生智二若是盡智無生智三體性是一以事故異以行故是苦智以對治故是法智以所作竟故是盡智從因生故是

無生智如苦智集滅智亦如是道智現在前時幾智現在前荅曰或二或三道智法智非盡智無生智他心智二若是盡智無生智他心智三道智比智非盡智無生智他心智二若是盡智無生智他心智三體性是一以事故具廣說如上如慧解脫俱解脫亦如是問曰何故不說盡智無生智攝他心智耶荅曰他心智以對治故是法智比智以方便故是他心智他心智但緣他心盡智無生智緣自身他身及非身法復次他心智緣現在彼二智緣三世及無為復次他心智緣心心數法彼二智緣四陰五陰及無為法復次他心智是見彼二智非見堅信人於此三三昧幾成就幾不成就荅曰滅法忍未生成就二謂空無願滅法忍生成就三增無相如堅信人堅法人亦如是信解脫人盡成就如信解脫見到身證慧解脫俱解脫亦如是堅信人於此三三昧幾過去成就幾未來成就幾現在成就荅曰若依空三昧得正決定者苦法忍無過去二未來成就謂空無願一現在成就謂空餘廣說如經本依無願三昧得正決定說亦如是問曰何等人依空三昧得正決定何等人依無願耶荅曰或有見行者或有愛行者若見行者依空三昧得正決定若愛行者依無願唯除菩薩是愛行人依空三昧得正決定見行者有二種一著我見二著我所見愛行者亦有二種一行我慢二多懶墯著我見者行無我行著我所見者行空行行我慢者行無常行多懶墯者行苦行復次若利根者依空三昧得正決定若鈍根者依無願如利鈍乃至開即能解廣分別亦如是若依無願得正決定者或依無願無相離三界欲此身中不離起空三昧現在前堅信人空三昧現在前時幾智現在前荅曰或二或無苦智法智二苦智比智二忍中無餘廣說如經本乃至如慧解脫俱解脫亦如是問曰何故盡智無生智不與空三昧相應耶荅曰所行異故若行是空三昧所行非盡智無生智若行是盡智無生智所行非空三昧復次空三昧與見相應彼二智性非見復次空三昧體是第一義所行亦是第一義彼二智體雖是第一義而所行是世諦

堅信人未知欲知根現在前時幾智現在前荅曰或二或無苦智法智二苦智比智二乃至道智法智二忍中無如未知欲知根七覺八道支亦如是如堅信堅法亦如是餘廣說如經本若如此所說則明慧解脫阿羅漢能起根本禪現在前問曰若慧解脫阿羅漢能起根本禪現在前者佛經云何通如說蘇尸摩問諸比丘云何起諸禪現在前諸比丘荅蘇尸摩當知我等是慧解脫人荅曰慧解脫有二種一是少分二是滿分少分慧解脫者能起一禪二禪三禪現在前滿分者乃至不能起一禪現在前此中說少分慧解脫經中說滿分慧解脫是故二俱善通

若法與法智相應亦與比智相應耶諸法以三事故共合或以攝故合或

以相應故合或以攝以相應故合以攝合者如智於智以相應合者如智於定以攝以相應合者如智於根覺支道支若法與法智相應亦與比智相應耶答曰若法與法智相應不與比智相應所以者何非一心故若有法智則無比智而與他心智相應耶答曰或法與法智相應不與他心智相應乃至廣作四句與法智相應不與他心智相應者他心智所不攝法智相應法彼是何耶答曰苦集滅法智他心智所不攝道法智相應法與他心智相應非法智者法智所不攝他心智相應法彼是何耶答曰比智他心智世俗他心智與法智相應亦與他心智相應者法智所攝他心智相應法彼是何耶答曰法智他心智相應法謂九大地十善大地及以心覺觀隨地不與法智相應亦不與他心智相應者法智他心智所以者何自體不應自體廣說如上及法智他心智所不攝不相應法不攝者除自體不相應者除相應彼是何耶答曰苦集滅比智相應聚他心智所不攝道比智相應聚諸忍相應他心智不相應諸餘有漏心心數法色無為心不相應行無緣故不與相應如他心智苦集滅道智正見亦如是

若法與法智相應不與等智相應所以者何法智相應聚異等智相應聚異與空三昧相應耶法智與三三昧相應空三昧與二智相應謂苦法智苦比智亦與二忍相應謂苦法忍苦比忍是故得作大四句與法智相應非空三昧者空三昧應於法智法智俱聚中空三昧體與法智相應不與空三昧相應所以者何自體不應自體如先說及空三昧不相應法智相應法彼是何耶答曰無願無相相應聚與法智相應者與空三昧相應非法智者法智應於空三昧空三昧俱聚中法智體與空三昧相應非法智所以者何自體不應自體如先說及法智不相應空三昧相應法彼是何耶答曰苦比智俱聚中苦忍俱聚空三昧相應法與法智相應亦與空三昧相應者除空三昧應於法智除法智應於空三昧法智空三昧俱聚中名除自體餘心數法彼是何耶答曰謂八大地十善大地及心覺觀隨地不與法智相應亦不與空三昧相應者空三昧不與法智相應者與苦比智苦忍相應者空三昧自體不與法智相應以是他聚故亦不與空三昧相應自體不應自體如先說法智不與空三昧相應者與無願無相三昧相應者法智自體不與空三昧相應以是他聚故不與法智相應自體不應自體如先說諸餘法智空三昧不相應法彼是何耶答曰法智不相應無願無相俱聚是也及有漏心心數法色無為心不相應行如是等法作第四句如法智於空三昧法智於無願三昧無相三昧喜覺支正覺亦如是

若法與法智相應亦與未知欲知根相應耶乃至廣作四句與法智相應不與未知欲知根相應者未知欲知根所不攝法智相應法彼是何耶答曰知根知已根所攝法智相應法不

與未知欲知根相應所以者何以是他聚故與未知欲知根相應非法智者未知欲知根所攝法智未知欲知根俱聚中法智體與未知欲知根相應非法智自體不應自體如先說及法智不攝不相應未知欲知根相應法彼是何耶比智俱聚忍俱聚中未知欲知根相應法是名與未知欲知根相應非法智相應所以者何是他聚故與法智相應亦與未知欲知根相應者未知欲知根所攝法智相應法彼是何耶荅曰八根及彼相應非根心數法不與法智相應亦不與未知欲知根相應者未知欲知根所不攝法智知根知已根俱聚中法智體不與法智相應自體不應自體廣說如上不與未知欲知根相應所以者何以他聚故及法智未知欲知根所不攝不相應心心數法彼是何耶荅曰法智不攝不相應知根知已根俱聚及有漏心心數法色無為心不相應行如是等法作第四句如法智於未知欲知根法智於知根知已根亦如是

若法與法智相應亦與念覺支相應耶乃至廣作四句與法智相應不與念覺支相應者念覺支應於法智法智俱聚中念覺支體與法智相應不與念覺支相應所以者何自體不應自體如先說與念覺支相應不與法智相應者法智應於念覺支念覺支俱聚中法智體與念覺支相應不與法智相應所以者何自體不應自體如先說及法智不相應念覺支相應法彼是何耶荅曰忍俱聚中比智俱聚中念覺支相應法與法智相應亦與念覺支相應者除念覺支應於法智以多故除餘念覺支法智覺支聚中各除自體餘心心數法與二相應彼是何耶荅曰謂八大地十善大地及心覺觀隨地不與法智相應亦不與念覺支相應者法智不相應念覺支彼是何耶荅曰忍俱聚中比智俱聚中念覺支體不與法智相應是他聚故自體不應自體如先說一切無漏心更無餘有餘有漏心心數法色無為心不相應行作第四句如法智於念覺支法智於精進覺枝猗覺枝定覺枝捨覺支正方便正念正定亦如是

若法與法智相應亦與擇法覺支相應耶荅曰若法與法智相應亦與擇法覺枝相應頗與擇法覺支相應非法智耶荅曰有法智所不攝擇法覺支相應法彼是何耶荅曰忍俱聚中比智俱聚中擇法覺支相應如法智比智說亦如是

阿毗曇毗婆沙論卷第五十七

阿毗曇毗婆沙論卷第五十七

校勘記

一　底本，金藏廣勝寺本。

一　九九一頁中一行「第五十七」，資、磧、普、南、徑、清作「第八十一」。

一　九九一頁中四行「智……之一」，資、磧、普、南作「相應品第四」。

一　九九二頁下七行第一三字「二」，資、磧、普、南、徑、清作「二智」。

一　九九三頁中六行第一三字「若」，資、磧、普、南、徑、清作「者」。

一　九九四頁上一八行第一三字「以」，資、磧、普、南、徑、清無。

一　九九四頁下三行第六字「心」，資、磧、普、南、徑、清作「心心」。

一　九九四頁下九行第七字「自」，資、磧、普、南、徑、清作「以自」。

一　九九五頁中一五行「餘念」，磧作「念念」。

一　九九五頁下卷末經名，資、磧、普、南、徑、清無（未換卷）。

阿毗曇毗婆沙論卷第五十八

迦旃延子造　五百羅漢釋

北涼天竺沙門浮陀跋摩共道泰等譯

智揵度相應品第四之二

若法與他心智相應亦與等智相應耶乃至廣作四句與他心智相應不與等智相應者等智所不攝他心智相應法彼是何耶答曰無漏他心智相應法與等智相應不與他心智者他心智所不攝等智相應法彼是何耶答曰他心智所不攝若染汙不隱沒無記等智相應法與他心智相應亦與等智者他心智所攝等智相應法彼是何耶答曰九大地十善大地及心覺觀隨地不與他心智相應亦不與等智者是等智他心智所以者何自體不應自體如先說及他心智等智所不攝不相應法彼是何耶答曰苦智苦忍俱聚集智集忍俱聚滅智滅忍俱聚道忍俱聚及他心智所不攝道智相應法已說一切有漏心無餘餘有色無為心不相應行作第四句如上他心智於等智他心智於道智擇法覺枝正見亦如是

若法與他心智相應不與苦集滅智不與空無相相應與無願相應耶答曰或與他心智相應不與無願相應乃至廣作四句與他心智相應不與無願者無願應於他心智他心智俱聚中無願體與他心智相應不與無願所以者何自體不應自體如先說及無願不相應他心智相應法彼是何耶答曰有漏他心智相應法與無願相應非他心智者他心智相應於無願無願俱聚中他心智體與無願相應不與他心智所以者何自體不應自體如先說及他心智不相應無願相應法彼是何耶答曰苦集無願不與他心智相應道無願相應法不與他心智相應以是他聚故與他心智相應亦與無願者除無願應於他心智除他心智應於無願他心智無願俱聚中各除自體諸餘心心數法與他心智無願相應彼是何耶答曰八大地十善大地及心覺觀隨地不

與他心智相應亦不與無願者他心智不相應無願彼是何耶答曰苦忍苦智集忍集智道忍及他心智不攝道智俱聚中無願體不與他心智相應以他聚故不與無願相應自體不應自體如先說無願不相應他心智彼是何耶有漏他心智俱聚中他心智體不與無願相應以他聚故不與他心智相應自體不應自體如先說及餘心心數法彼是何耶答曰空無相俱聚不與他心智相應餘有漏心心數法色無為心不相應行如是等法作第四句如他心智於無願他心智於六覺支四道支亦如是

若法與他心智相應不與未知欲知根相應亦與知根相應耶乃至廣作四句與他心智相應不與知根相應者知根所不攝他心智相應法彼是何耶答曰知已根俱聚中及有漏他心智俱聚中與他心智相應法與知根相應不與他心智者知根所攝他心智及他心智不攝不相應知根相應法彼是何耶答曰苦集滅智俱聚

及他心智所不攝道智俱聚與知根相應法與他心智相應亦與知根相應者知根所攝他心智相應法彼是何耶答曰八根及彼相應非根心心數法不與他心智相應亦不與知根者知根所不攝他心智彼是何耶答曰知已根俱聚有漏中他心智體不與知根相應以他聚故不與他心智相應自體不應自體如先說及他心智知根所不攝不相應諸餘心心數法彼是何耶答曰未知欲知根俱聚他心智不攝不相應知已根俱聚他心智不攝不相應有漏心心數法色無為心不相應行如是等法作第四句知他心智於知根他心智於知已根亦如是知若法與等智相應不與苦集滅道智三三昧覺支道支相應若與苦智相應不與集滅道智無相相應亦與空三昧相應耶乃至廣作四句與苦智相應不與空三昧者空三昧應於苦智苦智俱聚中空三昧體與苦智相應不與空三昧相應所以者何自體不應自體如先說及餘

空三昧不相應苦智相應法彼是何耶答曰無願俱聚中苦智相應法與空三昧相應不與苦智者苦智應於空三昧空三昧俱聚中苦智體與空三昧相應不與苦智相應所以者何自體不應自體如先說及餘苦智不相應空三昧相應法彼是何耶忍俱聚中與空三昧相應法與苦智相應亦與空三昧者除苦智應於空三昧俱聚中各除自體諸餘苦智空三昧相應心心數法彼是何耶答曰八大地十善大地及心覺觀睡地不與苦智相應亦不與空三昧者苦智不相應空三昧彼是何耶苦忍俱聚中空三昧體不與苦智相應以他聚故不與空三昧相應自體不應自體如先說空三昧不相應苦智彼是何耶答曰無願俱聚中苦智體不與空三昧相應是他聚故不與苦智相應自體不應自體如先說及餘心心數法彼是何耶苦智不相應無願俱聚無相俱聚有漏心心數法色無為心不相應行如是等法作第四句如苦智於

空三昧苦智於無願三昧亦如是餘廣說如法智

若法與集智相應不與滅智道智空三昧無相三昧亦與無願相應耶乃至廣作四句與集智相應不與無願三昧者無願應於集智集智俱聚中無願三昧體與集智相應不與無願相應所以者何自體不應自體如先說與無願三昧相應不與集智者集智應於無願無願俱聚中集智體與無願相應不與集智相應所以者何以三事故自體不應自體如先說及集智不相應無願相應法彼是何耶荅曰苦忍智俱聚中集忍道忍道智俱聚中無願相應法與集智相應亦與無願者除集智相應無願以多故除諸餘集智無願相應法彼是何耶荅曰八大地十善大地及心覺觀隨地不與集智相應亦不與無願三昧者集智不相應無願彼是何耶苦忍苦智集忍道忍道智俱聚中無願體不與集智相應以他聚故不與無願相應所以者何自體不應自體如先說及餘心心數法餘者是空三昧無相三昧俱聚一切有漏心心數法色無為心不相應行如是等法作第四句餘廣說如法智

若法與滅智相應不與道智空三昧無願三昧相應亦與無相三昧相應耶乃至廣作四句與滅智相應不與無相三昧相應者無相三昧應於滅智滅智俱聚中無相三昧體與滅智相應不與無相三昧相應所以者何以三事故自體不應自體如先說與無相三昧相應不與滅智者滅智應於無相三昧無相三昧俱聚中滅智體與無相三昧相應不與滅智相應所以者何自體不應自體如先說及滅智不相應無相三昧相應法彼是何耶滅忍俱聚中無相三昧相應法與滅智相應亦與無相三昧者除無相三昧應於滅智以多故除諸餘滅智無相三昧相應法彼是何耶荅曰八大地十善大地及心覺觀隨地不與滅智相應亦不與無相三昧者滅智不相應無相三昧彼是何耶滅忍俱聚中無相三昧體不與滅智相應以他聚故不與無相三昧相應所以者何自體不應自體如先說諸餘滅智無相三昧不相應心心數法無漏法中餘有空三昧無願三昧俱聚一切有漏心心數法色無為心不相應行如是等法作第四句餘廣說如法智

若法與道智相應不與空三昧無相三昧相應亦與無願三昧相應耶乃至廣作四句與道智相應不與無願三昧者無願三昧應於道智道智俱聚中無願三昧體與道智相應不與無願三昧所以者何自體不應自體如先說與無願三昧相應不與道智者道智應於無願無願俱聚中道智體與無願三昧相應不與道智所以者何自體不應自體如先說及道智不相應無願相應法彼是何耶荅曰苦忍苦智集忍集智道忍俱聚中與無願三昧相應法與道智相應及與無願三昧者除道智相應無願以多故除諸餘道智無願三昧相應法彼是何耶荅曰八大地十善大地及心

覺觀隨地不與道智相應亦不與無願三昧者道智不相應無願三昧彼是何耶荅曰苦忍苦智集忍集智道忍俱聚中無願三昧體不與道智相應以他聚故亦不與無願三昧相應所以者何自體不應自體如先說及餘道智無願三昧不相應心心數法無漏法中餘有空無相俱聚一切有漏心心數法色無為心不相應行如是等法作第四句餘廣說如法智

若法與空三昧相應不與無相無願三昧相應亦與未知欲知根相應耶乃至廣作四句與空三昧相應不與未知欲知根相應者未知欲知根所不攝與空三昧相應法彼是何耶荅曰知根知已根中與空三昧相應法不與未知欲知根相應以他聚故與未知欲知根相應不與空三昧者未知欲知根所攝空三昧未知欲知根俱聚中空三昧體與未知欲知根相應不與空三昧相應所以者何自體不應自體如先說及餘空三昧所不攝不相應未知欲知根相應法彼是何耶荅曰無願無相三昧俱聚中與未知欲知根相應法與空三昧相應亦與未知欲知根者未知欲知根所攝與空三昧相應法彼是何耶荅曰八根及餘非根心數法不與空三昧相應亦不與未知欲知根相應者未知欲知根所不攝空三昧彼是何耶知根知已根俱聚中空三昧體不與未知欲知根相應以他聚故不與空三昧相應所以者何自體不應自體如先說及空三昧未知欲知根所不攝不相應諸餘心心數法彼是何耶荅曰未知欲知根不攝不相應與無願無相三昧相應法色無為心不相應行如是等法作第四句如空三昧於未知欲知根空三昧於知根知已根亦如是

若法與空三昧相應亦與念覺支相應耶乃至廣作四句與空三昧相應不與念覺支者念覺支應於空三昧空三昧俱聚中念覺支體與空三昧相應不與念覺支相應所以者何自體不應自體如先說與念覺支相應不與空三昧者空三昧應於念覺支念覺支俱聚中空三昧體與念覺支相應不與空三昧相應所以者何自體不應自體如先說及餘空三昧不相應念覺支相應法彼是何耶無願無相三昧俱聚中念覺支相應法與空三昧相應亦與念覺支者除空三昧相應念覺支以多故除諸餘空三昧念覺支相應心心數法彼是何耶荅曰八大地十善大地及心覺觀隨地不與空三昧相應亦不與念覺支者空三昧不相應念覺支無願無相三昧俱聚中念覺支體不與空三昧相應以他聚故不與念覺支相應所以者何自體不應自體如先說諸餘心心數法無漏心無餘餘有漏心心數法色無為心不相應行如是等法作第四句如空三昧於念覺支空三昧於擇法覺支精進覺支猗覺支捨覺支正見正方便正念亦如是

若法與空三昧相應亦與喜覺支相應耶乃至廣作四句與空三昧不與喜覺支者喜覺支應於空三昧空三

昧俱聚中喜覺支體與空三昧相應不與喜覺支相應所以者何自體不應自體如先說及喜覺支不相應空三昧相應法彼是何耶未至禪中間禪第三第四禪三無色定中空三昧相應法與喜覺支相應非空三昧者空三昧應於喜覺支喜覺支俱聚中空三昧體與喜覺支相應不與空三昧相應所以者何自體不應自體如先說及空三昧不相應喜覺支相應法彼是何耶無願無相三昧俱聚中喜覺支相應法與空三昧相應亦與喜覺支者除喜覺支相應空三昧除空三昧相應喜覺支餘與空三昧喜覺支相應心心數法彼是何耶荅曰八大地十善大地及心覺觀蹅地不與空三昧相應亦不與喜覺支者空三昧不相應喜覺支無願無相三昧俱聚中喜覺支體不與空三昧相應以他聚故不與喜覺支相應所以者何自體不應自體如先說喜覺支不相應空三昧彼是何耶未至中間禪第三第四禪三無色定俱聚中空三昧體不與空三昧相應所以者何自體不應自體如先說亦不與喜覺支相應所以者何彼地中無喜故諸餘心心數法餘者未至中間第三第四禪三無色定中無願無相三昧俱聚中一切有漏心心數法色無為心不相應行如是等法作第四句如空三昧於喜覺支空三昧於正覺亦如是

若法與空三昧相應亦與定覺支相應耶荅曰若與空三昧相應亦與定覺支相應頗與定覺支相應不與空三昧相應耶荅曰有空三昧所不攝定覺支相應法彼是何耶無願無相俱聚中定覺支相應法如空三昧於定覺支空三昧於正定亦如是如空三昧無願無相三昧說亦如是異者無願無相三昧於喜覺支於正見正覺亦如是

若法與未知欲知根相應不與知根知巳根相應亦與念覺支相應耶乃至廣作四句與未知欲知根相應不與念覺支者未知欲知根所攝念覺支未知欲知根聚中念覺支體與未知欲知根相應不與念覺支相應所以者何自體不應自體如先說與念覺支相應不與未知欲知根者未知欲知根所不攝念覺支相應法彼是何耶荅曰知根知巳根俱聚中念覺支相應法不與未知欲知根相應以他聚故與未知欲知根相應亦與念覺支者未知欲知根所攝念覺支相應法彼是何耶荅曰八根及彼相應非根心數法不與未知欲知根相應亦不與念覺支者未知欲知根所不攝念覺支彼是何耶荅曰知根知巳根俱聚中念覺支體不與未知欲知根相應以他聚故不與念覺支相應行所以者何自體不應自體如先說及餘心心數法更無無漏心餘一切有漏心心數法色無為心不相應行如是等法作第四句如未知欲知根於念覺支未知欲知根於擇法覺支精進覺支定覺支正見正方便正念正定亦如是

若法與未知欲知根相應亦與喜覺支耶乃至廣作四句與未知欲知根

相應不與喜覺支者未知欲知根所攝喜覺支未知欲知根相應不與喜覺支體與未知欲知根俱聚中喜覺支相應所以者何自體不應自體如先說及喜覺支不攝不相應未知欲知根相應法彼是何耶答曰未至中閒第三第四禪中未知欲知根相應法不與喜覺支相應所以者何彼地無喜故與喜覺支相應不與未知欲知根者未知欲知根不攝喜覺支相應法彼是何耶答曰知根知已根中喜覺支相應法不與未知欲知根相應以他聚故與未知欲知根相應亦與喜覺支者未知欲知根所攝喜覺支相應法彼是何耶答曰八根及彼相應非根心數法不與未知欲知根相應亦不與喜覺支者未知欲知根不攝不相應喜覺支彼是何耶答曰知根知已根俱聚中喜覺支體不與未知欲知根相應以他聚故亦不與喜覺支相應所以者何自體不應自體如先說及餘未知欲知根喜覺支不攝不相應心心數法彼是何耶答曰未至中閒第三第四禪三無色中知根知已根俱聚中一切有漏心心數法色無為心不相應行如是等法作第四句

若法與未知欲知根相應亦與猗覺支相應耶乃至廣作四句與未知欲知根相應不與猗覺支者猗覺支應於未知欲知根未知欲知根俱聚中猗覺支體與未知欲知根相應不與猗覺支相應所以者何自體不應自體如先說與猗覺支相應不與未知欲知根者未知欲知根不相應猗覺支相應法彼是何耶答曰知根知已根俱聚中猗覺支相應法不與未知欲知根相應是他聚故與未知欲知根相應亦與猗覺支者猗覺支未知欲知根相應法彼是何耶答曰十大地九善大地及心覺觀隨地不與未知欲知根相應亦不與猗覺支者未知欲知根不相應猗覺支彼是何耶知根知已根俱聚中猗覺支體不與未知欲知根相應是他聚故亦不與猗覺支相應所以者何自體不應自體如先說及餘心心數法更無無漏心餘有漏心心數法色無為心不相應行如是等法作第四句如未知欲知根於猗覺支未知欲知根於捨覺支亦如是若法與未知欲知根相應亦與正覺相應耶乃至廣作四句與未知欲知根相應不與正覺者正覺應於未知欲知根俱聚中正覺體與未知欲知根相應不與正覺相應所以者何自體不應自體如先說及正覺不相應未知欲知根相應法彼是何耶中閒禪三禪中未知欲知根相應法與正覺相應不與未知欲知根者未知欲知根不相應正覺相應法彼是何耶知根知已根俱聚中正覺相應法不與未知欲知根相應以他聚故與未知欲知根相應亦與正覺者未知欲知根正覺相應法彼是何耶答曰十大地十善大地及心觀不與未知欲知根相應亦不與正覺者未知欲知根不相應正覺彼是何耶知根知已根俱聚中正覺體不與未知欲知根相應以他

阿毗曇毗婆沙論第五十八卷 第十八張 想字号

聚故亦不與正覺相應所以者何自體不應自體如先說及餘心心數法餘者中間禪三禪三無色定中知根知已根俱聚中一切有漏心心數法色無為心不相應行如是等法作第四句如未知欲知根知根知已根說亦如是異者

若法與知已根相應亦與正見相應耶乃至廣作四句與知已根相應不與正見者知已根所攝正見知已根俱聚中正見體與知已根相應不與正見相應所以者何自體不應自體如先說及餘正見不相應知已根相應法彼是何耶答曰盡智無生智俱聚中與已知根相應不與正見相應以他聚故與正見相應不與已知根者知已根所不攝正見相應法未知欲知根知根俱聚中正見相應法不與已知根相應以他聚故與知已根相應亦不與正見者知已根正見相應法彼是何耶答曰八根及彼相應非根心心數法不與已知根相應亦不與正見者知已根所不攝正見未

阿毗曇毗婆沙論第五十八卷 第十九張 想字号

知欲知根俱聚中正見體不與知已根相應以他聚故不與正見相應所以者何自體不應自體如先說及餘心心數法無漏法無餘餘有漏心心數法色無為心不相應行如是等法作第四句餘相應如先品說

阿毗曇毗婆沙論卷第五十八

阿毗曇毗婆沙論卷第五十八

校勘記

一 底本，金藏廣勝寺本。

一 九九七頁中一行至四行經名、造者、釋者、譯者、品名，資、磧、普、南、徑、清無(未换卷)。

一 九九七頁中二〇行第六字「道」，資、磧、普、南、徑、清作「道智道」。

一 九九八頁中一一行第八字「未」，資作「不」。

一 九九八頁中一五行第二字「知」，諸本(不含石)作「如」。一〇〇一頁下五行第五字徑、清同。

一 九九八頁中一八行首字「若」，資、磧、南、清作「若法」。

一 九九九頁中一九行及本頁下一一行、次頁下一行「應於」，資、磧、南、清作「相應於」。

一 一〇〇〇頁中一九行第五字「廣」，徑、清作「應」。

一 一〇〇〇頁中二二行第六字「覺」，

資作「見」。

一〇〇〇頁下五行第一〇字「是」，資作「者」。

一〇〇〇頁下六行第八字「念」，資、磧、普、南、徑、清作「體」。

一〇〇一頁上五行第三字「三」，資、磧、普、南、徑、清作「三禪」。

一〇〇一頁中一三行「無相」，資、磧、普、南、徑、清作「無相三昧」。

一〇〇二頁上一〇行第九字「不」，資、磧、普、南、徑、清作「所不」。

一〇〇二頁上一五行末字「彼」，資、磧、普、南、徑、清作「彼根」。

一〇〇二頁中一六行第一二字「支」，資、磧、普、南、徑、清作「支相應」。

一〇〇二頁中二一行第二字「支」，資、磧、普、南、徑、清作「支故」。

一〇〇三頁中一行第四字「根」，資、磧、普、南、徑、清作「根知根」。

一〇〇三頁中末行「第五十八」，資、磧、普、南、徑、清作「八十一」。

趙城縣廣勝寺

阿毗曇毗婆沙論卷第五十九　規

迦旃延子造　五百羅漢釋
北涼天竺沙門浮陀跋摩共道泰等譯

智揵度相應品第四之三

有四十四智體知老死智體知老死集智體知老死滅智體知老死滅道智體乃至知行亦如是問曰何故作此論荅曰此是佛經佛經說佛告比丘我今當說四十四智體汝等皆應一心善聽佛說是經而不廣分別佛經是此論所為根本欲廣分別故而作此論問曰若佛經是此論根本者何故世尊說此經耶荅曰世尊以如是方便道門得阿耨多羅三藐三菩提令欲以是方便道門示諸弟子汝等不捨是方便道門者不久當得盡漏辟豪富長者以如是方便積聚財物復欲以是方便教諸子孫汝等不應捨離如是方便不久當得無量財實彼亦如是

云何四十四智體知老死是一智體知老死集是二智體知老死滅是三智體知老死滅道是四智體知因老死有四智體乃至知行亦有四智體十一四則有四十四智體問曰何故不說知無明智體耶荅曰應說而不說者當知此說有餘復次若是有支有為作因者說智體無明雖是有支有不為作因復次有四法者立智體無明有三法義故不立知老死智是四智謂法智比智苦智等智知老死集智是四智謂法智比智集智等智知老死滅智是四智謂法智比智滅智等智知老死滅道智是四智謂法智比智道智等智如知老死有十六智乃至知行亦有十六智若分別在身及以剎那則有無量無邊此中以有支以諦以對治故有四十四智體問曰此四十四智體幾在過去幾在未來幾在現在荅曰或在過去或在未來或在現在幾緣過去幾緣未來現在荅曰三十三緣三世十一緣非世法若如雜揵度所說者三緣過去謂知行知行集知識集三緣未來謂知老死知老死集知生十六緣現在

謂知生集知有知有集知取知取集知愛知愛集知受知受集知觸知觸集知六入知六入集知名色知名色集知識十一緣三世十一緣非世幾是有漏幾是無漏荅曰或盡是有漏或盡是無漏幾緣有漏幾緣無漏荅曰二十二緣有漏二十二緣無漏幾是有為幾是無為荅曰盡是有為無有智是無為者幾緣有為幾緣無為荅曰三十三緣有為十一緣無為此智體不能得正决定不得果不離欲不盡漏是聖人本所得法為遊戲故為觀本所作故為受現法樂故為受用聖法故起此智現在前

有七十七智體問曰何故作此論荅曰此是佛經佛經說我今當說七十七智體謂知生是老死緣智體非不緣生有老死智體乃至廣說佛何故說此經者如先說

云何七十七智體荅曰知生是老死緣是一智體非不緣生有老死是二智體過去生曾為老死緣是三智體非不曾緣過去生有老死是四智體未来生當為老死緣是五智體非不當緣未来生有老死是六智體及知法住智此法是無常是有為從因緣生是盡法是滅法是無欲法知如是法者是第七智體如知老死有七智體乃至知行亦有七智體十一七智體則有七十七智體問曰此中何故不說知無明緣智體耶荅曰應說而不說者當知此說有餘復次若是有支有為作因者說智體無明雖是有支有不為作因知生是老死緣是四智體法智比智等智集智非不緣生有老死智體何故復作此說耶荅曰論有二種一定自言二定他言定自言者如佛弟子以佛法義定於自言如外道弟子以外道義亦定自言如盲多婆提以盲多婆提義定於自言如毗婆闍婆提以毗婆闍婆提義定於自言定他言者如佛弟子定外道弟子言外道弟子定佛弟子言如盲多婆提定毗婆闍婆提言如毗婆闍婆提定盲多婆提言或謂此但為論議故作如是說非是實法欲令此義决定有如是實事故作是說非不緣生有此老死此智是四智謂法智比智等智集智通前有八智知過去生曾為老死緣智體是四智謂法智比智等智知集智通前有十二智體知非不曾緣過去生有老死智體是四智如先說通前有十六智體知未来生當為老死緣智體是四智如先說通前有二十智體知非不當緣未来生有老死智體是四智如先說通前有二十四智體知法住智乃至廣說通前有二十五智體如知老死緣有二十五智體乃至知行緣有二十五智體若分別在身及刹那者則有無量無邊智體此中以有支以世以諦以對治故立七十七智體問曰何故不說知現在智體耶荅曰或有說者生是老死緣非不緣生有老死是說知現在智體過去者知過去未来者知未来復有說者知生是老死緣非不緣生有老死是有說三世過去即知過去未来即知未来

問曰此智幾在過去幾在未来現在

荅曰或盡在過去或盡在未來或盡在現在幾緣過去幾緣未來幾緣現在荅曰若如所說生是老死緣非不緣生有老死是說知現在智體者二十二緣過去二十二緣未來二十二緣現在十一緣三世若作是說生是老死緣非不緣生有老死是說知三世智體者二十二緣過去二十二緣未來三十三緣三世幾是有漏幾是無漏荅曰或盡是有漏或盡是無漏幾緣有漏幾緣無漏荅曰盡緣有漏幾是有為幾是無為荅曰盡是有為無有智體是無為者幾緣有為幾緣無為荅曰盡緣有為此智體不能得正決定乃至廣說

及法住智乃至廣說法住智者是知因智所以者何住名為因三界上中下果在彼中住故若知此智名知法住智此智是四智謂法智比智等智集智復有說者若欲知決住智是名知法住智知彼智是道智問曰若然者此說云何通如說此是盡法滅法無欲法無漏法非是無欲法荅曰此文應如是說此是盡法滅法不應言無欲法而不說者有何意耶荅曰欲呵責無漏法故經說蘇尸摩當知先有法住智後有涅槃智問曰此中何者是法住智何者是涅槃智耶荅曰知生死增長智是法住智知生死增長滅智是涅槃智復次知十二緣起是法住智知十二緣起滅是涅槃智知苦集智是法住智知滅道智是涅槃智若作是說則為善通先有法住智後有涅槃智復有說者苦集道智是法住智滅智是涅槃智問曰若然者先有法住智後有涅槃智此說云何通荅曰涅槃智亦有在後者復次諸邊中智是法住智根本中智是涅槃智何以知之經說有衆多異學梵志共集一處作如是談論聞有此言沙門瞿曇未出世時我等為國王大臣婆羅門居士而見尊重供養今沙門瞿曇出世奪我名稱利養猶如日出令火無光我等今當作何方便還得名譽利養乃至廣說復作是念沙門瞿曇更無異德但善知經論顏貌端正我等不假顏貌但知經論者便可還得名譽利養乃至廣說復作是言今此衆中誰能堪任於沙門瞿曇法中出家而竊於法令我等受持讀誦復作是言今蘇尸摩梵志志念堅固堪任於沙門瞿曇法中出家竊法令我等受持讀誦即皆往詣蘇尸摩所具陳上事而以告之尒時蘇尸摩以二事故而便可之一以親愛眷屬故二以善根因緣故尒時蘇尸摩出王舍城詣於竹林時有衆多比丘在精舍門邊往反經行尒時蘇尸摩遥見諸比丘即往其所而作是言諸比丘當知我欲於沙門瞿曇法中淨修梵行時諸比丘即將蘇尸摩詣世尊所而白佛言今此蘇尸摩梵志者欲於世尊法中出家受具足戒行比丘法佛告諸比丘汝等可為蘇尸摩出家授其具足時諸比丘即為出家授具足時蘇尸摩聰明智慧念力堅固未久之間讀誦三藏少解其義便作是念若欲利我親屬者今正是時從竹林出欲詣王舍城世尊有遍照眼

守護於法誰能竊者尒時有五百比丘詣蘇尸摩所或有說者是諸比丘佛所化作或有說者是實比丘時諸比丘到蘇尸摩所皆作是言蘇尸摩當知我等生分已盡所作已辦梵行已立不受後有時蘇尸摩便問諸比丘言汝等依於初禪得盡漏耶荅曰不也依第二第三第四禪及過色無色寂靜解脫得盡漏耶荅言不也時蘇尸摩復作是言汝等既不依禪定而得盡漏誰當信耶時諸比丘皆作是言我等是慧解脫時蘇尸摩不識慧解脫若我親屬問是義者我則不知以是事故還詣佛所具以上事向佛說之佛作是荅蘇尸摩當知先有法住智後有涅槃智蘇尸摩復白佛言世尊我今不知何者法住智何者是涅槃智佛告蘇尸摩汝知與不知但法應如是先有法住智後有涅槃智彼諸比丘先依未至禪盡漏後起根本禪以是事故知諸邊中智是法住智根本中智是涅槃智

若成就法智亦成就比智耶荅曰若得云何為得若苦比智現在前設成就比智亦成就法智耶荅曰如是所以者何以法智在前得故若成就法智亦成就他心智耶荅曰若得不失云何若得不失已離欲愛於彼離欲不退設成就他心智亦成就法智耶荅曰若得云何為得若苦法智現在前若成就法智亦成就等智耶荅曰如是設成就等智亦成就法智耶荅曰若得云何為得若苦法智現在前若成就法智亦成就苦智耶荅曰如是設成就苦智亦成就法智耶荅曰如是所以者何此二智一時得故若成就法智亦成就集滅道智耶荅曰若得設成就集滅道智亦成就法智耶荅曰如是所以者何法智在前得故若成就比智亦成就他心智耶荅曰若得不失云何若得不失已離欲愛於彼離欲不退設成就他心智亦成就比智耶荅曰若得云何為得若苦比智現在前若成就比智亦成就等智耶荅曰如是設成就等智亦成就比智耶荅曰若得如先說若成就比智亦成就苦智耶荅曰如是設成就苦智亦成就比智耶荅曰若得如先說若成就比智亦成就集滅道智耶荅曰若得如先說設成就集滅道智亦成就比智耶荅曰如是若成就他心智亦成就等智耶荅曰如是設成就等智亦成就他心智耶荅曰若得不失如先說若成就他心智亦成就苦集滅道智耶荅曰若得設成就苦集滅道智亦成就他心智耶荅曰若得不失如先說若成就等智亦成就苦集滅道智耶荅曰若得設成就苦集滅道智亦成就等智耶荅曰如是若成就苦智亦成就集滅道智耶荅曰若得設成就集滅道智亦成就苦智耶荅曰如是所以者何苦智在前得故若成就集智亦成就滅道智耶荅曰若得設成就滅道智亦成就集智耶荅曰如是若成就滅智亦成就道智耶荅曰若得設成就道智亦成就滅智耶荅曰如是

若成就過去法智亦成就未來耶荅曰如是何等時成就過去未來法智

耶答曰得正決定見苦諦時二心須見集諦時四心須見滅諦時四心須見道諦時三心須得須陁洹果斯陁含果阿那含果阿羅漢果信解脱轉根作見到時解脱轉根作不動時已起滅法智設成就未來法智亦成就過去耶答曰若滅已不失如先説時若不滅設滅便失則不成就何等時成就未來法智不成就過去耶答曰得正決定見苦諦時一心須得須陁洹果未起滅法智先起滅者得果故失乃至時解脱轉根作不動未起滅法智先起滅者得果轉根故失若成就過去法智亦成就現在耶答曰若現在前云何為現在前若不起比智等智忍若非無心時乃現在前何等時成就過去現在法智耶答曰得正決定見集諦時一心須見滅諦時一心須見道諦時一心須得須陁洹果已起滅法智現在前乃至時解脱轉根作不動已起滅法智現在前設成就現在法智亦成就過去耶答曰若滅已不失則成就何等時成就現在

法智亦成就過去耶答曰如先説時若不滅設滅便失則不成就何等時成就現在法智非過去耶答曰得正決定見苦諦時一心須得須陁洹時未起滅法智先起滅者得果故失起法智現在前乃至時解脱轉根作不動未起滅法智先起滅者得果轉根故失起法智現在前若成就未來法智亦成就現在耶答曰若現在前何等時成就未來現在法智耶答曰得正決定見苦諦時一心須見集諦時一心須見滅諦時一心須見道諦時一心須得須陁洹果時起法智現在前乃至時解脱轉根作不動起法智現在前設成就現在法智亦成就未來耶答曰如是所以者何若成就現在法智必成就未來若成就過去法智亦成就未來現在耶答曰未來則成就現在若現在前何等時成就三世法智耶答曰得正決定見集諦時一心須見滅諦時一心須見道諦時一心須得須陁洹果已起滅法智現在前乃至時解脱轉根作不動已起

滅法智現在前設成就未來現在法智亦成就過去耶答曰若滅已不失則成就如先説時若不滅設滅便失則不成就何等時成就未來現在法智不成就過去耶答曰得正決定見苦諦時一心須得須陁洹果未起滅法智先起滅者得果故失起法智現在前乃至時解脱轉根作不動未起滅法智先起滅者得果轉根故失起法智現在前若成就未來法智亦成就過去現在耶答曰或成就未來法智非過去現在及過去非現在及現在非過去及過去現在成就未來法智非過去現在者若得法智未滅設滅便失則不現在前若得法智是則明有未來若未滅設滅便失則明無過去不現在前則明無現在何等時成就未來法智不成就過去現在耶見道中無得須陁洹果未起滅法智先起滅者得果故失不起法智現在前乃至時解脱轉根作不動未起滅法智先起滅者得果轉根故失不起法智現在前及過去非現在者若已

起滅法智不起法智現在前若已起滅法智則明有過去不起法智現在前則明無現在若成就過去必成就未來何等時成就過去未來法智不成就現在耶荅曰如先說成就過去未來法智時及現在非過去者起法智現在前若未滅設滅便失起法智現在前則明有現在若未滅設滅便失則明無過去若成就現在必成就未來何等時成就未來現在法智非過去耶荅曰如先說成就未來現在法智時及過去現在者若以起滅法智不失起法智現在前若以起滅法智不失則明有過去起法智現在前則明有現在若成就過去現在必成就未來何等時成就三世法智耶荅曰如先說成就三世法智時設成就過去現在法智亦成就未來耶荅曰如是若成就現在法智亦成就過去未來耶荅曰未來則成就過去若滅已不失若未滅設滅便失則不成就何等時成就三世法智耶荅曰如先說成就三世法智時設成就過去未來法智亦成就現在耶荅曰若現在前如先說如法智作六句比智苦智集智滅智道智作六句亦如是

阿毗曇毗婆沙論卷第五十九

阿毗曇毗婆沙論卷第五十九

校勘記

一　底本，金藏廣勝寺本。

一　一〇〇五頁中一行「第五十九」，資、磧、普、南、徑、清作「第八十二」。

一　一〇〇五頁中四行末字「三」，資、磧、普、南、徑、清作「二」。

一　一〇〇六頁上一行「知生」，麗作「知生知生」。

一　一〇〇六頁中一二行第三字「法」，諸本(不含石，下同)作「謂法」。

一　一〇〇六頁中一七行「盲多婆提」，諸本作「肓多婆提」。下同。

一　一〇〇六頁下二一行「有說」，麗作「說知」。

一　一〇〇七頁下一四行「淨修」，資、磧、普、南、徑、清作「學修」。

一　一〇〇七頁下一六行第六字「今」，徑、清作「令」。

一　一〇〇七頁下一七行第一一字「戒」，資、磧、普、南、徑、清無。

一　一〇〇八頁中末行第一一字「設」，諸本作「說」。

一　一〇〇九頁上一行「三心」，磧、普、南、徑、清作「一心」。

一　一〇一〇頁中卷末經名，資、磧、普、南、徑、清無(未換卷)。

阿毗曇毗婆沙論卷第六十　規

迦旃延子造　五百羅漢釋

北涼天竺沙門浮陀跋摩共道泰等譯

智揵度相應品第四之四

若成就過去他心智亦成就未來耶荅曰如是所以者何若成就過去必成就未來何等時成就過去未來他心智耶荅曰生欲界離欲界欲者及生色界者若學人於欲界色界已起滅無漏他心智命終生無色界未得阿羅漢果者設成就未來他心智亦成就過去耶荅曰若滅已不失則成就如先說時若未滅設滅便失則不成就生欲界色界則無是事若於欲界色界已起滅他心智命終生無色界於彼得阿羅漢果者是時不起滅他心智先起滅者得果故失若聖人於欲色界不起滅無漏他心智命終生無色界者唯成就未來他心智非過去若成就過去他心智亦成就現在耶荅曰若現在前云何為現在前若不起餘智不起忍若非無心乃現在前設成就現在他心智亦成就過去耶荅曰如是何等時成就過去現在他心智耶荅曰生欲色界起他心智現在前若成就未來他心智亦成就現在耶荅曰若現在前云何為現在前荅曰若不起餘智及忍若非無心乃現在前何等時成就未來現在他心智耶荅曰生欲色界起他心智現在前設成就現在他心智亦成就未來耶荅曰如是所以者何若成就現在必成就未來若成就過去他心智亦成就未來現在耶荅曰未來則成就現在若現在前云何為現在前如先說何等時成就三世他心智耶荅曰生欲色界起他心智現在前設成就未來現在他心智亦成就過去耶荅曰如是何等時成就三世他心智耶荅曰如先說若成就未來他心智亦成就過去現在耶荅曰或成就未來他心智非過去現在及過去非現在及過去現在何等時成就未來他心智非過去現在耶荅曰生欲色界中無有是事若學人於欲色界中

不起滅無漏他心智命終生無色界未得阿羅漢果者若已起滅他心智命終生無色界得阿羅漢果者是時唯成就未來及過去非現在者生欲界離欲愛不起他心智現在前生色界不起他心智現在前若學人已起滅無漏他心智命終生無色界未得阿羅漢果者及過去現在者生欲色界起他心智現在前設成就過去他心智現在他心智亦成就未來耶荅曰如是何等時成就三世他心智耶荅曰如先說時若成就現在他心智亦成就過去未來耶荅曰如是何等時成就三世他心智耶荅曰如先說時設成就過去未來他心智亦成就現在耶荅曰若現在前云何為現在前荅曰如先說

若成就過去等智亦成就未來耶荅曰如是所以者何一切衆生盡成就過去未來等智故成就未來等智亦成就過去耶荅曰如是若成就過去等智亦成就現在耶荅曰若現在前云何為現在前若不起無漏智不起忍若非無心乃現在前設成就現在等智亦成就過去耶荅曰如是餘廣說如經本

若成就過去法智亦成就過去比智耶荅曰若滅已不失則成就何等時成就過去法智比智耶荅曰得正決定見集諦時四心須見滅諦時四心須見道諦時三心須得須陁洹果已起滅法智比智乃至時解脫轉根作不動已起滅法智比智若不滅設滅便失則不成就何等時成就過去法智不成就比智耶荅曰得須陁洹果阿羅漢果時解脫轉根作不動時無有是事所以者何是時先有比智故何等時成就過去法智不成就過去比智耶荅曰得正決定見苦諦時二心須得斯陁含果時已起滅法智非比智先起滅者得果故失得阿那含果信解脫轉根作見到亦如是設成就過去比智亦成就過去法智耶荅曰若滅已不失則成就何等時成就過去比智不成就過去法智耶荅曰見道中無有是事所以者何見道中先得法智故得須陁洹果時已起滅比智不起滅法智先起滅者得果故失乃至時解脫轉根作不動已起滅比智不起滅法智先起滅者得果轉根故失若成就過去法智亦成就未來比智耶荅曰若得何等時成就過去法智亦成就未來比智耶荅曰得正決定見苦諦時一心須見集諦時四心須見滅諦時四心須見道諦時三心須得須陁洹果已起滅法智乃至時解脫轉根作不動已起滅法智設成就未來比智亦成就過去法智耶荅曰若滅已不失則成就何等時成就未來比智亦成就過去法智耶荅曰如先說時若不滅設滅便失則不成就何等時成就未來比智不成就過去法智耶荅曰見道無有是事得須陁洹果乃至時解脫轉根作不動不起滅法智若成就過去法智亦成就現在比智耶荅曰若成就現在前云何為現在前若不起餘智不起忍若非無心乃現在前何等時成就過去法智亦成就現在比智耶荅曰

得正決定見苦諦時一心須見集諦時一心須見滅諦時一心須得須陁洹果已起滅法智起比智現在前乃至時解脫轉根作不動已起滅法智起比智現在前設成就現在比智亦成就過去法智耶答曰若滅不失則成就如先說時若不滅設滅便失則不成就何等時成就現在比智不成就過去法智耶答曰見道中無有是事得須陁洹果未起滅法智先起滅法智者得果故失起比智現在前乃至時解脫轉根作不動未起滅法智先起滅法智者得果轉根故失起比智現在前若成就過去法智亦成就過去現在比智耶答曰或成就過去法智不成就過去現在比智及過去非現在及現在非過去及過去現在成就過去法智非成就過去現在比智者已起滅法智未起滅比智不起比智現在前何等時成就過去法智不成就過去現在比智耶答曰得須陁洹果阿羅漢果時解脫轉根作不動無有是事得正決定見苦諦時一心須得斯陁含果阿那含果信解脫轉根作見到時已起滅法智未起滅比智先起滅者得果轉根故捨不起比智現在前及過去非現在者已起滅法智比智不起比智現在前何等時成就過去法智比智不成就現在比智耶答曰如先說及現在非過去者已起滅法智起比智現在前若未滅設滅便失何等時成就過去法智現在比智非過去比智耶答曰如先說及過去現在者已起滅法智比智起比智現在前何等時成就過去法智及過去現在比智耶答曰得正決定見集諦時一心須見滅諦時一心須得須陁洹果已起滅法智比智起比智現在前乃至時解脫轉根作不動已起滅法智比智起比智現在前設成就過去現在比智亦成就過去法智耶答曰若滅已不失則成就何等時成就過去現在比智亦成就過去法智耶答曰如先說若不滅設滅便失則不成就何等時成就過去現在比智不成就過去法智耶答曰見道中無有是事得須陁洹果已起滅比智起比智現在前未起滅法智先起滅者得果故失乃至時解脫轉根作不動說亦如是若成就過去法智亦成就未來現在比智耶答曰或成就過去法智不成就未來現在比智及未來非現在及未來現在成就過去法智非未來現在比智者已起滅法智不失未得比智何等時成就過去法智非未來現在比智耶答曰得正決定見苦諦時一心須及未來非現在者已起滅法智不失得比智不起現在前何等時成就過去法智及未來比智非現在耶答曰如先說及未來現在者已起滅法智不失起比智現在前何等時成就過去法智亦成就未來現在比智耶答曰得正決定見苦諦時一心須見集諦時一心須見滅諦時一心須得須陁洹果已起滅法智起比智現在前乃至時解脫轉根作不動亦如是設成就未來現在比智亦成就過去法智耶答曰若滅已不失則成就何等時成就未

來現在比智亦成就過去法智耶答曰如先說若不滅設滅便失則不成就何等時成就未來現在比智不成就過去法智耶答曰見道中無有是事得須陁洹果乃至時解脫轉根作不動時未起滅法智先起滅者得果轉根故失起比智現在前若成就過去法智亦成就過去未來比智耶答曰或成就過去法智非過去未來比智及未來非過去及過去未來成就過去法智非過去未來比智者已起滅法智不失未得比智何等時成就過去法智非過去未來比智耶答曰得正決定見苦諦時一心須及未來非過去者已起滅法智不失得比智未滅設滅便失何等時成就過去法智及未來比智非過去耶答曰得正決定見苦諦時一心須得須陁洹果阿羅漢果時解脫轉根作不動時無有是事所以者何比智在前得故得斯陁含阿那含果信解脫轉根作見到時已起滅法智未起滅比智先起滅者得果轉根故失及過去未來比

智者已起滅法智比智不失何等時成就過去法智及過去未來比智耶答曰得正決定見集諦時四心須見滅諦時四心須見道諦時三心須得須陁洹果已起滅法智比智乃至時解脫轉根作不動已起滅法智比智設成就過去未來比智亦成就過去法智耶答曰若滅已不失則成就如先說時若不滅設滅便失則不成就何等時成就過去未來比智不成就過去法智耶答曰見道中無有是事所以者何法智在前得故得須陁洹果已起滅比智未起滅法智先起滅者已得果故失乃至時解脫轉根作不動亦如是若成就過去法智亦成就過去未來現在比智耶答曰是中有五句成就過去法智非過去未來現在比智者答曰如先說及未來非過去現在者答曰如先說及過去未來非現在者答曰如先說及未來現在非過去者答曰如先說及過去未來現在者已起滅法智比智起比智現前何等時成就過去法智亦成就

三世比智耶答曰得正決定見集諦時一心須見滅諦時一心須得須陁洹果乃至時解脫轉根作不動已起滅法智比智起比智現在前設成就過去未來現在比智亦成就過去法智耶答如先說若成就過去法智亦成就過去他心智耶答曰若滅已不失則成就過去何等時成就過去法智他心智耶答曰離欲愛人得正決定見苦諦時二心須見集諦時四心須見滅諦時四心須見道諦時三心須得阿那含果阿羅漢果離欲愛人信解脫轉根作見到時解脫轉根作不動已起滅法智他心智若不滅設滅便失則不成就何等時成就過去法智非他心智耶答曰未離欲愛人得正決定見苦諦時二心須見集諦時四心須見滅諦時四心須見道諦時三心須得須陁洹果斯陁含果未離欲愛人信解脫轉根作見到時已起滅法智設成就過去他心智亦成就過去法智耶答曰若滅已不失則成就如先說時若不滅設滅便失則

不成就何等時成就過去他心智非法智耶答曰離欲愛人得正決定見苦諦時二心頃得阿那含果阿羅漢果未起滅法智設起滅者得果故失離欲愛信解脱轉根作見到時解脱轉根作不動未起滅法智設起滅者轉根故失若於欲界不起滅法智命終生色界者若於欲界色界已起滅無漏他心智不起滅法智命終生無色界未得阿羅漢果者生欲界離欲愛凡夫生色界凡夫若成就過去法智亦成就未來他心智耶答曰若得不失則成就云何得不失若離欲愛於彼離欲不退何等時成就過去法智亦成就未來他心智耶答曰如先說時設成就未來他心智亦成就過去法智耶答曰若已滅不失則成就如先說時若不滅設滅便失則不成就何等時成就未來他心智不成就過去法智耶答曰離欲愛人得正決定見苦諦時二心頃得阿那含果得阿羅漢果未起滅法智設起滅者得果故失離欲愛信解脱轉根作見到時解脱轉根作不動未起滅法智設起滅者轉根故失若於欲界未起滅法智命終生色無色界設起滅者即於彼得阿羅漢果生欲界離欲凡夫生色界凡夫若成就過去法智亦成就現在他心智耶答曰若現在前云何為現在前若不起餘智不起忍若非無心乃現在前何等時成就過去法智成就現在他心智耶答曰得阿那含果乃至時解脱轉根作不動已起滅法智起他心智現在前若於欲界起滅法智命終生色界起他心智現在前設成就現在他心智亦成就過去法智耶答曰若滅已不失則成就如先說時若不滅設滅便失則不成就何等時成就現在他心智不成就過去法智耶答曰見道中無有是事得阿那含果乃至時解脱轉根作不動未起滅法智設起滅者得果轉根故失起他心智現在前若於欲界不起滅法智命終生色界起他心智現在前設起滅者即於彼得阿羅漢果起他心智現在前生欲色界凡夫起他心智現在前若成就過去法智亦成就過去現在他心智耶答曰或成就過去法智不成就過去現在他心智及過去非現在及過去現在成就過去法智非過去現在他心智者若已起滅法智不起滅他心智設起滅者便失不起他心智現在前何等時成就過去法智不成就過去現在他心智耶答曰如先說未離欲愛時及過去非現在前者已起滅法智他心智不失不起他心智現在前如先說異者言不起他心智現在前及過去現在者已起滅法智他心智不失起他心智現在前何等時成就過去法智亦成就過去現在他心智耶答曰見道中無有是事得阿那含果已起滅法智起他心智現在前乃至時解脱轉根作不動已起滅法智起他心智現在前若於欲界已起滅法智命終生色界未得阿羅漢果起他心智現在前設成就過去現在他心智亦成就過去法智耶答曰若滅已不失則成就如先說時若不滅設滅便

失則不成就何等時成就過去現在他心智非過去法智耶荅曰見道中無有是事阿那含果未起滅法智起他心智現在前乃至時解脫轉根作不動未起滅法智起他心智現在前若於欲界不起滅法智命終生色界起他心智現在前設起滅者生色界得阿羅漢果起他心智現在前生欲色界凡夫起他心智現在前若成就過去法智亦成就未來現在他心智耶荅曰此中有三句成就過去法智不成就未來現在他心智者荅如先說及未來非現在者已起滅法智不失得他心智不起現在前何等時成就過去法智及未來他心智非現在耶荅曰離欲愛人得正決定見苦諦時二心須見集諦時四心須見滅諦時四心須見道諦時三心須得阿那含果乃至時解脫轉根作不動已起滅法智不起他心智現在前若於欲界起滅法智命終生色界未得阿羅漢果不起他心智現在前若生無色界未得阿羅漢果及未來現在者已起滅法智不失起他心智現在前何等時成就過去法智及未來現在他心智耶荅曰如先說成就過去現在他心智時設成就未來現在他心智亦成就過去法智耶荅曰若滅已不失則成就如先說時若不滅設滅便失則不成就如先說若成就過去法智亦成就過去未來他心智耶荅曰此中有三句成就過去法智非過去未來他心智者荅如先說及未來非過去者已起滅法智他心智未起滅設滅便失何等時成就過去法智及未來他心智耶荅曰生欲色界無有是事若於欲色界起滅法智不起滅無漏他心智命終生無色界未得阿羅漢果及過去未來他心智者荅曰如先說設成就過去未來他心智亦成就過去法智耶荅曰如先說若成就過去法智亦成就過去未來現在他心智耶荅曰此中有四句隨相而說設成就過去未來現在他心智亦成就過去法智耶荅曰若滅已不失則成就如先說時若不滅設滅便失則不成就亦如先說

若成就過去法智亦成就過去等智耶荅曰如是何等時成就過去法智亦成就等智耶荅曰得正決定見苦諦時二心須見集諦時四心須見滅諦時四心須見道諦時三心須得須陁洹果乃至時解脫轉根作不動已起滅法智設成就過去等智亦成就過去法智耶荅曰若滅已不失則成就如先說時若不滅設滅便失則不成就何等時成就過去等智不成就過去法智耶荅曰一切凡夫人及得正決定見苦諦時二心須得須陁洹果乃至時解脫轉根作不動未起滅法智設起滅者得果轉根故失若成就過去法智亦成就未來等智耶荅曰如是何等時成就過去法智及未來等智荅曰如先說設成就未來等智亦成就過去法智耶荅曰若已滅不失則成就如先說若不滅設滅便失則不成就亦如先說若成就過去法智亦成就現在等智耶荅曰若現在前云何為現在前若不起無漏智

不起忍若非無心乃現在前何等時成就過去法智及現在等智耶荅曰見道中無有是事得須陁洹果乃至時解脫轉根作不動時已起滅法智起等智現在前設成就現在等智亦成就過去法智耶荅曰若滅已不失則成就如先說時若不滅設滅便失則不成就何等時成就現在等智不成就過去法智耶荅曰見道中無有是事得須陁洹果未起滅法智先起滅者得果故失起等智現在前乃至時解脫轉根作不動未起滅法智先起滅者得果轉根故失起等智現在前餘隨相廣說作七句

若成就過去法智亦成就過去苦智耶荅曰若滅已不失則成就何等時成就過去法智苦智耶荅曰得正決定見苦諦時二心頃見集諦時四心頃見滅諦時四心頃見道諦時三心頃得須陁洹果乃至時解脫轉根作不動已起滅法智苦智若不滅設滅便失則不成就何等時成就過去法智不成就過去苦智耶荅曰見道中無有是事得須陁洹果乃至時解脫轉根作不動已起滅集滅道法智未起滅苦智先起滅者得果轉根故失設成就過去苦智亦成就過去法智耶荅曰若滅已不失則成就何等時成就過去苦智法智耶荅如先說若不滅設滅便失則不成就何等時成就過去苦智不成就過去法智耶荅曰見道中無有是事得須陁洹果乃至時解脫轉根作不動已起滅苦比智未起滅法智設起滅者得果轉根故失若成就過去法智亦成就未來苦智耶荅曰如是何等時成就過去法智亦成就未來苦智耶荅曰得正決定見苦諦時二心頃見集諦時四心頃見滅諦時四心頃見道諦時三心頃得須陁洹果乃至時解脫轉根作不動已起滅法智設成就未來苦智成就過去法智耶荅曰若滅已不失則成就何等時成就未來苦智亦成就過去法智耶荅曰如先說時若不滅設滅便失則不成就何等時成就未來苦智不成就過去法智耶荅曰得正決定見苦諦時一心頃得須陁洹果未起滅法智先起滅者得果故失乃至時解脫轉根作不動未起滅法智先起滅者得果轉根故失若成就過去法智亦成就現在苦智耶荅曰若現在前云何為現在前若不起餘智不起忍若非無心乃現在前何等時成就過去法智亦成就現在苦智耶荅曰得正決定見苦諦時一心頃得須陁洹果乃至時解脫轉根作不動已起滅法智起苦智現在前設成就現在苦智亦成就過去法智耶荅曰若滅已不失則成就如先說時若不滅設滅便失則不成就何等時成就現在苦智不成就過去法智耶荅曰得正決定見苦諦時一心頃得須陁洹果乃至時解脫轉根作不動未起滅法智先起滅者得果轉根故失起苦智現在前若成就過去法智亦成就過去現在苦智耶荅曰此中有四句成就過去法智不成就過去現在苦智者若已起滅法智不失則成就未起滅苦智設起滅者便失

不起苦智現在前何等時成就過去法智不成就過去現在苦智耶答曰見道中無有是事得須陀洹果已起滅法智未起滅苦智設起滅者得果故失不起苦智現在前乃至時解脫轉根作不動已起滅法智未起滅苦智設起滅者得果轉根故失不起苦智現在前及過去非現在者已起滅法智苦智不起苦智現在前何等時成就過去法智苦智不成就現在苦智耶答曰得正決定見苦諦時一心頃見集諦時四心頃見滅諦時四心頃見道諦時三心頃得須陀洹果已起滅法智苦智不起苦智現在前乃至時解脫轉根作不動已起滅法智苦智不起苦智現在前及現在前非過去者若已起滅法智不失未起滅苦智設起滅者便失起苦智現在前何等時成就過去法智及現在苦智非過去耶答曰見道中無有是事得須陀洹果乃至時解脫轉根作不動已起滅法智未起滅苦智先起滅者得果轉根故失起苦智現在前及過去現在者已起滅法智苦智起苦智現在前何等時成就過去法智及過去現在苦智耶答曰得正决定見苦諦時一心須得須陀洹果乃至時解脫轉根作不動已起滅法智苦智起苦智現在前設成就過去現在苦智亦成就過去法智耶答曰若滅已不失則成就如先說時若不滅設滅便失則不　成就何等時成就過去現在苦智不成就過去法智耶答曰見道中無有是事得須陀洹果乃至時解脫轉根作不動已起滅苦比智未起滅法智先起滅者得果轉根故失起苦比智現在前若成就過去法智亦成就未來現在苦智耶答曰未來則成就現在若現在前餘隨相而說若成就過去法智亦成就過去未來苦智耶答曰未來則成就過去若滅不失則成就餘隨相而說若成就過去法智亦成就過去未來現在苦智耶答曰此中有四句隨相而說如法智於苦智作七句法智於集滅道智作七句亦如是過去法智過去比智過去他心智作七句乃至道智作七句亦如是餘廣說如使揵度一行歷六七大七有以卷別答亦如使揵度

阿毗曇毗婆沙論卷第六十

毗婆沙序

釋道挺作

毗婆沙者蓋是三藏之指歸九部之司南司南既住則群迷革正指歸既宣則邪輪輟駕自釋迦遷暉六百餘載時北天竺有五百應真以為靈燭久潛神炬落耀含生昏喪重夢方始雖前勝迦旃延撰阿毗曇以拯頹運而後進之賢尋其宗致儒墨競搆是非紛挐故乃澄神玄觀搜簡法相造毗婆沙抑正衆說或即其殊辯或標之銓評理致淵曠文蹄艷博西域勝達之士莫不資之以鏡心鑒之以朗識而冥瀾潛灑將洽殊方然理不虛運弘之由人大沮渠河西王天懷遐廓標誠冲寄雖迹纏紛務而神棲玄境用能丘壑廊廟館第林野是使淵叟投竿巖逸來庭息心升堂玄客入

室誠詣既著理感不期有沙門道泰才敏自天沖氣疏朗闊博奇趣遠參異言往以漢土方等既備幽宗粗暢其所未練唯三藏九部故杖策冒嶮爰至葱西綜攬梵文義承高旨并獲梵本十万餘偈既達涼境王即欲令宣譯然懼環中之固將或未盡所以側席虛衿企屬明勝天竺沙門浮陁摩周流敷化會至涼境其人開悟淵博神懷深邃研味鑽仰俞不可測以乙丑歲四月中旬於涼城內苑閑豫宮寺請令傳譯理味沙門智嵩道朗等三百餘人考文評義務在本旨除煩即實質而不野王屢迴駕陶其幽趣使文當理詣斥言有寄至丁卯歲七月都訖合一百卷會涼城覆沒淪湮遐境所出經本零落殆盡今涼王信尚發中探練幽趣故每至新異希仰奇聞更寫已出本六十卷送至宋臺宣布未聞庶令日新之美敞於當時福祚之興垂於來葉挺以微緣豫參聽末欣遇之誠竊不自默粗例時事以貽來哲

如來滅後法勝比丘造阿毗曇心四卷又迦旃延子造阿毗曇有八揵度凡四十四品後五百應真造毗婆沙重釋八揵度當沮渠翻時大卷一百大武破沮渠已後零落收拾得六十卷後人分之作一百一十卷唯釋三揵度五揵度失盡

阿毗曇毗婆沙論第六十卷　第十五張　[illegible]字号

毗婆沙序

阿毗曇毗婆沙論卷第六十

校勘記

一　底本，金藏廣勝寺本。一〇一一頁中、下共兩版，原版殘缺，以麗藏本換。

一　一〇一一頁中一行至四行經名、造者、釋者、譯者、品名，資、磧、普、南、徑、清無（未換卷）。

一　一〇一三頁中一行第二字「須」，諸本（不含石）作「頃」。

一　一〇一四頁中末行首字「現」，資、磧、普、南、徑、清作「現在」。

一　一〇一四頁下六行第三字「答」，徑、清作「答曰」。

一　一〇一四頁下七行第三字「過」，資、磧、普、南、徑、清作「知過」。

一　一〇一五頁上八行第九字「界」，資、磧、普、南、徑、清無。

一　一〇一五頁中九行「成就」，資、磧、普、南、徑、清作「亦成就」。

一　一〇一六頁上一二行第一二字及

次頁中六行第一〇字「答」，資、磧、普、南、徑、清作「答曰」。

一　一〇一六頁中一行「滅法」，資、磧、普、南、徑、清作「法滅」。

一　一〇一七頁上一三行「轉根」，徑無。

一　一〇一七頁下一行「一心」，資、磧、普、南、徑、清作「二心」。

一　一〇一八頁上一〇行第九字「不」，資、磧、普、南、徑、清作「不起」。

一　一〇一八頁中九行第三字「不」，資、磧、普、南、徑、清作「不失」。

一　一〇一八頁下四行「第六十」，資、磧、普、南、徑、清作「第八十二」。

一　一〇一八頁下五行至次頁中末行「毗婆沙序」全文，南、徑、清無。

一　一〇一八頁下九行第七字「自」，資作「目」。

一　一〇一八頁下一一行第六字「耀」，資、磧、普作「輝」。

一　一〇一八頁下一四行第三字「拏」，資、磧、普、麗作「如」。

一　一〇一八頁下末行第三字「竿」，資、磧、普、麗作「策」。

一　一〇一九頁上九行末字「淵」，資、磧、普作「洪」。

一　一〇一九頁上一五行第七字「斤」，資、磧作「片」。

一　一〇一九頁中七行第二字「度」，資、磧作「度在」。

中華大藏經（漢文部分）

校勘凡例

一　《中華大藏經（漢文部分）》的底本以《趙城金藏》爲主；《趙城金藏》缺佚，則以《高麗藏》等作底本。各卷所用底本的名稱及涉及底本的其他問題，均在校勘記的第一條中說明。

一　《中華大藏經（漢文部分）》選用的參校本共八種，即《房山雲居寺石經》（石）、宋《資福藏》（資）、《影印宋磧砂藏》（磧）、元《普寧藏》（普）、明《永樂南藏》（南）、明《徑山藏》（徑）、《清藏》（清）、《高麗藏》（麗）。

一　校勘記中的「諸本」，若底本爲金藏，即包括石、資、磧、普、南、徑、清、麗全部八種校本；若底本爲麗藏，則包括石、資、磧、普、南、徑、清全部七種校本。其他情況若用「諸本」，校勘記中則另加說明。

一　校勘採用底本與校本逐字對校的辦法，只勘出經文中的異同及字句錯落，一般不加評注。參校本若有缺卷，或有殘缺、漫漶等字迹無可辨認者，則略去不校，校勘記亦不作記錄。

一　一經多卷，經名、譯者、品名出現同樣性質的問題，一般只在第一卷出校，並注明以下各卷同；分卷不同時，以底本爲主出校。

一　古今字、異體字、正俗字、通假字及同義字，一般不出校。如：

古今字：宍（肉）；猗（倚）；距（跛）；鉾（矛）；誼（義）等。

異體字：脕（槃）；剎（刹）；皃（貌）；惱（惱）；㝵（碍、礙、閡）等。

正俗字：怪（恠）；滴（渧）；體（躰）；刺（刾）；閉（閇）等。

通假字：惟（唯）；嫉（疾）；頻（嚬、顰）；揣（摶）；尠（鮮）等。

同義字：言（曰）；如（若）；弗（不）等。